Andreas Scharf / Bernd Schubert / Patrick Hehn

Marketing

Einführung in Theorie und Praxis

4., überarbeitete und erweiterte Auflage

2009
Schäffer-Poeschel Verlag Stuttgart

Dozenten finden weiterführende Lehrmaterialien für dieses Lehrbuch unter www.sp-dozenten.de (Registrierung erforderlich).

Bibliografische Information Der Deutschen Nationalbibliothek
Die Deutsche Nationalbibliothek verzeichnet diese Publikation in der Deutschen Nationalbibliografie; detaillierte bibliografische Daten sind im Internet über <http://dnb.d-nb.de> abrufbar.

Gedruckt auf chlorfrei gebleichtem, säurefreiem und alterungsbeständigem Papier

ISBN 978-3-7910-2684-8

Dieses Werk einschließlich aller seiner Teile ist urheberrechtlich geschützt. Jede Verwertung außerhalb der engen Grenzen des Urheberrechtsgesetzes ist ohne Zustimmung des Verlages unzulässig und strafbar. Das gilt insbesondere für Vervielfältigungen, Übersetzungen, Mikroverfilmungen und die Einspeicherung und Verarbeitung in elektronischen Systemen.

© 2009 Schäffer-Poeschel Verlag für Wirtschaft · Steuern · Recht GmbH
www.schaeffer-poeschel.de
info@schaeffer-poeschel.de

Einbandgestaltung: Willy Löffelhardt/Melanie Frasch
Druck und Bindung: aprinta druck GmbH & Co. KG, Wemding
Layout: Ingrid Gnoth | GD 90
Herstellung: Antje Wachsmann
Satz: Dörr+Schiller GmbH, Stuttgart

Printed in Germany
September 2009

Schäffer-Poeschel Verlag Stuttgart
Ein Tochterunternehmen der Verlagsgruppe Handelsblatt

Vorwort zur vierten Auflage

Seit der ersten Auflage dieses Buches sind mittlerweile 15 Jahre vergangen, in denen sich das betriebswirtschaftliche Fachgebiet des Marketing mit einer extrem hohen Geschwindigkeit weiterentwickelt hat. Auch für die Unternehmenspraxis ist Marketing heute von herausragender Bedeutung, da der wirtschaftliche Erfolg vieler Anbieter entscheidend von der Qualität ihrer Marketingentscheidungen abhängt. Um den aktuellen Entwicklungen im Marketing sowie den gestiegenen didaktischen Herausforderungen an akademisches Lehrmaterial angemessen Rechnung zu tragen, haben wir die vierte Auflage unseres Marketingbuches grundlegend überarbeitet und erweitert sowie redaktionell ansprechender gestaltet. Das vorliegende Einführungswerk liefert Studierenden im Bachelorprogramm sowie Praktikern in der Aus- und Weiterbildung einen geeigneten Einstieg in das Marketing sowohl aus Managementsicht als auch aus entscheidungs- und verhaltensorientierter Perspektive.

Gegenüber den vorherigen Auflagen hat sich der Aufbau unseres Marketingbuches wesentlich geändert: Nachdem wie bisher im ersten Kapitel die begrifflichen und konzeptionellen Grundlagen des Marketing dargestellt werden, dient das zweite Kapitel dazu, deutlich zu machen, welche Voraussetzungen Unternehmen erfüllen müssen, damit sie konsequent marktorientiert planen und handeln können. Ausgangspunkt für erfolgreiches Marketing ist das Verständnis der Beziehungen zwischen dem Unternehmen und dessen wichtigster Anspruchsgruppe, den tatsächlichen bzw. potenziellen Kunden. Deshalb werden im dritten Kapitel – als Erweiterung gegenüber den vorherigen Auflagen – die Grundlagen der Erforschung des Konsumentenverhaltens dargestellt. Gegenstand des vierten Kapitels ist dann die Marktforschung, wobei wir uns trotz des Einführungscharakters des vorliegenden Buches aufgrund der heutzutage guten Verfügbarkeit geeigneter Computerprogramme entschlossen haben, erstmals auch auf die multivariaten Analyseverfahren der Marktforschung einzugehen. Um der zunehmenden Strategieorientierung im Marketing Rechnung zu tragen, befasst sich das fünfte Kapitel neben den Marketingzielen auch ausführlich mit den abnehmer- und konkurrenzorientierten Marketingstrategien. Die Kapitel sechs bis neun sind den operativen Marketingentscheidungen gewidmet, das heißt der Produkt-, Preis-, Kommunikations- und Distributionspolitik. Neben den für ein Einführungsbuch zum Marketing obligatorischen Inhalten haben wir in der neuen Auflage zusätzlich Aspekte vertieft, die für das moderne Marketing von besonderer Bedeutung sind. Hierzu zählen aus unserer Sicht insbesondere die Innovations- und Markenpolitik sowie die Planung von Werbemaßnahmen.

Die Aufnahme und Verarbeitung der Inhalte dieses Buches werden in mehrfacher Weise erleichtert: Die Sprache ist wie gewohnt leicht verständlich, das Layout ist leserfreundlicher als bisher, und über 370 vierfarbige übersichtliche Abbildungen verbessern den schnellen Zugang zum Text. Lernziele und Verständnisfragen zu jedem Kapitel helfen, das Gelernte zuverlässig zu verankern. Die zahlreichen Kästen »Aus der Praxis« dienen der Unterstützung des Transfers zwischen Theorie und Praxis. Außerdem werden an geeigneten Stellen interessante Forschungsergebnisse aus der Wissenschaft präsentiert.

Wir hoffen, dass es uns mit der vierten Auflage unseres Marketingbuches gelungen ist, dem Leser eine kompakte, fundierte, aktuelle und didaktisch ansprechende Einführung in das Marketing liefern zu können. Der Abschluss des Projektes wäre jedoch ohne Unterstützung nicht möglich gewesen: Unser Dank gilt zunächst dem Schäffer-Poeschel-Verlag für die Geduld während der Zeit der Manuskripterstellung sowie für die professionelle Unterstützung bei der Umsetzung des Druckfassung. Außerdem danken wir

Dipl.-BW. (FH) Stephanie Glassl von der Fachhochschule Nordhausen für ihre unermüdliche Arbeit an überzeugenden Praxisbeispielen, aktuellen Quellen, ansprechenden Abbildungen sowie geeigneten Stichwörtern während der gesamten Manuskripterstellung. Abschließend möchten wir alle Leser auffordern, uns über einen der zahlreichen Kommunikationskanäle ihre Rückmeldung zum Buch zu übermitteln.

Andreas Scharf / Bernd Schubert / Patrick Hehn
im Juli 2009

Inhaltsverzeichnis

	Vorwort zur 4. Auflage	V
1	**Begriffliche und konzeptionelle Grundlagen des Marketing**	**1**
1.1	Begriff und Grundgedanke des Marketing	1
1.2	Grundhaltungen gegenüber dem Absatzmarkt	10
1.3	Produktspezifische Besonderheiten	18
1.3.1	Besonderheiten des Konsumgütermarketing	18
1.3.2	Besonderheiten des Investitionsgütermarketing	19
1.3.3	Besonderheiten des Dienstleistungsmarketing	21
1.3.4	Besonderheiten des Handelsmarketing	23
1.3.5	Besonderheiten des Non-Profit-Marketing	24
2	**Unternehmerische Voraussetzungen für marktorientiertes Handeln**	**27**
2.1	Marketingmanagement	27
2.2	Marketingplanung	28
2.3	Marketingorganisation	36
2.3.1	Aufbauorganisation	36
2.3.2	Ablauforganisation	43
	Kontrollfragen	47
3	**Erforschung des Konsumentenverhaltens**	**49**
3.1	Begriff und Zielsetzung der Konsumentenverhaltensforschung	49
3.2	Psychische Prozesse	55
3.2.1	Aktivierende Prozesse	55
3.2.1.1	Aktivierung	56
3.2.1.2	Emotionen	62
3.2.1.3	Motivationen	64
3.2.1.4	Einstellungen	71
3.2.2	Kognitive Prozesse	80
3.2.2.1	Zeit- und inhaltsbezogene Gedächtniskategorien	80
3.2.2.2	Prozess der Informationsaufnahme	83
3.2.2.3	Prozess der Informationsverarbeitung – Wahrnehmen und Beurteilen	85
3.2.2.4	Prozess der Informationsspeicherung – Lernen	95
	Kontrollfragen	99
4	**Marktforschung**	**101**
4.1	Grundlegende Aspekte der Marktforschung	101
4.1.1	Begriff und wesentliche Aufgabenbereiche der Marktforschung	101
4.1.2	Träger der Marktforschungsfunktion	103
4.1.3	Forschungsansätze im Rahmen der Marktforschung	106
4.1.4	Phasen des Marktforschungsprozesses	109
4.2	Entscheidungsprobleme im Rahmen der Datenerhebung	112
4.2.1	Primär- und Sekundärforschung	112
4.2.2	Messtheoretische Grundlagen	115
4.2.3	Auswahlverfahren	119
4.2.3.1	Verfahren der Zufallsauswahl	121
4.2.3.2	Verfahren der bewussten Auswahl	123
4.3	Methoden der Primärforschung	124
4.3.1	Befragung	124
4.3.1.1	Art der Kommunikation mit dem Befragten	125
4.3.1.2	Grad der Standardisierung einer Befragung – quantitative und qualitative Interviews	128
4.3.1.3	Art der Fragestellung	133
4.3.2	Beobachtung	135
4.3.2.1	Formen der Beobachtung	135
4.3.2.2	Anwendungsfelder der Beobachtung in der Marktforschungspraxis	136
4.3.3	Spezielle Ansätze der Primärforschung	138
4.3.3.1	Experiment	138
4.3.3.2	Panelerhebung	144
4.4	Datenanalyse	148
4.4.1	Univariate Verfahren	149
4.4.2	Bivariate Verfahren	152
4.4.3	Multivariate Datenanalyse	157
4.4.3.1	Multivariate Verfahren der Interdependenzanalyse	158
4.4.3.2	Multivariate Verfahren der Dependenzanalyse	170
	Kontrollfragen	178

5	**Marketingziele und Marketingstrategien**	**181**
5.1	Festlegung der Marketingziele	181
5.2	Entwicklung von Marketingstrategien	187
5.2.1	Marktfeldstrategien	189
5.2.2.	Marktstimulierungsstrategien	199
5.2.3	Marktparzellierungsstrategien	206
5.2.4	Marktarealstrategien	216
5.2.5	Konkurrenzgerichtete Marketingstrategien	219
	Kontrollfragen	223
6	**Produktpolitik**	**225**
6.1	Grundlagen der Produktpolitik	225
6.1.1	Wesen und Gegenstand der Produktpolitik	225
6.1.2	Dimensionen des Produktbegriffs	226
6.1.3	Ziele der Produktpolitik	231
6.2	Programmgestaltung	233
6.2.1	Festlegung der Programmstruktur	233
6.2.2	Analyse des Produktprogramms	234
6.2.3	Entscheidungen der Programmpolitik	237
6.3	Produktgestaltung	240
6.3.1	Ziele der Produktgestaltung	241
6.3.2	Bereiche der Produktgestaltung	241
6.3.2.1	Gestaltung der Produktqualität	242
6.3.2.2	Produktausstattung (Produktfeatures)	243
6.3.2.3	Produktdesign	243
6.3.2.4	Gestaltung der Verpackung	245
6.3.2.5	Produktbezogene Dienstleistungen	246
6.3.3	Mittel der Produktgestaltung	246
6.3.3.1	Abstrakte und konkrete Gestaltungsmittel	246
6.3.3.2	Produktgestaltung als psycho-physikalischer Transformationsprozess	248
6.4	Markenpolitik	250
6.4.1	Grundlegende Aspekte der Markenpolitik	250
6.4.1.1	Herausforderungen für die Markenpolitik	250
6.4.1.2	Begriff und Erscheinungsformen von Marken	251
6.4.1.3	Funktionen von Marken	254
6.4.2	Strategische Entscheidungen der Markenpolitik	257
6.4.2.1	Markenstrategien	257
6.4.2.2	Markensysteme	261
6.4.3	Operative Entscheidungen der Markenpolitik	268
6.4.3.1	Prozess der Markengestaltung	268
6.4.3.2	Bestimmung der Markenidentität	269
6.4.3.3	Markenpositionierung	275
6.4.3.4	Markengestaltung (Branding)	278
6.5	Produktinnovation	284
6.5.1	Begriff und Bedeutung der Produktinnovation	284
6.5.2	Produktinnovation als mehrstufiger Planungs- und Entscheidungsprozess	287
6.5.2.1	Bestimmung des Zielmarktes	287
6.5.2.2	Ideenfindung und Ideenbewertung	290
6.5.2.3	Konzeptentwicklung	299
6.5.2.4	Produktentwicklung	301
6.5.2.5	Markteinführung	302
6.5.3	Fallstudie zur Produktinnovation	304
	Kontrollfragen	312
7	**Preispolitik**	**315**
7.1	Wesen und Bedeutung des Preises und der Preispolitik	315
7.2	Ansatzpunkte zur Bestimmung des optimalen Angebotspreises	321
7.2.1	Kostenorientierte Bestimmung des Angebotspreises	322
7.2.2	Nachfrageorientierte Festsetzung des Angebotspreises	325
7.2.2.1	Preis-Absatz-Funktion als wichtiges Grundmodell der klassischen Preistheorie	326
7.2.2.2	Verhaltenswissenschaftliche Modelle der Preistheorie	334
7.2.3	Wettbewerbsorientierte Festsetzung des Angebotspreises	338
7.2.4	Integrative Bestimmung des optimalen Angebotspreises	340
7.3	Preisdifferenzierung	341
7.4	Preisfestsetzung bei der Einführung neuer Produkte	350
7.5	Konditionenpolitik	352
7.5.1	Rabattpolitik	352

7.5.2	Absatzkreditpolitik	356
7.5.3	Lieferungs- und Zahlungsbedingungen	358
	Kontrollfragen	359

8	**Kommunikationspolitik**	**361**
8.1	Grundlegende Aspekte der Kommunikationspolitik	361
8.1.1	Begriff und Wesen der Kommunikationspolitik	361
8.1.2	Modell der Marktkommunikation	363
8.1.3	Ziele und Aufgaben der Kommunikationspolitik	367
8.1.4	Rahmenbedingungen und aktuelle Probleme	371
8.2	Instrumente der Kommunikationspolitik	375
8.2.1	Begriffliche und systematische Grundlagen	375
8.2.2	Instrumente der »Above-the-line«-Kommunikation	376
8.2.2.1	Klassische Werbung	376
8.2.2.2	Online-Werbung	377
8.2.2.3	Öffentlichkeitsarbeit	379
8.2.3	Instrumente der konventionellen »Below-the-line«-Kommunikation	383
8.2.3.1	Verkaufsförderung	383
8.2.3.2	Product-Placement	386
8.2.3.3	Sponsoring	387
8.2.3.4	Event-Marketing	388
8.2.4	Instrumente der unkonventionellen »Below-the-line«-Kommunikation	389
8.2.4.1	Low-Budget-Kommunikation	390
8.2.4.2	Mund-zu-Mund-Kommunikation	391
8.4.2.3	Ambush-Marketing	394
8.2.5	Auswahl der Kommunikationsinstrumente und integrierte Kommunikation	394
8.3	Planungs- und Entscheidungsprozess einer Werbekampagne	396
8.3.1	Überblick	396
8.3.2.	Werbeanalyse	397
8.3.2.1	Werbeobjekte	397
8.3.2.2	Zielgruppen der Werbung	398
8.3.3.	Festlegung der Werbeziele	398
8.3.3.1	Ökonomische Werbeziele	398
8.3.3.2	Werbewirkungsmodelle	399
8.3.3.3	Psychologische Beeinflussungsziele der Werbung	400
8.3.4	Werbebudgetierung	403
8.3.5	Werbebriefing und Copy-Strategie	405
8.3.6	Bestimmung der Werbemedien und der Werbemittel	406
8.3.6.1	Begriffliche Grundlagen	406
8.3.6.2	Kriterien der Mediawahl	407
8.3.6.3.	Ausgewählte Werbemedien	410
8.3.7	Gestaltung der Werbebotschaft	412
8.3.7.1	Bestimmungsfaktoren	412
8.3.7.2	Inhaltliche Aspekte der Anzeigengestaltung	413
8.3.7.3	Formale Gestaltung der Werbebotschaft	421
8.3.7.4	Kriterien der Anzeigengestaltung nach Boessneck	422
8.3.8	Werbewirkungsanalyse	430
8.3.8.1	Gegenstand der Werbewirkungsanalyse	430
8.3.8.2	Kontrolle der Werbewirkung	432
	Kontrollfragen	434

9	**Distributionspolitik**	**437**
9.1	Grundlegende Aspekte der Distributionspolitik	437
9.1.1	Wesen und Bedeutung der Distributionspolitik	437
9.1.2	Ziele und Aufgaben der Distributionspolitik	440
9.1.3	Rahmenbedingungen der Distributionspolitik	442
9.2	Akquisitorische Distribution	446
9.2.1	Gestaltung der Distributionswege	447
9.2.2	Organe des direkten Distributionsweges	451
9.2.2.1	Unternehmenseigene Distributionsorgane	451
9.2.2.2	Selbständige Distributionsorgane	452
9.2.2.3	Marktveranstaltungen	452
9.2.3	Organe des indirekten Distributionsweges	453
9.2.3.1	Betriebsformen des Großhandels	453
9.2.3.2	Betriebsformen des Einzelhandels	455
9.2.4	Management der Distributionswege	460
9.2.4.1	Auswahl von Absatzmittlern	460
9.2.4.2	Anreizsysteme für Absatzmittler	462

Inhaltsverzeichnis

9.2.4.3	Gestaltung der Distributionsbeziehungen	463
9.2.5	Gestaltung der Verkaufspolitik	472
9.2.5.1	Auswahl und Größe der Verkaufs-organisation	473
9.2.5.2	Steuerung und Kontrolle des Außendienstes	474
9.3	Physische Distribution	477
9.3.1	Ziele und Aufgaben logistischer Systeme	477
9.3.2	Komponenten und Bedeutung des Lieferservices	478
9.3.3	Logistische Teilsysteme	480
9.3.3.1	Auftragsabwicklung	481
9.3.3.2	Lagerhaltung	482
9.3.3.3	Verpackung und Transport	483
9.3.4	Redistribution	483
	Kontrollfragen	486
	Literaturverzeichnis	489
	Sonstige Quellen	495
	Sachregister	497
	Zu den Autoren	501

1 Begriffliche und konzeptionelle Grundlagen des Marketing

Lernziele

▶ Der Leser kennt den Grundgedanken des Marketing und kann die marketingrelevanten Grundbegriffe richtig einordnen.

▶ Der Leser versteht, welche unterschiedlichen Grundhaltungen sich hinter dem Begriff Marketing verbergen.

▶ Der Leser erkennt, dass die verschiedenen Träger des Marketing (z. B. Industrie-, Dienstleistungs-, Handelsbetriebe) Besonderheiten haben, die es im Marketing zu berücksichtigen gilt.

1.1 Begriff und Grundgedanke des Marketing

Der amerikanische Autoproduzent Henry Ford soll einmal gesagt haben, dass jeder Kunde seinen Wagen in jeder gewünschten Farbe bekommen könne – solange es Schwarz sei. In den Anfängen der Fließbandproduktion ab 1914 war Schwarz die Standardfarbe von Ford. Die Farbe konnte industriell gefertigt werden, war kostengünstig und lange haltbar. Für die Käufer war die Wahl der Lackfarbe damals von untergeordneter Bedeutung. Im Vordergrund stand die erschwingliche individuelle Mobilität, wie sie das Modell T von Ford geboten hat. Heutzutage ist es undenkbar, dass Autos nur in einer Standardfarbe mit einer Standardausstattung angeboten werden. Allein die Volkswagen AG führte Anfang 2009 unter der Marke VW 16 PKW-Modelle (Sub-Brands) in über 80 Ausstattungsvarianten, die die Kunden durch die Wahl diverser Lackfarben, Sitzbezüge und weiterer Zusatzausstattungen ihren individuellen Bedürfnissen und ihrem Budget anpassen können. Kombiniert man alle Merkmale miteinander, führt dies alleine beim VW Golf zu mehreren tausend Varianten.

Wie ist es zu einer solchen Vielfalt an Wahlmöglichkeiten gekommen? Verdeutlichen lässt sich diese Entwicklung am Beispiel des Ford Modell T, des ersten am Fließband produzierten Automobils. Der Ford T bediente 1908 einen latenten, unerfüllten Bedarf an kostengünstiger, robuster, individueller Fortbewegung und stieß damit in eine Marktlücke. Während andere Hersteller ihre Autos an die wohlhabende Stadtbevölkerung verkauften, wurde das Auto mit dem Ford T auch für weniger wohlhabende Zielgruppen erschwinglich. Diesen Markt bediente Ford als erstes und lange als einziges Unternehmen, sodass das Modell T zum Welterfolg wurde. Steigender Wohlstand der Bevölkerung und die Reaktion der Konkurrenten auf den Erfolg des Modell T sorgten für ein steigendes, häufig auch verbessertes Angebot an Alternativen in dieser Fahrzeugklasse. Nach wenigen Jahren erfüllte der Ford T nur noch einen Grundnutzen, während sich die Wünsche der Autofahrer über diesen Grundnutzen hinaus erweiterten. Sie verlangten nach mehr Komfort und Geschwindigkeit, und das Design der Autos wurde wichtiger. Den Konkurrenten gelang es, diese unterschiedlichen Bedürfnisse durch ein verbessertes und differenziertes Angebot zu bedienen. Der anfangs so begehrte Ford T berücksichtigte am Ende viele dieser Entwicklungen nicht mehr, verlor an Attraktivität und wurde 1927 letztmalig produziert (Casey, 2008).

Das einfache Beispiel des Ford Modell T zeigt, dass die Ausrichtung des Angebots an den Kundenbedürfnissen einen wesentlichen Beitrag zum Unternehmenserfolg leistet. Die menschlichen Bedürfnisse und Wünsche gelten daher als Ausgangspunkt des Marketing. Unter einem

Unternehmen reagieren auf die unterschiedlichen Kundenbedürfnisse mit einem vielfältigen Angebot.

Ein Bedürfnis ist das Gefühl eines Mangels und der Wunsch, diesen Mangel zu beseitigen.

Aus der Praxis – 1-1

Der Name Fielmann steht heute synonym für »Brille«. Der norddeutsche Optiker Günther Fielmann hat in der Republik seit 1972 ein Netz von mehr als 620 Filialen etabliert und verkauft heute jede zweite Brille in Deutschland. Sein Unternehmen überschreitet inzwischen die Umsatzmilliarde und beschäftigt mehr als 12 500 Mitarbeiter. Die Geschichte von Günther Fielmann zeigt, wie ein findiger Unternehmer einen Markt durch konsequente Ausrichtung an den Kundenbedürfnissen völlig umkrempeln kann.

Seit Eröffnung des ersten Geschäfts in Cuxhaven ist Fielmann neue Wege gegangen und hat seine Kunden und Wettbewerber wiederholt durch Innovationen überrascht. Vor 1972 lagen die Preise der Optiker einheitlich hoch, günstige Kassenbrillen waren zeitlos hässlich und die Optiker versprühten in ihren weißen Kitteln den Charme einer Arztpraxis. Fielmann hatte mit diesen ungeschriebenen Zunftregeln gebrochen und differenzierte sich bewusst von den traditionellen Optikern, indem er sich am Discount-Prinzip orientierte: Er begnügte sich mit einem Bruchteil der damals üblichen Gewinnspannen von bis zu 300 Prozent bei Markenbrillen und bot den Rezeptkunden modische Kassenbrillen an (siehe Abbildung 1-1). Voraussetzung dafür war ein großes Filialnetz, eine unbürokratische Verwaltung und ein klarer Expansionskurs. Zudem schaltete Fielmann den Zwischenhandel aus und begann selbst mit der Brillenproduktion. Dadurch distanzierte er sich von der kartellartigen Optikerbranche und konzentrierte sich ganz auf das latente Bedürfnis der Menschen nach günstigen und gleichzeitig modischen Brillen.

Die Konkurrenten warfen ihm Preisdumping, Wettbewerbsverstöße oder Qualitätsmängel vor und belegten Fielmann mit Hunderten von Klagen. Weil er sich davon nicht aufhalten ließ, mussten sich immer mehr Optiker dem Wettbewerb stellen, sodass das Preisniveau insgesamt sank und die Konsumenten nun auch anderswo günstige Brillen erhalten konnten. Der bis dahin einzigartige Vorteil von Fielmann, das Angebot modischer Kassen- und günstiger Markenbrillen, lief Gefahr, immer mehr zum Branchenstandard zu werden. Um seinen Wettbewerbsvorteil nicht zu verlieren, musste das Unternehmen kontinuierlich nach weiteren innovativen Ansätzen suchen. Zunächst konnte er in Kooperation mit Ortskrankenkassen modische Brillengestelle in über 600 Varianten zum Nulltarif, also ohne Zuzahlung der Rezeptkunden, anbieten. Später gab er auf seine Brillen erst zwei, dann drei Jahre Garantie. Ein weiterer Schock für die Wettbewerber war die Geld-Zurück-Garantie: Wer sein Brillenmodell innerhalb eines bestimmten Zeitraums bei einem anderen Optiker günstiger sah, bekam sein Geld zurück. Schließlich kooperierte er mit Versicherungsunternehmen und bot eine innovative Brillenversicherung an.

Fielmann konnte mit seinen Regelbrüchen nur deshalb so erfolgreich sein, weil seine regelmäßigen Innovationen stets latent vorhandene Kundenbedürfnisse befriedigten und eine Abhebung vom Wettbewerb ermöglichten.
Quelle: Förster/Kreuz, 2008, S. 113 ff.; Gienke, 1999; www.fielmann.de

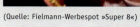
(Quelle: Fielmann-Werbespot »Super 8«)

Abb. 1-1: Kassenbrillen vor (links) und nach (rechts) Markteintritt von Fielmann

1.1 Begriff und Grundgedanke des Marketing

Bedürfnis versteht man das Gefühl eines Mangels und den damit verbundenen **Wunsch**, diesen Mangel zu beseitigen. Die Befriedigung der Bedürfnisse nach Nahrung, Kleidung und Wohnung ist lebensnotwendig, während die Befriedigung von Kultur- oder Luxusbedürfnissen wie Reisen, Musizieren oder Autofahren lediglich den Lebensstandard bzw. das Lebensgefühl erhöht. Neben diesen Individualbedürfnissen ergeben sich aus dem Zusammenleben der Menschen (Zivilisation) Kollektivbedürfnisse, das heißt der Wunsch, bestimmte Aufgaben gemeinsam zu lösen, zum Beispiel das Bedürfnis nach einer angemessenen Krankenversorgung, Infrastruktur, Kommunikation und Sicherheit (zu Bedürfnissen und Motivationen vgl. Kapitel 3.2.1.3).

Bedarf im wirtschaftlichen Sinne beinhaltet nur denjenigen Teil der Bedürfnisse, den ein Individuum mit den ihm zur Verfügung stehenden Mitteln befriedigen kann und will. Bedarfe sind also die mit Kaufkraft ausgestatteten Bedürfnisse. Den Bedürfnissen und Bedarfen kommen Unternehmen durch die Erforschung des Käuferverhaltens (Kapitel 3) und mit den Methoden der Marktforschung (Kapitel 4) auf die Spur. Von **Nachfrage** kann erst dann gesprochen werden, wenn die auf dem Markt angebotenen Güter auch tatsächlich verlangt werden. Es handelt sich also um den auf dem Markt wirksam werdenden Bedarf.

Den Zusammenhang zwischen Bedürfnis, Bedarf und Nachfrage kann man sich auch an folgendem Beispiel verdeutlichen: Ein Student, der ständig am Schreibtisch sitzt, verspürt das Bedürfnis, sich in der Freizeit mehr zu bewegen. Aus diesem Grund überlegt er, ob er sich von seinem gesparten Geld einen Heimtrainer, ein Rennrad, eine Joggingausrüstung oder eine Jahreskarte für das Hallenbad kaufen soll. Bedarf besteht grundsätzlich an allen Produkten, da sie gleichermaßen zur Befriedigung des Bedürfnisses nach mehr Bewegung geeignet sind. Da das Sparguthaben nur für ein Produkt ausreicht, entscheidet sich der Student beispielsweise für ein Rennrad. Hierdurch konkretisiert sich der Bedarf zur Nachfrage auf dem Markt für Rennräder.

Da sich Kundenbedürfnisse im Zeitablauf verändern und erweitern, müssen Unternehmen ihre Produkte anpassen, ergänzen oder völlig neu entwickeln, damit sich ein langfristiger Erfolg einstellen kann. Einen Wettbewerbsvorteil erzielt man dann, wenn dem eigenen Unternehmen die Berücksichtigung der Kundenwünsche besser gelingt als der Konkurrenz (Aus der Praxis 1-1). Aus diesen Erkenntnissen leitet sich der Grundgedanke des Marketing ab, wonach die gesamten Unternehmensaktivitäten an den Bedürfnissen der Nachfrager ausgerichtet werden (siehe Abbildung 1-2).

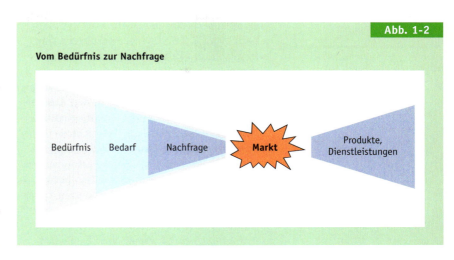

Abb. 1-2: Vom Bedürfnis zur Nachfrage

Es geht also darum, Marktentwicklungen rechtzeitig zu erkennen und durch angemessene Maßnahmen zu bewältigen oder derartige Marktentwicklungen durch Erfolg versprechende Produktinnovationen selbst anzustoßen. Wichtig ist in jedem Fall, Marketing als »Denken vom Markt her« zu verstehen (vgl. Bruhn, 2009, S. 13). Die konsequente Orientierung an den Kundenbedürfnissen bezeichnet man verkürzt auch als **Kundenorientierung**. Sie bedeutet, dass Unternehmen die Erwartungen, Erfahrungen, Wahrnehmungen und Einstellungen der (potenziellen) Kunden kennen und ein darauf abgestimmtes, aus Kundensicht wenigstens zufriedenstellendes Angebot bereitstellen, mit dem sie die Kundenbedürfnisse besser als die Wettbewerber erfüllen und gleichzeitig ihre Unternehmensziele realisieren (vgl. Esch et al., 2008, S. 5).

Das Denken vom Markt her ist Grundvoraussetzung für den Unternehmenserfolg. Daneben spielen zwei weitere Faktoren für den Unternehmenserfolg ebenfalls eine große Rolle. Es handelt sich um die verfügbaren Ressourcen und die

---

Bedarf ist das mit Kaufkraft ausgestattete Bedürfnis.

Bedürfnisse der Konsumenten ändern sich mit der Zeit.

1.1 Begriffliche und konzeptionelle Grundlagen des Marketing
Begriff und Grundgedanke des Marketing

Marketing als Leitkonzept der Unternehmensführung

Kompetenzen eines Unternehmens (vgl. Meffert et al., 2008, S. 4 ff., 75 ff.). **Ressourcen** sind vereinfacht gesagt notwendig, um die Marktkenntnisse in Produkte und Dienstleistungen zu überführen. Zu den wichtigsten Unternehmensressourcen gehören finanzielle Mittel, Arbeitskräfte, Gebäude, Maschinen, Transportmittel, Rohstoffe, Wissen und Zeit. Unterschiede im Unternehmenserfolg können durch die unterschiedliche Verfügbarkeit dieser Ressourcen und deren mehr oder weniger effizientem Einsatz entstehen. So mögen zwei Unternehmen zwar über die gleichen Marktkenntnisse verfügen und dieselbe Produktidee verfolgen, doch eines dieser Unternehmen ist wegen einer besseren finanziellen Ausstattung, dem gezielteren Einsatz von Arbeitskräften und einer moderneren Produktionsanlage schneller mit der Produktentwicklung fertig, somit frühzeitiger am Markt und erlangt dadurch einen wesentlichen Wettbewerbsvorteil.

Unternehmen sind bestrebt, ihre knappen Ressourcen optimal zu kombinieren bzw. einzusetzen, um einen möglichst hohen Kundennutzen bieten und den eigenen Gewinn maximieren zu können. Die Fähigkeit, Ressourcen optimal einzusetzen, hängt mit den **Kompetenzen** des Unternehmens zusammen. Unternehmenskompetenzen sind auf der Nutzung von Wissen beruhende und durch die Organisation wiederholt und zielgerichtet einsetzbare Fähigkeiten, die der Realisierung von Wettbewerbsvorteilen dienen. Kompetenzen können sich auf unterschiedliche Bereiche beziehen. Dazu gehört, die Markt- und Umweltinformationen regelmäßig zu aktualisieren und aus ihnen die »richtigen« Schlussfolgerungen für die eigene Leistungserstellung zu ziehen, die Leistungsbereitschaft zu garantieren (z. B. das erforderliche Maß an Produktionsmitteln, Rohstoffen, Standorten vorhalten), die Leistung zu erstellen (Produktion) und sie dem Markt zuzuführen (Vertrieb).

Der Unternehmenserfolg hängt letztlich davon ab, inwieweit es gelingt, die Marktkenntnis durch den effizienten Einsatz der Ressourcen und Kompetenzen in bedarfsgerechte Produkte zu transformieren. Damit wird klar, dass Marketing nicht nur eine **Unternehmensfunktion** ist, die gleichberechtigt neben den übrigen Funktionen (z. B. Einkauf, Produktion, Personal-

und Finanzwirtschaft) steht, sondern dass es darüber hinaus als übergeordnetes und umfassendes **Leitkonzept der Unternehmensführung** aufzufassen ist. Während sich die Marketingfunktion auf die spezifischen Kompetenzen zur Gestaltung der Austauschbeziehungen mit den Nachfragern bezieht, dient das Marketing als Managementleitbild der marktorientierten Koordination aller betrieblichen Funktionsbereiche (vgl. Meffert et al., 2008, S. 13 f.). Die folgende Definition des Marketingbegriffs berücksichtigt dieses **duale Konzept der marktorientierten Unternehmensführung**:

Definition des Marketingbegriffs

Unter **Marketing** versteht man die Planung, Organisation, Durchführung und Kontrolle sämtlicher Unternehmensaktivitäten, welche darauf abzielen, durch eine konsequente Ausrichtung des eigenen Leistungsprogramms an den Wünschen der Kunden die absatzmarktorientierten Unternehmensziele zu erreichen (vgl. Bruhn, 2009, S. 14).

Die **funktionsübergreifende Dimension** des Marketing bezieht sich auf den Managementprozess zur Koordination aller Unternehmensaktivitäten und damit auch auf den effizienten Ressourceneinsatz zur Bedürfnisbefriedigung. Die **funktionsbezogene Dimension** kommt durch die marktorientierte Erstellung des eigenen Leistungsprogramms zum Ausdruck. Von **Absatzwirtschaft** spricht man, wenn der marktgerichtete Warenstrom, also die Beschaffungs- und Absatzaktivitäten, betrachtet werden. Die Beschaffung ist deshalb Teil der Absatzwirtschaft, weil bereits der Rohstoff- und Wareneinkauf die Grundlage für die Produktqualität bildet und sich von daher an den Bedürfnissen und der Nachfrage zu orientieren hat (vgl. Gutenberg, 1984, S. 2 f.). Der Marketingbegriff ist weiter gefasst als der der Absatzwirtschaft, da er auch den Beitrag unternehmensinterner Vorgänge (z. B. Forschung & Entwicklung) zum Unternehmenserfolg bis hin zur Berücksichtigung gesellschaftlicher Bedürfnisse betrachtet.

Ursprung des Marketingbegriffs

Nach dem Zweiten Weltkrieg wurde die deutsche Fachsprache mit einer Vielzahl angelsächsischer Begriffe durchsetzt, unter ihnen auch das Wort **Marketing**. Ursprünglich verstand man darunter nichts anderes als die Vermarktung von Gütern, für die eine ausreichende Nachfrage besteht, sodass sich die absatzwirtschaftlichen

1.1 Begriff und Grundgedanke des Marketing

Anstrengungen der Unternehmen im Wesentlichen auf die Erfüllung der Verteilungsfunktion (Distribution) beschränkte.

Mit dem Übergang von der Knappheitswirtschaft (Nachfrageüberhang) zur Überflussgesellschaft (Angebotsüberhang) und dem damit verbundenen so genannte **Käufermarkt** waren die Unternehmen in zunehmendem Maße gezwungen, ihre Absatzmärkte systematisch zu erschließen und zu bearbeiten. Der Absatzbereich wurde zum Engpassfaktor, wobei keineswegs alle Wirtschaftszweige gleichzeitig und mit gleicher Intensität erfasst wurden. Aufgrund dieser Veränderung der Marktseitenverhältnisse wurde – zunächst in den USA – dem Begriff Marketing immer stärker auch ein zweiter Bedeutungsinhalt zugewiesen: Marketing als Philosophie einer marktorientierten Führung des gesamten Unternehmens, in welchem der Absatzmarkt den Ausgangspunkt aller strategischen und taktischen Planungen bildet (vgl. Kotler et al., 2007a, S. 110).

Marketing versucht, die Bedürfnisse der Menschen durch die Entwicklung bedarfsgerechter Produkte möglichst gut zu befriedigen bzw. einen empfunden Mangel der Nachfrager zu beseitigen. Das Wort **Produkt** ist als Oberbegriff für alle Waren (materielles Produkt) und Dienstleistungen (immaterielles Produkt) zu verstehen. Zunächst ist man geneigt, ein materielles Produkt anhand seiner physikalischen und chemischen Eigenschaften und der äußeren Form zu beschreiben. Das Produkt wird in diesem Fall als technische Leistung betrachtet. Unter diesem Aspekt lässt sich beispielsweise ein PKW durch die Motorstärke, das Ladevolumen, den Benzinverbrauch und so weiter beschreiben. Aufgrund der Tatsache, dass Unternehmen heutzutage vornehmlich auf Märkten mit einem ausgeprägten Angebotsüberhang agieren, ist es erforderlich, bei der Definition des Produktbegriffs einen umfassenderen, an den Kunden ausgerichteten Ansatz zu wählen (vgl. Kapitel 6). Ein Produkt besteht danach aus einem Bündel von Eigenschaften, die der Anbieter so zu kombinieren versucht, dass bestimmte Bedürfnisse bzw. Wünsche tatsächlicher oder potenzieller Abnehmer durch den Gebrauch bzw. Verbrauch dieses Produkts befriedigt werden können.

In der betriebswirtschaftlichen Literatur existiert eine Vielzahl von Ansätzen zur **Kategorisierung von Gütern**. Wichtige marketingrelevante Unterscheidungsmerkmale sind zum Beispiel Verwendungsreife, Verwendungszweck und Beschaffungsaufwand (vgl. Knoblich, 1969, S. 85 ff.).

Die Unterteilung von Erzeugnissen nach der **Verwendungsreife** zielt darauf ab, inwieweit ein Produkt unmittelbar einer konsumtiven oder einer produktiven Verwendung zugeführt werden kann. Ur- bzw. Rohstoffe (z. B. Holz, Milch) sind als Naturgüter (noch) keiner wesentlichen Bearbeitung unterzogen worden. Halbfertigerzeugnisse (Zwischenprodukte) haben bereits einen industriellen oder handwerklichen Bearbeitungsprozess durchlaufen, sind jedoch noch nicht dazu geeignet, ihrem letzten Verwendungszweck zugeführt zu werden. Sie müssen entweder noch weiterverarbeitet (z. B. Rohstahl) oder mit anderen Zwischenprodukten verbunden werden (z. B. Fernsehdisplay). Fertigerzeugnisse (z. B. Fernsehgeräte) können direkt einem bestimmten Verwendungszweck zugeführt werden.

Teilt man materielle Produkte nach ihrem **Verwendungszweck** ein, so lassen sich zum einen Konsumgüter (Verwendung für den privaten Konsum) und Produktivgüter (Verwendung im gewerblichen Bereich) sowie zum anderen Verbrauchsgüter (einmalige Nutzung) und Gebrauchsgüter (längerfristige bzw. mehrmalige

In Käufermärkten besteht ein Angebotsüberhang.

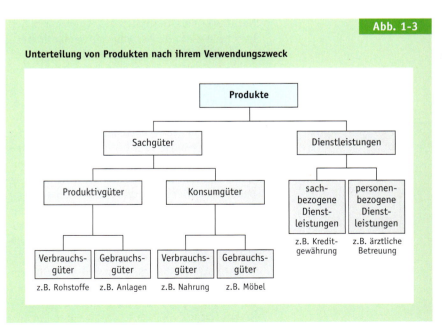

Abb. 1-3

Unterteilung von Produkten nach ihrem Verwendungszweck

Nutzung) unterscheiden. Bestimmte Produktarten (z. B. Pkw, Taschenrechner, Strom) können sowohl als Konsum- wie auch als Produktivgüter eingesetzt werden.

Im Hinblick auf den **Beschaffungsaufwand** lassen sich idealtypisch drei Produktkategorien unterscheiden (nach Copeland, 1923): »Convenience Goods« (z. B. Brot, Süßwaren) werden von den Konsumenten oft und ohne große Beschaffungsmühe (Kosten, Zeit) gekauft. Die Nachfrager verfügen bereits vor der Entstehung des Beschaffungsanlasses über eine genaue Vorstellung in Bezug auf die bevorzugte Alternative (z. B. Vollkornbrot, Lakritze). »Shopping Goods« (z. B. Schuhe) werden zwar seltener, aber auch regelmäßig gekauft. Erst nach einem sorgfältigen Vergleich der Produktvor- und Nachteile relevanter Alternativen (z. B. Preis- und Qualitätsvergleich in mehreren Einkaufsstätten) entscheidet sich der Abnehmer für ein Produkt. »Speciality Goods« (z. B. Fotoausrüstung, Weltreise) sind im Allgemeinen sehr teuer und werden in großen Abständen, im Extremfall nur einmal im Leben, erworben. Der Käufer versucht, unter allen Umständen die nutzenmaximierende Alternative zu bekommen. Entsprechend groß ist bei dieser Produktkategorie der Beschaffungsaufwand (z. B. Fahrt zu weit entfernten Fachgeschäften, Lesen von Spezialliteratur).

Abbildung 1-2 zeigt, dass die Bedürfnisse der Nachfrager den Angeboten der Produzenten gegenüberstehen. Die Verbraucher werden in der Regel unter den verfügbaren Produkten das auswählen, das ihnen zur Bedürfnisbefriedigung am geeignetsten erscheint. Ökonomisch ausgedrückt fragen sie die Produkte nach, die ihnen den größten Nutzen stiften. Der **Nutzen** »ist die Einschätzung des Verbrauchers bezüglich der Fähigkeit des Produkts zur Bedürfnisbefriedigung« (Kotler et al., 2007b, S. 13). Verbraucher fragen also keine Produkte nach, sondern Mittel zur Bedürfnisbefriedigung. Da dem Nutzen eines Produkts auch **Kosten** gegenüberstehen, wägen die Verbraucher ihre individuellen Nutzen- und Kostenerwartungen gegeneinander ab, bevor sie sich für ein Produkt entscheiden.

Zur Austauschbeziehung zwischen Nachfrager und Anbieter kommt es in der Regel dann, wenn der Produktnutzen für einen Verbraucher mindestens ebenso groß ist wie die Kosten, die ihm für das Produkt entstehen. Kommt es zu einem Austausch zwischen Anbieter und Nachfrager, spricht man von einer Transaktion. Als Markt bezeichnet man das Zusammentreffen von Angebot und Nachfrage. In der Volkswirtschaftslehre werden unter »Markt« alle Verkäufer und Käufer zusammengefasst, die sich dem Geschäft mit einer bestimmten Produktart widmen (z. B. Getreidemarkt, Wohnungsmarkt, Arbeitsmarkt). Man spricht hier vom »Markt im objektiven Sinn«. Demgegenüber kann der Markt im Rahmen der Betriebswirtschaftslehre und speziell aus Marketingsicht als Absatzpotenzial der betrachteten Unternehmung für ihre Produkte angesehen werden (»Markt im subjektiven Sinn«). Halten wir als Definition fest: Ein **Markt** besteht aus allen tatsächlichen und potenziellen Abnehmern mit einem spezifischen Bedürfnis, welches die Unternehmung mit ihrem Produkt zu befriedigen versucht.

Das Marktgeschehen ist in nahezu allen Branchen durch einen intensiven und dynamischen, zum Teil auf internationaler Ebene ausgetragenen Wettbewerb gekennzeichnet, bei dem es sehr auf die Differenzierungsfähigkeit der Anbieter ankommt. Die Hersteller versuchen, über ihre Produktvarianten Präferenzen für das eigene Angebot zu schaffen und damit der Fülle an Bedürfnissen zu entsprechen. Die heutige Vielfalt an Alternativen einer Produktart ist also auf die Vielfalt der Bedürfnisse auf gesättigten Märkten zurückzuführen.

Eine Reihe von Faktoren ist für den starken Wettbewerb verantwortlich: Bei vielen Sachgütern (z. B. Kühlschränken) und Dienstleistungen (z. B. Versicherungen) ist der Erstbedarf weitgehend gedeckt. Die Lebensdauer von Produkten hat sich aufgrund der hohen Geschwindigkeit von Substitutionsprozessen dramatisch verringert (z. B. Computerhardware und -software). Die Bedürfnisse der Abnehmer werden von den Anbietern mit qualitativ hochwertigen Produkten befriedigt (z. B. Automobile), sodass nur noch geringe Spielräume bestehen, um sich von den zahlreichen Konkurrenten abzuheben. Die vor allem auf Konzentrationsprozessen beruhende starke Position des Handels (z. B. Edeka) mit seinen eigenen Marken- und Marketingkonzepten schwächt die traditionelle Markenartikelindustrie.

Markt-Definition

Nachfrage als Kosten-Nutzen-Abwägung

1.1 Begriff und Grundgedanke des Marketing

Immer mehr betriebliche Entscheidungsträger müssen deshalb erkennen, dass sie ihre Ziele langfristig nur durch eine konsequent auf die eigenen Absatzmärkte ausgerichtete Unternehmenspolitik erreichen können. Das Marketing wird dadurch zum zentralen Element der gesamten Unternehmensführung: Erfolg hat nur derjenige, der die Wünsche und Vorlieben potenzieller Kunden kennt, ihre Interessen und Präferenzen bei der Erstellung eigener Angebote berücksichtigt und folglich alle Entscheidungen vom Markt her trifft. Wie effizientes Marketing unter den oben skizzierten Marktbedingungen betrieben werden kann, soll folgendes Beispiel veranschaulichen (Aus der Praxis 1-2):

> Unternehmensziele werden durch die Ausrichtung auf Absatzmärkte erreicht.

Aus der Praxis – 1-2

Kaffee gehört in Mitteleuropa seit Langem zu den beliebtesten Genussmitteln. Wie jeder Kaffeetrinker jedoch weiß, ist die frische Zubereitung einer Tasse Filterkaffee mit einem gewissen Aufwand verbunden. Als erstes Unternehmen brachte deshalb die Firma Nestlé einen löslichen Kaffee (Nescafé) auf den Markt, dessen Vorteil darin besteht, dass sich der Konsument an nahezu jedem Ort innerhalb kürzester Zeit auf einfachste Weise einen Kaffee zubereiten kann. Dieser Produktvorteil wurde jedoch in den 1970er-Jahren durch die zunehmende Verbreitung preiswerter und raffinierter Kaffeemaschinen (z. B. mit Zeitschaltuhr) zurückgedrängt, welche die Filterkaffee-Zubereitung entscheidend erleichterten. Heute verfügt nahezu jeder Haushalt und jedes Büro über eine Kaffeemaschine. Marktforschungsergebnisse deuten außerdem auf das steigende Bedürfnis der Kaffeetrinker nach Kaffeespezialitäten hin. Die Anbieter von löslichem Kaffee mussten also nach neuen Produkten bzw. Produktvorteilen suchen, um ihre Erzeugnisse absetzen zu können. 1980 wurde der erste tassenfertige lösliche Espresso eingeführt, 1986 kamen Milch-Mischgetränke auf Kaffeebasis (z. B. Eiskaffee) auf den Markt.

Unter anderem aufgrund der zunehmenden Beliebtheit italienischer Speisen und Getränke entwickelte Nestlé 1987 den ersten tassenfertigen Cappuccino, einen Espresso mit aufgeschäumter Milch und Zucker, dessen Markteinführung 1989 ein voller Erfolg wurde. Diese Kaffeespezialität bekam man vorher nur in einem Café, da für ihre Zubereitung eine besondere Maschine (Espressomaschine mit Dampfdüse) und relativ viel Zeit erforderlich waren. Der tassenfertige Cappuccino kann nun jederzeit ohne großen Aufwand zu Hause oder am Arbeitsplatz genossen werden. 1992 gab es bereits sieben Anbieter von tassenfertigem Cappuccino, das Marktvolumen hat sich seit 1989 jedes Jahr fast verdoppelt, das Umsatzvolumen betrug 1995 bereits mehr als 250 Mio. Euro. Durch Produktdifferenzierungen versuchen die Anbieter, den Geschmacksvorlieben lukrativer Kundensegmente noch stärker Rechnung zu tragen. So bietet Nestlé auch die Cappuccino-Varianten »Choco-Noisette«, »Vanilla« und »Cappuccino weniger süß« an.

Neben den Instant-Kaffeespezialitäten haben sich inzwischen auch spezielle Kaffeemaschinen zur Einzeltassenzubereitung etabliert. Diese so genannten Single Serve-Systeme wurden bereits in den 1970er-Jahren von Nestlé und Illy entwickelt, haben aber erst mit der Markteinführung von Senseo im Jahre 2001 eine großflächige Akzeptanz und Verbreitung gefunden. Zur Zubereitung legt man entweder ein Pad oder spezielle Kapseln, die mit einer vorportionierten Menge an gemahlenem Kaffee gefüllt sind, in die Maschinen ein. Die Kaffeespezialität wird von dem Gerät unter Druck mit heißem Wasser aufgebrüht. Diese Systeme werden von vielen Kunden deshalb bevorzugt, da sie geschmacklich die Instant-Produkte übertreffen und gegenüber Filterkaffeemaschinen einfacher zu handhaben sind. Zu den gängigsten Marken gehören neben Senseo auch Nespresso, Tassimo und Cafissimo. Allein Nestlé, nach eigenen Angaben Weltmarktführer für portionierte Spitzenkaffees, erzielte 2008 mit der Marke Nespresso weltweit einen Umsatz von 2,26 Milliarden Schweizer Franken (ca. 1,35 Milliarden Euro) und konnte ihn damit gegenüber 2006 verdoppeln. Bei den Espresso-/

1.1 Begriffliche und konzeptionelle Grundlagen des Marketing
Begriff und Grundgedanke des Marketing

> Pad-Maschinen verfügt Nespresso über einen Marktanteil von 17 Prozent. 2008 wurden weltweit mehr als 4,2 Milliarden Kaffee-Kapseln verkauft, sodass statistisch gesehen jede Minute pro Tag 8.000 Tassen Nespresso getrunken werden. Abgesehen von den knapp 160 »Nespresso-Boutiquen« werden die Kapseln ausschließlich im Direktvertrieb über das Internet verkauft. Um Kapseln und Zubehör bestellen zu können, muss man sich im Nespresso-Club anmelden. Die Zahl der Clubmitglieder verdoppelte sich weltweit von 3,1 Millionen im Jahr 2006 auf 6 Millionen im Jahr 2008. Nestlé sieht weiteres Wachstumspotenzial, weil das Segment des portionierten Kaffees derzeit lediglich 5 Prozent des Marktvolumens auf europäischen und nordamerikanischen Märkten ausmacht und man aufgrund der steigenden Beliebtheit von einem steigenden Bedarf von bis zu 12 Prozent im Jahr 2015 ausgeht.

Das Beispiel zeigt, wie Bedürfnisse von Abnehmern (hier: schneller und bequemer Genuss einer Kaffeespezialität) den Ausgangspunkt für erfolgreiche neue Produkte bilden. Um ein Unternehmen konsequent vom Markt her führen zu können, sind fundierte und differenzierte Marketingkenntnisse erforderlich.

Häufig liest man, dass Märkte bedroht, gewachsen oder geschrumpft sind, sich im Wandel befinden bzw. erschlossen, bearbeitet oder gepflegt werden müssen. Hinter diesen und vielen anderen Aussagen zum Absatzgeschehen stecken zweifellos Vorstellungen von ganz bestimmten Märkten. Eine zentrale Aufgabe der Marketingmanager besteht deshalb darin, den Absatzmarkt ihres Unternehmens abzugrenzen (»Wer sind meine Konkurrenten?«) und näher zu beschreiben (»Wie verhalten sich die Konkurrenten auf dem Markt«) (vgl. hierzu ausführlich Bauer, 1989, S. 108 ff.; Scharf, 1991, S. 97 ff.). Da letztlich immer der Nachfrager darüber entscheidet, was er kauft und welche Leistungen für ihn als Angebotsalternativen (Substitutionsprodukte) in Frage kommen, ist es sinnvoll, den relevanten Markt über das Nachfrageverhalten zu definieren. Unter einem **relevanten Absatzmarkt** versteht man deshalb denjenigen Teil des Gesamtmarktes, auf dem das Erzeugnis einer Unternehmung im Wettbewerb mit vergleichbaren anderen Erzeugnissen steht. Um einschätzen zu können, ob sich Aktivitäten auf einem relevanten Absatzmarkt für das Unternehmen lohnen, muss man diesen zunächst genauer definieren. Dazu grenzt man den Markt in räumlicher, zeitlicher und sachlicher Hinsicht ab.

- Die **räumliche** Marktabgrenzung erfolgt nach der Region, in der die Produkte angeboten werden sollen. Zu unterscheiden sind lokale, regionale, nationale, internationale und globale Märkte (z. B. Erfurt, Ruhrgebiet, europäischer Markt).
- Die **zeitliche** Abgrenzung erfolgt nach temporären Kriterien. Dabei gilt es zu ermitteln, wie lange die gegenwärtigen Nachfrage- und Konkurrenzbeziehungen konstant bleiben. Diese Art der Abgrenzung ist vor allem bei Saisonprodukten (z. B. Lebkuchen, Sommerreifen, Skiausrüstung) einfach nachzuvollziehen. Sie kann aber auch bei veränderten Rahmenbedingungen relevant sein, etwa wenn eine veränderte Rechtslage dazu führt, dass sich ausländische Banken mit aggressiv angebotenen Konsumkrediten Marktzutritt verschaffen.
- Die **sachliche** Abgrenzung orientiert sich an der Art der Leistungen, mit denen sich das Unternehmen dem Wettbewerb stellt. Eine Konsumentenbank konkurriert beispielsweise nicht nur mit anderen Banken um Konsumkredite, sondern auch mit Handelsbetrieben und Kreditkartengesellschaften.

Die sachliche Marktabgrenzung ist am schwierigsten vorzunehmen. Oftmals richtet sich der Blick auf das Produkt als technische Leistung und entsprechend wird nur eine bestimmte Produktgattung als relevanter Absatzmarkt berücksichtigt. Hierbei spricht man von **Produktmarktkonzept**. Da Produkte aber als Mittel zur Bedürfnisbefriedigung zu sehen sind, kann die Konzentration auf die Produktgattung zu folgenschweren Fehlentscheidungen führen. Probleme sind insbesondere dann zu erwarten, wenn ein Bedürfnis auf sehr unterschiedliche

Die Marktabgrenzung dient der Spezifikation des relevanten Marktes.

Probleme des Produktmarktkonzepts

Weise befriedigt werden kann. In dem Fall können sich verschiedene Produkte substituieren bzw. gegenseitig ersetzen. Beispielsweise konkurriert die Deutsche Bahn mit anderen Nahverkehrsgesellschaften, innerdeutschen Fluglinien und Autovermietungen und damit nicht nur mit dem Personenverkehr auf der Schiene, sondern sie agiert insgesamt auf einem Mobilitätsmarkt. Ebenso konkurriert ein Hersteller von Schokoriegeln nicht nur mit anderen Riegelproduzenten, sondern er befindet sich im Wettbewerb auf einem Markt für Zwischenmahlzeiten. Dazu gehören neben weiteren Süßwaren (z. B. Müsliriegel) auch herzhafte Produkte (z. B. Salamistangen, Sandwiches). Deshalb empfiehlt es sich, entsprechend dem **Bedarfsmarktkonzept** einer erweiterten, bedürfnisorientierten Marktabgrenzung zu folgen, die zum einen Konkurrenzbeziehungen im weiteren Sinne aufdeckt, die einem Anbieter bei einer rein technischen Produktsicht möglicherweise überhaupt nicht bewusst sind. Und zum anderen erweitert sie den Suchraum für Produktinnovationen.

Nach erfolgter Marktabgrenzung kann man insbesondere durch den Einsatz der Marktforschung einschätzen, wie groß der relevante Markt ist, wie viele Wettbewerber und Hauptkonkurrenten er beinhaltet, welcher Umsatz zu erwarten ist und wie die Nachfrager und Wettbewerber auf Veränderungen im Einsatz der Marketinginstrumente reagieren (vgl. Meffert et al., 2008, S. 51 ff.). Die Marketingaktivitäten sind auf diesen relevanten Markt auszurichten.

Die **Austauschprozesse** auf einem Markt kommen dann zustande, wenn die Partner in dem Austausch eine »Belohnung« für sich sehen. Es müssen also Tauschanreize für die Anbieter und Nachfrager bestehen. Im Beispiel des Modell T waren die Ford-Kunden beispielsweise daran interessiert, ein robustes, reparaturfreundliches und langlebiges Fahrzeug mit einfacher Bedienung zu einem angemessenen Preis zu erhalten. Die Belohnung bekommen sie in Form von Bedürfnisbefriedigung, Produktzufriedenheit und Prestige. Die Ford Motor Company war sowohl an der Erzielung eines guten Preises interessiert, der pünktlich gezahlt wird, als auch am Wiederkauf (Markentreue) und an der Weiterempfehlung durch die eigenen Kunden. Ford wurde also durch dauerhaften Umsatz, Gewinne und einen guten Ruf belohnt. Da die Marktpartner mit dem Austausch Belohnungen bzw. Gratifikationen anstreben, spricht man auch vom **Gratifikationsprinzip** (Meffert et al., 2008, S. 4 f.; Silberer, 1979).

Austauschprozesse basieren im Wesentlichen auf dem Gratifikationsprinzip.

Vorteile des Bedarfsmaktkonzepts

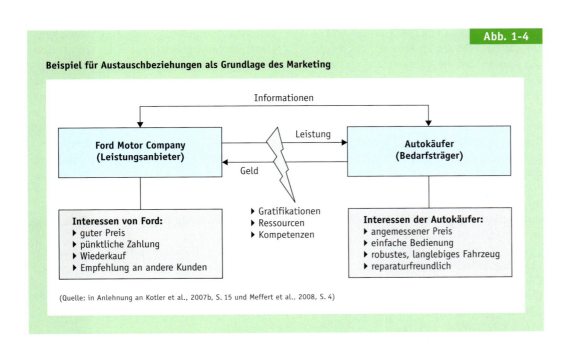

Abb. 1-4 Beispiel für Austauschbeziehungen als Grundlage des Marketing

(Quelle: in Anlehnung an Kotler et al., 2007b, S. 15 und Meffert et al., 2008, S. 4)

Die Abbildung 1-2 wird durch Abbildung 1-4 näher spezifiziert. Sowohl Anbieter als auch Nachfrager verfolgen eigene Interessen, die sich insbesondere auf Verbraucherseite aus den Bedürfnissen der Konsumenten ableiten. Das Unternehmen verfügt über marktrelevante Informationen bezüglich der Verbraucherbedürfnisse und kann die Nachfrage auf Basis dieser Daten abschätzen. Die Nachfrager bzw. Bedarfsträger verfügen über Informationen darüber, welche Unternehmen am besten dazu in der Lage sind, ihre Bedürfnisse zu befriedigen. Ein Austausch kommt dann zustande, wenn Anbieter und Nachfrager darin eine Gratifikation bzw. einen Nutzen für sich sehen und wenn sie über die entsprechenden Ressourcen zum Austausch verfügen (z. B. Produktionsmittel auf Anbieterseite, finanzielle Mittel auf Verbraucherseite). Die Kompetenz im Ressourceneinsatz spielt auf Unternehmensseite eine wesentlich wichtigere Rolle (z. B. Fertigungs- und Absatzwissen auf Anbieterseite) als auf Nachfragerseite. Zwar verfügen kompetente Verbraucher möglicherweise über einen Vorteil, wenn es um die Auswahl eines geeigneten Angebots geht. Aber auch weniger kompetente oder wenig informierte Konsumenten treten in Austauschbeziehungen, wenn ihnen ein Angebot zusagt.

Je genauer die Bedürfnisse und Ressourcen der Nachfrager bei den Unternehmen bekannt sind, desto besser sind sie in der Lage, Produkte mit hohem Nutzen bereitzustellen. Insbesondere ist es nicht immer sinnvoll, sich auf die finanzielle Kapazität der Nachfrager zu konzentrieren (Preiswettbewerb), sondern auch die anderen knappen Ressourcen wie Information (z. B. bessere Kundenberatung) oder Zeit (z. B. schnelle Bedienung/Heimlieferung) zu berücksichtigen. Insgesamt steigt mit zunehmender Marktentwicklung auch die Bedeutung der Ressourcen und Kompetenzen, denn auf gesättigten Märkten benötigen Unternehmen die Fähigkeit, Wettbewerbsvorteile zu erzielen und Verbraucher müssen mit der enormen Angebotsvielfalt umgehen können.

Unternehmen müssen auf gesättigten Märkten Wettbewerbsvorteile erzielen.

1.2 Grundhaltungen gegenüber dem Absatzmarkt

Welche Ausrichtung soll eine Unternehmensphilosophie konkret aufweisen, die das Marketing positiv beeinflusst? Welches Gewicht erhalten die Ziele der Unternehmung, die Wünsche der Kunden und die Erfordernisse der Gesellschaft – häufig widerstreitende Interessenlagen? Die einzelnen Marketingaktivitäten müssen im Rahmen einer sorgfältig definierten Grundeinstellung effektiv und verantwortungsbewusst ausgeführt werden. Unterschiedliche, historisch bedingte Denkansätze stehen sich dabei gegenüber. In einer idealtypischen Betrachtung lassen sich folgende unternehmerische Haltungen gegenüber dem Absatzmarkt unterscheiden (vgl. zum Folgenden Kotler et al., 2007b, S. 18 ff.):

(1) Produktionsorientierung

Die Produktionsorientierung ist die älteste Einstellung, von der sich die betrieblichen Entscheidungsträger leiten lassen können. Sie wird von der Überzeugung getragen, dass die Abnehmer diejenigen Produkte bevorzugen, die ihnen zur Verfügung stehen und die kostengünstig sind. Die Manager im produktionsorientierten Unternehmen konzentrieren sich auf zwei Ziele: eine hohe Fertigungseffizienz und ein flächendeckendes Distributionssystem. So lag der Preis für einen Taschenrechner mittlerer Leistungsfähigkeit in den 1970er-Jahren noch zwischen 50 und 100 Euro. Der Einsatz moderner Fertigungstechniken und die Ausnutzung von Kostendegressionseffekten aufgrund erheblich größerer Produktionsmengen führten zu starken Preissenkungen auf diesem Markt. Vergleichbare Rechner, insbesondere von fernöstlichen Herstellern, sind heute für weniger als 10 Euro im Handel erhältlich.

Die produktionsorientierte Denkhaltung ist schlüssig, wenn eine der beiden folgenden Bedingungen erfüllt ist:
▶ Die Nachfrage nach einem bestimmten Produkt übersteigt das Angebot (Verkäufermarkt).

Die Produktionsorientierung konzentriert sich auf hohe Fertigungseffizienz und flächendeckende Distribution.

- Die Produktionsstückkosten sind zu hoch und müssen durch einen größeren Mengenausstoß gesenkt werden, damit es gelingt, über niedrigere Verkaufspreise den Absatz auszudehnen. Diese Maßnahme der Preissenkung wirkt umso stärker, je sensibler die Nachfrager auf Preisänderungen reagieren (vgl. Kapitel 7.2.2.1). Dieses Konzept wurde insbesondere von vielen japanischen Unternehmen zum strategischen Schlüsselelement erhoben. Das Marketing konzentriert sich dabei vor allem auf die Senkung der Preise für die Käufer.

Der Nachteil dieser Denkweise beruht darauf, dass die nichtpreislichen Parameter der Nachfrage vernachlässigt werden. Auf die Nutzenerwartungen des Kunden wird wenig Rücksicht genommen. In einer Zeit intensiver Konkurrenz auf insgesamt hohem produktionstechnischen Niveau können sich die meisten Anbieter eine derartige »Marketing-Kurzsichtigkeit« nicht mehr leisten.

(2) Produktorientierung

Konsumenten können in der Regel zwischen mehreren Alternativen zur Bedürfnisbefriedigung wählen. Die Marketingmanager im produktorientierten Unternehmen gehen davon aus, dass die Konsumenten Erzeugnisse bevorzugen, die ein Höchstmaß an objektiver Qualität bieten. Deshalb konzentrieren sie sich auf die Herstellung qualitativ guter Produkte und deren ständige Verbesserung. Die Gefahr dieser Philosophie beruht darauf, dass die Unternehmer von ihren Produkten so überzeugt sind, dass sie die Präferenzen der Kunden vernachlässigen, beziehungsweise übersehen, dass die Entwicklung auf dem Markt in eine ganz andere Richtung geht.

So plante ein Hersteller von Modelleisenbahnen die Vermarktung einer »Abenteuereisenbahn« für Kinder, um die 6- bis 10-Jährigen, die sich in ihrer Freizeit zunehmend anderen Beschäftigungen (z. B. Computerspielen) hingeben, langfristig als Kunden für ihre Produkte zu gewinnen. Das technisch ausgereifte und äußerst robuste Produkt wurde jedoch nicht angenommen, da der Preis für die Grundversion vergleichsweise hoch war und viele Väter ihren Kindern (und sich selbst) für das Geld lieber eine »richtige« Modelleisenbahn kaufen wollten.

(3) Verkaufsorientierung

Diese Denkweise geht einher mit dem heutzutage auf vielen Absatzmärkten vorhandenen Angebotsüberhang. Aufgrund des vielfältigen Angebots bei gleichzeitig beschränktem Budget der Verbraucher besteht an bestimmten Gütern nur geringer Bedarf. Ist der Kunde bereit, ein Produkt zu kaufen, kann er in der Regel aus einer Reihe nahezu gleichwertiger Alternativen auswählen. Das Unternehmen versucht deshalb, die eigenen Produkte durch plakative Werbeversprechen und persönlichen Verkauf aggressiv zu vermarkten (z. B. Call Center von Telefongesellschaften). In diesem Zusammenhang spielt die leistungsorientierte Entlohnung (Provisionen, Prämien) eine wichtige Rolle, in der die Verkäufer vor allem dann einen Anreiz zur bedenkenlosen Steigerung der Verkaufszahlen sehen, wenn die Provisionen und Prämien unmittelbar an die Anzahl der abgeschlossenen Verträge oder den erzielten Umsatz gekoppelt sind (vgl. Kotler et al., 2007b, S. 805).

Die Verkaufsorientierung birgt große Gefahren, da zum Kauf überredete Kunden mit dem erworbenen Produkt häufig unzufrieden sind. In diesem Fall werden sie ihre schlechten Erfahrungen an andere potenzielle Abnehmer weitergeben und das Produkt – gegebenenfalls auch andere Produkte des Anbieters – nicht mehr kaufen (Nachkaufdissonanzen). So zeigen Daten aus einer Kundenbefragung der Volkswagen AG: Nur einer von 26 Kunden, die eine Beschwerde haben, tragen diese dem Verkäufer auch vor. Unzufriedene Kunden erzählen aber ihre negativen Erfahrungen im Durchschnitt neun bis zehn weiteren Personen, zufriedene Kunden teilen ihre positiven Erfahrungen hingegen nur 5 Personen mit. Mehr als 50 Prozent zufriedengestellter Beschwerdeführer werden zu Dauerkunden, bei extrem schneller Reaktion auf eine Beschwerde steigt dieser Anteil auf 95 Prozent (vgl. Bunk, 1993, S. 65).

(4) Marketingorientierung

Betriebliche Entscheidungsträger gehen davon aus, dass die Verbraucher dasjenige Produkt kaufen, welches ihren Nutzenerwartungen am ehesten entspricht. Deshalb versuchen marketingorientierte Unternehmen mithilfe effizienter Methoden, die Wünsche und Bedürfnisse der

---

Die Verkaufsorientierung konzentriert sich auf die aggressive Vermarktung von Überangeboten.

Die Produktorientierung konzentriert sich auf eine ständige Produktverbesserung.

Die Marketingorientierung konzentriert sich auf die Erfüllung der Kundenbedürfnisse.

1.2 Begriffliche und konzeptionelle Grundlagen des Marketing
Grundhaltungen gegenüber dem Absatzmarkt

aktuellen und potenziellen Abnehmer zu ermitteln, um diese dann wirksam und wirtschaftlich zu befriedigen. Folgende Aspekte bilden die Voraussetzung für diese Unternehmensphilosophie:

Marktorientierte Unternehmensführung: Mittelpunkt aller planerischen Tätigkeit ist der Markt, auf dem sich die Unternehmung betätigt, und nicht der Verkauf vorhandener Produkte. Der Zielmarkt muss zunächst abgegrenzt, sämtliche Unternehmensaktivitäten müssen darauf ausgerichtet und das Leistungsprogramm entsprechend den Kundenwünschen gestaltet werden.

Konsequente Ausrichtung am Kundennutzen: Die Unternehmung darf nur solche Produkte entwickeln und vermarkten, die sich am vom Kunden gewünschten Nutzen orientieren. Dafür ist es unerlässlich, Informationen über tatsächlich oder latent vorhandene Nutzenerwartungen der Nachfrager zu beschaffen. Die Gewinnung relevanter Daten erfolgt im Rahmen der Marktforschung (vgl. Kapitel 4.1.1). Es ist immer kostengünstiger, Stammkunden zu halten, als neue Kunden zu akquirieren. Der Schlüssel für die langfristige Bindung von Abnehmern an das Unternehmen ist eine hohe Kundenzufriedenheit (Aus der Praxis 1-3; zum Konstrukt der Kundenzufriedenheit vgl. Kapitel 3.2.1.4 sowie ausführlich Homburg, 2006; Bruhn/Homburg, 2008).

Beachtung der Konkurrenz: In der Regel ist eine Unternehmung nicht der alleinige Anbieter einer Marktleistung. Daher ist es notwendig, Erkenntnisse über das Absatzprogramm, die Marketingaktivitäten sowie über die technische, personelle und finanzielle Leistungsfähigkeit gegenwärtiger und potenzieller Wettbewerber zu gewinnen. Informationen hierzu liefert die Konkurrenzforschung als Teilgebiet der Marktforschung (vgl. Kapitel 4.1.1). Das eigene unternehmerische Handeln kann kooperativ und/oder konfrontativ sein. Kooperativ ist es beispielsweise bei strategischen Allianzen, die sich in Form von Entwicklungspartnerschaften zeigen können, mit denen man sich Investitionen für technologische Innovationen teilt (Meffert et al., 2008, S. 854). Eine solche Allianz wurde beispielsweise von Volkswagen und Ford bei der Entwicklung einer gemeinsamen Plattform für

Kooperatives oder konfrontales Verhalten gegenüber Wettbewerbern

Aus der Praxis – 1-3

Ein großer filialisierter Möbeleinzelhandelsbetrieb ermittelt in einer repräsentativen Befragung die Zufriedenheit seiner Kunden in den unterschiedlichen Leistungsbereichen. Die Ergebnisse zeigen, dass die größten Probleme im Rahmen der Montage von Möbeln (insbesondere Schrankwände und Küchen) beim Kunden bestehen. Des Weiteren wird die Kundenzufriedenheit durch unpünktliche oder ganz ausgebliebene Lieferungen beeinträchtigt. An dritter Stelle steht die Unzufriedenheit aufgrund menschlichen Fehlverhaltens der Mitarbeiter. Die Geschäftsleitung reagiert mit einer Reihe von Maßnahmen, um die aus Kundensicht bestehenden Mängel zu beseitigen. Beispielsweise erhalten die Montageteams die Möglichkeit, die Aufstellung neuer Produkte vor ihrer Auslieferung unter Anleitung erfahrener Mitarbeiter zu üben. Dabei auftretende Probleme werden sofort mit den Herstellerfirmen geklärt. Durch EDV-Unterstützung der Logistikprozesse wird die Dauer der Auftragsabwicklung um die Hälfte verkürzt. Die Transport- und Serviceteams werden mit Mobiltelefonen ausgerüstet, um den Kunden Lieferverzögerungen mitteilen zu können. Die Reaktionszeit auf Reklamationen wird von einer Woche auf maximal 2 Tage reduziert. Darüber hinaus schulen externe Berater alle Mitarbeiter im Umgang mit den Kunden.

den VW Sharan, den Seat Alhambra und den Ford Galaxy eingegangen. Die Fahrzeuge werden jedoch in gegenseitiger Konkurrenz vermarktet (zu den konkurrenzgerichteten Marketingstrategien vgl. Kapitel 5.2.5). Bei den verbreiteteren konfrontativen Strategien geht es um den Ausbau eigener Marktanteile zu Lasten der Wettbewerber. Ein Unternehmen kann das eigene Verhalten dann entweder dem der Konkurrenten anpassen oder sich von diesen abheben. Des Weiteren besteht die Alternative zwischen einer defensiven Haltung, um den Status quo zu bewahren, und einer offensiven Haltung, um die eigene Situation (auf Kosten der Wettbewerber) zu verbessern. Beispielsweise betreibt der

Lebensmittel-Discounter Aldi eine Konkurrenzorientierung im Sinne einer offensiven Wettbewerbspolitik. Auf Angriffe konkurrierender Unternehmen – insbesondere dem Hauptkonkurrenten Lidl – reagiert Aldi unter anderem mit gezielten Preissenkungen, verstärkter Suche nach besseren Standorten und der Aufnahme neuer Warengruppen.

Im Zuge eines offensiven Wettbewerbsverhaltens darf jedoch langfristig die Befriedigung der Kundenbedürfnisse nicht vernachlässigt werden. Ziel muss es vielmehr sein, sich neben der konsequenten Berücksichtigung der Nutzenerwartungen von Nachfragern mindestens einen einzigartigen Produktvorteil gegenüber den Wettbewerbern zu verschaffen (»**unique selling proposition**«, USP) und diesen Vorteil gegenüber seinen Kunden herauszustellen (z. B. durch die Verpackung oder Werbung). Die gleichzeitige Ausrichtung des Marketing an Nachfragern *und* Konkurrenten verdeutlicht die Abbildung 1-5.

Koordinierung sämtlicher Marketingaktivitäten: Im Unternehmen hat eine Vielzahl von Abteilungen direkten oder indirekten Bezug zum Absatzmarkt. Zum einen müssen die einzelnen Marketingfunktionen (Vertrieb, Marktforschung, Produktmanagement, Werbung etc.) im Hinblick auf die Erwartungen der Kunden aufeinander abgestimmt werden. Zum anderen ist es erforderlich, die Aktivitäten der Marketingabteilung mit den anderen Unternehmensbereichen zu koordinieren (Beschaffung, Produktentwicklung, Controlling u. a.; Aus der Praxis 1-4).

Abb. 1-5

Simultane Kunden- und Konkurrenzorientierung im Marketing

Gleichzeitige Ausrichtung an Nachfragern und Wettbewerbern

Um koordiniertes Handeln zu bewirken, sind interne Marketingaktivitäten, das heißt Anwerbung, Schulung und Motivierung geeigneter Mitarbeiter, die im Dienst des Kunden ihr Bestes geben, und externe Marketingaktivitäten (z. B. Vertrieb, Werbung) zu entwickeln. Die internen Aktivitäten müssen dabei den externen vorangehen, da es z. B. nicht sinnvoll ist, in der Werbung von freundlichen Kundenberatern zu sprechen, wenn die Mitarbeiter dazu (noch) nicht bereit sind.

Suche nach kreativen und innovativen Problemlösungen: Der Markterfolg wird nicht nur durch eine systematische Anwendung des Marketinginstrumentariums erreicht, sondern insbesondere auch durch die aus der typischen Grundhaltung hervorgehende Suche nach »ungewöhnlichen« und »einzigartigen« Problemlösungen, die zu einer Alleinstellung im Markt führen (Aus der Praxis 1-5). Voraussetzung hierfür ist ein systematisches Innovationsmanagement (vgl. Kapitel 6.5).

Eine Vielzahl von Beispielen belegt, dass die meisten Unternehmen erst zu einer konsequen-

Aus der Praxis – 1-4

Der Marketingdirektor einer großen Fluggesellschaft will den Marktanteil seines Unternehmens erhöhen. Seine Strategie besteht darin, durch schmackhafte Mahlzeiten, saubere Kabinen und intensiv geschulte Kabinencrews die Kundenzufriedenheit zu erhöhen. In diesen Bereichen fehlt ihm jedoch die Anordnungsbefugnis. Die Beschaffungsabteilung wählt das Essen ausschließlich nach Kostengesichtspunkten aus. Die Wartungsabteilung hat einen langfristigen Vertrag mit einem Subunternehmer geschlossen, die Personalabteilung sucht das Bordpersonal nach bestimmten Aspekten aus, wobei die Freundlichkeit gegenüber den Kunden eine untergeordnete Rolle spielt. Da in diesen Abteilungen eindeutig ein kosten- bzw. produktionsorientiertes Denken im Vordergrund steht, bleiben die Bemühungen des Marketingdirektors erfolglos (Kotler et al., 2007b, S. 27).

1.2 Begriffliche und konzeptionelle Grundlagen des Marketing
Grundhaltungen gegenüber dem Absatzmarkt

Das ganzheitliche Marketing berücksichtigt neben den Kundenbedürfnissen auch gesellschaftliche Ansprüche.

Aus der Praxis – 1-5

Eine innovative Problemlösung sind Tiefkühlgerichte in der Dampfgarschale für die Mikrowelle. Bevor diese auf den Markt kamen, mussten die Verbraucher die Verpackungsfolie ihres Fertiggerichts entweder mehrfach einstechen, bevor es im Mikrowellenofen gegart wurde. Oder sie mussten das Fertiggericht in geeignetes Geschirr umfüllen und in der Mikrowelle abdecken, um eine Verunreinigung des Ofens zu vermeiden. Die Produktentwickler hatten erkannt, dass beides zu Problemen in der Handhabung führen konnte (z. B. Einstechen der Folie vergessen, keine geeignete Geschirrabdeckung vorhanden). Um den Überdruck in der Garschale während des Erhitzens und ein damit verbundenes Platzen der Verpackung im Mikrowellenofen zu vermeiden, wurde eine Garschale entwickelt, in deren Folie sich ein Ventil befindet, über das der Druck entweichen kann. Damit entfällt für den Verbraucher das Einstechen der Folie beziehungsweise das Umfüllen des Fertiggerichts. Inzwischen werden derart verpackte Fertiggerichte von einer Reihe von Herstellern angeboten (z. B. Jütro, Iglo, Frenzel).

(5) Ganzheitliche Markt- und Umweltorientierung

Unternehmen, die sich allein auf den Absatzmarkt ausrichten, können nur suboptimal handeln, da eine Vielzahl weiterer Einflüsse und Abhängigkeiten unberücksichtigt bleibt. Ein modernes Marketingkonzept bedarf der ganzheitlichen Berücksichtigung möglichst aller sozialen, gesellschaftlichen und umweltbezogenen Kräfte, die auf die marktgerichtete Unternehmenstätigkeit einwirken können. Geht man über die rein ökonomischen Aspekte hinaus, dann spricht man auch von einer Vertiefung (Deepening) des Marketing bzw. seiner inhaltlichen Ziele (Esch et al., 2008, S. 14). Zu den wesentlichen Anspruchsgruppen, von denen diese Kräfte ausgehen, zählen neben den Absatzmittlern (z. B. Einzelhändler) und Verbrauchern (Absatzmarketing) auch die eigenen Mitarbeiter (internes Marketing), die Lieferanten (Beschaffungsmarketing), die Konkurrenten (Wettbewerbsmarketing), die Anwohner der Produktionsstandorte und die Öffentlichkeit (Public Marketing). Einen Überblick über die vielfältigen Beziehungen des Unternehmens gibt Abbildung 1-6.

Wenn man von Marketing spricht, ist in der Regel das **Absatzmarketing** gemeint. Das Absatzmarketing steht auch im Mittelpunkt dieses Buches. Es richtet sich im Wesentlichen auf die Endkäufer und sorgt dafür, dass die eigenen Produkte nachgefragt werden. Insbesondere im Rahmen der Distributionspolitik findet man zudem eine Reihe von Maßnahmen, die auf die Absatzmittler gerichtet sind und die dazu dienen, die Produkte im Handel verfügbar zu machen.

Marketingaktivitäten können sich jedoch auch auf die Beschaffungsmärkte ausrichten. Das **Beschaffungsmarketing** verfolgt das Ziel, Ressourcen in der richtigen Qualität, der benötigten Menge zur rechten Zeit, zum richtigen Preis aus der richtigen Quelle zu beziehen. Diese generellen Ziele sind vor dem Hintergrund verständlich, dass in vielen Branchen die zu beschaffenden Materialien einen großen Teil der gesamten Produktkosten ausmachen. Damit wird auch klar, dass das Beschaffungsmarketing eine hohe Verantwortung für die Produktqualität trägt.

Das **interne Marketing** konzentriert sich auf die Mitarbeiter des Unternehmens, deren Moti-

Marketingaktivitäten können sich auf Lieferanten und Abnehmer ausrichten.

ten Marketingorientierung bereit sind, wenn sie durch die Dynamik auf ihren Absatzmärkten dazu gezwungen werden. Die Geschwindigkeit, mit der sich der erforderliche Umdenkungsprozess vollzieht, entscheidet schließlich darüber, ob das Unternehmen langfristig am Markt bestehen kann oder nicht. Häufig müssen erst innerbetriebliche Widerstände beseitigt werden. So befürchten etwa die technisch orientierten Abteilungen wie die Fertigung oder die Forschung und Entwicklung, dass ihr Einfluss auf die Unternehmenspolitik schwindet.

Entscheidend ist deshalb, nicht das Marketing, sondern den Kunden in den Mittelpunkt aller Unternehmensaktivitäten zu rücken. Es gilt, aufbau- und ablauforganisatorische Lösungen zu finden, die eine effektive Zusammenarbeit aller betrieblichen Funktionen im Hinblick auf die Befriedigung von Kundenbedürfnissen ermöglichen (vgl. Kapitel 2.3).

1.2 Grundhaltungen gegenüber dem Absatzmarkt

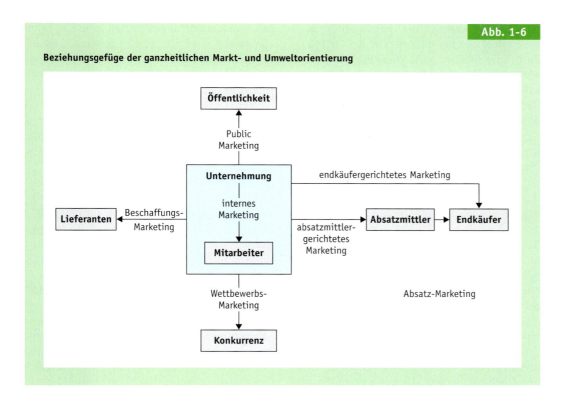

Abb. 1-6: Beziehungsgefüge der ganzheitlichen Markt- und Umweltorientierung

vation und Ausbildung in vielen Branchen eine wichtige Rolle für die Produktqualität und die Kundenzufriedenheit spielt. Ein Handeln der Mitarbeiter im Interesse der Kunden ist deshalb unabdingbar. Zu den Aufgaben des internen Marketing gehört die Anwerbung, Schulung und Motivation von geeigneten Mitarbeitern (Kotler et al., 2007b, S. 27). Diese Mitarbeiter sind dafür verantwortlich, die Marketinginstrumente Produkt-, Preis-, Kommunikations- und Distributionspolitik – hierbei spricht man vom Marketingmix – auf der Absatzseite sowie Beschaffungsaktivitäten und Beziehungen zu Wettbewerbern und der Öffentlichkeit umzusetzen. Dies erfordert nicht nur die Koordination unternehmensinterner Aktivitäten, sondern auch den Aufbau von Beziehungen zu allen unternehmensexternen Schnittstellen (**Beziehungsmarketing**). Dabei hat man es mit einer Vielzahl von Entscheidungen, einsetzbaren Werkzeugen und Aktivitäten zu tun, die einen Beitrag zur Wertschöpfung leisten sollen und entsprechend vom Marketingmanagement koordiniert werden müssen. In diesem Zusammenhang spricht man auch vom **integrierten Marketing** (vgl. Kotler et al., 2007b, S. 25 ff.).

Bei der Berücksichtigung konkurrierender Unternehmen in den eigenen Marketingentscheidungen handelt es sich um **Wettbewerbsmarketing**. Es ist deckungsgleich mit der Beachtung und dem Verhalten gegenüber der Konkurrenz bei der Marketingorientierung.

Für die Berücksichtigung gesellschaftlicher Anliegen im Rahmen der Unternehmenstätigkeit wird auch der Begriff **Public Marketing** verwendet. Mit Blick auf den Klimawandel sowie vor dem Hintergrund der Berichterstattungen über die von Teilen der Wirtschaft verursachten Umweltverschmutzungen, Ressourcenverschwendung, Produktsicherheits- oder Sozialskandale ist dem Public Marketing bereits heute eine große Bedeutung beizumessen. Die Öffentlichkeit wird gegenüber dem unternehmerischen Handeln immer sensibler, sodass die Unternehmen nicht nur die individuellen Konsumbedürfnisse des Zielmarktes identifizieren und befriedigen müssen, sondern auch die Verbraucherinteressen im Hinblick auf die langfristige Siche-

Die Berücksichtigung gesellschaftlicher Anliegen wird immer wichtiger.

rung und Verbesserung der Lebensqualität zu berücksichtigen haben. Kotler et al. (2007b, S. 30) sprechen in diesem Zusammenhang von wohlfahrtsbedachtem Marketing, das die unternehmerischen Ziele unter Berücksichtigung der Bedürfnisse und Interessen der Zielmärkte so zu erreichen versucht, dass die Lebensqualität der Gesellschaft nachhaltig bewahrt oder verbessert wird. Auf der Ebene der Unternehmensstrategie spiegeln sich diese Gedanken seit einigen Jahren auch in der Idee der »Nachhaltigen Entwicklung« bzw. der unternehmerischen Verantwortung (Corporate Social Responsibility, CSR) wider (Aus der Praxis 1-6). Auf Konsumentenseite haben es die Anbieter mit der wachsenden Gruppe der LOHAS (Lifestyle of Health and Sustainability) zu tun, die bewusst gesunde und nachhaltige Produkte nachfragt, ohne dabei auf Genuss zu verzichten (vgl. Kirig/Wenzel, 2009, S. 48).

Corporate Social Responsibility (CSR)

Um den gesellschaftlichen Belangen gerecht zu werden, stehen den Unternehmen verschiedene Instrumente zur Verfügung. Als Erstes ist hier an erhöhte Produktanforderungen hinsichtlich Produktsicherheit, Gesundheit und Umweltschutz zu denken (z. B. phosphatfreies Waschmittel, verbrauchsarmes Auto, strahlungsarmer Computer-Monitor, umweltfreundliche Verpackung). Auch die Erforschung und der Einsatz alternativer Produktionsverfahren (z. B. Sauerstoff-Bleichung von Papier) und die Wahl von Produktionsstandorten (z. B. Überprüfung sozialer Mindeststandards in den Produktionsländern) spielen in diesem Zusammenhang eine Rolle. Hier sind vor allem die Entscheidungsträger in Forschung und Entwicklung gefordert. Darüber hinaus können Unternehmen sich gesellschaftlich engagieren. Das kann in Form von einmaligen Sach- und Geldspenden (z. B. Medikamentenspenden eines Pharmakonzerns für Katastrophengebiete, Bereitstellung von Baugerüsten für die Sanierung von Kulturdenkmälern durch einen Baukonzern), durch die Unterstützung von gemeinnützigen Projekten (z. B. Unterstützung einer benachbarten Suppenküche durch einen Nahrungsmittelhersteller) oder durch die Gründung von unternehmensnahen Stiftungen (Corporate Foundations) erfolgen.

Instrumente des Public Marketing

Insbesondere Stiftungen werden in letzter Zeit zunehmend von Unternehmen gegründet, weil sie damit direkten Einfluss auf die Verwendung der Mittel nehmen und ihrem Engagement langfristig, proaktiv und glaubwürdig nachgehen können. Unternehmensnahe Stiftungen sind nicht-erwerbsorientierte Organisationen, die zwar von einem Unternehmen oder Unternehmer gegründet wurden und dem Gründungsunternehmen auch langfristig verbunden bleiben (z. B. durch den Namen), aber rechtlich selbstständig sind und ihre gemeinnützige Förderleistung gemäß dem Stiftungszweck eigenständig und kostenlos bzw. kostendeckend erbringen (siehe hierzu ausführlich Marquardt, 2001). Besonders bekannte Beispiele für unternehmensnahe Stiftungen sind die Krombacher Regenwaldstiftung, die Bertelsmann-Stiftung und die Vodafone-Stiftung.

Hersteller, die ihrer unternehmerischen Verantwortung für Umwelt und Gesellschaft durch ein ganzheitliches Marketing nachkommen, stehen vor der Frage, inwieweit sie öffentlich darauf hinweisen sollen. Ein zu offensiver Umgang, beispielsweise durch den Einsatz von Mediawerbung, kann schnell den Eindruck erwecken, dass der Hinweis auf die Förderung gesellschaftlicher Anliegen lediglich den unternehmerischen Umsatzzielen dienen soll. Kritiker bemängeln hieran auch die Verknüpfung von Förderbetrag und Konsum (z. B. pro gekauften Artikel wird ein bestimmter Betrag in eine Stiftung eingezahlt), weil dadurch auf Verbraucherseite der Eindruck entstehen kann, dass man sich durch Konsum von seinen gesellschaftlichen Pflichten »freikaufen« kann (vgl. Kotler et al., 2007b, S. 30). Es gilt also für Unternehmen, das richtige kommunikative Maß zu finden und das gesellschaftliche Engagement (z. B. Spenden, Social-Sponsoring, Stiftungsaktivitäten) nicht zu Werbezwecken zu missbrauchen, um die eigene Glaubwürdigkeit nicht zu gefährden. Viele Unternehmen bringen beispielsweise zertifizierte Produkte mit Siegel (z. B. Fairtrade, Öko-Tex, Umweltengel) in Verkehr und informieren über ihr Engagement mit den Instrumenten der Öffentlichkeitsarbeit (siehe Kapitel 8.2.2.3).

CSR-Maßnahmen sollten nicht zu Werbezwecken dienen.

Aus der Praxis – 1-6

Das Versandhandelsunternehmen Otto setzt sich für einen Ausgleich zwischen Ökonomie, Ökologie und Gesellschaft ein und nutzt hierfür seine Nachfragemacht aus, um die Hersteller zur Produktion umweltfreundlicher Erzeugnisse zu veranlassen und die Einhaltung von Sozialstandards zu sichern. Dabei berücksichtigt das Unternehmen sowohl die gesamte Wertschöpfungskette vom Anbau der Rohstoffe (z. B. Baumwolle) über die Produktion und die unternehmensinternen Vorgänge bis hin zum Absatz (z. B. Verpackungsvermeidung) als auch Bereiche, die nicht in direktem Zusammenhang mit der Unternehmenstätigkeit stehen. Das Engagement fußt im Wesentlichen auf den beiden Prinzipien Umweltverträglichkeit und Sozialverträglichkeit.

Auf Lieferantenseite wurden 1990 die Umweltverträglichkeit und 1997 die Einhaltung von Sozialstandards als Einkaufskriterien festgeschrieben. Der Verzicht auf Pestizide beim Anbau von Baumwolle ist verbindlich und der Anteil der schadstoffgeprüften Textilien im Sortiment beträgt annähernd 100 Prozent. Echtpelzbekleidung und Produkte aus Urwald-Tropenholz finden schon lange keine Berücksichtigung mehr, Tropenholz wird für Möbel nur noch aus nachhaltigem Anbau mit einem Siegel des Forest Stewardship Council (FSC) verwendet. Das FSC setzt sich für eine nachhaltige Waldbewirtschaftung ein. Kältegeräte werden seit 1997 nur noch FCKW- und FKW-frei angeboten, 2006 waren fast ausschließlich ökologisch optimierte Elektrogeräte der höchsten Energiesparklasse erhältlich und bereits 2001 war das Unternehmen der weltweit viertgrößte Anbieter von Produkten aus Bio-Baumwolle. 2005 kamen 55.000 Menschen in den Beschaffungsmärkten im Rahmen von Sozialprogrammen in den Genuss besserer Arbeitsbedingungen und 2008 startete Otto zusammen mit Terre des Hommes ein entwicklungspolitisches Projekt zur Bekämpfung von Kinderarbeit in Indien.

Auch unternehmensintern verfolgt Otto den Umweltschutz konsequent als Unternehmensziel. Seit über 20 Jahren wird für hausinternen Schriftverkehr überwiegend Recyclingpapier, teilweise auch FSC-zertifiziertes Papier verwendet. Am Hamburger Firmenstammsitz wurde ein Umweltmanagementsystem etabliert. Zum schonenden Umgang mit Ressourcen tragen eine Regenwasserrückgewinnungsanlage und der Betrieb einer der größten Solaranlagen in Hamburg bei. Sonderabfälle werden so gut es geht vermieden und wurden innerhalb weniger Jahre um mehr als die Hälfte reduziert. Ein Gesundheitsmanagementprogramm kümmert sich um die Gesundheitsförderung, die Arbeitssicherheit und -medizin und um soziale Belange der Mitarbeiter. Minderheiten im Betrieb wird Chancengleichheit garantiert. Hinzu kommen zahlreiche Vergünstigungen für die Mitarbeiter (z. B. subventionierte Fahrkarten für den öffentlichen Personenverkehr, betriebliche Altersvorsorge).

Auf der Absatzseite setzt man gewichtsoptimierte Mehrwegverpackungssysteme in der Transportlogistik ein. Der transportbedingte CO_2-Ausstoß wird stetig verringert und seit 1992 werden elektrische Großgeräte zurückgenommen und entsorgt. Die Spezial-Kataloge des Otto-Versands sind aus chlorfrei gebleichtem Papier und zudem enthalten die Kataloge einen Recycling-Anteil. Das Format bzw. die Größe des Hauptkatalogs wurde 2001 um 3,6 Prozent reduziert, wodurch jährlich über eintausend Tonnen Papier eingespart werden. Die Textilien sind schadstoffgeprüft, Elektrogeräte arbeiten energieeffizient und Holzprodukte verfügen über einen Herkunftsnachweis. Um Verbrauchern die Nutzung nachhaltiger Produkte zu erleichtern, wurde ein LOHAS-Internetportal »für strategischen Konsum und nachhaltigen Lebensstil« mitgegründet.

Die Koordinierung der Marketingaktivitäten erfolgt innerhalb des Unternehmens mit Hilfe einer Abteilung für Nachhaltigkeit, die in verschiedenen Arbeitskreisen Fachkräfte mit externen Experten zusammenbringt. Auf die Aktivitäten weist man durch Pressemitteilungen und -berichte, die verschiedenen Websites der Otto-Gruppe und einen Nachhaltigkeitsbericht hin. Zusätzlich gibt es in den Katalogen Infor-

> mationen zu nachhaltigen Produkten und Siegeln. Auf Mediawerbung zu diesem Thema verzichtet man jedoch.
>
> Die gesellschaftliche Verantwortung zeigt sich zudem in der Gründung gleich mehrerer Stiftungen. Den Anfang machte 1969 die Werner Otto-Stiftung, die sich der medizinischen Betreuung schwer kranker oder behinderter Kinder und entsprechenden Forschungsaktivitäten in Hamburg widmet. 1993 folgte die Michael Otto-Stiftung für Umweltschutz, die sich mit dem Erhalt und Schutz der Lebensgrundlage Wasser beschäftigt. Die Aid by Trade Foundation wurde 2005 zur globalen Förderung von Nachhaltigkeit gemeinsam mit Nichtregierungsorganisationen und diversen Partnern aus Wirtschaft, Politik und Wissenschaft gegründet. Sie widmet sich dem Umweltschutz und der Bekämpfung von Armut durch die Förderung von nachhaltigem Anbau land- und forstwirtschaftlicher Produkte (z. B. Baumwolle) in Entwicklungsländern. Daneben gibt es noch weitere Initiativen, die beispielsweise Hamburger Hauptschülern den Eintritt in die betriebliche Ausbildung erleichtern oder das unternehmerische Handeln der deutschen Wirtschaft zum verbesserten Klimaschutz fördern.
>
> *Quelle: www.otto.com, 2009*

1.3 Produktspezifische Besonderheiten

Den Ausgangspunkt für das heute praktizierte Marketing bilden die ersten industriell gefertigten Markenartikel wie z. B. Nivea, Persil, Erdal, Knorr und Odol, von denen einige schon vor mehr als hundert Jahren auf die Wünsche und Bedürfnisse der Abnehmer ausgerichtet werden mussten und die zum Teil auch heute noch im Markt erfolgreich sind. Seit einiger Zeit haben auch Anbieter von Investitionsgütern und Dienstleistungen erkannt, dass ihnen die Philosophie des Konsumgütermarketing dabei helfen kann, ihre absatzmarktbezogenen Probleme zu lösen. Für die Entwicklung effizienter Marketingkonzepte müssen jedoch die Besonderheiten der zu bearbeitenden Märkte berücksichtigt werden.

1.3.1 Besonderheiten des Konsumgütermarketing

Menschen haben Bedürfnisse, zu deren Befriedigung sie Güter konsumieren, das heißt ge- oder verbrauchen. Dementsprechend lassen sich Konsumgüter wie folgt definieren: **Konsumgüter** sind physische Leistungen, die von Endverbrauchern (Konsumenten) zum Zweck der Bedürfnisbefriedigung nachgefragt werden.

Dem Marketing für Konsumgüter kommt in den westlichen Industrieländern eine besonders große Bedeutung zu, da immer mehr Anbieter – zum Teil aus der ganzen Welt – eine ständig steigende Anzahl von Produkten anbieten. Die Erzeugnisse werden in zunehmendem Maße homogener und sind damit für den Kunden austauschbar. Dadurch entsteht ein starker Wettbewerbsdruck, der für Konsumgüter besondere Marketinganstrengungen erforderlich macht. Das Marketing für Konsumgüter zeichnet sich durch folgende charakteristische Besonderheiten aus:

▸ Die meisten Produkte werden auf dem anonymen **Massenmarkt** angeboten. Beispielsweise kennen Anbieter von Zahncreme oder Zeitschriften ihre Abnehmer in der Regel nicht persönlich. Sie müssen sich mithilfe der Marktforschung auf indirektem Wege Informationen über deren Wünsche und Bedürfnisse verschaffen.

▸ **Intensive Werbeaufwendungen** im Rahmen einer konsequenten Markenpolitik. Ein Erfrischungsgetränkehersteller versucht beispielsweise durch Fernseh-, Kino- und Plakatwerbung sowie durch die Verteilung von Warenproben, den unverfälschten Geschmack seines Kalorien reduzierten Produkts zu kommunizieren (z. B. »Echter Geschmack und zero Zucker«).

▸ **Mehrstufige Distribution** unter Berücksichtigung unterschiedlicher Distributionskanäle.

Definition Konsumgüter

Zum Beispiel vertreibt ein Anbieter von Backwaren seine Produkte unter Einschaltung des Groß- und Einzelhandels. Hersteller von Schokolade nutzen verschiedene Distributionskanäle (z. B. Lebensmitteleinzelhändler, Tankstellen, Kinos).

- Paralleles **konsumenten- und handelsgerichtetes Marketing**, um zunehmender Nachfragemacht des Handels gerecht zu werden. Beispielsweise verfügt ein Unternehmen aus der Unterhaltungselektronik-Branche über eine spezielle Handelsmarketing-Abteilung, die sich ausschließlich darum kümmert, eine optimale Bindung der Handelsbetriebe an die eigenen Produkte zu erreichen. Intensive Konsumentenwerbung soll gleichzeitig dafür sorgen, im Handel einen Nachfragesog durch die Verbraucher aufzubauen.
- **Preiskämpfe**, ausgelöst durch verschärften Wettbewerb. Beispielsweise konkurrieren drei Kaffeeröster miteinander durch gegenseitiges aggressives Unterbieten der jeweiligen Konkurrenzpreise.
- Differenzierter Einsatz aller **Marketinginstrumente**. Zwei Kaffeesorten eines Herstellers werden zum Beispiel über die Verpackungsgestaltung und Werbung differenziert, um den Nutzenerwartungen verschiedener Kundengruppen gerecht zu werden.
- **»Me too«-Produkte**, um bei ausgereiften Erzeugnissen mit niedrigen Preisen Marktanteile zu erringen. Nachdem beispielsweise ein Reinigungsmittelhersteller eine Color-Waschmittelmarke auf den Markt gebracht hat, bietet ein konkurrierender Hersteller ebenfalls ein Color-Waschmittel an, allerdings zu einem niedrigeren Preis.
- Einsatz von **Produktmanagern**, die sich ausschließlich um die von ihnen betreuten Produkte kümmern. Zum Beispiel koordiniert der Produktmanager für ein Geschirrspülmittel alle notwendigen innerbetrieblichen Marketingaktivitäten für sein Produkt. Er hält ferner Kontakt zu externen Stellen wie Marktforschungsinstituten und Werbeagenturen.

1.3.2 Besonderheiten des Investitionsgütermarketing

Investitionsgüter werden von industriellen Abnehmern und öffentlichen Institutionen nachgefragt. Auch die Investitionsgüterhersteller müssen ihre Absatzmärkte systematisch erforschen und bearbeiten, um ihre Marketing-Zielsetzungen verwirklichen zu können.

Zur Abgrenzung des Marktes für Investitionsgüter vom Markt für Konsumgüter ist am besten das Merkmal des **»organizational buying«** geeignet. Es besagt, dass die Nachfrager keine privaten Abnehmer sind, sondern Organisationen, die sich durch einen professionellen, arbeitsteiligen Beschaffungs- und Investitionsprozess auszeichnen (vgl. Engelhardt/Günter, 1981, S. 23 f.; Kotler et al., 2007a, S. 361 f.). Die Bezeichnung eines Erzeugnisses als Investitionsgut hängt folglich nicht primär von der Produktart, sondern von der Zielgruppe ab, da identische Produkte sowohl an gewerbliche Nachfrager als auch an Privatkunden abgesetzt werden können (z. B. Computer, Büromöbel, Autos). Continental verkauft seine Produkte beispielsweise nicht nur über den Reifenhandel an den anonymen Massenmarkt der privaten Kfz-Besitzer, sondern hängt auch von Erstausstattungsaufträgen der großen Automobilkonzerne ab. **Investitionsgüter** sind Leistungen, die von Organisationen (Nicht-Konsumenten) beschafft werden, um mit ihrem Einsatz (Ge- oder Verbrauch) weitere Güter für die Fremdbedarfsdeckung zu erstellen oder um sie unverändert an andere Organisationen weiterzuveräußern, die diese Leistungserstellung vornehmen (Engelhardt/Günter, 1981, S. 24).

Die Produkte in Investitionsgütermärkten unterscheiden sich in weiten Bereichen von denen, die in Konsumgütermärkten angeboten werden. Eine verbreitete Klassifizierung unterteilt Investitionsgütern in Zuliefer-, System-, Anlagen- und Produktgeschäft (Backhaus/Voeth, 2007, S. 202 f.; vgl. Abbildung 1-7).

Bei **Zuliefergeschäften** entwickelt der Lieferant für den Abnehmer kundenindividuell spezielle Leistungen, die in großer Stückzahl produziert und vom Abnehmer über einen längeren Zeitraum bezogen werden. Zwischen dem Zulieferer und dem Abnehmer besteht deshalb eine

Definition Investitionsgüter

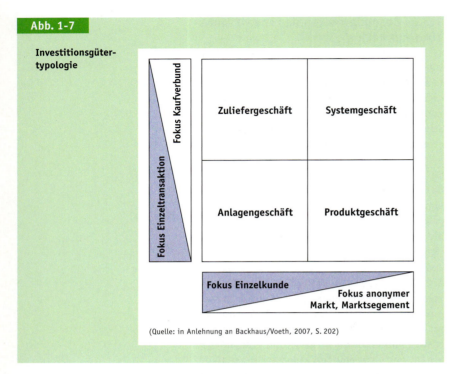

Abb. 1-7 Investitionsgütertypologie

(Quelle: in Anlehnung an Backhaus/Voeth, 2007, S. 202)

Vom **Anlagengeschäft** spricht man, wenn komplexe, individuell gefertigte Produkte, die zur Erstellung weiterer Güter oder Dienstleistungen dienen, an ausgewählte Einzelkunden abgesetzt werden. Auf Grund der langen Nutzungsdauer von Anlagen (z. B. Raffinerien, Walzwerke) besteht für das Produkt selbst kein dauerhafter Kaufverbund. Langfristige Geschäftsbeziehungen können sich jedoch aus dem Abschluss von Wartungsverträgen als Zusatzdienstleistungen ergeben.

Das **Systemgeschäft** ist gekennzeichnet durch das Angebot von standardisierten Leistungen auf einem anonymen Markt, bei dem die Produkte im Verbund mit anderen Leistungsangeboten gekauft werden. Da die gemeinsame Nutzung der Systemkomponenten zu einem erhöhten Nutzen beim Nachfrager führt, ist er bei Folgekaufentscheidungen nicht mehr frei in seiner Alternativenwahl. Die Festlegung der Systemarchitektur schränkt also den Anbieterwechsel stark ein. Systemgeschäfte finden im Bereich der Informations- und Kommunikationstechnologie eine große Verbreitung. So bietet SAP eine Vielzahl von Softwarelösungen, die auf unterschiedlichste Geschäftsprozesse wie Finanzwesen, Produktentwicklung, Beschaffung, Fertigung, Vertrieb, Logistik, Personalwesen und dergleichen zugeschnitten sind. Über spezielle SAP-Softwareschnittstellen können die Kunden die einzelnen Komponenten zu einem System zusammenführen, was den Kundennutzen deutlich erhöht (z. B. keine Einarbeitung in andere Systeme erforderlich, einheitliche Benutzerführung) und die Wettbewerbsposition von Fremdanbietern verschlechtert.

langfristige Geschäftsbeziehung. Wegen der hochgradigen Spezifität der Leistung ist ein kurzfristiger Lieferantenwechsel für den Abnehmer nicht möglich. Da ein Verbund zwischen Erst- und Folgekäufen besteht, spricht man auch von Kaufverbund. Diese Art von Geschäft ist besonders im Automobilsektor verbreitet, wo man spezifische Baugruppen und Komponenten (z. B. Cockpit, Steuerungselektronik) der Zulieferer wenigstens für die Zeit des Produktlebenszyklus bezieht und zum Endprodukt (z. B. PKW) montiert.

Produktgeschäfte sind hingegen dadurch gekennzeichnet, dass die angebotene Leistung nicht auf einzelne Kunden zugeschnitten ist, sondern standardisiert für den anonymen Gesamtmarkt oder für ein Marktsegment entwickelt wurde. Man unterscheidet zwischen Einzelaggregaten (z. B. Kopierer) und Komponenten (z. B. Autobatterie). Der hohe Grad an Produktstandardisierung führt zu einer hohen Wettbewerbsintensität und ermöglicht dem Abnehmer einen kurzfristigen Lieferantenwechsel, sodass der Kaufverbund gering ist. Damit weist das Produktgeschäft die größte Ähnlichkeit mit Konsumgütermärkten auf.

Das Investitionsgütermarketing zeichnet sich durch die folgenden Besonderheiten aus (Backhaus/Voeth, 2007, S. 10 ff.; Bruhn, 2009, S. 34):

▸ Gewerbliche Abnehmer treffen ihre Einkaufsentscheidungen im Allgemeinen durch **Einkaufsgremien** (»buying center«). So ist etwa im Vorstand der Volkswagen AG das Ressort Beschaffung vertreten. Ihm unterstehen die Einkaufsabteilungen für die diversen Bereiche (z. B. Komponenten, Fertigungsmaterial, Anlagen). Diesen Abteilungen kommt eine große Bedeutung zu, weil die Beschaffung erheblichen Einfluss auf die Ertragskraft hat.

1.3 Produktspezifische Besonderheiten

- Insbesondere bei komplexen Investitionsgütern herrscht eine vergleichsweise **geringe Tendenz zum Preiskampf**. Zum Beispiel ist die Heidelberger Druckmaschinen AG mit 40 Prozent Marktanteil Weltmarktführer. Preisrisiken wirkt man durch eine erfolgreiche Innovationspolitik entgegen. Preiskämpfen kann man so zwar entgehen, jedoch können sich im internationalen Geschäft Währungsschwankungen negativ auf die Ertragslage auswirken.
- Es werden ganze **Systemlösungen** angeboten (z. B. Flughäfen, Produktionsstraßen), die nicht nur aus einem einzelnen Produkt, sondern aus einem Leistungsbündel mit Beratung, Schulung und Wartung bestehen. IBM bietet beispielsweise neben Hardware für Rechenzentren, Computer-Arbeitsplätze, Druck, Kassen, Netzwerke und Netzwerksicherheit auch Beratung, Planung, Service und Management der kompletten IT-Infrastruktur von Unternehmen und Behörden an.
- Häufig werden dem Kunden **individuelle Problemlösungen** angeboten, wobei **persönliche Formen der Kommunikation** im Vordergrund stehen, sodass auch der **Direktvertrieb** einen hohen Stellenwert einnimmt. Zum Beispiel ist die Industriesparte der Zeppelin GmbH spezialisiert auf die Entwicklung und Fertigung von Komponenten, Anlagen und Silos für das Lagern, Fördern, Mischen, Dosieren und Wiegen von Kunststoffgranulaten und Schüttgütern sowie auf Anlagen zur Abluftreinigung (z. B. Ruß-Aufbereitung in der Gummi- und Reifenindustrie, Filtertechnik). Gesamtanlagen werden individuell geplant und gebaut und Komponenten müssen auf vorhandene Systeme abgestimmt werden.
- Es gibt einen vergleichsweise hohen Anteil an **internationalen Geschäftsbeziehungen**. Beispielsweise kommt knapp die Hälfte der 5.000 Lieferanten der Volkswagen AG aus Regionen außerhalb Deutschlands.

Der Marketinggedanke in Verbindung mit Investitionsgütern ist in der Wissenschaft und Praxis lange Zeit nur wenig durchdacht bzw. angewandt worden. Für diesen »Nachholbedarf« sind unter anderem folgende Gründe verantwortlich: Die innerbetrieblichen Entscheidungsgremien werden auch heute noch häufig von Ingenieuren dominiert, denen die Marketingphilosophie fremd ist. Diese technische Prägung ist für das produktorientierte Denken und Handeln vieler Investitionsgüterhersteller verantwortlich, sodass das Marketing nicht konsequent zur Anwendung kommt. Ferner gestaltet sich die systematische Erfassung und Herausarbeitung von Grundregeln für das Investitionsgütermarketing aufgrund der Vielfalt von Produktarten und Abnehmertypen mit jeweils spezifischen Problemstellungen äußerst schwierig.

1.3.3 Besonderheiten des Dienstleistungsmarketing

Die Bedeutung des Dienstleistungssektors nimmt in den hoch entwickelten Volkswirtschaften ständig zu. Sie verwandeln sich immer stärker in so genannte Dienstleistungsgesellschaften. Der Anteil der Beschäftigten im Dienstleistungsbereich ist in Deutschland zwischen 1991 und 2005 von 59 auf 72 Prozent gestiegen, und der Beitrag zur Bruttowertschöpfung stieg im gleichen Zeitraum von 62 auf 70 Prozent (Statistisches Bundesamt, 2006, S. 291). Diese Entwicklung sowie die zunehmende Dynamik des Wettbewerbs führten zwangsläufig zu einem wachsenden Interesse an den speziellen Problemen des Marketing für Dienstleistungen. Um die Besonderheiten des Dienstleistungsmarketing identifizieren zu können, muss man zunächst den Dienstleistungsbegriff definieren (vgl. ausführlich Meyer, 1991, S. 196 ff.; Meffert/Bruhn, 2003, S. 30; Kotler et al., 2007a, S. 726 ff.): Als **Dienstleistung** bezeichnet man die Handlung einer Person (z. B. Friseur) oder einer Sache (z. B. Geldausgabeautomat) an Menschen (z. B. Kunden) und deren Objekten (z. B. Auto des Kunden) mit der Absicht, eine Nutzen stiftende Wirkung (z. B. Geldausgabe rund um die Uhr) zu erzielen.

Definition Dienstleistung

Das Marketing für Dienstleistungen ist durch die Vielfalt der angebotenen Produkte gekennzeichnet. Wichtige Dienstleistungsunternehmen sind Banken, Versicherungen, Handelsbetriebe, Fluggesellschaften, Reiseveranstalter, Hotels, Ärzte und Unternehmensberater. Ferner werden Dienstleistungsbetriebe vom öffentlichen Sektor

1.3 Begriffliche und konzeptionelle Grundlagen des Marketing
Produktspezifische Besonderheiten

Spezifische Eigenschaften von Dienstleistungen

(z. B. Gerichte, Arbeitsämter, Krankenhäuser, Schulen) und vom privaten »Non-Profit«-Sektor (z. B. private Universitäten, Theater, Museen) unterhalten. **Besonderheiten des Dienstleistungsmarketing** ergeben sich aus den spezifischen Eigenschaften von Dienstleistungen.

- Dienstleistungen sind **immaterielle Güter**, sodass man ihre Qualität nicht beurteilen kann, bevor man sie erwirbt. Folglich sind der Verrichtungsablauf und der Nutzen einer Dienstleistung in der Regel erklärungsbedürftig. Das Image des Anbieters einer Dienstleistung spielt häufig eine wichtige Rolle. Vielfach werden deshalb Dienstleistungsmarken aufgebaut. So wird ein Konsument, der eine Pauschalreise buchen möchte, versuchen, die verschiedenen Angebote mit Hilfe von Kataloginformationen, Reiseführern, Tipps von Freunden oder Bekannten zu vergleichen. Vielfach wird er sich für den Reiseveranstalter entscheiden, dem für die Art oder das Ziel der Reise eine besondere Kompetenz zugesprochen wird (z. B. Klingenstein Kultur auf Reisen GmbH: spezialisiert auf Studienreisen, Attika-Reisen: Griechenland-Spezialist).
- Dienstleistungen werden in der Regel zur gleichen Zeit produziert und konsumiert und sind demnach **nicht lager- und transportfähig**. Eine Vorratsproduktion ist also unmöglich, sodass sich Nachfrageschwankungen äußerst stark auswirken bzw. Probleme der Kapazitätsanpassung und -auslastung entstehen. Zum Beispiel muss ein Friseur, der in seinem Geschäft den Kunden im 15-Minuten-Takt die Haare schneidet, untätig herumsitzen, wenn ein Kunde nicht kommt, obwohl er einen festen Termin vereinbart hat. Der öffentliche Personennahverkehr muss aufgrund des starken Verkehrsaufkommens im Berufsverkehr über viel größere Beförderungskapazitäten verfügen, als wenn die Nachfrage gleichmäßig über den Tag verteilt wäre.
- Häufig wird eine Dienstleistung **durch eine Person** erbracht. Maßnahmen zur Schulung und Motivierung von Mitarbeitern sind also besonders wichtig, um die Qualität der zu erbringenden Dienstleistung sicherzustellen. Versicherungsprodukte sind beispielsweise häufig für viele Verbraucher nicht ohne Weiteres verständlich. Die Versicherungsberater und -agenten müssen geschult und motiviert werden, um die Produkte kompetent erklären zu können.
- Ist auch der **Empfänger aktiv an der Leistungserbringung beteiligt**, dann sind die Interaktionen zwischen ihm und der Person, die die Dienstleistung erbringt, ein wichtiger Bestandteil der Dienstleistung. Beide Personen beeinflussen in diesem Fall das Leistungsergebnis. So ist der Erfolg einer Psychotherapie nicht nur vom Können des behandelnden Arztes, sondern auch von der Mitwirkung seines Patienten abhängig.
- Die Erbringung einer Dienstleistung unterliegt **qualitativen Schwankungen**, da ihre Qualität in der Regel davon abhängt, welche Person sie an welchem Ort zu welcher Zeit erbringt. Die Gewährung einer konstanten Produktqualität wird so zu einem zentralen Marketingproblem. Dienstleister versuchen, die angestrebte Qualität durch qualifizierte Mitarbeiter und/oder durch die Standardisierung der Verrichtung zu erreichen. Bei personalintensiven Dienstleistungen spricht man deshalb auch vom Personal als fünftem »P«, das die übrigen Marketinginstrumente Product, Price, Promotion und Place ergänzt. Beispiel: Die Qualität eines klassischen Konzerts hängt entscheidend vom Können und der momentanen Verfassung der einzelnen Musiker sowie von der Akustik der Konzerthalle ab. Viele Fast-Food-Ketten (z. B. McDonald's, Burger King) oder Hotel-Ketten (z. B. Ibis, Novotel) versuchen durch Standardisierung ihrer Angebote, in jeder Filiale ein bestimmtes Qualitätsniveau zu garantieren.
- Ist das Dienstleistungsangebot örtlich gebunden, muss die **Distanz** vom Kunden überwunden werden. In einem solchen Fall hat der Dienstleister entweder dafür zu sorgen, dass die Kunden diese Distanz bereitwillig überwinden, oder er muss eine Transportmöglichkeit anbieten. Um beispielsweise bestimmte Sportarten (z. B. Tennis) betreiben zu können, sind die Sportler darauf angewiesen, spezielle Sportanlagen zu mieten. Der Betreiber derartiger Einrichtungen muss beispielsweise bei der Standortsuche auf eine günstige Verkehrsanbindung und genügend Parkraum achten.

1.3.4 Besonderheiten des Handelsmarketing

Handelsbetriebe sind Unternehmen im Absatzkanal, die Waren beschaffen und absetzen, ohne diese durch Be- oder Verarbeitung wesentlich zu verändern (vgl. Ahlert/Kenning, 2007, S. 11). Gerade im Konsumgüterbereich stellt der Einzelhandel einen Engpass im Distributionskanal dar, weil es seitens der Industrie wesentlich mehr Produkte und jährliche Neuentwicklungen gibt, als der Einzelhandel an Verkaufsfläche zur Verfügung stellen kann. Dieser Engpass führte in der Vergangenheit zu einer Machtverschiebung von der Industrie hin zum Einzelhandel (vgl. Kapitel 9.2.3.2). Der Handel erbringt zwar in Form der Vermittlung von Warengeschäften für Industrie und Verbraucher eine Dienstleistung, doch ist wegen seiner besonderen Marktstellung an der Schnittstelle zwischen Industrie und Verbraucher eine gesonderte Betrachtung sinnvoll. Hinzu kommt, dass der Handel sich längst nicht mehr nur als verlängerter Arm der Industrie sieht, sondern selbst spezifische Marketinginstrumente nutzt, um sich im Wettbewerb zu profilieren (vgl. Becker, 2006, S. 705). Als **Handelsmarketing** bezeichnet man die marktorientierte Unternehmensführung von Handelsbetrieben, die den Güteraustausch zwischen Beschaffungs- (Industrie) und Absatzmärkten (Endverbraucher) vermitteln (vgl. Theis, 2007, S. 97; Treis, 2003a, S. 574 ff.).

Definition Handelsmarketing

Zu den Besonderheiten des Handelsmarketing zählen (vgl. Bruhn, 2009, S. 35 f.; Treis, 2003a, S. 579):

- Die **Standortwahl** entscheidet maßgeblich über den Erfolg des Händlers. So nimmt die Passantenfrequenz bereits in der Seitenstraße einer innerstädtischen Fußgängerzone stark ab, was sich unmittelbar auf den Umsatz auswirkt.
- **Verkaufsraumgestaltung** und **Warenpräsentation** prägen das Image des Händlers und sind damit erfolgswirksam. Discounter wie Aldi und Lidl gestalten ihre Verkaufsräume funktional, schlicht und übersichtlich, um dadurch ihr Image einer günstigen Einkaufsstätte zu unterstreichen. Die Warenpräsentation ist eher sachlich. Modeboutiquen betonen hingegen ihren Qualitätsanspruch durch die Verwendung spezieller Leuchtmittel und optisch ansprechender Materialien. Die Warenpräsentation erfolgt eher aufwändig.
- Die **Leistungspolitik** des Handels bezieht sich auf die Bereitstellung von Gütern und die Erbringung eigenständiger Dienstleistungen. Beispielsweise verkauft ein Herrenausstatter nicht nur hochwertige Markenanzüge, sondern beschäftigt auch einen eigenen Änderungsschneider. Zudem ist die Kundenberatung ebenfalls als eigenständige Dienstleistung zu sehen.
- Die **Sortimentsgestaltung** gehört zur Kernaufgabe des Handelsmarketing. Der Händler muss die Sortimentsbreite und -tiefe festlegen (Anzahl verschiedener Produktarten und Produktvarianten) und dabei auch die Verbundwirkungen zwischen den Warengruppen berücksichtigen. So hat ein Käsefachgeschäft ein schmales, aber tiefes Sortiment. Im Gegensatz zu einem Verbrauchermarkt verkauft es außer Käse keine weiteren Produkte, kann dem Verbraucher jedoch wesentlich mehr verschiedene und auch speziellere Käsesorten anbieten. Ein Verbrauchermarkt erzielt hingegen Verbundwirkungen, da er neben dem eher flachen Käsesortiment auch verschiedene Rotweine und Baguette führt, die gut zu Käse passen.
- Durch das Profilierungsbestreben und den Preiswettbewerb im Handel nimmt die Bedeutung von **Handelsmarken** zu. Sie ermöglichen es, eigene Markenprodukte in guter Qualität anzubieten und dadurch sowohl preisbewusste Verbraucher zu binden als auch die Handelsspanne zu sichern (vgl. Kapitel 6.4.1.2). Das SB-Warenhaus real,- führt zum Beispiel neben einer Vielzahl von Herstellermarken auch vier Eigenmarken, und zwar: TiP (»Qualität zum Discountpreis«), real,- Quality (»Markenqualität, die immer günstig ist«), real,- Bio (»Geprüfte Bioqualität zum gesunden Preis«) und real,- Selection (»Premiumqualität für Genießer«).
- Ein starker **Preiswettbewerb** (bedingt durch viele Sonderangebote und Niedrigpreise) führt zur Notwendigkeit der Kosten- und Prozessoptimierung und zu Versuchen der Kundenbindung (z. B. Bonuskarten). Beispielsweise

können insbesondere Discount-Händler ihre niedrigen Preise nur halten, indem sie massiv über die Einkaufspreise verhandeln und zudem die warenwirtschaftlichen Prozesse perfektionieren, um dadurch die Logistikkosten zu senken. »Payback« ist das größte deutsche Bonuskarten-System, mit dem die angeschlossenen Händler versuchen, Kunden zu binden und gleichzeitig ihr Kaufverhalten zu analysieren (z. B. hinsichtlich Verbundkäufe).

▸ Die **Absatzwerbung** bezieht sich überwiegend auf preisliche Aspekte. Bekanntheits- und Imagewerbung, wie sie in der Industrie verbreitet ist, wird nur vereinzelt realisiert. So lassen viele Einzelhandelsketten (z. B. Lebensmittelhändler, Möbelhäuser, Unterhaltungselektronik-Fachmärkte) Werbeprospekte und Zeitungsbeilagen mit Wochenangeboten verteilen. Einige Händler machen auch Fernsehwerbung aus Gründen der Image-Bildung (z. B. Edeka: »Wir lieben Lebensmittel«, IKEA: »Wohnst Du noch oder lebst Du schon?«).

▸ Die Bedeutung des **Online-Vertriebs** bei bestimmten Gütern steigt. Der Online-Händler Amazon begann beispielsweise mit dem Buchverkauf über das Internet und machte damit den stationären Buchhändlern Konkurrenz. Inzwischen verkauft Amazon auch Musik, Unterhaltungselektronik, Informationstechnologie, Bekleidung, Haushaltsartikel, Schmuck, Kosmetik und viele weitere typische Kaufhausartikel.

Bei den Handelsbetrieben unterscheidet man zwischen Betriebsformen des Groß- und des Einzelhandels, für die die besonderen Instrumente des Handelsmarketing unterschiedliche Bedeutung haben. Beispielsweise spielt die Verkaufsraumgestaltung für den Einzelhandel eine wesentlich größere Rolle als für den Großhandel.

1.3.5 Besonderheiten des Non-Profit-Marketing

Während sich das Public Marketing auf gesellschaftliche und ökologische Tätigkeiten eines erwerbswirtschaftlichen Unternehmens konzentriert (Deepening des Marketing), versteht man unter Non-Profit-Marketing die Anwendung des Marketinggedankens auf den nicht-erwerbswirtschaftlichen Bereich (Broadening des Marketing). Dahinter steht die erstmals von Kotler postulierte Idee, dass man den grundlegenden Marketinggedanken der Bedürfnisbefriedigung auf sämtliche Austauschbeziehungen anwenden kann (»generisches Marketing«, hierzu ausführlich Kotler, 1972). Den Unterschied zwischen Deepening und Broadening des Marketing stellt Abb. 1-8 dar.

Die Vertiefung des Marketing resultiert aus der Kritik an der ausschließlichen Verfolgung rein monetärer Unternehmensziele und der damit verbundenen Vernachlässigung von Umweltproblemen sowie gesellschaftlicher Interessen. Die Forderung, dass Unternehmen auch humanistische Kriterien hinsichtlich der Arbeitnehmer, Konsumenten und der Gesellschaft sowie ökologische und ethische Kriterien in ihrem Handeln berücksichtigen und damit gesellschaftliche Verantwortung übernehmen sollen, spiegelt sich im Deepening des Marketing wieder

Unterscheidung zwischen Public Marketing und Non-Profit-Marketing

Abb. 1-8

Vertiefung und Ausweitung des Marketingverständnisses

(Quelle: in Anlehnung an Wehrli, 1981, S. 51)

1.3 Produktspezifische Besonderheiten

(vgl. Kapitel 1.2). Die Ausweitung des Marketing auf den nicht-erwerbswirtschaftlichen Bereich mittels eines grundlegenden, generischen Marketing-Gedankens bezieht sich auf das Marketing für öffentliche Betriebe und soziale Ziele. Entsprechend handelt es sich bei den Trägern des Non-Profit-Marketing um gemeinnützige (Rotes Kreuz), öffentliche (Behörden, Universitäten), soziale (Krankenhäuser), kulturelle (Theater, Museen), religiöse (kirchliche Einrichtungen, Klöster) und politische (Parteien) Institutionen. Unter **Non-Profit-Marketing** versteht man die Analyse, Planung, Durchführung und Kontrolle aller Aktivitäten, die durch eine Ausrichtung an den Erwartungen und am Nutzen der Anspruchsgruppen (z. B. Spender, Mitglieder, Kostenträger, Öffentlichkeit) darauf abzielen, die aufgabenbezogenen und finanziellen Ziele der Non-Profit-Organisation zu erreichen (vgl. Bruhn, 2005a, S. 63).

Das Non-Profit-Marketing ist durch folgende Besonderheiten gekennzeichnet (Bruhn, 2009, S. 36):

- Häufig bestehen Schwierigkeiten, den **relevanten Markt** abzugrenzen und die Leistung zu beschreiben. So bilden den relevanten Markt der großen deutschen Volksparteien zunächst alle wahlberechtigten deutschen Bürger. Die konkreten Leistungen werden häufig in Form von Wahlversprechen geäußert, wobei die Parteien aufgrund von Regierungskoalitionen Kompromisse eingehen müssen, sodass Wahlversprechen oft nicht gehalten werden und sich die Politik anders gestaltet als ursprünglich geplant. Dadurch fühlen sich die Bürger von den Parteien nicht immer ernst genommen und es kommt zu Wechselwahlverhalten, das den »Wählermarkt« – abgesehen von den Stammwählern – zusätzlich verwässert.
- Es ist eine **Vielzahl von Anspruchsgruppen** zu berücksichtigen. Zum Beispiel muss eine Universität ihren Studierenden eine hochwertige und moderne Ausbildung ermöglichen, gegenüber dem Kultusministerium um das Budget kämpfen und Rechenschaft ablegen, gesellschaftlichen Anforderungen gerecht werden (qualifizierte Ausbildung), sich mit ethischen Aspekten insbesondere im Bereich der medizinischen Forschung auseinandersetzen, den Wünschen ausländischer Partneruniversitäten gerecht werden, und die Institute müssen sich um Drittmittel kümmern und damit auch auf industrierelevante Fragestellungen eingehen.
- Die **Nachfrager bzw. Empfänger** sind **nicht immer eindeutig zu bestimmen**. Umweltschutzorganisationen wie Greenpeace, WWF und BUND erbringen ihre Leistung mit Unterstützung der Förderer gegenüber der Umwelt. Die Umweltschutzleistungen richten sich nicht an konkrete Empfänger, denn von den Umweltschutzprojekten dieser Organisationen profitieren indirekt viele Menschen und auch künftige Generationen.
- Die **Gegenleistung** bzw. der »Preis« lässt sich bei kostenlos erbrachten Leistungen schwer interpretieren bzw. bestimmen. So ist der Nutzen von Umweltschutzprojekten für die Natur finanziell kaum zu bemessen. Es stellt sich beispielsweise die Frage, welchen finanziellen Gegenwert der Erhalt und die Ausweitung von Naturschutzgebieten und Regenwäldern haben.
- Häufig gibt es einen hohen Anteil an **ehrenamtlichen Mitarbeitern**. Zum Beispiel arbeitet in Kirchengemeinden eine Vielzahl ehrenamtlicher Mitarbeiter, die sich um Basare, Seniorenkreise, Jugendarbeit, Suppenküchen, Chorarbeit und Spendenbeschaffung kümmern.
- Auf Kunden- und Anbieterseite besteht teilweise eine **Hemmschwelle** gegenüber dem Marketing im Sinne einer »Vermarktung«. Wenn Non-Profit-Organisationen beispielsweise zu offensiv um Spenden werben, kann dies von den Spendern unter Umständen als zu aufdringlich und zu kommerziell empfunden werden.
- Die **Budgets** für Marketingaktivitäten sind häufig stark **eingeschränkt**. Theater verfügen zum Beispiel über so gut wie kein Budget, um die Bedürfnisse und Wünsche der (potenziellen) Besucher systematisch zu erforschen, daraus »Produkte« zu entwickeln und diese den Nachfragern anzubieten. Außerdem wird so gut wie keine Werbung gemacht. An ihre Stelle tritt die Pressearbeit. Das Gesamtbudget wird in erster Linie für Personalausgaben, Verwaltung, Betrieb und Bühnenbauten benötigt.

Definition Non-Profit-Marketing

Kontrollfragen Kapitel 1

1. Welches sind die wesentlichen Gründe für die heutige Angebotsvielfalt auf Konsumgütermärkten?

2. Erläutern Sie den Prozess der Konkretisierung von Bedürfnissen hin zur Nachfrage anhand eines selbst gewählten Beispiels!

3. Inwieweit leisten Kundenorientierung, Ressourcen und Kompetenzen einen Beitrag zum Unternehmenserfolg?

4. Wie lässt sich der Marketingbegriff definieren? Weshalb spricht man in diesem Zusammenhang auch von einer Marketingphilosophie?

5. Durch welche Merkmale lassen sich Produkte unterscheiden? Weshalb sind diese Unterscheidungen für das Marketing von Bedeutung?

6. Was versteht man im Marketing unter einem Nutzen? Kaufen Konsumenten immer das Produkt, das ihnen den größten Nutzen verspricht?

7. Welche Faktoren sind für die Verschärfung des Wettbewerbs verantwortlich?

8. Wozu dient die Marktabgrenzung und was versteht man unter der räumlichen, zeitlichen und sachlichen Abgrenzung des relevanten Marktes?

9. Welche Probleme können im Rahmen der sachlichen Marktabgrenzung entstehen, wenn man ein Produkt ausschließlich als technische Leistung ansieht?

10. Erläutern Sie das Wesen von Austauschprozessen zwischen Anbieter und Nachfrager?

11. Arbeiten Sie den Unterschied zwischen der Produktions- und der Produktorientierung heraus!

12. Welche Aspekte bilden die Voraussetzung für eine erfolgreiche Marketingorientierung?

13. Erläutern Sie die Beziehungsstruktur, mit der es ein Unternehmen im Rahmen des ganzheitlichen Marketing zu tun hat!

14. Weshalb nimmt das Public Marketing an Bedeutung zu?

15. Erläutern Sie die Besonderheiten des Konsumgütermarketing anhand von Beispielen!

16. Begründen Sie, weshalb eine Abgrenzung zwischen Investitions- und Konsumgütern nicht über die Produktart, sondern über die Zielgruppe erfolgen muss!

17. Durch welche Besonderheiten ist das Investitionsgütermarketing gekennzeichnet?

18. Skizzieren Sie den Einfluss der spezifischen Eigenschaften von Dienstleistungen auf das Dienstleistungsmarketing anhand von Beispielen!

19. Weshalb ist es erforderlich, Handelsbetriebe nicht als reine Dienstleistungsunternehmen zu sehen?

20. Erläutern Sie die Besonderheiten des Handelsmarketing anhand von Beispielen!

21. Welcher wesentliche Unterschied besteht zwischen Public Marketing und Non-Profit-Marketing? Beantworten Sie die Frage unter Verwendung der Begriffe Broadening und Deepening!

22. Welche besonderen Herausforderungen sind im Rahmen des Non-Profit-Marketing zu beachten?

2 Unternehmerische Voraussetzungen für marktorientiertes Handeln

Lernziele

- Der Leser kennt die Zielsetzung und die Aufgaben des Marketingmanagements.
- Der Leser weiß, in welchem Zusammenhang Marketingmanagement und Marketingplanung stehen. Er kennt die einzelnen Phasen der Marketingplanung und weiß, welche Aufgaben in jeder Phase zu bearbeiten sind.
- Der Leser erkennt die Bedeutung der Marketingorganisation und versteht den Unterschied zwischen Aufbau- und Ablauforganisation. Die Gestaltungsmerkmale der unterschiedlichen Organisationsformen sowie die jeweiligen Vor- und Nachteile sind ihm bekannt.

2.1 Marketingmanagement

Konsumenten treten gelegentlich auch als Verkäufer auf, z. B. wenn sie ihren Gebrauchtwagen veräußern wollen. In einem solchen Fall müssen sie sich etwa über die Preisforderung für das Auto, den Text einer Kleinanzeige, das Verkaufsgespräch mit dem Interessenten usw. Gedanken machen. Die Planung und Durchführung solcher Aktivitäten unterscheidet sich jedoch grundlegend vom Verhalten professioneller Anbieter. Jene nutzen systematisch die Erkenntnisse aller relevanten Wissenschaftsdisziplinen, die sich mit dem ökonomischen Verhalten des Menschen befassen. Außerdem ziehen sie moderne Entscheidungstechniken und Planungsverfahren sowie eine Reihe weiterer Hilfsmittel heran, um Maßnahmen zu ergreifen, die unter den gegebenen Umständen den höchstmöglichen Grad der Zielerreichung sicherstellen (vgl. Kotler et al., 2007b, S. 31 f.).

Vom Prozess der **Marketingplanung** spricht man, wenn eine Unternehmung ganz gezielt plant, wie sie bei den Abnehmern die gewünschte Reaktion herbeiführen kann und diesen Marketingplan durch den Einsatz von Strategien und Marketinginstrumenten umsetzt. Marketingmanagement bedeutet folglich die aktive Gestaltung des Marktgeschehens zur Realisierung der gewünschten Austauschvorgänge auf den Zielmärkten. Der Aufgabenbereich der Marketingmanager besteht darin, das Niveau, den zeitlichen Ablauf und das Wesen der Nachfrage so zu beeinflussen, dass die absatzbezogenen Unternehmensziele erreicht werden (vgl. Kotler et al., 2007b, S. 31 f.). Allerdings gibt es nicht »den« Marketingmanager. Das Marketingmanagement wird von Führungskräften mit unterschiedlichen Aufgaben und Funktionen wahrgenommen, die formell in der Marketingorganisation verankert sind (siehe Kapitel 2.3). Hierzu zählen beispielsweise Marketingvorstände, Entwicklungsleiter, Produkt- und Vertriebsmanager und im weiteren Sinne auch Personal- und Einkaufsleiter. Folgende inhaltliche **Aufgabenbereiche des Marketingmanagements** sind zu unterscheiden (vgl. Bruhn, 2009, S. 21 ff.):

- **Produktbezogene Aufgaben**: ständige Anpassung des Leistungsprogramms an die Erfordernisse des Marktes. Hierzu zählen die Verbesserung und die Differenzierung bereits eingeführter Produkte sowie die Entwicklung neuer Produkte. Beispiel: Ein Automobilhersteller passt sich den gestiegenen Sicherheitsanforderungen der Pkw-Nachfrager durch das Angebot von zusätzlichen Seitenairbags, Kurvenfahrlicht und elektronischen Gurtstraffern an.

Inhaltliche Aufgaben des Marketingmanagements

- **Marktbezogene Aufgaben:** Bearbeitung bestehender und Erschließung für das Unternehmen neuer Märkte (vgl. Kapitel 5.2.1). Immer wichtiger wird in diesem Zusammenhang die Internationalisierung der Geschäfte (vgl. Kapitel 5.2.4). Beispiel: Ein Hersteller von Körperpflegeprodukten versucht durch intensive Werbung, seinen Bekanntheitsgrad auf dem Hautcreme-Markt zu erhöhen. Durch das zusätzliche Angebot eines Shampoos erschließt er den für ihn bis dahin neuen Markt für Haarpflegeprodukte. Für die Vermarktung seiner erfolgreichen Pflegeserie in Frankreich sucht er nach einem geeigneten französischen Handelspartner.
- **Kundenbezogene Aufgaben:** Verbesserte Bindung bestehender und Gewinnung neuer Kunden. Beispiel: Ein Hersteller von Gas-Heizkesseln bietet zur Steigerung der Zufriedenheit seiner Kunden einen kostenlosen Inspektionsservice durch Installateurbetriebe vor Ort an. Die werbliche Herausstellung dieser besonderen Leistung dient der Gewinnung neuer Kunden (zum Konstrukt der Kundenzufriedenheit vgl. Kapitel 3.2.1.4).
- **Handelsbezogene Aufgaben:** Erhöhung der Aufnahmebereitschaft der eigenen Produkte durch den Handel sowie Erschließung neuer Vertriebswege. Beispiel: Ein Backwarenhersteller unterhält neben seiner Abteilung für konsumentengerichtetes Marketing (Consumer Marketing) eine Abteilung für handelsgerichtetes Marketing (Trade Marketing). Diese hält direkten Kontakt zu den Einkaufsabteilungen der größeren Handelsunternehmen und versucht z. B. durch besondere Lieferkonditionen und handelsbezogene Werbung in Fachzeitschriften, die Aufnahme eigener Produkte durch den Handel zu erhöhen.
- **Konkurrenzbezogene Aufgaben:** Profilierung gegenüber aktuellen Konkurrenten durch langfristig wirksame, strategische Wettbewerbsvorteile und Absicherung der Erfolgspotenziale gegenüber potenziellen Konkurrenten. Beispiel: Ein Hersteller von Sitzmöbeln ist, was Farbe, Form und Funktionalität seiner Produkte angeht, immer etwas näher am aktuellen Trend als seine Konkurrenten.
- **Unternehmensbezogene Aufgaben:** Schaffung der innerbetrieblichen Voraussetzungen für den Markterfolg durch Koordinierung und Optimierung sämtlicher Marketingaktivitäten, um die marktorientierten Unternehmensziele zu erreichen. Beispiel: Durch Schulungen sowie Einbeziehung der Mitarbeiter in betriebliche Entscheidungsprozesse (z. B. durch Ideenwettbewerbe) etabliert ein Pauschalreisen-Anbieter eine Unternehmenskultur, die sich positiv (das heißt im Sinne der Unternehmensziele) auf das Auftreten der Mitarbeiter gegenüber den Kunden auswirkt.

2.2 Marketingplanung

Kennzeichen des Marketingmanagements ist das systematische Entscheidungsverhalten. Um die Marketingentscheidungen zu systematisieren und zu strukturieren, erstellt man einen Marketingplan. Die Marketingplanung gehört zu den wesentlichen Aufgaben des Marketingmanagements. Sie beinhaltet eine Analyse- und die eigentliche Planungsphase. Über die Planung hinausgehende Aufgaben beziehen sich auf die Durchführung und die Kontrolle der beschlossenen Marketingmaßnahmen. Diese vier Aufgabenbereiche haben übergeordneten Charakter und strukturieren die in Kapitel 2.1 genannten inhaltlichen Anforderungen an das Marketing, das heißt, die produkt-, markt-, kunden-, handels-, konkurrenz- und unternehmensbezogenen Aufgaben durchlaufen idealtypisch die vier Phasen eines betriebswirtschaftlichen Managementprozesses: Analyse, Planung, Durchführung und Kontrolle.

Aufgrund der wachsenden Dynamik und Komplexität der Umwelt- und Unternehmenssituation nimmt die Notwendigkeit einer systematischen Planung aller Marketingaktivitäten zu. Die Marketingplanung bildet immer dann das Kernstück der Planung aller Unternehmensaktivitäten, wenn sich der Absatzmarkt zum Engpassfaktor entwickelt und es deshalb darauf

Marketingplanung als wesentliche Aufgabe des Marketingmanagements

ankommt, durch koordiniertes Handeln eine bessere Zukunftsbewältigung zu erreichen (vgl. Böcker, 2003, S. 1008).

Marketingplanung bedeutet das systematische und rationale Durchdringen des gegenwärtigen und künftig zu erwartenden Markt- und Unternehmensgeschehens mit dem Ziel, daraus Richtlinien für die Entfaltung geeigneter Marketingaktivitäten abzuleiten.

Definition der Marketingplanung

Den Ausgangspunkt der Marketingplanung bildet die sorgfältige **Analyse der Marketingsituation**, das heißt die Beschaffung von Informationen über die derzeitigen und zukünftig zu erwartenden Rahmenbedingungen, unter denen das Unternehmen agiert. Es müssen Daten über Abnehmer, Konkurrenten und Absatzwege gesammelt, die Stärken und Schwächen der eigenen Unternehmung analysiert sowie zukünftige Marktchancen und -risiken aufgedeckt werden.

Kernstück der Marketingplanung ist die Entwicklung einer **Marketingkonzeption**. Darunter versteht man einen umfassenden gedanklichen Leitplan, durch den alle einschlägigen marktrelevanten Maßnahmen im Unternehmen bestimmt und koordiniert werden. Es handelt sich also um eine Ziel- und Mittelplanung (vgl. Becker, 2006, S. 5; Böcker, 2003, S. 1009). Die Erarbeitung einer Marketingkonzeption setzt grundsätzlich Entscheidungen auf drei Planungsebenen voraus:

- Festlegung der **Marketingziele**: Sie sind in der Regel aus den obersten Unternehmenszielen abgeleitet und legen den angestrebten zukünftigen Zustand fest, der durch den Einsatz der absatzpolitischen Instrumente erreicht werden soll (vgl. hierzu Kapitel 5.1).
- Formulierung von **Marketingstrategien**: Hierbei handelt es sich um mittel- bis langfristig wirkende Entscheidungen, durch die alle konkreten absatzpolitischen Maßnahmen auf die Erreichung der gesteckten Marketingziele hin ausgerichtet werden (vgl. hierzu Kapitel 5.2).
- Planung des Einsatzes der vier **absatzpolitischen Instrumente** Produkt, Preis, Kommunikation und Distribution: Dieser Schritt stellt gewissermaßen das letzte Glied der marketingkonzeptionellen Planung dar. Das zieladäquate und strategiegeleitete Zusammenwirken aller absatzpolitischen Entscheidungen wird auch als **Marketingmix** bezeichnet (vgl. hierzu die Kapitel 6 bis 9).

Aus der Praxis – 2-1

Ein Anbieter von Tiernahrung strebt innerhalb des nächsten Geschäftsjahres eine Erhöhung seines Marktanteils auf dem Markt für Hunde-Trockenfutter um 2,5 Prozent an (Marketingziel). Zur Erreichung dieses Vorhabens plant er, kleinere Anbieter entweder vom Markt zu verdrängen oder aufzukaufen (konkurrenzgerichtete Marketingstrategie). Zudem entwickelt er ein neues Spezialpulver, das dem Wasser beigegeben wird sowie Vitamine und Mineralstoffe enthält (Produktentwicklung im Rahmen der Marktfeldstrategie). Die konkrete Umsetzung dieser strategischen Planung soll durch extrem niedrige Abgabepreise an den Handel (Preispolitik), durch die Entwicklung der neuen Sorte (Produktpolitik), durch einen flächendeckenden Vertrieb in ganz Deutschland (Distributionspolitik) und durch aggressive Verkaufsförderungsmaßnahmen in umsatzstarken Einkaufsstätten (Kommunikationspolitik) erfolgen.

Die Marketingkonzeption ist vergleichbar mit einem Fahrplan. Die angestrebten Ziele geben die Wunschorte an. Zum Erreichen der Orte werden die Routen (Strategien) festgelegt, die man mit geeigneten Beförderungsmitteln (Marketinginstrumente) befährt (vgl. Becker, 2006, S. 143; Aus der Praxis 2-1).

Planungsebenen für eine Marketingkonzeption

Die Abbildung 2-1 gibt einen Überblick über den Prozess der Marketingplanung, dessen Phasen im Folgenden kurz erläutert werden. Da Planung immer die Gefahr in sich birgt, sich zu strikt an den Plan zu halten und aktuelle Umweltveränderungen zu ignorieren, sind die Rückkopplungen zwischen den einzelnen Phasen wichtig. Es ist erforderlich, die Marketingergebnisse kontinuierlich zu kontrollieren, stets zu überprüfen, ob die Voraussetzungen für den Plan noch erfüllt sind und die Marketingziele, -strategien und -maßnahmen gegebenenfalls an die Marktentwicklungen anzupassen.

2.2 Marketingplanung

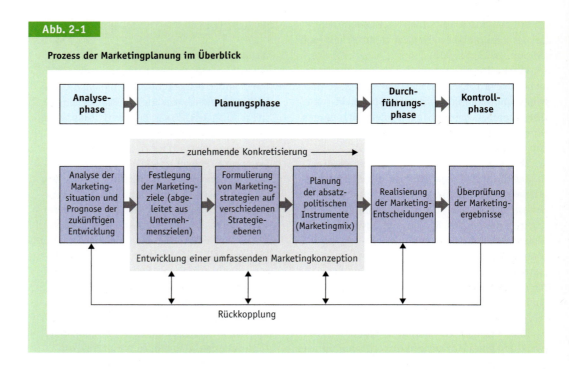

Abb. 2-1 Prozess der Marketingplanung im Überblick

Planung beginnt mit einer Situationsanalyse

Am Anfang eines jeden Planungsprozesses steht die **Analyse der Marketingsituation**. Aus der Vielzahl interner und externer Faktoren müssen diejenigen herausgefiltert werden, die einen direkten oder indirekten Einfluss auf die am Markt ablaufenden Austauschbeziehungen ausüben (Aus der Praxis 2-2). Die Informationsbeschaffung im Rahmen der Situationsanalyse umfasst folgende Bereiche (vgl. ausführlich Kotler et al., 2007b, S. 108 ff. und Abbildung 2-2):

Abb. 2-2 Analyse der Marketingsituation

- **Umweltanalyse**: Identifizierung aller relevanten externen Faktoren
- **Unternehmensanalyse**: Identifizierung aller internen Stärken und Schwächen
- **Chancen-Risiken-Analyse**: Verknüpfung der Ergebnisse der Umwelt- und Unternehmensanalyse

(1) Umweltanalyse

Hierbei handelt es sich um die Ermittlung aller relevanten Einflussgrößen der Unternehmensumwelt (externe Rahmenbedingungen). Bezugspunkt ist der relevante Markt. Zur Umweltanalyse zählen im Rahmen der Makroanalyse die Beschaffung von Daten über die globale Umwelt (ökonomische, soziokulturelle, technologische und politisch-rechtliche Daten) und im Rahmen der Mikroanalyse die Analyse der aktuellen Marktsituation (Abnehmer, Lieferanten, Konkurrenten, Absatzhelfer, Absatzmittler) (vgl. Abbildung 2-3; Kotler et al., 2007a, S. 136 ff.).

Im Rahmen der **Makroumwelt** umfasst das ökonomische Umfeld die volkswirtschaftlich relevanten Rahmendaten zur Kaufkraft und Einkommensverteilung der Bevölkerung und die dadurch festgelegten Unterschiede im Ausgabeverhalten. So zeigt sich, dass sich mit steigendem Einkommen die Bedarfe verschieben: Der Einkommensanteil für Nahrung sinkt, der für das Wohnen bleibt in etwa konstant, und der für die übrigen Konsumkategorien (z. B. Urlaub, Auto, Freizeit) sowie für das Sparen steigt. Unter dem ökologischen Umfeld fasst man alle Einflüsse zusammen, die sich aus der Verknappung natürlicher Ressourcen, den steigenden Energiekosten, der Umweltverschmutzung und den damit zusammenhängenden staatlichen Interventionen ergeben. Zum soziokulturellen Umfeld gehören die demografische Entwicklung (z. B. Bevölkerungsgröße, -wachstum, Alters-, Familien-, Bildungsstruktur) und die Veränderung kultureller Werte (z. B. allgemeines Menschenbild, Einstellung gegenüber Organisationen, der Gesellschaft, der Natur und der Religion). Das politische Umfeld bezieht sich auf die wirtschaftsrelevante Gesetzgebung (z. B. zum Schutz der Verbraucher, der gesellschaftlichen Interessen und der Unternehmen untereinander), wobei hier in den letzten Jahren eine gestiegene Einflussnahme durch Interessenverbände zu verzeichnen ist. Das technologische Umfeld bestimmt in vielen Bereichen die Zukunftsfähigkeit der Gesellschaft. Es bezieht sich auf den Innovationsdruck auf die Unternehmen, der sich aus medizinischen, ernährungs-, ökologie- und wettbewerbsbezogenen Herausforderungen ergibt. So werden die Innovationszyklen insbesondere in der Informations- und Unterhaltungselektronik immer kürzer (nach dem Moore'schen Gesetz verdoppelt sich etwa alle zwei Jahre die Komplexität und Leistung von Computerchips) und der Klimawandel beeinflusst sowohl die Ausbreitung von Krankheitserregern (Entwicklung neuer Medikamente für die bislang gemäßigten Breitengrade) als auch die weltweite Ernährungssituation (Züchtung neuen Saatguts für die sich ändernden Klimabedingungen).

Neben dem Makro-Umfeld wirkt auch die **Mikroumwelt** auf die Leistungserbringung des Unternehmens. Für die verschiedenen Absatzmärkte eines Unternehmens gelten unterschiedliche Regeln, die es zu berücksichtigen gilt. Beispielsweise haben Konsum- und Industriegüterkunden ebenso wie staatliche Nachfrager ihre speziellen Bedürfnisse bezüglich der Qualität und Menge der zu erbringenden Leistung sowie hinsichtlich Beratung, Betreuung und Vertragsgestaltung. Wegen der wachsenden Macht des Handels und der knappen Verkaufsfläche bestehen zwischen Konsumgüterherstellern und Handelsbetrieben besondere Beziehungen, auf die in Kapitel 9.1 näher eingegangen wird. Die Beschaffungsmärkte sind für den reibungslosen Prozess der Leistungserstellung eines Unternehmens von großer Bedeutung. Unzuverlässige Lieferanten können den Produktions- und Vermarktungsprozess ebenso behindern wie die mangelnde Verfügbarkeit an Kapital oder gut ausgebildeten Stellenbewerbern. Der Öffentlichkeit kommt eine Sonderrolle zu, da sie sowohl als Marktteilnehmer (z. B. staatliche Bauausschreibungen, Bezug von Bürotechnik durch Medien und Verbraucherschutzorganisationen) als auch als reglementierender Faktor (z. B. Gesetzgebung durch den Staat, Berichterstattung über unternehmerisches Verhalten, Lobbyismus von Verbraucherschützern, Bürgerinitiativen) auftritt.

Die Gewinnung von Informationen über die Unternehmensumwelt erfolgt im Rahmen der Marktforschung. Für die Analyse der Abnehmer sind ferner grundlegende Kenntnisse über das Konsumentenverhalten erforderlich (vgl. Kapitel 3). Speziell im Bereich der mittel- bis langfristigen Planung ist es jedoch nicht ausreichend, nur Informationen über die aktuelle Umweltsituation zu sammeln. Dazu ist es vielmehr notwendig, auch zukünftige Entwicklungsmöglichkeiten zu prognostizieren oder vorauszudenken (z. B. mittels Szenariotechnik).

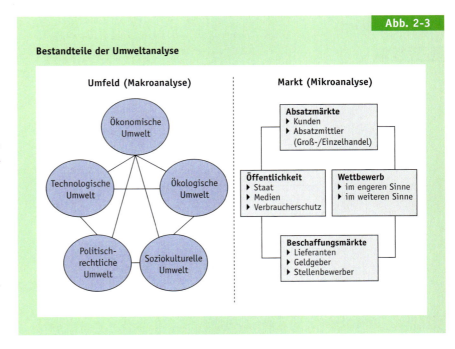

Abb. 2-3 Bestandteile der Umweltanalyse

Unternehmensbezogene Stärken-/Schwächenanalyse

(2) Unternehmensanalyse

Eine weitere wichtige Aufgabe betrifft die Durchführung einer unternehmensbezogenen Stärken-/Schwächenanalyse (interne Rahmenbedingungen). Zur Erfassung der Stärken und Schwächen verwendet man im Allgemeinen Checklisten oder Scoring-Modelle (vgl. Homburg/Krohmer, 2006, S. 583f.; Meffert et al., 2008, S. 428ff.). Eine Checkliste enthält diejenigen Kriterien, die für den Erfolg oder Misserfolg des Unternehmens besonders relevant sind. Jedes Kriterium wird danach beurteilt, ob es für das eigene Unternehmen eine Stärke oder eine Schwäche darstellt. Die Leistung des stärksten Konkurrenten wird anhand derselben Kriterien eingestuft. Die Checkliste gibt die relevanten Kriterien als vorhanden oder nicht vorhanden bzw. als Stärke oder Schwäche, also auf nominalem Skalenniveau (vgl. Kapitel 4.2.2), aus. Das Scoring-Modell berücksichtigt darüber hinaus den Grad der Stärke oder Schwäche der relevanten Merkmale (siehe Abbildung 2-4). Da die einzelnen Kriterien abgestuft werden, erfolgt die Beurteilung der Kriterien je nach Art der Abstufung auf ordinalem oder metrischem Skalenniveau. Zusätzlich kann man die relevanten Merkmale gewichten, und zwar in diesem Fall mit ihrer Relevanz für den Unternehmenserfolg. Die Werte der weniger wichtigen Kriterien multipliziert man mit einem geringeren Gewichtungsfaktor als die der wichtigeren Kriterien. Üblicherweise gewichtet man mit Werten zwischen 0 und 1 oder zwischen 0 und 100 (Schmalen/Pechtl, 2006, S. 91). Die Gewichtung erlaubt es, die Unternehmensaktivitäten zu priorisieren. Beispielsweise geht aus Abbildung 2-4 hervor, dass die Produktart X und der Standort beide als kleine Schwäche eingestuft wurden und gegenüber dem stärksten Konkurrenten einen Wettbewerbsnachteil darstellen. Die verwendete Skala reicht von einer großen Schwäche (-- mit dem Skalenwert 5) bis zu einer großen Stärke (++ mit dem Skalenwert 1). Einer kleinen Schwäche wird die 4 zugewiesen. Da das Management zu der Erkenntnis gelangt ist, dass die Produktart X für den Unternehmenserfolg wichtiger ist als der Standort, wird die Produktart mit 1 gewichtet und der Standort mit 0,7. Die Produktart X erhält also einen höheren Score (4 × 1 = 4) als der Standort (4 × 0,7 = 2,8). Entsprechend beschließt das Management, zunächst den Wettbewerbsnachteil von X zu verringern, bevor der Standort optimiert wird.

Das zentrale Problem dieses Vorgehens besteht in der Auswahl und Gewichtung der relevanten Kriterien zur Beurteilung von Unternehmensstärken und -schwächen, da beide Aufgaben von der subjektiven Einschätzung des Managements geprägt ist. Wichtige Kriterien sind (vgl. Meffert et al., 2008, S. 235): das Leistungsprogramm (Art der Produkte, Sortiment, Verkaufspreise, Qualität, Lieferzeit und -fähigkeit), die Produktion (technischer Stand der Verfahren und Anlagen, Automatisierungsgrad, Kapazitäten), der Standort (Nähe zu den Absatz- und Beschaffungsmärkten, Erweiterungsmöglichkeiten, Infrastruktur), die Kostenstruktur (Material-, Produktions-, Vertriebs- und Verwaltungsgemeinkosten, Beschaffungskosten, Personalkosten, Kostensenkungspotenziale), die Finanzsituation (Selbstfinanzierungskraft, Bankenverbindungen, Rechtsform) und das Personal (Qualität der Planungs- und Abstimmungsprozesse, Betriebsklima).

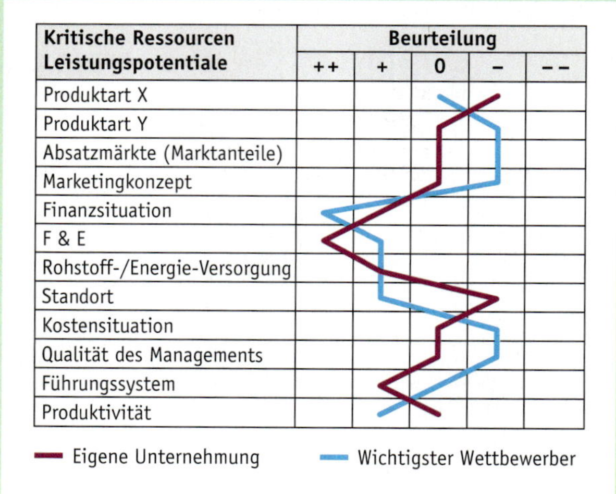

(3) Verknüpfung der Ergebnisse der Umweltanalyse und der Unternehmensanalyse

Durch die Verknüpfung der Ergebnisse aus der Umwelt- und der Unternehmensanalyse ist es dem Marketingmanagement möglich, Chancen

Abb. 2-4

Unternehmerische Stärken- und Schwächenanalyse mittels Scoring-Modell

Kritische Ressourcen Leistungspotentiale	Beurteilung				
	++	+	0	−	−−
Produktart X					
Produktart Y					
Absatzmärkte (Marktanteile)					
Marketingkonzept					
Finanzsituation					
F & E					
Rohstoff-/Energie-Versorgung					
Standort					
Kostensituation					
Qualität des Managements					
Führungssystem					
Produktivität					

— Eigene Unternehmung — Wichtigster Wettbewerber

Aus der Praxis – 2-2

Die Topdrink GmbH ist ein mittelständischer Anbieter von alkoholfreien Getränken. Das Unternehmen erzielte im abgelaufenen Geschäftsjahr mit ca. 95 Mitarbeitern einen Gesamtumsatz von 43 Millionen Euro. Der Umatz verteilt sich aktuell auf drei verschiedene Geschäftsfelder: Mineralwasser (63 Prozent), Fruchtschorle (26 Prozent) sowie Fruchtsaft (11 Prozent). Die Ertragssituation des Unternehmens hat sich erheblich verschlechtert. Zurückzuführen ist das vor allem auf den Umsatzeinbruch bei Mineralwasser um insgesamt 19 Prozent in den letzten beiden Geschäftsjahren.

Die **Unternehmensanalyse** offenbart in diesem Zusammenhang die folgenden Stärken und Schwächen: Die Topdrink GmbH gibt in ihrer Unternehmensphilosophie vor, durch eine konsequente Marktdurchdringung (vgl. Kapitel 5.2.1) sowie durch erfolgreiche Produktinnovationen (vgl. Kapitel 6.5) im Bereich alkoholfreier Getränke das Unternehmenswachstums langfristig zu sichern. Mit ihrer konsequenten Marktorientierung betreibt sie seit langem eine intensive Marktforschung (vgl. Kapitel 4). Dennoch sinken Umsatz und Gewinn insgesamt und speziell auch im größten Teilmarkt für Mineralwasser. Die Produktionskapazitäten für Mineralwasser und Fruchtschorle sind folglich nicht voll ausgelastet. Die Entwicklung einer geeigneten Marketingkonzeption obliegt dem Produktmanagement.

Im Vergleich zu den wichtigsten Konkurrenten weist die Topdrink GmbH Schwächen bezüglich der Forschungs- und Entwicklungsarbeit (F & E) auf. Deshalb wurde im vergangenen Jahr eine enge Entwicklungskooperation mit einem Grundstoffhersteller eingegangen.

Die **Umweltanalyse** liefert unter anderem die folgenden relevanten Informationen aus der Marktforschung (siehe Abbildung 2-5): Der Konsum von Mineralwasser stagniert mit +0,4 Prozent und hat einen Anteil von über 50 Prozent am Gesamtmarkt für alkoholfreie Getränke. Der Teilmarkt »Wasser mit Zusatz« (aromatisiertes Wasser, z. B. Wasser plus Orange) weist gegenwärtig ein starkes Wachstum auf (Steigerung um 38,1 Prozent gegenüber dem Vorjahr). Am Gesamtmarkt für alkoholfreie Getränke beträgt sein Anteil 8,4 Prozent und liegt somit erstmals über dem Anteil der Fruchtsaftgetränke (7,2 Prozent). Treiber des Wachstums sind vor allem erfolgreiche Innovationen. Allerdings setzt sich nur ca. ein Drittel der neuen Produkte am Markt durch. Mangelnde Kundenorientierung, schlechtes Innovationsmanagement und mangelnde Marketingunterstützung sind die wichtigsten Gründe dafür. Das Marken-Käuferpotenzial ist ausreichend groß. Preisabstände zu den Handelsmarken müssen über geeignete Produkt- bzw. Markenkonzepte gerechtfertigt werden. Die zunehmende Bedeutung der Discounter für den Absatz von »Wasser mit

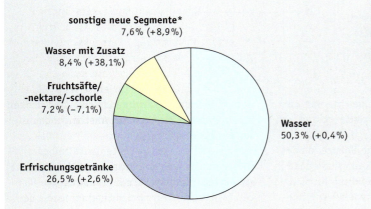

Abb. 2-5: Fiktive Marktforschungsergebnisse zum Konsum alkoholfreier Getränke in Deutschland

* Eistee, Sport-/Energiegetränke, Coffeedrinks, Wellness-Drinks, Smoothies

Zusatz«-Produkten hat zu einem spürbaren Preisdruck geführt: Der durchschnittliche Liter-Verkaufspreis liegt aktuell bei 0,42 Euro (–5,3 Prozent im Vergleich zum Vorjahr).

Aus einer Zusammenführung der Umwelt- und Unternehmensinformationen lassen sich folgende **Chancen und Risiken** ableiten: Das Risiko für die Unternehmung ergibt sich daraus, dass die Topdrink GmbH mit Mineralwasser den meisten Umsatz macht und hierfür auch die entsprechenden Produktionskapazitäten vorhält (= interne Schwäche wegen zu starker Konzentration auf ein Geschäftsfeld), während die Gesamtnachfrage nach Mineralwasser stagniert (externe Umweltentwicklung). Daher sind die Produktionskapazitäten nicht ausgelastet, sodass es zu Umsatzrückgang und Gewinneinbußen kommt. Es könnte also mehr produziert werden. Als Chance ist hingegen folgender Sachverhalt zu interpretieren: Der Teilmarkt »Wasser mit Zusatz« wächst deutlich (externe Umweltentwicklung). Einige Wettbewerber sind mit »Wasser plus«-Innovationen erfolgreich, es »floppen« jedoch zwei Drittel der neuen Produkte in diesem Segment. Durch die enge Kooperation mit einem Aromenhersteller und die strikte Marktorientierung der Topdrink GmbH ist die Wahrscheinlichkeit groß, dass die Unternehmung das bislang ungenutzte Käuferpotenzial mit neuen Produkten erreichen kann (unternehmerische Stärke). Ist diese Strategie erfolgreich, dann werden die bislang unausgelasteten Produktionskapazitäten wieder genutzt und der rückläufige Mineralwasserumsatz kann durch »Wasser mit Zusatz« kompensiert werden.

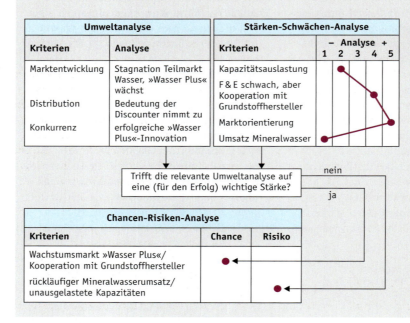

Abb. 2-6: Situationsanalyse eines Herstellers von alkoholfreien Getränken

SWOT = strengths, weaknesses, opportunities, threats

und Risiken für das Unternehmen zu erkennen. Trifft eine aufgezeigte Umweltentwicklung auf eine Stärke des Unternehmens, dann bedeutet dieser Umstand zweifellos eine Chance, da das Unternehmen besser als die Konkurrenz dazu in der Lage ist, diese neue Entwicklung für sich zu nutzen. Trifft eine Umweltentwicklung hingegen auf eine Schwäche des Unternehmens, führt dies zu einem Risiko, dem aktiv entgegenzuwirken ist. Aus den erkannten Chancen und Risiken lassen sich die konkreten Marketingproblemstellungen für das Unternehmen ableiten. Das Zusammentreffen von Umweltentwicklungen mit internen Stärken (strength) und Schwächen (weakness) und die daraus abzuleitenden Chancen (opportunities) und Risiken (threats) bezeichnet man auch als **SWOT-Analyse**. Hierbei handelt es sich also um die zusammenfassende

Analyse der Chancen und Risiken sowie der Stärken und Schwächen.

Nach erfolgter Situationsanalyse kann nun die Marketingkonzeption erstellt werden. Auf Basis der vorliegenden Informationen werden die **Marketingziele** formuliert (siehe dazu ausführlich Kapitel 5.1). Ziele stellen Orientierungs- bzw. Richtgrößen für das unternehmerische Handeln dar. Sie lassen sich folglich auch als Aussagen über angestrebte zukünftige Zustände auffassen, die aufgrund der unternehmerischen Aktivitäten erreicht werden sollen. Ziele erfüllen im Wesentlichen drei Funktionen (Kreutzer, 2008, S. 54): Sie dienen der **Orientierung und Lenkung**, indem sie die Frage beantworten, was das Unternehmen konkret erreichen möchte. Sobald das Management sich über die zu erreichenden Ziele im Klaren ist, können die Unternehmensressourcen zielgerichtet eingesetzt, geeignete Strategien formuliert und die Maßnahmen entsprechend gesteuert werden. Außerdem ermöglichen die Ziele eine **Erfolgskontrolle**, indem man die zu Beginn einer Periode festgelegten Ziele mit den Ergebnissen am Ende der Periode vergleicht. Die Erreichung der Ziele wird häufig mit monetären Anreizen verknüpft, sodass Ziele für Führungskräfte und Mitarbeiter auch eine wichtige **Motivationsfunktion** übernehmen.

In der Regel gibt es in Unternehmen mehrere Einzelziele, die durch eine Vielzahl von Tätigkeiten und Maßnahmen erreicht werden sollen. Um Ziele und Maßnahmen zu kanalisieren, benötigt man Steuerungsmechanismen (vgl. Esch et al., 2008, S. 167). Diese Aufgabe übernehmen die Marketingstrategien als das zentrale Bindeglied zwischen den Marketingzielen einerseits und den laufenden Maßnahmen im Bereich des Marketingmix andererseits. **Marketingstrategien** sind mittel- bis langfristig wirkende Grundsatzentscheidungen zur Marktwahl und -bearbeitung, durch die das Unternehmen im Rahmen der Marketingkonzeption eine bestimmte Stoßrichtung seines Handelns festlegt. Die Vielfalt möglicher Marketingstrategien wird ausführlich in Kapitel 5.2 dargestellt. Strategien beantworten die Frage, auf welchem Weg die Marketingziele erreicht werden sollen. Sie haben mittel- bis langfristigen Charakter und sind – einmal in der Umsetzung – schwer zu revidieren. Ein Beispiel für eine solche strategische Entscheidung ist etwa die Überlegung einer Brauerei, neben den klassischen Biersorten auch Biermischgetränke zu produzieren, um damit Wachstumsziele zu verfolgen.

Die dritte und letzte Ebene der Marketingkonzeption betrifft die konkrete Ausgestaltung der **absatzpolitischen Maßnahmen**. Hierbei handelt es sich um »Werkzeuge« bzw. Instrumente zur operativen Gestaltung von Märkten. Der Gestaltungsrahmen für geeignete Maßnahmen ergibt sich zum einen durch die Ergebnisse der Situationsanalyse, zum anderen durch Entscheidungen auf der Ziel- und Strategieebene. Es geht darum, die zur Erreichung der Marketingziele erforderlichen Mittel und Aktivitäten in dem durch die Strategien vorgegebenen Rahmen optimal zu kombinieren. Das Ergebnis der zieladäquaten Koordinierung mehrerer absatzpolitischer Einzelmaßnahmen wird als **Marketingmix** bzw. **Marketingprogramm** bezeichnet (vgl. Becker, 2006, S. 485 ff.; Meffert et al., 2008, S. 22).

In der Literatur gibt es verschiedene Ansätze zur Strukturierung und Benennung der absatzpolitischen Instrumente. Hier soll der gängigen 4er-Systematik mit den Instrumenten Produktpolitik, Preispolitik, Kommunikationspolitik und Distributionspolitik gefolgt werden. Sie entspricht den auf McCarthy zurückgehenden vier P's der amerikanischen Marketingliteratur, nämlich »product«, »price«, »promotion« und »place« (vgl. Mc Carthy, 1960).

▶ Die **Produktpolitik** wird oft als »Herzstück« des Marketing bezeichnet. Sie umfasst alle Aktivitäten, die auf die Gestaltung einzelner Erzeugnisse oder des gesamten Absatzprogramms gerichtet sind. Zentrale Aufgabenfelder bestehen in der Entwicklung erfolgreicher neuer Produkte sowie in der ständigen Verbesserung bereits eingeführter Produkte (siehe dazu ausführlich Kapitel 6).

▶ Die **Preispolitik** beinhaltet alle absatzpolitischen Maßnahmen zur ziel- und marktgerechten Gestaltung des Preises von Sach- oder Dienstleistungen. Hierzu zählen die Bestimmung des optimalen Angebotspreises für neue Produkte, die Änderung des Preises für bestehende Produkte, Entscheidungen über preisliche Differenzierungen von Erzeugnis-

Funktion der absatzpolitischen Maßnahmen

Funktionen von Marketingzielen

sen, aber auch Aktivitäten wie die Gestaltung von Rabatten, Zahlungsbedingungen und Finanzierungsangeboten (siehe dazu ausführlich Kapitel 7).
▸ Zur **Kommunikationspolitik** zählen sämtliche Maßnahmen, die darauf abzielen, die Kenntnisse, Einstellungen und Verhaltensweisen von Marktteilnehmern gegenüber den Unternehmensleistungen zu beeinflussen. Die Kommunikationspolitik wird deshalb auch als »Sprachrohr« des Marketing bezeichnet. Zum Einsatz kommen sowohl klassische als auch innovative Kommunikationsinstrumente, wie z. B. Werbung, Öffentlichkeitsarbeit, Verkaufsförderung, Product Placement, Sponsoring, Event- und Ambush-Marketing (siehe dazu ausführlich Kapitel 8).

▸ Die **Distributionspolitik** bezieht sich auf alle Entscheidungen und Handlungen eines Herstellers, die mit dem Weg seiner Produkte bis zum Endkäufer in Verbindung stehen. Hierzu zählen Grundsatzentscheidungen über die Wahl der Distributionswege und -organe, über die Organisation und Steuerung des persönlichen Verkaufs sowie über die Ausgestaltung der Marketinglogistik (siehe dazu ausführlich Kapitel 9).

Die Marktleistungen entstehen erst durch die gezielte Auswahl, Gewichtung und Kombination von Einzelmaßnahmen aus diesen vier absatzpolitischen Aktionsbereichen. Sie werden in den folgenden Kapiteln 6 bis 9 ausführlich dargestellt.

2.3 Marketingorganisation

In Unternehmen fällt täglich eine Vielzahl von unterschiedlichen Aufgaben an, die der Erfüllung von Konsumentenbedürfnissen und damit auch der Erhaltung des Unternehmenszwecks und der Erreichung der Unternehmensziele dienen. Je größer ein Unternehmen ist, desto mehr (spezialisierte) Mitarbeiter sind mit den diversen Marketingaufgaben üblicherweise betraut. Zu diesen Aufgaben zählt auch die Zusammenarbeit mit externen Firmen, z. B. Zulieferbetrieben, Werbeagenturen und Marktforschungsinstituten. Damit die Unternehmensziele nicht aus den Augen verloren werden, müssen die verschiedenen Tätigkeiten aufeinander abgestimmt, also koordiniert werden. Diese Koordinierung erfolgt durch den Aufbau einer Unternehmensstruktur, in der den Mitarbeitern ihre spezifischen Aufgaben und Zuständigkeiten zugewiesen (Aufbauorganisation) und deren Aktivitäten zeitlich und aufgabenbezogen abgestimmt werden (Ablauforganisation). Entsprechend lässt sich der Begriff der Marketingorganisation wie folgt definieren:

»Die **Marketingorganisation** umfasst alle struktur- und prozessbezogenen Regelungen (Aufbau- und Ablauforganisation), die zur Erfüllung der Aufgaben des Marketingmanagements erforderlich sind.« (Bruhn, 2009, S. 279)

Organisatorische Maßnahmen regeln also die Zusammenarbeit innerhalb des Unternehmens und mit den externen Marktpartnern. Ziel ist es dabei, den internen organisatorischen Belangen zwar Rechnung zu tragen, gleichzeitig aber die Kundenbedürfnisse über die Abteilungen hinweg abgestimmt zu erfüllen. Denn die Kunden sind am Ergebnis des betrieblichen Leistungsprozesses interessiert, also an den Produkten und Dienstleistungen, und nicht an betriebsinternen Zuständigkeiten und Koordinationsaufgaben. Die Bedeutung der Marketingorganisation ist auch deshalb groß, weil mangelnde Zuständigkeitsregelungen in Unternehmen häufig Ursache für Unzufriedenheit bei den Kunden sind (Fritz/von der Oelsnitz, 2006, S. 283).

2.3.1 Aufbauorganisation

Mit der Aufbauorganisation geht die **Verankerung der Marketingaufgaben im Unternehmen** einher. Diese Verortung bewegt sich zwischen zwei Extremen: einerseits der Ansicht, Marketing sei Aufgabe einer Unterabteilung des Verkaufs und andererseits der Philosophie des Marketing als ganzheitlicher Ansatz der Unternehmensführung. Dazwischen gibt es verschie-

Notwendigkeit der Marketing-Organisation

Definition Marketingorganisation

dene Abstufungen. Im letzten Fall, der strikten Ausrichtung aller Unternehmenstätigkeiten an den Marktbedürfnissen, ist die Unternehmensorganisation mit der Marketingorganisation identisch. Erreicht ist dieser Zustand, wenn sich der Marketinggedanke in der Geschäftsleitung derart verankert, dass dem Marketing und der Kundenorientierung Vorrang vor allen anderen Unternehmensfunktionen und -aufgaben eingeräumt wird. Verbreitet sind jedoch eher Organisationsformen, die dem Marketing nur einen begrenzten Stellenwert einräumen, obwohl sich die Kundenorientierung in diversen empirischen Studien als ein wichtiger Faktor des Unternehmenserfolges zeigte (vgl. Fritz/von der Oelsnitz, 2006, S. 42 f., 275). Ursache für eine geringere Bedeutung des Marketing sind im Wesentlichen der Widerstand einzelner Unternehmensbereiche, die ihre historisch gewachsene Macht bedroht sehen (z. B. Forschung & Entwicklung, Controlling), sowie langsame Lernprozesse, da sich die Notwendigkeit einer strikten Marketingorientierung in gewachsenen Strukturen nur schwer durchsetzt (vgl. Kotler et al., 2007b, S. 22).

Während der Verkauf in einem streng marketingorientierten Unternehmen einen Teilbereich der Distribution und damit des Marketing verkörpert, findet man in vielen Unternehmen das umgekehrte Verhältnis, was vor allem historische Gründe hat. Auf Verkäufermärkten, wie sie vor einigen Jahrzehnten vorherrschten, stand der Verkauf der Produkte im Mittelpunkt der marktgerichteten Aktivitäten (zur Verkaufsorientierung siehe Kapitel 1.2). Seit längerer Zeit hat man es jedoch mit einer komplexen Vielfalt an Marketingaufgaben zu tun, sodass der reine Verkauf zwar nach wie vor wichtig ist, aber die übrigen Unternehmensfunktionen nicht mehr dominiert. Außerdem steigt in einer Organisation der Druck, dem Marketing eine Vorrangstellung einzuräumen, sobald konkurrierende Unternehmen ihr Handeln systematisch an den Kundenbedürfnissen ausrichten. Die Durchsetzung des Marketinggedankens innerhalb einer Unternehmung lässt sich durch bestimmte Stadien unterscheiden, die gleichermaßen dem unterschiedlichen Reifegrad der Marktorientierung in den Unternehmen entsprechen (vgl. Becker, 2006, S. 837; Kotler et al., 2007b, S. 1142 ff.):

- Marketing als Stabstelle des Verkaufs mit der Aufgabe, den Vertrieb z. B. durch die Beschaffung von Marktdaten zu unterstützen. Hierbei handelt es sich um die primitivste Form des Marketing.
- Marketing als Unterabteilung im Verkauf mit der Aufgabe, den Vertrieb mit speziellen Marketingmaßnahmen (z. B. Werbung, Verkaufsförderung) durch Spezialisten zu unterstützen. Insbesondere wenn ein Unternehmen sein Betätigungsfeld auf neue Kunden und Regionen ausdehnen will, gewinnen zusätzliche Marketingaktivitäten neben dem einfachen Verkauf an Bedeutung.
- Marketing als Hauptabteilung neben dem Verkauf mit der Aufgabe, eigenständig strategisch orientierte Marketingmaßnahmen (z. B. Produktverbesserung und -entwicklung, Markenführung) durchzuführen. Vor allem bei anhaltendem Wachstum und bei komplexeren Wettbewerbsbedingungen werden die einzelnen Teilfunktionen des Marketing wichtiger, sodass sie von einer eigenen Abteilung durchgeführt werden.
- Verkauf als Unterabteilung des Marketing, um der Kundenorientierung einen gebührenden Stellenwert einzuräumen. Damit berücksichtigt man, dass die Marketingleitung in der Regel zu einer längerfristigen Orientierung als die Verkaufsleitung neigt. Sie konzentriert sich darauf, die Verbraucher mit den richtigen Produkten und der richtigen Strategie auf den richtigen Märkten zufriedenzustellen, während der Verkauf häufig kurzfristige Erfolge nachweisen und Verkaufszahlen erreichen muss.
- Marketing als Geschäftsleitungs- oder Vorstandsposition, da Märkte und Marketing sich dahingehend verändert haben, dass ihnen Vorrang in der Unternehmensorientierung eingeräumt werden muss. Die Verankerung im Vorstand bedeutet, dass Marketing eine integrierende Unternehmensaufgabe ist, an der sich alle Abteilungen beteiligen, indem sie »für den Kunden arbeiten«.

Die Marketingorganisation selbst kann nach funktionsorientierten und objektorientierten Gesichtspunkten oder als Kombination beider erfolgen.

Aufbauorganisation nach funktions- und objektorientierten Gesichtspunkten

2.3 Unternehmerische Voraussetzungen für marktorientiertes Handeln
Marketingorganisation

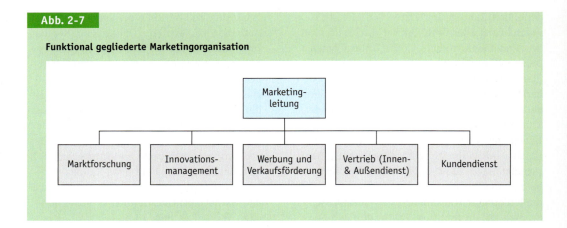

Abb. 2-7: Funktional gegliederte Marketingorganisation

Bei der **funktionsorientierten Organisation** werden, wie in Abbildung 2-7 dargestellt, gleichartige Aufgaben (z. B. Werbung, Forschung, Vertrieb) zusammengefasst und von der Marketingleitung koordiniert. Diese Vorgehensweise erlaubt zwar eine einfache Verwaltung und den Einsatz von qualifizierten Spezialisten auf den jeweiligen Stellen, jedoch handelt es sich dabei eher um eine auf das Unternehmen fokussierte Organisation der Marketingtätigkeiten, da es keine eindeutige Verantwortung für Produkte und Märkte gibt. Diese Art der Organisation eignet sich deshalb vor allem für Unternehmen, die mit einem vergleichsweise homogenen Produktprogramm auf überschaubaren Märkten tätig sind (vgl. Becker, 2006, S. 837 f.).

Für Unternehmen mit vielfältigem, heterogenem Programm, diversifizierten Märkten oder recht unterschiedlichen Kundengruppen empfiehlt sich hingegen die **objektorientierte Organisation**. Objektorientiert bedeutet, dass man die Marketingaufgaben an Produkt- und Marktbesonderheiten ausrichtet. Hierzu können Produkte, Produktkategorien, Kunden, Regionen oder Projekte gehören (Becker, 2006, S. 839 ff.).

Eine in der Praxis stark verbreitete Form der objektorientierten Organisation ist das **Produktmanagement**. Bei großen Konsumgüterherstellern findet man diese Organisationsart häufig auch in Form des **Markenmanagements** (siehe Abbildung 2-8). Das Produkt- bzw. Markenmanagement beschäftigt sich mit sämtlichen Marketingaufgaben, die in Zusammenhang mit dem Produkt bzw. mit der Marke stehen (vgl. Kapitel 6.1). Im Gegensatz zur funktionsorientierten Organisation ist das Produktmanagement nicht auf einzelne Aufgaben wie Marktforschung oder Werbung spezialisiert, sondern koordiniert von der Ideenfindung über die Konzeptentwicklung bis hin zur Markteinführung und Steuerung der Produkte im Markt alle Tätigkeiten, die in Zusammenhang mit dem Innovationsprozess (siehe auch Kapitel 6.5) und der Markenführung stehen. Damit ist der Produkt- bzw. Markenmanager eher ein Universalist als ein Spezialist. Konkret hat ein Produktmanager für sein Produkt Marketingpläne zu erstellen, für deren Durchführung er sorgt und deren Ergebnisse er kontrolliert. Dazu muss er eine langfristige, wettbewerbsorientierte Produktstrategie entwickeln, einen jährlichen Marketingplan mit Umsatzprognose erstellen, mit Werbe- und Verkaufsförderungsagenturen Kommunikationsmaßnahmen entwickeln und durchführen, Verkäufer und Distributionspartner betreuen, Informationen über Image und Akzeptanz des Produkts bei Händlern und Konsumenten sammeln und bei Bedarf Produktverbesserungen einleiten (Kotler et al., 2007b, S. 1148).

Vorteilhaft am Produktmanagement ist die große Marktnähe, die eine schnelle Reaktion auf sich ändernde Marktbedingungen erlaubt. Bei einer funktionsorientierten Gliederung müssten hingegen erst Arbeitsgruppen mit den jeweils benötigten Spezialisten einberufen werden, um die marktrelevanten Informationen zu sammeln und auszuwerten, wodurch sich Reaktionen auf den Wettbewerb und auf veränderte Kundenbedürfnisse stark verlangsamen können. Die produktspezifische Erstellung des Marketingmix ist insofern auch von Vorteil, als dass sich Kosten besser zuordnen lassen. Da der Markenmanager gleichzeitig auch ein Fürsprecher für seine Marke ist, reduziert sich die Gefahr, dass kleinere Marken vernachlässigt werden. Problematisch ist häufig allerdings, dass Produktmanager im Regelfall nicht weisungsbefugt sind, sodass sie die Markenziele im Wesentlichen durch Überzeugung von Vertrieb, Produktion, Rechnungswesen und anderen Abteilungen durchsetzen müssen. Zudem steigt mit dem Produktmanagement auch die Gefahr, dass Synergien mit ähnlichen Produkten nicht beachtet und dass durch die parallele Existenz mehrerer Produktmanager im Unternehmen auch finanzielle und personelle Ressourcen verschwendet werden. In der Praxis zeigt sich auch häufig, dass besonders die großen Einzelhändler von speziellen Vertriebsteams betreut werden, die unternehmensweite Vereinbarungen über Konditionen und Verkaufsförderungsmaßnahmen treffen, ohne die Belange einzelner Marken ausreichend zu berücksichtigen (Kotler et al., 2007b, S. 1149 f.). Dadurch steigt das Risiko, dass der mühsame Aufbau von Markenwerten über Preisaktionen gefährdet wird.

Abb. 2-8

Objektorientiert gegliederte Marketingorganisation am Beispiel des Markenmanagements

Einige dieser Nachteile lassen sich durch die Bildung von Produktkategorien (Category Management) verringern. Das **Category Management** konzentriert sich nicht auf ein einzelnes Produkt, sondern ist für Kategorien zusammengehörender Produkte (z. B. Körperpflege, Haushaltspflege) zuständig. Synergien und Verbundbeziehungen zwischen bedarfsähnlichen Produkten können so besser genutzt werden (Becker, 2006, S. 840). Doch auch hier besteht die Herausforderung, nicht nur mit den Handelspartnern eine kurzfristige Umsatzsteigerung zu verfolgen, sondern das Category Management darin zu unterstützen, die Kundenbedürfnisse mit den Marken und Produkten langfristig optimal zu befriedigen (vgl. Kotler et al., 2007b, S. 1152).

Das **Kundenmanagement** empfiehlt sich insbesondere dann, wenn ein Unternehmen über ein homogenes Produktangebot verfügt und dieses an unterschiedliche Käufergruppen (z. B. private, gewerbliche und behördliche Kunden) vertreibt. Dell verkauft seine Computer beispielsweise an Privathaushalte und Unternehmen unterschiedlicher Größen und Nestlé liefert seine Lebensmittel nicht nur über den Einzelhandel an die Konsumenten, sondern auch über den Nestlé Food Service an die Gastronomie, um die Konsumenten beim »out of home«-Konsum zu erreichen (Abbildung 2-9). Im ersten Fall richtet sich Nestlé an Privathaushalte, weshalb man auch vom Business-to-Consumer-Geschäft spricht, und im Fall der Gastronomie beliefert Nestlé Geschäftskunden (Business-to-Business-Geschäft). Damit setzt sich Nestlé vollkommen anderen Marktmechanismen aus, denn bei Gastronomiekunden trifft in der Regel nicht wie im Einzelhandel der Konsument alleine die Kaufentscheidung am Regal, sondern die Gastronomen übernehmen die Vertriebsentscheidung für Produkte eines bestimmten Anbieters und bieten diese dann exklusiv an. Damit bleibt dem Kunden in der Gastronomie nur die Wahl zwischen Konsum und Nicht-Konsum, aber nicht zwischen den Produkten verschiedener Anbieter (vgl. Hemmer, 2005, S. 14).

Kundenorientierte Aufbauorganisation

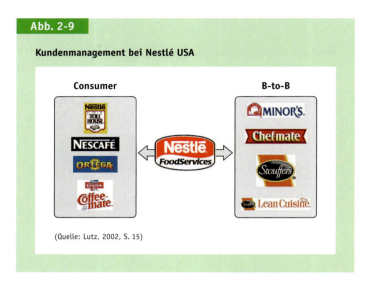

Abb. 2-9

Kundenmanagement bei Nestlé USA

(Quelle: Lutz, 2002, S. 15)

Die Aufgaben von Kundenmanagern ähneln denen der Produktmanger: Sie haben Marketingpläne für bestimmte Kunden und Märkte (Konsumenten-, B-to-B-Märkte) zu entwickeln und mit den jeweils angebotenen Produkten auf die Kundenwünsche einzugehen. Man unterstellt dabei, dass Kundenwünsche durch diese Art der Organisation wesentlich besser berücksichtigt werden können und sich dadurch wesentlich engere Beziehungen zu den Kunden ergeben (Becker, 2006, S. 840; Kotler et al., 2007b, S. 1155).

Eine **regionale Organisation** ist insbesondere im Vertrieb sehr häufig zu finden. In derartigen Organisationen existieren vom einfachen Verkäufer bzw. Außendienstmitarbeiter bis hin zu einem zentral ansässigen Vertriebsleiter verschiedene Hierarchieebenen. Denkbar ist etwa die Aufteilung des Bundesgebiets in einige wenige Verkaufsdirektionen, die für diverse Verkaufsbezirksleiter zuständig sind und in deren Verkaufsbezirken wiederum mehrere Verkäufer in exklusiv zugewiesenen Gebieten tätig sind (vgl. Kotler et al., 2007b, S. 796 f.). Bezogen auf die gesamte Marketingorganisation empfiehlt sich eine geografische Gliederung insbesondere dann, wenn es zwischen regionalen Märkten starke Unterschiede im Käuferverhalten oder beim Einzelhandel gibt. In der Regel findet man

Regionenorientierte Aufbauorganisation

Neben unterschiedlichen Marktmechanismen kann die Notwendigkeit zum Kundenmanagement auch auf unterschiedlichen Kundenbedürfnissen oder abweichendem Kaufverhalten basieren. Häufig findet man beispielsweise eine Klassifizierung der Kunden nach Abnahmemengen. Besondere Aufmerksamkeit wird dabei bestimmten Schlüssel- und Großkunden gewidmet, die von so genannten **Key Account-Managern** betreut werden (Becker, 2006, S. 840).

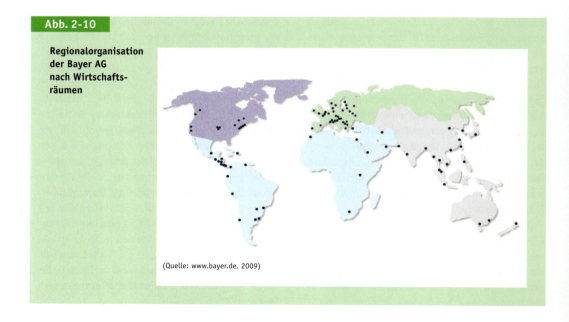

Abb. 2-10

Regionalorganisation der Bayer AG nach Wirtschaftsräumen

(Quelle: www.bayer.de, 2009)

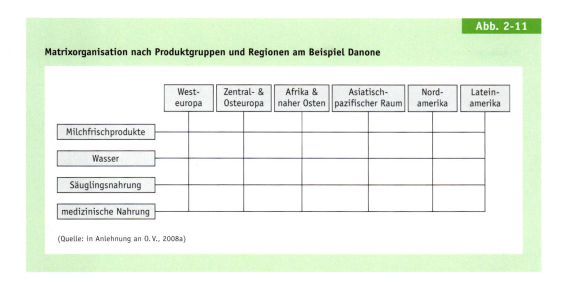

Abb. 2-11: Matrixorganisation nach Produktgruppen und Regionen am Beispiel Danone
(Quelle: in Anlehnung an O. V., 2008a)

deshalb vor allem bei international agierenden Unternehmen ein Regionen-Management, das in den verschiedenen Ländermärkten für die Anpassung des Marketingmix an landestypische Gegebenheiten zuständig ist. In diesen Fällen wird üblicherweise auf eine internationale Zentrale zu Gunsten von regionalen Niederlassungen verzichtet. Diese Niederlassungen können für komplette Wirtschaftsräume zuständig sein oder in regionalen Schlüsselmärkten agieren und von dort aus Nachbarländer und -regionen bedienen. Zu den Wirtschaftsräumen zählen EMEA (Europe, Middle East, Africa), Asia-Pacific, Nordamerika und Lateinamerika (Mittel- und Südamerika). Abbildung 2-10 zeigt beispielhaft die Organisation der Bayer AG anhand der Wirtschaftsräume Asien-Pazifik, Europa, Nordamerika sowie Lateinamerika und Afrika / Nahost mit den wichtigsten Unternehmensstandorten. Wichtige außereuropäische Schlüsselländer sind beispielsweise China, Japan, Brasilien, Südafrika, Ägypten, USA und Russland. Die Aufgabe der Regionalmanager besteht auch hier wieder darin, regionenspezifische Marketingpläne zu entwickeln, deren Durchführung zu überwachen und die Ergebnisse zu kontrollieren.

Eine letzte Organisationsform ist das **Projektmanagement**. Es wird dann installiert, wenn zeitlich befristete, kaum oder nicht wiederkehrende und relativ neuartige Aufgaben durchzuführen sind, sodass man flexibel auf die jeweiligen Aufgabenstellungen reagieren kann. Diese Organisationsform hat eine große Bedeutung im B-to-B-Marketing, z. B. im Anlagen- und Schiffbau oder in der Werbung und der Marktforschung. Aber auch im Konsumgüter- und Dienstleistungsmarketing können Projektteams eine Rolle spielen, etwa bei der Entwicklung innovativer Erzeugnisse oder bei hoch individualisierten Produkten (z. B. Innenraumausstattung, Hausbau, Veranstaltungsorganisation). Je nach Aufgabenstellung werden zum Teil auch funktionsübergreifende Projektteams zusammengestellt, die von einem Projektleiter koordiniert werden (vgl. Becker, 2006, S. 841).

Die zuvor dargestellten Organisationsformen werden in der Praxis oftmals miteinander kombiniert. Die Verbindung von zwei Dimensionen nennt man Matrixorganisation, bei drei und mehr Dimensionen handelt es sich um eine Tensororganisation. Abbildung 2-11 zeigt ein Beispiel für eine Matrixorganisation, bei der produkt- und regionenorientierte Strukturen miteinander kombiniert werden.

Das Beispiel für eine **Matrixorganisation** in Abbildung 2-11 zeigt, dass es für die verschiedenen Produktgruppen jeweils einen Produktgruppenmanager gibt, der mit den verschiedenen Regionalmanagern eng zusammenarbeitet. Dadurch werden markt- und produktspezifische Kompetenzen gebündelt, sodass die Angebote besser auf die Kundenbedürfnisse der unterschied-

Kombination von Organisationsformen

Projektorientierte Aufbauorganisation

2.3 Unternehmerische Voraussetzungen für marktorientiertes Handeln
Marketingorganisation

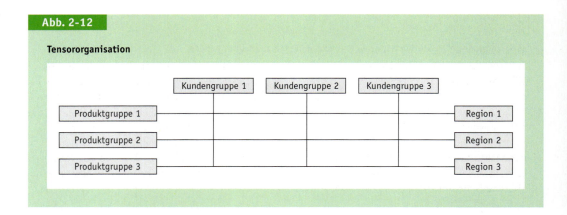

Abb. 2-12 Tensororganisation

lichen Regionen ausgerichtet werden. Danone hat sich beispielsweise als »Health Company« positioniert und vertreibt die Produktgruppen Milchfrischprodukte, Wasser, Säuglingsnahrung und medizinische Ernährung in verschiedenen Regionen weltweit. Dabei geht das Unternehmen – etwa durch unterschiedliche Marken oder Verpackungsdesigns – auf die regionalen Präferenzen ein. Nachteilig an der Matrixorganisation ist die Verteilung von Entscheidungen, Befugnissen und Verantwortungen zwischen den Produkt- und Regionalmanagern, was zu Konflikten führen kann (vgl. Kotler et al., 2007b, S. 1156).

Nimmt man eine dritte oder mehrere Organisationsdimensionen hinzu (z. B. Kundengruppen-, Projektmanagement), dann ergibt sich die **Tensororganisation**, wie sie in Abbildung 2-12 dargestellt ist.

Mit der Tensororganisation ist es möglich, noch genauer auf spezifische Kundenbedürfnisse zu reagieren. Sie kommt deshalb vor allem bei recht heterogenem Produktangebot und unterschiedlichen Marktstrukturen in Frage. Beispielsweise bedient der Danone-Konkurrent Nestlé auch unterschiedliche Kundengruppen, indem zwischen Business-to-Consumer- und Business-to-Business-Segmenten (Nestlé Professional) unterschieden wird. Auf der anderen Seite kommen auch bei der Tensororganisation die Nachteile der Matrixorganisation zum Tragen, wegen der größeren Überschneidung teilweise sogar in verschärfter Form (Becker, 2006, S. 842 f.).

Die bislang vorgestellten Organisationsformen beziehen sich auf die **interne Marketingorganisation**. Von interner Marketingorganisation spricht man, wenn man sich mit der Integration des Marketing in die Unternehmensorganisation befasst. Geht es hingegen um die Zusammenarbeit mit externen Marktpartnern, spricht man von **externer Marketingorganisation** (vgl. Bruhn, 2009, S. 279).

Eine Form der **externen Marketingorganisation** stellen **Unternehmensnetzwerke** dar, bei denen es sich um enge Kooperationen zwischen eigenständigen Unternehmen handelt (Aus der Praxis 2-3). Netzwerkunternehmen sind gekennzeichnet durch die Konzentration auf ihr jeweiliges Kerngeschäft, ein hohes Maß an Flexibilität und durch Senkung von Investitionsrisiken (vgl. Meffert et al., 2008, S. 781 ff.). Der Grundgedanke ist, dass sich mehrere Unternehmen mit ihren jeweiligen Kompetenzen kooperativ aneinander binden und sich je nach zu bearbeitender Aufgabe flexibel zusammenschließen können bzw. bei wiederkehrenden Aufgaben nach festen Regeln kooperieren. Eigene Investitionen in Tätigkeitsbereiche, die im Netzwerk von anderen übernommen werden, kann man dadurch einsparen. Voraussetzung ist ein hohes Maß an Vertrauen gegenüber den Netzwerkpartnern, ein intensiver Informationsaustausch und die Nutzung geeigneter Kommunikations- und Informationstechnologien. Die Auftraggeber von Unternehmensnetzwerken haben in der Regel nur ein Unternehmen als Ansprechpartner und entsprechend erscheint die Leistung wie aus einer Hand erbracht. Der Netzwerkgedanke ist insbesondere für kleinere Unternehmen interessant, denen die Möglichkeit oder die Bereitschaft zum Aufbau eigener spezialisierter Abteilungen fehlt.

Unternehmensnetzwerke als Kooperation eigenständiger Firmen

Interne und externe Aufbauorganisation

Aus der Praxis – 2-3

Im August 2000 wurde in Braunschweig die Kooperationsinitiative Maschinenbau e.V. (KIM) gegründet, der mittlerweile 24 mittelständische Unternehmen aus dem Großraum Braunschweig, der Arbeitgeberverband Region Braunschweig sowie das Institut für Werkzeugmaschinen und Fertigungstechnik der TU Braunschweig angehören. Vorrangige Ziele dieses Netzwerks sind die Standortsicherung, der Erhalt und die Schaffung von Arbeitsplätzen sowie die Stärkung der regionalen Wirtschaft durch Verbesserung der Wettbewerbsfähigkeit. Das Oberziel besteht in der Schaffung einer virtuellen Fabrik, in der die Netzwerkpartner von der Konstruktion über die Produktion bis zum Verkauf gemeinsam neue Produkte entwickeln und vermarkten. Zur Erreichung dieser Ziele hat das Netzwerk folgende Maßnahmen beschlossen, denen gegenseitiges Vertrauen, fairer Umgang miteinander und Offenheit zugrunde liegen:

- Kapazitätsausgleich durch flexiblen Austausch von Arbeitskräften: Bei Personalüberhang in einem Unternehmen werden die Mitarbeiter an Netzwerkpartner mit Arbeitsüberhang ausgeliehen. Das leihende Unternehmen kann sich auf die Kompetenz der ausgeliehenen Mitarbeiter verlassen und der Personalüberhang im ausleihenden Betrieb muss nicht durch Kurzarbeit oder Entlassungen abgebaut werden. Dadurch wurde zwischen 2004 und 2008 Arbeitskraft im Wert von 600.000 Euro ausgetauscht. Insgesamt konnten die Personalkosten dadurch gesenkt werden.
- Netzwerkinterner Umsatz: Aufträge vergeben die Netzwerkpartner nach Möglichkeit untereinander, was besonders in wirtschaftlich schwierigen Zeiten von regionaler Bedeutung ist. Der interne Gesamtumsatz versechsfachte sich zwischen 2004 und 2008 und betrug zuletzt 6 Millionen Euro.
- Kosteneinsparungen: Im Bereich der Beschaffung von Werkzeugen, Werkstoffen, Büromaterial, Elektronik sowie bei der Entsorgung bestehen Rahmenabkommen mit vorzugsweise regionalen Partnerunternehmen. Dadurch ergeben sich jährliche Einsparungen im sechsstelligen Bereich. Darüber hinaus werden Investitionen gebündelt.
- Synergien: Durch den Erfahrungs- und Wissensaustausch untereinander sowie durch den engen Kontakt zur TU Braunschweig profitieren die Netzwerkpartner insbesondere in der Aus- und Weiterbildung sowie bei der Produktentwicklung und der Arbeitseffizienz voneinander. Zudem werden gemeinsame Projekte durchgeführt, die in Arbeitskreisen von Experten aus den Unternehmen betreut werden.
- Öffentlichkeitsarbeit: Die Dachorganisation erstellt Presseberichte über das Netzwerk, steht dem Rundfunk für Interviews und Gespräche zur Verfügung und verfasst Präsentationen für Fachtagungen und Konferenzen.

Die Netzwerkkooperation zahlt sich für alle beteiligten Unternehmen aus. Der Gesamtumsatz aller 24 KIM-Mitglieder stieg zwischen 2004 und 2008 um 517 Millionen Euro auf 1,2 Milliarden Euro und die Anzahl der Beschäftigten stieg im selben Zeitraum um 946 auf 5.829 (Paulmann, 2009; www.made-in-braunschweig.de).

2.3.2 Ablauforganisation

Die **Ablauforganisation** beschäftigt sich mit der Gestaltung der marketingbezogenen Arbeitsprozesse. Diese Prozesse müssen innerhalb von Abteilungen (z. B. Aufgabenverteilung in der Vertriebsabteilung), zwischen Abteilungen (z. B. zwischen Entwicklungsabteilung und Produktmanagement) und mit externen Marktpartnern (z. B. mit einer Werbeagentur) koordiniert werden. Dabei hat man es unter Berücksichtigung der Aufbauorganisation mit folgenden Entscheidungstatbeständen zu tun (vgl. Meffert et al., 2008, S. 744 ff.):

- Definition des **Arbeitsinhalts**: In der Gestaltung der Arbeitsprozesse muss festgelegt

Entscheidungstatbestände der Ablauforganisation

werden, welche Verrichtungen an welchen Arbeitsobjekten vorgenommen werden sollen. Es stellt sich also die Frage, was getan werden soll. Beispiel: Dem Einzelhandel wird ein neu entwickeltes Erfrischungsgetränk vorgestellt.

▶ **Zuordnung der Arbeit**: Mit der Festlegung der Arbeitsinhalte muss auch festgelegt werden, wer diese Inhalte bearbeitet und wer für den reibungslosen Arbeitsablauf verantwortlich ist. Damit stellt sich die Frage, wer etwas tun soll. Beispiel: Der Marketingleiter legt fest, dass der Produktmanager das neue Erfrischungsgetränk zunächst intern den Key Accountern vorstellt und diese dann die Präsentation bei den Handelspartnern übernehmen.

▶ Festlegung von **Zeitplänen**: Für die Bearbeitung von Teilaufgaben werden die Reihenfolge der durchzuführenden Aufgaben sowie die Zeitdauer für die Bearbeitung jeder Teilaufgabe festgelegt. Für die Zeitplanung gibt es zwei Ansätze: Man kann sich überlegen, wie lange die eingeplanten Mitarbeiter für die Erledigung ihrer Aufgaben benötigen und gelangt so zu einem Zeitpunkt, an dem alle Aufgaben abgearbeitet wurden. Oder man legt einen Zeitpunkt fest, an dem die Aufgaben erledigt sein sollen und plant vom End-

zeitpunkt zurück in die Gegenwart den Personalbedarf, der benötigt wird, um die Aufgaben fristgerecht zu erledigen. Häufig wird auf letztere Art und Weise vorgegangen, da bestimmte Tätigkeiten (z. B. Markteinführung) auch von externen Gegebenheiten (z. B. Jahreszeiten bei Saisonprodukten, Informationen über die Innovationsaktivitäten von Wettbewerbern) terminiert werden. Beispiel: Das neue Erfrischungsgetränk soll vor dem Sommer auf dem Markt eingeführt werden, um von der erhöhten jahreszeitlichen Nachfrage zu profitieren. Der Produktmanager muss sicherstellen, dass die Produktionsplanung ein halbes Jahr vorher abgeschlossen ist, dass die Key Accounter zeitgleich über das neue Produkt informiert werden und drei Monate vor Markteinführung den Einzelhandel informieren, damit dieser Zeit zur Listung hat. Die Werbeabteilung muss drei Monate vor Markteinführung mit der Werbeplanung (z. B. Buchung von Werbezeiten und Anzeigen) beginnen, damit diese kurz vor Markteinführung die Verbraucher erreichen. Der Vertrieb muss sicherstellen, dass mit Markteinführung ausreichend Displays und Verkaufsförderungsaktionen im Einzelhandel

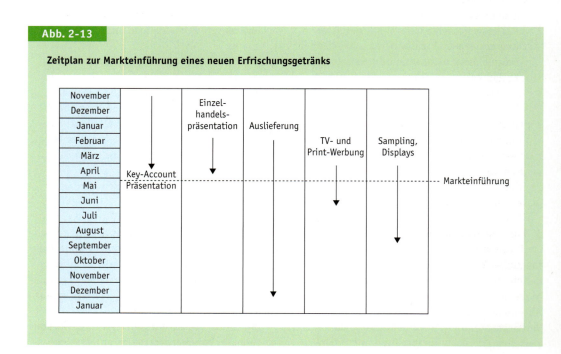

Abb. 2-13

Zeitplan zur Markteinführung eines neuen Erfrischungsgetränks

durchgeführt werden und das Produkt erhältlich ist. Die gesamte Zeitplanung ist in Abbildung 2-13 dargestellt.

- Ordnung des **Arbeitsraums**: Bei der Festlegung des Arbeitsraums wird die räumliche Anordnung der am Arbeitsprozess Beteiligten optimiert. Insbesondere Organisationseinheiten mit einem ähnlichen Aufgabenbereich sollten auch räumlich nah beieinander liegen, um den Koordinationsaufwand zu minimieren und relativ schnelle Absprachen treffen zu können. So macht es durchaus Sinn, die Aufgabenbereiche Werbung und Öffentlichkeitsarbeit in benachbarte Abteilungen oder sogar in eine Abteilung zu legen. Doch gerade die Festlegung des Arbeitsraums, der eher aufbauorganisatorischen Charakter hat, ist umso komplexer, je größer und je filialisierter ein Unternehmen ist. So wäre es zur Förderung des Wissensaustauschs durchaus sinnvoll, wenn Forschungs- & Entwicklungsabteilung sowie Produktmanagement auch räumlich nah beieinander liegen. In Großunternehmen kann dies jedoch nicht immer gewährleistet werden. Deshalb behilft man sich hier mit regelmäßigen Meetings oder bedient sich der Mittel der Fernkommunikation. Beispiel: Mit dem Start der Werbekampagne für das neue Erfrischungsgetränk werden Zeitungs- und Zeitschriftenredaktionen mit Pressemitteilungen zu dem neuen Getränk versorgt. Zur Abstimmung über deren Inhalte und den Zeitplan treffen sich die benachbarten Abteilungen regelmäßig.

Die gesamte Prozess- bzw. Ablaufplanung kann anhand einer **Geschäftsprozessanalyse** strukturiert werden. Da die Tätigkeiten in einem Unternehmen auf Wertschöpfung ausgerichtet sind, empfiehlt sich eine Analyse der Geschäftsprozesse anhand von Wertketten. **Wertketten** stellen den unternehmerischen Leistungsprozess dar und dienen als strategisches Instrument dazu, die Prozesse so effizient zu gestalten, dass man gegenüber Wettbewerbern Ertrags- und Kostenvorteile realisieren kann (Becker, 2006, S. 850). Ein solches Wertketten-Modell beschreibt den Wert schaffenden Ablauf der Unternehmenstätigkeiten von ersten Überlegungen zu Zielgruppen und Positionierung über die Produktentwicklung und Kommunikation bis hin zur Distribution (Abbildung 2-14).

Abb. 2-14

Wertschaffender Ablauf der Geschäftsprozesse

Wertbestimmung →	Werterstellung →	Wertvermittlung →	Wertübertragung
▸ Bedürfnisforschung ▸ Segmentierung ▸ Auswahl der Zielsegmente ▸ Positionierung	▸ Produktentwicklung und -herstellung ▸ Entwicklung des gesamten Leistungsangebots ▸ Preisfestlegung	▸ Werbung ▸ Verkaufsförderung ▸ Verkauf	▸ Warenverteilung ▸ Kundendienst

(Quelle: in Anlehnung an Kotler et al., 2007b, S. 6)

Den idealtypischen Ablauf kann man in vier Prozessblöcke mit charakteristischen Aufgaben einteilen, für die die jeweiligen Abteilungen und externen Partner verantwortlich sind (vgl. Kotler et al., 2007b, S. 6 f.). Der Ablauf beginnt mit eher strategischen Aufgaben zur Erforschung von Kundenbedürfnissen, der Marktsegmentierung, der Auswahl der zu bearbeitenden Marktsegmente und der Positionierung des geplanten Angebots (Wertbestimmung). Die weitere Vorgehensweise orientiert sich an den Aufgaben des Marketingmix. So werden im Rahmen der Werterstellung die Produkte und das gesamte Leistungsangebot entwickelt und hergestellt (Aufgaben der Produktpolitik) sowie Preise hierfür festgelegt (Preispolitik). Zu diesen Aufgaben zählt auch die Materialbeschaffung für die Produktion (Beschaffungsmarketing), immer unter dem Aspekt, einen Beitrag zur Wertschöpfung zu leisten. Der Block der Wertvermittlung bezieht sich auf kommunikative und distributive Aufgaben: Die Zielgruppe muss auf das Leistungsangebot aufmerksam gemacht und der Produktnutzen muss vermittelt werden. Außerdem müssen die Produkte in den Distributionskanälen präsent sein und dort die Aufmerksamkeit potenzieller Kunden auf sich ziehen. Der Block der Wertübertragung befasst sich mit logistischen Tätigkeiten und dem Kundendienst, beides Aufgaben der Distributionspolitik.

Die genannten Tätigkeiten werden strikt auf die Zielmärkte ausgerichtet und aufbauorganisa-

Idealtypischer Ablauf von Geschäftsprozessen

Geschäftsprozessanalyse zur Strukturierung der Ablauforganisation

2.3 Unternehmerische Voraussetzungen für marktorientiertes Handeln
Marketingorganisation

torisch auf Abteilungen, Teams und externe Partner aufgeteilt und zwischen diesen koordiniert. Die Übergabe der Teilaufgaben zwischen Abteilungen und deren Koordination ist Gegenstand des **Schnittstellenmanagements**. Das Schnittstellenmanagement identifiziert die Abhängigkeiten zwischen den einzelnen Unternehmensbereichen, etabliert Managementinstrumente zur Übergabe der notwendigen Informationen (einheitliche Datenbasis, formalisierte Entscheidungsprozesse, Entwicklung von Kontrollgrößen) und versucht, an den Schnittstellen eine konstruktive Zusammenarbeit zwischen den Abteilungen durchzusetzen (vgl. Becker, 2006, S. 846). Durch ein gut funktionierendes Schnittstellenmanagement werden **Schnittstellenprobleme** verhindert. Zu diesen gehören Informationsprobleme (Weitergabe unvollständiger oder falscher Informationen, verzögerte Weitergabe von Informationen, Verzögerung von vorgelagerten Arbeitsschritten) und Kompetenzprobleme (unklare Abgrenzung von Verantwortungen und Zuständigkeiten, absichtliche Blockierung von Entscheidungen, Qualitätsprobleme). Schnittstellenprobleme haben unterschiedliche **Ursachen**. So wird die Relevanz der Unternehmensaufgaben und -ziele von den verschiedenen Abteilungen nicht nur marketingorientiert, sondern auch aus dem jeweiligen fachlichen Blickwinkel interpretiert. Dadurch entstehen zwangsläufig Konflikte zwischen Marketing und anderen Funktionsbereichen wie Finanz- und Rechnungswesen, Beschaffung, Produktion, F & E und so weiter (Kotler et al., 2007b, S. 1160). Aber auch innerhalb von Abteilungen und an den Schnittstellen zu Externen kann es zu mangelhafter Abstimmung kommen, für die es drei wesentliche Gründe gibt (vgl. Meffert et al., 2008, S. 737 ff.):

> Schnittstellenmanagement zur Verhinderung von Schnittstellenproblemen

- Für bestimmte Arbeitsabläufe können Kenntnis oder Verständnis fehlen. Besonders häufig ist dies bei strukturellen Veränderungen im Unternehmen der Fall: Alte Arbeitsabläufe und Zuständigkeiten ändern sich und die neuen Abläufe sind noch nicht vertraut. Ein Beispiel kann die Verlagerung von kommunikationspolitischen Entscheidungen eines global tätigen Konzerns von der deutschen Zentrale in die ausländische Europazentrale sein, etwa aus Gründen der Internationalisierung oder Rationalisierung. In der Europazentrale sind die Eigenheiten des deutschen Marktes noch nicht ausreichend bekannt, sodass es zunächst zu Reibungsverlusten bei Arbeitsaufträgen an die deutsche Zentrale kommt, in der künftig die Entscheidungen der Europazentrale umgesetzt werden sollen.
- Die Kompetenzen der Mitarbeiter beziehen sich oftmals auf den eigenen, teilweise recht eng gefassten Aufgabenbereich. Für die Abstimmung mit anderen Abteilungen empfiehlt es sich deshalb, auch Kenntnisse über deren Tätigkeiten (z. B. in Workshops, Projektgruppenarbeit oder Job Rotation im Rahmen von Trainee-Programmen) zu vermitteln, um Aufgaben optimal definieren und übernehmen bzw. übergeben zu können. Beispielsweise ist es bei computergestützter Marktforschung, bei der auch Bildmaterial von neuen Verpackungen oder Ähnlichem verwendet wird, sinnvoll, dass die Marktforschungsabteilung über grundlegendes Wissen bezüglich Bildverarbeitung am PC verfügt, um die Bilder der Grafikabteilung in verwendbarer Auflösung und optimalem Bildformat an die Marktforschungsagentur weiterzugeben. Ein reibungsloses Schnittstellenmanagement setzt also die Kenntnis über Abläufe in anderen Unternehmensbereichen und bei Externen voraus.
- Schnittstellenprobleme können auch durch Widerstände einzelner Abteilungen, Führungskräfte oder Mitarbeiter entstehen. Dies kann beispielsweise der Fall sein, wenn zwischen Produktmanagement und F & E-Abteilung hinsichtlich der Neuproduktentwicklung Differenzen bei der Produktausstattung entstehen und marktrelevante Informationen von der Entwicklungsabteilung ignoriert werden, um die eigenen, vielleicht eher technisch geprägten Ansichten im Neuprodukt zu verwirklichen. Häufige Ursachen für Widerstände sind auch Konflikte bei der Verteilung finanzieller oder personeller Ressourcen, z. B. bei der Budgetverteilung auf verschiedene Produktsparten.

Sobald derartige Probleme erkannt werden, kann man versuchen, diese durch überzeugende Gespräche, Kompromisse, Schlichtung, Anreize oder Sanktionen zu lösen (vgl. Meffert et al., 2008, S. 741, 778; Schütz, 2003).

Kontrollfragen Kapitel 2

1. Grenzen Sie private und professionelle Aufgaben, die im Zusammenhang mit dem Angebot eines Produktes stehen, anhand eines Beispiels voneinander ab!

2. Erläutern Sie kurz Wesen und Aufgabenbereiche des Marketingmanagements! Grenzen Sie dabei die inhaltlichen und dimensionalen Aufgabenbereiche des Marketingmanagements voneinander ab!

3. Aus welchen Phasen setzt sich der idealtypische Marketingplanungsprozess zusammen?

4. Ordnen Sie die Marketingkonzeption in den Marketingplanungsprozess ein!

5. Welche Planungsebenen sind in einer Marketingkonzeption zu berücksichtigen? Skizzieren Sie eine Marketingkonzeption für einen Süßwarenhersteller!

6. Beschreiben Sie das schrittweise Vorgehen im Rahmen einer sorgfältigen Analyse der Marketingsituation!

7. Aus welchen Gründen ist es ratsam, Marketingziele zu formulieren?

8. Grenzen Sie die Ebene der Marketingstrategien von den beiden anderen Planungsebenen der Marketingkonzeption ab!

9. Was versteht man unter Marketingmix und welche absatzpolitischen Instrumente lassen sich unterscheiden?

10. Nehmen Sie zur Notwendigkeit und Bedeutung der Marketingorganisation Stellung!

11. Grenzen Sie Aufbau- und Ablauforganisation anhand eines Beispiels voneinander ab!

12. Nehmen Sie zu der folgenden Aussage differenziert Stellung: »Marketing ist lediglich ein anderer Begriff für Verkauf«!

13. Skizzieren Sie kurz, anhand welcher grundlegenden Gesichtspunkte sich die Aufbauorganisation untergliedern lässt!

14. Beschreiben Sie, an welchen »Objekten« man die objektorientierte Aufbauorganisation ausrichten kann!

15. Welche Vor- und Nachteile sehen Sie in der produktorientierten Aufbauorganisation?

16. Unterscheiden Sie den Key Account-Manager vom Category-Manager anhand ihrer spezifischen Tätigkeiten!

17. Die österreichische RedBull GmbH vertreibt ihren Energydrink weltweit. Welche Aufbauorganisation sollte das Unternehmen wählen? Sollte das Unternehmen über eine Änderung der Aufbauorganisation nachdenken, nachdem es neben dem Energydrink nun auch Cola produziert und verkauft? Begründen Sie Ihre Antworten!

18. Ein Mischkonzern stellt für den europäischen und asiatischen Markt Produkte der Unterhaltungselektronik, Elektrogeräte für Küche, Haushalt und Körperpflege sowie digitale Film- und Fotokameras unter einem gemeinsamen Markennamen her. Begründen Sie anhand von Vor- und Nachteilen, welche Organisationsform dieser Konzern aus Ihrer Sicht wählen sollte!

19. Was versteht man unter Unternehmensnetzwerken und unter welchen Umständen kann man zur Bildung von Unternehmensnetzwerken raten?

20. Welche grundlegenden Entscheidungen sind im Rahmen der Ablauforganisation zu treffen?

21. Erläutern Sie den Nutzen einer Geschäftsprozessanalyse für die Ablauforganisation!

22. Skizzieren Sie die Aufgaben des Schnittstellenmanagements! Gehen Sie dabei auch auf die verschiedenen Arten von Schnittstellenproblemen ein!

3 Erforschung des Konsumentenverhaltens

Lernziele

▶ Der Leser kennt die wesentlichen Merkmale und die zentralen Fragestellungen der Konsumentenverhaltensforschung. Er kann die Bedeutung der Konsumentenverhaltensforschung für das Marketing zuverlässig einschätzen.

▶ Der Leser weiß, was aktivierende psychische Prozesse sind. Er kann erklären, wie Emotionen, Motivationen und Einstellungen von Konsumenten entstehen und wie diese psychischen Determinanten verhaltenswirksam durch das Marketing beeinflusst werden können.

▶ Der Leser versteht den Prozess der Aufnahme, Verarbeitung und Speicherung von Reizen durch den Konsumenten. In diesem Zusammenhang erkennt der Leser, wie wichtig es für das Marketing ist, Einblicke in die Produktwahrnehmung und -beurteilung sowie das Lernverhalten der Konsumenten zu gewinnen.

3.1 Begriff und Zielsetzung der Konsumentenverhaltensforschung

Erfolgreiches Marketing setzt voraus, dass die Anbieter von Sachgütern bzw. Dienstleistungen die aktuellen oder latenten Bedürfnisse ihrer Nachfrager genau kennen. Somit steht im Mittelpunkt des Interesses der Kunde, der sich beispielsweise über Produkte und deren Nutzen stiftende Eigenschaften informiert, der in der Regel zwischen vielen verschiedenen Alternativen wählen kann und der seine produktbezogenen Erfahrungen im Gehirn abspeichert und gegebenenfalls anderen Menschen in seinem sozialen Umfeld von diesen Erfahrungen berichtet. Teilweise handelt der Kunde auch irrational, was die Planung der Marketingaktivitäten des Anbieters erheblich erschwert. So lässt sich in der Marketingpraxis immer wieder beobachten, dass gut durchdachte Marketingkonzeptionen scheitern, weil sich die Kunden nicht so verhalten, wie es die Anbieter erwartet haben. Andererseits gibt es zahlreiche Beispiele für ungewöhnliche Marketingideen, die entgegen allen Erwartungen erfolgreich am Markt umgesetzt werden konnten (Aus der Praxis 3-1).

In den letzten beiden Jahrzehnten hat sich im Marketing nach einer langen Zeit der quantitativen Ausrichtung eine stärkere verhaltenswissenschaftliche Orientierung durchgesetzt. Diese Veränderung lässt sich unter anderem daran erkennen, dass relevante Erkenntnisse anderer Wissenschaftsdisziplinen wie die der Psychologie und der Soziologie systematisch in die Konsumentenverhaltensforschung integriert wurden. Außerdem sind sich die Marketingexperten heute weitgehend einig darüber, dass die Marktforschung, auf deren Grundlage die meisten Marketingentscheidungen getroffen werden, nur zielführend ist, wenn sie die Theorien und Modelle berücksichtigt, welche sich auf die Gesetzmäßigkeiten des Verhaltens von Konsumenten beziehen. Diese Aspekte sind unter anderem dafür verantwortlich, dass das Erkenntnisgebiet der Konsumentenverhaltensforschung im Rahmen des Marketing eine starke Aufwertung erfahren hat, die es erforderlich macht, sich an dieser Stelle damit eingehender zu beschäftigen.

Bei der Betrachtung des Verhaltens von Käufern bzw. Kunden im weitesten Sinne ist zunächst zu beachten, dass sowohl private Personen, das heißt Endabnehmer, als auch Organisa-

Verhaltenswissenschaftliche Orientierung im Marketing

3.1 Erforschung des Konsumentenverhaltens
Begriff und Zielsetzung der Konsumentenverhaltensforschung

> **Aus der Praxis – 3-1**
>
> Ein Beispiel dafür, wie sorgfältig geplante Marketingkonzeptionen scheitern können, ist das Space Center in Bremen: Anfang der 1990er-Jahre wurde diese Verbindung aus überdachtem Freizeitpark (Hauptthema: Raumfahrt), Gastronomie und Einzelhandel geplant, um dem Konsumtrend »Erlebniseinkauf« Rechnung zu tragen. Die Realisierung des Vorhabens kostete mehr als 500 Millionen Euro. Im Februar 2004 eröffnete der »Space Park Bremen« als reine Erlebnisanlage, weil keine Mieter für die Gastronomie und den Einzelhandel gewonnen werden konnten. Bereits im September 2004 musste der Space Park aufgrund mangelnder Besucherzahlen wieder geschlossen werden. Verantwortlich gemacht wurden für dieses Desaster neben dem Fehlen attraktiver Einzelhandels- und Gastronomieangebote die zu hohen Eintrittspreise sowie die schlechte Verkehrsanbindung.
>
> Aber auch außergewöhnliche Marketingideen können auf dem Absatzmarkt erfolgreich sein, wenn sie relevante Nutzenerwartungen der Konsumenten befriedigen, wie folgendes Beispiel belegt: Backpulver gibt es seit mehr als 150 Jahren, es dient als Treibmittel für Backwaren. Heute nehmen die meisten Konsumenten Backpulver jedoch als langweiliges und billiges Standardprodukt wahr. Außerdem wird in vielen Haushalten immer weniger selbst gebacken, sondern auf Fertig- bzw. Halbfertigprodukte zurückgegriffen. Die Marketingverantwortlichen des auf die Herstellung von Backpulver spezialisierten amerikanischen Unternehmens »Arm & Hammer« überlegten deshalb, welche weiteren Nutzen stiftenden Eigenschaften ihr Produkt aufweist und identifizierten schließlich drei zusätzliche Bedürfnisbefriedigungsmöglichkeiten: Backpulver absorbiert unangenehme Gerüche und ist folglich als »Geruchskiller« beispielsweise für Kühlschränke, Wäschekörbe und Mülleimer geeignet. Backpulver ist außerdem ein mildes Reinigungsmittel für Arbeitsflächen, Spülbecken und kann sogar zum Zähneputzen eingesetzt werden. Schließlich lässt sich Backpulver zur Beruhigung der Haut auf gereizte Stellen auftragen. Obwohl diese Überlegungen auf den ersten Blick verrückt erscheinen, gelang es dem Unternehmen in wenigen Jahren eindrucksvoll, durch innovative Reinigungs- und Pflegeprodukte auf Backpulverbasis neue Kunden zu gewinnen, welche die natürlichen Inhaltsstoffe dieser Produkte schätzen (Förster/Kreuz, 2005, S. 66 f.).

tionen (Unternehmen, Behörden, soziale Einrichtungen etc.) Kaufentscheidungen treffen bzw. an Kaufentscheidungen beteiligt sind. Deshalb erfolgt eine Unterscheidung der Träger von Kaufentscheidungen in Konsumenten einerseits und Organisationen andererseits. Eine zweite Differenzierungsrichtung bezieht sich auf die Anzahl der am Entscheidungsprozess beteiligten Personen. Abzugrenzen sind demnach individuelle von kollektiven Kaufentscheidungen. Die Kombination dieser beiden Aspekte lässt sich in einer so genannten Vier-Felder-Matrix veranschaulichen (vgl. Abbildung 3-1).

Im Mittelpunkt dieses Abschnitts steht das individuelle Kaufverhalten von Konsumenten (Endverbrauchern), obwohl die im Folgenden dargestellten Aspekte zweifellos auch für das Entscheidungsverhalten von Individuen in Organisationen relevant sind. Außerdem muss an dieser Stelle darauf hingewiesen werden, dass die Käufer eines Produktes nicht immer die Verwender desselben sind. Das gilt beispielsweise für Mütter, die Spielzeug für ihre Kinder kaufen, ebenso wie für Ehemänner, die ihre Frauen am Valentinstag mit Pralinen oder Blumen überraschen.

Allgemein sind unter »Konsumentenverhalten« alle beobachtbaren Handlungen von Endverbrauchern im Zusammenhang mit dem Kauf von Produkten bzw. der Inanspruchnahme von Dienstleistungen zu verstehen. Die Erforschung des Konsumentenverhaltens als interdisziplinäres Forschungsgebiet verbindet die Erkenntnisse des Marketing mit verhaltensrelevanten Aspekten der Psychologie, der Soziologie und der Biologie (Homburg/Krohmer, 2006, S. 27; Kroeber-Riel et al., 2009, S. 3 ff.). Die Psychologie liefert beispielsweise Informationen darüber, wie Kon-

Erforschung des Konsumentenverhaltens als interdisziplinäres Forschungsgebiet

sumenten produktbezogene Reize (Verpackung, Preis, Marke etc.) wahrnehmen oder wie menschliche Emotionen entstehen. Die Soziologie steuert wichtige Erkenntnisse über die Interaktionen zwischen Individuen bei, etwa bezüglich der Beeinflussung individueller Kaufentscheidungen durch Meinungsführer aus dem sozialen Umfeld. Die biologische Verhaltensforschung beschäftigt sich schließlich damit, wie psychische und physische Faktoren das individuelle Verhalten steuern. Die Werbung nutzt beispielsweise das Wissen, dass Menschen auf emotionale Reize (z. B. Kleinkinder) oder physisch intensive Reize (z. B. grelle Farben) aufgrund ihrer biologisch bestimmten Dispositionen mehr oder weniger automatisch reagieren (vgl. hierzu Kapitel 3.2.1.1).

Seit einigen Jahren finden auch die bahnbrechenden Erkenntnisse der Neurowissenschaften im Rahmen der Konsumentenverhaltensforschung zunehmend Berücksichtigung. Dabei handelt es sich um einen Sammelbegriff für biologisches, physikalisches und medizinisches Wissen, das sich vor allem auf den Aufbau und die Funktionsweise unseres Gehirns bezieht. In diesem Zusammenhang hat sich der Begriff »Neuro-Marketing« etabliert, ein interdisziplinärer Forschungsbereich, der die Erkenntnisse der genannten Wissenschaftsdisziplinen für das Marketing im Allgemeinen sowie für die Konsumenten-

Abb. 3-1

Grundtypen von Kaufentscheidungen

	Individuelle Entscheidung	**Kollektive Entscheidung**
Konsument	Individuelle Kaufentscheidungen von Konsumenten *(Kinobesucher kauft sich in der Pause ein Eis)*	Kollektive Kaufentscheidungen von Konsumenten *(Familie entscheidet über den Kauf eines neuen Autos)*
Organisation	Individuelle Kaufentscheidungen von Organisationen *(Sachbearbeiter bestellt telefonisch Büromaterial)*	Kollektive Kaufentscheidungen von Organisationen *(Beschaffungsabteilung wählt einen neuen Lieferanten aus)*

(Quelle: in Anlehnung an Foscht/Swoboda, 2007, S. 11)

Messung der Gehirnaktivitäten während eines Cola-Tests

Aus der Wissenschaft

Welchen wertvollen Beitrag die aktuellen Erkenntnisse der Hirnforschung für das bessere Verständnis der im Kopf der Konsumenten ablaufenden Prozesse leistet, lässt sich beispielsweise anhand eines Geschmackstests für zwei konkurrierende Cola-Marken belegen, der von amerikanischen Neurowissenschaftlern durchgeführt wurde (vgl. McClure et al., 2004, S. 379ff.; ferner Hiller, 2007, S. 117f.; Kraft, 2006, S. 9).

Das Untersuchungsziel bestand darin, zu analysieren, welche neuronalen Vorgänge die beiden konkurrierenden Marken Pepsi-Cola und Coca-Cola im menschlichen Gehirn auslösen. Als Ausgangspunkt dieser experimentellen Untersuchung diente der empirisch belegte Sachverhalt, dass in den USA Pepsi-Cola im Blindtest, das heißt ohne Informationen über die Marke, geschmacklich besser bewertet wird als das Konkurrenzprodukt Coca-Cola. Wissen die Konsumenten hingegen im Test, welche Marke sie gerade verkosten, bevorzugen sie eindeutig Coca-Cola.

Die Neurowissenschaftler modifizierten den Test dergestalt, dass sie die Gehirnaktivitäten der Testpersonen während der Verkostungen mit Hilfe der funktionellen Magnetresonanztomographie (fMRT) aufzeichneten. Während die eine Testgruppe aufgefordert wurde, beide Cola-Proben blind zu verkosten und anschließend ihre Präferenz anzugeben, wurde der anderen Testgruppe eine Probe als Marke Coca-Cola präsentiert. Bezüglich der zweiten Probe erhielten die Probanden die Information, dass es sich entweder um Coca-Cola oder um Pepsi-Cola handelt.

Die Forscher konnten nachweisen, dass zwei unterschiedliche neuronale Systeme die Präferenzbildung der Testpersonen determinierten: Präferenzurteile, die ausschließlich auf sensorischen Informationen (Aussehen, Geruch, Geschmack etc.) beruhen, sind das Ergebnis des ventro-medialen präfrontalen Kortex, der dafür zuständig ist, das Verhalten an erwarteten affektiven Konsequenzen (z. B. Belohnung) auszurichten, die aufgrund früherer Erfahrungen mit diesem Verhalten assoziiert werden. Zusätzliche Informationen über die Marke (hier: Coca-Cola) beeinflussen die sensorischen Präferenzen der Testpersonen durch starke Aktivitäten des Hippocampus, der als zentrale Schaltstelle für Emotionen gilt, sowie des dorso-lateralen präfrontalen Kortex, der wichtige kognitive Funktionen übernimmt.

Abb. 3-2

Zentrale Fragestellungen der Konsumentenverhaltensforschung

Fragestellung	Erkenntnisobjekte
Wer kauft?	Kaufakteure, Träger der Kaufentscheidung (Buchung einer Pauschalreise für die Familie durch den Familienvater)
Was wird gekauft?	Kaufobjekte (Kauf von Popcorn, Eis und Cola in der Pause des Kinobesuchs)
Warum wird gekauft?	Kaufmotive (Beschaffung eines Energy-Drinks, um bei einer längeren Autofahrt wach zu bleiben)
Wie wird gekauft?	Kaufentscheidungsprozesse, Kaufgewohnheiten (Einkauf im Supermarkt mit Hilfe eines detaillierten Einkaufszettels)
Wie viel wird gekauft?	Kaufmenge (Bevorratung mit Familienpackungen durch einen Mehrpersonenhaushalt)
Wann wird gekauft?	Kaufzeitpunkte, Kaufhäufigkeit (Besuch des Wochenmarktes grundsätzlich am Samstagmorgen)
Wo bzw. bei wem wird gekauft?	Einkaufsstättenwahl (Beschaffung von Büchern grundsätzlich über das Internet)

Abb. 3-3

Zusammenhang zwischen der Ausgestaltung der absatzpolitischen Instrumente und Fragestellungen der Käuferverhaltensforschung

Absatzpolitisches Instrument	Typische Fragestellungen der Konsumentenverhaltensforschung
Produktpolitik	▶ Welche positiven Emotionen werden bei den Konsumenten durch bestimmte Produkte ausgelöst? ▶ Welche Produkteigenschaften nehmen die Konsumenten wahr?
Preispolitik	▶ Wie wichtig ist der Preis eines Produktes für die Kaufentscheidung der Konsumenten? ▶ Wie reagieren die Konsumenten, wenn der Preis für die von ihnen bevorzugte Marke erhöht wird?
Kommunikationspolitik	▶ Wie nehmen Konsumenten die mittels Werbung transportierten Produktinformationen auf? ▶ Unter welchen Bedingungen reagieren Konsumenten auf emotionale Werbereize?
Distributionspolitik	▶ Welche Elemente der Ladengestaltung und der Warenpräsentation steuern die Produktwahrnehmung der Konsumenten am Point of Sale? ▶ Welche Gesetzmäßigkeiten der Informationsaufnahme und -verarbeitung von Konsumenten sind beim persönlichen Verkaufsgespräch zu berücksichtigen?

(Quelle: in Anlehnung an Homburg/Krohmer, 2006, S. 28)

---

verhaltensforschung im Besonderen interpretiert (vgl. z. B. Kenning, 2007; Zimmermann, 2006).

Die grundlegende Zielsetzung der Konsumentenverhaltensforschung besteht darin, alle relevanten Determinanten, die das Verhalten von Konsumenten beeinflussen, einer detaillierten Analyse zu unterziehen, um durch Marketingmaßnahmen die Erwartungen wirksam beeinflussen zu können (Esch et al., 2008, S. 39). In der Abbildung 3-2 sind die zentralen Fragestellungen der Käuferverhaltensforschung im Überblick dargestellt. Die Abbildung 3-3 veranschaulicht beispielhaft den Zusammenhang zwischen den verschiedenen absatzpolitischen Instrumenten und entsprechenden Fragestellungen im Bereich der Konsumentenverhaltensforschung.

Um das Verhalten der Konsumenten erklären zu können, ist eine Vielzahl von Theorien und Modellen mit unterschiedlicher Komplexität entwickelt worden. Diese Modelle stellen den Bezugsrahmen für die Determinanten des Konsumentenverhaltens dar und lassen sich vereinfacht in zwei Kategorien unterteilen:

Behavioristische Modelle, die auch als SR-Modelle (Stimulus-Response-Modelle) oder Black-Box-Modelle bezeichnet werden, berücksichtigen bei der Analyse des Konsumentenverhaltens ausschließlich beobachtbare Determinanten. Da sich die psychischen Prozesse des Konsumenten (z. B. Aufnahme und Verarbeitung von produktbezogenen Informationen wie Preis, Verpackung) einer direkten Beobachtung durch den Forscher entziehen, werden diese Prozesse nicht im Modell berücksichtigt. Wirkt ein bestimmter Reiz (Stimulus), z. B. ein Produkt zum Sonderpreis, auf den Organismus ein, so lässt sich die Reaktion (Response), z. B. der Kauf des Produktes, beobachten. Weshalb ein Konsument das Produkt zum Sonderpreis kauft, ein zweiter Konsument jedoch nicht, obwohl beide Personen mit einem identischen Stimulus konfrontiert wurden, kann mittels SR-Modell nicht erklärt werden (Aus der Praxis 3-2).

Um die komplexen Vorgänge des Konsumentenverhaltens möglichst vollständig erklären zu können, ist es folglich erforderlich, die Beobachtung des Verhaltens (Response) durch die Erfassung der im Inneren des Konsumenten (Organismus) ablaufenden Prozesse zu ergänzen. Dabei handelt es sich um so genannte »intervenierende Variablen«, die sich der unmittelbaren

3.1 Begriff und Zielsetzung der Konsumentenverhaltensforschung

> **Aus der Praxis – 3-2**
>
> Preispolitische Entscheidungen erfordern in der Regel Informationen darüber, wie Abnehmer auf eine Erhöhung bzw. Absenkung des Preises für ein angebotenes Produkt reagieren (vgl. Kapitel 7.2.2.1). Ein Hotelrestaurant bietet beispielsweise ein Standardmenü für 12,– € an und erreicht damit einen durchschnittlichen Absatz von 70 Menübestellungen pro Tag. Wie viele Menüs könnten abgesetzt werden, wenn das Hotel den Preis auf 9,90 € senkt? Der funktionale Zusammenhang zwischen der Preisforderung des Anbieters und der entsprechenden Absatzmenge bezeichnet man als Preis-Absatz-Funktion. Sie beruht auf dem SR-Modell. Ein Reiz S, hier die Preisforderung von 12 €, wirkt auf die Konsumenten ein und führt zur beobachtbaren Reaktion R der Konsumenten in Form einer Nachfrage von 70 Menübestellungen pro Tag. Zur Probe senkt das Hotel den Preis auf 9,90 €, ein neuer Stimulus wirkt folglich auf die Hotelbesucher, die mit einer erhöhten Nachfrage von durchschnittlich 110 Menübestellungen pro Tag reagieren.

Beobachtung entziehen und deshalb indirekt über geeignete Indikatoren empirisch erfasst werden müssen (z. B. durch Befragung). Diese neobehavioristischen Ansätze werden deshalb auch als **echte Verhaltensmodelle** oder **SOR-Modelle** bezeichnet. Bezogen auf das oben angeführte Beispiel lassen sich die unterschiedlichen Reaktionen der beiden Konsumenten auf das Sonderangebot mittels SOR-Modell erklären: Der erste Konsument bestellt das Menü, weil der Sonderangebotspreis unterhalb des Preises liegt, den er für sich selbst als Maximalpreis für das Produkt festgesetzt hat. Der zweite Konsument wählt das Menü nicht, weil er ein anderes Gericht auf der Karte bevorzugt, und auch dann nicht bereit ist zu wechseln, wenn das Standardmenü zum Sonderpreis angeboten wird. Die Abbildung 3-4 stellt die beiden grundlegenden Forschungsansätze der Konsumentenverhaltensforschung gegenüber.

Zur Erklärung des Verhaltens von Konsumenten werden zwei Kategorien von Einflussvariablen benötigt, die beobachtbaren Variablen und die intervenierenden Variablen. Bei den beobachtbaren Variablen handelt es sich um verschiedene Input-Stimuli, die auf den Organismus einwirken, sowie um beobachtbare Reaktionen der Konsumenten als Ergebnis der in ihrem Organismus ablaufenden Prozesse. Zu den Input-Stimuli zählen Reize, die durch die absatzpolitischen Instrumente der Anbieter ausgelöst werden (z. B. auffällige Verpackung, attraktiver Preis), sowie Reize der physischen und sozialen Umwelt des Konsumenten. Zur physischen Umwelt zählen natürliche Reize (z. B. klimatische Rahmenbedingungen) sowie künstlich geschaffene Reize (z. B. Infrastruktur). Zur sozialen Umwelt gehören vor allem das soziale Umfeld des Konsumenten, aber auch die kulturellen Rahmenbedingungen.

Die intervenierenden Variablen, welche die Vorgänge im Organismus des Konsumenten erklären, lassen sich vereinfacht wiederum unterteilen in aktivierende Prozesse (Emotionen, Motivationen und Einstellungen) sowie in kognitive Prozesse (Informationsaufnahme, -verarbeitung und -speicherung). Heute herrscht weitestgehend Einigkeit darüber, dass die intervenierenden Variablen die Basis für die Erforschung des Konsumentenverhaltens bilden. Abbildung 3-5 liefert einen abschließenden Überblick über die verschiedenen Elemente des SOR-Modells. Im Mittelpunkt der folgenden Ausführungen stehen die psychischen Prozesse.

Behavioristische Modelle zur Erklärung des Konsumentenverhaltens

Echte Verhaltensmodelle zur Erklärung des Konsumentenverhaltens

Beobachtbare versus intervenierende Variablen

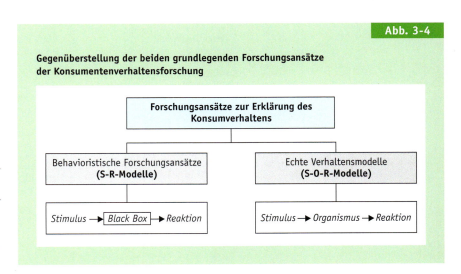

Abb. 3-4 Gegenüberstellung der beiden grundlegenden Forschungsansätze der Konsumentenverhaltensforschung

3.1 Erforschung des Konsumentenverhaltens
Begriff und Zielsetzung der Konsumentenverhaltensforschung

Aus der Wissenschaft

Soziale und kulturelle Rahmenbedingungen des Konsumentenverhaltens

Das soziale Umfeld eines Individuums determiniert dessen Kaufentscheidungen in hohem Maße. Hierbei handelt es sich hauptsächlich um den Einfluss von Gruppen, Bezugspersonen und Meinungsführern. Die meisten Menschen treffen in der Regel nur solche Entscheidungen, die mit den Normen und Werten ihrer Bezugsgruppen in Einklang stehen. Bezugsgruppen sind tatsächliche oder vom Konsumenten subjektiv wahrgenommene Gruppen, die einen maßgeblichen Einfluss auf dessen Werte, Ziele, Verhalten und Konsummuster ausüben. Das soziale Umfeld umfasst sowohl kleinere soziale Einheiten, wie die Familie, Freunde, Nachbarn und Arbeitskollegen, als auch größere, wie die soziale Schicht oder den kulturellen Rahmen. Beispielsweise wird das Kaufverhalten vieler junger Familien mit Kleinkind sehr stark durch dieses Kind geprägt. Natürlich wollen Eltern das Beste für ihr Kind, und es ist in ihrem Umfeld sozial erwünscht, dass beim Einkauf vermehrt Produkte gewählt werden, die eine gesunde und ausgewogene Ernährung garantieren. Produkte, deren Claims auf eine ökologisch verträgliche Herstellung oder natürliche Inhaltsstoffe verweisen, werden folglich im Rahmen der Kaufentscheidung bewusster wahrgenommen und bevorzugt. Auch ein Gütezeichen (z. B. Ökotest-Siegel) kann die Präferenzbildung positiv beeinflussen.

Eine Vielzahl sozialpsychologischer Prozesse wird auch durch die kulturellen Rahmenbedingungen geprägt. Beispiele hierfür sind Werte und Normen, Einstellungen, Traditionen oder auch Religionen. Deshalb ist es für das Verständnis der Kaufentscheidungen und des Kaufverhaltens eines Individuums wichtig, dessen kulturellen Kontext zu analysieren (vgl. z. B. Karmasin/Karmasin, 1996). Die Kultur prägt die Präferenzen eines Menschen für bestimmte Produkte und Aktivitäten. In Indien werden beispielsweise Kühe als heilige Tiere verehrt. Die Tötung und der Verzehr des Tieres sind für viele Inder deshalb nicht akzeptabel.

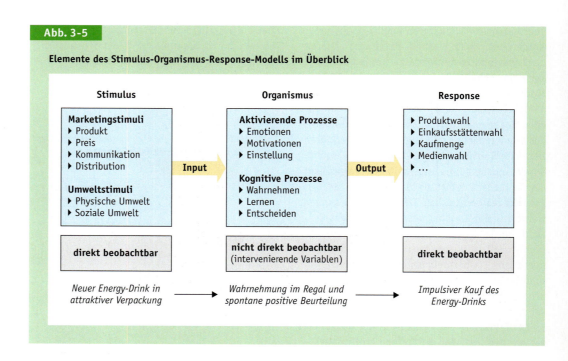

Abb. 3-5

Elemente des Stimulus-Organismus-Response-Modells im Überblick

3.2 Psychische Prozesse

Zur Erklärung des Verhaltens von Konsumenten auf der Grundlage des SOR-Modells leisten die psychischen Prozesse den entscheidenden Beitrag. Die Kenntnis dieser in den Individuen ablaufenden Vorgänge und deren Ergebnisse versetzen die Marketingverantwortlichen in die Lage, ihre Marketingmaßnahmen konsumentengerecht zu planen und wirksam umzusetzen. Psychische Prozesse werden durch Innenreize oder Außenreize ausgelöst (Kroeber-Riel et al., 2009, S. 51). So führt beispielsweise ein Probierstand für ein neues Käseprodukt im Lebensmitteleinzelhandel als Außenreiz dazu, dass der Konsument das Produkt wahrnimmt, vom Standpersonal über die Nutzen stiftenden Eigenschaften informiert wird und die Qualität durch Probieren selbst beurteilen kann. Verspürt ein Konsument bei einer Autofahrt plötzlich Hunger und entscheidet sich, diesen durch einen Schokoriegel an der nächsten Tankstelle zu stillen, handelt es um einen inneren Impuls.

Psychische Vorgänge lassen sich unterteilen in aktivierende und kognitive (gedankliche) Prozesse. Die aktivierenden Prozesse beziehen sich auf die menschlichen Antriebskräfte, die für das Verhalten maßgeblich verantwortlich sind. Dazu zählen Emotionen, Motivationen und Einstellungen. Kognitive Prozesse beinhalten alle Abläufe bezüglich der Aufnahme, Verarbeitung und Speicherung von Informationen. Zu den kognitiven Prozessen zählen Wahrnehmungen sowie Lern- und Entscheidungsprozesse (Kroeber-Riel et al., 2009, S. 53). Aktivierende und kognitive Prozesse laufen nur selten isoliert ab, sondern ergänzen sich normalerweise. Dabei entstehen komplexe psychische Vorgänge, die als aktivierend bezeichnet werden, wenn die aktivierenden Komponenten dominieren, und die als kognitiv bezeichnet werden, wenn die kognitiven Komponenten dominieren (Kroeber-Riel et al., 2009, S. 51). Abbildung 3-6 veranschaulicht das System der psychischen Variablen (Aus der Praxis 3-3).

3.2.1 Aktivierende Prozesse

Bei den aktivierenden Prozessen handelt es sich um Vorgänge, die beim Individuum Erregungen

Psychische Prozesse werden durch Innen- oder Außenreize ausgelöst.

Unterteilung psychischer Vorgänge in aktivierende und kognitive Prozesse

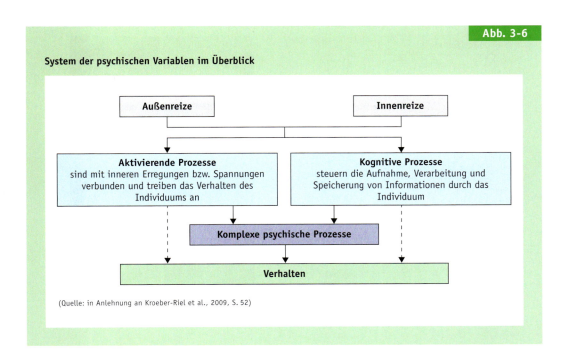

Abb. 3-6

System der psychischen Variablen im Überblick

(Quelle: in Anlehnung an Kroeber-Riel et al., 2009, S. 52)

3.2 Erforschung des Konsumentenverhaltens
Psychische Prozesse

Aus der Praxis – 3-3

Zunehmender Beliebtheit erfreuen sich so genannte Erlebniskonzepte im Bucheinzelhandel, der auf diese Weise versucht, der starken Konkurrenz von Online-Buchhändlern entgegenzuwirken. So werden in der Abteilung für Reiseliteratur beispielsweise ganze Strandwelten mit Sand, Liegestühlen, Palmen, Sonnencremeduft und Meeresrauschen realisiert, um positive Emotionen auszulösen und das Bedürfnis nach einem Strandurlaub zu verstärken. Diese Art der Ladengestaltung erregt die Aufmerksamkeit vieler Kunden. Sie werden neugierig, fühlen sich in dem Geschäft wohl und verweilen deshalb länger als normalerweise (aktivierende Prozesse). Schließlich beginnen einige Kunden damit, sich die angebotene Reiseliteratur näher anzuschauen und gegebenenfalls – bequem im Liegestuhl liegend – einen Reiseführer in die Hand zu nehmen, der über ein für sie attraktives Reiseziel informiert (kognitive Prozesse). Am Ende der Realisierung derartiger Erlebniskonzepte stellen viele Buchhändler fest, dass der Umsatz bei der Reiseliteratur um mehrere Prozent gestiegen ist. Auch das Image der Einkaufsstätte kann auf diese Weise nachhaltig verbessert werden.

Zusammenhang zwischen Aktivierungsgrad und Leistungsfähigkeit

bzw. Spannungen auslösen und somit sein Verhalten beeinflussen. Zu den aktivierenden Prozessen zählen Aktivierung, Emotion, Motivation und Einstellung. Diese Prozesse stehen in einem engen Zusammenhang, wie die Abbildung 3-7 veranschaulicht.

3.2.1.1 Aktivierung

»Aktivierung« kann aufgefasst werden als die entscheidende Antriebskraft für unser Handeln. Aktivierung bedeutet »Erregung« bzw. »innere Spannung«. Physiologisch betrachtet wird das zentrale Nervensystem erregt. Unser Organismus

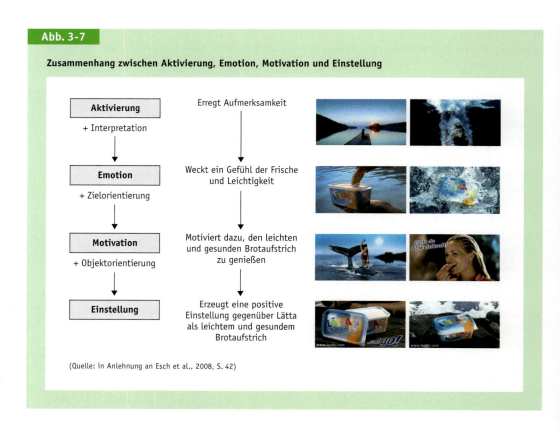

Abb. 3-7
Zusammenhang zwischen Aktivierung, Emotion, Motivation und Einstellung

(Quelle: in Anlehnung an Esch et al., 2008, S. 42)

wird durch diesen Vorgang in einen Zustand der Leistungsbereitschaft bzw. Leistungsfähigkeit versetzt (Meffert et al., 2008, S. 107). Der Zusammenhang zwischen der Aktivierung und der Leistung eines Individuums lässt sich mit Hilfe der Lambda-Hypothese verdeutlichen. Sie geht davon aus, dass die Leistungsfähigkeit des Individuums bei zunehmender Stärke der Aktivierung zunächst ansteigt, nach Erreichen eines Leistungsmaximums bei weiterer Steigerung der Aktivierung jedoch abfällt (Aus der Praxis 3-4). Wie stark der Organismus aktiviert wird, hängt ausschließlich von der Steuerung durch das Unterbewusstsein ab. Kognitive Prozesse, das heißt gedankliche, bewusst erlebte Vorgänge, spielen in diesem Zusammenhang keine Rolle. Es handelt sich vielmehr um einen physiologisch grundlegenden, im entwicklungsgeschichtlichen Kontext primitiven Zustand, der auch das Verhalten niederer Lebewesen steuert (Trommsdorff, 2009, S. 42).

Zur Messung der Aktivierungsstärke des Gehirns stehen verschiedene Messinstrumente zur Verfügung (Foscht/Swoboda, 2007, S. 42 f.): Durch Befragung lässt sich die subjektive Wahrnehmung des Erregungszustands von Konsumenten ermitteln. Mittels Beobachtung werden Verhaltensweisen (z. B. Mimik, Gestik) erfasst, die im Zusammenhang mit Aktivierungsvorgängen auftreten. Schließlich dienen physiologische Verfahren dazu, körperliche Funktionen zu messen, die mit der Aktivierung verbunden sind (Blutdruck, Stimmfrequenz, Hautwiderstand). Die Abbildung 3-8 veranschaulicht den Zusammenhang zwischen Aktivierungsgrad und Leistungsfähigkeit. Jeder Abschnitt der Aktivierungskurve kennzeichnet einen psychischen Erregungszustand, der sich durch ein typisches – mittels Hautwiderstandmessung gewonnenes – elektrodermales Reaktionsmuster (EDR) charakterisieren lässt.

Die Ausführungen machen deutlich, wie wichtig es für die Marketingverantwortlichen im Unternehmen ist, ihre Konsumenten zu aktivieren, damit diese eine Leistungsfähigkeit erreichen, die dazu ausreicht, auf das Angebot aufmerksam zu werden, Informationen über Nutzen stiftende Eigenschaften wahrzunehmen und das Produkt schließlich zu kaufen. Die Konsumenten leiden heute jedoch unter einer dramatischen Informationsüberlastung, da die Anzahl

Aus der Praxis – 3-4

Während wir schlafen, sind Aktivierungsgrad und Leistungsfähigkeit gleichermaßen gering. Ein Student, der in einer Vorlesung den Worten des Dozenten lauscht, befindet sich normalerweise in einem Zustand entspannter Wachheit. Kündigt der Lehrende jedoch an, die für die Abschlussprüfung relevanten Inhalte der Veranstaltung bekannt zu geben, wechselt der Student in einen Zustand höchster Aufmerksamkeit (hoher Aktivierungsgrad, optimale Leistungsfähigkeit). Zu Beginn der Abschlussprüfung befindet sich der Student in einem Zustand der Überaktivierung, was bedeutet, dass die Aktivierung so stark ansteigt, dass die Leistungsfähigkeit eingeschränkt ist. Dieser Zustand kann sich bis hin zu einer Panik verstärken, bei der die Erregung so groß ist, dass die Leistungsfähigkeit nahezu vollständig verloren geht (»Blackout«).

Messung der Aktivierungsstärke

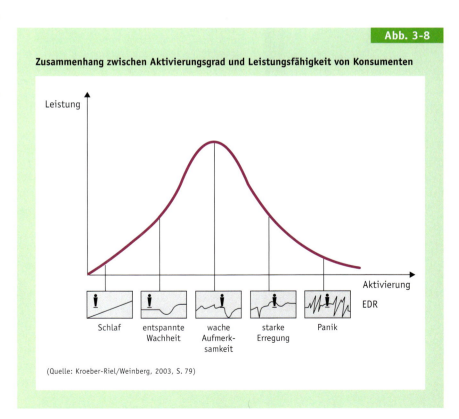

Abb. 3-8

Zusammenhang zwischen Aktivierungsgrad und Leistungsfähigkeit von Konsumenten

Schlaf | entspannte Wachheit | wache Aufmerksamkeit | starke Erregung | Panik

(Quelle: Kroeber-Riel/Weinberg, 2003, S. 79)

3.2 Erforschung des Konsumentenverhaltens
Psychische Prozesse

Zur Aktivierung von Konsumenten setzt das Marketing verschiedene Reize ein.

der Angebote in vielen Produktbereichen mittlerweile unüberschaubar geworden ist und die massiven Kommunikationsmaßnahmen der Anbieter zu einer dramatischen Reizüberflutung bei den Konsumenten führen. Um Kunden unter diesen schwierigen Rahmenbedingungen zu aktivieren, kann das Marketing gezielt verschiedene Reize einsetzen (vgl. Kapitel 8.3.7.4). Hierzu zählen (Kroeber-Riel/Esch, 2004, S. 173):
- emotional wirkende Reize,
- physisch intensive Reize,
- gedanklich überraschende Reize.

Die für das Marketing zweifellos interessanteste Reizkategorie sind die **emotional wirkenden Reize** wie beispielsweise das Lächeln einer hübschen jungen Frau in einer Werbeanzeige. Emotionale Reize aktivieren den Organismus und sorgen dafür, dass er sich für eine bestimmte Zeit in einem Spannungszustand befindet. Emotionale Schlüsselreize wie zum Beispiel erotische Abbildungen oder das Kindchenschema sind besonders wirksam, weil sie bei den Konsumenten biologisch vorprogrammierte Reaktionen auslösen (Kroeber-Riel/Esch, 2004, S. 174 ff.).

Physische Reize aktivieren aufgrund der besonderen Beschaffenheit von Objekten. Über ein hohes physisches Aktivierungspotenzial verfügen besonders große, farbintensive und laute Reize. So wird beispielsweise im Rahmen der Außenwerbung (Plakatwände, Litfasssäulen etc.) häufig versucht, die Passanten durch die außergewöhnliche Größe bzw. die intensive Farbe der dargestellten Objekte zu aktivieren. Die Plakatwerbung auf der rechten Seite der Abbildung 3-10 aktiviert einerseits durch die

Aus der Wissenschaft

Kindchenschema als wichtiger emotional wirkender Reiz

Ein wichtiger emotional wirkender Reiz, der vom Marketing in der Praxis häufig eingesetzt wird, ist das so genannte Kindchenschema. Verschiedene Merkmale kleiner Kinder lösen bei Erwachsenen automatisch Empfindungen aus, die zu Handlungen bzw. Handlungsabsichten in Bezug auf den Schutz bzw. die Versorgung des Kindes führen. In einer empirischen Untersuchung konnte nachgewiesen werden, dass sich Erwachsene gegenüber dem Kindchenschema entsprechenden Reizen stärker schützend, fürsorglicher und weniger aggressiv verhalten, als wenn diese Reize nicht wahrnehmbar sind (Alley, 1983, S. 411ff.). Die emotionalen Wirkungen, die durch die kindlichen Proportionen sowohl beim Menschen als auch bei vielen höheren Tierarten hervorgerufen werden, sind im Tierreich für den Nachwuchs häufig überlebenswichtig. Merkmale des Kindchenschemas sind unter anderem ein großer Kopf und Stirnbereich, große und runde Augen sowie ein kleines Kinn und rundlich wirkende Wangen. Außerdem ist der Kopf eines Kleinkindes im Vergleich zum Körper größer als bei einem Erwachsenen.

Abb. 3-9: Berücksichtigung des Kindchenschemas im Rahmen der Aktivierung von Konsumenten

Psychische Prozesse 3.2

Abb. 3-10
Einsatz physisch intensiver Reize in der Außenwerbung

Größe der Schrift, andererseits durch die Leuchtkraft der roten Farbe.

Gedanklich überraschende Reize aktivieren dadurch, dass sie den Erwartungen bzw. Vorstellungen des Konsumenten bewusst nicht entsprechen und folglich bei ihm Überraschung oder gedanklichen Widerspruch auslösen. Die Abbildung 3-11 zeigt zwei Beispiele für die Aktivierung durch gedankliche Reize. In der Beck's-Werbung besteht ein offensichtlicher Widerspruch zwischen dem Bildelement und dem bekannten Werbeslogan für die Marke. Das Mediamarkt-Plakat auf der rechten Seite kam allerdings nach kurzer Zeit nicht mehr zum Einsatz, da es aufgrund des Frauen diskriminierenden Charakters vom Deutschen Werberat gerügt wurde. Mediamarkt reagierte sofort nach Eingang der Beschwerde und ließ sämtliche Plakate umgehend wieder entfernen.

Aktivierung ist die notwendige Voraussetzung für eine gezielte Beeinflussung des Konsumentenverhaltens. Aufgrund des intensiven Wettbewerbs um die Aufmerksamkeit des Individuums setzen die Anbieter immer neue und stärkere Reize ein, was jedoch mit verschiedenen Gefahren verbunden ist. So kann der Fall eintreten, dass es zwar gelingt, den Konsumenten – beispielsweise mit Hilfe eines erotischen Reizes – zu aktivieren. Er bleibt jedoch an dem Reiz hängen und nimmt folglich die zentrale Werbebotschaft nicht auf. Dieses Phänomen bezeichnet man als Vampireffekt (Schneider, 2005, S. 43). Aktivierende Reize können aber auch Verunsicherung oder Ärger beim Konsumenten auslösen, weil sie aus seiner Sicht gegen soziale Normen verstoßen. Als Beispiel kann die Media-Markt-Werbung in der Abbildung 3-11 dienen.

Die Ausführungen zeigen, dass es nicht nur wichtig ist, dass die Anbieter von Produkten und Dienstleistungen die Konsumenten aktivieren, sondern sie müssen zusätzlich auch deren Aufmerksamkeit gewinnen. Aufmerksamkeit bedeutet in diesem Zusammenhang, dass die Konsumenten Reize selektieren bzw. sich auf bestimmte Reize konzentrieren. Aufmerksamkeit kann folglich sowohl als Zustand als auch als

3.2 Erforschung des Konsumentenverhaltens
Psychische Prozesse

Abb. 3-11

Einsatz gedanklicher Reize in der Werbung

High-Involvement versus Low-Involvement

Involvement bezeichnet den Grad der »Ich-Beteiligung«.

Prozess aufgefasst werden (Trommsdorff, 2009, S. 45). Die Stärke der Aufmerksamkeit wird entscheidend vom so genannten **Involvement** eines Individuums gegenüber einem bestimmten Reiz beeinflusst. Involvement bezeichnet den Grad der »Ich-Beteiligung« bzw. des Engagements einer Person, sich für bestimmte Sachverhalte oder Aufgaben zu interessieren und einzusetzen. Involvement ist eine Aktivität, die auf die Aufnahme und Verarbeitung von Informationen durch den Konsumenten ausgerichtet ist. Involvement kann als Teilaspekt der Aktiviertheit aufgefasst werden (Kroeber-Riel et al., 2009, S. 93 ff.; Foscht/Swoboda, 2007, S. 122). Je größer das Involvement eines Konsumenten, den das Unternehmen mit entsprechenden Marketingmaßnahmen erreichen will, umso weniger wichtig wird die gezielte Aktivierung dieses Konsumenten durch emotionale, physische oder gedankliche Reize.

Von besonderer Bedeutung für die Erklärung des Verhaltens von Konsumenten ist deshalb die Unterscheidung zwischen **Low-Involvement** und **High-Involvement**. Letztgenanntes ist typisch für Situationen, die für den Konsumenten wichtig und mit einem gewissen Risiko verbunden sind sowie in enger Verbindung mit seiner Persönlichkeit und seinem Lebensstil stehen. In einem solchen Kontext befindet sich der Konsument in erhöhtem Erregungszustand, er investiert viel Zeit und Energie in die Suche und Strukturierung von Informationen. Ein Beispiel für eine typische High-Involvement-Situation ist die selbständige Planung einer längeren Fernreise.

Low-Involvement-Situationen sind hingegen durch eine vergleichsweise geringe Wichtigkeit sowie ein niedriges subjektiv wahrgenommenes Risiko gekennzeichnet. Der Konsument ist nicht bereit, viel Zeit und Energie für die Informationsaufnahme und -verarbeitung aufzuwenden. Low-Involvement liegt häufig vor beim Kauf von Produkten des täglichen Bedarfs wie Brot oder Milch. Die Abbildung 3-12 enthält eine beispielhafte Gegenüberstellung dieser beiden Involvement-Ausprägungen.

Aus der Wissenschaft

Starkult als extreme Form des Involvements

Gerade bei jungen Leuten ist eine extreme Form des Involvements, der so genannte »Starkult«, ein beängstigendes Phänomen: Menschen, die Prominente aus Musik, Film und Sport (z. B. Robbie Williams, Leonardo DiCaprio oder Cristiano Ronaldo) wie Götter verehren, sammeln alles, was mit ihren Idolen zu tun hat. Ihr sehnlichster Wunsch ist es, ihren Star einmal persönlich zu treffen. In einer empirischen Studie konnte nachgewiesen werden, dass der Unterschied zwischen anscheinend harmloser Fan-Verehrung und krankhafter Vergötterung nicht besonders groß ist. Es besteht die Gefahr, dass sich ein gewöhnlicher Fan schrittweise in die Abhängigkeit von seinem Idol begibt. 20 Prozent der Befragten gaben an, sie würden ihren Star nur zum Spaß oder aus sozialen Gründen verehren, während immerhin 10 Prozent schon eine »intensive persönliche« Bindung empfanden. Die Forscher interpretieren das bereits als ersten Schritt zur Abhängigkeit. Einige Menschen erreichen auch die nächste Stufe, sie erleiden eine Persönlichkeitsstörung. Sie sind bereit, sich oder andere Personen zu verletzen, um die Aufmerksamkeit ihrer Idole zu erlangen. Solche Personen leiden unter Angstzuständen, Depressionen und sozialer Inkompetenz. Im englischsprachigen Raum wird dieses Phänomen als »Celebrity Worship Syndrome« bezeichnet (Douglas, 2003, S. 16 ff.). Ein trauriges Beispiel für dieses »krankhafte High-Involvement« ist ein glühender Verehrer von Steffi Graf, ehemals die Nummer eins der Tennis-Weltrangliste. Als Graf von ihrer Konkurrentin Monica Seles im Spiel besiegt wurde und schließlich auch noch den Spitzenplatz der Weltrangliste an Seles verlor, verspürte der Fan so starke Hassgefühle, dass er Seles bei einem Tennisturnier mit einem Messer angriff und sie am Rücken verletzte. Dem Fan wurden im anschließenden Gerichtsverfahren tiefgreifende Persönlichkeitsprobleme bescheinigt.

Auch die Ergebnisse aktueller neurobiologischer Studien belegen die unterschiedlichen Prozesse bezüglich der Aufnahme und Verarbeitung externer Reize in High-Involvement- und Low-Involvement-Situationen. In einer empirischen Untersuchung wurde mit Hilfe der Computer-Tomographie die Aktivierung verschiedener Hirnareale bei der Betrachtung verschiedener Automarken erfasst. Der Anblick eines Sportwagens führte bei Männern zu einer stärkeren Aktivierung der Neuronen in Gehirnregionen, in denen Emotionen verarbeitet werden. Bei der Betrachtung eines Kleinwagens war die Gehirnaktivität hingegen insgesamt schwächer und fand in anderen Arealen statt (Bachmann, 2003, S. 24 ff.).

Abb. 3-12

Merkmale von High-Involvement- und Low-Involvement-Käufen – dargestellt an Beispielen

	High-Involvement-Situation (Kauf eines Autos)	Low-Involvement-Situation (Kauf eines Haushaltsreinigers)
Informationsaufnahme	Lesen von Testberichten, Prospekten etc., Gespräche mit Meinungsführern im sozialen Umfeld, Probefahrten	Zufälliger Kontakt zu Werbung, Verkaufsförderung, Verpackungsgestaltung etc.
Informationsverarbeitung	Vergleich einer größeren Anzahl von Alternativen, Abwägung relevanter Produkteigenschaften (Marke, Preis, Verbrauch etc.)	Vertrautheit mit einer stark beworbenen oder in der Einkaufsstätte häufig wahrgenommenen Marke
Verarbeitung von Werbebotschaften	Beschäftigung der in Anzeigen und Prospekten dargestellten Details	Geringes Interesse, zufälliger Kontakt zu Werbung mit geringem Informationsgehalt
Auswahl einer Alternative	Auswahl nach der Alternative, welche den Bedürfnissen und Möglichkeiten am besten entspricht	Kauf einer Alternative, die zu einem akzeptablen Preis in der Einkaufsstätte erhältlich ist
Beziehung zu Persönlichkeit und Lebensstil	Große Bedeutung im Hinblick auf Selbstbild und Fremdbild	Keine nennenswerte Relevanz für irgendeinen Aspekt des Lebensstils
Einfluss von Bezugsgruppen	Ausrichtung an Standards der sozialen Schicht/ Subkultur	Keinerlei Relevanz hinsichtlich Bezugsgruppen, da Produktwahl von diesen nicht wahrgenommen wird

(Quelle: Kuß/Tomczak, 2007, S. 77)

Abb. 3-13

Vermittlung emotionaler Konsumerlebnisse durch Bilder

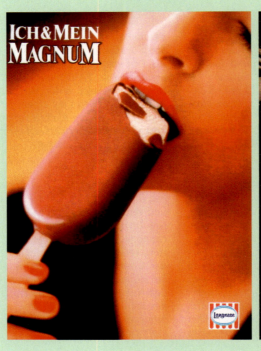 

3.2.1.2 Emotionen

Das Verhalten von Konsumenten wird in erheblichem Maße durch Emotionen beeinflusst. Im Gegensatz zum kognitiven System des Menschen wurden emotionale Prozesse in der Entwicklungsgeschichte von Lebewesen sehr früh angelegt (z. B. Fluchtverhalten aufgrund von Angst). Weil die emotionalen Steuerungsmechanismen so tief verwurzelt sind, weisen Emotionen eine weitaus größere Bedeutung für das menschliche Verhalten auf als ihnen beispielsweise die klassische Ökonomie zuschreibt (Trommsdorff, 2009, S. 59).

Definition des Emotionsbegriffs

Emotionen können definiert werden als innere Erregungen, die angenehm oder unangenehm empfunden und mehr oder weniger bewusst erlebt werden (Kroeber-Riel et al., 2009, S. 100). Gemäß der Ausdrucksklassifikation der Emotionen (Izard, 1999, S. 66) lassen sich zehn so genannte »Fundamentalemotionen« mit jeweils spezifischer Mimik und Gestik unterscheiden: Diese fundamentalen Emotionen treten nur selten isoliert auf, sondern überlagern sich gegenseitig mehr oder weniger stark.

- Interesse
- Freude, Vergnügen
- Überraschung, Schreck
- Kummer, Schmerz, Traurigkeit
- Zorn, Wut, Ärger
- Ekel, Abscheu
- Geringschätzung, Verachtung
- Angst, Furcht, Entsetzen
- Scham
- Schuldgefühl, Reue

Die aktuellen Erkenntnisse der Emotionspsychologie werden im Rahmen des Marketing insbesondere dazu genutzt, um den Konsumenten geeignete **emotionale Erlebnisse** zu vermitteln. Ein Erlebniswert lässt sich definieren als subjektiv erlebter, durch ein Produkt bzw. eine Marke vermittelter Beitrag zur Lebensqualität des Konsumenten (Konert, 1986, S. 36; Weinberg, 1992, S. 3). Das grundlegende Ziel besteht für die Anbieter darin, insbesondere mit Hilfe kommunikationspolitischer Maßnahmen Produkte bzw. Marken mit spezifischen Emotionen so zu verknüpfen, dass diese Verbindungen bei den Konsumenten nachhaltig verankert werden.

Zur Auslösung von Emotionen beim Konsumenten eignen sich vor allem nicht sprachliche Reize wie Bilder, Farben, Düfte und Musik, wobei positiv wirkenden Bildern die größte Bedeutung zukommt. Visuelle Reize sind sehr viel besser als verbale Reize dazu in der Lage, emotionale Erlebnisse automatisch, das heißt ohne kognitive Kontrolle, auszulösen (vgl. Abbildung 3-13). Bilder erzeugen ein positives Wahrnehmungsklima und sorgen dafür, dass Produkte besser bewertet werden. Bilder lassen sich sehr gut als Reize für die Konditionierung der Konsumenten einsetzen, um auf diese Weise positive Einstellungen gegenüber einem Produkt zu erzeugen (Kroeber-Riel et al., 2009, S. 144).

Um ein Produkt oder eine Marke emotional aufzuladen, setzt das Marketing häufig auf die so genannte **emotionale Konditionierung**, welche auf den Gesetzmäßigkeiten der klassischen Konditionierung beruht (Janiszewsky/Warlop, 1993, S. 171 ff.). Sie geht von Folgendem aus: Wird ein neutraler Reiz (z. B. eine unbekannte Marke) mehrere Male gleichzeitig zusammen mit einem emotionalen Reiz (z. B. emotionale Werbung) dargeboten, dann löst auch der neutrale Reiz nach einiger Zeit emotionale Reaktionen aus (vgl. hierzu auch Kapitel 3.2.2.4). Produkte bzw. Marken können auf

Emotionale Konditionierung

Emotionen aus neuro-psychologischer Sicht

In der Marketingliteratur werden Emotionen üblicherweise als mehr oder weniger intensive psychische Erregung definiert, die man als angenehm oder unangenehm und mehr oder weniger bewusst erlebt. In der psychologischen Literatur gibt es hingegen viele unterschiedliche Ansätze und Definitionen, die teilweise äußerst kontrovers diskutiert werden (vgl. hierzu ausführlich Strongman, 2003). Diese unterschiedlichen Sichtweisen werden in letzter Zeit durch Beiträge aus der Hirnforschung, als Sammelbegriff für die Untersuchung des zentralen Nervensystems durch Biologie, Neuropsychologie, Neurophysiologie, Neurologie und Psychiatrie, aufgehellt. Insbesondere die medizinischen Fächer leisten in diesem Zusammenhang einen wichtigen Beitrag: Sie befassen sich mit am Hirn erkrankten oder verletzten Menschen, untersuchen die geschädigten Hirnareale mittels bildgebender Verfahren (z. B. Computertomographie) und stellen eine Verbindung zwischen diesen Daten und den Verhaltensauffälligkeiten dieser Personen her. Dadurch entsteht nach und nach ein detailliertes Bild über die (psychologischen) Funktionen der einzelnen Hirnareale und damit auch ein verbessertes Wissen über Wesen und Aufgaben von Emotionen.

In der Neuropsychologie hält man Emotionen für Beurteilungsmechanismen, mit denen der Körper auf positive und negative äußere (z. B. Feuer) und innere (z. B. Gedanken) Reize bzw. Ereignisse mit spezifischen Verhaltensdispositionen (z. B. Fluchtreflex) reagiert. Emotionen können sich auf genetisch verankerte (z. B. schnell bewegende Objekte) und auf erlernte Reize (z. B. bei Lebensmittelaversionen) beziehen. Ferner ist für Emotionen charakteristisch, dass die Reizbeurteilung zunächst unbewusst erfolgt. Nur die für den Organismus bedeutsamen Signale (z. B. Neues, Angenehmes, Bedrohliches) werden bevorzugt weiterverarbeitet und führen zu entsprechenden Verhaltensdispositionen, die mit einer Veränderung des Körperzustandes (z. B. Erregung, Kribbeln im Bauch, Schweißausbruch) einhergehen. Erst diese physiologischen Veränderungen nehmen wir bewusst wahr. Man bezeichnet sie als Gefühle. Eine Emotion bezieht sich also auf die Bewertung äußerer und innerer Reize, und das Gefühl bezieht sich auf die Wahrnehmung und das Erleben körperlicher Veränderungen, die vom emotionalen System ausgelöst werden (vgl. Damasio, 2003, S. 103 ff.; Hamm, 2006, S. 528, 531; LeDoux, 2003, S. 288 f.). Man kann also sagen, dass Emotionen ein Ereignis zum Erlebnis machen.

Aus Sicht der Neuropsychologie lassen sich Emotionen folgendermaßen definieren: Emotionen sind komplexe, automatische und unbewusste Abläufe neuronaler Prozesse, mit denen der Organismus auf für ihn bedeutsame innere und äußere Reize reagiert und die spezifische Verhaltensrepertoires auslösen können, die dem Wohlbefinden und Fortbestehen des Organismus dienen. Wichtige Hirnareale, in denen Emotionen verarbeitet werden, verknüpfen die Verarbeitung sensorischer Reize mit der Auslösung emotionsspezifischer Körperzustände. Durch diese festen Verdrahtungen ist das Gehirn in der Lage, im Bruchteil einer Sekunde einen Reiz zu beurteilen sowie direkt und ohne nachzudenken insbesondere auf Bedrohungen zu reagieren. Einige dieser Areale besitzen auch positiv verstärkende Eigenschaften, die den Reizen unter Berücksichtigung etwaiger zurückliegender positiver Erfahrungen einen belohnenden Charakter verleihen (vgl. Adolphs, 2006, S. 537).

Fortsetzung auf Folgeseite

Aus der Wissenschaft

Aus der Wissenschaft

Fortsetzung von Vorseite

Die im Marketing üblicherweise verwendete Emotionsdefinition konzentriert sich aus neuropsychologischer Sicht also eher auf den emotionalen Zustand des Organismus (Erregung) und differenziert nicht zwischen unbewusster, reizgerichteter Emotion und bewusst wahrnehmbarem, körpergerichtetem Gefühl (angenehmes oder unangenehmes Erleben). Damit ist die im Marketing vorherrschende Definition zwar nicht falsch, allerdings sagt sie nichts über das Wesen, die Funktion und das Zustandekommen einer Emotion aus. Dies zu kennen ist jedoch wichtig für die Messung und Beeinflussung von Emotionen bei den Konsumenten.

Dass sich das sehr junge, neuropsychologisch geprägte Verständnis von Emotionen in der Marketingliteratur noch nicht durchgesetzt hat, mag mit den weitreichenden Konsequenzen für viele andere psychologische Konstrukte (z. B. Lernen, Einstellung, Involvement) zu tun haben. Denn folgt man dem neuropsychologischen Verständnis von Emotionen als Beurteilungsmechanismus, würde dies bedeuten, dass auch Einstellungen (als verfestigte Reizbewertung), Präferenzen (als Bevorzugung einer Alternative), Involvement (als emotionsgetriebene Bereitschaft, sich mehr oder weniger intensiv mit einem Interessengegenstand auseinanderzusetzen) und Werte (als Vorstellung vom Wünschenswerten) rein emotional bedingt sind und mehr oder weniger stark von Kognitionen (Gedanken, Erinnerungen) begleitet oder unterstützt werden. Auch das Lernen wird emotional beeinflusst, da das emotionale Belohnungssystem vor allem bei neuen, interessanten und positiven Reizen aktiv wird und lernen nichts anderes bedeutet als das Einprägen neuer Reize (vgl. Spitzer, 2003, S. 81 ff.). Selbst das Entscheidungsverhalten ist rein emotional. Die Gedanken und Kognitionen, von denen Entscheidungen begleitet werden, dienen nur dem Abwägen. Die Entscheidung selbst wird ausschließlich von den mit den Abwägungen verbundenen Emotionen getroffen (Roth, 2007, S. 118, 147, 197).

Kognitionen kann man also als »Beraterstab« der Emotionen bezeichnen. Der aus der Betriebs- und Volkswirtschaftslehre bekannte rationale Entscheider (homo oeconomicus) wird mit dieser Erkenntnis hinfällig und beispielsweise auch Scoring-Systeme müssten vor diesem Hintergrund neu interpretiert werden. Die Meinung, dass Entscheidungen rein rational geprägt seien, kann man mit der Tatsache erklären, dass Emotionen und Kognitionen im alltäglichen Erleben untrennbar miteinander verbunden sind. An wichtigen Kaufentscheidungen sind beispielsweise stets Erinnerungen, Gedanken an die Konsequenzen und Abwägungen beteiligt; aber eben »nur« beteiligt. Gefällt wird die Entscheidung durch die Emotionen, die mit den Erinnerungen und Gedanken verbunden sind. Dieser Aufgabenteilung zwischen entscheidenden Emotionen und beratenden Kognitionen kamen erst die neurologischen Forschungen mit Patienten auf die Spur, bei denen emotionale und kognitive Hirnareale, z. B. durch einen Unfall, voneinander getrennt wurden (vgl. LeDoux, 2003, S. 318 ff.).

Da es die Aufgabe von Lehrbüchern ist, gesichertes Wissen zu vermitteln und sich aufgrund der aktuellen Forschungen das Emotionsverständnis erst allmählich wandelt, wird in diesem Buch der klassischen und allgemein akzeptierten Emotionsdefinition gefolgt. Dieser wissenschaftliche Exkurs soll zeigen, welchen Weg die emotionsbezogene Erforschung des Konsumentenverhaltens künftig gehen wird.

---

diese Weise emotional aufgeladen werden und lassen sich mit einem einzigartigen emotionalen Erlebniswert ausstatten, der eine emotionale Differenzierung von der Konkurrenz ermöglicht (Esch et al., 2008, S. 48 f.). Gerade auf den vielen gesättigten Märkten mit einer Vielzahl funktional austauschbarer Angebote (z. B. Biermarkt) spielt die emotionale Differenzierung der Produkte eine herausragende Rolle.

3.2.1.3 Motivationen

Menschliche Motivationen stehen in engem Zusammenhang mit den emotionalen Prozessen, sie geben aber zusätzlich Aufschluss über das »Warum« des Handelns von Konsumenten. Eine **Motivation** lässt sich allgemein definieren als psychische Antriebskraft, die das Handeln des Konsumenten mit Energie versorgt und auf ein Ziel ausrichtet. Folglich handelt es sich bei Motivationen um innere Erregungen, die – verbunden mit einer Zielorientierung – für das Handeln des Individuums verantwortlich sind (Foscht/Swoboda, 2007, S. 52).

Dieser Definition liegt die Auffassung zugrunde, dass Motivationen sowohl eine aktivierende als auch eine kognitive Komponente aufweisen. Die aktivierende Motivationskomponente umfasst angeborene Emotionen und/oder biologisch vorprogrammierte Triebe (Hunger, Durst). Diese Prozesse aktivieren den Konsumenten und lenken sein Verhalten in eine bestimmte Richtung. Im Mittelpunkt der kogniti-

Definition des Motivationsbegriffs

3.2 Psychische Prozesse

ven Motivationskomponente steht die Erfassung und Interpretation der Handlungssituation sowie die subjektiv wahrgenommene Ziel-Mittel-Beziehung (Kroeber-Riel et al., 2009, S. 168 ff.; Aus der Praxis 3-5).

Komplexen Motivationen von Konsumenten liegen in der Regel mehrere Einzelmotive zugrunde, die sich wiederum aus seinen Bedürfnissen ableiten lassen. Die Konsumentenverhaltensforschung hat in diesem Zusammenhang die Aufgabe, die beiden folgenden Fragen zu beantworten (Homburg/Krohmer, 2006, S. 32):
- Welche Motive beeinflussen das Verhalten der Konsumenten?
- Welche Konflikte können zwischen verschiedenen Motiven des Konsumenten bestehen?

Zur Beantwortung der Frage nach Motiven, die unser Verhalten beeinflussen, wird in der Regel das auch im Marketing viel beachtete Modell der **Bedürfnispyramide nach Maslow** (1975, S. 358 ff.) herangezogen. Grundgedanke des Modells ist eine fünfstufige hierarchische Klassifikation von Bedürfnissen. Auf der untersten Stufe stehen die physiologischen Grundbedürf-

Aus der Praxis – 3-5

Während einer langen Autobahnreise verspürt der Fahrer aufgrund eines akuten Mangels an Nahrung ein starkes Hungergefühl. Es besteht folglich ein akuter biologischer Bedarf an Nahrungszufuhr. Dieser Bedarf mobilisiert die Antriebskräfte des Individuums (aktivierende Motivationskomponente). Je länger der Hunger nicht gestillt wird, desto größere Anstrengungen unternimmt der Konsument, um ihn zu stillen. Das Ziel, seinen Hunger zu stillen, kann der Autofahrer auf verschiedene Art und Weise erreichen. Er kann beispielsweise an der nächsten an der Autobahn gelegenen Tankstelle anhalten und dort einen Snack kaufen, er fährt bis zur nächsten Autobahnraststätte und gönnt sich dort eine warme Mahlzeit, oder er fährt von der Autobahn ab, um einen preiswerten Schnellimbiss zu suchen. Die Verhaltenstendenz für eine dieser Option ist umso stärker, je größer er die Wahrscheinlichkeit einschätzt, dass diese Option zuverlässig seinen Hunger stillen wird (kognitive Motivationskomponente).

Systematisierung unterschiedlicher Bedürfnisse

Abb. 3-14

Bedürfnispyramide nach Maslow und Möglichkeiten der Ansprache durch Marketinginstrumente

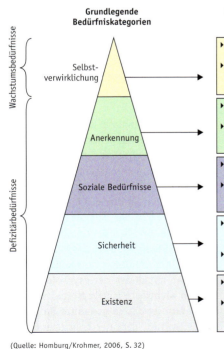

Grundlegende Bedürfniskategorien	Beispielhafte Bedürfnisse/Kaufhandlungen der Konsumenten	Beispielhaftes Ansprechen der Bedürfnisse im Marketing
Selbstverwirklichung (Wachstumsbedürfnisse)	• Persönliche Entfaltung z.B. durch das Tragen extravaganter Kleidung • Nutzung von Produkten, die zur Selbstverwirklichung beitragen, z.B. Abenteuerreisen	• Kommunikationspolitik: emotionale Erlebnisvermittlung in der Werbung • Produktpolitik: Entwicklung von Produkten, die auf das Selbstverwirklichungsbedürfnis abzielen
Anerkennung	• Anerkennung durch Bekannte aufgrund des Kaufs und des Tragens modischer Kleidung • Verwendung des Produkts als Statussymbol, z.B. Luxusauto	• Kommunikationspolitik: Betonung der Bedeutung des Produktes für die soziale Anerkennung (z.B. exklusive Uhrenmarke) • Preispolitik: hohe Preise
Soziale Bedürfnisse	• Zugehörigkeit zu einer Gruppe durch den Kauf eines Produktes, z.B. Harley-Davidson-Motorrad • Geselligkeit durch gemeinsame Inanspruchnahme von Produkten, z.B. Tenniskurs, Club-Urlaub	• Kommunikationspolitik: Betonung zwischenmenschlicher Aspekte des Produktes (z.B. Antipickelcreme für Teenager) • Produktpolitik: Entwicklung entsprechender Produkte
Sicherheit (Defizitärbedürfnisse)	• Erhöhung der Sicherheit durch bestimmte Produkte, z.B. Autos mit Airbag, umfassendes Versicherungspaket • Alterssicherung durch Kauf entsprechender Geldanlageprodukte, z.B. Lebensversicherung	• Produktpolitik: Entwicklung sicherer Produkte, Zufriedenheitsgarantie, Entwicklung von Marken • Preispolitik: Niedrigpreisgarantie
Existenz	• Erhalt der menschlichen Existenz durch regelmäßige Nahrungsaufnahme • Schutz vor Erfrieren durch Tragen von Kleidung im Winter	• Produktpolitik: Entwicklung von Produkten, die auf existentielle Bedürfnisse abzielen

(Quelle: Homburg/Krohmer, 2006, S. 32)

3.2 Erforschung des Konsumentenverhaltens
Psychische Prozesse

nisse (z. B. Hunger und Durst), auf der obersten Stufe steht das Streben nach Selbstverwirklichung. Es wird davon ausgegangen, dass höher angesiedelte Motive (z. B. Geselligkeit als soziales Bedürfnis) erst dann verhaltenswirksam werden, wenn die niedriger angesiedelten Bedürfnisse (z. B. Absicherung gegen einen Versorgungsengpass bei Energie als Sicherheitsbedürfnis) bis zu einem individuell festgelegten Anspruchsniveau befriedigt sind.

Für die Marketingverantwortlichen ist die Beantwortung der Frage, welche Motive die Konsumenten zum Kauf eines Produktes antreiben, von zentraler Bedeutung (Aus der Praxis 3-6). Trommsdorff (2009, S. 114) unterscheidet sieben verschiedene Motivarten, die sowohl theoretisch begründet als auch praktisch relevant sind. Die Abbildung 3-15 liefert einen Überblick über diese Motivarten und deren Transformation in typische Werbeaussagen.

Bezüglich der Frage, was im Kopf der Konsumenten wirklich vorgeht, wenn sie nach Möglichkeiten suchen, ihre Bedürfnisse zu befriedigen, haben insbesondere die Neurowissenschaften der klassischen Konsumentenverhaltensforschung in den letzten Jahren wichtige Impulse gegeben: Im Mittelpunkt der menschlichen Motivationen stehen – analog zum Modell von

Drei zentrale Motivsysteme treiben das menschliche Verhalten an

> **Aus der Praxis – 3-6**
>
> **Motivationen von Smart Shoppern**
> Ob sich ein Konsument beispielsweise ökonomisch-rational verhält oder nicht, hängt entscheidend ab von seiner Persönlichkeitsstruktur, dem Produkt, das er zu kaufen beabsichtigt, und der Situation, in der er sich befindet. Eine Käufergruppe, bei der ein bestimmtes Kaufmotiv im Mittelpunkt steht, sind die so genannten **Smart-Shopper**. Sie wollen für gute Qualität möglichst wenig zahlen. In Zeiten von Internet, Discountern und europäischer Einheitswährung nutzen sie die hohe Produkt- und Preistransparenz, um insbesondere die von ihnen präferierten Marken zu einem extrem günstigen Preis zu erwerben. Werbeslogans bekannter Elektronik-Fachmärkte wie »Ich bin doch nicht blöd« oder »Geiz ist geil« sprechen dieses Kaufmotiv gezielt an. In einer empirischen Untersuchung zum Markenbewusstsein deutscher Konsumenten gab ein Viertel der mehr als 21.000 repräsentativ ausgewählten Befragten an, immer zu versuchen, teure und exklusive Markenartikel so günstig wie möglich zu bekommen (z. B. durch Einkauf direkt beim Hersteller). In der Zielgruppe der jungen Leute im Alter von 14 bis 19 Jahren stimmte sogar ein Drittel der Probanden dieser Aussage zu (O.V., 2003, S. 5).

Maslow – existenzielle Bedürfnisse wie Nahrung, Schlaf, Schutz vor gefährlichen Umwelteinflüssen (z. B. Kälte) sowie Sexualität. Neben diesen Vitalbedürfnissen existieren vor allem drei zentrale Motivsysteme, die das menschliche Verhalten antreiben (Häusel, 2008, S. 30 ff.; Häusel, 2007, S. 69 ff.): das Balancesystem, das Stimulanzsystem und das Dominanzsystem. Die Abbildung 3-16 liefert einen Überblick über diesen Ansatz, der die Erkenntnisse der Neurowissenschaften mit denen der Psychologie verknüpft.

▶ Das wichtigste Motivsystem im menschlichen Gehirn ist das so genannte **Balancesystem**. Es bewirkt, dass der Konsument nach Sicherheit, Ruhe und Harmonie strebt sowie Gefahren und Unsicherheiten meidet. Die Befriedigung dieser Bedürfnisse erlebt er als Gefühl

Abb. 3-15
Transformation verschiedener Kaufmotive in geeignete Werbeaussagen

Konsummotive	Typische Werbeaussagen (Produktart)
Wirtschaftlichkeit/ Sparsamkeit/Rationalität	»Spee, die schlaue Art zu waschen.« (Waschmittel)
Prestige/Status/soziale Anerkennung	»Manchmal muss es eben Mumm sein.« (Sekt)
Soziale Erwünschtheit/ akzeptierte Normen	»Sichtbare Glättung in sieben Tagen.« (Anti-Falten-Creme)
Lust/Erregung/Neugier	»Entdecken Sie das Geheimnis von Mon Chéri!« (Pralinen)
Sex/Erotik	»Prickelt länger als man denkt.« (Weizenbier)
Angst/Frucht/Risikoneigung	»Hoffentlich Allianz versichert.« (Versicherung)
Konsistenz/Dissonanz/ Konflikt	»OBI – Deutschlands Nr. 1.« (Heimwerker-Einzelhandel)

(Quelle: in Anlehnung an Trommsdorff, 2009, S. 114 ff.; Esch et al., 2008, S. 51 f.)

der Geborgenheit und Sicherheit, die Nichterfüllung führt hingegen zu Angst, Furcht oder sogar Panik. Das Balancesystem wird beispielsweise von traditionsreichen Produkten angesprochen, die man schon lange kennt und auf deren Qualität man »blind« vertraut (z. B. »Persil. Da weiß man, was man hat.«). Eng verbunden mit dem Balancesystem sind zwei weitere Motive, die im Laufe der Entwicklungsgeschichte des Menschen vor allem zur Überlebenssicherung des Nachwuchses entstanden sind: Das Bindungsmotiv bezieht sich auf den Wunsch des Menschen nach Bindung und das damit verbundene Gefühl von Sicherheit und Geborgenheit. Partner, Familienangehörige und das weitere soziale Umfeld (Freunde, Bekannte, Arbeitskollegen etc.) spielen in diesem Zusammenhang eine herausragende Rolle. Beispiele für die Umsetzung im Marketing sind spezielle Events bzw. Verkaufsveranstaltungen für Stammkunden. Das Fürsorgemotiv sensibilisiert den Menschen dafür, Problemsituationen bei wichtigen Individuen im eigenen sozialen Umfeld möglichst frühzeitig zu erkennen bzw. zu antizipieren, um dabei helfen zu können, diese Probleme zu lösen. Es wird deshalb auch als »Altruismusmotiv« bezeichnet (Häusel, 2008, S. 36). Die große Anzahl von Haustieren sowie die ständig steigende Nachfrage nach Heimtierfutter und Heimtierzubehör lassen sich als Beispiel für Verhaltensweisen heranziehen, die unter anderem auf Fürsorgemotiv zurückzuführen sind.

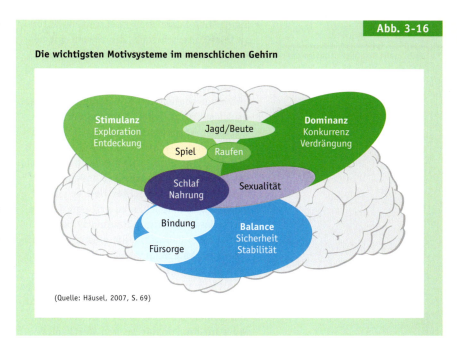

Abb. 3-16
Die wichtigsten Motivsysteme im menschlichen Gehirn

(Quelle: Häusel, 2007, S. 69)

- Das **Stimulanzsystem** trägt dem Bedürfnis des Konsumenten nach neuen, unbekannten Reizen (das heißt Verlassen gewohnter Verhaltensweisen) sowie nach Vermeidung von Langeweile Rechnung. Auch der Wunsch nach Individualität, das heißt nach Differenzierung von anderen Menschen, spielt in diesem Zusammenhang eine wichtige Rolle. Die Erfüllung dieser Motive erlebt der Kunde als Spaß bzw. Prickeln, die Nichterfüllung hingegen als Enttäuschung und Langeweile. Angebote, die das Stimulanzsystem ansprechen, sind beispielsweise Reisedienstleistungen aller Art sowie innovative Nahrungs- und Genussmittel. Eng verbunden mit dem Stimulanzsystem ist das so genannte Spielmotiv, dessen Befriedigung ein lustvolles Gefühl auslöst. Dieses Motiv ist besonders stark ausgeprägt bei kleinen Kindern, die durch spielerisches Verhalten in zahllosen Varianten ihre geistigen und motorischen Fähigkeiten verbessern. Aber auch Erwachsene werden mit auf dieses Motiv zugeschnittenen Angeboten angesprochen, z. B. in Form von Spielcasinos oder Fußballwetten.

- Das **Dominanzsystem** bezieht sich auf den Wunsch des Konsumenten, Macht auszuüben, Ansehen im sozialen Umfeld zu erlangen, Überlegenheit und Autonomie zu spüren. Er wird dazu motiviert, Konkurrenten im Kampf um Ressourcen bzw. Sexualpartner auszustechen und das eigene Territorium zu erhalten bzw. auszuweiten. Die Erfüllung dieser Motivkategorie erlebt der Konsument als Stolz oder Sieges- bzw. Überlegenheitsgefühl. Andernfalls reagiert er mit Ärger, Wut und innerer Unruhe. Beispiele für Angebote, die dieses Motivsystem berücksichtigen, sind typische Statusprodukte (z. B. Rolex-Uhren, Autos der Marke Jaguar), Angebote, die einen besonderen Status verleihen (z. B. VIP-Karten für Fußballspiele) sowie Produkte, die den Käufern eine Expertenrolle zuweisen (z. B. außergewöhnlich gute Weine).

Motivationale Konfliktsituationen

▶ Schließlich lassen sich zwei weitere Motivsysteme unterscheiden, die sowohl mit dem Dominanz- als auch mit dem Stimulanzsystem in Verbindung stehen. Das Jagd-und-Beute-Motiv besteht aus einer spielerischen und einer aggressiven Komponente. Gestrebt wird nach prickelnder Ungewissheit, nach lustvoller Anspannung sowie nach dem Ausstechen von Gegnern. Die Bedeutung dieses Motivs belegt unter anderem auch der Erfolg des Internet-Auktionshauses »eBay«, über das Konsumenten aus aller Welt begeistert das beste Schnäppchen zu ersteigern versuchen. Das so genannte Raufmotiv bezieht sich auf das Bedürfnis, die eigenen körperlichen bzw. kämpferischen Fähigkeiten spielerisch zu schulen, um auf den späteren »Ernstfall« vorbereitet zu sein. Dieses Motiv ist besonders aktiv bei männlichen Kindern und jungen Erwachsenen. Es ist beispielsweise für die Popularität von Wettkampfsportarten mit Gegnern verantwortlich (z. B. Boxen, Judo), die viele Konsumenten entweder aktiv betreiben oder an denen sie als Zuschauer teilnehmen.

Zusammenarbeit der zentralen Motivsysteme

Die verschiedenen Wirkungsrichtungen der drei grundlegenden Motivsysteme und der mit ihnen eng verbundenen weiteren Motivtypen führen zwangsläufig dazu, dass im Gehirn des Konsumenten motivationale Konflikte entstehen. Beispielsweise ist das Balancesystem dafür verantwortlich, dass der Konsument am Point of Sale ein bekanntes, ihm seit Langem vertrautes Produkt kaufen möchte, während ihn das Stimulanzsystem dazu animiert, im Regal nach innovativen Angeboten zu suchen, die er einmal ausprobieren könnte. Heute weiß man, dass die verschiedenen Motivsysteme einer übergeordneten Systemlogik folgend zusammenarbeiten. Während das Dominanzsystem und das Stimulanzsystem den Organismus zu Aktion und Risiko drängen, fungiert das Balancesystem als Gegenkraft, indem es zur Vorsicht mahnt (Häusel, 2007, S. 71). Welches Motivationssystem sich im Konfliktfall schließlich durchsetzt, das heißt, ob wir im Geschäft zum bekannten, vertrauten oder doch zum verlockend neuen Produkt greifen, hängt entscheidend von den hinter den Motivationen verborgenen Werten ab, die zum Zeitpunkt der Kaufentscheidung die größte Relevanz für den Konsumenten besitzen.

Motivationale Konflikte liegen also immer dann vor, wenn gleichzeitig widersprüchliche Antriebskräfte wirken, die zu widerstreitenden Handlungsorientierungen führen (Bänsch, 2002, S. 35). Nach Foscht und Swoboda (2007, S. 56) lassen sich drei marketingrelevante Arten von motivationalen Konflikten unterscheiden:

▶ Ein **Präferenzkonflikt** liegt vor, wenn mindestens zwei verschiedene Verhaltensziele gleichermaßen eine positive Verhaltenstendenz aufweisen. Beispielsweise muss sich ein Konsument entscheiden, ob er an einem freien Abend Karten spielt (Geselligkeitsmotiv) oder einen wissenschaftlichen Vortrag besucht (Bildungsmotiv). Eine positive Verhaltenstendenz wird in der Konsumentenverhaltensforschung auch als Appetenz bezeichnet, weshalb man hier von einem so genannten Appetenz-Appetenz-Konflikt spricht.
▶ Bei einem **Aversionskonflikt** existieren mindestens zwei verschiedene Verhaltensziele, die negative Verhaltenstendenzen auslösen. Ein Geschäftsreisender kann sein Ziel mit der Bahn oder mit dem Auto erreichen. Die Benutzung der Bahn ist mit einer unbequemen Weiterfahrt vom Bahnhof zum Zielort mit öffentlichen Verkehrsmitteln verbunden, die Benutzung des Autos bedeutet hingegen, dass während der Fahrt eine Vorbereitung des Gesprächstermins anhand von Unterlagen nicht möglich ist (Aversions-Aversions-Konflikt).
▶ **Ambivalenzkonflikte** bilden die dritte Kategorie motivationaler Konfliktsituationen. Hier löst ein einziges Verhaltensziel sowohl eine positive als auch eine negative Verhaltenstendenz aus. Der Verzehr einer Tiefkühlpizza mit extra viel Käse schmeckt dem Konsumenten sehr gut (Appetenz), er weiß jedoch, dass dieses Produkt seine Gewichtsprobleme verstärkt (Aversion). Folglich bezeichnet man diesen Sachverhalt auch als Appetenz-Aversions-Konflikt.

Weiß ein Anbieter, dass einer dieser motivationalen Konflikte bei seinen Konsumenten eine Rolle spielt, muss er diesen Konflikt mit entsprechenden Marketingmaßnahmen entschärfen oder ganz auflösen. So kann der Pizza-Produzent eine leckere Variante mit fettreduziertem Käse anbieten, um dem Ambivalenz- bzw. dem Appetenz-Aversions-Konflikt entgegenzuwirken.

Die zentrale Aufgabe der Marketingverantwortlichen besteht darin, die Motivationen von Konsumenten zu erfassen, um die eigenen Angebote zu gut wie möglich darauf auszurichten. Häufig ist die Erfassung von Motiven bzw. Bedürfnissen der Konsumenten in der Praxis jedoch problematisch: Erstens ist es möglich, dass sich die Konsumenten aufgrund des komplexen Zusammenspiels zwischen den verschiedenen Motivationssystemen bezüglich ihrer »wahren« Motive selbst nicht im Klaren sind. Zweitens weisen Konsumenten bei bestimmten Produkten nur eine geringe Bereitschaft auf, ihre »wahren« Motive preiszugeben. Das zeigt sich beispielsweise am Erfolg der so genannten Sport Utility Vehicles (SUV), Limousinen mit Geländetauglichkeit und einer an Geländewagen angelehnten Optik. Obwohl viele Käufer niemals das Straßennetz mit einem solchen Fahrzeug verlassen, wird von ihnen die Geländetauglichkeit als wichtiges Kaufmotiv angegeben. Das »wahre« Motiv, Prestige/Status/soziale Anerkennung (nach Trommsdorff) bzw. Streben nach Dominanz (nach Häusel) wird von den Käufern dieser Fahrzeugart in einer Befragungssituation hingegen häufig nicht genannt.

Eine geeignete Möglichkeit, um diejenigen Motive der Konsumenten zu erfassen, derer sie sich bewusst sind bzw. bewusst zu sein scheinen, bietet die so genannte **Laddering-Technik**, die auf der **»Means End«-Theorie** beruht. Der Grundgedanke dieser Theorie besteht darin, dass jedes Individuum über eine mehr oder weniger genaue Vorstellung bezüglich der Eignung eines bestimmten Produktes zur Erfüllung eines bestimmten Bedürfnisses verfügt.

Laddering-Technik zur Erfassung von Motiven

»Means End«-Theorie und Laddering-Technik

In der Konsumentenverhaltensforschung hat sich ein Ansatz etabliert, der dazu dient, die Zusammenhänge zwischen objektiv vorhandenen Produkteigenschaften einerseits und von den Konsumenten subjektiv wahrgenommenen und mit bestimmten Nutzenstiftungen verbundenen Produkteigenschaften andererseits zu analysieren. Die zentrale Hypothese der so genannten »Means End«-Theorie besagt, dass Konsumenten Produkte (Leistungsbündel) als Mittel (»means«) ansehen, um Werte oder Ziele (»ends«) zu erreichen (Gutman, 1982, S. 60 ff.; Reynolds/Gutman, 1988, S. 11 ff.). Die Theorie geht davon aus, dass individuelle »Means End«-Ketten existieren, welche die hierarchisch organisierten Wissensstrukturen von Konsumenten repräsentieren. Die Ketten spiegeln den Produktwahrnehmungs- und Produktbewertungsprozess auf unterschiedlichen Abstraktionsniveaus wider. Wie in der folgenden Abbildung 3-17 dargestellt, vollzieht sich die Kette von konkreten, objektiven Produktmerkmalen eines Trekking-Fahrrads (z. B. »geringes Gewicht«) über daraus abgeleitete,

Fortsetzung auf Folgeseite

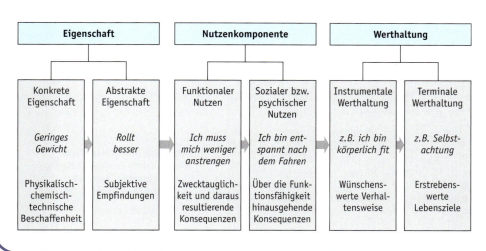

Abb. 3-17: Individuelle »Means End«-Kette am Beispiel »Fahrrad«

(Quelle: Lemser/Scharf, 2004, S. 9)

3.2 Erforschung des Konsumentenverhaltens
Psychische Prozesse

Fortsetzung von Vorseite

zunehmend abstrakte, subjektiv wahrgenommene Produktattribute (z. B. »rollt besser«), sich für den Konsumenten daraus ergebende Nutzen stiftende Konsequenzen (»ich muss mich weniger anstrengen«) bis hin zu damit verbundenen Werten (»ich bin körperlich fit«).

Als Verfahren zur Erfassung individueller »Means End«-Ketten dient die semi-qualitative Laddering-Technik, die im Wesentlichen aus drei Schritten besteht. Zunächst erfolgt die Datenerhebung im Rahmen eines persönlichen Interviews. Dabei erhalten die Auskunftspersonen zunächst die Aufgabe, die für ihre Kaufentscheidung relevanten Produktmerkmale auszuwählen. Dies kann durch einen Triadenvergleich oder das Bilden einer Präferenzrangfolge für verschiedene Produkte erfolgen, wobei im Anschluss nach den Unterscheidungsmerkmalen bzw. den Gründen für die vorgenommene Beurteilung gefragt wird.

Der zweite Schritt beinhaltet die direkte individuelle Erfassung der »Means End«-Ketten. Die Auskunftspersonen werden gebeten, ausgehend von einem bestimmten Produktmerkmal eine Abstraktionskette zu bilden, indem man sie immer wieder nach den Gründen für eine geäußerte Meinung fragt. Die konkreten bzw. objektiven Eigenschaften bilden folglich die Grundlage für den eigentlichen Prozess des Laddering mit der Fragestellung: »Warum ist diese Eigenschaft für Sie wichtig?« Die Frage nach dem »Warum« wird solange wiederholt, bis der Befragte keine Antwort mehr geben kann, weil er bei einer für ihn relevanten Werthaltung angelangt ist, die nicht weiter hinterfragt werden kann.

Nach der Auswertung der Antworten verschiedener Auskunftspersonen erfolgt im dritten Schritt die grafische Aufbereitung in Form eines so genannten »Hierarchical Value Map (HVM)«. Darin werden in einer baumähnlichen Struktur die Beziehungen zwischen den wichtigsten Produktmerkmalen und den sich daraus ergebenden Konsequenzen sowie ableitbaren Werten dargestellt. Die Abbildung 3-18 zeigt ein solches HVM beispielhaft anhand einer von Lemser und Scharf (2004) durchgeführten Untersuchung für das Produkt Fahrrad. Die grafische Darstellung vermittelt ein besseres Verständnis bezüglich der interessierenden Zusammenhänge. In der Marketingpraxis werden diese Informationen auch dazu genutzt, eine Segmentierung nach Konsumentenbedürfnissen und -werten vorzunehmen und ein segmentspezifisches Leistungsprogramm anzubieten (vgl. hierzu auch Kapitel 5.2.3). Die Erkenntnisse eignen sich ebenfalls dazu, schlagkräftige Werbemaßnahmen zu planen, die an den persönlichen Werthaltungen der Konsumenten anknüpfen und die beworbenen Produkte mit diesen Werten in Verbindung bringen.

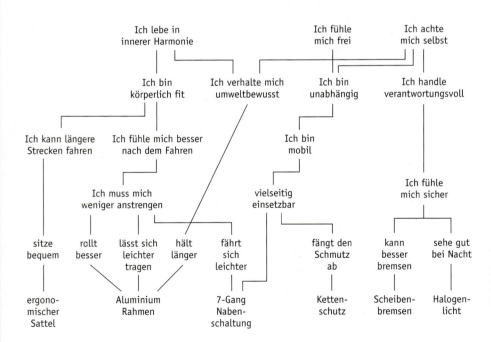

Abb. 3-18: Hierarchical Value Map als Ergebnis einer Laddering-Untersuchung am Beispiel des Produktes »Trekking-Fahrrad«

(Quelle: Lemser/Scharf, 2004, S. 9)

3.2.1.4 Einstellungen

Von besonderem Interesse für das Marketing sind die Einstellungen der Konsumenten gegenüber Unternehmen und deren Angeboten. Diese Aussage lässt sich dadurch begründen, dass die Einstellung in vielen Fällen einen guten Indikator für das Kaufverhalten darstellt, das heißt, eine positive Einstellung gegenüber einem Produkt ist die Voraussetzung dafür, dass dieses Produkt vom Konsumenten auch tatsächlich gekauft wird. Für das Marketing steht in diesem Zusammenhang die Beantwortung folgender Fragen im Mittelpunkt des Interesses (Homburg/Krohmer, 2006, S. 41 f.): Wie entstehen Einstellungen in den Köpfen der Nachfrager? Wie lassen sich die Einstellungen der Konsumenten messen? Wie können Unternehmen bestehende Einstellungen der Konsumenten gezielt beeinflussen?

Das Konstrukt »**Einstellung**« lässt sich definieren als gelernte, vergleichsweise dauerhafte Bereitschaft eines Menschen, in einer entsprechenden Situation gegenüber einem bestimmten Objekt (z. B. Produkt, Person, Unternehmung) wertend zu reagieren (Trommsdorff, 2009, S. 146). Einstellungen sind folglich Motivationen, die mit einer konkreten kognitiven Gegenstandsbeurteilung verbunden sind (Kroeber-Riel et al., 2009, S. 212). Beispielsweise wird die Automarke BMW von vielen Konsumenten subjektiv zur Befriedigung ihres Bedürfnisses nach sportlicher Mobilität als geeignet eingeschätzt. Unternehmen sorgen also durch ihre Marketingaktivitäten gezielt dafür, dass die Konsumenten positive Einstellungen gegenüber dem Unternehmen bzw. dessen Produkten bilden. Sie appellieren – z. B. durch Werbung – an die Bedürfnisse der Konsumenten und versuchen, diese davon zu überzeugen, dass ihr Produkt dazu geeignet ist, diese Bedürfnisse zu befriedigen, und zwar besser als die Produkte der Wettbewerber.

Der im Marketing häufig verwendete Begriff »Image« weist eine große Übereinstimmung mit dem Begriff der Einstellung auf. Trommsdorff (2009, S. 146) versteht unter **Image** ein mehrdimensionales Einstellungskonstrukt, welches ein differenziertes, jedoch ganzheitliches Bild vom betreffenden Einstellungsobjekt liefert. Die Einstellung gegenüber einem Objekt beinhaltet drei Komponenten (Triandis, 1975, S. 11):

> Komponenten der Einstellung

- Die **affektive** bzw. gefühlsmäßige Komponente bezieht sich auf die mit der Einstellung verbundenen Emotionen und Motivationen (z. B.: »Die Marke Milka gefällt mir.«).
- Die **kognitive** Komponente beinhaltet vor allem das Wissen über das Einstellungsobjekt bzw. die Erfahrungen, die der Konsument mit dem Einstellungsobjekt bereits gesammelt hat (z. B.: »Schokolade der Marke Milka ist besonders hochwertig.«).
- Die **konative** bzw. verhaltensbezogene Komponente zielt auf die Bereitschaft des Konsumenten ab, bestimmte Handlungen gegenüber dem Einstellungsobjekt durchzuführen (z. B.: »Ich möchte eine Tafel Schokolade der Marke Milka kaufen.«).

> Definition des Einstellungsbegriffs

Durch die kognitive Komponente der Einstellung wird deutlich, dass Einstellungen das Ergebnis mehr oder weniger intensiver Lernprozesse sind. Aufgrund eigener oder adaptierter Erfahrungen (z. B. Erfahrungen von Familienangehörigen, Freunden, Bekannten) mit einem Produkt, entsteht das Wissen über dieses Produkt, welches wiederum zu Überzeugungen, Vorurteilungen bzw. Meinungen gegenüber diesem Produkt führt. Die Lernprozesse und deren Ergebnisse werden durch Emotionen mehr oder weniger stark beeinflusst.

Da Einstellungen im Kopf des Menschen entstehen und von dort auch abgerufen werden, entziehen sie sich einer direkten Beobachtung. Benötigt werden deshalb geeignete Indikatoren, mit deren Hilfe sich die Einstellungen der Konsumenten zuverlässig erfassen lassen. Zur Messung der drei Einstellungskomponenten (affektiv, kognitiv und konativ) kommen vor allem Befragungen zum Einsatz. Die Einstellung einer befragten Person wird aus ihren Antworten bezüglich relevanter Einzelindikatoren abgeleitet. So muss der Befragte beispielsweise angeben, in welchem Maße ein Produkt aus seiner Sicht bestimmte Nutzen stiftende Eigenschaften (z. B. hohe Qualität, günstiger Preis, ansprechendes Design) aufweist. Den Einzelindikatoren werden Skalenwerte zugeordnet, die anschließend eine statistische Auswertung ermöglichen (z. B. Bildung von Mittelwerten) (vgl. hierzu Kapitel 4.2.2).

Auch durch Beobachtung des Verhaltens der Konsumenten lassen sich deren Einstellungen

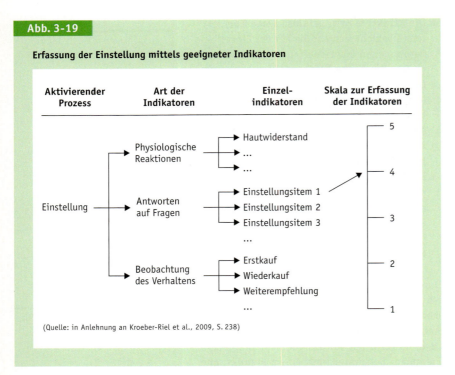

Abb. 3-19

Erfassung der Einstellung mittels geeigneter Indikatoren

(Quelle: in Anlehnung an Kroeber-Riel et al., 2009, S. 238)

Einstellungsmessung mittels Fishbein-Modell

ermitteln. Wichtige Indikatoren in diesem Zusammenhang sind unter anderem Erstkauf- und Wiederkaufraten. Schließlich kommen zur Einstellungsmessung auch Verfahren zum Einsatz, welche die physiologischen Reaktionen der Konsumenten erfassen. Geeignete Indikatoren sind beispielsweise Hautwiderstand, Pulsfrequenz und Blutdruck. Die Abbildung 3-19 liefert einen Überblick über die Erfassung von Einstellungen mittels geeigneter Indikatoren.

In der Vergangenheit sind zahlreiche Modelle zur Messung von Einstellungen entwickelt worden, wobei die **Multiattributmodelle** zweifellos die größte praktische Relevanz aufweisen. Sie erfassen die affektive und kognitive Einstellungskomponente bezüglich aller relevanten Eigenschaften von Einstellungsobjekten.

In der Marketingpraxis umfassen Einstellungsmessungen häufig nicht nur das eigene Produkt, sondern auch die Produkte der Konkurrenz, um Informationen über die Stärken und Schwächen im Wettbewerbsvergleich zu beschaffen. In diesem Zusammenhang muss zunächst der relevante Absatzmarkt sachlich abgegrenzt werden, das heißt, diejenigen Produkte sind auszuwählen, die im Rahmen der Einstellungsmessung berücksichtigt werden sollen. Grundsätzlich konkurrieren alle Produkte miteinander, welche aus Sicht der Konsumenten gleichermaßen dazu geeignet sind, ein bestimmtes Bedürfnis zu befriedigen. Anschließend gilt es, alle Einstellungsdimensionen zu identifizieren, die für die Zielgruppe relevant sind.

Im Folgenden werden die Einstellungsmodelle von Fishbein und von Trommsdorff näher erläutert. Hierbei handelt es sich um kompensatorische Modelle, bei denen negative Bewertungen einzelner Eigenschaften durch positive Bewertungen anderer Eigenschaften ausgeglichen werden können (Trommsdorff, 2009, S. 149).

Dem **Einstellungsmodell von Fishbein** (Fishbein, 1963; Fishbein/Ajzen, 1975) liegt die Annahme zugrunde, dass ein funktionaler Zusammenhang besteht zwischen der Einstellung eines Konsumenten gegenüber dem interessierenden Objekt (z. B. Produkt, Anbieter) einerseits und der subjektiven Wahrnehmung relevanter Eigenschaften dieses Objektes sowie der Bewertung dieser Eigenschaften durch den Konsumenten andererseits. Zunächst müssen die Befragten jede Eigenschaft anhand einer Ratingskala bewerten (affektive Komponente). Die kognitive Komponente der Einstellung wird operationalisiert, indem die Befragten wiederum mittels Ratingskala die Wahrscheinlichkeit angeben müssen, dass das Einstellungsobjekt eine bestimmte Eigenschaft aufweist. Ein Beispiel für diese beiden Messungen enthält die Abbildung 3-20.

Die numerischen Werte für die affektive und die kognitive Komponente der Einstellung werden für jede Eigenschaft multiplikativ verknüpft und das Ergebnis über alle berücksichtigten Eigenschaften zu einem gesamten Einstellungswert aufsummiert. Je höher dieser Wert, desto besser ist die Einstellung der befragten Person zu dem betrachteten Einstellungsobjekt. Abbildung 3-20 verdeutlicht die Berechnung des Einstellungswertes nach dem Fishbein-Modell.

Kritisiert wird am Fishbein-Modell vor allem die Operationalisierung der kognitiven Komponente über Wahrscheinlichkeiten. Konsumenten speichern eher Informationen darüber ab, dass

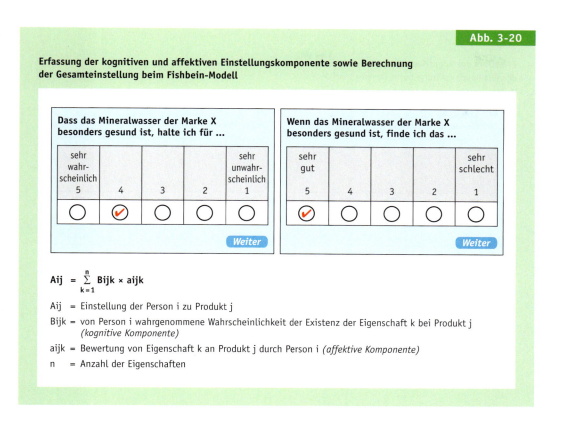

Abb. 3-20: Erfassung der kognitiven und affektiven Einstellungskomponente sowie Berechnung der Gesamteinstellung beim Fishbein-Modell

$$A_{ij} = \sum_{k=1}^{n} B_{ijk} \times a_{ijk}$$

A_{ij} = Einstellung der Person i zu Produkt j
B_{ijk} = von Person i wahrgenommene Wahrscheinlichkeit der Existenz der Eigenschaft k bei Produkt j *(kognitive Komponente)*
a_{ijk} = Bewertung von Eigenschaft k an Produkt j durch Person i *(affektive Komponente)*
n = Anzahl der Eigenschaften

eine Eigenschaft (z. B. Sicherheit) bei einem Einstellungsobjekt (z. B. Auto) stark oder schwach ausgeprägt ist. Hingegen fällt es ihnen schwer, Wahrscheinlichkeiten bezüglich des Vorhandenseins von Eigenschaften am Objekt anzugeben (Trommsdorff, 2009, S. 150). Auch die Gültigkeit der multiplikativen Verknüpfung beider Ratingwerte für jede Eigenschaft muss in Frage gestellt werden. Schließlich liegt der Aufsummierung der multiplizierten numerischen Werte die unrealistische Annahme zugrunde, dass alle Eigenschaften für die Bildung der Einstellung die gleiche Bedeutung aufweisen.

Das **Einstellungsmodell von Trommsdorff** gilt als Weiterentwicklung des Fishbein-Modells (Trommsdorff, 2009, S. 150). Es geht davon aus, dass sich der Konsument bei der Einstellungsbildung an einem idealen Produkt ausrichtet. Die kognitive Komponente der Einstellung wird ermittelt, indem der Befragte den subjektiv wahrgenommenen Grad der Ausprägung einer Eigenschaft am interessierenden Objekt anhand einer Ratingskala angibt (Realeindruck). Die Messung der affektiven Komponente erfolgt dadurch, dass die vom Konsumenten als ideal empfundene Ausprägung geäußert werden muss (Idealeindruck). Ein Beispiel für die Messung der beiden Einstellungskomponenten enthält die Abbildung 3-21.

Der Gesamt-Einstellungswert wird beim Trommsdorff-Modell berechnet, indem für jede Eigenschaft die Distanz zwischen dem Realeindruck und dem Idealeindruck ermittelt und das Ergebnis über alle Eigenschaften aufsummiert wird. Je geringer der Gesamtwert, desto besser ist die Einstellung des Befragten gegenüber dem Einstellungsobjekt. Abbildung 3-21 verdeutlicht die Berechnung des Einstellungswertes nach dem Trommsdorff-Modell.

Multiattributmodelle zur Erfassung der Einstellungen von Konsumenten gegenüber Produkten und Dienstleistungen, aber auch gegenüber Unternehmen und anderen Einstellungsobjekten (z. B. Kundenberater) sind in der Marketingpraxis weit verbreitet. Die Ergebnisse derartiger expliziter, an vom Organismus bewusst gesteuer-

Einstellungsmessung mittels Trommsdorff-Modell

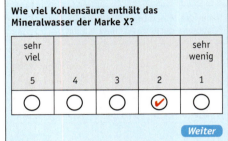

Abb. 3-21

Erfassung der kognitiven und affektiven Einstellungskomponente sowie Berechnung der Gesamteinstellung beim Trommsdorff-Modell

$$E_{ij} = \sum_{k=1}^{n} | B_{ijk} - I_{ik} |$$

- E_{ij} = Einstellung der Person i zu Produkt j
- B_{ijk} = von Person i wahrgenommene Ausprägung der Existenz der Eigenschaft k bei Produkt j *(kognitive Komponente)*
- I_{ik} = die von Person i bei Produkten der Art I als ideal empfundene Ausprägung der Eigenschaft k *(affektive Komponente)*
- n = Anzahl der *relativen Eigenschaften*

Nachteile der expliziten Einstellungsmessung

Implizite Einstellungsmessung

ten Vorgängen ansetzender Messungen können jedoch durch folgende Effekte negativ beeinflusst werden:

Erstens wissen Menschen nicht immer, was sie denken bzw. was in ihnen vorgeht. Es mangelt ihnen also an der Fähigkeit zur Introspektion, das heißt, dass sie nicht in der Lage sind, ihre Einstellung gegenüber dem interessierenden Einstellungsobjekt aus dem Gehirn abzurufen. Dieser Sachverhalt ist darauf zurückzuführen, dass es sich bei Einstellungen um psychische Prozesse handelt, die dem Bewusstsein nicht vollständig zugänglich und somit auch nur eingeschränkt verbalisierbar sind. Die Folge ist, dass die Probanden erst in der Befragungssituation mit Hilfe der verfügbaren Informationen (Einstellungsobjekte und deren Eigenschaften) ihre Einstellung bilden und in die Antworten einfließen lassen (vgl. Felser, 2007a, S. 478 f.). Zweitens sagen Menschen nicht immer offen, was sie denken. Es kommt folglich zu motivationalen Verzerrungen bei der expliziten Einstellungsmessung beispielsweise durch die soziale Erwünschtheit der Antworten, aus Furcht vor Verurteilung bzw. durch das Bedürfnis nach Übereinstimmung mit allgemein akzeptierten Werten und Normen (Kämpfe, 2005, S. 7 ff.).

Zur Vermeidung der oben skizzierten Verzerrungseffekte bei der expliziten Messung wird in der Konsumentenverhaltensforschung seit Kurzem der Einsatz von Verfahren zur **impliziten Einstellungsmessung** diskutiert. Die individuelle Einstellung wird hier lediglich durch Rückschlüsse aus der Analyse des offenen Verhaltens und dessen psychologischer Interpretation gewonnen. Die Vorgehensweise bei der impliziten Einstellungsmessung stellt darauf ab, dass die Befragten das Untersuchungsziel nicht durchschauen, während der Einstellungsmessung nicht auf ihre gespeicherten Einstellungen bzw. Kognitionen zurückgreifen und den Messvorgang selbst nicht kontrollieren können (Greenwald et al., 1998, S. 1464 ff.).

Zu den bekanntesten Methoden der impliziten Einstellungsmessung zählen die projektiven Verfahren. Der interessierende Sachverhalt wird

Psychische Prozesse 3.2

durch indirekte Fragestellungen externalisiert, damit die Versuchsperson ihre Antworten nicht bewusst mit der eigenen Person verbindet. Beispielsweise wird nach dem Verhalten oder den Einstellungen dritter Personen gefragt, um auf die Einstellungen der befragten Person zu schließen (z. B. »Welche Einstellung haben Ihre Arbeitskollegen gegenüber Ausländern in Ihrem Betrieb?«).

Eine zweite Möglichkeit, Einstellungen implizit zu messen, ist der Einsatz von Verfahren, welche die Assoziationsstärke zwischen mentalen Repräsentationen von Objekten im Gedächtnis anhand der Entscheidungsgeschwindigkeit der Probanden operationalisieren. Die bekannteste Variante dieser auf Reaktionszeiten basierenden Verfahren ist der so genannte **implizite Assoziationstest**.

Die Einstellungsmessung liefert wichtige Informationen darüber, wie Konsumenten Unternehmen und deren Produkte bzw. Dienstleistungen einschätzen. Diese Informationen dienen dazu, Einstellungen durch geeignete Marketingmaßnahmen gezielt zu beeinflussen. Im Rahmen der Produktpolitik (vgl. Kapitel 6) werden beispielsweise bestehende Produkte in bestimmten Eigenschaften wahrnehmbar verbessert (z. B.

Impliziter Assoziationstest (IAT)

Der von Greenwald et al. (1998, S. 1464ff.) entwickelte implizite Assoziationstest (IAT) beruht auf dem Prinzip des Priming (»Bahnung«), wobei man zwischen semantischem und affektivem Priming unterscheiden muss. Semantisches Priming bedeutet, dass Individuen schneller auf ein Wort (z. B. »Kuh«) reagieren, wenn kurz zuvor ein Wort mit assoziativer Verbindung (z. B. »Milch«) genannt wurde. Im Vergleich dazu ist die Reaktionszeit länger, wenn sie vorher mit einem Wort ohne assoziative Verbindung konfrontiert wurden (z. B. »Flugzeug«). Erklärt wird dieses Phänomen durch die Aktivierung mittels der assoziativen Verbindung zwischen den beiden Wörtern »Kuh« und »Milch«. Affektives Priming liegt analog dazu vor, wenn eine Person schneller reagiert, weil ihr vor dem zu bewertenden Stimulus (z. B. »Sonnencreme« = positiv) ein Stimulus mit der gleichen Valenz (z. B. »Strand« = positiv) präsentiert wurde. Die Reaktionszeit ist entsprechend länger, wenn der vorher präsentierte Stimulus eine andere Valenz aufweist (z. B. »Schmutz« = negativ). Die Auswertung des IAT beruht auf der Annahme, dass unterschiedliche Reaktionszeiten bei der Zuordnung von Begriffen zu relevanten Einstellungsobjekten unterschiedliche Einstellungen repräsentieren.

Folgendes Beispiel verdeutlicht den idealtypischen Ablauf des IAT: Hierbei geht es um die Einstellung konservativer ostdeutscher Konsumenten gegenüber Produkten unterschiedlicher Herkunft. Die Ergebnisse des IAT liefern Reaktionszeiten, anhand derer sich die Annahme überprüfen lässt, dass die Probanden gegenüber Produkten aus West-

deutschland eine negativere Einstellung aufweisen als gegenüber Produkten aus Ostdeutschland.

Der Test besteht aus den folgenden fünf Phasen. Mittels Tastendruck (Taste »A« und »L«) müssen die Testpersonen jeweils Reize kategorisieren, die entweder aus einem bestimmten Attribut bestehen (positive bzw. negative Begriffe) oder einem von zwei Zielkonzepten angehören, die sich nicht überlappen (Ostprodukt oder Westprodukt).

In der ersten Phase (»Zielkonzeptklassifikation«) müssen die Testpersonen verschiedene randomisierte Stimuli so schnell wie möglich der richtigen Zielkategorie zuordnen, indem sie die richtige Taste für »Ostprodukt« bzw. »Westprodukt« drücken.

Fortsetzung auf Folgeseite

Abb. 3-22: Erste Phase des IAT – Zielkonzeptklassifikation

Fortsetzung von Vorseite

In der zweiten Phase (»Attributklassifikation«) besteht die Aufgabe darin, verschiedene randomisierte Stimuli so schnell wie möglich der richtigen Attributkategorie zuzuordnen, indem die richtige Taste für positive bzw. negative Wörter gedrückt wird. Die beiden ersten Phasen des Testes dienen dazu, dass sich die Probanden an ein bestimmtes Handlungsmuster gewöhnen (Zuordnung »Ostprodukt« bzw. »positiv« → »Taste A« / »Westprodukt« bzw. »negativ« → »Taste L«).

Die erste eigentliche Messung erfolgt in der dritten Phase des Tests (»gemischte Klassifikation«). Hierbei werden die Zielkategorien aus Phase 1 mit den Attributkategorien der Phase 2 verknüpft. Die Testpersonen sollen nun die aufgeführten Stimuli so schnell wie möglich der richtigen, aus Attribut- und Zielkonzept gebildeten Kategorie mit Hilfe der Antworttasten zuordnen.

In der vierten Phase (»umgekehrte Zielkonzeptklassifikation«) müssen die Testpersonen analog zur ersten Phase wiederum verschiedene randomisierte Stimuli so schnell wie möglich der richtigen Zielkonzeptkategorie zuordnen. Allerdings sind die entsprechenden Tasten vertauscht. Es gilt nun die Zuordnung »Westprodukt« → »Taste A« und »Ostprodukt« → »Taste L«. Das in den Phasen zuvor »erlernte« Verhaltensmuster wird also durchbrochen.

In der letzten Testphase des IAT (»umgekehrte gemischte Klassifikation«) müssen die Testpersonen analog zur dritten Phase die randomisierten Stimuli so schnell wie möglich der richtigen aus Attribut und Zielkonzept gebildeten Kategorie zuordnen. Allerdings werden die Kategorien jetzt umgekehrt gemischt, sodass die Kategorisierung in Phase 5 der umgekehrten Zielkonzept-Attributs-Klassifikation aus Phase 3 entspricht. Ausgeführt werden muss folglich die Zuordnung »Westprodukt/positiv« → Taste »A« und »Ostprodukt/negativ« → Taste »L«.

Die Auswertung erfolgt durch den Vergleich der Reaktionszeiten in der dritten Phase mit denen in der fünften Phase, da hier die Stimuli den Kombinationen aus Zielkonzepten und Attributen zugeordnet werden mussten. Dies bedeutet, dass sich

Fortsetzung auf Folgeseite

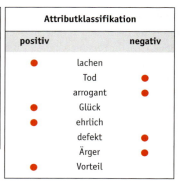

Abb. 3-23: Zweite Phase des IAT – Attributklassifikation

Abb. 3-24: Dritte Phase des IAT – Gemischte Klassifikation

Abb. 3-25: Vierte Phase des IAT – Umgekehrte Zielkonzeptklassifikation

Fortsetzung von Vorseite

in diesen beiden Phasen aufgrund des Priming-effektes einmal schnelle und einmal langsamere Reaktionszeiten ergeben müssen, je nachdem welche Kombination in welcher Phase den Assoziationen der Probanden eher entspricht (Felser, 2007a, S. 342). Normalerweise reagieren Personen in derjenigen Phase schneller, die für sie eine kompatible Zuordnung aufweist, das heißt, starke Assoziationen zwischen Attribut und Zielkonzept vereinfachen die richtige Zuordnung eines Stimulus erheblich. Die Inkompatibilität zwischen beiden Reizkategorien führt hingegen zu längeren Reaktionszeiten. Eine positivere Einstellung der Testpersonen gegenüber Ostprodukten würde sich folglich in der Differenz der Reaktionszeit zwischen der dritten Phase (kurze Reaktionszeit) und der fünften Phase (lange Reaktionszeit) bemerkbar machen. Der IAT-Effekt wird also als Maß der Stärke assoziativer Verknüpfungen zwischen den Zielkonzepten und den Attributsausprägungen interpretiert.

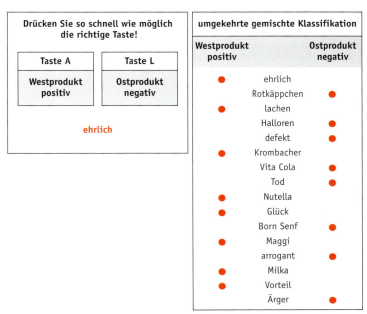

Abb. 3-26: Fünfte Phase des IAT – Umgekehrt gemischte Klassifikation

---

niedriger CO₂-Ausstoß eines PKW-Motors) bzw. Produkte mit ganz neuen Eigenschaften entwickelt (z. B. Fertigpizza für die schnelle Zubereitung in der Mikrowelle). Mittels Werbung als Instrument der Kommunikationspolitik (vgl. Kapitel 8) ist es beispielsweise möglich, dafür zu sorgen, dass Konsumenten auf bestimmte Produkteigenschaften besonders achten (z. B. Sensibilisierung für die Wichtigkeit der Einbruchsicherheit von Haustüren durch das Zeigen einer Einbruchszene in einem Werbespot). Die Gestaltung von Verkaufsräumen und Verkaufsgesprächen als Aufgabe der Distributionspolitik (vgl. Kapitel 9) dient ebenfalls der Beeinflussung der Einstellungen von Konsumenten (z. B. Verbesserung der Einstellung gegenüber einem Reisebüro durch freundliche Bedienung und gemütliche Gestaltung der Räumlichkeiten).

In einem engen Zusammenhang mit der Einstellung steht die psychische Determinante der **Kundenzufriedenheit**, die man vereinfacht auch als »Einstellung nach dem Kauf« bezeichnen kann (Esch et al., 2008, S. 55). Im Gegensatz zur Einstellung geht der Entstehung von Zufriedenheit bzw. Unzufriedenheit mit einem Produkt die unmittelbare Erfahrung mit diesem Produkt voraus. Unter Kundenzufriedenheit versteht man ganz allgemein das Ergebnis eines mehr oder weniger komplexen Vergleichsprozesses zwischen den Erwartungen des Kunden an ein Produkt oder eine Dienstleistung einerseits (Soll-Leistung) und der tatsächlich erlebten Befriedigung durch das Produkt oder die Dienstleistung andererseits (Ist-Leistung) (Stauss, 1999, S. 17).

Zur Erklärung der Entstehung von Kundenzufriedenheit bzw. -unzufriedenheit im Rahmen der Konsumentenverhaltensforschung eignet sich insbesondere das so genannte **Konfirmations/Diskonfirmations-Paradigma**, das auf folgenden Überlegungen beruht (vgl. auch Abbildung 3-27): Die Soll-Leistung, das heißt die Erwartung des Konsumenten an ein Produkt bzw. eine Dienstleistung vor dem Kauf, hängt vor allem von seinen individuellen Erfahrungen und Motivationen ab. Die Ist-Leistung als subjektiv wahrgenommenes Leistungsniveau nach dem Kauf des Produktes bzw. der Inanspruchnahme der Dienstleistung variiert von Kunde zu

Kundenzufriedenheit als »Einstellung nach dem Kauf«

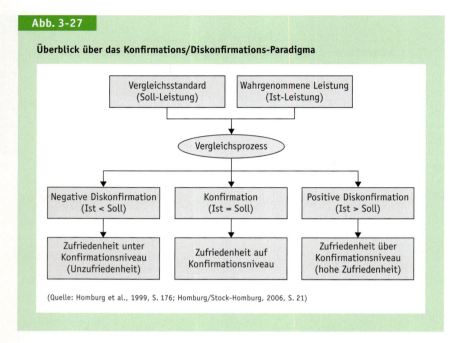

Abb. 3-27

Überblick über das Konfirmations/Diskonfirmations-Paradigma

(Quelle: Homburg et al., 1999, S. 176; Homburg/Stock-Homburg, 2006, S. 21)

Erklärung der Entstehung von Kundenzufriedenheit mittels Kano-Modell

Kunde aufgrund individueller Wahrnehmungseffekte, Erfahrungen, Wünsche, Werte und Normen. Durch die Gegenüberstellung der Ist-Leistung und der Soll-Leistung kommt es zu einem Vergleichsprozess, der zu drei verschiedenen Ergebnissen führen kann:

1. Bei Übereinstimmung der Ist- und Soll-Leistung (Ist = Soll) bestätigen sich die Erwartungen des Konsumenten. In diesem Fall spricht man von Konfirmation, das heißt, es entsteht Kundenzufriedenheit, verbunden mit einem Gefühl der Neutralität.
2. Wird die Erwartungshaltung nicht erfüllt (Ist < Soll), das heißt, das Produkt stiftet nicht den erhofften Nutzen, ist der Konsument unzufrieden, was auch als negative Diskonfirmation bezeichnet wird.
3. Übertrifft das wahrgenommene Leistungsniveau die Erwartungen des Konsumenten (Ist > Soll), reagiert er mit erhöhter Zufriedenheit. Gemäß dem in der Abbildung 3-27 dargestellten Modell liegt folglich eine positive Diskonfirmation vor.

Lange Zeit wurde die psychische Determinante »Kundenzufriedenheit« als rein kognitives Konstrukt verstanden. Es setzt sich jedoch immer mehr die Auffassung durch, dass Kundenzufriedenheit auch eine affektive Komponente aufweist. Die starke emotionale Reaktion des Konsumenten darauf, dass seine Erwartungen an ein Produkt übertroffen wurden, lässt sich als Kundenbegeisterung bezeichnen (vgl. Homburg/Stock-Homburg, 2006, S. 22).

Kundenzufriedenheit gilt als wichtige Zielgröße einer langfristig stabilen und ökonomisch vorteilhaften Kundenbeziehung (Karpe/Scharf, 2006, S. 4). Die Zufriedenheitsurteile der Kunden hängen jedoch entscheidend von den ihnen zugrunde liegenden Beurteilungskriterien und deren Ausprägungen ab. Will das Marketing das eigene Angebot optimal an den Erwartungen der Kunden ausrichten, muss es Informationen darüber beschaffen, welche Anforderungen die Kunden an die Leistung stellen und welche Bedeutung die jeweilige Anforderung für das Zufriedenheitsurteil der Kunden aufweist.

Im Marketing hat das **Kano-Modell** zur Erklärung der Entstehung von Kundenzufriedenheit große Beachtung gefunden (Kano, 1984, S. 39 ff.). Das Modell beruht auf der Annahme, dass der Zusammenhang zwischen dem Erfüllungsgrad der Erwartungen des Kunden und dessen Zufriedenheit mit der Leistung abhängig ist von der Art der Anforderung. Das Modell unterscheidet drei Arten von Anforderungen der Kunden an das Produkt bzw. die Dienstleistung (Kaapke/Hudetz, 2001, S. 128 f.; Karpe/Scharf, 2006, 5 f.):

▸ **Basisanforderungen** (»Must be«) sind jene Leistungsbestandteile, die der Kunde grundsätzlich voraussetzt, als selbstverständlich ansieht und nicht explizit verlangt (z. B. das Vorhandensein einer bestimmten Anzahl von Handtüchern im Bad eines Hotelzimmers). Es sind Eigenschaften, welche in der Regel den Grundnutzen bzw. einen wichtigen Zusatznutzen stiften und deren Erfüllung lediglich Unzufriedenheit verhindert, das heißt, erreicht wird lediglich der neutrale Zustand der »Nicht-Unzufriedenheit«. Folglich lässt sich die Zufriedenheit des Kunden nicht nennenswert verbessern, wenn das Leistungsniveau bei einer Basisanforderung über das vom Kunden erwartete Niveau immer weiter erhöht wird. Ein Nicht-Erfüllen des vom Kunden definierten Leistungslevels führt hingegen zu extremer Unzufriedenheit, zur Beschwerde und nicht selten zum Abwandern des Kunden.

- **Leistungsanforderungen** (»One dimensional«) werden auch als Soll-Kriterien bezeichnet. Sie werden von den Kunden explizit verlangt. Bei Leistungsanforderungen verhält sich die Zufriedenheit annähernd proportional zum Erfüllungsgrad. Wenn der Erfüllungsgrad steigt, erhöht sich auch die Zufriedenheit und umgekehrt (z. B. Datenübertragungsrate im Internet, Anzahl der Bildpunkte einer Digitalkamera). Auf Märkten mit intensivem Wettbewerb haben nur Produkte bzw. Dienstleistungen eine Chance, die hinsichtlich der vom Kunden wahrgenommenen Leistungsanforderungen hohe Levels aufweisen. Folglich spielen Leistungsattribute auch in der Kommunikationspolitik der Anbieter eine herausragende Rolle. In vielen Produktbereichen dient vor allem diese Anforderungskategorie zur Differenzierung gegenüber der Konkurrenz.
- **Begeisterungsanforderungen** (»Attractive«) üben den größten Einfluss auf die Zufriedenheit des Kunden mit einem Produkt oder einer Dienstleistung aus. Begeisterungsanforderungen werden von den Nachfragern nicht erwartet und deshalb auch nicht explizit formuliert. Gelingt es einem Anbieter, seine Leistung mit Begeisterungsfaktoren auszustatten, führt diese Maßnahme zu überproportionaler Kundenzufriedenheit. Andernfalls entsteht jedoch kein Gefühl der Unzufriedenheit, wenn alle Basis- und Leistungsanforderungen das vom Kunden definierte Leistungsniveau aufweisen. Auf Absatzmärkten, die durch eine intensive Konkurrenz zahlreicher, nahezu austauschbarer Angebote gekennzeichnet sind, führt häufig erst die systematische Suche nach Begeisterungsfaktoren zur erfolgreichen Differenzierung gegenüber den Wettbewerbern.

Die Abbildung 3-28 veranschaulicht abschließend den Zusammenhang zwischen dem Erfüllungsgrad für die drei erläuterten Anforderungskategorien und dem daraus resultierenden Niveau der Kundenzufriedenheit. Der Zeitstrahl soll verdeut-

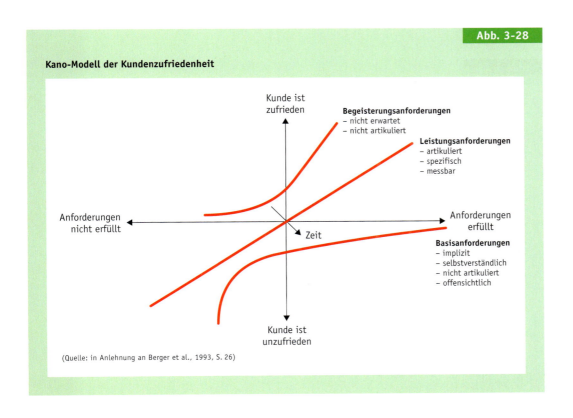

Abb. 3-28 Kano-Modell der Kundenzufriedenheit

(Quelle: in Anlehnung an Berger et al., 1993, S. 26)

3.2 Erforschung des Konsumentenverhaltens
Psychische Prozesse

Kognitive Teilprozesse

lichen, dass es bisweilen zu einer »Anforderungserosion« kommt. Beispielsweise kann eine innovative Problemlösung, die zunächst von den Kunden als Begeisterungsanforderung wahrgenommen wird, schnell zu einer Basisanforderung »verkommen«, wenn sie in kurzer Zeit von vielen oder allen Konkurrenten imitiert wird. So konnten die ersten Hotels, die einen Fitness-Bereich einrichteten, ihre Kunden noch begeistern, während dieser Service heute – zumindest für Hotels mit gehobenem Standard – als selbstverständlich angesehen wird.

3.2.2 Kognitive Prozesse

Die oben erläuterten aktivierenden Prozesse treiben das Individuum an, es wird aktiv und agiert. Demgegenüber handelt es sich bei den kognitiven Prozessen um gedankliche Vorgänge, die dazu dienen, das eigene Verhalten gedanklich zu kontrollieren und bewusst zu steuern. Unter **Kognitionen** versteht man eigenständig bewusst zu machende Wissenseinheiten, das heißt subjektives Wissen, das bei Bedarf zur Verfügung steht (Trommsdorff, 2009, S. 79).

Kognitive Prozesse lassen sich nach Kroeber-Riel et al. (2009, S. 274) in drei Teilprozesse unterteilen: Informationsaufnahme, Informationsverarbeitung (Wahrnehmen und Beurteilen) sowie Informationsspeicherung (Lernen und Denken). Kognitive Vorgänge stehen immer in einer engen Wechselwirkung mit den aktivierenden Prozessen. Letztere beeinflussen nachhaltig die Aufnahme und Verarbeitung von Informationen und fördern bzw. hemmen die Leistung des Gedächtnisses.

3.2.2.1 Zeit- und inhaltsbezogene Gedächtniskategorien

Die gedankliche Verarbeitung von Reizen ist durch das zeitbezogene **Dreispeichermodell** – sensorisches Gedächtnis, Kurzzeitgedächtnis, Langzeitgedächtnis – gekennzeichnet, das in Abbildung 3–29 dargestellt wird (Kroeber-Riel/Weinberg, 2003, S. 226; Kuß/Tomczak, 2007, S. 26 ff.).

Reize, die über die menschlichen Sinnesorgane aufgenommen werden, das heißt visuelle/optische, akustische/auditive, haptische, olfaktorische und gustatorische Reize, stehen für den Bruchteil einer Sekunde im **sensorischen Ge-**

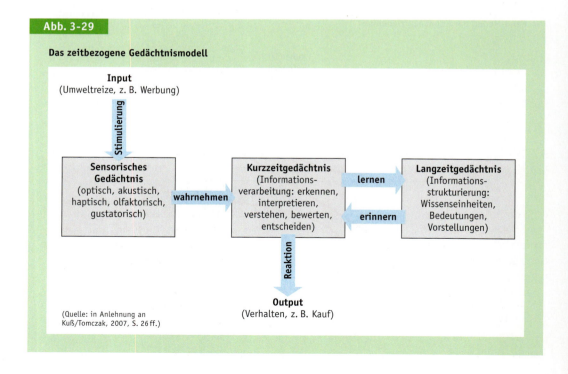

Abb. 3-29

Das zeitbezogene Gedächtnismodell

(Quelle: in Anlehnung an Kuß/Tomczak, 2007, S. 26 ff.)

dächtnis – das auch als Sammelbegriff für alle Sinnesmodalitäten als sensorisches Register bezeichnet wird – für die Weiterverarbeitung zur Verfügung. Gelangen beispielsweise Duftmoleküle eines Raumduftes an die Riechrezeptoren in der Nase, wird dieser Reiz in einen elektrischen Impuls umgewandelt und kurzfristig gespeichert, ohne jedoch diesen Impuls in irgendeiner Weise zu interpretieren.

Die Funktion des **Arbeitsgedächtnisses** besteht erstens in der kurzzeitigen Speicherung (weshalb man es auch **Kurzzeitgedächtnis** nennt), um die Informationen für eine folgende Verarbeitung bereitzuhalten, und zweitens in der ständigen Verarbeitung der eingehenden Informationen. Im Arbeitsgedächtnis erfolgt die Entschlüsselung bzw. Interpretation derjenigen Sinneseindrücke, die für das Individuum gerade von besonderem Interesse sind bzw. die das Individuum stark aktivieren. Bei diesem Vorgang wird auch auf im Langzeitgedächtnis abgelegte Wissenselemente, Vorstellungen sowie erlernte Bedeutungen zurückgegriffen. Das Arbeitsgedächtnis als zentrale Exekutive ist für diesen kontinuierlichen Austausch zuständig. Die Speicherung im Kurzzeitgedächtnis dauert nur wenige Sekunden, und die Speicherkapazität ist sehr gering, da nur bis zu 10 Kognitionen (Wissenseinheiten) gleichzeitig verarbeitet werden können (Balderjahn/Scholderer, 2007, S. 28f.). Das sensorische Gedächtnis kann deshalb nur einen geringen Teil der Vielzahl eintreffender Reize an das Arbeitsgedächtnis übermitteln. Beispielsweise nimmt der Konsument, der sich in einem bedufteten Verkaufsraum aufhält, plötzlich einen Fliederduft wahr, es erfolgt also eine Verknüpfung der aktuellen olfaktorischen Wahrnehmung mit im Langzeitgedächtnis abgelegten Wissenseinheiten. Ist die Menge der zu transportierenden Informationen größer als die Speicherkapazität des Kurzzeitgedächtnisses, dann besteht die Gefahr, dass wichtige Informationen vom Konsumenten nicht aufgenommen werden können. Folglich ist es beispielsweise wichtig, Werbemittel inhaltlich nicht zu überladen (Meyer-Hentschel, 1993, S. 171).

Für den Konsumenten relevante Informationen gelangen vom Kurzzeitgedächtnis in das **Langzeitgedächtnis**, das über eine extrem hohe Speicherkapazität verfügt. Wissenselemente, Bedeutungen und Vorstellungen, die dort abgelegt wurden, sind das ganze weitere Leben vorhanden. Allerdings kann aufgrund mangelnder Aktualisierung auf viele dieser Informationen später nicht mehr zugegriffen werden. Das ist beispielsweise der Fall, wenn sich ein Konsument nicht mehr an den Markennamen eines früher gekauften Produktes erinnern kann.

Neben der oben dargestellten zeitlichen Strukturierung des Gedächtnismodells unterscheidet die Psychologie heute auch verschiedene Formen des Langzeitgedächtnisses in Abhängigkeit der jeweils abgespeicherten Inhalte (Markowitsch, 1992; Kroeber-Riel et al., 2009, S. 277ff.; vgl. Abbildung 3–30).

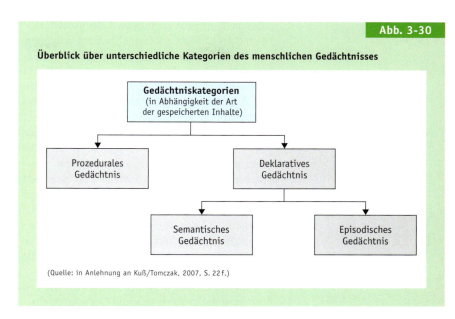

Abb. 3-30 Überblick über unterschiedliche Kategorien des menschlichen Gedächtnisses

(Quelle: in Anlehnung an Kuß/Tomczak, 2007, S. 22f.)

Das **prozedurale Gedächtnis** befindet sich im Stamm- und Kleinhirn und ist zuständig für das Erlernen von Fertigkeiten bzw. Handlungen (z. B. Auto fahren, Klavier spielen, Computermaus benutzen). Durch diesen Gedächtnistyp wird folglich festgelegt, wie der Konsument mit Objekten in seiner Umwelt aufgrund seines Wissens interagiert. Inhalte des prozeduralen Gedächtnisses können nur in Verbindung mit einem bestimmten Verhalten (»Prozedur«) abgerufen werden. Stellt sich ein Konsument beispielsweise auf seine Skier und fährt damit einen Schneehang hinunter, werden bestimmte motorische Aktivitäten ausgelöst, sofern er früher gelernt hat, mit

Prozedurales Gedächtnis

diesem Sportgerät umzugehen. Das prozedurale Gedächtnis beruht weitestgehend auf unbewussten Gedächtnisprozessen, das heißt, es funktioniert ohne explizite Anweisungen bezüglich der Erinnerung. Deshalb wird diese Gedächtniskategorie auch als nicht-deklaratives bzw. implizites Gedächtnis bezeichnet.

Das **deklarative Gedächtnis** speichert hingegen Informationen über Objekte sowie deren Bedeutung und Beziehungen untereinander. Die Wissenseinheiten dieses Systems sind nicht zeitlich, sondern konzeptuell verbunden bzw. organisiert. Die Inhalte des deklarativen Gedächtnisses können bewusst erinnert und durch Worte beschrieben, also »erklärt« werden. Somit ist die Sprache eine wichtige Voraussetzung für diesen Gedächtnistyp.

Das deklarative Gedächtnis lässt sich wiederum in das semantische und das episodische Gedächtnis unterteilen (Anderson, 2001, S. 285; Kroeber-Riel et al., 2009, S. 278). Im **semantischen Gedächtnis** werden Fakten, Interpretationsregeln und Problemlösungsmuster abgespeichert, die von der sich erinnernden Person weitestgehend unabhängig sind (z. B. »Mit welchem Werbeslogan wird für die PKW-Marke Audi geworben?«). Das Individuum ist zwar in der Lage, sich die Inhalte bewusst zu machen, weiß aber in der Regel nicht, wo und wann die entsprechenden Informationen aufgenommen wurden.

Das **episodische Gedächtnis** verarbeitet Informationen, die nur für die betreffende Person selbst gelten. Es ist folglich autobiografisch angelegt und speichert die zeitliche Abfolge erlebter Episoden ganzheitlich und überwiegend in Bildern (z. B. Schilderung einer aufregenden Probefahrt mit einem neuen Sportwagen am Tag der Offenen Tür eines Autohauses). Die beiden Teilsysteme des deklarativen Gedächtnisses stehen miteinander in enger Beziehung. Beispielsweise wird das, was David Beckham in einem Werbespot über die Marke Pepsi Cola sagt, im semantischen Gedächtnis abgespeichert, während die Quelle, die es gesagt hat, vom episodischen Gedächtnis verwaltet wird (vgl. hierzu auch Felser, 2007a, S. 168).

Insbesondere die aktuellen Erkenntnisse der Hirnforschung haben zu der Erkenntnis geführt, dass die Bedeutung der unbewussten bzw. impliziten Aufnahme und Verarbeitung von Umweltreizen durch das Individuum eine weitaus größere Rolle spielt, als in der Konsumentenverhaltensforschung bisher angenommen wurde (vgl. in diesem Zusammenhang auch die Ausführungen zur impliziten Einstellungsmessung im Kapitel 3.2.1.4). Kahneman, Nobelpreisträger für Ökonomie, geht davon aus, dass in unserem Gehirn zwei unterschiedliche Prozesse ablaufen: System 1 (implizites System) ist zuständig für Intuitionen und arbeitet schnell, automatisch, parallel, mühelos, assoziativ und emotional. System 2 (explizites System) übernimmt das logische Denken und arbeitet langsam, seriell, kontrolliert, mühevoll, regelgestützt, flexibel und weitgehend emotionslos (Kahneman, 2003, S. 1449 ff.). Die meiste Zeit wird unser Verhalten ohne großen Aufwand, geschickt und erfolgreich vom System 1 gesteuert. System 2 schaltet sich dann ein, wenn unser Gehirn eine Situation registriert, in der es erforderlich erscheint, die durch das System 1 ausgelösten Vorgänge einer kritischen Analyse zu unterziehen.

Kahneman veranschaulicht das Zusammenspiel der beiden Systeme zur Informationsaufnahme und Informationsverarbeitung anhand eines einfachen Mathematik-Problems: »Ein Baseballschläger und ein Baseball kosten zusammen $ 1,10. Der Schläger kostet einen Dollar mehr als der Ball. Wie viel kostet der Ball?« Mehr als die Hälfte seiner Studenten antworten spontan: »10 Cent.«. Dieses falsche Ergebnis beruht auf der Arbeit des impliziten Systems 1, das bei geringer Aufmerksamkeit eingeschaltet ist. Erst die Erkenntnis, dass die Antwort falsch war, erzwingt den Wechsel zum expliziten System 2. Die exakte gedankliche Durchdringung des Problems führt dann zu der richtigen Antwort »5 Cent«. Zahlreiche psychologische Experimente belegen zweifelsfrei, dass wir uns oft in Situationen befinden, in denen uns unsere Intuition vom richtigen Weg abbringt. Manchmal sind wir zwar in der Lage, solche Situationen zu erkennen, das Einschalten des expliziten Systems 2 ist jedoch mühsam und sehr aufwändig.

Für die Erklärung des Verhaltens von Kunden bzw. für deren Beeinflussung durch geeignete Marketingmaßnahmen sind diese Erkenntnisse von herausragender Bedeutung. In vielen Entscheidungssituationen ist dem Konsumenten nicht oder nicht vollständig bewusst, welche

Experiment zum impliziten System

Wie das implizite Gedächtnis das menschliche Verhalten steuert, lässt sich mit Hilfe eines einfachen Experiments veranschaulichen (Scheier/Held, 2006, S. 15 f.): Männlichen Probanden wurden drei Abbildungen von Frauen mit der Aufgabe präsentiert, spontan diejenige Abbildung anzugeben, die sie am attraktivsten finden (vgl. Abbildung 3-31). 70 Prozent der Probanden wählten die Variante B. Die Frage nach den Gründen für diese Entscheidung konnten sie jedoch nicht beantworten, da ihnen diese nicht bewusst waren. Die starke Präferenz für die Abbildung B beruht auf dem Verhältnis zwischen dem Taillen- und Hüftumfang der dargestellten Frauen, das bei der Abbildung B exakt 0,7 beträgt. Dieser Wert kommt dem aktuell geltenden Schönheitsideal (90 – 60 – 90) mit einem Wert von 0,67 am nächsten. Die Frauen in den Abbildungen A (0,9) und C (0,8) wirken deshalb spontan nicht so attraktiv auf den Betrachter. Das Experiment zeigt folglich, dass das menschliche Gehirn den für die Präferenzbildung entscheidenden Reiz aufnimmt und verarbeitet sowie reagiert, ohne dass der wahre Grund für das Verhalten dem Bewusstsein zugänglich ist.

A **B** **C**

Welche der drei Frauen finden Sie spontan am attraktivsten?

(Quelle: Scheier/Held, 2006, S. 15)

Abb. 3-31: Beeinflussung des Verhaltens durch implizite Vorgänge im Gehirn

---

Vorgänge im Gehirn sein Verhalten determinieren, beispielsweise aus welchen Gründen ein bestimmtes Produkt A gegenüber einem zweiten Produkt B wirklich bevorzugt wird.

3.2.2.2 Prozess der Informationsaufnahme

Die Aufnahme von Informationen als erster Teilprozess im Rahmen kognitiver Prozesse beinhaltet alle Vorgänge im Zusammenhang mit der Übernahme von Informationen in das als Arbeitsspeicher bezeichnete Kurzzeitgedächtnis (Kroeber-Riel et al., 2009, S. 299). Einen Überblick über diesen komplexen Vorgang liefert die Abbildung 3-32. Bei der Aufnahme **interner Informationen** werden im Langzeitgedächtnis gespeicherte Wissenseinheiten in das Kurzzeitgedächtnis überführt (z. B. frühere Erfahrungen bezüglich der Zubereitung eines bestimmten Produktes), wobei die Informationen entweder aktiv (z. B. bewusstes Abrufen der Ergebnisse eines gelesenen Produkttests aus dem Gedächtnis) oder passiv (zufällige Erinnerung an ein Verkaufsargument aus der Werbung) sein kann. Da Konsumenten bei vielen Kaufentscheidungen auf interne Informationen zurückgreifen, ist es für das Marketing von zentraler Bedeutung, die

Interne Informationsaufnahme

3.2 Erforschung des Konsumentenverhaltens
Psychische Prozesse

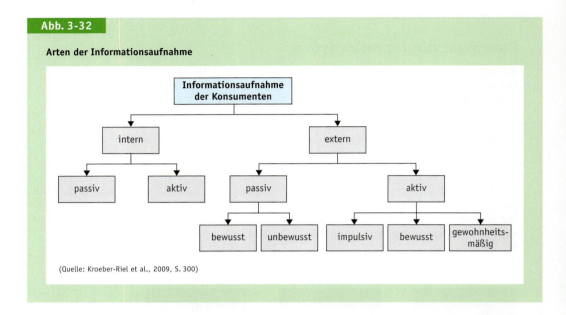

Abb. 3-32 Arten der Informationsaufnahme
(Quelle: Kroeber-Riel et al., 2009, S. 300)

Externe Informationsaufnahme

entscheidungsrelevanten Informationen, z. B. durch Produktverpackungen oder Werbemaßnahmen, im Langzeitgedächtnis der Konsumenten zu verankern.

Bei der Aufnahme **externer Informationen** erreichen Umweltreize (z. B. Marketingmaßnahmen eines Anbieters) das Individuum über seine Sinnesorgane. Zunächst gelangen sie von dort in sein sensorisches Gedächtnis und anschließend selektiv in das Kurzzeitgedächtnis. Die Aufnahme von außen auf das Individuum einwirkender Informationen kann wiederum aktiv oder passiv erfolgen. Die passive Informationsaufnahme ist bewusst oder unbewusst. Betrachtet ein Zuschauer beispielsweise einen Film im Fernsehen, in dem sich zwei Hauptdarsteller längere Zeit in der Küche vor einem Geschirrspüler einer bestimmten Marke unterhalten (zum so genannten »Product Placement« vgl. Kapitel 8.2.3.2), erfolgt die Aufnahme dieser Information passiv. In vielen Fällen wird diese Information unbewusst (implizit) aufgenommen, das heißt, der Konsument kann sich nach dem Ende des Films nicht mehr daran erinnern, dass er die Marke in der betreffenden Szene erkannt hat.

Eine aktive und bewusste Aufnahme externer Informationen liegt zum Beispiel vor, wenn ein Konsument, der ein neues Auto zu kaufen beabsichtigt, sich eine Autozeitschrift besorgt, um die darin enthaltenen Testergebnisse bezüglich konkurrierender Automarken zu lesen. Konsumenten suchen insbesondere dann aktiv nach externen Informationen, wenn sie stark aktiviert sind (Aus der Praxis 3-7). Der Aktivierungsgrad hängt wiederum von der persönlichen Informationsneigung und dem subjektiv empfundenen Kaufrisiko ab. Wichtigste Informationsquellen für die Konsumenten sind in diesem Zusammenhang der Verkäufer, das soziale Umfeld, (Fach-)Zeitschriften, das Schaufenster, die Werbung sowie das Internet (Kroeber-Riel et al., 2009, S. 303 ff.).

Eine **impulsive Informationsaufnahme** liegt vor, wenn der Konsument aufgrund der attraktiven Dekoration spontan an einem Probierstand im Einzelhandel verweilt und sich mit den dort präsentierten Produkten beschäftigt. **Gewohnheitsmäßige Informationsaufnahme** bedeutet hingegen, dass der Konsument Informationen aufgrund verfestigter Verhaltensweisen, die sich bewährt haben, aufnimmt. Beispielsweise sitzen viele Haushalte jeden Tag pünktlich zur Tagesschauzeit vor ihrem Fernsehgerät. Beliebt sind als Startseiten für den Internet-Zugang mittels Internet-Browser auch Online-Nachrichtenmagazine (z. B. Focus Online), die eine gewohnheitsmäßige Aufnahme der aktuellen Nachrichten ermöglichen.

Aus der Praxis – 3-7

Mit Hilfe eines Experiments der Olympia Brewing Company wurde die Bedeutung von Displays für die Aktivierung von Konsumenten und die daraus resultierende Veränderung ihres Kaufverhaltens gemessen. Zu diesem Zweck wurde in zwei kalifornischen Städten die eine Hälfte der in die Untersuchung einbezogenen Lebensmittel- und Spirituosengeschäfte mit Displays ausgestattet, die andere Hälfte der Geschäfte, die als Kontrollgruppe fungierte, erhielt hingegen keine Displays. Getestet wurden zwei verschiedene Displaytypen, nämlich statische und bewegte Displays. In allen Geschäften wurden die Verkaufszahlen über einen Zeitraum von vier Wochen erfasst. Die Ergebnisse, die in der Abbildung 3-33 dargestellt sind, belegen, dass die Absatzmenge durch den Einsatz von Displays erhöht werden konnte. Bei statischen Displays stiegen die Absatzmengen um 18 bzw. 56 Prozent im Vergleich zu denjenigen Geschäften, in denen keine Displays vorhanden waren. Bewegte Displays beeinflussten das Kaufverhalten der Konsumenten erheblich stärker als statische Displays. In den Spirituosengeschäften konnte die Absatzmenge durch statische Displays um mehr als 50 Prozent, durch bewegte Displays sogar um mehr als 100 Prozent gesteigert werden (Blackwell et al., 2001, S. 444).

	Statisches Display	Bewegtes Display
Lebensmittelgeschäft	+ 18 %	+ 49 %
Spirituosengeschäft	+ 56 %	+ 107 %

(Quelle: Blackwell et al., 2001, S. 444)

Abb. 3-33: Veränderung der Absatzmenge durch Displays am Point of Sale

3.2.2.3 Prozess der Informationsverarbeitung – Wahrnehmen und Beurteilen

Die vom Individuum aufgenommenen internen und externen Reize müssen im Gehirn entschlüsselt werden, damit sie für das Individuum einen Sinn ergeben und damit die aus der Informationsverarbeitung resultierende Reaktion optimal ausfällt. Im Mittelpunkt der Informationsverarbeitung steht der Prozess der **Wahrnehmung**. Darunter versteht man einen kognitiven Prozess der Informationsverarbeitung, bei dem vom Individuum aufgenommene Umweltreize selektiert, entschlüsselt und zu einem verständlichen Bild der Umwelt und der eigenen Person verarbeitet werden, sodass sie einen Sinn (Informationsgehalt) erhalten (Schiffman/Kanuk, 2003, S. 158).

Unter dem Begriff der Wahrnehmung sind diverse komplexe kognitive Prozesse subsumiert. Diese Wahrnehmungsprozesse lassen sich durch die Erläuterung ihrer charakteristischen Merkmale besser verstehen: Die menschliche Wahrnehmung ist selektiv und subjektiv (Kroeber-Riel et al., 2009, S. 321).

▸ Wahrnehmungsprozesse unterliegen der **Selektivität**, das heißt, aus einer Vielzahl von eingehenden Informationen filtert das Individuum aufgrund der begrenzten Informationsverarbeitungskapazität des Kurzzeitgedächtnisses einen Teil heraus. Dabei kommen verschiedene Selektionsmechanismen zum Einsatz, wie beispielsweise Programme, die aus der evolutionsbiologischen Entwicklung des Menschen resultieren (Foscht/Swoboda, 2007, S. 88) (vgl. hierzu auch die Ausführungen zur Aktivierung in Kapitel 3.2.1.1).

▸ Das Ergebnis eines Wahrnehmungsprozesses hängt entscheidend von der **Subjektivität** des Individuums ab, da die eingehenden Informationen der subjektiven Interpretation und Bewertung durch das Individuum unterliegen. Jeder Konsument transformiert die komplexe objektive Realität in seine individuelle subjektive Realität, sodass die inneren

> Die menschliche Wahrnehmung ist selektiv und subjektiv.

> **Aus der Wissenschaft**
>
> ### Subjektivität der Wahrnehmung
>
> Die Wahrnehmungspsychologie hält zahlreiche klassische Beispiele für die Subjektivität der menschlichen Wahrnehmung bereit. Die Abbildung 3-34 zeigt auf der linken Seite den so genannten Rubinschen Becher, eine schwarz-weiße Kippfigur. Entweder man nimmt im Vordergrund einen weißen Becher wahr, während das Schwarz den Hintergrund bildet, oder man erkennt zwei sich zugewandte schwarze Gesichter im Profil vor einem weißen Hintergrund. In der Mitte der Abbildung ist die Müller-Lyersche Täuschung der Größenwahrnehmung zu sehen. Beide Linien sind tatsächlich gleich lang, obwohl sie im Kontext mit den begrenzenden Pfeilspitzen unterschiedliche Längen aufzuweisen scheinen. Die beiden inneren Quadrate auf der rechten Seite der Abbildung 3-34 scheinen bezüglich ihres Grautons unterschiedlich hell zu sein. Tatsächlich sind beide Flächen bezüglich der Farbe identisch. Wir nehmen das linke Quadrat aufgrund des hellen Hintergrundes jedoch dunkler wahr als das rechte Quadrat.
>
>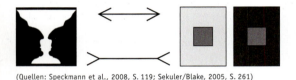
>
> (Quellen: Speckmann et al., 2008, S. 119; Sekuler/Blake, 2005, S. 261)
>
> **Abb. 3-34: Beispiele für die Subjektivität der Wahrnehmung**

Bedeutung der Wahrnehmungsforschung für das Marketing

Bilder von Gegenständen, Vorgängen und Personen von Konsument zu Konsument mehr oder weniger stark abweichen.

Die Subjektivität und Selektivität der menschlichen Wahrnehmung ist für das Marketing von herausragender Bedeutung, wie folgendes Beispiel zeigt: Ein Anbieter von externen Festplatten bietet ein neues Produkt an, das verschiedene Verbesserungen bezüglich der objektiven Qualität aufweist, nämlich eine kürzere Zugriffszeit auf die Festplatte, einen leiseren Lüfter, ein stabileres Gehäuse sowie ein längeres Verbindungskabel zum PC. Entscheidend für den Markterfolg ist jedoch, ob die Zielgruppe die Veränderungen bezüglich der objektiven Produkteigenschaften überhaupt wahrnimmt (Selektivität) und – wenn ja – ob diese Veränderungen zu einer subjektiv wahrgenommenen Qualitätsverbesserung führen. Dadurch, dass Wahrnehmungsprozesse gleichermaßen subjektiv und selektiv sind, kommt es also zu Abweichungen zwischen der objektiven und der subjektiv wahrgenommenen Realität. Dieses Phänomen bezeichnet man im Marketing auch als psychophysikalische Transformation (vgl. hierzu auch Kapitel 6.3.3.2).

Bei der konkreten Ausgestaltung der absatzpolitischen Instrumente sind außerdem die folgenden **Besonderheiten von Wahrnehmungsprozessen** zu beachten (Kroeber-Riel et al., 2009, S. 323 ff.):

- Der Mensch nimmt vor allem solche Umweltreize wahr, die seinen Bedürfnissen und Wünschen entsprechen (zu Bedürfnissen und Motivationen vgl. Kapitel 3.2.1.3). Deshalb muss erstens die Marktforschung die für die Konsumenten relevanten Bedürfnisse ermitteln, und zweitens gilt es für das Marketing, alle absatzpolitischen Instrumente so auszugestalten, dass das eigene Angebot von den Konsumenten als (beste) Bedürfnis befriedigende Alternative wahrgenommen wird.
- Vor allem Umweltreize, die Aufmerksamkeit erzeugen, werden bewusst wahrgenommen und weiterverarbeitet (zur Aktivierung vgl. Kapitel 3.2.1.1). Insbesondere in Situationen, in denen das Involvement der Konsumenten gering ist, muss das Marketing geeignete Aktivierungstechniken einsetzen (z. B. Werbung mit emotionalen Reizen), damit die Konsumenten diejenigen Stimuli selektieren (z. B. Testsieger), die zu den vom Unternehmen gewünschten Reaktionen führen (z. B. Produktkauf).
- Die bewusste Wahrnehmung von Umweltreizen entfaltet sich sukzessiv von einer ersten Anmutung bis hin zur differenzierten kognitiven Interpretation. Das Marketing muss folglich darauf achten, dass der erste flüchtige Kontakt des Konsumenten mit angebotsspezifischen Reizen (Produktverpackung, Werbung, Ladenatmosphäre etc.) zu einem positiven Eindruck führt. Diese erste Anmutung entscheidet darüber, ob sich der Konsument dem Angebot aufmerksam zuwendet oder nicht.
- Auch die unterschwellige Wahrnehmung bewirkt Verhaltensänderungen beim Konsumenten. Diese Wirkung resultiert aus der Wahrnehmung von Reizen, deren Intensität unterhalb der Bewusstseinsschwelle liegt, aber trotzdem reizspezifische Reaktionen auslöst. Man spricht in diesem Zusammenhang auch

von subliminaler Wahrnehmung (vgl. hierzu auch die Ausführungen zum impliziten Gedächtnis im Kapitel 3.2.2.1). Durch unterschwellige Werbereize beispielsweise kann das Marketing das Verhalten der Konsumenten steuern, ohne dass sich jene dieser Beeinflussung bewusst sind.

Die **Beurteilung** eines Objektes (z. B. Produkt), einer Person (z. B. Verkäufer) oder eines Vorgangs (z. B. Online-Bestellung) kann als Teil des Wahrnehmungsprozesses aufgefasst werden. Wahrnehmung bezieht sich nämlich nicht nur auf die Entschlüsselung aufgenommener Reize, sondern beinhaltet auch deren kognitive Weiterverarbeitung bis hin zur subjektiven Einschätzung der interessierenden Objekte, Personen bzw. Vorgänge (Kroeber-Riel et al., 2009, S. 327). Wie die Abbildung 3-35 veranschaulicht, wird die Beurteilung von Produkten und Dienstleis-

> *Einfluss der unterschwelligen Wahrnehmung*
>
> *Mit Hilfe eines einfachen Experiments gelang es Forschern, den Einfluss der* **unterschwelligen Wahrnehmung** *von Werbereizen auf das Verhalten der Konsumenten zweifelsfrei nachzuweisen: Die Testpersonen mussten einen Text lesen, der in der Mitte über einen Computerbildschirm lief. Um die Fokussierung auf den Text zu verstärken, erhielten sie zusätzlich die Aufgabe, dem zu lesenden Text mit der Computermaus zu folgen.*
> *Diese beiden Aufgaben nahmen die Aufmerksamkeit der Testpersonen vollkommen in Anspruch. Während die Probanden den Text lasen und ihm mit der Computermaus folgten, wurden am Bildschirmrand für kurze Zeit verschiedene Werbeanzeigen eingeblendet. Nachdem die Probanden den ganzen Text gelesen hatten, wurden sie nach der Werbung befragt, konnten sich an diese jedoch nicht erinnern. In einer anschließend simulierten Kaufsituation erhielten sie die Aufgabe, Produkte auszuwählen. Das überraschende Ergebnis: Die Probanden entschieden sich signifikant häufiger für diejenigen Produkte, für die in den kurz eingeblendeten Werbeanzeigen geworben worden war. Die unterschwellige Wahrnehmung von Werbung übt folglich einen nachhaltigen Einfluss auf das Kaufverhalten aus (Shapiro, 1999, S. 16 ff.).*

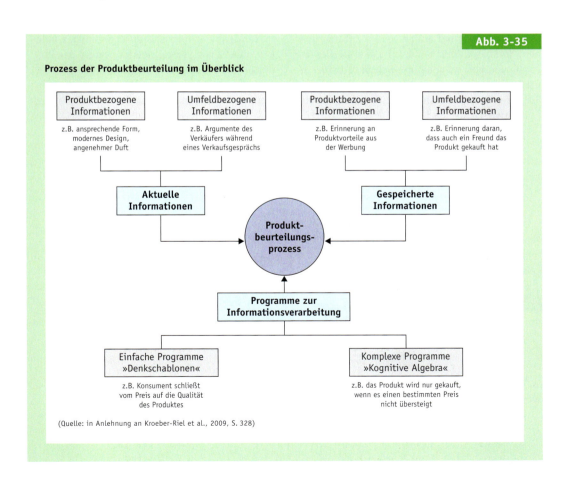

Abb. 3-35

Prozess der Produktbeurteilung im Überblick

(Quelle: in Anlehnung an Kroeber-Riel et al., 2009, S. 328)

tungen, die hier im Mittelpunkt der Betrachtung stehen, einerseits von aktuellen und im Gedächtnis gespeicherten Informationen sowie andererseits von kognitiven Programmen zur Verarbeitung dieser Informationen gesteuert.

Eine zentrale Rolle im Zusammenhang mit der Beurteilung von Produkten spielen **aktuell verfügbare Informationen**, die entweder vom Produkt oder von der Umwelt ausgehen. Zu den produktbezogenen Informationen zählen objektive Eigenschaften, welche die Produktbeschaffenheit determinieren (z. B. Farbe, Größe, Form) sowie sonstige wahrnehmbare Merkmale (z. B. Verpackung, Preis, Garantie). Umfeldbezogene Informationen beziehen sich vor allem auf die wahrgenommene Angebotssituation (z. B. Ladengestaltung, Warenpräsentation, Verkaufspersonal).

Beeinflussung der Produktbeurteilung durch Umfeldreize

Im Normalfall steht dem Konsumenten eine Vielzahl von Informationen für die Produktbeurteilung zur Verfügung. Um den Beurteilungsprozess zu vereinfachen bzw. abzukürzen, nutzt er jedoch häufig nur einige wenige Informationen. Von besonderer Bedeutung sind in diesem Zusammenhang so genannte **Schlüsselinformationen** (»information chunks«), die aus Sicht der Konsumenten für die Produktbeurteilung besonders wichtig sind und mehrere andere Informationen substituieren oder bündeln (Kroeber-Riel et al., 2009, S. 332). Zu den Schlüsselinformationen, die von den Konsumenten bevorzugt herangezogen werden, um die Produktqualität zu beurteilen, zählen die Marke, der Preis sowie eine gute bzw. sehr gute Beurteilung in einem Warentest (z. B. Testurteil der Stiftung Warentest). Die Abbildung 3-36 enthält hierzu einige Beispiele aus der Marketingpraxis.

Nutzung von Schlüsselinformationen zur Produktbeurteilung

Für die Produktbeurteilung darf die **Bedeutung von Umfeldreizen**, das heißt von Informationen, die nicht in unmittelbarer Beziehung zum eigentlichen Produkt stehen, keinesfalls unterschätzt werden. So können beispielsweise in einem Autohaus der sympathische Verkäufer sowie die angenehme Atmosphäre im Ausstellungsraum beim Konsumenten positive Emotionen auslösen, wodurch sich der gesamte Beurteilungsprozess bezüglich des interessierenden Autos in die gewünschte Richtung lenken lässt.

Zahlreiche empirische Untersuchungen belegen, dass emotionale Reize im Umfeld des Produktes die Produktbeurteilung in die gewünschte Richtung lenken können. In vielen Fällen ist den Konsumenten dieser Einfluss nicht

Abb. 3-36
Testurteile als wichtige Schlüsselinformation

Abb. 3-37
Printwerbung mit und ohne emotional wirkendem Umfeldreiz

bewusst, das heißt, sie nehmen Informationen im Umfeld des Produktes auf, ohne sich später explizit daran zu erinnern (Scheier/Held, 2006, S. 58). Besonders geeignet sind in diesem Zusammenhang emotional wirkende Bilder, deren gedankliche Weiterverarbeitung im Gehirn weitgehend automatisch erfolgt und somit kaum einer kognitiven Kontrolle unterliegt (Kroeber-Riel et al., 2009, S. 339). Die Abbildung 3-37 zeigt eine Werbeanzeige einmal ohne und einmal mit emotionaler Umfeldinformation.

Auch **gespeicherte Informationen** werden vom Konsumenten herangezogen, um Produkte und Dienstleistungen zu beurteilen. Zu diesem Zweck greift er auf das im Gedächtnis gespeicherte Produktwissen zurück, das sich aufgrund seiner Erfahrungen herausgebildet hat. Alle im Kopf eines Konsumenten vorhandenen Vorstellungen und Kenntnisse bezüglich eines Produktes bzw. einer Marke werden durch ein Schema repräsentiert. Dabei handelt es sich um mehr oder weniger komplexe Wisseneinheiten, welche typische Eigenschaften und Vorstellungen von Objekten, Personen oder Vorgängen umfassen (Esch, 2008, S. 63 f.). Im Rahmen der Wahrnehmung eines bestimmten Produktes werden die eingehenden Reize mit dem vorhandenen Schema abgeglichen. Informationen, mit denen sich problemlos eine Verbindung zum vorhandenen Schema herstellen lässt, erleichtern die Beurteilung des Produktes und fördern gleichzeitig die Erinnerung (Esch, 2008, S. 64).

Typisch für das Schema der bekannten Marke Nutella sind beispielsweise Schreibweise und Farbgebung des Markennamens sowie die Gestaltung der Verpackung. Ein Display mit dem Bild der Nutella-Dose in der Nähe des Regals für süße Brotaufstriche führt folglich zu einer schnelleren und intensiveren Wahrnehmung sowie besseren Produktbeurteilung, weil dieser Reiz unmittelbar an das vorhandene Produktwissen anknüpft. Um das Verhalten der Konsumenten in die gewünschte Richtung zu lenken, muss das Marketing folglich die mit dem angebotenen Produkt verbundenen Reize so gestalten, dass die Produktschemata der Konsumenten möglichst optimal angesprochen werden. Über entsprechende Marketingmaßnahmen kann es auch gelingen, die Schemata, welche die Konsumenten für die Produktbeurteilung nutzen, systematisch zu verändern. So hat sich Ferrero beispielsweise entschlossen, die Marke Nutella stärker mit der Eigenschaft »Sportlichkeit« zu verbinden und deshalb kurz vor der Fußballweltmeisterschaft in Deutschland begonnen, Nutella mit jungen deutschen Fußballspielern zu bewerben.

Ein Produkt- oder Markenschema lässt sich durch ein so genanntes semantisches Netzwerk visualisieren (vgl. Kapitel 6.4.1.2). Dieses besteht aus Eigenschaften bzw. Vorstellungen, die

Nutzung gespeicherter Informationen zur Produktbeurteilung

3.2 Erforschung des Konsumentenverhaltens
Psychische Prozesse

der Konsument mit der Marke verknüpft, sowie den zwischen diesen Eigenschaften bestehenden Verbindungen. Die Abbildung 3-38 zeigt beispielhaft ein mögliches semantisches Netzwerk zur Marke Nutella.

Auf der Grundlage aktueller und gespeicherter Informationen erfolgt die Produktbeurteilung mittels kognitiver Programme im Kurzzeitgedächtnis, wobei zwischen einfachen und komplexen Programmen unterschieden werden kann.

Einfache Programme, die auch als »Denkschablonen« bezeichnet werden, erleichtern bzw. beschleunigen die Produktbeurteilung durch den Konsumenten, ohne dass ihm in der Regel vollständig bewusst ist, wie das Urteil letztlich zustande kam. Es lassen sich drei verschiedene vereinfachte Produktbeurteilungen unterscheiden, die in der Abbildung 3-39 grafisch dargestellt sind:

- Der Konsument schließt von einem einzigen Eindruck (E1) auf die gesamte Produktqualität (P). Bestimmte Eindrücke übernehmen folglich die Funktion von Schlüsselinformationen (Beispiel: Die Marke Canon wird als Schlüsselinformation verwendet, um die Gesamtqualität einer Digitalkamera zu beurteilen).

- Der Konsument schließt von einem Eindruck (E1) auf einen anderen Eindruck (E2). Diese Form der subjektiven Eindrucksverknüpfung wird als Irradiation bezeichnet (Volkmer, 2005, S. 96) (Beispiel: Der frische, intensive Duft eines Haushaltsreinigers signalisiert dessen starke Reinigungskraft).

- Der Konsument schließt von der Gesamtqualität (P) auf einen einzelnen Eindruck (E1 oder E2). Wurde also ein Qualitätsurteil getroffen, dann beeinflusst dieses Gesamturteil auch die Wahrnehmung und Beurteilung einzelner Eigenschaften. Dieses Phänomen wird als Halo-Effekt bezeichnet (Beispiel: Ein Pauschalurlaub wird insgesamt als gelungen eingeschätzt, und dieses positive Gesamturteil führt zu einer positiven Bewertung der Servicequalität auf dem Rückflug).

Konsumenten wenden **komplexe Programme** an, wenn sie der anstehenden Produktbeurteilung mehr Aufmerksamkeit schenken und rationaler bzw. bewusster vorgehen als in Situationen, in denen sie einfache Programme als ausreichend erachten. Berücksichtigt werden erstens Merkmale (Attribute) und deren Aus-

Vereinfachung der Produktbeurteilung durch »Denkschablonen«

Komplexe Programme zur Produktbeurteilung: »kognitive Algebra«

Abb. 3-38

Visualisierung von Produktwissen mittels semantischem Netzwerk – dargestellt am Beispiel der Marke Nutella

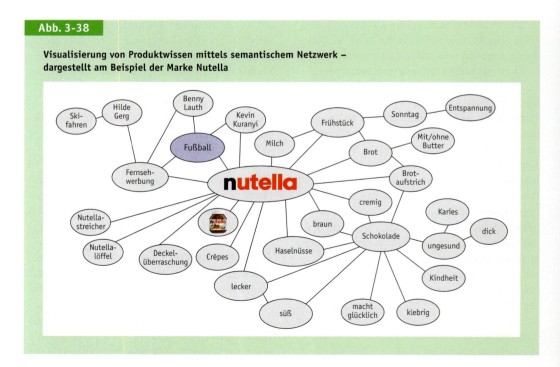

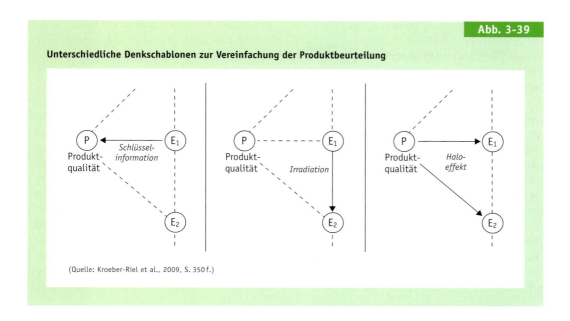

Abb. 3-39 Unterschiedliche Denkschablonen zur Vereinfachung der Produktbeurteilung

(Quelle: Kroeber-Riel et al., 2009, S. 350f.)

prägungen als kognitive Variablen, zweitens Bewertungen bzw. Merkmalsgewichtungen als motivationale Variablen und drittens Verknüpfungsregeln, die auch als »kognitive Algebra« bezeichnet werden (Statt, 1997, S. 154; Trommsdorff, 2009, S. 286).

Zunächst kann unterschieden werden zwischen kompensatorischen und nicht-kompensatorischen Beurteilungsregeln, wobei »kompensatorisch« in diesem Zusammenhang bedeutet, dass sich gewünschte und nicht gewünschte Merkmalsausprägungen gegenseitig ausgleichen können. Durch Gewichtung der verschiedenen Merkmale lässt sich deren unterschiedliche Bedeutung aus Sicht der Konsumenten berücksichtigen.

Zu den **kompensatorischen Modellen** zählt unter anderem das Differenzmodell, bei dem der Konsument jeweils zwei Alternativen bezüglich aller relevanten Attribute vergleicht. Die bessere der beiden Alternativen wird dann der nächsten Alternative gegenübergestellt. Sehr komplex ist das linear-additive Modell, das auch als **Multiattributmodell** bezeichnet wird. Um die präferierte Alternative zu identifizieren, vergleichen hier die Konsumenten alle Alternativen bezüglich aller relevanten Attribute miteinander, wobei die Attribute gemäß ihrer Bedeutung für die Wahlentscheidung gewichtet werden können (Aus der Praxis 3-8).

Zu den **nicht-kompensatorischen Modellen** gehört beispielsweise die **konjunktive Beurteilungsregel**. Sie besagt, dass der Konsument für jedes Merkmal eine kritische Ausprägung festlegt, die eine für ihn akzeptable Alternative mindestens aufweisen muss. Verfehlt die betrachtete Alternative diesen kritischen Wert auch nur bei einem Merkmal, wird sie im weiteren Beurteilungsprozess nicht mehr berücksichtigt. Erfüllen mehrere Alternativen die Mindestanforderungen für alle Merkmale, werden deren kritische Werte so lange erhöht, bis nur noch eine Alternative übrig bleibt. Legt ein Autokäufer unter anderem für das Merkmal CO_2-Ausstoß einen akzeptablen Höchstwert von 120 g/km fest, scheiden alle Alternativen aus, die diesen Wert überschreiten, und zwar unabhängig von ihren Ausprägungen der übrigen Merkmale, die der Käufer zur Beurteilung der Alternativen heranzieht.

Bei Anwendung der **disjunktiven Beurteilungsregel** wird eine Alternative akzeptiert, wenn sie bezüglich eines vom Konsumenten als besonders relevant erachteten Merkmals einen kritischen bzw. besonders guten Wert erreicht, und zwar unabhängig von den Ausprägungen der anderen Merkmale. Ausgewählt wird etwa eine bestimmte Fernsehgeräte-Marke, weil diese Alternative die gewünschte Bildauflösung erreicht.

Die Anwendung der **lexikographischen Regel** erfordert zunächst die Bildung einer Rangordnung der relevanten Merkmale nach Wichtigkeit. Anschließend werden alle Alternativen bezüglich des wichtigsten Merkmals verglichen. Die Alternative mit der schlechtesten Ausprägung wird eliminiert bzw. die Alternative mit der besten Ausprägung wird akzeptiert, und zwar unabhängig von den Ausprägungen bezüglich der übrigen Merkmale. Führt diese Vorgehensweise noch nicht zum Ziel, wird das zweitwichtigste Merkmal zur Beurteilung herangezogen.

Für die optimale Ausgestaltung der Marketinginstrumente ist es zweifellos erforderlich, Informationen über die Produktbeurteilungsprozesse der Konsumenten zu beschaffen. Beispielsweise können Schlüsselinformationen in den Mittelpunkt der Werbung gerückt werden. In der Produktgestaltung gelingt es, die richtigen Prioritäten zu setzen, wenn bekannt ist, welches Merkmal bzw. welche Merkmale für die Produktbeurteilung durch die Abnehmer besonders wichtig sind. Beim Kauf langlebiger Gebrauchsgüter (z. B. Autos, Küchen) greifen die Konsumenten häufig auf komplexe Programme zur Produktbeurteilung zurück. Das Verkaufsgespräch spielt für die Entscheidungsprozesse bei solchen Produkten eine wichtige Rolle. Ein Verkäufer, der weiß, welche Beurteilungsregeln bei einem bestimmten Konsumenten zum Tragen kommen, kann seine Argumentation gezielt darauf ausrichten.

Ein weiterer wichtiger Ansatzpunkt für das Marketing besteht in der ganzheitlichen Analyse von Kaufentscheidungsprozessen in Abhängig-

Abb. 3-40

Überblick über wichtige komplexe Beurteilungsmodelle von Konsumenten

		Attributives Vorgehen	Alternativenweises Vorgehen
nicht-kompensatorische Beurteilungsmodelle	**Eliminierung** Einzelne Alternativen werden ausgesondert/ abgelehnt	**Lexikographische Eleminierung** Alle Alternativen, die den kritischen Wert für das wichtigste Attribut nicht erreichen, werden eliminiert. Dann wird das Vorgehen auf das zweitwichtigste Attribut angewendet und so lange weitergeführt, bis nur noch eine Alternative übrig bleibt.	**Konjunktive Eliminierung** Gewählt wird diejenige Alternative, welche bezüglich jedes Attributes einen kritischen Wert erreicht. Durch Anhebung des kritischen Wertes kann die Anzahl an geeigneten Alternativen (»evoked set«) sukzessiv verringert werden, bis nur noch eine Alternative übrig bleibt.
	Akzeptierung Eine Alternative wird gewählt, wobei nicht zwingend alle Alternativen/Attribute berücksichtigt werden	**Lexikographische Akzeptierung** Gewählt wird diejenige Alternative, welche bezüglich des als am wichtigsten erachteten Attributes am besten abschneidet. Sind alle Alternativen bezüglich des wichtigsten Attributes gleich, wird die Regel auf das zweit-wichtigste Attribut angewendet usw.	**Disjunktive Akzeptierung** Gewählt wird diejenige Alternative, welche bezüglich eines als besonders wichtig erachteten Attributes den vorab festgelegten kritischen Wert erreicht.
kompensatorische Beurteilungsmodelle	**Kompensation** Evaluierung der Ausprägungen aller relevanten Attribute für alle Alternativen	**Additives Differenzmodell** Zwei Alternativen werden bezüglich aller relevanten Attribute verglichen. Die bessere der beiden Alternativen wird anschließend mit der nächsten Alternative verglichen usw.	**Linear-additives Modell** Jede Alternative wird bezüglich der Ausprägungen aller relevanten Attribute bewertet (»Scoring«), wobei die Attribute gegebenenfalls gewichtet werden. Gewählt wird diejenige Alternative mit dem besten Gesamtergebnis.

Aus der Praxis – 3-8

Ein Beispiel für den Einsatz linear-additiver Beurteilungsmodelle sind **Tests der Stiftung Warentest**. Im Jahr 2008 wurden beispielsweise 23 verschiedene Ketchupmarken bewertet. Wichtigstes Bewertungskriterium mit einem Gewicht von 35 Prozent war die sensorische Produktqualität (Aussehen, Geruch, Geschmack, Mundgefühl und Nachgeschmack), die von einer Expertengruppe beurteilt wurde. Die chemische Produktqualität (z. B. Konservierungsstoffe, Farbstoffe, Tomatentrockenmasse) floss mit weiteren 30 Prozent in das Testurteil ein. 15 Prozent entfielen auf die Deklaration der Produktinformationen (z. B. Richtigkeit und Vollständigkeit gemäß rechtlicher Vorschriften), 10 Prozent auf die Verpackung (z. B. Zweckmäßigkeit) sowie jeweils 5 Prozent auf die mikrobiologische Qualität (z. B. Haltbarkeit) sowie auf Schadstoffspuren (z. B. Schwermetalle, Pestizide). Die Abbildung 3-41 zeigt die Ergebnisse für die zehn Produkte, die am besten abgeschnitten haben (Stiftung Warentest, 2008, S. 22).

Anbieter und Produkt	Mittlerer Preis in Euro ca. / Inhalt in ml	Mittlerer Preis pro 100 ml in Euro ca.	test QUALITÄTSURTEIL	SENSORISCHE BEURTEILUNG 35% Details	CHEMISCHE QUALITÄT 30%	SCHADSTOFFE 5%	MIKRO- BIOLOGISCHE QUALITÄT 5%	VERPACKUNG 10% Details	DEKLARATION 15%
Lidl / Vitakrone	0,55 / 500	0,11	GUT (1,8)	gut (2,0)	gut (2,0)	sehr gut (0,5)	sehr gut (1,0)	gut (1,8)	gut (1,6)
Aldi (Süd) / Kim	0,89 / 800	0,11	GUT (1,9)	gut (2,0)	gut (2,0)	sehr gut (0,5)	sehr gut (1,5)	gut (1,9)	gut (2,0)
Alnatura Bio	1,45 / 500	0,29	GUT (1,9)	gut (2,0)	gut (2,0)	sehr gut (0,5)	sehr gut (1,0)	gut (1,9)	gut (1,8)
Heinz	1,49 / 500	0,30	GUT (1,9)	gut (2,0)	gut (2,0)	sehr gut (0,5)	sehr gut (1,0)	gut (2,2)	gut (2,0)
Knorr	1,49 / 500	0,30	GUT (1,9)	gut (2,0)	gut (2,0)	sehr gut (0,5)	sehr gut (1,0)	gut (2,2)	gut (2,0)
M (McDonald's)	1,48 / 500	0,30	GUT (1,9)	gut (2,0)	gut (2,0)	sehr gut (0,5)	sehr gut (1,0)	gut (2,2)	gut (1,8)
Penny / Chez Pierre	0,55 / 500	0,11	GUT (1,9)	gut (2,0)	gut (2,0)	sehr gut (0,5)	sehr gut (1,0)	gut (1,9)	gut (2,0)
Tip	0,99 / 800	0,12	GUT (1,9)	gut (2,0)	gut (2,0)	sehr gut (0,5)	sehr gut (1,0)	gut (1,8)	gut (2,0)
Werder	0,99 / 450	0,22	GUT (1,9)	gut (2,0)	gut (2,0)	sehr gut (0,5)	sehr gut (1,0)	gut (2,0)	gut (1,8)
Aldi (Nord) / Delikato	0,65 / 500	0,13	GUT (2,0)	gut (2,0)	gut (2,0)	sehr gut (1,0)	sehr gut (1,0)	gut (2,1)	gut (2,5)

(Quelle: Stiftung Warentest, 2008, S. 22)

Abb. 3-41: Ergebnisse eines Warentests für Tomatenketchup-Marken

---

keit der kognitiven Kontrolle durch den Konsumenten und dessen Involvement. Wie der Abbildung 3-42 zu entnehmen ist, lassen sich in Abhängigkeit dieser beiden Kriterien vier Arten von Kaufentscheidungen unterscheiden (Blackwell et al., 2001, S. 86 ff.; Katona, 1960, S. 131 f.; Kroeber-Riel/Esch, 2004, S. 368 ff.).

Extensive Kaufentscheidungen sind gekennzeichnet durch die starke kognitive Kontrolle sowie das hohe Involvement der Konsumenten. Sie suchen aktiv nach Informationen, nehmen sich für deren Verarbeitung vergleichsweise viel Zeit und wenden häufig komplexe Beurteilungsprogramme zur Identifizierung der besten Alternative an, um das subjektiv empfundene Kaufrisiko zu reduzieren. Extensive bzw. »echte« Kaufentscheidungen sind vor allem in Situationen relevant, in denen die Konsumenten über keine bewährten Entscheidungsmuster verfügen (Foscht/Swoboda, 2007, S. 151). Typisch hierfür ist der erstmalige Kauf eines langlebigen Gebrauchsgutes (z. B. Kauf eines Hauses bzw. einer Wohnung), sodass der Konsument nicht auf produktspezifische Erfahrungen zurückgreifen kann und aufgrund des vergleichsweise hohen Anschaffungspreises bestrebt ist, das wahrgenommene Kaufrisiko zu verringern.

Unterschiedliche Arten von Kaufentscheidungen

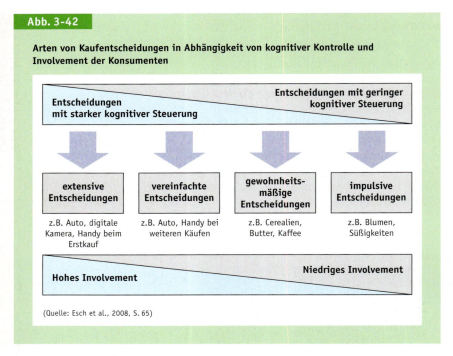

Abb. 3-42

Arten von Kaufentscheidungen in Abhängigkeit von kognitiver Kontrolle und Involvement der Konsumenten

(Quelle: Esch et al., 2008, S. 65)

Im Rahmen **vereinfachter bzw. limitierter Kaufentscheidungen** sind kognitive Kontrolle und Involvement im Vergleich zu extensiven Kaufentscheidungen weniger stark ausgeprägt, da der Konsument bereits über Erfahrungen mit der betreffenden Produktart verfügt. Folglich spielen interne Informationen eine entscheidende Rolle für die Auswahl der präferierten Alternative. Externe Informationen, insbesondere Schlüsselinformationen, werden dann herangezogen, wenn die vorhandenen Erfahrungen für eine Entscheidung nicht ausreichen. Typisch für limitierte Kaufentscheidungen sind Situationen, in denen der Konsument zum wiederholten Male beabsichtigt, ein langlebiges Gebrauchsgut zu kaufen.

Im Vergleich zur extensiven Kaufentscheidung reduziert der Konsument den kognitiven Aufwand im Rahmen einer limitierten Kaufentscheidung dadurch, dass er aufgrund früher stattgefundener Informationsaufnahme- und Informationsverarbeitungsprozesse über ein Set an Alternativen verfügt, die für den Kauf grundsätzlich in Betracht kommen. Dieses so genannte evoked set, das von anderen Autoren auch als »consideration set« oder »relevant set«

bezeichnet wird, bezieht sich auf die Alternativen einer Produktart, die spontan erinnert werden, gegenüber denen eine positive Einstellung besteht und von denen die beste Alternative auszuwählen ist (Foscht/Swoboda, 2007, S. 153; Kuß/Tomczak, 2007, S. 124).

Unterliegt der Entscheidungsprozess einer geringen kognitiven Steuerung, weil eine bestimmte Alternative wiederholt gekauft wird, spricht man von **gewohnheitsmäßigen bzw. habitualisierten Kaufentscheidungen**. Aufgrund von zahlreichen in der Vergangenheit gemachten Erfahrungen entstehen verfestigte Verhaltensweisen, der Konsument folgt bewährten Entscheidungsmustern, er empfindet kaum ein Risiko beim Kauf und präferiert eindeutig eine bestimmte Alternative. Habitualisierte Kaufentscheidungen spielen vor allem bei häufig gekauften Gütern des täglichen Bedarfs eine wichtige Rolle. So läuft beispielsweise der Kauf einer Marmeladenmarke, die der Konsument seit Langem verwendet, in der gewohnten Einkaufsstätte nahezu automatisch ab. Kognitive Beteiligung und Involvement des Konsumenten sind im Vergleich zu limitierten Kaufentscheidungen erheblich geringer. Im Zusammenhang mit dem Ziel der Kundenbindung spielt die Habitualisierung von Kaufentscheidungen eine wichtige Rolle. Das Marketing jedes Anbieters muss beispielsweise dafür sorgen, dass gewohnheitsmäßiges Verhalten, welches zum wiederholten Kauf des eigenen Produktes führt, durch situative Einflüsse – etwa die vorübergehende Nichtverfügbarkeit im Einzelhandel – nicht gestört wird.

Impulsive Kaufentscheidungen unterliegen nahezu keiner kognitiven Kontrolle, sind jedoch durch einen hohen Grad der Aktivierung gekennzeichnet. Bei solchen »Spontankäufen« agiert der Konsument nicht bewusst, sondern er reagiert weitgehend automatisch auf wahrgenommene Umweltreize (Weinberg, 1981, S. 14). Ein solches reaktives Verhalten liegt beispielsweise vor, wenn ein Konsument an der Tankstellenkasse spontan zu einem innovativen salzigen Snackprodukt greift, obwohl er eigentlich geplant hatte, ausschließlich seine Tankrechnung zu bezahlen. Das Marketing versucht, derartige Impulskäufe durch besonders starke Stimuli wie attraktive Verpackungen oder auffällige Displays

Bedeutung des »evoked set«-Modells für das Marketing

Der grundlegende Gedanke des »**evoked set**«-**Modells** beruht darauf, dass sich alle objektiv vorhandenen Alternativen einer Produktart (»available set«) verschiedenen Teilmengen zuordnen lassen, die für die Kaufentscheidung des Konsumenten von unterschiedlicher Bedeutung sind (vgl. z. B. Narayana/Markin, 1975, S. 1 ff.). Grundlegende Voraussetzung dafür, dass sich der Konsument eingehender mit einer Alternative beschäftigt, ist deren Wahrnehmung (»awareness set«). Alternativen, die zwar bekannt sind, bezüglich derer der Konsument jedoch keine klaren Vorstellungen gebildet hat, landen im so genannten »foggy set«. Aufgrund der begrenzten Informationsaufnahme- und Informationsverarbeitungskapazität speichert der Konsument in der Regel nur bei einigen wenigen bekannten Alternativen Informationen über deren Eigenschaften im Langzeitgedächtnis ab (»processed set«). Zur Vereinfachung der Entscheidung werden diese Alternativen weiter in drei Sets unterteilen. Im »reject set« befinden sich diejenigen Produkte, welche unerwünschte Eigenschaften bzw. Eigenschaftsausprägungen aufweisen. Das »hold set« umfasst hingegen Alternativen, denen der Konsument in der momentanen Situation indifferent gegenübersteht. Nur diejenigen Angebote, die für den Konsumenten grundsätzlich für den Kauf in Betracht kommen, werden dem »evoked set« zugeordnet.

Verfügen die Marketingverantwortlichen über die Information, in welchem Set sich das eigene Produkt bzw. die eigene Marke bei der Zielgruppe befindet, können sie daraus wertvolle Hinweise für geeignete Maßnahmen ableiten. Eine Alternative, die sich im »foggy set« befindet, wird nicht gekauft, weil die Konsumenten diese Alternative zwar kennen, jedoch keine relevanten Informationen über sie abgespeichert haben, es existiert also kein semantisches Netzwerk zur Marke bzw. zum Produkt. Durch eine Werbemaßnahme, in der für die Zielgruppe wichtige Nutzen stiftende Eigenschaften herausgestellt werden, lässt sich dieses Problem unter Umständen lösen. Befindet sich das eigene Produkt im »reject set« der Zielgruppe, ist es Aufgabe der Produktgestaltung, unerwünschte Eigenschaften zu eliminieren bzw. gewünschte Eigenschaften hinzuzufügen.

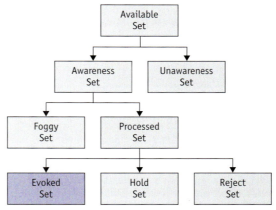

(Quelle: in Anlehnung an Narayama/Markin, 1975, S. 2; Paulssen, 2000, S. 33)

Abb. 3-43: Überblick über das Evoked Set-Modell

---

am Point of Sale zu initiieren. Zu beachten ist jedoch, dass die Wahrscheinlichkeit eines Impulskaufes von der betreffenden Produktart abhängig ist. Beispielsweise zählen Eis und Süßwaren zu den wichtigsten Impulsartikeln.

3.2.2.4 Prozess der Informationsspeicherung – Lernen

Unter dem Begriff »Informationsspeicherung« wird in der Konsumentenverhaltensforschung das Lernen von Umweltzusammenhängen sowie die Anpassung des eigenen Verhaltens an die Umwelt verstanden (Behrens, 1991, S. 246 f.). Die Speicherung dieser Wissenseinheiten erfolgt im Langzeitgedächtnis und wird bei Bedarf vom Kurzzeitgedächtnis abgerufen und verarbeitet. Lernen lässt sich demnach definieren als »systematische Änderung des Verhaltens aufgrund von Erfahrungen« (Meffert et al., 2008, S. 114). Um Lernprozesse zu erklären, sind von der Psychologie verschiedene Ansätze entwickelt worden, von denen vor allem die klassische und die instrumentelle Konditionierung sowie das Lernen am Modell im Rahmen der Konsumentenverhaltensforschung Berücksichtigung finden.

Beim Lernen durch **klassische Konditionierung** erlernt das Individuum bestimmte Verhaltensweisen dadurch, dass zwei Umweltreize gemeinsam auftreten. Einer der beiden Reize ist für das Individuum neutral, der andere löst bei ihm mit hoher Wahrscheinlichkeit eine bestimmte Reaktion aus. Treten beide Reize oft genug gemeinsam auf, dann löst schließlich auch der ursprünglich neutrale Reiz Reaktion aus wie

Lernen durch klassische Konditionierung

Lernen durch instrumentelle Konditionierung

der Reiz, der ursprünglich für die Reaktion verantwortlich war.

Zum Nachweis der Gültigkeit dieser Theorie führte Pawlow folgendes Experiment durch: Einem Hund wurde wiederholt ein Glockenton (neutraler Reiz) zusammen mit Futter (konditionierter Reiz) dargeboten. Die Wahrnehmung von Futter führt zur Speichelbildung, einer reflexartige Reaktion, die angeboren ist. Nach einer gewissen Zeit führte allein der neutrale Reiz, das heißt der Glockenton ohne Futter, zur Speichelbildung bei dem Hund (Zimbardo/Gerrig, 1999, S. 209 f.).

Dieses Prinzip setzt das Marketing gezielt zur **emotionalen Konditionierung** von Konsumenten ein. Ein Produkt bzw. eine Marke wird – beispielsweise mit Hilfe von Werbung – wiederholt gemeinsam mit einem emotionalen Reiz (z. B. erotisch wirkende Frau, unbeschwertes Strandleben) präsentiert. Auf diese Weise kann es gelingen, das Produkt emotional positiv aufzuladen und somit die Kaufwahrscheinlichkeit für das Produkt zu erhöhen (Bänsch, 2002, S. 86; Kroeber-Riel/Esch, 2004, S. 225).

Die **instrumentelle Konditionierung** bezieht sich auf den Zusammenhang zwischen dem Verhalten des Individuums und den damit verbundenen Konsequenzen (Belohnung oder Bestrafung). Gemäß dem Lernen nach dem Verstärkerprinzip wird das aktuelle Verhalten des Individuums nachhaltig durch die auf früheres Verhalten folgenden Konsequenzen beeinflusst

---

Aus der Wissenschaft

Emotionale Konditionierung mit Duft

Zu den externen Reizen, die Emotionen auslösen können, zählen unter anderem Düfte, deren Reizverarbeitung anatomisch besonders eng mit emotionalen Hirnarealen verbunden ist. Duftreize sind die einzigen Reize, die den so genannten Mandelkern erreichen, ohne zuvor den Thalamus, den größten Teil des Zwischenhirns, zu passieren. Die Aufgabe des Thalamus ist es, die übrigen Sinnesreize nach ihrer Wichtigkeit zu filtern und auf sinnesspezifische (z. B. Sehzentrum) sowie unspezifische Areale (z. B. Aufmerksamkeit) zu verteilen. Beim Mandelkern handelt es sich um ein Areal, das besonders stark auf persönlich bedeutsame oder auch potenziell gefährliche Reize reagiert. Der Mandelkern ist Hauptauslöser von Emotionen und unmittelbar an der emotionalen Konditionierung beteiligt. Daraus lässt sich ableiten, dass Duftreize stärker an emotionalen Prozessen beteiligt sind als die übrigen Sinnesreize und dass sie extrem emotionale persönliche Erinnerungen aktivieren können.

Düfte lösen jedoch nicht automatisch bestimmte Emotionen aus, sondern erst, nachdem sie in einem emotionalen Kontext gelernt wurden. Kleinkinder haben keine ausgeprägten Duftpräferenzen. Selbst auf Düfte, die Erwachsene eindeutig als angenehm oder unangenehm erleben, reagieren sie kaum. Nehmen sie jedoch den Duft von Babypuder wahr, während sich ihre Mutter liebevoll um sie kümmert, so wird der zuvor neutrale Pflegeduft mit positiven Emotionen aufgeladen und fortan mit Zuneigung assoziiert. Durch diese emotionale Konditionierung kann eine lebenslange Präferenz für diesen Duft entstehen, denn bei erneuter Wahrnehmung kann der Duft die ursprünglichen Emotionen reaktivieren. Damit steigt auch die Wahrscheinlichkeit, dass Eltern ihre Kinder mit den Markenprodukten pflegen, mit denen sie selbst als Kinder gepflegt wurden.

Neuwagengerüche sind ein weiteres typisches Beispiel für diese Art der Konditionierung. Im Blindtest werden sie als eher unangenehm und chemisch erlebt. Erst die Information, dass es sich um einen Neuwagengeruch handelt, führt zu einer signifikant positiveren Beurteilung. Diese Information stellt den Geruch nämlich in einen anderen, angenehmen Kontext und aktiviert die mit dem Geruch assoziierten positiven Emotionen (Freude und Stolz eines Neuwagenbesitzers).

Dieses natürliche Prinzip der emotionalen Konditionierung bietet eine ganze Reihe von Anknüpfungspunkten im Marketing. Um von affektiven Duftwirkungen zu profitieren, werden beispielsweise Handelsmarken mit einem Duft auf den Markt gebracht, der dem des Marktführers ähnelt. Oder der Hersteller einer Babypflegeserie vermarktet Pflegeprodukte für Erwachsene und verwendet für die neue Produktlinie Düfte, die an das Babypflegeprodukt und an die damit verbundenen Gefühle erinnern. Auch in Geschäften können angenehme Düfte freigesetzt werden, um auf die Emotionen der Kunden positiv einzuwirken. Je angenehmer ein Duft beurteilt wird, desto intensiver sind auch die Emotionen, die durch den Duft ausgelöst werden, denn jeder Duft, den die Konsumenten als besonders positiv empfinden, wurde zuvor im Kontext eines besonders angenehmen Erlebnisses gelernt und kann diese ursprünglichen Emotionen wieder reaktivieren (vgl. hierzu Hehn, 2007; ferner Herz et al., 2004, S. 371).

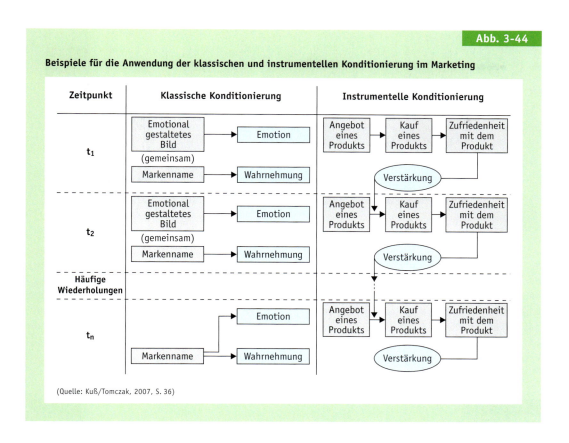

Abb. 3-44 Beispiele für die Anwendung der klassischen und instrumentellen Konditionierung im Marketing

(Quelle: Kuß/Tomczak, 2007, S. 36)

(Wiswede, 1985, S. 546). Verhaltensweisen, die belohnt werden, treten nachfolgend tendenziell häufiger auf. Demgegenüber versucht das Individuum ein Verhalten, auf das Bestrafung folgt, zukünftig zu vermeiden.

Die instrumentelle Konditionierung dient unter anderem auch zur Erklärung von Kundenzufriedenheit. Zufriedenheit mit einem Produkt ist die »Belohnung« für einen vorher getätigten Kauf des Konsumenten. Sein Kaufverhalten wird dadurch positiv verstärkt, was schließlich zu einer erhöhten Bereitschaft führt, das Produkt auch in Zukunft zu kaufen (Homburg/Krohmer, 2006, S. 72 f.; Homburg/Krohmer, 2009, S. 36 f.).

Worin besteht der wesentliche Unterschied zwischen klassischer und instrumenteller Konditionierung? Bei der klassischen Konditionierung wird beschrieben, wie das Individuum lernt, auf Umweltreize zu reagieren. Demgegenüber geht es bei der instrumentellen Konditionierung darum, zu erklären, wie der Konsument lernt, sein Verhalten aufgrund der auf früheres Verhalten folgenden Konsequenzen anzupassen. Diesen Unterschied verdeutlicht abschließend die Abbildung 3-44 anhand von Beispielen für die Anwendung der klassischen und der instrumentellen Konditionierung im Marketing.

Beim **Lernen am Modell** stehen Lernprozesse im Mittelpunkt, die aus der Beobachtung von Verhaltensweisen beruhen (Bandura, 1981, S. 31). Das Individuum lernt folglich nicht wie bei den oben beschriebenen Konditionierungsvorgängen durch eigene Erfahrungen, sondern beobachtet in seiner sozialen Umwelt das Verhalten anderer Individuen und die daraus folgenden Konsequenzen. Wird das beobachtete Verhalten im Gedächtnis gespeichert, kann in einer vergleichbaren Situation die Imitation dieses Verhaltens erfolgen. Voraussetzung für derartige Lernprozesse ist allerdings, dass die zu imitierende »Modellperson« Aufmerksamkeit weckt, attraktiv ist, der lernenden Person aus deren Sicht ähnlich ist und auf das Verhalten eine Belohnung folgt (Trommsdorff, 2009,

Lernen am Modell

Abb. 3-45

Lernen am Modell – Beispiele für den Einsatz von Fußballspielern als »Modellpersonen«

S. 245). Im Marketing wird das Wissen bezüglich derartiger Lernprozesse beispielsweise durch den Einsatz von erfolgreichen Sportlern, Musikern und Schauspielern in der Werbung ausgenutzt (vgl. Abbildung 3-45).

Die skizzierten Lerntheorien helfen den Marketingverantwortlichen, besser zu verstehen, wie Konsumenten relevante Umweltzusammenhänge im Gehirn verarbeiten und abspeichern, um daraus Leitlinien für die optimale Anpassung des eigenen Verhaltens an die Umwelt ableiten zu können. Die Abbildung 3-46 liefert einen abschließenden Überblick über die drei dargestellten Lerntheorien.

Abb. 3-46

Überblick über wichtige lerntheoretische Ansätze

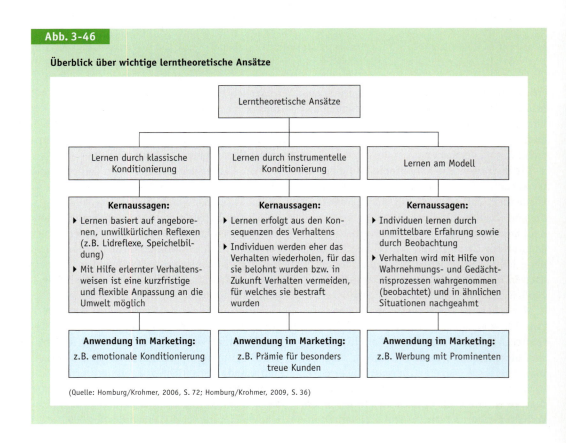

(Quelle: Homburg/Krohmer, 2006, S. 72; Homburg/Krohmer, 2009, S. 36)

Kontrollfragen Kapitel 3

1. Erläutern Sie die Bedeutung der Käuferverhaltensforschung für das Marketing anhand der zentralen Fragestellungen der Käuferverhaltensforschung! Argumentieren Sie anhand konkreter Beispiele!

2. Grenzen Sie die vier Grundtypen von Kaufentscheidungen unter Verwendung konkreter Beispiele gegeneinander ab!

3. Ein Anbieter von tragbaren DVD-Playern möchte den Einsatz seiner absatzpolitischen Instrumente optimal auf seine Kunden abstimmen. Erläutern Sie für jedes absatzpolitische Instrument eine relevante Fragestellung der Käuferverhaltensforschung!

4. Grenzen Sie den SR-Ansatz und den SOR-Ansatz gegeneinander ab! Welchen grundlegenden Nachteil weist der SR-Ansatz aus Marketingsicht auf?

5. Begründen Sie, weshalb Verhaltensdeterminanten nicht direkt messbar sind, und erläutern Sie, welche Rolle in diesem Zusammenhang geeignete Indikatoren spielen!

6. Zeigen Sie auf, wie die Verhaltensdeterminante »Einstellung« durch verschiedene Arten von Indikatoren erfasst werden kann! Gehen Sie in diesem Zusammenhang auf die Vorteile und Nachteile der verschiedenen Arten von Indikatoren ein!

7. In welcher Weise beeinflussen soziales und kulturelles Umfeld des Konsumenten das Kaufverhalten? Argumentieren Sie anhand konkreter Beispiele!

8. Skizzieren Sie das System der psychischen Variablen des Käuferverhaltens nach Kroeber-Riel/Weinberg! Gehen Sie in diesem Zusammenhang auch auf das Zusammenwirken der verschiedenen Prozesse ein!

9. Welche grundsätzliche Bedeutung haben aktivierende Prozesse für das Käuferverhalten?

10. Erläutern Sie anhand konkreter Beispiele, welche Reize das Marketing einsetzen kann, um Konsumenten zu aktivieren!

11. Erläutern Sie die Bedeutung der Aktivierung für die Verhaltensbeeinflussung! Welcher Zusammenhang besteht zwischen Aktivierung und Involvement?

12. Was versteht man unter Emotionen? Welche grundlegende Relevanz besitzen Emotionen für das Marketing?

13. Welche aktuellen Erkenntnisse liefert die Neuropsychologie in Bezug auf die Entstehung und Wirkung menschlicher Emotionen?

14. Zeigen Sie anhand einer beliebigen Primäremotion auf, wie diese durch das Marketing geschickt genutzt werden kann!

15. Erläutern Sie den Begriff »emotionaler Erlebniswert«! Zeigen Sie auf, weshalb die Vermittlung emotionaler Erlebniswerte unter bestimmten Rahmenbedingungen ein Erfolg versprechendes Marketingziel darstellt?

16. Welche Aspekte müssen bei der Entwicklung emotionaler Erlebniswerte berücksichtigt werden? Argumentieren Sie anhand konkreter Beispiele!

17. Worin unterscheiden sich Motivationen und Emotionen? Welche Bedeutung haben Informationen über die Motivationen bzw. Bedürfnisse von Konsumenten für die Planung und Realisierung von Marketingentscheidungen?

18. Beschreiben Sie die drei zentralen Motivsysteme nach Häusel, die neben den Vitalbedürfnissen das menschliche Verhalten antreiben! Erläutern Sie anhand eines konkreten Beispiels, wie diese Motivsysteme zusammenarbeiten!

19. Welche motivationalen Konflikte muss das Marketing im Rahmen der Befriedigung von Konsumentenbedürfnissen mit den eigenen Produkten bzw. Dienstleistungen beachten?

20. Was versteht man unter so genannten »Means end«-Ketten, aus welchen Elementen bestehen diese? Argumentieren Sie am konkreten Beispiel!

21. Skizzieren Sie anhand eines konkreten Beispiels, wie sich Motivationen mittels Laddering-Technik zuverlässig erfassen lassen!

22. Erläutern Sie den Begriff sowie die verschiedenen Komponenten der Einstellung!

23. Weshalb sind Informationen über die Einstellungen von Konsumenten von elementarer Bedeutung für die erfolgreiche Planung von Marketingaktivitäten?

24. Beschreiben Sie die Vorgehensweise zur Abgrenzung des relevanten Absatzmarktes sowie zur Auswahl und Formulierung einstellungsrelevanter Produkteigenschaften am Beispiel eines Anbieters von Sprachreisen! Gehen Sie in diesem Zusammenhang auch ein auf die relevanten Entscheidungskriterien!

25. Grenzen Sie die mehrdimensionalen Einstellungsmodelle von Fishbein und Trommsdorff gegeneinander ab! Welche grundlegenden Probleme weisen diese beiden Modelle jeweils auf?

26. Welche Probleme sind mit der direkten Einstellungsmessung verbunden? Argumentieren Sie anhand konkreter Beispiele!

27. Erläutern Sie die wesentlichen Vorteile der indirekten Einstellungsmessung! Argumentieren Sie anhand konkreter Beispiele!

28. Erläutern Sie den Grundgedanken des impliziten Assoziationstests (IAT)! Gehen Sie in diesem Zusammenhang auch ein auf semantische und affektive Primingeffekte!

29. Erläutern Sie die Vorgehensweise im Rahmen des impliziten Assoziationstests! Argumentieren Sie anhand eines konkreten Beispiels!

30. Erläutern Sie die wesentlichen Merkmale kognitiver Prozesse! In welche Teilprozesse lassen sich kognitive Prozesse grundsätzlich unterteilen?

31. Skizzieren Sie das zeitbezogene Gedächtnismodell zur Darstellung kognitiver Prozesse anhand eines konkreten Beispiels!

32. Welche Gedächtnisformen lassen sich in Abhängigkeit der gespeicherten Inhalte unterscheiden? Welche Schlüsse lassen sich aus diesem Sachverhalt für das Marketing ziehen?

33. Erläutern Sie die unterschiedlichen Arten der Aufnahme von Informationen durch den Konsumenten anhand eines selbst gewählten Beispiels!

34. Welche Konsequenzen lassen sich aus den wichtigsten wissenschaftlichen Erkenntnissen zur Informationsaufnahme für das Marketing ableiten? Argumentieren Sie anhand konkreter Beispiele!

35. Beschreiben Sie die menschliche Wahrnehmung als Prozess der Informationsverarbeitung! Was versteht man in diesem Zusammenhang unter »Selektivität« und »Subjektivität« der Wahrnehmung?

36. Gehen Sie auf die marketingrelevanten Erkenntnisse der Wahrnehmungsforschung ein! Argumentieren Sie anhand konkreter Beispiele!

37. Skizzieren Sie den idealtypischen Prozess der Produktbeurteilung! Argumentieren Sie anhand eines konkreten Beispiels!

38. Was versteht man unter Schlüsselinformationen? Welche Schlüsselinformationen nutzen Konsumenten häufig im Rahmen des Produktbeurteilungsprozesses?

39. Welche Rolle spielen Umfeldreize bei der Produktbeurteilung? Zeigen Sie anhand eines konkreten Beispiels auf, wie das Marketing Umfeldreize einsetzt, um die Produktbeurteilung der Konsumenten in der gewünschten Weise zu beeinflussen!

40. Beschreiben Sie anhand konkreter Beispiele, wie Konsumenten Produktbeurteilungsprozesse – weitgehend unbewusst – durch »Denkschablonen« vereinfachen bzw. beschleunigen!

41. Grenzen Sie die verschiedenen komplexen Beurteilungsstrategien gegeneinander ab! Weshalb ist es für das Marketing wichtig zu wissen, ob Konsumenten einer kompensatorischen oder einer nicht-kompensatorischen Beurteilungsregel folgen? Argumentieren Sie am konkreten Beispiel!

42. Weshalb ist es aus Marketingsicht sinnvoll, unterschiedliche Arten von Kaufentscheidungen nach den Kriterien »kognitive Steuerung« und »Involvement« abzugrenzen? Geben Sie für jede Art der Kaufentscheidung ein treffendes Beispiel an!

43. Erläutern Sie die idealtypische Produktwahrnehmung und Produktbeurteilung anhand des »evoked set«-Modells unter Verwendung eines konkreten Beispiels!

44. Skizzieren Sie die wesentlichen Merkmale der klassischen Konditionierung! Auf welche Weise lässt sich die klassische Konditionierung für das Marketing nutzen? Argumentieren Sie am konkreten Beispiel!

45. Wodurch unterscheidet sich die instrumentelle Konditionierung von der klassischen Konditionierung? Erläutern Sie die Bedeutung der emotionalen Konditionierung von Konsumenten anhand eines konkreten Beispiels!

46. Wie nutzt das Marketing die Erkenntnis, dass Konsumenten durch die Beobachtung anderer Individuen in ihrer Umwelt lernen?

4 Marktforschung

Lernziele

- Der Leser kennt den Begriff, die wesentlichen Aufgabenbereiche sowie die Träger der Marktforschung. Er hat einen Überblick über die Forschungsansätze der Marktforschung sowie die Phasen des Marktforschungsprozesses.
- Der Leser kann den Unterschied zwischen Primär- und Sekundärforschung erklären. Er weiß, welche Messniveaus und Gütekriterien der Messung unterschieden werden können und ist mit den gängigen Auswahlverfahren der Marktforschung vertraut.
- Der Leser kennt die verschiedenen Methoden der Datenerhebung. Er ist über die wichtigsten Aspekte bezüglich ihrer Auswahl informiert und ansatzweise in der Lage, diese Datenerhebungsmethoden auch auf praktische Marktforschungsprobleme anzuwenden.
- Der Leser ist mit den wichtigsten Verfahren der uni- und bivariaten Analyse von Daten vertraut. Er kann sie auf einfache Auswertungsprobleme anwenden und die Ergebnisse interpretieren.
- Der Leser kennt die grundlegenden multivariaten Verfahren der Interdependenz- und der Dependenzanalyse und der damit verbundenen Vorgehensweise. Er weiß, welche Marktforschungsprobleme mit dem jeweiligen Verfahren gelöst werden können und ist in der Lage, die Ergebnisse der Analyse zu interpretieren.

4.1 Grundlegende Aspekte der Marktforschung

4.1.1 Begriff und wesentliche Aufgabenbereiche der Marktforschung

Im Rahmen der Marketingplanung müssen zahlreiche Entscheidungen getroffen werden. Unverzichtbare Grundlage für diese Entscheidungen bezüglich der Marketingziele, -strategien und -maßnahmen sind relevante Informationen über das gegenwärtige und zukünftige Marktgeschehen. Informationen lassen sich in diesem Zusammenhang definieren als »zweckorientiertes Wissen« (Berekoven et al., 2006, S. 19). Sättigungstendenzen auf nahezu allen Absatzmärkten, intensive Konkurrenzbeziehungen zwischen den Anbietern sowie verkürzte Produktlebenszyklen haben dazu geführt, dass die Gewinnung von Informationen über die Absatzmärkte heutzutage zu einem zentralen Element der unternehmerischen Tätigkeit geworden ist. In vielen Fällen, z. B. bei rohstoffnahen Industriebetrieben, sind jedoch auch Daten über die Beschaffungsmärkte entscheidungsrelevant. Hierzu zählen vor allem Informationen über Lieferanten, Mengen, Preise und Qualitäten der zu beschaffenden Rohstoffe, Werkstoffe und Betriebsmittel. Ferner muss auf der Beschaffungsseite das Angebot an Arbeitskräften und Kapitalquellen ermittelt werden. Die Marktforschung übernimmt in diesem Zusammenhang die Aufgabe, alle für die Entscheidungsfindung benötigten Informationen zur richtigen Zeit in der gewünschten Qualität bereitzustellen (Aus der Praxis 4-1).

In der Literatur existieren unterschiedliche Definitionen bzw. Sichtweisen, beispielsweise wird zwischen den Begriffen Marketingforschung und Marktforschung unterschieden (z. B. Bruhn, 2009, S. 87 ff.). Unter **Marktforschung** versteht man die systematische Gewinnung, Aufbereitung und Interpretation von für die Marketingplanung relevanten Informationen

Definition des Marktforschungsbegriffs

4.1 Marktforschung
Grundlegende Aspekte der Marktforschung

Aufgabenbereiche der Marktforschung

> **Aus der Praxis – 4-1**
>
> Um erfolgreich zu sein, muss ein Hersteller von Milchprodukten auf der Absatzseite beispielsweise Informationen über die relevanten Marktakteure beschaffen, das heißt über die geschmacklichen Vorlieben und die Preisbereitschaft seiner Abnehmer, über die Ausgestaltung der absatzpolitischen Instrumente seiner Konkurrenten sowie über die Ziele und Strategien der Einzelhandelskonzerne, die als Absatzmittler fungieren. Auf der Beschaffungsseite werden etwa Daten über die Preisforderungen verschiedener Molkereien erforderlich sowie über die Preise von Lieferanten für Zentrifugen und Abfüllanlagen benötigt.

über Absatz- und Beschaffungsmärkte zur Fundierung von Marketingentscheidungen. Die Marketingforschung stellt hingegen nur Informationen über die Absatzmärkte bereit, umfasst jedoch – im Gegensatz zur Marktforschung – auch die Beschaffung unternehmensinterner Daten (Weis/Steinmetz, 2005, S. 16).

Die grundlegende Aufgabe der Marktforschung besteht in der Deckung des Bedarfs an relevanten Informationen. Der jeweilige Informationsbedarf wird in Art, Inhalt und Umfang durch das jeweilige Entscheidungs- bzw. Marktforschungsproblem konkretisiert. Die Vielzahl der Entscheidungsprobleme, die wiederum spezifische Anforderungen an die zu beschaffenden Informationen stellen, führt zu unterschiedlichen **Aufgabenbereichen der Marktforschung**. Im Folgenden werden die wichtigsten Klassifikationsmerkmale kurz erläutert (vgl. auch Abbildung 4-1):

- In Abhängigkeit von der **Art der Untersuchungsobjekte** unterscheidet man zwischen demoskopischer und ökoskopischer Marktforschung (Hüttner/Schwarting, 2002, S. 3). Die objektiven Sachverhalte von Märkten (z. B. Absatzmengen, Marktanteile, Distributionsquoten) erfasst die ökoskopische Marktforschung. Es handelt sich dabei um Größen, die losgelöst vom individuell geprägten Denken und Handeln der Marktteilnehmer erfasst werden. Demgegenüber sind die Marktteilnehmer die Erkenntnisobjekte der demoskopischen Marktforschung. Sie erfasst die objektiven Merkmale (z. B. Alter, Geschlecht, Haushaltsgröße, Einkommen) sowie die subjektiven Merkmale der Marktteilnehmer (z. B. Bedürfnisse, Einstellungen, Lebensstile).

- Der Erfolg einer Marketingstrategie bzw. einer Marketingmaßnahme hängt entscheidend vom gegenwärtigen und zukünftigen Verhalten der agierenden **Marktteilnehmer** ab. Demnach gilt es, auf der Absatzseite das Verhalten der Konsumenten, der Konkurrenten sowie der Absatzmittler und -helfer, auf der Beschaffungsseite hingegen das Verhalten der Lieferanten, der Beschaffungsmittler und -helfer sowie der Unternehmen mit gleichen oder ähnlichen Beschaffungswegen bzw. -quellen (Ressourcenkonkurrenten) zu erforschen.

- Marktforschung kann auf die verschiedenen **Marketinginstrumente** ausgerichtet sein: Im Mittelpunkt der Produktforschung steht die Analyse des gegenwärtigen Leistungsprogramms sowie die Ermittlung von Chancen und Risiken bei einer Veränderung bestehender bzw. der Vermarktung neuer Produkte. Die Preisforschung stellt z. B. Daten über die Preisreaktion der Abnehmer auf Änderungen des Angebotspreises zur Verfügung. Die Dis-

Abb. 4-1

Überblick über wichtige Aufgabenbereiche der Marktforschung

Art der Untersuchungsobjekte	Art der zu untersuchenden Marktteilnehmer	Art der zu untersuchenden Marketinginstrumente

▸ Ökoskopische Marktforschung
▸ Demoskopische Marktforschung
	▸ Absatzmarktforschung
	  – Abnehmerforschung
	  – Konkurrenzforschung
	    (Angebotskonkurrenz)
	  – Erforschung der Absatzmittler/-helfer
	▸ Beschaffungsmarktforschung
	  – Lieferantenforschung
	  – Konkurrenzforschung
	    (Ressourcenkonkurrenz)
	  – Erforschung der Beschaffungsmittler und -helfer
		▸ Produktforschung
		▸ Preisforschung
		▸ Distributionsforschung
		▸ Kommunikationsforschung

tributionsforschung liefert insbesondere Daten über die Effizienz bestehender sowie das Erfolgspotenzial neuer Vertriebswege. Im Rahmen der Kommunikationsforschung lässt sich unter anderem untersuchen, wie die Abnehmer durch bestimmte Werbemaßnahmen beeinflusst werden.

4.1.2 Träger der Marktforschungsfunktion

Auch im Bereich der Marktforschung steht eine Unternehmung immer wieder vor der Entscheidung, ob sie die für ihre Marketingplanung erforderlichen Daten durch innerbetriebliche Aktivitäten oder durch Fremdbezug beschaffen soll (»make-or-buy«-Entscheidung). Diese Entscheidung hängt zum einen von der Bedeutung der Marktforschung im Unternehmen selbst ab, zum anderen aber auch von der Qualität und dem Preis der Dienstleistungen externer Marktforschungsinstitute. Für die **innerbetriebliche Wahrnehmung von Marktforschungsaufgaben** sind zunächst die organisatorischen Voraussetzungen zu schaffen. Die vielfältigen Aufgaben der Marktforschung müssen in die Unternehmenshierarchie integriert werden. Die folgenden aufbauorganisatorischen Lösungen sind in diesem Zusammenhang denkbar (vgl. Hammann/Erichson, 2000, S. 42).

Fallen umfangreiche laufende und selbst durchführbare Marktforschungsaufgaben an, welche die Marketingleitung steuern und kontrollieren soll, ist es sinnvoll, eine selbständige Marktforschungsabteilung im Marketingbereich der Unternehmung einzurichten. Ist der Umfang der innerbetrieblichen Marktforschungstätigkeit jedoch eher gering, bietet sich die Einrichtung einer Stabstelle an, eine Lösung, die in der Praxis sehr häufig gewählt wird. Unterstützt die Stabstelle primär die Marketingabteilung der Unternehmung, dann wird sie dieser oder einer niedrigeren hierarchischen Ebene (z. B. Produktmanagement) zugeordnet. Liefert die Stabstelle auch Daten für andere Funktionsbereiche sowie für die Unternehmensleitung, wird sie dieser direkt unterstellt.

Insbesondere in Großunternehmen kann es sinnvoll sein, die umfangreichen Aufgaben der Datenbeschaffung, -aufbereitung und -interpretation für alle Unternehmensbereiche in einem zentralen Informationsbereich zusammenzuführen (Berekoven et al., 2006, S. 37). Die Marktforschung ist diesem funktionalen Bereich als selbständige Abteilung untergeordnet. Auf diese Weise kann sie zum einen direkt auf alle im Unternehmen verfügbaren Informationen sowie auf die vorhandenen technischen Einrichtungen (z. B. Datenbanken) direkt zugreifen. Zum anderen liefert sie nicht nur der Marketingabteilung, sondern auch allen anderen Unternehmensbereichen wichtige Informationen.

Die Durchführung von Marktforschung in Eigenregie weist verschiedene Vorteile auf: Die spezifischen Produkt- bzw. Marktkenntnisse betrieblicher Entscheidungsträger lassen sich uneingeschränkt nutzen, alle Marktforschungsaktivitäten können effizient koordiniert und kontrolliert werden, und vertrauliche Informationen (z. B. Ideen für neue Produkte) verbleiben im Unternehmen. Nachteilig können sich hingegen die begrenzten Methodenkenntnisse sowie die mangelnde Objektivität einiger betrieblicher Marktforscher auswirken. Ferner stehen der Output der betrieblichen Marktforschung und die durch sie verursachten Kosten nicht immer in einem vertretbaren Verhältnis.

> Innerbetriebliche Wahrnehmung der Marktforschungsaufgabe

Vielfach werden die erforderlichen Marktforschungsaufgaben deshalb von **externen Dienstleistungsunternehmen** wahrgenommen. In der Bundesrepublik Deutschland existieren zurzeit mehr als 400 Marktforschungsunternehmen, die Mitglied im Berufsverband Deutscher Markt- und Sozialforscher e. V. (BVM) sind und sich hinsichtlich ihrer Größe und ihres Dienstleistungsangebots erheblich unterscheiden (BVM, 2008, 2008). Neben den so genannten »Full Service«-Unternehmen, die alle gängigen Marktforschungsaufgaben ohne wesentliche Fremdhilfe von der Konzeption bis zur Präsentation der Ergebnisse wahrnehmen, versuchen Spezialinstitute Kompetenz nur in ausgewählten Bereichen der Marktforschung aufzubauen. Hierzu gehören beispielsweise Firmen, die sich auf Werbewirkungsforschung, Panelerhebungen oder sensorische Produkttests (z. B. Geschmackstests) spezialisiert haben (Aus der Praxis 4-2).

Vorteile der Vergabe von Marktforschungsaufgaben an externe Dienstleistungsunternehmen

> Wahrnehmung der Marktforschungsaufgabe durch externe Dienstleister

4.1 Marktforschung
Grundlegende Aspekte der Marktforschung

Aus der Praxis – 4-2

Einen detaillierten Überblick über die deutschen Marktforschungsinstitute liefert das Handbuch der Marktforschungsinstitute, welches jährlich vom Berufsverband Deutscher Markt- und Sozialforscher (BVM) herausgegeben wird. Unterschieden wird zwischen Forschungsinstituten, Feldorganisationen, Beratern, Studios und anderen Dienstleistern. Das BVM-Handbuch liefert Informationen zu Firmendaten und Leistungen der Marktforschungsbranche. Es stellt für die gesamte Branche eines der wichtigsten Medien dar, um jährlich aktuell ihre Leistungsfähigkeit, ihr Spektrum und ihre Differenziertheit zu kommunizieren. Unter anderem findet man darin auch ein Verzeichnis der Geschäftsführer und Studioleiter sowie ein Leistungsverzeichnis der Mitglieder, welches das Finden von speziellen Leistungen einzelner Firmen vereinfacht (BVM, 2008).

Vor- und Nachteile interner bzw. externer Marktforschung

sind vor allem die zumeist größere Objektivität bei der Planung und Umsetzung von Marktforschungsstudien sowie die bisweilen umfangreichere Methodenkenntnis bzw. Projekterfahrung. Außerdem hat der Auftraggeber nur die Kosten für die Inanspruchnahme konkreter Marktforschungsdienstleistungen zu tragen. Häufig wird auch die Expertise kommerzieller Marktforschungsinstitute benötigt, um Entscheidungen im Unternehmen durchsetzen zu können. Schließlich ist es bei Unzufriedenheit mit der Dienstleistungsqualität relativ einfach, den externen Partner zu wechseln.

Die Einschaltung von Marktforschungsinstituten wird häufig dann kritisch beurteilt, wenn es sich um die Informationsbeschaffung für besonders vertrauliche Vorhaben handelt bzw. wenn der Erfolg der zu treffenden Marketingentscheidungen (z. B. Einführung eines neuen Produktes) entscheidend von der Einhaltung eines engen Zeitplans zur Informationsbeschaffung abhängt. Weitere Probleme, die in der Zusammenarbeit mit externen Partnern auftreten können, sind Kommunikationsschwierigkeiten, fehlende Kenntnisse bezüglich der unternehmensspezifischen Marketing-Entscheidungsprobleme sowie die unsolide Abwicklung der Aufträge. Die Abbildung 4-2 enthält einige wichtige Kriterien für die Auswahl eines geeigneten Anbieters von Marktforschungsdienstleistungen.

Betriebliche und externe Marktforschungsaktivitäten schließen sich keineswegs gegenseitig aus, sondern ergänzen sich in vielen Unternehmen sinnvoll. In Abhängigkeit von der Art und dem Umfang des konkreten Informationsbedarfs werden die Kosten und das Problemlösungspotenzial der internen und externen Marktforschung gegenübergestellt und die kostengünstigere bzw. bessere Alternative ausgewählt. Die wichtigsten Vorteile interner bzw. externer Marktforschung sind abschließend in der Abbildung 4-3 aufgeführt.

Neben den Marktforschungsinstituten existieren auch zahlreiche Marktforschungsberater und Informationsbroker (vgl. Berekoven et al., 2006, S. 41). **Marktforschungsberater** sind im Allgemeinen freiberufliche Spezialisten, die bei der Konzeption, Auswertung und Interpretation von Marktforschungsuntersuchungen mitwirken. Insbesondere dann, wenn die Erhebung von Da-

---

Abb. 4-2

Relevante Kriterien für die Auswahl eines geeigneten Marktforschungsinstitutes

- Kenntnis hinsichtlich Branche bzw. Produktbereich
- Kompetenz bezüglich Datenerhebung und Datenanalyse
- Effiziente Steuerung der Kommunikation und Interaktion mit dem Kunden
- Hohe Dienstleistungsqualität in allen Phasen des Marktforschungsprozesses
- Vertraulicher Umgang mit allen kunden- bzw. projektbezogenen Daten
- Überzeugende Referenzen, Erfahrungen mit ähnlichen Projekten
- Problemzentrierte, detaillierte Angebotserstellung
- Zeitbedarf und Terminzuverlässigkeit
- Kosten

(Quelle: in Anlehnung an Lehmann et al., 1998, S. 102 f.)

ten erforderlich wird, fungieren sie als Mittler zwischen Betrieb und Marktforschungsinstituten, welche die so genannte »Feldarbeit« übernehmen (z. B. Befragung von Kunden, vgl. hierzu Kapitel 4.3.1). Demgegenüber liefern **Informationsbroker** ihren Auftraggebern relevante Informationen, die sie sich mit Hilfe moderner Kommunikationstechniken vorwiegend aus nationalen und internationalen Datenbanken beschaffen und problemadäquat aufbereiten.

Obwohl Marktforschung für eine erfolgreiche Marketingplanung von zentraler Bedeutung ist, wird sie von vielen Unternehmen nicht richtig

Abb. 4-3

Vorteile der Marktforschung in Eigenregie bzw. durch externe Dienstleistungsunternehmen

Vorteile der Marktforschung in Eigenregie	Vorteile der Marktforschung durch externe Dienstleistungsunternehmen
▶ Nutzung von unternehmensspezifischem Know-how ▶ Sicherstellung der Geheimhaltung brisanter Informationen ▶ Steuerung und Kontrolle des Marktforschungsprozesses	▶ Objektivität ▶ Kosten nur bei Inanspruchnahme ▶ Einfacher Wechsel bei Unzufriedenheit ▶ Spezialisierung bezüglich der Datenerhebungs- und Datenanalysemethoden ▶ Akzeptanz im Unternehmen

(Quelle: in Anlehnung an Aaker et al., 2006, S. 40; Berekoven et al., 2006, S. 39)

Aus der Praxis – 4-3

Im Jahr 2008 haben die 50 größten Marktforschungsunternehmen in Deutschland einen Umsatz von ca. 2.2 Milliarden Euro erwirtschaftet. Die Branche ist mit einem nominalen Wachstum von 5,3 Prozent gegenüber dem Vorjahr gewachsen. Die zehn größten Institute erzielten dabei 78,5 Prozent des gesamten Branchenumsatzes. In der Abbildung 4-4 sind die Top 10 der deutschen Marktforschungsinstitute aufgelistet.

Top 10 der Institute in Deutschland

Unternehmen	Gesamtumsatz in Mio. Euro[1]	Wachstum in Prozent[2]	Umsatz in Deutschland
GfK Gruppe	1220,0[3]	+ 5,0[3]	316,0[3]
TNS Infratest[4]	215,0	+ 7,5	215,0
The Nielsen Company	83,0	+ 2,3	81,0
Ipsos Gruppe Deutschland	42,5	+ 10,6[5]	42,5
Synovate Deutschland	32,5	+ 6,6	32,5
Research International	30,0	0	30,0
Psyma Group	26,4	+ 2,3	15,2
Maritz Research	22,2	+ 2,8	22,2
Leyhausen Gruppe	19,5	+ 5,4	19,5
KleffmannGroup	18,5	+ 19,4	k.A.

[1] Der Gesamtumsatz umfasst bei Unternehmen mit Hauptsitz in Deutschland auch die Auslandsumsätze. Bei deutschen Niederlassungen ausländischer Unternehmen wird nur der in Deutschland erzielte Umsatz ausgewiesen.
[2] errechnet auf Basis der Entwicklung der Gesamtumsätze
[3] Schätzung des Context
[4] Umstellung der Rechnungslegung im Jahr 2007
Quelle: Context, 02/09 vom 27. Januar 2009

(Quelle: BVM, 2009, S. 40)

Abb. 4-4: Umsätze der 10 größten Marktforschungsinstitute in Deutschland 2008

4.1 Marktforschung
Grundlegende Aspekte der Marktforschung

Spannungsverhältnis: Marketingmanagement und Marktforschung

betrieben. Dafür gibt es viele Gründe (vgl. Kotler et al., 2007b, S. 190): Häufig misst das Management der Marktforschung nur einen geringen Stellenwert bei. Die Folge sind gering bezahlte betriebliche Marktforscher mit unzureichender Qualifikation bzw. wenig überzeugende Dienstleistungen preisaggressiver Marktforschungsinstitute. Nicht selten versäumen es die Marketing-Entscheidungsträger auch, das relevante Untersuchungsproblem vollständig und präzise genug zu formulieren. Ferner fehlt ihnen aufgrund des hohen Entscheidungsdrucks bisweilen das Verständnis dafür, dass sorgfältig geplante und durchgeführte Marktforschungsprojekte eine gewisse Zeit erfordern. Schließlich sind die Arbeitsweisen und Denkstrukturen von Marketing-Managern und Marktforschern vielfach sehr unterschiedlich: Während der Marketingleiter etwa leicht verständliche Ergebnisse und konkrete Hinweise auf die Lösung des Entscheidungsproblems erwartet, liefert der Marktforscher einen umfangreichen und komplizierten Untersuchungsbericht ab.

4.1.3 Forschungsansätze im Rahmen der Marktforschung

Unter einem Forschungsansatz versteht man die Vorgehensweise, durch die festgelegt wird, welche Informationen aus welchen Quellen mit Hilfe welcher Verfahren zu beschaffen sind. Die Wahl des Forschungsansatzes hängt entscheidend vom vorliegenden Marketing-Entscheidungsproblem ab, welches mit Hilfe der Marktforschungsuntersuchung gelöst werden soll. Man unterscheidet zwischen explorativen, deskriptiven und kausalanalytischen Forschungsansätzen (vgl. Böhler, 2004, S. 37; Herrmann et al., 2008, S. 8):

Erste Informationsbeschaffung über explorative Studien zur Strukturierung des Problemfeldes

Explorative Studien bieten sich an, wenn zu einem entscheidungsrelevanten Problemfeld nur wenige Erkenntnisse vorliegen, sodass die Identifikation bzw. Definition eines konkreten Marktforschungsproblems nicht möglich ist. Dieser Forschungsansatz, der dem Marktforscher ein hohes Maß an Flexibilität und Kreativität abverlangt, soll erste Hinweise auf die Struktur des interessierenden Problemfeldes (Hypothesenbildung) sowie auf die Auswahl und Abwicklung geeigneter Marktforschungsprojekte liefern.

Die Datengewinnung im Rahmen explorativer Studien erfolgt insbesondere durch die Sichtung einschlägiger Literaturquellen, durch die Analyse von bereits vorliegendem Datenmaterial (z. B. gelungene bzw. gescheiterte Marketing-Maßnahmen bei ähnlich gelagerten Problemfeldern) sowie bei völlig neuartigen Entscheidungsproblemen vor allem durch qualitativ angelegte Befragungen von unternehmensinternen Personen (z. B. Vertriebsmitarbeiter, Produktmanager), unternehmensexternen Fachleuten (z. B. Absatzmittler, Werbeagenturen) sowie potenziellen Abnehmern (z. B. Kunden vergleichbarer Produkte). Derartige Befragungen werden als Tiefeninterviews oder Gruppendiskussionen durchgeführt (vgl. hierzu Kapitel 4.3.1.2) und sind sehr flexibel bezüglich der Fragestellungen und Antwortmöglichkeiten.

In der Marktforschungspraxis dienen die Ergebnisse explorativer Studien häufig zur Vorbereitung sich anschließender deskriptiver Forschungsvorhaben, da Explorationen grund-

---

Aus der Praxis – 4-4

Ein Hersteller von Körperpflegeprodukten sucht nach Ideen für neue Produkte, welche die Haarpflege erleichtern sollen. Zu diesem Zweck wird eine explorative Studie in der Form von zwei Gruppendiskussionen durchgeführt: Die eine Gruppe bilden zehn unternehmensinterne und unternehmensexterne Experten (Produktentwickler und Marketingverantwortliche des Unternehmens, Friseure und Hautärzte), die andere Gruppe besteht aus Konsumenten, für die das Thema »Haarpflege« überdurchschnittlich wichtig ist. Jede Gruppe diskutiert unter Anleitung eines Psychologen über die Gründe für häufiges Waschen der Haare und über die Probleme, die damit verbunden sind. Durch eine möglichst dynamische Gesprächssituation (das heißt flexible Fragestellungen und spontane Antworten) sollen die Teilnehmer so stimuliert werden, dass sie persönliche Erfahrungen, Kenntnisse, Einstellungen und Ideen vorbehaltlos äußern, welche dem Marktforscher helfen, das Problemfeld besser zu strukturieren.

Grundlegende Aspekte der Marktforschung 4.1

legende Informationen darüber liefern, welche Variablen bzw. Variablenbeziehungen für das zu untersuchende Problemfeld relevant sind. Zu beachten ist, dass explorative Studien lediglich zur Identifikation marketingrelevanter Fragestellungen geeignet sind, die sich anschließend mit Hilfe deskriptiver bzw. kausalanalytischer Forschung beantworten lassen. Keinesfalls dürfen diese Ergebnisse explorativer Studien von den betrieblichen Entscheidungsträgern als direkt umsetzbare Marktforschungsergebnisse interpretiert werden (Aus der Praxis 4-4).

Deskriptive Studien weisen im Rahmen der Marktforschung zweifellos die größte Bedeutung auf. Im Gegensatz zur flexiblen Vorgehensweise bei der Exploration sind deskriptive Untersuchungen durch genau definierte Forschungsziele sowie ein gut strukturiertes Forschungsdesign gekennzeichnet, sodass detaillierte und weitgehend fehlerfreie Ergebnisse erzielt werden können. Die sorgfältige Planung setzt voraus, dass der Forscher bereits über fundierte Kenntnisse bezüglich des Marktforschungsproblems verfügt (z. B. aus einer vorab durchgeführten explorativen Studie).

Das Ziel deskriptiver Analysen besteht vorrangig in der Erfassung und Beschreibung relevanter Markttatbestände (z. B. Marktanteile, Kundenzufriedenheit) sowie in der Analyse von Zusammenhängen zwischen marketingrelevanten Variablen (z. B. Einfluss des Alters der Konsumenten auf die Kaufbereitschaft für eine bestimmte Automarke). Die Schlussfolgerungen, die aus diesen Informationen gezogen werden können, lassen sich unter bestimmten Bedingungen zur Prognose zukünftiger Marktbedingungen heranziehen. Die Datengewinnung im Rahmen deskriptiver Forschungsvorhaben erfolgt zum einen durch standardisierte Befragungen bzw. Beobachtungen repräsentativer Stichproben, zum anderen durch die systematische Auswertung geeigneter Sekundärinformationen (vgl. hierzu Kapitel 4.2.1 und Aus der Praxis 4-5).

Ergebnisse deskriptiver Studien stellen für die Entscheidungsträger wichtige Informationen zur Erklärung der untersuchten Sachverhalte dar und liefern Hinweise auf den Einfluss von Marketingmaßnahmen auf relevante Zielgrößen wie Absatzmenge, Umsatz und Marktanteil. Streng genommen handelt es sich jedoch lediglich um

Aus der Praxis – 4-5

Ein nationaler Anbieter von Herrenbekleidung möchte die Gründe für einen stetigen Umsatzrückgang bei Straßenanzügen ermitteln. Deshalb führt er eine mündliche Befragung potenzieller und tatsächlicher Käufer seiner Produkte in verschiedenen deutschen Großstädten durch. Folgende Informationen werden unter anderem gewonnen: Auf die Frage, ob sie sich vorstellen können, in nächster Zeit einen Anzug des Herstellers zu kaufen, antworten 25 Prozent der Kunden, die älter sind als 50 Jahre, mit »Ja«. Demgegenüber sind es bei den Befragten, die jünger sind als 30 Jahre, weniger als 5 Prozent. In einer Frage nach dem Image der Produkte des Herstellers geben die meisten dieser Altersgruppe an, die Anzüge des Herstellers ziemlich altmodisch zu finden. Die Ergebnisse dieser deskriptiven Studie deuten folglich auf ein Imageproblem bei der jüngeren Zielgruppe hin. Folglich könnten eine stärkere modische Ausrichtung der Produkte und auf den Lifestyle junger Leute abgestellte Werbemaßnahmen zu einer Umsatzsteigerung bei dieser Zielgruppe führen.

> Deskriptive Studien liefern Informationen mit konkreten Hinweisen für Entscheidungsträger.

Annahmen über den Zusammenhang zwischen Variablen, nicht um den Nachweis von Kausalbeziehungen, da viele vom Forscher außer Acht gelassene Faktoren die Beziehungen zwischen den betrachteten Variablen ebenfalls beeinflusst haben könnten.

In Abhängigkeit davon, ob die benötigten Informationen nur zu einem einzigen Zeitpunkt oder aber wiederholt zu verschiedenen Zeitpunkten erhoben werden, unterscheidet man zwei verschiedene Arten deskriptiver Studien (vgl. Böhler, 2004, S. 39 f.): **Querschnittsanalysen** liefern Daten, welche sich nur auf einen bestimmten Zeitpunkt beziehen. Sie dienen vor allem der Analyse relevanter Markttatbestände (z. B. Beschreibung der Kernzielgruppe hinsichtlich Alter, Einkommen, Beruf, Lifestyle, Nutzenerwartungen usw.). Die Abbildung 4-5 enthält das Ergebnis einer typischen Querschnittsanalyse. Dargestellt ist der prozentuale Anteil verschiedener Länder bzw. Regionen

> Querschnittsanalysen beziehen sich auf einen bestimmten Zeitpunkt.

4.1 Marktforschung
Grundlegende Aspekte der Marktforschung

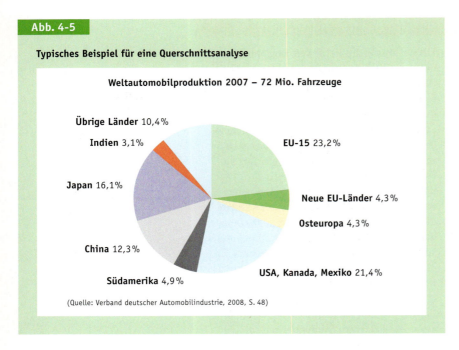

Abb. 4-5

Typisches Beispiel für eine Querschnittsanalyse

(Quelle: Verband deutscher Automobilindustrie, 2008, S. 48)

gen des Marktgeschehens erfassen (z. B. Entwicklung des Bekanntheitsgrades oder der Absatzmenge eines Produktes in der Einführungsphase des Produktlebenszyklus). Eine spezielle Methode zur Durchführung von Längsschnittanalysen ist die Panelforschung (vgl. Kapitel 4.3.3.2). Die Abbildung 4-6 enthält ein Beispiel für eine typische Längsschnittanalyse. Dargestellt ist die Entwicklung des Umsatzes der deutschen Automobilindustrie im Zeitraum der Jahre 1991 bis 2007, differenziert nach Umsatz im Inland und im Ausland.

Mit Hilfe deskriptiver Studien ist es zwar möglich, mehr oder weniger präzise Hypothesen – etwa über die Wirkung bestimmter Marketingmaßnahmen auf relevante Zielgrößen – zu formulieren. Vielfach ist der Marktforscher jedoch daran interessiert, die Ursachen von Veränderungen bei den Zielgrößen zweifelsfrei in allen Details zu klären. Hierzu eignen sich **kausalanalytische Studien,** die fundierte Einblicke in bestehende Ursache-Wirkungszusammenhänge zwischen Variablen liefern. Sie ermöglichen folglich genauere und verlässlichere Antworten auf die Frage nach dem »Warum« als deskriptive Studien.

In der Marktforschung versucht man mit Hilfe kausalanalytischer Untersuchungen, vor allem Informationen über die Wirkung alterna-

---

Längsschnittsanalysen aus Daten zu verschiedenen Zeitpunkten

Kausalanalytische Studien geben Ursache-Wirkungszusammenhänge an.

an der weltweiten Automobilproduktion von insgesamt 72 Millionen Fahrzeugen.

Bei **Längsschnittanalysen** wird die Datenerhebung zu verschiedenen Zeitpunkten unter möglichst identischen Rahmenbedingungen wiederholt. Auf diese Weise lassen sich Veränderun-

Abb. 4-6

Typisches Beispiel für eine Längsschnittanalyse

(Quelle: Verband deutscher Automobilindustrie, 2008, S. 37)

Aus der Praxis – 4-6

Ein Anbieter von Müsliriegeln hat für seine Produktlinie ein neues Verpackungsdesign entwickelt, welches den Ansprüchen der Konsumenten hinsichtlich der spontanen Anmutung sowie der Wiederverschließbarkeit besser entsprechen soll als die bisher verwendeten Verpackungen. Da die Herstellung der neuen Verpackungen teurer ist, soll vor der endgültigen produktionstechnischen Umstellung untersucht werden, ob sich die neuen Verpackungen tatsächlich positiv auf die Nachfrage am Point of Sale auswirken oder nicht. Die zu überprüfende Kausalhypothese lautet hier: Die Modifikation der Verpackungen führt zu einer Steigerung der Absatzmenge. Zur Überprüfung dieser Hypothese ist die Durchführung einer kausalanalytischen Studie geeignet. Einen Monat lang werden die verschiedenen Müsliriegel in den Regalen einer bestimmten Anzahl von Einzelhandelsgeschäften mit neuen Verpackungen und in einer identischen Anzahl vergleichbarer Geschäfte mit den alten Verpackungen angeboten. Nach Abschluss des Experiments erfolgt ein Vergleich der Absatzmengen der Müsliriegel in Abhängigkeit der Verpackungsgestaltung. Die Absatzmenge der Müsliriegel in den modifizierten Verpackungen war – unter ansonsten identischen Bedingungen – um 6,5 Prozent höher als die Absatzmenge der Müsliriegel in den alten Verpackungen. Diese Information bildet die Grundlage für die Entscheidung der Marketingleitung, die neue Verpackung einzuführen.

tiver Marketing-Maßnahmen (z. B. verschiedene Preise, Distributionskanäle, Werbespots) auf bestimmte Zielgrößen (z. B. Bekanntheitsgrad, Absatzmenge) zu gewinnen. Jedoch nur wenn alle anderen Einflussfaktoren ausgeschlossen bzw. kontrolliert werden können, ist es möglich nachzuweisen, dass die Änderung einer bestimmten Marketingmaßnahme (z. B. Preissenkung bei Produkt x) für eine messbare Veränderung der interessierenden Zielgröße (z. B. Umsatzerhöhung für Produkt x) verantwortlich ist. Der Forscher muss demnach bereits vor der Durchführung einer kausalanalytischen Studie über fundierte Kenntnisse bezüglich der zu untersuchenden Variablenbeziehungen verfügen. Die Durchführung explorativer Forschungsvorhaben erfolgt mittels **Experimenten** (vgl. Kapitel 4.3.3.1; Aus der Praxis 4-6).

4.1.4 Phasen des Marktforschungsprozesses

Jede Marktforschungsuntersuchung lässt sich – unabhängig vom vorliegenden Entscheidungsproblem – idealtypisch in mehrere aufeinander folgende Phasen unterteilen (z. B. Berekoven et al., 2006, S. 34 ff.; Böhler, 2004, S. 29 ff.). Alle Einzelschritte müssen sorgfältig geplant werden, da Fehler, insbesondere in frühen Phasen eines Marktforschungsprozesses, zwangsläufig zu Beeinträchtigungen der Qualität der Resultate führen. Es ist jedoch nicht immer erforderlich, die einzelnen Phasen in strenger Reihenfolge zu durchlaufen, sie stellen vielmehr einen wichtigen Orientierungsrahmen für diejenigen Aufgaben dar, die im Rahmen eines Marktforschungsprojektes zu berücksichtigen sind.
Die Abbildung 4-7 liefert einen Überblick über die verschiedenen Phasen des idealtypischen Marktforschungsprozesses.

In der **Definitionsphase** ist es zunächst erforderlich, das von den Entscheidungsträgern formulierte Marketingproblem und den damit verbundenen Informationsbedarf in ein Marktforschungsproblem zu transformieren. Hieraus werden dann möglichst operationale Forschungsziele abgeleitet. Sind bezüglich des Entscheidungsproblems nur geringe Kenntnisse vorhanden, ist ein möglichst flexibler Marktforschungsprozess einzuleiten (explorative Forschung). Bei gut strukturierten Entscheidungsproblemen kann hingegen ein detaillierter Marktforschungsplan entwickelt werden (deskriptive oder kausalanalytische Forschung).

4.1 Marktforschung
Grundlegende Aspekte der Marktforschung

Abb. 4-7

Phasen des idealtypischen Marktforschungsprozesses

Phase	Aufgaben	Beispiel
1. Definitionsphase	▸ Definition des Marktforschungsproblems ▸ Festlegung der Marktforschungsziele	▸ Ein Anbieter von Einweggeschirr hat ein neues Produkt entwickelt, dessen Marktchancen überprüft werden sollen. ▸ Wie wird das neue Geschirr aus nachwachsenden Rohstoffen im Vergleich zu marktgängigem Plastikgeschirr – bezogen auf die Handhabung beim Essen – wahrgenommen und beurteilt? ▸ Ermittlung der sensorischen Wahrnehmung und Beurteilung des neuen Geschirrs.
2. Designphase	▸ Hypothesenbildung ▸ Festlegung der Informationsquellen sowie der Erhebungsmethoden und -einheiten ▸ Zeit- und Kostenplanung	▸ Zentrale Untersuchungshypothese: *»Bezüglich der Handhabung schneidet das neue Geschirr im Vergleich zu herkömmlichem Plastikgeschirr signifikant besser ab.«* ▸ Durchführung einer mündlichen Befragung von 100 Studierenden in der Mensa einer Hochschule während des Essens. 50 Studierende erhalten das neue Geschirr, die übrigen 50 essen mit dem herkömmlichen Plastikgeschirr. ▸ Terminierung der Datenerhebung auf drei Erhebungstage in der Zeit von 12 bis 14 Uhr. ▸ Kosten entstehen für die Interviewertätigkeit, für die Konzeption und den Druck des Fragebogens sowie für die Eingabe und Auswertung der Daten.
3. Erhebungsphase	▸ Anwerbung und Schulung des Erhebungspersonals ▸ Organisation, Durchführung und Kontrolle der Datenerhebung	▸ Die ausgewählten Interviewer werden vom Projektleiter in den Ablauf der Befragung und ihre Aufgaben eingewiesen. ▸ Die Befragten erhalten ihren Teller vor und ihr Besteck nach der Essensausgabe. ▸ Das Ausfüllen des Fragebogens erfolgt während des Essens durch den Interviewer.
4. Analysephase	▸ Auswertung, Verdichtung und Interpretation der gewonnenen Daten	▸ Ermittlung der Mittelwerte für die einzelnen Beurteilungsdimensionen (z. B. »Schnittfestigkeit des Messers«, »Stabilität der Gabel«) ▸ Berechnung der Signifikanz der Mittelwertunterschiede zwischen den beiden Geschirr-Varianten.
5. Dokumentationsphase	▸ Erstellung eines Forschungsberichtes ▸ Präsentation der Ergebnisse	▸ Grafische Aufbereitung der Ergebnisse ▸ Stichwortartige Dokumentation der wichtigsten Erkenntnisse bezüglich der formulierten Hypothesen ▸ Mündliche Präsentation der Ergebnisse in einem Projektmeeting

In der **Designphase** des Marktforschungsprozesses erfolgt die Auswahl des Forschungsdesigns, welches alle weiteren Phasen entscheidend prägt. Auf der Basis der vorab formulierten Forschungsziele wird ein konkreter Erhebungsplan entworfen. Zu diesem Zweck müssen die Informationsquellen bestimmt, die Erhebungsmethoden und -einheiten ausgewählt sowie eine detaillierte Zeit- und Kostenplanung erstellt werden.

Die **Erhebungsphase**, die so genannte »Feldarbeit«, ist dadurch gekennzeichnet, dass die laut Erhebungsplan durchzuführenden Aktivitäten zu organisieren und zu überwachen sind. So muss beispielsweise bei anspruchsvolleren Forschungsvorhaben (z. B. Expertenbefragung) geeignetes Befragungspersonal angeworben und geschult werden. Um Fehler während der Datenerhebung zu vermeiden, ist es außerdem erforderlich, das Erhebungspersonal sorgfältig zu kontrollieren.

Nach Abschluss der Erhebung werden die gewonnenen Daten in der **Analysephase** zunächst auf Vollständigkeit und logische Konsistenz hin überprüft und anschließend im Hinblick auf das Erhebungsziel aufbereitet. Heutzutage erfolgt die Auswertung der Daten nahezu ausschließlich computergestützt, sodass die verfügbaren Informationen in eine vom Computer lesbare Form transformiert und in geeigneten Dateiformaten gespeichert werden müssen. Bevor eine Interpretation der Daten erfolgen kann, ist es in den meisten Fällen erforderlich, sie im Hinblick auf das Untersuchungsziel zu verdichten.

In der **Dokumentationsphase** müssen die gewonnenen Informationen den Marketing-Entscheidungsträgern in angemessener Form zur Verfügung gestellt werden. An dieser Schnittstelle zum Marketing-Management hat der Marktforscher die Aufgabe, aussagekräftige Schaubilder und Tabellen zu präsentieren, Schlussfolgerungen aus dem Datenmaterial abzuleiten und Lösungsansätze für das vorab definierte Marktforschungsproblem zur Diskussion zu stellen. Die Ergebnisse umfangreicher Marktforschungsstudien können schnell zu Tabellen- und Grafikbänden führen, die mehrere hundert Seiten umfassen. In der Marktforschungspraxis ist deshalb die Erstellung eines Forschungsberichts üblich, in dem das Forschungsdesign (Informationsquellen, Stichprobenbildung, Methoden der Datenerhebung und -auswertung) sowie die wichtigsten Ergebnisse (abhängig vom Untersuchungsziel) dargestellt sind. Die Aufgaben, welche in den einzelnen Phasen des Marktforschungsprozesses zu bewältigen sind, lassen sich abschließend anhand des folgenden Beispiels aus der Dienstleistungsmarktforschung veranschaulichen (Aus der Praxis 4-7).

Gute Marktforschung zeichnet sich durch eine streng wissenschaftliche Vorgehensweise aus, das heißt, dass der Forscher gründlich die zu untersuchenden Phänomene beobachtet und exakte Hypothesen formuliert bzw. testet. Wei-

Aus der Praxis – 4-7

Marktforschungsprozess eines Reiseveranstalters

Der Reiseveranstalter »Glücktours« stellt fest, dass die Anzahl der Buchungen von Pauschalreisen auf die Kanarischen Inseln im abgelaufenen Geschäftsjahr stark rückläufig war. Die Marketing-Entscheidungsträger überlegen, ob sie ihre Angebote modifizieren (etwa durch vertragliche Bindung an Hotels in ruhigerer Lage und mit besserem Service), die Reisepreise senken oder die Kanarischen Inseln als Reiseziel aus dem Leistungsprogramm ganz streichen sollen (Marketing-Entscheidungsprobleme). Hieraus lassen sich unter anderem die folgenden Fragen ableiten (Marktforschungsprobleme), die wiederum den Informationsbedarf festlegen: Durch welche Veränderungen am Produkt »Pauschalreise auf die Kanarischen Inseln« können Kunden zurückgewonnen werden? Auf welchen Preis müssten die bestehenden Angebote gesenkt werden, um die Absatzzahlen der vergangenen Jahre annähernd zu erreichen? Welche neuen Urlaubsziele könnten anstelle der Kanarischen Inseln ins Leistungsprogramm aufgenommen werden? Die Marketing-Manager entschließen sich, in einem ersten Schritt zu ermitteln, aus welchen Gründen die Nachfrager andere Reiseveranstalter bzw. andere Reisegebiete bevorzugen (Erhebungsziel). Das Ziel soll durch eine telefonische Befragung von 500 Personen erreicht werden, die zwar in der vergangenen, aber nicht in der laufenden Saison eine Reise mit »Glücktours« auf die Kanarischen Inseln gebucht haben. Ein Marktforschungsinstitut wird damit beauftragt, die benötigten Informationen zu einem vereinbarten Preis und vor Beginn der Vertragsverhandlungen mit Hotels im Zielgebiet für die nächste Saison zu beschaffen (Datenerhebung). Die gewonnenen Daten sind so auszuwerten, dass unter anderem die Merkmale (z. B. Preise, Service, Flugzeiten) aufgedeckt werden, die dafür verantwortlich sind, dass sich die Kunden für einen anderen Reiseveranstalter bzw. ein anderes Reiseziel entschieden haben (Datenanalyse). Die Darstellung der Ergebnisse erfolgt einerseits durch einen schriftlichen Untersuchungsbericht, andererseits durch mündliche Präsentation der wichtigsten Erkenntnisse der Studie vor den betrieblichen Entscheidungsträgern (Dokumentation).

tere Merkmale sind Kreativität bei der Planung problemadäquater Forschungsdesigns sowie die genaue Anpassung des Forschungsansatzes an das vorliegende Marktforschungsproblem. Wichtig ist ferner die Wahl des richtigen Analysemodells, mit dessen Hilfe die vorliegenden Daten in informative Aussagensysteme umgeformt werden können. Schließlich muss der Wert der Informationen größer sein als die Kosten ihrer Beschaffung (vgl. Kotler et al., 2007b, S. 187 f.).

4.2 Entscheidungsprobleme im Rahmen der Datenerhebung

4.2.1 Primär- und Sekundärforschung

Daten beruhen auf Zahlen oder verbalen Aussagen. Entscheidungsrelevante Daten stellen Informationen dar, die für eine erfolgreiche Marketingplanung benötigt werden. Der Vorgang der systematischen und gezielten Beschaffung von Informationen wird als **Erhebung** bezeichnet (Hammann/Erichson, 2000, S. 75). Im Rahmen der Datenerhebung lassen sich zwei grundlegende Vorgehensweisen unterscheiden, die Primär- und die Sekundärforschung:

Müssen neue Daten beschafft und aufbereitet werden, um das vorliegende Marktforschungsproblem zu lösen, spricht man von **Primärforschung** (field research). Originäre Daten lassen sich grundsätzlich durch Befragungen oder Beobachtungen bzw. durch Mischformen dieser beiden, das heißt durch Experimente oder Panelerhebungen, gewinnen. Gegenstand der **Sekundärforschung** (desk research) ist hingegen die Beschaffung von Daten, die bereits zu einem früheren Zeitpunkt und für andere Zwecke erhoben wurden. Dieses Datenmaterial wird im Hinblick auf das vorliegende Marktforschungsproblem aufbereitet und analysiert (Bruhn, 2009, S. 109). Zu berücksichtigen ist in diesem Zusammenhang, dass alle im Rahmen der Sekundärforschung verwendeten Daten früher einmal mit Hilfe der Primärforschung gewonnen wurden.

Primärforschung vs. Sekundärforschung

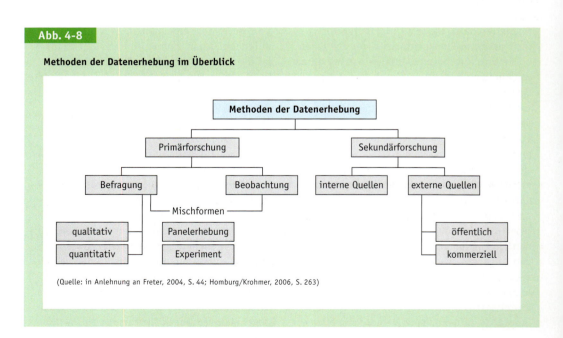

Abb. 4-8

Methoden der Datenerhebung im Überblick

(Quelle: in Anlehnung an Freter, 2004, S. 44; Homburg/Krohmer, 2006, S. 263)

Die Abbildung 4-8 gibt einen Überblick über die beiden grundlegenden Methoden der Datenerhebung und deren wichtigsten Ausprägungen.

Bei Primär- und Sekundärerhebungen handelt es sich gleichermaßen um empirische Techniken der Informationsgewinnung. Unterschiede ergeben sich nur hinsichtlich der Art der Datenerhebung. Bezüglich der Entscheidung, ob Primärforschung oder Sekundärforschung betrieben werden soll, muss abgewogen werden zwischen der Aussagekraft der erhobenen Daten einerseits sowie den mit der Datenerhebung verbundenen Kosten andererseits. An dieser Stelle gilt es zunächst, die wichtigsten Aspekte der Sekundärforschung herauszuarbeiten, auf die Methoden der Primärforschung wird dann detailliert im Kapitel 4.3 eingegangen.

Das Material, welches für die Sekundärforschung herangezogen werden kann, ist nahezu unbegrenzt. Im Hinblick auf die Herkunft lässt sich zwischen internen und externen Informationsquellen unterscheiden (Böhler, 2004, S. 63 ff.). **Interne Datenquellen** der Sekundärforschung dienen beispielsweise zur Überprüfung der Wirkung realisierter Marketingmaßnahmen sowie zur Suche nach Ursachen für Abweichungen bezüglich relevanter Zielgrößen (z. B. Absatzmengen, Umsatzzahlen). Die Qualität interner Daten hängt entscheidend von der Aussagekraft des betrieblichen Berichts- und Informationswesens ab (z. B. Absatzstatistiken, Vertriebskostenrechnung).

Bei der Suche nach geeigneten **externen Datenquellen** stellt sich für den Forscher das Problem, aus einer unüberschaubaren Vielzahl von Quellen die richtigen auszuwählen. Durch das weltweit verfügbare Internet sowie die damit verbundene Möglichkeit der Nutzung von Internet-Suchmaschinen und Online-Datenbanken hat sich die Sekundärforschung in den letzten Jahren dramatisch verändert: Sie ist billiger, schneller und aktueller geworden.

Hinsichtlich der externen Datenquellen ist zu unterscheiden zwischen kostenlosen, das heißt öffentlich zugänglichen Sekundärdaten (Aus der Praxis 4-8) sowie verfügbaren Informationen, die von kommerziellen Dienstleistungsunternehmen gegen Entgelt angeboten werden. In einem ersten Schritt müssen alle potenziell relevanten Quellen identifiziert und verfügbar gemacht werden. Dann gilt es, die im Hinblick auf das zu lösende Marktforschungsproblem nützlichen Informationen gezielt auszuwählen und angemessen aufzubereiten. Die Abbildung 4-9 gibt einen Überblick über wichtige interne und externe Datenquellen der Sekundärforschung, auf die hier jedoch nicht weiter eingegangen sondern auf die einschlägige Literatur verwiesen wird (z. B. Berekoven et al., 2006, S. 434 ff.; Böhler, 2004, S. 64 ff.; Hüttner/Schwarting, 2002, S. 196 ff.).

Viele Marktforschungsprojekte sind durch eine Kombination aus Primär- und Sekundärforschung gekennzeichnet. Am Anfang der Suche nach relevanten Informationen steht in der Regel die Sekundärforschung, da Sekundärdaten schneller und kostengünstiger beschafft werden können als Primärdaten. Außerdem besteht in bestimm-

Abb. 4-9

Interne und externe Informationsquellen der Sekundärforschung

Unternehmensinterne Datenquellen	Unternehmensexterne Datenquellen
▸ Buchhaltungsunterlagen ▸ Unterlagen der Kostenrechnung (z. B. Absatz- und Vertriebskosten, Deckungsbeiträge) ▸ Allgemeine Statistiken (z. B. Umsätze insgesamt, nach Produktgruppen, Artikeln, Kunden, Vertretern, Gebieten und Perioden) ▸ Kundenstatistiken (z. B. Kunden nach Art, Größe, Gebiet, Auftragsgrößen, Vertriebswegen, Reklamationen, Mahnungen) ▸ Berichte und Meldungen des Außendienstes (z. B. Besuchsstatistiken) ▸ Frühere Primärerhebungen, die für neue Problemstellungen relevant erscheinen	▸ Veröffentlichungen des Statistischen Bundesamtes und der Statistischen Landesämter ▸ Veröffentlichungen anderer amtlicher und halbamtlicher Institutionen (z. B. Ministerien, Kommunen, Bundesämter, Industrie-, Handels- und Handwerkskammern, Berichte öffentlich-rechtlicher Körperschaften) ▸ Veröffentlichungen von Wirtschaftsverbänden und -organisationen ▸ Veröffentlichungen von wissenschaftlichen Instituten und Lehrstühlen ▸ Veröffentlichungen von Banken und Sonderdienstleistern ▸ Veröffentlichungen einschlägiger Verlage (Bücher, Fachzeitschriften, Zeitungen und sonstige Publikationen) ▸ Veröffentlichungen von Werbeträgern und Werbemittelherstellern ▸ Veröffentlichungen firmenspezifischer Art, wie Geschäftsberichte, Firmenzeitschriften, Kataloge und Werbemitteilungen ▸ Informationsmaterial von Adressverlagen, speziellen Informationsdiensten, Beratungsfirmen und Marktforschungsinstituten

(Quelle: Herrmann/Homburg, 2000, S. 25)

Beschaffung von Informationen über interne und externe Datenquellen

4.2 Marktforschung
Entscheidungsprobleme im Rahmen der Datenerhebung

Aus der Praxis – 4-8

Zu den wichtigsten externen Informationsquellen zählen die Veröffentlichungen des Statistischen Bundesamtes und der Statistischen Landesämter. Die Abbildung 4-10 enthält Informationen über die Ausstattung privater Haushalte in Deutschland mit Geräten der Informations- und Kommunikationstechnik. Solche Daten können kostenlos über das Internet bezogen werden und dienen den Marketingverantwortlichen beispielsweise dazu, zukünftige Absatzpotenziale bestimmter Produkte zu schätzen. Den Daten in der Abbildung 4-10 lässt sich unter anderem entnehmen, dass die Märkte für mobile PC-Geräte sowie für Navigationssysteme in den letzten Jahren starke Zuwächse verzeichnen konnten und aufgrund der vergleichsweise geringen Marktausschöpfung damit zu rechnen ist, dass auch in Zukunft gute Absatzmöglichkeiten für diese Produktarten bestehen.

Lfd. Nr.	Gegenstand der Nachweisung	2002	2003	2004	2005	2006	2007
1	Erfasste Haushalte (Anzahl)	5 902	5 860	5 919	7 858	7 771	7 828
2	Hochgerechnete Haushalte (1 000)	35 009	35 247	35 375	35 528	35 555	35 887
		\multicolumn{6}{c}{Ausstattungsgrad je 100 Haushalte}
Informations- und Kommunikationstechnik							
30	Personalcomputer	57,2	61,0	63,6	68,6	71,6	72,8
31	PC stationär	54,1	57,8	58,7	62,9	64,5	63,8
32	PC mobil (Notebook, Laptop, Palmtop)	7,9	9,9	13,3	17,2	21,3	25,1
33	Internetzugang, -anschluss	36,0	42,6	47,1	54,6	57,9	60,0
34	ISDN-Anschluss	14,3	19,1	20,4	23,9	25,1	26,0
35	Telefon	–	–	98,7	99,3	99,4	99,4
36	Telefon stationär (auch schnurlos)	–	–	95,1	95,9	95,2	95,4
37	Telefon mobil (Autotelefon, Handy)	69,8	73,0	72,1	76,4	80,6	81,8
38	Anrufbeantworter stationär	44,4	45,4	46,1	47,1	48,7	48,8
39	Telefaxgerät stationär	16,2	16,8	17,2	18,7	18,9	18,6
40	Navigationssystem	–	–	–	4,4	7,7	12,3

(Quelle: Statistisches Bundesamt, 2008a, S. 27)

Abb. 4-10: Ausstattung deutscher Haushalte mit Geräten der Informations- und Kommunikationstechnik

---

Probleme bei der Verwendung von Sekundärdaten

ten Fällen ein Bedarf an Informationen, die sich ausschließlich aus Sekundärquellen gewinnen lassen (z. B. volkswirtschaftliche Rahmendaten). Normalerweise gelingt es mit Hilfe sekundärstatistischer Analysen, einen mehr oder weniger groben Datenkranz zu erstellen, sodass eine sich anschließende Primärerhebung zielgerichteter geplant und durchgeführt werden kann.

Bei der Verwendung durch Sekundärforschung gewonnener Daten können jedoch auch verschiedene Probleme auftreten (Berekoven et al., 2006, S. 47 f.):

- Viele Daten sind zum Zeitpunkt der Nutzung durch die Marktforschung nicht mehr aktuell genug. Das gilt insbesondere für interessierende Größen, die einer hohen Dynamik unterworfen sind (z. B. Veränderung der Pkw-Zulassungszahlen unmittelbar nach der weltweiten Finanzkrise im Jahr 2008).

- Auch die Objektivität vieler Informationsquellen sowie die Genauigkeit der verfügbaren Daten können nicht immer als gegeben angesehen werden. Insbesondere das methodische Vorgehen im Rahmen der Datenerhebung bleibt oft unklar.
- Häufig entspricht die gewählte Aufbereitung bzw. Einteilung des Zahlenmaterials nicht den Anforderungen, die sich aus dem zu lösenden Marktforschungsproblem ergeben. Interpretationsprobleme können beispielsweise durch abweichende Definitionen (z. B. Marktabgrenzung) oder Klassifikationen (z. B. Altersgruppen) bestimmter Variablen entstehen.

4.2.2 Messtheoretische Grundlagen

Im Rahmen einer jeden Marktforschungsuntersuchung werden Daten über diejenigen Ausprägungen erhoben und anschließend interpretiert, welche die Untersuchungsobjekte (z. B. Stammkunden) bezüglich der interessierenden Eigenschaften (z. B. Kaufhäufigkeit) aufweisen. Welche Eigenschaften eines interessierenden Untersuchungsobjektes aus der Vielzahl existierender Eigenschaften ausgewählt werden, hängt entscheidend vom vorab formulierten Marktforschungsproblem und dem damit verbundenen Informationsbedarf ab. Um am Ende zu interpretierbaren Daten zu gelangen, sind von der Marktforschung grundsätzlich zwei Aufgaben zu erfüllen: Erstens müssen die relevanten Eigenschaften operational definiert werden, und zweitens gilt es, die Ausprägungen der Untersuchungsobjekte bezüglich dieser Eigenschaften zu messen (Böhler, 2004, S. 106 ff.). Die Abbildung 4-11 veranschaulicht diese idealtypische Vorgehensweise.

Wie schwierig die Aufgabe der **Operationalisierung** ist, hängt ab von den interessierenden Eigenschaften des Untersuchungsobjektes. Bei quantitativen Größen – etwa Einkommen und Alter eines Konsumenten oder Absatzmengen und Verkaufspreise eines Produktes – ist die Formulierung eines operationalen Maßstabs, mit dessen Hilfe die Eigenschaftsausprägungen bei den Untersuchungsobjekten gemessen werden können, vergleichsweise einfach. Als problematisch erweist sich jedoch die Operationalisierung qualitativer, nicht beobachtbarer Merkmale, so genannter theoretischer bzw. hypothetischer Konstrukte wie beispielsweise die Einstellung oder der Lebensstil eines Konsumenten. Für solche Eigenschaften gilt es zum einen, empirisch erfassbare Indikatoren zu bestimmen, mit deren Hilfe zweifelsfrei festgestellt werden kann, ob und in welcher Ausprägung das hypothetische Konstrukt vorliegt. Zum anderen muss festgelegt werden, wie die Messung der ausgewählten Indikatoren zu erfolgen hat, damit dem hypothetischen Konstrukt schließlich ein bestimmter Messwert zugewiesen werden kann.

Unter einer **Messung** versteht man allgemein die systematische Erfassung empirischer Sachverhalte mittels Befragung oder Beobachtung. In einem standardisierten Prozess werden den festgestellten Ausprägungen der vorab präzise operationalisierten Eigenschaften eines Untersuchungsobjektes nach festgelegten Regeln Zahlen oder andere Symbole zugeordnet (Aaker

Präzise Daten durch operationalisierte und messbare Eigenschaften

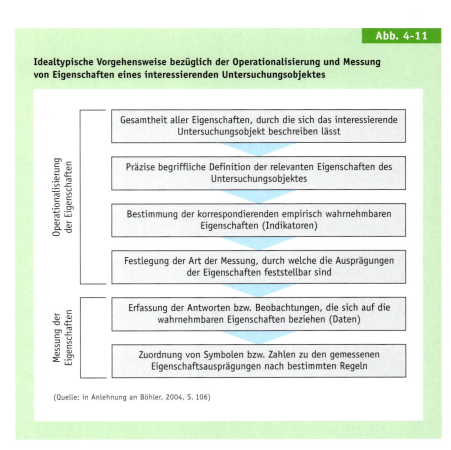

Abb. 4-11

Idealtypische Vorgehensweise bezüglich der Operationalisierung und Messung von Eigenschaften eines interessierenden Untersuchungsobjektes

(Quelle: in Anlehnung an Böhler, 2004, S. 106)

Der Informationsgehalt von erhobenen Daten ist abhängig vom gewählten Messniveau.

et al., 2006, S. 287). Die Zuordnung muss so erfolgen, dass die Relation zwischen den Zahlen bzw. Symbolen mit der Relation zwischen den Objekten bezüglich der interessierenden Eigenschaft bzw. deren Ausprägung übereinstimmt. Sind beispielsweise 85 und 60 die gemessenen Prozentwerte (Zahlen) für den Distributionsgrad (Eigenschaft) zweier Süßwarenhersteller A und B (Untersuchungsobjekte), dann weist der Hersteller A einen um 15 Prozent höheren Distributionsgrad auf als der Hersteller B.

Um den Eigenschaftsausprägungen Zahlenwerte zuordnen zu können, ist es erforderlich, einen geeigneten Maßstab zu definieren. Ein solcher Maßstab ist durch eine Skala gegeben. Der Vorgang der **Skalierung** bezieht sich folglich auf die Zuordnung von Zahlen (Messwerten) zu den Ausprägungen der Eigenschaften. Die Zuordnungsvorschrift ist dabei nicht beliebig, sie ergibt sich vielmehr aus den Besonderheiten des abzubildenden Sachverhalts (Aus der Praxis 4-9).

Welche Informationen die erhobenen Daten aufweisen, hängt vor allem vom **Messniveau** der verwendeten Skala ab, mit dem die Eigenschaftsausprägungen der Untersuchungsobjekte gemessen worden sind. In Abhängigkeit ihrer mathematischen Besonderheiten lassen sich vier Skalentypen unterscheiden (Aaker et al., 2006, S. 288), deren Eigenschaften in der Abbildung 4-12 im Überblick dargestellt sind.

Die einfachste Form des Messens erfolgt auf **nominalem Niveau**, das heißt, es existiert eine Klassifizierung der Untersuchungsobjekte dergestalt, dass man ihnen Kategorien bzw. Attribute zuordnet. Demnach sind Aussagen darüber zulässig, ob die Messwerte für zwei Untersuchungsobjekte identisch sind oder nicht. Für die einzelnen Merkmalsausprägungen qualitativer Merkmale lassen sich dann absolute und relative Häufigkeiten berechnen; die Beziehungen zwischen nominalskalierten Merkmalen können mit Hilfe geeigneter Kontingenzkoeffizienten errechnet werden (vgl. Kapitel 4.4.3.1 zur Korrespondenzanalyse). Typische Beispiele für die Messung auf nominalem Niveau sind die Merkmale »Geschlecht« mit den beiden Ausprä-

Aus der Praxis – 4-9

Für welche Einkaufsstätte sich die Konsumenten in ihrem Wohnort entscheiden, wenn sie ihren Wochenendeinkauf erledigen wollen, hängt entscheidend von ihrer Einstellung gegenüber den konkurrierenden Einkaufsalternativen ab. Bei der Einstellung von Konsumenten gegenüber einer Einkaufsstätte handelt es sich jedoch um ein Konstrukt, das sich zwar exakt definieren lässt, jedoch nicht direkt beobachtbar ist (zum Konstrukt »Einstellung« vgl. auch Kapitel 3.2.1.4). Folglich benötigt die Marktforschung in diesem Fall empirisch erfassbare bzw. wahrnehmbare Eigenschaften, so genannte Indikatoren, die eine zuverlässige Messung der Einstellung der Konsumenten gegenüber einer Einkaufsstätte ermöglichen. Als Indikatoren eignen sich hier diejenigen Eigenschaften, welche die Konsumenten heranziehen, um ihre Einstellung gegenüber einer Einkaufsstätte zu bilden (z. B. Erreichbarkeit, Preisniveau, Auswahl, Wartezeit an der Kasse etc.).

So lässt sich beispielsweise der Indikator »Wartezeit an der Kasse« durch folgende Fragestellung operationalisieren: »In welchem Maße trifft die folgende Aussage zu: ›In der Einkaufsstätte X gibt es keine Wartezeit an der Kasse.‹« Die Befragten müssen eine von vier vorgegebenen Antwortmöglichkeiten (Ausprägungen) auswählen (»trifft voll und ganz zu« = 4; »trifft teilweise zu« = 3; »trifft teilweise nicht zu« = 2; »trifft überhaupt nicht zu« = 1). Den Ausprägungen jedes ausgewählten Indikators für die interessierende Eigenschaft »Einstellung« werden also Zahlen so zugeordnet, dass eine größere Zahl mit einer stärkeren Ausprägung des Indikators korrespondiert. In der konkreten Befragungssituation muss jeder Proband für alle vorab ausgewählten Indikatoren die von ihm wahrgenommenen Ausprägungen angeben. Die Einstellung eines Konsumenten gegenüber der Einkaufsstätte X lässt sich dann beispielsweise dadurch ermitteln, dass die mit den Ausprägungen korrespondierenden Zahlen addiert werden.

Abb. 4-12

Messniveaus und ihre Eigenschaften

		Skala	Mathematische Eigenschaften der Messwerte	Beschreibung der Eigenschaften	Definiert ist zusätzlich	Zulässige Transformationen	Beispiel
↑ Zunahme des Informationsgehaltes ↓	Nicht-metrische Daten	Nominal	$A = A \neq B$	**Klassifikation:** Die Rangwerte zweier UEn sind identisch oder nicht identisch	Äquivalenzrelation	eindeutig, Umbenennung Mittelwert: **Modus**	zweiklassig: Geschlecht mehrklassig: Postleitzahlen
		Ordinal	$A > B > C$	**Rangordnung:** Messwerte lassen sich auf einer MD als kleiner/größer/gleich einordnen	Ordnungsrelation	streng monoton steigend Mittelwert: **+ Median**	Präferenz- und Urteilsdaten, Windstärke (Beaufort)
	Metrische Daten	Intervall	$A > B > C$ und $A - B = B - C$	**Rangordnung und Abstandsbestimmung:** Abstände sind angebbar	äquidistante Skalenpunkte	linear $y = ax + b$ Mittelwert: **+ arithmet. Mittel**	Intelligenzquotient, Temperatur (Celsius)
		Ratio (Verhältnis)	$A = x \cdot B$	**absoluter Nullpunkt:** Neben Abstandsbestimmung auch Messwertverhältnis berechenbar	natürlicher Nullpunkt	proportional $y = ax$ Mittelwert: **+ geometr. Mittel**	Alter, Jahresumsatz

UE = Untersuchungseinheit
MD = Messdimensionen

(Quelle: in Anlehnung an Berekoven et al., 2006, S. 72; Meffert et al., 2008, S. 148; Wirtz/Nachtigall, 2004, S. 56)

---

gungen »männlich« und »weiblich« sowie »Familienstand« mit den Ausprägungen »ledig«, »verheiratet«, »verwitwet« und »geschieden«.

Im Rahmen einer Messung auf **ordinalem Niveau** ist es möglich, die Untersuchungsobjekte hinsichtlich der vorliegenden Messwerte in eine Reihenfolge zu bringen, ohne dass jedoch Aussagen über deren Abstände getroffen werden können. Ein Beispiel für eine Messung mittels Ordinalskala ist die Bildung einer Reihenfolge verschiedener Werbespots für eine Marke nach abnehmender Beliebtheit durch die Beworbenen. Der Rang eines Werbespots ist in diesem Zusammenhang als dessen Ausprägung bezüglich der Eigenschaft »Beliebtheit« zu verstehen. Befindet sich etwa der Werbespot A auf dem ersten und der Werbespot B auf dem zweiten Rang, dann ist A bei den Beworbenen beliebter als B. Wie groß der Unterschied zwischen A und B bezüglich der Beliebtheit ist, kann mittels Ordinalskala jedoch nicht erfasst werden.

Aufgrund ihrer mathematischen Eigenschaften bezeichnet man Messungen mit Hilfe nominaler und ordinaler Skalen auch als nichtmetrisch. Demgegenüber gestatten Intervall- und Verhältnisskalen metrische Messungen. Eine **Intervallskala** weist gleichgroße Abstände zwischen den Skalenabschnitten auf, sodass die Unterschiede zwischen zwei Messwerten quantifiziert werden können. Intervallskalen können einen willkürlich gewählten Nullpunkt aufweisen, und die gewonnenen Messwerte lassen sich addieren und subtrahieren. Typisch für intervallskalierte Merkmale sind Messungen der Temperatur und des Intelligenzquotienten.

Im Rahmen der intervallskalierten Messung nicht direkt beobachtbarer empirischer Phänomene wie etwa Einstellungen, Motive oder Kaufwahrscheinlichkeiten gelangen **Rating-Skalen** zweifellos am häufigsten zur Anwendung. Die Auskunftspersonen erhalten die Aufgabe, die Untersuchungsobjekte (z. B. Produkte, Einkaufsstätten) hinsichtlich der interessierenden Merkmale auf einer mehrere Stufen umfassenden Skala zu beurteilen. Die Abstände zwischen den

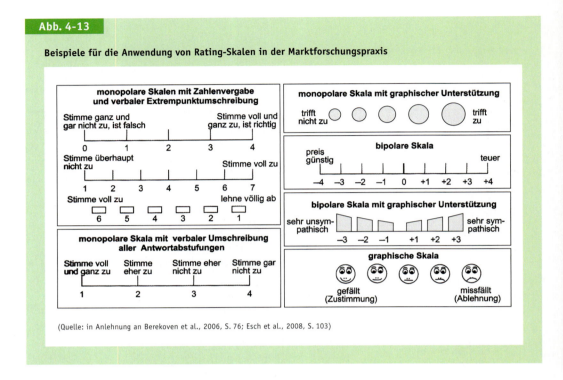

Abb. 4-13
Beispiele für die Anwendung von Rating-Skalen in der Marktforschungspraxis

(Quelle: in Anlehnung an Berekoven et al., 2006, S. 76; Esch et al., 2008, S. 103)

Merkmalsausprägungen werden dabei verbal, numerisch und/oder grafisch unterstützt, um die Einstufung zu erleichtern. Die Abbildung 4-13 enthält einige Beispiele für praxisrelevante Ratingskalen.

Das höchste Messniveau stellt die **Verhältnisskala** dar, die sich von der Intervallskala dadurch unterscheidet, dass sie einen natürlichen Nullpunkt aufweist. Ein »echter« Nullpunkt bedeutet, dass das Merkmal bei einer Ausprägung von Null nicht mehr vorhanden ist. Demgegenüber wird der Nullpunkt einer Intervallskala willkürlich gewählt, sodass Divisionen keinen Sinn machen (ein Intelligenzquotient von 140 ist nicht doppelt so hoch wie einer von 70). Merkmale, die auf der Basis einer Verhältnisskala gemessen werden können, sind beispielsweise der Preis, der Distributionsgrad und der Marktanteil eines Produktes. Auf die mittels einer Verhältnisskala gewonnenen Messwerte sind alle Rechenoperationen anwendbar.

Spätestens dann, wenn aus den vorliegenden Messergebnissen Schlussfolgerungen für die Marketingplanung gezogen werden sollen, stellt sich die Frage nach der Messgenauigkeit, das heißt nach der **Qualität der vorhandenen Daten**. Eine Messung muss objektiv, zuverlässig und genau sein. Diese Gütekriterien der Messung sollen im Folgenden etwas näher betrachtet werden.

Objektivität einer Messung bedeutet, dass die Messwerte frei von subjektiven Einflüssen sind. Verschiedene Personen, die unabhängig voneinander den gleichen empirischen Sachverhalt messen, müssen zu identischen Ergebnissen gelangen. Sollen beispielsweise die Interviewer im Rahmen einer Befragung das Gewicht der Auskunftspersonen einschätzen und einer der drei Kategorien »Übergewicht«, »Normalgewicht« oder »Idealgewicht« zuordnen, handelt es sich nicht um eine objektive Messung, da die Bewertungssysteme der Interviewer zweifellos variieren. Um eine objektive Messung zu gewährleisten, sollten die Interviewer die Erfassung des Gewichts der Probanden folglich mittels einer Waage durchführen.

Die **Reliabilität** (Zuverlässigkeit) einer Messung ist gewährleistet, wenn bei wiederholter Messung des gleichen Sachverhalts identische Messwerte erzielt werden. Deshalb sind reliable

Gütekriterien als kritische Betrachtung der Messung

Messungen auch frei von Zufallsfehlern. Soll beispielsweise in einem Produkttest der Geschmack eines neuen Fruchtjoghurts durch potenzielle Verwender beurteilt werden, ist die Messung nicht reliabel, wenn die Verzehrtemperatur des Produktes von Proband zu Proband schwankt, weil die Joghurtproben unterschiedlich lange außerhalb des Kühlschranks gelagert wurden. Der Zufallsfehler ist folglich groß, da das Akzeptanzurteil entscheidend von der Verzehrtemperatur abhängt, diese jedoch zufällig schwankt. Eine Messung kann in diesem Fall folglich nur dann reliabel sein, wenn sichergestellt wird, dass alle Probanden den neuen Joghurt unter konstanten Bedingungen verkosten (das heißt einheitliche, vorab festgelegte Verzehrtemperatur). Um die Reliabilität zu überprüfen, können unter anderem die Resultate mehrerer zeitlich aufeinanderfolgender Messungen der Merkmalsausprägungen eines Untersuchungsobjekts mit demselben Messinstrument verglichen werden (Test-Retest-Reliabilität).

Die **Validität** einer Messung (Gültigkeit) ist gewährleistet, wenn genau der empirische Sachverhalt gemessen wird, den der Forscher zu messen beansprucht. Im Gegensatz zur Reliabilität, die sich auf unsystematische bzw. zufällige Fehler des Messinstruments bezieht, gibt die Validität Auskunft über das Vorhandensein systematischer Fehler. Bezogen auf das oben skizzierte Beispiel ist es denkbar, dass alle Proben einen unangenehmen, leicht säuerlichen Geschmack aufweisen, weil das Mindesthaltbarkeitsdatum der Proben erheblich überschritten ist. Bei jeder Messung wird die Probe folglich schlechter bewertet, als bei einer Messung mit sensorisch einwandfreien Proben. Es handelt sich hier also um einen systematischen Fehler, der das Ergebnis bei jeder Messung in eine bestimmte Richtung verzerrt (Aus der Praxis 4-10).

4.2.3 Auswahlverfahren

Eine wichtige Entscheidung, die vor der Durchführung jeder primären Marktforschungsuntersuchung getroffen werden muss, ist die Auswahl der geeigneten Erhebungseinheiten. Welcher Personenkreis befragt bzw. beobachtet werden soll, richtet sich nach den benötigten Informationen, die wiederum von den konkreten Erhebungszielen abhängen. Die Gesamtheit aller Elemente, über die bestimmte Informationen beschafft werden sollen, bezeichnet man als **Grundgesamtheit**.

Wird tatsächlich jedes Element der Grundgesamtheit für die geplante Untersuchung berücksichtigt, dann handelt es sich um eine **Vollerhebung** (Zensus). Aus organisatorischen, zeitlichen und finanziellen Gründen eignet sich eine Vollerhebung nur in wenigen Fällen. Sie ist dann sinnvoll, wenn die interessierende Grundgesamtheit relativ klein und bezüglich der zu mes-

---

Aus der Praxis – 4-10

Das folgende anschauliche Praxisbeispiel verdeutlicht abschließend, dass Objektivität, Reliabilität und Validität nicht unabhängig voneinander betrachtet werden können, sondern in einem engen Zusammenhang stehen (Berekoven et al., 2006, S. 90): Ein Altwarenhändler handelt mit Metallen. Um das Gewicht zu ermitteln, benutzt er eine alte verrostete Waage. Das Skalenblatt der Waage ist schon beschädigt, manche Skalenstriche sind überhaupt nicht mehr vorhanden. Außerdem befindet sich in der Nähe ein starker Elektromagnet. Die Schrottwaage ist kein objektives Messinstrument, denn beim Ablesen der Skala ist soviel Augenmaß und Ermessen notwendig, dass zwei Schrotthändler, die die Skala unabhängig voneinander ablesen würden, zu unterschiedlichen Messwerten kämen. Auch ist die Schrotwaage kein reliables Messinstrument, denn selbst wenn das Skalenblatt repariert wird, würden bei Messwiederholungen unterschiedliche Messwerte zustande kommen. Dies liegt daran, dass die Waage verrostet ist, und daher keine exakten Messwerte zulässt. Selbst wenn die alte Schrottwaage durch eine neue ersetzt würde, kämen keine validen Messwerte zustande, da das Gewicht der gewogenen Metalle durch den in der Nähe stehenden Elektromagneten verfälscht wird. Es besteht somit folgender Zusammenhang zwischen den Gütekriterien: Objektivität ist Voraussetzung für Reliabilität, diese wiederum für die Validität eines Messinstrumentes.

Vollerhebung nur unter bestimmten Voraussetzungen

4.2 Marktforschung
Entscheidungsprobleme im Rahmen der Datenerhebung

Teilerhebungen können Rückschlüsse auf die Grundgesamtheit liefern.

senden Merkmale heterogen strukturiert ist (Hammann/Erichson, 2000, S. 125 ff.; Meffert et al., 2008, S. 150). Insbesondere im Bereich der Investitionsgüterindustrie beliefern viele Unternehmen nur eine überschaubare Anzahl von Abnehmern, die sich hinsichtlich ihrer Leistungsprogramme und der damit verbundenen Anforderungen jedoch deutlich unterscheiden können. In solchen Fällen bietet sich eine Vollerhebung an, um beispielsweise das Erfolgspotenzial neuer Produkte durch eine Befragung von Kunden zu ermitteln (Aus der Praxis 4-11).

Aus der Praxis – 4-11

Ein mittelständischer Anbieter von Hardware- und Software-Lösungen für die Bürokommunikation stellt fest, dass der Umsatz bei den bestehenden Kunden in den letzten zwei Jahren um jeweils fünf Prozent gesunken ist. Die Entscheidungsträger vermuten, dass diese negative Entwicklung auf eine Abnahme der Kundenzufriedenheit (zu diesem Konstrukt vgl. Kapitel 3.2.1.4) zurückzuführen ist, wofür sie wiederum den in der Vergangenheit durchgeführten Personalabbau im Servicebereich und die zunehmende Konkurrenz durch preisaggressive Discounter verantwortlich machen. Um diese Annahme zu überprüfen, wird ein Marktforschungsinstitut damit beauftragt, die Zufriedenheit der bestehenden Kunden mit den Leistungen des Anbieters mittels telefonischer Befragung zu ermitteln. »Bestehende Kunden« werden definiert als Abnehmer, mit denen das Unternehmen in den letzten zwei Jahren einen bestimmten Mindestumsatz und eine bestimmte Mindestanzahl von Aufträgen realisiert hat. Aus der Kundendatenbank geht hervor, dass gemäß dieser Definition insgesamt 315 Kunden zu berücksichtigen sind (Grundgesamtheit). Da diese Kunden unterschiedliche Produkte und Dienstleistungen nachfragen und sich somit in ihren Anforderungen an das Unternehmen erheblich unterscheiden, beschließt das Unternehmen, alle Erhebungseinheiten bei der geplanten telefonischen Befragung zu berücksichtigen (Vollerhebung).

Vollerhebungen sind außerdem zur Beschaffung von Daten für amtliche Statistiken erforderlich (z. B. Volkszählung, Arbeitsstättenzählung).

In der Marktforschung für Konsumgüter und Dienstleistungen hat man es im Allgemeinen mit großen Grundgesamtheiten zu tun. Deshalb beschränken sich die meisten Primärforschungen auf die Untersuchung eines Teils der Grundgesamtheit. Ziel einer solchen billigeren und zeitsparenden **Teilerhebung** ist es, aufgrund von Aussagen über bestimmte, nach sachrelevanten Kriterien ausgewählte Erhebungseinheiten auch Aussagen über die Grundgesamtheit treffen zu können. Ein solcher Rückschluss ist jedoch nur dann zulässig, wenn das Ergebnis der Teilerhebung möglichst exakt die Verhältnisse in der Grundgesamtheit widerspiegelt.

Unter einer **Stichprobe** versteht man demnach die nach einem bestimmten Verfahren erfolgende Auswahl einer begrenzten Anzahl von Elementen aus der Grundgesamtheit. Eine Stichprobe ist **repräsentativ**, wenn sie in der Verteilung aller interessierenden Merkmale exakt der Grundgesamtheit entspricht (Aus der Praxis 4-12). Wird eine Teilerhebung durchgeführt, ist ein geeigneter Auswahlplan zu erstellen, der die folgenden Schritte umfasst (vgl. Böhler, 2004, S. 132 ff.):

▶ Definition der Grundgesamtheit (z. B. männliche Personen, die älter sind als 24 Jahre und in den neuen Bundesländern leben)
▶ Bestimmung der Auswahlbasis (Verzeichnisse der Wohnbevölkerung, Adressen- und Branchenverzeichnisse, Telefonbücher, Kundendatenbanken usw.)
▶ Festlegung des Stichprobenumfangs (Berücksichtigung von Kosten, Zeit, Stichprobenfehlern usw.)
▶ Entscheidung bezüglich des Auswahlverfahrens (z. B. Quotenauswahl, Zufallsauswahl)
▶ Durchführung der Auswahl der Erhebungseinheiten.

In der Marktforschungspraxis kommt eine Vielzahl unterschiedlicher Auswahlverfahren zum Einsatz. Welches Verfahren am besten dazu geeignet ist, den bestehenden Informationsbedarf über eine Teilerhebung zu decken, muss unter sachrelevanten und kostenbezogen Gesichtspunkten entschieden werden. Die Abbildung 4-14 gibt einen Überblick über die ver-

Auswahlverfahren

Aus der Praxis – 4-12

Ein international tätiger Anbieter von Tiefkühlprodukten beabsichtigt, eine neue Tiefkühlpizza auf dem bundesdeutschen Markt einzuführen. Zu diesem Zweck möchte er sich ein Bild über die Nutzenerwartungen der deutschen Verwender von Tiefkühlpizza verschaffen. In diesem Fall bilden alle Deutschen, die (definitionsgemäß) mindestens einmal pro Monat eine Tiefkühlpizza verzehren, die Grundgesamtheit. Eine Vollerhebung ist aus Kosten- und Zeitgründen jedoch nicht sinnvoll. Außerdem liegt kein geeignetes Verzeichnis aller bundesdeutschen Pizzaverwender vor. Verfügbare Paneldaten (vgl. hierzu Kapitel 4.3.3.2) liefern jedoch wertvolle Informationen, beispielsweise über die Verteilung der Merkmale »Einkommen«, »Alter« und »Verwendungsintensität« in der Grundgesamtheit. Das Unternehmen entscheidet sich dazu, 500 Erhebungseinheiten auszuwählen und diese nach ihren Nutzenerwartungen bei Tiefkühlpizza zu befragen. Es wird sichergestellt, dass die Stichprobe repräsentativ ist, indem die Verteilung der oben genannten Merkmale (z. B. Einkommensklassen) in der Stichprobe exakt der Verteilung dieser Merkmale in der Grundgesamtheit entspricht.

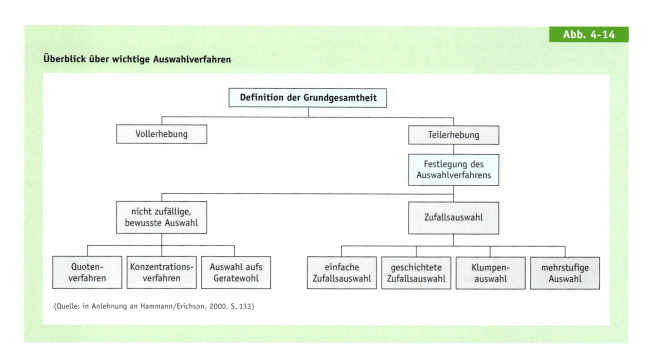

Abb. 4-14

Überblick über wichtige Auswahlverfahren

(Quelle: in Anlehnung an Hammann/Erichson, 2000, S. 133)

schiedenen Verfahren der zufälligen und der nicht zufälligen bzw. bewussten Stichprobenauswahl. Diese Verfahren werden im Folgenden näher beleuchtet.

4.2.3.1 Verfahren der Zufallsauswahl

Bei der Zufallsauswahl (»random sampling«) besitzt jedes Element der Grundgesamtheit eine berechenbare, von Null verschiedene Wahrscheinlichkeit, in die Auswahl zu gelangen. Da die Erhebungseinheiten nicht nach subjektivem Ermessen, sondern durch einen Zufallsmechanismus bestimmt werden, lässt sich der Stichproben- bzw. Zufallsfehler statistisch berechnen. Mit zunehmender Anzahl der Erhebungseinheiten steigt die Wahrscheinlichkeit, dass die Stichprobe in ihrer Zusammensetzung der Grundgesamtheit entspricht.

Als Vorteile einer zufälligen Auswahl der Erhebungseinheiten lässt sich zum einen die Bere-

Grundgedanke der Zufallsauswahl

chenbarkeit des Zufallsfehlers anführen. Zum anderen werden Verzerrungen durch die subjektive Auswahl der Auskunftspersonen vermieden. Nachteilig wirken sich die hohen Kosten für die Planung und Durchführung der zufälligen Auswahl aus. Ferner dürfen einmal ausgewählte Untersuchungseinheiten nicht nachträglich durch andere ersetzt werden, da sonst die Berechnung des Zufallsfehlers nicht mehr möglich ist. Dieses Problem darf nicht unterschätzt werden, da es häufig vorkommt, dass ausgewählte Personen nicht erreicht werden können oder keine Auskunft geben wollen (»non response«-Problem).

Folgende **Verfahren der Zufallsauswahl** lassen sich unterscheiden (vgl. ausführlich dazu Berekoven et al., 2006, S. 52 ff.; Böhler, 2004, S. 139 ff.; Hammann/Erichson, 2000, S. 137 ff.; Hüttner/Schwarting, 2002, S. 126 ff.):

Bei der **einfachen** bzw. **uneingeschränkten Zufallsauswahl** besitzt jedes Element der Grundgesamtheit die gleiche Wahrscheinlichkeit, in die Auswahl zu gelangen (so genanntes »Urnenmodell«). Voraussetzung für diese Vorgehensweise ist zumindest die symbolische Vollständigkeit der Grundgesamtheit (z. B. als Kartei). In der Marktforschungspraxis existiert eine Vielzahl alternativer Auswahltechniken; hierunter fallen z. B. Zufallszahlentabellen oder Zufallsgeneratoren, mit deren Hilfe die einzelnen Elemente der Stichprobe unmittelbar aus der Grundgesamtheit gezogen werden können. Die einfache Zufallsauswahl weist jedoch folgende Nachteile auf: Liegen umfangreiche Grundgesamtheiten vor, ist es sehr umständlich und teuer, alle Einheiten aufzulisten, um hieraus eine Zufallsauswahl vorzunehmen. Ferner fehlt es häufig an brauchbaren Auswahlgrundlagen (z. B. Adressenlisten). Viele Merkmale (z. B. Umsätze von Handelsbetrieben) weisen in der Grundgesamtheit eine große Varianz auf, sodass auch die ermittelten Messwerte sehr stark streuen. Aussagen mit geringer Fehlerspanne können dann nur durch einen hohen Stichprobenumfang gewährleistet werden. Unter solchen Umständen bieten sich zwei Sonderformen der zufälligen Auswahl an:

Insbesondere bei heterogenen Grundgesamtheiten, die sich aus relativ homogenen Teilgruppen zusammensetzen, kommt die **geschichtete Zufallsauswahl** (»stratified sampling«) zum Einsatz. Hier wird die Grundgesamtheit in mehrere, sich gegenseitig ausschließende Untergruppen (Schichten) aufgeteilt, aus denen dann jeweils eine eigene Stichprobe nach dem Zufallsprinzip gezogen wird. Soll beispielsweise für die Bundesbürger der durchschnittliche Alkoholkonsum pro Tag ermittelt werden, dann erscheint eine Schichtung nach dem Geschlecht sinnvoll, da sich der Alkoholkonsum von Männern und Frauen deutlich unterscheidet. Aus jeder Schicht wird anschließend eine einfache Zufallsauswahl vorgenommen.

Bei der so genannten **Klumpenauswahl** (»cluster sampling«) wird die Grundgesamtheit in sich gegenseitig ausschließende Gruppen von Erhebungseinheiten eingeteilt und dann per Zufallsauswahl eine bestimmte Anzahl dieser »Klumpen« gezogen. Demnach werden die Untersuchungseinheiten nicht einzeln ausgewählt, sondern jeweils in Gruppen. Möchte etwa die Stadtverwaltung wissen, wie die Bürger den öffentlichen Personennahverkehr beurteilen, kann sie nicht auf eine Liste derjenigen Personen zurückgreifen, die regelmäßig den Bus benutzen. Sie verfügt jedoch über eine Liste aller in der Stadt lebenden Haushalte (»Klumpen«). Aus dieser Liste wird eine Zufallsauswahl bezüglich der Haushalte vorgenommen. In den ausgewählten Haushalten werden dann alle Busbenutzer befragt.

Vielfach bildet eine Landkarte oder ein Stadtplan die Grundlage der Klumpenauswahl, weshalb diese Vorgehensweise auch als **Flächenstichprobenverfahren** bezeichnet wird. Die Gruppen der Erhebungseinheiten werden geografisch, z. B. als Planquadrate eines Stadtplans, Häuserblocks, Wahlbezirks usw., definiert.

Die Klumpenauswahl bietet sich insbesondere dann an, wenn man nicht über eine vollständige Liste der Erhebungseinheiten verfügt bzw. die vorliegende Liste veraltet ist. Ferner erweist sich dieses Verfahren in der Regel als wesentlich ökonomischer als die reine Zufallsauswahl, da Wegekosten und Zeitaufwand aufgrund der Befragung aller Untersuchungseinheiten eines Klumpens wesentlich geringer ausfallen. Nachteilig kann sich die Klumpenbildung auf den Stichprobenfehler auswirken, da die Klumpen (z. B. Wohnblöcke) in sich, das heißt in Bezug auf den Untersuchungsgegenstand, in der Regel homogener sind als eine zu erwartende Zufallsauswahl und demnach die Grundgesamtheit nicht genau repräsentieren. Dieses Problem wird als Klumpeneffekt bezeichnet und kann die Untersuchungsergebnisse erheblich verzerren.

4.2.3.2 Verfahren der bewussten Auswahl

Diese Vorgehensweise verzichtet auf die Chancengleichheit aller Elemente der Grundgesamtheit, in die Stichprobe zu gelangen. Die Auswahl erfolgt hier gezielt und überlegt nach sachrelevanten Merkmalen, wobei der Marktforscher ebenfalls das Ziel verfolgt, die Stichprobe so festzulegen, dass sie im Hinblick auf die relevanten Merkmale als repräsentativ für die Grundgesamtheit gilt. Folgende Verfahren lassen sich unterscheiden:

Bei der **Quotenauswahl** wird die Stichprobe analog zur Verteilung eines oder mehrerer relevanter Merkmale der Grundgesamtheit gebildet. In der Praxis beschränkt man sich dabei auf einige wenige Merkmale, deren Verteilung in der Grundgesamtheit bekannt ist und von denen man weiß oder annimmt, dass sie für den Untersuchungsgegenstand eine ausschlaggebende Rolle spielen. Jedoch nur dann, wenn wenige Merkmale und Merkmalsausprägungen ausgewählt werden, können die geeigneten Personen mit einem vertretbaren Kosten- und Zeitaufwand gefunden werden.

Die Auswahl der Quotenmerkmale und ihrer Ausprägungen führt dazu, dass konkrete Vorgaben gemacht werden, nach denen das Erhebungspersonal die entsprechenden Auskunftspersonen auszuwählen hat. Eine solche **Quotenanweisung** enthält die Anzahl der Erhebungseinheiten, die Quotenmerkmale und die Quoten pro Merkmalsausprägung. Die Abbildung 4-15 enthält ein typisches Beispiel für eine einfache Quotenanweisung, in der die Merkmalsausprägungen jeder ausgewählten Erhebungseinheit vermerkt werden. Bei korrekter Durchführung der Erhebung entspricht die Stichprobe folglich in allen Quotierungsmerkmalen der Zusammensetzung der Grundgesamtheit.

Einfache Quotenanweisungen sind jedoch mit dem Problem verbunden, dass die einzuhaltenden Quoten für jedes Merkmal getrennt aufgeführt sind, was zu Verzerrungen in den Ergebnissen führen kann (Böhler, 2004, S. 137). Bezogen auf das Beispiel, das in der Abbildung 4-15 dargestellt ist, wäre es folglich möglich, dass die vier ausgewählten Erhebungseinheiten, die der Altersklasse zwischen 30 bis 39 Jahren angehören, alle weiblich sind und die Marke B verwenden. Um dieses Problem zu vermeiden, kommen in der Marktforschungspraxis vor allem **kombinierte Quotenanweisungen** zum Einsatz. Bezogen auf das obige Beispiel liegen drei Quotenmerkmale mit zwei bzw. drei unterschiedlichen Ausprägungen vor, sodass sich insgesamt 12 Untergruppen bilden lassen. Für jede Untergruppe ist deren relative Häufigkeit in der Grundgesamtheit zu ermitteln und die Stichprobe auf der Grundlage dieser Informationen zu quotieren.

Abb. 4-15

Beispiel für eine einfache Quotenanweisung

Gesamtanzahl der Erhebungseinheiten = 20		
Quotenmerkmal	Ausprägungen des Quotenmerkmals	Anzahl der Auskunftspersonen
Alter	16 bis 19	0 0 0 0 0 0 0 0
	20 bis 29	0 0 0 0 0 0 0 0
	30 bis 39	0 0 0 0
Geschlecht	männlich	0 0 0 0 0 0 0 0 0 0
	weiblich	0 0 0 0 0 0 0 0 0 0
Markenverwendung	Marke A	0 0 0 0 0 0 0 0
	Marke B	0 0 0 0 0 0 0 0 0 0 0 0

Grundgedanke der bewussten Auswahl

Abb. 4-16

Beispiel für eine kombinierte Quotenanweisung

Alter	Geschlecht	Markenverwendung	
		Marke A	Marke B
16 bis 19	männlich	2	3
	weiblich	1	2
20 bis 29	männlich	1	2
	weiblich	2	3
30 bis 39	männlich	1	1
	weiblich	1	1

Das Beispiel verdeutlicht jedoch auch, dass kombinierte Quotenanweisungen nur für wenige Merkmale und Merkmalsausprägungen erstellt werden können, da andernfalls die Anzahl der Untergruppen so groß wird, dass die Suche nach geeigneten Erhebungseinheiten zu teuer bzw. zu zeitaufwändig wird.

Für das Quotenverfahren spricht die kostengünstige und schnelle Handhabung, insbesondere in denjenigen Fällen, in denen eine Zufallsauswahl nicht oder nur mit unverhältnismäßig hohem Aufwand eingesetzt werden kann. Zu Verzerrungen kann es jedoch kommen, weil der Interviewer die Auskunftspersonen unter Berücksichtigung der Quotierungsmerkmale selbst aussucht. Ferner ist eine mathematisch-statistische Berechnung des Stichprobenfehlers nicht möglich.

Beim **Konzentrations-** oder **Abschneideverfahren** (»cut off sampling«) werden diejenigen Teile der Grundgesamtheit von der Erhebung ausgeklammert, die für das Untersuchungsziel keine oder nur geringe Bedeutung haben. Dieses Verfahren bietet sich an, wenn einem Teil der Untersuchungsobjekte ein sehr hoher Erklärungsbeitrag für den zu untersuchenden Sachverhalt in der Grundgesamtheit zugemessen wird. So kann es beispielsweise sinnvoll sein, dass ein Hersteller von Tiefkühlkost ausschließlich umsatzstarke Betriebe des Lebensmitteleinzelhandels befragt, da die Einbeziehung kleinerer Betriebe keine zusätzlichen Erkenntnisse bringt oder die zusätzlichen Informationen in keinem Verhältnis zu den zusätzlichen Kosten stehen.

4.3 Methoden der Primärforschung

Zur Beschaffung originärer Daten stehen grundsätzlich zwei Erhebungsmethoden zur Verfügung: die **Befragung** und die **Beobachtung** von Zielpersonen. Bei einem Experiment handelt es sich um eine spezielle Versuchsanordnung, die auf einer Befragung oder Beobachtung beruht, weshalb einige Autoren auch zwischen experimentellen und nicht-experimentellen Befragungs- bzw. Beobachtungsformen unterscheiden (vgl. z. B. Hüttner/Schwarting, 2002, S. 68). Aufgrund seiner spezifischen Eigenschaften wird das Experiment gesondert im Kapitel 4.3.3.1 behandelt. Eine weitere Variante der Primärforschung ist die Panelerhebung. Sie beruht ebenfalls auf einer speziellen Form der Befragung bzw. Beobachtung und wird im Kapitel 4.3.3.2 näher beleuchtet.

4.3.1 Befragung

Die Befragung ist zweifellos die wichtigste und am häufigsten eingesetzte Erhebungsmethode im Rahmen der Primärforschung, weshalb die mit ihrer Planung verbundenen Entscheidungstatbestände an dieser Stelle etwas ausführlicher dargestellt werden sollen. Eine Befragung erfordert die aktive Mitwirkung der Auskunftspersonen und eignet sich insbesondere dazu, nicht beobachtbare, im Kopf der Probanden gespeicherte Sachverhalte (z. B. die Einstellung gegenüber einem Produkt) offenzulegen. Als **Befragung** bezeichnet man im Allgemein eine Datenerhebungsmethode, bei der die Auskunftspersonen zu Äußerungen bezüglich bestimmter, vom Forscher vorgegebener Sachverhalte aufgefordert werden. Die Entscheidung, Informationen mit Hilfe einer Befragung zu beschaffen, legt nur die grundsätzliche Vorgehensweise im Rahmen der Datenerhebung fest. Die konkrete Ausprägung einer Befragung ergibt sich erst aus der Art und Kombination einzelner Befragungselemente.

Befragung: aktive Mitwirkung der Auskunftsperson

Abb. 4-17

Strukturierung unterschiedlicher Befragungen

Einteilungskriterium	Erscheinungsformen
Art der Kommunikation	mündlich (persönlich/telefonisch) schriftlich (offline/online)
Grad der Standardisierung (Befragungsstrategie)	quantitativ (hoher Grad der Standardisierung) qualitativ (geringer Grad der Standardisierung)
Art der Fragestellung (Befragungstaktik)	direkte/indirekte Fragen offene/geschlossene Fragen

4.3 Methoden der Primärforschung

Die wichtigsten Gestaltungsmöglichkeiten von Befragungen lassen sich mit Hilfe verschiedener **Einteilungskriterien** strukturieren, die im Folgenden näher erläutert werden sollen (vgl. Esch et al., 2008, S. 104; Böhler, 2004, S. 85). Die Abbildung 4-17 liefert ein Überblick über die verschiedenen Erscheinungsformen von Befragungen.

4.3.1.1 Art der Kommunikation mit dem Befragten

Das wohl wichtigste Einteilungskriterium ist die Art der Kontaktaufnahme mit den Auskunftspersonen. Jede Vorgehensweise ist durch ganz bestimmte Merkmale gekennzeichnet und weist spezifische Vor- und Nachteile auf, wobei die Vorteile einer Befragungsart häufig mit den Nachteilen einer anderen gleichgesetzt werden können.

Mündliche Befragungen sind gekennzeichnet durch die persönliche Kommunikation zwischen dem Interviewer und der Auskunftsperson und lassen sich weiter in persönliche und telefonische Befragungen unterteilen. Mündliche Befragungen werden am häufigsten in standardisierter Form im Rahmen von Verbraucherbefragungen durchgeführt, das heißt, der Interviewer ist an die Formulierung und Reihenfolge der Fragen fest gebunden.

Der Interviewer übernimmt in einer **persönlichen Befragung** (»face to face«-Interview«) die Aufgabe, die Fragen zu stellen und die Antworten des Probanden zu notieren. Derartige Befragungen werden in der Regel in einem Teststudio, im Haushalt des Befragten oder an stark frequentierten öffentlichen Plätzen (z. B. Fußgängerzone, Einkaufszentrum) durchgeführt. Grundlage traditioneller mündlicher Befragungen ist folglich ein Fragebogen, weshalb man in diesem Zusammenhang von »paper and pencil«-Befragungen spricht. Bei der computergestützten Form der mündlichen Befragung, die man auch als **CAPI** bezeichnet (»Computer Assisted Personal Interview«), werden die Fragen auf dem Bildschirm präsentiert, und die Antworten lassen sich direkt über die Computertastatur, Mausklicks oder Berührungen der Bildschirmoberfläche (»Touchscreen«) in das System eingeben. Der grundlegende Vorteil aller computergestützten Befragungsformen beruht darauf, dass nach Abschluss des Interviews keine Dateneingabe auf der Grundlage von Fragebögen mehr nötig ist. Außerdem lässt sich der Ablauf einer computergestützten Befragung bezüglich der Reihenfolge bzw. der Auswahl der von der Testperson zu beantwortenden Fragen durch intelligente Softwarelösungen sehr flexibel gestalten. Schließlich besteht die Möglichkeit, multimediale Elemente in den Befragungsablauf einzubauen (z. B. Bilder, Videoclips, Animationen, Töne), wodurch komplexe Sachverhalte besser erläutert und die Motivation der Teilnehmer erhöht werden können (vgl. hierzu Abbildung 4-18).

Persönliche Befragungen weisen verschiedene Vorteile auf: Identität und nötige Konzentration der Auskunftsperson lassen sich vom Interviewer im Allgemeinen leicht überprüfen. Außerdem steht er mit näheren Erläuterungen zur Verfügung, wenn Verständnisprobleme auftreten, wobei die Vergleichbarkeit der Antworten jedoch

Persönliche Befragung durch Interviewer: »Paper and Pencil« oder computergestützt

Mündliche Befragung als persönliche oder telefonische Kommunikation

Abb. 4-18
Beispiel für den Einsatz multimedialer Stimuli im Rahmen einer computergestützten Befragung

(Quelle: Koch et al., 2005, S. 84)

nicht gefährdet werden darf. Die Beantwortung bestimmter Fragen kann durch geeignete Hilfsmittel (z. B. optische Vorlagen, Verpackungsmuster) unterstützt werden. Persönliche Interviews können auch umfangreicher als schriftliche sein, da die Auskunftspersonen durch die persönliche Kommunikation in der Regel nicht so schnell ermüden. Außerdem hat der Interviewer die Möglichkeit, auftretenden Ermüdungserscheinungen gezielt entgegenzutreten (z. B. durch kurze Unterbrechung). Schließlich kann der Interviewer durch entsprechende Anweisungen die Reihenfolge der Fragen und die Beantwortungszeit gemäß den Vorgaben genau steuern.

Die Nachteile eines persönlichen Interviews lassen sich zum einen auf die Verzerrungseffekte durch die spezifische Kommunikationssituation zurückführen (Interviewer-Bias). Der persönliche Kontakt zwischen der Auskunftsperson und dem Interviewer führt oft zur Beeinflussung der Antworten (Meffert et al., 2008, S. 159; Hammann/Erichson, 2000, S. 99). Beispielsweise ist es möglich, dass eine weibliche Versuchsperson gegenüber einem männlichen Interviewer nicht so unbefangen über ihre Haarpflegeprobleme spricht wie gegenüber einer Interviewerin. Die Auskunftsperson will einen »netten« bzw. »sympathischen« Interviewer nicht enttäuschen und gibt Gefälligkeitsantworten. Die Durchführung einer persönlichen Befragung ist zum anderen aufgrund des benötigten Erhebungspersonals mit erheblichen Kosten verbunden. Neben den reinen Personalkosten für die Durchführung der mündlichen Befragung müssen die Kontaktkosten (z. B. Anfahrtszeiten, vergebliche Versuche der Kontaktaufnahme mit den Auskunftspersonen) berücksichtigt werden.

Die zweite Form des persönlichen Interviews ist die **telefonische Befragung**. Sie ist dadurch gekennzeichnet, dass der Interviewer die Auskunftspersonen anruft und bittet, auf Fragen zum interessierenden Sachverhalt zu antworten. Aufgrund der nahezu vollständigen Verbreitung von Festnetz- und/oder Mobilfunkanschlüssen in Unternehmen und Haushalten tritt die Gefahr der mangelnden Repräsentanz der Auskunftspersonen heute in den Hintergrund. Analog zur persönlichen Befragung ist die computergestützte Form der telefonischen Befragung ebenfalls von großer Bedeutung, die als **CATI** (Computer Assisted Telephone Interview) bezeichnet wird. Entsprechende Softwareprogramme unterstützen den am Bildschirm sitzenden Interviewer unter anderem dadurch, dass die Telefonnummern sowie die Ersatznummern bei Fehlversuchen automatisch ausgewählt und alle Fragen (inklusive Filterführungen, Fragenrotationen etc.) am Bildschirm nacheinander dargestellt werden (Berekoven et al., 2006, S. 109 f.).

Ein wesentlicher Vorteil telefonischer Befragungen ist zweifellos die kostengünstige und zeitsparende Kontaktaufnahme (wenige Interviewer, keine Wegekosten, mehrere Kontaktversuche in kurzer Zeit). Sind die Auskunftspersonen zu Hause, nehmen sie in der Regel auch in ungünstigen Momenten eher den Hörer ab, als dass sie einem Interviewer die Tür öffnen oder ihn in der Innenstadt in ein Teststudio begleiten. Außerdem belegen empirische Untersuchungen, dass viele Befragte am Telefon eine größere Auskunftsbereitschaft zeigen und ehrlichere Antworten als bei einem mündlichen Interview geben, weil sie die Kommunikationssituation eher als anonym empfinden.

Diesen positiven Aspekten der telefonischen Befragung stehen folgende Nachteile gegenüber: Die Auswahlgrundlagen, das heißt Verzeichnisse mit Telefonnummern, auf die sich offline oder online zugreifen lässt, sind nicht vollständig; Neueintragungen fehlen, manche Telefonnummern sind mehrfach eingetragen und Teilnehmer mit Geheimnummern sind nicht erreichbar. Ferner kann die Marktforschung wegen der besonderen Kommunikationssituation Hilfsmittel wie Bildmaterial, unterstützende Skalen oder Listen nicht einsetzen. Aufgrund der rein akustischen Reizübermittlung müssen sich die Auskunftspersonen stark konzentrieren, wodurch telefonische Interviews vergleichsweise kurz und einfach gestaltet sein müssen. Fühlt sich der Befragte belästigt oder überfordert, kann er das Telefongespräch durch Auflegen des Hörers problemlos beenden. Die Auskunftsbereitschaft am Telefon wird schließlich auch dadurch beeinträchtigt, dass eine zweifelsfreie Legitimation des anrufenden Interviewers nicht möglich ist.

Bei einer **schriftlichen Befragung** erhalten die Auskunftspersonen in der Regel per Post, per Fax oder E-Mail einen Fragebogen zugeschickt, den sie innerhalb einer vorgegebenen Zeit-

4.3 Methoden der Primärforschung

spanne ausfüllen und an die Institution zurücksenden sollen, welche die Feldarbeit durchführt. Auch in Zeitschriften, Warenverpackungen etc. befinden sich manchmal Fragebögen, die von den Konsumenten ausgefüllt und an die angegebene Adresse gesendet werden sollen (Böhler, 2004, S. 92). Die Kommunikation zwischen Fragesteller und Befragtem erfolgt also ausschließlich über den Fragebogen. Schriftliche Befragungen werden insbesondere im Business to Business-Marketing relativ häufig durchgeführt. Die umfangreichste schriftliche Befragung in der Bundesrepublik Deutschland ist die Volkszählung, bei der die Bürger zur Auskunft gesetzlich verpflichtet sind.

Schriftliche Befragungen weisen die folgenden Vorteile auf (Dannenberg/Barthel, 2002, S. 147): Sie sind trotz der anfallenden Versandkosten vergleichsweise preiswert, da ein großes räumliches Befragungsgebiet ohne den Einsatz von Interviewern abgedeckt werden kann. Auch schwer erreichbare Auskunftspersonen (z. B. Schichtarbeiter) können auf dem Postweg in den Besitz des Fragebogens gelangen. Die Auskunftspersonen haben zu Hause genügend Zeit, die einzelnen Fragen sorgfältig zu bearbeiten. Schließlich sind Einflüsse ausgeschlossen, die durch die Anwesenheit eines Interviewers hervorgerufen werden könnten (z. B. falsche Antworten auf intime Fragen).

Diesen Vorteilen der schriftlichen Befragung steht jedoch eine Reihe von Nachteilen gegenüber, die auf Repräsentanz- und Kommunikationsprobleme zurückzuführen sind: Die Rücklaufquoten schwanken je nach Grundgesamtheit bzw. Untersuchungsgegenstand, liegen in der Regel jedoch nur zwischen 10 bis 30 Prozent und sind damit deutlich geringer als bei den übrigen Kommunikationsarten (Kühn/Kreuzer, 2006, S. 61). Dadurch kann die Repräsentanz der gewählten Stichprobe gefährdet sein. Es ist jedoch möglich, die Rücklaufquote durch gezielte Maßnahmen zu erhöhen, z. B. durch vorherige telefonische Ankündigung der schriftlichen Befragung oder durch Auslosung von Preisen unter den Beantwortern (Diekmann, 2007, S. 519 f.). Bei der Bearbeitung des Fragebogens können Missverständnisse auftreten, weil schwer verständliche Fragen bzw. Anweisungen nicht zusätzlich erläutert werden können. Genaue Anweisungen, gegebenenfalls mit Antwortbeispielen, erhöhen wiederum den Umfang des Fragebogens, sodass die Antwortbereitschaft der Auskunftspersonen unter Umständen abnimmt. Schließlich lässt sich nicht nachprüfen, zu welchem Zeitpunkt und unter welchen Rahmenbedingungen (z. B. unkonzentriertes Ausfüllen während einer spannenden Fernsehsendung) die Beantwortung erfolgt. Fraglich bleibt auch, ob die angeschriebenen Auskunftspersonen den Fragebogen tatsächlich selbst ausfüllen. Zudem besteht die Gefahr, dass die Fragen nicht in der vorgesehenen Reihenfolge beantwortet werden. Bei schriftlichen Befragungen von Führungskräften im Rahmen der Investitionsgütermarktforschung besteht häufig das Problem, dass die Zielpersonen die Beantwortung der Fragebögen aus Zeitmangel an Mitarbeiter delegieren, die über den interessierenden Sachverhalt nur bedingt Auskunft erteilen können.

Vorteile und Nachteile schriftlicher Befragungen

Aufgrund der schnellen weltweiten Verbreitung des Internets als Kommunikations- und Interaktionskanal haben **Online-Befragungen** in den letzten Jahren erheblich an Bedeutung gewonnen. Sie können als Sonderform der schriftlichen Befragung aufgefasst werden, da der Teilnehmer die gestellten Fragen alleine, das heißt ohne Unterstützung eines Interviewers, an seinem Computer beantwortet (»self administered survey«) (Theobald et al., 2003, S. 9). Online-Befragungen weisen alle oben genannten Vorteile computergestützter Erhebungsformen auf, ihre Besonderheit besteht jedoch darin, dass der Internet-Nutzer auf den Fragebogen zugreift, indem er eine bestimmte Seite im World Wide Web aufruft (Decker, 2001, S. 80).

Online-Befragungen gewinnen zunehmend an Bedeutung

Teilnehmer für Online-Befragungen werden beispielsweise durch Werbung im Internet bzw. in den klassischen Werbemedien oder durch entsprechende Einträge in Suchmaschinen gewonnen. Diese Form der Rekrutierung ist jedoch problematisch, weil die Grundgesamtheit unbekannt bleibt und aufgrund der Selbstselektion der Teilnehmer keine Repräsentanz der Stichprobe realisiert werden kann. Deshalb haben sich in der Marktforschungspraxis so genannte **Online-Access-Panels** durchgesetzt. Dabei handelt es sich jeweils um eine Gruppe von registrierten Personen, die sich bereit erklärt haben, wiederholt an Online-Befragungen teilzunehmen

Online-Access-Panel

4.3 Marktforschung
Methoden der Primärforschung

Abb. 4-19

Beispiel für die Durchführung von Online-Befragungen mit Hilfe eines Online-Access-Panels

(Quelle: www.myonlinepanel.de)

(Götz, 2003, S. 228). Geeignete Teilnehmer werden per E-Mail eingeladen und gelangen zu dem Fragebogen, indem Sie ein Kennwort oder einen personalisierten Link verwenden (Kühn/Kreuzer, 2006, S. 111). Die Abbildung 4-19 enthält ein Beispiel für ein Marktforschungsunternehmen, welches Befragungen mit Hilfe eines Online-Access-Panels durchführt.

Aufgrund der oben skizzierten Vor- und Nachteile lässt sich die Effizienz einer Befragung durch Kombinationen bestimmter Kommunikationsformen erhöhen. Hierzu zählen z. B. die telefonische Verabredung eines mündlichen Interviews bzw. die telefonische Gewinnung der Auskunftspersonen für die Beantwortung eines anschließend per Post verschickten Fragebogens (Aaker et al., 2006, S. 261 f.). Die Abbildung 4-20 enthält eine abschließende Gegenüberstellung der Vor- und Nachteile der verschiedenen Arten der Kommunikation mit den Auskunftspersonen.

4.3.1.2 Grad der Standardisierung einer Befragung – quantitative und qualitative Interviews

Liegen die Reihenfolge, Anzahl und Formulierung der Fragen sowie die Antwortmöglichkeiten fest, handelt es sich um eine **quantitative Befragung**. Aufgrund des hohen Standardisierungsgrads lassen sich große repräsentative Stichproben und differenzierte statistische Auswertungen realisieren (Esch et al., 2008, S. 104). Quantitative Befragungen sind in der

---

Quantitative Befragung = Erfassung von Sachverhalten durch hohe Standardisierung des Interviews

4.3 Methoden der Primärforschung

Abb. 4-20

Vor- und Nachteile verschiedener Befragungsformen

	mündliche Befragung		schriftliche Befragung	
	persönlich	telefonisch	offline	online
traditionell	Interviewer mit Fragebogen		Fragebogen per Post	Online-Befragung
computergestützt	Computer Assisted Personal Interview (CAPI)	Computer Assisted Telephone Interview (CATI)	Elektronischer Fragebogen per E-Mail	
Vorteile	▸ Reduktion Verweigerungsquote durch geschultes Verhalten des Interviewers ▸ hohe Rücklaufquote und dadurch hohe Repräsentativität ▸ Fragebogenumfang und -inhalt kaum eingeschränkt ▸ Befragungssituation weitgehend kontrollierbar ▸ Frageformen und Reihenfolge bestmöglich einsetzbar ▸ Möglichkeit für Rückfragen und zusätzliche Verdeutlichungen ▸ Verwendung von optischen Hilfsmitteln möglich (Bilder und Produktmuster) ▸ zusätzliche Erfassung von nonverbalen Reaktionen ▸ Verzweigungen im Fragebogen durch Interviewer realisierbar (Filterführung)	▸ zeitliche Flexibilität: sehr kurzfristig einsetzbar, Durchführung nicht tageszeitabhängig, Abbruchmöglichkeit mit späterer Fortsetzung ▸ zeitnahe Verfügbarkeit der Ergebnisse ▸ relative Kostengünstigkeit ▸ Möglichkeit für Rückfragen und zusätzliche Verdeutlichungen	▸ Abdeckung eines großen räumlichen Gebietes (große Fallzahlen erreichbar) ▸ keine Beeinflussung durch Interviewer möglich ▸ relative Kostengünstigkeit – wenn Interesse seitens der Befragten vorhanden ist und dadurch eine hohe Rücklaufquote erwartet wird ▸ Möglichkeit der Befragten in Ruhe über eine Antwort nachzudenken	▸ hohe Reichweite; Ansprache einer Vielzahl von Befragten (auch international) ▸ schnelle Kontaktierung und dadurch schnelle Erzielbarkeit großer Fallzahlen (Zeitvorteil) ▸ automatische Erfassung der Daten und zeitnahe Ergebnisse ▸ relativ geringe Kosten ▸ keine Beeinflussung durch Interviewer möglich ▸ Filterführungen möglich

Nachteile	▸ erheblicher Zeitaufwand
	▸ dadurch relativ hohe Kosten der Durchführung
	▸ hoher Grad der Beeinflussbarkeit durch Interviewer möglich
	▸ dadurch Verzerrung der Ergebnisse aufgrund der sozialen Interaktion und der Befragungssituation
		▸ geringe Auskunftsbereitschaft durch Anonymität des Interviewers und fehlenden Sichtkontakt
		▸ Beeinflussung durch Interviewer möglich
		▸ keine Erfassung von nonverbalen Reaktionen
		▸ keine Verwendung von optischen Hilfsmitteln möglich
		▸ schwierige telefonische Erreichbarkeit bestimmter Befragungsgruppen
		▸ Rücklauf geringer durch Gesprächsabbruch der Befragten (Auflegen)
			▸ nur Personen erreichbar deren Adresse bekannt ist
			▸ relativ geringe Rücklaufquoten (Ø 20 Prozent)
			▸ keine Kontrolle der Befragungssituation
			  – Antwortverzerrung aufgrund der Anonymität
			  – keine Rückfragen möglich
			▸ daraus resultierende Gefahr der mangelnden Repräsentativität
			▸ keine Kontrolle der Reihenfolge der Fragenbeantwortung sowie des situativen Umfelds und dessen Beeinflussung
			▸ Filterführungen nur bedingt möglich
			▸ Fragenumfang ist limitiert
				▸ Rücklaufquoten unter Umständen gering
				▸ oftmals unzureichende Informationen über die Grundgesamtheit
				▸ Repräsentativität unter Umständen eingeschränkt
				  – Gefahr der Verzerrung durch Selbstselektion der Teilnehmer
				▸ keine Kontrolle der Befragungssituation
				  – Antwortverzerrung aufgrund der Anonymität
				  – keine Rückfragen möglich

(Quelle: in Anlehnung an Esch et al., 2008, S. 107; Meffert et al., 2008, S. 159)

4.3 Marktforschung
Methoden der Primärforschung

Marktforschung weit verbreitet und kommen vor allem zur Erfassung von Sachverhalten zum Einsatz, die durch einfache, eindeutige Fragen und leicht unterscheidbare Antwortkategorien abgedeckt werden können. Dazu zählen etwa demografische Merkmale der Befragten (z. B. Geschlecht, Alter, Einkommen) sowie Informationen über deren Kauf- und Konsumverhalten (z. B. Marken- und Einkaufsstättenwahl) (Kühn/Kreuzer, 2006, S. 43). Vorteile quantitativer Befragungen sind die Vollständigkeit und gute Vergleichbarkeit der Antworten, die leichte Quantifizierbarkeit der Ergebnisse sowie die hohe Zuverlässigkeit (Reliabilität) der Antworten aufgrund des vergleichsweise geringen Interviewereinflusses. Gravierender Nachteil ist die zum Teil geringe Gültigkeit (Validität) der mit Hilfe geschlossener Fragen gewonnenen Informationen (vgl. hierzu Kapitel 4.3.1.3). Es besteht die Gefahr, dass standardisierte Fragestellungen bzw. Antwortmöglichkeiten der tatsächlichen Situation des Befragten nicht gerecht werden, sodass der Marktforscher unvollständige oder sogar falsche Antworten erhält (Böhler, 2004, S. 87).

Vorteile und Nachteile quantitativer Befragungen

Ist die Entscheidung gefallen, eine quantitative Befragung durchzuführen, muss ein geeigneter **Fragebogen** entwickelt werden, der die Grundlage eines jeden standardisierten Interviews bildet. Hinsichtlich der Strukturierung eines Fragebogens lassen sich vier Fragetypen unterscheiden, die in der Abbildung 4-21 dargestellt sind (Schäfer/Knoblich, 1978, S. 292; Koch, 2004, S. 81 f.).

Die Bereitschaft der Auskunftspersonen zur Beantwortung der vorbereiteten Fragen hängt entscheidend von der **Dauer des Interviews** ab. Der maximale Umfang eines Fragebogens kann nicht grundsätzlich festgelegt werden, er wird vielmehr von der Kommunikationsform, vom Schwierigkeitsgrad der Fragen, der Gestaltung des Fragebogens und dem Interesse der Testpersonen am zu untersuchenden Sachverhalt beeinflusst. Während eine Befragung von Verbrauchern in der Regel eine Zeitdauer von 30 bis 60 Minuten nicht überschreiten sollte, nehmen Expertenbefragungen, insbesondere bei der Verwendung offener Fragen, manchmal mehrere Stunden in Anspruch. Die für eine Auskunftsperson gerade noch erträgliche Dauer eines Interviews richtet sich außerdem nicht nach der objektiv messbaren, sondern nach der subjektiv empfundenen Zeitdauer.

Einfluss auf die Qualität der Ergebnisse der Befragung hat auch die **sprachliche Gestaltung** der einzelnen Fragen. Unangemessene Formulierungen beeinträchtigen die Aussagefähigkeit der Antworten. Grundsätzlich sollten die Fragen einfach gestellt sein, das heißt, dass das verwendete Vokabular den Auskunftspersonen verständlich bzw. geläufig sein muss. Damit die Fragen von allen Befragten in gleicher Weise interpretiert werden, ist ferner auf eine eindeutige und präzise Formulierung zu achten (Aus der Praxis 4-13).

Die Fragen müssen außerdem **neutral** konstruiert sein, sodass die Auskunftspersonen bei ihrer Antwort nicht beeinflusst werden. Insbesondere suggestiv gestellte Fragen führen dazu, dass der Befragte einer bestimmten Antwort kaum ausweichen kann. Manche Formulierungen fordern die Auskunftspersonen geradezu heraus, bestimmten Aussagen (z. B. soziale Erwünschtheit) zuzustimmen: »Sind Sie nicht auch der Meinung, dass zum Wohl von Eltern und Kindern Süßwaren nicht mehr in den Kassenzonen des Lebensmitteleinzelhandels platziert werden sollten?«

Schließlich ist darauf zu achten, dass die Fragen **beantwortbar** sind. Nur in denjenigen Fällen, in denen die Auskunftspersonen über die nötige Sachkenntnis bezüglich des Untersuchungsgegenstands verfügen, sind ihre Antworten auch interpretierbar. »Exklusive Parfums sind vor allem deshalb so teuer, weil die Hersteller viel Geld in die Werbung stecken.« Um diese

Abb. 4-21

Inhaltliche Strukturierung eines Fragebogens

Art der Fragen	Zielsetzung
(1) Kontaktfragen	Abbau von Misstrauen, Motivierung für die folgenden Fragen
(2) Sachfragen	Direkter Bezug zum Untersuchungsgegenstand, Hauptteil der Befragung
(3) Kontrollfragen	Überprüfung der Antworten auf Konsistenz, Kontrolle der Interviewer
(4) Fragen zur Person	Erfassung relevanter Merkmale der Befragten (z. B. Alter, Einkommen, Familienstand)

Aus der Praxis – 4-13

»Handelt es sich bei dem neuen VW Golf um ein wirtschaftliches und sicheres Fahrzeug?« Diese Frage, für deren Beantwortung die Befragten den Grad ihrer Zustimmung anhand einer siebenstufigen Ratingskala (1 = »stimme überhaupt nicht zu« / 7 = »stimme voll und ganz zu«) angeben müssen, enthält eine mehrdeutige bzw. mehrdimensionale Formulierung. Erstens muss damit gerechnet werden, dass ein Teil der Auskunftspersonen den VW Golf als sicher, jedoch nicht als wirtschaftlich einschätzt (oder umgekehrt). Zweitens ist insbesondere das Merkmal »Wirtschaftlichkeit« nicht präzise genug formuliert (Operationalisierungsproblem). Einige Testpersonen könnten darunter den Anschaffungspreis sowie Ausgaben für Steuern und Versicherungen verstehen, andere den Benzinverbrauch oder die Kosten für Wartung und Reparaturen. Folglich kann der Informationsbedarf hier nur gedeckt werden, wenn die Meinung der Befragten zu dem interessierenden Sachverhalt durch mehrere präziser formulierte Fragen ermittelt wird.

Aussage sachgerecht mit »ja« oder »nein« beantworten zu können, müssen die Auskunftspersonen über spezielle Kenntnisse der Herstellungs- und Marketingkosten im Produktbereich der Parfums verfügen. Derartige Fragen können jedoch dann sinnvoll sein, wenn lediglich die subjektive Meinung der Befragten ermittelt werden soll.

Sollen Marktforschungsprobleme strukturiert bzw. präzisiert und Hypothesen formuliert werden, bieten sich **qualitative Befragungen** an, die ohne Fragebogen auskommen und folglich einen niedrigen Standardisierungsgrad aufweisen. Häufig wird für eine qualitative Befragung nur ein thematischer Leitfaden erstellt, während man auf standardisierte Vorgaben bewusst verzichtet. Folglich sind den Antwortmöglichkeiten und Ausdrucksformen der Gesprächspartner nahezu keine Grenzen gesetzt. Durch diese Vorgehensweise wird ein tieferer Informationsgehalt der Ergebnisse erreicht. Interaktionen zwischen Interviewer und Befragten werden im Gegensatz zu quantitativen Befragungen nicht als Verzerrungen betrachtet, sondern bieten die Möglichkeit, Hintergründe zu erfragen und Unklarheiten zu beseitigen. Um die Befragten in der Artikulation ihrer Gedanken möglichst wenig einzuschränken, ist eine natürliche Kommunikationssituation von entscheidender Bedeutung. Durch die flexible Gesprächsführung kann auf neu auftretende problembezogene Aspekte jederzeit durch Erweiterung bzw. Abwandlung der zu stellenden Fragen reagiert werden, sodass sich der Interviewer flexibel an jede Untersuchungssituation anpassen kann (Kepper, 2008, S. 177).

Ziel einer qualitativen Befragung ist es, die subjektive Sicht relevanter Gesprächspersonen abzubilden, um mögliche Ursachen für deren Verhalten besser verstehen zu können. Im Mittelpunkt derartiger Interviews stehen folglich die nicht beobachtbaren psychischen Prozesse, die sich im menschlichen Gehirn abspielen (zu aktivierenden und kognitiven Prozessen vgl. Kapitel 3.2). Es geht also nicht darum, bestimmte Sachverhalte exakt zu messen, sondern die aktivierenden und kognitiven Prozesse der Konsumenten darzustellen, zu beschreiben und zu verstehen. Neben der Ermittlung von Ursachen für konkretes Kauf- oder Konsumverhalten werden im Rahmen qualitativer Befragungen insbesondere die Motivationen und Bedürfnisse der Konsumenten analysiert, um Rückschlüsse auf den Grad der Bedürfnisbefriedigung bei bestimmten Produkten oder Dienstleistungen ziehen zu können (Salcher, 1995, S. 6 f.).

In der Marktforschungspraxis kommen qualitative Befragungen vor allem im Rahmen explorativer Studien zum Einsatz, das heißt, wenn über das interessierende Problemfeld nur wenige Informationen vorliegen. Ebenfalls geeignet ist diese Befragungsstrategie für die Erstellung qualitativer Prognosen, also wenn das Datenmaterial für quantitative Prognosen fehlt. Schließlich spielen qualitative Interviews auch eine wichtige Rolle im Innovationsprozess, insbesondere im Zusammenhang mit der Gewinnung oder Bewertung von Ideen für neue Produkte (Kepper, 2008, S. 178).

Der wesentliche Vorteil qualitativer, nicht standardisierter Befragungen beruht auf der größeren Aussagekraft der Antworten aufgrund der freien Gesprächsführung. Durch einen ge-

---

Qualitative Befragung = Erfassung von tiefer gehenden Informationen durch sehr geringe Standardisierung (Interviewleitfaden)

Vorteile und Nachteile qualitativer Befragungen

schulten Interviewer können Sachverhalte aufgedeckt werden, die dem Befragten selbst vorher unbewusst waren. Die Anforderungen an die Qualifikation des Interviewers sind jedoch sehr hoch, da die Qualität der gewonnenen Informationen zum größten Teil von der Gesprächsführung abhängt. Aus den Ergebnissen qualitativer Befragungen lassen sich keine statistisch verwertbaren Informationen gewinnen. Außerdem sind die Datenerhebung und die Auswertung des Gesprächsverlaufs im Vergleich zur quantitativen Variante erheblich aufwändiger und damit teurer. Normalerweise werden neben Gesprächsprotokollen auch Videoaufzeichnungen gemacht, um eine lückenlose Abschrift des gesamten Interviews zu erstellen (»Transkription«). Schließlich bieten die Aufbereitung und Verdichtung der Ergebnisse eines qualitativen Interviews erhebliche Interpretationsspielräume.

Anwendung psychologischer Tiefeninterviews

In der Marktforschung kommen insbesondere zwei qualitative Befragungsstrategien zum Einsatz, und zwar das psychologische Tiefeninterview und die Gruppendiskussion. Das **psychologische Tiefeninterview** ist ein intensives Gespräch zwischen zwei Gesprächspartnern, mit dem das Ziel verfolgt wird, unbewusste, verborgene oder schwer zugängliche Motivationen, Bedürfnisse und Einstellungen des Befragten zu erfassen. Die offene und zwanglose Gesprächssituation wird von einem psychologisch geschulten Interviewer indirekt auf das interessierende Thema gelenkt, welches dann vertieft wird. Tiefeninterviews kommen in der Marktforschung vor allem zum Einsatz, um Ursachenforschung zu betreiben. Durch spezielle Interviewtechniken lassen sich Motivationsstrukturen und Sinnzusammenhänge zuverlässig aufdecken. So können beispielsweise die Gründe für geäußerte Meinungen oder Einstellungen zu bestimmten Produkten, Dienstleistungen oder ganzen Unternehmen aus dem Zusammenhang heraus erschlossen und somit Kaufentscheidungsprozesse transparenter gemacht werden (Kepper, 2008, S. 182 ff.).

Wesentliche Merkmale der Gruppendiskussion

Die **Gruppendiskussion** ist die am weitesten verbreitete Methode der qualitativen Befragung. Hierbei handelt es sich um die gleichzeitige Befragung mehrerer Personen durch einen geschulten Moderator, wobei Interaktionen zwischen den Teilnehmern nicht nur gestattet, sondern ausdrücklich erwünscht sind. Neben dem Begriff »Gruppendiskussion« werden synonym auch die Begriffe »Gruppenexploration« und Fokusgruppe (»Focus Group«) verwendet.

Durch die Schaffung einer möglichst alltagsnahen Kommunikationssituation gilt es, vorhandene Hemmungen, Ängste und Widerstände zu reduzieren und somit tiefer liegende Motive und Einstellungen sichtbar zu machen. Insbesondere die unmittelbare Reaktion anderer auf die eigenen Äußerungen regt dazu an, seine Gedanken zu vertiefen. Durch den gegenseitigen Austausch und die Konfrontation mit Wahrnehmungen, Meinungen und Ideen anderer Teilnehmer liefert eine Gruppendiskussion bessere Informationen als nacheinander durchgeführte Einzelinterviews (Salcher, 1995, S. 44 f.).

Die Gruppendiskussion gilt in der Marktforschung als vielseitig und flexibel einsetzbare Methode, mit der sich schnell und einfach viele entscheidungs- und handlungsrelevante Strukturen von Personengruppen offenlegen lassen (Aus der Praxis 4-14). Einen wichtigen Beitrag leistet die Gruppendiskussion im Zusammenhang mit kreativen Prozessen. Im betrieblichen Innovationsprozess kommt sie sowohl in frühen Phasen, z. B. zur Ideengenerierung oder zur Konzeptüberprüfung, als auch in späteren Phasen, z. B. zur Bewertung erster Prototypen, zum Einsatz (zum Innovationsprozess vgl. Kapitel 6.5.2).

Gruppendiskussionen weisen im Vergleich zu Einzelinterviews Zeit- und Kostenvorteile auf, da ein Moderator gleichzeitig die Daten mehrerer Personen in relativ kurzer Zeit erhebt. Im Gegensatz zu quantitativen Befragungen lassen sich durch Gruppendiskussionen realistische Meinungsbildungsprozesse abbilden, da die Gesprächssituation einer normalen Alltagssituation nahe kommt, in der Meinungen und Verhaltensweisen immer auch unter sozialem Einfluss stehen. Durch die Interaktion der Teilnehmer wird das Gespräch vielschichtiger und ganz neue Gesichtspunkte können gewonnen werden.

Nachteilig kann sich auswirken, dass Gruppen dazu neigen, eine eigene Dynamik zu entwickeln. Negative Folgen sind Abschweifungen vom Thema, Festhalten an einzelnen Aspekten sowie Konsenszwang. Auch Teilnehmer, die das Gespräch stark dominieren bzw. die sich extrem passiv verhalten, können die Ergebnisse einer

Aus der Praxis – 4-14

Gruppendiskussionen über moderne Kommunikationswege

Aufgrund der schnellen weltweiten Verbreitung des Internets gewinnen **Online-Gruppendiskussionen** in der Marktforschungspraxis zunehmend an Bedeutung (Kepper, 2008, S. 194 ff.). Die traditionelle Gesprächssituation wird hierbei durch eine textbasierte Kommunikation ersetzt. Die Begrüßung, die Einführung in die Problemstellung und die eigentliche Diskussion werden vom Moderator und den Teilnehmern als Text an ihren Computern verfasst und auf einer Internet-Plattform ausgetauscht. Multimediale Stimuli, welche die Problemstellung verdeutlichen (z. B. Werbespots, Produktabbildungen), lassen sich problemlos in die Gesprächssituation integrieren. Online-Gruppendiskussionen stellen jedoch zusätzliche Anforderungen bezüglich der Formulierung der Gesprächsbeiträge und deren Eingabe über die Computer-Tastatur. Der Moderator muss schnell reagieren, um sich den verschiedenen Textbeiträgen gleichzeitig zu widmen und wichtige Aspekte des Problems zu vertiefen.

Ein Vorteil von Online-Gruppendiskussionen besteht in der räumlichen Trennung der Teilnehmer durch die Schaffung eines virtuellen Diskussionsraumes. Schwer erreichbare, beruflich stark eingebundene und ortsgebundene Personen können als Teilnehmer gewonnen werden und folglich lassen sich Online-Gesprächsrunden schneller und kostengünstiger organisieren. Eine weitere Stärke ist die Anonymität der virtuellen Gesprächssituation, welche bei sensiblen Themen zu offeneren Antworten führt. Im Gegensatz zu einer ebenfalls anonymen schriftlichen Befragung ist hier ein begrenztes Maß an Interaktion möglich, die zu aussagekräftigeren Ergebnissen führt. Teilweise entstehen auch gruppendynamische Effekte, welche bei physischer Anwesenheit der Teilnehmer möglicherweise nicht oder nur abgeschwächt aufgetreten wären.

Problematisch ist allerdings, dass sich die Online-Gruppendiskussionen von der traditionellen »face to face«-Variante im Hinblick auf die Kommunikationssituation erheblich unterscheidet. Durch den schriftlichen Austausch werden andere Wörter und Formulierungen verwendet (z. B. Abkürzungen). Außerdem fehlen alle für soziale Prozesse extrem wichtigen nonverbalen Interaktionen (z. B. Gestik, Mimik), sodass Kritiker davon ausgehen, dass sich echte gruppendynamische Prozesse im virtuellen Gesprächsraum nicht erzeugen lassen.

Gruppendiskussion beeinträchtigen. Deshalb sind die Kompetenz des Moderators und die Zusammensetzung der Gruppe von entscheidender Bedeutung für die Qualität der gewonnenen Informationen. Schließlich gibt es, wie bei allen qualitativen Befragungen, Spielräume bei der Auswertung bzw. Interpretation der erhobenen Informationen, und die gewonnenen Erkenntnisse lassen sich weder übertragen noch generalisieren (Uhe, 2002, S. 104).

4.3.1.3 Art der Fragestellung

In Abhängigkeit davon, ob die Auskunftspersonen den hinter der Frage stehenden Sachverhalt unmittelbar erkennen können oder nicht, unterscheidet man zwischen direkten und indirekten Fragen. Mit **direkten Fragen** versucht man, den interessierenden Sachverhalt ohne Umschweife zu ermitteln, das heißt, die Auskunftspersonen durchschauen die Zielsetzung der gestellten Frage. Der Nachteil direkter Fragen beruht darauf, dass bei der Erfassung heikler bzw. tabuisierter Sachverhalte damit gerechnet werden muss, dass die Befragten falsche Antworten geben oder die Antwort sogar vollständig verweigern. So bleibt beispielsweise die wichtige Frage nach dem Nettoeinkommen der Testpersonen häufig unbeantwortet. Dieses Problem darf schon bei scheinbar unverfänglichen Sachverhalten nicht unterschätzt werden. Typische direkte Fragen sind: »Wie alt sind Sie? Wie oft sind Sie in diesem Monat mit Ihrem Auto zur Arbeit gefahren? Besitzen Sie einen Geschirrspüler?«

Die mit der direkten Befragung verbundenen Probleme haben dazu geführt, dass in der Marktforschungspraxis auch **indirekte Fragen** zum

Direkte vs. indirekte Fragen

4.3 Marktforschung
Methoden der Primärforschung

Abb. 4-22

Beispiel für die Gestaltung einer geschlossenen Frage

Sie haben soeben den neuen Snack probiert.
Was verbinden Sie spontan mit diesem Produkt?
(Sie können mehrere Antworten ankreuzen!)

Dieser Snack …
- … schmeckt anders als die Produkte, die ich kenne. ☐
- … schmeckt besonders natürlich. ☐
- … ist gesünder als andere Snackprodukte. ☐
- … schmeckt einfach gut. ☐
- … ist sicherlich teurer als vergleichbare Produkte. ☐
- … ist für zwischendurch geeignet. ☐
- … ist die ideale Ersatz-Mahlzeit. ☐
- … hilft gegen Heißhunger. ☐
- … ist eher für Kinder geeignet. ☐
- … ist ein Produkt für Gesundheitsbewusste. ☐
- … ist der ideale Party-Knabber-Spaß. ☐

Geschlossene vs. offene Fragen

Einsatz kommen. Hier werden die interessierenden Sachverhalte »auf Umwegen« ermittelt. Durch psychologisch geschickte Formulierungen veranlasst man die befragten Personen dazu, Auskünfte zu geben, die sie bei direkter Fragestellung verschweigen oder verzerrt wiedergeben würden.

»Haben Sie schon den Film ›Der Bader-Meinhoff-Komplex‹ gesehen?« Auf diese Frage könnte eine Testperson, obwohl sie den Film noch nicht gesehen hat, mit »ja« antworten, weil sie Angst hat, vom Interviewer als ungebildet eingestuft zu werden. Indirekt formuliert könnte die Frage lauten: »Beabsichtigen Sie, in nächster Zeit den Film ›Der Bader-Meinhoff-Komplex‹ anzusehen.« Die Antwort »den Film habe ich bereits gesehen« gibt dann Aufschluss über den interessierenden Sachverhalt.

Werden den Auskunftspersonen die Antwortkategorien vorgegeben, handelt es sich um **geschlossene Fragen**. Die Vorgabe bereits vorformulierter Antwortmöglichkeiten verringert die erforderliche Denk- bzw. Konzentrationsleistung der Befragten, und es werden keine besonderen Ansprüche an deren Ausdrucksvermögen gestellt. Auf diese Weise lässt sich die Auskunftsbereitschaft und -fähigkeit von Nichtexperten erhöhen.

Die Verwendung geschlossener Fragen ist besonders zeitsparend, da die Antworten schnell erfasst und die Antwortkategorien für die spätere Datenauswertung einfach verschlüsselt werden können. Der Nachteil geschlossener Fragen beruht darauf, dass der Antwortspielraum der Auskunftspersonen künstlich eingeschränkt wird. Es besteht die Gefahr, dass relevante Antwortkategorien nicht sachgerecht formuliert oder aber schlicht vergessen werden. Um dieser Gefahr zu begegnen, kann man beispielsweise eine zusätzliche Antwortkategorie »Sonstiges« aufnehmen oder sich für offene Fragen entscheiden. Abbildung 4-22 enthält eine typische Selektivfrage (»multiple-choice«-Frage) als eine Möglichkeit der Gestaltung geschlossener Fragen.

Bei **offenen Fragen** müssen die Auskunftspersonen ihre Antwort auf die gestellte Frage selbst formulieren. Die Antwort wird dann im Rahmen der Datenauswertung bestimmten Kategorien zugeordnet. Offene Fragen bieten sich insbesondere dann an, wenn detaillierte Auskünfte von Experten eingeholt werden sollen oder wenn dem Marktforscher die für die Auskunftspersonen relevanten Antwortkategorien nicht hinreichend bekannt sind. Der wesentliche Vorteil offener Fragen besteht, wie oben bereits angesprochen, in der vollständigen Erfassung des interessierenden Sachverhalts. Die Auskunftspersonen können ihre Kenntnisse, Einstellungen usw. uneingeschränkt zum Ausdruck bringen (vgl. Abbildung 4-23). Verzerrungen durch

Abb. 4-23

Beispiel für die Gestaltung einer offenen Frage

Sie haben soeben den neuen Snack probiert.
Was verbinden Sie spontan mit diesem Produkt?
Bitte tragen Sie Ihre Antwort in das Antwortfeld ein!

fehlende bzw. die Vorgabe unangemessener Antwortkategorien lassen sich so vermeiden.

Nachteile offener Fragen ergeben sich zum einen aus der Gefahr einer unvollständigen oder falschen Interpretation der Antworten durch den Interviewer. Zum anderen ist die nachträgliche Einordnung der Antworten in bestimmte Kategorien als Voraussetzung für eine quantitative Auswertung häufig sehr schwierig und zeitaufwändig. Um diese Nachteile auszuräumen, kommt deshalb in der Marktforschungspraxis häufig die so genannte **Feldverschlüsselung** zum Einsatz. Hier wird der Auskunftsperson zwar eine offene Frage gestellt, mögliche Antwortkategorien sind jedoch im Fragebogen bereits enthalten, sodass der Interviewer nur noch die entsprechende(n) Antwort(en) zuordnen muss.

Die Feldverschlüsselung kommt beispielsweise im Rahmen der Ermittlung der ungestützten Bekanntheit von Produkten, Dienstleistungen oder Unternehmen zum Einsatz. Der Auskunftsperson wird etwa folgende Frage gestellt: »Denken Sie einmal an DVD-Rekorder! Welche Marken fallen Ihnen dann spontan ein?« Im Fragebogen sind die bekanntesten Namen bereits aufgeführt, außerdem wird eine Kategorie »Sonstige« aufgenommen, um auch weniger bekannte Marken, die genannt werden, erfassen zu können.

4.3.2 Beobachtung

Neben der Befragung ist die Beobachtung die zweite grundlegende Methode der Primärforschung. Sie gelangt in der Marktforschungspraxis jedoch vergleichsweise selten zum Einsatz, da sie lediglich zur Lösung ganz spezieller Untersuchungsprobleme geeignet ist. Bei der Beobachtung handelt es sich um eine visuelle oder instrumentelle Form der Datenerhebung, das heißt, dass die relevanten Informationen nicht mit Hilfe einer ausdrücklichen Erklärung der Auskunftsperson gewonnen werden, sondern sich unmittelbar aus deren Verhalten ergeben. **Beobachtung** lässt sich allgemein definieren als zielgerichtete und planmäßige Erfassung sinnlich wahrnehmbarer Sachverhalte zum Zeitpunkt ihres Geschehens durch beobachtende Personen oder technische Hilfsmittel (z. B. Videokamera).

4.3.2.1 Formen der Beobachtung

Die verschiedenen Möglichkeiten der Beobachtung von Personen kann man anhand folgender Merkmale gegeneinander abgrenzen (Berekoven et al., 2006, S. 149 ff.; Kuß, 2004, S. 116 ff.):
- Durchschaubarkeit der Beobachtungssituation
- Partizipationsgrad des Beobachters.

In Abhängigkeit davon, ob die Beobachtungssituation für die Testpersonen durchschaubar ist oder nicht, unterscheidet man zwischen offenen und verdeckten Beobachtungen. Handelt es sich um eine **offene Beobachtungssituation**, kennt die Testperson das Ziel der Beobachtung und die Aufgabe, die sie als beobachtete Person zu erfüllen hat. Sie weiß außerdem, dass sie beobachtet wird. Der Nachteil dieser Vorgehensweise beruht darauf, dass sich die Testpersonen aufgrund des Wissens um die Beobachtungssituation gegebenenfalls anders verhalten (Beobachtungseffekt). Gelingt es, durch entsprechende Maßnahmen zu verhindern, dass die beobachtete Person das Ziel der Beobachtung kennt, spricht man von einer **nicht durchschaubaren Beobachtung.** Erreichen lässt sich eine solche Situation dadurch, dass dem Befragten ein falsches Beobachtungsziel mitgeteilt wird. Ergebnisverzerrungen können jedoch auch hier auftreten, da die Probanden wissen, dass sie beobachtet werden.

Deshalb lassen sich im Allgemeinen bessere Ergebnisse durch **verdeckte Beobachtungen** erzielen, da die Versuchspersonen natürlicher reagieren, wenn sie sich unbeobachtet fühlen. In einer quasi biotischen Situation kennt die Testperson weder das Beobachtungsziel noch ihre eigentliche Aufgabe. Sie weiß jedoch, dass sie beobachtet wird. Eine vollständige Ahnungslosigkeit liegt vor, wenn ein Proband nicht merkt, dass er sich in einer Beobachtungssituation befindet. Diese Form wird als vollkommen biotische Beobachtungssituation bezeichnet. Die verschiedenen Formen in Abhängigkeit der Durchschaubarkeit der Beobachtungssituation sind in der Abbildung 4-24 dargestellt.

Bezüglich der Rolle, die der Beobachter im Rahmen der Beobachtungssituation einnimmt, unterscheidet man zwischen teilnehmenden und nicht teilnehmenden Beobachtungen. Bei der **teilnehmenden Beobachtung** ist der Beobach-

---

Bewusstseinsgrad des Beobachteten

Beobachtung: Informationen aus dem Verhalten der Auskunftsperson ableiten

Partizipationsgrad des Beobachters

Abb. 4-24

Beobachtungssituation mit unterschiedlichem Grad der Durchschaubarkeit

	Ziel der Beobachtung bekannt	Aufgabe bekannt	Beobachtungssituation bekannt
offene Situation	ja	ja	ja
nicht durchschaubare Situation	nein	ja	ja
quasi biotische Situation	nein	nein	ja
vollkommen biotische Situation	nein	nein	nein

(Quelle: in Anlehnung an Berekoven et al., 2006, S. 151)

Beobachtung der visuellen Informationsaufnahme

ter aktiv in den Ablauf des zu beobachtenden Sachverhaltes eingebunden. Soll er unerkannt bleiben, muss er eine Funktion übernehmen, die seine Anwesenheit erklärt, ohne Misstrauen bei den Testpersonen hervorzurufen (z. B. gibt sich der Beobachter als Kunde aus). Aufgrund der vergleichsweise hohen Kosten sowie des starken Beobachtereinflusses (z. B. durch subjektive und selektive Wahrnehmung) sind die Einsatzfelder teilnehmender Beobachtungen in der Marktforschungspraxis begrenzt. Gleichwohl eignet sich diese Form etwa für bestimmte Marktforschungsprobleme, die mit Hilfe explorativer Studien konkretisiert werden sollen.

Die Beschaffung relevanter Informationen durch **nicht teilnehmende Beobachtungen** ist für die Marktforschung von größerer Bedeutung. Da die beobachtende Person nicht aktiv in das Geschehen eingreift (z. B. Beobachtung durch einen Einwegspiegel), ist dieses Vorgehen weitaus objektiver. Die größte Zuverlässigkeit hinsichtlich der Datenerfassung weisen zweifellos geeignete technische Hilfsmittel auf, bei denen eine Verzerrung durch die Wahrnehmung des Beobachters vollständig ausgeschlossen ist. Aufgrund dieses Vorteils hat der Einsatz mechanischer oder elektronischer Verfahren wie Blickaufzeichnungen oder Hautwiderstandsmessungen in den letzten Jahren an Bedeutung gewonnen. Die Abbildung 4-25 liefert einen abschließenden Überblick über die wichtigsten Vor- und Nachteile der Beobachtung.

4.3.2.2 Anwendungsfelder der Beobachtung in der Marktforschungspraxis

Mit Hilfe von Geräten zur **Blickaufzeichnung** lassen sich die Bewegungen der Augen einer Testperson bei der Wahrnehmung von Gegenständen sehr genau registrieren. Das mit technischen Hilfsmitteln aufgezeichnete Wanderungs-

Abb. 4-25

Vor- und Nachteile der Beobachtung

Vorteile der Beobachtung	Nachteile der Beobachtung
▸ Die Auskunftspersonen müssen nicht auskunftsbereit sein. ▸ Die Ergebnisse sind unabhängig von dem Ausdrucksvermögen der Testpersonen. ▸ Es können Sachverhalte erfasst werden, die den Testpersonen selbst nicht bewusst sind. ▸ Ist die Beobachtungssituation der Testperson nicht bekannt, entfällt der Interviewereinfluss vollständig. ▸ Durch technische Hilfsmittel können präzise Ergebnisse erzielt werden. ▸ Situative Umwelteinflüsse können berücksichtigt werden.	▸ Bestimmte interessierende Sachverhalte (z. B. Einstellungen) lassen sich nicht beobachten. ▸ Die beobachteten Merkmale werden unter Umständen unterschiedlich interpretiert. ▸ Die persönliche Beobachtung leidet unter der subjektiven und selektiven Wahrnehmung des Beobachters. ▸ Bei bestimmten Beobachtungen (z. B. Kundenlaufstudien) ist die Repräsentanz der beobachteten Testpersonen kaum zu gewährleisten. ▸ Weiß die beobachtete Person, dass sie beobachtet wird, ist mit einem Beobachtungseffekt zu rechnen.

(Quelle: in Anlehnung an Hüttner/Schwarting, 2002, S. 165 f.; Raab et al., 2009, S. 43)

Methoden der Primärforschung — 4.3

> **Aus der Praxis – 4-15**
>
> **Beobachtung des individuellen Essverhaltens im »Restaurant der Zukunft«**
>
> An der holländischen Universität Wageningen gehen Wissenschaftler dem Essverhalten des Menschen mit völlig neuen Methoden auf den Grund. Das neue Schnellrestaurant ist auf den ersten Blick eine ganz normale Kantine. Doch wer hier zu Mittag isst, wird dabei ununterbrochen beobachtet. Ganz unauffällig filmen 20 Kameras an der Decke jeden Bissen, jeden Schluck. »Restaurant der Zukunft« heißt dieses ungewöhnliche Forschungsprojekt, mit dem das 20-köpfige Team aus Ernährungswissenschaftlern und Psychologen das normale Essverhalten des Menschen ganz genau untersucht.
>
> Eine ausgeklügelte Technik sorgt dafür, dass alle relevanten Umweltfaktoren von den Forschern beeinflusst werden können. Per Knopfdruck lassen sich beispielsweise unterschiedliche Lichtstimmungen herstellen. Ob warmes Rot, kühles Blau oder frisches Grün – die Wissenschaftler bestimmen den Farbcharakter des Restaurants. Beobachtungen der Restaurantbesucher liefern bereits Hinweise darauf, dass die Gäste bei rotem Licht schneller und auch weniger essen als bei blauer Stimmung. Auch die Preise der Gerichte verändern sich. Zwar minimal, aber kontinuierlich. Man will wissen: Welche Rolle spielt der Preis bei der Entscheidung für oder gegen ein gesundes Essen?
>
> Mit diesem Forschungsprojekt, das sich über einen Zeitraum von 10 Jahren erstreckt, wird das Essverhalten von Menschen zum ersten Mal systematisch analysiert. Jeder der 200 freiwilligen Testesser lässt bei jedem Besuch seine individuelle Essensauswahl registrieren. Auch das Gewicht der Probanden wird bei jedem Besuch gemessen. Denn beim Bezahlen tritt der Gast – ohne dass er es bewusst wahrnimmt – auf eine Waage. Mittels Kamera entgeht den Forschern auch während des Essvorgangs nichts, jede Hand- und Mundbewegung wird registriert. Auf diese Weise entsteht ein extrem umfangreicher Datenbestand über das individuelle Essverhalten. Die Forscher wollen aber nicht nur wissen, was und wie der Mensch isst, sondern auch, wie ihm das Essen schmeckt. Auch hier kommt moderne Technik zum Einsatz: Ein so genannter Gesichtsscanner vermisst das Gesicht des Essenden. Aus den Bewegungen der Gesichtsmuskulatur lässt sich dann ableiten, ob ihm das Essen schmeckt oder nicht (O.V., 2008b).

muster der Pupillen zeigt Ruhepunkte (Fixationen) und deren Dauer sowie Sprünge (Sakkaden). Auf diese Weise lässt sich der Grad des Interesses für ein Objekt feststellen, auf das sich die visuelle Wahrnehmung einer Person richtet (Kroeber-Riel et al., 2009, S. 315 ff.). Blickaufzeichnungsgeräte werden beispielsweise zur Überprüfung von Werbemitteln sowie von Produkt- oder Verpackungsdesigns eingesetzt, um die Frage zu beantworten, welche Elemente des interessierenden Sachverhaltes wie lange und in welcher Reihenfolge von den Testpersonen betrachtet werden (vgl. ausführlich Block, 2002).

Ein wichtiges Beobachtungsverfahren im Einzelhandel ist die **Kundenlaufstudie**. Durch eine beobachtende Person, die sich beispielsweise als Mitarbeiter des Unternehmens tarnt, oder mit Hilfe von Kameras wird der Konsument vom Betreten des Geschäfts bis zu dessen Verlassen beobachtet. Ziel ist es, herauszufinden, in welcher Weise der Kunde die Einkaufsstätte durchläuft und welche Abteilungen er aufsucht. Kundenlaufstudien liefern wichtige Informationen für die Verbesserung der Ladengestaltung und Warenpräsentation.

Die **Beobachtung des Einkaufsverhaltens** dient insbesondere der Überprüfung von Marktchancen neuer oder modifizierter Produkte im realen Konkurrenzumfeld (Aus der Praxis 4-15). Im Gegensatz zur Kundenlaufstudie werden die interessierenden Personen nur an einem bestimmten Regalabschnitt beobachtet. Zum einen wird registriert, wie viele Kunden am Regal vorbeigehen, wie viele von ihnen das betreffende Produkt betrachten, wie viele es herausnehmen

Beobachtung der Kunden am POS

und schließlich kaufen bzw. in das Regal zurücklegen. Heute wird das Einkaufsverhalten von Kunden vor allem mittels **Scanning** erfasst. Dabei handelt es sich um die elektronische Erfassung von Artikel-Strichcodes, den so genannten EAN-Codes (Hammann/Erichson, 2000, S. 122 ff.).

Handhabungsbeobachtungen sollen zur Klärung beitragen, ob bestimmte Produkte funktionsgerecht gestaltet sind oder nicht. Da es sich etwa beim Öffnen von Packungen um überwiegend automatisierte, kaum bewusste Vorgänge handelt, ist die verbale Auskunftsfähigkeit der Konsumenten in solchen Fällen meist gering. Der interessierende Sachverhalt wird am besten in einen übergeordneten Handlungsablauf eingebettet (quasi biotische Beobachtungssituation), sodass der Verrichtung, welche das Ziel der Beobachtung darstellt, keine größere Bedeutung zukommt als im Alltag.

Aufgrund der wachsenden Zahl der Fernsehsender und des Informationsbedürfnisses der werbenden Wirtschaft kommt der **Beobachtung des Fernsehverhaltens** steigende Bedeutung zu. Sie erfolgt in der Bundesrepublik Deutschland mit Hilfe des so genannten Telemeters, eines Messgerätes, das die Gesellschaft für Konsumforschung (GfK) in ca. 5.000 repräsentativ ausgewählten Haushalten an das Fernsehgerät angeschlossen hat. Es speichert automatisch, wann die Testhaushalte ihre Fernsehgeräte bzw. Video- und DVD-Rekorder auf welchem Kanal betrieben haben. Die erfassten Daten werden regelmäßig vom Computer des GfK-Rechenzentrums abgerufen und ausgewertet (Pepels, 2007, S. 249).

4.3.3 Spezielle Ansätze der Primärforschung

4.3.3.1 Experiment

Ziel experimenteller Untersuchungen ist die Überprüfung von Ursache-Wirkungs-Beziehungen. Beim Experiment handelt es sich jedoch nicht um eine eigenständige Methode der Primärforschung, sondern nur um einen speziellen Ansatz, bei dem die erforderlichen Informationen ebenfalls durch Beobachtung oder Befragung gewonnen werden. Der Unterschied zu nicht experimentellen Beobachtungen bzw. Befragungen besteht darin, dass der Forscher die rezeptive Haltung gegenüber dem interessierenden Sachverhalt zugunsten einer aktiven Gestaltung der Untersuchungsbedingungen aufgibt.

Bei einem **Experiment** handelt es sich um eine wiederholbare, unter kontrollierten Bedingungen ablaufende Versuchsanordnung. Ziel des Experiments ist die empirische Überprüfung von Kausalhypothesen, indem die Wirkung von unabhängigen Variablen auf die abhängige(n) Variable(n) gemessen wird (Weis/Steinmetz, 2005, S. 207). In der Marktforschung finden Experimente vor allem Verwendung, um Aussagen über die Wirkung alternativer Marketing-Maßnahmen (unabhängige Variablen) auf relevante Marketing-Zielgrößen (abhängige Variablen) zu ermöglichen. Experimente bieten sich beispielsweise an, wenn der Forscher den Einfluss unterschiedlicher Verpackungsdesigns auf die Kaufbereitschaft der Abnehmer oder die Auswirkung unterschiedlicher Regalplatzierungen auf die Absatzmenge einer Marke untersuchen will. Eine einfache marketingrelevante Kausalhypothese, die sich mit Hilfe eines Experiments überprüfen lässt, lautet beispielsweise: Die Platzierung einer neu konzipierten Werbeanzeige (unabhängige Variable) für eine regionale Biermarke in der Tageszeitung führt zu einer Umsatzsteigerung (abhängige Variable) bei dem beworbenen Produkt um zwei Prozent.

Aufgrund des komplexen Marktgeschehens ist jedoch damit zu rechnen, dass interessierende Zielgrößen wie etwa Umsatz oder Marktanteil nicht nur unter dem Einfluss derjenigen Marketingvariablen stehen, welche vom Marktforscher selbst gestaltet und variiert werden können. Auch andere Größen wie Konkurrenzmaßnahmen, Wettereinflüsse oder saisonale bzw. konjunkturelle Schwankungen, die nicht untersucht werden sollen bzw. nicht bekannt sind, können auf die interessierenden Zielgrößen einwirken. Mit Hilfe experimenteller Versuchsanordnungen versucht man, diese so genannten **Störvariablen** zu eliminieren bzw. zu kontrollieren, um den so genannten »Nettoeinfluss« einer Marketingmaßnahme auf die relevante Zielgröße messen zu können.

Um Störvariablen wirksam zu kontrollieren, stehen verschiedene Möglichkeiten zur Verfügung (Berekoven et al., 2006, S. 155 f.). Die gebräuchlichste Lösung besteht darin, eine **Kontrollgruppe** einzuführen, welche die gleichen Ausprägungen bezüglich der Störvariablen aufweist wie die **Experimentalgruppe**. Die Experimentalgruppe wird dem experimentellen Stimulus ausgesetzt, die Kontrollgruppe jedoch nicht. Häufig kombiniert man diese Vorgehensweise mit der so genannten **Randomisierung**. Hierbei werden die Untersuchungseinheiten (Geschäfte, Personen etc.) nach dem Zufallsprinzip ausgewählt und auch nach dem Zufallsprinzip auf Experimental- und Kontrollgruppe verteilt. Die Kontrolle von Störvariablen lässt sich auch durch deren **Konstanthaltung** erreichen. Vermutet man beispielsweise, dass der Standort von Einzelhandelsgeschäften die Messung der Umsatzwirkung unterschiedlicher Preissenkungsmaßnahmen beeinflusst, weil die Zahl der Passanten in Abhängigkeit des Standortes stark variiert, muss das Experiment auf Geschäfte mit vergleichbaren Standorten beschränkt werden. Die Abbildung 4-26 liefert einen abschließenden Überblick über die verschiedenen Elemente experimenteller Untersuchungen.

In der Marktforschung wird außerdem unterschieden zwischen Labor- und Feldexperimenten. **Laborexperimente** finden in einer künstlichen, weitgehend vom Forscher gestalteten Situation statt, um möglichst alle störenden Einflüsse zu kontrollieren bzw. auszuschalten.

Abb. 4-26

Wesentliche Elemente einer experimentellen Untersuchung

Element des Experiments	Erläuterung
Testeinheiten/ Untersuchungsobjekte	Objekte, an denen ein Experiment ausgeführt wird (z. B. Konsumenten, Einkaufsstätten)
Unabhängige Variablen	Faktoren, deren Einfluss gemessen werden soll (z. B. Preise, Verpackungen, Regalplatzierungen)
Abhängige Variablen	Faktoren, an denen die Wirkung des Einflusses der unabhängigen Variablen gemessen werden soll (z. B. Umsätze Marktanteile, Einstellungen)
Kontrollierte Variablen	Faktoren, deren möglicher Einfluss auf die unabhängigen Variablen durch Beibehaltung eines bestimmten Ausprägungsgrades ausgeschaltet wird (z. B. Berücksichtigung nur von Geschäften mit vergleichbaren Standorten)
Störvariablen	Faktoren, die neben den unabhängigen Variablen ebenfalls Einfluss auf die abhängigen Variablen nehmen und nicht kontrolliert werden können (z. B. saisonale/konjunkturelle Einflüsse)

(Quelle: in Anlehnung an Meffert et al., 2008, S. 162)

Ziel ist es folglich, den Einfluss der unabhängigen Variablen auf die abhängigen Variablen möglichst exakt zu messen. Wichtige Einsatzfelder von Labortests in der Marktforschungspraxis sind sensorische Produkttests in einem Sensoriklabor oder Werbeanzeigentests mittels Blickaufzeichnung (Aus der Praxis 4-16).

Experiment unter Laborbedingungen

Aus der Praxis – 4-16

Bei sensorischen Produkttests handelt es sich um so genannte »Blindtests«, das heißt, die Probanden erhalten keine Informationen über den Markennamen oder andere Marketingvariablen (z. B. Preis). Die Bewertung der sensorischen Produkteigenschaften (Aussehen, Geruch, Geschmack etc.) von Testprodukten durch Konsumenten erfolgt im **Sensoriklabor** unter weitgehend kontrollierten Bedingungen (Raumtemperatur, Beleuchtung etc.). Viele Hersteller von Nahrungs- und Genussmitteln sowie Körperpflegeprodukten, aber auch einige Marktforschungsinstitute verfügen über ein eigenes Sensoriklabor. Jeder Testplatz ist mit der Laborküche über eine »Durchreiche« verbunden. Bezüglich der Beleuchtung kann zwischen Rotlicht, Tageslicht und Warmlicht gewählt werden, Waschbecken mit Kalt- und Warmwasseranschluss ermöglichen beispielsweise das Ausspucken von Flüssigkeiten oder das Hantieren mit Reinigungsmitteln. Durch eine Klimatisierung des gesamten Labors werden eine konstante Raumtemperatur und Luftfeuchtigkeit sichergestellt. Die Laborküche dient der Vorbereitung bzw. Zubereitung der Testprodukte. Sie verfügt unter anderem über hochwertige Backöfen und Herdplatten, Mikrowellen-Öfen, Wasserkocher und Kaffeemaschinen, Feinwaagen, Gefriertruhen und Kühlschränke sowie angeschlossene Lagerräume mit Kühlmöglichkeiten, Regalen und Stellflächen, in denen Testprodukte in größerer Menge und für eine längere Testzeit lagern können.

Ein wesentlicher Vorteil der Durchführung sensorischer Produkttests im Labor besteht darin, dass sich aufgrund der vorhandenen Ausstattung auch Produkte mit aufwändiger Vorbereitung (z. B. Suppen, Fertiggerichte) bzw. stark riechende Produkte (z. B. Käse, Parfum) unter kontrollierten Bedingungen testen lassen. Bestimmte Fragestellungen, etwa die Beurteilung des Geschmacks von Testprodukten, die im Aussehen variieren, erfordern besondere Untersuchungsbedingungen wie beispielsweise die Durchführung des Tests unter Rotlicht. Da die Datenerhebung in einem Labortest heute in der Regel computergestützt erfolgt, sind auch die Daten vergleichsweise schnell verfügbar. Problematisch ist hingegen die künstliche Beurteilungssituation in einem Labor. Die Testpersonen sitzen in der Regel isoliert in engen, steril wirkenden Kabinen und verkosten beispielsweise bei Nahrungsmitteln Mengen, die häufig von den »normalen« Portionen abweichen. Hinzu kommt, dass die Vorbereitung und Präsentation der Proben bisweilen anders erfolgt, als es die Testpersonen gewohnt sind. Schließlich kann sich der – im Gegensatz zum Haushaltstest – sehr kurze Kontakt mit dem Produkt negativ auf die Validität der Ergebnisse auswirken (Scharf, 2000, S. 146 f.).

Abb. 4-27: Geschmackstest in einem Sensoriklabor

Experiment in natürlicher Umgebung

Feldexperimente finden im Gegensatz zu Laborexperimenten in der natürlichen Umgebung der Testpersonen statt. Häufig wissen die Testpersonen nicht, dass sie an einem Experiment teilnehmen, sodass sie sich realitätsnäher verhalten als beim Experiment im Labor. Ein typisches Beispiel für ein Feldexperiment ist die Platzierung eines neuen Produktes im Regal ausgewählter Geschäfte, um die Kaufbereitschaft der Konsumenten zu erfassen. Die Abbildung 4-28 liefert einen Überblick über die wesentlichen Vor- und Nachteile von Labor- und Feldexperimenten.

In Abhängigkeit davon, zu welchem Zeitpunkt die Messung durchgeführt wird und ob Kontrollgruppen gebildet werden, lassen sich verschiedene experimentelle Versuchsanordnungen unterscheiden, die in der Marktforschung auch als »echte« oder »formale« Experimente bezeichnet werden (Aaker et al., 2006, S. 351 ff.; Böhler, 2004, S. 42 ff.). An dieser Stelle soll nur auf die so genannte EBA-CBA-Versuchsanordnung eingegangen werden, die in der Marktforschung häufig als das **klassische Experiment** bezeichnet wird. Die verwendeten Buchstaben haben folgende Bedeutung: Zur Kennzeichnung der Versuchsgruppen werden die Buchstaben »E« (Experimentalgruppe – »experimental group«) und »C« (Kontrollgruppe – »control group«) verwendet. Bezüglich des Zeitpunktes der Messung bedeutet »B«, dass die Messung vor (»before«) Einflussnahme der unabhängigen Variablen erfolgt, und A steht für eine Messung nach (»after«) Einflussnahme der unabhängigen Variablen.

Abb. 4-28

Wesentliche Vor- und Nachteile von Labor- und Feldexperimenten

Beurteilungskriterium	Laborexperiment	Feldexperiment
Wiederholungsmöglichkeit des Experimentes	+	−
Kontrolle unabhängiger Variablen und anderer Einflussfaktoren	+	−
Zeitbedarf und Kosten der Datenerhebung	+	−
Geheimhaltung gegenüber Wettbewerbern	+	−
Realitätsnähe der Untersuchungsbedingungen	−	+
Interne Validität	+	−
Externe Validität (Generalisierbarkeit)	−	+

Ein **EBA-CBA-Experiment** ist durch die Bildung mindestens einer Experimental- und einer Kontrollgruppe gekennzeichnet. Bei beiden Gruppen werden die Werte der abhängigen Variablen vor und nach der Einflussnahme der unabhängigen Variablen gemessen. Dieser experimentellen Versuchsanordnung liegt die folgende Überlegung zugrunde (vgl. Zimmermann, 1972, S. 58 f.): Den Einfluss aller Störvariablen kann der Forscher zwar weder exakt ermitteln noch vollständig unterbinden, er schlägt sich jedoch in beiden Gruppen gleichermaßen nieder, sofern diese hinsichtlich der Störvariablen identische Ausprägungen aufweisen. Folglich lässt sich die Wirkung der Störvariablen aufgrund der Versuchsanordnung von dem Einfluss der abhängigen Variablen isolieren (Aus der Praxis 4-17).

Definition und Beispiel zum EBA-CBA-Experiment

Aus der Praxis – 4-17

Um den Einfluss einer zehnprozentigen Preissenkung auf die Absatzmenge eines Fruchtsaftgetränks festzustellen, wird in einer Experimentalgruppe von zehn Lebensmittelgeschäften die Marke X zum niedrigeren Preis und in zehn vergleichbaren Lebensmittelgeschäften (Kontrollgruppe) weiterhin zum normalen Preis angeboten. Vor Durchführung des Experiments werden in der Experimental- und Kontrollgruppe die im letzten Monat erzielten Absatzmengen des Fruchtsaftgetränks ermittelt. Nach Durchführung des einmonatigen Experiments werden wiederum die Absatzmengen erfasst. In der Zwischenzeit haben jedoch mehrere Störfaktoren gewirkt: Durch Distributionsschwierigkeiten war die Konkurrenzmarke B eine gewisse Zeit lang nicht lieferbar. Konkurrent C versuchte, seinen Absatz durch verstärkte Werbung und Verkaufsförderung zu beleben, und für die Konkurrenzmarke D wurde eine nationale Preisaktion gestartet. Da jedoch alle Störungen sowohl auf die Experimental- als auch auf die Kontrollgruppe gleichermaßen einwirkten, lässt sich die durch die Preissenkung hervorgerufene Änderung der Absatzmenge durch die Differenzbildung herausrechnen. Die Ergebnisse des Experiments:

Absatzmenge der Experimentgruppe
im letzten Monat (A_{E1}): 1.500 Einheiten
Absatzmenge der Kontrollgruppe
im letzten Monat (A_{C1}): 1.450 Einheiten
Absatzmenge der Experimentgruppe
in diesem Monat (A_{E2}): 1.800 Einheiten
Absatzmenge der Kontrollgruppe
in diesem Monat (A_{C2}): 1.200 Einheiten

Die Wirkung der Preissenkung auf die Absatzmenge des Fruchtsaftgetränks (X) lässt sich wie folgt berechnen:

$X = (A_{E2} - A_{E1}) - (A_{C2} - A_{C1})$
$X = (1.800 - 1.500) - (1.200 - 1.450)$
$ = (300) - (-250)$
$ = \underline{+ 550 \text{ Einheiten}}$

Da die Störgrößen in der Kontrollgruppe zu einem Rückgang der Absatzmenge von 250 Einheiten geführt haben und anzunehmen ist, dass diese Einflüsse auch in der Experimentgruppe gewirkt haben, beläuft sich die Wirkung der Preissenkung insgesamt auf eine zusätzliche Absatzmenge aufgrund der Preiserhöhung von 550 Einheiten für die Marke X (in Anlehnung an Böhler, 2004, S. 44 ff.). Die Abbildung 4-29 visualisiert den Aufbau dieses EBA-CBA-Experimentes.

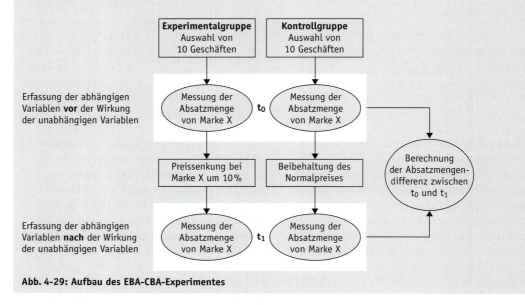

Abb. 4-29: Aufbau des EBA-CBA-Experimentes

Experimentelle Versuchsanordnungen lassen sich auf eine Vielzahl relevanter Marktforschungsprobleme anwenden. Im Mittelpunkt der Konsumgüterindustrie stehen häufig solche Tests, die auf die Gewinnung von Informationen über die Absatzchancen neuer oder modifizierter Produkte ausgerichtet sind. Je nach Marktreife der Produkte können folgende Testarten unterschieden werden (vgl. ausführlich dazu Berekoven et al., 2006, S. 158 ff.):

In einer sehr frühen Phase der Produktentwicklung kommt der **Konzepttest** zum Einsatz. Den Testpersonen werden keine real existierenden Produkte, sondern nur »Ideen« von Produkten, das heißt verbal oder grafisch konkretisierte Produktkonzepte, zur Beurteilung vorgelegt. Beispielsweise werden in diesem Zusammenhang die Testpersonen aufgefordert, verschiedene Produktvarianten, die als Bilder am Bildschirm dargestellt werden, in eine Präferenzrangfolge zu bringen. Der Konzepttest dient zur Beantwortung der wichtigen Frage, ob eine konkretisierte Produktidee weiterverfolgt werden soll oder nicht (vgl. Kapitel 6.5.2.3).

Nachdem aus erfolgversprechenden Produktkonzepten neue bzw. modifizierte Produkte entwickelt wurden, die zumindest als Prototypen vorliegen, kommt der **Produkttest** zum Einsatz, das vermutlich wichtigste und folglich am häufigsten eingesetzte Instrument zur Informationsbeschaffung im Rahmen der Produktpolitik. Der Produkttest ist durch eine experimentelle Versuchsanordnung gekennzeichnet, bei der die ausgewählten Testpersonen die Testprodukte probeweise ge- oder verbrauchen und anschließend Auskunft über ihre Wahrnehmungen und Präferenzen bezüglich dieser Testprodukte geben (vgl. Bauer, 1981, S. 12; Scharf, 2000, S. 69). Werden die Produkte ganzheitlich beurteilt, lässt sich diejenige Alternative ermitteln, welche aus Sicht der Abnehmer am besten gelungen ist. Wird der Einfluss einzelner Produkteigenschaften (unabhängige Variablen) auf die Wahrnehmung, Präferenz oder Kaufbereitschaft (abhängige Variablen) potenzieller Verwender untersucht (Preistest, Geschmackstest, Packungstest etc.), dann können Informationen über die optimale Gestaltung einzelner Produkteigenschaften gewonnen werden (Aus der Praxis 4-18).

Unter einem **Storetest** versteht man den probeweisen Verkauf von Produkten unter kontrollierten Bedingungen in ausgewählten Testgeschäften, um den voraussichtlichen Produkterfolg bzw. die Wirksamkeit bestimmter Marketingmaßnahmen kostengünstig und schnell überprüfen zu können. Die benötigten Daten werden mittels Scannerkassen oder Inventur gewonnen. Beispielsweise bei der Ermittlung so genannter »Erstkaufraten« neuer bzw. modifizierter Produkte liefert der Storetest bessere Ergebnisse als der Produkttest, weil die Messung den realen Kaufentscheidungsprozess im Geschäft berücksichtigt.

Aus der Praxis – 4-18

Ein Hersteller von Süßwaren möchte mit einem »Me too«-Produkt in den Markt für Schokokekse eindringen. Zu diesem Zweck wurden zwei Varianten entwickelt, die das Produkt des Marktführers geschmacklich möglichst übertreffen sollen. Im Rahmen eines Geschmackstests werden repräsentativ ausgewählte Intensivverwender dieser Produktart dazu aufgefordert, nacheinander die beiden Varianten des Herstellers und das Produkt des Marktführers zu probieren und anzugeben, welches ihnen am besten schmeckt. Die Schokokekse werden für diesen Test neutral verpackt und geben folglich keinen Hinweis auf den jeweiligen Hersteller.
Die Ergebnisse des Geschmackstests liefern Antworten auf folgende Marktforschungsfragen: Welche der beiden Varianten des Herstellers schmeckt den potenziellen Kunden besser? Schmeckt die bevorzugte Variante besser oder schlechter als das Produkt des Marktführers?

Der **Markttest** stellt schließlich das umfassendste und genaueste Instrument zur Überprüfung der Chancen neuer Produkte bzw. gesamter Marketingkonzepte dar. Bei dieser quasi experimentellen Untersuchung handelt es sich um den probeweisen Verkauf neuer oder modifizierter Produkte unter weitgehend kontrollierten Bedingungen in einem räumlich abgegrenzten Testmarkt bei Einsatz ausgewählter oder sämtlicher Marketinginstrumente. Ziel ist es, Informationen über den zu erwartenden Markterfolg auf dem Gesamtmarkt zu gewinnen, um daraus die Entscheidung über eine Markteinführung abzuleiten.

Aufgrund der vielfältigen Probleme, die mit größeren Testmärkten verbunden sind (mangelnde Kontrolle von Störfaktoren, zu lange Durchführungsphase, ungenügende Repräsentanz und Isolierbarkeit, fehlende Geheimhaltung sowie hohe Kosten), bieten einige Marktforschungsinstitute so genannte **Minimarkt-Tests** an. Das Testsystem **Gfk-Behavior-Scan** der GfK funktioniert folgendermaßen: In dem Ort Haßloch bei Ludwigshafen arbeitet die GfK mit ca. 3500 soziodemografisch repräsentativ ausgewählten Haushalten und allen relevanten Lebensmitteleinzelhandelsgeschäften zusammen, die sich dazu verpflichtet haben, die zu testenden Produkte während der Testphase in ihr Sortiment aufzunehmen. Über die Erkennungscodes der teilnehmenden Haushalte und entsprechende Artikelnummern der Testprodukte lassen sich alle relevanten Informationen über die Scanner-Kassen der Einzelhandelsgeschäfte erfassen. Außerdem erhalten die Haushalte kostenlos eine TV-Programmzeitschrift, in die Werbeanzeigen für Testprodukte platziert werden können. Ein Teil der Haushalte kann per Kabelfernsehen gezielt individuell beworben werden, indem Werbespots des regulären Fernsehprogramms durch Testspots, z. B. für neue Produkte, ersetzt werden. Ein Ziel ist es, die Auswirkungen der TV-Werbung auf das Kaufverhalten durch den Vergleich verkabelter und nicht verkabelter Haushalte zu ermitteln. Vorteilhaft ist zweifellos, dass das Marktgebiet vergleichsweise gut abgegrenzt ist, die Testhaushalte annähernd repräsentativ für die deutsche Gesamtbevölkerung sind und die Wirkung wichtiger Werbemedien einfach und kostengünstig

Ermittlung der Erfolgschancen neuer Produkte in ausgewählten Testgeschäften

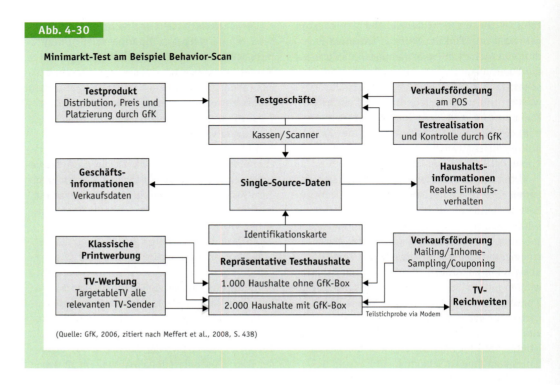

Abb. 4-30: Minimarkt-Test am Beispiel Behavior-Scan

(Quelle: GfK, 2006, zitiert nach Meffert et al., 2008, S. 438)

überprüft werden kann. Problematisch ist vor allem, dass den teilnehmenden Haushalten die Testsituation bewusst ist, was zu Verhaltensänderungen führen kann, wodurch die Ergebnisse unter Umständen verzerrt werden. Die Abbildung 4-30 liefert abschließend einen Überblick über den Minimarkt-Test »Behavior-Scan«.

4.3.3.2 Panelerhebung

Eine sehr wichtige Informationsquelle für Marketingentscheidungen stellen Panelerhebungen dar. Viele Hersteller von Markenartikeln geben einen beträchtlichen Teil ihres Marktforschungsetats für Paneldaten aus. Nach Angaben des Arbeitskreises Deutscher Markt- und Sozialforschungsinstitute (ADM) entfielen im Jahr 2007 insgesamt 27 Prozent aller durchgeführten Primärerforschungen auf Panelerhebungen (O.V., 2008c). Panelerhebungen liefern dem Anbieter unter anderem kontinuierliche Informationen über die an Konsumenten abgesetzten Mengen seiner Erzeugnisse sowie über eigene Marktanteile und die Marktanteile der Konkurrenten. Als **Panel** bezeichnet man einen speziellen, gleichbleibenden und repräsentativen Kreis von Untersuchungseinheiten (Personen, Einkaufsstätten), bei dem in (regelmäßigen) zeitlichen Abständen Befragungen oder Beobachtungen zum gleichen Untersuchungsgegenstand durchgeführt werden (Günther et al., 2006, S. 1 ff.).

Charakteristisches Merkmal einer Panelerhebung ist demnach die wiederholte Heranziehung derselben Untersuchungsobjekte, und zwar zu ein- und demselben empirischen Sachverhalt. Analog zum Experiment stellt auch die Panelerhebung keine eigenständige Methode der Primärforschung dar. Aufgrund der wiederholten Befragung oder Beobachtung derselben Personen bzw. Institutionen ist die Panelerhebung vielmehr ein spezieller Ansatz, der in Abhängigkeit davon, ob mögliche Störvariablen kontrolliert werden oder nicht, zur kausalanalytischen oder deskriptiven Forschung herangezogen wird. Mit Hilfe von Paneldaten gelingt es zum einen, die Strukturen relevanter Märkte detailliert zu beschreiben (Querschnittsanalysen), zum anderen Marktveränderungen im Zeitablauf zu erfassen (Längsschnittanalysen) und dadurch Informationen für Prognosen zu gewinnen (vgl. Böhler, 2004, S. 70).

4.3 Methoden der Primärforschung

Aufgrund der erheblichen Organisations- und Durchführungskosten werden Panelerhebungen nur von großen Marktforschungsinstituten durchgeführt, die sich auf diese Form der Primärerhebung spezialisiert haben. Hierzu zählen in der Bundesrepublik Deutschland vor allem die Nielsen Company sowie die GfK Panel Services. In Abhängigkeit vom Informationsbedarf unterscheidet man zwischen Handels-, Verbraucher- und Spezialpanels, die sich weiter differenzieren lassen. Die Abbildung 4-31 liefert einen Überblick über die verschiedenen Panelarten.

Bei einem **Handelspanel** handelt es sich um eine repräsentative Auswahl von Betrieben einer Handelsstufe mit einer bestimmten Ausrichtung (z. B. Lebensmittel), deren Bestände, Bestellmengen, Verkaufspreise und weitere Daten regelmäßig durch Fremdbeobachtung festgehalten werden. Die Mitglieder eines Handelspanels können Groß- oder Einzelhändler sein. Praktisch jedes Panel auf Handelsebene ist jedoch in einer bestimmten Richtung spezialisiert (z. B. Lebensmittel). Die traditionelle Datengewinnung erfolgt durch Beobachtung, das heißt, Mitarbeiter des Marktforschungsinstituts ermitteln alle zwei Monate die Absatzmengen und Verkaufspreise der Produkte durch Inventur. Insbesondere bei den Großbetriebsformen des Einzelhandels werden die Warenverkäufe heute mit Hilfe von Scannerkassen direkt am Point of Sale erfasst.

Ein **Verbraucherpanel** ist eine repräsentative Stichprobe aller Endverbraucher oder aller Personen einer bestimmten Verbrauchergruppe (z. B. Hausbesitzer), die regelmäßig zu ihren Einkäufen bei bestimmten Warengruppen befragt werden. Verbraucherpanels lassen sich weiterhin nach der zu untersuchenden Zielgruppe differenzieren: **Individualpanels** dienen der Erhebung von Daten über Einkäufe von Einzelpersonen und kommen bei Gütern des persönlichen Bedarfs (z. B. Kosmetika, Tabakwaren) zum Einsatz. Demgegenüber werden mit Hilfe der bedeutsameren **Haushaltspanels** Informationen über das Einkaufsverhalten gewonnen, das den gesamten Haushalt betrifft (z. B. Nahrungsmittel, Wasch- und Reinigungsmittel). Diese Panelart stellt somit ein Spiegelbild der Informationen aus dem Einzelhandelspanel dar. Ferner

Unterschiedliche Panelarten in Abhängigkeit des Informationsbedarfs

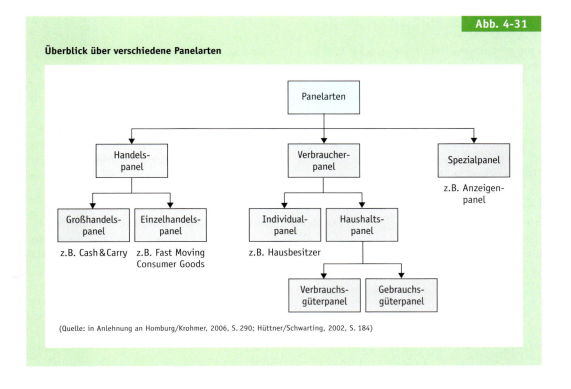

Abb. 4-31

Überblick über verschiedene Panelarten

(Quelle: in Anlehnung an Homburg/Krohmer, 2006, S. 290; Hüttner/Schwarting, 2002, S. 184)

Abb. 4-32

Beispiel für Verbraucherpaneldaten: Prozentuale Veränderung des Konsums von Fast Moving Consumer Goods in Deutschland im Vergleich zum Vorjahresmonat

inkl. Fachhandel	Februar 2009	Jan.–Feb.
Gesamt FMCG	–2,9	0,5
Food & Getränke	–2,9	0,3
▸ Food	–3,9	–0,2
▸ Frischeprodukte	–2,4	1,3
▸ Fleisch/Wurstwaren	0,8	4,9
▸ Obst/Gemüse	–7,6	–4,0
▸ Brot/Backwaren	–3,0	0,3
▸ Molkereiprodukte, gelbe Linie	–7,1	–2,7
▸ Molkereiprodukte, weiße Linie	–16,5	–12,8
▸ Süßwaren*	–3,1	0,2
▸ Sonstige Nahrungsmittel	–1,8	1,8
▸ Getränke	0,6	2,0
▸ Heißgetränke (inkl. Milchkonzentrate)	3,5	5,4
▸ Alkoholfreie Getränke	–8,8	–5,7
▸ Alkoholhaltige Getränke	6,3	6,1
Home-/Bodycare	–4,8	0,5
▸ Wasch-/Putz-/Reinigungsmittel	–6,7	–0,6
▸ Kosmetik/Körperpflege*	–4,3	0,2
▸ Papierwaren	–4,2	2,8

Quelle: GfK Haushaltspanel ConsumerScan; *GfK ConsumerScan Individual © GfK Panel Services Deutschland

(Quelle: GfK, 2009, S. 5)

existiert für interessante Zielgruppen bzw. Warenarten eine Vielzahl von **Spezial-Verbraucherpanels**. Beispielsweise dokumentieren Mütter, die Mitglied im so genannten »Baby-Panel« sind, ihre Einkäufe im Bereich der Babypflege und Babynahrung.

Die Datenerhebung in den Testhaushalten erfolgt heute durch Einscannen des EAN-Strichcodes der eingekauften Artikel mit einem so genannten »Handscanner«. Zusätzlich werden die einkaufende Person, die Einkaufsstätte, das Einkaufsdatum, die eingekaufte Menge und der Produktpreis durch entsprechende Codierungen dokumentiert. Alle Daten werden dann über das Internet an das Marktforschungsinstitut übertragen (Böhler, 2004, S. 70; Berekoven et al., 2006, S. 133). Hinsichtlich der Auswertung von Verbraucherpaneldaten unterscheidet man zwischen Standardauswertungen, die eine tabellarische Aufbereitung der unmittelbaren Berichtseinzeldaten umfassen, und vielfältigen Sonderanalysen (vgl. Abbildung 4-32 und 4-33; Aus der Praxis 4-19).

Die Übertragbarkeit der Ergebnisse von Panelerhebungen auf die Grundgesamtheit ist mit

Abb. 4-33

Ausgewählte Auswertungsmöglichkeiten für Verbraucherpaneldaten

Standardberichte	Sonderanalysen

▸ Gesamtmarktvolumen
▸ Marktanteile der Anbieter
▸ Angaben zu Teilmärkten
  – Verkaufsgebiete
  – Einkaufsstätten
▸ Käuferstrukturen
▸ Packungsgrößen/-arten
▸ Produktvarianten
▸ Durchschnittspreise
	▸ Einkaufsintensität (Gelegenheits-, Normal-, Intensiv-Verwender)
	▸ Markentreue
	▸ Kumulierte Käufer/Wiederkäufer
	▸ Bedarfsdeckung
	▸ Käuferwanderungen
	▸ Einführungsanalysen für neue Produkte
	▸ Preisanalysen
	▸ Absatzprognosen

(Quelle: Berekoven et al., 2006, S. 137)

einer Reihe von **Problemen** behaftet, von denen die wichtigsten abschließend kurz dargestellt werden (vgl. ausführlich Böhler, 2004, S. 72 ff.; Günther et al., 2006, S. 19 ff.):

Keine vollständige Marktabdeckung: Ein Panel, das heißt die gebildete Stichprobe, repräsentiert in der Regel nicht alle Haushalte bzw. Handelsbetriebe, da sich ein Teil von ihnen der Erfassung entzieht bzw. nur schwer für die Mitarbeit gewonnen werden kann. Das gilt beispielsweise für ausländische Verbraucher oder Konsumenten mit hohem Einkommen oder häufigen Auslandsaufenthalten. Etwa wegen des Wunsches nach Geheimhaltung oder aufgrund schneller Veränderungen der Vertriebsstrukturen (z. B. durch E-Commerce) kann die vollständige Marktabdeckung bei einem Handelspanel gefährdet sein.

Panelsterblichkeit: Hierunter versteht man den Ausfall von Panelmitgliedern aus einem laufenden Panel. In manchen Fällen stellt die Hälfte aller teilnehmenden Haushalte ihre Mitarbeit bereits nach kurzer Zeit wieder ein. Bei Einzelhandelspanels liegt die Ausfallquote deutlich niedriger. Weitere Ausfälle kommen durch Tod, Umzug, Geschäftsaufgabe etc. hinzu. Die Marktforschungsinstitute bemühen sich, die entstandenen Lücken durch Ersatzteilnehmer zu schließen, die nach dem Quotenmodell ausgewählt werden.

Paneleffekt: Paneldaten werden verzerrt, wenn sich die Untersuchungseinheiten aufgrund ihrer Mitarbeit im Panel anders verhalten, als sie es normalerweise tun. Derartige Paneleffekte treten insbesondere bei Endverbrauchern auf. Die Berichterstattung kann zu einer bewusste-

Unzulänglichkeiten der Panelerhebung

Aus der Praxis – 4-19

Verbraucherpanel liefert Daten über Käuferwanderungen und Marktanteile

Eine wichtige Information, die ein Verbraucherpanel liefert, besteht in der Ermittlung so genannter Käuferwanderungen und den damit verbundenen Verschiebungen von Marktanteilen. Käuferwanderungen beruhen darauf, dass Konsumenten sich entscheiden, die Marke zu wechseln. Es können folglich Rückschlüsse auf den Grad der Markentreue bzw. auf die Intensität der Konkurrenzbeziehungen zwischen verschiedenen Marken gezogen werden. Die Analyse von Käuferwanderungen verfolgt das Ziel, die zukünftigen Käuferanteile zu prognostizieren, um auf deren Grundlage die richtigen Marketing-Strategien und -Maßnahmen festzulegen.

Die Abbildung 4-34 zeigt ein fiktives Beispiel für die Käuferwanderungen zwischen den Marken A und B bei Betrachtung von zwei Erhebungszeitpunkten (t_0 und t_1). Geht man davon aus, dass sich die beiden Marken das Gesamtmarktvolumen aufteilen, erreicht die Marke A zum Zeitpunkt t_0 einen Käuferanteil von 73,5 Prozent und die Marke B von 26,5 Prozent. Bis zum Zeitpunkt t_1 wechseln 450 Käufer von der Marke A zur Marke B, jedoch nur 150 von der Marke B zur Marke A, sodass sich der Käuferanteil von Marke B in dem betrachteten Zeitraum um 2,5 Prozent erhöht hat.

	Erhebungszeitpunkt t_0	Erhebungszeitpunkt t_1
Käufer der Marke A	7.350	7.100
Käufer der Marke B	2.650	2.900
Gesamt	10.000	10.000

Wanderungen: 6.950 (A→A), 150 (B→A), 400 (A→B), 2.500 (B→B)

(Quelle: in Anlehnung an Hammann/Erichson, 2000, S. 176)

Abb. 4-34: Käuferwanderung zwischen zwei Marken und zwei Erhebungszeitpunkten

ren Einkaufstätigkeit führen. Bestimmte Angebote (z. B. neue Produkte) veranlassen den Haushalt gegebenenfalls zu Einkäufen, die er vorher nicht getätigt hat. Aus bestimmten Gründen werden bei einigen Produktarten mehr Einkäufe (gesundes Gemüse, umweltfreundliche Produkte) oder weniger Einkäufe (Alkohol, Zigaretten, Einweg-Verpackungen) angegeben, als tatsächlich vorgenommen wurden. Bei langer Panelzugehörigkeit kommt es zu Lerneffekten und zu Nachlässigkeiten infolge von Ermüdungserscheinungen.

4.4 Datenanalyse

Der Einsatz der im Kapitel 4.3 dargestellten Erhebungsmethoden führt in der Regel zu einer Vielzahl von Einzeldaten. Die Aufgabe der Marktforschung besteht folglich darin, alle vorliegenden Informationen zu ordnen, aufzubereiten und zu analysieren, um sie dann zur Lösung des vorliegenden Marktforschungsproblems zu nutzen. Vor allem aufgrund der guten Verfügbarkeit und hohen Leistungsfähigkeit von Computerhardware und -software kann man heute auf eine große Anzahl unterschiedlichster Auswertungsverfahren zurückgreifen.

Die durch den technischen Fortschritt stark vereinfachte Auswertung umfangreicher Datenmengen birgt jedoch auch Gefahren: Zum einen wird häufig vergessen, dass der Einsatz noch so raffinierter Analysemethoden im Rahmen der Datenerhebung begangene Fehler (z. B. unpräzise formuliertes Marktforschungsproblem, unangemessene Fragestellung, falsche Stichprobenbildung) nicht ausgleichen kann (vgl. Knoblich, 1985, S. 1260). Zum anderen kommt es immer wieder vor, dass die Anwendungsvoraussetzungen für die eingesetzten Auswertungsverfahren verletzt werden. Die aus den Analyseergebnissen gezogenen Schlussfolgerungen sind in solchen Fällen sehr fragwürdig.

Aufgrund der Methodenvielfalt müssen sich die Ausführungen in diesem Kapitel auf einen kurzen Überblick über ausgewählte Techniken beschränken. Dabei werden nur ihre wesentlichen Merkmale und Einsatzmöglichkeiten kurz dargestellt, für den an den mathematisch-statistischen Strukturen interessierten Leser befinden sich an den entsprechenden Stellen Hinweise auf die Spezialliteratur.

Die gebräuchlichste Klassifizierung der Datenanalysemethoden erfolgt über die Anzahl der gleichzeitig betrachteten Variablen. Man unterscheidet in diesem Zusammenhang drei Kategorien: **univariate, bivariate und multivariate Auswertungsverfahren**. Eine weitere Unterteilung bezieht sich auf die Zielsetzung der Analyse (vgl. Böhler, 2004, S. 165): **Deskriptive Analysen** dienen der Beschreibung eines vorliegenden Datensatzes, der sich normalerweise auf die aus einer Grundgesamt gezogenen Stichprobe bezieht. Die Daten werden mittels geeigneter Verfahren so aufbereitet, dass sich die Entscheidungsträger schnell einen Überblick über die Verteilungen der interessierenden Variablen und deren Beziehungen verschaffen können. Beispielsweise werden in einem Produkttest für eine neue Limonade die Testpersonen danach gefragt, ob sie das neue Produkt kaufen würden, wenn es in ihrer Einkaufsstätte erhältlich wäre. Von 150 Befragten, aus denen die repräsentative Stichprobe besteht, geben 90 Personen, also 60 Prozent, an, das Produkt kaufen zu wollen. **Induktive Analysen** beruhen hingegen auf der Wahrscheinlichkeitstheorie und verfolgen das Ziel, Hypothesen über die Struktur der Grundgesamtheit auf der Basis der Stichprobendaten zu überprüfen. Wurde beispielsweise eine repräsentative Befragung von 200 Fruchtsaftkäufern zur Markenverwendung bezüglich dieser Produktkategorie durchgeführt und 52 Personen gaben an, mindestens einmal im Monat die Marke X zu kaufen, könnte folgende Hypothese überprüft werden: »25 Prozent aller Fruchtsaftverwender (Grundgesamtheit) kaufen mindestens einmal pro Monat die Marke X.«

Die Abbildung 4-35 vermittelt einen Überblick über die univariaten und bivariaten Analyseverfahren der deskriptiven (beschreibenden) und induktiven (schließenden) Statistik.

Erhobene Daten werden aufbereitet, analysiert und entsprechend dem formulierten Marktforschungsproblem interpretiert.

Klassifizierung der Datenanalysemethoden

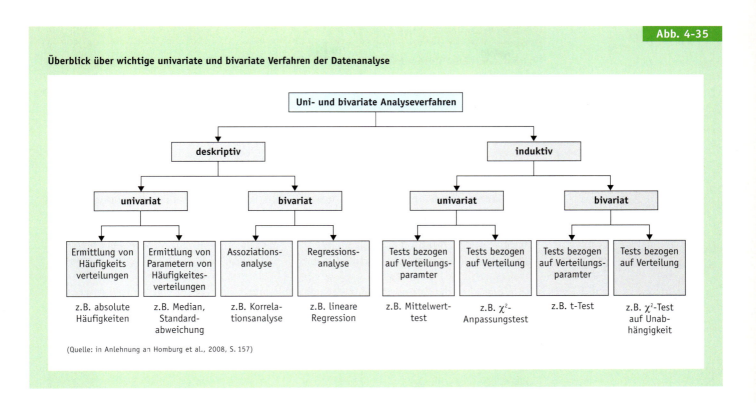

Abb. 4-35 Überblick über wichtige univariate und bivariate Verfahren der Datenanalyse

(Quelle: in Anlehnung an Homburg et al., 2008, S. 157)

4.4.1 Univariate Verfahren

Im Rahmen der **univariaten deskriptiven Verfahren** betrachtet man nur *eine* Variable. Die statistische Analyse beschränkt sich also auf die Beschreibung der Merkmalsausprägungen von Untersuchungsobjekten bezüglich eines einzigen Merkmals. Im Mittelpunkt stehen dabei die absoluten und relativen Häufigkeiten der Merkmalsausprägungen, wobei die Ergebnisse in einer Tabelle oder in einem Schaubild übersichtlich dargestellt und die Häufigkeitsverteilung mit Hilfe geeigneter Parameter beschrieben werden können. Bei Merkmalen mit sehr vielen Ausprägungen (z. B. Einkommen) empfiehlt es sich, diese zu Gruppen zusammenzufassen, damit die Darstellung der Ergebnisse übersichtlich bleibt. Auch viele Stellen hinter dem Komma bringen häufig kaum zusätzliche Informationen, können jedoch die Überschaubarkeit der Informationen beeinträchtigen (vgl. ausführlich Hammann/Erichson, 2000, S. 249 f.). Um die Fähigkeit und Bereitschaft der Entscheidungsträger zur Aufnahme der relevanten Informationen zu erhöhen, stellt man in der Marktforschungspraxis eindimensionale Häufigkeitsverteilungen in der Regel grafisch dar. Dazu bedient man sich eines **Histogramms**, das heißt eines Säulen-, Balken- oder Kreisdiagramms, bei dem die Häufigkeiten mit Hilfe proportionaler Flächen abgebildet werden (Aus der Praxis 4-20).

Von zentraler Bedeutung für die Verdichtung von Daten sind **statistische Maßzahlen**, die verschiedene Kriterien zu erfüllen haben. Sie müssen den untersuchten Sachverhalt angemessen repräsentieren. So dürfen beispielsweise Häufigkeitsverteilungen ordinal skalierter Merkmale nicht durch Maßzahlen beschrieben werden, die eine arithmetische Operation beinhalten. Die Maßzahlen sollten außerdem eine große Aussagekraft bei möglichst geringem Informationsverlust besitzen, und schließlich muss ihre Berechnung einfach nachvollziehbar sein.

Zur Beschreibung empirischer Häufigkeitsverteilungen werden Lage- und Streuungsparameter berechnet. **Lageparameter** kennzeichnen diejenige Ausprägung eines Merkmals, welche die analysierte Häufigkeitsverteilung am besten re-

Definition univariate deskriptive Verfahren

Lageparameter von Häufigkeitsverteilungen

4.4 Marktforschung
Datenanalyse

> **Aus der Praxis – 4-20**
>
> Im Rahmen einer Online-Befragung von 587 Studierenden einer Fachhochschule wurde unter anderem gefragt, wodurch die Studierenden auf das Studienangebot der Fachhochschule aufmerksam geworden sind. Die verschiedenen Antwortmöglichkeiten wurden in Form einer Liste auf dem Bildschirm präsentiert, und die Befragten hatten die Aufgabe, die zutreffenden Merkmalsausprägungen zu markieren. Die Tabelle in Abbildung 4-36 enthält die absoluten und relativen Häufigkeiten der verschiedenen Merkmalsausprägungen. Die relativen Häufigkeiten ergeben addiert mehr als 100 Prozent, da die Befragten mehrere Antwortkategorien anklicken durften (Mehrfachantworten).
>
> Um zu überprüfen, ob die Stichprobe repräsentativ für die Grundgesamtheit, das heißt für alle Studierenden der betreffenden Fachhochschule ist, wurde unter anderem auch danach gefragt, welchen Studiengang die Befragten studieren. Die Ergebnisse sind in der Abbildung 4-37 als Kreisdiagramm dargestellt. Kreisdiagramme sind zur Visualisierung relativer Häufigkeit geeignet, wenn die Anzahl der Merkmalsausprägungen überschaubar ist, und die kumulierten prozentualen Häufigkeiten 100 Prozent ergeben.

Ausprägungen der Variable »Informationsquellen«	Absolute Häufigkeiten	Relative Häufigkeiten (in %)
Internet	252	42,9
Familie, Freunde, Bekannte	231	39,4
Informationsveranstaltungen	118	20,1
Berufsinformationszentrum	92	15,7
Schule	75	12,8
Flyer/Broschüren	62	10,6
Messe	39	6,6
Presse	25	4,3
Sonstige Informationsquellen	25	4,3

Abb. 4-36: Tabellarische Darstellung absoluter und relativer Häufigkeiten am Beispiel genutzter Informationsquellen von Studierenden

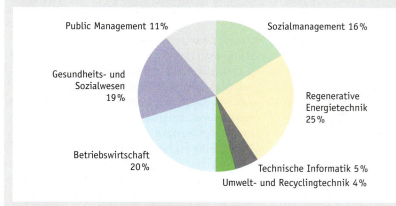

Abb. 4-37: Grafische Darstellung relativer Häufigkeiten mittels Kreisdiagramm am Beispiel des von Befragten belegten Studiengangs

präsentiert. Die wichtigsten Lageparameter sind Mittelwerte. Der gebräuchlichste Mittelwert ist das **arithmetische Mittel**. Es wird gebildet, indem man die Summe aller Einzelwerte x_i bildet und durch die Anzahl n der Beobachtungen teilt. Die Berechnung des arithmetischen Mittels ist nur für Merkmale mit metrischem Skalenniveau sinnvoll. Die Tabelle in der Abbildung 4-38 enthält die Messwerte von 12 Auskunftspersonen, die gefragt wurden, wie wichtig für sie der Preis beim Kauf eines Farbfernsehers ist. Verwendet wurde eine siebenstufige Ratingskala (»7 = sehr wichtig« bis »1 = völlig unwichtig«).

Ein weiterer Lageparameter ist der **Median** (Zentralwert). Die einzelnen Beobachtungen x_i werden hierbei zunächst der Größe nach geordnet. Der Median ist dann derjenige Wert, der genau in der Mitte der Rangfolge liegt. Rechts und links vom Median liegen gleich viele Werte. Bei einer Rangfolge mit gerader Anzahl von Beobachtungen wird der Median als arithmetisches Mittel der beiden mittleren Werte gebildet. Für nominalskalierte Daten ist nur die Berechnung des **Modus** (»dichtes Mittel«) sinnvoll. Das ist diejenige Ausprägung eines Merkmals, welche am häufigsten vorkommt.

Streuungsparameter geben an, wie gut eine Verteilung durch einen Lageparameter charakterisiert werden kann, da zwei empirische Häufigkeitsverteilungen trotz ähnlicher Lageparameter sehr unterschiedlich ausfallen können. Nur für metrisch skalierte Daten geeignet ist das in der Marktforschung am häufigsten angewandte Streuungsmaß, die **Varianz**. Sie ergibt sich als Summe aller quadrierten Abweichungen der einzelnen Messwerte vom Mittelwert, geteilt durch die Anzahl der Messwerte. Die **Standardabweichung**, die auch als Streuung oder mittlere Abweichung bezeichnet wird, ist die Quadratwurzel aus der Varianz. Mit ihrer Hilfe lassen sich beispielsweise die Mittelwerte unterschiedlicher Teilstichproben hinsichtlich ihrer Streuungen vergleichen. Die **Spannweite** wird als Differenz zwischen dem größten und dem kleinsten Beobachtungswert berechnet. Dieses Maß, das insbesondere zur Kennzeichnung der Streuung ordinalskalierter Daten zum Einsatz kommt, kann jedoch durch so genannte »Ausreißer« erheblichen Verzerrungen unterliegen. Die Abbildung 4-38 enthält die Berechung wichtiger Streuungsparameter für das vorliegende Beispiel.

Mittels **univariater induktiver Verfahren** versucht man, für ein interessierendes Merkmal Rückschlüsse von einer Stichprobe auf die Grundgesamtheit zu ziehen. Zu diesem Zweck werden statistische **Signifikanztests** eingesetzt, deren Durchführung in mehreren Schritten erfolgt, die in der Abbildung 4-39 dargestellt sind. Mit Hilfe eines Signifikanztests lassen sich auf der Grundlage einer Stichprobe Hypothesen über die Verteilung von Merkmalen in der Grundgesamtheit formulieren und anschließend statistisch überprüfen. Die Hypothese, die durch einen Signifikanztest überprüft werden soll, wird als Nullhypothese (H_0) bezeichnet, die gegensätzliche Aussage als Alternativhypothese (H_1).

In einem zweiten Schritt gilt es, das geeignete statistische Testverfahren auszuwählen. Damit verbunden ist die Bestimmung einer Prüfgröße und der ihr zugrunde liegenden Testverteilung. Es existiert eine Vielzahl von Signifikanztests für unterschiedliche Fragestellungen. Beispielsweise ist der Mittelwerttest ein in der

Abb. 4-38

Beispiel für die Berechnung wichtiger Lage- und Streuungsparameter

Untersuchungseinheiten x_i	X_1	X_2	X_3	X_4	X_5	X_6	X_7	X_8	X_9	X_{10}	X_{11}	X_{12}
Messwerte (Beobachtungen)	3	5	6	2	4	1	4	4	1	5	4	3

Lageparameter:	
Arithmetische Mittel:	(3 + 5 + 6 + 2 + 4 + 1 + 4 + 4 + 1 + 5 + 4 + 3) / 12 = 42/12 = 3,5
Median:	1 1 2 3 3 <u>4 4</u> 4 4 5 5 6 = 4
Modus:	3 5 6 2 <u>4</u> 1 <u>4 4</u> 1 5 <u>4</u> 3 = 4

Streuungsparameter:	
Varianz:	$(3 - 3,5)^2 + (5 - 3,5)^2 + (6 - 3,5)^2 + (2 - 3,5)^2 + (4 - 3,5)^2 + (1 - 3,5)^2 + (4 - 3,5)^2 + (4 - 3,5)^2 + (1 - 3,5)^2 + (5 - 3,5)^2 + (4 - 3,5)^2 + (3 - 3,5)^2 = 2,455$
Standardabweichung	$\sqrt{2,455} = 1,5667$
Spannweite:	1 - - - 6 = 5

Definition univariate induktive Verfahren

Signifikanztest

Streuungsparameter von Häufigkeitsverteilungen

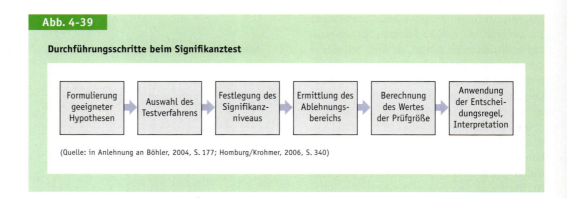

Marktforschung häufig zum Einsatz kommender Signifikanztest, mit dem sich überprüfen lässt, ob aus dem Mittelwert eines Merkmals der Stichprobe eine statistisch signifikante Aussage über den Mittelwert dieses Merkmals in der Grundgesamtheit abgeleitet werden kann. Mit dem χ^2-Anpassungstest lässt sich die in einer Stichprobe ergebende Verteilung einer nominal skalierten Variablen (z. B. Geschlecht) oder einer in Klassen eingeteilten metrischen Variablen (z. B. Einkommen) überprüfen. Bezüglich der konkreten Durchführung von Mittelwerttests sowie weiterer Signifikanztests wird an dieser Stelle auf die einschlägige Literatur verwiesen (Bleymüller et al., 2004, S. 107 ff.; Bortz, 2005, S. 107 ff.).

Nach der Auswahl des Testverfahrens muss der Forscher außerdem das Signifikanzniveau festlegen. Es entspricht der Wahrscheinlichkeit, dass die Nullhypothese abgelehnt wird, obwohl sie für die Grundgesamtheit zutrifft. Durch die Angabe eines Signifikanzniveaus, das heißt einer maximalen Irrtumswahrscheinlichkeit, sichert man sich gegen einen derartigen Fehler ab. Aus dem ausgewählten Testverfahren und dem festgelegten Signifikanzniveau ergibt sich der so genannte Ablehnungsbereich, der angibt, bei welchem empirischen Wert der Prüfgröße die Nullhypothese abzulehnen ist. Anschließend wird der empirische Wert der Prüfgröße aus den vorliegenden Daten der Stichprobe berechnet, die vorab formulierte Entscheidungsregel angewendet (z. B. Ablehnung der Nullhypothese für einen bestimmten Wert der Prüfgröße) und das Ergebnis im Hinblick auf das zu lösende Marktforschungsproblem interpretiert.

4.4.2 Bivariate Verfahren

In der Marktforschung hat man es häufig mit Fragestellungen zu tun, die eine Analyse der Beziehungen zwischen den untersuchten Merkmalen der Erhebungseinheiten erforderlich machen. Mit Hilfe **bivariater deskriptiver Auswertungsverfahren** ist es möglich, die Beziehung zwischen zwei Variablen zu analysieren, wobei es nur um die Beschreibung des interessierenden Sachverhaltes geht und nicht darum, statistisch gesicherte Rückschlüsse auf die Grundgesamtheit zu ziehen. Die bivariaten deskriptiven Verfahren können wiederum unterteilt werden in Verfahren der Assoziationsanalyse und der Regressionsanalyse (Homburg et al., 2008, S. 158).

Assoziationsanalysen untersuchen den Zusammenhang zwischen zwei Variablen, ohne dass zwischen einer unabhängigen (gegebenen) und einer abhängigen (zu erklärenden) Variable unterschieden wird (Homburg/Krohmer, 2006, S. 332). Zur Aufdeckung von Zusammenhängen zwischen zwei nominal skalierten Merkmalen kommt die **Kreuztabellierung** zum Einsatz. Voraussetzung hierfür ist die Einteilung der interessierenden Variablen in sich gegenseitig ausschließende Untergruppen. Alle möglichen Ausprägungs-Kombinationen werden in einer zweidimensionalen Matrix, der so genannten Kreuztabelle dargestellt. Für jede Kategorie ermittelt man dann die absoluten bzw. relativen Häufigkeiten.

Die Tabelle in Abbildung 4-40 enthält die Ergebnisse einer Online-Befragung zur Kaufbereitschaft für verschiedene TV-Flachbildschirm-Marken. Beantwortet werden soll die Frage, ob ein Zusammenhang zwischen dem Alter der Befragten und der bevorzugten TV-Marke besteht. Die Verteilung der absoluten Häufigkeiten für das Merkmal »Alter« getrennt nach Markenpräferenz zeigt, dass die Marke A eher von jüngeren Käufern, die Marke B hingegen von älteren Käufern präferiert wird. Betrachtet man beispielsweise die jüngste Altersgruppe (18 bis 29 Jahre), fällt auf, dass mehr als 90 Prozent dieser Zielgruppe die TV-Marke A bevorzugen. Ob der Zusammenhang zwischen dem Alter der Befragten und deren Markenpräferenz statistisch gesichert ist, das heißt auf die Grundgesamtheit übertragen werden kann, lässt sich nur mittels induktiver Verfahren (z. B. χ^2-Test auf Unabhängigkeit) überprüfen, die weiter unten erläutert werden.

Weisen die interessierenden Variablen metrisches Skalenniveau auf, erfolgt die Analyse des Zusammenhangs mittels **Korrelationsanalyse**.

Abb. 4-40

Beispiel für eine Kreuztabellierung – Analyse des Zusammenhangs zwischen dem Alter der Befragten und der von ihnen bevorzugten TV-Marke

	18 bis 29	30 bis 39	40 bis 49	50 bis 59	60 und älter	Σ
TV-Marke A	121	70	55	35	19	300
TV-Marke B	11	32	25	55	77	200
Σ	132	102	80	90	96	500

Der so genannte Pearsonsche Korrelationskoeffizient r hat einen Wertebereich von –1 bis +1 und gibt die Stärke des linearen Zusammenhangs zwischen zwei metrisch skalierten Merkmalen an. Die Abbildung 4-41 enthält verschiedene Beispiele für mögliche Verteilungen von zwei Variablen und den entsprechenden Korrelationskoeffizienten. Ist r = 1, besteht zwischen den

Korrelation

Abb. 4-41

Beispiele für mögliche Verteilungen von zwei Variablen mit entsprechendem Korrelationskoeffizienten r

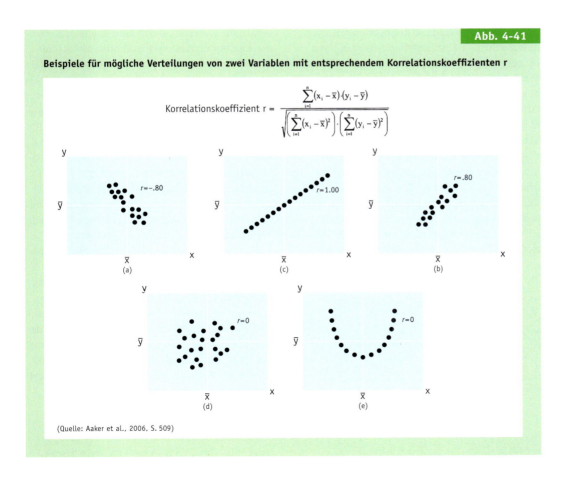

$$\text{Korrelationskoeffizient } r = \frac{\sum_{i=1}^{n}(x_i - \bar{x}) \cdot (y_i - \bar{y})}{\sqrt{\left(\sum_{i=1}^{n}(x_i - \bar{x})^2\right) \cdot \left(\sum_{i=1}^{n}(y_i - \bar{y})^2\right)}}$$

(Quelle: Aaker et al., 2006, S. 509)

4.4 Marktforschung
Datenanalyse

Definition bivariate induktive Verfahren

χ²-Test (Chi-Quadrat-Test)

Einfache lineare Regression

beiden Variablen ein vollständig positiver linearer Zusammenhang, das heißt, dass die Erhöhung der Variable X um den Wert x mit einer Erhöhung der Variable Y um den Wert y verbunden ist. Für den Fall, dass r = –1 ist, gilt das Gegenteil: Die Erhöhung der Variable X um den Wert x ist mit einer Reduzierung der Variable Y um den Wert y verbunden. Bei r = 0 besteht hingegen kein linearer Zusammenhang zwischen den beiden Variablen.

Die Abbildung 4-42 enthält ein einfaches Beispiel für den Einsatz der Korrelationsanalyse. Analysiert werden soll der Zusammenhang zwischen den Abiturnoten und den Noten des ersten Hochschulabschlusses (Bachelor) von zehn Hochschulabsolventen. Die Berechnung des Korrelationskoeffizienten ergibt einen Wert von +0,742, was auf einen starken positiven Zusammenhang zwischen der Abiturnote und der Note des Bachelorabschlusses bezogen auf die Stichprobe der zehn analysierten Hochschulabsolventen hinweist.

Die **einfache lineare Regressionsanalyse** untersucht den Einfluss einer unabhängigen (gegebenen) Variablen auf eine abhängige (zu erklärenden) Variable, das heißt, es wird eine bestimmte Wirkungsrichtung zwischen zwei metrisch skalierten Merkmalen unterstellt. So ist es zweifellos sinnvoll, davon auszugehen, dass der Preis für ein Produkt dessen Absatzmenge beeinflusst und nicht umgekehrt. Der Preis ist also die unabhängige Variable, die Absatzmenge hingegen die abhängige Variable. Gilt es, die Ursache-Wirkungs-Beziehung zwischen nur einer unabhängigen und einer abhängigen Variablen zu untersuchen, handelt es sich um eine bivariate Auswertung (Aus der Praxis 4-21), werden

gleichzeitig mehrere unabhängige Variablen betrachtet, kommt die multiple bzw. multivariate Regressionsanalyse zum Einsatz (vgl. Kapitel 4.4.3.2).

Auch bezüglich der **bivariaten induktiven Verfahren** kann man zwischen zahlreichen Varianten zur Beantwortung unterschiedlicher Fragestellungen der Marktforschung unterscheiden. Im Folgenden soll jedoch nur auf ausgewählte Verfahren kurz eingegangen werden.

Mit Hilfe des χ²-**Unabhängigkeitstests** wird auf der Grundlage von Stichprobendaten untersucht, ob zwei nominal skalierte Merkmale in der Grundgesamtheit unabhängig voneinander sind oder nicht. Ausgangspunkt für diesen Test ist eine Kreuztabellierung der Häufigkeiten der beiden interessierenden Merkmale, wobei die einfachste Form in einer Verteilung von zwei Merkmalen mit jeweils zwei Ausprägungen besteht. Ein Beispiel kann die Vorgehensweise verdeutlichen (Böhler, 2004, S. 180 ff.):

Überprüft werden soll, ob die Kaufbereitschaft für eine Automarke und das Geschlecht des Käufers unabhängig sind oder nicht. Die 300 Fälle entstammen einer Zufallsstichprobe aus einer umfangreichen Grundgesamtheit. Die in der Abbildung 4-45 dargestellten Daten lassen vermuten, dass ein Zusammenhang zwischen dem Geschlecht der Auskunftspersonen und ihrer Kaufbereitschaft für eine bestimmte Automarke besteht. 75 Prozent der 200 Befragten, welche angeben, die Auto-Marke X kaufen zu wollen, sind männlich. Demgegenüber entfallen von den 100 Auskunftspersonen, welche die Automarke Y kaufen würden, nur 40 Prozent auf Männer.

Es gilt zu überprüfen, ob sich der beobachtete Zusammenhang nur zufällig innerhalb der üblichen Streuung möglicher Stichprobenresultate ergeben hat oder statistisch gesichert auf die Grundgesamtheit übertragen werden kann. Zu diesem Zweck trifft man zunächst die Annahme (Nullhypothese), dass die Häufigkeitsverteilung des einen Merkmals (hier: Kaufbereitschaft der Befragten für eine bestimmte Automarke) in keinem Zusammenhang zum anderen Merkmal (hier: Geschlecht der Befragten) steht.

Zu vergleichen ist der empirische χ²-Wert, der aus den Stichprobendaten berechnet wird, mit einer Prüfgröße, dem so genannten kritischen

Abb. 4-42

Beispiel für die Ermittlung des Zusammenhangs zwischen zwei metrisch skalierten Variablen mittels Korrelationsanalyse

Absolvent	1	2	3	4	5	6	7	8	9	10
Abiturnote	2,1	3,5	1,7	2,5	3,1	2,5	3,0	4,0	1,3	2,5
Bachelornote	1,9	2,8	2,3	2,5	2,7	2,6	2,6	3,1	1,7	1,4

R = + 0,742

Aus der Praxis – 4-21

Das Unternehmen X möchte eine neue Fertigpizza für das Premium-Segment auf dem Absatzmarkt einführen. In diesem Zusammenhang soll der Einfluss des Verkaufspreises auf die Absatzmenge mit Hilfe eines Storetests ermittelt werden. In zehn vergleichbaren Testgeschäften wird das neue Produkt eine gewisse Zeit lang zu jeweils unterschiedlichen Preisen angeboten und die Absatzmengen anschließend erfasst. Die Abbildung 4-43 veranschaulicht die Ergebnisse dieses Preistests.

Überträgt man die beobachteten Werte in ein Streudiagramm (vgl. Abbildung 4-44), zeigt sich, dass sich der Zusammenhang zwischen den beiden Variablen durch eine Gerade mit negativer Steigung beschreiben lässt. Eine beliebige Gerade kann beschrieben werden durch:

$y = a + b \cdot x.$

Y bezeichnet die abhängige Variable (hier: Absatzmenge) und x die unabhängige Variable (hier: Verkaufspreis). Weiterhin steht a für den Punkt, an dem die Gerade die y-Achse schneidet, und b für die Steigung der Geraden. Das Ziel der Regressionsanalyse besteht nun darin, die Regressionsparameter a und b so zu bestimmten, dass sich die Gerade möglichst gut an die beobachteten Werte anpasst. A und b sind so zu bestimmen, dass die Summe der quadrierten Abstände zwischen der Geraden und den wahren Werten minimiert wird. Dieses Vorgehen wird als Methode der kleinsten Quadrate bezeichnet. Für das vorliegende Beispiel ergibt sich folgende Regressionsgleichung:

$\hat{y} = 105{,}83 - 22{,}53x.$

Setzt man in diese Gleichung für den Verkaufspreis x beispielsweise 3,– € ein, ergibt sich (gerundet) eine Absatzmenge von 38 Einheiten. Tatsächlich wurden jedoch in Testgeschäft 8 zu diesem Preis 40 Einheiten abgesetzt, was zeigt, dass die ermittelte Regressionsgerade nur eine Schätzung der tatsächlichen Verteilung der beiden Merkmale ist (Berekoven et al., 2006, S. 206 ff.).

Testgeschäft	1	2	3	4	5	6	7	8	9	10
Verkaufspreis	3,15	2,65	2,60	2,90	3,05	2,55	2,70	3,00	2,85	2,80
Absatzmenge	37	48	45	38	35	51	44	40	43	41

(Quelle: in Anlehnung an Berekoven et al., 2006, S. 207)

Abb. 4-43: Verkaufspreise und Absatzmengen einer neuen Fertigpizza in zehn Testgeschäften

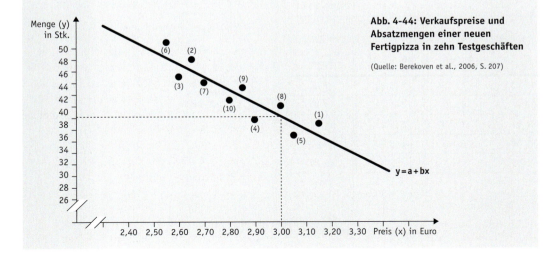

Abb. 4-44: Verkaufspreise und Absatzmengen einer neuen Fertigpizza in zehn Testgeschäften

(Quelle: Berekoven et al., 2006, S. 207)

T-Test

χ^2-Wert. In Abhängigkeit von den Freiheitsgraden und vom gewählten Signifikanzniveau lässt sich der kritische χ^2-Wert einer entsprechenden Tabelle entnehmen, die auf der χ^2-Verteilung beruht. Im vorliegenden Beispiel beträgt der kritische Wert für Chi^2 laut Tabelle 6,63 (Signifikanzniveau: 5 Prozent). Der empirische χ^2-Wert lässt sich – wie in der Abbildung 4-45 dargestellt – berechnen. Zunächst sind die erwarteten Häufigkeiten zu ermitteln, das heißt die Häufigkeiten, die sich ergeben würden, wenn die Merkmale »Geschlecht« und »Kaufbereitschaft für eine Automarke« unabhängig voneinander sind. Sie ergeben sich für jede Zelle der Kreuztabelle allgemein aus dem Produkt der jeweiligen Spalten- und Zeilensumme, geteilt durch die Summe aller Beobachtungen. Die erwartete Häufigkeit für die weiblichen Befragten, welche die Automarke X kaufen würden, lässt sich demnach als Beispiel wie folgt berechnen:

$$E_{1\text{-}1} = \frac{200 \cdot 110}{300} = 73,33$$

Dieser Rechenvorgang wird für alle vier Zellen der Matrix durchgeführt. Der empirische χ^2-Wert ergibt sich dann aus der in der Abbildung 4-45 aufgeführten Wertetabelle. Die Unabhängigkeitshypothese ist zu verwerfen, da der empirische χ^2-Wert mit 35,22 erheblich größer ist als der kritische. Es kann also davon ausgegangen werden, dass in der Grundgesamtheit zwischen dem Geschlecht der Befragten und ihrer Kaufbereitschaft für eine der beiden Automarken ein statistisch signifikanter Zusammenhang besteht.

Ein weiteres wichtiges bivariates induktives Verfahren zur Analyse von Daten ist der **T-Test** zum Vergleich der Mittelwerte voneinander unabhängiger Stichproben. Zunächst werden für beide Stichproben die Mittelwerte des interessierenden Merkmals (z. B. Einkommen) gebildet. Wenn diese Mittelwerte voneinander abweichen, stellt sich die Frage, ob man mit hinreichender Sicherheit unterstellen kann, dass die Mittelwerte in den beiden Grundgesamtheiten, aus denen die Stichproben entnommen worden sind, wirklich unterschiedlich sind. Die Nullhypothese unterstellt, dass beide Mittelwerte gleich sind, also die gemessenen Unterschiede zwischen ihnen auf zufälligen Streuungen beruhen (Aus der Praxis 4-22).

Abb. 4-45

Beispiel für einen χ^2-Unabhängigkeitstests

	Geschlecht		Σ
	Frauen	Männer	
Automarke X	50	150	200
Automarke Y	60	40	100
Σ	110	190	300

Zelle	B_{ij}	E_{ij}	$B_{ij} - E_{ij}$	$(B_{ij} - E_{ij})^2$	$\frac{(B_{ij} - E_{ij})^2}{E_{ij}}$
1–1	50	73,33	–23,33	545,29	7,44
1–2	150	126,67	23,33	545,29	4,30
2–1	60	36,67	23,33	545,29	14,87
2–2	40	63,63	–23,33	545,29	8,61
Gesamt	300	300,00			35,22

$$\chi^2 = \sum_{i=1}^{r} \sum_{j=1}^{s} \frac{(B_{ij} - E_{ij})^2}{E_{ij}}$$

B_{ij} = beobachtete Häufigkeiten in Zelle ij
E_{ij} = erwartete Häufigkeiten in Zelle ij
r_i = Ausprägung des Merkmals i
s_j = Ausprägung des Merkmals j

$$E_{ij} = \frac{n_i \cdot n_j}{n}$$

n_i = Zeilensumme
n_j = Spaltensumme

(Quelle: in Anlehnung an Böhler, 2004, S. 192 ff.)

Aus der Praxis – 4-22

Ein Anbieter von Bierspezialitäten führt in vergleichbaren Filialen des deutschen Lebensmitteleinzelhandels eine Verkaufsförderungsaktion für sein neues Biermischgetränk durch. Er möchte wissen, ob regionale Unterschiede bezüglich der Konsumentenakzeptanz im Zusammenhang mit der Probieraktion bestehen. Zu diesem Zweck vergleicht er die Abverkäufe in den 8 norddeutschen und den 8 süddeutschen Filialen, in denen die Verkaufsförderungsaktion durchgeführt wurde. Die Ergebnisse der Aktion sind in der Abbildung 4-46 dargstellt. Während in Norddeutschland im Durchschnitt pro Filiale 83,6 Einheiten des neuen Biermischgetränks verkauft wurden, waren es in Süddeutschland lediglich 39,1 Einheiten. Der T-Test, das heißt der Vergleich zwischen dem empirisch ermittelten t-Wert und der Prüfgröße, dem theoretischen t-Wert, ergibt in diesem Fall, dass mit mehr als 99-prozentiger Wahrscheinlichkeit ein statistisch signifikanter Unterschied zwischen den Absatzmengen in Nord- und Süddeutschland angenommen werden kann. Die Nullhypothese, also die Annahme, dass der Unterschied zwischen den Mittelwerten, zufällig ist, muss verworfen werden. Folglich kann der Anbieter davon ausgehen, dass seine Aktion in Norddeutschland erfolgreicher war als in Süddeutschland.

Abgesetzte Einheiten	Filiale 1	Filiale 2	Filiale 3	Filiale 4	Filiale 5	Filiale 6	Filiale 7	Filiale 8	Mittelwert
Norddeutschland	121	94	66	56	77	70	83	102	39,1
Süddeutschland	45	66	32	21	44	16	56	33	83,6

Abb. 4-46: Beispieldaten für einen T-Test zum Vergleich der Mittelwerte unabhängiger Stichproben

4.4.3 Multivariate Datenanalyse

Multivariate Analysemethoden untersuchen definitionsgemäß die Beziehungen zwischen mindestens drei Variablen. Sie sind vor allem dazu geeignet, Datenstrukturen zu analysieren, denen komplexe Marktforschungsprobleme zugrunde liegen. So lässt sich beispielsweise ein niedrigerer Marktanteil für ein bestimmtes Produkt in der Regel auf eine Vielzahl gleichzeitig wirkender Variablen zurückführen. Das gesamte Spektrum multivariater Ansätze ist schwer überschaubar, alle Varianten verfolgen jedoch ein gemeinsames Ziel: die optimale Verdichtung umfangreicher Datensätze, um die in ihnen verborgenen Informationen verfügbar zu machen.

Das am häufigsten angewandte Kriterium zur Strukturierung multivariater Analyseverfahren beruht auf der Unterscheidung danach, ob die Variablen vor der Analyse in abhängige und unabhängige unterteilt werden oder nicht. Wie bereits im Zusammenhang mit der bivariaten Regressionsanalyse erläutert wurde, nimmt man bei Anwendung von Verfahren der **Dependenzanalyse** einen Kausalzusammenhang an, sodass eine oder mehrere abhängige Variablen von unabhängigen Variablen beeinflusst werden. Deshalb spricht man hier auch von Verfahren zur Überprüfung von Datenstrukturen (Backhaus et al., 2006, S. XXII). Ziel ist es, den Einfluss der unabhängigen Variablen auf die abhängigen Variablen möglichst genau zu beschreiben bzw. zu erklären. Zu den Verfahren der Dependenzanalyse zählen insbesondere die multiplen Varianten der Regressions-, Varianz- und Diskriminanzanalyse sowie die Conjoint-Analyse.

Demgegenüber erfolgt bei der **Interdependenzanalyse** keine Unterscheidung zwischen abhängigen und unabhängigen Variablen, weshalb sie auch als Strukturen entdeckende Verfahren bezeichnet werden. Das Ziel dieser Analyseart besteht vielmehr darin, die wechselseitigen Beziehungen zwischen den Variablen zu untersuchen, ohne die Richtung des Zusammen-

Dependenz- vs. Interdependenzanalyse als Strukturierungskriterium multivariater Analyseverfahren

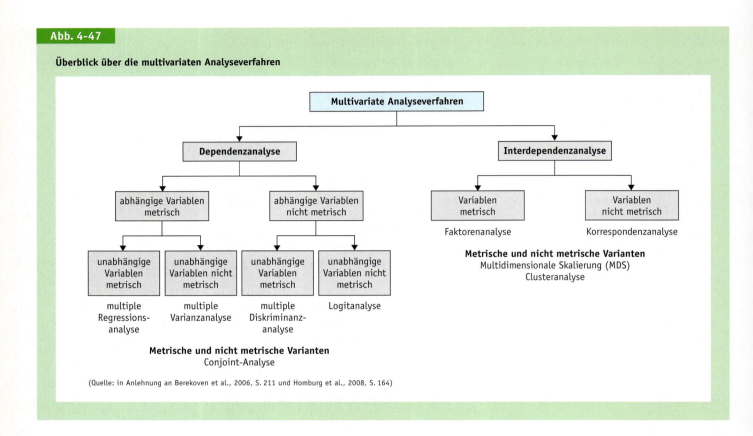

Abb. 4-47 Überblick über die multivariaten Analyseverfahren

(Quelle: in Anlehnung an Berekoven et al., 2006, S. 211 und Homburg et al., 2008, S. 164)

Messniveau als weiteres Strukturierungskriterium

hangs vorher festzulegen. Zu dieser Gruppe der multivariaten Analyseverfahren zählen Faktorenanalyse, Korrespondenzanalyse, Clusteranalyse und Multidimensionale Skalierung (MDS).

Eine weitergehende Unterteilung der multivariaten Analyseverfahren kann danach erfolgen, welches **Messniveau** die zu untersuchenden Variablen aufweisen müssen, damit ein bestimmtes Verfahren anwendbar ist. Die Abbildung 4-47 liefert einen Überblick über die wichtigsten Verfahren der multivariaten Datenanalyse, strukturiert nach den beiden erläuterten Einteilungskriterien.

Auswahl geeigneter multivariater Verfahren in Abhängigkeit vom Marktforschungsproblem

Die Auswahl des geeigneten multivariaten Verfahrens hängt letztlich jedoch nicht nur von den Beziehungen zwischen den Variablen bzw. Objekten ab, im Mittelpunkt steht das vorliegende Marktforschungsproblem, das gelöst werden soll. Die Abbildung 4-48 enthält eine Übersicht über die Zielsetzungen und Anwendungsbereiche der wichtigsten multivariaten Analyseverfahren, die im Folgenden in der gebotenen Kürze näher erläutert werden. An den entsprechenden Stellen im Text wird auf die weiterführende Literatur verwiesen.

4.4.3.1 Multivariate Verfahren der Interdependenzanalyse

Verfahren der **Interdependenzanalyse** unterscheiden – wie die Abbildung 4-47 zeigt – nicht zwischen abhängigen und unabhängigen Variablen, sondern untersuchen vielmehr die Struktur der wechselseitigen Beziehungen zwischen den interessierenden Variablen. Sie verfolgen das Ziel, komplexe bzw. umfangreiche Datenstrukturen zu verdichten, indem sie entweder die Beziehungen zwischen einer bestimmten Anzahl von Objekten nicht auf den ursprünglichen Variablen, sondern auf wenigen neuen Dimensionen abbilden (Faktorenanalyse, Korrespondenzanalyse, Multidimensionale Skalierung), oder indem sie die Objekte entsprechend ihrer Ähnlichkeit zu möglichst homogenen Gruppen zusammenfassen (Clusteranalyse).

Abb. 4-48

Zielsetzung und Anwendungsbereiche der multivariaten Analyseverfahren

Multivariate Verfahren der Interdependenzanalyse

Analyseverfahren	Grundgedanke, Zielsetzung	Beispiel für die Anwendung in der Marktforschung
Faktorenanalyse	Reduzierung einer Vielzahl metrisch skalierter Variablen, welche die interessierenden Objekte beschreiben, zur besseren Interpretation auf wenige wesentliche Dimensionen (Faktoren).	Lassen sich die vielen Eigenschaften eines Autos, die Konsumenten beim Kauf berücksichtigen, auf einige wenige Nutzen stiftende Faktoren (z. B. Sicherheit, Wirtschaftlichkeit), die voneinander unabhängig sind, reduzieren?
Korrespondenz-analyse	Simultane Darstellung von Objekten und der sie charakterisierenden nominal skalierten Merkmale als Punkte in einem gering dimensionierten Raum.	Wie lassen konkurrierende Automarken und die ihnen von den Konsumenten zugeordneten Eigenschaften in einer zwei- oder dreidimensionalen Grafik positionieren?
Clusteranalyse	Zusammenfassung von Objekten zu Gruppen (Clustern). Die Gruppen sind hinsichtlich der sie beschreibenden Merkmale möglichst homogen, zwischen den Gruppen sollen die Unterschiede möglichst groß sein.	Wie können Autokäufer nach kaufverhaltensrelevanten Merkmalen (Soziodemografie, Psychografie, Kaufverhalten) segmentiert werden, um eine differenzierte Bearbeitung der identifizierten Segmente durchzuführen?
Multidimensionale Skalierung	Darstellung der auf ganzheitlichen Ähnlichkeitsurteilen basierenden Relationen zwischen Objekten in einer gering dimensionierten räumlichen Darstellung.	Positionierung konkurrierender Automarken auf der Grundlage von globalen Ähnlichkeitsurteilen der Konsumenten.

Multivariate Verfahren der Dependenzanalyse

Analyseverfahren	Grundgedanke, Zielsetzung	Beispiel für die Anwendung in der Marktforschung
Multiple Varianzanalyse	Analyse des Einflusses einer oder mehrerer nominal skalierter unabhängiger Variablen auf eine oder mehrere metrisch skalierte abhängige Variablen.	Gibt es einen signifikanten Unterschied in der Beurteilung eines neuen Automodells in Abhängigkeit der Altersgruppe bzw. Einkommensklasse der Befragten?
Multiple Diskriminanzanalyse	Analyse von Gruppenunterschieden, indem eine Menge von Objekten vorgegebenen Gruppen oder Klassen zugeordnet und anschließend untersucht wird, durch welche Merkmale sich die Zugehörigkeit der Objekte zu den gebildeten Gruppen erklären lässt.	Welche Merkmale (z. B. Haushaltsgröße, Lebensstil) von Autokäufern sind dafür verantwortlich, dass eine Kundengruppe Dieselmotoren, eine andere Benzinmotoren und eine dritte Elektromotoren bevorzugt?
Multiple Regressionsanalyse	Analyse der Art und der Stärke des Einflusses unabhängiger (gegebener) Variablen auf abhängige (zu erklärende) Variablen.	Wie beeinflussen der Verkaufspreis und das Werbebudget die Absatzmenge für ein neues Automodell?
Conjoint-Analyse	Ermittlung des Einflusses einzelner Merkmale auf die Gesamtbeurteilung von Produkten auf der Basis ganzheitlicher Objektbeurteilungen.	Welchen Beitrag leisten verschiedene innovative Eigenschaften (z. B. Kurvenlicht) eines neuen Automodells zu dessen Gesamtbeurteilung?

4.4 Marktforschung — Datenanalyse

Faktorenanalyse

Zu den wichtigsten Verfahren der Interdependenzanalyse zählt die **Faktorenanalyse**. Ihr Einsatz ist immer dann sinnvoll, wenn zur Lösung einer Problemstellung eine Vielzahl metrisch skalierter Variablen erhoben wurde, die zu Interpretationszwecken auf wenige wesentliche Dimensionen reduziert werden sollen. Die grundlegende Idee der Faktorenanalyse besteht folglich in der Annahme, dass jeweils hinter mehreren Untersuchungsvariablen, die mehr oder weniger stark zusammenhängen, eine grundlegende, nicht direkt messbare (latente) Variable steht, die als Faktor bezeichnet wird. Die komplexen Beziehungen zwischen den Variablen sollen auf diese Weise auf die zentralen übergeordneten Sachverhalte zurückgeführt werden (Hüttner/Schwarting, 2002, S. 296). Das grundlegende Ziel der Faktorenanalyse besteht folglich darin, aus einer größeren Anzahl beobachteter Merkmale (z. B. Produkteigenschaften), welche die interessierenden Objekte (z. B. konkurrierende Produkte) beschreiben, diejenigen Faktoren abzuleiten, die möglichst einfach und hinreichend genau diese Beobachtungen widerspiegeln und erklären. Die Verdichtung der Ausgangsvariablen zu einigen (wenigen) Faktoren führt gegenüber der Ausgangsmatrix zu einem mehr oder weniger hohen Informationsverlust. Dieser Verlust an erklärter Varianz wird jedoch bewusst in Kauf genommen, da die Reduzierung der Anzahl an Variablen zur Erhöhung der Aussagekraft umfangreicher Datenmengen beiträgt (Backhaus et al., 2006, S. 266).

Im Rahmen der Erforschung des Konsumentenverhaltens werden beispielsweise Einstellungen und Wertesysteme von Konsumenten häufig mit Hilfe umfangreicher Statement-Batterien erfasst. Durch den Einsatz der Faktorenanalyse lassen sich dann die wichtigsten Einstellungs- bzw. Werte-Dimensionen anhand weniger Faktoren beschreiben. Auch zur Positionierung von Produkten im Konkurrenzumfeld kommt die Faktorenanalyse zum Einsatz. Die zahlreichen Eigenschaften, durch die sich die Produkte charakterisieren lassen, können auf wenige Beurteilungsdimensionen (Faktoren) reduziert werden.

Der Einsatz der Faktorenanalyse erweist sich bei großen Datenmengen generell als vorteilhaft, da wenige extrahierte Faktoren (so genannte »Supervariablen«) häufig sehr viel besser interpretiert werden können als viele untereinander korrelierende Daten, welche einen fundierten Einblick in die wesentlichen Strukturen verhindern (vgl. Meffert et al., 2008, S. 172). Die Durchführung einer Faktorenanalyse lässt sich idealtypisch in vier Schritte unterteilen, wie sie in der Abbildung 4-49 dargestellt sind.

Beispiel zur Faktorenanalyse

Die Vorgehensweise im Rahmen der Faktorenanalyse soll im Folgenden anhand eines einfachen Beispiels verdeutlicht werden (Homburg/Krohmer, 2009, S. 98 ff.). Als Datengrundlage dient die Bewertung verschiedener Erfrischungsgetränke bezüglich acht vorgegebener Variablen anhand einer siebenstufigen Skala (1 = niedrig, 7 = hoch). Zunächst wird eine zweidimensionale Datenmatrix erstellt (vgl. Abbildung 4-50). Die Variablen werden in den Spalten und die Objekte, welche durch die Variablen beschrieben werden, in den Zeilen angeordnet.

Trifft die Annahme zu, dass die betreffenden Variablen untereinander in hohem Maße korrelieren, dann lassen sich die Objekte durch wenige hinter den vielen Variablen verborgene Faktoren beschreiben bzw. Unterschiede zwischen den Objekten erklären.

Der zweite Schritt besteht in der Erstellung der **Korrelationsmatrix**. Hierbei handelt es sich um eine quadratische Matrix, in deren Zellen sich die Korrelationskoeffizienten von jeweils zwei Variablen befinden (zur Korrelationsanalyse vgl. Kapitel 4.4.2). Ein hoher positiver bzw. negativer Korrelationskoeffizient deutet auf einen starken positiven bzw. negativen Zusammenhang zwischen zwei Variablen hin.

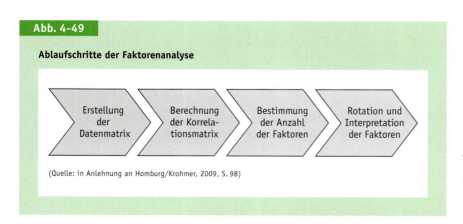

Abb. 4-49

Ablaufschritte der Faktorenanalyse

Erstellung der Datenmatrix → Berechnung der Korrelationsmatrix → Bestimmung der Anzahl der Faktoren → Rotation und Interpretation der Faktoren

(Quelle: in Anlehnung an Homburg/Krohmer, 2009, S. 98)

Abb. 4-50

Ausgangsdatenmatrix der Faktorenanalyse – dargestellt am Beispiel

	Attraktivität Preis	Geschmack	Vitamin-gehalt	Zucker-gehalt	Image	Kalorien-gehalt	Attraktivität Verpackung	Durst-löschung
Cola	2	5	1	7	5	7	4	1
Eiskaffee	4	3	1	4	2	5	2	2
Apfelschorle	7	2	6	1	3	1	1	7
Eistee	5	3	2	3	4	2	4	6
Fruchtsaft	2	4	6	2	4	4	2	4
Wellnessdrink	1	2	6	2	6	3	4	7

(Quelle: Homburg/Krohmer, 2009, S. 99)

Abb. 4-51

Korrelationsmatrix der Faktorenanalyse – dargestellt am Beispiel

	Attraktivität Preis	Geschmack	Vitamin-gehalt	Zucker-gehalt	Image	Kalorien-gehalt	Attraktivität Verpackung	Durst-löschung
Attraktivität Preis	1,000							
Geschmack	–0,417	1,000						
Vitamingehalt	–0,034	–0,508	1,000					
Zuckergehalt	–0,352	0,787	–0,822	1,000				
Image	–0,689	0,121	0,274	0,132	1,000			
Kaloriengehalt	–0,615	0,818	–0,598	0,881	0,131	1,000		
Attraktivität Verpackung	–0,566	0,279	–0,369	0,505	0,745	0,325	1,000	
Durstlöschung	0,325	–0,826	0,718	–0,850	0,219	–0,930	–0,087	1,000

(Quelle: Homburg/Krohmer, 2009, S. 99)

Die berechneten Korrelationen zwischen den Merkmalen, welche die Erfrischungsgetränke charakterisieren, enthält die Abbildung 4-51. Es fällt beispielsweise die starke positive Korrelation (+0,881) zwischen den Variablen Zuckergehalt und Kaloriengehalt auf. Stark zusammenhängende Variablen werden anschließend zu einem ihnen zugrunde liegenden Faktor verdichtet.

Im dritten Schritt muss die Anzahl der zu extrahierenden Faktoren festgelegt werden. Ein geeignetes Kriterium ist in diesem Zusammenhang derjenige Anteil der Varianz in den Daten, der durch die Berücksichtigung eines zusätzlichen Faktors erklärt werden kann. Die so genannten **Faktorladungen** einer Variablen geben dann die Stärke des Zusammenhangs zwischen der Variablen und den extrahierten Faktoren an. Im vorliegenden Beispiel ergeben sich zwei extrahierte Faktoren. Die Faktorladungsmatrix in Abbildung 4-52 zeigt jedoch, dass beispielsweise die Variable »Attraktivität der Verpackung« mit beiden Faktoren positiv zusammenhängt, während die Variable »Attraktivität des Preises« hohe negative Faktorladungen für beide Faktoren aufweist. Die fehlende ein-

4.4 Marktforschung
Datenanalyse

Abb. 4-52

Unrotierte und rotierte Faktorladungsmatrix – dargestellt am Beispiel

Unrotierte Faktorladungsmatrix	Faktor 1	Faktor 2
Attraktivität Preis	– 0,566	– 0,671
Geschmack	0,864	– 0,101
Vitamingehalt	– 0,724	0,435
Zuckergehalt	0,955	– 0,117
Image	0,212	0,954
Kaloriengehalt	0,953	– 0,060
Attraktivität Verpackung	0,527	0,665
Durstlöschung	– 0,885	0,408

Rotierte Faktorladungsmatrix	Faktor 1	Faktor 2
Attraktivität Preis	– 0,261	– 0,838
Geschmack	0,835	0,243
Vitamingehalt	– 0,836	0,120
Zuckergehalt	0,926	0,263
Image	– 0,175	0,961
Kaloriengehalt	0,901	0,314
Attraktivität Verpackung	0,228	0,817
Durstlöschung	– 0,974	0,032

(Quelle: Homburg/Krohmer, 2009, S. 100 f.)

Korrespondenzanalyse

deutige Zuordnung erschwert die Interpretation der Ergebnisse.

Um die Interpretation der Faktoren zu erleichtern, werden die extrahierten Faktoren so rotiert, dass jede Variable möglichst nur auf einem Faktor hoch lädt. Die rotierten Faktorladungen bilden schließlich die Grundlage der Interpretation der extrahierten Faktoren. Diejenigen Variablen, die mit einem Faktor in einem starken positiven Zusammenhang stehen, bilden die Grundlage für eine geeignete Beschreibung des betreffenden Faktors. Im vorliegenden Beispiel werden einige Eigenschaften durch den ersten Faktor mit dem »Genusserlebnis« beim Verzehr der Erfrischungsgetränke umschrieben, während die übrigen Variablen unter dem Aspekt »Kauferlebnis« zusammengefasst werden.

Ebenso wie die Faktorenanalyse dient die **Korrespondenzanalyse** dazu, eine größere Anzahl mehr oder weniger stark zusammenhängender Merkmale, welche die interessierenden Objekte beschreiben, auf wenige wesentliche Dimensionen zu reduzieren (Backhaus/Meyer, 1988, S. 295). Die Besonderheit dieses Verfahrens besteht jedoch darin, dass die zu analysierenden Daten nominales Skalenniveau aufweisen. Das Ziel der Korrespondenzanalyse besteht allgemein darin, die Zeilen und Spalten einer zweidimensionalen Kreuztabelle (Kontingenztabelle) so zu analysieren, dass sie simultan als Punkte in einem gering dimensionierten Raum darstellbar sind (Scharf, 1991, S. 199).

Die Korrespondenzanalyse kommt in der Marktforschung vor allem zur Konstruktion von Produktpositionierungsmodellen zum Einsatz, das heißt zur räumlichen Darstellung konkurrierender Produkte und der sie charakterisierenden Eigenschaften (vgl. Kapitel 4.4.3.1). Die Möglichkeit, nominal skalierte Daten zu verarbeiten, ist mit dem Vorteil verbunden, zur Datenerhebung das Zuordnungsverfahren einzusetzen zu können. Die Befragten werden folglich dazu aufgefordert, die Produkte danach zu beurteilen, ob sie die vorgegebenen Merkmale aufweisen oder nicht. Auf den Einsatz von Ratingskalen, durch welche die Datenerhebung häufig zeitaufwändig und ermüdend ist, da jedem Produkt für jedes Merkmal ein Skalenwert zugeordnet werden muss, kann also verzichtet werden. Die Abbildung 4-53 enthält ein Beispiel für die Datenerhebung mittels Zuordnungsverfahren.

Die Durchführung der Korrespondenzanalyse lässt sich in fünf Schritte unterteilen, die in der Abbildung 4-54 dargestellt sind.

Ausgangspunkt für die Analyse ist eine rechteckige Matrix, wobei in jeder Zelle die Häufigkeit abgetragen wird, mit der das betreffende Merkmal dem betreffenden Objekt zugeordnet

4.4 Datenanalyse

Abb. 4-53

Beispiel für die Erhebung nominalskalierter Daten mittels Zuordnungsverfahren

Auf welche Kleinwagenmarke(n) trifft die folgende Eigenschaft zu?
(Bitte kreuzen Sie die entsprechenden Marken an! Sie können eine, aber auch mehrere, alle oder keine Marke ankreuzen!)

»Diese Kleinwagenmarke zeichnet sich durch ein **ansprechendes Design** aus.«
- ☐ Nissan Micra
- ☐ Opel Corsa
- ☐ Toyota Yaris
- ☐ VW Polo
- ☐ Suzuki Swift
- ☐ Renault Clio
- ☐ Seat Ibiza
- ☐ Skoda Fabia

die Merkmale in einem gering dimensionierten Raum bei minimalem Verlust an Informationen darstellen zu können (vgl. Backhaus et al., 2006, S. 707). Das Ergebnis einer Korrespondenzanalyse besteht in einer zwei- oder dreidimensionalen Abbildung, in der die Objekte und die sie charakterisierenden Merkmale gemeinsam angeordnet sind. Je näher zwei Produkte räumlich positioniert sind, desto ähnlicher werden sie von den Konsumenten wahrgenommen. Ein Produkt zeichnet sich besonders durch diejenigen Eigenschaften aus, die in der gleichen Richtung positioniert sind.

Folgendes Beispiel soll die Analyse umfangreicher zweidimensionaler Häufigkeitstabellen mittels Korrespondenzanalyse veranschaulichen. Im Rahmen einer Imageanalyse wurden 120 Konsumenten im Alter von 18 bis 30 Jahren gebeten, insgesamt 8 Kleinwagenmarken anhand von 13 Aussagen zu beurteilen. Die Abbildung 4-55 veranschaulicht das Ergebnis der Datenerhebung mittels Zuordnungsverfahren. Beispielsweise sind nur 7 Befragte der Meinung, dass sich der Nissan Micra durch ein ansprechendes Design auszeichnet. Demgegenüber ordnen 77 Personen dieses Merkmal dem Suzuki Swift zu. Aufgrund unterschiedlicher Randhäufigkeiten (Spalten- und Zeilensummen) lassen sich die absoluten Häufigkeiten in den Zellen der Matrix jedoch nicht direkt vergleichen, sondern müssen – wie oben beschrieben – transformiert werden.

Als Ergebnis der mittels Korrespondenzanalyse analysierten Kreuztabelle erhält man eine zweidimensionale grafische Darstellung, welche die Abbildung 4-56 zeigt. Die prozentualen

Beispiel zur Korrespondenzanalyse

wird (Hüttner/Schwarting, 2002, S. 289). Die absoluten Häufigkeiten werden dann in relative Häufigkeiten bezüglich der beiden Randverteilungen transformiert. Zur Erstellung dieser so genannten Zeilen- und Spaltenprofile muss man die Häufigkeit jeder Zelle durch die zugehörige Zeilensumme (Spaltensumme) dividieren, um eine Normierung der Ausgangdaten zu erhalten. Aus den relativen Häufigkeiten werden dann die Chi-Quadrat-Distanzen als Maße für die Streuung der beobachteten Werte um die erwarteten Werte berechnet. Anschließend wird die Matrix mit den standardisierten Daten einer Dimensionsreduktion unterzogen, um die Objekte und

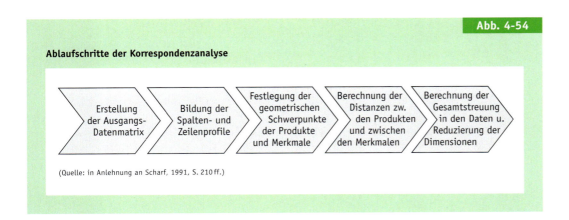

Abb. 4-54

Ablaufschritte der Korrespondenzanalyse

Erstellung der Ausgangs-Datenmatrix → Bildung der Spalten- und Zeilenprofile → Festlegung der geometrischen Schwerpunkte der Produkte und Merkmale → Berechnung der Distanzen zw. den Produkten und zwischen den Merkmalen → Berechnung der Gesamtstreuung in den Daten u. Reduzierung der Dimensionen

(Quelle: in Anlehnung an Scharf, 1991, S. 210 ff.)

Abb. 4-55

Ausgangsdaten der Korrespondenzanalyse – Kreuztabelle der absoluten Häufigkeiten für das Beispiel Kleinwagenmarken

	ansprechendes Design	hoher Fahrkomfort	niedriger Verbrauch	gutes Preis-Leistungs-Verh.	besonderer Fahrspaß	für besonders sportl. Fahrer	hervorragende passive Sicherh.	besonders gute Ausstattung	eher für Frauen geeignet	hohe Verarbeitungs-qualität	typischer Zweitwagen	vor allem für junge Leute	großes Platzangebot	Σ
Nissan Micra	7	41	88	66	6	12	20	17	71	19	89	23	22	481
Opel Corsa	11	33	93	23	7	25	31	21	56	21	66	6	34	427
Toyota Yaris	30	81	45	67	11	9	77	67	67	81	59	56	50	700
VW Polo	21	89	25	29	29	35	87	43	41	86	88	33	56	662
Suzuki Swift	77	14	22	23	66	93	23	30	21	35	71	87	29	591
Renault Clio	33	32	33	56	33	45	69	69	45	46	55	21	30	567
Seat Ibiza	68	32	19	78	67	76	34	33	14	20	31	88	41	601
Skoda Fabia	45	21	76	81	21	31	23	40	8	31	46	25	45	493
Σ	292	343	401	423	240	326	364	320	323	339	505	339	307	4522

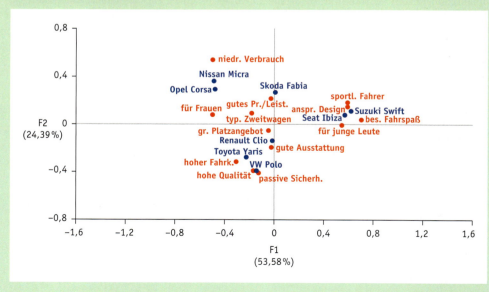

Abb. 4-56

Ergebnis der Korrespondenzanalyse – simultane grafische Darstellung der konkurrierenden Kleinwagen und der ihnen zugeschriebenen Eigenschaften im zweidimensionalen Raum

Angaben an den Achsen geben Auskunft über die Erklärungskraft der räumlichen Darstellung. Der durch die ersten beiden Dimensionen erklärte Anteil der Streuungsinformationen der Ausgangsdaten beträgt hier also 78 Prozent. Die Abbildung 4-56 liefert einen Einblick in die Wahrnehmung der verschiedenen Kleinwagen aus Sicht der Befragten. So werden beispielsweise die Kleinwagenmarken Nissan Micra und Opel Corsa sehr ähnlich wahrgenommen, weil sich beide unter anderem durch einen niedrigen Verbrauch auszeichnen.

Die **Clusteranalyse** zählt ebenfalls zu den Verfahren der Interdependenzanalyse. Im Gegensatz zur Faktoren- bzw. Korrespondenzanalyse versucht man mit ihrer Hilfe die Komplexität von Datensätzen dadurch zu reduzieren, dass man die Objekte zu Gruppen, den so genannten Clustern, zusammenfasst. Die mittels Clusteranalyse gebildeten Gruppen sollen hinsichtlich der sie beschreibenden Merkmale möglichst homogen sein, und zwischen den Gruppen sollen die Unterschiede möglichst groß sein (vgl. Jensen, 2008, S. 337; Berekoven et al., 2006, S. 221).

Das Hauptanwendungsgebiet der Clusteranalyse im Rahmen des Marketing ist die Marktsegmentierung (vgl. Kapitel 5.2.3). Die Klassifikation von Nachfragern nach kaufverhaltensrelevanten Merkmalen bildet die Grundlage jeder differenzierten Marktbearbeitung. Auf der Grundlage von Ähnlichkeiten bezüglich soziökonomischer, psychografischer und/oder verhaltensbezogener Merkmale ist es das Ziel der Clusteranalyse, die Konsumenten in möglichst homogene Segmente zu unterteilen, wobei dann jedes identifizierte Segment mit einem spezifischen Marketing-Mix bearbeitet werden kann. Auch die umfangreichen Analysen zur Bildung von Konsumententypen beruhen auf der Clusteranalyse (beispielsweise die Studie »Outfit 6 Typologie« des Spiegel-Verlags; O.V., 2007).

Der Ablauf der Clusteranalyse kann – analog zu den anderen multivariaten Verfahren – in klar abgrenzbare Schritte unterteilt werden, die in der Abbildung 4-57 dargestellt sind. Nachdem die Entscheidung getroffen wurde, welche Merkmale im Rahmen der Clusteranalyse berücksichtigt werden sollen, muss zunächst die Matrix mit den Ausgangsdaten erstellt werden. Darin sind die Objekte in den Zeilen und die sie charakterisierenden Merkmale in den Spalten angeordnet, in jeder Zelle wird die Ausprägung eines Objektes hinsichtlich eines Merkmals abgetragen. Die Ausgangsdaten können unterschiedliche Skalenniveaus aufweisen, das heißt, die interessierenden Objekte lassen sich auf der Basis metrisch und/oder nicht metrisch skalierter Variablen gruppieren. Falls gleichzeitig Merkmale mit unterschiedlichem Skalenniveau berücksichtigt werden sollen, ist es sinnvoll, vor der Durchführung der Clusteranalyse eine Standardisierung aller Merkmale vorzunehmen (Jensen, 2008, S. 345).

Um im nächsten Schritt die Distanzmatrix erstellen zu können, muss ein geeignetes Proximitätsmaß ausgewählt werden, mit dem die Ähnlichkeit bzw. Unähnlichkeit zwischen zwei Objekten im Hinblick auf die sie beschreibenden Merkmale gemessen werden kann. Welches Proximitätsmaß geeignet ist, hängt vom Messniveau der vorliegenden Daten ab. Bei nominal bzw.

Abb. 4-57

Ablaufschritte der Clusteranalyse

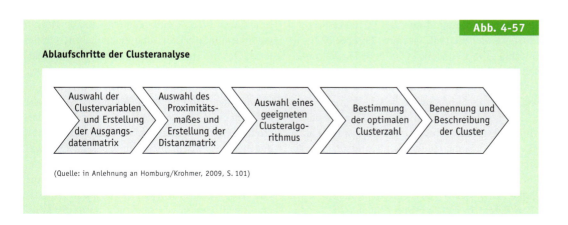

(Quelle: in Anlehnung an Homburg/Krohmer, 2009, S. 101)

ordinal skalierten Variablen kommen verschiedene Ähnlichkeitsmaße, bei intervall- oder verhältnisskalierten Daten zusätzlich Distanzmaße zum Einsatz (Backhaus et al., 2006, S. 494). Ein gebräuchliches Distanzmaß zur Ermittlung der Unähnlichkeit zwischen zwei Objekten ist die quadrierte euklidische Distanz. Für jedes Objektpaar wird die Ähnlichkeit bzw. Unähnlichkeit ermittelt und die ermittelten Werte in die Zellen der Distanzmatrix eingetragen.

Welche Objekte zu möglichst homogenen Gruppen zusammengefasst werden, hängt entscheidend von der Auswahl des Clusteralgorithmus ab. Es existiert eine Vielzahl von Möglichkeiten, auf die an dieser Stelle jedoch nicht detailliert eingegangen werden kann, sondern auf die einschlägige Literatur verwiesen wird (vgl. z. B. Bacher, 1996, S. 141 ff.; Backhaus et al., 2006, S. 510 ff.; Jensen, 2008, S. 346 ff.). Von großer praktischer Relevanz für die Marktforschung sind die so genannten hierarchisch-agglomerativen Clusteralgorithmen. Deren Ausgangspunkt bildet die feinste Gruppierung, was bedeutet, dass jedes Objekt ein eigenes Cluster bildet. In einem ersten Clusterungsschritt werden dann die beiden Objekte zu einem neuen Cluster zusammengefügt, welche die geringste Distanz zueinander aufweisen. Die Distanzen zwischen dem neuen Cluster und den restlichen Clustern werden wiederum berechnet und nach dem Kriterium der geringsten Distanz eine weitere Zusammenführung vorgenommen. Diese Vorgehensweise wird solange wiederholt, bis am Ende alle Untersuchungsobjekte in einem Cluster zusammengefasst wurden. Jedes Objekt verbleibt stets in dem einmal zugewiesenen Cluster. Im Verlauf der weiteren Agglomeration wird dieses Cluster lediglich durch neue Objekte bzw. Cluster erweitert (vgl. Meffert, 1992, S. 273; Büschken/von Thaden, 2000, S. 351). Die grafische Darstellung der schrittweisen Zusammenfassung der Objekte zu Clustern erfolgt üblicherweise mittels Dendrogramm.

Die Bestimmung der optimalen Clusterzahl ist ein weiteres wichtiges Entscheidungsproblem, für dessen Lösung jedoch keine eindeutige bzw. feststehende Regel existiert. Hilfreich ist bei der Verwendung von Distanzmaßen eine grafische Darstellung, bei der die Fehlerquadratsumme (Koeffizient in der Zuordnungsübersicht) gegen die zugehörige Clusterzahl in einem Koordinatensystem abgetragen wird. Ein Knick im Diagramm zeigt dann an, bei welcher Clusterzahl es im Gruppierungsprozess zu einer überproportionalen Zunahme des Heterogenitätsmaßes kommt. Dieses so genannte »Elbow«-Kriterium unterstützt die Entscheidung bezüglich der Bestimmung der optimalen Clusterzahl (vgl. Backhaus et al., 2006, S. 534 ff.).

In einem letzten Schritt müssen die identifizierten Cluster benannt und beschrieben werden. Den Ausgangspunkt bilden die Mittelwerte, welche die Cluster bezüglich der Merkmale aufweisen, auf deren Grundlage die Clusteranalyse durchgeführt wurde. Um den weiteren Umgang mit den Ergebnissen der Clusteranalyse zu erleichtern, empfiehlt es sich, jedes Cluster mit einem griffigen Namen (z. B. »Genießer«) und einer kurzen differenzierenden Beschreibung zu versehen.

Abschließend soll die Durchführung der Clusteranalyse wiederum anhand eines einfachen Beispiels veranschaulicht werden. Fünf Varianten eines neuen Frischkäses werden von 100 regelmäßigen Verwendern dieser Produktart bezüglich der Merkmale »Aussehen«, »Geruch« und »Geschmack« unter Verwendung einer 7-Punkte-Skala (1 = sehr schlecht; 7 = sehr gut) beurteilt. Mittels Clusteranalyse soll die Frage beantwortet werden, welche Produkte von den Testpersonen ähnliche bzw. unähnliche Akzeptanzwerte bezüglich der drei sensorischen Dimensionen erhalten. Die obere Tabelle der Abbildung 4-58 enthält die über 100 Testpersonen gemittelten und gerundeten Akzeptanzwerte. Sie bilden die Grundlage für die Berechnung der quadrierten euklidischen Distanzen zwischen den Produkten, das heißt, die Unterschiede zwischen zwei Produkten bezüglich der drei Merkmale werden quadriert und anschließend aufaddiert. Der größte Unterschied besteht zwischen den Produkten 1 und 5. Am ähnlichsten werden die Produkte 1 und 3 beurteilt.

In einem Dendrogramm (Abbildung 4-59) lassen sich die Agglomerationsschritte grafisch darstellen. Zuerst werden die beiden Produkte mit der kleinsten Distanz zusammengefasst (P_1 und P_3), im letzten Agglomerationsschritt wird dem Cluster mit den Produkten 1, 2 und 3 das Cluster aus den Produkten 4 und 5 hinzugefügt. Aus dem Dendrogramm wie auch aus der grafischen

Beispiel zur Clusteranalyse

Abb. 4-58

Rohdatenmatrix und Distanzmatrix (quadrierte euklidische Distanz) der Frischkäseprodukte

sensorische Eigenschaften / Produkte	Aussehen	Geruch	Geschmack
P 1 (fettreduziert – 0,5% Fett)	2	1	1
P 2 (fettreduziert – 3% Fett)	3	3	2
P 3 (fettreduziert – 5% Fett)	2	1	3
P 4 (Standard – 15% Fett)	4	7	5
P 5 (Doppelrahmstufe – 25% Fett)	7	6	6

Produkte / Produkte	P 1	P 2	P 3	P 4	P 5
P 1	–				
P 2	6	–			
P 3	4	6	–		
P 4	56	26	44	–	
P 5	75	41	59	11	–

$d^2{}_{P1P2} = 1^2 + 1^2 + 2^2 = 6$

$d^2{}_{P2P5} = 4^2 + 3^2 + 4^2 = 41$

Abb. 4-59

Dendrogramm und »Elbow-Kriterium« zur Bestimmung der optimalen Clusterzahl – dargestellt am Beispiel

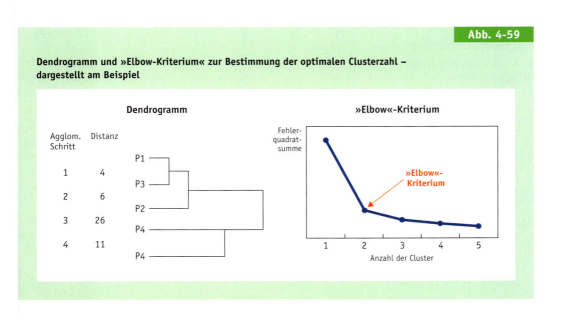

Agglom. Schritt	Distanz
1	4
2	6
3	26
4	11

4.4 Marktforschung
Datenanalyse

Gegenüberstellung der Fehlerquadratsumme und der Clusterzahl (»Elbow«-Kriterium) lässt sich die optimale Anzahl an Clustern abzuleiten. Die Produkte P_1, P_2 und P_3 befinden sich in Cluster 1, während die Produkte P_4 und P_5 dem Cluster 2 zuzuordnen sind. Die Rohdatenmatrix liefert die einfache Begründung für die Gruppierung der Produkte: P_4 und P_5 werden von den Konsumenten eindeutig besser beurteilt, weil sie einen höheren Fettgehalt aufweisen.

Multidimensionale Skalierung

Das Ziel der **Multidimensionalen Skalierung** (MDS) besteht darin, die Ähnlichkeiten bzw. Unähnlichkeiten zwischen Objekten in einer gering dimensionierten räumlichen Darstellung zu visualisieren. Im Gegensatz zur Faktoren- oder Korrespondenzanalyse erfolgt die Einschätzung der Objekte hier aber nicht attributiv, das heißt anhand einer Reihe vorgegebener Eigenschaften, sondern über ganzheitliche Ähnlichkeitsurteile. Es bleibt folglich den Befragten überlassen, welche Eigenschaften sie heranziehen, um die Ähnlichkeit bzw. Unähnlichkeit zwischen zwei Objekten zu beurteilen. Verzerrungseffekte durch die Vorgabe einer Eigenschaftsliste werden auf diese Weise vermieden.

In der Marktforschung gelangt die Multidimensionale Skalierung ebenfalls zur Konstruktion von Produktpositionierungsmodellen zur Anwendung (vgl. Kapitel 6.4.3.3). Ihr Einsatz ist vor allem dann sinnvoll, wenn keine oder nur unzureichende Informationen über die relevanten Eigenschaften der interessierenden Objekte vorliegen (Backhaus et al., 2006, S. 13). Der Ablauf der Multidimensionalen Skalierung lässt sich – wie die Abbildung 4-60 zeigt – in vier Schritte unterteilen.

Die Grundlage der multivariaten Datenanalyse mittels MDS bildet die Ähnlichkeitsmatrix, in der die Ähnlichkeitswerte aller Objektpaare eingetragen sind. Die Messung der Ähnlichkeiten zwischen den Objekten kann auf verschiedene Weise erfolgen. Die Daten können beispielsweise über die Bildung von Ähnlichkeitsrangfolgen gewonnen werden, die Befragte werden also aufgefordert, alle Objektpaare nach der subjektiv empfundenen Ähnlichkeit zu ordnen. Bei der Ankerpunktmethode hingegen dient jedes Objekt einmal als Referenzobjekt für die restlichen Objekte, um diese dann gemäß der Ähnlichkeit zum Ankerpunkt in eine Rangfolge zu bringen. Schließlich haben sich auch Ähnlichkeitsratings bewährt. Jeder Befragte muss in diesem Fall die Ähnlichkeit zwischen jeweils zwei Objekten anhand einer mehrstufigen Ratingskala angeben, und zwar bis er jedes Objekt mit jedem anderen verglichen hat (vgl. Berekoven et al., 2004, S. 225).

Um die Objekte in einem grafischen Modell anordnen zu können, müssen die numerischen Ähnlichkeitswerte zwischen zwei Objekten in eine räumliche Distanz transformiert werden, sodass ähnliche Objekte eine geringe Entfernung, unähnliche Objekte hingegen eine große Entfernung zueinander aufweisen. Zu diesem Zweck muss ein geeignetes Distanzmaß ausgewählt werden. Ein gängiges Maß ist die euklidische Distanz, bei der die Relation zwischen zwei Objekten im Raum durch ihre kürzeste Entfernung (»Luftweg«) beschrieben wird (Backhaus et al., 2006, S. 511).

Der dritte Schritt betrifft die Berechnung der Konfiguration. In einem Raum mit möglichst geringer Dimensionalität sollen die Objekte so angeordnet werden, dass die räumlichen Distanzen zwischen den Objekten möglichst exakt den Werten in der Ähnlichkeitsmatrix entsprechen. Die Bestimmung der besten Konfiguration erfolgt iterativ, als Gütekriterium für die Anpassung verwendet man das so genannte »Stress-Maß«. Geprüft werden muss schließlich anhand des Stress-Wertes, ob eine Transformation der Ähnlichkeiten zwischen den Objekten in räumliche Distanzen in einem zwei- bzw. dreidimensionalen Raum gelungen ist.

Die Produktpositionierung mittels Multidimensionaler Skalierung ist in der Marktfor-

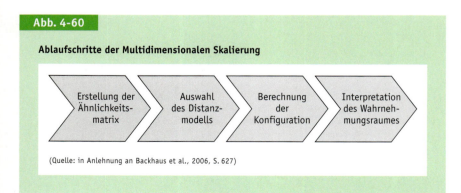

Abb. 4-60
Ablaufschritte der Multidimensionalen Skalierung

Erstellung der Ähnlichkeitsmatrix → Auswahl des Distanzmodells → Berechnung der Konfiguration → Interpretation des Wahrnehmungsraumes

(Quelle: in Anlehnung an Backhaus et al., 2006, S. 627)

Abb. 4-61

Ähnlichkeitsrating und Ähnlichkeitsmatrix für sechs konkurrierende Cola-Marken

Wie ähnlich sind sich die beiden folgenden Cola-Marken?

	1	2	3	4	5	6	7	
sehr unähnlich	○	○	○	○	○	○	○	sehr ähnlich

	Coca Cola	Pepsi Cola	Afri Cola	Sinalco Cola	River Cola	Vita Cola
Coca Cola						
Pepsi Cola	1					
Afri Cola	15	14				
Sinalco Cola	2	3	5			
River Cola	12	11	9	10		
Vita Cola	8	13	6	7	4	

schungspraxis mit zwei Problemen behaftet: Erstens steigt der Datenerhebungsaufwand mit der Anzahl der Objekte dramatisch an, da alle Produktpaare miteinander verglichen werden müssen. Zweitens liefert das Verfahren keine Informationen über die Ursachen, das heißt die Eigenschaften, die für die wahrgenommenen Ähnlichkeiten bzw. Unähnlichkeiten und die daraus resultierenden räumlichen Distanzen zwischen den Produkten verantwortlich sind.

Abschließend soll der Einsatz der Multidimensionalen Skalierung wiederum anhand eines einfachen Beispiels veranschaulicht werden. 100 Testpersonen wurden aufgefordert, die Ähnlichkeiten zwischen sechs verschiedenen Cola-Marken einzuschätzen. Die ganzheitlichen Ähnlichkeitsurteile zwischen den Objektpaaren wurden mit Hilfe einer siebenstufigen Ratingskala erhoben, die oben in der Abbildung 4-61 dargestellt ist. Die über alle Befragten gemittelten Ähnlichkeitswerte wurden anschließend in eine Ähnlichkeitsrangfolge transformiert, wobei das ähnlichste Produktpaar den Rang 1, das unähnlichste Produktpaar den Rang 15 erhielt. Die entsprechenden Werte enthält die Ähnlichkeitsmatrix in der Abbildung 4-61. Die zweidimensionale Konfiguration, die gemäß Stress-Maß eine sehr gute Anpassung an die Ausgangsdaten in der Ähnlichkeitsmatrix aufweist, lässt erkennen, dass die beiden Marken Coca Cola und Pepsi Cola von den Befragten am ähnlichsten wahrgenommen werden, während sich Afri Cola durch eine vergleichsweise große Distanz zu allen anderen Marken auszeichnet (vgl. Abbildung 4-62).

Beispiel zur Multidimensionalen Skalierung

Abb. 4-62

Räumliche Anordnung der sechs Cola-Marken in der zweidimensionalen Konfiguration

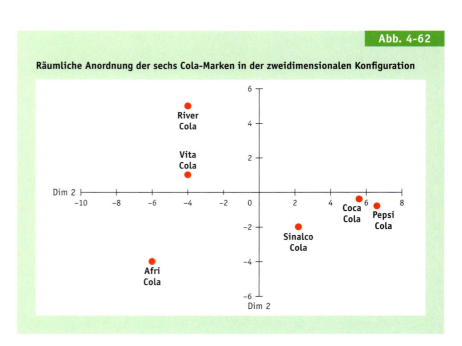

4.4.3.2 Multivariate Verfahren der Dependenzanalyse

Ein Verfahren der Dependenzanalyse, das in der Marktforschung häufig zum Einsatz kommt, ist die **Varianzanalyse**. Dieses Verfahren ist vor allem zur Auswertung experimenteller Untersuchungen geeignet, insbesondere zur Überprüfung des Einflusses bestimmter Marketingmaßnahmen (z. B. unterschiedliche Verpackungsdesigns für ein neues Produkt) auf relevante Marketingzielgrößen (z. B. Kaufwahrscheinlichkeit) mit Hilfe eines Experimentes (vgl. Kapitel 4.3.3.1). Ob verschiedene Marktsegmente (z. B. ältere im Vergleich zu jüngeren Kunden) unterschiedlich auf eine Marketingaktivität (z. B. Radiowerbung) reagieren, ist eine weitere wichtige Fragestellung, die sich mittels Varianzanalyse beantworten lässt.

Aus Gründen der Vereinfachung erfolgt die Darstellung der Schritte der Varianzanalyse sowie des Beispiels zur Veranschaulichung der Vorgehensweise nicht anhand der multivariaten Varianzanalyse, sondern auf der Grundlage des einfachsten Falls – der Analyse des Einflusses einer unabhängigen Variablen auf nur eine abhängige Variable. Die Abbildung 4-63 zeigt den Ablauf der Varianzanalyse im Überblick.

Den Ausgangspunkt der Analyse bildet die Spezifizierung des Modells, das heißt die Festlegung der unabhängigen und der abhängigen Variablen nach sachlogischen Überlegungen, welche die Grundlage für die Erstellung der Untersuchungshypothese bilden. Im nächsten Schritt wird die Gesamtstreuung in den Daten in die erklärte und die nicht erklärte Streuung zerlegt und anschließend die Varianz berechnet. Um zu überprüfen, ob ein statistisch gesicherter Einfluss der unabhängigen Variable auf die abhängige Variable besteht, wird der empirische F-Wert ermittelt und mit dem kritischen F-Wert aus der F-Tabelle verglichen. Ist der empirische F-Wert größer als der kritische F-Wert, kann die Nullhypothese abgelehnt werden.

Anhand eines einfachen Beispiels lässt sich die Durchführung der Varianzanalyse abschließend veranschaulichen: Zur Herstellung einer neuen Vanilleeis-Marke stehen drei verschiedene Vanille-Aromen zur Auswahl. Um zu klären, welches Aroma aus Sicht der Konsumenten das beste ist, wird ein Haushaltstest durchgeführt, bei dem jeweils vier Haushalte eine Familienpackung Vanilleeis zum Verzehr und anschließender Beurteilung erhalten (mit Aroma A, B oder C). Die Akzeptanz wird mittels einer Rating-Skala gemessen (1 = »schmeckt sehr schlecht«; 10 = »schmeckt sehr gut«).

Die Fragestellung, die es mit Hilfe der Varianzanalyse zu beantworten gilt, lautet: Bestehen signifikante Akzeptanzunterschiede (abhängige Variable) bei potenziellen Käufern in Abhängigkeit von dem im Eis verwendeten Vanillearoma (unabhängige Variable)? Die Nullhypothese besagt in diesem Fall, dass das Vanillearoma keinen Einfluss auf das Akzeptanzurteil der Befragten hat bzw. die Mittelwerte für die drei Testgruppen gleich sind. Die Ausgangsdaten sind in der Abbildung 4-64 dargestellt, während die Abbildung 4-65 veranschaulicht, wie die Gesamtstreuung in den Daten in die erklärte und die nicht erklärte Streuung zer-

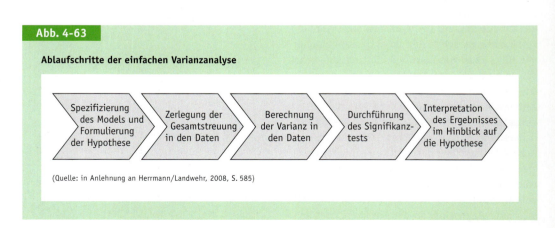

Abb. 4-63

Ablaufschritte der einfachen Varianzanalyse

Spezifizierung des Models und Formulierung der Hypothese → Zerlegung der Gesamtstreuung in den Daten → Berechnung der Varianz in den Daten → Durchführung des Signifikanztests → Interpretation des Ergebnisses im Hinblick auf die Hypothese

(Quelle: in Anlehnung an Herrmann/Landwehr, 2008, S. 585)

Abb. 4-64
Ausgangsdaten für das Beispiel zur Varianzanalyse

Haushalt	Testprodukt		
	Vanille-eis mit Aroma A	Vanille-eis mit Aroma B	Vanille-eis mit Aroma C
1	10	–	–
2	8	–	–
3	9	–	–
4	9	–	–
5	–	8	–
6	–	7	–
7	–	9	–
8	–	8	–
9	–	–	5
10	–	–	7
11	–	–	6
12	–	–	5
Mittelwerte	9	8	5,57
Gesamtmittelwert = 7,58			

Abb. 4-65
Zerlegung der Gesamtstreuung für das Beispiel zur Varianzanalyse

Gesamte Streuung	=	Erklärte Streuung	+	Nicht erklärte Streuung
Summe der quadrierten Gesamtabweichungen		Summe der quadrierten Abweichungen zwischen den Gruppen		Summe der quadrierten Abweichungen innerhalb der Gruppen

Gesamte Streuung
$= (10 - 7{,}58)^2 + (8 - 7{,}58)^2 + (9 - 7{,}58)^2 + (9 - 7{,}58)^2 + (8 - 7{,}58)^2$
$+ (7 - 7{,}58)^2 + (9 - 7{,}58)^2 + (8 - 7{,}58)^2 + (5 - 7{,}58)^2 + (7 - 7{,}58)^2$
$+ (6 - 7{,}58)^2 + (5 - 7{,}58)^2$
$= \underline{28{,}92}$

Erklärte Streuung
$= (9 - 7{,}58)^2 + (9 - 7{,}58)^2 + (9 - 7{,}58)^2 + (9 - 7{,}58)^2 + (8 - 7{,}58)^2$
$+ (8 - 7{,}58)^2 + (8 - 7{,}58)^2 + (8 - 7{,}58)^2 + (5{,}75 - 7{,}58)^2$
$+ (5{,}75 - 7{,}58)^2 + (5{,}75 - 7{,}58)^2 + (5{,}75 - 7{,}58)^2$
$= \underline{22{,}17}$

Nicht erklärte Streuung
$= (10 - 9)^2 + (8 - 9)^2 + (9 - 9)^2 + (9 - 9)^2 + (8 - 8)^2 + (7 - 8)^2$
$+ (9 - 8)^2 + (8 - 8)^2 + (5 - 5{,}75)^2 + (7 - 5{,}75)^2 + (6 - 5{,}75)^2$
$+ (5 - 5{,}75)^2$
$= \underline{6{,}75}$

Abb. 4-66
Berechnung der Varianz und Durchführung des Signifikanztests für das Beispiel zur Varianzanalyse

	Streuung	Freiheitsgrade	Varianz
Gesamt	28,92	(12–1) = 11	28,92/11 = 2,63
Erklärt	22,17	(3–1) = 2	22,17/2 = 11,09
Nicht erklärt	6,75	3(4–1) = 9	6,75/9 = 0,75

$F_{emp} = \dfrac{\text{erklärte Varianz}}{\text{nicht erklärte Varianz}} = \dfrac{11{,}09}{0{,}75} = 14{,}8$

$F_{emp} > F_{krit}$ → Nullhypothese kann nicht bestätigt werden
$14{,}8 > 8{,}0^*$ (signifikanter Einfluss des Aromas auf die Akzeptanz)
* Irrtumswahrscheinlichkeit = 1 %

---

legt wird. Die Abbildung 4-66 verdeutlicht schließlich, wie man die Varianzen berechnet und den Signifikanztest durchführt. Der auf der Grundlage der vorliegenden Daten berechnete empirische F-Wert ist größer als der kritische F-Wert, der sich auf eine Irrtumswahrscheinlichkeit von einem Prozent bezieht. Die Nullhypothese kann also nicht bestätigt werden, mit mehr als 99-prozentiger Wahrscheinlichkeit werden die Akzeptanzurteile der Befragten durch das Vanillearoma beeinflusst, die Unterschiede zwischen den Mittelwerten sind folglich nicht zufällig zustande gekommen.

Wegen der vor der Analyse zu erfolgenden Unterscheidung zwischen unabhängigen und abhängigen Variablen zählt auch die **Diskriminanzanalyse** zu den multivariaten Verfahren der Dependenzanalyse. Ihr grundlegendes Ziel ist die Analyse von Gruppenunterschieden. Eine Menge von Objekten wird vorgegebenen Gruppen oder Klassen zugeordnet und anschließend untersucht, durch welche Variablen bzw. Merkmale sich die Zugehörigkeit der Objekte zu den gebildeten Gruppen erklären lässt (Frenzen/Krafft, 2008, S. 610). Im Gegensatz zur Regressionsanalyse ist die abhängige Variable bei der Diskriminanzanalyse jedoch nominal skaliert. Der Unterschied zur Clusteranalyse besteht darin, dass die Gruppierung durch die Clusteranalyse erst

Diskriminanzanalyse

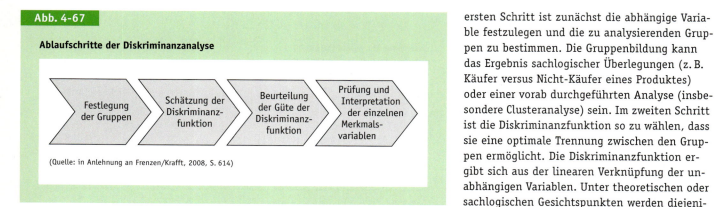

Abb. 4-67

Ablaufschritte der Diskriminanzanalyse

(Quelle: in Anlehnung an Frenzen/Krafft, 2008, S. 614)

erzeugt wird, während bei der Diskriminanzanalyse die Gruppen vor der Analyse festgelegt werden müssen (Backhaus et al., 2006, S. 157).

In der Marktforschung kommt die Diskriminanzanalyse vor allem zum Einsatz, um das unterschiedliche Verhalten vorher abgegrenzter Kundengruppen zu erklären. Beispielsweise lässt sich aufdecken, welche Merkmale von Nachfragern (z. B. Einkommen, Alter, Lebensstil) dafür verantwortlich sind, dass eine Kundengruppe ein Produkt regelmäßig, eine andere hingegen nur gelegentlich und eine dritte grundsätzlich gar nicht kauft (Homburg/Krohmer, 2006, S. 403).

Die Durchführung der Diskriminanzanalyse lässt sich in mehrere Schritte unterteilen, die in der Abbildung 4-67 dargestellt sind. In einem ersten Schritt ist zunächst die abhängige Variable festzulegen und die zu analysierenden Gruppen zu bestimmen. Die Gruppenbildung kann das Ergebnis sachlogischer Überlegungen (z. B. Käufer versus Nicht-Käufer eines Produktes) oder einer vorab durchgeführten Analyse (insbesondere Clusteranalyse) sein. Im zweiten Schritt ist die Diskriminanzfunktion so zu wählen, dass sie eine optimale Trennung zwischen den Gruppen ermöglicht. Die Diskriminanzfunktion ergibt sich aus der linearen Verknüpfung der unabhängigen Variablen. Unter theoretischen oder sachlogischen Gesichtspunkten werden diejenigen Variablen ausgesucht, die mit hoher Wahrscheinlichkeit zur Differenzierung zwischen den Gruppen beitragen und somit die Gruppenunterschiede erklären können. Die unbekannten Koeffizienten der Diskriminanzfunktion müssen so geschätzt werden, dass sie die Gruppen möglichst gut trennen. Die Unterschiedlichkeit (Diskriminanz) wird anhand des so genannten Diskriminanzkriteriums bestimmt. Es ist definiert als Quotient aus der erklärten und der nicht erklärten Streuung. Schritt drei der Diskriminanzanalyse umfasst die Beurteilung der Güte der Diskriminanzfunktion zur Trennung der Gruppen, und im letzten Schritt lässt sich mit Hilfe eines statistischen Tests die Trennfähigkeit für jede Merkmalsvariable überprüfen.

Ein einfaches Beispiel zur Einstufung von potenziellen Kreditnehmern einer Bank soll abschließend die Bedeutung der Diskriminanzanalyse für die Marktforschung verdeutlichen (vgl. Abbildung 4-68): Die Kreditkunden einer Bank lassen sich nach ihrem Zahlungsverhalten in kreditwürdig und nicht kreditwürdig einstufen. Unter Anwendung der Diskriminanzanalyse wird dann geprüft, hinsichtlich welcher Variablen (z. B. Alter, Einkommen, Anzahl weiterer Kredite, Vermögenswerte) sich diese beiden Gruppen signifikant voneinander unterscheiden. Wenn ein Bankkunde einen Kredit beantragt, versucht das Institut anhand eines Kataloges von relevanten diskriminatorisch bedeutsamen Merkmalen auf die zukünftige Zahlungsfähigkeit und -willigkeit des Kunden zu schließen (Backhaus et al., 2006, S. 157).

Ein Verfahren der Dependenzanalyse, das in der Marktforschung häufig zur Anwendung gelangt, ist die **multiple Regressionsanalyse**. Im

Beispiel zur Diskriminanzanalyse

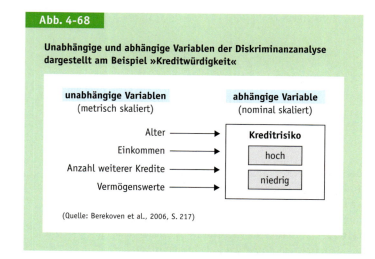

Abb. 4-68

Unabhängige und abhängige Variablen der Diskriminanzanalyse dargestellt am Beispiel »Kreditwürdigkeit«

(Quelle: Berekoven et al., 2006, S. 217)

Gegensatz zur bivariaten Variante, bei der lediglich eine unabhängige und eine abhängige Variable betrachtet wird, untersucht die multiple Regressionsanalyse den Einfluss mehrerer unabhängiger Variablen auf eine abhängige Variable, wobei alle Variablen metrisches Skalenniveau aufweisen müssen. Die multiple Regressionsanalyse dient vor allem der Schätzung des Einflusses verschiedener Marketingmaßnahmen auf Zielgrößen wie die Absatzmenge oder den Marktanteil (Skiera/Albers, 2008, S. 469). Wie die Abbildung 4-69 zeigt, lässt sich beispielsweise mittels eines Storetestes untersuchen, in welcher Weise die Absatzmenge für ein neues Produkt X durch verschiedene Verkaufspreise und Ausgaben für handelsgerichtete Verkaufsförderung am Point of Sale beeinflusst wird. Da Problemstellung und grundlegende Vorgehensweise der bivariaten Regressionsanalyse entsprechen, soll auf die multiple Regressionsanalyse an dieser Stelle nicht weiter eingegangen werden.

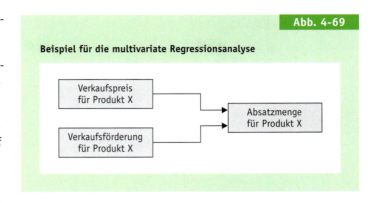

Abb. 4-69

Beispiel für die multivariate Regressionsanalyse

Die **Conjoint-Analyse**, die auch als Conjoint Measurement bezeichnet wird, zählt ebenfalls zu den multivariaten Verfahren der Dependenzanalyse. Ihr grundlegendes Ziel besteht darin, den Einfluss einzelner Merkmale bzw. Merkmalsausprägungen von Objekten (z. B. neue Produkte) auf den Gesamtnutzen dieser Objekte mittels eines linear-additiven Modells zu ermitteln. Die abhängige Variable ist der Gesamtnutzen, den eine Testperson einem Objekt zuschreibt, die unabhängigen Variablen sind die einzelnen Merkmale bzw. Merkmalsausprägungen des Objektes und weisen nominales Skalenniveau auf. Genauer betrachtet handelt es sich bei der Conjoint-Analyse nicht um eine einzige in sich geschlossene Methode, sondern um eine Gruppe von Erhebungs- und Analyseverfahren, mit denen man auf der Grundlage eines experimentellen Designs und ganzheitlicher Urteile der Befragten den Beitrag einzelner Merkmale und deren Ausprägung zum wahrgenommenen Gesamtnutzen von Objekten ermitteln kann (Teichert et al., 2008, S. 653). Der wesentliche Vorteil der Conjoint-Analyse beruht darauf, dass die Befragten nicht einzelne Produkteigenschaften beurteilen, sondern ganzheitliche Präferenzurteile abgeben müssen. Die Conjoint-Analyse zählt folglich zu den so genannten dekompositionellen Analyseverfahren. Unterstellt wird, dass sich die erhobene Gesamtpräferenz für ein Objekt additiv aus den Präferenzen für die einzelnen Merkmale und deren Ausprägungen ableiten lässt.

In der Marktforschung wird die Conjoint-Analyse insbesondere eingesetzt, um Präferenzen von Konsumenten für neue Produkte bzw. Produktkonzepte zu ermitteln (vgl. Kapitel 6.5.3), indem die Beiträge einzelner Produktmerkmale zur Gesamtpräferenz berechnet werden. Beispielsweise ist es für einen Getränkehersteller wichtig zu wissen, ob bzw. welche Ausprägungen des Etiketts, der Flaschenform und des Verschlusses seines neuen Produkts die höchste Präferenzwirkung bei der Zielgruppe erreichen. Die Conjoint-Analyse ist ebenfalls dazu geeignet, Informationen über die voraussichtliche Preis-Absatzfunktion eines neuen Produktes im Konkurrenzumfeld bereitzustellen. Auch die Zahlungsbereitschaft der Konsumenten für neue Produktmerkmale, die einen Zusatznutzen stiften (z. B. Service- und Garantieleistungen), lässt sich zuverlässig ermitteln.

Analog zu den anderen multivariaten Verfahren der Datenanalyse kann man die Vorgehensweise im Rahmen der Conjoint-Analyse in verschiedene Schritte unterteilen, die in der Abbildung 4-70 dargestellt sind. Zunächst gilt es, die Merkmale und deren Ausprägungen festzulegen. Die Merkmale bzw. Merkmalsausprägungen sollten möglichst unabhängig voneinander sein, eine hohe Relevanz für die Kaufentscheidung der zu befragenden Zielgruppe aufweisen und vom Unternehmen tatsächlich realisiert werden können. Zu beachten ist außerdem,

Multiple Regressionsanalyse

Conjoint-Analyse

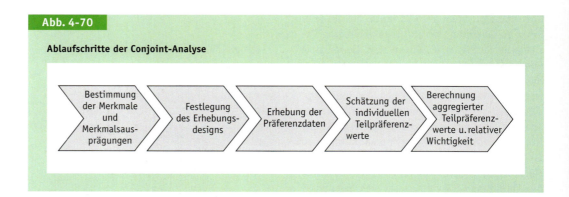

Abb. 4-70
Ablaufschritte der Conjoint-Analyse

Bestimmung der Merkmale und Merkmalsausprägungen → Festlegung des Erhebungsdesigns → Erhebung der Präferenzdaten → Schätzung der individuellen Teilpräferenzwerte → Berechnung aggregierter Teilpräferenzwerte u. relativer Wichtigkeit

Beispiel zur Conjoint-Analyse

dass der Aufwand der Datenerhebung und damit die Belastung der Befragten mit der Anzahl der Merkmale und deren Ausprägungen drastisch ansteigen. Liegen zwei Merkmale mit zwei Ausprägungen vor, lassen sich daraus vier (2^2) Konzepte konstruieren, bei drei Merkmalen mit drei Ausprägungen müssen bereits 27 (3^3) Konzepte von den Testpersonen beurteilt werden. Allerdings ist es auch möglich, die Anzahl der zu beurteilenden Konzepte nach bestimmten Regeln zu reduzieren (Schubert, 1991, S. 140).

Im zweiten Schritt ist das Erhebungsdesign festzulegen, wobei in der Regel die Profilmethode zum Einsatz kommt. Hier werden jeder Auskunftsperson verschiedene Stimuli zur Beurteilung vorgelegt, die aus Kombinationen jeweils einer Ausprägung aller Eigenschaften bestehen.

In der Datenerhebungsphase müssen die Befragten dann die ihnen vorgelegten ganzheitlichen Stimuli bewerten, wobei die Bildung einer Präferenzrangfolge der üblichen Vorgehensweise entspricht, aber auch Ratingurteile oder Paarvergleiche können als Input für die Datenanalyse dienen. Aufgrund der weiten Verbreitung entsprechender Technik erfolgt die Datenerhebung heute meistens computergestützt, das heißt, den Testpersonen werden die aus den entsprechenden Merkmalsausprägungen zusammengesetzten Produktstimuli auf dem Computerbildschirm präsentiert. Der Vorteil besteht darin, dass man auch multimediale Elemente (z. B. Bilder, Töne) berücksichtigen kann.

Die erhobenen Präferenzdaten bilden die Grundlage der sich anschließenden Datenanalyse. Die individuellen Teilpräferenzwerte der Befragten werden zusammengefasst und dann die Teilpräferenzwerte für alle Merkmalsausprägungen sowie die relativen Beiträge der Merkmale zur Gesamtpräferenz der Befragten auf aggregiertem Niveau berechnet.

Analog zu den anderen multivariaten Verfahren soll die Vorgehensweise bei der Conjoint-Analyse anhand eines Beispiels veranschaulicht werden. Ein Hersteller von Süßwaren plant die Einführung eines neuen Schokoriegels. Zur Vereinfachung soll davon ausgegangen werden, dass lediglich die Präferenzwirkung von zwei Merkmalen mit jeweils zwei Ausprägungen überprüft werden soll, die in der Tabelle der Abbildung 4-71 aufgeführt sind.

Im zweiten Schritt werden alle Merkmalsausprägungen systematisch miteinander kombiniert. Das Ergebnis bezeichnet man auch als voll-

Abb. 4-71
Datenerhebung für das Beispiel zur Conjoint-Analyse

Merkmale	Merkmalsausprägungen	
	1	2
Merkmal 1: »Schokolade«	Vollmilch	Zartbitter
Merkmal 2: »Füllung«	Nüsse	Flakes

KONZEPT 1: Schokoriegel Vollmilch Nüsse	KONZEPT 2: Schokoriegel Vollmilch Flakes	KONZEPT 3: Schokoriegel Zartbitter Nüsse	KONZEPT 4: Schokoriegel Zartbitter Flakes
Rangplatz 3	Rangplatz 1	Rangplatz 4	Rangplatz 2

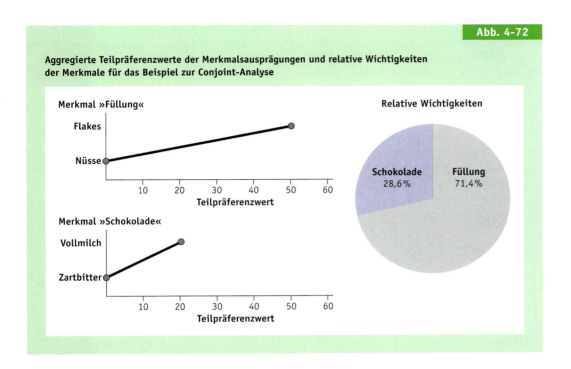

Abb. 4-72 Aggregierte Teilpräferenzwerte der Merkmalsausprägungen und relative Wichtigkeiten der Merkmale für das Beispiel zur Conjoint-Analyse

ständiges faktorielles Design (hier: $2^2 = 4$ Kombinationen). Die auf diese Weise konstruierten verbalen Teststimuli müssen die Befragten in eine Präferenzrangfolge zu bringen. Das in der Abbildung 4-71 dargestellte Ergebnis für eine beliebige Testperson zeigt, dass sie das Konzept 2, also die Merkmalsausprägungen »Vollmilch« und »Flakes«, präferiert. Die Wahl des zweitbesten Konzeptes legt offen, bei welchem Merkmal die Testperson eher bereit ist, auf die bevorzugte Ausprägung zu verzichten. Die betrachtete Testperson macht Kompromisse eher bei der Vollmilchschokolade als bei den Flakes, das heißt, die Eigenschaft »Füllung« ist ihr wichtiger als die Eigenschaft »Schokolade« (vgl. Abbildung 4-72).

Aus der Praxis – 4-23

Beispiel zur »Choice Based«-Conjoint-Analyse

Mit dem Einsatz der Conjoint-Analyse in der Marktforschungspraxis sind folgende Probleme verbunden: Viele Merkmale und deren Ausprägungen erhöhen zwar die Realitätsnähe der Beurteilungssituation, führen aber schnell zu einer kognitiven Überlastung der Befragten. Außerdem entspricht die Beurteilungsaufgabe (Ranking, Rating oder Paarvergleich) nicht dem tatsächlichen Entscheidungsprozess der Konsumenten am Point of Sale. Diese Nachteile der klassischen Conjoint-Analyse haben zur Entwicklung neuerer Ansätze geführt, von denen die so genannte »Choice Based«-Conjoint-Analyse (CBC) die größte empirische Relevanz aufweist. Nahezu die Hälfte aller im deutschsprachigen Raum durchgeführten Präferenzmessungen erfolgen mittels dieses Verfahrens (Völckner et al., 2008, S. 689). Die Besonderheit der »Choice Based«-Conjoint-Analyse besteht darin, dass die Auskunftspersonen diskrete Wahlentscheidungen treffen müssen, das heißt, es ist eine Alternative aus dem Alternativen-Set auszuwählen. Es besteht jedoch auch

die realitätsnahe Möglichkeit, keinen der präsentierten Stimuli zu wählen. Theoretische Grundlage der »Choice Based«-Conjoint-Analyse ist die Zufallsnutzentheorie. Die Vorgehensweise lässt sich anhand des folgenden Beispiels veranschaulichen.
Mit Hilfe eines Online-Konzepttests sollte die Präferenzwirkung verschiedener Eigenschaften von so genannten »Smoothies« überprüft werden. Bei Smoothies handelt es sich um Ganzfruchtgetränke, die einen neuen Teilmarkt bei Fruchtsäften bilden. Beantwortet werden sollten folgende Fragen: Welchen Einfluss üben verschiedene Ausstattungsmerkmale von Smoothies auf die Kaufentscheidung der Konsumenten aus? Welche Ausprägungen der Merkmale werden von der Zielgruppe besonders präferiert? Befragt wurden 300 Personen, die bereits Smoothies gekauft hatten. Die zu untersuchenden Merkmale und deren Ausprägungen sind in der Abbildung 4-73 dargestellt.

Marke	Verpackung	Claim	Preis
Schwartau	Glas	100% reine Frucht mit mildem Joghurt	0,69 €
Mövenpick	Tetrapack	ohne Zusatz von Konservierungsstoffen Zucker und Aromen	0,99 €
Viva Vital	Plastikbecher	100% reine Frucht ohne Zusatz von Konservierungsstoffen Zucker und Aromen	1,29 €
true fruits	Plastikflasche 1 (gerade Variante)	100% natürlich – 100% Genuss	1,59 €
Naturis	Plastikflasche 1 (geschwungene Variante)	keine Auslobung	1,89 €
			2,19 €

Abb. 4-73: Merkmale und Merkmalsausprägungen des Beispiels zur »Choice Based«-Conjoint-Analyse

Welches dieser Produkte würden Sie kaufen?

EUR 0,99	EUR 1,59	EUR 1,29
Auswahl	Auswahl	Auswahl

Ich würde keines dieser Produkte kaufen

Auswahl

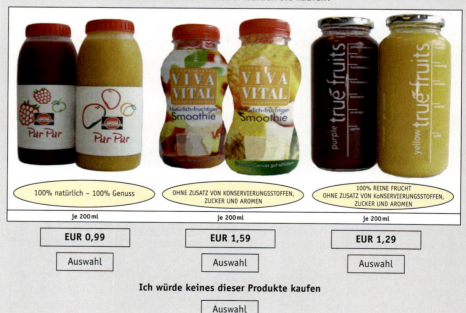

Abb. 4-74: Auswahlsituation des Beispiels zur »Choice Based«-Conjoint-Analyse

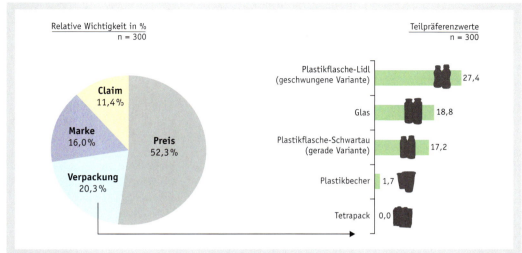

Abb. 4-75: relative Wichtigkeiten der Merkmale und Teilnutzenwerte des Merkmals Verpackung

Mit Hilfe eines geeigneten Einführungsszenarios wurden die Befragten in eine realitätsnahe Entscheidungssituation versetzt und anschließend nacheinander mit 12 Einkaufssituationen mit jeweils drei Smoothie-Produkten konfrontiert. Jeder Stimulus bestand aus systematisch kombinierten Ausprägungen der vier zu überprüfenden Merkmale. Die Beurteilungsaufgabe der Befragten bestand lediglich darin anzugeben, welches der drei gezeigten Produkte sie wählen würden. Die Option »Ich würde keines der gezeigten Produkte kaufen,« konnte angeklickt werden, wenn keine der gezeigten Alternativen als akzeptabel eingeschätzt wurde. Die Abbildung 4-74 zeigt beispielhaft eine der Auswahlsituationen.

Die relativen Wichtigkeiten der Ausstattungsmerkmale für die Wahlentscheidungen der Auskunftspersonen sind auf der linken Seite der Abbildung 4-75 dargestellt. Der »Preis« hat die größte Bedeutung mit einer relativen Wichtigkeit von mehr als 50 Prozent, während die Produktauslobung, das heißt der verbale »Claim«, für die Entscheidung eher eine untergeordnete Rolle spielt. Die Teilpräferenzwerte der Merkmalsausprägungen geben Aufschluss darüber, welche Ausprägung eines Merkmale die Befragten besonders bevorzugen. Auf der rechten Seite der Abbildung 4-75 sind als Beispiel die Teilpräferenzwerte für das Merkmal ›Verpackung‹ dargestellt. Die Befragten bevorzugen eindeutig die Plastikflasche in der geschwungenen Variante, während der Tetrapack die geringste Präferenzwirkung aufweist.

Kontrollfragen Kapitel 4

1. Grenzen Sie die Begriffe »Marktforschung« und »Marketingforschung« gegeneinander ab!

2. Skizzieren Sie die verschiedenen Aufgabenbereiche der Marktforschung am Beispiel eines Herstellers von Gartenmöbeln!

3. Geben Sie jeweils zwei Vorteile der innerbetrieblichen Marktforschung sowie der Marktforschung durch externe Dienstleister an!

4. Erläutern Sie die wesentlichen Merkmale und Ziele der verschiedenen Forschungsansätze im Rahmen der Marktforschung! Geben Sie für jeden Forschungsansatz ein typisches Marketingproblem an, für dessen Lösung der entsprechende Forschungsansatz geeignet ist!

5. Durch welche Phasen ist der idealtypische Marktforschungsprozess gekennzeichnet? Skizzieren Sie die Aufgaben, die in den einzelnen Phasen bewältigt werden müssen, anhand eines konkreten Beispiels!

6. Erläutern Sie den Unterschied zwischen der Primär- und der Sekundärforschung! Welche spezifischen Vor- und Nachteile sind mit diesen beiden Methoden der Primärerhebung verbunden?

7. Geben Sie jeweils zwei interne und zwei externe Informationsquellen der Sekundärforschung an! Argumentieren Sie am Beispiel eines Reiseveranstalters!

8. Welche Chancen und welche Risiken sind mit der Nutzung der Sekundärquelle »Internet« verbunden?

9. Zeigen Sie anhand eines konkreten Beispiels auf, wie sich Eigenschaften angemessen operationalisieren lassen!

10. Erläutern Sie kurz die verschiedenen Messniveaus und deren Eigenschaften! Geben Sie für jedes Messniveau ein typisches Beispiel für dessen Einsatz in der Marktforschung an!

11. Was versteht man unter der Reliabilität und der Validität einer Messung? Argumentieren Sie anhand eines selbst gewählten Beispiels! Worin besteht der Unterschied zwischen interner und externer Validität?

12. Worin besteht der Unterschied zwischen einer Vollerhebung und einer Teilerhebung? Unter welchen Rahmenbedingungen kommt die jeweilige Erhebungsart zum Einsatz?

13. Was versteht man unter einer repräsentativen Stichprobe? Geben Sie ein Beispiel an für eine Stichprobe, die repräsentativ bzw. die nicht repräsentativ ist!

14. Welche Vor- und Nachteile sind mit der Zufallsauswahl grundsätzlich verbunden? Grenzen Sie die einfache und die geschichtete Zufallsauswahl gegeneinander ab! Geben Sie jeweils ein sinnvolles Beispiel für den Einsatz dieser beiden Auswahlverfahren an!

15. Erläutern Sie die Vorgehensweise im Rahmen der Quotenauswahl! Welche Gründe sind dafür verantwortlich, dass die Quotenauswahl das Auswahlverfahren ist, welches in der Marktforschungspraxis am häufigsten zum Einsatz kommt?

16. Erläutern Sie die Vor- und Nachteile der schriftlichen und der mündlichen Befragung!

17. Welche Besonderheiten sind bei der Durchführung einer Online-Befragung zu beachten?

18. Grenzen Sie quantitative und qualitative Interviews gegeneinander ab! Gehen Sie in diesem Zusammenhang auch ein auf die Strukturierung von Fragebögen und die Durchführung von Gruppendiskussionen! Für welche Marktforschungsprobleme sind quantitative bzw. qualitative Interviews geeignet?

19. Geben Sie jeweils ein Beispiel für eine direkte und eine indirekte Frage sowie für eine offene und eine geschlossene Frage an!

20. Skizzieren Sie kurz die verschiedenen Formen der Beobachtung! Welche Vorteile und welche Nachteile weist die Beobachtung gegenüber der Befragung auf? Geben Sie zwei Beispiele aus der Marktforschungspraxis für den sinnvollen Einsatz von Beobachtungen an!

21. Was versteht man unter einem Experiment? Skizzieren Sie die verschiedenen Elemente eines Experiments!

22. Grenzen Sie Labor- und Feldexperimente gegeneinander ab! Geben Sie für jede Art ein Beispiel aus der Marktforschungspraxis an!

23. Ein Hersteller möchte wissen, wie sich die Absatzmenge in Abhängigkeit verschiedener Verkaufspreise verändert. Stellen Sie dar, wie diese Fragestellung mit Hilfe eines EBA-CBA Experimentes – angelegt als Storetest – untersucht werden kann! Welche Rolle spielen in diesem Zusammenhang so genannte Störvariablen?

24. Erläutern Sie die charakteristischen Merkmale von Panelerhebungen sowie die mit dieser Erhebungsform verbundenen Probleme!

25. Welche Informationen liefert ein Handelspanel bzw. ein Verbraucherpanel?

26. Erläutern Sie, welche Informationen das arithmetische Mittel und die Standardabweichung über die empirische Verteilung eines Merkmals liefern?

27. Was versteht man unter einem Signifikanztest? Welche Bedeutung hat der Signifikanztest für die Marktforschung?

28. Skizzieren Sie, wie sich der Zusammenhang zwischen zwei metrisch skalierten Variablen mittels Korrelationsanalyse analysieren lässt?

29. Erläutern Sie anhand eines selbst gewählten Beispiels, welche Informationen der χ^2-Unabhängigkeitstest im Rahmen der bivariaten Auswertung liefert!

30. Worin besteht der grundlegende Unterschied zwischen multivariaten Verfahren der Dependenzanalyse und der Interdependenzanalyse?

31. Welche Problemstellungen der Marktforschung lassen sich mittels Faktorenanalyse lösen? Argumentieren Sie anhand eines konkreten Beispiels!

32. Erläutern Sie die Vorgehensweise bezüglich der Positionierung konkurrierender Produkte mittels Korrespondenzanalyse! Gehen Sie in diesem Zusammenhang auch auf die Besonderheiten der Datenerhebung ein!

33. Zur Analyse welcher typischen Marketing-Fragestellung kommt die Clusteranalyse zum Einsatz? Erläutern Sie kurz die Vorgehensweise im Rahmen dieses multivariaten Verfahrens!

34. Ein Spirituosenhersteller hat vier neue Varianten einer neuen Softspirituose für Frauen entwickelt. Die gemittelten Akzeptanzwerte für jede Variante liegen vor! Mit welchem multivariaten Verfahren wird überprüft, ob die Mittelwertunterschiede statistisch signifikant sind oder nicht? Begründen Sie Ihre Antwort!

35. Stellen Sie den Grundgedanken sowie die Zielsetzung der Diskriminanzanalyse dar! Argumentieren Sie am konkreten Beispiel!

36. Erläutern Sie die Vorgehensweise im Rahmen der Schätzung einer funktionalen Beziehung zwischen einer unabhängigen Variablen und einer abhängigen Variablen mittels Regressionsanalyse am Beispiel der Preis-Absatz-Funktion!

37. Beschreiben Sie die Überprüfung innovativer Produktkonzepte mittels Conjoint-Analyse! Welchen wesentlichen Vorteil weist dieses Verfahren der Präferenzmessung auf?

5 Marketingziele und Marketingstrategien

Lernziele

▶ Der Leser weiß, wie man Marketingziele präzise formuliert, kennt das allgemeine Zielsystem von Unternehmungen und kann nachvollziehen, welche Beziehungen zwischen verschiedenen Marketingzielen bestehen können.

▶ Der Leser kennt die vier verschiedenen abnehmerorientierten Marketingstrategien, er weiß, welche strategischen Optionen mit ihrem Einsatz verbunden sind und kann diesen Optionen geeignete absatzpolitische Maßnahmen zuordnen.

▶ Der Leser ist in der Lage, die verschiedenen konkurrenzgerichteten Marketingstrategien abzugrenzen und die Rahmenbedingungen anzugeben, unter denen eine bestimmte am Wettbewerb ausgerichtete strategische Option sinnvoll ist.

5.1 Festlegung der Marketingziele

Unter einem Ziel versteht man einen angestrebten Soll-Zustand. Ziele ermöglichen ein planvolles Vorgehen, indem die Unternehmens- und Marketingaktivitäten auf die formulierten Ziele ausgerichtet werden. Die Zielbildung im Unternehmen erfolgt in der Regel in einem mehrstufigen Prozess, der idealtypisch sieben Phasen umfasst: Suche nach geeigneten Zielen, Operationalisierung der Ziele, Zielanalyse und Ordnung der Ziele, Prüfung der Ziele auf Realisierbarkeit, Zielselektion, Durchsetzung der Ziele und schließlich Zielüberprüfung und -revision. Von großer Bedeutung ist dabei die Operationalisierung der Ziele, denn durch sie wird die Überprüfung des Zielerreichungsgrads bzw. die Erfolgskontrolle am Ende einer Periode möglich. Üblicherweise konkretisiert man Ziele anhand von vier grundlegenden Dimensionen (siehe ausführlich Heinen, 1976; Becker, 2006, S. 23 ff.):

▶ **Zielinhalt** (Was soll erreicht werden?): Um die Verwässerung von Zielen zu vermeiden, ist der Zielinhalt eindeutig und präzise zu formulieren. Es reicht also nicht zu sagen, dass der Bekanntheitsgrad erhöht werden soll. Vielmehr ist festzulegen, bei welchen Produkten und Marken der Bekanntheitsgrad erhöht werden soll und ob es um die gestützte oder um die ungestützte Bekanntheit geht. Bei der gestützten Bekanntheit misst man, wie groß der Anteil unter den Befragten einer Stichprobe ist, der eine Marke wiedererkennt, nachdem man sie gezeigt hat. Demgegenüber wird der Anteil bei der ungestützten Bekanntheit ohne Hilfsmittel gemessen.

▶ **Zielausmaß** (Wie viel soll erreicht werden?): Das Ausmaß, in dem ein Ziel erreicht werden soll, wird in der Regel begrenzt. Man unterscheidet dabei zwischen punktuell definierten Zielen (z. B. Umsatzziel: 5 Millionen Euro, Erhöhung der Markenbekanntheit um 10 Prozent) und definierten Zielkorridoren (z. B. Umsatzziel: 5 bis 6 Millionen Euro, Erhöhung der Markenbekanntheit um 10 bis 15 Prozent). Ziele kann man auch unbegrenzt definieren (z. B.: erreiche den größtmöglichen Umsatz). Eine solche Maximierungsvorschrift hat jedoch den Nachteil, dass sie nicht operational ist und somit auch der Grad der Zielerreichung nicht kontrolliert werden kann.

▶ **Zielperiode** (Wann soll das Ziel erreicht werden?): In dieser Dimension legt man fest, bis zu welchem Zeitpunkt (z. B.: bis zum Ende des laufenden Geschäftsjahres soll der Marktanteil auf 35 Prozent steigen) oder in welchem Zeitraum ein Ziel erreicht werden soll (z. B.: in den nächsten 12 Monaten darf die unge-

---

Definition und Zweck von Zielen

Zur Erfolgskontrolle werden Ziele anhand von Zielinhalt, -ausmaß, -periode und -bereich konkretisiert.

5.1 Marketingziele und Marketingstrategien
Festlegung der Marketingziele

stützte Markenbekanntheit nicht unter 70 Prozent fallen). Die Definition der Zielperiode erlaubt einen Soll-Ist-Vergleich zwischen verschiedenen Zeiträumen und legt zugleich fest, wann die Marketingmaßnahmen umgesetzt werden müssen, um in der definierten Periode zielgerecht wirken zu können.

- **Zielbereich** (Für welchen Bereich soll das Ziel gelten?): Der Zielbereich definiert den Bezugspunkt des formulierten Ziels. Dabei kann es sich um das ganze Unternehmen, ein Geschäftsfeld, eine Marke, eine Kundengruppe oder eine Region handeln (z. B. Steigerung der Absatzmenge in Frankreich, Erhöhung des Bekanntheitsgrads bei Frauen über 30 Jahre).

Operational formulierte Ziele lauten beispielsweise wie folgt (Schaper, 2008, S. 90):

- Ausweiten des wertmäßigen Marktanteils von 12 auf 17 Prozent innerhalb der nächsten drei Jahre im Marktsegment Baby-Nahrung.
- 98prozentige Einhaltung der vom Kunden gewünschten Liefertermine im Jahr 2009 im Gesamtmarkt.
- Reduzierung der logistischen Reklamationen um 50 Prozent innerhalb der nächsten zwei Jahre bei den Stammkunden.

Unternehmen verfolgen in der Regel nicht ein Ziel, sondern gleichzeitig mehrere Ziele bzw. Zielkombinationen. Den Aufbau konkreter **Zielsysteme** kann man sich am ehesten als Pyramide vorstellen, wobei die Anzahl der jedem Pyramidenabschnitt zuzuordnenden Zielaussagen wegen der zunehmenden Konkretisierung nach unten immer größer wird. Abbildung 5-1 enthält die verschiedenen Bausteine einer derartigen Zielpyramide, die nachfolgend näher erläutert werden.

Allgemeine Wertvorstellungen (basic beliefs) sind Unternehmensgrundsätze und Ausdruck dafür, dass eine Unternehmung nicht nur einzelwirtschaftlich von Bedeutung ist, sondern auch eine gesamtwirtschaftliche Aufgabe übernimmt. So hat die schweizerische Unternehmensgruppe Migros das Bemühen für die Umwelt in einem umfassenden Öko-Leitbild zusammengefasst, das seinen Niederschlag in vier Grundsätzen findet: ökonomischer Ressourceneinsatz, Realisierung weniger umweltbelastender Lösungen, Reduktion von Schadstoffemissionen, Lärmemissionen und Abfällen sowie gefahrlose Beseitigung nicht wieder verwertbarer Produkte. Abbildung 5-2 zeigt als weiteres Beispiel für allgemeine Wertvorstellungen die fünf Grundprinzipien von Mars.

Unternehmen werden einzel- und gesamtwirtschaftlichen Aufgaben dadurch gerecht, dass sie einen bestimmten **Unternehmenszweck** (mission) konsequent verfolgen und diesen in den Mittelpunkt ihres Denkens und Handelns stellen. Die Unternehmensphilosophie gibt folglich – im Rahmen der unternehmens- und marktpolitischen Möglichkeiten – eine bestimmte Grundrichtung vor, die durch die Marketingkommunikation vermittelt wird. So steht der Slogan von Audi für »Vorsprung durch Technik«, BMW für »Freude am Fahren«, Nokia für die Verbindung von Menschen (»Connecting people«) und Dr. Oetker für Qualität (»Qualität ist das beste Rezept«). Inwieweit deutsche Konsumenten verschiedene Slogans korrekt den dazugehörigen Unternehmen zuordnen können, wurde mittels einer empirischen Studie aus dem Jahr 2004 erfasst, deren Ergebnisse die Abbildung 5-3 zeigt.

Der Unternehmenszweck lässt sich anhand der Mission und der Vision konkretisieren. Die Mission stellt die Sinn gebende Funktion des Unternehmens dar und die Vision formuliert einen ehrgeizigen Anspruch zur Mobilisierung

---

Die Zielpyramide gibt Auskunft über den Aufbau von Zielsystemen

Abb. 5-1

Idealtypische Zielpyramide einer Unternehmung

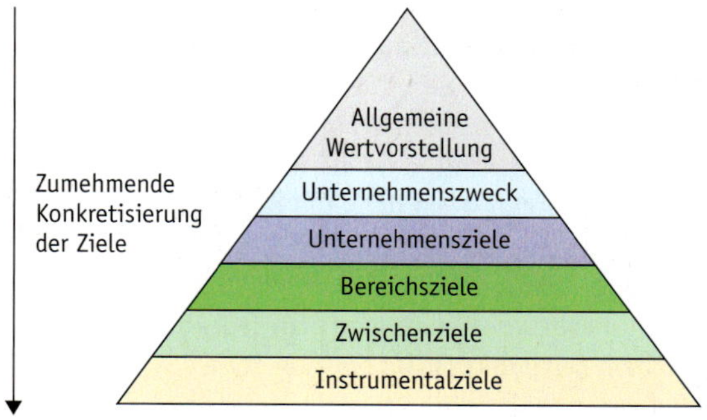

Zumehmende Konkretisierung der Ziele:
- Allgemeine Wertvorstellung
- Unternehmenszweck
- Unternehmensziele
- Bereichsziele
- Zwischenziele
- Instrumentalziele

(Quelle: in Anlehnung an Becker, 2006, S. 28)

Abb. 5-2

Die allgemeinen Wertvorstellungen von Mars

Die 5 Prinzipien
Als Eckpfeiler unseres Handelns geben sie uns die Freiheit, etwas zu bewirken.

Qualität	Der Verbraucher ist unser Chef. Qualität ist unser Wirken und ein optimales Preis-Leistungsverhältnis unser Ziel.	Der unumstößliche Standard unserer Arbeit ist Qualität – bei allem, was wir tun. Diese Qualität basiert auf dem persönlichen Engagement jedes Einzelnen von uns. Was uns antreibt, sind unsere Leidenschaft und der Stolz, zur Gemeinschaft von Mars zu gehören. Qualität ist die erste Voraussetzung, die erfolgreiche Marken erfüllen müssen, und eine Eigenschaft, für die Mars Anerkennung genießt.
Verantwortung	Als Individuen übernehmen wir volle Verantwortung für uns selbst; als Mitarbeiter unterstützen wir einander, unsere Verantwortung wahrzunehmen.	Unsere Mitarbeiterinnen und Mitarbeiter sollen sich für unseren Erfolg mitverantwortlich fühlen und eigenständige Entscheidungen treffen. Deshalb vermeiden wir es, ihren Verantwortungsbereich durch zu viele Entscheidungsebenen einzuschränken. Wir vertrauen unseren Mitarbeitern, weil sie neben fundierter Fachkenntnis ein hohes ethisches Bewusstsein mitbringen müssen. Sie sind dafür verantwortlich, dass unsere hohen Standards eingehalten werden.
Gegenseitigkeit	Gegenseitiger Nutzen ist gemeinsamer Nutzen – gemeinsamer Nutzen ist von Dauer.	Wir messen den Wert unserer Geschäftsbeziehungen daran, inwieweit alle Beteiligten Vorteile daraus ziehen. Dieser gegenseitige Nutzen muss nicht immer finanzieller Natur sein, sondern kann sich auf vielfältige Weise gestalten. Zwar verfolgt Mars das Ziel, im Wettbewerb maximale Erfolge zu erzielen. Doch nichts von dem, was wir tun, soll zulasten der Menschen gehen, die mit uns arbeiten – weder in wirtschaftlicher noch in anderer Hinsicht.
Effizienz	Wir schöpfen unsere Mittel voll aus, wir verschwenden nichts und tun nur das, worin wir gut sind.	Wie schaffen wir es, unsere Grundsätze zu wahren, gleichzeitig erstklassige Qualität zu fairen Preisen zu bieten und unseren Erfolg mit anderen zu teilen? Die Antwort lautet: durch Effizienz. Wir erreichen höchste Produktivität, weil wir unsere Mittel voll ausschöpfen und die Fähigkeiten unserer Mitarbeiter optimal einsetzen. Das heißt, wir stellen unsere Produkte in höchster Qualität mit einem möglichst niedrigen Aufwand an Kapital und Rohstoffen her. Zugleich steuern wir unsere Arbeitsabläufe mit den effektivsten Methoden.
Freiheit	Freiheit ist die Voraussetzung für die Gestaltung unserer Zukunft. Das Erwirtschaften von Gewinn ist die Voraussetzung für den Erhalt unserer Freiheit.	Mars ist eines der größten Familienunternehmen der Welt. Diese Struktur beizubehalten, ist wohlüberlegt. Sicher: Viele Unternehmen, die ähnlich wie Mars begonnen haben, haben einen anderen Weg gewählt. Während sie wuchsen, suchten sie neue Kapitalquellen. Sie nahmen entweder Kredite auf oder wagten den Börsengang. Doch auf diese Weise bezahlten sie Wachstum mit einem Teil ihrer Freiheit. Mars hat bewiesen, dass ein Unternehmen auch ohne Preisgabe seiner Autonomie wachsen kann.

(Quelle: www.mars.de, 2009)

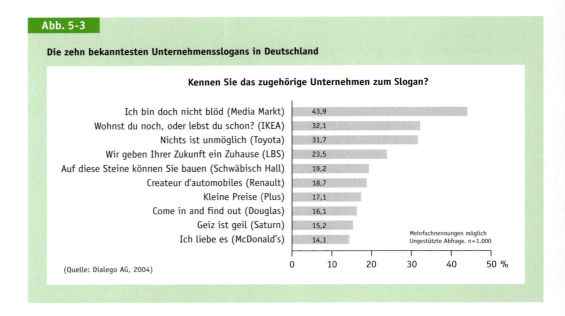

Abb. 5-3

Die zehn bekanntesten Unternehmensslogans in Deutschland

Kennen Sie das zugehörige Unternehmen zum Slogan?

- Ich bin doch nicht blöd (Media Markt): 43,9
- Wohnst du noch, oder lebst du schon? (IKEA): 32,1
- Nichts ist unmöglich (Toyota): 31,7
- Wir geben Ihrer Zukunft ein Zuhause (LBS): 23,5
- Auf diese Steine können Sie bauen (Schwäbisch Hall): 19,2
- Createur d'automobiles (Renault): 18,7
- Kleine Preise (Plus): 17,1
- Come in and find out (Douglas): 16,1
- Geiz ist geil (Saturn): 15,2
- Ich liebe es (McDonald's): 14,1

Mehrfachnennungen möglich
Ungestützte Abfrage. n=1.000

(Quelle: Dialego AG, 2004)

der Leistungsreserven des Unternehmens. Die Abbildung 5-4 enthält als Beispiel den von IKEA formulierten Unternehmenszweck.

Von entscheidender Bedeutung für die weitere Zielkonkretisierung sind die **Unternehmensziele**. Ein Betrieb kann im marktwirtschaftlichen System langfristig nur dann existieren, wenn die Realisierung monetärer Ziele (insbesondere Gewinn) als legitim erachtet wird und auch realisierbar ist. Angesichts der zunehmenden gesamtwirtschaftlichen Verantwortung, insbesondere von Großunternehmen, sind die monetären Unternehmensziele jedoch zunehmend eingebettet in die allgemeinen Wertvorstellungen. Eine klassische, zentrale monetäre Zielgröße des Unternehmens ist beispielsweise der ROI (return on investment = Gewinn in Prozent des investierten Kapitals), bei dem die klassische Kapitalrentabilität auf die Faktoren Gewinn, Kapital und Umsatz zurückgeführt wird.

Die gesteckten Unternehmensziele (Gewinn, Umsatz) können nur über entsprechende Beiträge untergeordneter Zielsysteme erreicht werden. Für jeden leistungswirtschaftlichen Funktionsbereich (Beschaffung, Produktion, Absatz) werden **Bereichsziele** formuliert. Bei Unternehmen, die ihre Aktivitäten konsequent am Absatzmarkt ausrichten, kommt den **Marketingzielen** die wichtigste Steuerungs- und Koordinationsfunktion zu. Man unterscheidet zwei Arten von Marketingzielen, nämlich marktökonomische Ziele (z. B. Marktanteil, Absatzmenge, Umsatz) und marktpsychologische Ziele (z. B. Bekanntheit, Image, Kundenzufriedenheit). Die ökonomischen Ziele werden, wie Abbildung 5-5 zeigt, in der Regel stark von den psychologischen Zielen beeinflusst.

Die Kundenzufriedenheit (vgl. auch Kapitel 3.2.1.4) als marktpsychologisches Ziel rückt in jüngster Zeit zunehmend in den Mittelpunkt des Zielsystems vieler Unternehmen. Stagnierende oder sogar rückläufige Absatzmärkte in

Abb. 5-4

Der Unternehmenszweck von IKEA

Unsere Vision und unsere Geschäftsidee

Es ist unsere Vision bei IKEA, den vielen Menschen einen besseren Alltag zu schaffen. Unsere Geschäftsidee unterstützt diese Vision, indem wir ein breites Sortiment formschöner und funktionsgerechter Einrichtungsgegenstände zu Preisen anbieten, die so günstig sind, dass möglichst viele Menschen sie sich leisten können.

(Quelle: www.ikea.de, 2009)

vielen Branchen haben zu einem ausgeprägten Verdrängungswettbewerb geführt, das heißt, die eigene Marktposition lässt sich nur noch durch die Gewinnung von Kunden der Wettbewerber verbessern. Zwangsläufig gewinnt die langfristige Bindung bestehender Kunden an die eigene Unternehmung als Verteidigungsstrategie an Bedeutung. Grundlegende Voraussetzung für eine erfolgreiche Kundenbindung ist die Zufriedenheit der Kunden mit den Leistungen des Unternehmens, und zwar in allen Phasen des Konsumprozesses (Vorkauf-, Kauf- und Nachkaufphase). Zufriedene und dadurch gebundene Kunden nehmen die Leistungen des Unternehmens häufiger und in größerem Umfang in Anspruch, entwickeln eine Produkt-, Marken- und/oder Unternehmenstreue, verursachen in der Regel einen geringeren Betreuungsaufwand, empfehlen das Unternehmen und dessen Leistungen weiter und weisen schließlich auch eine höhere Toleranz gegenüber unternehmens- und produktbedingten Fehlern auf (vgl. Homburg/Werner, 2000, S. 913).

In der Praxis werden häufig verschiedene Leistungsbereiche (Strategische Geschäftseinheiten) voneinander abgegrenzt, für die dann – in Abhängigkeit von der betrieblichen Organisationsstruktur – eigene Ziele erarbeitet werden müssen. Diese Ziele können als **Zwischenziele** formuliert werden und dienen – insbesondere bei stark diversifizierten Unternehmen – der Konkretisierung der Marketingziele bezogen auf abgegrenzte Geschäftsfelder, Produktbereiche oder Produktarten.

Instrumentalziele sind konkretisierte Unterziele auf der Ebene der einzelnen absatzwirtschaftlichen Instrumente. Sie leisten bestimmte Beiträge zur Erreichung der übergeordneten Gewinn- oder Wachstumsziele. Für den Marketingbereich der Unternehmung unterscheidet man die vier Instrumente Produktpolitik, Preispolitik, Distributionspolitik und Kommunikationspolitik (vgl. Kapitel 2.2). Im Rahmen der einzelnen Instrumente müssen die Ziele anschließend noch weiter zu so genannten **instrumentellen Teilzielen** konkretisiert werden (Aus der Praxis 5-1). So kann

Die Kundenzufriedenheit ist ein zentrales Marketing-Ziel.

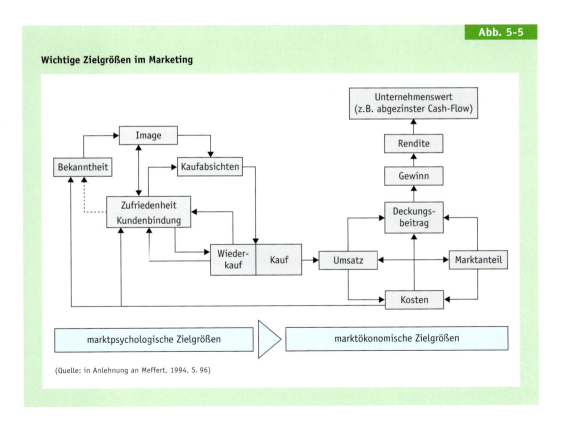

Abb. 5-5

Wichtige Zielgrößen im Marketing

(Quelle: in Anlehnung an Meffert, 1994, S. 96)

5.1 Marketingziele und Marketingstrategien
Festlegung der Marketingziele

es beispielsweise im Rahmen der Distributionspolitik notwendig sein, konkrete Ziele in Bezug auf die Ausgestaltung der Absatzwege und der Marketinglogistik zu formulieren (vgl. Kapitel 9.1.2).

Abbildung 5-6 zeigt den Prozess der Zielkonkretisierung ausgehend von den Unternehmenszielen über die Marketingziele und die Zwischenziele bis hin zur Stufe der Instrumentalziele, dargestellt am Beispiel eines Konsumgüterherstellers.

Zwischen den verschiedenen Zielen, die ein Unternehmen verfolgt, können **komplementäre, konkurrierende und indifferente Beziehungen** bestehen (Becker, 2006, S. 20 f.; Heinen, 1976, S. 94 ff.). Eine komplementäre Beziehung bedeutet, dass die Erreichung des einen Ziels die Erreichung eines anderen Ziels

> Ziele können sich gegenseitig fördern, behindern oder neutral zueinander stehen.

Aus der Praxis – 5-1

Eine Brauerei möchte die oben skizzierten Marketingziele unter anderem durch folgendes produktpolitisches Ziel erreichen: Optimierung des Leistungsprogramms der Unternehmung. Als Teilziele für diesen Instrumentalbereich stehen die Markteinführung von zwei neuen Geschmacksorten im Bereich der Biermischgetränke im laufenden Jahr, die Geschmacksverbesserung des ausschließlich über die Gastronomie vertriebenen Premiumbieres sowie die akquisitorisch wirksamere Gestaltung der Etiketten für die Billigmarke im Vordergrund.

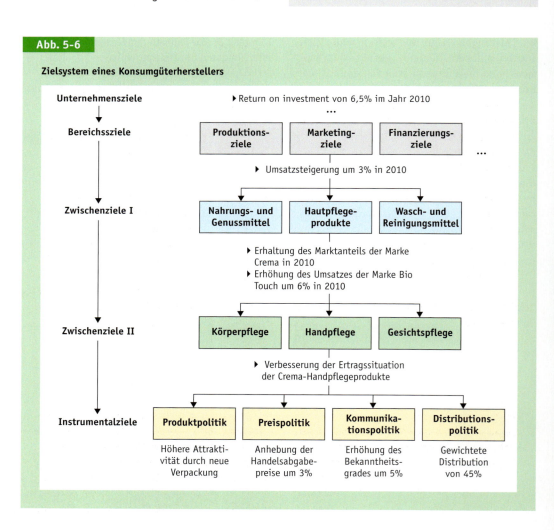

Abb. 5-6 Zielsystem eines Konsumgüterherstellers

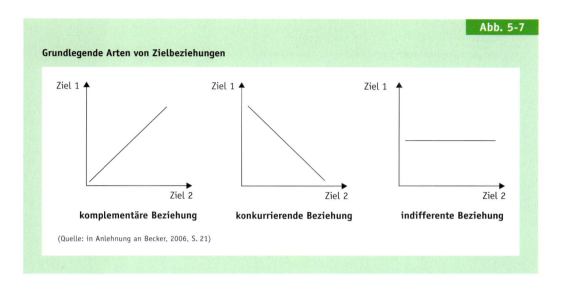

Abb. 5-7: Grundlegende Arten von Zielbeziehungen — komplementäre Beziehung, konkurrierende Beziehung, indifferente Beziehung
(Quelle: in Anlehnung an Becker, 2006, S. 21)

fördert. Beispielsweise kann das Ziel der Kostensenkung im Vertrieb zu einer Gewinnsteigerung im bearbeiteten Segment führen oder die Erhöhung des Bekanntheitsgrades kann zu einer Umsatzsteigerung führen. Konkurrierende Ziele führen zu einem Zielkonflikt, bei dem sich die Erreichung des einen Ziels negativ auf die Erreichung eines anderen Ziels auswirkt. So wirkt sich die Erhöhung der Werbeausgaben zur Steigerung des Bekanntheitsgrads kurzfristig negativ auf die Umsatzrendite aus. Wenn sich zwei Ziele gegenseitig nicht beeinflussen, spricht man von indifferenten Zielen. Zwischen der Erhöhung des Bekanntheitsgrades und der Optimierung logistischer Prozesse besteht beispielsweise keine Beziehung, beide Ziele verhalten sich neutral zueinander. Abbildung 5-7 zeigt die möglichen Zielbeziehungen nochmals im Überblick.

Um **Zielkonflikte** handhaben zu können, müssen die konkurrierenden Ziele im Zielsystem gewichtet werden. Dazu legt man Prioritäten fest, mit denen die konkurrierenden Ziele erreicht werden sollen. In einer solchen Ziel-Rangordnung wird beispielsweise festgelegt, dass Kosteneinsparungen in der Kommunikationspolitik gegenüber der Erhöhung des Bekanntheitsgrades priorisiert werden. Das Ziel der Kostensenkung würde in dem Fall also höher gewichtet als die Erhöhung des Bekanntheitsgrades.
Da ein sinkender Bekanntheitsgrad die Gefahr eines Umsatzrückgangs in sich birgt, werden üblicherweise Nebenbedingungen formuliert. Eine solche Bedingung könnte lauten, dass die Kommunikationskosten höchstens soweit gesenkt werden, dass eine ungestützte Mindestbekanntheit von 60 Prozent nicht unterschritten wird (vgl. Becker, 2006, S. 22).

Umgang mit Zielkonflikten

5.2 Entwicklung von Marketingstrategien

Die bereits seit längerer Zeit zu beobachtende Strategieorientierung im Marketing hat zu einer Vielzahl von Denkansätzen geführt, welche die strategischen Absatzprobleme einer Unternehmung aus unterschiedlichen Blickwinkeln heraus beleuchten, wobei die Begriffe »Marketingstrategie« bzw. »Strategisches Marketing« auch heute noch uneinheitlich verwendet werden (vgl. ausführlich Becker, 2006, S. 139 ff.).

Zur Abgrenzung zwischen den beiden Planungsbereichen der Marketingstrategien und der absatzpolitischen Instrumente (Marketingmix) kann vor allem die zeitliche Dimension herangezogen werden: Während marketingstrategische

Strategie vs. Taktik

5.2 Marketingziele und Marketingstrategien
Entwicklung von Marketingstrategien

Abb. 5-8

Abgrenzung zwischen strategischer und taktischer Planung

Strategie = Grundsatzregelungen (grundsätzliche Prädispositionen)	**Taktik** = operative Handlungen (laufende Dispositionen)
Merkmale: ▸ strukturbestimmend ▸ echte (Wahl-)Entscheidungen ▸ mittel-/langfristig orientiert ▸ verzögert bzw. stufenweise wirksam ▸ schwer korrigierbar	**Merkmale:** ▸ ablaufbestimmend (situativ) ▸ Routineentscheidungen ▸ kurzfristig orientiert ▸ »sofort« wirksam ▸ leicht korrigierbar
Entscheidungssituation: ▸ komplexes, schlecht strukturiertes Entscheidungsfeld ▸ heute werden (Grundsatz-) Entscheidungen für morgen getroffen ▸ ganzheitliches Denken notwendig ▸ makro-betonte, primär qualitative Betrachtungsweise	**Entscheidungssituation:** ▸ Überschaubares, gut strukturiertes Entscheidungsfeld ▸ heute werden (Problemlösungs-) Entscheidungen für heute getroffen ▸ partikulares Denken steht im Vordergrund ▸ mikro-betonte, primär quantitative Betrachtungsweise
Grundorientierung insgesamt: Effektivitätskriterium → »Die richtigen Dinge machen.«	**Grundorientierung insgesamt:** Effizienzkriterium → »Die Dinge richtig machen.«

(Quelle: Becker, 2006, S. 143)

Marketingstrategien als Brücke zwischen Marketingzielen und Marketingmix

Entscheidungen mittel- bis langfristig wirken und in der Regel nur schwer zu korrigieren sind, können Entscheidungen im Bereich des Marketingmix als taktische Komponenten einer Marketingkonzeption betrachtet werden. Es handelt sich um laufende (operative) Maßnahmen, die kurzfristig wirken und relativ leicht korrigierbar sind. Die Abbildung 5-8 verdeutlicht die Unterschiede zwischen strategischer und taktischer bzw. operativer Planung.

Marketingstrategien sind mittel- bis langfristig wirkende Grundsatzentscheidungen zur Marktwahl und -bearbeitung, durch die eine bestimmte Stoßrichtung des unternehmerischen Handelns im Rahmen der Marketingkonzeption festgelegt wird. Wie die Abbildung 5-9 veranschaulicht, verkörpern sie das zentrale Bindeglied zwischen den Marketingzielen einerseits und den operativen Maßnahmen im Bereich des Marketingmix andererseits.

Entscheidungen, die im Bereich der Marketingstrategien getroffen werden, sollten immer einen direkten Bezug zu den Ergebnissen der Situationsanalyse aufweisen. Grundlage bilden Daten der Markt- und Umfeldanalyse, der Stärken-Schwächen-Analyse sowie der aus beiden abgeleiteten Chancen- und Risikoanalyse (vgl. Kapitel 2.2).

Es lassen sich vier **abnehmerorientierte Marketingstrategien**, so genannte Basisstrategien, unterscheiden, die sich jeweils durch ver-

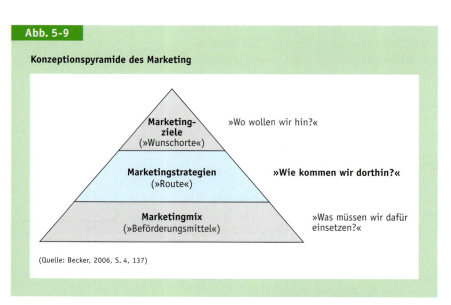

Abb. 5-9

Konzeptionspyramide des Marketing

- Marketingziele (»Wunschorte«) — »Wo wollen wir hin?«
- Marketingstrategien (»Route«) — »Wie kommen wir dorthin?«
- Marketingmix (»Beförderungsmittel«) — »Was müssen wir dafür einsetzen?«

(Quelle: Becker, 2006, S. 4, 137)

schiedene Ausprägungen charakterisieren lassen. Hierbei handelt es sich um die Marktfeld-, Marktstimulierungs-, Marktparzellierungs- und Marktarealstrategien (vgl. Becker, 2006, S. 147). Aufgrund der Verschärfung der Konkurrenzsituation auf vielen Märkten erfolgen Entscheidungen im Bereich der vier Basisstrategien immer häufiger mit der Absicht, Wettbewerbsvorteile gegenüber den Konkurrenten zu erzielen. Die **konkurrenzorientierten Marketingstrategien** nehmen im Rahmen des strategischen Marketing deshalb eine Schlüsselrolle ein. Die Abbildung 5-10 veranschaulicht diesen Zusammenhang.

5.2.1 Marktfeldstrategien

Die Grundlage aller marketingstrategischen Planungen bildet die Entscheidung bezüglich der zu realisierenden Produkt-/Markt-Kombination(en). Alle Entscheidungen, welche die anderen abnehmerorientierten Strategieebenen betreffen, werden dadurch beeinflusst, mit welchen Produkten die Unternehmung auf welchen Märkten tätig sein will.

Die im Rahmen der Marktfeldstrategien möglichen Produkt-Markt-Kombinationen lassen sich am anschaulichsten in der Form einer Vier-Felder-Matrix darstellen (vgl. Abbildung 5-11). Es können sowohl einzelne als auch mehrere Marktfelder besetzt werden, und zwar gleichzeitig oder in zeitlicher Abfolge.

Die **Marktdurchdringungsstrategie** ist die »marketingstrategische Urzelle« eines jeden Unternehmens, da auch Unternehmen, die sich nicht konsequent strategisch verhalten, diese Wachstumsrichtung im Sinne einer »Minimum-Strategie« wählen (Becker, 2000, S. 12). Vorhandene Produkte werden hier auf gegenwärtig bearbeiteten Absatzmärkten mit dem Ziel angeboten, vorhandene Marktpotenziale besser auszuschöpfen als bisher. Erhöhte Absatzmengen bzw. Marktanteile führen in der Regel zur Verbesserung der Ertragslage. Zum einen wächst der Einfluss auf die Preisbildung bei steigendem Marktanteil, sodass sich Preiserhöhungen, die zu einem höheren Stückgewinn führen, leichter durchsetzen lassen. Zum anderen ergeben sich geringere Stückkosten durch höhere Produkti-

Abb. 5-10

Beziehung zwischen abnehmerorientierten und konkurrenzgerichteten Marketingstrategien

(Quelle: in Anlehnung an Becker, 2000, S. 9)

onsmengen aufgrund rationellerer Beschaffungs- und Fertigungsvorgänge sowie besserer Kapazitätsauslastungen. Grundlegende Voraussetzungen für den Erfolg der Marktdurchdringungsstrategie sind, dass das betreffende Produkt der Unternehmung auch zukünftig wettbewerbsfä-

Marktfeldstrategie als grundlegende Entscheidung

Abb. 5-11

Marktfeldstrategische Optionen

Märkte Produkte	gegenwärtig	neu
gegenwärtig	Marktdurchdringung	Marktentwicklung
neu	Produktentwicklung	Diversifikation

(Quelle: Ansoff, 1966, S. 132)

5.2 Marketingziele und Marketingstrategien
Entwicklung von Marketingstrategien

Anknüpfungspunkte zur Marktdurchdringung

hig ist und der bereits bearbeitete Markt weiterhin gute Absatzchancen bietet, das heißt zumindest nicht schrumpft.

Um die Position eines gegenwärtig angebotenen Produktes auf dem gegenwärtig bearbeiteten Markt nachhaltig zu verbessern, bestehen für das Unternehmen verschiedene strategische Handlungsmöglichkeiten (Kotler et al., 2007b, S. 106):
- Steigerung der Produktverwendung bei bestehenden Kunden
- Gewinnung von Kunden der Konkurrenz
- Erschließung bisheriger Nicht-Verwender

Um das Ziel einer Erhöhung der **Produktverwendung bei bestehenden Kunden** zu erreichen, müssen durch geeignete Marketingmaßnahmen verhaltenswirksame Anreize geschaffen werden. Beispiele hierfür sind die Vergrößerung der Verkaufseinheit (z. B. durch Großpackungen), die Beschleunigung des Ersatzbedarfs (z. B. durch so genannte »Sollbruchstellen«), die Verbesserung der Distribution (z. B. Vertrieb über Handelsorganisationen mit längeren Öffnungszeiten) sowie die Verstärkung der Werbung (z. B. durch eine den Konsum steigernde Argumentation) bzw. der Verkaufsförderung (z. B. Zweitplatzierungen, Gewinnspiele). Der Versuch, die Produktverwendung bei bestehenden Kunden zu erhöhen, ist immer dann sinnvoll, wenn auf dem Absatzmarkt noch beträchtliche Verwendungsreserven vorhanden sind, und es dem Unternehmen auch gelingen kann, diese Reserven mit Hilfe geeigneter Marketingmaßnahmen zu mobilisieren (Aus der Praxis 5-2).

Die **Gewinnung von Kunden der Konkurrenz** ist der zweite strategische Anknüpfungspunkt der Marktdurchdringungsstrategie. Das Ziel aus Unternehmenssicht besteht darin, Kunden, die bisher die Produkte der Konkurrenz präferiert haben, vom eigenen Angebot zu überzeugen. Geeignete Marketingmaßnahmen sind in diesem Zusammenhang beispielsweise Preisänderungen (z. B. Preissenkung unter Konkur-

Aus der Praxis – 5-2

Eine gängige Maßnahme der Produktpolitik zur Erhöhung der Produktverwendung bei bestehenden Kunden ist die Einführung von Großpackungen. Ein global agierender Anbieter von Produkten für Mundhygiene führte die Kaugummi-Marke »Extra Professional« zunächst nur als Einzel- und 3er Pack auf dem Markt ein. Um den Absatz zu steigern, wurde später zusätzlich eine Großpackung in Dosenform eingeführt. Wie die Abbildung 5-12 zeigt, konnte durch diese Maßnahme innerhalb von einem Jahr eine Umsatzsteigerung von 137 Prozent erreicht werden.

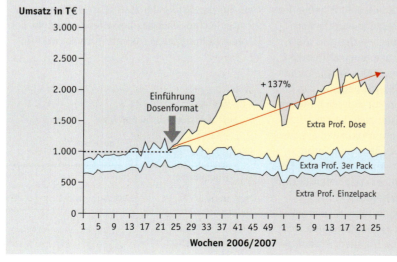

Abb. 5-12: Beispiel für eine Umsatzsteigerung durch Einführung einer Großpackung

(Quelle: Wrigley GmbH)

renzniveau), die Ausweitung der Distribution entlang der Absatzkanäle der Konkurrenz oder eine verbesserte Kommunikation (z. B. Werbung mit Informationen bzw. Argumenten, durch die sich die bisherigen Käufer von Konkurrenzprodukten angesprochen fühlen). Ansätze, die darauf abzielen, Abnehmer der Wettbewerber zu gewinnen, dürfen den Absatz bei den eigenen Stammkunden jedoch nicht gefährden (Becker, 2006, S. 150).

Die dritte strategische Option zur Erzielung von Wachstum mittels Marktdurchdringungsstrategie ist die **Erschließung bisheriger Nicht-Verwender** der betrachteten Produktart (z. B. Nicht-Verwender von Mikrowellen). Bei dieser Gruppe existieren bestimmte Barrieren, die den Kauf einer Alternative der Produktart gegenwärtig verhindern, sie darf die Produktart jedoch nicht grundsätzlich ablehnen. Ziel ist es, die bestehenden Kaufbarrieren zu identifizieren und sie dann durch geeignete Marketingmaßnahmen abzubauen. So können beispielsweise preissensible Nicht-Verwender mit einer Sonderpreisaktion gewonnen werden. Auch die Schaffung von Produktkontakten durch Probierstände im Handel oder die Verteilung von Produktproben kann dazu führen, das bisherige Nicht-Verwender ihr Kaufverhalten ändern. Schließlich lassen sich neue Kunden unter Umständen auch durch die verstärkte Nutzung bisher wenig beachteter, von den Nicht-Verwendern präferierter Absatzkanäle gewinnen. Sind die Gründe bekannt, weshalb Konsumenten eine bestimmte Produktart nicht kaufen, können auch spezielle Informationen bzw. Argumente in der Werbung oder im persönlichen Verkaufsgespräch bisherige Nichtverwender von der Nutzenstiftung des Produktes überzeugen. Diese strategische Option ist in den frühen Phasen des Produktlebenszyklus (vgl. Kapitel 6.2.2) aufgrund der vergleichsweise großen Anzahl der Nicht-Verwender besonders Erfolg versprechend.

Grundsätzlich ist davon auszugehen, dass mittel- bis langfristig angelegte Kundenbindungsstrategien im Hinblick auf die entstehenden Kosten und den zu erwartenden Mehrertrag für ein Unternehmen zielführender sind, als der Versuch, bisherige Nichtverwender bzw. Kunden der Konkurrenz zu gewinnen. Insbesondere Konsumenten mit einer ausgeprägten Markenpräferenz sind häufig nur durch einen erheblichen absatzpolitischen Aufwand zu einem Wechsel des Anbieters zu bewegen. Zahlreiche Praxisbeispiele zeigen auch, dass der Versuch, Kunden der Konkurrenz durch preispolitische Maßnahmen zu gewinnen, stets das Risiko eines ruinösen Preiskampfes in sich birgt.

Wenn alle mit der Marktdurchdringungsstrategie verbundenen Wachstumsmöglichkeiten ausgeschöpft sind, kann eine Unternehmung überlegen, ob die Realisierung einer **Marktentwicklungsstrategie** (»Market Stretching«) sinnvoll ist. Ihr Ziel besteht darin, für bereits bestehende Produkte zusätzliche Erträge auf einem oder mehreren von der Unternehmung bisher nicht bearbeiteten Märkten zu erzielen. Was unter einem neuen Markt zu verstehen ist, hängt entscheidend davon ab, wie der relevante Markt bisher definiert war. Die Strategie der Marktentwicklung eignet sich vor allem für Unternehmen, die ihre Marktposition auf dem bereits bearbeiteten Absatzmarkt nicht mehr weiter ausbauen können und/oder mit Nachfragerückgängen aufgrund eines fortgeschrittenen Produktlebenszyklus rechnen müssen.

Dem Unternehmen stehen drei verschiedene strategische Anknüpfungspunkte zur Realisierung einer Marktentwicklungsstrategie zur Verfügung (Kotler, 2007b, S. 106):

- Räumliche Marktentwicklung, das heißt die Erschließung zusätzlicher Markt- bzw. Absatzräume
- Sachliche Marktentwicklung, das heißt die Schaffung neuer Verwendungsmöglichkeiten (»new uses«)
- Personelle Marktentwicklung, das heißt die Gewinnung neuer Verwendergruppen (»new users«)

Anknüpfungspunkte zur Marktentwicklung

Die **räumliche Marktentwicklung** verfolgt das Ziel, Distributionslücken, so genannte »weiße Flecken«, im angestammten Absatzgebiet zu schließen bzw. »Ausfransungen« an den Rändern des Absatzgebietes zu begradigen (Becker, 2006, S. 153). Viele Unternehmen sehen sich mit dem Problem konfrontiert, ihr gewähltes Absatzgebiet nicht vollständig erschließen zu können. Derartige Distributionslücken entstehen häufig aufgrund von Widerständen seitens des Handels, der Verbraucher oder auch der Konkurrenz. So haben beispielsweise große Brauereien häufig Schwierigkeiten, sich in bestimmten Regionen gegen kleine Wettbewerber und deren lokal bzw. regional ausgerichtetes Angebot durchzusetzen. Analog zur Marktdurchdringungsstrategie sind verschiedene absatzpolitische Maßnahmen geeignet, um eine räumliche Marktentwicklung erfolgreich zu realisieren. Beispielsweise lassen sich Distributionslücken gezielt durch räumlich begrenzte Preissenkungen oder Werbemaßnahmen schließen.

Die räumliche Marktentwicklung unterscheidet sich deutlich von der Marktarealstrategie (vgl. Kapitel 5.2.4): Während ein Unternehmen anhand der Marktarealstrategie festlegt, welche Markträume die Unternehmung grundsätzlich bearbeiten will (teilnational, national oder übernational), ist die räumliche Marktentwicklung als ein Folgeschritt zu verstehen, der sich auf die Realisierung von Wachstumsmöglichkeiten in einem bereits vorher festgelegten geografischen Absatzgebiet bezieht.

Eine weitere Möglichkeit, Wachstumsziele durch die Bearbeitung eines neuen Marktes zu erreichen, ist die **sachliche Marktentwicklung**, das heißt die systematische Suche nach neuen Verwendungsmöglichkeiten (»new uses«) für bestehende Produkte (Becker, 2006, S. 153). In Betracht gezogen werden können alle Erweiterungen der ursprünglichen Produkteignung, die aus Sicht der Konsumenten einen zusätzlichen Nutzen stiften (z. B. die Verwendung von Pralinen nicht nur als Geschenk für andere sondern auch für den Selbstverzehr). Die Abbildung 5-13 veranschaulicht eine nachvollziehbare Erweiterung der Produkteignung der Fruchtsaftmarke Granini: In gastronomischen Betrieben wird durch Aufsteller auf die Möglichkeit hingewiesen, dass dieses Produkt bestens als Bestandteil eines alkoholischen Mixgetränks geeignet ist (»Campari meets Granini Erdbeere.«).

Das Ziel der **personellen Marktentwicklung** besteht darin, neue Märkte durch die Gewinnung neuer Verwendergruppen zu bearbeiten. Gesucht wird nach neuen Abnehmern, die sich von den bisherigen durch bestimmte Merkmale unterscheiden und folglich auch spezifische Nutzenerwartungen an ein Produkt haben. Beispielsweise verwenden viele Erwachsene aufgrund ihrer empfindlichen Haut besonders milde Baby-Shampoos. Auch durch die Erschließung neuer Absatzwege lassen sich neue Verwendergruppen gewinnen. So werden beispielsweise hochwertige Reinigungsgeräte (z. B. Hochdruckreiniger) für den gewerblichen Bereich zunehmend auch in Baufachmärkten (z. B. Obi, Prakti-

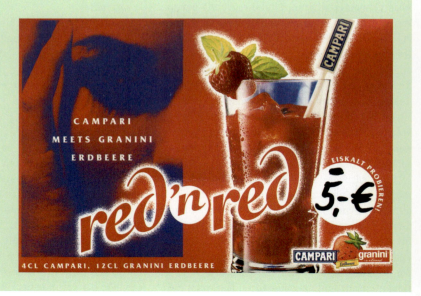

Abb. 5-13

Beispiel für die sachliche Marktentwicklung

> ### Aus der Praxis – 5-3
>
> Jägermeister, der Kräuterlikör aus dem niedersächsischen Wolfenbüttel mit dem Hirsch auf dem Etikett, gibt es schon seit mehreren Jahrzehnten. Lange Zeit sprach das Produkt fast ausschließlich die Zielgruppe der Älteren an und wurde vorwiegend als Verdauungslikör verwendet. Das Unternehmen hat jedoch eindrucksvoll gezeigt, wie man mittels sachlicher und personeller Marktentwicklung sehr erfolgreich sein kann. Heute trinken junge Leute Jägermeister in Szenebars aus Reagenzgläsern, als Longdrink mit frisch gepresstem Orangensaft oder auch pur auf Eis. So genannte »Jägerettes« durchstreifen auf ihren Promotionstouren Bars und Clubs. Dass die Marke »Jägermeister« gezielt verjüngt wird, belegt auch die Werbung. Die beiden Werbehirsche Rudi und Ralph erhielten ein »Face Lifting«, indem sie sich von plüschigen Stofffiguren in freche Computeranimationen verwandelten. Die Internetseite der Marke präsentiert sich extrem trendy, und im Onlineshop sind unter anderem Saunatücher und Stringtangas in frechen Designs erhältlich (Förster/Kreuz, 2005, S. 51 f.).

ker) angeboten und von privaten Haushalten gekauft, die mit dem Produkt ihre Terrassen und Balkone säubern.

Eine vollständige Trennung zwischen sachlicher und personeller Marktentwicklung ist in der Marketingpraxis jedoch nicht immer möglich, da die Bearbeitung neuer Verwendergruppen auch mit Veränderungen hinsichtlich des Verwendungszwecks verbunden sein kann. Häufig versuchen Unternehmen auch, diese beiden strategischen Optionen zu kombinieren, das heißt, sie suchen gleichzeitig nach neuen Verwendergruppen und neuen Verwendungsmöglichkeiten für ihr Produkt. Dieses Vorgehen wird als »Multiple Market Stretching« bezeichnet (Becker, 2006, S. 155; Aus der Praxis 5-3).

Sowohl bei der Marktdurchdringung als auch bei der Marktentwicklung handelt es sich um Strategien, die an bereits bestehenden Produkten und deren Wachstumsmöglichkeiten ausgerichtet sind. Entscheiden sich Unternehmen hingegen für die Produktentwicklungsstrategie oder die Diversifikationsstrategie, geht es um die Einführung für das Unternehmen neuer Produkte, und zwar entweder auf bestehenden Märkten (Produktentwicklung) oder neuen Märkten (Diversifikation). Die Abbildung 5-14 dient der Veranschaulichung dieses Sachverhaltes.

Die **Produktentwicklungsstrategie** spielt heute für viele Unternehmen eine herausragende Rolle für die Erreichung von Wachstumszielen. Sie ist gekennzeichnet durch die systematische Suche nach neuen Produkten für Märkte, die vom betrachteten Unternehmen bereits bearbeitet werden. Das grundlegende Ziel dieser Strategie besteht darin, durch die Einführung innovativer Angebote die bestehenden Kunden (weiterhin) an das Unternehmen zu binden bzw. neue Kunden hinzuzugewinnen. Voraussetzung für die Realisierung der Produktentwicklungsstrategie ist, dass der bisher bearbeitete Absatzmarkt, auf dem auch das neue Produkt angeboten werden soll, auch zukünftig Wachstumsmöglichkeiten bietet.

Produktentwicklung für bestehende Märkte

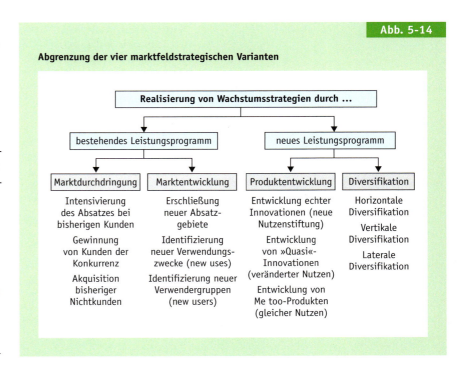

Abb. 5-14 Abgrenzung der vier marktfeldstrategischen Varianten

5.2 Marketingziele und Marketingstrategien
Entwicklung von Marketingstrategien

Kategorisierung von neuen Produkten

Bei zahllosen Sachgütern und Dienstleistungen agieren die Anbieter heute auf stagnierenden Märkten, die durch einen harten Verdrängungswettbewerb gekennzeichnet sind. Unter derartigen Rahmenbedingungen müssen die Unternehmen versuchen, ihre Position auf dem bestehenden Markt durch die erfolgreiche Einführung neuer Produkte zu verbessern. In der Regel setzt die Realisierung dieser Strategie ein funktionsfähiges Innovationsmanagement voraus, das die Innovationsprozesse plant und steuert (vgl. hierzu Kapitel 6.5.2). Die Abbildung 5-15 liefert einen Überblick über den prozentualen Anteil neuer Produkte am Umsatz deutscher Unternehmen unterschiedlicher Branchen.

In Abhängigkeit der von den Abnehmern wahrgenommenen Veränderung der Nutzenstiftung im Vergleich zum bisherigen Angebot lassen sich drei Arten neuer Produkte unterscheiden (vgl. Becker, 2006, S. 157):

Echte Innovationen sind originäre Produkte, die es in dieser Art und Weise auf dem Absatzmarkt bisher nicht gegeben hat. Folglich handelt es sich um neue Angebote, die aus Konsumentensicht eine vollkommen neue Nutzenstiftung aufweisen (z. B. Taschenrechner, Computer). Es leuchtet unmittelbar ein, dass die Realisierung echter Innovationen in der Regel mit einem zeitaufwändigen, kostenintensiven Innovationsprozess verbunden ist, wodurch diese strategische Variante ein erhebliches Innovationsrisiko bedeutet.

Quasi-neue Produkte sind neuartige Produkte, die jedoch im Hinblick auf die Nutzenstiftung an bereits bestehende Angebote anknüpfen, aber versuchen, zusätzliche oder ver-

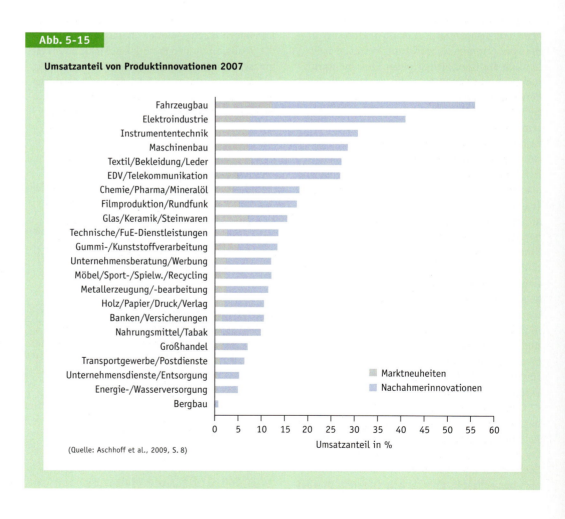

Abb. 5-15
Umsatzanteil von Produktinnovationen 2007
(Quelle: Aschhoff et al., 2009, S. 8)

Abb. 5-16

Original Coca-Cola Dose und das »Me too«-Produkt von Aldi

besserte Produkteigenschaften anzubieten (z. B. Diätmargarine, Klappfahrrad). Der Vorteil ist, dass es mit Hilfe von quasi-neuen Produkten gelingen kann, sich vom Wettbewerb nachhaltig zu differenzieren, ohne das mit der Entwicklung einer echten Innovation verbundene Risiko eingehen zu müssen.

»Me too«-Produkte sind nachempfundene bzw. nachgeahmte Produkte, die sich im Hinblick auf ihre Nutzen stiftenden Eigenschaften vollständig oder überwiegend am Original ausrichten. Der Vorteil dieser strategischen Variante besteht in dem vergleichsweise geringen Aufwand für Forschung und Entwicklung. Im Allgemeinen sind »Me too«-Produkte am Markt jedoch nur dann erfolgreich, wenn sie im Vergleich zum Original eine akzeptable Qualität zu einem deutlich niedrigeren Preis aufweisen. Die Abbildung 5-16 zeigt die Realisierung einer »Me too«-Cola am Beispiel der Marke River Cola des Lebensmittel-Discounters Aldi.

Grundlegende Voraussetzung für den Erfolg einer Produktentwicklungsstrategie ist die konsequente Ausrichtung der neuen Produkte an den Wünschen, Erwartungen und Problemen potenzieller Abnehmer (Aus der Praxis 5-4). Häufig scheitert jedoch der Versuch, Innovationen erfolgreich auf dem Absatzmarkt zu platzieren. Beispielsweise sind zwei Drittel aller neuen Fast Moving Consumer Goods (Nahrungs- und Genussmittel, Wasch- und Reinigungsmittel, Haar- und Körperpflegepro-

dukte) nicht erfolgreich, werden also von den Endverbrauchern nicht angenommen (O.V., 2006).

Im Rahmen der Produktentwicklungsstrategie ist deshalb die Bedarfsforschung als Teilgebiet der Marktforschung von besonderer Bedeutung (vgl. hierzu Kapitel 4.1.1). Nur auf der Grundlage aussagekräftiger Daten über die Nutzenerwartungen relevanter Abnehmergruppen lassen sich marktfähige neue Produkte bzw. Dienstleistungen entwickeln. Insbesondere qualitative und quantitative Ansätze der Befragung kommen in diesem Zusammenhang zum Einsatz. Das Ergebnis einer Online-Befragung von 200 Konsumenten zur Ermittlung der wichtigsten Nutzenerwartungen an neue »Wasser mit Zusatz«-Produkte enthält die Abbildung 5-17.

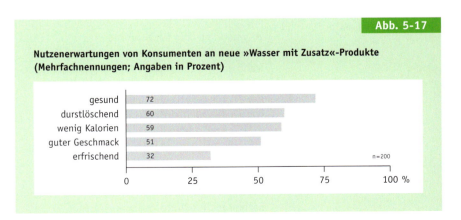

Abb. 5-17

Nutzenerwartungen von Konsumenten an neue »Wasser mit Zusatz«-Produkte (Mehrfachnennungen; Angaben in Prozent)

gesund	72
durstlöschend	60
wenig Kalorien	59
guter Geschmack	51
erfrischend	32

n=200

5.2 Marketingziele und Marketingstrategien
Entwicklung von Marketingstrategien

Aus der Praxis – 5-4

Wie wichtig Innovationsstärke und ein sicheres Gespür für die Bedürfnisse der Kunden sind, belegt die Produktenwicklungsstrategie des Kaugummi-Herstellers Wrigley. 2007 konnte das Unternehmen in Deutschland einen zweistelligen Umsatzwachs verzeichnen, eines der besten Geschäftsergebnisse in der langen Firmengeschichte. Mit innovativen Produkten wie dem »Orbit Balance Papaya Aloe Vera« oder »Wrigley's Extra Professional mit Calcium« profitierte das Unternehmen vom anhaltenden Gesundheitstrend. Neben der Einführung neuer Produkte wurden aber auch bestehende Marken wie »Airwaves« weiterentwickelt. Präsentiert in einem modernen Design, mit einer verbesserten Rezeptur und speziellen »Freshness-Bits« konnte Wrigley die deutschen Verbraucher überzeugen. Auch im Bonbon-Segment, beispielsweise mit der Einführung der Geschmackssorte »Wrigley's Extra Professional Mints Waldfrucht«, konnten Erfolge verbucht werden. Nicht nur auf dem deutschen Markt, sondern auch auf internationaler Ebene überzeugte das Unternehmen mehr Verbraucher von den eigenen Produkten (Wrigley GmbH, 2008).

Arten der Diversifikation

Neue Produkte für unternehmensfremde Märkte

Angesichts der bereits oben skizzierten Umfeldentwicklungen gehört die **Diversifikation** im Hinblick auf die langfristige Wachstumssicherung für viele Unternehmen zu den wichtigsten marketingstrategischen Optionen. Unter Diversifikation ist die Betätigung einer Unternehmung mit neuen Produkten auf für sie neuen Märkten zu verstehen. Die Realisierung dieser marktfeldstrategischen Variante ist immer dann sinnvoll, wenn sowohl die gegenwärtig angebotenen Produkte als auch die aktuell bearbeiteten Märkte mittel- bis langfristig keine ausreichenden Wachstumsmöglichkeiten mehr aufweisen.

Aus programmpolitischer Sicht bedeutet Diversifikation die Verbreiterung des Leistungsprogramms durch neue Produktarten (vgl. Kapitel 6.2.3), die auf neuen Märkten angeboten werden. Folglich handelt es sich um eine Kombination aus Produktentwicklung und Marktentwicklung (vgl. Becker, 2006, S. 164). Die Ziele, die Unternehmen mit Hilfe der Diversifikationsstrategie verfolgen können, sind vielschichtig. Hierzu zählen unter anderem Gewinn- bzw. Machtstreben, Risikostreuung, Ausnutzung von Synergien sowie Ausweichen gegenüber übermächtigen Konkurrenten.

Die Aufnahme neuer Produkte in das Absatzprogramm zur Erschließung neuer Märkte lässt sich auf drei unterschiedliche Arten realisieren, und zwar horizontal, vertikal und lateral (Hutzschenreuter, 2006, S. 55; Steinmann/Schreyögg, 2005, S. 236 ff.):

Eine **horizontale Diversifikation** beinhaltet die Ausweitung des bisherigen Absatzprogramms durch solche Produkte, die eine Beziehung bzw. Verwandtschaft zu den bisherigen Produkten aufweisen. Liegt eine **Produktionsverwandtschaft** vor, werden für das zusätzliche Produkt entweder die gleichen Rohstoffe verwendet (Rohstoffverwandtschaft), oder sie werden mit denselben Verfahren hergestellt (Produktionsverwandtschaft). So kann beispielsweise ein Hersteller von Holzmöbeln zusätzlich Holzspielzeug für Kleinkinder produzieren und vermarkten, während ein Anbieter von Gemüsekonserven die Möglichkeit hat, seine Produktionsanlagen auch für die Herstellung von Obstkonserven zu nutzen. Von **Absatzverwandtschaft** spricht man hingegen, wenn das Produkt, das neu in das Absatzprogramm aufgenommen wird, über dieselben Absatzwege vertrieben wird oder sich an dieselben Bedarfsträger wendet (z. B. eine Brauerei entscheidet sich, auch alkoholfreie Getränke anzubieten).

Die horizontale Diversifikation wird in der Praxis am häufigsten realisiert. Ihr Vorteil besteht vor allem in der Ausnutzung von Synergien. Vorhandene unternehmensspezifische Ressourcen (z. B. Produktionstechnologie, Informationen über die Nutzenerwartungen der Bedarfsträger) können erfolgreich auf neue Produkte und neue Märkte übertragen werden (Aus der Praxis 5-5). Es besteht jedoch die Gefahr, dass die erhofften Synergieeffekte aufgrund unternehmerischer Fehleinschätzungen ausbleiben (vgl. Becker, 2006, S. 166).

Die **vertikale Diversifikation** bedeutet die Bearbeitung neuer Märkte mit Erzeugnissen, die den bisherigen Erzeugnissen im Hinblick auf die

5.2 Entwicklung von Marketingstrategien

Aus der Praxis – 5-5

Die Ursprungsidee der Firma Melitta bestand darin, gemahlenen Kaffee mit Papier zu filtern. In den Augen der Abnehmer verfügt das Unternehmen über eine besondere Kompetenz für das Filtern von Kaffee mit Filtertüten. Diese Tatsache beruht nicht zuletzt darauf, dass Melitta als Erfinder des Kaffeefilters gilt, sondern auch auf den stetigen Bemühungen des Unternehmens, seine Produkte weiterzuentwickeln, zu verbessern und so den permanent wachsenden Ansprüchen der Kaffeetrinker entsprechen zu können. Diese Kernkompetenz hat das Unternehmen konsequent genutzt, um im Laufe der Zeit durch horizontale Diversifikationsanstrengungen viele neue Produkte für neue Märkte zu entwickeln. Zählten in den 1950er und 1960er Jahren lediglich noch Kaffeegeschirr und Kaffee zu dem Absatzprogramm, kamen im Laufe der Zeit beispielsweise auch Kaffeemaschinen und -automaten hinzu. Durch die Aufnahme der letztgenannten Produkte in das Absatzprogramm konnten ebenfalls die Kaffeetrinker angesprochen werden, das heißt, es handelt sich um die gleichen Bedarfsträger wie bei den Filtertüten (Absatzverwandtschaft). Als logische Konsequenz des Produktions-Know-hows für Papier und Papierfilter bot sich außerdem eine horizontale Diversifikation in Bezug auf rohstoff- bzw. fertigungsverwandte Produkte wie Staubsaugerbeutel, Dunstfilter und Küchenrollen an (Produktionsverwandtschaft). Die Marke Melitta ist heute auf ein klar definiertes Bedürfnis der Abnehmer, den Kaffeegenuss, beschränkt. Für die anderen neu hinzugekommenen Produkte wurden hingegen eigenständige Markenpersönlichkeiten geschaffen, um die Marke Melitta nicht zu »überdehnen« (zur Markendehnung vgl. Kapitel 6.4). Die Abbildung 5-18 verdeutlicht abschließend die erfolgreichen horizontalen Diversifikationen von Melitta.

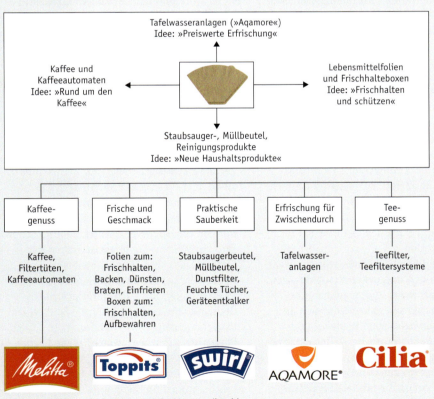

(Quelle: in Anlehnung an Körfer-Schün, 1988, S. 164; www.melitta.de)

Abb. 5-18: Horizontale Diversifikationsstrategien der Firma Melitta

Realisierungsformen der Diversifikation

Wertschöpfungskette vor- oder nachgelagert sind. Ziel ist es, sich durch die Erhöhung des eigenen Anteils an der gesamten Wertschöpfungskette Ertrags-, Kosten- und Prozessvorteile zu verschaffen. Zu unterscheiden ist in diesem Zusammenhang zwischen Vorstufen- und Nachstufendiversifikation.

Bei einer **Vorstufendiversifikation** ist das neue Produkt dem bisherigen Absatzprogramm vorgelagert. Eine wichtige Zielsetzung dieser Strategie ist die Beschaffungssicherung. Zu beachten ist jedoch, dass zumindest ein Teil der auf der Vorstufe hergestellten Produkte auch auf dem Absatzmarkt angeboten werden muss. Diese Strategie wird beispielsweise realisiert, wenn ein Schuhproduzent eine Gerberei übernimmt und einen Teil der gegerbten Häute auch an Hersteller von Lederbekleidung verkauft.

Bei einer **Nachstufendiversifikation** weitet der Hersteller sein Leistungsangebot auf nachgelagerte Stufen der Wertschöpfungskette aus. Das Ziel dieser Strategie ist folglich die Absatzsicherung, das heißt die selbständige Durchsetzung der eigenen Absatzziele entlang der Wertschöpfungskette. Ein Schuhproduzent bietet seine Produkte über eine Kette eigener Schuhfachgeschäfte an.

Die vertikale Diversifikation weist den Nachteil fehlender Risikostreuung auf, da sich das Unternehmen entlang einer einzigen Wertschöpfungskette bewegt. Werden beispielsweise aus konjunkturellen Gründen weniger neue Autos gekauft, sind davon auch die Zulieferer (Vorstufe) als auch die Autohändler (Nachstufe) gleichermaßen betroffen. Zu beachten ist auch, dass das Eindringen in die Vorstufe zu Konflikten mit bisherigen Lieferanten führen kann. Vergleichbares gilt natürlich auch für die Nachstufendiversifikation.

Eine **laterale Diversifikation** liegt vor, wenn zwischen bisherigen und neuen Produkten bzw. Märkten kein sachlicher Zusammenhang besteht. Das Unternehmen entscheidet sich also bewusst für vollständig neue Produkt- und Marktfelder (z. B. Computer-Hersteller entscheidet sich, zukünftig auch Pauschalreisen anzubieten). Im Vergleich zur horizontalen und vertikalen Variante weist die laterale Diversifikation die größten Chancen, jedoch zugleich auch die größten Risiken auf. Ihr wesentlicher Vorteil beruht auf der Risikostreuung, da die alten und neuen Produkt-Markt-Kombinationen keinerlei Zusammenhang aufweisen. Außerdem eröffnet die laterale Diversifikation auch die Möglichkeit, sich in jungen, wachstumsstarken Absatzmärkten zu engagieren, die weit vom aktuellen Betätigungsfeld entfernt liegen (Aus der Praxis 5-6). Andererseits besteht jedoch die Gefahr, dass die vorhandenen Kompetenzen nicht ausreichen, um vollkommen neue Produkte auf vollkommen neuen Märkten erfolgreich zu vermarkten (vgl. hierzu ausführlich Becker, 2006, S. 164 ff.; Schaper, 2008, S. 104).

Im Hinblick auf die **Realisierung von Diversifikationen** kann zwischen unternehmensinternen und unternehmensexternen Handlungsoptionen unterschieden werden (Becker, 2006, S. 171 ff.). Die unternehmensinterne Option mit der größten Bedeutung ist die eigene Forschung und Entwicklung (»Eigenaufbau«), die sich vor allem zur Umsetzung horizontaler Diversifikationen eignet. Weitere interne Optionen sind die Übernahme fremder Lizenzen (»Know-how-Kauf«) sowie die Aufnahme von Handelsware (»Produktkauf«) in das Absatzpro-

---

Aus der Praxis – 5-6

Bei der Oetker-Gruppe in Bielefeld handelt es sich um ein Unternehmen, dessen Absatzprogramm ursprünglich vor allem aus Nahrungsmitteln (Backhilfsmittel, Puddingpulver, Fertigbackteige etc.) bestand. Heute ist es in starkem Maße lateral diversifiziert. Zur Oetker-Gruppe gehören beispielsweise im Bereich der Brauereien die Radeberger Gruppe mit den Marken Jever, Clausthaler und Schöfferhofer Weizen, die Mineralwassermarke Selters, Sekt- und Weinkellereien sowie Spirituosenhersteller (z. B. Henkel Söhnlein Sektkellereien KG, Fürst von Metternich, Deinhard, Wodka Gorbatschow), Banken und Versicherungen (Bankhaus Herrmann Lampe, Condor Versicherungsgruppe) sowie Reedereien (z. B. Hamburger Süd). Außerdem ist die Oetker-Gruppe Inhaber einer chemischen Fabrik, einiger Spitzenhotels und eines eigenen Verlags, dem »Dr. Oetker Verlag« (Quelle: www.oetker-gruppe.de, 2009).

Abb. 5-19

Beurteilung verschiedener Realisierungsformen der Diversifikation anhand ausgewählter Kriterien

Diversifikations-Realisierungsformen Auswahlkriterien	Unternehmensinterne Realisierungsformen			Unternehmensexterne Realisierungsformen	
	Eigene Forschung und Entwicklung (= Eigenaufbau)	Lizenzübernahme (= Know how-Kauf)	Aufnahme von Handelsware (= Produkt-Kauf)	Kooperation in Form von Joint Ventures (= »Partner-Kauf«)	Unternehmens-Beteiligung/-Zusammenschluss (= Unternehmenskauf)
Zeitfaktor	langsam	schnell	schnell	ziemlich schnell	ziemlich schnell
Kosten	hoch	ziemlich niedrig	ziemlich niedrig	niedrig	niedrig
Organisationsprobleme	wenige	praktisch keine	praktisch keine	wenige	zahlreiche
Risiko	groß	klein	klein	relativ groß	relativ groß

(Quelle: in Anlehnung an Becker, 2006, S. 172)

gramm (z. B. kauft Tchibo Haushaltswaren, um diese in den eigenen Filialen zu verkaufen).

Zu den unternehmensexternen Optionen zählen einerseits Kooperationen in Form von »Joint Ventures« (»Partnerkauf«), andererseits Akquisitionen von bzw. Beteiligungen an anderen Unternehmen (»Unternehmenskauf«), die vor allem für die schnelle Realisierung lateraler Diversifikationen typisch sind.

Die Abbildung 5-19 liefert einen abschließenden Überblick über die unternehmensinternen und -externen Realisierungsformen der Diversifikation und wichtige Kriterien zu ihrer Beurteilung.

5.2.2. Marktstimulierungsstrategien

Durch die Marktstimulierungsstrategie legt eine Unternehmung fest, in welcher Art und Weise sie ihre Absatzmärkte **beeinflussen** (stimulieren) will. Beantwortet werden muss folglich die wichtige Frage, welche der auf den Absatzmärkten vorhandenen Marktschichten bearbeitet werden sollen, um die vorab formulierten Marketingziele zu erreichen. Grundsätzlich kann das Unternehmen zwischen zwei verschiedenen Möglichkeiten der Marktstimulierung wählen: dem Preiswettbewerb einerseits und dem Qualitätswettbewerb andererseits (Becker, 2006, S. 180; Esch et al., 2008, S. 170).

Der **Preiswettbewerb** zielt darauf ab, Abnehmer allein durch einen möglichst niedrigen Preis zum Kauf eines Produktes oder einer Dienstleistung zu bewegen. Diese Form der Marktstimulierung ist vor allem für die Bearbeitung unterer Marktschichten sinnvoll, wo weitgehend homogene Angebote, die vor allem Grundnutzen stiften, um die vorhandene Nachfrage konkurrieren. Die Abnehmer, die hier vornehmlich angesprochen werden sollen, sind die so genannten **Preiskäufer**. Hierbei handelt es sich um Nachfrager, die eine bestimmte Mindestqualität definieren, die ein Angebot aufweisen muss, und dann diejenige Alternative aus dem konkurrierenden Angebot wählen, welche diese Mindestqualität erfüllt und gleichzeitig den günstigsten Preis aufweist.

Der **Qualitätswettbewerb** ist hingegen charakteristisch für mittlere bzw. obere Marktschichten. Die Kunden sollen hier vor allem durch nicht-preisliche Vorteile überzeugt werden. Die Angebote sind durch mehr oder weniger umfangreiche Zusatzleistungen (z. B. hochwertige Inhaltsstoffe, attraktive Verpackung) gekennzeichnet, die eine Differenzierung gegenüber der Konkurrenz ermöglichen. Gleichzeitig dient die Ausstattung des eigenen Angebotes mit funktionalem und/oder emotionalem Zusatznutzen dazu, beim Abnehmer echte Präferenzen für dieses Angebot zu schaffen, was wiederum zu einer abnehmenden Bedeutung des

Art und Weise der Marktbeeinflussung

5.2 Marketingziele und Marketingstrategien
Entwicklung von Marketingstrategien

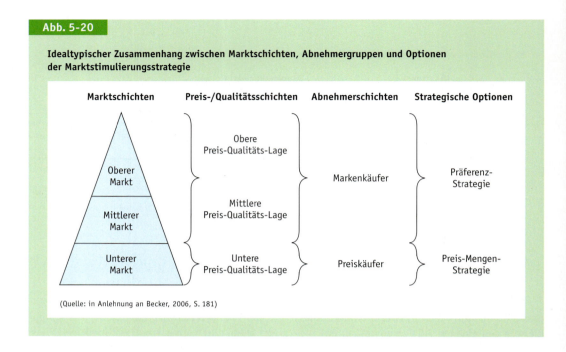

Abb. 5-20 Idealtypischer Zusammenhang zwischen Marktschichten, Abnehmergruppen und Optionen der Marktstimulierungsstrategie

(Quelle: in Anlehnung an Becker, 2006, S. 181)

Realisierung der Präferenzstrategie

Preises für die Kaufentscheidung führt. Angesprochen werden vor allem die so genannten **Markenkäufer**. Hierbei handelt es sich um Nachfrager in den mittleren oder oberen Marktschichten, die sich durch eine mehr oder weniger starke Präferenz für bestimmte Marken auszeichnen, weil diese Marken bestimmte präferenzwirksame Eigenschaften aufweisen. Der Preis spielt für die Markenkäufer im Rahmen der Kaufentscheidung hingegen eine untergeordnete Rolle.

Aus diesen Überlegungen lassen sich zwei grundlegende Strategieoptionen zur Stimulierung bzw. Beeinflussung von Absatzmärkten ableiten (Becker, 2006, S. 180): die Präferenzstrategie, die auch als Hochpreis- bzw. Markenartikelkonzept bezeichnet wird, und die Preis-Mengen-Strategie, die entsprechend auch als Niedrigpreis- bzw. Discount-Konzept bekannt ist. Beide Optionen sollen im Folgenden näher beleuchtet werden. Die Abbildung 5-20 verdeutlicht nochmals den idealtypischen Zusammenhang zwischen den Marktschichten, den Abnehmergruppen und den daraus resultierenden Optionen der Marktstimulierungsstrategie.

Im Rahmen der **Präferenzstrategie** werden alle absatzpolitischen Maßnahmen darauf ausgerichtet, den wahrgenommenen Nutzen des Produkts beim Konsumenten zu optimieren. Diese Strategie steht folglich für die Marktposition »hohe Qualität und hoher Preis«. Vor allem durch den Einsatz aller nicht-preislichen Marketing-Maßnahmen soll eine Vorzugsstellung (Präferenz) auf dem Absatzmarkt erreicht werden. Ziel der Präferenzstrategie ist es, funktional gleiche oder sehr ähnliche Erzeugnisse künstlich zu individualisieren (vgl. Becker, 2006, S. 182), um sich auf diese Weise von der Konkurrenz abzuheben. Folglich entspricht die Präferenzstrategie den Grundzügen der Differenzierungsstrategie von Porter (2008, S. 74 f.).

Eine wichtige Voraussetzung für die erfolgreiche Realisierung einer Präferenzstrategie ist die Ausrichtung aller unternehmerischen Funktionsbereiche auf die Nutzenerwartungen der Abnehmer. Um mittel- bis langfristig echte Präferenzen für das eigene Angebot schaffen zu können, müssen die aktuellen und zukünftigen Bedürfnisse tatsächlicher oder potenzieller Kunden durch eine leistungsfähige Marktforschung zuverlässig erfasst werden. Für den Erfolg der Präferenzstrategie spielt schließlich auch die Innovationsfähigkeit des Unternehmens eine zentrale Rolle. Ein Indikator für die Innovationsfähigkeit sind in diesem Zusammenhang beispielsweise die Ausgaben für die eigene Forschung und Entwicklung.

Marken haben einen großen Einfluss auf die Präferenzen (zur Markenpolitik vgl. Kapitel 6.4). Gelingt es einer Unternehmung, für ihr Produkt bzw. ihre Produkte ein positives Markenimage (z. B. Persil, Nivea) oder Firmenimage (z. B. Kodak, VW) bei den Abnehmern aufzubauen, dann lässt sich auch ein überdurchschnittlich hoher Verkaufspreis erzielen. Über das positive Image der Marke/Firma werden die Kunden an ein bestimmtes Produkt bzw. eine Unternehmung gebunden. Voraussetzung für eine erfolgreiche Präferenzstrategie ist, dass die Nachfrager an die außerordentliche Qualität bzw. Nutzenstiftung des betreffenden Erzeugnisses glauben. Neben der Produktpolitik wird in der Regel auch

Aus der Praxis – 5-7

Ein Beispiel für die erfolgreiche Realisierung der Präferenzstrategie ist die Marke Krombacher. Die Abbildung 5-21 zeigt links eine Werbung für diese Marke, die sowohl in Zeitschriften als auch auf Plakatwänden platziert wurde. Mit Hilfe harmonischer und leuchtender Farben soll die Natürlichkeit und Frische des Bieres herausgestellt werden. Mittels des klaren, blauen Wassers, dem Grün der Bäume und dem goldenen Glanz des Bieres wird dem Konsumenten ein natürlich frisches Konsumerlebnis vermittelt. Die Herausstellung dieser emotionalen Produkteigenschaften ermöglicht es dem Anbieter, sein Produkt als Premiummarke zu präsentieren und sich durch die dargestellte natürliche Idylle von Konkurrenzprodukten mit vergleichbarer funktionaler Qualität erfolgreich abzugrenzen.

Das Marketingmanagement des Getränkeherstellers Coca-Cola entschloss sich 2007, der im Jahr zuvor gekauften Mineralwassermarke Apollinaris mittels einer konsequenten Präferenzstrategie neuen Glanz zu verleihen. Die Umsetzung der Strategie erfolgte durch folgende absatzpolitischen Maßnahmen: Das Unternehmen verdoppelte das Werbebudget auf einen zweistelligen Millionenbetrag und nach und nach wurden mehrere tausend Kühlgeräte mit Apollinaris-Aufdruck in Verkaufsstellen, Bahnhöfen und Flughäfen aufgestellt. Für den Coca-Cola-Konzern war der Kauf der Marke Apollinaris eine sehr gute Gelegenheit, mit einem Mineralwasser in den Premiumbereich – sowohl im Handel als auch in der Gastronomie – einzudringen. Seit April 2009 steht im Mittelpunkt der gesamten Kommunikation der Traditionsmarke Apollinaris die außergewöhnliche Feinperligkeit, die man hört, sieht und schmeckt. Der Slogan »Queen of Table Waters« vermittelt den Konsumenten eindrucksvoll die hohe Qualität und wird als bekannter Claim fortgeführt, erweitert durch die besondere, feinperlige Eigenschaft von Apollinaris als alltägliches Genusserlebnis.

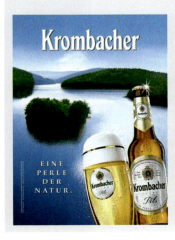

Abb. 5-21: Printwerbung für die Marken Krombacher und Apollinaris

5.2 Marketingziele und Marketingstrategien
Entwicklung von Marketingstrategien

die Distributions- und Kommunikationspolitik konsequent eingesetzt, um Vorzugsstellungen und die damit verbundene Markentreue aufzubauen.

In Rahmen der Kommunikationspolitik übernimmt die Werbung eine zentrale Rolle beim Aufbau von Präferenzen. Die zunehmende Austauschbarkeit der angebotenen Produkte und Dienstleistungen hinsichtlich ihrer technischen bzw. funktionalen Qualität macht es erforderlich, das eigene Angebot mit einem Zusatznutzen auszustatten, der die Abnehmer in psychologischer und sozialer Hinsicht anspricht. Das Ziel ist die Schaffung emotionaler Konsumerlebnisse (vgl. Kapitel 3.2.1.2), durch die gleichzeitig eine starke Präferenzwirkung erzielt sowie die Differenzierung vom Wettbewerb gewährleistet wird. Sogar bei typischen Massenprodukten des täglichen Bedarfs wie Zigaretten, Zahncreme, Margarine, Bier usw., die hinsichtlich ihres Produktkerns sehr homogen sind, ist es vielen Anbietern gelungen, für ihre Marken jeweils ein unverwechselbares Image auszubilden (z. B. Marlboro, blend-a-med, Warsteiner, Becel, Red Bull; Aus der Praxis 5-7).

Die **Preis-Mengen-Strategie** zeichnet sich durch die einseitige Ausrichtung des Marketing an einem niedrigen Verkaufspreis bei zufriedenstellender Produktqualität (Mindest- bzw. Standardqualität) aus. Folglich wird diese strategische Option auch als **Discountkonzept** bezeichnet. Im Gegensatz zur Präferenzstrategie, die über Vorteile in Bezug auf Qualität, Image usw. eine überdurchschnittlich hohe Preisstellung anstrebt, verzichtet man im Rahmen der Preis-Mengen-Strategie auf den Aufbau »echter« Präferenzen, das heißt, ein gezielter Einsatz der anderen absatzpolitischen Instrumente zur Imageprofilierung unterbleibt. Potenzielle Abnehmer sollen ausschließlich oder zumindest überwiegend durch den niedrigen Angebotspreis zum Kauf angeregt werden. Zielgruppe sind –

Realisierung der Preis-Mengen-Strategie

Aus der Praxis – 5-8

Die Preis-Mengen-Strategie kommt nicht nur zur Marktstimulierung bei Produkten und Dienstleistungen von Herstellern zum Einsatz, auch ganze Handelsketten versuchen, sich mit Hilfe dieser strategischen Option von der Konkurrenz abzugrenzen. So warb beispielsweise die Technikmarktkette »Saturn« mit dem Slogan »Geiz ist Geil« und sprach damit den aktuellen Zeitgeist an, nämlich die kompromisslose Preisorientierung der Konsumenten. Ein aggressiver Wettbewerb, ruinöse Preiskämpfe und eine schwache Binnenkonjunktur kennzeichneten den deutschen Markt Anfang des 21. Jahrhunderts. Genau an diese Rahmenbedingungen knüpfte die »Geiz ist Geil«-Kampagne an. Sie war derart erfolgreich und bekannt, dass sich sogar eine Art neue Wortschöpfung bzw. Verbrauchergesinnung entwickelte: die so genannte »Geiz ist Geil-Mentalität«. Die Folge waren ruinöse Preiskämpfe, insbesondere bei kleineren und mittelständischen Unternehmen. Auch Qualitätsprobleme durch den starken Spardruck auf Seiten der Hersteller führten zur zunehmenden Verbreitung von Billigprodukten mit geringer Qualität. Aktuelle Entwicklungen zeigen jedoch, dass die Abnehmer wieder verstärkt Qualität und Service nachfragen. Aus diesem Grund beendete Saturn seine Werbekampagne im Jahr 2007 und wirbt aktuell mit dem Slogan »Wir lieben Technik. Wir hassen teuer.«

Im Dienstleistungsbereich verfolgt beispielsweise die Cosmos AG mit ihren Direktversicherungen eine konsequente Preis-Mengen-Strategie. Sie verzichtet nahezu vollständig auf den in der Branche sonst üblichen Außendienst und machte zunächst auch kaum Werbung für ihre Produkte – zwei Marketingbereiche, die das Image einer Versicherungsgesellschaft ansonsten nachhaltig prägen. 1996 stieg die Cosmos AG in den E-Commerce ein und baute seine Multichannel-Strategie aus. Diese Strategie erfordert keinen Außendienst, was dazu führt, dass das Unternehmen stark an Personal- und Verwaltungskosten einspart. Die Cosmos-Angebote richten sich an die Preiskäufer, da genau diese Einsparungen bei den imagebildenden Marketingmaßnahmen die Kosten nachhaltig senken und somit äußerst günstige Versicherungsprämien ermöglichen.

Aus der Praxis – 5-9

In vielen Fällen gelingt es, das Kaufverhalten der Abnehmer durch das Markenimage positiv zu beeinflussen, da einer Marke mit einem guten Image häufig auch eine höhere Qualität bzw. bessere Nutzenstiftung zugeschrieben wird. So ist etwa ein Parfum einer unbekannten Marke, das bei Aldi angeboten wird, als Geschenk zum Muttertag ungeeignet, während ein Parfum der Marke Esprit mit vergleichbarem Duft eine extrem positive und zum Muttertag passende Wirkung aufweist. Der emotionale Nutzen des Produktes steht im Rahmen dieses Kaufentscheidungsprozesses im Vordergrund. Ähnlich verhält es sich mit Babynahrung: Markenhersteller wie Hipp oder Alete verleihen ihren Angeboten mit Hilfe verschiedener Marketingmaßnahmen ein positives Image, welches dem Käufer ein sicheres und streng kontrolliertes Produkt verspricht. Er vertraut der Marke, wodurch sich das wahrgenommene Kaufrisiko reduziert, was automatisch zu einer höheren Preisbereitschaft führt. Auch die Lebensmitteldiscounter bieten Babynahrungsprodukte an, welche jedoch zu erheblich niedrigeren Preisen verkauft werden müssen, da es sich bei ihnen nicht um starke Marken handelt. Das Vertrauen in die Qualität dieser Produkte ist vergleichsweise niedrig, das heißt, es besteht ein gewisses emotionales Risiko insbesondere hinsichtlich der Inhaltsstoffe.

Es gibt jedoch auch viele Produkte, bei denen das wahrgenommene Risiko vergleichsweise gering ist, was die Realisierung einer Preis-Mengen-Strategie sinnvoll erscheinen lässt. Die Lebensmittel-Discounter (z. B. Aldi, Lidl, Plus) verfügen etwa im Bereich der Frucht- und Gemüsesäfte über einen Marktanteil von nahezu 50 Prozent, obwohl sie überwiegend wenig bekannte Marken anbieten. Aus Sicht der Konsumenten ist das mit dem Kauf verbundene Risiko bei dieser Produktkategorie gering, da beispielsweise die Aussage »100 Prozent Fruchtanteil« trotz eines niedrigen Preises ein hohes Sicherheitsgefühl zu garantieren scheint. Der Versuch der Anbieter starker Marken (z. B. Punica, Hohes C), über die Präferenzstrategie Marktanteile hinzuzugewinnen, gestaltet sich aufgrund der hohen Marketingaufwendungen und des Problems einer glaubwürdigen Kommunikation eines Qualitätsvorsprungs äußerst schwierig. Deshalb erweist sich insbesondere im Bereich der Fast Moving Consumer Goods die erfolgreiche Marktstimulierung mittels Präferenzstrategie als zunehmend problematisch. Zu beobachten ist die Tendenz, dass sich die großen Anbieter (z. B. Unilever, Procter & Gamble, Kraft) auf ihre international geführten »Powerbrands« konzentrieren, während weniger starke bzw. umsatzschwache Marken eliminiert oder die Markenaufwendungen für diese Marken stark eingeschränkt werden.

wie bereits erläutert – die **Preiskäufer**, das heißt absolut preisbewusste Personen, die sich jeweils für die billige bzw. billigste Alternative einer Produktart entscheiden (Aus der Praxis 5-8).

Von besonderer Bedeutung für die Preis-Mengen-Strategie sind die so genannten Handelsmarken. Dabei handelt es sich um Eigenmarken des Handels, was bedeutet, dass die betreffende Handelsorganisation Eigentümer der Marke ist und für deren Qualität garantiert. Handelsmarken sprechen die Preiskäufer an, indem sie als preisgünstige Alternativen zu den teureren Herstellermarken positioniert werden. Vor allem die großen Handelsorganisationen realisieren immer mehr eigene Handelsmarken-Konzepte, Beispiele sind die Marke »Ja!« von Rewe, die Marke »Freeway« von Lidl oder die Marke »Universum« von Quelle (Aus der Praxis 5-9).

Die Preis-Mengen-Strategie wird vor allem von Unternehmen mit einer überdurchschnittlichen Unternehmensgröße sowie erheblichen Produktionskapazitäten gewählt. Der Zugriff auf günstige Beschaffungsquellen und Produktionstechnologien erleichtert die Umsetzung dieser strategischen Option ebenfalls. Die Preis-Mengen-Strategie darf jedoch nicht mit der Strategie der Kostenführerschaft gleichgesetzt werden (Porter, 2008, 72 ff.). Unternehmen, die eine

5.2 Marketingziele und Marketingstrategien
Entwicklung von Marketingstrategien

Preis-Mengen-Strategie verfolgen, sollten zwar auch die Kostenführerschaft durch die Realisierung von Degressions- und Erfahrungskurveneffekten anstreben, andererseits können Unternehmen, die Kostenführer sind, durchaus auch eine Präferenzstrategie verfolgen.

Präferenz- und Preis-Mengen-Strategie weisen spezifische Vor- und Nachteile auf. Welche strategische Option Erfolg verspricht, hängt entscheidend davon ab, welches Risiko bzw. welche Nutzenstiftung der Verbraucher im Rahmen der mit dem Produkt verbundenen Kaufentscheidung wahrnimmt. Die Präferenzstrategie zielt auf eine überdurchschnittliche Produktqualität und ein positives Markenimage ab, wodurch das wahrgenommene Kaufrisiko durch das Vertrauen in die Marke und deren überdurchschnittliche Qualität spürbar reduziert wird. Demgegenüber konzentriert sich die Preis-Mengen-Strategie fast ausschließlich auf einen niedrigen Preis und den damit verbundenen Wettbewerbsvorteil. Abgesehen von den Fällen, in denen Nachfrager aufgrund ihrer beschränkten Kaufkraft eine extrem preisgünstige Alternative wählen (müssen), ist die Preis-Mengen-Strategie auch dort erfolgreich, wo Image- bzw. Qualitätsvorteile keine bzw. eine untergeordnete Rolle für die Kaufentscheidung spielen. Folgende Beispiele sollen diese Überlegungen verdeutlichen.

In den letzten Jahrzehnten hat sich eine dramatische Polarisierung bei den Markt- bzw. Käuferschichten vollzogen. Einerseits hat der Erlebniskonsum, das heißt das Streben nach hochwertigen, Emotionen auslösenden Marken mit einem sehr guten Image, für viele Konsumenten an Bedeutung gewonnen. Gründe hierfür sind unter anderem die gestiegenen Realeinkommen bestimmter Kundengruppen sowie die zunehmende Bedeutung von Marken für deren individuelle Lebensstile bzw. Wertesysteme (Esch, 2008, S. 8 ff.). Andererseits erfreuen sich, wie der anhaltende Erfolg der Discounter und der Handelsmarken belegt, Produkte mit einer Mindest- bzw. Durchschnittsqualität und einem sehr niedrigen Preis zunehmender Beliebtheit. Dafür verantwortlich sind insbesondere die gesunkenen Realeinkommen vieler Haushalte, der in nahezu allen Brachen intensiv geführte Preiswettbewerb der Anbieter sowie die erhöhte Preistransparenz und Produktvergleichbarkeit durch das Internet.

Der mittlere Bereich, also die mittlere Preis-/Qualitätslage, ist somit zunehmend zu einer gefährlichen »Zwischen den Stühlen-Position« geworden. Angebote mit einem durchschnittlichen Preis sowie einer durchschnittlichen Qualität bzw. einem durchschnittlichen Image können vor dem Hintergrund des polarisierten Kaufverhaltens weder die Preiskäufer noch die Markenkäufer vollständig überzeugen (Becker, 2006, S. 227). Die Abbildung 5-22 veranschaulicht diese dramatische Entwicklung anhand von Beispielen. Für die Anbieter ist es

Polarisierung der Markt- bzw. Käuferschichten und die verlustträchtige Position in der Mitte

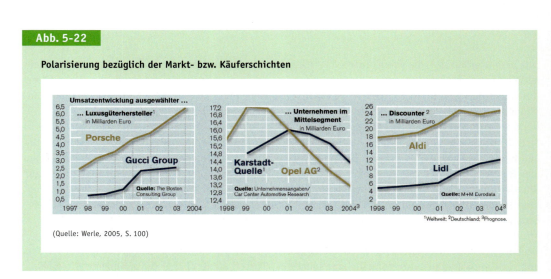

Abb. 5-22

Polarisierung bezüglich der Markt- bzw. Käuferschichten

(Quelle: Werle, 2005, S. 100)

5.2 Entwicklung von Marketingstrategien

> **Aus der Praxis – 5-10**
>
> Dass man mit Premiumprodukten auf einem Massenmarkt sehr erfolgreich sein kann, beweisen beispielsweise die Coffeeshop-Kette Starbucks und der Eishersteller Häagen-Dazs. Beide Unternehmen überlassen die preisliche Mitte und die untere Marktschicht ganz bewusst den anderen Anbietern. Die zahlreichen »Me too«-Konzepte bei Coffeeshops sowie die nachgemachten Verpackungen und Namensgebungen von Eisprodukten der Konkurrenz sind der Beweis für die Attraktivität dieser konsequenten Präferenzstrategie. Das Unternehmen Häagen Dazs unterstützt diese Strategie außerdem durch ein gut durchdachtes Vertriebskonzept. Das Eis gibt es zwar auch in ausgewählten Supermärkten, durch Tankstellen und Zustelldienste hat sich das Unternehmen jedoch einen direkteren Zugang zum Kunden verschafft, und die Konkurrenz ist in diesen Distributionskanälen durch das eingeschränkte Sortiment erheblich geringer. Außerdem wurden Häagen Dazs-Cafés eröffnet, die von Franchise-Nehmern betrieben werden. Auf diese Weise gelingt es besonders gut, für die Marke echte Präferenzen zu schaffen. Häagen Dazs wächst seit Jahren gegen den Branchentrend zweistellig (Förster/Kreuz, 2005, S. 44 ff.).
>
> Lange Zeit waren frische Backwaren ein typisches Beispiel für Produkte, die vor allem in mittlerer Preislage und durchschnittlicher Qualität angeboten wurden. Robert Kirmaier, der Gründer der ersten Selbstbedienungsbäckerei »BackWerk«, demonstrierte eindrucksvoll, wie man die »graue Mitte« erfolgreich verlässt. Zahlreiche Discountbäckereien bedienen heute die preisbewussten Kunden. Das Sortiment ist konkurrenzlos günstig, da auf Bedienung, Fachpersonal und Beratung verzichtet wird. Andererseits haben sich mittlerweile aber auch Bäckereien etabliert, die sich mit Premium-Produkten vom Durchschnitt erfolgreich abheben. Insbesondere hochwertige sowie hochpreisige Öko- und Wellnessangebote machen den Kauf von Backwaren zum Erlebnis und sind dazu in der Lage, die Käufer längerfristig an eine bestimmte Bäckerei zu binden (Förster/Kreuz, 2005, S. 43 f.).

heute und in Zukunft also überlebenswichtig, diese gefährliche Mittelposition grundsätzlich zu meiden bzw. so schnell wie möglich zu verlassen (Aus der Praxis 5-10).

Die Polarisierung bezüglich der Markt- bzw. Käuferschichten, aber auch die zunehmende Sättigung vieler Märkte haben dazu geführt, dass viele Anbieter heute versuchen, das vorhandene Marktpotenzial dadurch möglichst gut auszuschöpfen, dass sie mehrere oder alle Marktschichten gleichzeitig bearbeiten. Die simultane Realisierung einer Präferenz- und Preis-Mengen-Strategie setzt jedoch voraus, dass diese Unternehmen für die Marken- bzw. Preiskäufer eigenständige Angebote bezüglich der Dimensionen »Preis« und »Qualität bzw. Image« anbieten müssen. Die Realisierung erfolgt in der Regel über eine so genannte **Mehrmarken-Strategie** (Esch, 2008, S. 461 ff.), die auch als »Multi-Branding« bezeichnet wird (vgl. hierzu auch Kapitel 6.4.2). Für die Markenkäufer werden im oberen Markt »A-Marken« und im mittleren Markt »B-Marken«, für die Preiskäufer im unteren Markt hingegen »C-Marken« positioniert. Flankiert wird diese Strategie in der Regel auch durch eine selektive Distribution (z. B. Fachhandel für die »A- und B-Marken«; Discountschiene für die »C-Marken«). So bietet beispielsweise die Dr. Oetker Gruppe auf dem Sektmarkt neben A-Marken (z. B. »Fürst von Metternich«) auch B-Marken (z. B. »Henkell Trocken«) und preisgünstige C-Marken an (z. B. »Rüttgers Club«) (Becker, 2006, S. 234 f.). Zu beachten ist jedoch, dass die gleichzeitige Bearbeitung mehrerer Marktschichten mit mehreren Marken erhebliche Kosten verursacht. Außerdem besteht das Risiko, dass sich die verschiedenen Marken gegenseitig kannibalisieren, falls eine klare marketingbezogene Abgrenzung zwischen ihnen nicht gelingt. Abschließend werden in der Abbildung 5-23 die grundlegenden Merkmale der Präferenz- und der Preis-Mengen-Strategie nochmals im Überblick dargestellt.

Unternehmen können auch gleichzeitig mehrere Marktschichten bearbeiten.

5.2 Marketingziele und Marketingstrategien
Entwicklung von Marketingstrategien

Abb. 5-23

Grundlegende Merkmale der Präferenz- und der Preis-Mengen-Strategie im Überblick

	Präferenzstrategie	Preis-Mengen-Strategie
Prinzip	Qualitätswettbewerb ⇒ Markenartikelkonzept	Preiswettbewerb ⇒ Discountkonzept
Ziel	Gewinn vor Umsatz/Marktanteil (Focus: Umsatzrentabilität)	Umsatz/Marktanteil vor Gewinn (Focus: Kapitalumschlag)
Charakteristik	Ausrichtung aller absatzpolitischen Maßnahmen auf die Erhöhung der subjektiv wahrgenommenen Produktqualität beim Konsumenten	Einseitige Ausrichtung auf einen niedrigen Preis bei durchschnittlicher bzw. zufriedenstellender Produktqualität
Zielgruppe	Markenkäufer	Preiskäufer
Wirkung	»Langsam-Strategie«, Chance dauerhafter Wirkung	»Schnell-Strategie«, Gefahr von schnellem Verschleiß
Dominanter Funktionsbereich	Marketingbereich ⇒ Ertragsorientierung	Produktions-/Logistikbereich ⇒ Kostenorientierung
Produktpolitik	überdurchschnittliche Qualität, attraktive Verpackung, hohes Serviceniveau	Durchschnitts-/Mindest-Qualität, rationelle Verpackung
Kommunikationspolitik	Imageorientierte Markenprofilierung, starke Mediawerbung, starker persönlicher Verkauf	keine oder schwache Werbung, handelsgerichtete Verkaufsförderung
Preispolitik	hoher Preis	niedriger Preis
Distributionspolitik	Fachhandel	Discounter
Vorteile	Aufbau einer eigenständigen Marktposition, mittel- bis langfristig hohe Erträge durch Leistungsvorteil gegenüber dem Wettbewerb	Geringe Kommunikationsaufwendungen, hohe Erträge bei kostenoptimaler Fertigungsstruktur, rationeller Logistik sowie effizientem Vertrieb
Nachteile	hoher Mitteleinsatz hohes Marktrisiko	Verzicht auf den Aufbau echter Präferenzen ruinöser Preiswettbewerb

(Quelle: in Anlehnung an Becker, 2006, S. 231 f.)

5.2.3 Marktparzellierungsstrategien

Art und Weise der Marktbearbeitung und Marktaufteilung

Die Absatzmärkte vieler Unternehmen sind dadurch gekennzeichnet, dass sich die Bedürfnisse der Abnehmer mehr oder weniger stark unterscheiden. Folglich muss eine Entscheidung darüber getroffen werden, ob der Marketingmix auf alle Kunden gleichermaßen oder aber speziell auf einzelne Kundengruppen mit jeweils identischen oder zumindest ähnlichen Ansprüchen bzw. Erwartungen ausgerichtet werden soll. Marktparzellierungsstrategien legen folglich fest, ob eine Unternehmung ihre Absatzmärkte aufteilt und getrennt bearbeitet oder nicht. Zwei Ausprägungen dieser strategischen Ausrichtung lassen sich unterscheiden (Becker, 2006, S. 238):

- **Massenmarktstrategie**, die auch als undifferenziertes Marketing bezeichnet wird.
- **Marktsegmentierungsstrategie** und zwar mit totaler Marktabdeckung (differenziertes Marketing) oder mit partialer Marktabdeckung (konzentriertes Marketing).

Aus der Praxis – 5-11

Das Unternehmen Coca-Cola hat ursprünglich nur eine einzige Cola-Sorte in einer Standardflasche und mit einer einzigen Geschmacksrichtung für alle Kunden angeboten (Massenmarktstrategie). Heute existieren neben dem Ausgangsprodukt beispielsweise auch eine kalorienreduzierte und eine koffeinfreie Sorte (Marktsegmentierungsstrategie).

Ähnlich verlief die Entwicklung der Automobilmarke VW. Nach dem Zweiten Weltkrieg bot das Unternehmen lediglich den VW Käfer an, ein typisches Fahrzeug für jedermann (Massenmarktstrategie). Im Laufe der Jahre wurden dann stetig neue Autos entwickelt und produziert, die sich den verschiedenen Ansprüchen und Vorstellungen der Käufer anpassten. Heute existieren zahlreiche VW-Modelle, die sich bezüglich Preis, Größe, Motorisierung und Ausstattung deutlich unterscheiden. Vom Kleinwagen (z. B. Fox, Polo) über den Mittelklassebereich (z. B. Golf, Passat), das Familienfahrzeug (z. B. Touran, Sharan) bis hin zum Geländewagen (z. B. Touareg) und zur Oberklasse (z. B. Phaeton) bedient VW heute die stark differierenden Nutzenerwartungen der verschiedenen Kundengruppen (Marktsegmentierungsstrategie).

Häufig ist in der Marketingpraxis zu beobachten, dass Unternehmen für ihre Produkte bzw. Marken in jungen bzw. wenig entwickelten Absatzmärkten die Massenmarktstrategie wählen, um die Grundbedürfnisse der Abnehmer mit einem Basisprodukt zu befriedigen. Später, mit zunehmender Marktreife, gilt es dann, verschiedene zusätzliche Nutzendimensionen zu berücksichtigen, weshalb die Unternehmen zu einer mehr oder weniger stark ausgeprägten Marktsegmentierungsstrategie übergehen (Aus der Praxis 5-11).

Im Rahmen der Marktparzellierung geht es eigentlich um zwei Entscheidungen: Zunächst muss die Art der Marktbearbeitung, nämlich Massenmarketing oder Marktsegmentierung, festgelegt werden. Für die Marktsegmentierung (Marktaufteilung) gilt es anschließend zu überlegen, ob die Marktabdeckung ganz (differenziertes Marketing) oder nur teilweise (konzentriertes Marketing) erfolgen soll. Die Abbildung 5-24 gibt einen zusammenhängenden Überblick über die verschiedenen Möglichkeiten im Rahmen der Marktparzellierungsstrategie (vgl. Kotler et al., 2007b, S. 390):

Unternehmen, die sich für eine **Massenmarktstrategie** entscheiden, berücksichtigen nicht die unterschiedlichen Bedürfnisse der Kunden des relevanten Marktes, sondern konzentrieren sich vielmehr auf deren Gemeinsamkeiten. Ziel der Massenmarktstrategie ist es, mit einem Standardprodukt und einem Marketingmix die größtmögliche Anzahl von Käufern des Gesamtmarktes anzusprechen (»Schrotflinten«-

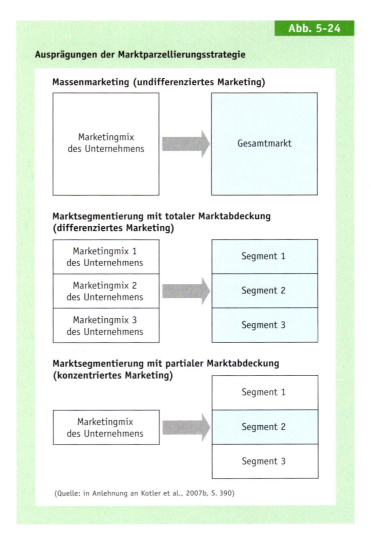

Abb. 5-24

Ausprägungen der Marktparzellierungsstrategie

(Quelle: in Anlehnung an Kotler et al., 2007b, S. 390)

5.2 Marketingziele und Marketingstrategien
Entwicklung von Marketingstrategien

Massenmarktstrategie = Bearbeitung des Gesamtmarktes

Konzept). Das Unternehmen versucht also, das gesamte Marktpotenzial so gut wie möglich auszuschöpfen. Diese Strategie ist vielfach die Standardstrategie für klassische Markenartikel, die mittels Präferenzstrategie vermarktet werden (Becker, 2006, S. 241). Der Marketingmix ist darauf ausgelegt, das Produkt bzw. dessen Verwendung zu entproblematisieren, damit es möglichst für jeden potenziellen Abnehmer des relevanten Marktes geeignet ist (Aus der Praxis 5-12).

Die Massenmarktstrategie kommt im Konsumgüterbereich insbesondere bei der Vermarktung so genannter »Low-Involvement«- bzw. »Low-Interest«-Produkte zum Einsatz (vgl. hierzu Kapitel 3.2.1.1). Dabei handelt es sich um Produkte, die für viele Konsumenten von untergeordneter Bedeutung sind sowie ein niedriges subjektiv wahrgenommenes Kaufrisiko aufweisen. Hierzu zählen Verbrauchsgüter des täglichen Bedarfs (z. B. Mehl) aber auch niedrigpreisige Gebrauchsgüter (Kugelschreiber, Glühlampen, USB-Sticks).

Die Massenmarktstrategie eignet sich auch für die erfolgreiche Vermarktung von Investitionsgütern und Dienstleistungen. Beispielsweise werden im Rahmen des so genannten »Produktgeschäfts« Investitionsgüter häufig als Massenprodukte (z. B. Standardschrauben, Standardlacke) für den anonymen Massenmarkt hergestellt (Backhaus/Voeth, 2007, S. 205 ff.). Bestimmte Hotelketten (z. B. Accor) erreichen mit Standardangeboten (Novotel, Ibis), deren Preis-/Leistungsverhältnis den Durchschnittskunden überzeugt, sowohl Geschäfts- als auch Privatreisende (Becker, 2006, S. 244).

Die vielfältigen Kosteneinsparungspotenziale gelten als wichtigster **Vorteil** der Massenmarktstrategie. Die Produktions-, Lagerhaltungs- und Transportkosten sind vergleichsweise niedrig, die undifferenzierte Werbung reduziert den Werbeaufwand. Der Verzicht auf eine segmentspezifische Marktforschung und Produktentwicklung schlägt sich ebenfalls positiv auf die Kosten nieder. Aufgrund dieser Vorteile gelingt es Unternehmen, sich über niedrige Verkaufspreise bei gleichzeitig akzeptabler bis guter Qualität (aufgrund der Bündelung aller Aktivitäten) einen angemessenen Anteil am Marktvolumen zu sichern.

Häufig besteht jedoch die **Gefahr**, dass mehrere Unternehmen ihr Produkt und ihren Marketingmix so ausgestalten, dass sie möglichst viele Kunden des Gesamtmarktes ansprechen. Als Folge entsteht unter Umständen ein intensiver Wettbewerb um diese »Durchschnittskunden«, der in einen ruinösen Preiswettbewerb münden kann. Außerdem scheitert die Massenmarktstrategie, wenn der Absatzmarkt durch eindeutig abgrenzbare Kundengruppen mit unterschiedlichen Erwartungen an die Nutzenstiftung der Angebote gekennzeichnet ist. Unter diesen Umständen werden lukrative Segmente vernachlässigt. Den tief greifenden Veränderungen im Konsumentenverhalten (z. B. zunehmende Individualisierung und Multioptionalität) sowie der wachsenden Wettbewerbsintensität mussten viele Unternehmen in der Vergangenheit deshalb

Aus der Praxis – 5-12

Knoppers, die Milch-Haselnuss-Schnitte von Storck, ist aufgrund der »universal-thematischen« Auslobung ein typisches Beispiel für die Realisierung der Massenmarktstrategie. Durch den Slogan »Knoppers – das Frühstückchen« wird in der Werbung die Verwendung für jedermann kommuniziert. Gezeigt wird unter anderem, wie Bauarbeiter, Schulkinder und Büroangestellte »morgens halb zehn in Deutschland« in ihrer Pause Knoppers verzehren. Durch die Darstellung diverser Käufergruppen und Verwendungssituationen versucht das Unernehmen deutlich zu machen, dass Knoppers grundsätzlich für jeden Konsumenten sowie für jeden Anlass geeignet ist.

Ähnlich agiert der Schokoriegel-Hersteller Mars. Sein Milchriegel »Milky Way« wird als Snack für viele verschiedene Gelegenheiten (z. B. Pause, Sport, Freizeit) angeboten. Ob als normaler Riegel, Minis oder Crispy Rolls, Milky Way kann immer und überall konsumiert werden. Nicht zuletzt durch die verschiedenen Packungsgrößen werden verschiedene Verwendungskontexte abgedeckt. Der Slogan »Milky Way bringt Leichtigkeit ins Leben« soll die leichte Füllung hervorheben und gleichzeitig auch die Eignung als »leichter« Snack für zwischendurch verstärken.

durch eine stärkere Differenzierung bezüglich der Marktbearbeitung Rechnung tragen.

Die **Marktsegmentierungsstrategie** gehört seit Jahren zweifellos zu den wichtigsten marketingstrategischen Optionen überhaupt, weshalb sie an dieser Stelle etwas ausführlicher dargestellt werden soll. Im Gegensatz zum Massenmarketing, das darauf abzielt, die Bedürfnisse möglichst vieler Käufer des Gesamtmarktes mit einem Standardprodukt zu befriedigen, besteht das Wesen der Marktsegmentierung darin, Käufergruppen mit unterschiedlichen Bedürfnissen zu identifizieren, um sie mit speziell auf sie zugeschnittenen Produkten bedienen zu können (»Scharfschützen«-Konzept). Das Wort »Segmentierung« meint folglich eine Handlung, nämlich die Bildung von Segmenten.

Unter **Marktsegmentierung** versteht man allgemein die Aufteilung eines Gesamtmarktes in verschiedene Teilmärkte (Abnehmergruppen), die jeweils mit einem speziell auf sie zugeschnittenen Marketingmix angesprochen werden sollen. An jedes Segment wird die Anforderung gestellt, dass es in sich möglichst ähnlich (homogen), im Vergleich zu anderen Segmenten jedoch möglichst unähnlich (heterogen) ist (Bauer, 1977, S. 59; Freter, 1983, S. 18). Durch die Bildung von Marktsegmenten ist es möglich, die unterschiedlichen Käuferwünsche aufzudecken und daraus konkrete Hinweise für den differenzierten Einsatz der absatzpolitischen Instrumente abzuleiten. Das **Ziel der Marktsegmentierung** besteht darin, einen möglichst hohen Grad der Identität zwischen dem angebotenen Produkt bzw. der angebotenen Dienstleistung und einer bestimmten Abnehmergruppe zu erzielen. Die auf diese Weise erfolgende konsequente Ausrichtung der absatzmarktbezogenen Unternehmensaktivitäten an den Bedürfnissen der Kunden ist eine wichtige Voraussetzung der Marketingorientierung (vgl. hierzu Kapitel 1.2).

Zu beachten ist in diesem Zusammenhang, dass die Marktsegmentierungsstrategie einerseits die Identifizierung und Beschreibung verschiedener Segmente umfasst (Markterfassungsseite). Andererseits zählt aber auch die gezielte Bearbeitung der Segmente mit segmentspezifischen Angeboten und Marketingmaßnahmen dazu (Marktbearbeitungsseite) (Meffert et al., 2008, S. 183 f.).

Den Ausgangspunkt der **Markterfassung** bildet die räumliche, zeitliche und sachliche Abgrenzung des relevanten Marktes. Festzulegen ist dann, welche Kriterien herangezogen werden sollen, um den heterogenen Gesamtmarkt in Segmente zu unterteilen. Diese Entscheidung erfolgt auf der Grundlage geeigneter Modelle zur Erklärung des Käuferverhaltens (z. B. Einstellungsmodelle; vgl. hierzu Kapitel 3.2.1.4). Anschließend gilt es, mittels geeigneter Datenerhebungsmethoden (z. B. Befragung) die Ausprägungen der Nachfrager bezüglich der ausgewählten Segmentierungskriterien zu erfassen (z. B. Bedeutung des Preises für die Kaufentscheidung). Die letzte Aufgabe besteht darin, verschiedene Marktsegmente zu bilden, indem die erhobenen Daten mit Hilfe geeigneter Analyseverfahren ausgewertet werden. Von besonderer Bedeutung ist in diesem Zusammenhang die Clusteranalyse, die versucht, die Nachfrager zu Gruppen, den so genannten Clustern, zusammenzufassen, sodass die gebildeten Gruppen hinsichtlich der sie beschreibenden Merkmale möglichst homogen sind, während die Unterschiede zwischen den Gruppen möglichst groß ausfallen (zur Clusteranalyse vgl. Kapitel 4.4.3.1).

Bezüglich der **Marktbearbeitung** ist zunächst die Frage zu beantworten, welche Segmente auszuwählen sind, wobei die Größe eines Segments und die mit diesem Segment voraussichtlich zu erzielenden Absatzmengen bzw. Umsätze wichtige Auswahlkriterien darstellen. Für jedes ausgewählte Segment ist dann zu entscheiden, wie die Produkt-, Preis-, Kommunikations- und Distributionspolitik ausgestaltet werden müssen, um eine höchstmögliche Bedürfnisbefriedigung bei den Nachfragern sicherzustellen. Grundsätzlich ist die Bearbeitung eines Segmentes ökonomisch nur dann sinnvoll, wenn die zusätzlichen Erlöse größer sind als die Kosten. Die Abbildung 5-25 veranschaulicht abschließend die Unterteilung der Marktsegmentierung in die Markterfassungs- und die Marktbearbeitungsseite sowie die damit verbundenen Aufgaben des Marketingmanagements.

Die Marktsegmentierungsstrategie weist einen gewissen Zusammenhang zur Marktstimulierungsstrategie auf, bei der der Gesamtmarkt ebenfalls aufgeteilt wird, und zwar in verschie-

Marktsegmentierungsstrategie zur unterschiedlichen Bedürfnisbefriedigung

5.2 Marketingziele und Marketingstrategien
Entwicklung von Marketingstrategien

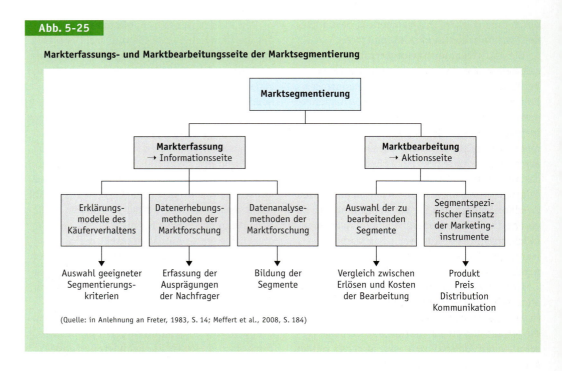

Abb. 5-25: Markterfassungs- und Marktbearbeitungsseite der Marktsegmentierung

(Quelle: in Anlehnung an Freter, 1983, S. 14; Meffert et al., 2008, S. 184)

> Marktsegmentierung mit totaler Marktabdeckung = Bearbeitung aller identifizierten Teilmärkte des Gesamtmarktes

dene Marktschichten mit unterschiedlichen Preis-Leistungs-Niveaus, die in der Regel auf objektiven Qualitätsabstufungen beruhen (z. B. kW-Klassen und Preisklassen bei Autos). Das Ziel der Marktsegmentierung besteht hingegen darin, vor allem die mittlere und obere Marktschicht der Marken- bzw. Qualitätskäufer in Segmente mit jeweils spezifischen Nutzenerwartungen zu unterteilen, um jedes Segment dann mit einem gesonderten Marketingmix zu bearbeiten. Die Marktsegmentierung ist folglich eher als eine mehr oder weniger starke Aufteilung des Marktes auf der Grundlage subjektiv-psychologischer Merkmale der Abnehmer zu verstehen (Becker, 2006, S. 246).

Im Rahmen der **Marktsegmentierung mit totaler Marktabdeckung** (differenziertes Marketing) bearbeitet die Unternehmung alle bzw. die meisten Segmente des Gesamtmarktes, um die spezifischen Nutzenerwartungen verschiedener Kundengruppen zu befriedigen. Ziel ist es also, möglichst jedes identifizierte Segment mit einem speziell zugeschnittenen Marketingmix optimal anzusprechen. Differenziertes Marke-

Aus der Praxis – 5-13

Der stark diversifizierte Unilever-Konzern bietet mehrere Pflanzenfett- bzw. Margarinemarken für unterschiedliche Bedürfnisse an (z. B. Becel, Lätta, Sanella). Vor einigen Jahren stand das Unternehmen vor folgendem Problem: Einige Marken waren zwar sehr erfolgreich, andere jedoch bezüglich ihres Nutzenversprechens zu schwach, um weiterentwickelt zu werden. Außerdem belegten Marktforschungsdaten, dass sich die Marken teilweise kannibalisierten. Aufgrund dieser zu starken Differenzierung (»oversegmentation«) des Margarine-Produktportfolios entschied sich Unilever für eine Reduzierung der Markenanzahl und verkaufte die schwächeren Marken Palmin, Livio und Biskin an die Köllnflockenwerke. Heute konzentriert man sich mit so genannten »Powerbrands« wie Rama oder Lätta auf weniger Segmente, die jedoch eine klar abgrenzbare Bedürfnisstruktur aufweisen.

ting kommt in der Regel nur für Großunternehmen in Betracht, da hohe Investitions-, Produktions- und Vermarktungskosten entstehen. Auf Märkten, die durch unterschiedliche Bedürfnisse der Käufer gekennzeichnet sind, führt diese Strategie zu höheren Umsätzen im Vergleich zum Massenmarketing. Es besteht jedoch andererseits immer die Gefahr, dass Märkte »künstlich« zu stark aufgespalten werden (»oversegmentation«; Aus der Praxis 5-13).

Die **optimale Anzahl der Segmente**, die ein Unternehmen bearbeiten sollte, hängt ab vom Grad der Zielerreichung. Wird beispielsweise als Ziel der Marktsegmentierung die Maximierung des Gewinns herangezogen, dann lassen sich die Interdependenzen zwischen den relevanten Größen wie in der Abbildung 5-26 dargestellt analysieren. Normalerweise steigt der Bruttogewinn (ohne Marketingkosten) in Abhängigkeit der Segmentanzahl degressiv an, weil jedes zusätzliche Segment im Vergleich zu den anderen kleiner ausfällt, und die Kannibalisierungseffekte zwischen den segmentspezifischen Angeboten tendenziell zunehmen. Andererseits steigen die Marketingkosten progressiv, weil die zunehmende Differenzierung der Marketinginstrumente immer teurer wird. Der optimale Segmentierungsgrad ist dort erreicht, wo die Steigungen der Bruttogewinnkurve und der Marketingkostenkurve gleich sind. Dieser Punkt entspricht dem Maximum der Nettogewinnkurve (Meffert et al., 2008, S. 210).

Bei der **Marktsegmentierung mit partialer Marktabdeckung** (konzentriertes Marketing) versucht die Unternehmung, einen oder einige wenige Teilmärkte erfolgreich zu bearbeiten. Konzentriertes Marketing weist den Vorteil auf, dass sich die Unternehmung mit ihrem Erzeugnis und ihrem Marketingmix vollständig auf das ausgewählte Marktsegment einstellen kann. Auch die Kosten für die Beschaffung detaillierter Informationen über ein Segment halten sich im Allgemeinen in Grenzen. Deshalb ist die Marktsegmentierung mit partialer Marktabdeckung insbesondere für kleinere und mittlere Unternehmen geeignet, die nicht über ausreichende finanzielle Mittel verfügen, um den Gesamtmarkt zu bearbeiten. Sie können sich häufig auf so genannte **Marktnischen** konzentrieren, die von größeren Konkurrenten nicht oder

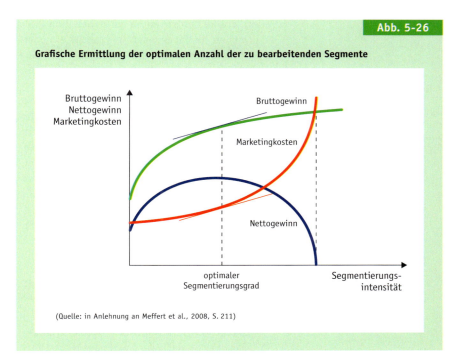

Abb. 5-26

Grafische Ermittlung der optimalen Anzahl der zu bearbeitenden Segmente

(Quelle: in Anlehnung an Meffert et al., 2008, S. 211)

nicht ausreichend abgedeckt werden. Die Strategie, für das eigene Angebot eine Marktnische zu suchen, bedeutet, systematisch nach einer Positionierung auf dem Absatzmarkt zu suchen, die andere, häufig größere Anbieter nicht bearbeiten wollen, weil für sie das Marktvolumen nicht groß genug ist, bzw. nicht bearbeiten können, weil sie nicht über die notwendigen Kompetenzen verfügen. Das Nischenmarketing ist durch einen sehr hohen Spezialisierungsgrad bezüglich des Einsatzes der Marketinginstrumente gekennzeichnet (Becker, 2006, S. 296 ff.; Kotler et al., 2007b, S. 359). Beispielsweise konzentriert sich das Unternehmen Hipp seit seiner Gründung im Jahr 1932 auf die Bedürfnisse von Säuglingen und Kleinkindern. Im Segment der Milch-, Frucht- und Gemüsenahrung bzw. -getränke ist das Unternehmen in Deutschland Marktführer.

Die Marktsegmentierung mit partialer Marktabdeckung birgt jedoch die Gefahr, sich zu stark auf ein bestimmtes Segment zu konzentrieren (»overconcentration«). Es ist beispielsweise möglich, dass das bisher bearbeitete Segment aufgrund von Einstellungs- bzw. Verhaltensänderungen der Abnehmer an Attraktivität verliert, starke Konkurrenten mit neuen Produkten versuchen, in das Segment einzudringen, oder ganz einfach der Blick für andere lukrative Segmente, die im Laufe der Zeit entstehen, verloren geht (Aus der Praxis 5-14).

Um einen Gesamtmarkt in möglichst homogene Marktsegmente aufteilen zu können, müssen geeignete Kriterien ausgewählt werden. Im Laufe der Zeit hat sich eine Vielzahl von **Kriterien zur Marktsegmentierung** herausgebildet, mit deren Hilfe Unternehmen versuchen, unterschiedliche Käufergruppen voneinander abzugrenzen und zu beschreiben (Freter, 2003, S. 1074 ff.; Kotler et al., 2007b, S. 366 ff.; Stegmüller, 1995, S. 164). Diese Marktsegmentierungskriterien lassen sich vereinfacht in drei Kategorien einteilen: sozio-ökonomische Kriterien, psychographische Kriterien und Kriterien des beobachtbaren (Kauf-)Verhaltens. Die Abbildung 5-28 liefert einen Überblick über die verschiedenen Marktsegmentierungskriterien.

Die »klassische« Vorgehensweise ist die Marktsegmentierung nach **sozio-ökonomischen** Merkmalen der Verbraucher. Hierunter fallen zum einen die in der Praxis am häufigsten verwendeten demografischen Kriterien wie Geschlecht, Alter, Einkommen, Schulbildung und so weiter, zum anderen geografische Kriterien wie Region des Wohnsitzes, Ortsgröße und Bevölkerungsdichte. Beispielsweise ist das Alter in

Segmentierungskriterien

Aus der Praxis – 5-14

Das Problem einer zu starken Fokussierung auf ein einziges Marktsegment (»overconcentration«) bekam auch der Sportwagenhersteller Porsche zu spüren. Traditionell konzentrierte sich das Unternehmen auf die Produktion von exklusiven sportlichen Fahrzeugen im oberen Preissegment. Konkurrierende Automobilhersteller, vor allem BMW, Mercedes und Audi, versuchten stetig, Porsche mit der Entwicklung eigener Sportwagen Marktanteile streitig zu machen. Während dieser Zeit entstand das neue sehr lukrative Segment der so genannten »Sport Utility Vehicles« (SUV), das einen Teil der Nachfrage nach teuren Sportwagen absorbierte. Die veränderten Rahmenbedingungen drängten Porsche dazu, sich nicht mehr ausschließlich auf das Sportwagensegment zu konzentrieren, sondern durch die Entwicklung eines eigenen SUV-Fahrzeugs zusätzlich ein zweites Segment zu bedienen. Im Dezember 2002 wurde der Porsche Cayenne eingeführt, der als sportliches Mehrzweckfahrzeug den Konkurrenten in diesem Segment Marktanteile abnehmen konnte. Abbildung 5-27 zeigt die Entwicklung der kumulierten Verkaufszahlen von Porsche für das In- und Ausland.

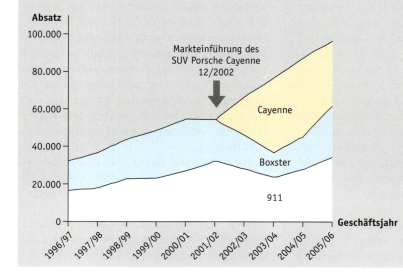

Abb. 5-27
Absatzsteigerung nach Einführung des neuen SUV-Modells Porsche Cayenne

(Quelle: Porsche.com)

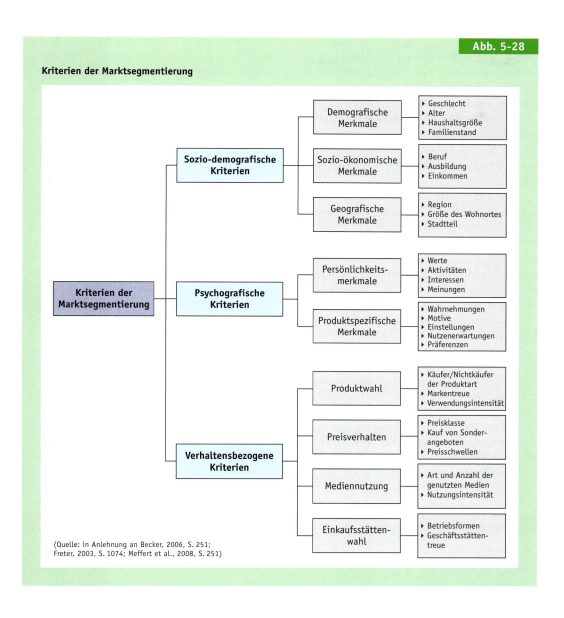

Abb. 5-28 Kriterien der Marktsegmentierung

(Quelle: in Anlehnung an Becker, 2006, S. 251; Freter, 2003, S. 1074; Meffert et al., 2008, S. 251)

bestimmten Produktbereichen ein geeignetes Merkmal für die Bildung von Kundensegmenten mit unterschiedlichen Nutzenerwartungen. Lego, eines der bekanntesten Spielsysteme für Kinder, nimmt von »Duplo« für Kleinkinder über verschiedene Grund- und Ausbausysteme bis hin zur »Lego-Technik« gezielt eine altersbedingte Segmentierung vor.

Die größten Vorteile der sozio-ökonomischen Marktsegmentierungskriterien beruhen darauf, dass sie zum einen relativ leicht zu erfassen und zu messen sind, zum anderen auch Hinweise auf die zielgruppenspezifische Marktbearbeitung liefern (z. B. Werbung in Zeitschriften wie »Bravo« oder »Apotheken Umschau« zur Ansprache bestimmter Alterssegmente). Als gravierender Nachteil muss die in vielen Fällen geringe Relevanz dieser Kriterien für die Erklärung des Kaufverhaltens angesehen werden. So ist es zum Beispiel möglich, dass zwei städtische Angestellte gleich viel verdienen, im gleichen Alter sind und im gleichen Wohnviertel leben, sich jedoch in ihren Vorlieben für bestimmte Produkte grundlegend unterscheiden.

5.2 Marketingziele und Marketingstrategien
Entwicklung von Marketingstrategien

Psychografische Merkmale

Aufgrund dieser Probleme hat die **psychografische** Marktsegmentierung zunehmend an Bedeutung gewonnen. Psychografische Merkmale der Bedarfsträger werden herangezogen, um eine eindeutige, vor allem am Kaufverhalten ausgerichtete Identifizierung von Marktsegmenten zu ermöglichen. Im Rahmen der psychografischen Marktsegmentierung unterscheidet man wiederum zwischen zwei Arten von Merkmalen:

Zu den **Persönlichkeitsmerkmalen** zählen zum einen allgemeine Merkmale der Konsumenten, das heißt Charaktereigenschaften wie beispielsweise Geselligkeit, Machtstreben, Verantwortungsgefühl und Toleranz. Zum anderen werden Merkmale des Lebensstils herangezogen, das heißt Merkmale zur Beschreibung der Art und Weise, in der Menschen leben, ihre Zeit verbringen und ihr Geld ausgeben (»Lifestyle-Segmentierung«; Aus der Praxis 5-15).

Die **produktbezogenen Merkmale** beziehen sich unter anderem auf produktbezogene Einstellungen und Nutzenerwartungen der Abnehmer. Die Segmentierung nach Nutzenerwartungen (»benefit segmentation«) beruht auf dem Gedanken, dass die Vorstellungen der Konsumenten bezüglich des Nutzens, den ein bestimmtes Produkt stiften soll, das zukünftige Kaufverhalten beeinflussen und somit als entscheidende Ursache für die Existenz von Marktsegmenten anzusehen sind (Haley, 1968, S. 30 ff.; Yankelovich, 1964, S. 83 ff.). Folglich gilt es, die wichtigsten von den Käufern bei einer bestimmten Produktart erwarteten Nutzenkategorien zu ermitteln, die Größe der einzelnen Nutzensegmente zu bestimmen und schließlich herauszufinden, welche der angebotenen Marken auf welchen Nutzen setzen.

Die dritte und letzte Gruppe der Marktsegmentierungskriterien bilden **Merkmale des beobachtbaren (Kauf-)Verhaltens**. Im Gegensatz zu den sozio-ökonomischen und den psychografischen Kriterien handelt es sich hier nicht um Merkmale zur Erklärung des Kaufverhaltens (wie z. B. Einkommen oder Einstellungen), sondern um Ergebnisse von Kaufentscheidungsprozessen. Folglich erfüllen diese Variablen eine doppelte Funktion. Zum einen werden ihre Ausprägungen mit Hilfe anderer Kriterien erklärt, zum anderen können sie selbst zur Segmentierung herangezogen werden.

Die verhaltensbezogenen Kriterien lassen sich in Anlehnung an die absatzpolitischen Instrumente in vier Kategorien unterteilen, das heißt in produkt-, preis-, kommunikations- und einkaufsstättenbezogene Kriterien. Die wichtigste Kategorie bilden die produktbezogenen Kriterien, zu denen vor allem die Verbrauchs-

---

Aus der Praxis – 5-15

Die Outfit 6-Studie des Spiegel-Verlags basiert auf einer Befragung von ca. 10.000 deutschen Frauen im Alter von 14 bis 64 Jahren und gilt damit als größte repräsentative Datenerhebung für den deutschen Bekleidungs-, Schuh-, Accessoires- und Lifestylemarkt (O.V., 2007). Als psychografische Kriterien zur Bildung unterschiedlicher Segmente dienten die Wichtigkeit des eigenen äußeren Erscheinungsbildes, der bevorzugte Kleidungsstil sowie die Einstellungen zu Mode, Kleidung, Marken, Accessoires und Schmuck. Neben diesen »aktiven« Kriterien, die zur Bildung der Segmente herangezogen wurden, berücksichtigte die Erhebung auch zahlreiche »passive« Kriterien zur nachträglichen Beschreibung der identifizierten Segmente. Hierzu zählten sozio-demografische, weitere psychografische und verhaltensbezogene Merkmale. Mittels Clusteranalyse konnten insgesamt 7 unterschiedliche Segmente bzw. Frauentypen identifiziert werden, die sich in ihren Einstellungen sowie in ihrem Verhalten in Bezug auf Bekleidung deutlich unterscheiden. Die Bezeichnung und die Größe jedes Segments lassen sich der Abbildung 5-29 entnehmen. Ein für die Anbieter von Bekleidung interessanter Frauentyp ist die so genannte »Souveräne«. In diesem Segment befinden sich 23 Prozent aller Frauen. Die »Souveräne« verfügt über eine klare Vorstellung bezüglich typgerechter Kleidung, die überwiegend aus hochwertigen Materialien bestehen muss. Die neueste Mode hat für sie keine Priorität, denn gute Markenqualität kommt nicht aus der Mode. Beim Kleidungskauf nimmt sie sich viel Zeit und geht keine Kompromisse ein. Eine ausführliche Beschreibung des Typs der Souveränen auf der Basis der Segment bildenden bzw. aktiven Merkmale sowie der Segment beschreibenden bzw. passiven Merkmale enthält die Abbildung 5-30.

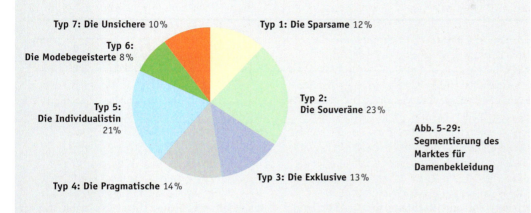

Abb. 5-29: Segmentierung des Marktes für Damenbekleidung

Die Souveräne 23%

»Meine Kleidung muss mir selbst gefallen – was andere darüber denken, ist mir egal«

(Quelle: O.V., 2007)

▶ Die »Souveräne« trägt mit Vorliebe feminine Kleidung mit einem lässig-legeren Touch. Sie ist stilsicher und hat hohe Ansprüche an Material und Tragekomfort. Aus der aktuellen Mode sucht sie sich jeweils das aus, was zu ihrem Typ passt. Ihre Accessoires wählt sie nach dem Prinzip »wenig, aber wirkungsvoll«.

▶ Beim Kauf ihrer Kleidung geht sie keine Kompromisse ein: Sie kauft nur das, was hundertprozentig ihren Vorstellungen entspricht. Sie verbringt viel Zeit bei der Auswahl, entscheidet sich am Ende aber ganz intuitiv.

▶ Edle und auch dem Anlass entsprechende Kleidung ist ihr wichtiger als Mode-Trends. Sie bevorzugt einen eher zwanglosen Kleidungsstil, wobei sie auf zeitlose, eigenständige und auch traditionsreiche Marken zurückgreift. Sie kauft vornehmlich in (Stamm-) Geschäften, die auf ihren Stil eingestellt sind und ihr das Gefühl vermitteln, als Kunde im Mittelpunkt zu stehen.

▶ Sozio-Demografie
Mittlere und ältere Altersgruppen, mittleres Bildungsniveau, hoher Angestelltenanteil, mittlere persönliche Einkommen

▶ Lebensstil
Eine bewusste gesunde Lebensweise ist für sie selbstverständlich. Gesundheit und Fitness gehen hierbei vor »Schönheit« im langläufigen Sinne.

▶ Konsumorientierung
Die bewusste Kaufentscheidung, ggf. sogar der Verzicht gehen ihr über Kauflust und Überfluss. Die Qualität einer Ware ist wichtiger als der Preis.

▶ Freizeitinteressen
Fernsehen/Zeitschriften (Politik, Wirtschaft, Kultur, Wissen), Familie, Ausflüge, Gesellschaftsspiele, Sport treiben (schwimmen, wandern, Gymnastik, Rad fahren, Ski laufen)

Abb. 5-30: Beschreibung des Segments der Souveränen

intensität und die Markenwahl zählen. Im Rahmen des beobachtbaren Preisverhaltens bieten die aktive Suche nach Sonderangeboten sowie die Bevorzugung bestimmter Preisklassen geeignete Ansatzpunkte für eine Segmentierung. Als Kriterien des Kommunikationsverhaltens kommen die Medienwahl, die Intensität ihrer Nutzung sowie die Struktur der Nutzer in Betracht. Schließlich stellt auch die Einkaufsstättenwahl einen wichtigen beobachtbaren Aspekt des Konsumentenverhaltens dar. Die Käufer können in diesem Zusammenhang danach segmentiert werden, welche Einkaufsstätten sie in welcher Intensität aufsuchen.

Die verschiedenen Segmentierungskriterien bzw. Segmentierungsansätze weisen jeweils be-

5.2 Marketingziele und Marketingstrategien
Entwicklung von Marketingstrategien

Abb. 5-31

Beurteilung der Kriterien zur Marktsegmentierung

Kriteriengruppe	Anforderung	Kaufverhaltens-relevanz	Aussagekraft für Instrumente	Messbarkeit	Erreichbarkeit	Zeitliche Stabilität	Wirtschaft-lichkeit
Sozio-Demografie		–	–	+	0	+	+
Psychografie	persönlich-keitsbezogen	–	–	–	–	+	0
	produkt-bezogen	+	0	–	–	0	–
beobachtbares Verhalten		0	0	0	0	0	0

(Quelle: in Anlehnung an Becker, 2006, S. 292)

Nationale Markterschließung

stimmte Vor- und Nachteile auf. Die Abbildung 5-31 liefert einen Überblick darüber, in welcher Weise die Gruppen von Segmentierungskriterien den an sie gestellten grundlegenden **Anforderungen** genügen. Sozioökonomische Kriterien sind vergleichsweise leicht zu messen und damit wirtschaftlich zu erheben. Problematisch ist vor allem deren niedrige Kaufverhaltensrelevanz und damit verbunden ihre geringe Aussagekraft bezüglich des segmentspezifischen Einsatzes der absatzpolitischen Instrumente. Die psychografischen Kriterien – insbesondere die produktbezogenen – zeichnen sich vor allem durch ihre hohe Kaufverhaltensrelevanz aus. Ihre zuverlässige Messung ist jedoch äußerst aufwändig bzw. schwierig. Die auf das Kaufverhalten bezogenen Segmentierungskriterien sind bezüglich der Kaufverhaltensrelevanz sowie der Aussagefähigkeit für den segmentspezifischen Einsatz der Marketinginstrumente positiv zu beurteilen. Gegenüber den psychografischen Kriterien weisen sie Vorteile hinsichtlich der Messbarkeit, der Zugänglichkeit sowie der Wirtschaftlichkeit auf.

5.2.4 Marktarealstrategien

Marktarealstrategie = Wahl des räumlich-geografischen Absatzmarktes

Die Bedeutung strategischer Marketingentscheidungen, die das Marktareal einer Unternehmung betreffen, beruht auf ihrem strukturellen Charakter. Die Wahl eines bestimmten Absatzgebietes schafft vielfältige, mittel- bis langfristig wirkende Zwänge für nachfolgende Marketingentscheidungen (z. B. Gestaltung der Absatzorganisation, Markierung der Produkte). Marktarealstrategien legen fest, auf welchen räumlich-geografischen Absatzmärkten die Unternehmung tätig sein will. Man unterscheidet zwei grundlegende gebiete-strategische Entscheidungsfelder (vgl. Becker, 2006, S. 300 f.):

Teilnationale bzw. nationale Strategien sind durch eine lokale, regionale, überregionale oder nationale Markterschließung gekennzeichnet (»Domestic Marketing«). Das geografische Absatzgebiet einer Unternehmung entwickelt sich häufig stufenweise. Den Ausgangspunkt bildet die lokale Marktabdeckung, das heißt ein unmittelbar um den »Schornstein« gelegener Heimatmarkt. Das gilt vor allem für Branchen mit kleinen und mittleren Betrieben, wie das etwa bei vielen Mineralbrunnen oder Brauereien der Fall ist. Die Weiterentwicklung vollzieht sich dann über die regionale bzw. überregionale (z. B. mehrere Bundesländer) bis hin zur nationalen Marktabdeckung. Solche Prozesse können Jahre bzw. Jahrzehnte dauern und aus verschiedenen Gründen (z. B. Konkurrenzdruck) auf einer der genannten Stufen enden.

Heutzutage ist bei Marktarealstrategien, die auf das Gebiet der Bundesrepublik beschränkt sind, eine klare Tendenz zur nationalen Marktabdeckung festzustellen. Ursachen für diese Entwicklung sind unter anderem stagnierende regionale Absatzmärkte, unvermeidbare Werbefehlstreuungen bei zu starker Regionalisierung der Aktivitäten sowie die nationale Überallerhältlichkeit (Ubiquität) als Voraussetzung für die Bildung und Durchsetzung von Markenkonzepten (z. B. Gefahr der Auslistung lokaler und regionaler Marken durch den Handel) (Becker, 2000, S. 183).

Bezüglich der aktiven Erweiterung des eigenen Marktareals kann zwischen drei verschiedenen Ansätzen unterschieden werden (Becker, 2006, S. 304):

- Die **konzentrische Ausdehnung** des Absatzgebietes erfolgt ring- bzw. schichtenförmig. Das Unternehmen versucht, Abstrahlungseffekte, beispielsweise durch nicht zu verhindernde Werbefehlstreuungen über das eigentliche Absatzgebiet hinaus, systematisch zu nutzen.
- Bei der **selektiven Ausdehnung** verfolgt das Unternehmen die Zielsetzung, zusätzliche Aufbau- bzw. Verdichtungsgebiete zu erschließen. Lücken zwischen den neuen Gebieten und dem aktuellen Kernabsatzgebiet, die auf lokalen bzw. regionalen Marktwiderständen beruhen (z. B. »Absatzfestungen« von Konkurrenten), werden dabei bewusst in Kauf genommen. Später wird dann versucht, diese Lücken insbesondere durch Maßnahmen der Kommunikations- und Distributionspolitik zu schließen.
- Grundgedanke der **inselförmigen Ausdehnung** ist die zusätzliche Erschließung einiger weniger (Großstadt-)Zentren mit Leitcharakter. Anschließend kann dann versucht werden, diese Zentren Schritt für Schritt zu vernetzen.

Für sehr viele Unternehmen – auch für kleine und mittlere – ist es heute unerlässlich, über die nationalen Grenzen hinaus tätig zu sein. Die Gründe für die **Bearbeitung ausländischer Absatzmärkte** sind vielschichtig: Vielfach ist der inländische Markt gesättigt oder durch preisaggressive Konkurrenten nicht mehr ertragreich genug. Bei anderen Unternehmen steht der Versuch der Risikostreuung oder der Kapazitätsauslastung durch die Erschließung zusätzlicher räumlicher Absatzmärkte im Vordergrund. Die zunehmende Internationalisierung der Marktbearbeitung vieler Anbieter ist letztlich auch das Ergebnis der fortschreitenden Globalisierung und der damit verbundenen Notwendigkeit, die eigenen Marktarealstrategien grundsätzlich neu auszurichten (Aus der Praxis 5-16).

Im Rahmen **übernationaler Strategien** (»International Marketing«) lassen sich in Abhängigkeit der Intensität der länderübergreifenden Marktbearbeitung drei idealtypische Strategiemuster unterscheiden, und zwar multinationale, internationale und globale Strategien (Becker, 2006, S. 315).

Eine **multinational** operierende Unternehmung ist dadurch gekennzeichnet, dass sie neben dem Inlandsmarkt auch einen oder mehrere, häufig benachbarte Auslandsmärkte bearbeitet. Der erste Schritt erfolgt in der Regel durch den **Export**, das heißt durch den Verkauf von im Inland produzierten Gütern ins Ausland. Die Exporttätigkeit erfolgt manchmal ohne umfassendes strategisches Konzept und stellt im Prinzip nur eine Ergänzung zum Inlands-Marketing dar. Das Auslandsengagement spielt bei multinationalen Unternehmen eine eher untergeordnete Rolle, Direktinvestitionen werden normalerweise nicht getätigt. Das gesamte Management weist eine ausgeprägte »Heimatland-Orientierung« auf, weshalb man in diesem Zusammenhang auch von einer »ethnozentrischen« Unternehmung spricht.

Übernationale Markterschließung

Aus der Praxis – 5-16

1878 erfüllte sich Josef Diebels seinen Traum und gründete in Issum am Niederrhein eine Brauerei. Anfang der 1970er Jahre war Diebels eine angesehene regionale Brauerei, die fast alle in Deutschland gängigen Biersorten produzierte. Dann entschloss sich das Unternehmen zu einer strategischen Neuorientierung: Es wurde nur noch Altbier gebraut. Das war der Grundstein für die sehr positive Entwicklung: Die Regionalbrauerei wurde bereits 1982 durch ihre systematisch betriebene Ausdehnungsstrategie zum nationalen Marktführer im Altbierbereich. Heute ist Diebels eine internationale Premiummarke, die in 28 Ländern auf vier Kontinenten erfolgreich verkauft wird.

5.2 Marketingziele und Marketingstrategien
Entwicklung von Marketingstrategien

Abb. 5-32

Charakteristische Merkmale übernationaler Strategien im Überblick

	Ausbreitungsgrad	Charakteristika
Multinationale Strategie	Einige wenige ausländische Märkte	Ethnozentrische Unternehmung: Marketingplanung für Auslandsmärkte im Heimatland; keine länderspezifische Differenzierung des Marketing-Mix; keine Direktinvestitionen ins Ausland
Internationale Strategie	Mehrere/viele ausländische Märkte	Poly- bzw. regiozentrische Unternehmung: Marketingplanung für Auslandsmärkte durch ausländische Unternehmensteile/-gesellschaften; starke länder- bzw. regionenspezifische Differenzierung des Marketing, Direktinvestitionen
Globale Strategie	Alle (wichtigen) Länder der Erde	Geozentrische Unternehmung: Marketingplanung unabhängig von Ländern bzw. Regionen; Welt als »einheitlicher« Markt; Bearbeitung länder-/regionenübergreifender Zielgruppen; hohe Investitionen

(Quelle: Becker, 2006, S. 323)

Aus der Praxis – 5-17

Eine sehr erfolgreiche globale Strategie verfolgt beispielsweise die Schnellrestaurantkette McDonald's. Bereits 1990 befanden sich mehr als 25 Prozent der insgesamt 12.000 Restaurants im Ausland. Heute ist McDonald's mit ca. 30.000 Filialen auf allen fünf Kontinenten vertreten. Die Zentrale in Chicago besitzt zwar eine bestimmte »Richtlinienkompetenz«, alle wichtigen Beschaffungs- und Marketingaktivitäten werden jedoch auf nationaler Ebene koordiniert. Die Struktur des Unternehmens erlaubt es, zum einen erhebliche Kosteneinsparungen durch Standardisierung zu realisieren, zum anderen flexibel auf nationale Besonderheiten wie gesetzliche Vorschriften (z. B. für Verpackungen, Zutaten), landestypische Ernährungsgewohnheiten und Konkurrenzaktivitäten zu reagieren. Die Abbildung 5-33 gibt einen Überblick über wichtige Stationen von McDonald's auf dem Weg zur Weltunternehmung.

1948	Dick und Maurice McDonald eröffnen ihr erstes Restaurant in San Bernardino, Kalifornien
1967	Die ersten Restaurants außerhalb der USA eröffnen in Kanada und Puerto Rico
1971	Die ersten Restaurants in Asien (Tokio), Australien (Sydney) und Europa (Amsterdam) eröffnen. Am 4. Dezember ist es auch in Deutschland soweit: In München öffnet das erste deutsche McDonald's-Restaurant seine Pforten.
1992	Das erste McDonald's-Restaurant Afrikas öffnet in Casablanca
1999	Die 1000ste Restauranteröffnung in Deutschland findet in Berlin statt. McDonald's eröffnet das weltweit 25.000. Restaurant
2005	McDonald's Deutschland erzielt mit 2,42 Milliarden Euro Jahresnettoumsatz und 848 Millionen Gästen ein Rekordergebnis und sorgt mit neuen Designs und dem McCafé-Konzept für ein noch besseres Restaurantelebnis
Heute	McDonald's ist weltweit mit über 30.000 Filialen vertreten

(Quelle: www.mcdonalds.de, 2009b)

Abb. 5-33: Der Weg von McDonald's zur Weltunternehmung

Die nächste Stufe der länderübergreifenden Marktbearbeitung ist die **internationale Strategie**, bei der die »Heimatland-Orientierung« bewusst zugunsten einer umfassenden »Gastland-Orientierung« aufgegeben wird. Mit Hilfe entsprechender Direktinvestitionen werden Tochtergesellschaften aufgebaut und eigene Produktionsgesellschaften im Ausland gegründet. Die gesamte Marketing-Planung liegt in den Händen der einzelnen Auslandsgesellschaften, die »Richtlinienkompetenz« übt jedoch nach wie vor die Führung im Heimatland aus (vgl. Becker, 2000, S. 161 f.). Unternehmen, welche diesen Internationalisierungsgrad aufweisen, werden auch als polyzentrische Unternehmen bezeichnet.

Aufgrund einer Vielzahl praxisrelevanter Zwischenstufen ist die eindeutige Abgrenzung zwischen der internationalen und der **globalen Strategie** äußerst schwierig. Wesentliches Merkmal weltweit agierender Unternehmen ist eine globale Operationsbasis, eine große Anzahl von Niederlassungen und Tochtergesellschaften im Ausland, ein international rekrutiertes und zusammengesetztes Management, das in einer Zentrale (Holding) über bestimmte »Richtlinienkompetenzen« zur Steuerung der Unternehmung in Grundsatzfragen verfügt sowie eine internationale Kapitalbeschaffung. Oft herrscht eine ausgeprägte internationale Arbeitsteilung vor. Beispiele für Unternehmungen mit weltumspannenden Aktivitäten, die auch als geozentrische Unternehmen bezeichnet werden, sind Bayer, Nestlé und Siemens (Aus der Praxis 5-17). Die Abbildung 5-32 liefert einen zusammenfassenden Überblick über die charakteristischen Merkmale multinationaler, internationaler und globaler Strategien.

5.2.5 Konkurrenzgerichtete Marketingstrategien

Konkurrenzorientierte Marketingstrategien legen fest, wie die Unternehmung versucht, sich auf dem Absatzmarkt Wettbewerbsvorteile gegenüber ihren Konkurrenten zu verschaffen und diese möglichst langfristig zu sichern.

In der Marketingliteratur existiert eine Vielzahl verschiedener Ansätze zur Systematisierung konkurrenzgerichteter Marketingstrategien. Sie können nicht isoliert, sondern nur in direkter Beziehung zu den vier Basisstrategien betrachtet werden, sodass es zu vielfältigen Abgrenzungsproblemen kommt. Dennoch bilden Wettbewerbsstrategien ein eigenes Entscheidungsfeld, da sie primär die Konkurrenzsituation auf den Absatzmärkten, und nicht – wie die vier Basisstrategien – die Abnehmer in den Mittelpunkt der Betrachtung stellen. Die wichtigsten konkurrenzorientierten Marketingstrategien, die den jeweiligen Rahmen für den auf die Wettbewerbssituation abgestimmten Einsatz des Marketingmix bilden, sollen im Folgenden kurz erläutert werden:

Ziel der **Kostenführerschaft** ist es, mittels geeigneter Maßnahmen einen umfassenden Kostenvorsprung innerhalb der Branche zu realisieren. Mit Hilfe von Produktionsanlagen effizienter Größe, erfahrungsbedingten Kostendegressionen, hochqualifizierten Mitarbeitern, produktivitätssteigernden Technologien und einer Standardisierung des Marketingmix sollen die Stückkosten unter das Niveau der wichtigsten Konkurrenten gesenkt werden. Diese Maßnahmen bilden die Voraussetzung dafür, sich mit einer Politik niedriger Preise gegen die Konkurrenten am Markt durchzusetzen (Aus der Praxis 5-18). Diese Strategie wird häufig als Kampfstrategie bezeichnet und birgt die Gefahr, dass die Kundenwünsche vernachlässigt werden.

Damit die Kostenführerschaft zum Erfolg führt, müssen einige Voraussetzungen erfüllt sein: So benötigt die Unternehmung beispielsweise einen relativ großen Marktanteil, um Kostendegressionseffekte nutzen zu können. Neben der Beschränkung des Absatzprogramms verlangt diese stark konkurrenzorientierte Strategie vielfach auch den aggressiven Einsatz der Konditionen- und Kreditpolitik sowie ein effizientes Controlling (vgl. ausführlich Porter, 2008, S. 72 f.). Die Strategie der Kostenführerschaft setzt jedoch voraus, dass die Konsumenten den Preis und nicht etwa die Produktqualität oder das Markenimage als dominantes Kaufkriterium heranziehen. Folglich besteht eine eindeutige Beziehung zwischen der Kostenführerschaftsstrategie und der Preis-Mengen-Strategie (vgl. Kapitel 5.2.2).

Die **Differenzierungsstrategie** zielt darauf ab, die eigenen Produkte bzw. Dienstleistungen

Merkmale der Kostenführerschaft

Merkmale der Differenzierung

5.2 Marketingziele und Marketingstrategien
Entwicklung von Marketingstrategien

Aus der Praxis – 5-18

Im April 2009 startete in Indien der lange erwartete Verkauf des wohl preisgünstigsten Autos der Welt. Der indische Konzern Tata Motors bietet mit dem Tata Nano ein Auto für ca. 1.600 € an, rund die Hälfte des bislang günstigsten Autos in Indien. Allerdings ist der Nano in der Basisvariante – zumindest für europäische Verhältnisse – spartanisch in Sachen Sicherheit und Komfort ausgestattet. Nur ein strenges Kostenmanagement bezüglich der verwendeten Bauteile sowie die geringen Lohnkosten in Indien machen diesen Preis möglich.

Aufgrund der hohen Nachfrage wurden die ersten 100.000 produzierten Autos unter den Bestellern verlost. Die Produktionszahlen lagen nach Markteinführung zunächst weit unter Plan, sodass das Unternehmen dem erwarteten Ansturm nicht gerecht werden konnte. Die Kapazität der Produktionsstätte in Gujarat, die 2010 fertiggestellt sein wird, liegt bei mindestens 250.000 Stück und kann auf eine halbe Million ausgebaut werden. Der Nano ist 3,1 Meter lang, 1,5 Meter breit und hat serienmäßig vier Türen aber keine Heckklappe. Um den Kofferraum zu beladen, muss die Rückbank umgelegt werden. Im Heck des Nano sitzt ein Zwei-Zylinder-Benzinmotor mit 35 PS, der es auf eine Höchstgeschwindigkeit von 105 Stundenkilometer bringt. Bei einem Durchschnittsverbrauch von etwa 4,5 Liter auf hundert Kilometern kommt man mit einer Tankfüllung ca. 300 Kilometer weit. Etliche deutsche Zulieferer, unter anderem Bosch (Motorstarter, Motorsteuerung, Einspritzdüsen, Sensoren) und Continental (Drehzahlregler, Benzinstandanzeige, Benzinpumpe), fertigen Teile für den Nano. Die Abbildung 5-34 zeigt den Tata Nano in seiner Basisausstattung für den indischen Markt.

Mit der Auslieferung der europäischen Variante des Nano kann frühestens 2010, in Deutschland erst ab 2012 gerechnet werden. Für den Europaexport soll der Kleinwagen überarbeitet und der Grundpreis auf ca. 5.000 € angehoben werden. Statt eines Zweizylinders bekommt der Nano einen Dreizylinder mit etwa 70 PS und ein 5-Gang-Getriebe. Die Sicherheitsausstattung umfasst zwei Airbags und ABS. Beim CO_2-Ausstoß wollen die Inder viele Konkurrenten mit anvisierten 98 Gramm pro Kilometer unterbieten. Es bleibt abzuwarten, wie erfolgreich Tata Motors mit seinem Nano auf dem europäischen Markt sein wird. (Quelle: Hauschild, 2009; www.tatanano.com)

Abb. 5-34: Tata Nano als Beispiel für die Kostenführerschaft in der Automobilbranche

so zu konzipieren, dass sie gegenüber den Konkurrenzprodukten einen einzigartigen Leistungsvorteil aufweisen. Der Wettbewerbsvorteil kann etwa durch eine überzeugende Produktqualität (z. B. Waschmaschine von Miele), ein unverwechselbares Design (z. B. iPhone von Apple) oder ein sehr positives Markenimage (z. B. Herrenbekleidung von Boss) realisiert werden (Aus der Praxis 5-19). Der Marketingmix ist so zu gestalten, dass der Nutzen, den das eigene Produkt stiftet, größer ist als der Nutzen der Konkurrenzprodukte. Aktuelle Kunden sollen dadurch von einem Markenwechsel zur Konkurrenz abgehalten, potenzielle Kunden, die bisher Produkte der Wettbewerber präferiert haben, von den anderen Anbietern abgezogen werden.

Der Vorteil der Differenzierungsstrategie beruht darauf, dass sowohl die Nutzenerwartungen der Kunden als auch die Konkurrenzsituation bei der Strategiewahl berücksichtigt werden. Ein Risiko ist jedoch darin zu sehen, dass die Wettbewerber einen bestehenden Leistungsvorteil häufig rasch kopieren können. Voraussetzung für die erfolgreiche Realisierung der Differenzierungsstrategie ist häufig ein überdurchschnittliches Innovationsmanagement.

Im Rahmen der **Anpassungsstrategie** wird der Leistungsvorteil eines erfolgreichen Konkurrenzproduktes nachgeahmt, um an seinem Absatzpotenzial teilzuhaben (vgl. hierzu auch Kapitel 6.5.1). Das gelingt in der Regel aber nur, wenn die Nachahmung billiger angeboten wird als das Originalprodukt, damit für die Nachfrager ein Anreiz besteht, die Marke zu wechseln. Der Vorteil dieser so genannten **»Me too«-Strategie** besteht darin, dass der Marketingmix des kopierten Produktes nützliche Hinweise auf die Art und Weise der Bearbeitung der Abnehmer liefert. Kosten, etwa für Produktentwicklung und Marktforschung, lassen sich folglich einsparen und senken somit die Höhe der kostendeckenden Verkaufspreise.

Die Anpassungsstrategie fordert jedoch im Allgemeinen Gegenmaßnahmen des Wettbewerbers heraus (z. B. Verbesserung des eigenen Produktes), wenn der Absatz seiner nachgemachten Marke spürbar zurückgeht. Außerdem besteht die Gefahr eines Preiskampfes, wenn der Anbie-

Aus der Praxis – 5-19

Das italienische Unternehmen Alessi setzt das Erscheinungsbild, die Formgebung und das Design seiner Produkte als wesentliche Faktoren zur Differenzierung gegenüber dem Wettbewerb ein. International bekannte Designer arbeiten für das Unternehmen und gestalten Alltagsgegenstände wie Wasserkessel, Menagen, Espressomaschinen und Zitruspressen als kleine Kunstwerke. Mittlerweile wurde das Kerngeschäft mit Küchenartikeln auf andere Lebensbereiche wie Bäder und Wohnzimmer ausgeweitet. In Zusammenarbeit mit Siemens entwickelte Alessi ein Designtelefon, und der Fiat Panda Alessi zeichnet sich durch eine ungewöhnliche schwarz-weiße Karosserie und froschgrüne Sitzbezüge aus (Förster/Kreuz, 2005, S. 133 f.). Abbildung 5-35 zeigt beispielhaft einige Produkte von Alessi.

(Quelle: alessi.de und autobild.de)

Abb. 5-35: Designprodukte von Alessi: Zitruspresse, Salz- und Pfefferstreuer, Fiat Panda Alessi

ter des Originals mit einer Preissenkung reagiert.

Auf vielen Märkten herrscht ein ausgeprägter Wettbewerb um Marktanteile bei den größten Kundensegmenten. Im Rahmen der **Ausweichstrategie** suchen deshalb insbesondere kleinere Unternehmungen gezielt nach Abnehmergruppen, deren Bedürfnisse von den Konkurrenzprodukten nicht oder nicht vollständig befriedigt werden. Die Bearbeitung solcher **Marktnischen** ist immer dann sinnvoll, wenn sie groß genug sind und bisher von keinem anderen Konkurrenten erfolgreich bedient werden. Die Ausweichstrategie mündet in eine Marktsegmentierungsstrategie mit partialer Marktabdeckung.

Unter einer **Kooperation** versteht man die systematische Zusammenarbeit mit konkurrierenden Unternehmen unter Beibehaltung der eigenen Selbständigkeit. Für eine Unternehmung bietet sich eine Kooperation immer dann an, wenn sie allein nicht bzw. nicht mehr wettbewerbsfähig ist und sich von der Zusammenarbeit mit der Konkurrenz wirtschaftliche Vorteile verspricht. Der Wettbewerbsdruck soll verringert und Synergieeffekte durch gemeinsame Marketing-Maßnahmen erzielt werden. Eine horizontale Kooperation liegt vor, wenn zwei oder mehrere Unternehmen der gleichen Wirtschaftsstufe zusammenarbeiten (z. B. Gemeinschaftswerbung lokaler Einzelhändler). Demgegenüber spricht man von vertikaler Kooperation, wenn sich Unternehmen verschiedener Wirtschaftsstufen verbünden (z. B. gemeinsame Entwicklung eines neuen Dieselmotors von VW und dem Zulieferer Bosch).

Eine neuere Form der internationalen Kooperation sind die so genannten **Strategischen Allianzen**, die von aktuellen oder potenziellen Wettbewerbern eingegangen werden, um die gemeinsame Position in besonders schwierigen Märkten zu stärken und die Fähigkeit zu flexiblen Reaktionen auf Markt- und Technologieveränderungen zu steigern. Verbreitet sind Strategische Allianzen etwa in der Automobil- und Telekommunikationsindustrie.

Stellt eine Unternehmung fest, dass sie sich mit ihren Produkten gegenüber den stärksten Wettbewerbern nicht mehr behaupten kann, empfiehlt es sich, die Erzeugnisse über kurz oder lang aus dem Markt zu nehmen. Diese strategische Bereinigung des Absatzprogramms kann sich auf einzelne Sorten, Produkte oder ganze Produktlinien, im Extremfall sogar auf das gesamte Absatzprogramm beziehen. Strategisch wichtig ist die Wahl des richtigen Zeitpunktes für die **Rückzugsstrategie**. Häufige Ursachen sind beispielsweise Preiskämpfe, die zu negativen Deckungsbeiträgen führen, Leistungsvorteile eines oder mehrerer Konkurrenzprodukte, die nicht oder nicht rechtzeitig kopiert werden können, sowie mangelnde Ausweichmöglichkeiten in unbesetzte Marktnischen. Je umfangreicher die Rückzugsstrategie ausfällt, desto stärker ist ihre Auswirkung über den Marketingbereich hinaus auf die gesamte Unternehmung. Im Extremfall wird die Geschäftstätigkeit vollständig aufgegeben.

Eine wichtige Dimension konkurrenzgerichteter Marketingstrategien betrifft den **Zeitpunkt des Markteintritts** eines Unternehmens im Vergleich zur Konkurrenz (»Timing-Strategie«). In Bezug auf das zeitstrategische Wettbewerbsverhalten kann zwischen der Pionierstrategie sowie der Strategie des frühen und des späten Folgers unterschieden werden (Porter, 2008, S. 293 f.). Der **Pionier** ist der Erste auf dem relevanten Absatzmarkt. Da er den Markt erschließt, verfügt er über vielfältige Chancen (z. B. Schaffen von Standards), ist aber auch hohen Risiken ausgesetzt (z. B. keine Akzeptanz des neuen Produktes bei den Nachfragern). Der **frühe Folger** wählt den Zeitpunkt seines Markteintritts bewusst kurz nach dem Pionier, um aus dessen Erfahrungen lernen zu können. Er muss aber beispielsweise auch damit rechnen, dass der Pionier Markteintrittsbarrieren aufbaut (z. B. durch exklusiven Vertrieb in bestimmten Vertriebskanälen). Der **späte Folger** tritt erst dann in den Markt ein, nachdem der Erfolg der ersten Anbieter anhand eines beschleunigten Marktwachstums zu erkennen ist (Meffert et al., 2008, S. 274). In der Abbildung 5-36 werden abschließend die wichtigsten Rahmenbedingungen sowie die Chancen und Risiken dieser drei wettbewerbsstrategischen Optionen in Bezug auf den Markteintritt gegenübergestellt.

Markteintrittsstrategien

5.2 Entwicklung von Marketingstrategien

Abb. 5-36

Rahmenbedingungen sowie Chancen und Risiken verschiedener Markteintrittsstrategien

	Rahmenbedingungen	Chancen	Risiken
Pionierstrategie	▸ hohe F & E-Aktivitäten ▸ State of the Art-Technologie ▸ hoher Kommerzialisierungsdruck	▸ Schaffung von Standards ▸ Nutzung preispolitischer Spielräume ▸ Kostenvorteile durch Vorsprung auf der Erfahrungskurve	▸ hohe Markterschließungskosten ▸ Ungewissheit über die weitere Marktentwicklung ▸ Technologiesprünge durch Konkurrenten
Strategie des frühen Folgers	▸ Orientierung am Pionier ▸ Qualitätsverbesserung bzw. Anwendungserweiterung ▸ Berücksichtigung neuer Kundenanforderungen	▸ erste Markterfahrungen liegen bereits vor ▸ Geringeres Markteintrittsrisiko als der Pionier ▸ Markt ist noch nicht verteilt	▸ vom Pionier aufgebaute Markteintrittsbarrieren ▸ Zwang zu Eigenständigkeit im Vermarktungskonzept ▸ erste Preiszugeständnisse
Strategie des späten Folgers	▸ Imitation von Innovationen als Ansatzpunkt ▸ Zwang zu rationellen Produktinnovationen (Prozessinnovationen) ▸ Ausschöpfung von Mengendegressionseffekten	▸ Anlehnung an bereits vorhandene Standards ▸ sehr niedrige F & E-Aufwendungen ▸ Sicherheit über weitere Marktentwicklung und Vermarktungskonzepte	▸ weitgehend (vor)verteilter Markt ▸ Image- und Kompetenznachteile ▸ Gefahr von ruinösen Preiskämpfen

(Quelle: in Anlehnung an Becker, 2006, S. 379 ff.)

Kontrollfragen Kapitel 5

1. *Erläutern Sie das Wesen und die Bedeutung von Zielen!*

2. *In welchen idealtypischen Phasen werden Ziele in einem Unternehmen gebildet?*

3. *Erläutern Sie an einem selbst gewählten Beispiel, welche Dimensionen man bei der präzisen Formulierung von Zielen berücksichtigen muss!*

4. *Konkretisieren Sie ein selbst gewähltes Unternehmensziel bis auf die Ebene instrumenteller Teilziele!*

5. *Erläutern Sie die grundlegenden Arten von Zielbeziehungen, und skizzieren Sie einen Weg zur Bewältigung von Zielkonflikten!*

6. *Erläutern Sie die wesentlichen Merkmale von Marketingstrategien! Grenzen Sie strategische und taktische Marketingentscheidungen voneinander ab! Argumentieren Sie anhand von Beispielen!*

7. *Welche grundlegenden Entscheidungen werden im Rahmen der Marktfeldstrategie getroffen? Stellen Sie die vier Ausprägungen der Marktfeldstrategie anhand einer Matrix dar!*

8. *Welche marktbezogenen Rahmenfaktoren lassen es sinnvoll erscheinen, eine Marktdurchdringungsstrategie zu realisieren?*

9. *Ein Hersteller von Fruchtsaftgetränken plant eine Marktdurchdringungsstrategie. Erläutern Sie die drei strategischen Alternativen, durch die eine Marktdurchdringungsstrategie realisiert werden kann! Geben Sie für jede Alternative drei geeignete Marketingmaßnahmen an!*

10. *Erläutern Sie die verschiedenen Alternativen, durch die eine Marktentwicklungsstrategie realisiert werden kann! Argumentieren Sie anhand geeigneter Beispiele! Welche marktbezogenen Rahmenfaktoren lassen es sinnvoll erscheinen, eine Marktentwicklungsstrategie zu realisieren?*

11. Welche marktbezogenen Rahmenfaktoren lassen es sinnvoll erscheinen, eine Produktentwicklungsstrategie zu realisieren? Welche Informationen aus der Analyse der Marketingsituation sind in diesem Zusammenhang von besonderer Bedeutung?

12. Was versteht man unter einer Diversifikation? Aus welchen Gründen entschließen sich Unternehmen zur Realisierung einer Diversifikationsstrategie?

13. Grenzen Sie die drei Arten der Diversifikationsstrategie gegeneinander ab! (Gehen Sie in diesem Zusammenhang auf die Beziehung zum bisherigen Leistungsprogramm ein!) Geben Sie für jede Art der Diversifikation eine typische Chance sowie ein typisches Risiko an!

14. Ein Schokoladenhersteller plant eine Diversifikationsstrategie. Geben Sie für jede Art der Diversifikation ein geeignetes Beispiel dafür an, wie sie durch den Süßwarenhersteller konkret realisiert werden kann! Begründen Sie Ihre Entscheidung!

15. Geben Sie drei verschiedene Realisierungsformen der Diversifikation an! Welche spezifischen Vorteile sind mit diesen Realisierungsformen verbunden?

16. Erläutern Sie mit einem Beispiel den Unterschied zwischen Preiswettbewerb und Qualitätswettbewerb im Marketing!

17. Grenzen Sie die Präferenzstrategie gegenüber der Preis-Mengen-Strategie ab! Gehen Sie in diesem Zusammenhang insbesondere auf die Zielgruppen sowie die Ausgestaltung der absatzpolitischen Instrumente ein!

18. Welche Gefahren weist die mittlere Preis-/Qualitäts-Lage, die so genannte »Zwischen den Stühlen-Position«, auf?

19. Erläutern Sie anhand eines konkreten Beispiels, wie Anbieter mittels einer Mehrmarken-Strategie versuchen, verschiedene Marktschichten gleichzeitig zu bearbeiten!

20. Welche strategische Entscheidung wird allgemein im Rahmen der Marktparzellierungsstrategie getroffen? Grenzen Sie die beiden Varianten der Marktparzellierungsstrategie gegeneinander ab!

21. Grenzen Sie die Markterfassungsseite und die Marktbearbeitungsseite der Marktsegmentierung gegeneinander ab!

22. Welche Gemeinsamkeiten bzw. welche Unterschiede bestehen zwischen der Marktstimulierungs- und der Marktsegmentierungsstrategie?

23. Erläutern Sie den Unterschied zwischen Marktsegmentierung mit totaler Marktabdeckung (differenziertes Marketing) und Marktsegmentierung mit partialer Marktabdeckung (konzentriertes Marketing)! Geben Sie für jede der beiden strategischen Optionen jeweils einen Vorteil und einen Nachteil sowie ein treffendes Beispiel aus der Praxis an!

24. Zur Segmentierung von Absatzmärkten können drei unterschiedliche Kriteriengruppen herangezogen werden. Nennen Sie die drei Gruppen, und geben Sie für jede Kriteriengruppe zwei typische Einzelkriterien an! Was versteht man in diesem Zusammenhang unter »benefit segmentation«?

25. Beurteilen Sie die verschiedenen Kriteriengruppen zur Marktsegmentierung bezüglich der wichtigsten Anforderungen, die an Segmentierungskriterien gestellt werden.

26. Skizzieren Sie die Vorgehensweise bei der Identifizierung verschiedener Konsumententypen am Beispiel der Outfit-Studie! Was versteht man in diesem Zusammenhang unter aktiven und passiven Segmentierungsvariablen?

27. Welche Alternativen unterscheidet man im Rahmen des »Domestic Marketing«? Geben Sie für jede Alternative ein typisches Beispiel an!

28. Grenzen Sie die drei Grundtypen Gebiete erweiternder Strategien anhand konkreter Beispiele gegeneinander ab!

29. Welche veränderten Rahmenbedingungen zwingen viele lokal bzw. regional tätige Unternehmen zur nationalen Markterschließung?

30. Erläutern Sie drei Gründe, weshalb übernationale Strategien in vielen Branchen zunehmend an Bedeutung gewinnen!

31. Grenzen Sie die drei verschiedenen Ausprägungen übernationaler Strategien unter Verwendung von Beispielen gegeneinander ab!

32. Welche Voraussetzungen müssen erfüllt sein, damit sich ein Unternehmen als Kostenführer bzw. als Qualitätsführer auf dem Absatzmarkt durchsetzen kann? Welcher Zusammenhang besteht zwischen diesen beiden konkurrenzgerichteten Strategien einerseits und den beiden Varianten der Marktstimulierungsstrategie andererseits?

33. Grenzen Sie die Pionierstrategie ab von der Strategie des frühen und des späten Folgers! Geben Sie für jede Strategie einen Vor- und einen Nachteil sowie ein treffendes Beispiel aus der Praxis an!

6 Produktpolitik

Lernziele

- Der Leser kennt die Zielsetzung der Produktpolitik und kann die unterschiedlichen Dimensionen des Produktbegriffs unterscheiden.
- Der Leser ist in der Lage, das Absatzprogramm eines Unternehmens systematisch zu strukturieren und kennt die strategischen Entscheidungsfelder der Programmpolitik. Den einzelnen Phasen des Produktlebenszyklus kann er die typischen Marketingmaßnahmen zuordnen.
- Der Leser ist mit den Zielen, Dimensionen und Mitteln der Produktgestaltung vertraut und kann den psycho-physikalischen Transformationsprozess erläutern.
- Der Leser kann die Bedeutung der Markenpolitik aufzeigen, kennt die Erscheinungsformen und Funktionen von Marken sowie die strategischen Entscheidungsbereiche der Markenpolitik. Zudem ist er in der Lage, operative Entscheidungen der Markenführung in Bezug auf Markenpositionierung und Markengestaltung zu treffen.
- Der Leser kennt die Entscheidungsfelder im Rahmen des Produktinnovationsprozesses und die Probleme, die mit der Entwicklung und Einführung neuer Produkte verbunden sind. Er ist in der Lage, Produktideen zu generieren und diese in einem Produktkonzept zu konkretisieren.

6.1 Grundlagen der Produktpolitik

6.1.1 Wesen und Gegenstand der Produktpolitik

Produktpolitische Entscheidungen gehören zu den zentralen Aktionsfeldern des Marketingmix. »Gute Produkte« bzw. »starke Marken« gelten als wichtigster Erfolgsfaktor konkurrierender Unternehmen. Die **Produktpolitik** umfasst alle Aktivitäten eines Unternehmens, die auf die Gestaltung einzelner Produkte oder des gesamten Absatzprogramms gerichtet sind.

In der Sichtweise des Marketing ist die Produktpolitik nicht als technische, sondern als marktbezogene Aufgabe zu verstehen. Die Basis jeder marktorientierten unternehmerischen Entscheidung bildet das Produkt. Dessen Eigenschaften sind maßgeblich für die Ausformulierung und den Einsatz der anderen absatzpolitischen Instrumente. Somit gilt die Produktpolitik als das »Herz des Marketing«.

Die Entscheidungsfelder der Produktpolitik lassen sich in vier Bereiche unterteilen, nach denen auch dieses Kapitel gegliedert ist. Die Grundlage aller Gestaltungsentscheidungen bilden **strategische Entscheidungen der Programmpolitik** (Kapitel 6.2). Diese Thematik wurde im Kapitel 5.2 zu den Marketingstrategien angesprochen. So führen die Marktdurchdringungs- und die Marktentwicklungsstrategie definitionsgemäß nicht zu einer Veränderung des Produktprogramms bezüglich der Anzahl angebotener Produkte. Um die marktdurchdringungs- und marktentwicklungsstrategischen Ziele zu erreichen, werden mitunter lediglich Veränderungen bei bereits bestehenden Produkten (Produktmodifikationen) vorgenommen. Somit handelt es sich hierbei um das (produktpolitische) Management bereits im Markt etablierter Produkte. Anderseits haben Entscheidungen der Produktentwicklungsstrategie und der Diversifikationsstrategie unmittelbaren Einfluss auf die Innovationstätigkeit der Unternehmung, da in beiden Fällen neue Produkte, und zwar für bereits bearbeitete oder aber neue Märkte, entwi-

Definition Produktpolitik

Zusammenhang zwischen Marktfeldstrategien und Programmpolitik

6.1 Produktpolitik
Grundlagen der Produktpolitik

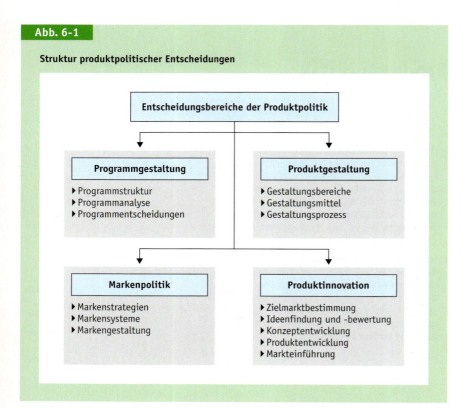

Abb. 6-1 Struktur produktpolitischer Entscheidungen

Produktgestaltung als operativer Bereich der Produktpolitik

Produkte als Bündel Nutzen stiftender Eigenschaften

ckelt werden müssen. Neben der Ausweitung des Produktprogramms spielen aufgrund derzeitiger Marktbedingungen auch Programmbereinigungen zunehmend eine Rolle (vgl. Kapitel 5.2). Dabei geht es um Entscheidungen der Produktelimination.

Die **operative Realisierung** der programmpolitischen Entscheidungen erfolgt im Rahmen der **Produktgestaltung** (Kapitel 6.3). Gestaltungsentscheidungen können sich sowohl auf bereits etablierte als auch auf die Entwicklung neuer Produkte beziehen und beinhalten grundlegende Kenntnisse über Dimensionen und Mittel der Produktgestaltung. Bei der Produktgestaltung aus Marketingsicht handelt es sich um einen psycho-physikalischen Transformationsprozess, bei dem es um die »Übersetzung« der von den Kunden erwarteten (subjektiven) Nutzenstiftung in eine (objektive) Produktgestalt geht. Zur Vermeidung von »Übersetzungsfehlern« ist die ständige Überprüfung der Gestaltungsentscheidungen bei den Konsumenten eine unabdingbare Voraussetzung. Eine besondere Bedeutung erlangen im Zusammenhang mit der Produktgestaltung **markenpolitische Entscheidungen** (Kapitel 6.4) sowie die optimale Planung und Steuerung von Innovationsprozessen, womit die **Produktinnovation** von Unternehmen angesprochen ist (Kapitel 6.5).

Zunächst sollen grundlegende Überlegungen zum Produktbegriff aus Marketingsicht dargelegt werden, die für das Verständnis aller folgenden Gestaltungsentscheidungen hilfreich sind. Im Anschluss daran werden die allgemeinen Ziele der produktpolitischen Entscheidungen vorgestellt, die den Handlungsrahmen der Produktpolitik bilden.

6.1.2 Dimensionen des Produktbegriffs

In einer weit gefassten Definition verstehen Kotler et al. unter einem Produkt alles, »was einem Markt angeboten werden kann, um es zu betrachten und zu beachten, zu erwerben, zu gebrauchen oder zu verbrauchen und somit einen Wunsch oder ein Bedürfnis zu erfüllen.« Danach kann alles als Produkt betrachtet werden, was Gegenstand von Austauschprozessen zwischen Menschen und/oder Organisationen ist. Darunter fallen neben Sachgütern und Dienstleistungen auch Personen, Städte, Ideen und vieles mehr (vgl. Kotler et al., 2007b, S. 492 f.). Gegenstand der Betrachtungen in diesem Buch sind Sachgüter und Dienstleistungen, die von privatwirtschaftlichen Unternehmen angeboten werden, mit dem Ziel, damit Gewinn zu erwirtschaften.

Bei dem Begriff des Produkts ist man geneigt, zunächst an **materielle bzw. technische Leistungen** wie Tafelschokolade, Computer, Waschmittel oder Autos zu denken. Vielfach wird ein Produkt mittels seiner physikalischen und chemischen Eigenschaften oder seiner äußeren Form beschrieben (z. B. Ritter-Sport = die quadratische Schokolade, Bionade = biologisch hergestellte Limonade). Aus Marketingsicht ist es jedoch sinnvoller, ein Erzeugnis nicht als materielle, sondern als **absatzwirtschaftliche Leistung** zu betrachten. Im Mittelpunkt steht dabei die Überlegung, dass ein Produkt aus Kundensicht eine **Problemlösung**, ein Mittel zur Be-

6.1 Grundlagen der Produktpolitik

dürfnisbefriedigung darstellt. Das bedeutet, dass ein Produkt anhand seiner Eignung beurteilt wird, die **Nutzenerwartungen** der Nachfrager zu erfüllen bzw. seine Bedürfnisse zu befriedigen (Aus der Praxis 6-1).

Die Grundlage einer erfolgreichen Produktpolitik bilden aus diesem Grund nicht die objektiven Produkteigenschaften, sondern die **subjektive Wahrnehmung** des Produkts aus Sicht der Konsumenten. Zahlreiche Studien belegen, welchen Einfluss die so genannten extrinsischen Produkteigenschaften wie Verpackung, Markierung, Farbgestaltung, Preis- und Distributionshinweise sowie insbesondere die Produktauslobungen (Claims) auf die (subjektive) Produktbeurteilung haben. Besonders eindrucksvoll dazu sind aktuelle Studien aus der Hirnforschung, in denen unter anderem der starke Einfluss des Preises auf die Geschmackswahrnehmung gezeigt werden konnte (vgl. Plassmann et al., 2008, S. 1050 ff.).

Nach der **Art der Leistung** können Produkte in Sachgüter (z. B. eine Einbauküche als materielle Leistung), Dienstleistungen (z. B. die Küchenmontage als immaterielle Leistung) oder eine Kombination aus Sachgütern und Dienstleistungen eingeteilt werden. So erfolgt bei einem Anbieter von Einbauküchen die Lieferung und Montage aus einer Hand. Hieraus lässt sich die Definition für ein Produkt ableiten: Ein **Produkt** ist ein materielles und/oder immaterielles Aggregat aus wahrgenommenen und mit Nutzenerwartungen verknüpften Leistungsmerkmalen.

> Definition Produktbegriff

Diese konsumentenorientierte bzw. nutzenorientierte Betrachtung des Leistungsangebots kommt bei vielen Unternehmen in der Formulierung ihres Unternehmenszwecks zum Ausdruck. So heißt es bei einem Pharmakonzern nicht »Wir produzieren Medikamente«, sondern »Wir tragen zur Gesundheit bei«. Daran wird deutlich, dass die Unternehmensleistungen nicht allein als rein technisch-funktionale Leistungen, sondern als **Problemlösungen für den Kunden** aufgefasst werden.

Im Hinblick auf die Nutzenstiftung eines Produkts kann zunächst zwischen **Grundnutzen und Zusatznutzen** unterschieden werden (Abbildung 6-2). Der Grundnutzen verkörpert die funktionale Qualität eines Produkts, die sich aus den physikalisch-chemischen und technischen Produkteigenschaften herleitet. Der Zusatznutzen umfasst begleitende Eigenschaften, die nicht für die Funktionsfähigkeit eines Produkts zwingend notwendig sind. Zwei spezielle Formen des Zusatznutzens sind der emotionale Nutzen, der besonders durch die ästhetische Erscheinung des Produkts vermittelt wird, und der soziale Nutzen, der sich im Wesentlichen aus dem Produktimage ableitet und dem Markenverwender zu sozialer Anerkennung verhilft (vgl. Meffert et al., 2008, S. 399).

Die Nutzenerwartungen können sich auf unterschiedliche **Dimensionen des Produkts** beziehen, die bei der Planung eines Leistungsangebotes vom Marketingmanagement zu durchdenken sind (vgl. Kotler et al., 2007b, S. 493). Diese Dimensionen sind in Abbildung 6-3 dargestellt.

Beim **Kernprodukt** handelt es sich um die fundamentale Ebene des Produktbegriffs. Diese Dimension ist verwenderbezogen und kennzeichnet die erwartete Problemlösung, das heißt den eigentlichen Grund für die Nachfrage nach dem Produkt. Das Kernprodukt bezieht sich somit auf die Produktleistung, die die grundlegende Nutzenerwartung der Konsumenten befriedigt. Beim Kauf eines PKWs ist normaler-

> Dimensionen des Produktbegriffs

Aus der Praxis – 6-1

Aus Konsumentensicht ist keineswegs die chemische Zusammensetzung des Teigs und des Belags einer Tiefkühlpizza interessant, sondern vielmehr, dass diese die Nutzenerwartung »schmeckt wie beim Italiener« erfüllt. Beim Kauf eines Körpersprays achten die Konsumenten in der Regel nicht auf die Inhaltsstoffe, sondern sind am spezifischen Nutzen interessiert, der von den Unternehmen ausgelobt wird. Junge Männer versprechen sich vom Kauf der Marke AXE, dass sie dadurch auf Frauen unwiderstehlich wirken, Käufer der Marke Rexona erwarten, dass sie 24 Stunden zuverlässig vor lästigen Körpergerüchen geschützt sind, während die Kunden der Marke Nivea neben der antitranspirierenden Wirkung gleichzeitig auf die sanfte Pflege ihrer Haut vertrauen.

6.1 Produktpolitik
Grundlagen der Produktpolitik

Abb. 6-2

Dimensionen des Produktnutzens

Definition		Beispiel Automobil
Die aus den technisch-funktionalen Basiseigenschaften eines Produktes resultierende Bedürfnisbefriedigung	**Grundnutzen** +	Individueller Transport von A nach B
Über den Grundnutzen hinausgehende Bedürfnisbefriedigung durch das Produkt	**funktionaler Zusatznutzen** +	Alle über den reinen Transport hinausgehenden technisch-funktionalen Nutzenkomponenten des Automobils (z.B. hoher Sicherheitsstandard, besondere Umweltfreundlichkeit)
Aus den **ästhetischen** Wirkungen und dem **emotionalen Markenwert** eines Produktes resultierende Bedürfnisbefriedigung	**emotionaler Zusatznutzen** +	Befriedigung des Schönheitsempfindens bei der Betrachtung von Form und Farbe des Außen-/Innendesigns; emotionale Markenwirkung (z.B. von Porsche)
Aus den **sozialen** Wirkungen eines Produktes resultierende Bedürfnisbefriedigung	**sozialer Zusatznutzen** =	Soziale Anerkennung oder Aufwertung durch den Kauf und die öffentliche Nutzung eines auffälligen, leistungsstarken Sportwagens

Produktnutzen
Summe aller Nutzenkomponenten des Produkts, die aus seiner technisch-funktionalen Gestaltung und seinen darüber hinausgehenden ästhetischen, emotionalen und sozialen Wirkungen resultieren

(Quelle: in Anlehnung an Meffert et al., 2008, S. 399)

Abb. 6-3

Dimensionen des Produktbegriffs am Beispiel von Mobiltelefonen

Kernprodukt	▶ **Grundnutzen** grundsätzlich ist ein Handy zum mobilen Telefonieren geeignet
Basisprodukt	▶ **minimale Produktausstattung** das Handy ist mit der SIM-Karte eines Providers ausgestattet, sodass auch tatsächlich Gespräche geführt werden können
Erwartetes Produkt	▶ **erwartete Produktausstattung** im Jahr 2009 erwarten die Kunden ein Handy mit SMS- und MMS-Funktion, einer Kamera und einem Farbdisplay
Erweitertes Produkt	▶ **Zusatzausstattung (added values)** Beispiele für Features, die einen Zusatznutzen liefern, sind ein Touchscreen, ein E-Mail-Client, eine UMTS-Internetverbindung oder eine Radiofunktion
Potenzielles Produkt	▶ **zukünftige Ausstattungsmerkmale** ein Handy könnte in Zukunft z.B. mit einem Duftchip ausgestattet sein oder den Fernsehempfang ermöglichen

Grundlagen der Produktpolitik 6.1

weise nicht das Objekt selbst das Wichtigste, sondern der Grundnutzen, von A nach B zu kommen.

Das **Basisprodukt** kennzeichnet die Grundversion eines Produkts. Das Produkt ist mit Eigenschaften ausgestattet, die es bezüglich der Grundnutzenstiftung »funktionsfähig« macht. Ein Produkt »nur« funktionsfähig zu machen, reicht heutzutage in der Regel nicht aus, um wettbewerbsfähig zu sein, da die Konsumenten gewisse Mindesterwartungen an die Produkte haben, die über die reine Funktionsfähigkeit hinausgehen. Allerdings gibt es auch Unternehmen, die daraus eine Strategie machen und Angebote mit einer minimalen Ausstattung zu einem besonders günstigen Preis anbieten (Aus der Praxis 6-2).

Auf der nächsten Konzeptionsebene geht es um das **erwartete Produkt**. Das Produkt wird mit Eigenschaften ausgestattet, die ein Konsument im Normalfall von dem Produkt erwartet, wenn er es erwirbt. Dabei ist zu beachten, dass die erwartete Produktleistung immer im Kontext der betrachteten Preisklasse zu sehen ist. Die Erwartungen an ein 2-Sterne-Hotel sind anders als an ein 5-Sterne-Hotel. Außerdem müssen die Erwartungen der Kunden an das Produkt regelmäßig überprüft werden, da sie sich durch den Qualitätswettbewerb der konkurrierenden Anbieter sowie durch den technischen Fortschritt im Zeitablauf ständig ändern bzw. in den meisten Fällen erhöhen. »Nur« die Erwartungen zu erfüllen kann beispielsweise das Ziel von Anbietern sein, die im Rahmen ihrer Marktstimulierung die Preis-Mengen-Strategie gewählt haben (vgl. Kapitel 5.2.2). Aber auch ein Aldi-Kunde, der für eine Dosensuppe lediglich 39 Cent ausgibt, wird diese Suppe nicht wieder kaufen, wenn sie seinen Geschmackserwartungen nicht entspricht.

Die meisten Konsumgütermärkte sind dadurch gekennzeichnet, dass sich die konkurrierenden Produkte im Hinblick auf die erwarteten Produkteigenschaften kaum noch unterscheiden. Bei dem **erweiterten Produkt** geht es um die Schaffung von komparativen Konkurrenzvorteilen durch eine gezielte Vermittlung zusätzlicher Produktleistungen. Ein solcher Zusatznutzen kann beispielsweise durch eine bestimmte Marke, besondere Eigenschaften des Produkts,

Aus der Praxis – 6-2

Ein aktuelles Beispiel vom amerikanischen Markt zeigt, welche Erfolgspotenziale ein auf minimale Ausstattung reduziertes Produkt hat. Die Firma Pure Digital Technologies entwickelte den »Flip«, eine Mini-Videokamera mit puristischem Design, nur mit den wesentlichen Funktionen. Der Flip ist mittlerweile der meistverkaufte Camcorder der USA. Der Erfolg wird damit begründet, dass es eine Zielgruppe gibt, die auf Zusatzfunktionen keinen Wert legt.

(Quelle: Förster/Kreuz, 2009b)

Abb. 6-4: Beispiel für ein erfolgreiches Produkt mit minimalistischer Produktausstattung

Produkte müssen die Erwartungen der Kunden erfüllen

ein spezielles Design, eine aufwändige Verpackung oder eine hervorragende Produktqualität vermittelt werden. Das erweiterte Produkt enthält neben dem konkreten Kaufobjekt zusätzlich auch alle Kundendienstleistungen, die mit dem Produkt verbunden sind, wie z. B. Anlieferung, Installation, die Wahrnehmung von Serviceaufgaben oder Garantieleistungen. Um sich auf Märkten mit weitgehend homogenen Produkten von den Erzeugnissen anderer Hersteller abzuheben, wird der erweiterte Produktbegriff um so genannte **psychologische Zusatznutzen** (added values) ergänzt. Beispielsweise kann durch eine emotionale Markenpositionierung ein bestimmtes Image aufgebaut werden, das die subjektive Wertschätzung des Produkts erhöht. Eine besondere Bedeutung für die Bedürfnisbefriedigung haben ästhetische Produktwirkungen, die durch ein exklusives Design und die Verwendung hochwertiger Materialien das Schönheitsempfinden des Konsumenten ansprechen (siehe beispielhaft Abbildung 6-5). Produkte werden durch den Zusatznutzen aufgewertet, was in der Regel zu einer erhöhten Preisbereitschaft führt.

Abb. 6-5

Produkterweiterung mittels Design

(Quelle: Scheier/Held, 2007, S. 68)

Auf der Konzeptionsebene des **erweiterten Produkts** geht es vor allem um eine zielgruppenspezifische Anpassung der Produktleistung an die Nutzenerwartungen der Konsumenten. Durch diesen Prozess, der durch eine zunehmende Anzahl an Produktdifferenzierungen gekennzeichnet ist, verstärkt sich der Innovationsdruck auf die Unternehmen. Dabei ist jedoch zu beachten, dass jede Erweiterung der Produktleistung auch mit zusätzlichen Kosten verbunden ist. Im Rahmen der Konzeptentwicklung solcher Produkte muss vorab geprüft werden, ob der Kunde bereit ist, die »Extras« auch zu bezahlen (vgl. Kapitel 6.5.2.3 sowie Kotler et al., 2007b, S. 493).

Aus der Praxis – 6-3

In Zukunft wird es vielleicht das iPhone mit einer integrierten »Dufttechnik« geben, die es ermöglicht, einen Duft per MMS zu empfangen (Abbildung 6-6 links). Der Befehl zur Duftfreisetzung wird vom Sender ausgelöst und an das Handy des Empfängers geschickt. Verfügt dieser über eine entsprechende Technik (Duftchip), dann kann das Handy des Empfängers den Duft freisetzen. Diese Technik könnte man auch für Computerspiele nutzen, um das Spielerlebnis durch den Dufteinsatz zu intensivieren. Gleichzeitig wird es möglich sein, das Handy als Kontrolle für die eigene Atemfrische zu nutzen. Ein eingebauter Duftsensor erkennt den schlechten Atemgeruch und sendet dem Handynutzer ein entsprechendes Signal, sodass er das Problem mit einem Pfefferminzbonbon beheben kann.

Ein anderes Beispiel zeigt, dass solche zunächst undenkbaren Produktlösungen aufgrund intensiver F & E-Bemühungen schnell Wirklichkeit werden können (Abbildung 6-6 rechts). Der japanische Kaugummihersteller Otoko Kaoru verspricht, dass sein Produkt einen unangenehmen Körpergeruch in Rosenduft verwandelt: L'odeur des roses (vgl. Förster/Kreuz, 2009a).

(Quelle: isi GmbH; Förster/Kreuz, 2009a)

Abb. 6-6: Potenzielles Produkt am Beispiel von Handys und Kaugummi

Die fünfte Konzeptionsebene bezieht sich auf das **potenzielle Produkt**. Während das erweiterte Produkt sich an den heutigen Gestaltungsmöglichkeiten orientiert, befasst man sich bei der Konzeption potenzieller Produkte mit möglichen Entwicklungen in der Zukunft. Fast alle innovativen Unternehmen arbeiten an Produktverbesserungen, die ihnen – durch die damit verbundenen Produktvorteile aus Sicht der Kunden – Wettbewerbsvorteile verschaffen sollen (Aus der Praxis 6-3). Erfolgreiche Unternehmen konzentrieren sich nicht nur auf die Zufriedenstellung des Kunden. Man strebt vielmehr danach, den Kunden zu begeistern. Das gelingt z. B. dadurch, dass der Kunde durch sein Erlebnis mit dem Produkt im Vergleich zu seinen vorherigen Erwartungen positiv überrascht wird (vgl. dazu die Ausführungen zum Kano-Modell in Kapitel 3.2.1.4 sowie Kotler et al., 2007b, S. 494).

6.1.3 Ziele der Produktpolitik

Das grundlegende Ziel der Produktpolitik besteht darin, bei vorgegebenen Kosten ein im Sinne der Unternehmensziele und der Marketingziele optimales Absatzprogramm bereitzustellen, welches durch die konsequente Ausrichtung an den Bedürfnissen der Nachfrager dazu beiträgt, einen dauerhaften Wettbewerbsvorteil zu erzielen. Das bedeutet, dass die produktpolitischen Ziele in die übergeordneten Unternehmens- und Marketingziele eingebettet sein müssen.

Das Absatzprogramm kann in Bezug auf die Konsumenten, die Konkurrenten und die eingeschalteten Absatzmittler optimal sein. Somit können die produktpolitischen Ziele einer Unternehmung in Anlehnung an Hansen/Leitherer (1984, S. 27 ff.) in konsumentengerichtete, konkurrenzgerichtete und absatzmittlergerichtete Ziele unterteilt werden.

Die **konsumentengerichteten** Ziele lassen sich in die Bedarfsanpassung und die Bedarfsveränderung mit Hilfe von Produkten unterscheiden. Bei der **Bedarfsanpassung** werden das Absatzprogramm und die Produkte derart gestaltet, dass sie dem herrschenden Bedarf gerecht werden. Dabei entstehen in der Regel Leistungen, die wenig innovativ sind und das vorhandene Angebot lediglich ergänzen. Die **Bedarfsveränderung** zielt darauf ab, von den bestehenden Nutzenerwartungen der Konsumenten abzuweichen und mittels der Bedarfsweckung oder Bedarfslenkung einen Nachfragezuwachs zu erreichen. Das Ziel der Bedarfsveränderung ist vielfach mit der Gestaltung innovativer Produkte verbunden.

Im Hinblick auf die **Orientierung an der Konkurrenz** können die produktpolitischen Zielsetzungen auf eine Abhebung, eine Imitation oder eine Kooperation ausgerichtet sein (vgl. Kapitel 5.2.5). Das Ziel der Abhebung ist darauf gerichtet, sich mit dem eigenen Absatzprogramm bzw. den eigenen Produkten vom Angebot der Mitbewerber abzugrenzen. Die Abhebung von der Konkurrenz kann durch neue Produkte oder durch Veränderung bestimmter Produkteigenschaften – z. B. in geschmacklicher oder gebrauchstechnischer Hinsicht – erreicht werden. So heben sich die Produkte der Marke Schweppes von den meist süßen Limonaden anderer Hersteller dadurch ab, dass sie ausschließlich in bitteren Geschmacksrichtungen angeboten werden. Der Firma Apple ist die Abhebung von der Konkurrenz vor allem durch das einzigartige Design der Produkte und die ständige Suche nach innovativen Produkteigenschaften gelungen.

Die **Imitation** ist dadurch charakterisiert, dass die eigenen Erzeugnisse mit den gleichen Nutzenversprechungen ausgestattet werden wie die Konkurrenzprodukte, um am Erfolg dieser Produkte zu partizipieren (»Me too«-Produkte). Die Realisierung dieser Strategie erfolgt häufig bereits kurz nach der erfolgreichen Markteinführung von Marken. Die Imitation als produktpolitisches Ziel verfolgen insbesondere Handelsunternehmen mit ihren Eigenmarken. Sie beauftragen häufig kleinere bzw. unbekannte Hersteller damit, erfolgreiche Produkte der Anbieter von Markenartikeln nachzuahmen. Diese Produkte werden dann in der Regel zu einem niedrigeren Preis verkauft. Erfolgreich ist diese Strategie beispielsweise bei Sonnenschutzmitteln. Aldi ist hier mit der Marke »Ombra« (mengenmäßiger) Marktführer. Hergestellt werden die Produkte unter anderem von der Firma Kiessling, einem Hersteller von chemisch-pharmazeutischen und kosmetischen Produkten, der bis zum Jahr 2006 zum Wella-Konzern gehörte (Aus der Praxis 6-4).

Zukünftige Produktausstattungen frühzeitig planen

Ziele der Produktpolitik nach unterschiedlichen Anspruchsgruppen

Aus der Praxis – 6-4

Dass die Discounter in vielen Produktkategorien aus ökologischer Sicht durchschnittlich nicht besser oder schlechter als Markenprodukte sind, zeigen die Ergebnisse einer Testreihe der Zeitschrift »Öko-Test«(Ausgaben Februar/März/April 2009). Zunehmend gelingt es den Discountern trotz ihres preisgünstigen Sortiments, solide Qualität in die Regale zu bringen. Untersucht wurden insgesamt 300 Artikel aus den Bereichen Lebensmittel, Kosmetik, Hygiene und Gesundheitspräparate, darunter auch Bio-Produkte der Discounter. »Sehr gut« und »gut« sind die am häufigsten vorkommenden Noten. Bei Aldi Nord und Lidl schaffen es ca. zwei Drittel der getesteten Produkte in diese Bewertungsstufe. Durchschnittlich sind mittelmäßige Testurteile nur bei einem Drittel des getesteten Warenkorbs zu finden, echte Ausreißer nach unten gibt es nur vereinzelt. Vor allem die Qualität des Bio-Angebots überzeugte die Tester. Zudem entsprechen alle Bio-Produkte der Discounter der EU-Öko-Verordnung. Ein wichtiges Testergebnis betrifft das frische Obst und Gemüse, bei dem Aldi Süd und Netto deutlich vor Lidl, Aldi Nord, Penny und Plus liegen.

Auch die Preise für Kosmetik und andere Körperpflegeprodukte sind beim Discounter unschlagbar. Kann hier die Qualität ebenfalls mithalten? Im Jahr 2008 wurden laut GfK nur ca. 11 Prozent aller Ausgaben im Bereich Kosmetik und Körperpflege im Discounter getätigt. Der Umsatz beruht hier überwiegend auf Mitnahmeeffekten, denn wer mit Markenpflegeprodukten aufwächst, wird sicher keinen No Name-Tiegel im Badezimmer positionieren. Ziel der Discounter ist nicht das Angebot differenzierter Produkte, sondern eher die »low involvement«-Kunden mit Basisprodukten zufriedenzustellen. Die Testergebnisse zeigen: Anders als Markenhersteller verzichten Aldi, Lidl und Co bereits weitgehend auf Duftstoffe, die mit einem Warnhinweis auf der Verpackung versehen werden müssen, weil sie Allergien auslösen. Haut- und Haarpflegeprodukte schneiden besonders gut ab, während es bei Deodorants und Sonnenschutzmitteln nur für ein »ungenügend« reicht.

Öko-Test hat ebenso Gesundheitspräparate der Discounter (Arzneimittel, Nahrungsergänzungsmittel und Medizinprodukte) untersucht. Jeder Anbieter hat hier gute wie auch schlecht bewertete Produkte im Sortiment. Insbesondere die in einigen Nahrungsergänzungsmittel enthaltenen Mengen an Wirkstoffen gehen über die Empfehlungen des Bundesinstituts für Risikobewertung (BfR) hinaus. Zudem weisen die Verzehrinformationen kritische Dosierungsempfehlungen auf (oeko-test.de, 2009).

Die **Kooperation** ist darauf gerichtet, mit anderen Herstellern in bestimmten Bereichen der Produktentwicklung zusammenzuarbeiten. Als produktpolitisches Ziel ist die Kooperation immer dann von Bedeutung, wenn die Entwicklung eines neuen Produkts und dessen Durchsetzung am Markt für einen einzelnen Anbieter zu groß ist oder sich für beide Unternehmen Vorteile ergeben. Markentechnisch erfolgt eine solche Kooperation häufig unter der Strategie der Markenallianzen, wie beispielsweise die gemeinsame Entwicklung einer Eiscreme-Sorte (»Kuhflecken-eis«) von den Firmen Langnese und Kraft. Hier wurden zwei starke Marken (Cremissimo und Milka) zu einem erfolgreichen Produkt vereint (vgl. ausführlich dazu Kapitel 6.4.2.2).

Absatzmittlergerichtete Ziele betreffen Herstellerunternehmen, die ihre Produkte unter Einschaltung von Absatzmittlern auf dem Markt anbieten. Sie sind darauf angewiesen, dass die Händler die Erzeugnisse auch in ihr Sortiment aufnehmen. Das Überangebot an Produkten und die enorme Sortenvielfalt auf der einen Seite sowie das knappe Angebot an Regalflächen und die wachsende Marktmacht des Handels auf der anderen Seite erfordern vielfach eine Anpassung des Absatzprogramms und der Produkte an die Anforderungen des Handels. In den letzten Jahren ist es zu einer verstärkten Zusammenarbeit zwischen Industrie und Handel gekommen. Unter dem Schlagwort Efficient Consumer Response (ECR) bemühen sich Hersteller und

Händler gemeinsam um eine optimale Ansprache der Kunden. Das beeinflusst mitunter auch die Anpassung der Produkte und Sortimente an die spezifischen Bedürfnisse nicht nur der Kunden, sondern auch der Handelspartner (vgl. Kapitel 9.2.4.3). So erhielt die Firma Henkel im Jahr 2005 den ECR-Preis für eine besonders kundenorientierte Zusammenarbeit mit dem Einzelhandel. Neben zahlreichen logistischen Problemlösungen und Kooperationen bei der Einführung neuer Produkte konnte Henkel durch die konsequente Verwendung von Standards im elektronischen Geschäftsverkehr – etwa bei Bestellungen, im Rechnungswesen und beim Lieferschein-Service – die Anzahl der Kooperationsprojekte relativ einfach erhöhen (Schlautmann, 2005).

Diese zunächst auf die unterschiedlichen Marktpartner ausgerichteten (qualitativen) produktpolitischen Ziele müssen im Rahmen der Programm- und Produktgestaltung weiter spezifiziert bzw. operationalisiert werden, damit sich daraus konkrete Handlungsanweisungen ableiten lassen und ihr Erreichungsgrad kontrolliert werden kann (vgl. Kapitel 5.1).

6.2 Programmgestaltung

Die auf einzelne Erzeugnisse bezogenen produktpolitischen Entscheidungen müssen immer auch im Zusammenhang mit dem gesamten Produktions- bzw. Absatzprogramm getroffen werden, um damit im Sinne einer optimalen Programmgestaltung das akquisitorische Potenzial einer Unternehmung zu erhalten oder auszubauen. Die **Programmpolitik** umfasst alle Entscheidungen, welche die Zusammensetzung, Überprüfung und Veränderung des gesamten Leistungsprogramms einer Unternehmung betreffen (vgl. Meffert et al., 2008, S. 400ff.).

6.2.1 Festlegung der Programmstruktur

Programm- und produktpolitische Entscheidungen sind unmittelbar miteinander verbunden. Mit der Unternehmensgründung sind Grundsatzentscheidungen über die Art und Zusammenstellung des Leistungsangebots zu treffen. Damit wird der Unternehmenszweck (das Sachziel) definiert und gleichzeitig die **Programmstruktur** im Hinblick auf die Dimensionen »Programmbreite« und »Programmtiefe« festgelegt. Die **Programmbreite** gibt die Anzahl der vom Unternehmen geführten Produktbereiche bzw. -arten an. Demgegenüber bezieht sich die **Programmtiefe** auf die Anzahl der Artikel und Sorten, die innerhalb einer Produktart angeboten werden (vgl. Abbildung 6-7).

Die **Sorte** ist die kleinste, nicht mehr teilbare Einheit des Produktprogramms. Wenn z. B. mehrere Verpackungsgrößen existieren, bilden diese die unterschiedlichen Sorten. Gibt es nur eine Verpackungsgröße, aber z. B. mehrere Duftrichtungen bei einem Haushaltsreiniger, definieren die Duftrichtungen die Sorten. Sorten, die in charakteristischen Eigenschaften übereinstimmen, werden zu **Artikeln** zusammengefasst. Die Gesamtheit mehrerer Artikel bildet eine **Produktart**. Für solche gleichartigen Erzeugnisse existiert meist eine einheitliche Benennung, die so genannte Artbezeichnung (z. B. Zigarette, Zucker, Schokolade). Die Zusammenfassung von Produktarten wird als **Produktgruppe** bezeichnet. Mehrere Produktgruppen bilden zusammen einen **Produktbereich**.

Bei der Festlegung der Programmstruktur handelt es sich um strategische Entscheidungen, welche die Erfolgspotenziale eines Unternehmens langfristig beeinflussen. Dabei haben insbesondere die **Verbundbeziehungen innerhalb des Programms** starken Einfluss auf die Erzielung von Wettbewerbsvorteilen. Solche Verbundbeziehungen werden häufig mit dem Aufbau von Markenfamilien realisiert. So werden z. B. von der Firma Melitta unter der Markenfamilie »Swirl« sehr viele unterschiedliche Produkte angeboten, die in einer komplementären Beziehung zueinander stehen und alle der gleichen Bedarfsgruppe »Praktische Sauberkeit« angehören. Man spricht in diesem Fall von einem **Bedarfsver-**

Definition Programmpolitik

Unterscheidung zwischen Programmbreite und Programmtiefe

Verbundbeziehungen innerhalb des Absatzprogramms müssen beachtet werden.

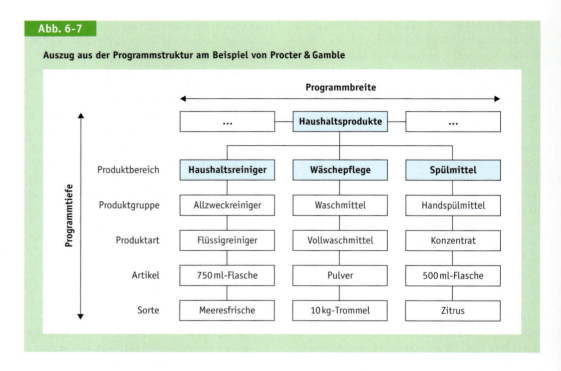

Abb. 6-7

Auszug aus der Programmstruktur am Beispiel von Procter & Gamble

bund. Besonders für die Sortimentsgestaltung von Handelsbetrieben spielt die Beachtung des **Nachfrageverbunds** eine große Rolle. Dabei wird unterstellt, dass die Konsumenten beim Einkaufen möglichst viele Produkte »unter einem Dach« erwerben möchten. Dieser Wunsch nach einem rationellen Einkauf hat in vielen Betriebsformen des Einzelhandels zu einer Ausweitung des Sortiments geführt, wie man es z. B. von Warenhäusern oder Verbrauchermärkten kennt. Darüber hinaus ist für die Planung von Verkaufsförderungsaktionen die Kenntnis der **Kaufverbundenheit** von Produkten von großer Bedeutung. Mit der Hilfe von Scannerkassen kann man ermitteln, welche Produkte während eines Einkaufs regelmäßig zusammen gekauft werden (vgl. Meffert et al., 2008, S. 406 f.).

6.2.2 Analyse des Produktprogramms

Die ständige Veränderung der Markt- und Wettbewerbsverhältnisse macht eine permanente Überprüfung und Anpassung des Programms notwendig. Für die laufende Überprüfung des Absatzprogramms steht eine Reihe von Planungs- und Kontrolltechniken zur Verfügung, mit deren Hilfe notwendige Anpassungsmaßnahmen festgestellt werden können. Zu diesen Verfahren zählen so genannte Programmstrukturanalysen, in denen unter anderem die Wirtschaftlichkeit des Produktprogramms bezüglich der Deckungsbeiträge oder die Kundenstruktur analysiert werden, sowie die Analyse des Produktlebenszyklus und die Produktpositionierung.

Analyse des Produktlebenszyklus als Grundlage für Programmentscheidungen

Im Folgenden wird lediglich die Produktlebenszyklus-Analyse erläutert (zu den anderen Verfahren vgl. ausführlich Becker, 2006). Mit ihr lassen sich der Rahmen und die Gründe für programmpolitische Maßnahmen anschaulich darstellen. Die Produktpositionierung als wichtiges Instrument zur Überprüfung der Stellung der eigenen Produkte im Konkurrenzumfeld aus der subjektiven Sicht der Konsumenten wurde bereits in Kapitel 4.4.3.1 vorgestellt. Sie dient vor allem auch zur Identifizierung von Marktnischen für neue Produkte.

Das **Modell des Produktlebenszyklus** beruht auf der Vorstellung, dass Produkte – ähnlich wie Lebewesen – dem »Gesetz des Werdens und Vergehens« unterliegen. Das Konzept basiert auf der Annahme, dass der Lebenszyklus eines Produkts von dessen Markteinführung bis zur Elimination bestimmten Gesetzmäßigkeiten folgt. Als Bezugsbasis kommen neben Produkten bzw. Marken (z. B. Ariel) ebenso Sorten (z. B. Ariel Color Ultra) oder ganze Warenarten (z. B. Waschpulver) in Betracht. Die folgenden Ausführungen beziehen sich auf das Produkt als Bezugsbasis. Der Produktlebenszyklus wird typischerweise in fünf Phasen unterteilt: Einführungsphase, Wachstumsphase, Reifephase, Sättigungsphase und Degenerationsphase (Abbildung 6-8).

Grundlage dieser Phaseneinteilung ist die Veränderung des Umsatzes bzw. Absatzes im Zeitablauf. Dabei wird allgemein ein ertragsgesetzlicher (S-förmiger) Verlauf der Umsatz- bzw. Absatzkurve unterstellt. In der Praxis ist ein derartiger Kurvenverlauf im »Leben« vieler Produkte durchaus nachvollziehbar. Es zeigen sich aber auch Produktlebenszyklen, die erheblich von der idealtypischen S-Form abweichen. Die einzelnen Phasen des Produktlebenszyklus können wie folgt charakterisiert werden:

In der **Einführungsphase** ist das Produkt noch neu für den Markt und der Widerstand der Konsumenten gegen das Erzeugnis ist in der Regel hoch. Die Intensität des Marktwiderstands hängt vom Innovationsgrad des Produkts ab und ist beispielsweise bei echten Neuheiten (z. B. Bionade) größer als bei den so genannten »Me too«-Produkten (z. B. »neuer« Schokoriegel). Der Umsatz ist dementsprechend noch gering. Dem niedrigen Umsatz stehen hohe Kosten für die Produktion, den Aufbau eines leistungsfähigen Vertriebsnetzes sowie für die Werbung und Verkaufsförderung gegenüber, sodass noch kein Gewinn realisiert werden kann. Die Marketingaktivitäten richten sich hauptsächlich auf die Bekanntmachung des Produkts. Es existieren noch keine oder nur wenige Wettbewerber. Das Erzeugnis wird von denjenigen Verbrauchern nachgefragt, die Neuerungen aufgeschlossen gegenüberstehen (so genannte Innovatoren). Es wird zunächst nur eine Grundversion des Produkts angeboten. Insbesondere bei technisch-komplexen Produkten besteht häufig die Gefahr

Hohe Kosten in der Einführungsphase

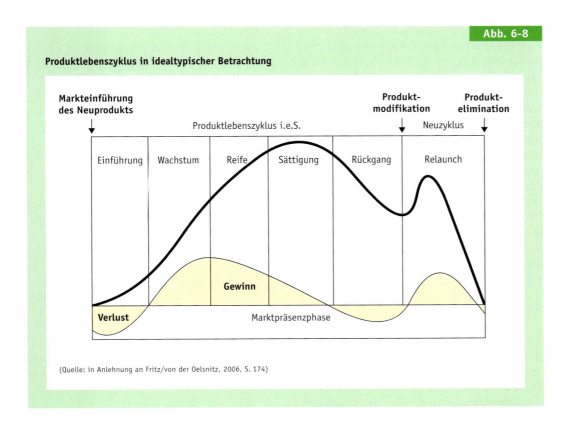

Abb. 6-8

Produktlebenszyklus in idealtypischer Betrachtung

(Quelle: in Anlehnung an Fritz/von der Oelsnitz, 2006, S. 174)

so genannter »Kinderkrankheiten«, die dazu führen, dass bereits während der Einführungsphase Produktveränderungen (Produktmodifikationen) vorgenommen werden müssen, wie z. B. bei der Einführung der A-Klasse von Mercedes.

Die **Wachstumsphase** ist durch einen überdurchschnittlichen Umsatzzuwachs gekennzeichnet, der innerhalb dieser Phase sein Maximum erreicht. Der steigende Umsatz beruht zu einem großen Teil auf einer zeitverzögerten Wirkung der Werbemaßnahmen in der Einführungsphase und einer zunehmenden Produktakzeptanz. Es lassen sich Kostendegressionen realisieren (z. B. durch höhere Losgrößen), sodass der Gewinn in dieser Phase sein Maximum erreicht. Der erzielbare Gewinn lockt zunehmend mehr Konkurrenten an. Die Marketingmaßnahmen richten sich deshalb insbesondere auf die Schaffung von Präferenzen für das eigene Produkt. Qualitative Verbesserungen des Produkts sowie die Einführung neuer Produktvarianten tragen zur Präferenzbildung bei. Käufer in dieser Phase des Produktlebenszyklus sind die so genannten Frühadopter. Bei Verbrauchsgütern (z. B. Bionade) reagieren zufriedene Kunden mit Wiederholungskäufen. Bei Gebrauchsgütern (z. B. Flachbildschirme) führen entsprechende Produktverbesserungen bereits zur Deckung des Ersatzbedarfs.

> Verstärkte Konkurrenz in der Wachstumsphase

Der Umsatz steigt in der **Reifephase** absolut an und erreicht mit dem Übergang in die Sättigungsphase sein Maximum. Das Umsatzwachstum und der Gewinn gehen jedoch weiter zurück. Das eigene Produkt wird durch eine große Anzahl an Konkurrenten bedroht. Durch Produktvariationen wird versucht, sich von den Erzeugnissen anderer Wettbewerber abzuheben. Die Marketingmaßnahmen zielen primär auf den Aufbau einer Produkt- bzw. Markentreue ab. Konsumenten, die bisher beim Kauf gezögert haben, treten nun zusätzlich zu den bisherigen Nachfragern als Abnehmer auf.

In der **Sättigungsphase** ist der Umsatz rückläufig. Es wird zwar nach wie vor ein Gewinn erzielt, doch geht dieser weiter zurück und erreicht am Phasenende die Verlustschwelle. Das Marktpotenzial ist ausgeschöpft, und die Nachfrage stagniert. Die Anzahl der Konkurrenten bleibt unverändert oder nimmt ab. Die Marketingaktivitäten konzentrieren sich darauf, den Umsatz- bzw. Absatzrückgang aufzuhalten oder sogar ein erneutes Umsatz- bzw. Absatzwachstum zu erreichen und damit den Produktlebenszyklus zu verlängern. Geeignete Maßnahmen zur Verlängerung des Produktlebenszyklus in der Sättigungsphase konzentrieren sich vor allem auf die Steigerung der Verwendungshäufigkeit, die Entwicklung neuer Verwendungsmöglichkeiten sowie die Gewinnung neuer Kunden.

> Einführung neuer Produktvarianten in der Reife- und Sättigungsphase

Die **Degenerationsphase** ist durch einen weiteren Umsatzrückgang gekennzeichnet. Inzwischen sind Erzeugnisse auf dem Markt, die für die Bedürfnisse, zu deren Befriedigung das ursprüngliche Produkt konzipiert worden war, billigere, bessere und/oder bequemere Problemlösungen bieten. Der Umsatz wird von den Kosten überkompensiert. Somit lassen sich nur noch Verluste realisieren. Eine Wiederbelebung des Produkts, eine so genannte Revitalisierung (z. B. Creme 21, Bluna), gelingt in der Degenerationsphase nur selten, sodass das Unternehmen das Produkt innerhalb dieser Phase eliminieren wird. Ebenfalls scheiden immer mehr Konkurrenzunternehmen aus dem Markt aus. Die Erstkäufer setzen sich aus den so genannten »Nachzüglern« zusammen.

Das Konzept des Produktlebenszyklus ist als Informationsgrundlage für programm- und produktpolitische Entscheidungen allgemein anerkannt. In Bezug auf die Aussagekraft des Modells werden in der Literatur unterschiedliche Auffassungen vertreten. Ein Vergleich empirischer Daten zeigt, dass das Produktlebenszykluskonzept keine allgemeingültigen Handlungsempfehlungen für die Produktpolitik geben kann. Verschiedene Einflussgrößen wie Kaufkraft, Verhalten der Abnehmer, Verhalten der Konkurrenz, technologische und konjunkturelle Änderungen sind nicht exakt zu bestimmen, beeinflussen aber in mehr oder weniger starkem Maße die Umsatzentwicklung.

Der diagnostische und deskriptive Wert des Modells ist allerdings von nicht zu unterschätzender Bedeutung. Die Kenntnis und Berücksichtigung des Lebenszyklus-Konzepts verschafft dem Management einen Überblick über die Altersstruktur des Produktions- bzw. Absatzprogramms sowie über das Verhältnis der Anzahl »wachsender« zur Zahl »schrumpfender« Produkte.

6.2.3 Entscheidungen der Programmpolitik

Die Entscheidungen der Programmpolitik beziehen sich auf die Veränderung des Absatzprogramms eines Unternehmens im Hinblick auf die Anzahl angebotener Produkte. Diesbezüglich können sich Programmveränderungen grundsätzlich als Programmkonstanz, Programmerweiterung oder als Programmreduktion darstellen. Bis auf die Programmreduktion wurden die strategischen Handlungsmöglichkeiten bei den Marktfeldstrategien vorgestellt (vgl. Kapitel 5.2.1). An dieser Stelle sollen die strategischen Grundsatzentscheidungen im Hinblick auf **operative Gestaltungsalternativen** im Rahmen der Produktpolitik spezifiziert werden.

Programmkonstanz liegt vor, wenn in einem gegebenen Planungszeitraum keine neuen Produkte angeboten werden. Rein theoretisch kann das durch eine Marktdurchdringungs- oder Marktentwicklungsstrategie erreicht werden. Das heißt aber nicht, dass sich daraus kein produktpolitischer Handlungsbedarf ergibt. Häufig müssen die bestehenden Produkte verändert werden, damit sie an die neuen Anforderungen der bereits bearbeiteten Märkte oder neuen Märkte angepasst werden können. Besonders deutlich wird diese Notwendigkeit bei der Marktentwicklungsstrategie, die in der Regel eine Anpassung der Produkte an die räumlich neuen Absatzmärkte, die neuen Verwendungszwecke oder Verwendergruppen unabdingbar machen. Es handelt sich hierbei um Veränderungen einzelner Produkteigenschaften und man bezeichnet die dazugehörige produktpolitische Maßnahme als **Produktdifferenzierung.** Dabei unterscheidet man zwischen **Produktmodifikation** (Veränderung einzelner Produkteigenschaften) und **Produktvariation,** bei der zum bestehenden Produkt neue Varianten hinzukommen (Homburg/Krohmer, 2006, S. 617). Die Programmkonstanz ist in der Praxis eher die Ausnahme, da die meisten Unternehmen ihre Wachstumsziele nur mit der Einführung neuer Produkte realisieren können.

Die Entwicklung und Vermarktung neuer Produkte ist eine maßgebliche Voraussetzung, um den Erhalt und das Wachstum der meisten Unternehmen sicher zu stellen. Damit ist der Bereich der **Programmerweiterung** angesprochen, die durch Produktvariationen oder Produktinnovationen erreicht werden können.

Produktvariationen führen zu neuen Varianten bereits existierender Produkte, ohne den Kernnutzen dabei zu verändern. Typische Beispiele dafür sind neue Geschmacksrichtungen, Verpackungsgestaltungen oder auch Nutzungsvarianten (vgl. Esch et al., 2008, S. 249), die zu den typischen Produktlinienerweiterungen bei Markenprodukten gehören. Ihr Neuheitsgrad ist für die Konsumenten eher gering. Marktfeldstrategisch lassen sich die Produktvariationen der Marktdurchdringungsstrategie oder der Marktentwicklungsstrategie zuordnen, je nachdem ob die neuen Produkte für den bereits bearbeiteten Markt oder als Anpassungen an einen neuen Markt entwickelt werden.

Produktinnovationen können marktfeldstrategisch im Rahmen einer Produktentwicklungsstrategie oder als Diversifikationsstrategie geplant werden. Im ersten Fall werden neue Produkte für einen Markt entwickelt, den das Unternehmen bereits mit anderen Produkten bearbeitet. Der Unterschied zu einer Produktvariation besteht darin, dass das neue Produkt nicht »nur« eine Variante eines bereits bestehenden Produkts ist, sondern eine im Hinblick auf die **Kernfunktionen und Nutzenstiftung eigenständige Produktleistung** darstellt und damit einen höheren Innovationsgrad aufweist.

In vielen Fällen sind die Übergänge zwischen einer Produktvariation bzw. -modifikation und Produktinnovation allerdings fließend (Homburg/Krohmer, 2006, S. 617). Der Unterschied wird besonders dann deutlich, wenn das neue Produkt als neue Marke oder bei Markenfamilien als eigenständige Untermarke (Subbrand) gekennzeichnet ist (vgl. dazu Kapitel 5.2). Keine Abgrenzungsprobleme gibt es, wenn das neue Produkt im Rahmen einer Diversifikationsstrategie entwickelt wird. In diesem Fall werden von dem Unternehmen bisher noch keine Produkte für diesen Markt angeboten.

Obwohl die vorgenommene Klassifikation der Entscheidungsbereiche im Rahmen der Programmpolitik nicht überschneidungsfrei ist und auf den ersten Blick sehr theoretisch anmutet, ist sie dennoch hilfreich, wenn es um die zielgerichtete Auswahl relevanter Marketing-

---

Programmerweiterung durch Produktvariation oder Produktinnovation

Zielgerichtete Auswahl programmpolitischer Entscheidungen

maßnahmen geht. Mit Hilfe von **Produktmodifikationen** können z. B. Kostensenkungen realisiert werden, Produkte an die veränderten Ansprüche der bisherigen Kunden oder auch im Hinblick auf die Gewinnung von Neukunden – das heißt Kunden der Konkurrenz bzw. bisherige Nicht-Verwender – angepasst werden. Bei **Produktvariationen** geht es im Wesentlichen um die Befriedigung bisher nicht erfüllter Kundenbedürfnisse bei bereits bestehenden Produkten, z. B. bezüglich des Geschmacks, der Packungsgröße oder der Produktfunktionen bei Nahrungs- und Genussmitteln. Typischerweise erfolgen diese Maßnahmen in der Wachstums- und Sättigungsphase des Produktlebenszyklus von Produkten.

Das folgende Beispiel soll die zuvor dargestellten programmpolitischen Handlungsalternativen verdeutlichen (Aus der Praxis 6-5).

Aus der Praxis – 6-5

Ausgangspunkt des folgenden Beispiels ist die Angebotsstruktur der Marke Wrigley's Extra, die als Markenfamilie seit 1978 im Süßwarenmarkt im den Teilmarkt »Zahn- und Mundpflegeprodukte« (Oral-Care) erfolgreich etabliert ist. In den Jahren 2006-2009 wurden unter anderem folgende programmpolitischen Entscheidungen getroffen, die zu entsprechenden Gestaltungsentscheidungen einzelner Produkte geführt haben.

Für den Teilmarkt »Mundpflege«, der bei Wrigley mit den Marken »Wrigley's Extra« und »Wrigley's Extra Professional« bearbeitet wird, erfolgte eine **Produktentwicklungsstrategie** durch die Einführung der (Subbrand) »Wrigley's Extra Professional Mints« (Abbildung 6-9). Aufgrund der spezifischen Nutzenstiftung (»sauberes Mundgefühl« und »Zungenreinigung«), die von den anderen Produkten der Marke Wrigley's Extra bisher nicht ausgelobt wurden, **und** der eigenständigen Produktleistung (neuartige Pastille mit einer geriffelten Oberfläche) handelt es sich dabei um eine Produktinnovation, die mar-

Produktinnovation (2006)

Abb. 6-9: Produktinnovation Wrigley's Extra Professional Mints

kentechnisch als Produktlinienerweiterung der Marke Wrigley's Extra Professional realisiert wurde.

Gleichzeitig verfolgte Wrigley mit der Einführung einer neuen Verpackung für die bereits existierenden Zahnpflege-Kaugummis der Marke »Wrigley's Extra« eine **Marktdurch-**

Produktvariation (2006)

Abb. 6-10: Produktvariation Wrigley's Extra Professional Kaugummi

Produktvariation (2009)

Abb. 6-11: Produktvariation Wrigley's Extra Professional durch neue Geschmacksrichtung Zitrone-Limette

dringungsstrategie, die in diesem Fall durch eine **Produktvariation** erfolgte, da es im Produktnutzen und der Produktleistung keinen Unterschied zu den bereits im Markt befindlichen Kaugummis gab. Es wurde »lediglich« eine neue Packungsvariante hinzugefügt, die allerdings für viele Kunden zu einer deutlichen Verbesserung der Vorratshaltung (funktionale Nutzenstiftung) geführt hat (Abbildung 6-10). Weiterhin ist zu vermuten, dass durch diese an Pillendosen erinnernde Verpackung die (subjektive) Nutzenstiftung in Richtung »medizinische Zahnpflege für Zwischendurch« deutlich verbessert werden konnte.

Ebenfalls zur **Produktvariation** ist die Einführung einer **neuen Geschmacksrichtung** für die Marke »Wrigley's Extra Professional« bei den Zahnpflege-Kaugummis zu rechnen. Auch hier sind der Kernnutzen und die Produktleistung gleich geblieben. Es wurde lediglich eine neue Geschmackssorte hinzugefügt. Dabei erkennt man allerdings die Absicht, dass mit der Einführung der neuen Geschmacksrichtung »Zitrone-Limette« auch eine leichte Veränderung der Nutzenstiftung beabsichtigt ist (Abbildung 6-11). Mit der Auslobung »gibt Ihnen das Gefühl sauberer Zähne« erweitert man den bisherigen funktionalen Nutzen »Zahnschutz« durch die eher sozial-emotionale Nutzenstiftung »Gefühl von Sauberkeit«. Damit wird es mit großer Wahrscheinlichkeit gelingen, neue Zielgruppen für die Marke zu erschließen.

Schließlich hat die Firma Wrigley bei ihrer Marke »Wrigley's Extra« auch eine **Produktmodifikation** vorgenommen. So wurde das Lutschbonbon »Wrigley's Extra Drops« völlig umgestaltet. Aus dem Hartbonbon in den Geschmacksrichtungen Wild Mint, Lemon Mint und Wild Fruit wurde ein Hohl-Bonbon mit einer Xylit-Pulver-Füllung, die beim Lutschen der Bonbons langsam freigesetzt wird und einen angenehm frischen Geschmack entfaltet (Abbildung 6-12). Damit sollte die Produktleistung »Zahnpflege« untermauert werden. Weiterhin sollte das besondere sensorische Produkterlebnis beim Lutschen eine stärkere Differenzierung gegenüber den bereits seit Langem etablierten Konkurrenzprodukten ermöglichen. Dieses Produkt wurde in den Geschmacksrichtungen Strong

Produktmodifikation und -elimination (2008/2009)

Abb. 6-12: Produktmodifikation und Produktelimination Wrigley's Extra Drops

6.3 Produktpolitik — Produktgestaltung

Mint, Cranberry Lime und Caramel Mint eingeführt. Bei der letzen Geschmacksrichtung stellte sich allerdings heraus, dass die Konsumenten in dem »Geschmacks-Code« »Karamell« einen Widerspruch zum Produktnutzen »Zahnpflege« sehen. Da diese Geschmackssorte aus den vermuteten Gründen die Umsatzerwartungen nicht erfüllte, wurde es 2009 aus dem Programm genommen (**Produktelimination**).

Würde die Firma Wrigley – rein hypothetisch – in Zukunft Produkte für den Zahncrememarkt, den Getränkemarkt oder den Markt für Mundwasser anbieten, so wären das Aktivitäten im Rahmen einer (horizontalen) **Diversifikationsstrategie durch eine Produktinnovation**, weil es sich dabei nicht mehr um den bisher bearbeiteten Süßwarenmarkt, sondern um völlig neue Märkte handeln würde.

Wie das Beispiel der Firma Wrigley zeigt, bedingen die programmpolitischen Handlungsalternativen immer auch markenpolitische Entscheidungen (vgl. dazu Kapitel 6.4.2).

Der Begriff **Programmreduktion** kann sich sowohl auf die Programmtiefe als auch auf die Programmbreite beziehen. Eine Verringerung der Programmtiefe wird als Sortenreduktion, eine Verringerung der Programmbreite als Programmspezialisierung bezeichnet. Beide Alternativen sind Formen der so genannten Desinvestitionsstrategie.

Vor dem Hintergrund immer stärker werdender Handelsmarken, die in Deutschland bereits einen Marktanteil von ca. 37 Prozent (vgl. Kapitel 6.4.1.2) erobert haben, sehen sich viele Markenhersteller gezwungen, ihr Absatzprogramm mitunter drastisch zu reduzieren, wie das Beispiel der Firma Unilever zeigt (Aus der Praxis 6-6).

Strategische Entscheidungen der Programmpolitik wirken sich unmittelbar auf einzelne Produkte aus und führen damit stets zu produktpolitischen Gestaltungsentscheidungen, die im Folgenden näher beleuchtet werden.

Aus der Praxis – 6-6

Vor sieben Jahren beschloss der britisch-niederländische Konsumgüterkonzern Unilever, die Anzahl seiner 1.600 Kosmetik-, Wasch- und Lebensmittelmarken auf 400 zu reduzieren. Verkauft sind mittlerweile Marken wie Dextro Energy, Intermezzo, Bistro, Livio, Palmin, Biskin, Bressot, die Parfümsparte, der größte Teil des Iglo-Tiefkühlgeschäfts und zuletzt die Kräutermarken Lawry's und Adolph's. Die jüngsten Erfolge geben der Strategie der Geschäftsführung recht. Mit Rama, Lätta, AXE, Knorr-Suppen, Magnum oder Dove hat der Konzern starke Marken, die ihm 2007 zum ersten Mal seit Jahren wieder gute Zahlen beschert haben (Roos, 2007).

6.3 Produktgestaltung

Definition Produktgestaltung

Geht man von der oben erläuterten Definition aus, dass es sich bei einem Produkt um ein Aggregat aus wahrgenommenen und mit Nutzenerwartungen verknüpften Leistungsmerkmalen handelt, so wird unmittelbar deutlich, dass als Gegenstand der Produktgestaltung all diejenigen Faktoren in Betracht kommen, welche die Ausgestaltung der Nutzenerwartungen von Konsumenten betreffen. Zur Befriedigung von Nutzenerwartungen dienen Produkte bzw. deren Eigenschaftskombinationen. **Produktgestaltung** umfasst also alle Maßnahmen, die zur Festlegung oder Veränderung von Produkteigenschaften unter absatzwirtschaftlichen Gesichtspunkten getroffen werden.

6.3.1 Ziele der Produktgestaltung

Die **Ziele der Produktgestaltung** werden aus den produktpolitischen Zielen abgeleitet. Sie können als instrumentelle Teilziele verstanden werden. Bei den in Kapitel 6.1.3 erörterten (qualitativen) Zielen handelt es sich lediglich um allgemeine Richtlinien, welche die Handlungsmöglichkeiten der Produktpolitik mit den damit verbundenen Zielvorstellungen der Unternehmen aufzeigen. Für eine Erfolgskontrolle der Produktgestaltung müssen jedoch operationale Ziele formuliert werden. Der wirtschaftliche Erfolg produktpolitischer Maßnahmen kommt z. B. im Absatz, Umsatz oder Deckungsbeitrag zum Ausdruck. Ebenso wie bei ökonomischen Werbezielen besteht hier allerdings ein Zurechnungsproblem. Der spezifische Beitrag produktpolitischer Maßnahmen zum Umsatzerfolg ist kaum festzustellen, da auch die anderen Marketinginstrumente diese Zielgröße beeinflussen. Als operationale Zielgrößen kommen außerökonomische bzw. psychologische Ziele in Betracht, die auf der subjektiven Beurteilung der Produkte beruhen und in direkter Beziehung zur Kaufwahrscheinlichkeit stehen. Damit rückt der Begriff der **Produktpräferenz** in den Mittelpunkt der Betrachtung. Im Präferenzwert eines Produkts kommt das Ausmaß der erwarteten Nutzenstiftung im Vergleich zu konkurrierenden Alternativen zum Ausdruck. Die **Produktpräferenz** beinhaltet das von Konsumenten gebildete subjektive Urteil über den relativen Wert einer Anzahl vergleichbarer Produkte. Der Gesamtpräferenzwert eines Produkts setzt sich aus Teilpräferenzwerten der einzelnen kaufrelevanten Produkteigenschaften zusammen (Böcker, 1986, S. 556). Im Rahmen der Produktgestaltung ist die Analyse der Präferenzwirkung einzelner Produkteigenschaften von zentraler Bedeutung, weil daraus Rückschlüsse auf das zu erwartende Kaufverhalten möglich sind. Somit kann z. B. als operationales Ziel der Produktgestaltung die Maximierung des Präferenzwertes eines Produkts bei vorgegebenen Kosten für das Produkt formuliert werden. Die Ermittlung der Präferenzwerte erfolgt mit Hilfe geeigneter Marktforschungsmethoden, von denen besonders die Conjointanalyse von herausragender Bedeutung ist (vgl. Kapitel 4.4.3.2).

6.3.2 Bereiche der Produktgestaltung

Betrachtet man ein Produkt als »Bündel Nutzen stiftender Eigenschaften«, so folgt daraus, dass die zu treffenden Gestaltungsentscheidungen weit über die Festlegung der rein technisch-funktionalen Produktmerkmale hinausgehen. Vielmehr müssen alle für die Kunden relevanten Produkteigenschaften integrativ zu einem in sich stimmigen Produktangebot verknüpft werden, um dadurch für den Kunden eine möglichst hohe Nutzenstiftung sicherzustellen. Dabei geht es auch um solche Eigenschaften, die mit der Kernleistung (z. B. Geschmack eines Joghurts) bzw. der Funktionsfähigkeit des Produkts (z. B. unterstützt die Verdauung) nur wenig oder gar nichts zu tun haben. Das betrifft beispielsweise die Produktfarbe, die Verpackung, die Markierung oder das Image des Produkts. Für den Markterfolg können diese Produktmerkmale mitunter ausschlaggebend sein. Zur Systematisierung aller Gestaltungsmöglichkeiten bietet es sich an, unterschiedliche Bereiche der Produktgestaltung zu unterscheiden (vgl. Kotler et al., 2007a, S. 633 ff.). Bei Sachgütern stehen dabei im engeren Sinne Gestaltungsmöglichkeiten der Produktqualität, des Produktdesigns, der Produktausstattung sowie der Produktverpackung zur Verfügung. Im weiteren Sinne zählen dazu auch produktbegleitende Dienstleistungen, Garantieleistungen, die Markierung und sonstige immaterielle Eigenschaften (Abbildung 6-13).

Im weitesten Sinne müssen bei der Produktgestaltung auch preis-, kommunikations- und distributionspolitische Entscheidungen berücksichtigt werden, da sich die subjektive Produkt-

Produktgestaltung im engeren und weiteren Sinn

Produktpräferenzen als Ziel der Produktgestaltung

Abb. 6-13

Bereiche der Produktgestaltung bei Sachgütern

Produktgestaltung im engeren Sinne	Produktgestaltung im weiteren Sinne
(materielle Produkteigenschaften)	(immaterielle Produkteigenschaften)
▸ Produktqualität ▸ Produktäußeres ▸ Produktausstattung ▸ Produktverpackung	▸ produktbezogene Dienstleistungen ▸ Garantieleistungen ▸ Markierung ▸ sonstige Nutzen stiftende Eigenschaften

beurteilung durch den Konsumenten immer ganzheitlich auf die gesamte Marktleistung bezieht. Sie werden als sonstige Nutzen stiftende Eigenschaften bezeichnet (vgl. Böcker, 2001). In diesem Abschnitt soll auf die Darstellung des letztgenannten Bereichs verzichtet werden. Es ist aber darauf hinzuweisen, dass die im Folgenden dargestellten Gestaltungsbereiche immer auch mit den Entscheidungen der anderen Marketinginstrumente abzustimmen sind. Aufgrund der besonderen Bedeutung von Markierungsentscheidungen wird dieser Punkt in einem eigenen Kapitel behandelt (Kapitel 6.4.3.4, zu den Besonderheiten der Produktgestaltung bei Dienstleistungen siehe Oppermann, 1998).

6.3.2.1 Gestaltung der Produktqualität

Definition des subjektiven Qualitätsbegriffs

Die Gestaltung der Produktqualität ist eines der wichtigsten Bereiche zur Erfüllung des Kundennutzens. Sie spielt vor allem bei grundsätzlichen Positionierungsentscheidungen im Vorfeld der Produktgestaltung eine zentrale Rolle. Dabei besteht ein direkter Zusammenhang mit der Marktstimulierungsentscheidung, denn hier wird das angestrebte Qualitätsniveau festgelegt. So bedingt die Entscheidung für eine Präferenzstrategie die Gestaltung eines weitaus höheren Qualitätsniveaus, als dies bei der Preis-Mengen-Strategie erforderlich ist (vgl. Kapitel 5.2.2). Zum Begriff der Produktqualität gibt es unterschiedliche Auffassungen. Hier soll darunter im Sinne eines **subjektiven Qualitätsbegriffs** die Fähigkeit des Produkts verstanden werden, seine Funktionen zu erfüllen (vgl. Scharf, 2000, S. 141). Aus subjektiver Sicht der Konsumenten ist die Produktqualität der Oberbegriff für die Summe aller positiven Eigenschaften. Bei einem technischen Produkt sind das z. B. Langlebigkeit, Zuverlässigkeit, Präzision, einfache Handhabung oder leichte Reparatur. Bei Nahrungs- und Genussmitteln denkt man dabei vor allem an den Geschmack sowie eine Vielzahl funktionaler Eigenschaften wie Frische, Verträglichkeit, Gesundheit, Genuss und vieles mehr. Bei einem Anbieter von touristischen Dienstleistungen sind es etwa die Beratungsqualität im Reisebüro, die Qualität des Transports, des Hotels, der Gastronomie oder der touristischen Angebote am Urlaubsort.

Viele der Eigenschaften, nach denen Konsumenten häufig ihre Auswahlentscheidungen treffen, sind objektiv feststellbar. Das sind auch die Eigenschaften, die bei Warentests Gegenstand der Überprüfung und der Qualitätsurteile sind. Wie aber bereits ausführlich im Kapitel 6.1.2 dargelegt wurde, spielt die subjektive Wahrnehmung der Konsumenten bei der Qualitätsbeurteilung die entscheidende Rolle. Diese Wahrnehmung wird auch von solchen Marketingmaßnahmen der Anbieter beeinflusst, die keinen Bezug zur objektiven Qualität der Angebote haben müssen.

Im Hinblick auf konkrete Gestaltungsentscheidungen von Produkten ist aus Marketingsicht die Unterscheidung zwischen der Gestaltung des Produktkerns und der Gestaltung der Produktfunktion hilfreich. Die **Gestaltung des Produktkerns** umfasst bei Sachgütern die Festlegung oder Veränderung von physikalischen oder chemischen Produkteigenschaften wie Größe, Gewicht, Material, technische Leistung etc. Bei Nahrungs- und Genussmitteln sind es die Rezepturbestandteile, bei einer Urlaubsreise ist es die Hotelkategorie. Die **Gestaltung der Produktfunktion** steht in engem Zusammenhang mit dem Produktkern, zielt aber mehr auf die Verwendung bzw. den Verbrauch des Gutes ab und ist damit in stärkerem Maße konsumentenorientiert. Die Gestaltung der Produktfunktion betrifft z. B. die Haltbarkeit, die Zuverlässigkeit und die Bedienungsfreundlichkeit eines Erzeug-

Aus der Praxis – 6-7

Ein Elektrogerätehersteller vergrößert die Druckfläche des Schalters eines von ihm angebotenen Föns und stattet diesen mit einem längeren Kabel aus, um damit die Handhabung und Bedienung seines Produkts zu erleichtern. Ein Anbieter von Tiefkühlprodukten entwickelt Pommes Frites, die auch für die Zubereitung in der Mikrowelle geeignet sind. Zum einen wird durch diese Erweiterung der Produktfunktion die Bequemlichkeit der Zubereitung erhöht. Zum anderen können auch Haushalte als Kunden gewonnen werden, die keine Friteuse oder keinen Backofen besitzen.

nisses. Die Produktfunktion knüpft unmittelbar an der von den Konsumenten erwarteten Produktleistung an (Aus der Praxis 6-7).

Bei der Realisierung einer Marktentwicklungsstrategie (vgl. Kapitel 5.2.1) werden für bereits bestehende Produkte häufig neue Verwendungsfunktionen gesucht. Durch eine gezielte Funktionsausweitung eines Produkts können dadurch völlig neue Märkte erschlossen werden.

6.3.2.2 Produktausstattung (Produktfeatures)

Viele Produkte werden in unterschiedlichen Ausstattungen angeboten, um damit den speziellen Wünschen und Bedürfnissen der Abnehmer zu entsprechen. Das trifft auch auf Produkte zu, die im Hinblick auf ihr Qualitätsniveau identisch sind. Als Ausstattungsmerkmale (Produktfeatures) dienen Produkteigenschaften, die die eigenen Angebote von denen der Konkurrenz differenzieren helfen und dem Konsumenten einen Zusatznutzen stiften. Mit Hilfe der Gestaltung zielgruppenspezifischer Produktausstattungen lässt sich die angestrebte Übereinstimmung zwischen den Nutzenerwartungen und dem Angebotsprofil der Produkte in optimaler Weise realisieren. Dieser Aspekt spielt im Zusammenhang mit dem zunehmenden Wunsch der Konsumenten nach Individualisierung eine zentrale Rolle. Viele Anbieter bieten heutzutage ihren Kunden die Möglichkeit, das gewünschte Angebot in einer individuellen Ausstattung zu erwerben. So kann man sich in einigen Fachgeschäften seine individuelle Kaffee- oder Teemischung zusammenzustellen lassen.

Die Festlegung der Ausstattungsmerkmale spielt in der Produktgestaltung eine große Rolle. Die Aufgabe des Marketing besteht vor allem darin, die von den Kunden gewünschten Produktfeatures zu identifizieren und sie zu einem gesamten Ausstattungspaket unter Kosten- und Ertragsgesichtspunkten zu konfigurieren. Die Ergebnisse der qualitativen und quantitativen Marktforschung bilden dafür eine wichtige Entscheidungsgrundlage (vgl. Kapitel 4.3).

6.3.2.3 Produktdesign

Das **Produktdesign** umfasst die Summe derjenigen Produkteigenschaften, die das äußere Erscheinungsbild eines Gutes bestimmen. Es kann sich sowohl auf das Produkt selbst (z. B. Eis am Stiel) als auch auf die Verpackung (z. B. Dose) beziehen.

Der Markterfolg von Konsumgütern lässt sich in den letzten Jahren bei vielen Produkten auf ein herausragendes Produktdesign zurückführen. Die wesentlichen Gründe dafür liegen einerseits in den begrenzten Differenzierungsmöglichkeiten auf der Qualitätsebene, was durch zahlreiche Warentestergebnisse belegt werden kann. Die überwiegende Zahl der Produkte, die in den letzten Jahren von der Stiftung Warentest getestet wurden, erhielten das Qualitätsurteil »Gut«(vgl. Esch et al., 2008, S. 253). Die unterschiedlichen Marktanteile der getesteten Produkte deuten schon darauf hin, dass es andere Produkteigenschaften geben muss, die das subjektive Qualitätsempfinden und das Kaufverhalten der Konsumenten beeinflussen. Im Mittelpunkt des Produktdesigns steht die Farb- und Formgestaltung von Produkten, die sowohl im Produkt selbst als auch in der Produktverpackung realisiert werden kann.

Die **Gestaltung der Produktform** (Produktdesign im engeren Sinn) ist insbesondere für Konsumgüter von Bedeutung (z. B. mp3-Player, Handy, Fernsehgerät, Parfümflakon). Seit einigen Jahren ist jedoch auch bei Investitionsgütern der Trend festzustellen, sich durch ein besonderes Design von Konkurrenzprodukten abzuheben (z. B. Industrieroboter, LKW). Die Form eines Erzeugnisses wird aus Konsumentensicht vielfach mit einem bestimmten Image des Produkts bzw. Herstellers verbunden. Besonders bei Produkten aus dem Premium- und Luxussegment erfolgt die Differenzierung über das Design. Beispiele dafür finden sich bei Modemarken (Armani), in der Automobilbranche (Porsche), bei Uhren (Rolex), Möbeln (Rolf Benz), Computern und mp3-Playern (Apple). Aber auch Unternehmen, die im mittleren Preissegment angesiedelt sind, haben sich durch eine spezifische Designsprache ein unverwechselbares Markenimage aufgebaut. Ein besonders erfolgreiches Beispiel dafür ist IKEA. Im Mittelpunkt der Designgestaltung steht die Erfüllung der ästhetischen Produkterwartungen von Konsumenten.

Die »Design-Verliebtheit« von Produktgestaltern kann aber im ungünstigsten Fall auch dazu führen, dass Produkte – vielleicht gerade wegen des ausgefallenen Designs – in ihrer Funktiona-

---

Ausstattungsmerkmale eines Produkts gehen über den Grundnutzen hinaus.

Das Produktdesign erfüllt vor allem emotionale Nutzenerwartungen.

Definition Produktdesign

6.3 Produktpolitik
Produktgestaltung

Aus der Praxis – 6-8

Auszug aus einem Interview mit dem Designmanager Andrej Kupetz zum Thema »Opel braucht einen Design-Manager« von Stefan Wimmer.

Kann man sich denn Design überhaupt noch leisten?
Man muss es sich leisten. Design verteuert ein Produkt nicht. Diese Sichtweise kommt aus der Marketingkommunikation der 1980er-Jahre. Design wurde damals als Begriff eingesetzt. So war es möglich, Produkte, die von einem Designer gestaltet wurden, teurer zu verkaufen. Das führte dazu, dass die Kunden glaubten, der Designer kostet auch mehr Geld. Das stimmt eigentlich nicht. Designer treten sehr früh in den Prozess ein. Auf die Stückzahl von Produkten bezogen, lässt sich das Honorar des Designers unter Umständen gar nicht mehr in Cent berechnen. Im Gegenteil, Designer, die effizient gestalten, können ein Produkt sogar preisgünstiger machen.

Wie kann Design die Gesellschaft verändern?
Es gibt diesen Wendepunkt ja schon in wenigen Produkten. Was wir bei Apple mit dem iPhone erleben, das ist ein Paradigmenwechsel. Arbeitsmittel-Zuhause-Coolnessfaktor – das verschmilzt beim iPhone. Zum ersten Mal arbeitet Apple da mit einer absoluten Reduzierung des Produktdesignanteils. Der Bildschirm ist der Star, die digitale Welt wird mit dem Produktdesign vernetzt.

Gibt es denn viele Designmanager in Unternehmen? An welche Unternehmen denken Sie da?
Opel würde dringend einen Designmanager brauchen.

Könnte das die Marke retten?
Opel war längere Zeit qualitativ eher schlecht. In den vergangenen Jahren wurde in die Qualität investiert. Aber Opel hat das Design vernachlässigt, hat es verschlafen, eine Markenstrategie aufzubauen. Für jedes neue Modell wurde eine neue Designsprache entwickelt. Der einzige erkennbare Zusammenhang war das Logo mit dem Blitz.

Der Insignia ist immerhin Auto des Jahres geworden ...
Beim Insignia bleiben die Menschen stehen und sagen: »Was, das ist ein Opel?« Das kann natürlich auch nicht die Lösung sein. Die Gefahr besteht, wenn das nicht als Vorbild für alle anderen Modelltypologien dient, dann wird der Insignia eine Ikone bleiben. Dann werden wir, das wirtschaftliche Überleben der Marke vorausgesetzt, trotzdem nicht erleben, dass Opel eine Marke mit Beständigkeit wird.

Für den Insignia wurden Sonderschichten gefahren. Nur wegen des Designs?
Der Insignia ist als klassische Limousine kein revolutionäres Konzept. Er hat keinen innovativen Antrieb. Er ist sicher kein Wunderwerk des Fortschritts. Technologisch können Automobilhersteller in der Mittelklasse auch nicht sehr stark differenzieren, es bleibt das Design als Differenzierungsmerkmal. Und ein Design-Highlight ist gefragt.

Ist der Konsument denn bereit, für Design mehr zu zahlen?
Ja, das wissen wir. Das ist gerade in der Wirtschaftskrise ganz entscheidend. Ich kann mein Geld nicht zweimal ausgeben, ich will ein hochwertiges, langlebiges Produkt. Eines, dessen Gestaltung auch auf Dauer angelegt ist. Anstatt in zwei Jahren wieder ein neues Produkt zu kaufen.

Was muss denn gutes Design heute suggerieren?
Vertrauen und Sicherheit. Wertigkeit und lange Haltbarkeit funktionieren ja auch ästhetisch – ein Produkt muss altern können, aber auch noch in zehn Jahren attraktiv sein. Gerade in Krisenzeiten sehnen sich Verbraucher nach Vertrauen in Produkte. Ich möchte etwas kaufen, das länger hält, weil die Krise vielleicht länger dauert, als es mir lieb ist (Wimmer, 2009).

lität nicht die Ansprüche der Kunden erfüllen. Damit rückt die funktionelle Qualität des Designs in den Blickpunkt. Gutes Design befriedigt nicht nur den Wunsch nach gutem Aussehen, sondern auch die problemlose, sichere und kostengünstige Produktnutzung. Aus Sicht des Unternehmens spielt dabei auch die wirtschaftliche Produktion und Distribution eine große Rolle (Aus der Praxis 6-8).

Die **Gestaltung der Produktfarbe** stellt das kostengünstigste und flexibelste Mittel dar, um Produkte zu variieren. Es existieren weltweit ca. 7,5 Millionen Farben und etwa 2.800 Farbnamen. Farben lösen psychische Regungen aus (z. B. wirkt ein Kühlschrank mit weißem Innenraum »appetitlich sauber«), unterstreichen den sozialen Symbolgehalt eines Produkts (z. B. dunkle Farbe von Regierungsfahrzeugen) oder dienen einem Unternehmen beim Aufbau der Corporate Identity (z. B. blau-weiße Farbkombination von Aral).

Die Farbe eines Produkts ist gut dazu geeignet, bestimmte Images und Nutzenversprechen zu vermitteln oder zu unterstreichen (vgl. Linxweiler, 2004, S. 280 ff.). Außerdem spielen Farben bei Modetrends eine herausragende Rolle. Die jeweiligen Modefarben beeinflussen dann verschiedene Produktbereiche (z. B. Geschirr, Sitzmöbel) und stimulieren dort den Ersatzbedarf.

Die Farbgestaltung ist auch ein dominierendes Gestaltungsmerkmal beim Aufbau von klaren und unverwechselbaren Markenbildern. Ein Grund dafür ist, dass sich Farbgebungen als Markierungselemente schützen lassen und somit den Aufbau markenspezifischer Assoziationen erleichtern (z. B. Lila bei Milka, Magenta bei der Telekom).

6.3.2.4 Gestaltung der Verpackung

Die Verpackung spielt vor allem bei den Fast Moving Consumer Goods (FCMG) eine zentrale Rolle für den Produkterfolg. Laut einer aktuellen Studie fallen 70 Prozent der Kaufentscheidungen bei diesen Produkten erst am Point of Sale (vgl. Pro Carton, 2009). In Zeiten der Selbstbedienungsmärkte weist dieses Ergebnis der Verpackung deutlich die Rolle eines »stummen Verkäufers« zu (Behaegel, 1991, S. 3). Durchschnittlich benötigt der Verbraucher nach dieser Studie ca. 2,3 Sekunden vor dem Regal, um seine Kaufentscheidung zu treffen. Genau diese Zeit hat die Verpackung, um die Markenbotschaft zu kommunizieren und dem Konsumenten den entscheidenden Anreiz zum Kauf zu geben. Das gilt insbesondere für alle spontan gekauften Produkte wie Süßwaren, Getränke, Fertiggerichte und vieles mehr.

Begrifflich ist die **Verpackung** als die Umhüllung eines Packgutes von dem Begriff der **Packung** zu unterscheiden, welche die Gesamtheit von Packgut und Verpackung kennzeichnet. Insbesondere bei nicht formfesten Produkten (z. B. Haarspray, Zahncreme oder Parfüm) kommt der Verpackung als Gestaltungsobjekt eine entscheidende Rolle im Rahmen der Gestaltung des Produktäußeren zu (vgl. ausführlich dazu Linxweiler, 2004, S. 313 ff.). Die Verpackung kann folgende Grundfunktionen erfüllen (Abbildung 6-14).

Das Produktäußere stellt primär auf den Zusatznutzen eines Erzeugnisses ab. Eine gängige Form, Zusatznutzen zu stiften, besteht in Ver-

> Die Verpackung spielt bei Spontankäufen eine große Rolle.

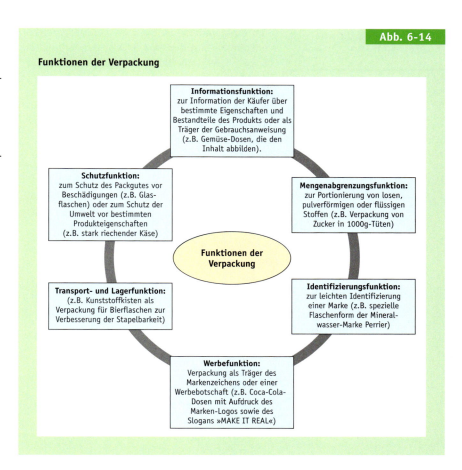

Abb. 6-14

Funktionen der Verpackung

- **Informationsfunktion:** zur Information der Käufer über bestimmte Eigenschaften und Bestandteile des Produkts oder als Träger der Gebrauchsanweisung (z.B. Gemüse-Dosen, die den Inhalt abbilden).
- **Mengenabgrenzungsfunktion:** zur Portionierung von losen, pulverförmigen oder flüssigen Stoffen (z.B. Verpackung von Zucker in 1000g-Tüten)
- **Identifizierungsfunktion:** zur leichten Identifizierung einer Marke (z. B. spezielle Flaschenform der Mineralwasser-Marke Perrier)
- **Werbefunktion:** Verpackung als Träger des Markenzeichens oder einer Werbebotschaft (z.B. Coca-Cola-Dosen mit Aufdruck des Marken-Logos sowie des Slogans »MAKE IT REAL«)
- **Transport- und Lagerfunktion:** (z.B. Kunststoffkisten als Verpackung für Bierflaschen zur Verbesserung der Stapelbarkeit)
- **Schutzfunktion:** zum Schutz des Packgutes vor Beschädigungen (z.B. Glasflaschen) oder zum Schutz der Umwelt vor bestimmten Produkteigenschaften (z.B. stark riechender Käse)

packungen, die für Zweitverwendungen geeignet sind. Vielfach wird Senf in Gläsern verpackt, die auch als Trinkgefäße verwendet werden können (z. B. kleine Bierkrüge).

Die Verpackung muss zahlreiche Anforderungen erfüllen.

Die Verpackung hat zahlreiche Anforderungen zu erfüllen, auf deren Wichtigkeit an dieser Stelle nur exemplarisch hingewiesen werden kann: Erfüllt z. B. die Verpackung nicht die logistischen Anforderungen, kommt das Produkt erst gar nicht in den Handel, missachtet sie die gesetzlichen Vorschriften, muss das Produkt wieder vom Markt genommen werden. Erfüllt sie schließlich die gewünschten Handlings- und Entsorgungsfunktionen nicht zufriedenstellend, wird der Konsument das Produkt nicht wieder kaufen. Die wichtigste Funktion erfüllt die Verpackung als Markierungselement (Werbefunktion). Dieser Aspekt wird im Kapitel 6.4.3.4 vertieft, in dem es um die Gestaltung von Marken geht.

6.3.2.5 Produktbezogene Dienstleistungen

Produktbezogene Dienstleistungen tragen zur Differenzierung im Wettbewerb bei.

Der Kundendienst ist für viele Produktbereiche untrennbar mit der Produktleistung verbunden. Er beinhaltet eine Nutzenkomponente, die von den Abnehmern zum Teil erwartet wird und damit die Kaufentscheidung beeinflusst (vgl. Oguachuba, 2009). Grundsätzlich lassen sich produktbezogene Dienstleistungen in technische und kaufmännische Dienstleistungen unterscheiden (Aus der Praxis 6-9).

> **Aus der Praxis – 6-9**
>
> Die Verkäuferin in einem Fachgeschäft für Modellkleider informiert die Kundin vor dem Kaufabschluss über Material, Verarbeitung sowie Trageeigenschaften eines Kleides und berät sie in geschmacklicher sowie modischer Hinsicht. Mit der Anfertigung des Kleides nach den Maßen der Kundin und der Auslieferung hat sie nichts mehr zu tun.
>
> Nachdem die Kaufentscheidung für ein bestimmtes Modell einer Einbauküche gefallen ist, werden die zur Verfügung stehenden Räumlichkeiten vom Kundendienst des Küchenanbieters ausgemessen, der Einbau vorgenommen sowie möglicherweise später auftretende Mängel beseitigt.

Technische Kundendienstleistungen sind primär auf das Produkt gerichtet. Sie werden in der Regel nach dem Kaufabschluss durch spezialisierte Einrichtungen (Kundendienstbüros, Niederlassungen) erbracht. **Kaufmännische Kundendienstleistungen** richten sich in erster Linie auf den Nachfrager. Sie werden vorwiegend vor dem Kaufabschluss von den betreffenden Absatzorganen (z. B. Einzelhandel, Vertreter, Reisende) wahrgenommen und beinhalten vor allem Beratungsleistungen.

6.3.3 Mittel der Produktgestaltung

Wie bereits dargelegt, besteht die Aufgabe der Produktgestaltung aus Sicht des Marketing darin, die Produkteigenschaften so zu einem ganzheitlichen Produkt zusammenzufügen, dass daraus für den Kunden ein »optimales Nutzenbündel« entsteht. Im letzten Abschnitt wurde gezeigt, dass dabei verschiedene Gestaltungsbereiche berücksichtigt werden müssen. Im Folgenden sollen die Gestaltungsmittel vorgestellt werden, mit denen Produkte stofflich konkretisiert werden können. Im Mittelpunkt steht dabei immer die Frage, wie die für die Kunden relevanten Produkteigenschaften bzw. Nutzenmerkmale am Produkt selbst wahrnehmbar gemacht werden können. Was nützen die hochwertigsten Inhaltsstoffe einer Fertigpizza, wenn der Konsument diese nicht wahrnimmt?!

6.3.3.1 Abstrakte und konkrete Gestaltungsmittel

Es gibt viele Produkteigenschaften, die für den Konsumenten nur über Text- und Bildinformationen – z. B. auf der Verpackung – vermittelt werden können. Dazu gehören die Inhaltsstoffe, die Herkunft des Produkts oder der Kaloriengehalt. Andererseits existieren Eigenschaften, die für den Kunden direkt wahrnehmbar sind, wie z. B. das Verpackungsmaterial, die Oberflächenstruktur, die Motorengeräusche, Farben, der Geschmack oder Geruch eines Produkts.

Diese Beispiele sollen deutlich machen, dass ein Produkt immer aus einer Vielzahl von Komponenten besteht, die alle einen mehr oder weniger großen Einfluss auf die Nutzenstiftung für den Konsumenten haben. Einige davon sind

Abb. 6-15 Abstrakte und konkrete Produktmerkmale

direkt nicht wahrnehmbar und müssen über sprachliche und/oder bildliche Informationen – diese werden als abstrakte Gestaltungsmittel bezeichnet – wahrnehmbar gemacht werden (Abbildung 6-15). Nur dann können sie die wahrgenommene Nutzenstiftung des Konsumenten beeinflussen.

Beispiele dafür sind das Markenzeichen (z. B. Lacoste), das Fair Trade-Symbol, der Umweltengel, Packungsangaben zum Inhalt (200 ml) und zur Qualität (»ohne Konservierungsstoffe«) und zum Verwendungszweck (Knoppers – »zum zweiten Frühstück«, Ricola – Abbildung eines Kräuterstraußes), zielgruppenspezifische Hinweise (Nivea »for Men«) oder ein spezifischer Produktnutzen (»bei fettigem Haar«).

Mit diesen Gestaltungselementen bietet sich den Produktgestaltern die Möglichkeit, besonders positive, objektiv vorhandene Produkteigenschaften bereits durch die Packung zu kommunizieren (z. B. ein gutes Testurteil, die Haltbarkeit, die Verwendung wertvoller Materialien). Für Produkteigenschaften, die erst mit oder nach der Verwendung des Produkts physisch wahrgenommen werden können (z. B. Duftnote oder Geschmack), spielt deren Kommunikation auf der Packung durch sprachliche oder bildliche Gestaltungsmittel vor allem bei der Gewinnung von Erstkäufern eine zentrale Rolle.

Daneben können auch solche Produktnutzen und Vorstellungen vermittelt werden, die das Produkt zwar objektiv nicht erfüllt bzw. bei denen ein Nutzen nicht nachweisbar ist, die aber dennoch zur Präferenzbildung beitragen. Diese Aspekte spielen derzeit im Zusammenhang mit dem Trend zur erlebnisorientierten Produktgestaltung eine große Rolle, bei der vor allem bei verpackten Erzeugnissen zunehmend Bilder eingesetzt werden, um den Aufforderungscharakter zu erhöhen (vgl. Kroeber-Riel et al., 2009, S. 138 ff., 657; Kilian, 2007a, S 358 ff.). Viele Beispiele finden sich bei Fertiggerichten, Kosmetika und Kinderprodukten. Man denke hier z. B. auch an Verpackungen für Computerspiele, auf denen zum Teil ganze Scheinwelten dargestellt werden, die ein Spielerlebnis suggerieren,

Ein Produkt ist eine Kombination aus abstrakten und konkreten Gestaltungsmitteln.

Konkrete Gestaltungsmittel sind sensorische Codes, die dem Konsumenten Botschaften vermitteln.

das objektiv in der dargestellten Form nicht realisierbar ist.

Auf der **konkreten** Ebene geht es um die stoffliche Gestaltung der Produkte. Hier ist in erster Linie an die Verwendung spezieller Materialien sowie die Form und Farbgebung zu denken. Scheier und Held sprechen in diesem Zusammenhang von den sensorischen Codes eines Produkts, die dem Konsumenten über alle sinnlichen Wahrnehmungskanäle Produktbotschaften vermitteln können (Scheier/Held, 2006, S. 77 ff.; Karmasin, 2007, S. 391 ff.; Linxweiler, 2004, S. 274 ff.).

Nicht nur bei Nahrungs- und Genussmitteln, sondern auch bei Medikamenten (Hustensaft) oder Körperpflegemitteln (Zahncreme, Lippencreme) hat der **Geschmackseindruck** einen großen Einfluss auf die Produktwahrnehmung und Präferenzbildung (Scharf, 2000, S. 47 ff.).

Olfaktorische Gestaltungsmittel (Duftstoffe) spielen vor allem bei Wasch- und Reinigungsmitteln eine große Rolle, um die für die Konsumenten objektiv nicht nachvollziehbaren Produktnutzen zu kommunizieren. So wird häufig die »schonende Reinigungskraft« eines Haushaltsreinigers durch den Zitronengeruch vermittelt (vgl. ausführlich zur Bedeutung von Duft im Marketing Hehn, 2007; Knoblich et al., 2003).

Die Beeinflussung der **akustischen Produktwahrnehmung** durch spezielle Gestaltungsmittel wird seit Jahren in der Automobilindustrie systematisch betrieben. Mit so genanntem »sound engineering« sind z. B. Ingenieure von Porsche in der Lage, die Außengeräusche der Motoren zu minimieren, aber die von den Konsumenten präferierten Motorengeräusche in den Innenraum zu lenken (Häusel, 2008, S. 173). Untersuchungen haben auch gezeigt, dass die Qualitätsbeurteilung von PKW häufig an dem Geräusch einer zuschlagenden Tür festgemacht wird. Obwohl es in den meisten Fällen darum geht, Produktgeräusche so gering wie möglich zu halten (z. B. bei Waschmaschinen, Geschirrspülern), gibt es auch Gegenbeispiele. Braun-Rasierapparate wurden wieder lauter »gemacht«, nachdem die Konsumenten bei den leisen Geräten an der »gründlichen Rasierleistung« zweifelten. Der Sound von Produkten spielt auch beim Staubsauger, Haarfön und sogar beim Konsum von Kartoffelchips eine Rolle.

Haptische Aspekte der Produktwahrnehmung und -präferenz haben z. B. bei Schreibgeräten einen großen Einfluss auf die Kaufentscheidung. Durch Materialwahl, Oberflächengestaltung und Gewicht der Produkte können unterschiedliche Qualitätsurteile bezüglich funktionaler Produkteigenschaften (z. B. Haltbarkeit, Schreibeigenschaften) hervorgerufen werden. Besonders bei Körperpflegeprodukten wie Duschgel und Körperspray wird zunehmend auf die Gestaltung der haptischen Qualität geachtet und diese den besonderen Erwartungen der Zielgruppe angepasst. So erinnert die Verpackung des Duschgels der Marke AXE an einen Joystick (vgl. Kapitel 6.4.3.2; zur Bedeutung der haptischen Produktgestaltung vgl. Meyer, 2001).

Im Mittelpunkt der Produktgestaltung stehen die stofflichen Produktelemente, die das sensorische Profil des Produkts erzeugen und zusammen mit den abstrakten Gestaltungsmitteln den Anknüpfungspunkt für die Bildung von Produktpräferenzen darstellen. Die gezeigten Beispiele machen deutlich, dass die Hersteller beim Einsatz ihrer Gestaltungsmittel in erster Linie die subjektiven Vorstellungs- und Erlebniswirkungen der Konsumenten beachten müssen.

6.3.3.2 Produktgestaltung als psycho-physikalischer Transformationsprozess

Die Eigenschaften eines Produkts werden aus Herstellersicht ganz anders wahrgenommen als aus dem Blickwinkel der Konsumenten. Während für die Produzenten die technisch-physikalischen bzw. chemischen Merkmale eines Erzeugnisses bedeutsam sind, betrachten die Abnehmer den Nutzen und das Image, das ihnen die Verwendung bzw. der Verbrauch des Gutes stiftet. Dieser Erkenntnis wird das Produktmodell von Myers und Shocker gerecht (Myers/Shocker, 1981, S. 211 ff.). Sie unterscheiden zwischen objektiven (Herstellersicht) und subjektiven Produkteigenschaften (Konsumentensicht).

Objektive Produktmerkmale (so genannte »**characteristics**«) umfassen alle Mittel, die einem Produzenten für die Gestaltung eines physischen Produkts zur Verfügung stehen. Dabei kann es sich um wahrnehmbare Eigenschaften (z. B. Größe, Duft) oder um »versteckte« Gestaltungsmerkmale (z. B. chemische Aufheller, Phosphatanteil) handeln.

Objektive Produktmerkmale kennzeichnen die Herstellersicht.

Der »Baukasten« der Produktgestalter umfasst eine Vielzahl an Produktmerkmalen, die man in intrinsische und extrinsische Merkmale einteilen kann (vgl. Scharf, 2000, 18 ff.). Zu den **intrinsischen** Produktmerkmalen zählen alle Gestaltungsmerkmale, die den Kern der Produktleistung, das heißt die Produktqualität betreffen. Das sind bei Nahrungs- und Genussmitteln unter anderem die Rezepturbestandteile, die den Geschmack und die Funktion des Produkts bestimmen.

Zu den **extrinsischen** Eigenschaften gehören alle Produktmerkmale, die nichts mit dem Produktkern zu tun haben. Es sind dies im engeren Sinne Verpackungsmerkmale, Markenelemente, Produktauslobungen und das Produktdesign. Das heißt: alles, was am Produkt selbst wahrnehmbar ist. Im weiteren Sinne sind es auch alle anderen Nutzenmerkmale, die über die Kommunikations-, Preis- und Distributionspolitik vermittelt werden.

Diese Unterscheidung ist für die Entwicklung und insbesondere für die Markteinführung von neuen Produkten hilfreich. Die Erstkaufrate eines neuen Produkts, als notwendige Voraussetzung für den Markterfolg, wird ausschließlich durch die extrinsischen Produkteigenschaften gesteuert. Sie sind für die Produkterwartungen der Kunden verantwortlich, die, wenn sie entsprechend hoch ausfallen, den Kunden zum Probierkauf veranlassen. Die intrinsischen Produktmerkmale (z. B. der Geschmack und die Produktfunktion) werden für den Kunden erst mit dem Konsum oder der Verwendung des Produkts erlebbar. Dieses Produkterlebnis ist entscheidend für den Wiederkauf des Produkts, da der Konsument erst jetzt erfährt, ob seine Erwartungen an das Produkt auch tatsächlich erfüllt werden. Viele Produkte scheitern im Markt, weil diese Voraussetzung für den Erfolg häufig nicht erfüllt ist (vgl. ausführlich dazu 6.5.1).

Die **subjektiven Produkteigenschaften** beinhalten zum einen die vom Konsumenten wahrgenommenen hauptsächlichen Nutzen, die dem Konsumenten aus der Verwendung bzw. dem Verbrauch eines Erzeugnisses erwachsen (z. B. »schont die Umwelt«). Subjektive Nutzenerwartungen bezeichnen Myers/Shocker als »**benefits**«. Zum anderen umfasst diese Eigenschaftskategorie die Vorstellungen, die die wahrgenommenen Produktmerkmale beim Konsumenten auslösen können, die so genannten »**imagery**« (z. B. »Ich gehöre zu den Menschen, die sich durch hohes Umweltbewusstsein auszeichnen.«). Den Zusammenhang zwischen characteristics, benefits und imageries zeigt Abbildung 6-16.

Wenn der Konsument bei der Produktbeurteilung nicht erkennt, welchen Nutzen eine objek-

> Subjektive Produktmerkmale kennzeichnen die Konsumentensicht.

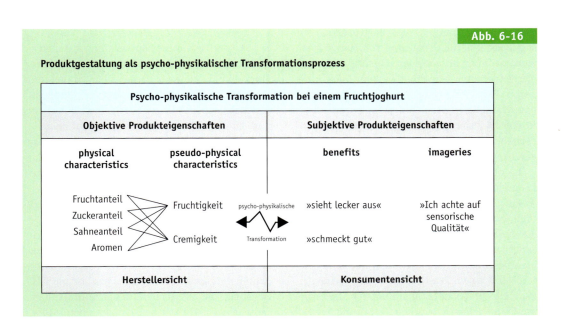

Abb. 6-16

Produktgestaltung als psycho-physikalischer Transformationsprozess

tive Produkteigenschaft stiftet, dann hat diese Eigenschaft keinen Einfluss auf die Präferenzbildung. Erst die Übersetzung der »characteristics« in »benefits« und »imagery« versetzt die Konsumenten in die Lage, das Produkt zu beurteilen und eine Kaufentscheidung zu treffen. Dieses sicherzustellen, ist die Kernaufgabe der Produktgestaltung und wird als **psycho-physikalische Transformation** bezeichnet.

Für die Produktgestaltung ist die Kenntnis der Nutzen- und Imageerwartungen der Konsumenten von entscheidender Bedeutung. Der Hersteller kann von den »benefits« und »imagery« auf die entsprechenden »characteristics« schließen und darauf aufbauend sein Produkt physisch gestalten. Besondere Relevanz erlangt dieses Modell für die Entwicklung neuer Produkte (vgl. Kapitel 6.5).

6.4 Markenpolitik

Aufgrund neuerer Erkenntnisse über die Bedeutung von Marken für den Unternehmenserfolg nimmt das Markenthema in der Marketingliteratur und -praxis einen immer größeren Stellenwert ein (vgl. Esch, 2008, S. 4 ff.; Burmann et al., 2005a, S. 4 f.; Baumgarth, 2008, S. 9 ff.). Um dieser Entwicklung Rechnung zu tragen, werden die markenpolitischen Entscheidungsfelder in einem eigenen Kapitel thematisiert, obwohl es zahlreiche Überschneidungen zur Programmpolitik und zur Produktgestaltung gibt.

Überblick über markenpolitische Entscheidungen

Neben grundlegenden Überlegungen zum Markenbegriff sowie einem Überblick über Funktionen und Erscheinungsformen der Marke werden strategische und operative Entscheidungsbereiche dargestellt. Zum **strategischen Bereich** gehören die zu wählenden Markenstrategien (Einzel-, Familien- und/oder Dachmarkenstrategie) und die Gestaltung von Markensystemen, zu denen insbesondere Entscheidungen zur Markendehnung gerechnet werden. Diese können in Form von Produktlinienerweiterungen oder Markenerweiterungen geplant werden. In diesem Zusammenhang gewinnen zwischenbetriebliche Kooperationen in Form von Markenallianzen zunehmend an Bedeutung.

Im **operativen Bereich** geht es um die Markengestaltung im engeren Sinne (Branding). Ausgehend von der beispielhaften Aufgabenstellung, eine neue Marke zu entwickeln, werden die dafür zu erfüllenden Planungs- und Gestaltungsaufgaben aufgezeigt: Planung der Markenidentität und Markenpositionierung im relevanten Markt sowie Realisierung durch geeignete Markierungselemente, dem Branding. Im engeren Sinne gehören dazu die Gestaltung der Markenzeichen (Markenname und Markenlogo) und das Produkt- und Packungsdesign. Im weiteren Sinne spielen für den Markenaufbau insbesondere kommunikationspolitische Maßnahmen eine zentrale Rolle, die im achten Kapitel vertieft werden.

6.4.1 Grundlegende Aspekte der Markenpolitik

6.4.1.1 Herausforderungen für die Markenpolitik

In den letzten Jahren ist die Anzahl an Marken und Produkten auf dem deutschen Markt ständig gestiegen. So kämpfen in Deutschland zurzeit ca. 50.000 Marken um die Aufmerksamkeit der Konsumenten (vgl. Scheier/Held, 2006, S. 151). Im Zuge dieser Entwicklung hat sich auch die Menge kommunikativer Maßnahmen stark erhöht. In den letzten beiden Jahrzehnten stieg die Zahl der genutzten Medien ständig an, und mit dem technischen Fortschritt kommt es zum Einsatz immer neuer Kommunikationsinstrumente (vgl. Kapitel 8). Begleitet wird diese Entwicklung von einem starken Wandel des Konsumentenverhaltens. Das in der Regel niedrige Involvement der Konsumenten lässt das Interesse an Marken- und Produktinformationen zurückgehen, sodass diese nur flüchtig wahrgenommen werden (vgl. Esch et al., 2005, S. 16 f.; Scheier/Held, 2006, S. 36 ff.). Aufgrund der zunehmenden Informationsflut wird bereits seit Jahren von einer Informationsüberlastung des Konsumenten gesprochen, die dazu führt, dass weniger als 2 Prozent der dargebotenen Informationen beim Konsumenten ankommen (Esch et al., 2008, S. 254). Für die Markenführung wird es somit immer schwieriger, den Konsumenten zu erreichen, um markenspezifische Gedächtnisinhalte aufzubauen (vgl. Kapitel 8.2.1).

Allerdings muss diese Entwicklung differenziert betrachtet werden. Untersuchungen des Trendbüros in Hamburg weisen darauf hin, dass die Informationsüberlastung eher ein Generationenproblem darstellt: Während ältere Menschen die Informationsaufnahme zunehmend verweigern, entwickeln jüngere Generationen eine Informations- bzw. Medienkompetenz, die sie gezielt nutzen, um sich relevante Informationen zu beschaffen. Dabei spielt das Internet eine große Rolle. Mit den klassischen Instrumenten der Medienwerbung sind jüngere Zielgruppen nur schwer zu erreichen (Fleischer/Perzborn, 2002, S. 22 ff.).

Die Vermittlung des Markenwissens ist jedoch zur Präferenzbildung und zur Abgrenzung gegenüber dem Wettbewerb zwingend erforderlich. Zudem kommt es infolge der von den Konsumenten vorausgesetzten Qualitätsstandards und einer – im Hinblick auf die funktionale Qualität – wahrgenommenen Markengleichheit zu einer stärker werdenden Erlebnisorientierung der Konsumenten (vgl. Esch et al., 2008, S. 253 f. sowie Kapitel 3.2). Die Funktionalität tritt in den Hintergrund, während der (emotionale) Erlebniswert zur Differenzierung im Wettbewerb zunehmend an Bedeutung gewinnt. Funktional austauschbare Produkte werden von den Konsumenten dann unterschiedlich wahrgenommen, wenn die Anbieter ihre Marken emotional positionieren (vgl. Esch, 2008, S. 35 ff., vgl. dazu Kapitel 6.4.3.3). Eine zentrale Herausforderung für die Markenführung ist es demnach, für die Zielgruppe relevante Erlebnisse zu finden und diese wirksam in den Köpfen der Konsumenten zu verankern.

6.4.1.2 Begriff und Erscheinungsformen von Marken

Der Markenbegriff kann aus unterschiedlichen Blickwinkeln definiert werden. Nach der **rechtlichen Auffassung** ist eine Marke ein weitgefasster Begriff. Im Markengesetz heißt es, dass als Produktmarken »alle Zeichen, insbesondere Wörter einschließlich Personennamen, Abbildungen, Buchstaben, Zahlen, Hörzeichen, dreidimensionale Gestaltungen einschließlich der Form einer Ware oder ihrer Verpackung sowie sonstiger Aufmachungen einschließlich Farben und Farbzusammenstellungen geschützt werden (können), die geeignet sind, Waren und Dienstleistungen eines Unternehmens von denjenigen anderer Unternehmen zu unterscheiden« (§ 3 Abs. 1 MarkenG). Somit gelten auch Prominente wie Heidi Klum als Marke, die diesen Status nutzen, um beispielsweise gleichnamige Parfüms anzubieten. Weitere Beispiele sind die Flaschenform von Orangina und akustische Signale der Telekom oder Intel. Im Zentrum dieser Sichtweise steht neben der **Schutzfunktion** die **Identifikations- und Differenzierungsfunktion** von Marken.

Das **klassische Markenverständnis**, nach dem von einem Markenartikel nur dann gesprochen werden kann, wenn die Produkte gewisse Merkmale erfüllen, ist heute nicht mehr zeitgemäß. Nach dieser Auffassung versteht man als Marken nur markierte Fertigware, die in gleichbleibender oder verbesserter Qualität, in gleicher Aufmachung und Menge mit starker Verbraucherwerbung überall erhältlich angeboten wird (Mellerowicz, 1963, S. 39). Demnach wären z. B. Handels- und Dienstleistungsmarken wie TUI, Aldi und Mister Minit keine Marken. Auch viele Luxusmarken aus der Modebranche würden aufgrund der fehlenden Ubiquität (Überallerhältlichkeit) nicht unter den Markenbegriff fallen.

Heute hat sich die **wirkungsbezogene Definition** des Markenbegriffs weitgehend durchgesetzt (vgl. Esch, 2008, S. 22; Baumgarth, 2008, S. 4; Bruhn, 2001, S. 18; Homburg/Krohmer, 2006, S. 628). Im Mittelpunkt dieser Auffassung stehen die Einflüsse, die von Marken auf die **Wahrnehmungen und Präferenzen der Konsumenten** ausgehen und weitgehend deren Kaufverhalten bestimmen. Demnach sind alle Produkte im weiteren Sinne dann Marken, wenn sie ein klares, unverwechselbares Image bei den Konsumenten aufgebaut haben bzw. aufbauen werden: »**Marken** sind Vorstellungsbilder in den Köpfen der Anspruchsgruppen, die eine Identifikations- und Differenzierungsfunktion übernehmen und das Wahlverhalten prägen« (Esch et al., 2008, S. 194).

Die Informationsüberlastung der Konsumenten beeinflusst die markenpolitischen Entscheidungen.

Zur Differenzierung im Wettbewerb ist die Schaffung emotionaler Erlebniswelten besonders wichtig.

Verhaltenswissenschaftlicher Markenbegriff

6.4 Produktpolitik
Markenpolitik

> Der Aufbau markenspezifischer Assoziationen ist besonders wichtig zur Differenzierung im Wettbewerb.

Die Aufgabe des Markenmanagements besteht somit darin, durch geeignete Marketingmaßnahmen klare, unverwechselbare und relevante Vorstellungsbilder in den Köpfen der Konsumenten aufzubauen. Dadurch sollen eine Differenzierung des eigenen Produkts gegenüber denen der Wettbewerber erreicht und die Präferenzen der Kunden beeinflusst werden.

Bei den Vorstellungsbildern handelt es sich nicht nur um **visuelle** Eindrücke (z. B. der grüne Dreimaster der Marke Beck's), die es als »innere Bilder« im Gedächtnis aufzubauen gilt. Vielmehr sind darunter **alle Assoziationen** zu verstehen, die ein Konsument mit einer Marke verbinden soll. Diese können sich auch auf konkrete Markenattribute, funktionale und emotionale Produktnutzen, Verwendungssituationen, Gefühle und vieles mehr beziehen. Besonders wirksam sind dabei **emotionale Gefühlsbilder** zu einer Marke, die über alle Sinnesmodalitäten (sehen, hören, riechen schmecken und tasten) hervorgerufen werden (vgl. Esch, 2008, S. 313 ff. sowie Kapitel 6.4.3.3).

Durch verschiedene Untersuchungen konnte gezeigt werden, dass Marken umso erfolgreicher sind, je klarer, einzigartiger und emotionaler die in den Köpfen der Kunden verankerten Vorstellungsbilder sind (Abbildung 6-17). Die vorhandenen Vorstellungen und Kenntnisse einer Marke entstehen im Laufe des Lebens durch eigene Erfahrungen in der Familie oder im Freundeskreis sowie durch die verschiedensten Kommunikationsinstrumente der Anbieter, denen Konsumenten ständig ausgesetzt sind. Sie werden als **semantische Netzwerke** im Gedächtnis der Menschen gespeichert, wie das Beispiel der Marke Ricola veranschaulicht (Abbildung 6-18).

Durch bestimmte Schlüsselreize (z. B. Kräuterstrauß, Logo) werden die Netzwerke im Gedächtnis aufgerufen, wobei sowohl allgemeine Produkteigenschaften als auch eigenständige, markenspezifische Assoziationen miteinander verbunden werden. Dabei gilt, dass das innere Markenbild umso klarer ist, je mehr **markenspezifische Assoziationen** mit der Marke verbunden werden. Typischerweise handelt es sich bei diesen Assoziationen meistens um schutzfähige Markenelemente wie Markenname, Schriftzug, Logo, Formen, der Slogan und besonders die markentypischen Farben (vgl. Esch, 2008, S. 69 ff.; Linxweiler, 2004, S. 274 ff.).

Beim Aufbau von starken Marken spielt das **Vererbungsprinzip** eine wesentliche Rolle. Dieses Prinzip besagt, dass der Konsument zunächst

Abb. 6-17
Emotionaler Markenauftritt der Marke Nivea

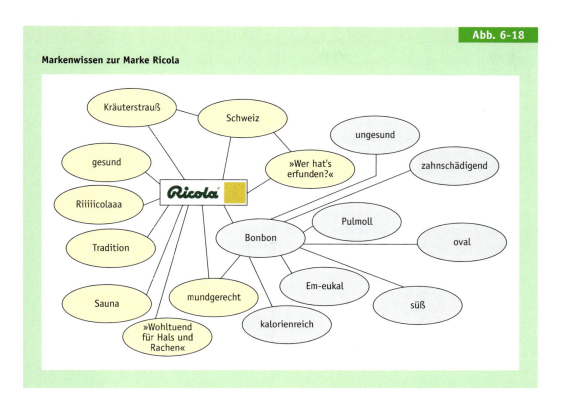

Abb. 6-18 Markenwissen zur Marke Ricola

alle Vorstellungen aufruft, die er über die jeweilige Produktkategorie gelernt hat. Im Beispiel Bonbons sind dies Eigenschaften wie oval, kalorienreich, süß etc. Da solche Komponenten jedoch austauschbar sind, gilt es, **markenspezifische Assoziationen** aufzubauen. Eine gute Umsetzung schaffte die Marke Ricola durch die kontinuierliche Nutzung der für sie typischen Markenelemente: Kräuterstrauß, Schriftzug und Soundlogo. Ein weiteres erfolgreiches Beispiel stellt Em-eukal dar, die mit dem Slogan und der Verpackungsgestaltung »nur echt mit der Fahne« ebenfalls für Eigenständigkeit sorgt.

Je nachdem, ob die Markenverantwortung bei einem Hersteller-, Handels- oder Dienstleistungsunternehmen liegt, lassen sich unterschiedliche **Erscheinungsformen von Marken** unterscheiden (vgl. Bruhn, 2004, S. 3 ff.; Linxweiler, 2004, S. 78 f.). Ursprünglich war der Markenbegriff begrenzt auf so genannte **Herstellermarken**, wobei vor allem Konsumgüter im Blickpunkt standen. Inzwischen gewinnt aber auch bei Investitionsgütern (im Business-to-Business-Sektor) das Markenthema an Bedeutung (vgl. Voeth/Rabe, 2004, S. 75 ff.). Viele Unternehmen haben inzwischen in den Aufbau einer starken Firmenmarke investiert (z. B. Vaillant, UPS). Das zeigt sich einerseits an einer verstärkten (zum Teil emotionalen) Markenkommunikation, die sich auch an das breite Publikum richtet. Andererseits hat man bei diesen Unternehmen erkannt, welche Bedeutung starke Marken auch bei potenziellen Arbeitnehmern haben (vgl. Petkovic, 2008).

In den letzten Jahren ist die Bedeutung von **Handelsmarken** stark gestiegen (Aus der Praxis 6-10). Darunter versteht man Markenprodukte, die in eigener Regie von Handelsunternehmen angeboten und deswegen auch als Eigenmarken des Handels bezeichnet werden.

Ursprünglich handelte es sich bei Handelsmarken um so genannte No Name-Produkte, die in einer einfarbigen, schlichten Verpackung unter ihrer Produktbezeichnung (z. B. Mehl, Kaffee) und ohne eine besondere Markierung zu einem niedrigen Preis angeboten wurden. Diese Produkte wurden von Handelskonzernen wie REWE, Tengelmann oder Edeka als »Waffe«

Die Bedeutung von Handelsmarken nimmt ständig zu.

6.4 Produktpolitik
Markenpolitik

> **Aus der Praxis – 6-10**
>
> Nach einer internationalen Untersuchung von AC Nielsen hält der Trend zum Kauf von Handelsmarken weiter an. Den höchsten Stellenwert genießen die Handelsmarken nach wie vor in Europa. In den 17 untersuchten europäischen Ländermärkten liegt ihr Marktanteil bei 23 Prozent, die Wachstumsrate bei vier Prozent. Wie bereits 2003 rekrutiert sich die Top-5 in dieser Kategorie komplett aus Europa: Am höchsten ist der Marktanteil der Private Labels in der Schweiz (45 Prozent), mit einigem Abstand folgen Deutschland (30 Prozent), Großbritannien (28 Prozent), Spanien (26 Prozent) und Belgien (25 Prozent). Das stärkste Wachstum (11 Prozent) bei allerdings deutlich schmalerer Ausgangsbasis verzeichneten gemeinschaftlich die Schwellenländer (Kroatien, Tschechische Republik, Ungarn, Slowakei und Südafrika). Keine zweistelligen Zuwächse trotz ähnlich geringem Handelsmarken-Anteil gibt es dagegen in den Regionen Lateinamerika und Asien-Pazifik. In Nordamerika konnten die Handelsmarken sowohl ihren hohen Marktanteil von 16 Prozent halten als auch eine bedeutende Umsatzsteigerung von sieben Prozent erzielen. Die deutschen Konsumenten greifen bereits in 55 Prozent ihrer Einkäufe zu den Eigenmarken des Handels. Ihr Marktanteil (ohne Frischeprodukte) stieg im letzen Jahr auf ca. 37 Prozent (Wüest, 2005).

gegen die aggressive Preispolitik der Discount-Anbieter (z. B. Aldi, Plus) eingesetzt. Inzwischen lassen sich im Hinblick auf die Qualität bei Handelsmarken kaum noch große Unterschiede zu den Herstellermarken feststellen, wie zahlreiche Testergebnisse zeigen (siehe auch Kapitel 6.1.3).

Als **Storebrand** wird die Unternehmensmarke eines Handelsunternehmens bezeichnet. Als wesentliche Komponente der Markenbildung dient dabei der Aufbau einer unverwechselbaren Ladenatmosphäre (z. B. Body-Shop, IKEA). Es handelt sich um eine Erscheinungsform der **Dienstleistungsmarken**, mit denen die Konsumenten Angebote der verschiedensten Dienstleistungsbranchen verbinden. Die Konsumenten buchen eine TUI-Reise, haben eine Allianz-Lebensversicherung, lassen ihre Windschutzscheibe von Carglass reparieren, kaufen bei Aldi ein oder nehmen sich eine kurze Auszeit bei Starbucks.

6.4.1.3 Funktionen von Marken

Um die aktuelle Bedeutung von Marken zu verstehen, ist es sinnvoll, sich zunächst mit den Funktionen **von Marken** auseinanderzusetzen. Sie lassen sich aus der Sicht des Nachfragers sowie aus der Perspektive des Anbieters betrachten. Aus der Sicht der Nachfrager kann die Bedeutung von Marken anhand nebenstehender Funktionen erklärt werden (vgl. Burmann et al., 2005a, S. 10 ff., vgl. Abbildung 6-19).

Eine Marke stellt für den Konsumenten eine **Orientierungshilfe** dar, wenn sie sich durch Form, Farbe oder andere Gestaltungsmittel von der Konkurrenz abhebt. Da in der heutigen Zeit der Kunde durch die Angebotsvielfalt einer Informationsüberlastung ausgesetzt ist, gewinnt die **Identifizierungsfunktion** mehr und mehr an Bedeutung. Besonders beim Einkauf in großflächigen Handelsbetrieben sind Konsumenten einer unüberschaubar großen Anzahl von (zum Teil austauschbaren) Produkten und Marken ausgesetzt. Die **Entlastungsfunktion** drückt aus, dass sich das Gehirn durch etablierte Markenschemata schneller auf das Produkt festlegt, welches bereits in den Köpfen der Konsumenten mit besonders positiven Assoziationen verankert ist. Durch die Bekanntheit und das positive Image von Marken lassen sich die Kaufentscheidungen der Kunden vereinfachen. Durch so genannte Schlüsselinformationen (»Information Chunks«) kann eine Vielzahl von Informationen über das Produkt gebündelt werden (vgl. Kapitel 3.2.2.3). In engem Zusammenhang damit steht die **Vertrauensfunktion**, welche die Unsicherheit der Konsumenten auf ein Minimum reduziert. Ursprünglich ist man davon ausgegangen, dass diese Funktion vor allem bei solchen Produkten eine große Rolle spielt, deren Qualität der Kunde vor dem Kauf nur schlecht beurteilen kann, wie das insbesondere bei Dienstleistungsmarken der Fall ist. Wie bereits erwähnt,

Marken schaffen Vertrauen.

muss der Kunde beim Kauf von Dienstleistungen darauf vertrauen, dass die versprochene Leistung auch tatsächlich erfüllt wird (vgl. Kapitel 6.3.3.2). Neuere Ergebnisse aus der Hirnforschung zeigen jedoch, dass diese Entlastungsfunktion starker Marken auch bei allen anderen Produkten einen großen Einfluss auf die Kaufentscheidung hat (vgl. Kenning et al., 2007, S. 57 ff.; Freundt, 2006).

Für viele Menschen haben einige Marken die Funktion von »Requisiten«, mit denen der eigene Lebensstil »inszeniert« werden kann (vgl. Kroeber-Riel et al., 2009, S. 519). Die damit verbundene **Identifikationsfunktion** spielt häufig bei Jugendlichen eine große Rolle, die mit dem Bekenntnis zu spezifischen Marken eine gewisse Gruppenzugehörigkeit zum Ausdruck bringen. Beispielsweise werden von Esprit Kleidungsstücke gekauft, da die Marke nahezu jeder kennt und diese durch ihr rotes Etikett sofort auffällt. Viele Konsumenten kaufen Marken aber auch ganz unbewusst aus diesem Grunde. Sie wählen Marken, die ihnen »nahe« sind und somit das eigene Lebensgefühl verkörpern. Ähnlich verhält es sich mit der **Prestigefunktion**, die jedoch eher den Status des Konsumenten betont. Mit Luxusprodukten kann der Konsument anderen zeigen, was er sich durch harte Arbeit und beruflichen Erfolg leisten kann.

Scheier und Held betonen in diesem Zusammenhang, dass Marken für den Konsumenten einen **Belohnungswert** enthalten sollten (vgl. Scheier/Held, 2007, S. 127). Grundlage dieser Überlegungen ist die Erkenntnis, dass menschliches Verhalten im Wesentlichen über unser Belohnungssystem im Gehirn gesteuert wird. Das Belohnungssystem wird immer dann aktiv, wenn wir positive Dinge wahrnehmen. Dazu gehören z. B. die eigenen Kinder, Geld, ein schönes Gesicht oder ein leckeres Essen. Diese Eindrücke vermitteln positive Gefühle, die sich auch auf unser Verhalten auswirken. Wie zahlreiche Untersuchungen zeigen konnten, trifft das ebenso auf die Wahrnehmung von Marken zu (vgl. Scheier/Held, 2006; Scheier/Held, 2007).

Im täglichen Leben gibt es typische **Situationen**, in denen Produkte für den Kunden spezielle Belohnungen bereithalten. Scheier und Held bezeichnen solche Produkte als **State-Marken** (»Zustands-Marken«). Dazu gehören Pro-

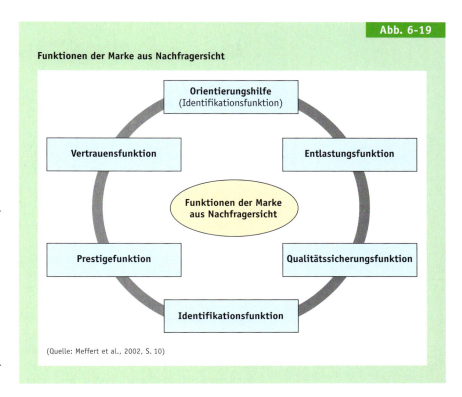

dukte wie Süßwaren, Getränke oder auch ein Restaurantbesuch. Mit einem Schokoriegel möchte man sich entweder in der verdienten Pause bei der Arbeit belohnen (Kit-Kat), oder man ist in einer stressigen Situation, in der man sich noch einmal richtig »durchbeißen« muss, und wählt dann vielleicht einen Lion-Riegel. Letztendlich gelingt es erfolgreichen Marken besonders gut, solche **Belohnungserwartungen** beim Konsumenten hervorzurufen. Dieses Ziel wird dadurch erreicht, dass die Belohnungswerte durch entsprechende Markenelemente mittels Produktgestaltung und Markenkommunikation »codiert« werden. Die Konsumenten »decodieren« die Bedeutungen dann häufig auch unbewusst im Sinne der erwarteten Belohnung (vgl. Scheier/Held, 2007, S. 168).

Welche konkreten Belohnungswerte für einzelne Zielgruppen relevant sind, hängt von der spezifischen Motivationsstruktur der Konsumenten ab (vgl. Kapitel 3.2.1.3). So reagieren Autokäufer mit einem ausgeprägten Sicherheitsbedürfnis besonders positiv auf die Marken Volvo und Volkswagen, während Käufer eines Porsches

Konsumenten identifizieren sich mit Marken.

Marken beinhalten einen Belohnungswert.

6.4 Produktpolitik
Markenpolitik

> **Relevanz des Belohnungszentrums**
>
> Die Relevanz des Belohnungszentrums für Kaufentscheidungen wurde in einer Studie an der Universität Cambridge untersucht. Die Probanden sollten sich zunächst in einem Computertomographen eine Speisekarte ansehen. Während dieser Phase kam es zu Aktivitäten in der Amygdala, die für die Frage zuständig ist, ob etwas positiv oder negativ ist. Erst, als die Teilnehmer des Experiments gebeten wurden, sich für ein Gericht zu entscheiden, kam es zu Aktivitäten im Belohnungszentrum (speziell im orbito-frontalen Kortex). Scheier (2009) schließt daraus, dass das Belohnungszentrum die Entscheidung ausgelöst hat. Da das Belohnungszentrum auch bei den eigenen Lieblingsmarken der Konsumenten aktiv ist, folgert er, dass der Belohnungswert einer Marke über die Kauf- und Verwendungsabsicht entscheidet.

Marken als immaterielle Wertschöpfer

oder BMWs wohl eher aufgrund starker Bedürfnisse nach Aufregendem und Neuem eine hohe Belohnungserwartung haben (vgl. Scheier/Held, 2007, 127 ff.).

Aus der **Sicht der Unternehmen** lassen sich folgende Markenfunktionen – allerdings nicht immer ganz trennscharf – unterscheiden (Abbildung 6-20).

Der Grund für viele Unternehmen, weit intensiver als bisher in den Aufbau starker Marken zu investieren, liegt in der großen wirtschaftlichen Bedeutung von Marken. Sie gelten heute als »immaterielle Wertschöpfer« im Unternehmen. Der Wert eines Unternehmens ist zum großen Teil vom Wert der Marke abhängig, wie die in der Abbildung 6-21 dargestellten Beispiele zeigen.

Höhere Preisbereitschaft und Kundenbindung bei starken Marken

Des Weiteren zeigen die Konsumenten bei starken Marken eine **höhere Preisbereitschaft**, wodurch Unternehmen einen gewissen preispolitischen Spielraum besitzen, der im Rahmen von Präferenzstrategien eine große Rolle spielt (vgl. Kapitel 5.2.2). Durch den systematischen Aufbau einer engen und möglichst emotionalen Beziehung zwischen Marke und Kunden lässt sich eine **Kundenbindung** realisieren, die gerade unter den heutigen Wettbewerbsbedingungen von großem Wert ist. Untersuchungen haben gezeigt, dass die langfristige Bindung bestehender Kunden weitaus wirtschaftlicher ist als die Gewinnung neuer Kunden.

Marken ermöglichen eine **segmentspezifische Marktbearbeitung**, die trotz gesättigter Märkte und homogener Produkte Erfolg verspricht. Demzufolge lassen sich im Margarinemarkt unterschiedliche Zielgruppen ansprechen, obwohl die Produkte objektiv nahezu identisch sind. So steht die Unilever-Marke Rama für das Frühstück mit der Familie, wohingegen Lätta eher die sportliche, kalorienbewusste Frau überzeugt.

Außerdem sind in diesem Zusammenhang die **Differenzierung gegenüber der Konkurrenz** sowie die **Beeinflussung der Kundenpräferenzen** zu nennen. Aufgrund der (funktionalen) Gleichartigkeit vieler Produkte gilt es, emotio-

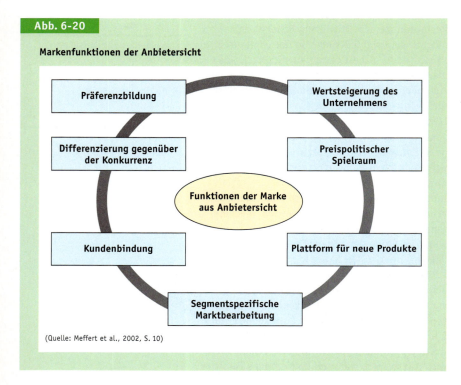

Abb. 6-20 Markenfunktionen der Anbietersicht

(Quelle: Meffert et al., 2002, S. 10)

nale Unterschiede zu schaffen. Diese sollen zum einen die Wahrnehmung verändern, das heißt durch psychologische Beeinflussung ein positives Image in den Köpfen der Konsumenten aufbauen. Zum anderen müssen die relevanten Eigenschaften so aufeinander abgestimmt werden, dass der Konsument diese Kombination als harmonisch empfindet und Kaufverhalten ausgelöst wird.

Die letzte Funktion aus Sicht des Anbieters charakterisiert die Marke als **Plattform für neue Produkte.** Damit ist die zunehmende Strategie vieler Unternehmen angesprochen, neue Produkte unter einer bereits etablierten Marke einzuführen. Diese Funktion spielt eine herausragende Rolle im Rahmen von Produktentwicklungs- sowie Diversifikationsstrategien und wird ausführlich im Kapitel 5.2.1 erläutert.

Abb. 6-21

Marken mit hohem Markenwert weltweit (links) und in Deutschland (rechts)

2008			2008		
Rang	Marke	Mrd. US $	Rang	Marke	Mrd. Euro
1.	Coca-Cola	66,67	1.	Daimler (Mercedes)	19,74
2.	IBM	59,03	2.	BASF	19,51
3.	Microsoft	59,01	3.	BAYER	19,06
4.	GE	53,09	4.	VW	17,08
5.	Nokia	35,94	5.	Dt. Post	14,51
6.	Toyota	34,05	6.	Dt. Telekom	14,48
7.	Intel	31,26	7.	Allianz	11,93
8.	Mc Donald's	31,05	8.	BMW	10,61
9.	Disney	29,25	9.	Henkel	8,66
10.	Google	25,59	10.	SAP	8,27

(Quelle: interbrand.com, 2009)

6.4.2 Strategische Entscheidungen der Markenpolitik

Wie in der Einführung zu diesem Kapitel erwähnt, gehören zum strategischen Bereich der Markenpolitik zunächst grundlegende Entscheidungen zu den **Markenstrategien** – das heißt die Wahl einer Einzel-, Familien- und/oder Dachmarkenstrategie – und zur Gestaltung des **Markensystems.** Dazu gehören unter anderem Entscheidungen darüber, wie eine Unternehmung mehrere Marken in einem Markt führt (Mehrmarkenstrategien) und wie eine Marke im Verlauf ihres Lebenszyklus gedehnt werden kann. Die **Markendehnung** kann in Form von **Produktlinienerweiterungen** (Ausweitung innerhalb der Produktkategorie) oder **Markenerweiterungen** (Ausweitung in eine neue Produktkategorie) geplant werden. Eine besondere Realisierungsform dabei ist die Markenlizenzierung. Ebenfalls strategischen Charakter haben die in den letzten Jahren zunehmenden zwischenbetrieblichen Kooperationen in der Markenpolitik in Form so genannter **Markenallianzen.**

6.4.2.1 Markenstrategien

Insbesondere auf Massenmärkten sind unterschiedliche Strategien für den Aufbau und die Pflege von Marken zu beobachten (vgl. dazu ausführlich Becker, 2006, S. 195 ff.). Zum einen müssen Entscheidungen darüber getroffen werden, wie viele unterschiedliche Produkte unter einem Markendach angeboten werden sollen. Hier lassen sich Einzelmarken-, Familienmarken- und Dachmarkenstrategien unterscheiden. Auf einer anderen Betrachtungsebene geht es um die strategische Entscheidung darüber, wie viele unterschiedliche Marken eine Unternehmung für einen Markt anbieten will. Im Zusammenhang mit einer segmentspezifischen Marktbearbeitung spielt die **Mehrmarkenstrategie** eine große Rolle, die im folgenden Kapitel zur Gestaltung von Markensystemen näher erläutert wird.

Bei einer **Einzelmarkenstrategie** wird für jedes Produkt bzw. jede Produktgruppe (z. B. Zahncreme, Shampoo, Tafelschokolade) eines Anbieters eine eigene Marke entwickelt. Man spricht in diesem Fall auch von einer Produktmarke oder Monomarke. Die Konsumenten erfahren häufig nicht, welcher Hersteller hinter dieser Marke steht. Diese Strategie bietet sich immer dann an, wenn ein Unternehmen mit einem sehr heterogenen Absatzprogramm eine differenzierte Marktbearbeitung anstrebt. Ein Beispiel dafür ist die Unternehmung Ferrero, die mit einer Vielzahl von Einzelmarken den heterogenen Süßwarenmarktmarkt bearbeitet (vgl. Abbildung 6-22). Der Vorteil dieses Konzepts besteht darin, dass die Marke sehr zielgruppenge-

> Marken können gedehnt werden, um neue Produkte einzuführen.

> Überblick über strategische Entscheidungen der Markenpolitik

> Einzelmarke bedeutet: ein Produkt und ein Produktversprechen

6.4 Produktpolitik
Markenpolitik

Abb. 6-22
Einzelmarken von Ferrero

nau auf die spezifischen Wünsche und Bedürfnisse der Kunden positioniert werden kann. Nachteilig ist, dass die Markenaufwendungen, z. B. Kosten für die Entwicklung des Markennamens und insbesondere die Kommunikationsaufwendungen, von einem einzigen Produkt getragen werden müssen. Einen Überblick über die Vor- und Nachteile dieser Strategie enthält die Abbildung 6-23.

Handelt es sich bei den Einzelmarken um Produkte, die in keinem imagemäßigen Zusammenhang stehen, so tritt der Anbieter bei der Markenbildung häufig in den Hintergrund. Ist der Anbieter dagegen für eine bestimmte Produktgruppe bekannt und wird ihm dafür eine besondere Kompetenz zugebilligt, so werden die Einzelmarken zusätzlich mit einem Hinweis auf den »Absender« versehen. Die Herstellermarke tritt dann als so genannter strategischer »Endorser« auf. Das bedeutet, dass die Hinweise auf den namhaften und kompetenten Hersteller die subjektive Qualitätswahrnehmung der (Einzel-) Marke unterstützen soll (vgl. Esch, 2008, S. 346 f., S. 488 f.).

Typisch dafür ist die Einzelmarkenstrategie von Ferrero. Alle Einzelmarken von Ferrero, die etwas mit Schokolade bzw. der Positionierung »süßer Genuss« zu tun haben, lassen einen mehr oder weniger starken Hinweis auf Ferrero im Markenauftritt erkennen. Das erfolgt im Namen selbst, z. B. Ferrero Küsschen, oder durch die Gestaltung der für Ferrero typischen Farbcodes. Produkte dagegen, die einen anderen Produktnutzen aufweisen bzw. eine ganz andere funktionale oder emotionale Positionierung haben, treten eigenständig auf, ohne dass der Bezug zu Ferrero hergestellt werden kann. Nur kaum sichtbar auf der Verpackung findet sich z. B. bei der Einzelmarke TicTac ein Hinweis auf den Hersteller Ferrero.

Bei vielen Anbietern ist zurzeit die Tendenz festzustellen, dass starke Einzelmarken gedehnt und somit zu Markenfamilien ausgebaut werden. Ein Beispiel dafür ist die Unilever-

Abb. 6-23

Vor- und Nachteile der Einzelmarkenstrategie

Vorteile	Nachteile
▸ Möglichkeit der klaren Profilierung eines Produkts ▸ Konzentration auf eine definierte Zielgruppe ▸ Wahl einer spezifischen Positionierung gegeben ▸ Innovationscharakter des neuen Produkts lässt sich gut darstellen ▸ Relaunch-Maßnahmen sind gut umzusetzen ▸ Bei Misserfolg des Produkts erfolgt kein negativer Imagetransfer auf andere Produkte des Unternehmens	▸ Ein Produkt muss das gesamte Markenbudget allein tragen ▸ Voraussetzung ist ein ausreichendes Marktvolumen bzw. -potenzial ▸ Markenpersönlichkeit wird nur langsam aufgebaut ▸ Immer kürzere Produktlebenszyklen gefährden die Erreichung des Break Even-Point ▸ Durch Strukturwandel von Märkten kann die Überlebensfähigkeit produktspezifischer Marken gefährdet sein ▸ Geeignete und schutzfähige Marken sind schwer zu finden

(Quelle: in Anlehnung an Becker, 2006, S. 196)

Marke AXE. Ursprünglich als Einzelmarke für die Produktgruppe Körperspray konzipiert, wurden in den letzten Jahren Körperpflegeprodukte wie Duschgel und Aftershave unter dieser Marke eingeführt. Ein Hauptgrund dafür sind die extrem hohen Kosten, die mit dem Aufbau und der Führung von Einzelmarken verbunden sind.

Die **Familienmarkenstrategie** ist dadurch gekennzeichnet, dass verschiedene Einzelprodukte bzw. Produktarten unter einer einheitlichen Marke geführt werden (Range-Marken). Der Hersteller bleibt wie bei der Einzelmarkenstrategie in den meisten Fällen im Hintergrund bzw. tritt lediglich als so genannter strategischer »Endorser« auf.

Ein klassisches Beispiel für eine Familienmarke ist Nivea von Beiersdorf. Ausgehend von der Produktmarke Nivea-Creme hat sich diese Marke mit inzwischen über 300 unterschiedlichen Pflegeprodukten für verschiedene Zielgruppen zu einer der weltweit erfolgreichsten Familienmarken entwickelt (vgl. Abbildung 6-24). Andere Beispiele für Familienmarken sind Tesa, Uhu, Maggi und die bereits in Kapitel 5.2.1 dargestellte Familienmarken-Strategie von Melitta.

Im Mittelpunkt dieser Strategie steht der Aufbau eines einheitlichen Images, das als gemeinsame Klammer für alle Produkte dieser Markenfamilie in den Köpfen der Verbraucher verankert werden soll. Diese Klammer kann sich auf die Vermittlung einer spezifischen Nutzenkompetenz (z. B. »Schönheit und Pflege« bei Nivea), auf eine spezifische Produktkompetenz (z. B. »zarte Alpenmilchschokolade« bei Milka), auf eine inhaltlich gleiche emotionale Positionierung (z. B. »erfolgreich bei Frauen« bei AXE) oder andere Gemeinsamkeiten beziehen. Entscheidend ist, dass die Zusammenstellung der Produkte unter einer Markenwelt für den Verbraucher nachvollziehbar ist. So soll erreicht werden, dass alle Produkte vom Image der Familienmarke profitieren. Daraus leiten sich die wichtigsten Vorteile dieser Strategie ab. Die Risiken bei der Einführung neuer Produkte sind in der Regel geringer, außerdem können dadurch die Markteinführungskosten gesenkt werden. Weiterhin kann mit einer höheren Akzeptanz beim Handel und bei den Verbrauchern gerechnet werden, was eine schnelle Marktpenetration erleichtert. Nachteile dieser Strategie ergeben sich, wenn einzelne Produkte in die öffentliche Kritik gelangen, z. B. durch schlechte Warentestergebnisse oder kritische Medienberichte über die Produktzusammensetzung. Weiterhin können sich auch negative Erfahrungen der Kunden mit einzelnen Produkten auf die Beurteilung der gesamten Markenfamilie auswirken. Andere Vor- und Nachteile sind in Abbildung 6-25 aufgeführt.

Abb. 6-24

Familienmarkenstrategie von Nivea

(Quelle: in Anlehnung an Esch et al., 2008, S. 204)

Familienmarke bedeutet: ein Produktversprechen für verschiedene Produkte

Abb. 6-25

Vor- und Nachteile der Familienmarkenstrategie

Vorteile	Nachteile
▸ Spezifische Profilierungsmöglichkeit ▸ Mehrere Produkte tragen das Markenbudget ▸ Neue Produkte profitieren vom positiven Imagetransfer der Marke ▸ Stärkung des Markenimages, wenn Produkt notwendigen »fit« hat	▸ Relaunch-Maßnahmen begrenzt ▸ »Markenkern« der Ausgangsmarke begrenzt Innovationsmöglichkeiten ▸ Nur dort einsetzbar, wo Abnehmer Angebotssysteme mit Nutzenklammern akzeptieren ▸ Gefahr der Markenüberdehnung bzw. -verwässerung

(Quelle: in Anlehnung an Becker, 2006, S. 199)

6.4 Produktpolitik
Markenpolitik

Abb. 6-26

Beispiele für Dachmarken

Dachmarkenstrategie bedeutet: eine Marke für alle Produkte

In den meisten Fällen werden Einzel-, Dach- und Familienmarken kombiniert

Das Prinzip der **Dachmarkenstrategie** besteht darin, dass alle Produkte einer Unternehmung unter einer Marke angeboten werden (Company-Marken, Abbildung 6-26). Diese Art der Markenstrategie ist besonders dann vorteilhaft, wenn die Produktpalette sehr groß und eine Einzelmarken- oder Familienmarkenstrategie wenig sinnvoll ist, da die Kunden fast identische Bedürfnisse aufzeigen (z. B. Allianz-Versicherungen) oder die Produktkategorie Modeschwankungen ausgesetzt ist (z. B. Armani).

Der wesentliche Vorteil dieser Strategie liegt darin, dass alle Produkte des Anbieters die Aufwendungen für die Marke gemeinsam tragen. Dem steht der Nachteil gegenüber, dass eine Dachmarke weniger klar und spezifisch profiliert werden kann (z. B. Sony, Lindt oder BASF). Außerdem ist die Gefahr groß, dass bei massiven Problemen bezüglich einzelner Produkte die negativen Schlagzeilen auf die gesamte Dachmarke abstrahlen. So musste Mercedes diese schmerzlichen Erfahrungen bei der Einführung der A-Klasse machen, nachdem die neuen Kompaktfahrzeuge beim so genannten »Elchtest« durchgefallen waren. Noch dramatischer hat sich eine vermeintliche Verunreinigung eines Tortenprodukts der Firma Coppenrath & Wiese ausgewirkt, die im Zusammenhang mit dem Tod eines Konsumenten in Verbindung gebracht wurde. Obwohl relativ schnell bekannt wurde, dass das Produkt nicht die Ursache für diesen Todesfall war, ging der Absatz aller Produkte der Dachmarke während der Medienberichterstattung zu diesem Ereignis stark zurück. Weitere Vor- und Nachteile der Dachmarkenstrategie sind in Abbildung 6-27 aufgelistet.

Wie bereits beschrieben, kommen die zuvor dargestellten Markenstrategien nur in den seltensten Fällen in reiner Form vor. In der Praxis finden sich überwiegend **Kombinationsformen** dieser Strategien. Für die Zuordnung der empirisch vorzufindenden Markenstrategien ist entscheidend, welches markenpolitische Konzept aus der Sicht der Konsumenten vorherrscht. So dominiert bei der Marke Nivea das Konzept der Familienmarke, obwohl zur Differenzierung der unterschiedlichen Produkte so genannte

Abb. 6-27

Vor- und Nachteile der Dachmarkenstrategie

Vorteile	Nachteile
▸ alle Produkte tragen das Markenbudget ▸ leichte Einführung neuer Produkte ▸ neue Produkte profitieren vom positiven Imagetransfer des Unternehmen ▸ Präsenz in kleinen Teilmärkten möglich ▸ Suche nach neuen schutzfähigen Märkten entfällt	▸ klare Profilierung wird erschwert ▸ Positionierung eher unspezifisch ▸ Konzentration auf einzelne Zielgruppen ist kaum möglich ▸ Innovationen können nicht spezifisch profiliert werden ▸ Bei Misserfolg negativer Imagetransfer auf die Marke und alle Produkte

(Quelle: in Anlehnung an Becker, 2006, S. 198)

Subbrands (Untermarken) gewählt werden (z. B. Nivea Visage), deren Gestaltung an die zielgruppenspezifischen Besonderheiten angepasst sind. Mit dem Hinweis, dass alle Niveaprodukte von Beiersdorf stammen, was durch das Firmenlogo BDF kommuniziert wird, nutzt man die Dachmarke als strategischen Endorser. Das gleiche gilt für die Einzelmarkenstrategie der Henkel-Marke Persil. Beispiele für solche Kombinationen sind in Abbildung 6-28 veranschaulicht.

6.4.2.2 Markensysteme

Im Zusammenhang mit der Realisierung von Wachstumsstrategien müssen grundlegende Entscheidungen über den Aufbau von **Markensystemen** getroffen werden. Vor allem bei Unternehmen, die im Rahmen der Marktparzellierungsstrategie eine segmentspezifische Marktbearbeitung gewählt haben, ist in den letzten Jahren eine zunehmende Tendenz zu erkennen, eine möglichst große Marktabdeckung zu erreichen, um dadurch eine Erhöhung der Marktanteile zu erzielen.

Aufgrund der zunehmenden Problematik, neue Produkte erfolgreich in den Markt zu bringen (vgl. Kapitel 6.5.1), verfolgen viele Unternehmen bei der Ausweitung ihres Angebots im Zuge der Realisierung von Produktentwicklungs- und/oder Diversifikationsstrategien das Konzept der **Markendehnung**, das heißt, die neuen Produkte werden unter dem Markendach einer bereits erfolgreich im Markt etablierten Marke eingeführt.

Grundsätzlich stehen einem Unternehmen im Hinblick auf den Aufbau und die Erhaltung von strategischen Erfolgspotenzialen verschiedene **Produkt-Marken-Optionen** zur Verfügung. So kann ein Unternehmen entweder mit vorhandenen oder mit neuen Marken in bisherigen Produktkategorien aktiv werden oder aber in neue Produktkategorien vordringen. Abbildung 6-29 zeigt die Möglichkeiten für Marken- und Produktkombinationen (vgl. Esch, 2008, S. 399 ff.; Homburg/Krohmer, 2006, S. 643).

Werden bei der Einführung neuer Produkte bereits vorhandene Marken genutzt, spricht man von **Markendehnung**. Diese stellt eine zentrale Wachstumsoption für Unternehmen dar, die durch eine Produktlinienerweiterung oder Markenerweiterung realisiert werden kann.

Abb. 6-28

Kombinationen von Markenstrategien

(Quelle: Homburg/Krohmer, 2009, S. 183)

Unter einer **Produktlinienerweiterung**, häufig auch als »line extension« bezeichnet, wird die Dehnung einer vorhandenen Marke in der bisherigen Produktkategorie verstanden. Ein bereits bestehendes Produkt wird verändert (Produktvariation = neue Sorte), um es den Bedürfnissen einzelner Zielgruppen anzupassen. Die Zielgruppen müssen ausreichend klar voneinander abzu-

Aufbau von Markensystemen zur Realisierung von Wachstumszielen

Produktlinienerweiterung als Form der Markendehnung

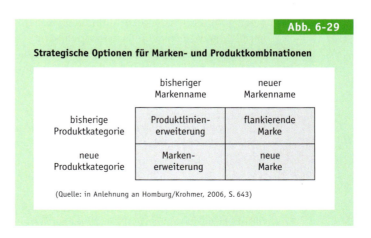

Abb. 6-29

Strategische Optionen für Marken- und Produktkombinationen

	bisheriger Markenname	neuer Markenname
bisherige Produktkategorie	Produktlinien-erweiterung	flankierende Marke
neue Produktkategorie	Marken-erweiterung	neue Marke

(Quelle: in Anlehnung an Homburg/Krohmer, 2006, S. 643)

6.4 Produktpolitik
Markenpolitik

Abb. 6-30 Beispiel für Produktlinienerweiterung (Becks's Biermischgetränke)

grenzen und groß genug sein, damit die Einführung einer neuen Produktvariante auch ein ökonomisch vertretbares Absatzpotenzial bietet.

Diese Strategie ist in der Praxis sehr häufig anzutreffen und hat eine bessere Marktabdeckung zum Ziel. Strategische Ansatzpunkte können dabei die Intensivierung des Absatzes bei bestehenden Kunden, Gewinnung der Kunden von der Konkurrenz oder die Gewinnung bisheriger Nichtverwender sein. Das entspricht den gleichen Handlungsoptionen, wie sie im Zusammenhang mit der Marktdurchdringungsstrategie beschrieben sind (vgl. Kapitel 5.2.1).

Die Ausweitung der Produktlinie erfolgt in den meisten Fällen über eine Produktvariation (vgl. Kapitel 6.2.3). Die Anknüpfungspunkte dafür können z.B. bei Nahrungs- und Genussmitteln neue Geschmackssorten, neue Verpackungen oder zusätzliche Nutzenkomponenten sein, wie Abbildung 6-30 verdeutlicht.

Neben den Chancen der Produktlinienerweiterung birgt dieses Konzept der Markenerweite-rung aber auch Risiken. Als Gefahr ist die **Kannibalisierung** innerhalb des eigenen Produktportfolios zu sehen, da die hinzukommenden Produktvarianten sich häufig nur geringfügig von den bereits angebotenen Produkten unterscheiden (z. B. neue Geschmacksrichtungen oder Packungsgrößen). Kannibalisierung beschreibt Marktanteilsverluste einer Marke durch die Einführung eines neuen Angebots im Produktprogramm einer Unternehmung, welches ähnliche Eigenschaften besitzt (vgl. Esch, 2008, S. 370, 481). Das heißt, die eigenen Produkte einer Unternehmung konkurrieren in einem identischen Teilmarkt. Mangelnde Unterscheidbarkeit führt zur Austauschbarkeit und damit zu einer geringeren Akzeptanz des Produkts. Es muss also darauf geachtet werden, dass eine ausreichende Differenzierung gegenüber anderen Produkten der jeweiligen Linie gewährleistet ist, um Kannibalisierung möglichst gering zu halten.

Die Realisierung der Produktlinienerweiterung erfordert die Beachtung einiger Gestaltungsregeln. Die **Selbstähnlichkeit** darf nicht verloren gehen, das heißt, wesentliche Merkmale des Produkts müssen auch bei Erweiterungsformen erhalten bleiben. So empfiehlt es sich für die Marke Ritter Sport nicht, für Produktlinienerweiterungen auf die quadratische Verpackung zu verzichten, weil dadurch eine Verwässerung des Markenbildes vorprogrammiert wäre. Weiterhin ist darauf zu achten, dass für den Konsumenten die Zugehörigkeit des neuen Produkts zu der bekannten Marke klar und leicht verständlich ist. Diese Anforderung wird als **Mental Convenience** bezeichnet (vgl. Esch, 2008, S. 373; Rutenberg, 2008; Brandmeyer, 2002, S. 32 ff.).

Von einer **flankierenden Marke** wird gesprochen, wenn ein neuer Markenname eingeführt wird, um eine bereits existierende Marke in der gleichen Produktkategorie zu ergänzen (Esch, 2008, S. 357 ff.). Beispielsweise führt Procter & Gamble im Waschmittelmarkt neben der Marke Ariel zusätzlich die Marke Meister Proper. Auch bei diesem Konzept steht eine möglichst breite Bearbeitung von einem segmentierten Markt im Vordergrund (vgl. Abbildung 6-31). Diese Vorgehensweise wird auch als **Mehrmarkenstrategie** bezeichnet (vgl. Meffert/Perrey, 2005, S. 214 ff.; Baumgarth, 2008, S. 149 f.).

Die Einführung einer flankierenden Marke empfiehlt sich immer dann, wenn es nicht möglich ist, bestimmte Kundensegmente in einem Markt durch die Positionierung einer vorhandenen Marke anzusprechen. Es muss jedoch ein ausreichend großes Marktsegment vorhanden sein, das mit der spezifischen Positionierung der neuen Marke zu erreichen ist. Diese Strategie dient häufig dazu, vorhandene Marken eines Unternehmens vor denen der Konkurrenz zu schützen und wird eingesetzt, um sich beispielsweise im Wettbewerb mit Billig- und Handelsmarken zu behaupten. So haben die Markenhersteller von Zigaretten eigene Billigmarken eingeführt. Weiterhin bedient man sich dieser Strategie, um mit unterschiedlichen Marken verschiedene Preis- oder Nutzensegmente anzusprechen (vgl. Esch, 2008, S. 359 sowie Kapitel 5.2.3).

Wie bei der Produktlinienerweiterung besteht auch hier die Gefahr der Kannibalisierung innerhalb der unternehmenseigenen Marken. Sie wird in diesem Fall jedoch eher in Kauf genommen als eine Verdrängung durch Marken der Konkurrenz.

Diversifikationsstrategien können zum einen durch eine **Neumarkenstrategie** oder eine Markenerweiterung realisiert werden. Im Zuge der Neumarkenstrategie dringt man mit einem neuen Markennamen in eine neue Produktkategorie vor. Diese Strategie ist zu empfehlen, wenn die Dehnung einer bereits vorhandenen Marke nicht sinnvoll oder möglich ist. Weiterhin ist die Einführung einer neuen Marke bei einem großen Erweiterungspotenzial anzuraten. Beabsichtigt beispielsweise ein Hersteller von Nahrungs- und Genussmitteln Produkte mit einem medizinischen Zusatznutzen (so genanntes functional food) einzu-

Neumarkenstrategie und Markenerweiterung zur Diversifikation

Definition der Mehrmarkenstrategie

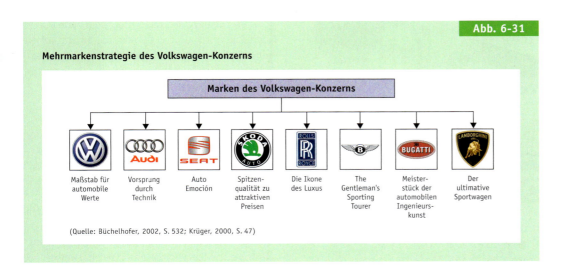

Abb. 6-31

Mehrmarkenstrategie des Volkswagen-Konzerns

(Quelle: Büchelhofer, 2002, S. 532; Krüger, 2000, S. 47)

führen, wäre es sicher sinnvoll, das mit einer neuen Marke zu realisieren. Als Nachteile der Neumarkenstrategie sind extrem hohe Einführungskosten und eine hohe Flopgefahr zu nennen (vgl. dazu auch Kapitel 6.5.1).

Als vierte Handlungsalternative zum Ausbau des Markensystems ist die **Markenerweiterung** oder auch »brand extension« zu nennen (vgl. dazu Esch, 2008, S. 361; Burmann et al., 2005b, S. 196 ff.; Caspar/Burmann, 2005, S. 247 ff.). Hierbei dringt man mit einer bestehenden Marke in eine neue Produktkategorie vor. Die bereits genannten Risiken bei der Einführung neuer Marken können durch die Markenerweiterung umgangen werden. Bei der Markenerweiterung sind **direkte und indirekte Markenerweiterungen** zu unterschieden (vgl. Esch, 2007, S. 201). Bei der direkten Form dieser Strategie bleibt die bisherige Marke unverändert. Bei der indirekten Markenerweiterung kommt es zu einer Ergänzung der Hauptmarke (Masterbrand), und zwar entweder durch eine zusätzliche Markenbezeichnung (Subbrand) oder durch das Hinzufügen einer zweiten Marke (Co-Branding), was im Rahmen von Markenallianzen – das heißt gemeinsamen Marketingaktivitäten mehrerer Marken – zunehmend an Bedeutung gewinnt.

Markenerweiterungen stellen gegenwärtig die am häufigsten angewandte Strategie zur Einführung neuer Produkte dar, mit denen Unternehmen ihre Wachstumsziele in neuen Märkten realisieren können (vgl. Abbildung 6-32). Der Grund dafür liegt unter anderem darin, dass die Kosten im Verhältnis zur Neumarkenstrategie geringer sind. So können Markteinführungskosten im Zusammenhang mit dem Aufbau der Markenbekanntheit eingespart werden. Weiterhin stößt ein neues Produkt im Zuge einer Markenerweiterung nicht oder nur in geringem Maße auf Akzeptanzprobleme bei Konsumenten und dem Handel (vgl. Esch, 2008, S. 361 f.).

Mit einer Markenerweiterung ist die Realisierung eines so genannten Goodwill-Transfers möglich. Darunter versteht man die Übertragung positiver Imagekomponenten von der Stammmarke auf das Erweiterungsprodukt. So profitiert das Erweiterungsprodukt im Idealfall von dem bereits aufgebauten Vertrauen der Konsumenten in die Stammmarke. Im Gegenzug soll eine Stärkung der Stammmarke erreicht werden, indem das positive Image des Erweiterungsprodukts wiederum auf die Stammmarke »einzahlt«. Allerdings kann eine solche Wirkungsbeziehung nur erreicht werden, wenn von den Konsumenten ein starker Zusammenhang zwischen der etablierten Marke und dem Erweiterungsprodukt erkannt oder hergestellt wird (Markenfit) (vgl. Esch, 2008, S. 393).

Dieser Aspekt soll am Beispiel der Firma Ricola veranschaulicht werden, die bereits vor einigen Jahren eine Markenerweiterung in die Produktkategorie Tee vorgenommen hat und im Jahr 2008 in den Kaugummimarkt vorgedrungen ist (Aus der Praxis 6-11).

Zusammenfassend kann von einer wechselseitigen Wirkungsbeziehung gesprochen werden, da nicht nur von einem positiven Einfluss der Stammmarke auf das Erweiterungsprodukt ausgegangen wird, sondern bei einer erfolgreichen Markenerweiterung auch von der Stärkung der Stammmarke. Zahlreiche Beispiele aus der Praxis belegen den Erfolg dieser Strategie. Traditionsmarken wie Nivea, Maggi, Milka und viele mehr hätten ohne die erfolgreiche Markenerweiterung

Markenerweiterungen ermöglichen einen Goodwill-Transfer

Abb. 6-32

Beispiele für Markenerweiterungen

Lego-Uhr
Mövenpick-Lebensmittel
Mars-Eis
Tempo-Toilettenpapier
Dolce & Gabbana Parfum
adidas-Duschgel
Apple Audio- und Mobilfunkgeräte
Camel-Bekleidung

Aus der Praxis –6-11

Die Marke Ricola wird von den Konsumenten mit natürlichen und ausgewählten Kräutern aus der Schweiz in Verbindung gebracht und ist bekannt für ihren wohltuenden Geschmack. Zudem verbindet der Kunde die Produkte bereits mit einer ihm bekannten Qualität. Die Herstellung von Erweiterungsprodukten wie Kräutertees oder Kräuterkaugummis passt also durchaus zu dem bekannten Image der Stammmarke. Als Ziele verfolgt Ricola, mit seinen Erweiterungsprodukten in neue Märkte vorzudringen und seine Kompetenzen aus dem Bonbonbereich in diese einzubringen. Als Folge ergeben sich höhere Absatzzahlen, ein höherer Marktanteil und eine bessere Kapazitätsauslastung.

Abb. 6-33: Markenerweiterung am Beispiel von Ricola

durch innovative Produkte heute wahrscheinlich nicht diese Marktbedeutung.

Die große Relevanz der Markenerweiterung in der Praxis beruht auf der Vielzahl an **Chancen**, die damit verbunden sind. Allerdings belegen erfolglose Markenerweiterungen, dass diese Strategie auch **Risiken** birgt (vgl. Esch, 2008, S. 392 f.).

Für die Unternehmen ergeben sich mit einer Markenerweiterung **Kostenersparnisse**, die auf die zu erwartenden Synergien im Marketingmix zurückzuführen sind. Das betrifft vor allem die Kommunikationsaufwendungen, da mit der Werbung für das Erweiterungsprodukt gleichermaßen alle anderen Produkte dieser Marke beworben werden. Das wirkt sich auf die **Erhöhung des Bekanntheitsgrades** der gesamten Marke aus und führt in der Regel auch zu einer **Umsatzsteigerung** bei den Produkten der Stammmarke. Ein weiterer positiver Effekt ergibt sich aus der **stärkeren Präsenz** der Marke **am Point of Sale**. Die **Umgehung von Werbebeschränkungen** mit Hilfe von Markenerweiterungen ist z. B. bei Zigaretten oder Alkohol möglich. So können die unbeschränkten Werbemöglichkeiten für die Bekleidungsmarke Camel die Werberestriktionen bei Zigaretten umgehen. Gleiches gilt für die Markenerweiterung von Marlboro im Markt für Abenteuerreisen. In Frankreich konnte die Pastis-Marke Ricard, ein dort sehr bekannter Aperitif, die strikten Werbeverbote für Alkohol durch die Einführung eines alkoholfreien Produkts umgehen. Zum Abschluss sei bei den Chancen der Markenerweiterung nochmals betont, dass die **höhere Akzeptanz des Handels** bei der Einführung neuer Produkte unter einer bekannten Marke von großer Bedeutung ist (vgl. Esch, 2007, S. 203).

Chancen und Risiken der Markenerweiterung

6.4 Produktpolitik
Markenpolitik

Abb. 6-34

Beispiele für Brand Extension Licensing (links) und Brand Promotion Licensing (rechts)

Den zuvor aufgezeigten Chancen steht eine Reihe von **Risiken der Markenerweiterung** gegenüber. Dabei muss man zwischen den Risiken für das Erweiterungsprodukt und denen für die Stammmarke unterscheiden. Für das Erweiterungsprodukt können sich bei mangelndem »Fit« zur Stammmarke Akzeptanzprobleme ergeben. Das ist dann der Fall, wenn die Imagemerkmale der Stammmarke für das Erweiterungsprodukt nicht relevant sind oder sich nicht auf das Erweiterungsprodukt übertragen lassen. Für das Stammprodukt ist ein möglicher »Badwill-Effekt« eine Gefahr, wenn die Konsumenten beispielsweise mit dem Erweiterungsprodukt nicht zufrieden sind (vgl. Baumgarth, 2008, S. 159). Die **Realisierung von Markenerweiterungen** erfolgt häufig durch **Markenlizenzierungen**, und zwar insbesondere dann, wenn das Unternehmen das neue Produkt aufgrund des fehlenden Know-hows nicht in Eigenfertigung herstellen kann (vgl. Esch, 2008, S. 423; Baumgarth, 2008, S. 203).

Bei einer Markenlizenzierung räumt der Inhaber einer Marke einem anderen Unternehmen das Recht ein, diese Marke für seine Produkte zu nutzen (vgl. Binder, 2005, S. 525; Esch, 2008, S. 423). Der Lizenzgeber hat dadurch den Vorteil, dass er seine Wachstumsziele in neuen Märkten realisieren kann, ohne große Investitionen zu tätigen. Die Vorteile für den Lizenznehmer liegen auf der Hand: Er kann eine bereits eingeführte starke Marke nutzen, was zum einen seine Markteinführungskosten minimiert und ihm gleichzeitig die Möglichkeit gibt, höhere Preise und damit höhere Deckungsbeiträge zu erzielen. Diese Form der Markenlizenzierung wird auch als **Brand Extension Licensing** bezeichnet und findet sich vor allem bei Mode- sowie Lebensmittelmarken (Abbildung 6-34 links). Bei der Markendehnung spielt diese Form der Markenallianz die größte Rolle.

Eine andere Form der Markenlizenzierung ist das **Brand Promotion Licensing**. Dabei handelt es sich um Produkte, die von Unternehmen als so genannte Merchandisingprodukte angeboten werden. Das können (Werbe-) Geschenkartikel, Fanprodukte oder Souvenirs sein, die zur Identifikation mit der Marke beitragen sollen (Abbildung 6-34 rechts). Immer mehr Unternehmen bieten solche Produkte vor allem über einen eigenen Internetshop oder eigene Verkaufsfilialen an.

Die Markenlizenzierung hat in Deutschland bereits eine große wirtschaftliche Bedeutung erlangt (Aus der Praxis 6-12). Schätzungsweise gibt es derzeit über 1.000 Markenlizenzverträge im Bereich der Markenerweiterung durch neue Produkte. Das Umsatzvolumen von Lizenzmarken lag im Jahr 2001 bereits bei ca. 8,5 Milliarden Euro (vgl. Binder, 2005, S. 525).

Aufgrund des zunehmenden Wettbewerbs und der dramatisch steigen Marketingkosten bei der

Definition Markenlizenzierung

6.4 Markenpolitik

Einführung neuer Produkte gehen viele Unternehmen **Markenallianzen** ein, um daraus gemeinsame Vorteile zu erzielen. Je nach Intensität und Dauer der Zusammenarbeit werden unterschiedliche Erscheinungsformen unterschieden (vgl. Esch, 2008, S. 442 ff.; Esch et al., 2008, S. 211 f.).

Hierbei sind zunächst das **Co-Branding** sowie das **Dual-Branding** zu nennen, bei denen der Zusammenschluss auf **lange Sicht** angelegt ist, und zwar mit dem Ergebnis eines neuen Angebots. Der zentrale Unterschied der beiden Konzepte besteht darin, dass beim Co-Branding verschiedene Eigentümer gemeinsam auftreten, während beim Dual-Branding zwei Marken eines Anbieters in einem neuen Angebot in Erscheinung treten. Die besonderen Vorteile dieser Form der Markendehnung ergeben sich aus dem effektiveren und effizienteren Zugang zu neueren Produktkategorien, da die Markenstärke zweier Marken gebündelt wird. Für die erfolgreiche Realisierung von Markenallianzen ist ein starker **Markenfit** zwischen den beteiligten Marken die wichtigste Voraussetzung. In Abbildung 6-35 sind Beispiele für ein erfolgreiches Co-Branding und Dual-Branding dargestellt.

Aus der Praxis – 6-12

Produkte mit bekannten Markennamen werden nicht immer von den Markeneignern selbst produziert, sondern häufig in Lizenz von Dritten. Luxottica ist beispielsweise einer der größten und erfolgreichsten Brillenhersteller der Welt. Viele Menschen, die es sich leisten können und Brillen von Chanel, Bvlgari, Dolce & Gabbana, Ray-Ban und Versace tragen, haben in Wirklichkeit Lizenzprodukte des italienischen Unternehmens Luxottica erworben. Für einen zehnjährigen Lizenzvertrag mit Polo Ralph Lauren bezahlten die Mailänder im Jahr 2006 insgesamt 199 Millionen Dollar bei Umsatzerwartungen von 1,75 Milliarden Dollar. Aber auch in anderen Branchen ist die Verwendung von Markenlizenzen üblich. So produziert Darboven den Mövenpick-Kaffee, Nestlé LC1 wird von Müller Milch hergestellt und Calvin Klein-Uhren kommen von SMH Swatch (Grossmann, 2007; wer-zu-wem.de, 2009).

Wenn die Zusammenarbeit zweier Marken zeitlich begrenzt ist, spricht man von **Co-Promotions,** die im Rahmen gemeinsamer Kommunikationsmaßnahmen erfolgen. Neben den oben beschriebenen Zielsetzungen sind die Kostenvorteile, wie z. B. durch einen gemeinsamen Werbeauftritt, von Bedeutung. Weiterhin konnte

Erscheinungsformen von Markenallianzen

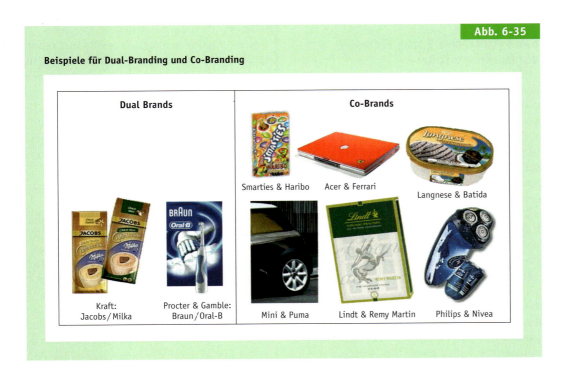

Abb. 6-35 Beispiele für Dual-Branding und Co-Branding

6.4 Produktpolitik
Markenpolitik

Abb. 6-36

Beispiele für Co-Promotions

(Quelle: Esch, 2008, S. 445)

gezeigt werden, dass sich dadurch die Aufmerksamkeitswirkung von Kommunikationsmaßnahmen erhöhen lässt, da solche Maßnahmen für den Konsumenten mit einem Überraschungseffekt verbunden sind, was durch einen gedanklichen Aktivierungsreiz erreicht werden kann (vgl. Kapitel 8.3.7.4).

6.4.3 Operative Entscheidungen der Markenpolitik

Nachdem die grundlegenden Entscheidungen zu den markenpolitischen Konzepten festgelegt sind, folgt deren Umsetzung in der Markengestaltung. Der Prozess der Markengestaltung ist in Abbildung 6-37 skizziert. Dieser soll am Beispiel des Aufbaus einer neuen Marke geschildert werden. Die Markengestaltung bei einer Markendehnung muss sich selbstverständlich immer an der Stammmarke orientieren, wobei die Sicherstellung der Selbstähnlichkeit und die gleichzeitige Differenzierung der neuen Produkte gegenüber der Stammmarke bzw. Markenfamilie gewährleistet sein müssen.

6.4.3.1 Prozess der Markengestaltung

Grundlage für die Markengestaltung ist eine umfassende Situationsanalyse, in der alle relevanten internen und externen Einflussfaktoren für die Entwicklung einer neuen Marke betrachtet werden (vgl. Kapitel 5.2). Daraus lassen sich Handlungsempfehlungen für die Bestimmung der Markenidentität und sich anschließenden Markenpositionierung ableiten. Danach folgt die Umsetzung durch die Gestaltung aller Marketinginstrumente (Markengestaltung im weiteren Sinne). Im engeren Sinne geht es dabei um das **Branding**. Darunter versteht man die Gestaltung der Markenelemente, die am Produkt selbst wahrnehmbar sind. Das sind nach vorherrschender Auffassung der Markenname, das Markenzeichen (Logo) sowie sonstige Markierungselemente, die als schutzfähige Zeichen für den Markenaufbau einsetzbar sind (vgl. Kapitel 6.5.1). Eine besondere Bedeutung dabei hat das Produktdesign, das sich sowohl auf das Produkt selbst als auch auf die Verpackung beziehen kann und in besonderem Maße geeignet ist, markenspezifische Gedächtnisbilder bei den Konsumenten aufzubauen. Alle marketingpolitischen Entscheidungen, insbesondere die kommunikationspolitischen Maßnahmen, müssen integrativ aufeinander abgestimmt werden, damit auf der Wirkungsebene, dem Markenimage, die beabsichtigten Ziele erreicht werden.

Die Wirkungen sollten mit Hilfe der Marktforschung überprüft werden. Die zentralen Fragen, die dabei zu beantworten sind, richten sich auf die Wahrnehmbarkeit der in der Markenidentität

Definition Branding

Markengestaltung als operativer Bereich der Markenpolitik

6.4 Markenpolitik

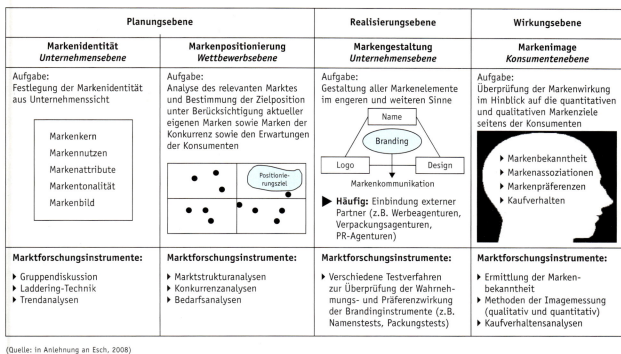

Abb. 6-37 Prozess der Markengestaltung
(Quelle: in Anlehnung an Esch, 2008)

formulierten »Markenbotschaft«. Weiterhin muss geprüft werden, ob sich die Marke in geplanter Weise von der Konkurrenz abhebt. Zuletzt ist sicherzustellen, dass alle Gestaltungsentscheidungen der Marketinginstrumente im Sinne der vom Unternehmen formulierten Markenregeln integrativ aufeinander abgestimmt sind. Nur so lässt sich der Aufbau eines klaren, unverwechselbaren Markenbildes bei der Zielgruppe gewährleisten.

Der gesamte Markenauftritt ist im Verlaufe des Lebenszyklus von Marken ständig zu überprüfen, um gegebenenfalls Anpassungen der Markengestaltung an veränderte Umweltbedingungen vornehmen zu können. Abbildung 6-37 veranschaulicht den oben beschriebenen Prozess der Markengestaltung, der nun näher beschrieben wird. Auf das Thema Markenkontrolle wird nicht weiter eingegangen (vgl. dazu Esch, 2008, S. 567 ff.).

6.4.3.2 Bestimmung der Markenidentität

Wie oben beschrieben beginnt der Prozess der Markengestaltung beim Aufbau einer neuen Marke mit der **Festlegung der Markenidentität**. Sie stellt das Selbstbild der Marke aus der Sicht der Unternehmung dar. Auf der Konzeptionsebene spezifizieren die Markenmanager alle wesentlichen Merkmale, die den Kern der Marke charakterisieren. Die Markenidentität drückt aus, wofür die Marke stehen soll. Häufig bezieht sich der Markenslogan auf die Markenidentität (z. B. »Freude am Fahren« bei BMW, »Vorsprung durch Technik« bei Audi). Nach erfolgreicher Umsetzung entwickelt sich dann auf der Wirkungsebene das angestrebte Markenimage bei den Konsumenten. Im Idealfall stimmen Markenidentität und Markenimage überein. Die Markenidentität bildet die Grundlage für die anschließende Positionierungsentscheidung und beein-

Markenidentität als Selbstbild der Marke aus der Sicht der Unternehmung

Markengestaltung als mehrstufiger Prozess

6.4 Produktpolitik
Markenpolitik

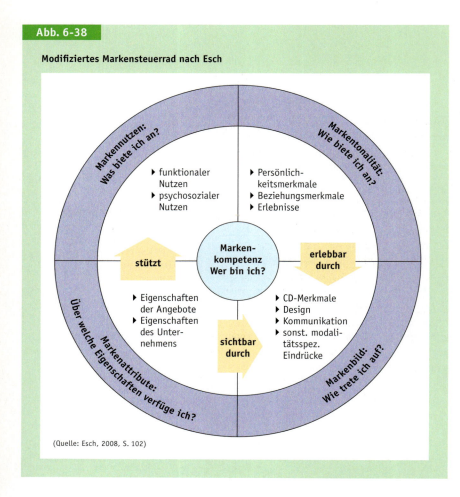

Abb. 6-38 Modifiziertes Markensteuerrad nach Esch

(Quelle: Esch, 2008, S. 102)

Markenkern als Grundlage der Markenidentität

onsgemäß die gesamte Unternehmung im Mittelpunkt der Markenbildung steht, leitet man den Markenkern aus den Kompetenzen der Unternehmung sowie deren allgemeinen Wertvorstellungen ab. Danach wird er konkretisiert durch eine für den Konsumenten verständliche und relevante Formulierung der zentralen Markenbotschaft (vgl. Kapitel 8.3.7). Bei Einzelmarken oder Markenfamilien besteht der Markenkern in der Regel aus dem einzigartigen Produktvorteil, dem so genannten USP (unique selling proposition). Dieser bildet für die anschließende Positionierungsstrategie den »Point of Difference«, der die eigene Marke von der Konkurrenz abgrenzen soll. Die Formulierung des Markenkerns orientiert sich häufig an einer spezifischen emotionalen und/oder funktionalen Nutzenkompetenz.

Wie im einführenden Kapitel und bei den Ausführungen zur Produktgestaltung deutlich wurde, beurteilen die Konsumenten die Produkte im Wesentlichen über den zu erwartenden Nutzen und treffen danach ihre Kaufentscheidung. Dementsprechend folgt der Bestimmung des Markenkerns die Festlegung des **Nutzenprofils** für die Marke. Je nach Art des Produkts stehen dabei eher emotionale oder funktionale Nutzenelemente im Vordergrund (vgl. Kapitel 6.1).

Anschließend werden die (objektiven) **Markenattribute** spezifiziert, die den Nutzen stützen. Sie begründen sozusagen das Nutzenversprechen (reason to believe) und stellen für die Werbegestaltung ein zentrales Element bei der Formulierung der Copy-Strategie dar (vgl. Kapitel 8.3.5).

Für die Markenkommunikation ist es wichtig, dass die Beziehungen zwischen den Markenattributen und der dadurch hervorgerufenen Nutzenstiftung sichtbar gemacht werden. Der Kunde muss begreifen, welche konkreten Eigenschaften den Nutzen ermöglichen oder begründen. Diese Überlegung spielt zum einen eine große Rolle, wenn es um die Erweiterung der Produktausstattung geht (z. B. im Rahmen der Produktlinienerweiterung). Andererseits ist die Kenntnis der Zusammenhänge zwischen den Markenattributen und dem Nutzen wichtig bei Produktvereinfachungen, welche häufig die Kosten senken sollen. Dabei steht die Frage im Mittelpunkt, ob man auf gewisse Produkteigenschaften verzich-

flusst im weiteren Gestaltungsprozess alle anderen Entscheidungen.

Zur Entwicklung der Markenidentität werden in der Literatur verschiedene Ansätze vorgeschlagen (vgl. Esch, 2008; Burmann/Meffert, 2005; Aaker/Joachimsthaler, 2000; Kapferer, 2008). Besonders anschaulich ist das von icon brand navigation entwickelte und von Esch modifizierte Markensteuerrad. Es bildet den Bezugsrahmen für die Identitätsentwicklung, in dem alle wichtigen Entscheidungen integrativ verknüpft sind. Die Abbildung 6-38 veranschaulicht die Bestimmung der Markenidentität mit Hilfe des Markensteuerrads (vgl. Esch, 2008, S. 100 ff.).

Ausgangspunkt und zugleich Mittelpunkt der Markenidentität ist die Formulierung des **Markenkerns**. Wenn es um die Identitätsentwicklung für eine Dachmarke geht, bei der definiti-

ten kann, ohne dass dies den subjektiv wahrgenommenen Nutzen mindert. Zur Ermittlung dieser Zusammenhänge wird unter anderem die Laddering-Analyse herangezogen (siehe dazu Kapitel 3.2.1.3).

Der nächste Schritt beinhaltet die Planung der **Markentonalität**. Dabei geht es um die Bestimmung der Emotionen und Erlebniswelten, die durch die Marke beim Konsumenten ausgelöst bzw. vermittelt werden sollen. Zur Herleitung der Markentonalität gibt es unterschiedliche psychologische Ansätze. So kann die Markenpersönlichkeit z. B. auf der Grundlage persönlichkeitspsychologischer Erkenntnisse abgeleitet werden. Danach kann das emotionale Profil einer Marke durch Eigenschaften ausgedrückt werden, wie es für die Charakterisierung von Menschen typisch ist. Marken werden dann so gestaltet, dass sie eher weiblich, jung, extrovertiert, offen oder bodenständig wahrgenommen werden (vgl. Esch, 2008, S. 105). Von besonderem Interesse sind zurzeit emotions- und motivationspsychologische Ansätze, da Emotionen und Motive in besonderem Maße unser Verhalten bestimmen. Viele Unternehmen richten inzwischen die Markentonalität ihrer Produkte an dem so genannten Limbic-Ansatz von Häusel aus, der sich auf drei wichtige Motivsysteme des Menschen bezieht (siehe dazu Kapitel 3.2.1.3).

Die Markentonalität wird in der Regel mit Eigenschaftswörtern spezifiziert, die zum Ausdruck bringen sollen, wie eine Marke gegenüber dem Kunden auftritt. Häufig werden darin die tatsächlichen oder gewünschten Persönlichkeitsmerkmale oder Motivationsstrukturen der Zielgruppe reflektiert.

Die bisher dargestellten Entscheidungsfelder betreffen die Konzeptionsebene der Markenidentität. Im nächsten Schritt geht es um die Formulierung klarer Gestaltungsregeln, welche die sinnlich wahrnehmbare Gestalt der Marke festlegen und dadurch das **Markenbild** (Markenikonografie) prägen. Im Mittelpunkt stehen Entscheidungen über die unten vorgestellten Brandingelemente und über die Markenkommunikation. Letztendlich müssen dort alle Markenkontaktpunkte analysiert und integrativ aufeinander abgestimmt werden (Aus der Praxis 6-13).

Das Markenbild macht die Marke sinnlich wahrnehmbar.

Aus der Praxis – 6-13

Am Beispiel der Marke AXE (Körperspray) werden die zuvor theoretisch dargestellten Aspekte bei der Entwicklung der Markenidentität mit Hilfe des Markensteuerrads veranschaulicht (Abbildung 6-39).

Im ersten Schritt geht es um die Bestimmung des **Markennutzens**. Bei der Marke AXE dominiert der **emotionale Nutzen** (macht mich sexy und attraktiv bei Frauen). Dieses Produktversprechen bildet den Markenkern. Der **funktionale Nutzen** (z. B. beim Körperspray) kennzeichnet die Wirksamkeit des Produkts (Deowirkung hält länger an, gibt Sicherheit).

Die **Markenattribute** von AXE sind z. B. die von bekannten Parfümeuren exklusiv entwickelten hochwertigen Düfte und die Wirkstoffe, die eine Vermeidung der Transpiration sicherstellen. Ein innovatives Wirk- und Spraysystem und das Packungsdesign sind ebenfalls typische Markenattribute. Außerdem wird in der Werbung immer wieder auf den AXE-Effekt hingewiesen, der als quasi-objektive Produkteigenschaft in jedem AXE-Produkt eine Anziehungskraft auf Frauen erzeugt. Wie dieser Effekt zustande kommt, wird in der Markenkommunikation offen gelassen. Genau dies verleiht der Marke ihre geheimnisvolle Kraft. Ein Weg, die Wirksamkeit der Produkteigenschaften zu begründen, ist der »wissenschaftliche Nachweis«. Testergebnisse oder wissenschaftliche Studien sollen die Glaubwürdigkeit des Produktversprechens untermauern. Die folgende Unilever-Pressemitteilung vom 5.7.2007 stellt die Ergebnisse einer wissenschaftlichen Studie zum AXE-Effekt dar:

»Jetzt wissenschaftlich bewiesen: Es gibt den AXE Effekt! Wer gut riecht, kommt auch gut an – neue Forschungsergebnisse belegen: Der AXE-Effekt macht Männer wirklich attraktiver.

In der wissenschaftlichen Theorie lässt sich deshalb der positive Einfluss eines guten Männerduftes auf weibliche Gefühlslagen her-

6.4 Produktpolitik
Markenpolitik

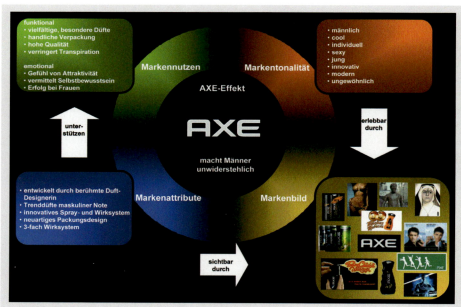

Abb. 6-39: Markensteuerrad für die Marke AXE (Körperspray)

leiten, bislang gab es aber noch keine empirischen Belege für die Existenz des AXE Effekts. Neue Forschungsergebnisse schließen diese Lücke: In einer Untersuchung des isi (Institut für Sensorikforschung und Innovationsberatung GmbH) in Kooperation mit Quovadis field & tab wurde jetzt überprüft, ob sich Attraktivität und sympathische Ausstrahlung von Männern positiv verändern, wenn sie einen von Frauen bevorzugten Duft verwenden. Die Forscher haben sich dabei die Frage gestellt: Handelt es sich beim AXE-Effekt um einen Werbemythos oder gibt es den Effekt tatsächlich? Kann also ein von Frauen als angenehm erlebter Duft den Sympathiefaktor des Trägers positiv beeinflussen und ihn für Frauen attraktiver machen? Die Ergebnisse der empirischen Untersuchung sind eindeutig und sollten Männern den Weg weisen: 1. Frauen sind eher der Meinung als Männer, dass ein Mann durch einen angenehmen Duft an Attraktivität gewinnen kann. 2. Die Träger eines von Frauen bevorzugten Duftes werden von den Frauen signifikant natürlicher, selbstsicherer und insgesamt positiver beurteilt. Tendenziell werden sie auch als gepflegter wahrgenommen. 3. Tragen Männer hingegen einen von der Partnerin abgelehnten Duft, ist der Eindruck tendenziell schlechter als von den Männern selbst erwartet. Wer also den Einfluss eines guten Männerduftes auf weibliche Gefühlslagen als Illusion abtut, liegt gehörig falsch. Und noch etwas sollten Männer sich merken: Frauen können besser riechen...«

Die Festlegung der **Markentonalität** leitet sich bei der Marke AXE aus dem Markenkern und dem emotionalen Nutzenprofil ab. Typische Adjektive, mit denen AXE verbunden wird, sind unter anderem Eigenschaften wie sexy, cool, witzig, jung, männlich, innovativ, anziehend. Bezogen auf die Motivationsstruktur nach den Motivsystemen (vgl. Kapitel 3.2.1.3) werden die für diese junge männliche Zielgruppe besonders relevanten Motive nach Stimulanz und Dominanz angesprochen. Aber auch das Sicherheitsmotiv spielt eine Rolle, da sich gerade die jüngeren Männer aus der Zielgruppe gegenüber Frauen häufig unsicher fühlen. Im Markenauftritt von AXE werden alle genannten Motive in zum Teil subtiler Form angesprochen.

Das **Markenbild** von AXE wird geprägt von der Typografie des Markennamens, der Dominanz der Farbe Schwarz im Markenauftritt sowie durch das besondere Packungsdesign bei

Abb. 6-40: Semantisches Markennetzwerk zur Marke AXE (Körperspray)

den verschiedenen Produktarten. Der stärkste Einfluss resultiert aber aus dem langjährigen Kommunikationsauftritt der Marke AXE, bei dem in einzigartig konsistenter Weise immer wieder die zentrale Markenbotschaft mittels aller Kommunikationsinstrumente kommuniziert wird. Fuchs betont in diesem Zusammenhang die Bedeutung der Geschichte, die eine Marke erzählen muss. »Ist die gute Geschichte einmal gefunden, wird sie wiederholt, wiederholt, wiederholt« (Fuchs, 2005, S. 85). Wie gut dies bei AXE gelungen ist, zeigt das typische semantische Netzwerk zu dieser Marke, wie das Beispiel einer mit Studenten durchgeführten Analyse veranschaulicht (Abbildung 6-40).

Die Kontinuität des Markenauftritts ist der wichtigste Erfolgsfaktor dieser Marke, die im Markt für Herrenkosmetik Weltmarktführer ist.

Die Marke AXE ist weiterhin ein anschauliches Beispiel für einen multisensualen Markenauftritt. Neben den für AXE typischen **visuellen** Markenelementen wird der **olfaktorische** Eindruck zur Marke mit den exklusiven Duftnoten vermittelt. Eine markentypische **haptische** Erfahrung gelingt mit dem besonderen Packungsdesign, die vor allem bei der Sorte Instinct durch die Lederummantelung der Spraydose verstärkt wird. Dieses Produkt wurde als »Limited Edition« in ausgewählten Modegeschäften angeboten und war dort nur für einen begrenzten Zeitraum erhältlich.

Auch **akustisch** lassen sich besondere Markenelemente feststellen. So unterscheidet sich das Geräusch beim Sprayen deutlich von anderen Marken, was auch als **akustisches** Markenzeichen in der Werbung genutzt wird. Mit der Werbekampagne im Jahr 2007 gelang es der Marke, ein Soundlogo zu etablieren. Fast alle Personen der Zielgruppe kennen inzwischen den Ausdruck »Bom Chicka Wah Wah« und können ihn eindeutig der Marke AXE zuordnen.

Mit der im September 2009 eingeführten Produktlinienerweiterung Dark Temptation wird darüber hinaus auch der **Geschmackssinn** angesprochen (Abbildung 6-41). Dieses neue Körperspray enthält in der Parfümierung eine leichte Schokoladennote, welche die Marke in dieser Kategorie einzigartig macht. In der Kommunikation wird das Schmecken stark akzentuiert. Die Botschaft »der Junge riecht so lecker, den möchte ich am liebsten auffressen« wird mit dem Werbespot »Schokoladenmann« eindrucksvoll in Szene gesetzt.

6.4 Produktpolitik
Markenpolitik

AXE Schokoladenmann aus der TV-Werbung

AXE Cuisine (Viral-Spot)

AXE Temptation

AXE Dark Chocolate

Abb. 6-41: Produktlinienerweiterung der Marke AXE durch Dark Temptation

Parallel dazu wurde für Promotionaktionen eine eigene AXE-Schokolade kreiert.

Eine Analyse des Markenauftritts für Dark Temptation in Frankreich offenbarte gewisse Gefahren für die Marke AXE, wie sich in Fachdiskussionen mit Studierenden herausstellte. So tauchte die Frage auf, ob mit dieser Produktlinienerweiterung das Markenbild von AXE (unbeabsichtigt) verändert wird. Die für die AXE-Werbung typische Botschaft, dass ein AXE-Verwender, der als cool, männlich und sexy dargestellt wird, von den Frauen begehrt wird, ist in dem viralen Werbespot nur wenig ersichtlich. Vielmehr lässt sich der (Schokoladen-)Mann genüsslich von einer Frau verspeisen (siehe den Spot »Axe Darktemption Cuisine« unter www.youtube.com/watch?v=nP_042I4Xv8). Ob das dem Selbstbild der meisten Männer dieser Altersgruppe entspricht, ist fraglich. Vielleicht ist es aber auch Absicht und man versucht, dadurch eine sehr spezifische Männergruppe anzusprechen. Das könnte sich allerdings negativ auf das gesamte Markenbild auswirken. In dieser Situation wäre eine implizite Messung der Markenwahrnehmung von großer Bedeutung, durch welche die unbewusste Dekodierung der in der Werbung eingesetzten Codes ermittelt werden kann.

Diese außergewöhnliche Produkteinführung ist ein Musterbeispiel dafür, wie man durch die Kommunikation Aufmerksamkeit und Neugier erzeugen kann. Zwar waren die Produkterwartungen nicht bei allen Seminarteilnehmern besonders positiv (»wer möchte schon nach Schokolade riechen«). Die Neugier darauf, dieses ungewöhnliche Produkterlebnis einmal kennenzulernen, veranlasste die meisten Studenten zu der Aussage, das Produkt auf jeden Fall einmal probieren zu wollen. Damit ist die erste Hürde bei der Markteinführung – die Erstkaufrate – bereits überwunden. Das nachfolgende Produkterlebnis hat dann alle positiv überrascht. Der als sehr angenehm und außergewöhnlich beurteilte Duft hatte tatsächlich nur einen dezenten Hauch von Schokolade und wurde – besonders von den Frauen – als sehr angenehm und sexy eingestuft. Somit wird die Marke AXE auch weiterhin ihr Versprechen einlösen können, dass Männer mit einem »gewissen Duft« für Frauen unwiderstehlich werden (Schubert, 2009).

6.4.3.3 Markenpositionierung

Nachdem die Markenidentität feststeht, erfolgt die **Markenpositionierung**. Mit der Positionierung soll die eigene Marke von den Konkurrenzmarken abgegrenzt werden, um eine dauerhafte und profitable Alleinstellung im Wettbewerb zu erreichen. Um Positionierungsentscheidungen zu treffen, ist es erforderlich, sich die aktuelle Marktsituation der konkurrierenden Produkte aus der subjektiven Sicht der Konsumenten anzuschauen (vgl. Abbildung 6-42). Dafür stehen geeignete Marktforschungsinstrumente zur Verfügung, beispielsweise die Korrespondenzanalyse (vgl. Kapitel 4.4.3.1). Positionierungsmodelle geben die räumlichen Positionierungen der Marken aus der Sicht der Konsumenten wieder. Auf der Grundlage dieser Informationen werden die Positionierung neuer Marken oder Umpositionierungen bestehender Marken geplant.

Ziel der Positionierung ist es, eine Marke so attraktiv zu gestalten, dass diese von der Zielgruppe gegenüber Marken der Konkurrenz bevorzugt wird. Somit müssen in den Köpfen der Konsumenten eigenständige Assoziationen aufgebaut werden, um die Austauschbarkeit mit Konkurrenzprodukten zu verhindern. Basis für die Positionierungsentscheidung ist die Formulierung der Markenidentität, also die Frage, welchen emotionalen und funktionalen Nutzen die Marke dem Konsumenten bietet und in welche Erlebniswelt sie eingebettet ist. Dabei ist die Fokussierung auf wenige relevante Eigenschaften (Points of Difference) von Bedeutung, die im Markenkern definiert sind. Als Beispiel ist die Marke BMW zu nennen, die sich durch die Positionierung »Sportlichkeit und Freude am Fahren« von anderen Marken abgrenzt. Das bedeutet jedoch nicht, dass die Marke nicht auch andere Werte wie z.B. Sicherheit oder technische Kompetenz kommuniziert, die einige Konkurrenzmarken (z.B. Volvo oder Audi) als Point of Difference nutzen. Diese Eigenschaften werden als »Points of Parity« im Markenauftritt hervorgehoben, womit dem Konsumenten deutlich gemacht wird, dass man bei diesen Produkteigenschaften zumindest gleich gut ist wie die relevanten Wettbewerber (vgl. Esch, 2008, S. 154).

Eine zentrale Aufgabe der Markenpositionierung besteht in der Wahl einer geeigneten Posi-

Positionierung der Marke im Konkurrenzumfeld

Ziele der Markenpositionierung

Abb. 6-42

Beispiel für ein Positionierungsmodell

6.4 Produktpolitik
Markenpolitik

tionierungsstrategie. Dabei ist zu entscheiden, ob die Positionierung eher über eine sachorientierte, funktionale Nutzenstiftung oder eher über eine emotionale Positionierung erfolgen soll, bei welcher der emotionale Erlebniswert der Marke im Vordergrund steht. Diese Entscheidung wird im Wesentlichen durch die Art der Produkte sowie die festgelegte Markenidentität beeinflusst.

Sachorientierte Positionierung vor allem bei Investitionsgütern

Zahlreiche Produkte werden **sachorientiert** positioniert, weil der Aufbau einer emotionalen Erlebniswelt wenig sinnvoll ist. Diese Produkte bieten keinen Anker für emotionale Erlebniswerte wie z. B. Freundschaft, Glück, Liebe, Freiheit oder Abenteuer. Typischerweise handelt es sich dabei um Investitionsgüter, bei denen die Wahlentscheidungen der Nachfrager überwiegend aufgrund ihres funktionalen Nutzens erfolgen. Weitere Gründe sind das hohe Interesse an Produktinformationen der Entscheidungsträger, da sich – anders als bei vielen Konsumgütern – die konkurrierenden Angebote zum Teil erheblich unterscheiden. Das bedeutet aber nicht, dass auf eine emotionale Beeinflussung der Zielgruppen ganz verzichtet werden darf. Wie in Kapitel 3.2.1.2 dargelegt, sind bei allen menschlichen Entscheidungen emotionale Prozesse ausschlaggebend, egal, ob es sich dabei um die Auswahl eines Logistikpartners durch den Hersteller von Investitionsgütern geht oder um die Wahl einer Biermarke. Gerade dann, wenn Unternehmen aus den branchentypischen Klischees ausbrechen und andere Wege gehen, sind die damit verbundenen Chancen der Differenzierung sehr groß (Aus der Praxis 6-14).

Emotionale Positionierung vor allem bei austauschbaren Produkten

Demgegenüber ist die **emotionale Positionierung** für viele Konsumgüter typisch. Bedingt durch die Austauschbarkeit der Produkte, was beim Konsumenten ein eher geringes Informationsinteresse nach sich zieht, bleibt vielen Marken keine andere Wahl, als sich durch emotionale Erlebnisse zu differenzieren. Voraussetzung dafür ist aber, dass sich die Produkte für den Konsumenten nachvollziehbar mit emotionalen Erlebniswerten verknüpfen lassen. So ist z. B. diese Strategie für Produkte wie Mehl, Zucker oder Glühlampen nicht vorstellbar, da die Beziehung zu emotionalen Erlebniswerten wie z. B. Freundschaft, Glück, Natürlichkeit oder Prestige nicht nachvollziehbar ist. Für Produkte wie Bier, Zigaretten, Parfum oder Kosmetikprodukte lässt sich

Aus der Praxis – 6-14

Der amerikanische Logistikkonzern UPS versucht, über Zusatznutzen eine emotionale Bindung zu seinen Kunden aufzubauen. Paketkunden haben normalerweise nur beim Versand und beim Empfang Kontakt zum Paketdienst. Die reibungslose Logistik findet sowohl bei UPS wie auch bei allen anderen Paketdiensten im Hintergrund statt und ist kein einzigartiges Merkmal, das bei den Kunden Begeisterung hervorrufen könnte. UPS versucht deshalb, sich durch den Claim »What can we do for you?« emotional vom Wettbewerb abzugrenzen. Ziel ist es, insbesondere den Unternehmenskunden im Business-to-Business-Geschäft den Versand zu erleichtern. Dabei soll UPS wie ein guter Freund erscheinen, an den man sich immer wieder gerne wendet, wenn man Hilfe benötigt. Letztlich verkauft UPS damit keine Logistikdienstleistungen mehr, sondern das gute Gefühl, einen zuverlässigen Gefährten zu haben. Dieser Anspruch wird technisch durch einen Software-Assistenten namens »solution finder« auf der UPS-Website umgesetzt. Der Kunde beantwortet diesem Assistenten zunächst einige Fragen zu seinen Aufgaben im Unternehmen, zur Branchenzugehörigkeit und zu seinem konkreten Problem. So könnte beispielsweise ein Kleinunternehmer in den internationalen Handel einsteigen wollen, jedoch verfügt er nicht über die relevanten Informationen zu den Ausfuhr- und Versandbestimmungen. Der Assistent leitet den Kunden entsprechend seiner Anfrage zu den benötigten Informationen, also beispielsweise zu dem Teil der Webseite, der ihm systematisch erläutert, was beim internationalen Warenaustausch zu beachten ist. Dieser Service soll beim Kunden die Neigung verstärken, UPS dauerhaft mit dem Versand der Artikel ins Ausland zu beauftragen (Förster/Kreuz, 2008, S. 97 f.).

diese Beziehung sehr wohl erreichen. So ist die emotionale Positionierung von Biermarken mittels solcher Erlebniswerte wie Männerfreundschaft (Holsten), Männlichkeit (Jever), Prestige (Radeberger), Heimat (Erdinger) oder Freiheit und Abenteuer (Beck's) sehr gut nachvollziehbar.

Von einer **gemischten Positionierung** spricht man, wenn die Positionierung sowohl über den funktionalen Nutzen als auch über ein geeignetes Erlebnisprofil der Marke erfolgt. Die Bedingungen für diese Strategie sind ein hohes Informationsinteresse seitens der Nachfrager sowie die Möglichkeit, die Produktleistung mit einer emotionalen Nutzenstiftung in Verbindung zu bringen. Diese Voraussetzungen treffen besonders auf innovative Produkte der Konsumgüterindustrie zu, bei denen neben der sinnvollen Verknüpfung mit emotionalen Erlebniswerten außerdem ein hohes Informationsinteresse anzunehmen ist. Das gilt neben innovativen Produkten insbesondere für solche Produktmärkte, bei denen es große Unterschiede in der Nutzenstiftung der konkurrierenden Alternativen gibt. Beispiele dafür sind Abenteuerreisen, Autos oder frei erhältliche Medikamente.

Treffen beide geschilderten Bedingungen (hohes Informationsinteresse sowie Ankermöglichkeit für emotionale Erlebniswerte) auf die Marken nicht zu, so bleibt den Unternehmen nur die Möglichkeit der **Positionierung durch Aktualität**. Das bedeutet, dass sich die marketingpolitischen Anstrengungen allein darauf konzentrieren, die Marke bei der Zielgruppe bekannt zu machen. Ziel dieser Strategie ist es, die Marke in der Zielgruppe ständig präsent (»Top of Mind«) zu halten, damit sie bei Kaufentscheidungen sofort als relevante Alternative ins Gedächtnis rückt (vgl. Kapitel 3.2.2.3). Beispiele für Produkte, bei denen dieses Vorgehen sinnvoll ist, sind Produkte wie Glühlampen, Eier, Mehl und viele andere Produkte, die durch eine besonders hohe Austauschbarkeit gekennzeichnet sind und folglich keinen Anker für den Aufbau einer emotionalen Erlebniswelt bieten. Aber auch hier bestätigen Ausnahmen die Regel. So gelang es Procter & Gamble, die Marke Charming im Markt für Toilettenpapier emotional zu positionieren, indem die funktionalen Nutzen Stärke und Weichheit des Produkts mit den emotionalen Assoziationen zu einem Kuschelbären »aufgeladen« wurde (vgl. Scheier/Held, 2007, S. 134 f.).

Zahlreiche Misserfolge von Marken lassen sich auf Probleme bei der Markenpositionierung zurückführen. Häufig fehlt die Differenzierungskraft einer Marke, weil sie sich zu sehr an branchentypische Positionierungsstrategien anlehnt. Ein positives Gegenbeispiel ist die Marke Vaillant. Während alle anderen Unternehmen der Heizungsbranche eine eher sachorientierte Positionierung gewählt haben, grenzt die (Dach-)Marke Vaillant sich durch eine gemischte Positionierung deutlich von den Wettbewerbern ab. Der für diese Produktkategorie sehr erlebnisorientierte Markenauftritt ist an der emotionalen Werbung (Abbildung 6-43) sowie dem sehr ästhetisch gestalteten Produktdesign zu erkennen (Aus der Praxis 6-15).

Positionierungsfehler als Ursache für Produktflops

Aus der Praxis – 6-15

Die Fernsehspots und Anzeigenmotive zeigen emotionale Bilder von Menschen in verschiedenen Situationen bei unangenehmem Wetter oder in rauer Natur – z. B. in den Bergen oder an der Küste – auf der Suche nach häuslichem Schutz. Die Werbekampagne soll vermitteln, dass erst Vaillant die eigene Wohnung zu einem Ort macht, an dem man sich wohlfühlen kann. Der eingeblendete Claim »Zuhause ist Vaillant« unterstützt die emotionale Werbebotschaft (Jakubik, 2004).

(Quelle: adc.de, 2009)

Abb. 6-43: Motive aus der emotionalen Werbekampagne »Zuhause ist Vaillant«

6.4.3.4 Markengestaltung (Branding)

Durch die Marke kann der Hersteller – wie bereits beschrieben – seine Produkte kennzeichnen. Bereits vor Jahrhunderten wurden die Produkte damit aus der Anonymität hervorgehoben, um die konsistente Qualität zu betonen und sich von den Konkurrenten zu unterscheiden. Ein Beispiel dafür sind die zwei gekreuzten Schwerter des Meissner Porzellans, die seit 1723 für die Markierung dieser Produkte verwendet werden.

Die konkreten Gestaltungsentscheidungen für Marken werden unter dem Begriff des **Branding** zusammengefasst. Darunter fallen alle Maßnahmen zum Aufbau einer Marke, die geeignet sind, das eigene Angebot aus der Fülle gleichartiger Angebote der Wettbewerber hervorzuheben und eine eindeutige Zuordnung von Angeboten zu einer Marke zu ermöglichen (Esch, 2008, S. 208). Im engeren Sinne kann die Markierung durch den Markennamen, das Markenzeichen (Logo) und eine markentypische Produkt- und Verpackungsgestaltung erfolgen. Im weiteren Sinne führen alle Kontakte mit einer Marke zu Gedächtnisstrukturen, die dann möglichst klare und unverwechselbare Vorstellungsbilder in den Köpfen der Konsumenten erzeugen. Eine besonders wichtige Aufgabe beim Markenaufbau hat dabei die Markenkommunikation (Abbildung 6-44).

Die **Ziele des Branding** und die daraus abzuleitenden Handlungsempfehlungen (Gestaltungsmöglichkeiten) ergeben sich aus den Zielen der Markenpolitik (vgl. Kapitel 6.4.1.3). Sie lassen sich durch folgende Teilziele konkretisieren. Im Mittelpunkt steht die **Identifikation und Differenzierung**. Durch entsprechende Markierungselemente soll die Besonderheit des eigenen Angebots aus der Menge gleichartiger Produkte herausgehoben werden. Allein die Darstellung der Magentafarbe zusammen mit einem T und der Abbildung von vier Punkten reicht schon aus, um die meisten Menschen dabei an die Telekom denken zu lassen.

Weiterhin beabsichtigen viele Unternehmen mit Hilfe der Markierung die **Vermittlung imagerelevante Assoziationen**. So kommuniziert etwa der Markenname »Cremissimo« (Langnese) den Eindruck eines besonders cremigen Eisgenusses. Die Wahl von geeigneten Markie-

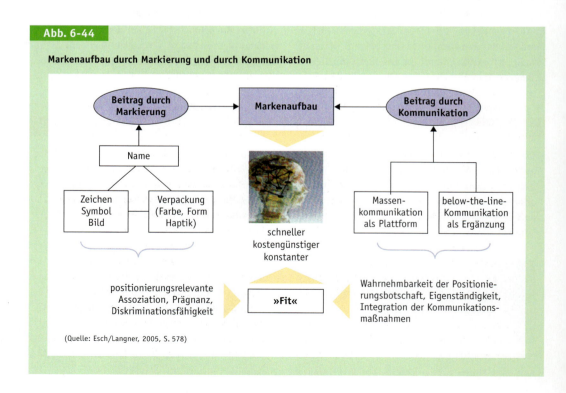

Abb. 6-44 Markenaufbau durch Markierung und durch Kommunikation

(Quelle: Esch/Langner, 2005, S. 578)

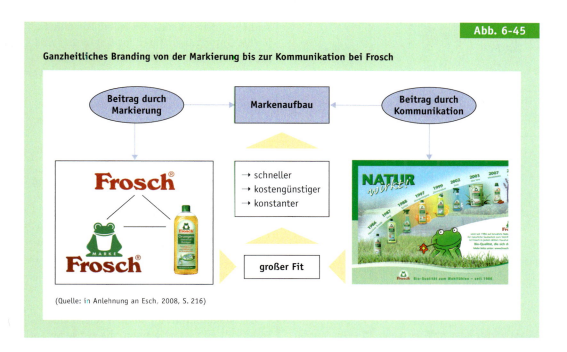

Abb. 6-45: Ganzheitliches Branding von der Markierung bis zur Kommunikation bei Frosch
(Quelle: in Anlehnung an Esch, 2008, S. 216)

rungselementen kann dazu beitragen, **Sympathie für die Marke zu erzeugen.** Ein Beispiel dafür ist das Markenlogo der TUI, das durch die stilisierte Darstellung eines Lächelns eine sympathische Ausstrahlung vermittelt.

Von besonderer Bedeutung ist auch die Zielsetzung, dass durch die Markierung die **Erinnerungswirkung** von Marken unterstützt wird.

Im Folgenden sollen einige wichtige Aspekte im Zusammenhang mit der Gestaltung des Branding-Dreiecks erläutert werden. Dieses Dreieck stellt den Zusammenhang zwischen Markennamen, Markenzeichen und Verpackungsgestaltung her (Abbildung 6-44 links). Auf die Gestaltung der Markenkommunikation (Abbildung 6-44 rechts) wird in Kapitel 8 eingegangen. Grundsätzlich sollte die Gestaltung des Brandings als ganzheitlicher Prozess betrachtet werden, da die Wechselwirkungen zwischen den verschiedenen Markierungselementen berücksichtigt werden müssen. Nur eine **integrative Gestaltung aller Markenelemente**, die die zuvor festgelegte Markenidentität zum Ausdruck bringt, führt zum Aufbau klarer, unverwechselbarer Markenbilder. Ein besonders prägnantes Beispiel dafür ist die Markengestaltung der Marke Frosch (vgl. Abbildung 6-45). Sowohl der Produktname als auch das Produktlogo und die Verpackungsgestaltung kommunizieren den funktionalen und emotionalen Markenkern: natürliche Sauberkeit zum Wohlfühlen. Auch die kommunikationspolitischen Maßnahmen vermitteln die gleiche Botschaft. Generell gilt, dass die Markengestaltung umso erfolgreicher ist, je stärker der »Fit« zwischen den Markenelementen und der Markenkommunikation ist (vgl. Esch, 2008, S. 215).

Die Suche nach einem geeigneten **Markennamen** ist eine zentrale Aufgabe im Brandingprozess. Die Aufgabe der Namensfindung wird in vielen Fällen an professionelle Namensagenturen übertragen. Dafür sprechen das größere Know-how und die internationalen Erfahrungen dieser Agenturen, vor allem wenn es um die Suche nach Namen für globale Marken geht. Weiterhin bieten viele Agenturen einen umfassenden Service an, der bis zur rechtlichen Überprüfung der Schutzwürdigkeit und der Anmeldung des Namens in das so genannte Markenregister geht.

Als sprachlicher Code stellt der Markenname zunächst lediglich eine Kombination von Buchstaben dar, die entweder eine für die Konsumenten unmittelbar ersichtliche Bedeutung hat oder nicht. Zahlreiche Markennamen beinhalten

Bedeutung der integrativen Gestaltung aller Markenelemente

Markenname als sprachlicher Code einer Marke

Abb. 6-46

Markennamen-Matrix

		Bezug zum Angebot		
		direkter Bezug	assoziativer Bezug herstellbar	ohne Bezug
Bedeutungs-gehalt des Marken-namens	mit Bedeutung	▸ TV Today ▸ Volkswagen ▸ Securitas	▸ Shell ▸ Schneekoppe ▸ Du darfst	▸ Bärenmarke ▸ Yes ▸ Apple
	bedeutungslos, sinnlose Buchstaben-kombination		▸ Nutella ▸ Thera-med ▸ Sanella	▸ Knoppers ▸ Elmex ▸ AXA

(Quelle: in Anlehnung an Esch/Langner, 2005, S. 580)

Techniken der Namensfindung

Bedeutungshaltige Markennamen erleichtern den Markenaufbau

Kunstwörter oder Abkürzungen, die erst mit der Zeit durch Erfahrungen und Kommunikation mit einer Bedeutung aufgeladen werden. Bei bedeutungshaltigen Namen kann eine weitere Unterteilung danach erfolgen, ob der Bedeutungsinhalt ohne Bezug zum Angebot steht, einen direkten Bezug zum Angebot hat oder lediglich durch einen assoziativen Bezug zum Angebot hergestellt werden kann. Abbildung 6-46 veranschaulicht diese Zusammenhänge anhand von Beispielen bekannter Marken.

Zur Beurteilung der Eignung von Namensalternativen für einen effektiven Markenaufbau werden verschiedene Kriterien herangezogen. Tendenziell gilt, dass bedeutungslose Namen keinen nennenswerten Beitrag zum Markenverständnis leisten und einem schnellen Markenaufbau im Wege stehen, da diese Namen schwer lernbar sind und nur schlecht erinnert werden. Ein Vorteil solcher Namen besteht jedoch in ihrer meist problemlosen Schutzfähigkeit. Außerdem kann es kaum zu Verwechselungen kommen, wenn sich diese Marken erst einmal durchgesetzt haben. Die Namen AXA, e.on oder Omo werden nur mit den zu ihnen gehörenden Angeboten verbunden. Bedeutungslose Namen mit einem assoziativen Bezug zum Produkt können einerseits die Positionierung unterstützen und haben andererseits den Vorteil, dass es dabei weniger zu Verwechselungen mit anderen Marken kommen kann. Besonders vorteilhaft für die Unterstützung der Positionierung sind bedeutungshaltige Markennamen, die einen assoziativen Bezug zum Angebot herstellen, vor allem, wenn sich die Assoziationen auf den Produktnutzen beziehen. Nach vorliegenden Untersuchungen werden diese Namen leichter gelernt und besser erinnert. Handelt es sich um bedeutungshaltige Namen ohne einen Produktbezug, hängt ihre Wirkung von ihrer Bildhaftigkeit und den begleitenden Kommunikationsmaßnahmen ab, durch die erst eine Beziehung zum Angebot hergestellt werden muss. Problematisch sind bedeutungshaltige Markennamen, die einen direkten Bezug zum Angebot aufweisen (PC-Welt, PC go!, PC-Magazin). Hier ist die Verwechselungsgefahr zu ähnlichen Marken besonders groß (vgl. Esch, 2008, S. 219 f.).

Zur **Namensfindung** können verschiedene Techniken eingesetzt werden, die entweder auf den klassischen Kreativitätstechniken wie z. B. dem Brainstorming aufbauen. Andere Techniken gehen dabei logisch-analytisch vor, was besonders hilfreich ist, wenn Namen gesucht werden, die Assoziationen zur gewählten Positionierung bzw. zum Markenkern hervorrufen sollen. Dafür bieten sich nach Langner vier Suchrichtungen an (vgl. Langner, 2003, S. 152 ff.):

Mit Hilfe der **selektiven Modifikation** sucht man nach Adjektiven, die mit der Markenpositionierung assoziiert werden. Die geeigneten Adjektive »übersetzt« man dann in den Markennamen. Ein Beispiel dafür ist der Name »Kuschelweich« für einen Wäscheweichspüler. Bei der **Eigenschaftsübertragung** sucht man nach besonders typischen Merkmalen, die mit der geplanten Positionierungsaussage übereinstimmen, und überträgt diese dann in den Namen. Soll bei einer Automarke z. B. die Schnelligkeit besonders hervorgehoben werden, kann der Name – wie z. B. beim Opel Tigra – diese Positionierung unterstützen, da man automatisch an die Kraft und Schnelligkeit von Tigern denkt. Eine weitere Suchrichtung ist die **relationale Verknüpfung.** Hierbei sucht man nach Sachverhalten, die mit der Marke verknüpft werden sollen. So signalisiert der Name Melitta Montana, dass es sich dabei um einen Kaffee handelt, der aus dem Hochland kommt. Eine

redundante Verknüpfung liegt vor, wenn der Name einen direkten Bezug zur Produktkategorie herstellt. Dies ist z. B. bei der Marke Dentagard der Fall.

Bei der Festlegung auf einen Markennamen ist zu beachten, dass es sich hierbei um eine langfristige Entscheidung handelt, die nur schwer zu korrigieren ist. Um eine Akzeptanz beim Konsumenten zu erlangen, sollte der Markenname erinnerbar und unterscheidungskräftig sein sowie positive Assoziationen auslösen. Des Weiteren sollte die rechtliche Schutzfähigkeit überprüft werden und vor der eigentlichen Einführung des Produkts durch Befragungen von Konsumenten die Sympathie des Markennamens sichergestellt werden. Dies ist insbesondere bei globalen bzw. internationalen Marken von Bedeutung, da der Name in mehreren Sprachen positiv empfunden werden muss (vgl. Homburg/Krohmer, 2006, S. 645 f.).

Das zweite Brandingelement ist das **Markenlogo**. Es beinhaltet den visuellen Teil einer Markierung, der zwar wahrnehmbar ist, aber nicht verbal wiedergegeben wird. Allgemein unterscheidet man zwischen Schriftlogos und Bildlogos und weiterhin danach, ob es sich um abstrakte oder konkrete Bildzeichen handelt, die entweder keinen Bezug zur Marke oder einen Bezug zum Markennamen, zur Produktkategorie und zur Markenpositionierung aufweisen (vgl. Abbildung 6-47).

Schriftlogos bestehen hauptsächlich aus Schriftzeichen. Ihre Verarbeitungs- und Gedächtniswirkung ist gegenüber Bildlogos weitaus geringer. Bei den **Bildlogos** eignen sich konkrete Bilder besser als abstrakte Markenzeichen, da sie schneller wahrgenommen und besser im Gedächtnis gespeichert werden, was die Wiedererkennung der Marken erleichtert. Bildlogos mit einem Bezug zum Markennamen (Apple) oder zur Produktkategorie (Lufthansa) begünstigen den Aufbau der Markenbekanntheit. Logos, die eine Verbindung zur Positionierung (Frosch) aufweisen, haben den Vorteil, dass sich positionie-

Markenlogo als visueller Teil der Markierung

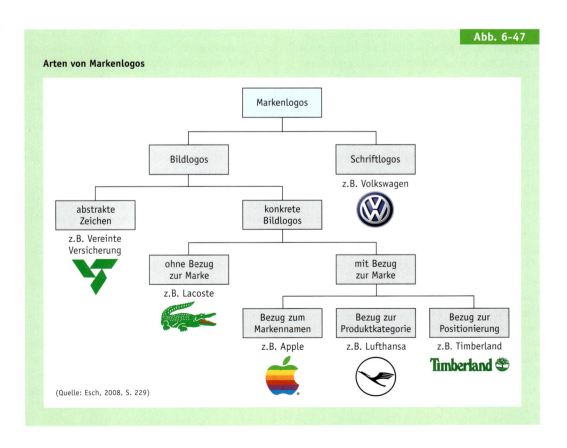

Abb. 6-47 Arten von Markenlogos
(Quelle: Esch, 2008, S. 229)

6.4 Produktpolitik
Markenpolitik

Abb. 6-48 Beispiele für Wort-Bildmarken

Das Verpackungsdesign hat eine große Bedeutung beim Aufbau von Markenbildern.

Anforderungen an die Gestaltung von Markenlogos

rungsrelevante Markenassoziationen schneller vermitteln lassen (vgl. Esch, 2008, S. 228 ff.).

In der Praxis werden häufig der Markenname und das Markenzeichen miteinander kombiniert. Das führt dann zu so genannten Wort-Bildmarken (Abbildung 6-48).

Generell ist darauf zu achten, dass ein Logo einzigartig, konkret und verständlich ist. Außerdem sollte es so prägnant gestaltet sein, dass es auch ohne Erwähnung des Markennamens sofort zugeordnet werden kann. Dabei spielt vor allem auch die Farbgestaltung des Logos eine große Rolle.

Als Markierungselemente von Produkten dienen aber nicht nur visuelle Markenzeichen. Immer mehr Unternehmen entwickeln für ihre Marken akustische Markenzeichen, so genannte **Soundlogos** (z. B. Telekom, Intel, Audi) oder Brandsongs (»Sail Away« von Beck's), die vor allem durch ihren Einsatz in der Radio- und Fernsehwerbung wesentlich zum Aufbau der Markenbekanntheit beitragen. Gerade unter den Bedingungen des Low Involvements können Soundlogos eine Marke ohne großen Verarbeitungsaufwand ins Gedächtnis rücken und sozusagen beiläufig ihre Aktualisierung unterstützen (vgl. Straka, 2007, S. 23 f.). Vereinzelt sind auch **Geruchs- und Geschmackszeichen** anzutreffen. So registrierte das britische Patent Office 1996 einen Rosenduft für die Anwendung auf Autoreifen und den starken Duft von bitterem Bier für die Anwendung auf Dartpfeilen (vgl. Knoblich et al., 2003, S. 215).

Besonders bei der **Produkt- und Packungsgestaltung** können markentypische Gestaltungsformen einen erheblichen Beitrag zum eigenständigen Markenaufbau leisten. Verschiedene Untersuchungen haben gezeigt, dass markentypische Produkt- und Packungsformen einen größeren Einfluss auf die Markenwahrnehmung und -erinnerung haben als der Markenname und das Markenzeichen (ausführlich dazu Kroeber-Riel, 1996).

An dieser Stelle soll noch einmal die herausragende Rolle der **Verpackung als Markierungselement** betont werden. Sie ist nicht nur Träger des Markennamens und des Markenlogos, sondern sie beeinflusst die Markenwahrnehmung stärker als alle anderen Markierungselemente (vgl. Esch, 2008, S. 244). Das liegt daran, dass die Verpackung zum einen der erste direkte Kontakt des Konsumenten mit dem Produkt ist und zum anderen auch der intensivste. Es lassen sich drei Stufen unterscheiden, in denen die Verpackung für den Konsumenten von Bedeutung ist: der Kontakt am Regal, die Gebrauchsphase im Haushalt des Konsumenten und die Entsorgung. Besonders für die Kaufphase am Regal ist es bei der Verpackungsgestaltung wichtig, dass die Verpackung Signale beinhaltet, die der Verbraucher bereits aus der Werbung kennt. Das sind unter anderem Symbole (Umweltengel), Key-Visuals (die Lila Kuh von Milka), Markenbilder (Gesichter auf der Schaumaverpackung) und Farben (Schwarz bei AXE), die als sensorische Codes dekodiert und dadurch mit Bedeutung für den Konsumenten versehen werden. Beispielsweise vermittelt eine schwarze Verpackung eine hohe Wertigkeit, eine ästhetische Verpackung Schönheit.

Die Kontinuität spielt für den Aufbau klarer Gedächtnisbilder bei der Markengestaltung eine große Rolle. Das gilt insbesondere auch für die Verpackungsgestaltung. Welche Auswirkungen die Nichtbeachtung der Kontinuität hat, musste sogar ein Weltkonzern wie Coca Cola erfahren. Als man die typische Flasche mit dem »Hüft-

Aus der Praxis – 6-16

Als Procter und Gamble die Tempo Taschentücher-Box (Abbildung 6-49 links) in den Markt einführte, erlebte das Unternehmen zunächst einen Flop. Warum scheiterte die praktische Spenderbox? Die gewählte Form der Verpackung – die langgezogene rechteckige Box in der Kombination mit Pappe – transportierte implizit die Bedeutung »Kosmetiktücher«. Zwar wurde auf der Verpackung deutlich gemacht, dass es sich um Taschentücher handelt, aber selbst die Mitarbeiter im Handel platzierten das Produkt in der falschen Warengruppe. Erst als die Verpackung dahingehend verändert wurde, dass sie hochkant stehend an die gelernte Produktform anknüpfte, wurde das Produkt akzeptiert. Vor der Differenzierung muss also immer der so genannte Referenzrahmen bedient werden (vgl. Scheier/Held, 2007, 177 ff.).

A = Originalverpackung
B = geänderte Verpackung

Abb. 6-49: Originalverpackung und veränderte Verpackung bei Tempo

(Quelle: Scheier/Held, 2007, S. 178)

---

schwung« vor einigen Jahren austauschen wollte und das Getränk in Dosen und PET-Flaschen anbot, waren deutliche Umsatzeinbußen die Folge. Die klassische Form wurde daraufhin auch bei PET-Flaschen umgesetzt, weil man erst jetzt den Wert der Flaschenform erkannte (vgl. Wiezorek, 2004, S. 1236 f.).

Die Verpackung bietet also vielfältige Möglichkeiten, Bedeutung zu vermitteln. Wichtig ist dabei jedoch, dass alle Signale, die von der Verpackung sowie allen anderen Brandingmaßnahmen ausgehen, dieselbe Bedeutung übermitteln. Scheier und Held (2007, S. 178 f.) zeigen am Beispiel einer neuen Verpackung von Tempotaschentüchern, dass die Flopwahrscheinlichkeit für ein Produkt sehr groß sein kann, wenn das Gesamtmuster aller Brandingelemente nicht stimmig ist und dadurch vom Konsumenten nicht in der beabsichtigten Weise dekodiert wird (Aus der Praxis 6-16).

Ein letzter Aspekt zur Bedeutung der Verpackung als Brandingelement ist die zurzeit viel diskutierte Forderung nach einer »multisensualen« Verpackungsgestaltung. Im Gegensatz zum Markennamen oder Markenlogo ist es mit der Verpackung möglich, die Markenbotschaft multisensorisch zu übermitteln, das heißt mehrere Sinne gleichzeitig anzusprechen und damit eine intensivere Wirkung zu erzielen (vgl. Kapitel 6.3.3.1 und AXE-Fallstudie in Kapitel 6.4.3.2). So üben Nestlés Schokocrossies bereits durch die Klangstruktur ihres Namens eine positionierungskonforme Wirkung beim Konsumenten aus und sprechen neben dem akustischen Sinn auch den haptischen Sinn (Mundgefühl) an. Allein durch die Klangstruktur des Namens spürt man regelrecht das Produkt auf der Zunge. Unterstützt wird dieser Eindruck noch durch die leuchtend rote Farbe der Verpackung, die ebenfalls die Bedeutung »kross« transportiert. Das Gleiche wird durch die visuelle Produktabbildung kommuniziert (vgl. Linxweiler, 2004, S. 1287).

Abbildung 6-50 zeigt verschiedene Beispiele für die Bedeutung des Produkt- und Packungsdesigns als Brandinginstrument. So ist es nicht erforderlich, zu den einzelnen Abbildungen die zugehörigen Markennamen zu nennen, da die meisten Konsumenten die Marken anhand der markentypischen Gestaltungselemente von selbst erkennen.

Eine zunehmende Herausforderung für die Markengestaltung ergibt sich aus der wachsenden Globalisierung der Märkte. Viele Unterneh-

Multisensuales Produkt- und Packungsdesign

Abb. 6-50
Beispiele für markentypisches Produktdesign

men streben einen möglichst hohen Grad an Standardisierung des Markenauftritts ihrer international angebotenen Produkte an. Dafür sind zum einen Kostengründe verantwortlich. So konnte Procter & Gamble beispielsweise durch einen standardisierten Markenauftritt von Pampers-Windeln in Europa – insbesondere durch eine einheitliche Verpackungsgestaltung – Millionenbeträge einsparen (vgl. Esch, 2008, S. 209). Andererseits erfordern die steigende Mobilität der Menschen und die Verbreitung international zugänglicher Medien einen einheitlichen Markenauftritt. So änderte der Mars-Konzern bereits vor Jahrzehnten den Markennamen für den Schokoriegel »Raider« in »Twix«, was mit der Werbekampagne »Raider heißt jetzt Twix, sonst ändert sich nix« begleitet wurde. Ein Grund dafür war, dass Raider im Englischen Räuber heißt und der Schokoriegel sich unter diesem Namen in englischsprachigen Ländern nicht durchsetzen konnte. Der Name Twix bedeutet »two sticks« und ist für das international vereinheitlichte Branding besser geeignet.

6.5 Produktinnovation

6.5.1 Begriff und Bedeutung der Produktinnovation

Definition Produktinnovation

Der Begriff der **Innovation** bedeutet in allgemeiner Form, etwas Neues zu schaffen. Demzufolge kann eine Produktinnovation als ein neu geschaffenes Produkt verstanden werden. Wie bereits in Kapitel 5.2.1 erläutert wurde, lassen sich Produktinnovationen nach dem Grad ihrer Neuheit bezüglich der Nutzenstiftung für den Konsumenten in »Me too«-Produkte (gleicher Nutzen), Quasi-Innovationen (veränderter Nutzen) oder echte Innovationen (neuer Nutzen) unterscheiden (zu den unterschiedlichen Begriffsabgrenzungen vgl. Becker, 2006, S. 157).

Bedeutung von Produktinnovationen

Es ist leicht nachvollziehbar, dass echte Innovationen im Vergleich zu »Me too«-Produkten das Ergebnis eines sehr viel komplexeren und vor allem kostenintensiveren Produktentwicklungsprozesses sind. Da echte Neuheiten sowohl für das Unternehmen als auch für den Markt neu sind, ist ihre Entwicklung mit dem größten Risiko verbunden. Demgegenüber sind die Erfolgschancen und damit auch die Gewinnerwartungen bei wirklich originären Produkten wesentlich höher als bei reinen Nachahmungsprodukten. Untersuchungen über die Innovationsaktivitäten deutscher Unternehmen zeigen, dass »Me too«-Produkte den weitaus größten Anteil neuer Produkte ausmachen (Aus der Praxis 6-17).

Im Mittelpunkt der folgenden Betrachtungen stehen Innovationsprozesse, bei denen Unternehmen neue Produkte entwickeln, die ihr aktuelles Absatzprogramm ergänzen. Für die Zuordnung zu den Marktfeldstrategien ist lediglich zu klären, ob das neue Produkt auf dem bereits bearbeiteten Markt oder auf einem für die Unternehmung neuen Markt eingeführt werden soll.

Besonders auf gesättigten Märkten liegen große Chancen erfolgreicher Produktinnovationen, da Unternehmen sich damit – zumindest kurzfristig – Wettbewerbsvorteile verschaffen können. Es konnte nachgewiesen werden, dass der Unternehmenserfolg in großem Maße von der Innovationskraft abhängt. Unternehmen wie Apple, Ferrero und 3M gelingt es besser als anderen, neue Produkte im Markt zu platzieren (vgl. Kotler et al., 2007b, S. 444). Dies liegt zu großen Teilen an der Unternehmenspolitik, da die Entwicklung und Einführung neuer Produkte in der Zielplanung dieser Unternehmen einen hohen Stellenwert einnehmen. Ein Beispiel dafür sind die »Modelloffensiven« in der Automobilindustrie.

Es gibt jedoch noch weitere Faktoren für den Innovationserfolg. Hierzu zählt eine innovationsfreudige Unternehmenskultur, in der die Mitarbeiter ihr kreatives Potenzial entfalten können, Querdenker willkommen und Fehler erlaubt sind. Wichtig ist außerdem eine kundenorientierte »Innovationsphilosophie«, die sich darin zeigt, dass in alle Phasen des Innovationsprozesses Kunden eingebunden werden. Schließlich gilt es, modernste Methoden der Markt- und Marketingforschung einzusetzen, die eine valide Aufdeckung aktueller und zukünftiger Kundenbedürfnisse ermöglichen (Consumer Insights) (vgl. Föll, 2006).

Die Risiken von Produktinnovationen ergeben sich aus der Gefahr besonders hoher Flopraten. Bei Konsumgütern wird die Misserfolgquote je nach Branche auf 70 bis 90 Prozent geschätzt (vgl. Kotler et al., 2007a, S. 678; Kotler et al., 2007b, S. 438). Eine Studie der Gesellschaft für Konsumforschung (GfK) aus dem Jahr 2006 hat einige Einflussfaktoren aufgezeigt (Aus der Praxis 6-17).

Aus der Praxis – 6-17

Zu wissen, dass Innovationen einen maßgeblichen Umsatzanteil ausmachen sollten, sie als Wachstumstreiber im Unternehmen unverzichtbar und für überdurchschnittlichen Produkterfolg verantwortlich sind, reicht angesichts aktueller Studien nicht aus. Ca. 70–90 Prozent (je nach Produktbereich) aller Neueinführungen bei Produkten des täglichen Bedarfs floppen. Untersucht wurden 265 neu eingeführte Produkte der so genannten »Fast Moving Consumer Goods«, also Produkte des täglichen Bedarfs, von Nahrungsmitteln über Getränke bis hin zu Putz- und Reinigungsmitteln. Nur 17 Prozent aller neuen Produkte sind nach einer gemeinsamen Studie des Markenverbands, des Marktforschungsinstituts GfK und der Agentur Serviceplan von Anfang an erfolgreich. Nach einem Jahr sind bereits zwei Drittel der Produkte vom Markt verschwunden.

Die mit den Fehlschlägen verbundenen Kosten liegen laut Berechnungen für diese Studie bei zehn Milliarden Euro jährlich. In Deutschland scheitern bereits 60 Prozent der Markteinführungen am falschen Konzept, 40 Prozent der Flops fallen einer fehlerhaften Umsetzung zum Opfer. Aus Angst vor Fehlern – die diesbezüglich im Übrigen auch Großkonzerne machen – trauen sich viele Unternehmen nur kleine und kleinste Innovationen zu.

Nicht nur unternehmensintern sind die Defizite auszumachen. Floprisiken gehen zunehmend auch von der Marktseite aus. In Märkten mit vielen »Me too«-Produkten gibt es eine Vielzahl ausgereifter Produkte, geringe Unterschiede zwischen den Wettbewerbern und kaum Marktpotenzial, um mit völlig neuen Angeboten einen nennenswerten Marktanteil zu erobern.

Problematisch ist in diesem Zusammenhang auch, dass die Unternehmen sich zu sehr an der Wettbewerbssituation orientieren, anstatt sich an den Bedürfnissen der Kunden auszurichten. Schließlich bestimmt der Kunde, ob es einen wahrnehmbaren Produktunterschied zur Konkurrenz gibt und legt damit den Innovationsgrad fest. 53 Prozent der neuen Produkte haben aus Kundensicht nur einen geringen Innovationsgrad. Dabei steigen die Chancen auf eine erfolgreiche Markteinführung um das Doppelte, wenn das Produkt tatsächlich einen Mehrwert bietet.

Der Studie zufolge kann auch ein falsches Preis-Leistungsverhältnis zum Scheitern führen. Ein zu hoher Preis weckt bestimmte Erwartungen, die durch das Produkterlebnis

6.5 Produktpolitik
Produktinnovation

nicht erfüllt werden. 58 Prozent der Produkte scheitern so durch »Overpromising«. Vor diesem Anspruch stehen insbesondere bekannte und hochwertige Dachmarken, deren Produkte zwangsläufig einen Vorteil bieten müssen, der einen hohen Preis rechtfertigt. Analog ist »Underpromising« ein Problem bei preisgünstigen Produkten, denen von vornherein nicht die Innovationshöhe zugetraut wird, die sie tatsächlich haben.

Kommunikationspolitisch gesehen stellt vor allem die richtige Auswahl und Ansprache der Zielgruppe ein Problem dar. Fehlerhafte und/oder lückenhafte Festlegung der Zielgruppenmerkmale (Alter, Geschlecht, Einkommen, Warengruppe etc.) führen zu hohen Streuverlusten mit der Folge, dass bis zu 50 Prozent des Kommunikationsbudgets versacken, weil die Botschaft die falschen Empfänger erreicht.

Aus den Ergebnissen der Studie lässt sich ableiten, dass eine zeitversetzte Ansprache der Kunden (gemäß Diffusionsmodell von Rogers) sinnvoll ist: erst die Trendsetter, dann die Mainstreamer. Man sollte sein Budget nicht dafür investieren, die Gruppe der »Laggards« (Zauderer, Nachzügler) von den Vorteilen des neuen Produkts zu überzeugen – sie lehnen Neuerungen eher ab. Vor allem Studierende und Azubis finden sich in letztgenannter Gruppe wieder und gehören nicht, wie zu vermuten wäre, zu den Trendsettern. Denn diese bestehen aus Singles und aus Mittelschicht-Rentnern.

Produktflops können auch im Zusammenhang mit einem niedrigen Werbebudget entstehen. Dennoch ist es möglich, mit geringen finanziellen Mitteln in unkonventionelle Sonderwerbeformen zu investieren (Zimprich, 2006).

Die Ursachen für Flops liegen vor allem darin, dass viele neue Produkte nicht wirklich originär sind und dass die Phase der Konzept- und Produktentwicklung sowie der Markteinführung häufig ohne Einbeziehung der potenziellen Konsumenten erfolgt. Um das Risiko von Fehlentscheidungen zu verringern, müssen frühzeitig abnehmer- und konkurrenzbezogene Informationen in die Entscheidungsfindung des Produktentwicklungsprozesses eingehen. Weitere Faktoren für die hohe Flopquote werden in folgenden Problemen gesehen (vgl. Kotler et al., 2007a, S. 678; Kotler et al., 2007b, S. 439 f.):

Mitunter kommt es vor, dass eine hochrangige Führungskraft eine von ihr favorisierte Produktidee trotz negativer Ergebnisse aus der Marktforschung durchsetzen will. Ein anderes Problem ist, dass eine Produktidee zwar gut ist, aber die Größe des Marktes überschätzt wird. Viele Produkte scheitern, weil das Design den Kunden nicht anspricht. Produkte scheitern auch, wenn sie auf dem Markt falsch positioniert werden, nicht genügend werbliche Unterstützung erhalten oder zu teuer sind. So musste beispielsweise die Firma Bahlsen ihre italienische Kekspraline Cielo vom Markt nehmen, obwohl das Konzept im Produkttest und der Geschmack sehr gut beurteilt wurden. Auch das Werbebudget war groß genug, um die Bekanntmachung des Produkts in der Einführungsphase sicherzustellen. Der Grund für den Flop: Das Produkt war zu teuer. Viele Produkte müssen wieder vom Markt genommen werden, weil es nicht gelingt, für das neue Produkt eine ausreichende Distribution aufzubauen. Aufgrund der starken

Abb. 6-51

Beispiele für Produktflops

Position des Handels gegenüber der Industrie sowie der Tendenz, dass der Handel zunehmend eigene Marken anbietet, ist der Aufbau einer Distribution zum zentralen Engpass für neue Produkte geworden (vgl. Kapitel 9.1.1).

Wenn man die Geschichte wirklich erfolgreicher Produkte und Unternehmen anschaut, wird aber auch deutlich, dass der eigentliche Erfolgsfaktor im Mut und Durchhaltevermögen von Unternehmern liegt, die ihre – anfangs vielleicht als verrückt eingestufte – Idee gegen alle Widerstände beharrlich verfolgt haben. Beispiele dafür sind Bionade, Dyson, Apple und 3M. Manchmal entstehen gute Ideen einfach zu früh oder treffen auf Unternehmen, die das Potenzial solcher innovativer Ideen nicht erkennen. Bereits Ende der 1990er-Jahre wurde der Firma Blaupunkt ein Beduftungssystem für Autos vorgestellt, das auf Knopfdruck unangenehme Gerüche im Fahrzeug entfernen oder zur atmosphärischen Gestaltung des Fahrzeuginnenraums genutzt werden konnte. Heute, zwanzig Jahre später, wird ein solches System vom neuen Maybach als Zusatzausstattung zum Preis von ca. fünftausend Euro angeboten (Geiger, 2009).

Ein weiteres Problem ist, dass viele Unternehmen nicht erkennen, dass in jedem Fehler auch eine Chance liegt, nämlich daraus für die Zukunft zu lernen. Ein großer Teil der Unternehmen nutzt diese Chancen nicht und will seine Produktflops am liebsten schnell vergessen oder verheimlichen (vgl. Förster/Kreuz, 2005, S. 120 f.; Förster/Kreuz, 2008, S. 143 ff.).

Häufig wird die Kritik geäußert, dass die Marktforschung für die große Zahl austauschbarer und damit flopgefährdeter Produkte verantwortlich ist. Das ist zum Teil berechtigt, wenn Konsumenten mittels traditioneller Verfahren nach ihren (zukünftigen) Wünschen befragt und daraus Ideen und Konzepte für neue Produkte abgeleitet werden. In der Regel bekommt man durch solche Forschung nur Offensichtliches widergespiegelt, was die Vergangenheit reflektiert, und vor allem, was auch alle Konkurrenten herausfinden. Der Kunde selbst ist meist nicht kreativ. Erfolgreiche Produktinnovationen zeichnen sich dadurch aus, dass sie Probleme lösen, die dem Kunden zuvor noch gar nicht bewusst waren. Wenn man Marktforschung aber als Instrument einsetzt, um in einer frühen Phase (Ideenfindung) unbewusste Motive und Probleme aufzudecken, und diese im weiteren Konkretisierungsprozess nutzt, um Produktgestaltungsentscheidungen zu optimieren, ist ihr Einsatz für erfolgreiche Produktinnovationen unverzichtbar.

6.5.2 Produktinnovation als mehrstufiger Planungs- und Entscheidungsprozess

Produktinnovationsprozesse laufen in der Realität sehr unterschiedlich ab. Die Ursachen dafür liegen in der Vielfalt der verschiedenartigen Sachgüter und Dienstleistungen, die jeweils unterschiedliche technische und absatzwirtschaftliche Probleme mit sich bringen. In einer idealtypischen Betrachtung wird der Innovationsprozess als fünfstufiger Planungs- und Entscheidungsprozess aufgefasst (zu anderen Phaseneinteilungen vgl. Kotler et al., 2007a, S. 680 ff.; Kotler et al., 2007b, S. 447). Abbildung 6-52 zeigt diesen Prozess, ausgehend von der Festlegung der Zielmärkte bis hin zur Markteinführung, wobei den Marketingfragestellungen geeignete Marktforschungsmethoden zugeordnet werden. Begleitet wird der Prozess von Aufgaben, die eine effiziente Planung und Steuerung des Prozesses unter wirtschaftlichen Gesichtspunkten sicherstellen sollen. Am Ende der Ausführungen veranschaulicht eine kurze Fallstudie den gesamten Prozess an einem Beispiel.

6.5.2.1 Bestimmung des Zielmarktes

Voraussetzung dafür, dass die Ideensuche in die richtige Richtung führt, ist die Identifikation eines geeigneten Zielmarktes. Hierzu ist es notwendig, aus den möglichen Produkt-Markt-Kombinationen eine Alternative auszuwählen. Bezogen auf die Entwicklung neuer Produkte bedeutet dies, dass zwischen einer Positionierung des Neuprodukts im gegenwärtigen Markt (Produktentwicklungsstrategie) und der Besetzung eines neuen Marktes (Diversifikation) entschieden werden muss. Diese Grundsatzentscheidungen werden aus der Situationsanalyse abgeleitet (vgl. Kapitel 2.2).

Einbindung von Konsumenten in allen Phasen des Innovationsprozesses

Bedeutung der qualitativen Marktforschung zur Identifikation von Kundenproblemen

Bestimmung des Zielmarktes auf der Grundlage marktfeldstrategischer Entscheidungen

6.5 Produktpolitik
Produktinnovation

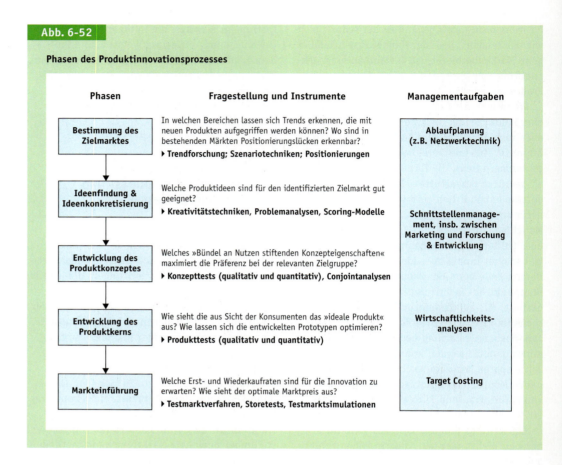

Abb. 6-52: Phasen des Produktinnovationsprozesses

Im Anschluss daran müssen geeignete Suchfelder bzw. Chancenfelder gefunden werden. Darunter sind alle Marktbereiche zu verstehen, die in Zukunft Wachstum versprechen. Diese lassen sich mittels verschiedener Techniken ableiten. Für weiter in die Zukunft gerichtete Strategien spielt dabei die Szenariotechnik eine große Rolle (vgl. Wilms, 2006). Für mittelfristig ausgerichtete Innovationsprojekte kann die Trendforschung wertvolle Informationen liefern. Darauf spezialisierte Unternehmen wie z. B. das Trendbüro in Hamburg stellen den Unternehmen branchenspezifische, konsumrelevante Trends vor und leiten daraus im Rahmen von Workshops mit den Unternehmen geeignete Chancenfelder für Produktinnovationen ab. Die Identifikation und Analyse von Suchfeldern soll am Beispiel von zwei aktuellen Trends exemplarisch verdeutlicht werden.

Ein weltweit aktuelles Thema für fast alle Unternehmen ist ein grundlegender Wandel im Lebensstil einer bereits sehr großen Gruppe von Konsumenten, den so genannten LOHAS (**L**ifestyle **O**f **H**ealth **A**nd **S**ustainability). Nach aktuellen Untersuchungen wird der Anteil der Konsumenten, die ihren gesamten Lebensstil an Werten wie Gesundheit und Nachhaltigkeit ausrichten, in den westlichen Ländern bereits auf 30 Prozent geschätzt (Aus der Praxis 6-18). Namhafte Zukunftsforscher gehen davon aus, dass es in den nächsten 20 Jahren mehr als die Hälfte der Bevölkerung sein wird (vgl. Wenzel et al., 2007).

Soziodemografische Entwicklungen können ebenfalls Grundlage für die Identifizierung geeigneter Zielmärkte sein. So stellt die unaufhaltsame Alterung der Gesellschaft für einige Unternehmen ein großes Risiko dar. Eine proaktive Suche nach neuen Märkten und Produkten ist die Voraussetzung für die Unternehmenssicherung. Anbieter von Spielwaren stehen

Aus der Praxis – 6-18

LOHAS steht für »Lifestyle of Health and Sustainability« (Lebensstil für Gesundheit und Nachhaltigkeit). In Zeiten von Klimawandel, Rauchverbot, Hybridmotoren und Bio betrifft es insgesamt ein Konsumverhalten mit gezielter Auswahl an Produkten zur Förderung der Gesundheit und der Nachhaltigkeit. Ausgehend von den USA umfasst der grüne Lifestyle bereits heute mehr als ein Drittel der Konsumenten in westlichen Ländern – Tendenz steigend. Dabei darf diese Konsumkultur nicht nur mit dem Einkauf im Bioladen gleichgesetzt werden, sondern ist geprägt von Menschen, die gesund und genussvoll leben möchten. Wir haben es mit einer neuen Konsumelite zu tun, die nachhaltig und lustorientiert kauft, denkt und handelt. In ihrem Streben nach Authentizität lehnen sie schlechte Qualität und Wegwerfartikel ebenso ab wie den Markenwahn. Wellness-Follower nutzen aktiv verschiedene Methoden zur Regeneration, sodass der Körper im Zentrum der Freizeitorientierung steht. Wellness wird hier nicht als passiver Konsum von Wohlfühlanwendungen verstanden, sondern bietet eine Beschäftigung am idealen Selbst. Die so genannte Health Society definiert sich über das Streben nach Gesundheit und Wohlfühlen, wobei die Gesundheit zu einem zentralen Wert in der Gesellschaft wird. Begriffe wie Selbstverantwortung und Selbstkompetenz rücken dabei immer stärker in den Vordergrund. Im 21. Jahrhundert gehören Wohlbefinden und Lebensenergie zu den neuen Luxusgütern. In ihrer Freizeit reisen LOHAS gerne zu Workshops, zum Kurzurlaub in ein Kloster oder wählen ein kulturelles Event. Die »nachhaltigen« Konsumgewohnheiten gilt es zu pflegen und zu inszenieren, denn das gesunde, ökologisch bewusste und ethikorientierte Leben steht immer an erster Stelle (DWV, 2007).

beispielsweise vor der Herausforderung, mit neuen Angeboten für ältere Konsumenten dieser demografischen Entwicklung Rechnung zu tragen. Auf der anderen Seite haben Firmen wie z. B. die Otto Bock GmbH aus Duderstadt, Weltmarktführer für Orthopädietechnik, hervorragende Aussichten, wenn man bedenkt, dass die Nachfrage nach solchen Produkten mit zunehmendem Alter der Menschen steigt. Um mit neuen Produkten auch langfristig die Marktführerschaft zu halten, ist die Analyse technologischer und medizinischer Entwicklungen für Otto Bock entscheidend, um daraus innovative Produktideen abzuleiten (Aus der Praxis 6-19).

Aus der Praxis – 6-19

Die Nachfrage nach medizinischer Versorgung erhöht sich mit steigender Lebenserwartung und steigendem Wohlstand. So wird sich die Zahl der über 60-jährigen von derzeit weltweit mehr als 600 Millionen bis zum Jahr 2050 voraussichtlich verdreifachen. Der Anteil der über 65-jährigen am Gesamtkonsum wird von momentan knapp 18 Prozent auf über 26 Prozent im Jahr 2035 steigen. Damit wächst auch die Nachfrage nach medizintechnologischen Produkten wie z. B. Knochenimplantate, künstlichen Gelenken, Dentalmaterialien und Hörgeräten überproportional. Gegenüber vielen anderen Branchen ist die Konjunkturanfälligkeit im Gesundheitssektor deutlich geringer. Zwar sind die Eintrittsbarrieren für neue Konkurrenten aufgrund der komplexen Technologien sehr hoch, im Vergleich zur Pharmabranche sind jedoch die Entwicklungsrisiken und Zulassungsanforderungen in der Medizintechnik viel niedriger. Negativ könnten sich die politischen Regulationsbemühungen insbesondere hinsichtlich der Gesundheitskosten auswirken. Es steht jedoch zu vermuten, dass innovative Produkte und Technologien zu einem frühzeitigeren Erkennen von Krankheiten und damit zu kostengünstigerer und effizienterer Behandlung führen. Die Otto Bock GmbH aus Duderstadt antizipiert derartige soziodemografische Entwicklungen frühzeitig und

entwickelt proaktiv Innovationen, die auf den wachsenden Bedarf an Medizintechnik ausgerichtet sind. Insbesondere auf dem Gebiet der Elektrostimulation ist das Unternehmen führend. Es entwickelt Neuroimplantate zur motorischen Nervenstimulation und sensorischen Nervenaufnahme und versucht gezielt, Unternehmen in diesem Bereich zu übernehmen. Die Produkte führen beispielsweise zu einer Wiederherstellung der Greiffähigkeit nach Schlaganfällen, zur Behebung von Fußhebeschwächen oder zum Einsatz in bewegbaren Prothesen.
Quelle: O. V., 2009; Hamacher, 2005

Ableitung von Kundenproblemen mit Hilfe der Motivforschung

Nachdem relevante Suchfelder auf einer eher allgemeinen Ebene analysiert wurden, folgt die Ableitung von Kundenbedürfnissen, die sich aus den veränderten Umweltentwicklungen ergeben. Mithilfe der psychologischen Motiv- und Einstellungsforschung können interessante Marktmöglichkeiten aufgedeckt werden. Wenn es darum geht, die aktuellen Bedürfnisse der Konsumenten als Grundlage für die Entwicklung neuer Produkte heranzuziehen, ist es sinnvoll, die Wahrnehmungen und Präferenzen der Konsumenten im Hinblick auf die angebotenen Produkte zu analysieren und so mögliche Lücken (Marktnischen) für neue Produkte aufzuspüren.

Ein geeignetes Instrument dafür ist die Marktstrukturanalyse. Mit ihrer Hilfe können beispielsweise Positionierungslücken im bearbeiteten Markt aufgedeckt werden (zu den Positionierungsmethoden siehe Kapitel 4.4.3.1). Bei stark segmentierten Märkten erfolgt eine differenzierte Analyse der zukünftigen Innovationstätigkeit bezüglich einzelner Zielgruppen. So kann es für einen Anbieter von Nahrungs- und Genussmitteln interessant sein, sich bei seinen Produktinnovationen mehr auf die Gruppe älterer Konsumenten zu konzentrieren, die in Zukunft ein besonders hohes Marktpotenzial versprechen. Mit der Festlegung eines Zielmarktes wird der anschließende Innovationsprozess auf diesen fokussiert.

6.5.2.2 Ideenfindung und Ideenbewertung

Grundlage für die Entwicklung neuer Produkte bilden Produktideen. Dieser Schritt hat zum Ziel, möglichst viele Ideen für neue Produkte zu generieren. Dazu ist zunächst zu entscheiden, welche Quellen und welche Techniken zur Ideenfindung herangezogen werden sollen. Einzelne, für die Praxis besonders relevante Ansätze, werden im weiteren Verlauf etwas genauer vorgestellt.

Als Quellen für Neuproduktideen können unternehmensinterne und unternehmensexterne Ideenlieferanten berücksichtigt werden (Abbildung 6-53).

Es ist fast selbstverständlich, dass durch die Mitarbeiter oder einzelne Abteilungen in den Unternehmen viele Produktideen entstehen. Besonders in der Marketingabteilung beschäftigt man sich tagtäglich mit der Frage, wie die Kundenwünsche in Zukunft noch besser erfüllt werden können. Entstehen Produktideen im Marketing, so hat dies den Vorteil, dass sie in der Regel mit Blick auf den Kunden bzw. den Markt entwickelt werden. In der Forschungs-

Abb. 6-53

Quellen der Ideenfindung

Quellen zur Ideenfindung

Unternehmensinterne Quellen:
- Mitarbeiter allgemein
- Marketingabteilung
- F&E-Abteilung
- innovationsbezogene Projektteams
- Außendienst
- Anfragen von Kunden
- Reklamationen
- eigene Archive früherer Ideen
- betriebliches Vorschlagswesen
- Berichte des Kundendienstes
- ...

Unternehmensexterne Quellen:
- Konkurrenten
- Verwender/Kunden
- Absatzmittler
- Lieferanten
- Experten
- Messen, Ausstellungen
- Werbeagenturen
- Marketingberater, Innovationsberater
- Forschungsinstitute, Technologieberater
- Ämter für gewerbliche Schutzrecht
- Erfinder, Lizenzgeber
- Fachzeitschriften und Fachbücher
- andere Branchen und Länder (360°-Blick)
- ...

und Entwicklungsabteilung dagegen sind es eher neue technische Möglichkeiten und Erfindungen, aus denen Produktideen abgeleitet werden. Diese sind in der Regel weitaus innovativer, bergen aber die Gefahr, dass sie unter Umständen kein aktuelles Kundenbedürfnis befriedigen. Zahlreiche Produktflops haben hier ihre Ursache. Daher ist die frühzeitige Überprüfung der Marktfähigkeit solcher Ideen besonders wichtig.

> Marketing und F & E als wichtigste interne Ideenlieferanten

Die meisten Produktideen stammen von externen Quellen. An erster Stelle ist die systematische Analyse der Nachfrager zu nennen, wobei die Ideen mittels geeigneter Ideenfindungstechniken generiert werden.

Eine Möglichkeit, die in besonderem Maße der Forderung nach einer Integration von Kunden in den Innovationsprozess gerecht wird, ist die Nutzung des **Lead User-Ansatzes** (vgl. Lamprecht, 2009). Hier werden nicht die repräsentativen Kunden für die Ideenfindung herangezogen, sondern Leit- bzw. Pionierkunden, die über ein außergewöhnliches Produktwissen verfügen. Sie formulieren ihren Bedarf an neuen Produktlösungen deutlich früher als andere Kunden und sind somit Trendsetter. Sie erwarten einen außerordentlich hohen Nutzen von einer Produktinnovation, weshalb sie eine besondere Motivation besitzen, Ideen zu entwickeln und deren Umsetzung voranzutreiben (Aus der Praxis 6-20). Das trifft beispielsweise auf Computer- und Gesellschaftsspiele zu, deren Entwickler häufig diese Form der systematischen Produktentwicklung nutzen. Die vom Produkt überzeugte Fangemeinde trifft sich an Stammtischen oder virtuell in Weblogs, um aktuelle Probleme zu diskutieren und gemeinsam lösen. Diese Form der Konsumentenbeteiligung ist auch bei der Suche nach Produktideen für innovative Nahrungs- und Genussmittel zu finden. So tauschen sich hoch involvierte Hobbyköche z. B. im Maggi-Kochclub aus. Zusätzlich angeregt durch Ideenwettbewerbe liefern sie den Unternehmen mitunter interessante Ideen, die in der Regel auch keine Kosten verursachen.

> Bedeutung des Lead-User-Ansatzes für »High-Interest Produkte«

Aus der Praxis – 6-20

Ein klassisches Lead User-Projekt gliedert sich typischerweise in vier Phasen. Nach Definition eines Suchfeldes für die angestrebte Innovation werden marktbezogene Trends und Bedürfnisse erhoben, um dann die entsprechenden Lead User hinsichtlich Trendführerschaft und persönlichen Nutzenerwartungen mittels qualitativer Befragung zu identifizieren und mit ihnen gemeinsam innovative Problemlösungen zu erarbeiten.

Für den Gartengerätehersteller Gardena wurde das Suchfeld durch das Thema »Easy Gardening for Best Agers« definiert. Das Innovationsprojekt wurde intern durch ein interdisziplinäres Projektteam, bestehend aus Mitarbeitern des Auftraggebers, begleitet. Deren Aufgabe bestand unter anderem darin, die Zwischenergebnisse laufend zu variieren.

In der zweiten Phase analysierte man eingehend die Trends und Bedürfnisse im Zielmarkt. Die Recherche erfolgte mittels qualitativer Marktforschung (Einzelexplorationen, Gruppendiskussionen) und über eine fundierte Sekundäranalyse zum Thema. Die Trends und Bedürfnisse wurden im weiteren Verlauf gemeinsam mit dem internen Projektteam in ein Lead User-Profil überführt. Als Trend wurde der wachsende Markt der Generation 50plus ausgemacht, die ein Bedürfnis nach robusten und ergonomisch zu bedienenden Gartengeräten hat.

Die dritte Phase betrifft die Lead User-Suche. Zwei wesentliche Kriterien beschreiben einen Lead User (Zielmarkt): Er verspürt heute schon Bedürfnisse, die der Gesamtmarkt erst in Zukunft hat und er zieht selbst einen besonders großen Nutzen aus einer Innovation. Die Lead User wurden auf Basis des Profils aus Phase 2 selektiert. Der Trend »Generation 50plus« musste also durch die spezielle Suche nach Lead Usern aus dieser Altersgruppe berücksichtigt werden. Für die Lead User aus den analogen Bereichen gilt: Sie sind Pioniere in Bereichen, zu denen bezüglich einzelner Trends oder Bedürfnisse eine Problemverwandtschaft zum Suchfeld besteht. Teilnehmer aus analogen Bereichen bringen dabei Lösungskonzepte aus ihrer eigenen Branche ein und garantieren den »Blick über den Tellerrand«. Zu den Bedürfnissen Robustheit und Ergonomie wurden Analogien zur Altenbetreuung und zu Prothesenherstellern gesehen.

Den Abschluss bildet die vierte Phase mit der Lead User-Konferenz. Dazu kamen die Lead User, die Teilnehmer aus den analogen Bereichen sowie das Projektteam des Auftraggebers zusammen und entwickelten, unterstützt durch unterschiedliche Kreativitätstechniken, insgesamt sieben innovative Produktkonzepte, die in Form von Lastenheften ausgearbeitet wurden. Eines der Produktkonzepte entwickelte Gardena auf Basis des Lastenhefts zur Serienreife. Das Produkt ist seit 2007 am Markt erhältlich (Lead Innovation Management, 2009).

Analyse von Konkurrenzprodukten zur Ideenfindung

Aber auch aus der Analyse von Konkurrenzprodukten lassen sich Ideen für eigene neue Produkte herleiten, die allerdings in den meisten Fällen nur einen geringen Innovationsgrad aufweisen und somit eher zu Produktverbesserungen führen. Bei Produkten, deren Kernnutzen insbesondere durch den Geschmack oder Geruch bestimmt wird, kommen viele Produktideen von den Lieferanten der Geschmacks- und Geruchsstoffe. Ihre besondere Rohstoffkompetenz nutzen inzwischen viele Hersteller für die Ideenfindung.

Inzwischen haben sich zahlreiche Firmen etabliert, deren Hauptbetätigungsfeld in der Ideenfindung für andere Unternehmungen besteht. An sie delegieren viele Unternehmen die Ideenproduktion. Ein Beispiel dafür ist die Schweizer Firma Brainstore, die mit ihrer »Ideenmaschine« Ideen wie am Fließband produziert. Durch den Einsatz integrativ aufeinander abgestimmter Tools (z. B. CreativeTeams, TrendScouting, NetScouting, ExpertInterviews) und einer eigens dafür entwickelten Computersoftware gelingt in kurzer Zeit eine effiziente Ideenproduktion, wie zahlreiche Kundenkommentare bestätigen (vgl. Schnetzler, 2006).

Auch andere Unternehmensberater unterstützen die Firmen bei der Suche nach neuen Geschäftsfeldern und Produktideen. Hervorzuheben sind in diesem Zusammenhang Förster und Kreuz. In Seminaren, Vorträgen und Veröffentlichungen fordern sie die Unternehmen zu neuem Denken auf. In ihrem Bestseller »Different Thinking« begründen sie anhand zahlreicher anschaulicher Beispiele, wie wichtig in einem Unternehmen »Querdenker« sind. Sie formulieren einfache »Querdenker-Regeln«, mit denen sich innovative Produktideen generieren lassen. So fordert die Regel »Überprüfen Sie die Produkt-DNA« die Unternehmen dazu auf, bestehende Produktkonzepte zu hinterfragen und dadurch vollkommen neue Möglichkeiten für innovative Produkte zu entdecken. Ein Beispiel dafür ist der Erfolg der Staubsaugermarke Dyson.

Anhand vieler Beispiele zeigen Förster und Kreuz den Wert der Querdenkerregel »360-Grad-Blick«. Sich von anderen Branchen und Ländern inspirieren zu lassen, ist ein wertvoller Weg zur Generierung von Produktideen (vgl. dazu auch das Beispiel in Kapitel 6.5.3). Beispielsweise berichten die Autoren von einer Kooperation zwischen Google und Procter & Gamble, die im Rahmen eines gemeinsamen Innovationsprogramms für eine begrenzte Zeit Mitarbeiter austauschen, um durch eine neue Perspektive Innovationen zu erhalten und voneinander zu lernen. Andere Querdenkerregeln besagen, Produkte zu vereinfachen (»Easy-Inc.«), sie mit einem emotionalen Profil auszustatten (»Erlebnis Inside«) und das Produktdesign als Differenzierungsinstrument (»Design Matters«) zu nutzen (vgl. Förster/Kreuz, 2005).

Die nachfolgend vorgestellten **Methoden der Ideenfindung** können sowohl intern als auch extern unter Einbeziehung von Kooperationspartnern genutzt werden. Diese Techniken lassen sich in intuitiv-kreative und systematisch-logische Verfahren einteilen, wobei die verschiedenen Ansätze auch kombiniert werden können (Abbildung 6-54).

Charakteristisch für **intuitiv-kreative** Verfahren ist, dass sich der Denkprozess im Wesentlichen im Unterbewusstsein der Beteiligten abspielt und von einer Idee zur anderen spontan und sprunghaft verläuft. Die bekanntesten

Techniken eines intuitiv-kreativen Vorgehens sind das Brainstorming, das Brainwriting und die Synektik.

Brainstorming-Sitzungen werden abgehalten, wenn möglichst viele neue Ideen gewonnen werden sollen. Im Verlauf einer Brainstorming-Sitzung äußern die Teilnehmer spontane Ideen, die von den anderen aufgegriffen und weiterentwickelt werden. Hierdurch entstehen Assoziationsketten, die möglicherweise neue Problemlösungen zutage fördern. Der größtmögliche Erfolg einer Brainstorming-Sitzung ist dann gegeben, wenn die Leitlinien aus Abbildung 6-55 berücksichtigt werden.

Die im Laufe einer Brainstorming-Sitzung produzierten Ideen werden protokolliert (z. B. Tonbandprotokoll) und anschließend in Bezug auf ihre Realisierbarkeit bewertet.

Eine Variation des Brainstorming ist die **Methode 635** (Brainwriting). Zu einer schriftlich fixierten Problemstellung formulieren hierbei die sechs Mitglieder einer Gruppe jeweils drei Lösungsvorschläge. Anschließend wird das Lösungsblatt an den nächsten Teilnehmer weitergegeben, der die Idee weiterentwickelt – es rotiert also fünfmal. Bei sechs Gruppenmitgliedern werden damit insgesamt 18 Lösungsvorschläge fünfmal variiert. Der Vorteil dieser Methode gegenüber dem klassischen Brainstorming liegt darin, dass auch jene Gruppenmitglieder ihre Ideen äußern können, die sich in der Gruppe unsicher fühlen oder befürchten müssen, dass andere Gruppenmitglieder die eigenen Ideen mit negativen Aussagen kommentieren.

Brainstormingsitzungen werden zunehmend auch im Internet durchgeführt. Mit dem **Online-Brainstorming** können Problemstellungen schnell und einfach mit Titel und Kurzbeschreibung im Internet präsentiert werden. Jeder Teilnehmer hat die Möglichkeit, in einer sehr einfachen Oberfläche seine Gedanken beizusteuern und dabei gleichzeitig zu sehen, was andere für Ideen entwickeln. Vorteilhaft ist auch, dass alle Ideen zu einem Thema per E-Mail verschickt werden können. Dazu gibt man einfach die eigene und die Empfängeradresse sowie einen kurzen Text ein. Mit einer so genannten Trackback-Funktion könnten sich Blogs direkt mit eigenen Beiträgen – die in der Regel ausführlicher sind als die kurzen Statements bei den Online-Brainstormings – beteiligen, sodass sich Ideen und Wissen noch intensiver verknüpfen lassen.

In ähnlicher Weise werden zunehmend auch **Weblogs** für die Ideenfindung genutzt, denn Bloggen im Internet erfreut sich immer größerer Beliebtheit. Der Vorteil dieses Ansatzes ist, dass Blogger typische Innovatoren bzw. Early Adopter sind, die früh und ausführlich über für sie interessante Themen berichten. Durch Kommentare der Leser sowie Verlinkungen zu anderen Webseiten entsteht ein reger Austausch zwischen den Bloggern, der für die Ideenfindung genutzt werden kann.

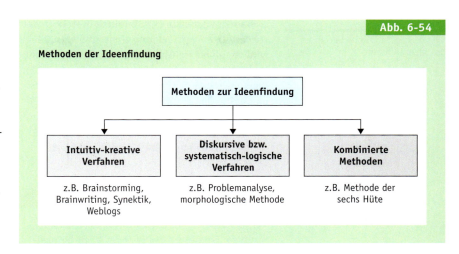

Abb. 6-54
Methoden der Ideenfindung

Online-Brainstorming und Weblogs gewinnen an Bedeutung

Abb. 6-55
Wesen und Vorgehensweise beim Brainstorming

6.5 Produktpolitik
Produktinnovation

Systematisch-logische Verfahren der Ideenfindung

Das Grundprinzip der **Synektik** besteht in der schrittweisen Verfremdung eines Problems. Dabei wird vor allem auf Gleichnisse aus Natur, Technik und Alltag zurückgegriffen (Aus der Praxis 6-21). Nach mehreren Stufen der Verfremdung folgt dann eine Rückbesinnung auf die ursprüngliche Problemstellung unter Verwendung der im Laufe der Synektik-Sitzung entwickelten Vorschläge (so genanntes »force it«; vgl. Meffert et al., 2008, S. 425).

Aus der Praxis – 6-21

In der Pflanzenwelt ist gibt es ein Prinzip, den so genannten Lotus- oder auch Lotoseffekt, durch das Pflanzen in der Lage sind, sich selbst zu reinigen. Durch eine geringe Benetzbarkeit der Blätteroberfläche perlt Wasser in Tropfen ab und nimmt dabei alle Schmutzpartikel auf der Oberfläche mit. Dieses Prinzip hat sich ein Unternehmen aus der Nähe von Göttingen zunutze gemacht und die weltweit erste borstenlose Toilettenbürste entwickelt, den WC-Cleaner ND 27. Dabei befindet sich an dem Haltestiel ein ovaler Kunststofflamellenkörper. Die Lamellen wirken beim Reinigen der Toilette wie kleine Scheibenwischer. Der Clou dabei ist, dass durch die glatte Oberflächenbeschaffenheit eine Art Lotuseffekt besteht, durch den weder Wasser, Fäkalien noch Toilettenpapier an der borstenlosen WC-Bürste haften.

Ein anderes Beispiel für Synektik im Ideenfindungsprozess ist die Entwicklung des Klettverschlusses. Der Schweizer Ingenieur Georges de Mestral unternahm mit seinen Hunden oft Spaziergänge in der Natur. Immer wieder kamen einige Früchte der Großen Klette (*Arctium lappa*) mit dem Fell der Hunde in Kontakt und blieben darin hängen. Er legte die Früchte unter sein Mikroskop und entdeckte, dass sie winzige elastische Häkchen tragen, die auch bei gewaltsamem Entfernen aus Haaren oder Kleidern nicht abbrechen. Georges de Mestral untersuchte deren Beschaffenheit und sah eine Möglichkeit, zwei Materialien auf einfache Art reversibel zu verbinden. Er entwickelte den textilen Klettverschluss und meldete seine Idee 1951 zum Patent an.

Suche nach Kundenproblemen als Grundlage für die Ideenfindung

Systematisch-logische Verfahren zur Ideengewinnung bestehen aus einer strukturierten und planmäßigen Verknüpfung bzw. Veränderung einzelner Elemente. Wichtige Techniken dieser Kategorie sind die Morphologische Methode und die Problemanalyse.

Bei der **Morphologischen Methode** wird das Problem sehr allgemein formuliert, ohne dabei bestimmte Lösungsansätze vorwegzunehmen. Anschließend werden die Merkmale ermittelt, die die Problemlösung beeinflussen, und zu jedem Merkmal werden alternative Ausprägungen formuliert. Die einzelnen Eigenschaften und ihre möglichen Ausprägungen werden in einer Matrix, dem so genannten **Morphologischen Kasten**, zusammengefügt. Hieraus können alle möglichen Kombinationen von Merkmalsausprägungen abgeleitet werden (vgl. Abbildung 6-56). Die Bewertung der Alternativen erfolgt anhand unternehmensinterner Kriterien und die nach dieser Maßgabe optimale Lösung wird realisiert.

Als neue Produktidee könnte aus dem Beispiel in Abbildung 6-56 ein flüssiger Essigreiniger mit Zitronenextrakten gewonnen werden, der mit einem Schwamm Nahrungsmittelreste in einem Kühlschrank entfernt.

Die **Problemanalyse** bezieht die Konsumenten direkt in den Ideengewinnungsprozess mit ein. Ihr besonderer Reiz liegt in der Tatsache, dass Produkte aus einer kundenorientierten Perspektive als Problemlösungen aufgefasst werden (vgl. Kapitel 6.1.2). Demzufolge müssen »lediglich« ungelöste Kundenprobleme identifiziert werden, um daraus Ideen für neue Produkte (Problemlösungen) abzuleiten (vgl. Abbildung 6-57). Bei der Vorgehensweise gibt es zwei Varianten. Im ersten Fall geht man von im Markt befindlichen Produkten aus und fragt die Verbraucher nach ihren Problemen mit bestimmten Marktprodukten. Daraus werden dann Ideen für neue Produkte abgeleitet, die allerdings nur in den wenigsten Fällen sehr innovativ sind, da sie lediglich zu Veränderungen bzw. Verbesserungen von bestehenden Produkten führen.

Eine zweite Variante geht unabhängig von den existierenden Produkten auf die Suche nach bisher ungelösten Kundenproblemen, die sich auf die für den relevanten Markt typischen Nutzenstiftungen, Verwendungssituationen oder

6.5 Produktinnovation

Abb. 6-56

Morphologischer Kasten für ein neues Reinigungsprodukt

Reinigungs-instumente	Besen	Bürste	Schwamm	Stahlwolle	Staubsauger	Wischmop	
Inhaltsstoffe	Alkohol	Ammoniak	Essig	Parfümstoffe	Pienienöl	Zitrone	
zu reinigende Objekte	Autos	Glas	Holzboden	Textilien	Kühlschrank	Ofen	Schränke
Verpackung	Flasche	Sprühdose	Tube	Tüte	Karton		
Schmutzart	Blut	Grasflecken	Nahrungsmittel	Öl	Staub	Farbe	Rost
Physische Beschaffenheit	Creme	Flüssigkeit	Gel	Kristalle	Puder	Wachs	

(Quelle: in Anlehnung an Crawford/Di Benedetto, 1999, S. 168 zitiert nach Homburg/Krohmer, 2006, S. 574)

Zielgruppen beziehen. Die Durchführung kann rein logisch-analytisch erfolgen oder unter Einbeziehung von Konsumenten mittels Tiefeninterviews oder Gruppendiskussionen abgewickelt werden. Marketingstudenten an der Hochschule Harz haben mit diesem Verfahren interessante Produktideen für die Firma Wrigley gewonnen, die dort einer weiteren Prüfung unterzogen wurden. Ausgangspunkt war die Fragestellung, mit welchen neuen Produkten die Firma Wrigley ihre Marktführerschaft im Teilmarkt »Oral Care« im Süßwarenmarkt weiter ausbauen kann. Nach einer systematischen Betrachtung aller »Problemfelder« im Mund und Rachen wurde anschließend geprüft, welche Süßwarenprodukte diese Problemfelder bereits besetzen. Die bisher nicht von Marktprodukten gelösten (möglichen) Kundenprobleme wurden dann als Suchfelder für die Ideenfindung ausgewählt (Abbildung 6-58). Die später von der Firma Wrigley realisierte Produk-

Abb. 6-57

Problemanalyse auf der Basis von Marktprodukten

Welche Probleme weisen bestehende Oral-Care-Produkte auf, die auf dem Markt angeboten werden?

Problem	Lösung
z. T. schlechte Dosierbarkeit der Produkte (z. B. Mikropastillen schlecht einzeln zu greifen)	Entwicklung eines Spendersystems
fehlende aktive Prophylaxe (zwar Zahnbelagentfernung und Säureminderung, aber kein aktiver Beitrag zur Zahnstärkung)	Hinzufügen additiver Stoffe, z. B. Flor, Minderalien, Calcium
im Zahnpflegebereich fehlende Alternativen zu Kaugummis und Bonbons	Einführung weiterer Darreichungsformen, z. B. Kaubonbons, Mikropastillen
→ **Produktidee:** Entwicklung eines zahnstärkenden Kaubonbons in Spenderform	

Abb. 6-58

Problemanalyse ohne Bezug zu Marktprodukten

- Hals und Rachen
  Halsbonbons, Lutschpastillen etc.
- Zähne
  Zahnpflegekaugummis und -drops, Zahnweiß-Kaugummis und -drops etc.
- Zahnfleisch **Suchfeld**
- Zahnzwischenräume **Suchfeld**
- Zäpfchen **Suchfeld**
- Mundraum *Atemdragees*
- Zunge **Suchfeld**

Gruppendiskussion symbolisieren die von ihnen zu vertretenden Perspektiven oder Rollen durch das Tragen von Hüten mit unterschiedlichen Farben. Ziel ist es, ein Problem oder eine bereits vorhandene Idee aus unterschiedlichen Perspektiven zu betrachten. Diese Methode wird zur Ideengenerierung eingesetzt, dient gleichzeitig aber auch als Anleitung für laterales Denken. Jeder Teilnehmer muss sich vor der Diskussion auf die zugeordnete Farbe mit den geforderten Eigenschaften einstellen und während der Diskussion die ihm zugewiesene Rolle konsequent ausfüllen. Die Gruppenteilnehmer versetzen sich abwechselnd in eine der sechs Rollen. Auf diese Weise machen alle die gleichen Erfahrungen und es entsteht ein offener, konstruktiver Gruppenprozess. Die Bedeutung bzw. die Rollen der sechs Hüte sind in Abbildung 6-59 dargestellt.

Es gibt noch eine Vielzahl weiterer Verfahren zur Ideenfindung, die in der Praxis zur Anwendung kommen, hier aber nicht weiter vertieft werden sollen (vgl. Nöllke, 2006; Blumenschein/Ehlers, 2007; Scherer, 2007; Schlicksupp, 2004).

Nachdem die Ideen gefunden sind, folgt die **Ideenbewertung**. Mit der Konkretisierung von Produktideen ist der Einsatz von Ressourcen verbunden. Daher ist es notwendig, in einem möglichst frühen Stadium diejenigen Produktvorschläge auszuwählen, deren Weiterentwicklung Erfolg versprechend erscheint. Dieser Auswahlprozess wird auch als **Screening** bezeichnet (Abbildung 6-60).

Checklisten stellen den ersten Schritt zur Bewertung von Produktideen dar. Hierbei werden diejenigen Faktoren, die für den Erfolg eines Produkts erhebliche Relevanz besitzen, aufgelistet und die zu beurteilenden Produktideen hinsichtlich der einzelnen Faktoren separat bewertet. Für jede Neuproduktidee kann so eine Entscheidung für oder gegen eine Weiterverfolgung getroffen werden (Abbildung 6-61).

Checklisten werden vor allem für die Grobauswahl von Ideen genutzt. Die wichtigsten Kriterien dafür sind: technische Realisierbarkeit, rechtliche Zulässigkeit sowie die Vereinbarkeit der Ideen mit den Strategien und Zielen der Unternehmung.

Im zweiten Schritt folgt eine **markt- bzw. kundenseitige Bewertung**. Mittels Gruppendiskussionen oder Einzelexplorationen werden

---

Kombination der Ideenfindungsmethoden

tidee eines Dragees, der die Zunge reinigt, konnte somit auch auf logisch-analytischem Wege generiert werden (vgl. dazu die Fallstudie in Kapitel 6.5.3).

Als letzte Technik soll die **Methode der sechs Hüte** vorgestellt werden. Sie ist eine Kombination aus kreativ-intuitiver und systematisch-logischer Vorgehensweise. Die Teilnehmer einer

Ideenauswahl als mehrstufiger Bewertungs- und Auswahlprozess

Abb. 6-59

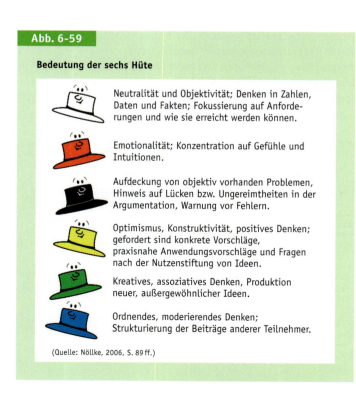

Bedeutung der sechs Hüte

- Neutralität und Objektivität; Denken in Zahlen, Daten und Fakten; Fokussierung auf Anforderungen und wie sie erreicht werden können.
- Emotionalität; Konzentration auf Gefühle und Intuitionen.
- Aufdeckung von objektiv vorhanden Problemen, Hinweis auf Lücken bzw. Ungereimtheiten in der Argumentation, Warnung vor Fehlern.
- Optimismus, Konstruktivität, positives Denken; gefordert sind konkrete Vorschläge, praxisnahe Anwendungsvorschläge und Fragen nach der Nutzenstiftung von Ideen.
- Kreatives, assoziatives Denken, Produktion neuer, außergewöhnlicher Ideen.
- Ordnendes, moderierendes Denken; Strukturierung der Beiträge anderer Teilnehmer.

(Quelle: Nöllke, 2006, S. 89 ff.)

Produktinnovation 6.5

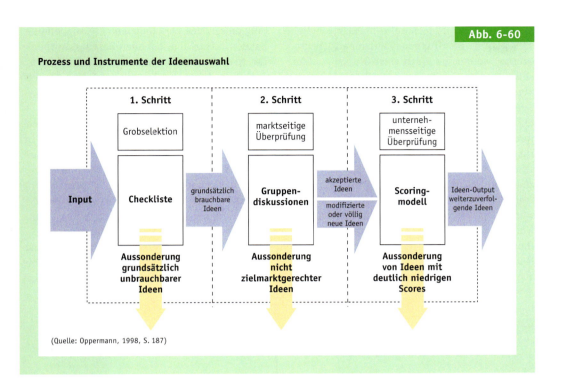

Abb. 6-60

Prozess und Instrumente der Ideenauswahl

(Quelle: Oppermann, 1998, S. 187)

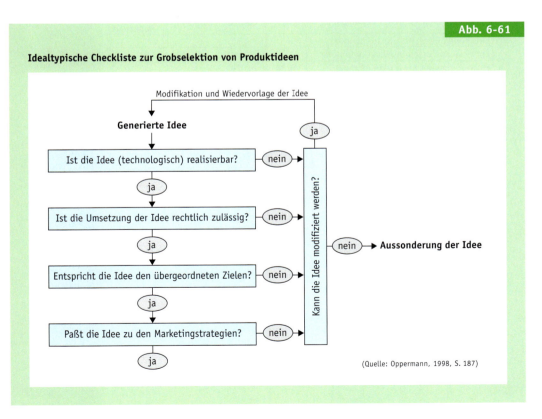

Abb. 6-61

Idealtypische Checkliste zur Grobselektion von Produktideen

(Quelle: Oppermann, 1998, S. 187)

6.5 Produktpolitik
Produktinnovation

Frühzeitige Überprüfung der Produktideen auf Problemlösungsrelevanz

die verbleibenden Ideen auf ihre Markttauglichkeit geprüft. Bei Gruppendiskussionen (Focus-Groups) werden die Ideen einer Gruppe von Konsumenten vorgestellt, um erste Hinweise auf die »Problemlösungskraft« und damit auf die Marktrelevanz der Ideen zu bekommen. Die Kundenreaktionen auf die in diesem Stadium erst knapp formulierten Produktideen geben Aufschluss darüber, inwieweit eine Produktidee spontan Zustimmung oder Ablehnung bei den Kunden erzeugt. In einem Ideenfindungsprozess für ein neuartiges alkoholfreies Erfrischungsgetränk wurden beispielsweise die Ideen eines »Anti-Mückendrinks«, der nach dem Genuss über die Haut Duftstoffe freisetzt und dadurch die Mücken fernhält, als technisch realisierbar und auch rechtlich zulässig eingestuft. Die Vorstellung dieser Idee im Rahmen einer Gruppendiskussion führte aber bei allen Beteiligten spontan zu einer massiven Ablehnung (»Ich trinke doch kein Autan!«). Daraufhin erfolgte der Ausschluss dieser Idee aus dem weiteren Prozess. Dagegen fand die Idee eines »Hochleistungsdrinks«, der durch den Einsatz von Ginkgo zu einer länger anhaltenden Sauerstoffversorgung im Gehirn führt und damit z. B. bei Prüfungen zur Konzentrationssteigerung beiträgt, eine spontane Zustimmung vor allem bei Schülern und Studenten. Diese Produktidee wurde anschließend einer genaueren Bewertung unterzogen.

Im dritten Schritt des Auswahlprozesses kommen **Punktbewertungsverfahren** (Scoring-Modelle) zum Einsatz. Hierbei werden zuerst die Bewertungskriterien festgelegt und hinsichtlich

Abb. 6-62

Bewertungsmatrix für ein Scoring-Modell

Aufbau des Scoringmodells zur Überprüfung von Produktideen

(1) Unternehmensinterne Bedingungen		Gewicht	Punktwert	gewichteter Punktwert
Einstellung Geschäfts-/Spartenleitung		0,30		
Entwicklungskosten bis Markteinführung		0,20		
Entwicklungszeit bis Markteinführung	0,30	0,20		
Technologische Kompetenz		0,15		Σ • 0,30
Vorhandene Produktionskapazitäten		0,15		
(2) Bedingungen des Zielmarktes		**Gewicht**	**Punktwert**	**gewichteter Punktwert**
Gesamtmarktpotenzial		0,40		
Marktvolumen des Teilmarktes	0,30	0,40		Σ • 0,30
Konkurrenzintensität		0,20		
(3) Marktfähigkeit der Produktinnovation		**Gewicht**	**Punktwert**	**gewichteter Punktwert**
Nutzenveränderung aus Sicht d. Abnehmer		0,40		
Vermarktungsfähigkeit/Kommunikation USP	0,30	0,20		
Funktionale Nutzenstiftung		0,20		Σ • 0,30
Berücksichtigung aktueller Trends		0,20		
(4) Sonstige Umweltfaktoren		**Gewicht**	**Punktwert**	**gewichteter Punktwert**
Gesundheitliche Konsequenzen		0,40		
Länderspezifische rechtliche Restriktionen	0,10	0,40		Σ • 0,10
Ökologische Konsequenzen		0,20		
			Gesamtpunktwert	

Punktwert	1	2	3	4	5
Bewertung	– –	–	0	+	++

ihrer Bedeutung für die Ideenauswahl (numerisch) gewichtet. Anschließend wird beurteilt, inwieweit eine jeweilige Neuproduktidee die einzelnen Kriterien erfüllt. Dies geschieht mit Hilfe einer mehrstufigen Bewertungsskala (z. B. »keine Erfüllung« = 0 bis »sehr gute Erfüllung« = 1). Die einzelnen Werte der Faktoren-Beurteilungen werden mit der jeweiligen Faktorgewichtung multipliziert und die Ergebnisse addiert. So erhält man für jede Produktidee einen numerischen Wert für deren Weiterverfolgungswürdigkeit. Damit lassen sich die Neuproduktvorschläge in eine Rangreihenfolge bringen, um die im Rahmen der unternehmensspezifischen Anforderungen besten Ideen herausfiltern (Abbildung 6-62).

Vor einer Überschätzung von Checklisten und Scoring-Modellen soll an dieser Stelle jedoch ausdrücklich gewarnt werden. Bei beiden Verfahren hängt die Beurteilung, inwieweit eine Produktidee die einzelnen Anforderungen erfüllt, von der subjektiven Einschätzung der Bewertenden ab und beinhaltet damit eine mögliche Fehlerquelle. In der Praxis spielen Gruppendiskussionen mit potenziellen Verwendern zur Überprüfung von Produktideen eine große Rolle, um möglichst frühzeitig Hinweise auf positive oder negative Produktvorstellungen der Konsumenten zu erhalten.

6.5.2.3 Konzeptentwicklung

Mit dem Begriff der **Konzeptentwicklung** bezeichnet man die Transformation einer Produktidee in ein Produktkonzept, das die Grundlage für die Konkretisierung der gesamten Marketingstrategie sowie für die physische Produktgestaltung bildet (vgl. ausführlich Wind, 1982; Urban et al., 1993; Crawford, 1992; Kotler et al., 2007a, S. 688; Kotler et al., 2007b, S. 456 ff.).

Bei der Konzeptentwicklung handelt es sich um einen mehrstufigen Prozess, der durch eine Vielzahl ineinandergreifender Gestaltungs-, Beurteilungs- und Auswahlentscheidungen charakterisiert werden kann (Abbildung 6-63). Während es sich bei einer Produktidee lediglich um eine kurze Formulierung eines möglichen Produkts handelt, beschreibt das Produktkonzept das (zukünftige) Produkt im Hinblick auf die für Konsumenten relevanten Eigenschaften. Dies erfolgt in einer Ausdrucksweise, mit der den potenziellen Konsumenten die Nutzenstiftung des neuen Produkts glaubhaft und nachvollziehbar vermittelt werden kann. Dazu gehören z. B. bei Lebensmitteln der Verwendungsanlass (»zum Frühstück«, »für zwischendurch«) sowie die funktionalen und emotionalen Produktvorteile (z. B. »kalorienarm«, »ohne Zucker« oder »wirkt entspannend«, »verleiht Dir eine erotische Anziehungskraft«). Außerdem geht aus der Konzeptbeschreibung hervor, für wen das neue Produkt besonders geeignet ist, womit die Kernzielgruppe spezifiziert wird.

Ausgehend von der Produktidee werden in der **ersten Phase** alternative **Grobkonzepte** entwickelt. Produktideen können in unterschiedlichen Produktkonzepten realisiert werden, je nachdem welche Zielgruppe anvisiert wird, welcher Hauptnutzen und welche Verwendungssituation im Mittelpunkt stehen sollen (vgl. Kotler et al., 2007b, S. 456 f.). Zur Entwicklung von Grobkonzepten kann wieder der morphologische Kasten herangezogen werden. Der

Unterscheidung zwischen Produktidee und Produktkonzept

1. Phase: Entwicklung und Auswahl eines Grobkonzepts

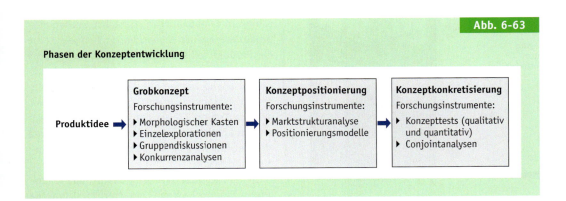

Abb. 6-63

Phasen der Konzeptentwicklung

6.5 Produktpolitik
Produktinnovation

2. Phase: Positionierung des Grobkonzeptes im relevanten Markt

3. Phase: Konkretisierung des Konzepts bezüglich aller kundenrelevanter Produktmerkmale

Unterschied zum Einsatz bei der Ideenfindung ist, dass die Gestaltungsparameter hier durch die wesentlichen Konzeptelemente bestimmt sind: Zielgruppe, Hauptnutzen, Nebennutzen, Begründung (reason to believe), Positionierung und Verwendungssituation.

Aufgrund der Vielzahl möglicher Konzeptalternativen, die sich aus einer Idee entwickeln lassen, ergibt sich die Notwendigkeit, eine Auswahl zu treffen. Dazu bestimmt man aus dem morphologischen Kasten Erfolg versprechende Kombinationen und unterwirft diese erst anschließend einem internen Bewertungsprozess. Hierbei wird geprüft, welche Konzepte mit den Unternehmenszielen im Einklang stehen und ob es von Wettbewerbern womöglich bereits im Markt realisierte Konzepte gibt. Um die nun ausgewählten (Grob-) Konzepte bezüglich ihrer Präferenzwirkung bei potenziellen Käufern mittels Konzepttests überprüfen zu können, werden diese in unterschiedlichen Konkretisierungsgraden gestaltet. Üblicherweise handelt es sich um verbale Produktbeschreibungen, die durch Bilder oder Skizzen des neuen Produkts oder seiner Verpackung ergänzt werden. Zur Darstellung des Positionierungsansatzes fertigt man häufig so genannte »mood boards« an. Dabei handelt es sich um großformatige Abbildungen von Stimmungen, die zielgruppenspezifische Verwendungssituationen vermitteln sollen (Abbildung 6-64).

Nachdem das Grobkonzept feststeht, erfolgt im nächsten Schritt die **Konzeptpositionierung.** Dabei geht es um die Festlegung der Zielpositionierung im relevanten Markt. Die Aufgabe besteht darin, ein möglichst freies Feld im subjektiven Wahrnehmungsraum der Konsumenten zu besetzen, um somit eine Austauschbarkeit mit eigenen Produkten und Konkurrenzprodukten zu verhindern. Dabei ist es sinnvoll, sich zunächst den Gesamtmarkt anzuschauen und dort das geeignete Positionierungsfeld ausfindig zu machen. Anschließend betrachtet man dieses Feld genauer im Hinblick auf die Positionierung der dort bereits angesiedelten Produkte. Hier erfolgt nun die Festlegung der so genannten Core-Benefit-Position, welche die angestrebte Zielpositionierung des neuen Produkts kennzeichnet.

Nachdem die Core-Benefit-Position festgelegt ist, erfolgt die Phase der **Konzeptkonkretisierung**. Ziel dieser Phase ist es, das ausgewählte Konzept so weiterzuentwickeln, dass das zukünftige Produkt möglichst vollständig beschrieben werden und damit als Grundlage für die Entwicklung des physischen Produkts dienen kann. Dieser Entwicklungsprozess beinhaltet dabei eine ständige Überprüfung und Veränderung des Produktkonzepts auf der Basis konsumentenorientierter und konkurrenzbezogener Informationen unter Berücksichtigung der angestrebten Zielgruppe. Diese werden durch qualitative und/oder quantitative Konzepttests bereitgestellt. Die Konkretisierung des Produktkonzepts erfolgt in zwei Schritten. Zunächst werden alle produktbezogenen Eigenschaften festgelegt, die das Produkt selbst beschreiben und im Ergebnis die zu erwartende Nutzenstiftung begründen. Anschließend werden darüber hinaus alle anderen Marketinginstrumente spezifiziert. Wie bereits im Kapitel 6.4.3.1 dargelegt, ist die integrative Abstimmung aller Marketinginstrumente (Marketingmix) eine Voraussetzung für den Innovationserfolg.

Bei der **Konkretisierung der produktbezogenen Eigenschaften** (characteristics) (vgl. Ka-

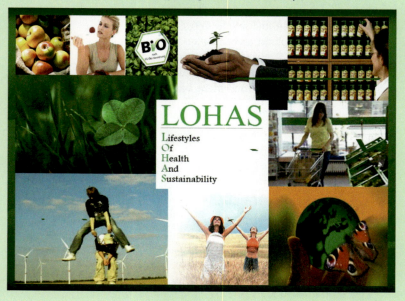

Abb. 6-64

Beispiel eines Moodboards zur Überprüfung eines Produktkonzepts für LOHAS

pitel 6.3.3.2 sowie Abbildung 6-65) geht es um die Gestaltung der Produktqualität, des Produktäußeren – insbesondere auch bei der Verpackung – sowie die Gestaltung des Branding (vgl. Kapitel 6.4.3.4). Die besondere Herausforderung in dieser Phase liegt darin, dass es unzählige Gestaltungsalternativen bei den Kombinationen der einzelnen Produkteigenschaften gibt und es nun darauf ankommt, die optimale Kombination aus allen Gestaltungsalternativen zu finden. Dabei ist ein Kompromiss zwischen der Präferenzwirkung bei den Konsumenten und den mit der Realisierung verbundenen Herstellungskosten zu finden. Für diese Fragestellung ist die Conjointanalyse prädestiniert. Mit ihr gelingt es wie mit keinem anderen Verfahren der Marktforschung, die Präferenzwirkungen unzähliger Gestaltungsvarianten zu ermitteln (vgl. Kapitel 4.4.3.2).

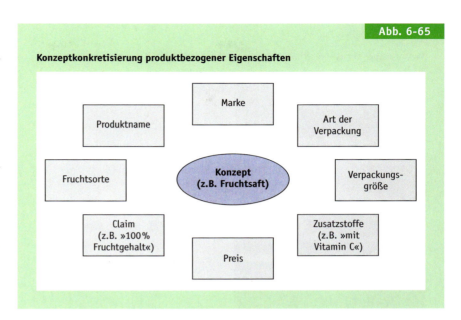

Abb. 6-65

Nachdem das optimale Produktkonzept gefunden ist, müssen alle anderen Marketingvariablen darauf abgestimmt und spezifiziert werden. Dabei handelt es sich um die **Konkretisierung des Marketingkonzepts**. Hierbei geht es um preis-, kommunikations- und distributionspolitische Entscheidungen, die in ihrer Gesamtheit die neue Marktleistung beschreiben. Unter Berücksichtigung aller Gestaltungselemente wird das Produktkonzept qualitativ und quantitativ getestet. Dazu wird typischerweise untersucht, ob die Produktvorteile gegenüber der Konkurrenz ausreichend sind, der Produktnutzen überhaupt verstanden und als relevant erachtet wird, ob das Preis-Leistungsverhältnis stimmt, ob das neue Produktkonzept gegenüber der bisher verwendeten Marke präferiert wird, wo Kaufbarrieren bestehen, welche Verbesserungsvorschläge gemacht werden usw. Die Kernfrage richtet sich auf die Kauf- bzw. Probierwahrscheinlichkeit für das neue Produktkonzept. Aus den Ergebnissen lassen sich nun die Erfolgschancen des neuen Produkts im Hinblick auf die Erstkaufrate abschätzen. Für die notwendigen Wirtschaftlichkeitsanalysen bilden sie – zusammen mit weiteren Annahmen – die Basis für die Formulierung realistischer Umsatz-, Marktanteils- und Gewinnziele in den ersten Jahren nach der Markteinführung. Damit wird die Entscheidungsgrundlage für die zentrale Frage geschaffen, ob das Produktkonzept tatsächlich in die Realisierung geht oder nicht. Falls es dabei zu einer positiven Entscheidung kommt, ist die Phase der Konzeptentwicklung abgeschlossen.

6.5.2.4 Produktentwicklung

Ein als Erfolg versprechend eingestuftes Produktkonzept durchläuft anschließend die Phase der technischen Entwicklung. Zu diesem Zeitpunkt ist das Konzept zu einer vollständigen Beschreibung des Produkts herangereift und dient somit als Grundlage für dessen technische Verwirklichung. Dabei verläuft die Produktentwicklung in drei Schritten. Zunächst werden Prototypen entwickelt und getestet, dann – sofern erforderlich bei neuen Marken – die Elemente der Markierung festgelegt und schließlich die Verpackung entworfen.

Die **Entwicklung von Prototypen** ist Aufgabe der Forschungs- und Entwicklungsabteilung. Hierbei geht es darum, die geplanten funktionalen Eigenschaften eines Produktkonzepts zu realisieren sowie die subjektiven Nutzen- und Imagevorstellungen der Konsumenten (benefits und imageries) in objektive Produkteigenschaften (characteristics) umzusetzen. Dies erfordert einen engen Abstimmungsprozess mit der Marketingabteilung, wie es bereits in Kapitel 6.3 zur Produktgestaltung beschrieben wurde.

Durchführung qualitativer und quantitativer Konzepttests als Basis für Wirtschaftlichkeitsanalysen

Transformation des Produktkonzepts in ein reales Produkt

6.5 Produktpolitik
Produktinnovation

Abb. 6-66

Sensoriklabor der isi GmbH in Göttingen

Produkttests zur Überprüfung der Produktleistung beim Kunden

Bedeutung der sensorischen Produktforschung

Bei Nahrungs- und Genussmitteln stehen Hersteller vor der besonderen Herausforderung, dass die Konsumenten diese unterschiedlich zubereiten und konsumieren und somit auch verschiedene »Erlebnisse« beim Konsum haben. Aus diesem Grund ist es bei Konsumententests mit diesen Produkten entscheidend, die Testbedingungen weitestgehend zu standardisieren. Produktverkostungen finden so beispielsweise in speziellen Testräumen – so genannten »Sensoriklaboren« – statt, die eine einheitliche Ausleuchtung und Klimatisierung sicherstellen (Abbildung 6-66). Erfahrenes Küchenpersonal bereitet die Produkte einheitlich zu und gewährleistet unter anderem vergleichbare Verzehrmengen und Serviertemperaturen. Erst durch diese »intern valide« Testanlage kann zum Beispiel ein Kaffeehersteller davon ausgehen, dass ein gemessener Akzeptanzunterschied zwischen der eigenen Variante und einem Konkurrenzprodukt tatsächlich durch geschmackliche Eindrücke bedingt ist und nicht aus Störfaktoren wie unterschiedlich stark gebrühten Proben oder variier-ten Verkostungstemperaturen resultiert (vgl. Möslein/Scharf, 2008).

Aus den Beispielen wird deutlich, dass die potenziellen Verwender bzw. Verbraucher mit dem Prototypen konfrontiert werden sollten, um zu testen, ob die physische Umsetzung im Sinne des psycho-physikalischen Transformationsprozesses gelungen ist. Auch bei der Gestaltung der **Markierung** und der **Verpackung** geht es darum, die möglichen Gestaltungsalternativen mit Hilfe von konsumentenorientierten Tests am Produktkonzept auszurichten.

Zum Abschluss der Produktentwicklung ist es in der Regel notwendig, mittels geeigneter Produkttests die Reaktionszusammenhänge zwischen dem physisch gestalteten Produkt und den Erwartungen des anzusprechenden Marktsegments aufzudecken und zu analysieren (vgl. Kapitel 6.3.3.2).

Es handelt sich bei **Produkttests** um planmäßig angelegte und durchgeführte experimentelle Untersuchungen. Eine ausgewählte Gruppe von Testpersonen wird zum probeweisen Gebrauch/Verbrauch von unentgeltlich bereitgestellten Testprodukten aufgefordert und anschließend über bestimmte subjektive Wahrnehmungen oder Beurteilungen dieser Produkte befragt. Aus den Ergebnissen des Produkttests können sich Anregungen zur Änderung einzelner Produkteigenschaften ergeben, sodass möglicherweise physische Produktmodifikationen notwendig werden. Den Abschluss dieses Entwicklungsschritts bildet die Entscheidung der Produktverantwortlichen über die probeweise Einführung des neuen Produkts in den Zielmarkt.

6.5.2.5 Markteinführung

In dieser Phase wird das als marktreif erachtete Produkt unter Einsatz sämtlicher oder ausgewählter absatzpolitischer Instrumente (Preispolitik, Distributionspolitik, Kommunikationspolitik) unter kontrollierten Bedingungen in einem räumlich begrenzten und repräsentativen Teilmarkt getestet. Die Markttestphase des neuen Produkts wird von der Marktforschung begleitet. Das Marktforschungsinstrument, das in dieser Phase üblicherweise zur Anwendung kommt, ist die so genannte **Panelforschung** (vgl. Kapitel 4.3.3.2). Mit dem Instrument des Haushaltspanels werden Daten erhoben, die sich insbesondere auf den Umsatz und die Erst- und Wiederkaufrate beziehen. Ferner werden Käuferwanderungen (z. B. durch Kannibalisierungseffekte) ermittelt und das Verhalten der Konkurrenz beobachtet. Mängel, die im Laufe des Produktentwicklungsprozesses nicht erkannt wurden, werden in dieser Phase beseitigt. Des Weiteren werden Probleme analysiert, die mit dem Einsatz der anderen absatzpolitischen Instrumente verbunden sind. Falls das Testprodukt die erwarteten Zielgrößen nicht erreicht, ist zu überprüfen, ob das Produkt und/oder das Marketingprogramm geändert werden können.

Die Durchführung regionaler Testmärkte ist mit einem hohen Kosten- und Zeitaufwand verbunden. Außerdem wird mit der Einführung auf einem Testmarkt das Produkt auch bei der Konkurrenz bekannt gemacht. Hier besteht die Gefahr, dass ein Wettbewerber das Produkt schnell imitiert und es noch in der eigenen Testmarktphase national einführt (vgl. Kapitel 4.4.3.2). Aus diesem Grund haben sich seit einigen Jahren so genannte Testmarktsimulationsverfahren durchgesetzt, welche die oben geschilderten Nachteile beseitigen können, allerdings zum Preis einer geringeren Realitätsnähe aufgrund der Testsituation im Labor oder Teststudio.

Nach einem erfolgreichen Abschluss der Markttest-Phase kann die Einführung des neuen Produkts in den (nationalen) Markt geplant werden. Die Einführungsentscheidung des Marketingmanagements setzt sich aus vier Komponenten zusammen:

Die Entscheidung über den **Zeitpunkt** der Markteinführung ist beispielsweise davon abhängig, wann die Lagerbestände eines möglichen Vorgänger-Produkts abgebaut sind oder wann Produktionsanlagen und Einsatzstoffe zur Verfügung stehen. Bei saisonabhängiger Nachfrage (z. B. Sonnencreme, Winterreifen) sollte die Einführung unmittelbar vor bzw. zu Saisonbeginn erfolgen.

Im nächsten Schritt gilt es zu entscheiden, auf welchem **geografischen Gebiet** das Neuprodukt eingeführt werden soll. Die Einführung kann an einem einzigen Ort, in einem Gebiet, in mehreren Gebieten, auf dem gesamten nationalen oder auf dem internationalen Markt erfolgen. Welche dieser Alternativen in der jeweiligen Einführungssituation vorzuziehen ist, hängt beispielsweise von der Produktionskapazität, vom zur Verfügung stehenden Budget und von der Risikobereitschaft des Managements ab. Liegt die Entscheidung für eine bestimmte Gebietsgröße vor, so ist es notwendig, den Ort der Einführung zu lokalisieren und eine Strategie für die Ausdehnung des Absatzgebietes zu entwickeln. Hierzu sind alternative Räume anhand bestimmter Kriterien wie Marktpotenzial, Qualität der Marktforschungsdaten für das Gebiet, Marktpenetration der Konkurrenten etc. auf ihre Attraktivität zu untersuchen (vgl. hierzu auch die Ausführungen zu den Marktarealstrategien im Kapitel 5.2.4).

Innerhalb des vorgesehenen geografischen Marktes muss das Unternehmen die besten potenziellen **Abnehmergruppen** identifizieren, um seine Distributions- und Absatzförderungsbemühungen zielgerichtet einsetzen zu können. Ein für die Produkteinführung idealtypisches Käufersegment sollte besonders aufgeschlossen gegenüber neuen Produkten und einflussreich als Meinungsführer sein (Innovatoren). Ferner sollte es sich möglichst um Intensivverwender handeln. Die Aufgabe der Entscheidungsträger besteht darin, jene Personengruppen aufzufinden, die eben diese und gegebenenfalls noch weitere Anforderungen erfüllen.

Das abschließende Entscheidungsproblem im Rahmen der nationalen Markteinführung besteht darin, die **Marketingstrategie** entsprechend den Anforderungen des Einführungsgebiets und des Zielmarkts zu konkretisieren. Des Weiteren sollten mit dem Einführungszeitpunkt verbundene Besonderheiten (z. B. saisonale Einflüsse) Berücksichtigung finden. Grundsätzliche Entscheidungen betreffen die Verteilung des Marketingbudgets auf die einzelnen Komponenten des Marketingmix sowie die Erarbeitung eines Ablauf- und Zeitplans für den Einsatz der Marketinginstrumente.

In dieser Phase fallen die höchsten Kosten während des Innovationsprozesses an. Zum einen sind Investitionen für die Erhöhung der Produktionskapazität erforderlich, um bei einer erfolgreichen Markteinführung die Lieferbereitschaft sicherzustellen, zum anderen sind auch die Marketingkosten besonders hoch. Zur Überwindung der Marktwiderstände sind insbesondere für die konsumentengerichtete und die

Auswahl des geeigneten Gebiets und des Zeitpunkts für die Markteinführung

handelsgerichtete Kommunikationspolitik erhebliche Aufwendungen notwendig. Wie die Marktphase wird auch die Einführungsphase mit dem Instrument des Panels beobachtet. Mit der nationalen Einführung endet der Produktinnovationsprozess, und es beginnt der Lebenszyklus des neuen Produkts.

Nach erfolgreicher Markteinführung wird das neue Produkt zur weiteren Produktpflege dem Produkt- bzw. Markenmanagement übergeben. Im Verlaufe des Lebenszyklus des neuen Produkts folgt dann die Anpassung der entsprechenden Marketingaktivitäten an die Markterfordernisse (vgl. Kapitel 6.2.2).

6.5.3 Fallstudie zur Produktinnovation

1. Ausgangssituation und Zielmarkt
Das folgende Beispiel beschreibt den Innovationsprozess anhand eines neuen Produkts, das von Firma Wrigley GmbH in Deutschland im Jahr 2006 erfolgreich in den Markt eingeführt wurde. Dabei geht es um eine Produktlinienerweiterung der Marke Wrigley's Extra, die im Süßwarenmarkt den Teilmarkt »Zahnpflege für Zwischendurch« zu diesem Zeitpunkt mit Zahnpflegekaugummis und -bonbons unangefochten besetzt. Strategischer Ausgangspunkt ist die Zielsetzung, mit Hilfe einer Produktentwicklungsstrategie (das heißt mit einer Produktinnovation) die eigene Marktstellung im bereits bearbeiteten Markt weiter auszubauen. Vor diesem Hintergrund wird bei der Bestimmung des Zielmarktes eine Fokussierung auf Nicht-Kaugummi-Produkte vorgenommen, da man sich dadurch bessere Wachstumschancen im bisher kaum bearbeiteten Bonbonmarkt erhofft und nur mit geringen Kannibalisierungseffekten zu den bisherigen Produkten rechnen muss. Als relevante Suchfelder werden ungelöste Kundenprobleme spezifiziert.

2. Ideenfindung und Bewertung
In der anschließenden Phase der Ideenfindung werden durch verschiedene Ideenfindungstechniken zahlreiche Produktideen generiert, von denen sich eine im Verlauf des Qualifizierungsprozesses als besonders Erfolg versprechend durchsetzt: ein Produkt, das Mund und Zunge säubert. Die zündende Idee kommt allerdings nicht durch die oben beschriebene Problemanalyse, sondern ist das Ergebnis der so genannten 360 Grad-Technik. In der Marketingabteilung nutzt man diese Technik, indem man Entwicklungen in angrenzenden Produktmärkten analysiert. So zeigt die Analyse, dass von der Marke Oral-B ein Zungenreiniger auf dem Markt ist, mit

Abb. 6-67

Morphologischer Kasten für die Entwicklung des Grobkonzepts

Konzept-merkmal	Ausprägungen			
Kern-Zielgruppe	Jugendliche	junge Erwachsene	Erwachsene	Senioren
Hauptnutzen	Geschmack	Mundreinigung	Zungenreinigung	Zahnreinigung
Nebennutzen	Geschmack	Mundreinigung	Zungenreinigung	Zahnreinigung
Begründung	Mikrogranulate	klinisch getestet	Zahnarzt empfohlen	antibakterielle Wirkung
Positionierung	sachorientierte Wirkung	emotionale Sicherheit	gemischte Wirkung/Sicherheit	Aktualisierung, Bekanntheit
Verwendung (Säuberung)	Zwischendurch	vor Kontakten	am Morgen/Abend	vor/nach dem Essen

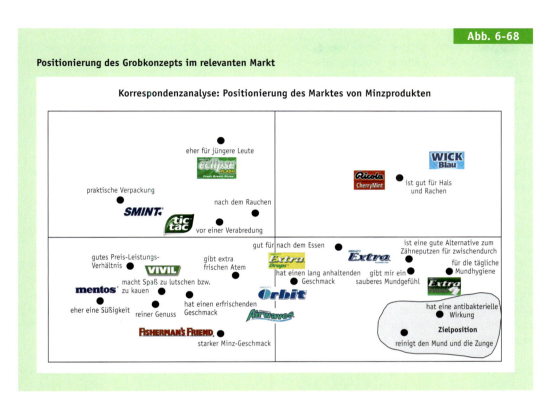

Abb. 6-68

Positionierung des Grobkonzepts im relevanten Markt

dem sich die Konsumenten den Zungenbelag von der Zunge schaben können. Anscheinend gibt es im Hinblick auf diese Problematik ein relevantes Kundenbedürfnis. Eine qualitative Studie, bei der die Problemanalyse eingesetzt wird (vgl. Abbildung 6-58), kann diesen funktionalen Nutzen der Zungenreinigung ebenfalls als bisher nicht gelöstes Kundenproblem identifizieren.

3. Konzeptentwicklung

Nun folgt die Phase der Konzeptentwicklung. Auf der Basis der Produktidee wird ein morphologischer Kasten entwickelt, aus dem unterschiedliche **Grobkonzepte** abgeleitet werden:

Eine systematische Analyse verschiedener Merkmalskombinationen führt schließlich zu folgendem Grobkonzept: ein Produkt mit Mikrogranulaten, das den Mund säubert und gleichzeitig die Zunge reinigt. Es verleiht dem Konsumenten Sicherheit bei zwischenmenschlichen Kontakten und ist für jede Situation geeignet, in der man ein »ungutes« Mundgefühl verspürt. Als Zielgruppe für dieses Produkt werden 18–40-jährige Konsumenten identifiziert.

4. Konzeptpositionierung

Im nächsten Schritt erfolgt die **Positionierung des Konzeptes** im relevanten Markt. Als Methode eignet sich besonders die Korrespondenzanalyse. Dazu werden als Erstes die relevanten Konkurrenzprodukte und die aus Kundensicht Nutzen stiftenden Eigenschaften festgelegt. Anschließend folgt eine Befragung repräsentativ ausgewählter Personen der Zielgruppe. Gemäß der Vorgehensweise beim Einsatz der Korrespondenzanalyse werden die Befragten gebeten, für alle relevanten Merkmale jeweils anzugeben, inwieweit diese Eigenschaften auf die ausgewählten Marken zutreffen. Darunter befindet sich auch das zuvor als Konzept vorgestellte neue Produkt. Aus diesen Angaben wird dann mittels Korrespondenzanalyse die subjektiv wahrgenommene Produktlandschaft in einem zweidimensionalen Raum dargestellt. Anschließend wird das Grobkonzept im relevanten Teilmarkt der »Oral-Care« Produkte positioniert.

Aus Abbildung 6-68 wird klar, dass für die Positionierung des neuen Produkts nur das gesundheitsbetonte, medizinisch orientierte

Marktfeld in Frage kommt, in dem die eigenen Produkte der Marke Wrigley's Extra bereits eine ungefochtene Alleinstellung besitzen. Hier stellt sich die Frage, wie sich das neue Produkt von den eigenen Produkten abgrenzen lässt, damit es nicht zu Kannibalisierungseffekten kommt. Dazu ist es erforderlich, diesen Teilmarkt etwas genauer zu betrachten. Die differenzierte Analyse des Teilmarktes »Oral Care« zeigt schließlich die gesuchte Positionierungslücke im Süßwarenmarkt. Alle Wrigley-Produkte der Marke Extra besetzen bisher nur eine Dimension dieses Marktes, nämlich den Zahnpflegebereich. Die anderen Bereiche sind weiße Flecken auf der Landkarte und ermöglichen somit eine Zielpositionierung im Bereich Mund-Zungenpflege, welche die geforderte Abgrenzung zu den eigenen Produkten und denen der Konkurrenz sicherstellt. Damit ist eine entscheidende Voraussetzung für eine erfolgreiche Produktinnovation erfüllt.

Anschließend werden zusätzlich Präferenzdaten ermittelt, die eine Abschätzung der Relevanz des Konzeptes für unterschiedliche Zielgruppen ermöglichen. Mit den guten Ergebnissen dieses Tests ist diese Phase der Konzeptentwicklung abgeschlossen.

5. Konzeptkonkretisierung und Konzepttest

Anschließend wird das Konzept konkretisiert. Geschmacksrichtungen werden entwickelt und getestet. Es muss überlegt werden, wie man den Zungenreinigungseffekt am Produkt erlebbar machen kann. Hier orientiert man sich an dem Prinzip eines Waschbretts und entwickelt verschiedene Produktdesigns, die diesen Effekt glaubhaft vermitteln können. Nach diversen Tests steht das Gewinnerdesign fest. Eine Pastille, die auf der einen Seite Lammellen hat, ähnlich eines Waschbretts, und auf der auch die für die Reinigungswirkung verantwortlichen Mikrogranulate für den Konsumenten sichtbar werden. Die andere Seite ist leicht angerundet, damit es für den Gaumen angenehm ist.

Nun werden Produkteigenschaften konzipiert, die andere Produkte des relevanten Marktes in dieser Form nicht bieten. Anschließend gilt es Packungsalternativen, Produktnamen und Preisalternativen festzulegen. Gemäß der gemischten Positionierungsstrategie wird ein Werbekonzept formuliert, das sowohl die funktionalen Produktvorteile darstellt, gleichermaßen aber durch eine emotionale Ansprache auch den psycho-sozialen Nutzen kommuniziert. Bezüglich distributionspolitischer Entscheidungen wird im Konzept beschrieben, dass das Produkt an Kassen, Tankstellen und im Süßwarenregal erhältlich sein wird. Am Ende des Konkretisierungsprozesses stehen alle Gestaltungsalternativen für ein mögliches Marketingkonzept fest. Nun gilt es, das optimale Produkt zu finden. Dazu eignet sich besonders die Conjointanalyse. Mit Hilfe einer Choice-Based Conjointanalyse wird das beste Konzept identifiziert: Die höchsten Gesamtpräferenzwerte erzielt die in Abbildung 6-69 dargestellte Merkmalskombination.

6. Produktentwicklung und Produkttest

Nachdem die ersten Konzepttestergebnisse positive Ergebnisse gezeigt haben, wird der Produktkern selbst entwickelt, und zwar auf der Basis des konkretisierten Konzepts (Abbildung 6-70). In dieser Phase des Innovationsprozesses steigen die Kosten stark an, da nun in die produktionstechnischen Werkzeuge und Anlagen investiert werden muss. Falls noch keine entsprechenden Anlagen existieren, werden in einem ersten Schritt die Prototypen und Testmuster von externen Partnern hergestellt. In dieser Phase handelt es sich um den in Kapitel 6.3.3.2 beschriebenen psycho-physikalischen Transformationsprozess (Abbildung 6-71).

Typisch für diese Phase ist, dass nun sehr viele Rezepturalternativen im Hinblick auf die Präferenzwirkungen beim Konsumenten überprüft werden, um den optimalen Geschmack für

Abb. 6-69

Optimales Produktkonzept nach den Ergebnissen einer Conjointanalyse

Geschmack:	Minze und Orange
Verpackung:	Tinbox (Metallbox)
Name:	Mints
Marke:	Extra-Professional
Preis:	0,99 €

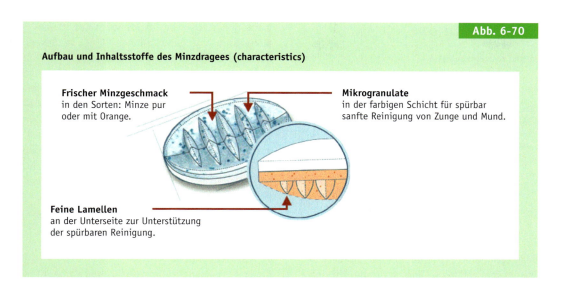

Abb. 6-70

Aufbau und Inhaltsstoffe des Minzdragees (characteristics)

Frischer Minzgeschmack
in den Sorten: Minze pur oder mit Orange.
Mikrogranulate
in der farbigen Schicht für spürbar sanfte Reinigung von Zunge und Mund.
Feine Lamellen
an der Unterseite zur Unterstützung der spürbaren Reinigung.

Abb. 6-71

Psycho-physikalischer Transformationsprozess

Psycho-physikalische Transformation bei den Wrigley's Extra Professional Mints				
Objektive Produkteigenschaften			**Subjektive Produkteigenschaften**	
physical characteristics	**pseudo-physical characteristics**		**benefits**	**imageries**
Minzaromen Süßungsmittel	Minzgeschmack	psycho-physikalische Transformation	»schmeckt lecker« »gibt ein sauberes, frisches Mundgefühl«	»Ich achte auf meine Mundhygiene«
Mikrogranulate Lamellen	Reinigungs-wirkung		»reinigt die Zunge« »gibt sichere Atemfrische«	
Herstellersicht			**Konsumentensicht**	

das neue Produkt zu finden. Diese Untersuchungen werden zunächst als Blindtests in einem Sensoriklabor durchgeführt, in dem unter standardisierten Bedingungen alle geschmacksrelevanten Produkteigenschaften getestet werden können. Am Ende dieses Prozesses liegt die optimale Rezeptur für das neue Produkt vor.

Nun gilt es, die Stimmigkeit zum Produktkonzept zu analysieren. Dazu wird ein so genannter Konzept-Use-Test durchgeführt. Die Ergebnisse dieses Tests liefern entscheidende Hinweise zum zukünftigen Markterfolg. Das Konzept wird mit einem Mittelwert von 7,2 auf einer 9-Punkte-Skala sehr positiv getestet. Daraus lässt sich ableiten, dass die Erwartungen an das Produkt sehr hoch sind, eine wichtige Voraussetzung für die Erzielung hoher Erstkaufraten. Nur die Produktleistung – das heißt ohne Informationen zum Konzept – zeigt mit einem Wert von 7,3 sogar ein noch besseres Ergebnis (Abbildung 6-72). Das bedeutet, dass die Erwartungen sogar noch übertroffen werden, wenn

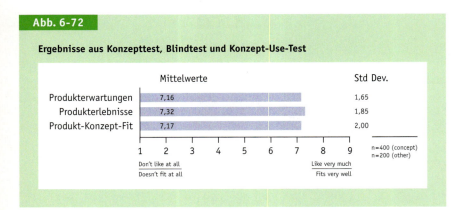

Abb. 6-72

Ergebnisse aus Konzepttest, Blindtest und Konzept-Use-Test

der Konsument das neue Produkt probiert hat. Das ist die wichtigste Voraussetzung für den Wiederkauf eines Produkts, da dieser vor allem durch ein positives Produkterlebnis beeinflusst wird. Entscheidend ist der nächste Schritt, in dem das Konzept und das Produkt zusammen getestet werden. Das bedeutet, dass der Befragte zunächst das Konzept vorgestellt bekommt und anschließend das Produkt probiert. Diese Testphase ist deswegen so wichtig, weil es häufig vorkommt, dass die Informationen aus dem Konzept (z. B. Farbe, Produktauslobung bzw. Claim) ganz andere Geschmackserwartungen hervorrufen als das Produkt tatsächlich liefert und damit der Konzept-Produkt-Fit nicht stimmt. Ein für sich allein gut getestetes Konzept zusammen mit einer sehr gut getesteten Rezeptur kann im Markt scheitern, wenn beide nicht gut zusammenpassen (vgl. dazu Volkmer, 2005). In diesem Fall sind die Ergebnisse hervorragend.

Ein danach durchgeführter In-Home-Use-Test, in dem die Produktleistung über einen längeren Zeitraum unter normalen Verwendungsbedingungen getestet wird, bestätigt die positiven Ergebnisse aus den vorherigen Testphasen. Nun steht der Markteinführung nichts mehr im Wege. Lediglich eine Wirtschaftlichkeitsanalyse in dieser Phase führt noch zu einer Veränderung. Aus Kostengesichtspunkten wird die positiv bewertete Metallbox durch eine Pappschachtel ausgetauscht.

7. Markteinführung

Bevor die nationale Markteinführung vorbereitet wird, durchläuft das neue Produkt einen Markttest. Dabei kommen unterschiedliche Verfahren zum Einsatz (vgl. Kapitel 4.4.3). Hier soll exemplarisch die Durchführung eines auf der Conjointanalyse basierenden Ansatzes der Testmarktsimulation vorgestellt werden. Dieses Verfahren beruht auf einer Kombination aus Online-Befragung und In-Home-Use-Test. Dafür werden zwischen 400 und 800 Personen der Zielgruppe aus einem Produkttestpanel repräsentativ ausgewählt.

Im Rahmen einer Online-Befragung erfolgt zunächst die Messung des Staus quo des betrachteten Marktes, das heißt, es werden vor der Markteinführung die Präferenzen und Wahlentscheidungen der Befragten gemessen. Dazu wird

Abb. 6-73

Preisspanne für ausgewählte Marktprodukte

	Preis 1	Preis 2	Preis 3	Preis 4	Preis 5
Fisherman's Friend	€ 0,89	€ 0,99	€ 1,09	€ 1,19	€ 1,29
Vivil	€ 0,44	€ 0,49	€ 0,54	€ 0,59	€ 0,64
TicTac	€ 0,39	€ 0,44	€ 0,49	€ 0,54	€ 0,59
Wick	€ 0,79	€ 0,89	€ 0,99	€ 1,09	€ 1,19
Wrigley's Extra	€ 0,59	€ 0,64	€ 0,69	€ 0,74	€ 0,79
Wrigley's Extra Drops	€ 0,94	€ 0,99	€ 1,04	€ 1,09	€ 1,14
Wrigley's Extra Professional	€ 0,79	€ 0,84	€ 0,89	€ 0,94	€ 0,99
Wrigley's MINTS	€ 0,75	€ 0,85	€ 0,95	€ 1,05	€ 1,15

für jedes Produkt – ausgehend vom Durchschnittspreis – eine realistische Preisspanne festgelegt (Abbildung 6-73).

Anschließend werden den Befragten alle Produkt-Preiskombinationen in einer Choice-Based-Conjointanalyse als »Regalsituationen« am Bildschirm präsentiert (Abbildung 6-74). Jeder Befragte bekommt nacheinander ca. 16 solcher Wahlsituationen und wird aufgefordert, sich für eines dieser Produkte zu entscheiden. Er kann aber auch die so genannte Non-Option wählen, womit er zum Ausdruck bringt, dass er in dieser Kaufsituation keines der Produkte wählen würde. Bei einer Stichprobe von 400 Befragten liegen danach insgesamt 6400 Auswahlentscheidungen vor, aus denen die Präferenzwirkungen von Marke und Preis berechnet werden können. Außerdem erlaubt das Programm der Conjointanalyse die Durchführung von Marktsimulationen (Abbildung 6-75). So kann eine Simulation des Wahlverhaltens die aktuelle Situation im Markt abbilden, bevor das neue Produkt »eingeführt« wird.

Danach erhalten dieselben Testpersonen eine Werbeanzeige von dem neuen Produkt. Es wird also die kommunikative Einführung des neuen Produkts simuliert (Abbildung 6-76). Nachdem im Anschluss einige Fragen zur Werbung gestellt werden, folgt im nächsten Schritt das »Einkaufsspiel« am Bildschirm ein zweites Mal. Nun befindet sich unter den Wahlalternativen auch

Abb. 6-74
Beispiel für eine Wahlsituation

das zuvor werblich bekannt gemachte neue Produkt jeweils zu unterschiedlichen Preisen. Damit lässt sich jetzt die Erstkaufwahrscheinlichkeit für unterschiedliche Preisszenarien berechnen (Abbildung 6-77). Weiterhin können mit so genannten Gewinn- und Verlust-Analysen die Wan-

Abb. 6-75
Marktsimulation zum Staus Quo

6.5 Produktpolitik
Produktinnovation

Abb. 6-76

Werbliche »Einführung des Produkts«

Eine echte Innovation.
Extra Professional Mints schmecken minzig-frisch und reinigen mit der speziell entwickelten Mikrogranulat-Formel spürbar-sanft Zunge und Mund. Die feinen Lamellen an der Unterseite des Minzbonbons unterstützen dabei die spürbare Reinigung. Egal wo und egal wann: Ein frisches und sauberes Mundgefühl lässt sich jetzt auch zwischendurch jederzeit erleben.

Abb. 6-77

Simulation der Erstkaufrate

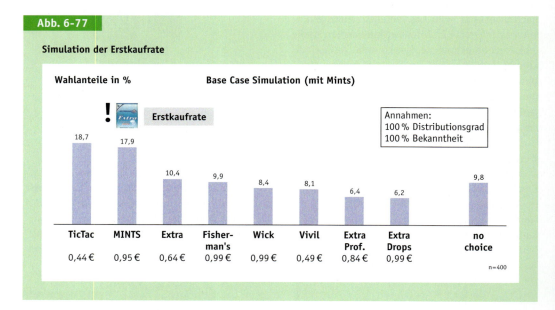

Abb. 6-78

Gewinn- und Verlustanalyse

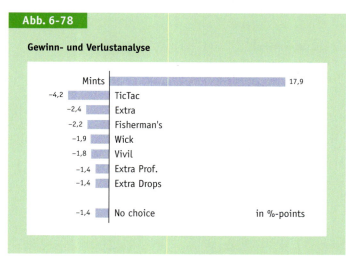

derbewegungen zwischen den Marken berechnet werden, die vor allem die Beantwortung der Frage nach etwaigen Kannibalisierungseffekten ermöglichen (Abbildung 6-78).

Besonders interessant bei diesem Ansatz ist die Möglichkeit, die Erstkaufwahrscheinlichkeiten für das neue Produkt bei unterschiedlichen Preisstellungen zu simulieren. Aufgrund dieser Ergebnisse können mögliche Preisschwellen identifiziert werden. In diesem Beispiel liegt der vorgeschlagene Einführungspreis für das neue Produkt bei 0,95 €, wie die Abbildung 6-79 deutlich nahelegt.

Damit ist die erste Phase abgeschlossen. Anschließend erhalten alle Testpersonen das neue Produkt nach Hause geschickt. Während einer ausreichend langen Testphase konsumieren sie das Produkt nach ihren ganz persönlichen Verwendungsgewohnheiten. In dieser Phase kann ein Tagebuch geführt werden, in dem die Befragten ihre Erfahrungen mit dem Produkt im Verlauf der Testphase dokumentieren. Am Ende der In-Home-Use-Testphase werden die Befragten mittels einer Online-Beragung erneut kontaktiert. In dieser Befragung wird unter anderem nach den persönlichen Konsumerlebnissen mit dem neuen Produkt, den positiven und negativen Erfahrungen (Likes und Dislikes) sowie nach typischen Verzehrsituationen gefragt. Anschließend erfolgt dann ein letztes Mal das »Einkaufsspiel«. Wie in der zweiten Phase werden die Befragten gebeten, ihr Wahlverhalten in ca. 16 »Regalsituationen« zu zeigen. Diesmal allerdings mit dem Unterschied, dass sie das Produkt zuvor ausgiebig probiert haben. Dabei ist allerdings zu berücksichtigen, dass in der dritten Testphase alle Personen in den Test einbezogen werden, auch diejenigen, die nicht zu den »Erstkäufern« zählten. Dieser Aspekt wird durch anschließende Berechnungen bei der Simulation der Wiederkaufrate berücksichtigt. Das ist die entscheidende Größe für die Abschätzung des

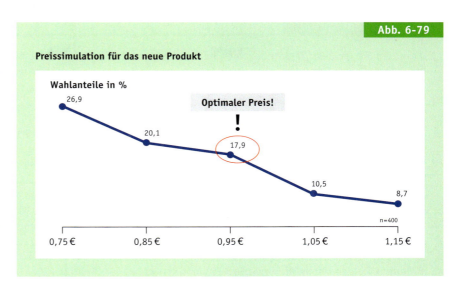

Markterfolges eines neuen Produkts. Wie Abbildung 6-80 zeigt, ist das Ergebnis für das Testprodukt hervorragend. Damit steht der nationalen Markteinführung nichts mehr im Wege.

Die Daten und Informationen zu dieser Fallstudie wurden uns freundlicherweise von der Wrigley GmbH zur Verfügung gestellt.

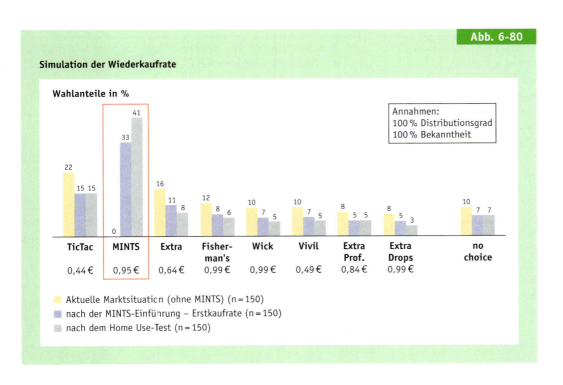

6.5 Produktpolitik
Kontrollfragen

Kontrollfragen Kapitel 6

1. Erläutern Sie die Begriffe Grundnutzen und Zusatznutzen am Beispiel eines Handys!

2. Erläutern Sie die Dimensionen des Produktbegriffs am Beispiel von Kaffee, Fahrrädern, Pauschalreisen und Werkzeugmaschinen!

3. Welche konsumenten-, absatzmittler- und konkurrenzgerichteten Ziele lassen sich für die Produktpolitik eines Anbieters von Eiscreme formulieren?

4. Beschreiben Sie die Programmstruktur eines Ihnen bekannten Herstellers!

5. Erläutern Sie den Unterschied zwischen Produktinnovation, Produktvariation und Produktmodifikation anhand eines Beispiels!

6. Beschreiben Sie die Phasen des Produktlebenszyklus, und beurteilen Sie kritisch die Aussagefähigkeit des Modells!

7. Welche Möglichkeiten hat ein Hersteller von mp3-Playern, den Lebenszyklus seiner Marke zu verlängern?

8. Erläutern Sie die Bereiche der Produktgestaltung am Beispiel eines Anbieters von Fernsehgeräten!

9. Erläutern Sie den Unterschied zwischen dem Produktkern und der Produktfunktion am Beispiel von Joghurt!

10. Welche Grundfunktionen hat die Verpackung zu erfüllen? Erläutern Sie die Funktionen anhand von Beispielen!

11. Welche Bedeutung hat die Gestaltung des Produktäußeren bei Küchengeräten?

12. Beschreiben Sie Unterschiede zwischen technischen und kaufmännischen Kundendienstleistungen!

13. Erläutern Sie konkrete und abstrakte Gestaltungsmittel bei Tiefkühlprodukten!

14. Was verstehen Sie unter »multisensualen Produktwahrnehmungen«? Geben Sie ein Beispiel für die multisensuale Gestaltung eines Instant-Kaffees!

15. Erläutern Sie den psycho-physikalischen Transformationsprozess im Rahmen der Produktgestaltung am Beispiel von Zahncreme!

16. Erläutern Sie den verhaltenswissenschaftlich orientierten Markenbegriff!

17. Was sind die heutigen Herausforderungen der Markenpolitik?

18. Erstellen Sie ein semantisches Netzwerk einer Ihnen bekannten Marke! Was versteht man in diesem Zusammenhang unter dem Vererbungsprinzip?

19. Erläutern Sie die Funktionen von Marken aus Konsumentensicht!

20. Erläutern Sie die Funktionen von Marken aus Anbietersicht!

21. Erläutern Sie die Vor- und Nachteile der Einzelmarken-, Familienmarken- und Dachmarkenstrategie!

22. Zeigen Sie anhand von Beispielen Kombinationen von Markenstrategien auf!

23. Erläutern Sie die verschiedenen Produkt-Marken-Kombinationen anhand von Beispielen!

25. Erläutern Sie Erscheinungsformen sowie Chancen und Risiken der Produktlinienerweiterung!

26. Wann ist die Einführung einer flankierenden Marke sinnvoll?

27. Welche Probleme sind mit einer Mehr-Marken-Strategie verbunden?

28. Erläutern Sie den Unterschied zwischen direkten und indirekten Markenerweiterungen!

29. Erläutern Sie die Chancen und Risiken der Markenerweiterung!

30. Erläutern Sie den Unterschied zwischen brand-extension-licensing und brand-promotion-licensing!

31. Worin bestehen die Chancen beim Co-Branding?

32. Was sind die Voraussetzungen für ein erfolgreiches Co-Branding?

33. Erläutern Sie den Prozess der Markengestaltung!

34. Erläutern Sie die Vorgehensweise bei der Bestimmung der Markenidentität mit Hilfe des Markensteuerrads am Beispiel einer Ihnen vertrauten Marke!

35. Interpretieren Sie das Produktpositionierungsmodell aus Kapitel 6.4.3.3.!

36. Erläutern Sie die vier Positionierungsstrategien jeweils anhand eines geeigneten Beispiels!

37. Erläutern Sie das Brandig-Dreieck anhand eines selbst gewählten Beispiels!

38. Erläutern Sie die Ziele des Branding!

39. Nennen Sie gemäß der Markennamen-Matrix jeweils ein eigenes Beispiel für Markennamen!

40. Erläutern Sie die verschiedenen Suchrichtungen bei der Namensfindung!

41. Warum haben Soundlogos eine zunehmend größere Bedeutung?

42. Worin liegt die besondere Bedeutung eines markentypischen Produkt- und Packungsdesigns?

43. Worin liegen die Ursachen für hohe Flopraten?

44. In welchen Phasen laufen Innovationsprozesse typischerweise ab?

45. Erläutern Sie die zwei Ansätze der Problemanalyse am Beispiel von Zahncreme!

46. Wie erfolgt der Ablauf einer Brainstorming-Sitzung?

47. Erstellen Sie für die Entwicklung einer neuen Kaffeemaschine einen morphologischen Kasten!

48. Erläutern Sie den Prozess der Ideenbewertung und -auswahl!

49. Erläutern Sie die drei Phasen der Konzeptentwicklung anhand eines eigenen Beispiels!

50. Welche Fragen müssen im Rahmen von Konzepttests beantwortet werden?

51. Woran kann es liegen, dass ein neues Produkt die Produkttestphase nicht »überlebt«?

52. Welche Testmöglichkeiten gibt es vor der nationalen Markteinführung?

7 Preispolitik

Lernziele

- Der Leser kann die besondere Bedeutung der Preispolitik für das unternehmerische Marketing einschätzen.
- Der Leser weiß, wie Anbieter die optimale Preisforderung für ihre Sachgüter oder Dienstleistungen auf der Grundlage der eigenen Kosten sowie unter Berücksichtigung der Preisbereitschaft der Nachfrager sowie der Preispolitik der Konkurrenten bestimmen können.
- Der Leser kennt die gundlegende Zielsetzung der Preisdifferenzierung. Er ist in der Lage, verschiedene Formen der Preisdifferenzierung voneinander abzugrenzen sowie das Wesen und den Vorteil der Preisbündelung als Sonderform der Preisdifferenzierung zu erläutern.
- Der Leser kann die wesentlichen Vor- und Nachteile der Skimmingstrategie und der Penetrationsstrategie im Zusammenhang mit der Preisfestsetzung für neue Produkte angeben
- Der Leser kennt die Bedeutung der Konditionenpolitik für erfolgreiches Marketing. Er verfügt über die Fähigkeit, Ausgestaltungsmöglichkeiten der Rabatt- und Absatzkreditpolitik sowie der Lieferungs- und Zahlungsbedingungen anhand konkreter Beispiele anzugeben.

7.1 Wesen und Bedeutung des Preises und der Preispolitik

Jeder Konsument, aber auch jeder industrielle Abnehmer erwirbt materielle Güter bzw. Dienstleistungen nur, wenn er überzeugt ist, dass sie ihm einen bestimmten Nutzen stiften. Um in den Besitz des Produktes und damit in den Genuss des angestrebten Nutzens zu gelangen, muss der Käufer ein gewisses »Opfer« erbringen, indem er den vom Verkäufer geforderten Preis zahlt. Kann ein Nachfrager zwischen mehreren Alternativen wählen, vergleicht er niemals deren Preise isoliert, sondern stets das Verhältnis zwischen Preis und Nutzen (Simon/Fassnacht, 2009, S. 9). Das Ergebnis dieses Vergleichs kann als Nettonutzen bezeichnet werden.

Nettonutzen = Nutzen − Preis

Ein Anbieter kann den Nettonutzen des eigenen Produktes durch zwei unterschiedliche Maßnahmen erhöhen und damit seine Wettbewerbsposition verbessern: Entweder er steigert die vom Kunden wahrgenommene Nutzenstiftung seines Produktes durch geeignete Aktivitäten im Rahmen der Produkt-, Distributions- bzw. Kommunikationspolitik, oder er reduziert den vom Kunden wahrgenommen Preis für den Erwerb des Produktes. Ein Hersteller von Waschmitteln kann den Nettonutzen, den sein Erzeugnis stiftet, etwa durch eine Produktmodifikation (z. B. Persil Ultra), durch die Erschließung eines neuen Vertriebsweges (z. B. Tankstellen) oder durch die Herausstellung einer bestimmten Nutzendimension in der Werbung (z. B. Umweltschonung) erhöhen. Denkbar ist auch eine Vergrößerung des Packungsinhalts mit dem Ziel einer indirekten Preissenkung (z. B. 20 Prozent mehr Inhalt zum gleichen Preis).

Der Preis bildet somit ein zentrales Element des Wettbewerbs. Um auf den heutigen, durch hohe Konkurrenzintensität gekennzeichneten Märkten erfolgreich zu sein, können die Anbieter folglich entweder eine bessere Leistung (das

7.1 Preispolitik
Wesen und Bedeutung des Preises und der Preispolitik

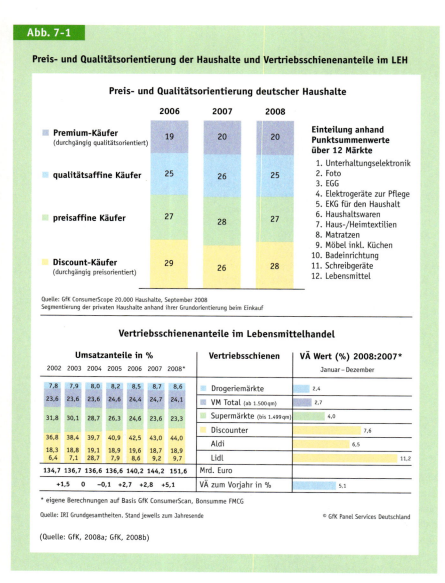

Abb. 7-1: Preis- und Qualitätsorientierung der Haushalte und Vertriebsschienenanteile im LEH

(Quelle: GfK, 2008a; GfK, 2008b)

Gründe für die zunehmende Bedeutung der Preispolitik

heißt einen höheren Nutzen) als die Konkurrenten zum gleichen Preis oder eine in Bezug auf die Konkurrenten vergleichbare Leistung zu einem niedrigeren Preis anbieten.

Die Bedeutung des Preises bzw. der Preispolitik im Rahmen der Betriebswirtschaftslehre im Allgemeinen und für das Marketing im Besonderen hat sich im Laufe der Zeit nachhaltig geändert. Zu Beginn des industriellen Zeitalters konnte sich ein Produkt gegenüber Konkurrenzerzeugnissen – sofern es überhaupt welche gab – nur über den Preis differenzieren. Das lag zum einen an den geringen Einkommen der Abnehmer, welche nahezu ausschließlich zur Deckung der dringlichsten Bedürfnisse ausreichten. Zum anderen waren aufgrund der vorherrschenden Marktseitenverhältnisse (Verkäufermärkte) kaum andere Möglichkeiten zur Abhebung erforderlich. Folglich herrschte annähernd eine Situation der Preisbildung auf vollkommenen Märkten. Die Marktpartner verfügten über eine hohe Markttransparenz, die wenigen angebotenen Erzeugnisse waren relativ homogen, sodass die Nachfrager keine »echten« Präferenzen entwickelten.

Ebenso wie im Rahmen der mikroökonomischen Theorie wurde der Preis – insbesondere unter dem Einfluss der klassischen Preistheorie – auch in der Absatzpolitik lange Zeit als bedeutendste Determinante des Absatzerfolgs angesehen (vgl. z. B. Gutenberg, 1984). Im Laufe der Zeit gewannen die anderen absatzpolitischen Instrumente jedoch an Bedeutung, weil sich die Situation auf den Märkten grundlegend veränderte. Massenfertigung und Produktvielfalt verbunden mit der Zunahme des verfügbaren Pro-Kopf-Einkommens führten zu Änderungen im Kaufverhalten der Nachfrager sowie in der Ausgabenstruktur der Haushalte. Bei der Realisierung von Wettbewerbsvorteilen spielten neben dem Preis zunehmend auch Merkmale wie Qualität, Design, Service, Marke, Erhältlichkeit, Werbung etc. eine Rolle. Die Unternehmen versuchten immer häufiger, dem drohenden Preiswettbewerb durch Differenzierung ihrer Angebote auszuweichen. Durch die Schaffung »echter« Präferenzen gelang es vielen Anbietern, Preisspielräume zu verwirklichen.

Eine Reihe von Veränderungen auf den Märkten ist jedoch dafür verantwortlich, dass der Produktpreis als Marketinginstrument in jüngster Vergangenheit wieder an Bedeutung gewonnen hat (vgl. Simon/Fassnacht, 2009, S. 7; Simon et al., 2006, S. 16f.; Diller, 2003a, S. 5f.; Homburg/Krohmer, 2006, S. 669).

▸ Stagnierende oder sogar sinkende Realeinkommen bewirken bei vielen Verbrauchern ein ausgeprägtes Preisbewusstsein. Konsumenten weichen, um ihren Lebensstandard halten zu können, auf billigere Produkte bzw. preisaggressive Distributionskanäle aus. Aktuelle Befragungen belegen, dass der günstige Preis bei vielen Endabnehmern das wichtigste Entscheidungskriterium ist – gefolgt von der Produktqualität. So geben beispielsweise die regelmäßig durchgeführten Erhebungen der Gesellschaft für Konsumforschung (GfK) Aufschluss über die Preis- und Qualitätsorientierung der Haushalte (vgl. Abbildung 7-1). Die Ergebnisse belegen, dass etwas mehr als die Hälfte der deutschen Verbraucher nach eigener Einschätzung eher preisorientiert einkauft. Das gilt insbesondere für Fast Moving Consumer Goods (FMCG), bei denen die Discounter in den letzten Jahren wachsende Marktanteile verbuchen konnten. Bei teuren und langlebigeren Gebrauchsgütern hängt die Kaufentscheidung jedoch nach wie vor von der erwarteten Produktqualität ab.

- Gesättigte Märkte, unausgelastete Kapazitäten sowie weitgehend ausgereizte Differenzierungsmöglichkeiten in vielen Produktbereichen führen zwangsläufig zu einem Massenwettbewerb, verbunden mit dem aktiveren Einsatz des Preises als Wettbewerbsinstrument. Beispielsweise hat sich die aktuelle weltweite Finanz- und Wirtschaftskrise extrem negativ auf den Absatz neuer Fahrzeuge ausgewirkt. Die ausgeprägte Kaufzurückhaltung der verunsicherten Verbraucher veranlasst viele Autohändler deshalb zu hohen Preisnachlässen, die – zusammen mit der von der Bundesregierung beschlossenen Umweltprämie – bis zu 50 Prozent des Listenpreises der Hersteller betragen können.

- Aufgrund der Konzentrationsprozesse in Industrie und Handel nutzen die Einkäufer ihre Nachfragemacht verstärkt zur Aushandlung günstigerer Preise. Preisaggressive Betriebsformen des Einzelhandels, die Discounter (z. B. Aldi, Lidl), geben diese Beschaffungsvorteile an die Endabnehmer weiter und verschärfen somit den Preiswettbewerb.

- Neue Wettbewerber, insbesondere aus dem Ausland, setzen den Preis gezielt ein, um sich den Marktzutritt gegen den Widerstand der etablierten Konkurrenten zu verschaffen. Diese Tendenz hat sich in den letzten Jahren durch die Globalisierung und den grenzüberschreitenden elektronischen Handel mittels Internet dramatisch verschärft. In den letzten Jahren ist es beispielsweise einigen chinesischen Automobilherstellern (z. B. Jiangling) gelungen, mit extrem preisgünstigen Fahrzeugen in den europäischen Binnenmarkt einzudringen. So fahren etwa Autos des Modells CEO, das als Kopie des BMW X5 in die Schlagzeilen geraten ist, mittlerweile auch auf deutschen Straßen.

- Die zunehmende Bedeutung des elektronischen Handels (E-Commerce) ist verbunden mit schnellerer Verfügbarkeit von Informationen über die Eigenschaften und Preise konkurrierender Produkte (Aus der Praxis 7-1). Durch die höhere Preistransparenz der Nachfrager steigt auch deren Preissensitivität und damit der Preisdruck auf die Anbieter (vgl. hierzu ausführlich Kollmann, 2007, S. 114 ff.; Schaper, 2009, S. 130 ff.). E-Commerce eignet

Aus der Praxis – 7-1

Der elektronische Handel, das heißt der Vertrieb von Produkten über das Internet, hat im Rahmen der Preispolitik zu einigen tiefgreifenden Veränderungen geführt (Pechtl, 2005, S. 296 ff.):

Das Internet erleichtert für den Nachfrager den Vergleich von Preisen verschiedener Anbieter erheblich. Es ist nicht mehr nötig, Einkaufsstätten physisch aufzusuchen, sondern er kann Preisvergleiche zu jeder Zeit und an jedem Ort mit geringen Suchkosten durchführen. Außerdem stellen **Preisagenturen** für private und gewerbliche Kunden Preisvergleiche für genau spezifizierte Produkte im Internet an (z. B. www.billiger.de, www.preisvergleich.de, www.guenstiger.de). Preisagenturen nutzen spezielle Software-Lösungen, mit denen sie in der Lage sind, in elektronischen Märkten, Online-Shops, elektronischen Katalogen oder eigenen Datenbanken über angeschlossene Anbieter Preisrecherchen durchzuführen.

Die kommunikationstechnischen Eigenschaften des Internets ermöglichen neue Transaktions- bzw. Preisbildungsdesigns, die in

7.1 Preispolitik
Wesen und Bedeutung des Preises und der Preispolitik

»Offline«-Märkten aufgrund zu hoher Durchführungskosten oder geringer Nachfragebeteiligung nahezu keine Bedeutung besitzen: Beim **»Reverse Pricing«** nennt der Kunde dem Anbieter den Preis, den er für das Produkt zu zahlen bereit ist. Übersteigt dieses Angebot den Mindestpreis, den sich der Anbieter gesetzt hat, kommt es zur Transaktion zu dem vom Kunden genannten Preis. Reverse Pricing wird beispielsweise von »Priceline« realisiert, einem Unternehmen, das online Reisedienstleistungen vermittelt (www.priceline.com). Auf der Internetplattform »ebay« existiert die Verkaufsoption »Preis vorschlagen«.

Bei **Verkäuferauktionen** konkurrieren Nachfrager mit ihren Preisgeboten um den Erwerb eins Produktes, das vom Anbieter offeriert wird (z. B. www.ebay.de, www.auvito.de, www.hood.de). Bei den so genannten »englischen« Verkaufsauktionen kann der Nachfrager bis zum Ende der Auktionsfrist mehrere Angebote abgeben, um das gerade gültige höchste Preisgebot zu überbieten. Derjenige Bieter, der zum Ende der Auktion das höchste Gebot abgegeben hat, erhält den Zuschlag. Der Nachfrager kann auch **Bietagenturen** einsetzen, die mittels geeigneter Software das Preisangebot jeweils automatisch um eine marginale Größe bis zu einem vorher vereinbarten Höchstangebot erhöhen. Internetauktionen sind heute sowohl im Business-to-Business-Bereich (z. B. Beschaffungsplattformen) als auch im Business-to-Consumer-Bereich (z. B. Verkauf von Restposten) üblich. Insbesondere die Internet-Auktionen zwischen Nachfragern (Consumer-to-Consumer), die neue oder gebrauchte Produkte aus ihrem Hausrat veräußern wollen, haben zur wachsenden Bedeutung von Sekundärmärkten geführt.

Das Internet ermöglicht die mediale Zusammenführung von Nachfragern, den so genannten **virtuellen Einkaufsgemeinschaften** (»Powershopping«). Die Nachfrager schließen sich zusammen, um gemeinsam Preise insbesondere für Markenprodukte auszuhandeln, wie sie sonst nur Großabnehmer erhalten (z. B. www.letsbuyit.com, www.yeebab.com). Je mehr Käufer sich für ein genau spezifiziertes Produkt finden, desto niedriger ist er Einzelpreis. Die organisatorische Abwicklung (Sammlung der Aufträge, Preisverhandlung, Logistik) übernehmen auf dieses Geschäft spezialisierte Internet-Dienstleister. Die Initiative für die Bildung virtueller Einkaufsgemeinschaften geht in der Regel vom Anbieter aus, der sein Produktangebot mit entsprechender Preisstaffel über das Internet kommuniziert.

sich insbesondere für homogene Produkte (z. B. Computerhardware und -software, Bücher, Tonträger) sowie für Angebote, deren Eigenschaften und Preise vergleichsweise leicht und zeitsparend verglichen werden können (z. B. die Buchung einer Pauschalreise, eines Mietwagens oder einer Hotelübernachtung). Beispielsweise verfügt der Online-Versender Amazon im Vergleich zu Betriebsformen des stationären Einzelhandels über ein nahezu unerschöpfliches Angebot in verschiedenen Produktbereichen mit teilweise sehr günstigen Preisen (vgl. Kotler et al., 2007a, S. 975). Einfach gestaltet sich auch die Buchung einer Flugreise im Internet: Zahlreiche Anbieter (z. B. expedia, opodo) listen nach Angabe des Reiseziels und des geplanten Zeitraumes sämtliche verfügbaren Verbindungen unterschiedlicher Fluggesellschaften inklusive der aktuellen Preise auf.

Definition des Begriffs »Preispolitik«

Preispolitik als Element des Marketingmix wird bisweilen auch als Entgelt- oder Kontrahierungspolitik bezeichnet. Unter Berücksichtigung des oben skizzierten Zusammenhangs zwischen Nutzenstiftung und Preis eines Erzeugnisses lässt sich der Begriff der Preispolitik folgendermaßen definieren: **Preispolitik** umfasst alle absatzpolitischen Maßnahmen zur ziel- und marktgerechten Gestaltung des vom Käufer wahrgenommenen Verhältnisses zwischen dem Preis und der Nutzenstiftung einer Sach- oder Dienstleistung.

Der **Preis** beinhaltet alle Kosten (monetäre Gegenleistungen), die dem Nachfrager aus der Inanspruchnahme der Produktleistung entstehen. Neben der in Geldeinheiten ausgedrückten Preisforderung werden also auch diejenigen Preisbestandteile berücksichtigt, die der Käufer im Allgemeinen als Zusatzkosten wahrnimmt. Hierzu zählen insbesondere Betriebs- bzw. Unterhaltskosten. Beispielsweise vergleichen viele Konsumenten beim Kauf eines Druckers für ihren Computer nicht nur die Anschaffungspreise der konkurrierenden Alternativen, sondern auch die Folgekosten für Ersatzpatronen.

Die obige Definition des Preisbegriffs bringt die abnehmerorientierte Sichtweise zum Ausdruck: Der potenzielle Käufer vergleicht Preise *und* Nutzenstiftung der für ihn relevanten Alternativen. Erkenntnisse der Wahrnehmungs- und Präferenzforschung belegen, dass der Preis von den Konsumenten lediglich als eine (wichtige) Produkteigenschaft angesehen wird, was eine Verschmelzung der Produkt- und Preispolitik rechtfertigen würde. Einige wenige Autoren fassen deshalb diese beiden absatzpolitischen Bereiche zur **Angebotspolitik** zusammen (vgl. z. B. Becker, 2006, S. 488 ff.). Die Gefahr einer solchen Sichtweise besteht jedoch darin, die besondere Bedeutung der Preispolitik für den Unternehmenserfolg zu unterschätzen. Deshalb soll hier, in Übereinstimmung mit den meisten Autoren, die Preispolitik als eigenständiges absatzpolitisches Instrument betrachtet werden.

In marktwirtschaftlichen Systemen kommt dem Preis eine überragende gesamtwirtschaftliche Bedeutung zu, da sich Angebot und Nachfrage allein mittels flexibler Preise ausgleichen sollen. Folglich legen die Anbieter von Sach- oder Dienstleistungen im Allgemeinen ihre Preise nicht autonom fest, sondern sie formulieren lediglich **Preisforderungen**. Zu einem Preis – und damit zum Austausch von Leistung und Gegenleistung – kommt es erst dann, wenn die Preisforderung des Anbieters mit der **Preisbereitschaft** des Nachfragers übereinstimmt. Unter Preisbereitschaft versteht man den maximalen Geldbetrag, den ein potenzieller Käufer für ein bestimmtes Erzeugnis bzw. den mit seinem Erwerb verbundenen Nutzen auszugeben bereit ist. Grundlegendes **Ziel der Preispolitik** ist demnach die Bestimmung der optimalen Preisforderung für eine Sach- oder Dienstleistung gemäß der unternehmerischen Zielsetzung unter Berücksichtigung der Marktsituation. Typische marktgerichtete Ziele der Preispolitik sind beispielsweise die Eroberung neuer Märkte bzw. die Erhöhung der Marktanteile auf bestehenden Märkten, der Aufbau eines bestimmten Preisimages bei den Konsumenten (z. B. preisgünstigster Anbieter), die Ausschaltung von Konkurrenten oder aber die Verbesserung der Präsenz in verschiedenen Distributionskanälen.

Im Vergleich zu den anderen Marketinginstrumenten zeichnet sich die Preispolitik durch eine Reihe von Besonderheiten aus. Dabei handelt es sich um die Flexibilität, die Wirkungsstärke, die Wirkungsgeschwindigkeit und die schwere Revidierbarkeit preispolitischer Entscheidungen (vgl. Meffert et al., 2008, S. 478; Homburg/Krohmer, 2009, S. 186 f.):

- **Flexibilität:** Preispolitische Maßnahmen lassen sich ohne große Zeitverzögerung umsetzen und erfordern keine bzw. nur geringfügige Investitionen (etwa im Vergleich zur Planung und Realisierung produkt- und kommunikationspolitischer Aktivitäten). Beispielsweise kann ein Anbieter von Versicherungsleistungen durch eine Anweisung an seine Außendienstmitarbeiter – insbesondere mit Unterstützung moderner Kommunikationsmittel wie Internet und/oder Mobilfunk – eine Änderung des Preises für bestimmte Produkte schnell und nahezu kostenneutral umsetzen.
- **Wirkungsstärke:** Während andere Marketinginstrumente darauf abzielen, die Wahrnehmung des Produktes positiv zu beeinflussen, bestimmt die Preispolitik die Höhe des monetären »Opfers«, welches Kunden erbringen müssen, um in den Genuss der Nutzenstiftung zu gelangen. Preisänderungen üben somit in der Regel eine besonders starke Wirkung auf den Absatz und den Marktanteil einer Unternehmung aus (vgl. Abbildung 7-2). Viele Produkte (insbesondere homogene Investitionsgüter wie z. B. Stahl) werden nahezu ausschließlich über den Preis verkauft.
- **Wirkungsgeschwindigkeit:** Nachfrager reagieren zumeist schnell auf Preisänderungen, besonders bei Produkten, die sich durch eine hohe Wiederbeschaffungsfrequenz auszeichnen. Auch Wettbewerber zeichnen sich aufgrund der genannten schnellen Umsetzbarkeit preispolitischer Entscheidungen durch eine hohe Reaktionsfähigkeit aus (vgl. ebenfalls Abbildung 7-2).
- **Schwere Revidierbarkeit:** Den Preis eines Produktes bewerten Kunden über gespeicherte Referenzpreise. Preiserhöhungen zögern infolge deren Kaufentscheidungen hinaus, da

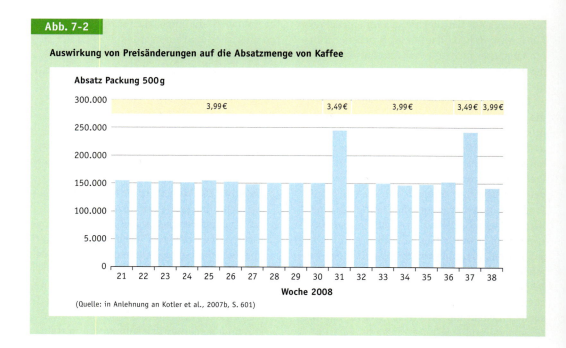

Abb. 7-2 Auswirkung von Preisänderungen auf die Absatzmenge von Kaffee
(Quelle: in Anlehnung an Kotler et al., 2007b, S. 601)

auch zukünftig der niedrigere Referenzpreis erwartet wird. Preissenkungen führen jedoch zu einem reduzierten Referenzpreis. Da der Kunde auch weiterhin einen niedrigeren Preis erwartet, können Kaufentscheidungen in der Zukunft negativ beeinflusst werden.

Es lassen sich zwei grundlegende Situationen unterscheiden, in denen jede Unternehmung eine Preisentscheidung zu treffen hat (Diller, 2008, S. 28 f.).

Die **erstmalige Festsetzung des Angebotspreises** ist erforderlich, wenn ein neues Produkt auf dem bestehenden Absatzmarkt eingeführt oder ein neuer Markt mit einem bestehenden oder neuen Produkt bedient werden soll. Als Entscheidungsgrundlage dient in der Marketingpraxis normalerweise die Schätzung der Preis-Absatz-Funktion, das heißt des funktionalen Zusammenhangs zwischen der Preisforderung für das neue Produkt und der daraus resultierenden Absatzmenge (zur Preis-Absatz-Funktion vgl. Kapitel 7.2.2.1). Außerdem sind Informationen bezüglich der Beurteilung der Preiswürdigkeit des betreffenden Produktes durch die Abnehmer hilfreich für die erstmalige Bestimmung der richtigen Preisforderung.

Die zweite Situation betrifft die **Änderung des Angebotspreises** für Produkte des bestehenden Leistungsprogramms. Die Ursachen, die zu Preisänderungsentscheidungen führen, sind vielschichtig. Beispielsweise können sich die innerbetrieblichen Kostenstrukturen durch Rationalisierungsmaßnahmen oder höhere Rohstoffpreise positiv oder negativ verändern. Auf Absatzmärkten mit hoher Wettbewerbsintensität kommt es häufig zu Preisanpassungen aufgrund neuer Konkurrenzprodukte oder Preisänderungen der Konkurrenz. Schließlich zwingen häufig auch Veränderungen im Nachfrageverhalten zu Preisanpassungen bei bestehenden Produkten. Ursachen können beispielsweise veränderte Bedürfnisstrukturen der Konsumenten sein, sodass andere Produkte nachgefragt werden, die eine höhere Produktqualität bzw. Nutzenstiftung versprechen. Dieser Sachverhalt ist beispielsweise häufig zu beobachten, wenn Produkte am Ende ihres Lebenszyklus angelangt sind (zum Produktlebenszyklus vgl. Kapitel 6.2.2).

Im Folgenden wird auf die wichtigsten Entscheidungstatbestände eingegangen, die Unternehmen im Rahmen ihrer Preispolitik treffen müssen. Zunächst gilt es, die verschiedenen Ansatzpunkte zur Bestimmung des optimalen An-

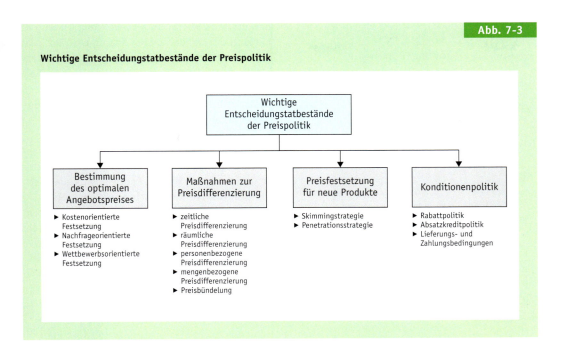

Abb. 7-3: Wichtige Entscheidungstatbestände der Preispolitik

gebotspreises zu beleuchten (Kapitel 7.2). Da die Nachfrager auf den Absatzmärkten in der Regel unterschiedliche Preisbereitschaften für die angebotenen Produkte aufweisen, spielen verschiedene Maßnahmen zur Preisdifferenzierung ebenfalls eine wichtige Rolle (Kapitel 7.3). Außerdem muss bei der Einführung jedes neuen Produktes überlegt werden, welchen Preis die Unternehmung für dieses Produkt in der Einführungsphase und in den folgenden Phasen des Lebenszyklus fordern soll (7.4). Schließlich trägt auch die Konditionenpolitik zur Realisierung preispolitischer Ziele bei (Kapitel 7.5). Hierzu zählen die Rabatt- und die Absatzkreditpolitik sowie die Ausgestaltung der Lieferungs- und Zahlungsbedingungen. Die Abbildung 7-3 gibt einen Überblick über die wichtigsten Entscheidungstatbestände der Preispolitik.

7.2 Ansatzpunkte zur Bestimmung des optimalen Angebotspreises

Aufgrund der skizzierten Besonderheiten des Preises bzw. der Preispolitik einerseits sowie der im Allgemeinen unvollständigen Informationen über die komplexen preisbedingten Wirkungsmechanismen andererseits sind Preisentscheidungen für die betrieblichen Entscheidungsträger mit einem erheblichen Risiko verbunden. Folglich ist die Preisfindung in der Praxis häufig durch ein auf mehr oder weniger exakten Daten basierendes »Herantasten« an den optimalen Angebotspreis gekennzeichnet.

Im Zusammenhang mit Preisentscheidungen lässt sich zwischen internen und externen **Einflussfaktoren** unterscheiden. Die Abbildung 7-4 veranschaulicht diese Abgrenzung. Eine zentrale Rolle als interner Einflussfaktor spielen die Kosten, da sich das Ertragspotenzial eines Produktes aus dem Verhältnis zwischen Preis und Kosten ergibt. Außerdem werden Preisentscheidungen von den Marketingstrategien beeinflusst. So wird beispielsweise eine Unternehmung, welche mit ihrem Produkt eine Präferenzstrategie ver-

7.2 Preispolitik
Ansatzpunkte zur Bestimmung des optimalen Angebotspreises

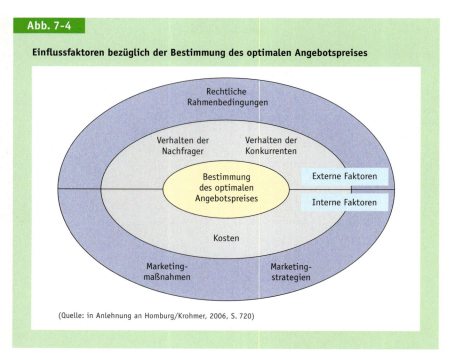

Abb. 7-4 Einflussfaktoren bezüglich der Bestimmung des optimalen Angebotspreises

(Quelle: in Anlehnung an Homburg/Krohmer, 2006, S. 720)

daraufhin zu überprüfen, in welchem Umfang sie zur Deckung derjenigen Kosten beiträgt, die mit der unternehmerischen Tätigkeit verbunden sind. Eine Preisforderung ist optimal, wenn sie der Unternehmung unter Berücksichtigung der Selbstkosten die Realisierung des geplanten Gewinns ermöglicht.

Die für eine kostenorientierte Preisbildung erforderlichen Informationen liefert das betriebliche Rechnungswesen. Der Ansatz, der die Kostenrechnung mit der Preispolitik verbindet, ist die **progressive Kalkulation**. Mit ihrer Hilfe wird aus den angefallenen betrieblichen Kosten die Preisforderung errechnet, bei der die Kosten ganz oder unter bestimmten Bedingungen zumindest teilweise gedeckt sind. Eine auf diese Weise ermittelte Preisforderung gewährleistet jedoch nicht, dass sie auf dem Absatzmarkt durchgesetzt werden kann.

Im Rahmen der kostenorientierten Festsetzung des Angebotspreises unterscheidet man zwei Arten von Kalkulationsverfahren, die vollkostenorientierte und die teilkostenorientierte Preisfestsetzung. Sollen alle im Unternehmen anfallenden Kosten direkt auf die Kostenträger (Produkte) verteilt werden, spricht man von einer Preisfestsetzung auf Vollkostenbasis. Sie berücksichtigt demnach sowohl variable als auch fixe Kosten. Demgegenüber fließen bei der Preisfestsetzung auf Teilkostenbasis zunächst nur die variablen Kosten direkt in die Kalkulation ein.

Im Rahmen der **vollkostenorientierten Preisbestimmung** wird eine bestimmte Gewinnspanne auf die im Rahmen der Kostenträgerrechnung ermittelten Stück- bzw. Selbstkosten des Erzeugnisses aufgeschlagen. Diese Vorgehensweise wird auch als »Kosten-Plus-Methode« bezeichnet (Pechtl, 2005, S. 76). Kostenträger ist hier die einzelne Sach- oder Dienstleistung, durch deren Bereitstellung die Kosten verursacht wurden. Generelles Problem im Mehrprodukt-Unternehmen ist in diesem Zusammenhang die Verteilung der Gemeinkosten auf verschiedene Kostenträger.

Die mit der Ermittlung der angefallenen Selbstkosten (Gesamtheit aller durch den Leistungsprozess entstandenen Kosten für einen Kostenträger) verbundenen Schwierigkeiten sind abhängig vom Fertigungsprogramm (Einprodukt-/Mehrprodukt-Unternehmen), von der

folgt, zweifellos einen vergleichsweise hohen Preis anstreben. Auch die Interaktion mit anderen Marketinginstrumenten muss bei jeder Preisentscheidung berücksichtigt werden. So wirkt sich etwa die Entscheidung, das eigene Produkt über die Discountschiene zu vertreiben, selbstverständlich auch auf die Höhe der optimalen Preisforderung aus. Zentrale externe Einflussgrößen von Preisentscheidungen sind einerseits die Verhaltensweisen von Nachfragern und Konkurrenten und andererseits die relevanten rechtlichen Rahmenbedingungen (z. B. vertikale Preisbindung für Verlagserzeugnisse).

7.2.1 Kostenorientierte Bestimmung des Angebotspreises

Zu den unmittelbaren Einflussgrößen zählen die **Kosten**, welche im Unternehmen aufgrund der Leistungserstellung angefallen sind. Grundlegendes Ziel einer jeden Unternehmung ist die langfristige Existenzsicherung, das heißt, die Gesamtkosten müssen durch die Erlöse für die vermarkteten Sach- oder Dienstleistungen gedeckt werden. Deshalb ist jede Preisforderung

Preisbestimmung auf Basis der Vollkosten

> **Aus der Wissenschaft**
>
> ### Wichtige Kostenbegriffe
>
> **Fixe Kosten** sind unabhängig von der produzierten Menge, bleiben bei deren Schwankung folglich unverändert. Zu den fixen Kosten zählen z. B. die Miete für Lager- und Büroräume sowie Gehälter für die Marketingabteilung. **Variable Kosten** sind demgegenüber abhängig von der produzierten Menge. Zu den variablen Kosten zählen z. B. Akkordlöhne und Materialverbräuche nach Stücklisten. **Gemeinkosten** werden durch mehrere oder alle Erzeugnisse gemeinsam verursacht, das heißt, sie sind dem einzelnen Produkt nicht direkt, sondern nur auf dem Wege besonderer Umlageverfahren zurechenbar.
>
> Gemeinkosten können fixe oder variable Kosten sein. Zu ihnen zählen bei der Möbelproduktion etwa Strom für Holzpressen, die von unterschiedlichen Produkten durchlaufen werden, Ausgaben für Öffentlichkeitsarbeit oder Kosten für Grundlagenforschungen der F & E-Abteilung. Demgegenüber können die **Einzelkosten** den Produkten direkt zugerechnet werden. Einzelkosten bei der Möbelproduktion sind Werkstoffe (z. B. Holz), bezogene Fertigteile (z. B. Beschläge) oder Fertigungslöhne (Schmalen/Pechtl, 2006, S. 507).

Fertigungstiefe (wenige/viele Produktionsstufen bzw. Arbeitsgänge) sowie vom Fertigungsverfahren (Massen-/Serien-/Einzelfertigung) der jeweiligen Unternehmung. Um die Gemeinkosten auf verschiedene Sach- oder Dienstleistungen zu verteilen, ist im Rahmen der Vollkostenrechnung eine Vielzahl von Methoden entwickelt worden, welche den jeweiligen Besonderheiten der Fertigung Rechnung tragen.

Die Bestimmung des Angebotspreises auf Basis der Vollkostenrechnung weist verschiedene Vorteile auf: Sie ist sehr einfach anwendbar, da sie keine besonderen analytischen Fähigkeiten erfordert und folglich zu einer raschen Entscheidung über den Angebotspreis führt. Der zusätzliche Informationsbedarf ist gering, da die benötigten Daten in der Regel im Rechnungswesen des Unternehmens vorliegen, sodass auch kaum zusätzliche Kosten für die Informationsbeschaffung entstehen. Außerdem führt die verbreitete Anwendung der Vollkostenrechnung in der Wirtschaft (z. B. im Handwerk) bei ähnlichen Kostenverhältnissen zu relativ homogenen Preisstrukturen am Markt, wodurch Preiskämpfe vermieden werden.

Insbesondere aus Marketingsicht sind mit der Anwendung der vollkostenorientierten Preisbildung jedoch auch erhebliche Nachteile verbunden: Die Verrechnung der Gemeinkosten mittels bestimmter Bezugsgrößen wird dem Prinzip der Kostenverursachung nicht immer voll gerecht. Bestimmte Produkte werden demnach mit Kosten belastet, die sie nicht verursacht haben, sodass vergleichbare Konkurrenzprodukte aufgrund einer genaueren Kostenkalkulation billiger angeboten werden können. Die Kosten-Plus-Methode führt zwangsläufig zu einer prozyklischen Preisfestsetzung in Bezug auf die konjunkturelle Entwicklung, da sich die Belastung eines Produktes mit Fixkosten in Zeiten schlechterer Absatzmöglichkeiten erhöht, und das Produkt folglich in der Rezession zu einem höheren Preis angeboten wird (Pechtl, 2005, S. 76 ff.). Eine streng vollkostenorientierte Preisbildung bedeutet auch die Aufgabe einer aktiven Preispolitik, weil sie sich selbst an die Kostensituation bindet. Gewinnchancen, die mit einer Mischkalkulation oder Preisdifferenzierung (vgl. Kapitel 7.3) verbunden sind, bleiben ungenutzt. Schließlich berücksichtigt die an den Vollkosten ausgerichtete Preisfestsetzung nicht, dass der Preis die Kosten direkt beeinflusst, auf deren Basis er kalkuliert worden ist (Aus der Praxis 7-2).

Vor- und Nachteile der vollkostenorientierten Preisbestimmung

Das umstehende Beispiel zeigt, dass die Absatzmenge von der Preisforderung beeinflusst wird; gleichzeitig sind die Kosten abhängig von der Absatzmenge. Demnach wirkt sich die Preisforderung auf jene Kosten aus, auf deren Basis sie kalkuliert wurde.

Strebt eine Unternehmung mit ihrer Preisforderung die Deckung aller Kosten sowie die Realisierung eines angemessenen Gewinns an, dann muss der Stückpreis – im Beispiel der Preis pro Sitzplatz – die Selbstkosten und den Gewinnaufschlag enthalten. Der Anteil der Fixkosten, die jedes Stück zu tragen hat, wird aber bei sinkender Absatzmenge größer. Deckt der Stückpreis

7.2 Preispolitik
Ansatzpunkte zur Bestimmung des optimalen Angebotspreises

Aus der Praxis – 7-2

Der größte Raum eines Programmkinos bietet Platz für 500 Besucher. Der Kinobesitzer plant, dort einmal im Monat einen aktuellen Kinofilm in englischer Sprache zu zeigen und ein am Film ausgerichtetes Rahmenprogramm anzubieten. Die Selbstkosten für die Planung und Durchführung dieser Sonderveranstaltung (Leihgebühr, Personalkosten, Raumkosten etc.) betragen laut Kostenkalkulation 1.250 €, der Preis für die Eintrittskarte soll 10 € betragen. Der Besitzer rechnet aufgrund seiner langjährigen Erfahrungen mit 150 Besuchern, sodass er einen Gewinn von 250 € erwartet.

Am ersten Abend kommen 125 Personen, um sich den englischsprachigen Film anzuschauen. Der Umsatz beträgt demnach 1.250 €, also genau so viel wie die Kosten. Da der Kinobesitzer aber an der neuen Veranstaltung etwas verdienen will, erhöht er den Eintrittspreis auf 15 € und muss enttäuscht feststellen, dass die nächste Veranstaltung nur noch von 50 Personen besucht wird. Den Kosten von 1.250 € steht nur ein Umsatz von 750 € gegenüber. Der Verlust beträgt folglich 500 €. Der Kinobesitzer kommt zu dem Schluss, dass die Kosten pro Kinobesucher 25 € betragen haben, während eine Eintrittskarte jedoch nur 15 € kostete. Um endlich einen Gewinn zu erzielen, erhöht er abermals den Preis für eine Eintrittskarte auf 30 € mit dem Ergebnis, dass zur nächsten Veranstaltung nur noch 10 Besucher kommen. Der Verlust erhöht sich somit auf 950 €.

Nach der enttäuschenden Resonanz entschließt sich der Kinobesitzer dazu, das Vollkostenprinzip zu verwerfen, da die Festsetzung des Angebotspreises auf der Grundlage der kalkulierten Selbstkosten nicht zu dem gewünschten Ergebnis geführt hat. Die neue Preisforderung beträgt 5 €, und der Erfolg ist überraschend: Der Kinosaal ist für die folgende Veranstaltung mit 500 Personen bis auf den letzten Platz ausgebucht. Es entsteht ein Überschuss von genau 1.250 €. Die Selbstkosten pro Kinobesucher sind auf 2,50 € gesunken.

die Gesamtkosten und den geplanten Gewinnaufschlag nicht mehr ab, reagiert ein auf Vollkostenbasis kalkulierender Anbieter mit einer Preiserhöhung. Die Folge ist ein Rückgang der Absatzmenge, da ein Teil der Nachfrager den erhöhten Preis (bei konstantem Nutzen) nicht mehr akzeptiert. Die Ertragslage des Anbieters verschlechtert sich durch jede aufgrund fehlender Vollkostendeckung durchgeführte Preiserhöhung, weil durch sie gleichzeitig die Absatzmenge zurückgeht. Diesen Zirkelschluss der vollkostenorientierten Preisfestsetzung veranschaulicht abschließend die Abbildung 7-5.

Da eine Unternehmung ihre Produkte nur dann über einen längeren Zeitraum erfolgreich anbieten kann, wenn die variablen und fixen Kosten gedeckt sind, müssen langfristig zu realisierende Preisforderungen auf der Basis der Vollkosten berechnet werden. Die oben skizzierte Problematik führt jedoch zu der Überlegung, die fixen Kosten bei der Preisfestsetzung nicht unmittelbar zu berücksichtigen, damit sich ein Unternehmen bei sinkendem Absatz nicht schrittweise »aus dem Markt« kalkuliert.

Sind die fixen Kosten nicht direkter Bestandteil der Preiskalkulation, spricht man von **teilkostenorientierter Preisbestimmung**. Kennzeichen aller Verfahren zur teilkostenorientierten Preisbildung ist die Trennung der Gesamtkosten in fixe und variable Kosten. Nur die

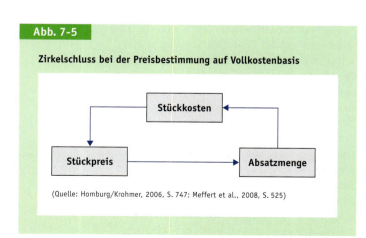

Abb. 7-5

Zirkelschluss bei der Preisbestimmung auf Vollkostenbasis

(Quelle: Homburg/Krohmer, 2006, S. 747; Meffert et al., 2008, S. 525)

variablen Kosten werden auf die Kostenträger (Produkte) verteilt. Das grundlegende stückbezogene Kalkulationsprinzip lautet:

> Stückpreis – variable Stückkosten
> = Deckungsbeitrag pro Stück

Der Deckungsbeitrag ist demnach positiv, wenn der Produktpreis höher ist als die variablen Stückkosten. Aus den Deckungsbeiträgen aller betrieblichen Leistungsträger verbleibt dem Unternehmen nach Abzug der fixen Kosten ein Gewinn. Die teilkostenorientierte Preisbildung wird folglich auch als **Deckungsbeitragsrechnung** bezeichnet. Der Deckungsbeitrag ergibt sich bei dieser Vorgehensweise als Restgröße, da der Preis den Ausgangspunkt und nicht das Ergebnis der Kalkulation darstellt. Deshalb spricht man hier auch von retrograder Kalkulation. Soll die Deckungsbeitragsrechnung als Instrument zur progressiven Kalkulation eingesetzt werden, legt man einen Soll-Deckungsbeitrag fest, der so bemessen ist, dass die angestrebte Deckung der Gesamtkosten erreicht wird.

Es existieren zahlreiche Methoden der teilkostenorientierten Preisbildung: Beim **Direct Costing** werden beispielsweise sämtliche Fixkosten als Block der Summe der Deckungsbeiträge gegenübergestellt. Eine genauere Analyse der Kosten- und Ertragsstruktur des Leistungsprogramms ermöglicht die **stufenweise Fixkostendeckungsrechnung**, bei der die angefallenen Fixkosten in mehrere Teilbereiche (z. B. Fixkosten einzelner Produkte bzw. einzelner Produktgruppen) aufgeschlüsselt werden (zu diesen Verfahren vgl. z. B. Weber/Schäffer, 2006, S. 141 ff.).

Eine Verbindung zwischen der kosten- und nachfrageorientierten Festsetzung des Angebotspreises bildet die **Break-Even-Analyse**, die explizit den Zusammenhang zwischen dem Preis und der Absatzmenge für ein Produkt berücksichtigt und deshalb in der Praxis häufig zum Einsatz kommt. Mit ihrer Hilfe lässt sich jene Absatzmenge ermitteln, welche bei einer bestimmten Preisforderung erreicht werden muss, um Vollkostendeckung zu erreichen. Die Gewinnschwelle (»Break-Even-Point«) ist erreicht, wenn Gesamtkosten und Umsatz gleich sind. Der Schnittpunkt von Umsatz- und Kostenkurve gibt den Break-Even-Point an. Erst bei einer Absatzmenge, die

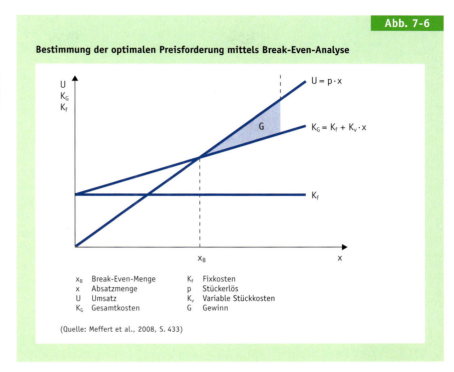

Abb. 7-6

Bestimmung der optimalen Preisforderung mittels Break-Even-Analyse

x_B Break-Even-Menge K_f Fixkosten
x Absatzmenge p Stückerlös
U Umsatz K_v Variable Stückkosten
K_G Gesamtkosten G Gewinn

(Quelle: Meffert et al., 2008, S. 433)

größer ist als x_B, erwirtschaftet der Betrieb einen Gewinn. Die Abbildung 7-6 veranschaulicht, wie sich der »Break-Even-Point« bestimmen lässt.

Ein Nachteil dieser statischen Betrachtung besteht in der Annahme, dass der Preis zeitlich stabil bleibt, was in der Praxis jedoch häufig nicht der Fall ist. So ist beispielsweise die Penetrationsstrategie mit einem niedrigen Preis in der Einführungsphase eines neuen Produktes verbunden, während geplant ist, den Preis später schrittweise zu erhöhen. Ein weiteres Problem, das mit der Break-Even-Analyse verbunden ist, resultiert aus der Annahme, dass die variablen und fixen Kosten konstant bleiben. Kostensenkungen – beispielsweise aufgrund von Erfahrungskurveneffekten – bleiben folglich unberücksichtigt (Meffert et al., 2008, S. 433).

7.2.2 Nachfrageorientierte Festsetzung des Angebotspreises

Die Abnehmer sind für die Preispolitik der Anbieter von zentraler Bedeutung. Ob eine bestimmte preispolitische Maßnahme zum Erfolg führt, hängt letztlich davon ab, wie die Nachfrager auf sie reagieren. Selbst ein Monopolist ist darauf angewiesen, dass zumindest ein Teil der Nachfrager seine Preisforderung akzeptiert.

Das Preisverhalten der Abnehmer umfasst einerseits beobachtbare Verhaltensweisen (z. B. Kauf/Nichtkauf eines Produkts), andererseits aber auch nicht beobachtbare psychische Prozesse (z. B. Bildung individueller Preisschwellen), die nur über geeignete Indikatoren messbar sind. Folglich lassen sich zwei Arten von Modellen zur Erklärung des Preisverhaltens der Nachfrager unterscheiden (Diller, 2008, S. 62 ff.):

Modelle der klassischen Preistheorie sind im Rahmen der Mikroökonomie entwickelt worden und versuchen, den Zusammenhang zwischen der Höhe der Preisforderung und bestimmten Reaktionsvariablen (z. B. Absatzmenge) zu erklären. Aus Sicht der Theorie des Käuferverhaltens handelt es sich dabei um Stimulus-Response-Modelle bzw. »Black box«-Modelle (vgl. hierzu Kapitel 3.1). Von besonderer Bedeutung für die Analyse des Preisverhaltens der Nachfrager ist die **Preis-Absatz-Funktion**, welche den Zusammenhang zwischen der Höhe der Preisforderung und der Absatzmenge darstellt und im folgenden Abschnitt näher beleuchtet wird.

Definition der Preis-Absatz-Funktion

Verhaltenswissenschaftliche Modelle beruhen auf den Erkenntnissen der Psychologie und untersuchen nicht nur direkte Preis-/Reaktionszusammenhänge, sondern beschäftigen sich mit der subjektiven Wahrnehmung und Beurteilung preisbezogener Reize durch das Individuum. Betrachtet werden hier folglich psychische Prozesse, welche sich im Inneren der Käufer abspielen und daher einer direkten Beobachtung nicht zugänglich sind. Es handelt sich hierbei um Stimulus-Organismus-Response-Modelle (so genannte »echte« Verhaltensmodelle), welche im Kapitel 3.1 näher erläutert werden.

7.2.2.1 Preis-Absatz-Funktion als wichtiges Grundmodell der klassischen Preistheorie

Die **Preis-Absatz-Funktion** repräsentiert den Zusammenhang zwischen der Höhe der Preisforderung p für ein Erzeugnis i und der zu erwartenden Absatzmenge × für dieses Erzeugnis. Die Preis-Absatz-Funktion ist folglich der geometrische Ort aller mengenmäßigen Reaktionen der Nachfrager auf verschiedene Preisforderungen des Anbieters.

Preis-Absatz-Funktionen weisen in der Praxis unterschiedliche Funktionsverläufe auf, wobei der einfachste Fall die linear fallende Preis-Absatz-Funktion ist. Sie stellt eine lineare Marktreaktionsfunktion zwischen der Aktionsvariablen »Preis« und der Reaktionsvariablen »Absatzmenge« dar. Häufig wird die Regressionsanalyse zur empirischen Ermittlung des Zusammenhangs zwischen diesen beiden Parametern eingesetzt, wobei der Preis die unabhängige, die Absatzmenge die abhängige Variable darstellt (zur Regressionsanalyse vgl. Kapitel 4.4.2). Die Abbildung 7-7 enthält ein Beispiel für eine lineare Preis-Absatz-Funktion. Bei einem Produktpreis von 10 € für einen USB-Stick setzt der betrachtete PC-Händler 100 Stück pro Tag ab. Senkt er den Preis auf 9 €, steigt die Absatzmenge auf 150 Stück.

Die Reaktion der Nachfrager auf Änderungen der Preisforderung lässt sich anhand der Preiselastizität der Nachfrage bestimmen. Sie ist ein allgemeines Maß zur Ermittlung der mengenmäßigen Konsequenzen von Preisentscheidungen und stellt somit eine zentrale Information im Rahmen der Preispolitik dar. Die **Preiselastizität der Nachfrage** ist definiert als das Ver-

Abb. 7-7

Beispiel für eine lineare Preis-Absatz-Funktion

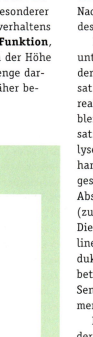

hältnis zwischen der relativen Änderung der Nachfrage nach einem Gut und der sie auslösenden relativen Änderung des Preises für dieses Gut. Bei einer normal verlaufenden Preis-Absatz-Funktion (das heißt negative Steigung) ist die Preiselastizität stets negativ und lässt sich folgendermaßen berechnen:

$$\varepsilon = \frac{\text{relative Änderung der Absatzmenge}}{\text{relative Änderung der Preisforderung}}$$

Für das in der Abbildung 7-7 dargestellte Beispiel ergibt sich folglich eine Preiselastizität von −5. Dieser Wert sagt aus, dass die prozentuale Absatzänderung das Fünffache der prozentualen Preisänderung ausmacht, das heißt, eine zehnprozentige Preissenkung bewirkt eine fünfzigprozentige Erhöhung der Absatzmenge. Da die Mengenänderung größer ist als die Preisänderung, spricht man in diesem Fall von einer elastischen Nachfrage (Koeffizient ist kleiner als −1). Derartige finitesimale Änderungen werden als Bogenelastizitäten, infinitesimal kleine Änderungen hingegen als Punktelastizitäten bezeichnet.

Senkt man beispielsweise den Preis im obigen Beispiel wiederum um 1 €, aber diesmal von 4 € auf 3 €, dann steigt der Absatz durch die Preisreduzierung wiederum absolut um 50 Einheiten, und zwar von 400 auf 450 Einheiten. Die absolute Mengenänderung muss bei identischer Preisänderung gleich sein, da man sich auf einer einzigen linearen Preis-Absatzfunktion bewegt. In diesem Fall ergibt sich eine Preiselastizität der Nachfrage von −0,5 (+12,5 Prozent = Veränderung der Absatzmenge / −25 Prozent = Veränderung der Preisforderung).

Hier entspricht eine 25-prozentige Preissenkung folglich nur einer 12,5-prozentigen Erhöhung der Absatzmenge. Man erhält deshalb einen Koeffizienten, der größer ist als −1, was einer unelastischen Nachfrage entspricht. Bei einer Preiselastizität von exakt −1 ändern sich die nachgefragte Menge und der geforderte Preis um den gleichen Prozentsatz. In dem Punkt, der die Preis-Absatz-Funktion halbiert, ist die Preiselastizität genau −1.

Um fundierte Entscheidungen bezüglich des richtigen Angebotspreises treffen zu können, benötigt das Marketing mehr oder weniger genaue Informationen darüber, wie stark die Nachfrager auf unterschiedliche Preisforderungen reagieren. Verändert sich die Absatzmenge bei einer Variation der Preisforderung nur wenig, dann spricht man von einer **unelastischen Nachfrage** ($\varepsilon > -1$). Verändert sich die Absatzmenge hingegen beträchtlich, handelt es sich um eine **elastische Nachfrage** ($\varepsilon < -1$).

In der Marketingpraxis lassen sich verschiedene Rahmenbedingungen beobachten, die tendenziell auf eine geringe Elastizität der Nachfrage schließen lassen (vgl. Kotler et al., 2007b, S. 599 ff.; Bijmolt et al., 2005, S. 141 ff.):

▸ Es existieren nur wenige oder überhaupt keine Substitutionsprodukte bzw. Konkurrenten (Weltneuheiten, z. B. der erste HD-Camcorder, lebenswichtige und konkurrenzlose Medikamente).
▸ Die Preisänderung wird von den Konsumenten nicht sofort bemerkt (weniger Inhalt bei gleichem Preis, z. B. bei hochwertigen Marken-Süßwaren).
▸ Die Käufer sind so träge in ihren Kaufgewohnheiten, dass sie nicht aktiv nach preisgünstigeren Anbietern suchen (z. B. Einkaufen in der Nachbarschaft).
▸ Die Nachfrager sind davon überzeugt, dass der höhere Preis durch Qualitätsverbesserungen, eine allgemeine Teuerung oder andere rational nachvollziehbare Gründe gerechtfertigt ist.

Häufig verlaufen empirisch beobachtbare Preis-Absatz-Funktionen nicht linear wie bisher angenommen. Sie weisen »Knicke« auf, sodass ihre negative Steigung nicht an allen Stellen gleich groß ist. Empirisch und theoretisch am besten fundiert ist die **doppelt geknickte Preis-Absatz-Funktion**, die auf Gutenberg zurückgeht. Entscheidend für ihren Verlauf ist die Dreiteilung in einen relativ unelastischen (steilen) mittleren Teil und zwei elastische (flache) Randbereiche (Gutenberg, 1984, S. 246 ff.; vgl. Abbildung 7-8).

Das Modell beruht auf der Annahme eines Angebotsoligopols, das heißt, wenige mittelgroße Anbieter stehen vielen kleinen Nachfragern gegenüber. In diesem Fall strebt jeder Anbieter einen Preis im so genannten monopolistischen Bereich an. Preisänderungen führen dort zu relativ geringen Änderungen der Absatzmenge.

Im Monopol ändert sich die Absatzmenge bei Preisänderungen kaum

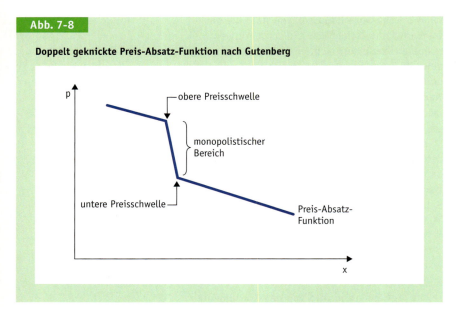

Abb. 7-8

Doppelt geknickte Preis-Absatz-Funktion nach Gutenberg

Einen derartigen **monopolistischen Preisspielraum** weisen vor allem solche Produkte auf, die etwa aufgrund ihres positiven Images, ihrer guten Qualität oder anderer Eigenschaften über eine starke Präferenzwirkung verfügen.

Innerhalb des monopolistischen Bereichs verringert sich der Absatz des Anbieters bei Preiserhöhungen nur insoweit, als bisherige »Stammkunden« (Kunden mit Präferenzen für das Produkt bzw. die Marke) weniger kaufen bzw. typische Markenwechsler ausscheiden. Überspringt die Preiserhöhung jedoch die obere Preisschwelle, wechseln auch die Stammkunden zu preisgünstigeren Produkten. Dieser progressive Anbieterwechsel führt zur Krümmung der Preis-Absatz-Funktion.

Unter **Preisschwellen** versteht man Preise, bei denen sich die Preisbeurteilung der Konsumenten sprunghaft verändert (Diller, 2003b, S. 270 f.). Der Glaube an die Existenz von oberen Preisschwellen, bei deren Überschreiten starke Absatzverluste eintreten, ist in der Marketingtheorie und -praxis weit verbreitet (Simon/Fassnacht, 2009, S. 161). So wählt insbesondere der Einzelhandel gebrochene Preise (z. B. 9,95 €), das heißt Preise, die geringfügig unter einem runden Preis liegen. Händler sind der Meinung, dass gebrochene Preise den Absatz stärker fördern als glatte Preise. Das setzt voraus, dass gebrochene Preise von den Abnehmern günstiger eingestuft werden, als sie tatsächlich sind. Folgende Argumente sprechen für die Existenz solcher psychologischer Preisschwellen (vgl. Simon/Fassnacht, 2009, S. 161 ff.; Pechtl, 2005, S. 34 f.):

▸ Die Konsumenten definieren ihre subjektiven Maximalpreise vorzugsweise in runden Zahlen (»Für einen neuen Kleinwagen gebe ich höchstens 10.000 € aus.«).
▸ Die Konsumenten teilen die Preisskala in diskrete Kategorien ein (4,95 € ist deutlich weniger als 5 €; 498 € liegt zwischen 400 und 500 €).
▸ Gebrochene Preise sind für die Konsumenten besonders glaubwürdig, da sie auf eine knappe Kalkulation des Handels bzw. des Herstellers hindeuten.
▸ Die Wahrnehmung der Preisgünstigkeit wird durch die erstgenannte Ziffer stärker beeinflusst als durch die folgenden.

Preis-Absatz-Funktionen liefern, wie gezeigt wurde, wichtige Informationen für die Abschätzung der Folgen preispolitischer Maßnahmen. Das führt zu der Frage, wie die Bestimmung von Preis-Absatz-Funktionen für interessierende Sach- oder Dienstleistungen in der betrieblichen Praxis erfolgt.

Zunächst können **sekundärstatistische Informationen** genutzt werden (vgl. hierzu Kapitel 4.2.1). Dabei handelt es sich um ursprünglich

---

Aus der Wissenschaft

Die 9 ist beliebteste Preisendziffer

In einer empirischen Untersuchung wurde eine Stichprobe von rund 10.000 Preis-Positionen auf Kassenbons ausgezählt (Müller-Hagedorn/Zielke, 1998, S. 946 ff.). Von den 1000 denkbaren Preisziffern im Bereich von 0 bis 10 € traten viele nur einmal oder überhaupt nicht auf. Dagegen lag ein Preis von 0,99 € insgesamt 951 Mal vor (also in 10,7 Prozent der Fälle), ein Preis von 1,99 € in 749 Fällen (also in 8,4 Prozent der Fälle). Mit 10 von 1000 denkbaren Preisziffern wurden rund 50 Prozent der festgestellten Preise erfasst, von denen alle in der letzten Ziffer eine 9 aufwiesen. Auch andere Studien belegen die Dominanz der 9 als Preisendziffer. So konnte beispielsweise nachgewiesen werden, dass die Händler auch nach der Euro-Umstellung wieder zur 9 als Preisendziffer tendierten (Diller/Brambach, 2002, S. 233 ff.).

für andere Zwecke erhobene Daten, die zur Bestimmung konkreter Preis-Absatz-Funktionen aufbereitet werden. Sie sind in der Regel kostengünstig und schnell verfügbar. Relevante sekundärstatistische Daten lassen sich grundsätzlich aus unternehmensinternen bzw. -externen Quellen gewinnen (vgl. Homburg/Krohmer, 2009, S. 73): Zu den internen Quellen zählen vor allem das eigene Rechnungswesen (alternative Abgabepreise und Absatzmengen werden der Kostenrechnung entnommen) sowie der Außendienst (Berichte von Reisenden, Handelsvertretern und der Vertriebsabteilung über das Preisverhalten des Handels, der Konkurrenten und Abnehmer; wachsende Bedeutung durch Online-Informationssysteme). Eine wichtige externe Quelle für die Ermittlung von Preis-Absatz-Funktionen sind Scanner-Daten des Handels. Die automatisch erfassten Endverbraucherpreise und Absatzmengen ermöglichen die Ermittlung der Absatzveränderungen in Abhängigkeit von verschiedenen Preisforderungen. Voraussetzung ist jedoch, dass der Handel die benötigten Daten zur Verfügung stellt.

Häufig reicht derartiges Sekundärmaterial nicht aus, sodass im Rahmen der **Primärforschung** (vgl. hierzu Kapitel 4.2.1) originäre Daten über den Zusammenhang zwischen Preisforderung und Absatzmenge beschafft werden müssen. Primärstatistische Informationsquellen sind **Befragungen** und **Beobachtungen** (vgl. Simon/Fassnacht, 2009, S. 109 ff.). Im Fall echter Innovationen bzw. neuer Marktsituationen (z. B. Veränderung der Konkurrenzsituation) stellt die **Expertenbefragung** im Allgemeinen den einzig gangbaren Weg dar. Mit dem Markt vertraute Experten (z. B. Außendienstmitarbeiter, Einkäufer des Groß- und Einzelhandels) geben subjektive Einschätzungen der zu erwartenden Absatzmengen bei unterschiedlichen Preisforderungen ab. Die Methode ist kostengünstig und schnell durchzuführen, beinhaltet aber das Risiko gemeinsamer Fehleinschätzung der Marktsituation (»Wunschdenken« betriebsinterner Experten). Im Rahmen der **Befragung von Kunden** gibt es zwei Vorgehensweisen: Zum einen kann man die Kunden direkt danach fragen, wie sie auf bestimmte Preise bzw. Preisänderungen reagieren bzw. reagieren würden. Zum anderen werden Aussagen bezüglich der generellen Präferenzen

für unterschiedliche Produkte herangezogen, um aus ihnen auf indirektem Wege, Schlüsse auf das Preisverhalten der Nachfrager zu ziehen. In diesem Zusammenhang kommt vor allem die Conjointanalyse zum Einsatz (Schubert, 1995, S. 376; vgl. hierzu auch Kapitel 4.4.3.2 und Aus der Praxis 7-3).

Die Abbildung 7-9 zeigt die empirisch ermittelte Preis-Absatz-Funktion für ein Investitionsgut. Eine bestimmte Anzahl von Kunden eines Zulieferunternehmens wurde befragt, bei welcher Preiserhöhung – unter der Annahme, dass die Konkurrenten des Zulieferers ihre Preise konstant halten – sie den Lieferanten wechseln würden. Bei einer Preiserhöhung um 5 Prozent wollen 9 Prozent der derzeitigen Kunden abspringen (Preiselastizität = –1,80), bei einem 10-prozentigen Preisanstieg wären es 3 Prozent (Preiselastizität = –3,10). Bei einer 20-prozentigen Preisanhebung würde kein Kunde mehr das Produkt beim betrachteten Unternehmen kaufen.

Mit Hilfe **experimenteller Beobachtungen** lässt sich die Wirkung alternativer Preisforderungen auf Absatz und Marktanteil aufgrund des

Bestimmung von Preis-Absatz-Funktionen in der Praxis

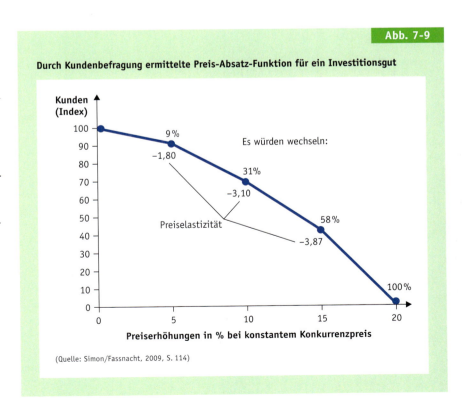

Abb. 7-9

Durch Kundenbefragung ermittelte Preis-Absatz-Funktion für ein Investitionsgut

(Quelle: Simon/Fassnacht, 2009, S. 114)

7.2 Preispolitik
Ansatzpunkte zur Bestimmung des optimalen Angebotspreises

Aus der Praxis – 7-3

In einer Studie von Pabsch et al. (2000, S. 109 ff.) wurde die Bedeutung verschiedener Preisbestandteile für die Wahl des Stromtarifs eines regionalen Stromversorgers mittels »Choice Based«-Conjointanalyse (CBC) empirisch ermittelt (vgl. hierzu auch Kapitel 4.4.3.2). Die Abbildung 7-10 gibt einen Überblick über die in der Untersuchung berücksichtigten Merkmale und Merkmalsausprägungen.

In der Befragungssituation wurden die Merkmalsausprägungen systematisch zu ganzheitlichen Produktkonzepten kombiniert, die den Testpersonen zur Beurteilung vorgelegt wurden (vgl. Abbildung 7-11). Die Befragten wurden nacheinander mit mehreren Auswahlsituationen konfrontiert und hatten jeweils die Aufgabe, den von ihnen präferierten Stromtarif anzugeben. Es bestand aber auch die Möglichkeit, keinen Tarif zu wählen, falls beide Alternativen einer Auswahlsituation als nicht akzeptabel eingestuft wurden.

Um eine Marktsimulation durchführen zu können, wurde die Annahme getroffen, dass

Merkmal / Ausprägung	Grundpreis pro Monat	Verbrauchspreis pro kWh	Preis pro kWh in der Nebenzeit (Nachttarif)	Vertragsbindung	Zusatzdienstleistung
1	2,50 €	0,09 €	kein Nebentarif	keine	keine
2	5,00 €	0,12 €	0,04 €	3 Monate	Wartungsschutzbrief für die Heizung
3	7,50 €	0,15 €	0,07 €	6 Monate	verbilligte Mülltonnenreinigung
4	10,00 €	0,19 €	–	9 Monate	Telefongutschein
5	12,50 €	0,22 €	–	12 Monate	verbilligter Fensterputzservice
6	15,00 €	0,25 €	–	–	verbilligter Internetzugang

(Quelle: in Anlehnung an Pabsch et al., 2000, S. 129)

Abb. 7-10: Merkmale und Merkmalsausprägungen von Stromtarifen

Welchen Stromtarif würden Sie wählen?
Bitte klicken sie das entsprechende Feld an!

	Tarif 1	Tarif 2	
Grundpreis pro Monat:	5,– €	10,– €	Ich würde keinen der beiden Stromtarife wählen.
Verbrauchspreis:	0,15 €/kWh	0,09 €/kWh	
Preis für Nachttarif:	0,04 €	0,07 €	
Vertragsbindung:	6 Monate	3 Monate	
Zusatzdienstleistung:	Telefongutschein	keine	

(Quelle: in Anlehnung an Pabsch et al., 2000, S. 130)

Abb. 7-11: Beispiel für eine Auswahlsituation der empirischen Untersuchung

die Stromkunden zwischen drei verschiedenen Stromtarifen wählen können. Die Wahlanteile für diese drei Tarife wurden dann mittels Conjointanalyse berechnet. Die Abbildung 7-12 veranschaulicht das Ergebnis dieser Marktsimulation. Den am stärksten präferierten Tarif A würden 51,3 Prozent der Befragten wählen, die Tarife B (29,6 Prozent) und C (19,1 Prozent) schneiden deutlich schlechter ab. Der Tarif A weist mit 0,09 € pro kWh den geringsten Verbrauchspreis auf. In welchem Maße dieser Tarif Wahlanteile verliert, wenn der Verbrauchspreis schrittweise erhöht wird, lässt sich ebenfalls mittels Conjointanalyse berechnen. Das Ergebnis veranschaulicht die Grafik im unteren Teil der Abbildung 7-12. Wird der Verbrauchspreis für Tarif A beispielsweise von 0,09 € auf 0,12 € erhöht (die Tarife B und C bleiben unverändert), reduziert sich der Anteil der Befragten, die diesen Tarif wählen würden, um 3,8 Prozent, nämlich von 51,3 auf 47,5 Prozent.

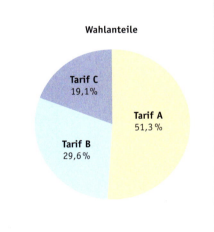

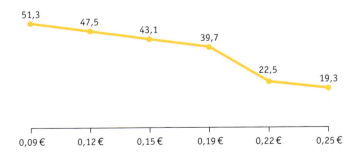

Abb. 7-12: Wahlanteile der verschiedenen Stromtarife und Veränderung der Wahlanteile für Tarif A in Abhängigkeit des Verbrauchspreises

Ansätze zur Ermittlung der Preisbereitschaft

Zur direkten Befragung von Kunden bezüglich ihrer Preisbereitschaft ist der so genannte **Gabor-Granger-Ansatz** entwickelt worden (Gabor/Granger, 1966 und 1969), der in der Preisforschung häufig zum Einsatz kommt, weil er einfach durchzuführen ist und einen vergleichsweise geringen Erhebungsaufwand erfordert. Bei Einsatz der monadischen Variante wird jedem Befragten ein Preis für das interessierende Produkt genannt und die Kaufbereitschaft für diese Konstellation abgefragt. Die randomisierte Variante sieht vor, dass jedem Probanden mehrere Preise in zufälliger Reihenfolge vorgelegt werden und für jeden dieser Preise anschließend die Kaufbereitschaft ermittelt wird. Der Vorteil der monadischen Variante besteht darin, dass Verzerrungseffekte durch die unrealistische Konfrontation des Befragten mit mehreren Preisen vermieden werden. Nachteilig ist, dass vergleichsweise große Stichproben erforderlich sind, um verlässliche Preis-Absatz-Funktion zu generieren. Bei der randomisierten Variante ist es genau umgekehrt: Die skizzieren Verzerrungseffekte können nicht ausgeschlossen werden, die Preisforscher kommen aber mit kleineren Stichproben aus.

Eine Weiterentwicklung des Gabor-Granger-Ansatzes stellt das Pricing-Modell von van Westendorp dar (van Westendorp, 1976), das auch als **»Price Sensitivity Meter«** (PSM) bezeichnet wird. Die Datenerhebung ist bei diesem Ansatz ebenfalls einfach und kostengünstig, komplizierte statistische Auswertungen sind nicht erforderlich. Während man die Testpersonen beim Gabor-Granger-Ansatz nur danach fragt, ob sie das interessierende Produkt zu einem bestimmten Preis kaufen würden, wird hier der akzeptierte Preisbereich der Befragten mit Hilfe von vier Fragen ermittelt: (1) »Bei welchem Preis ist das Produkt für Sie zu teuer, Sie würden also den Kauf des Produktes überhaupt nicht in Betracht ziehen?« (2) »Bei welchem Preis ist das Produkt für Sie zu günstig, Sie hätten also Zweifel an der Qualität des Produktes?« (3) »Bei welchem Preis ist das Produkt für Sie teuer, ein Kauf wäre also grundsätzlich noch vertretbar?« (4) »Bei welchem Preis ist das Produkt für Sie günstig, es handelt sich also um ein sehr gutes Angebot?« Die Antworten der Befragten werden als kumulierte Häufigkeiten in einem Diagramm dargestellt. Der Preisbereich, der von den meisten Konsumenten akzeptiert wird, ergibt sich einerseits durch die Schnittstelle der Kurven »zu günstig« und »teuer/noch vertretbar« und andererseits durch die Schnittstelle der Kurven »zu teuer« und »günstig«.

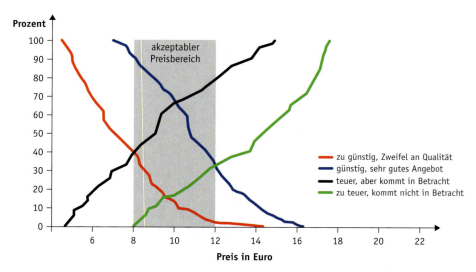

Abb. 7-13: Ermittlung des akzeptablen Preisbereichs für eine Stadtrundfahrt mittels »Price Sensitivity Meter« (PSM)

7.2 Ansatzpunkte zur Bestimmung des optimalen Angebotspreises

Verhaltens von Testkäufern ermitteln. Die Daten entstammen hier also der Beobachtung und nicht der Befragung. Experimentelle Beobachtungen werden in Teststudios, Testgeschäften (Store-Test) oder auf Testmärkten durchgeführt (Aus der Praxis 7-4). Für viele Märkte werden standardmäßig **Paneldaten** (vgl. Kapitel 4.3.3.2) erhoben, die zur Bestimmung der Preis-Absatzfunktion genutzt werden können. Marktforschungsinstitute wie AC Nielsen und die Gesellschaft für Konsumforschung (GfK) ermitteln im Rahmen von Panelerhebungen für viele Produktarten permanent Absatzmengen und Preise konkurrierender Erzeugnisse. Voraussetzung für die Nutzung von Paneldaten zur Messung des Zusammenhangs zwischen Preisforderung und Absatzmenge ist eine ausreichende Variation der unabhängigen Variablen, das heißt des Preises. Schließlich liefern auch die Daten aus **Internetauktionen** wertvoller Erkenntnisse über die

Aus der Praxis – 7-4

Ein praktikabler Ansatz zur empirischen Ermittlung von Preis-Absatz-Funktionen ist die Durchführung eines **Store Tests**. In ausgewählten Handelsgeschäften werden dabei unter kontrollierten Bedingungen Produkte angeboten, um das Nachfrageverhalten auch bei extremen Preisänderungen zu überprüfen (vgl. Meffert et al., 2008, S. 437). Typische Versuchsanordnungen können in diesem Zusammenhang Experimente sein (vgl. Kapitel 4.3.3.1), bei denen der Preis in einer Testgruppe systematisch variiert wird, während er in der Kontrollgruppe über den betrachteten Zeitraum konstant bleibt. Das folgende Beispiel vom Unternehmen Schwarzkopf-Henkel zeigt die Preisbestimmung für das neu einzuführende Produkt »Schauma Kids«. Durch Sekundärstudien war bereits bekannt, dass in diesem Wachstumssegment eine größere Bereitschaft für hochpreisige Produkte durch damit verbundene Qualitätsassoziationen bestand. Also wurde in einem Storetest die Veränderung der Marktanteile in Abhängigkeit des gewählten Preisniveaus im Vergleich zu Wettbewerbsprodukten empirisch ermittelt. Die empirische Untersuchung zur optimalen Preisfindung für Schauma Kids erfolgte bei konstantem Preis der Konkurrenzprodukte und unter der Annahme von ansonsten vergleichbaren Rahmenbedingungen (z. B. keine Werbeaktionen, keine weiteren Produkteinführungen in diesem Segment). Für verschiedene Preisniveaus (Preisstufe 1 bis 6) wurden die entsprechenden Absatzmengen ermittelt, die in der Abbildung 7-14 als Marktanteile angegeben sind. Beim Preisniveau 4 ergab sich der größte Marktanteil in Höhe von 17,9 Prozent.

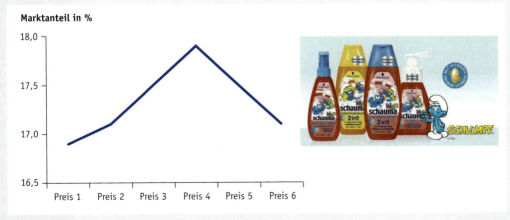

(Quelle: in Anlehnung an Mattmüller, 2006, S. 118 f.)

Abb. 7-14: Preisniveau und Absatzzahlen (hier in Marktanteil) für Schauma Kids

Preispolitik
Ansatzpunkte zur Bestimmung des optimalen Angebotspreises

Preisbereitschaft von Kunden. Eine Übertragung derartiger Daten auf andere Vertriebskanäle ist jedoch in der Regel nicht möglich.

7.2.2.2 Verhaltenswissenschaftliche Modelle der Preistheorie

Verhaltenswissenschaftliche Modelle beziehen – im Gegensatz zu den klassischen Modellen der Preistheorie – psychische, also nicht direkt beobachtbare Größen (so genannte »hypothetische Konstrukte«) explizit in die Betrachtung mit ein. In Anlehnung an die Käuferverhaltensforschung lassen sich drei Phasen kognitiver Prozesse unterscheiden: (1) die Aufnahme von Preisinformationen in das Kurzzeitgedächtnis, (2) die Verarbeitung von Preisinformationen im Kurzzeitgedächtnis, das heißt die Entschlüsselung und gedankliche Weiterverarbeitung bis hin zur Beurteilung sowie (3) die Speicherung von Preisinformationen im Langzeitgedächtnis, von wo aus sie wieder abgerufen werden können (Homburg/Krohmer, 2006, S. 707). Diesen drei Phasen lassen sich verschiedene verhaltenswissenschaftliche Preiskonstrukte zuordnen, von denen die wichtigsten im Folgenden näher beleuchtet werden sollen.

> *Beurteilung der Preisgünstigkeit lässt den Nutzen unberücksichtigt.*

Das **Preisinteresse** lässt sich definieren als das Bedürfnis eines Nachfragers, nach Preisinformationen zu suchen und diese bei seiner Kaufentscheidung zu berücksichtigen. Informationen über das Preisinteresse der Nachfrager sind für die Anbieter von großer Bedeutung, denn vom Preisinteresse der Nachfrager hängt beispielsweise ab, wie stark das Verhalten der Zielgruppe durch eine aktive Preispolitik beeinflusst werden kann und welche Wirkungen die preispolitischen Maßnahmen der Konkurrenten auslösen (vgl. Diller, 2008, S. 101).

> *Preisinteresse als Bedürfnis, nach Preisinformationen zu suchen*

Die Intensität des Preisinteresses ist von verschiedenen Faktoren abhängig: So sind etwa sozial schwache Verbraucher häufig weit weniger preisinteressiert als es ihre Einkommenssituation erwarten lässt. Bei luxuriösen Produkten (z. B. teure Uhren, Schmuck, Delikatessen) zeigen viele Verbraucher an Preisinformationen nur ein geringes Interesse, während sie beispielsweise bei Grundnahrungsmitteln keine Mühe bei der Beschaffung von Preisinformationen scheuen, um auch geringe Preisunterschiede auszunutzen (»hybride Verbraucher«). Insgesamt zeigen die empirischen Untersuchungen der letzten Jahre einen Trend zum stärkeren Preisinteresse. Diese Entwicklung kommt beispielsweise durch den Markterfolg von No Names (Gattungsmarken), preisaggressive Betriebsformen des Lebensmitteleinzelhandels mit ihrer konsequenten Preiswerbung sowie Do-it-yourself-Märkte zum Ausdruck.

Die Beurteilung der **Preisgünstigkeit** (Preis im Vergleich zum Preis der Konkurrenzprodukte) umfasst alle Verhaltensweisen bei der Aufnahme und Verarbeitung von Preisinformationen, während die Qualität bzw. die Nutzenstiftung des jeweiligen Erzeugnisses unberücksichtigt bleibt. Ein solches Urteilsverhalten ist vor allem dann angebracht, wenn es aus Sicht der Konsumenten um die Beurteilung von (nahezu) homogenen Produkten geht, die in verschiedenen Einkaufsstätten zu unterschiedlichen Preisen angeboten werden. Die Erforschung dieser kognitiven Prozesse ist von großer Bedeutung, da für die Kaufentscheidung des Konsumenten nicht der objektive Preis eines Erzeugnisses, sondern die subjektive Wahrnehmung dieses Preises von Bedeutung ist (Aus der Praxis 7-5).

Aus der Praxis – 7-5

Im Rahmen einer Untersuchung zur Ermittlung der Preiskenntnis wurden über 1.000 Konsumenten in fünf Großstätten direkt nach dem Betreten des Supermarktes befragt. Die Fragen zur Preiskenntnis bezogen sich auf insgesamt 69 Produkte aus drei Kategorien: Reinigungsmittel und Nahrungsmittel sowie speziell Milchprodukte namhafter Markenhersteller und Handelsmarken. Jeder Konsument sollte zu einigen Produkten jeweils den normalen Preis, den höchsten und niedrigsten Preis aus der Erinnerung abrufen. So konnten auch subjektiv wahrgenommene Preis-Spannweiten identifiziert werden. Die Ergebnisse zeigten insgesamt, dass die Preiskenntnis deutscher Konsumenten relativ gering ist. Nur etwa die Hälfte aller Befragten war in der Lage, die Frage nach dem normalen Preis korrekt zu beantworten (Evanschitzky et al., 2004, S. 390 ff.).

Abb. 7-15

Ankerreize am Point of Sale zur Unterstützung der Wahrnehmung der Preisgünstigkeit von Produkten

In vielen Situationen versucht man spontan, die Preisgünstigkeit eines Produktes oder einer Dienstleistung zu beurteilen. Sind 0,89 € für eine Tafel Schokolade ein hoher oder niedriger Preis? Ist das Sonderangebot für einen bestimmten MP3-Player günstig oder nicht? Fragen dieser Art lassen sich nur beantworten, wenn der jeweilige Preis bewusst oder unbewusst mit bestimmten Referenzgrößen verglichen wird (Kotler et al., 2007b, S. 620 ff.). Zu solchen Ankerreizen, die von den Verbrauchern häufig als Indikatoren für eine – häufig ungeprüfte – Preisgünstigkeit herangezogen werden, zählen:

- der zu beurteilende Angebotspreis selbst (am besten knapp unterhalb eines runden Preises, das heißt Beachtung von Preisschwellen)
- die Schriftgröße und Platzierung der Preisangabe (z. B. große Zahlen deuten auf niedrige Preise hin, Preise als Stopper am Regal)
- die Art und Weise der Platzierung des Produktes in der Einkaufsstätte (z. B. unausgepackte bzw. aufgestapelte Ware, Gitterboxen, Turmdisplays usw.)
- die Kennzeichnung als »Sonderangebot«, auf Preisgünstigkeit hinweisende Slogans (»lässt die Preise purzeln«; vgl. Abbildung 7-15)
- Preisbrechersymbole wie Fäuste, Blitze, Sterne, Hämmer usw. sowie Preisgegenüberstellungen auf den Preisschildern.

Ferner fließen auch das Preiswissen und die Preiserfahrungen der Konsumenten als Ergebnisse in der Vergangenheit stattgefundener Lernprozesse in die Beurteilung der Preisgünstigkeit ein. Hierzu zählen früher bezahlte Preise für vergleichbare Produkte, Preisinformationen von Verwandten, Bekannten und aus anderen Referenzquellen (z. B. Verbraucherberatung, Testergebnisse) sowie Erfahrungen über die Preispolitik des Anbieters in der Vergangenheit, die auf das Einzelpreisurteil übertragen werden (Preisimage eines Herstellers bzw. einer Einkaufsstätte).

Die **Beurteilung der Preiswürdigkeit** (Preis im Vergleich zum Nutzen) bezieht sich auf das bereits oben angesprochene Preis-/Leistungsverhältnis einer Sach- oder Dienstleistung. Hierbei geht es also um die Analyse derjenigen Entscheidungsprozesse im Inneren der Konsumenten, die schließlich zum Kauf einer Alternative aus dem konkurrierenden Angebot führen, welche – subjektiv empfunden – das beste Verhältnis zwischen Preis- und Qualität aufweist.

Informationen über die von den Nachfragern verwendeten Urteilstechniken sind für die Anbieter von zentraler Bedeutung, da sie Hinweise auf die Erfolgsaussichten einer Veränderung der Preisforderung oder der Produktleistung liefern. Es existiert eine Vielzahl von Modellen zur Erklärung von Preiswürdigkeitsurteilen, von denen hier nur einige exemplarisch dargestellt werden sollen (vgl. ausführlich Diller, 2008, S. 148 ff.).

Im Rahmen einer **kategorialen Preiswürdigkeitsbeurteilung** werden die objektiven Preise und Qualitäten verschiedener Produkte (metrisches Skalenniveau) in subjektive, kategorial gestufte Empfindungswerte transformiert. Diese werden anschließend miteinander verknüpft. Abbildung 7-16 veranschaulicht diesen Transformationsprozess. Die Steigung der Verbindungslinien bringt dabei die Preiswürdigkeit der beur-

Beurteilung der Preiswürdigkeit berücksichtigt den Nutzen.

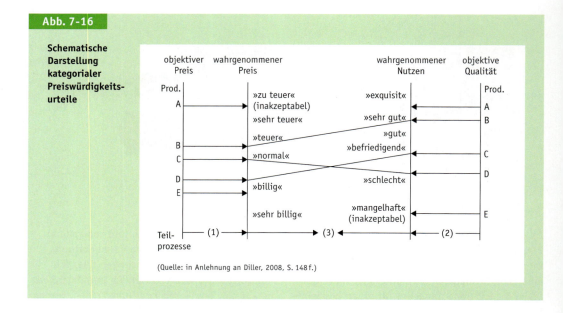

Abb. 7-16

Schematische Darstellung kategorialer Preiswürdigkeitsurteile

(Quelle: in Anlehnung an Diller, 2008, S. 148 f.)

teilten Alternativen zum Ausdruck. Die Alternativen A (»zu teuer«) und E (»mangelhaft«) werden als inakzeptabel betrachtet. Insgesamt ergibt sich die Präferenzrangfolge B > D > C (> = »wird vorgezogen«).

Aufgrund der Vielfalt und Komplexität des Angebots in nahezu allen Warengruppen muss der Konsument seine Kaufentscheidung häufig auf der Basis unvollkommener Qualitätsinformationen treffen. Das wahrgenommene Qualitätsrisiko versucht er zu reduzieren, indem er die Qualität anhand von Indikatoren beurteilt, die ihm leicht zugänglich sind und bei denen er eine enge Beziehung zur »objektiven« Qualität des Erzeugnisses vermutet. Diese Indikatoren werden auch als Schlüsselinformationen bezeichnet, die der Vereinfachung kognitive Wahrnehmungs- und Beurteilungsprozesse dienen (vgl. Kapitel 3.2.2.3).

Zu diesen Qualitätsindikatoren zählen vor allem die Marke und deren Anbieter (z. B. »Persil von Henkel«), das Image der Einkaufsstätte, Testurteile und der Produktpreis. Deshalb nehmen die Nachfrager den Preis und die Qualität eines Erzeugnisses häufig nicht unabhängig voneinander wahr, sondern stufen teure Produkte qualitativ höher ein als billige. Der Verbraucher glaubt in bestimmten Situationen, das Risiko eines Fehlkaufs durch die Wahl eines höherpreisigen Produkts verringern zu können.

Diese **preisabhängige Qualitätsbeurteilung** kann dazu führen, dass die nachgefragte Menge bei einer Preiserhöhung sogar steigt. Die Preis-Absatz-Funktion weist in diesem Fall – zumindest für einen bestimmten Abschnitt – eine positive Steigung auf (vgl. Abbildung 7-17).

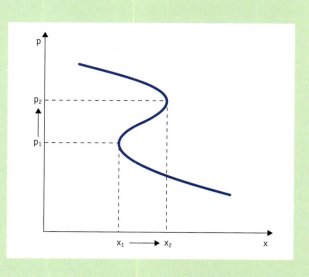

Abb. 7-17

Preis-Absatz-Funktion bei preisabhängiger Qualitätsbeurteilung

7.2 Ansatzpunkte zur Bestimmung des optimalen Angebotspreises

Dem Preis fällt aus folgenden Gründen eine wichtige Rolle als Qualitätsindikator zu (vgl. Simon/Fassnacht, 2009, S. 171 f.):

- Persönliche Erfahrungen der Nachfrager führen häufig zu der Erkenntnis, dass ein hoher Preis mit größerer Wahrscheinlichkeit eine bessere Qualität garantiert als ein niedriger Preis.
- Der Preis ist eine eindimensionale und im Augenblick der Kaufentscheidung zumeist bekannte Größe, sodass sich Produkte bezüglich des Preises problemlos und unmittelbar miteinander vergleichen lassen. Werden Preise ausgehandelt, z. B. bei vielen Investitionsgütern oder auf orientalischen Basaren, fungieren sie in weitaus geringerem Maße als Qualitätsindikator.
- In der Vorstellung vieler Abnehmer steht der Preis in enger Beziehung zu den Kosten, die durch die Herstellung des Produktes angefallen sind. Folglich wird dem Preis als Qualitätsindikator im Allgemeinen mehr geglaubt als z. B. den Aussagen der Werbung (»Was nichts kostet, ist nichts wert.«).

In verschiedenen Experimenten konnte nachgewiesen werden, dass der Preis den Nachfragern häufig als Qualitätsindikator dient. Folgende, sich gegenseitig bedingende Umstände begünstigen die preisabhängige Qualitätsbeurteilung:

- Das Produktwissen der Konsumenten ist gering (z. B. Laie kauft sich erstmals ein Musikinstrument).

> Qualitätsurteile werden durch Produktpreise beeinflusst.

Aus der Wissenschaft

Preisabhängige Qualitätsbeurteilung

Das grundlegende Erklärungskonzept der preisorientierten Qualitätsbeurteilung geht auf die Theorie des wahrgenommenen Kaufrisikos zurück. Dieses Risiko entsteht dadurch, dass Nachfrager aufgrund unvollständiger Informationen unsicher bezüglich der Konsequenzen ihres Handels sind (Hoyer/MacInnis, 2004, S. 68). Das Ausmaß des wahrgenommenen Risikos hängt vor allem von der erwarteten Unannehmlichkeit dieser Konsequenzen und der geschätzten Wahrscheinlichkeit des Auftretens dieser Konsequenzen ab (Peter/Olsen, 2002, S. 77).

Der Preis dient folglich der Risikoreduktion. Konsumenten glauben, durch die Wahl eines höherpreisigen Produktes »auf Nummer sicher« zu gehen. Das subjektiv empfundene Kaufrisiko wird allerdings von einer Vielzahl von Faktoren bestimmt, die mehr oder weniger stark zusammenwirken (Diller, 2008, S. 151).

Dass der Preis nicht nur einen monetären Verlust für den Kunden bedeutet, sondern auch eine Informationsfunktion übernimmt, konnte Völckner (2006) in ihrer Studie am Beispiel von Konfitüre nachweisen. Die empirische Analyse umfasst insgesamt 17 potenzielle Einflussgrößen der preisorientierten Qualitätsbeurteilung sowie deren Interaktionen. Bundesweit wurden 314 haushaltsführende Konsumenten mit Kauferfahrung in der untersuchten Warengruppe befragt. Als abhängige Variable fungierte die Neigung der befragten Personen zur preisorientierten Qualitätsbeurteilung. Diese wurde als Zustimmung zu der Aussage »Bei einer Konfitüre zu einem eher niedrigen Preis bezweifle ich, eine vernünftige Qualität zu bekommen« auf einer 7-Punkte-Ratingskala erfasst. Sämtliche Ausprägungen der potenziellen Einflussgrößen wurden als unabhängige Variablen ebenfalls mittels 7-Punkte-Ratingskala gemessen. Das Qualitätsinteresse und das Exklusivitätsstreben beim Konfitürekauf wurde beispielsweise durch folgende Fragen operationalisiert: »Für mich ist es beim Konfitürekauf wichtig, eine qualitativ hochwertige Konfitüre zu kaufen«; »Zu einem exklusiven Produkt gehört ein hoher Preis«.

Die Ergebnisse der Studie zeigen, dass die Neigung zur preisorientierten Qualitätsbeurteilung vor allem dann stark ausgeprägt ist, wenn die Konsumenten ein hohes Qualitätsinteresse aufweisen, Exklusivität und Prestige relevante Qualitätsdimensionen für die Konsumenten darstellen, der Kenntnisstand in der Produktkategorie gering ist und die wahrgenommenen Qualitätsunterschiede in der Produktkategorie hoch sind. Außerdem konnten Segmente mit unterschiedlich starker Neigung zu preisabhängigen Qualitätsurteilen identifiziert werden. Ein Segment bestand vor allem aus jüngeren, preisorientierten Personen mit geringer Tendenz, den Preis als Qualitätsindikator zu nutzen. Ein zweites Segment zeichnete sich hingegen durch eine signifikant höhere Zahlungsbereitschaft für Konfitüre aus und war durchaus bereit, den Preis zur Beurteilung der Produktqualität heranzuziehen. Diese Käufergruppe hatte in die hochpreisige Marke »Mövenpick« ein signifikant stärkeres Vertrauen und schätzte zudem die Qualität dieser Marke signifikant besser ein als die Qualität anderer Marken (Völckner, 2006, S. 473 ff.).

- Innerhalb einer Produktart existieren viele unterschiedliche Qualitätsabstufungen zwischen den Produkten eines Herstellers bzw. zwischen den Angeboten unterschiedlicher Hersteller (z. B. MP3-Player, Mobilfunktelefone).
- Es stehen keine oder nur wenige andere Qualitätsindikatoren zur Verfügung. Das gilt insbesondere für Produkte, bei denen man die Nutzenstiftung vor bzw. beim Kauf nicht überprüfen kann (z. B. unbekannter Wein im Supermarkt, Buchung einer Fernreise per Katalog).
- Es handelt sich um technisch sehr komplexe Erzeugnisse mit zahlreichen Eigenschaften und deren Ausprägungen (z. B. Fertighäuser).

7.2.3 Wettbewerbsorientierte Festsetzung des Angebotspreises

Auf den meisten Absatzmärkten herrscht heute ein ausgeprägter Wettbewerb. Die Anbieter sind normalerweise in der Lage, die vorhandene Nachfrage auf hohem Niveau, das heißt mit qualitativ hochwertigen und preisgünstigen Produkten, zu befriedigen. Existieren keine oder nur geringe nicht-preisliche Präferenzen der Nachfrager, kann eine Unternehmung ihre Preisforderung nicht ohne Berücksichtigung der Preisforderungen der Konkurrenten festlegen. Der wettbewerbsorientierten Preisbildung kommt folglich eine entsprechende praktische Bedeutung zu.

Konkurrenten sind in diesem Zusammenhang Anbieter von Leistungen, die dem Abnehmer den gleichen bzw. einen ähnlichen Nutzen stiften wie das eigene Produkt. Voraussetzung für eine wettbewerbsorientierte Preisbildung ist folglich die vorherige sachliche Abgrenzung des relevanten Marktes (vgl. Kapitel 1.1).

Die wettbewerbsgerichtete Festsetzung der Preisforderung steht in einem engen Zusammenhang mit den konkurrenzgerichteten Marketingstrategien (vgl. Kapitel 5.2.5). In der klassischen Preistheorie lassen sich drei **preispolitische Verhaltensmuster** in einem Angebotsoligopol (wenige Anbieter, viele Nachfrager) unterscheiden (Gutenberg, 1984, S. 266 f.): wirtschaftsfriedliches Verhalten, Koalitionsverhalten und Kampfverhalten.

Wirtschaftsfriedliches Verhalten liegt vor, wenn die Anbieter ihre preispolitischen Entscheidungen in Einklang mit den Regeln eines »geordneten Preiswettbewerbs« treffen. Preispolitische Maßnahmen zielen hier nicht darauf ab, den Konkurrenten zu schaden, sondern dienen ausschließlich der Realisierung eigener ökonomischer und psychologischer Ziele.

Insbesondere bei Markenprodukten mit ausgeprägter Präferenzwirkung (z. B. Mercedes Benz, Metabo, Robinson Club) verspricht die bewusste Festsetzung der Preisforderung oberhalb des Preisniveaus der Konkurrenten Erfolg. Außerdem kann eine im Vergleich zur Konkurrenz höhere Preisforderung in denjenigen Fällen sinnvoll sein, in denen ein hoher Preis von den Nachfragern als Indikator für eine überdurchschnittliche Qualität angesehen wird (»Gutes hat seinen Preis«) oder gewünschte Prestigeeffekte auslöst (»Das kann sich eben nicht jeder leisten«) (Aus der Praxis 7-6).

Durch Absprachen oder Verträge bilden die Anbieter **Koalitionen** mit dem Ziel, preispolitisch möglichst nicht miteinander zu konkurrieren. Das Wettbewerbsrecht setzt diesem Verhalten jedoch sehr enge Grenzen. Eine Möglichkeit der Absprache ist die freiwillige preisliche Anpassung an einen oder mehrere Preisführer. Sie ist insbesondere sinnvoll für Absatzmärkte mit weitgehend homogenen Produkten (z. B. Konsumgüter wie Zucker und Mehl oder Produktivgüter wie Blech, Kohle, Erdöl). Auf solchen Märkten verfügen die Anbieter über keine oder nur geringfügige Möglichkeiten, auf andere präferenzwirksame Parameter auszuweichen.

Zwei Arten der Preisführerschaft lassen sich in diesem Zusammenhang unterscheiden: Die eine Möglichkeit ist, dass auf dem Markt ein Anbieter oder eine kleine Gruppe von Anbietern mit großer Marktmacht existiert, an denen sich eine größere Zahl von kleineren, marktschwachen Unternehmen in Bezug auf ihre Preisbildung ausrichten. Diese kleinen Anbieter ändern ihre Preise, wenn es der Marktführer tut, und zwar unabhängig von der eigenen Kostensituation. Als zweite Konstellation existiert in einer oligopolähnlichen Angebotssituation eine kleine Gruppe etwa gleich starker Wettbewerber. Bei ähnlicher Kostenstruktur sind alle bemüht, ihre

Preisbestimmung unter Berücksichtigung des Wettbewerbs

7.2 Ansatzpunkte zur Bestimmung des optimalen Angebotspreises

Aus der Praxis – 7-6

Bei der Buchung einer Flugreise hat jeder Nachfrager in der Regel die Wahl zwischen drei Beförderungsklassen (Servicekategorien): Economy, Business oder First Class, wobei die Preisunterschiede in der Regel erheblich sind und dazu dienen, unterschiedliche Kundensegmente anzusprechen. In der Abbildung 7-18 sind als Beispiel die Preise der jeweiligen Klassen für einen Flug der Lufthansa von Frankfurt am Main nach New York und zurück dargestellt.

Dieses Beispiel verdeutlicht, wie groß die Preisunterschiede zwischen einer Standard-, Premium- und Luxusdienstleistung sein können. Derartige Preisunterschiede sind keinesfalls nur auf Qualitätsunterschiede zurückzuführen, da die Beförderungsleistung an sich identisch ist. Lediglich der mit dem Flug verbundene Service und Komfort ist durch die Klassen abgestuft. Betrachtet man die mit der Erbringung der Dienstleistung verbundenen Kosten, rechtfertigen die Mehrleistungen objektiv gesehen keinen Reisepreis, der um das 8-fache oder beim First Class-Ticket um das 14-fache höher liegt. Preisunterschiede beruhen hier eher auf Prestige- und Imageunterschieden.

Reisedaten	Economy Class	Business Class	First Class
Frankfurt – New York Flugdauer: 8 h 15 min	536 €	4458 €	7993 €
	▸ bequeme Sitze ▸ Rückenlehne verstellbar ▸ 2 Hauptspeisen wählbar und große Getränkeauswahl ▸ Filmmonitor	▸ hoher Sitz- und Schlafkomfort ▸ Laptopanschluss ▸ große Auswahl an Speisen und Getränke ▸ Menüzubereitung durch Koch ▸ Film, Konzert, Videospiele	▸ höchster Sitzkomfort ▸ Sitz zum Bett wandelbar ▸ Stromanschluss ▸ breiter Sitzabstand ▸ breiter Gang ▸ Menüzubereitung durch Koch ▸ Film, Konzert, Videospiele

Abb. 7-18: Preisunterschiede in Abhängigkeit der Beförderungsklassen dargestellt am Beispiel eines Lufthansa-Flugs

Preisforderung so festzusetzen, dass jeder der Anbieter einen angemessenen Gewinn realisiert und kein ruinöser Preiswettbewerb ausgelöst wird. Derartige Angebots-Oligopole bestehen in Deutschland beispielsweise bei den Mineralölgesellschaften (Shell, BP/Aral, Esso, Total und JET) sowie bei den Stromanbietern (E.ON, RWE, Vattenfall und EnBW).

Bestimmte Anbieter versuchen, durch preispolitische Maßnahmen ihre Konkurrenten aus dem Markt zu verdrängen. Dieses kämpferische Verhalten führt in der Praxis häufig zu Preiskriegen zwischen den Anbietern. Eine Preisfestsetzung unterhalb der Konkurrenzpreise verspricht immer dann Erfolg, wenn die Nachfrage auf den im Vergleich zur Konkurrenz niedrigeren Preis elastisch genug reagiert, damit die niedrigeren Deckungsbeiträge pro Stück durch die höhere Absatzmenge mehr als ausgeglichen werden können. So genannte Preisbrecher versuchen mit im Vergleich zur Konkurrenz gleicher oder geringfügig schlechterer Leistung und einem niedrigeren Preis, die Nachfrage auf sich zu lenken.

Preisaggressives Verhalten lässt sich auch häufig beobachten, wenn Anbieter mit ihrem Produkt neu in einen Markt drängen, der bereits von anderen Anbietern erfolgreich bearbeitet wird (Aus der Praxis 7-7). Diese Vorgehensweise ist etwa typisch für den Eintritt chinesischer Automobilhersteller in den europäischen Markt. Sie versuchen mit Erfolg, über eine sehr attraktive Preisstellung systematisch Marktanteile zu erobern.

»Aggressive« Preispolitik

Aus der Praxis – 7-7

Obwohl in Deutschland nur ein Apotheker eine Apotheke besitzen und maximal vier Geschäfte betreiben darf, können Verbraucher trotzdem Medikamente günstig einkaufen. Längst gibt es frei verkäufliche Arzneimittel wie auch rezeptpflichtige Medikamente bei Versandapotheken im Internet, die mit Rabatten von bis zu 50 Prozent werben. Günstiger sind Arzneimittel aber auch bei den Apotheken, die Partner von Versendern sind und mit einheitlicher Einrichtung und Logo wie Ketten auftreten. Dazu zählen etwa die Partner von Doc Morris und Easy. Auch die Drogeriemarktketten dm und Schlecker kooperieren mit Internet-Anbietern. Die Europa-Apotheke Venlo ist dm-Partner, Vitalsana arbeitet mit Schlecker zusammen. Beide haben ihren Sitz in den Niederlanden. Schlecker verfügt in den eigenen Drogeriemarkt über eine Station, an der Kunden ihren Bestellschein oder ein Rezept abgeben und die Sendung, wenn sie nicht nach Hause geliefert werden soll, zwei Tage später bei Vorlage ihres Ausweises im Laden wieder abholen können – ähnlich wie beim Fotoservice (Kirchhoff, 2009).

Die preisliche Unterbietung von Konkurrenten ist jedoch mit erheblichen Gefahren verbunden (Aus der Praxis 7-8):

- Aggressive Preissenkungen haben oft gleichgerichtete Reaktionen der Konkurrenten zur Folge, sodass ein für alle Anbieter ruinöser Preiswettbewerb ausgelöst werden kann.
- Preissenkungen sind in der Regel nur schwer rückgängig zu machen, da die Nachfrager häufig nicht gewillt sind, spätere Preiserhöhungen zu akzeptieren.
- Wird der Preis von den Nachfragern als Indikator für die Beurteilung der Produktqualität herangezogen, führen Preissenkungen nicht zwangsläufig zu steigendem Absatz.

Mögliche negative Folgen von Preiskämpfen sind nicht nur erhebliche Ertragseinbußen einzelner Anbieter, sondern es besteht die Gefahr, dass das Preisniveau auf dem gesamten Absatzmarkt einbricht. Folglich sollten sich die Anbieter gut überlegen, ob sie ihre Preispolitik einsetzen, um andere Anbieter systematisch zu bekämpfen. Verschiedene Verhaltensweisen sind zur Vermeidung von Preiskämpfen geeignet (Rao et al., 2000, S. 107 ff.): Der Anbieter sollte schnelle Überreaktionen vermeiden, wenn Konkurrenten ihre Preise senken. Sinnvoll ist es auch, vor eigenen Preissenkungen zu überlegen, wie die Wettbewerber voraussichtlich darauf reagieren werden. Preiskämpfe lassen sich auch dadurch vermeiden, dass die Höhe der eigenen Preise durch geeignete Maßnahmen verschleiert wird (z. B. durch Preisbündelung bei komplexen Dienstleistungen, vgl. hierzu Kapitel 7.3). Schließlich kann der Anbieter auch über die Einführung von Zweitmarken nachdenken, die er preisaggressiver auf dem Absatzmarkt anbieten kann als seine Hauptmarke.

7.2.4 Integrative Bestimmung des optimalen Angebotspreises

Die Ausführungen zeigen, dass die Gestaltung der optimalen Preisforderung je nach Unternehmens- und Marktsituation gleichermaßen von der Kostensituation sowie vom Verhalten der Nachfrager und Konkurrenten abhängt. Man

Aus der Praxis – 7-8

Aufgrund der Wirtschaftskrise treten die großen Sportartikelhersteller zurzeit auf die Bremse. Sie schließen unrentable Geschäfte, kündigen Sponsorenverträge und entlassen Mitarbeiter. Um nicht auf der Ware sitzen zu bleiben, senken Produzenten und Händler ihre Preise und liefern sich wahre Rabattschlachten. Das wirkt sich natürlich auf die Erlöse aus: Fast alle großen Sportkonzerne verbuchten einen deutlich niedrigeren Gewinn. Selbst die deutschen Vorzeige-Marken Puma oder Adidas konnten sich nur knapp in den schwarzen Zahlen halten (Hofer, 2009).

spricht deshalb auch vom **magischen Dreieck der Preispolitik**. In Abhängigkeit von den spezifischen, während des Entscheidungszeitraums herrschenden Umständen besitzt das eine oder das andere Preisbildungsprinzip Priorität.

In der Praxis sind außerdem vielfach produktionstechnische, finanzwirtschaftliche oder auch marketingstrategische Aspekte bei der Preisfestsetzung zu berücksichtigen. Beispielsweise ist es denkbar, dass für ein bestimmtes Produkt ein Höchstpreis nicht überschritten bzw. ein Mindestpreis nicht unterschritten werden darf, um Kannibalisierungseffekte innerhalb der Produktlinie zu vermeiden. Vielfach soll eine bestimmte Absatzmenge aufgrund der vorher geplanten Kapazitätsauslastung nicht überschritten werden.

Die simultane Berücksichtigung der verschiedenen Prinzipien zur Bestimmung der optimalen Preisforderung lässt sich abschließend anhand der Abbildung 7-19 verdeutlichen. Controlling bzw. Rechnungswesen haben den besten Überblick über die Kosten- und Ertragssituation des Unternehmens. Dieser Funktionsbereich formuliert etwa die Vorgabe, dass ein bestimmter Deckungsbeitrag für ein Produkt erzielt werden muss. Die Marketingabteilung des Unternehmens beschafft beispielsweise durch Befragung der Zielgruppe Informationen über deren Preisbereitschaft und Nutzenerwartungen. Während das Marketing die Konkurrenzpreise ermittelt, können die F & E-Abteilung bzw. die Produktionsabteilung die Produktvorteile und Produktnachteile der im Wettbewerb stehenden Alternativen monetär bewerten, sodass ein »objektiver« Preisvergleich zwischen den eigenen und den Konkurrenzprodukten möglich ist. Die beteiligten Abteilungen ermitteln dann in einem engen, permanenten Abstimmungsprozess die optimale Preisforderung für das betreffende Produkt.

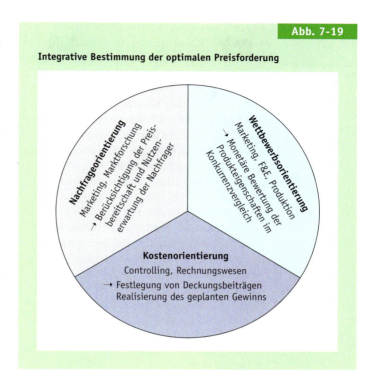

Abb. 7-19 Integrative Bestimmung der optimalen Preisforderung

7.3 Preisdifferenzierung

Häufig reagieren die Nachfrager auf bestimmte Marketingmaßnahmen, z. B. auf den Angebotspreis, unterschiedlich. Unter solchen Umständen ist es sinnvoll, für Nachfragergruppen mit ähnlicher Reaktion alternative Ausprägungen der absatzpolitischen Instrumente, z. B. unterschiedliche Preisforderungen, zu wählen. Die Differenzierung der Verkaufspreise nach sachrelevanten Kriterien ist ein in Praxis verbreitetes Vorgehen. Allgemein liegt eine solche **Preisdifferenzierung** vor, wenn ein Anbieter seinen Abnehmern eine gleichartige Sach- oder Dienstleistung bewusst und systematisch zu unterschiedlichen Preisen anbietet (Diller, 2008, S. 227; Fassnacht, 2003, S. 485). Bei einer Preisdifferenzierung handelt es sich folglich um eine **Marktsegmentierung** (vgl. Kapitel 5.2.3), bei der die Abnehmer zu Gruppen zusammengefasst werden, die auf bestimmte Preisforderungen unterschiedlich reagieren.

Das grundlegende **Ziel der Preisdifferenzierung** besteht darin, das vorhandene Marktpotenzial dadurch möglichst optimal auszuschöpfen, dass man die unterschiedlichen Preisbereitschaften von Konsumentengruppen bei der Preisgestaltung berücksichtigt, um dadurch den

7.3 Preispolitik
Preisdifferenzierung

Differenzierte Preisforderungen zur Abschöpfung der »Konsumentenrente«

Unternehmensgewinn zu erhöhen. Eine Verbesserung der Erlössituation lässt sich folglich dadurch erreichen, dass die so genannte »Konsumentenrente« abgeschöpft wird. Diese ergibt sich, wenn der Anbieter seinen Kunden ein Produkt zu einem Preis anbietet, welcher der maximalen Preisbereitschaft des Kunden für das Produkt entspricht. Die Konsumentenrente ergibt sich als Differenz zwischen der maximalen Preisbereitschaft eines Kunden bzw. einer Kundengruppe und dem tatsächlich geforderten Preis (Homburg/Krohmer, 2006, S. 725).

Wie es einem Anbieter gelingt, die Konsumentenrente mittels Preisdifferenzierung abzuschöpfen, veranschaulicht das Beispiel in der Abbildung 7-20. Angenommen werden ein Angebotsmonopol sowie eine lineare Preis-Absatz-Funktion. Außerdem sind die Grenzkosten konstant, und zusätzliche Kosten, die aufgrund der Preisdifferenzierung anfallen, werden hier vernachlässigt. Schließlich wird in dem vorliegenden Beispiel davon ausgegangen, dass keine Fixkosten anfallen.

Dem Anbieter sind die Preis-Absatz-Funktion und die Kostenfunktion für sein Produkt bekannt:

Preis-Absatz-Funktion: $x = 140 - 20p$
Kostenfunktion: $K = 2x$.

Verzichtet der Anbieter auf eine Preisdifferenzierung, wird für alle Kunden ein einheitlicher Preis gefordert. Dieser so genannte **Cournot-Preis** ($P_C = 4{,}50$) liegt genau in der Mitte zwischen dem Maximalpreis (hier: 7 €) und den Grenzkosten ($K' = 2$ €). Zum Einheitspreis P_C kann der Anbieter 50 Einheiten absetzen, was zu einem Umsatz von 225 € sowie zu Kosten von 100 € führt. Der Gewinn des Anbieters beträgt folglich 125 €, er entspricht der dunkelgrauen Fläche in Abbildung 7-20.

Umsatz	=	225,00 €
– Kosten 50 Stück zu 2,– €	=	– 100,00 €
Gewinn	=	125,00 €

Diesen Gewinn kann der Anbieter jedoch erhöhen, wenn er zwei Gruppen von Nachfragern durch eine Preisdifferenzierung besser erschließt, und zwar erstens die Nachfrager, die bereit wären, einen höheren Preis als den Einheitspreis für das Produkt zu bezahlen, und zweitens die Nachfrager, die das Produkt zum Einheitspreis nicht kaufen, weil ihre Preisbereitschaft unter dem Einheitspreis liegt (Meffert et al., 2008, S. 510). Gelingt es dem Anbieter beispielsweise, bei denjenigen Nachfragern, die auch bereit wären, 5,75 € pro Stück zu bezahlen, diesen erhöhten Preis durchzusetzen, erhöht sich der Gewinn um 31,25 €, wie folgende Rechnung zeigt:

Umsatz I: 25 Stück zu 4,50 €	=	112,50 €
Umsatz II: 25 Stück zu 5,75 €	=	143,75 €
Gesamtumsatz	=	256,25 €
– Kosten 50 Stück zu 2,– €	=	– 100,00 €
Gewinn	=	156,25 €

Die Gewinnsituation lässt sich weiter verbessern, wenn die Unternehmung zusätzlich die Kundengruppe bedient, die nur einen Preis unterhalb von 4,50 € akzeptiert. Werden beispielsweise auch die Kunden mit einer maximalen Preisbereitschaft von 3,25 € im Rahmen der Preisdifferenzierung berücksichtigt, erhöht sich der Gewinn insgesamt um 62,50 € im Vergleich zu einer Situation ohne Preisdifferenzierung.

Umsatz I: 25 Stück zu 3,25 €	=	81,25 €
Umsatz II: 25 Stück zu 4,50 €	=	112,50 €
Umsatz III: 25 Stück zu 5,75 €	=	143,75 €
Gesamtumsatz	=	337,50 €
– Kosten 75 Stück zu 2,– €	=	– 150,00 €
Gewinn	=	187,50 €

Der Anbieter erzielt also dadurch einen zusätzlichen Gewinn, dass er einerseits die Konsumentenrente bei Nachfragern abschöpft, deren Preisbereitschaft über dem Einheitspreis liegt, und andererseits auch an Nachfrager verkauft, deren maximale Preisbereitschaft unter dem Einheitspreis liegt. Der durch die Preisbereitschaft erzielte Zusatzgewinn ist in der Abbildung 7-20 durch die hellgrauen Flächen gekennzeichnet.

Ein Extremfall bezüglich der Preisdifferenzierung liegt dann vor, wenn der betrachtete Anbieter jedem Nachfrager das Produkt zu einem Preis verkauft, welcher exakt mit dessen maximaler Preisbereitschaft übereinstimmt. In einer derartigen Situation entspricht der abgeschöpfte Gewinn der gesamten Fläche des Dreiecks oberhalb der Grenzkosten- und unterhalb der Preis-Absatz-Funktion in der Abbildung 7-20. Ein Beispiel für diese vollständige Preisdifferenzierung ist der so genannte »orientalische Basar«, bei dem der Händler jeden Kunden individuell einschätzt und dann seinen Preis festsetzt. In mehr oder weniger langwierigen Verhandlungen wird dann versucht, die Preisforderung des Anbieters und die Preisbereitschaft des Kunden in Übereinstimmung zu bringen.

Eine derartige **individualisierte Preisdifferenzierung,** die auch als »perfekte« Preisdifferenzierung bezeichnet wird (Pechtl, 2005, S. 228), setzt voraus, dass die Zahlungsbereitschaft jedes einzelnen Nachfragers bekannt ist. Beispiele hierfür sind Preisverhandlungen und Auktionen (Simon/Fassnacht, 2009, S. 265). So kommt der Preis für den Bau eines exklusiven Einfamilienhauses in der Regel nicht durch Festsetzung seitens des Anbieters zu Stande, sondern wird zwischen dem Bauträger bzw. Architekten einerseits und dem Bauherrn andererseits frei ausgehandelt. Auch Auktionen im Internet (z. B. bei eBay) führen zu individuellen Preisen, wenn das gleiche Produkt mehrmals an verschiedene Käufer mit unterschiedlicher Preisbereitschaft versteigert wird.

Um eine Preisdifferenzierung erfolgreich durchführen zu können, müssen die folgenden **Voraussetzungen** erfüllt sein (vgl. Diller, 2008, S. 232; Meffert et al., 2008, S. 514).

▸ Die Gesamtheit der Nachfrager muss sich in mindestens zwei Segmente aufspalten lassen, die auf bestimmte Preisforderungen des Anbieters unterschiedlich reagieren. Um diese Segmente erfolgreich mittels differenzierter Preise bearbeiten zu können, müssen jedoch valide Kriterien zur Segmentierung der Nachfrager vorliegen. In der Praxis tritt aber häufig die Schwierigkeit auf, dass zwar Abnehmergruppen mit unterschiedlichen Preisbereitschaften existieren, es aber nicht gelingt, diese Segmente anhand geeigneter Kriterien zu beschreiben. Die fehlende »Ansteuerbarkeit« der Segmente verhindert in diesen Fällen deren differenzierte preispolitische Bearbeitung (zu den Segmentierungskriterien vgl. Kapitel 5.2.3).

▸ Die identifizierten Segmente mit unterschiedlicher Preisbereitschaft müssen voneinander getrennt bearbeitet werden können, das heißt, es darf kein Austausch zwischen ihnen erfolgen (isolierbare Teilmärkte). Diese Voraussetzung ist erfüllt, wenn entweder die Markttransparenz der Abnehmer unvollkommen ist oder die Arbitragekosten (z. B. Transportkosten) die Preisunterschiede ausgleichen. Beispielsweise gelingt es den Anbietern von Versicherungsleistungen aufgrund der Komplexität vieler Tarife, ihren Kunden (nahezu) identische Angebote zu unterschiedlichen Preisen zu verkaufen. Obwohl die Benzinpreise zeitweise regional stark differieren, wird dieser Unterschied von den Autofahrern nur dann ausgenutzt, wenn die Ersparnis beim Tanken größer ist als die Kosten, welche aufgrund der Fahrt in eine Region mit günstigeren Benzinpreisen anfallen.

▸ Die Konkurrenzsituation auf den einzelnen Teilmärkten muss die Durchsetzung der jeweiligen Preisforderung zulassen. Die Möglichkeit für eine Preisdifferenzierung ist also immer dann gegeben, wenn der Anbieter in dem entsprechenden Teilmarkt über einen gewissen monopolistischen Preisspielraum verfügt, der verhindert, dass die Nachfrager bei einer Abweichung vom Preis der Konkurrenz sofort abwandern.

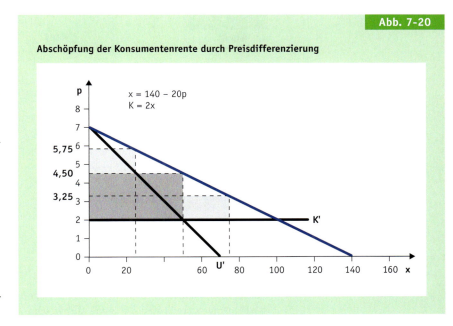

Abb. 7-20

Abschöpfung der Konsumentenrente durch Preisdifferenzierung

$x = 140 - 20p$
$K = 2x$

Voraussetzungen der Preisdifferenzierung

7.3 Preispolitik
Preisdifferenzierung

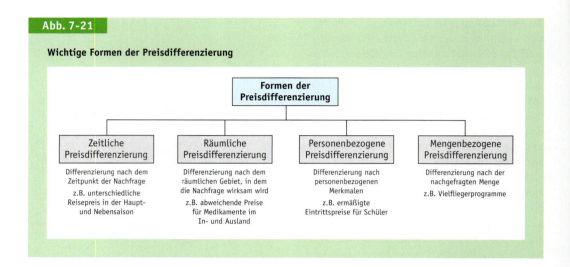

Abb. 7-21 Wichtige Formen der Preisdifferenzierung

Formen der Preisdifferenzierung

Ausgehend von diesen vorwiegend theoretischen Ausführungen stellt sich die Frage, auf welche Weise sich eine Preisdifferenzierung in der Marketingpraxis realisieren lässt. Im Laufe der Zeit haben sich verschiedene **Formen der Preisdifferenzierung** herausgebildet. Zu den wichtigsten Formen zählen die zeitliche und räumliche sowie die personen- und mengenbezogene Preisdifferenzierung (Homburg/Krohmer, 2009, S. 215 f.; Bruhn, 2009, S. 173 f.). Die Abbildung 7-21 gibt einen Überblick über diese praxisrelevanten Formen der Preisdifferenzierung.

Eine **zeitliche Preisdifferenzierung** liegt vor, wenn Sach- oder Dienstleistungen in Abhängigkeit vom Zeitpunkt der Nachfrage zu unterschiedlichen Preisen angeboten werden. Absatzwirtschaftliches Ziel dieser Maßnahme ist vor allem die Steuerung der Nachfrage in zeitlicher Hinsicht, was bedeutet, dass die zeitlichen Präferenzen der Nachfrager bei der Preisgestaltung berücksichtigt werden. Ferner gelingt es auch, Spitzenbelastungen der Unternehmenskapazitäten durch die preisbedingte Nachfragesteuerung zu vermeiden bzw. gleichmäßigere Kapazitätsauslastungen zu erreichen. Häufig setzen die Anbieter zeitliche Preisdifferenzierungen **zyklisch** ein, und zwar:

▶ im Jahresablauf (z. B. unterschiedliche Preise für Heizöl im Sommer und Winter, Urlaubsreisen in der Haupt- und Nebensaison),
▶ im Monatsablauf (z. B. verbilligter Einkauf am letzten Samstag des Monats),
▶ im Wochenablauf (verbilligter Besuchstag im Kino, verbilligte Übernachtungen am Wochenende in Hotels für Geschäftsreisende),
▶ im Tagesablauf (Mittagskarte im Restaurant oder »Happy Hour« in einer Bar, Nachttarife in der Energieversorgung, unterschiedliche Preise für TV-Werbespots in Abhängigkeit von der Sendezeit).

Die zeitliche Preisdifferenzierung spielt insbesondere im Dienstleistungsbereich eine herausragende Rolle. Als Begründung hierfür dient der

Abb. 7-22

Zeitliche Preisdifferenzierung für eine Ferienwohnung

Preise

Saison	Zeitraum	Preis	Preis-Ersparnis
Hauptsaison	04.07.2009 – 08.08.2009	850,00 EUR/Woche	
Zwischensaison	20.06.2009 – 04.07.2009 08.08.2009 – 22.08.2009 26.12.2009 – 02.01.2010	729,00 EUR/Woche	15 %
Nebensaison	02.01.2010 – 09.01.2010	270,00 EUR/Woche	69 %
Weitere Saison	06.06.2009 – 20.06.2009 22.08.2009 – 05.09.2009 10.10.2009 – 24.10.2009 19.12.2009 – 26.12.2009	519,00 EUR/Woche	39 %
Weitere Saison	04.04.2009 – 06.06.2009 05.09.2009 – 10.10.2009	370,00 EUR/Woche	57 %
Weitere Saison	24.10.2009 – 19.12.2009	299,00 EUR/Woche	65 %

Sachverhalt, dass Dienstleistungen nicht transportiert bzw. gelagert werden können (vgl. Kapitel 1.3.3). Leistungserstellung und Inanspruchnahme der Leistung fallen zeitlich zusammen, folglich sind Maßnahmen zur Nachfragesteuerung besonders wichtig (Aus der Praxis 7-9). Ferner ist im Dienstleistungsbereich die effektive Trennung der Marktsegmente oft problemlos möglich. Eine zeitliche Arbitrage scheidet in vielen Fällen grundsätzlich aus, sodass die preisbezogene Segmentierung voll wirksam wird. Beispielsweise haben Familien mit schulpflichtigen Kindern aufgrund starrer Schulferienregelungen kaum eine Möglichkeit, in den Genuss günstiger Vor- und Nachsaisonpreise bei Pauschalreisen zu kommen. So verlangen beispielsweise die Anbieter von Hotelzimmern und Ferienwohnungen unterschiedliche Übernachtungspreise in Anhängigkeit des gebuchten Zeitraums. Die Abbildung 7-22 beinhaltet als Beispiel sechs zeitlich differenzierte Preisforderungen für eine Ferienwohnung unter Angabe der Ersparnis zwischen den Saisonzeiten. So lässt sich bei einem einwöchigen Urlaub, der in der Nebensaison gebucht wird, bis zu 69 % gegenüber dem Preis in der Hauptsaison sparen.

Eine **räumliche Preisdifferenzierung** liegt vor, wenn Sach- oder Dienstleistungen auf geografisch abgegrenzten Teilmärkten zu unterschiedlichen Preisen angeboten werden. Die Differenzierung der Preise in Abhängigkeit des geografischen Absatzgebietes kann sich auf unterschiedliche Regionen des Binnenmarktes (z. B. anderer Preis in Westdeutschland als in Ostdeutschland) oder auf verschiedene Ländermärkte beziehen. Diese internationale Variante der räumlichen Preisdifferenzierung trägt unter anderem der Einkommenssituation, den steuerlichen Rahmenbedingungen sowie der Wettbewerbssituation eines bestimmten Landes Rech-

> Unterschiedliche Preise auf geografisch abgegrenzten Teilmärkten

Aus der Praxis – 7-9

Eine interessante Weiterentwicklung der zeitlichen Preisdifferenzierung bei Dienstleistungsunternehmen stellt das so genannte **»Yield Management«** dar. Hierbei handelt es sich um die ertragsorientierte, zumeist elektronisch unterstützte Steuerung der Angebotsmengen sowie der dazugehörigen Preise von Dienstleistungen (Diller, 2008, S. 497), die in der Regel im Voraus gebucht werden (z. B. Flüge, Hotelzimmer, Mietwagen) und die Kundengruppen mit unterschiedlicher Preisbereitschaft sowie unterschiedlichen zeitlichen Präferenzen nachfragen (z. B. Geschäftsreisende, Privatreisende). Das grundlegende Ziel des Yield Managements besteht darin, durch die Festlegung differenzierter Preis- und Kapazitätsstrukturen höhere Gewinne als bei vergleichsweise einfachen Preissystemen zu erwirtschaften (Pechtl, 2005, S. 250). Der Anbieter versucht folglich, seinen Ertrag je verfügbarer Kapazitätseinheit (z. B. Hotelzimmer, Sitzplatz im Flugzeug) zu maximieren (Tscheulin/Lindenmeier, 2003, S. 630).

Wie Yield Management in der Praxis funktioniert, lässt sich am Beispiel von Flugreisen verdeutlichen: Die Kapazität einer Fluggesellschaft, die in bestimmten Zeitabständen eine bestimmte Flugstrecke bedient, ist kurzfristig nicht veränderbar. Außerdem erfolgt die Leistungserstellung »blockweise«, das heißt, die gesamte Kapazität, beispielsweise 300 Sitzplätze, wird gemäß Flugplan zu einem bestimmten Zeitpunkt zur Verfügung gestellt. Wenn die Kapazität noch nicht ausgelastet ist, sind die Kosten, die durch die Beförderung eines zusätzlichen Fluggasts entstehen (Grenzkosten), vergleichsweise gering. Die Fluggesellschaft kann ihren Ertrag pro Sitzplatz beispielsweise dadurch erhöhen, dass sie die Gesamtkapazität in verschiedene »Kontingente« aufteilt. Sie reserviert etwa von den 300 verfügbaren Sitzplätzen 100 für Frühbucher, die das Ticket zu einem Frühbucherrabatt erhalten, 120 für Reisegesellschaften sowie die letzten 80 für Normalbucher, die das Ticket zum Normalpreis kaufen müssen (Pechtl, 2005, S. 251). Die Stornierung eines Flugs bedeutet, dass ein Sitzplatz, der bisher belegt war, nun wieder frei ist. Diesen Sitzplatz verkauft die Fluggesellschaft dann als »Last Minute«-Angebot zu einem sehr günstigen Preis über entsprechende Distributionskanäle.

7.3 Preispolitik
Preisdifferenzierung

Abb. 7-23

Beispiel für eine internationale Preisdifferenzierung

Auto und Modell	Deutschland Preis in Euro	USA Preis in US-Dollar	USA Preis in Euro*	Preisvorteil in den USA
BMW X6	58.900	55.900	40.250	32 %
Audi Q7	51.750	43.500	31.325	39 %
Mercedes-Benz M-Klasse	52.540	44.600	32.120	39 %
VW Touareg	48.650	39.300	28.300	42 %
Porsche Cayenne	52.900	45.000	32.400	39 %

* Wechselkurs 26.05.2009: 1,39 US$ je €

(Quelle: Preislisten der Hersteller)

Nach Käufergruppen differenzierte Preisforderungen

nung und steht in engem Zusammenhang mit den Entscheidungen im Rahmen der Marktarealstrategie (vgl. Kapitel 5.2.4). Die Abbildung 7-23 beinhaltet ein Beispiel für die internationale Preisdifferenzierung in der Automobilbranche. Aufgelistet sind der in Deutschland angegebene Preis inklusive 19 Prozent Mehrwertsteuer für das jeweilige Modell in der Basisausstattung sowie für vergleichbare Modellvarianten, wie sie in den USA als unverbindliche Preisangaben in US-Dollar erhältlich sind. Die Umrechnung von US-Dollar in Euro liefert dann den Preisvorteil in Prozent.

Die räumliche Preisdifferenzierung ist für viele Produkte sinnvoll, da räumliche Entfernungen oder Staatsgrenzen als »natürliche« Hemmnisse den Wechsel in einen anderen Teilmarkt verhindern. Zusätzliche Barrieren können durch vertragliche Regelungen wie beispielsweise Reimportverbote zusätzlich errichtet werden. Sind die Arbitragekosten für den Abnehmer größer als die Preisunterschiede zwischen den räumlich getrennten Absatzgebieten, ist die Preisdifferenzierung in der Regel erfolgreich. Allenfalls in den Randgebieten wechseln die Abnehmer dann in einen preisgünstigeren räumlichen Teilmarkt.

Durch die zunehmende Bedeutung des elektronischen Handels (E-Commerce) ergeben sich für die Anbieter von Produkten und Dienstleistungen zunehmend Probleme bei der Durchsetzung räumlicher Preisdifferenzierungen. Viele Kunden überwinden heute mittels Internet problemlos die regionalen bzw. nationalen Grenzen auf der Suche nach geeigneten Angeboten. Die Kosten, die dem Abnehmer durch den Wechsel von einem räumlichen Teilmarkt in einen anderen entstehen, reduzieren sich durch das Internet auf ein Minimum. Räumliche Preisdifferenzierungen vieler Anbieter, die beispielsweise für den stationären Handel erfolgreich sind (z. B. teurer Verkauf regionaler Spezialitäten an Touristen), lassen sich auf den elektronischen Handel nicht bzw. nur teilweise übertragen. Auch Sprach- und Währungsgrenzen verlieren im Rahmen des elektronischen Handels langsam an Bedeutung und erschweren auf diese Weise die Durchsetzung einer räumlichen Preisdifferenzierung. Immer mehr Anbieter offerieren ihre Angebote im Internet in mehreren Sprachen, und die europäische Gemeinschaftswährung trägt zu einer besseren internationalen Vergleichbarkeit von Produktpreisen bei.

Bei einer **personenbezogenen Preisdifferenzierung** fordert eine Unternehmung für gleichartige Produkte bzw. Dienstleistungen von nach bestimmten Kriterien getrennten Käufergruppen unterschiedliche Preise. Die Segmente, welche preispolitisch differenziert angesprochen werden sollen, werden vor allem auf der Grundlage sozioökonomischer oder verhaltensbezogener Merkmale gebildet. Hierzu zählen unter anderem (Simon/Fassnacht, 2009, S. 274 f.):

- das Lebensalter (z. B. ermäßigte Eintritts-, Beförderungs- oder Reisepreise für Kinder, Jugendliche und Senioren)
- die Einkommens- bzw. Ausbildungssituation (z. B. unterschiedliche Arzthonorare für Privat- oder Kassenpatienten, ermäßigte Zeitungsabonnements für Studenten)
- berufliche Merkmale (z. B. besondere Versicherungstarife für Angehörige des öffentlichen Dienstes, Vorzugspreise bei Büchern oder Computern für Dozenten, Sonderpreise für Betriebsangehörige)
- die Zugehörigkeit zu einer bestimmten Gruppe (z. B. Vorzugspreise für ADAC-Mitglieder, Mitglieder von Genossenschaften)
- Zugangsberechtigungen, die im Allgemeinen durch die Zahlung einer Gebühr erworben werden können (z. B. ermäßigte Preise durch die Bahncard der Bundesbahn, durch Kurkarten in Kurorten).

7.3 Preisdifferenzierung

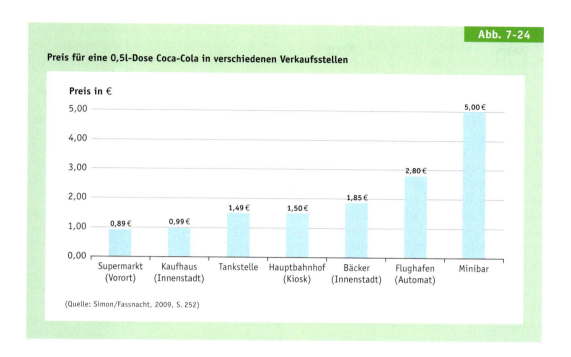

Abb. 7-24 Preis für eine 0,5l-Dose Coca-Cola in verschiedenen Verkaufsstellen

(Quelle: Simon/Fassnacht, 2009, S. 252)

Häufig ist es sinnvoll, die Preisdifferenzierung nach Käufergruppen an distributionspolitische Maßnahmen zu koppeln. So versuchen insbesondere viele Konsumgüterhersteller mit indirektem Absatz (vgl. Kapitel 9.2), unterschiedliche Preisbereitschaften bestimmter Käufergruppen durch die Nutzung verschiedener Distributionskanäle auszunutzen. Die Abbildung 7-24 enthält die verschiedenen Preise für eine 0,5l-Flasche Coca-Cola in Abhängigkeit der Verkaufsstellen einer deutschen Großstadt. Die Differenz zwischen dem niedrigsten und dem höchsten Preis beträgt mehr als 500 Prozent.

Eine weitere Möglichkeit ist die **mengenbezogene Preisdifferenzierung**, bei der Sach- oder Dienstleistungen in Abhängigkeit von der nachgefragten Menge zu unterschiedlichen Preisen angeboten werden (Aus der Praxis 7-10). Grundlage dieser Form der Preisdifferenzierung ist das Erste Gossensche Gesetz, welches aussagt, dass der Grenznutzen eines Produktes mit zunehmender Menge sinkt, das heißt, jede zu-

Mengenabhängige Preisforderungen

Aus der Praxis – 7-10

Die meisten größeren Fluggesellschaften bieten seit Jahren so genannte Viel-Flieger-Programme an. Diese mengenbezogene Preisdifferenzierung zielte früher ausschließlich auf Geschäftsleute ab, ist heute jedoch auch auf den privaten Urlauber ausgerichtet. Weil die Prämien auf Meilen gegeben werden und nicht auf den Flugpreis, kann man auch für preiswerte Tickets die vollständigen Meilen sammeln und einen Freiflug als Belohnung erhalten. Durch die drei großen Luftfahrtallianzen Star Alliance, Oneworld und Skyteam ist es möglich, einem Vielflieger-Club beizutreten, um nicht an eine einzige Fluggesellschaft gebunden zu sein. Jede Airline honoriert die in Anspruch genommenen Dienstleistungen aller anderen Mitglieder, und die geflogenen Meilen werden auf einem Bonuskonto gut geschrieben. So ist beispielsweise die deutsche Fluggesellschaft »Lufthansa« der Star Alliance beigetreten und bietet mit Miles & More neben den eigentlichen Flugmeilen auch weitere Prämienpunkte für Hotelübernachtungen und Mietwagenbuchungen an.

7.3 Preispolitik
Preisdifferenzierung

sätzliche Einheit bringt dem Nachfrager einen geringeren Zuwachs an Nutzenstiftung (Simon/Fassnacht, 2009, S. 267).

Die mengenmäßige Preisdifferenzierung ist insbesondere bei den Anbietern von Investitionsgütern und beim Verkauf des Handels an produktive Verwender oder Wiederverkäufer von besonderer Bedeutung. Großabnehmer erhalten Preisnachlässe vor allem bei Grundstoffen wie Kohle, Erdöl oder Chemikalien. Aber auch im Konsumgüter- und Dienstleistungsbereich kommt der Preisdifferenzierung nach Abnahmemengen eine gewisse Bedeutung zu (z. B. Gruppenermäßigungen bei der Bahn, bei Reiseveranstaltern). Die Preisdifferenzierung nach Abnahmemengen entspricht praktisch dem Mengenrabatt (vgl. Kapitel 7.5.1). Auf der Grundlage einer Rabattstaffel gewährt der Anbieter dem Abnehmer Rabattsätze, die mit zunehmender Absatzmenge bzw. zunehmendem Umsatz steigen. Der vom Abnehmer zu zahlende Durchschnittpreis sinkt also, wenn die gekaufte Menge steigt.

Mindermengenzuschläge gehören ebenfalls zur mengenbezogenen Preisdifferenzierung (Possmeier, 2000, S. 103). Der Anbieter erhebt hier einen Zuschlag, wenn eine bestimmte Mindest- oder Standardgröße (z. B. Charge, Palette) des Auftrags unterschritten wird. Begründen lässt sich der Mindermengenzuschlag damit, dass dem Anbieter kleinerer Aufträge höhere Stückkosten entstehen als bei einem Standardauftrag (Pechtl, 2005, S. 212).

Eine Sonderform der Preisdifferenzierung ist die so genannte **Preisbündelung** (»Bundling«). Darunter versteht man das kombinierte Angebot von zwei oder mehreren Leistungen zu einem Gesamtpreis. Das bedeutet, dass jedes Unternehmen, welches mehr als ein Produkt anbietet, überlegen muss, ob die verschiedenen Produkte getrennt angeboten (Formulierung produktspezifischer Preisforderungen) oder aber zusammen als »Paket« zu einem so genannten »Bündelpreis« verkauft werden sollen. In der Marketingpraxis lassen sich zahlreiche Realisierungen von Preisbündelungen beobachten. Beispielsweise verkaufen viele Computerhersteller und -händler verschiedene Hardware-Komponenten (z. B. PC, Monitor, Drucker, Scanner) als Bündel zu einem Preis, der deutlich unter der Summe der Einzelpreise liegt. Auch Fast-Food-Ketten wie McDonald's oder Burger King nutzen die Preisbündelung, indem sie aus verschiedenen Produkten

Preisbündelung als Sonderform der Preisdifferenzierung

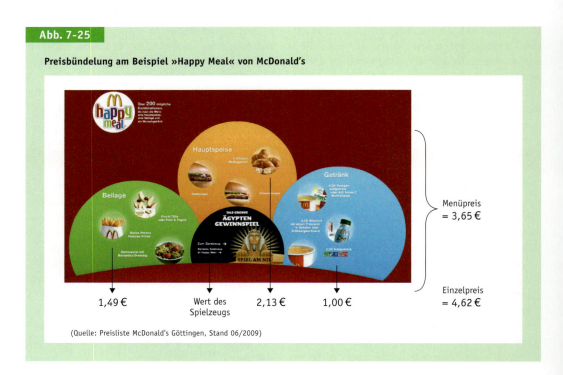

Abb. 7-25 Preisbündelung am Beispiel »Happy Meal« von McDonald's

(Quelle: Preisliste McDonald's Göttingen, Stand 06/2009)

bestehende Menüs zu einem attraktiven Gesamtpreis anbieten (vgl. Abbildung 7-25).

Mittels Preisbündelung versucht der Anbieter, seinen Gewinn durch die bessere Ausschöpfung der Zahlungsbereitschaft seiner Kunden zu erhöhen. Diese zahlen zwar den gleichen Bündelpreis, weisen aber unterschiedliche Zahlungsbereitschaften für die einzelnen Komponenten des Bündels auf (vgl. Abbildung 7-26). Insbesondere bei Leistungen, die gemeinsam nachgefragt bzw. gekauft werden (z. B. Flug und Hotelübernachtung), existieren lukrative Cross-Selling-Potenziale. Auch zur Vermeidung von Preiskämpfen kommt die Preisbündelung zum Einsatz, da die preisliche Bündelung verschiedener Produkte einen Preisvergleich durch den Nachfrager erschwert (Meffert et al., 2008, S. 517). Das folgende Beispiel soll helfen, den Vorteil einer Preisbündelung zu verdeutlichen (Simon/Fassnacht, 2009, S. 299 ff.):

Ein Supermarkt, welcher seinen Kunden Wein und Käse anbietet, hat die maximale Preisbereitschaft für fünf Kunden ermittelt. Die Maximalpreise entsprechen dem Nutzen der beiden Produkte für die Nachfrager. Ausgehend von der Annahme, dass keine Komplementaritätsbeziehung zwischen beiden Gütern besteht, ergeben sich die Maximalpreise für das »Bündel« aus Wein und Käse aus der Addition der Einzelpreise (Abbildung 7-26). Variable Stückkosten werden hier nicht berücksichtigt.

Abb. 7-26

Maximale Preisbereitschaft für Einzelprodukte und Preisbündel

Nachfrager	Maximalpreise (in €)		
	Käse	Wein	Bündel (Wein + Käse)
1	6	1	7
2	2	5	7
3	5	4	9
4	3	2,5	5,5
5	2,4	1,8	4,2

(Quelle: Simon/Fassnacht, 2009, S. 299)

Das Umsatz- bzw. Gewinnmaximum wird – wie sich leicht nachrechnen lässt – für Käse bei einem Preis p_K von 5 €, für Wein bei einem Preis p_W von 4 € erreicht. Bei dieser Preiskonstellation kauft Nachfrager 1 nur Käse, Nachfrager 2 nur

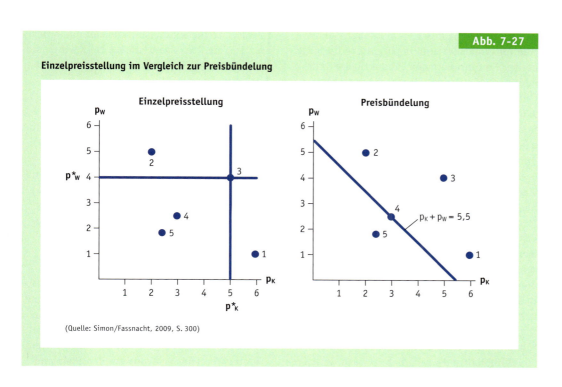

Abb. 7-27

Einzelpreisstellung im Vergleich zur Preisbündelung

(Quelle: Simon/Fassnacht, 2009, S. 300)

Wein und Nachfrager 3 beide Produkte. Die Nachfrager 4 und 5 kaufen nichts (Abbildung 7-27 links). Da zwei Portionen Käse und zwei Flaschen Wein verkauft werden, beträgt der Gewinn bei Einzelpreisstellung G_E:

$$G_E = p_K \times 2 + p_W \times 2 = 5 \times 2 + 4 \times 2 = 18\ €$$

Werden die beiden Produkte nur im Bündel angeboten, ergibt sich ein optimaler Bündelpreis p_B von 5,5 €. Auf der 45 Grad-Geraden mit negativer Steigung gilt folglich:

$$p_B = p_K + p_W = 5{,}5\ €.$$

Zu den Käufern des Bündels gehören nun die Nachfrager 1, 2, 3 und 4, während der Nachfrager 5 auch das Bündel nicht kauft (Abbildung 7-27 rechts). Bei Preisbündelung der beiden Produkte ergibt sich somit folgender Gewinn G_B:

$$G_B = (p_K + p_W) \times 4 = 5{,}5 \times 4 = 22\ €$$

Der Gewinn bei Preisbündelung übersteigt den Gewinn bei Einzelpreisstellung um 4 € bzw. um mehr als 20 Prozent, obwohl der Bündelpreis von 5,5 € erheblich niedriger ist als die Summe der beiden Einzelpreise von 9 €.

7.4 Preisfestsetzung bei der Einführung neuer Produkte

Preisfindung für neue Produkte

Im Zusammenhang mit der Einführung eines neuen Produktes stellt sich für jede Unternehmung die Frage nach der optimalen Preisforderung im Zeitablauf. Der Angebotspreis in der Einführungs- und Wachstumsphase hat einen ganz entscheidenden Einfluss auf die Absatz-, Wettbewerbs-, Kosten- und Gewinnentwicklung im weiteren Verlauf des Produktlebenszyklus. Man unterscheidet zwei idealtypische Optionen bei der Einführung neuer Produkte, die Skimmingstrategie und die Penetrationsstrategie: (Diller, 2008, S. 289 ff.; Kotler et al., 2007b, S. 595). Die idealtypische Entwicklung der Preisforderung bei diesen beiden Preisstrategien nach der Markteinführung ist in der Abbildung 7-28 dargestellt.

Die **Skimmingstrategie** (Strategie der Marktabschöpfung) ist durch einen relativ hohen Preis in der Einführungsphase des Produktlebenszyklus gekennzeichnet. Mit zunehmender Erschließung des Marktes und/oder aufkommendem Konkurrenzdruck wird der Preis dann schrittweise gesenkt. Von einem Skimming-Preis kann gesprochen werden, wenn der Preis in der Einführungsphase dem kurzfristig gewinnmaximalen Preis entspricht oder diesen sogar übersteigt. So lag beispielsweise der Einführungspreis für das iPhone von Apple bei 599 US-Dollar und wurde bereits nach wenigen Monaten auf 399 US-Dollar gesenkt (Simon/Fassnacht, 2009, 328 ff.).

Das Ziel dieser Preisstrategie ist die Abschöpfung der vorhandenen Konsumentenrente, um die Entwicklungskosten für das neue Produkt möglichst schnell zu amortisieren. Folglich kann man die Skimmingstrategie auch als besondere Form der zeitlichen Preisdifferenzierung auffassen, weil die Konsumentenrente bei Nachfragern mit überdurchschnittlich großem Interesse an dem neuen Produkt – und damit auch hoher Preisbereitschaft – erfolgreich abgeschöpft wird. Der Einsatz der Skimmingstrategie ist immer dann sinnvoll, wenn die folgenden Voraussetzungen gegeben sind (Meffert et al., 2008, S. 507):

▸ Es gibt genügend Konsumenten auf dem Markt, die kurzfristig relativ preisunempfindlich reagieren (so genannte »Innovatoren«), während es zukünftige Preissenkungen ermöglichen, in größere, preiselastischer reagierende Segmente vorzudringen (Erschließung des Massenmarktes).

▸ Es handelt sich um ein Produkt oder eine Dienstleistung mit hohem Neuigkeitsgrad, sodass – zumindest für eine gewisse Zeit – eine monopolähnliche Situation entsteht (Dean, 1951, S. 419). Außerdem verfügen die Abnehmer in solchen Fällen nicht über einen geeigneten Vergleichsmaßstab für den Preis und

den Nutzen des neuen Angebots, sodass ein hoher Preis zur Verfestigung der Wertvorstellungen beitragen kann.
- Für das Produkt besteht die Gefahr einer schnellen Veralterung (z. B. Bekleidung, Computer-Hardware), sodass die Amortisationszeit für die in die Entwicklung des neuen Produktes investierten Mittel extrem kurz ist.
- Die Produktions- und/oder Vertriebskapazitäten sind begrenzt und können nur langsam bzw. nur mit hohem finanziellen Aufwand ausgebaut werden. Häufig ist es auch erforderlich, in Produktion und Vertrieb des neuen Produktes zunächst Erfahrungen zu sammeln (z. B. Sicherstellung einer effizienten Produktion, Aufbau und Schulung des Außendienstes), bevor der Massenmarkt erschlossen werden kann.

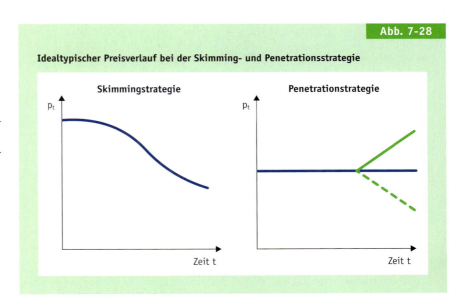

Abb. 7-28
Idealtypischer Preisverlauf bei der Skimming- und Penetrationsstrategie

Die Skimmingstrategie betont stärker den kurzfristigen Aspekt. Sie ist insbesondere dann angeraten, wenn die Einflüsse langfristig wirkender Faktoren (z. B. Konkurrenzdruck, technischer Fortschritt) nicht bekannt sind. Der Einsatz der Skimmingstrategie ist jedoch mit der Gefahr verbunden, dass Wettbewerber durch die hohen Preise und die damit verbundenen guten Gewinnchancen des neuen Marktes unverzüglich angelockt werden. Um die Konkurrenten vom Markteintritt abzuhalten, können jedoch Markteintrittsbarrieren aufgebaut werden (z. B. Kontrolle der Distributionskanäle durch Exklusivverträge mit Absatzmittlern).

Bei der **Penetrationsstrategie** (Strategie der Marktdurchdringung) wird in der Einführungsphase des neuen Produktes ein relativ niedriger Preis gefordert (z. B. Probierpreise für neue Lebensmittel). Das Ziel dieser Preisstrategie ist die schnelle Erschließung von Massenmärkten über einen Preis, der unter dem kurzfristig gewinnoptimalen Preis liegt. Die Konkurrenten sollen so lange am Markteintritt und damit am Erwerb von Marktanteilen gehindert werden, bis das neue Produkt eine marktbeherrschende Stellung erreicht hat. Wie sich der Preis in späteren Phasen des Produktlebenszyklus entwickelt, bleibt zunächst offen (vgl. Abbildung 7-28). Die Realisierung der Penetrationsstrategie ist sinnvoll, wenn die folgenden Voraussetzungen erfüllt sind (Meffert et al., 2008, S. 507):

- Es handelt sich um einen Markt mit hoher Preiselastizität der Nachfrage, das heißt, viele potenzielle Abnehmer des Zielmarktes reagieren äußerst preisempfindlich, sodass durch sich durch einen niedrigen Preis in der Einführungsphase schnell Marktanteile gewinnen lassen.
- -Das Produkt, das eingeführt werden soll, weist einen vergleichsweise geringen Neuigkeitsgrad auf (z. B. »Me too«-Produkt), sodass die Konsumenten problemlos Preis- und Nutzenvergleiche mit bereits angebotenen Konkurrenzprodukten anstellen können.
- Es stehen genügend finanzielle Ressourcen zum schnellen Aufbau der erforderlichen Produktions- und Vertriebskapazitäten zur Verfügung. Deshalb kommt diese Strategie vornehmlich für große, kapitalstarke Unternehmen in Betracht.
- Bei kapitalintensiver Produktion müssen sich Kostendegressionen bei hoher Ausnutzung der Kapazitäten realisieren lassen (Senkung der Stückkosten entlang der Erfahrungskurve).
- Der niedrige Einführungspreis darf nicht im Widerspruch zum angestrebten bzw. bereits vorhandenen Markenimage stehen. Es muss also sichergestellt sein, dass die Nachfrager nicht den Preis als Indikator für die Produktqualität heranziehen.

Abb. 7-29

Vorteile der Skimmingstrategie und der Penetrationsstrategie

Skimmingstrategie	Penetrationsstrategie
▶ Realisierung hoher kurzfristiger Gewinne, die von Diskontierung wenig betroffen sind. ▶ Bei echten Innovationen Gewinnrealisierung im Zeitraum mit monopolistischer Marktposition, folglich schnelle Amortisation der F & E-Aufwendungen. ▶ Gewinnrealisierung zu Beginn des Produktlebenszyklus, somit Reduktion des Obsolenzrisikos ▶ Schaffung eines Preisspielraums nach unten. Ausnutzung positiver Preisänderungswirkung wird möglich. ▶ Graduelles Abschöpfen der Preisbereitschaft (Konsumentenrente) wird möglich (zeitliche Preisdifferenzierung). ▶ Vermeidung der Notwendigkeit von Preiserhöhungen. ▶ Positive Qualitätsindikation durch den hohen Preis. ▶ Vermeidung des Aufbaus hoher Kapazitäten, folglich geringe finanzielle Ressourcen ausreichend.	▶ Hohe Gesamtdeckungsbeiträge trotz niedriger Stückdeckungsbeiträge aufgrund schneller Marktdurchdringung. ▶ Ausnutzung von Economies of Scale, kurzfristige Kostensenkung möglich. ▶ Schnelle Erhöhung der kumulierten Menge, folglich schnelle Realisierung von Erfahrungskurveneffekten, dadurch Realisierung eines von den Konkurrenten nur schwer einzuholenden Kostenvorsprungs. ▶ Reduzierung des Fehlschlagrisikos, da niedriger Einführungspreis mit geringer Flopwahrscheinlichkeit verbunden ist. ▶ Abschreckung potenzieller Konkurrenten vom Markteintritt durch niedrigen Preis.

(Quelle: in Anlehnung an Simon/Fassnacht, 2009, S. 329)

Die Penetrationsstrategie ist eher langfristig orientiert und setzt insofern eine voraus schauendere Planung bzw. eine größere Risikobereitschaft voraus. Ein gravierender Nachteil dieser strategischen Option ist zweifellos die lange Amortisationsdauer der Investitionen für das neue Produkt. Es besteht immer die Gefahr, dass Konkurrenten – beispielsweise aufgrund einer besseren Produktionstechnologie – mit einem vergleichbaren Produkt, das einen noch niedrigeren Preis aufweist, in den Markt eintreten. Außerdem ist bei der Penetrationsstrategie der preispolitische Spielraum nach unten gering, falls bei der Markterschließung Widerstände auftreten (z. B. Fehleinschätzung der Preiselastizität der Nachfrage). Häufig besteht auch das Problem, dass sich geplante Preiserhöhungen in späteren Phasen des Produktlebenszyklus zum Ausgleich anfänglicher Verluste bei den Abnehmern nicht durchsetzen lassen. In der Abbildung 7-29 werden die Vorteile der beiden Preisstrategien bei der Einführung neuer Produkte nochmals abschließend gegenübergestellt.

7.5 Konditionenpolitik

Nachdem ein Anbieter festgelegt hat, zu welchem Preis er sein Produkt bzw. seine Dienstleitung verkaufen will, muss er entscheiden, ob bzw. welche Konditionen er seinen Kunden einräumen will. **Konditionen** sind zwischen Anbieter und Abnehmer vereinbarte kundenspezifische Modifikationen der sonst üblichen Leistungen (Steffenhagen, 2003, S. 577). Zur Konditionenpolitik zählen die Gewährung von Rabatten und Absatzkrediten sowie vertragliche Vereinbarungen bezüglich der Lieferungs- und Zahlungsbedingungen (vgl. Meffert et al., 2008, S. 544 ff.). Diese Aktionsbereiche werden auch als »preispolitische Feinsteuerung« bezeichnet und gewinnen vor allem dann an Bedeutung, wenn andere Möglichkeiten zur Realisierung von Wettbewerbsvorteilen gegenüber der Konkurrenz weitgehend ausgereizt sind. Mit der Konditionenpolitik verfolgen die Anbieter vor allem zwei Ziele (Simon/Fassnacht, 2009, S. 380): Einerseits gilt es, die unterschiedlichen Zahlungsbereitschaften der Kunden durch differenzierte Konditionen so gut wie möglich abzuschöpfen. Andererseits werden dem Abnehmer durch die Gewährung von Konditionen Anreize geboten, sich in der vom Anbieter gewünschten Art und Weise zu verhalten (z. B. Abnahme größerer Mengen, frühere Bestellung, schnellere Zahlung).

7.5.1 Rabattpolitik

Unter dem Begriff **»Rabatt«** werden verschiedene Arten von Preisnachlässen zusammengefasst, die im Vergleich zum Normal- oder Listenpreis beim Kauf bzw. bei Rechnungsstellung

---

Rabatte sind Preisnachlässe gegenüber dem Listenpreis.

gewährt werden (Diller, 2008, S. 236; Homburg/ Krohmer, 2006, S. 674). Sie bestimmen folglich den so genannten »Transaktionspreis«, das heißt den Preis, den der Kunde tatsächlich zu zahlen hat (Simon/Fassnacht, 2009, S. 381). Rabatte sind zweifellos das in der Praxis am häufigsten verwendete Instrument der preispolitischen Feinsteuerung. Sie entfalten ihre psychologische Wirkung beim Kunden vor allem dadurch, dass dieser in dem ermäßigten Preis eine besonders günstige Gelegenheit zum Kauf sieht. Er fühlt sich durch den Preisnachlass besser gestellt als andere Nachfrager (Diller, 2008, S. 236).

In den Genuss von Rabatten kommen sowohl Endverbraucher als auch Absatzmittler, das heißt Groß- und Einzelhändler. In der Regel gewährt der Anbieter einer Leistung den Rabatt als prozentualen bzw. absoluten Abschlag auf den Verkaufspreis. Das ist jedoch nur dann sinnvoll, wenn für das betreffende Produkt ein einheitlich festgesetzter und bekanntgegebener Preis existiert, von dem der Anbieter einen Abschlag vornehmen kann. Muss der Preis für ein Erzeugnis jeweils gesondert kalkuliert werden und ist somit Gegenstand von Verhandlungen zwischen Verkäufer und Käufer (z. B. Einzelanfertigung einer Spezialmaschine), erübrigt sich die Rabattgewährung, da kein einheitlicher »Listenpreis« besteht.

Mit der Gewährung von Rabatten verfolgen die Anbieter verschiedene Ziele. Hierzu zählen vor allem die Bindung von Kunden durch ein transparentes monetäres Anreizsystem sowie die Akquisition von preissensitiven Neukunden (Krämer et al., 2003, S. 556). Rabatte können aber auch dazu beitragen, die Steuerung der zeitlichen Verteilung von Auftragseingängen zu verbessern und die Auftragsabwicklung zu rationalisieren. Bei Produkten, die gemäß der Präferenzstrategie vermarktet werden, kann das angestrebte Image durch hohe Listenpreise und gleichzeitig attraktive Transaktionspreise durch Rabattgewährung gesichert werden.

Ausgehend von den Leistungen, die ein Abnehmer zu erbringen hat, um in den Genuss eines Rabatts zu kommen, unterscheidet man verschiedene **Rabattarten** (Meffert et al., 2008, S. 545; Schaper, 2009, S. 89; Simon/Fassnacht, 2009, S. 381 f.).

Funktionsrabatte sind ein Entgelt des Herstellers gegenüber dem Handel dafür, dass dieser regelmäßig einen bestimmten Teil der Absatzfunktionen des Herstellers übernimmt. Häufig wird der Funktionsrabatt pauschal gewährt, das heißt, jeder Betrieb einer Handelsstufe erhält den gleichen Rabatt ohne Berücksichtigung der tatsächlich erbrachten Leistung. Sinnvoller ist jedoch die Gewährung des Rabatts in Abhängigkeit einzelner Absatzaufgaben, die der Handel übernimmt (z. B. Transport der Produkte, Übernahme der Lagerhaltung, Durchführung des Kundendienstes). Neben Preisnachlässen gewinnen Zuschüsse immer mehr an Bedeutung. So gewähren die Hersteller z. B. Zuschüsse für die Ladengestaltung, für Verkaufsförderungsaktionen sowie insbesondere für die Werbekosten des Handels.

Die Bemessung von Funktionsrabatten wird durch regionale und betriebsformenspezifische Unterschiede in der Art und Intensität des Wettbewerbs auf der Handelsstufe erschwert: Einerseits müssen weniger leistungsfähige Händler durch hohe Funktionsrabatte zur Aufnahme einer Marke bewegt werden, um insbesondere die im Markenartikelbereich notwendige lückenlose Distribution zu gewährleisten. Andererseits besteht die Gefahr, dass leistungsstarke Händler hohe Funktionsrabatte in Form niedriger Preise an den Verbraucher weitergeben. Dadurch sinkt das Preisniveau am Markt und damit wiederum der Anreiz für leistungsschwächere Händler, die Marke in ihr Sortiment aufzunehmen.

Mengenrabatte sind Preisabschläge, die als Anreiz dafür gewährt werden, dass die Abnehmer pro Auftrag oder pro Periode größere Mengen kaufen. Damit werden Großabnehmer preislich besser gestellt als Abnehmer geringerer Mengen. Die Rabattpolitik beruht zwar auf anderen marketingtheoretischen Überlegungen als die Preisdifferenzierung, faktisch ist der Mengenrabatt jedoch mit einer Preisdifferenzierung nach Abnahmemengen gleichzusetzen, da ein Abnehmersegment den Listenpreis, ein anderes den um den Rabatt verringerten Preis bezahlt.

Die Gewährung von Mengenrabatten lässt sich wie folgt begründen: Große Auftragsmengen senken die Abwicklungskosten (z. B. können fixe Vertriebskosten auf größere Mengen umgelegt werden). Der Abnehmer übernimmt

> **Aus der Praxis – 7-11**
>
> Im Einzelhandel werden Rabatte in so genannten **Jahresgesprächen** zwischen einzelnen Herstellern und Handelsunternehmen ausgehandelt. Sie sollen eine Vergütung für Sonderleistungen des Handels darstellen, die über die Standardleistungen hinausgehen. Vielfach ist heute jedoch zu beobachten, dass Rabatte aufgrund der Machtdominanz der großen Handelsketten auch ohne die Erbringung von Sonderleistungen gewährt werden. Edeka ist im Lebensmittelhandel mit einem Marktanteil von 25 Prozent und einem Umsatz von rund 40 Milliarden Euro die Nummer eins in Deutschland und damit einer der bedeutendsten Abnehmer für die Industrie. Nach der Übernahme des Lebensmittel-Discounters Plus verlangte das Unternehmen von seinen Lieferanten zusätzliche Preisrabatte in Höhe von zehn Prozent. Der Markenverband warf der Edeka daraufhin vor, die Hersteller bei den aktuellen Preisverhandlungen auszupressen. Von »Missbrauch der Marktmacht« und »Anzapfungsversuchen« war in diesem Zusammenhang die Rede. Edeka wurde unterstellt, einen Teil der Kosten für die Übernahme von Plus auf die Industrie abwälzen zu wollen, indem das Unternehmen deutlich günstigere Lieferpreise verlangte. Zudem forderte Edeka mehr Zeit, um seine Rechnungen zu bezahlen. Der Einzelhandel ist außerordentlich einfallsreich, wenn es darum geht, neue Rabatte zu erfinden, um seine Einkaufskosten bei der Industrie zu drücken. Besonders beliebt bei Übernahmen ist – wie jetzt im Fall der Übernahme von Plus durch Edeka – der so genannte »Hochzeitsrabatt« (Seidel, 2009).

durch die Bestellung größerer Mengen auch ein größeres Absatzrisiko, ihm entstehen unter Umständen auch höhere Kosten (z. B. zusätzliche Kapitalbindungskosten durch den größeren Lagerbestand). Der Mengenrabatt stellt demnach einen Ausgleich für diese zusätzlichen Kosten bzw. für das größere Absatzrisiko dar. Folglich werden auch bei Unterschreitung bestimmter Mindestauftragsgrößen oft Mindermengenzuschläge erhoben, da Kleinaufträge die Vertriebskapazität überdurchschnittlich belasten.

Die nach Mengen gestaffelten Rabatte der Hersteller haben in der Vergangenheit dazu beigetragen, dass sich die Handelsunternehmen zu immer größeren Gruppen zusammenschlossen, um in den Genuss günstigerer Einkaufspreise zu gelangen. Die Nachfragemacht des Einzelhandels treibt die Hersteller heute zunehmend in die Abhängigkeit von einigen wenigen Großabnehmern, sodass die Bemessung der Mengenrabatte mehr und mehr losgelöst ist von den tatsächlich vorhandenen Kostenvorteilen, vielmehr entscheiden Macht- und Konkurrenzaspekte über die Höhe des Mengenrabatts (Aus der Praxis 7-11).

Ein Anbieter sollte die Gestaltung des Mengenrabatts auch am psychologisch beeinflussten Rabattbewusstsein der Kunden ausrichten. Einige Abnehmersegmente versuchen etwa bei Annäherung an eine bestimmte Rabattschwelle, diese durch Auftragskonzentration auf einen Anbieter zu überspringen. In welchem Maße sich bestimmte Kunden »mengenrabattbewusst« verhalten oder nicht, kann der Anbieter beispielsweise aus entsprechenden Umsatzstatistiken ermitteln.

Eine häufig eingesetzte Form des Mengenrabatts ist die nachträgliche Gewährung eines Preisnachlasses auf den gesamten Umsatz, den der Abnehmer in einem bestimmten Zeitraum beim Hersteller realisiert hat. Diesen Rabatt bezeichnet man auch als **Bonus**. Bonussysteme (z. B. Payback) werden vor allem zur Kundenbindung und zur Gewinnung von Informationen über die Kunden eingesetzt (Meffert et al., 2008, S. 545). Die durch Bonusprogramme erhaltenen Kundeninformationen lassen sich dann zur Realisierung von »Cross Selling«- bzw. »Up Selling«-Angeboten nutzen, da die vom Kunden präferierten Produktarten und -sorten bekannt sind (Krämer et al., 2003, S. 556; Aus der Praxis 7-12).

Beim **Barzahlungsrabatt** (Skonto) beruht die Leistung des Kunden darauf, dass er die erhaltene Leistung – im Vergleich zum gewährten Zahlungsziel – frühzeitig bezahlt (Steffenhagen, 2003, S. 584). Der Gewährung dieses Rabatts liegen finanzwirtschaftliche Überlegungen zugrunde. Der Preisnachlass entspricht einem Entgelt, das für die Nichtinanspruchnahme eines Lieferantenkredites gewährt wird (Meffert et al., 2008, S. 545).

Zeitrabatte sind Preisnachlässe, die für bestimmte, dem Abnehmer bekannte Bestellzeitpunkte oder -perioden gewährt werden. Hersteller setzen beispielsweise Einführungsrabatte ein, um den Handel zu motivieren, ein neu auf den Markt kommendes Produkt in ihr Sortiment aufzunehmen und dessen Verkauf gegebenenfalls durch Empfehlung, Vorführung, Beratung usw. zu fördern. Der Einführungsrabatt ist aus Sicht des Handels ein Ausgleich für das erhöhte Absatzrisiko. Im Gegensatz zum Einführungsrabatt dient der Auslaufrabatt der Lagerräumung von veralteten Produkten beim Hersteller. Der Saisonrabatt (Frühbezugs- oder Vorausbestellungsrabatt) ist ein Preisnachlass, der einem Abnehmer dafür gewährt wird, dass er Produkte mit

Aus der Praxis – 7-12

Ein erfolgreiches unternehmensübergreifendes Bonusprogramm ist das **Payback-System**, das im Jahr 2000 eingeführt wurde. Die Loyality Partner GmbH, die dieses System entwickelt hat, tritt für die teilnehmenden Unternehmen als Dienstleister auf, indem sie die Payback-Karte zur Verfügung stellt, die Kundenkonten führt und die Kommunikation mit den Teilnehmern übernimmt (z. B. regelmäßige Information über die Punktestände). Die teilnehmenden Partner kommen aus dem klassischen Einzelhandel (z. B. Galeria Kaufhof, real) und aus der Dienstleistungsbranche (z. B. Europcar). Durch eine Kooperation mit VISA wurde im Jahr 2002 die Funktionalität der Payback-Karte um die Zahlungs- bzw. Kreditkartenfunktion erweitert. Das Payback-Bonussystem ist unangefochtener Marktführer unter den deutschen Bonusprogrammen. Wie die Abbildung 7-30 zu entnehmen ist, besaßen im Jahr 2007 mehr als 60 Prozent aller deutschen Haushalte eine Payback-Karte (GfK, 2007, S. 3).

Bei Vorlage seiner Payback-Karte im Geschäft werden dem Kunden Punkte mit einer dreijährigen Gültigkeit gutgeschrieben. Die Höhe des Preisnachlasses, der nachträglich gewährt wird, hängt von dem teilnehmenden Unternehmen ab und liegt zwischen einem und drei Prozent des Umsatzes. Die Einlösung (»Burning«) der Punkte ist ab einem bestimmten Punktestand möglich, üblich sind Prämien, Barauszahlungen oder auch Spenden.

Aus Sicht der teilnehmenden Partner hat sich das Payback-Sytem als effizientes Instrument zur Kundenbindung erwiesen, da die Aufbau- und Betriebskosten durch die Verteilung der fixen Kosten auf alle Partner im Vergleich zum Aufbau unternehmensspezifischer Programme erheblich gesenkt werden können. Außerdem lässt sich die Kommunikation mit dem Kunden durch die Bereitstellung des erforderlichen IT-Systems erheblich verbessern (Krämer et al., 2003, S. 561 f.).

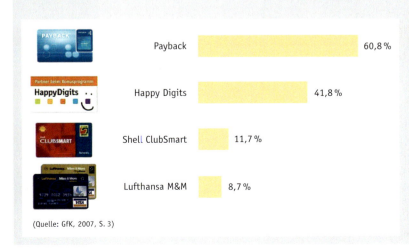

Abb. 7-30: Besitz von Kundenkarten in deutschen Haushalten (Angaben in Prozent)

- Payback: 60,8 %
- Happy Digits: 41,8 %
- Shell ClubSmart: 11,7 %
- Lufthansa M&M: 8,7 %

(Quelle: GfK, 2007, S. 3)

7.5 Preispolitik
Konditionenpolitik

saisonalem Absatzverlauf früher bestellt bzw. kauft, als es sonst üblich ist (z. B. besonders frühe Disposition des Bekleidungseinzelhandels).

Durch die Gewährung eines **Treuerabatts** soll der Abnehmer dazu gebracht werden, eine längerfristige Geschäftsbeziehung mit dem Anbieter einzugehen bzw. im Extremfall bestimmte Erzeugnisse für eine möglichst lange Zeit nur von diesem Anbieter zu beziehen. Mit Hilfe des Treuerabatts soll verhindert werden, dass Konkurrenten in die bilaterale Geschäftsverbindung eingreifen. Auch auf der Verbraucherebene ist der Treuerabatt ein beliebtes Instrument der preispolitischen Feinsteuerung. Der Treuerabatt unterscheidet sich vom Bonus dadurch, dass seine Gewährung nicht unmittelbar mit der Umsatzhöhe verknüpft ist. Folglich zielt der Treuerabatt eher auf eine langfristige und kontinuierliche Geschäftsbeziehung als auf ein möglichst hohes Auftragsvolumen ab (Meffert et al., 2008, S. 546).

7.5.2 Absatzkreditpolitik

Bei einem Absatzkredit handelt es sich um die längerfristige Stundung des Kaufpreises. Das Angebot zielt insbesondere auf solche Kunden ab, die zwar Bedarf an einem angebotenen Erzeugnis haben, denen es aber vorübergehend an der erforderlichen Kaufkraft mangelt. Die **Absatzkreditpolitik** umfasst somit alle Maßnahmen eines Anbieters, um potenzielle Kunden mittels Gewährung oder Vermittlung von Absatzkrediten oder Leasingangeboten zum Kauf bestimmter Sach- oder Dienstleistungen zu veranlassen (Meffert et al., 2008, S. 548; Aus der Praxis 7-13).

Generelles Ziel der Absatzkreditpolitik ist die Sicherung bzw. Steigerung des eigenen Absatzvolumens durch die Gewinnung neuer Kunden, die Erhöhung der Kaufintensität bei bestehenden Kunden sowie die positive Beeinflussung der zeitlichen Nachfragestruktur. Absatzkredite der Hersteller an ihre Absatzmittler dienen insbesondere der Verbesserung der Lieferbereitschaft des Handels, der Reduzierung großer Lagerbestände beim Hersteller sowie der Durchführung verdeckter Preissenkungen.

Ein psychologischer Grund für die Bedeutung der Gewährung von Absatzkrediten an Endkunden besteht darin, dass viele Konsumenten beim Kauf langlebiger Gebrauchsgüter eher auf die monatliche Belastung (Zinsen und Tilgung) als auf den letztendlich zu zahlenden Gesamtpreis achten. Folglich ist die Möglichkeit eines vorgezogenen Kaufs in Verbindung mit einer niedrigen Kreditrate aus der Sicht vieler Nachfrager mit einem hohen Nutzenzuwachs verbunden. Dabei kann der Teilzahlungspreis erheblich über dem Barpreis liegen, ohne dass die Attraktivität eines günstigen Absatzkreditangebots beeinträchtigt wird.

Die Tatsache, dass ein Preisangebot zur Zahlung einer Rate anders wahrgenommen und beurteilt wird als der entsprechende Verkaufs- oder Listenpreis ermöglicht den Anbietern interessante Preisgestaltungs- und Kommunikationsmöglichkeiten. Deshalb bietet unter anderem auch die Automobilindustrie ihren Kunden viele verschie-

Absatzkredite sind längerfristige Stundungen des Kaufpreises.

Aus der Praxis – 7-13

Als eines der größten Einrichtungshäuser bietet IKEA seinen Kunden verschiedene Finanzierungsmöglichkeiten. Die IKEA-Family-Bezahlkarte ist eine kostenlose Kundenkreditkarte, mit der entweder am 5. des Folgemonats der gesamte Einkauf abgebucht oder der fällige Betrag in Raten bezahlt wird. Bei einem Verfügungsrahmen von 300 € bis 15.000 € und einem attraktiven effektiven Jahreszins tilgt der Kunde monatlich seine Schulden für die neue Couch oder den neuen Schreibtisch. Größere Anschaffungen, das heißt langlebige Gebrauchsgüter wie etwa eine komplette Küche, können über den IKEA-Finanzierungsservice abgewickelt werden. Aus der Finanzierungssumme und den wählbaren Laufzeiten zwischen 12 und 72 Monaten ergibt sich eine feste monatliche Rate. Für Geschäftskunden gibt es die IKEA Business Card – ein Angebot vor allem für die Inhaber kleiner oder mittlerer Unternehmen. Arbeits- und Geschäftsräume sind somit auf Rechnung mit einem Zahlungsziel von 30 Tagen auszustatten.

Aus der Praxis – 7-14

Immer mehr Autofahrer entscheiden sich, ihr Neufahrzeug nicht bar zu bezahlen, sondern setzen auf günstige Finanzierungs- und Leasingmodelle: 75 Prozent aller Pkw-Neufahrzeuge werden heute bereits finanziert bzw. geleast. Zu beobachten ist, dass Privatkunden neben der klassischen Finanzierung zunehmend auch Leasing-Angebote wählen, die vor allem aus steuerlichen Gründen sonst eher von gewerblichen Nutzern bevorzugt werden. Lag der Leasing-Marktanteil im Gesamtfinanzierungsmarkt für Neufahrzeuge 1999 bei 19 Prozent, so ist er 2005 auf 23 Prozent gestiegen. Die mit den Herstellern verbundenen Autobanken sind 2005 mit einem Anteil von 60 Prozent Marktführer bei Finanzierung bzw. Leasing von Neuwagen (Diez/Bühler, 2006). Aktuelle Zahlen des »Arbeitskreis der Banken und Leasinggesellschaften der Automobilwirtschaft (AKA)« belegen für 2008 einen erneuten Ausbau des Marktanteils auf 66 Prozent aller finanzierten oder geleasten Neufahrzeuge in Deutschland (O.V., 2008d, S. 93 f.).

Der Leasing-Kunde ist vor allem an neuen Fahrzeugen interessiert. Während sich Barzahler erst nach durchschnittlich 5,5 Jahren für ein neues Fahrzeug entscheiden, tauscht der Leasingnehmer sein Fahrzeug im Schnitt bereits nach drei Jahren aus. Die Ergebnisse der Studie zeigen, dass der Leasingnehmer trotz des schnelleren Wechsels seiner Marke treu bleibt. Das veränderte Konsumverhalten wird auch daran deutlich, dass Leasingnehmer im Schnitt deutlich jünger sind als Barzahler (Diez/Bühler, 2006).

---

dene Finanzierungsangebote an. Die Anbieter wissen beispielsweise, dass Kunden, die ihren Autokauf finanzieren, mehr Sonderausstattungen bestellen (Simon/Fassnacht, 2009, S. 395).

Leasing ist eine spezielle Form der Absatzkreditpolitik. Die Bedeutung dieses Instruments zur Absatzfinanzierung zeigt sich unter anderem in der großen Zahl von Leasing-Gesellschaften. Aufgrund der vielen Gestaltungsmöglichkeiten von Leasing-Verträgen, die sich mittlerweile in der Praxis herausgebildet haben, ist der Leasing-Begriff weder in der juristischen noch in der wirtschaftswissenschaftlichen Literatur eindeutig und abschließend geklärt.

Allgemein versteht man unter Leasing eine bestimmte Art von Vermietung vor allem langlebiger Investitions- bzw. Gebrauchsgüter (Wöhe/Bilstein, 2002, S. 279). Das Leasingprinzip zeichnet sich also dadurch aus, dass der Kunde nicht das Eigentum an dem Erzeugnis erwirbt, sondern das Nutzungsrecht für einen bestimmten Zeitraum. Für das Nutzungsrecht muss er regelmäßige Zahlungen, die so genannten Leasing-Raten, leisten. Sie setzen sich zusammen aus dem Wertverlust des Leasingobjekts während der Nutzung und den Kosten für das Kapital, welches zum Erwerb des Leasingobjekts verwendet wurde (Aus der Praxis 7-14).

Wichtig ist die Unterscheidung zwischen direktem und indirektem Leasing. Beim **direkten Leasing** tritt der Hersteller als Leasinggeber und der Käufer (Nutzer) als Leasingnehmer auf, demgegenüber wird beim **indirekten Leasing** eine Leasinggesellschaft eingeschaltet, welche das Mietobjekt vom Hersteller erwirbt (vgl. Abbildung 7-31).

Das indirekte Leasing weist aus Sicht des Herstellers verschiedene Vorteile auf: Zum einen er-

Leasing als spezielle Form der Absatzkreditpolitik

Abb. 7-31

Beziehungen zwischen den Vertragspartner beim indirekten Leasing

(Quelle: Wöhe/Bilstein, 2002, S. 280)

Preispolitik
Konditionenpolitik

hält er unverzüglich den Kaufpreis für das Leasingobjekt, belastet somit nicht seine Liquidität und trägt kein Finanzierungsrisiko. Zum anderen muss er keine Kreditwürdigkeitsprüfung vornehmen und die Überwachung der Einhaltung des Leasingvertrags durch den Leasingnehmer entfällt, sodass Verwaltungskosten eingespart werden können. Um sich Wettbewerbsvorteile zu verschaffen, bauen viele Anbieter das Leasing immer mehr zu einem umfassenden Dienstleistungspaket aus, in dem das eigentliche Produkt nur noch einen Teil des gesamten Leistungsumfangs darstellt.

7.5.3 Lieferungs- und Zahlungsbedingungen

Lieferungs- und Zahlungsbedingungen sind in der Regel Bestandteile des Kaufvertrags. Dabei handelt es sich um mehr oder weniger umfangreiche Bestimmungen und Regelungen, welche den Inhalt und das Ausmaß der angebotenen bzw. erbrachten Leistungen festlegen. Während diese Bestimmungen als »Allgemeine Geschäftsbedingungen« (AGBs) in einigen Branchen (z. B. Banken) für alle Unternehmen einheitlich fixiert sind, besteht in anderen Branchen die Möglichkeit zur individuellen Ausgestaltung dieser Regelungen (Meffert et al., 2008, S. 547).

Von den Lieferungs- und Zahlungsbedingungen geht nicht nur bei Investitionsgütern und Exportgeschäften, sondern zunehmend auch bei Konsumgütern eine beachtliche akquisitorische Wirkung aus. Lieferungs- und Zahlungsbedingungen spielen besonders dann eine wichtige Rolle, wenn die Warenlieferung mit beträchtlichen Kosten bzw. Risiken verbunden ist oder Differenzierungsmöglichkeiten gegenüber der Konkurrenz über andere preispolitische Parameter bereits ausgeschöpft sind (Aus der Praxis 7-15).

Die **Lieferungsbedingungen** legen die Lieferungsverpflichtungen des Lieferanten fest und dienten ursprünglich vor allem der Sicherheit im Geschäftsverkehr. Geregelt werden unter anderem der Ort (Erfüllungsort) und die Zeit (Lieferzeit) der Warenübergabe, die Berechnung von Verpackungen, Porti, Frachten und Versicherungskosten, das Umtauschrecht und eventuelle Garantieleistungen sowie Vertragsstrafen bei verspäteter Lieferung.

Die Minderung des Kaufrisikos, die Übernahme des Transports, die Lieferzeit und andere Lieferungsbedingungen stellen heute in vielen Branchen übliche Leistungen des Verkäufers dar. Folglich übernehmen sie, insbesondere bei zunehmender Wettbewerbsintensität, über die rechtliche Absicherung der Lieferung hinaus eine wichtige absatzpolitische Akquisitionsfunktion.

Bedeutung von Lieferungs- und Zahlungsbedingungen

Aus der Praxis – 7-15

Der Onlinehändler Amazon hat sich in einem wettbewerbsintensiven Umfeld zum Marktführer entwickelt. Aufgrund der Austauschbarkeit der Angebote sowie keiner bzw. nur geringfügiger Preisunterschiede zwischen den zahlreichen Online-Händlern spielen vor allem die Lieferungs- und Zahlungsbedingungen eine wichtige Rolle, um sich von der Konkurrenz abzuheben. Amazon versendet Bücher stets kostenfrei und bei den meisten anderen Artikeln ab einem Bestellwert von 20 €. Die 14-tägige gesetzliche Rückgabefrist gilt für alle Artikel aus dem Elektronik- & Fotoshop sowie für Artikel aus anderen Shops, die durch Strom, Batterie oder Akku in Betrieb genommen werden können. Darüber hinaus bietet Amazon eine freiwillige 30-tägige Rückgabefrist für alle anderen, nichtelektronischen Produkte. Die Zahlung per Vorauskasse wird von Amazon nicht verlangt, sondern der Kunde kann den Gesamtbetrag bequem per Bankeinzug oder Kreditkarte erst am Versandtag begleichen. Ebenfalls möglich ist die sichere Zahlung auf Rechnung nach Erhalt der Ware. Diese Zahlungsbedingung beschränkt sich jedoch bei Neukunden auf eine Höchstgrenze von 100 €. Mit der Amazon-Kreditkarte hat man zusätzlich die Möglichkeit, die monatlichen Abrechnungen in Teilbeträgen zurückzuzahlen.

Zahlungsbedingungen beinhalten sämtliche Regelungen hinsichtlich der Zahlungsverpflichtung des Käufers. Sie regeln unter anderem die Art und den Zeitpunkt der Zahlung (Vorauszahlung, Barzahlung, Zahlung nach Erhalt der Ware), die Sicherung der Zahlung (Eigentumsvorbehalt, persönliche oder dingliche Sicherung), Zahlungsfristen und die Einräumung von Skonti für kurzfristige Zahlungen sowie die Inzahlungnahme gebrauchter Waren (z. B. beim PKW-Kauf).

Kontrollfragen Kapitel 7

1. Über welche grundsätzlichen Möglichkeiten verfügt ein Anbieter, um den Nettonutzen, den sein Produkt stiften soll, zu erhöhen?

2. Welche Umfeldentwicklungen sind dafür verantwortlich, dass der Preis bzw. die Preispolitik in den letzten Jahren wieder an Bedeutung gewonnen haben?

3. Erläutern Sie folgende Aussage an einem konkreten Beispiel! »Nachfrager vergleichen niemals Produktpreise isoliert, sondern beurteilen stets das Verhältnis zwischen Preis und Nutzen.«

4. Erläutern Sie die Besonderheiten der Preispolitik im Vergleich zu anderen Marketinginstrumenten!

5. Grenzen Sie die Preisfestsetzung auf Vollkostenbasis und auf Teilkostenbasis voneinander ab!

6. Geben Sie die Vor- und Nachteile der vollkostenorientierten Preisbildung an!

7. Weshalb besteht die Gefahr, dass sich ein auf Vollkostenbasis kalkulierender Anbieter selbst der Wettbewerbsfähigkeit beraubt?

8. Erläutern Sie die wesentlichen Merkmale der Break-Even-Analyse! Diskutieren Sie den Einfluss steigender Fixkosten auf das Modell!

9. Welcher Zusammenhang wird durch die Preis-Absatz-Funktion dargestellt?

10. Wie verläuft die Preis-Absatz-Funktion zum einen bei lebensnotwendigen Medikamenten und zum anderen bei einem »Me too«-Waschmittel?

11. Welche Informationen enthält die Preiselastizität der Nachfrage? Was sagt eine Preiselastizität von $e = -2$ aus?

12. Was ist unter dem monopolistischen Preisbereich der doppelt geknickten Preis-Absatzfunktion zu verstehen?

13. Nennen Sie primärstatistische Quellen zur Beschaffung von Informationen über den Zusammenhang zwischen Preisforderung und Absatzmenge!

14. Worin besteht der Unterschied zwischen Preisgünstigkeits- und Preiswürdigkeitsurteilen?

15. Welche Referenzreize benutzen die Nachfrager, um die Preisgünstigkeit von Produkten zu beurteilen?

16. Skizzieren Sie das Phänomen der preisabhängigen Qualitätsbeurteilung! Unter welchen Umständen neigen die Abnehmer zur preisabhängigen Qualitätsbeurteilung?

17. Welche Verhaltensweisen lassen sich im Rahmen der wettbewerbsorientierten Festsetzung des Angebotspreises unterscheiden?

18. Was versteht man unter einer Preisdifferenzierung? Welches Ziel wird mit ihr verfolgt? Weshalb handelt es sich bei der Preisdifferenzierung um eine Preisentscheidung mit strategischem Charakter?

19. Welche Voraussetzungen müssen erfüllt sein, um eine erfolgreiche Preisdifferenzierung durchzuführen?

20. Erläutern Sie die verschiedenen Formen der Preisdifferenzierung!

21. Skizzieren Sie die verschiedenen Arten der Preisdifferenzierung anhand von Beispielen!

22. Erläutern Sie das Wesen der Preisbündelung!

23. Gehen Sie auf die Bedeutung von Preispositionierungsentscheidungen ein!

7.5 Preispolitik — Kontrollfragen

24. Grenzen Sie die beiden Preisstrategien bei der Einführung neuer Produkte gegeneinander ab! Nennen Sie jeweils diejenigen Faktoren, welche ihren Einsatz begünstigen!

25. Erklären Sie die grundlegende Systematik der Preisentscheidungen bei indirektem Absatz!

26. Auf welche Weise kann der Hersteller seine Machtposition gegenüber dem Handel stärken, wenn es um die Verteilung des gemeinsamen Gewinns geht?

27. Was versteht man unter preispolitischer Feinsteuerung?

28. Erläutern Sie das Wesen sowie die Ziele der Rabattpolitik!

29. Grenzen Sie die verschiedenen Rabattarten gegeneinander ab!

30. Welche Ziele verfolgen die Anbieter mit der Absatzkreditpolitik?

31. Worin besteht der Unterschied zwischen direktem und indirektem Leasing? Welche Vorteile bringt das indirekte Leasing dem Hersteller?

32. Erläutern Sie das akquisitorische Potenzial der Lieferungs- und Zahlungsbedingungen anhand von Beispielen!

8 Kommunikationspolitik

Lernziele

- Der Leser kennt die begrifflichen Grundlagen der Kommunikationspolitik und kann erklären, welche Markenkontaktpunkte die Konsumenten beeinflussen können.
- Der Leser kann den Prozess der Marktkommunikation erklären und anhand von Beispielen aufzeigen, welche Probleme bzw. Fehler den Kommunikationserfolg verhindern können.
- Der Leser kennt typische Aufgaben der Kommunikationspolitik im Verlauf des Produktlebenszyklus und weiß, welche Bedeutung die Kommunikationspolitik für den Aufbau von Marken hat.
- Der Leser kennt die aktuellen Rahmenbedingungen der Kommunikationspolitik und kann erklären, welche Konsequenzen diese für die Gestaltung erfolgreicher Kommunikationsmittel haben.
- Der Leser kann die verschiedenen Maßnahmen der Kommunikationspolitik der »Above-the-line«-Kommunikation bzw. der »Below-the-line«-Kommunikation zurechnen und ist in der Lage, jeweils ein typisches Beispiel dafür zu beschreiben!
- Der Leser kann die Besonderheiten der Online-Werbung benennen und kennt wesentliche Gestaltungsfaktoren dieser Werbeform.
- Der Leser kennt typische Maßnahmen der handels- und verbrauchergerichteten Verkaufsförderung und kann in diesem Zusammenhang die Probleme von Preisaktionen erklären.
- Der Leser erkennt die Bedeutung des Event-Marketing im Rahmen multisensualer Marketingkonzepte. Er weiß, welche Bedeutung Sponsoring und Product-Placement für die Kommunikationspolitik haben.
- Der Leser kann den gesamten Planungs- und Entscheidungsprozess einer Werbekampagne nachvollziehen und ist in der Lage, ein Werbebriefing sowie eine Copy-Strategie zu formulieren, anhand der Kriterien der Mediawahl einen Vorschlag für die Auswahl geeigneter Werbemedien zu unterbreiten und die von einer Werbeagentur vorgestellten Werbemittel kritisch zu bewerten.
- Der Leser kennt verschiedene Techniken der Werbemittelgestaltung und weiß, welche Möglichkeiten der Werbewirkungsforschung es gibt.

8.1 Grundlegende Aspekte der Kommunikationspolitik

8.1.1 Begriff und Wesen der Kommunikationspolitik

Produkt- und preispolitische Entscheidungen richten sich auf die Angebotsinhalte und Angebotsbedingungen, mit denen die von den Nachfragern erwartete Problemlösung in Form eines konkreten Produkts genau bestimmt wird. Der Markterfolg hängt in vielen Produktbereichen jedoch zunehmend davon ab, inwieweit es gelingt, die Unternehmen und Marken für die Öffentlichkeit, insbesondere für die anvisierte Zielgruppe, sichtbar zu machen. Also wird die auf den Absatzmarkt gerichtete Marktkommunikation betrachtet. Sie gilt als Sprachrohr des Marketing.

Bei der **Kommunikationspolitik** einer Unternehmung geht es um die systematische Pla-

Definition Kommunikationspolitik

8.1 Kommunikationspolitik
Grundlegende Aspekte der Kommunikationspolitik

nung, Realisierung und Kontrolle sämtlicher Maßnahmen, die darauf abzielen, die psychologischen Kommunikationsziele im Zusammenhang mit der Verhaltensbeeinflussung relevanter Zielgruppen zu erreichen (vgl. in Anlehnung an Meffert et al., 2008, S. 632).

Aufgrund der dramatisch steigenden Informationsflut, die beim Kunden auf eine sehr begrenzte Kapazität der (bewussten) Informationsverarbeitung trifft, wird es immer schwieriger, die eigenen Produkte und Marken bekannt zu machen, ein positives Image aufzubauen oder sogar das Verhalten der Kunden zu beeinflussen.

Hohe Informationsüberlastung durch Werbung

In Deutschland werden ca. 50.000 Produkte aktiv beworben. Jedes Jahr kommen mehr als 25.000 neue Produkte mit zum Teil erheblichem Werbeaufwand auf den Markt. Die jährlich geschalteten 350.000 Anzeigen, 2 Millionen Werbespots sowie unzählige Mailings, Plakate und Online-Banner führen zu ca. 3.000 Werbebotschaften pro Kopf der Bevölkerung. Doch nur ein Bruchteil dieser Werbeflut erreicht den Verbraucher und wird dann in der Regel auch nur mit sehr geringer Aufmerksamkeit wahrgenommen (vgl. Scheier/Held, 2006, S. 152).

Obwohl sich die Werbeaufwendungen in den letzten 20 Jahren fast verdreifacht haben, sind die Erinnerungswerte von Werbekampagnen rückläufig. Diese Entwicklungen dokumentieren eindringlich, dass der Wettbewerb um die Aufmerksamkeit eine der zentralen Herausforderungen des 21. Jahrhunderts ist.

Vielschichtige Kommunikationsbeziehungen

Unter Berücksichtigung dieser Rahmenbedingungen nutzen viele Unternehmen heute neben den klassischen Kommunikationsinstrumenten zunehmend das Internet, um mit unkonventionellen Mitteln vor allem junge Zielgruppen zu erreichen. Dieser Kommunikationsweg wird insbesondere für das so genannte Viral-Marketing eingesetzt, mit dem nach dem Prinzip der Mund-zu-Mund-Kommunikation Botschaften kostengünstig und sehr schnell – ähnlich wie Viren – verbreitet werden können (vgl. Kapitel 8.2.4.2).

Die Kommunikationsbeziehungen zwischen einer Unternehmung und den relevanten Marktteilnehmern sind mitunter sehr vielschichtig und zum Teil vom Unternehmen selbst nur schwer beeinflussbar. So gibt es eine Vielzahl von Informationsquellen, die einem Nachfrager zur Verfügung stehen, um sich beispielsweise vor einer Kaufentscheidung über das Angebot zu informieren.

Einerseits können Kenntnisse und Einstellungen einer Person gegenüber einer HiFi-Marke durch die Kommunikationsinstrumente des Herstellers erzeugt werden, etwa über Anzeigen, Prospekte, Fernsehspots oder Gebrauchsanweisungen. Andererseits sind unabhängige Warentestinformationen, Argumente in der Kommunikation der Konkurrenten, die Meinung eines guten Freundes, Berichte in Zeitungen oder schließlich das Gespräch mit einem Verkäufer im Handel weitere Informationsquellen, welche die Einstellung des Konsumenten zu einer Marke beeinflussen können. Besondere Bedeutung haben heute Foren und Blogs im Internet, in denen viele Konsumenten ihre Erfahrungen und Meinungen zu Produkten und Marken austauschen (vgl. Meffert et al., 2008, S. 669).

Außerdem müssen alle anderen Kontaktpunkte zwischen dem Kunden und der angebotenen Leistung berücksichtigt werden, da sie ebenfalls die Assoziationen zum Anbieter oder den Marken und damit die Präferenzen der Kunden beeinflussen können. Dazu zählen insbesondere Elemente der Produkt- und Packungsgestaltung, Maßnahmen der Warenpräsentation am Point of Sale sowie die äußere Erscheinung und das Verhalten der Mitarbeiter (vgl. Esch, 2008, S. 147 ff.). Abbildung 8-1 zeigt die Vielzahl der Markenkontaktpunkte am Beispiel der Marke Yello Strom.

An jedem Markenkontaktpunkt erfolgt die Kommunikation der Marke.

Das bedeutet, dass letztendlich alle Marketingmaßnahmen im Hinblick auf ihre Kommunikationswirkung beim Nachfrager betrachtet werden müssen. Dieser Aspekt ist besonders vor dem Hintergrund der Bedeutung starker Marken für den Unternehmenserfolg relevant, worauf im Kapitel 6.4.3.1 hingewiesen wird. Starke Marken entstehen vor allem dann, wenn es gelingt, in den Köpfen der Verbraucher ein unverwechselbares inneres Bild (big-picture) aufzubauen (vgl. Esch, 2008, S. 71). Dieses entsteht erst dann, wenn über alle Markenkontaktpunkte konsistent und über einen längeren Zeitraum die gleiche Markenbotschaft im Sinne der gewählten Positionierung kommuniziert wird. Beispiele für klare innere Markenbilder, die über spezielle Symbole und Farben codiert werden, sind Beck's (Abenteuer, grüner Dreimaster), Milka (Alpen-

8.1 Grundlegende Aspekte der Kommunikationspolitik

Abb. 8-1: Markenkontaktpunkte bei Yello Strom

(Quelle: Esch, 2008, S. 149)

welt, lila Kuh), Nivea (sanfte Pflege, beige/blau) und Marlboro (Abenteuer, Cowboy).

Die Gestaltung aller Markenkontaktpunkte als Aufgabe der Kommunikationspolitik zu betrachten, würde zu weit führen. In diesem Kapitel werden lediglich die klassischen und einige neue, unkonventionelle Instrumente der Kommunikationspolitik dargestellt, die im Wesentlichen der Erreichung der psychologischen Kommunikationsziele wie Bekanntheit, Einstellungen und Kaufabsicht dienen. Durch den integrierten Einsatz aller Marketinginstrumente soll letztendlich das (Wahl-)Verhalten von Kunden beeinflusst werden.

8.1.2 Modell der Marktkommunikation

Grundlegende Kenntnisse über Elemente und Funktionsweisen von Kommunikationsprozessen sind eine wichtige Voraussetzung für die Erfüllung der eigenen Kommunikationsaufgaben. Allgemein versteht man unter **Kommunikation** das Senden von verschlüsselten Botschaften, um beim Adressaten eine Wirkung zu erzielen. An einem Beispiel aus dem Alltag wird das in Abbildung 8-2 verdeutlicht (vgl. Scheier/Held, 2006, S. 35).

Aus folgendem Kommunikationsmodell lassen sich Struktur und Elemente der Marktkommuni-

Definition Kommunikation

8.1 Kommunikationspolitik
Grundlegende Aspekte der Kommunikationspolitik

Abb. 8-2

Beispiel einer Botschaft und deren Bedeutungsentstehung durch Entschlüsselung des Codemusters

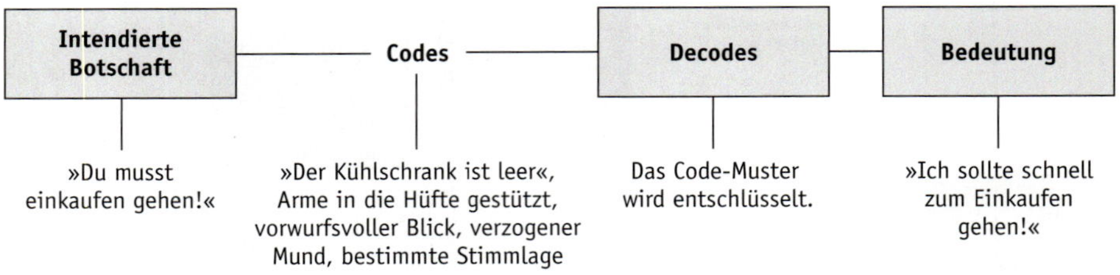

Intendierte Botschaft — Codes — Decodes — Bedeutung

- »Du musst einkaufen gehen!«
- »Der Kühlschrank ist leer«, Arme in die Hüfte gestützt, vorwurfsvoller Blick, verzogener Mund, bestimmte Stimmlage
- Das Code-Muster wird entschlüsselt.
- »Ich sollte schnell zum Einkaufen gehen!«

(Quelle: Scheier/Held, 2006, S. 35)

Abb. 8-3

Modell der Marktkommunikation

Prozess der Marktkommunikation: Sender → Verschlüsselung (Codierung) → Streuung der Botschaft → Entschlüsselung (Decodierung) → Empfänger

Störsignale

Pretest, Rückmeldung ← → Wirkung

zuständig:	Unternehmung	Werbeagentur	Media-Agentur	Konsument	
Aufgabe:	Festlegung von Positionierung, Zielgruppe, Kommunikationszielen, Copy-Strategie	Verschlüsselung (Codierung), formale und inhaltliche Gestaltung der Werbebotschaft	Auswahl geeigneter Medien, Streuung der Botschaft	Entschlüsselung (Decodierung) der Werbebotschaft durch den Empfänger	Überprüfung der Verhaltenswirkung beim Empfänger

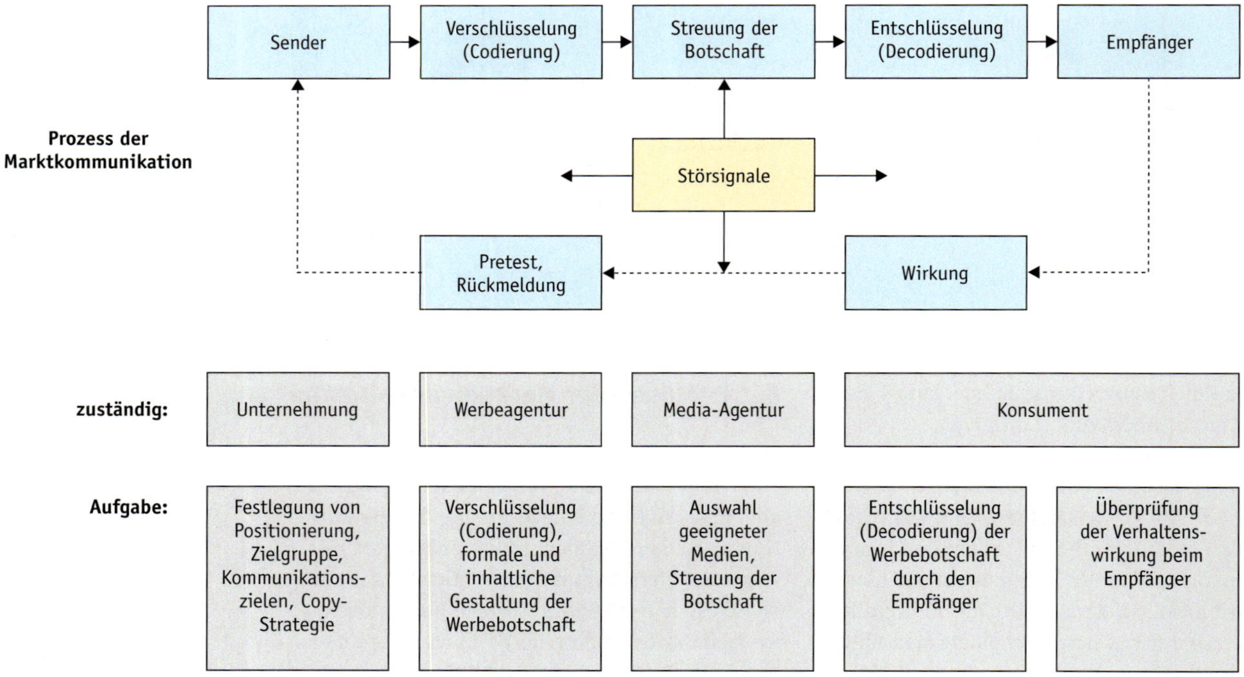

(Quelle: in Anlehnung an Kotler et al., 2007b, S. 655)

Grundlegende Aspekte der Kommunikationspolitik 8.1

kation ableiten (vgl. Abbildung 8-3). Einige Beispiele sollen zeigen, welche Aufgaben im Kommunikationsprozess von welchen Beteiligten zu erfüllen sind. Außerdem werden typische Fehler aufgezeigt, die dafür verantwortlich sein können, dass sich die beabsichtigten Wirkungen nicht einstellen.

Eine Unternehmung – als **Sender** der Botschaft – plant die Einführung eines neuen Produkts, das von der Marketingabteilung bezüglich der Zielgruppe, des Nutzenversprechens und der angestrebten Positionierung im Konkurrenzumfeld spezifiziert wird. Daraus können dann Kommunikationsziele wie z. B. Bekanntheit, Erstkaufrate oder der Aufbau eines speziellen Images abgeleitet werden. Diese Überlegungen konkretisiert man in einem Werbebriefing, das die Grundlage für die Gestaltung der Kommunikationsmaßnahmen darstellt.

Außerdem analysieren die Marketingmanager die Rahmenbedingungen für die Kommunikation, zu denen unter anderem die Besonderheiten der Zielgruppe im Hinblick auf das zu erwartende Involvement zu rechnen sind, außerdem produktspezifische Besonderheiten, das Wettbewerbsumfeld sowie rechtliche Aspekte und gesellschaftliche Wertorientierungen. Probleme in dieser Phase des Kommunikationsprozesses können bereits vom Unternehmen selbst verursacht werden, etwa durch die Wahl einer **falschen Produktpositionierung** (Aus der Praxis 8-1).

Viele Unternehmen versuchen, ihre Produkte über rein sachlich-funktionale Vorteile zu positionieren, obwohl die Konsumenten die konkurrierenden Produkte als funktional austauschbar erleben und somit eine emotionale, erlebnisorientierte Positionierung geeigneter wäre (siehe dazu Aus der Praxis 6-15).

Häufig verhindern auch **Fehler bei der Festlegung der Werbezielgruppe** den gewünschten Werbeerfolg. So richtete sich die Werbung für die Marke Leibniz Teddy's von Bahlsen, ein Keks für Kinder, ausschließlich an die Zielgruppe Kinder. Durch Zeichentrickfilme, die hauptsächlich in Werbeblocks während typischer Kindersendungen gezeigt wurden, konnten zwar ein hoher Bekanntheitsgrad und eine hohe Markensympathie bei den Kindern erzielt werden, doch der Umsatzerfolg dieser Kampagne blieb aus. Es sind

> **Aus der Praxis – 8-1**
>
> Der emotionale Erlebniswert der Pralinenmarke »I love Milka« war ursprünglich »Liebe«. In der Werbung sah man typische Situationen, in denen sich beispielsweise der geliebte Ehemann nachts um das Baby kümmerte und dafür eine »I love Milka«-Praline auf dem Kopfkissen fand. Anscheinend konnten mit dieser Positionierung die geplanten Umsatzziele nicht erreicht werden. Eine Analyse ergab, dass das Verschenken einer Praline kein besonders einfallsreicher Liebesbeweis ist. Man entschloss sich, zukünftig »Freundlichkeit« als emotionalen Erlebniswert zu kommunizieren. Die Werbebotschaft war nun: »Ich verschenke I love Milka, wenn jemand besonders nett und freundlich zu mir ist«. In der Werbung wurden nun solche Szenen gezeigt, die genau dieser Positionierung entsprechen: z. B. der nette Nachbar, der mir im Winter das Auto freischaufelt. Die veränderte Positionierung führte zu einer Umsatzsteigerung der Marke.

Aufgaben der Unternehmung im Kommunikationsprozess

die Mütter, die für den Kauf der Kekse zuständig sind. Sie wurden hier als Werbezielgruppe nicht berücksichtigt.

Nachdem das Marketing die intendierte Werbebotschaft in einem ausführlichen Werbebriefing spezifiziert hat, beauftragt man im Regelfall eine Werbeagentur mit der **Gestaltung der Werbebotschaft**. Die Werbeagentur entwickelt in einem kreativen Prozess zunächst eine Werbeidee, die den Inhalt der Botschaft festlegt. Anschließend muss die Botschaft durch geeignete verbale und nonverbale Gestaltungsmittel – so genannte Codes – verschlüsselt werden (**Encodierung**). Als Ergebnis liegen dann Werbemittel z. B. in Form von Anzeigen, Fernsehspots oder Plakaten vor, in denen die Werbebotschaft durch Bilder und Symbole (Dreimaster bei Beck's als Symbol für Freiheit), Sprache (zum Beispiel Slogans »Wir machen den Weg frei«, »Freude am Fahren«) und durch sensorische Codes (zum Beispiel Farben, Formen, Typografie, Musik, Geruch) für die Zielpersonen sinnlich wahrnehmbar wird (vgl. Scheier/Held, 2006, S. 67 ff.).

8.1 Grundlegende Aspekte der Kommunikationspolitik

Die entscheidende Frage ist nun, wie die Werbebotschaft beim **Empfänger** entschlüsselt (decodiert) wird. Zahlreiche Misserfolge in der Werbepraxis belegen, wie schwierig es oft ist, eine Werbebotschaft so zu gestalten, dass die Zielpersonen sie leicht, schnell und vor allem unmissverständlich entschlüsseln. Dabei ist zu beachten, dass die für die Übersetzung der Botschaft gewählten verbalen und nonverbalen Codes (Sprache, Geschichten, Bilder, Symbole, Musik, Personen, Düfte, etc.) erst durch ihre Entschlüsselung beim Empfänger ihre Wirkung entfalten. Lachmann zeigt anschauliche Beispiele für erfolgreiche und misslungene Codierungen von Werbebotschaften (vgl. Lachmann, 2002, S. 131 ff.).

Um »Missverständnisse« zu vermeiden, sollten die Marketingverantwortlichen der Unternehmung die in den Werbemitteln eingesetzten Codes auf Verständnis und mögliche »Fehlinterpretationen« überprüfen. Diese Aufgabe wird durch geeignete Methoden der **Marktforschung** in Form von **Pretests** übernommen. Eine besondere Schwierigkeit dabei ergibt sich aus der Tatsache, dass die meisten der vermittelten Botschaften ihre Wirkungen ohne Beteiligung des Bewusstseins entfalten und dadurch mit herkömmlichen Befragungsmethoden nicht erfasst werden können (vgl. Scheier/Held, 2006, S. 201 f.). Hier sollten neue, implizite Analyseinstrumente zum Einsatz kommen (vgl. Kapitel 3.2.1.4).

Nach erfolgreichem Abschluss der Pretestphase wird die im Werbemittel konkretisierte Botschaft durch geeignete **Medien** an die Zielpersonen übermittelt. Diese Aufgabe übernehmen häufig Media-Agenturen. Zuvor muss das Unternehmen im Rahmen der Mediawahl geeignete Kommunikationsinstrumente und die dafür geeigneten Medien festlegen (vgl. Kapitel 8.3.6.2).

Probleme in dieser Phase ergeben sich aus der Wahl wenig geeigneter Kommunikationsinstrumente oder der Nutzung von Medien, mit denen die Zielgruppe nicht oder nur zum Teil erreicht wird. So musste zum Beispiel Jägermeister feststellen, dass die Zielgruppe der jungen Erwachsenen durch die klassische Werbung kaum mehr zu beeinflussen ist. Das führte zu einer Verlagerung des Kommunikationsbudgets zu Gunsten der Instrumente Verkaufsförderung, Eventmarketing und Online-Kommunikation.

Aufgrund umfassender Media-Analysen, in denen die Nutzung unterschiedlicher Medien zielgruppenspezifisch aufgeschlüsselt wird, sind Fehler bei der Mediawahl in der Regel vermeidbar, zumal diese Analysen allen Werbetreibenden kostenlos zu Verfügung stehen (vgl. Kapitel 8.3.6.2).

Nachdem die Kommunikationsmaßnahmen realisiert sind und die Zielpersonen die Botschaften aufgenommen und verarbeitet haben, sollte das Unternehmen mit Hilfe der Marktforschung überprüfen, ob und inwieweit die psychologischen und ökonomischen Kommunikationsziele erreicht worden sind. Im Nachhinein kann man damit Schwachpunkte der Kommunikationsmaßnahmen aufdecken, die es bei zukünftigen Maßnahmen zu vermeiden gilt (vgl. Kapitel 8.3.8.1).

Der Kommunikationsablauf ist also gekennzeichnet durch das Verschlüsseln und Entschlüsseln der (Werbe-) Botschaft auf dem Weg (Medium) vom Sender (Unternehmung) zum Empfänger (Zielperson). Kommunikationswirkungen können aber nur dann im Sinne der gesetzten Ziele erreicht werden, wenn dieser Prozess nicht nur störungsfrei, sondern möglichst auch schnell die gewünschte Wirkung erzielt. Gerade für die klassische Werbung unter der Bedingung gering involvierter Konsumenten stehen dafür bei Anzeigen in der Regel nur ca. 2 Sekunden zur Verfügung (vgl. Lachmann, 2002, S. 129).

Für die Werbegestalter besteht eine zentrale Aufgabe darin, Störungen aufzudecken und zu beseitigen. So ist es besonders für die Anzeigengestaltung wichtig, »Geschwindigkeitsreserven« zu finden, die die Anzeigen »schneller« machen (vgl. Kroeber-Riel/Esch, 2004, S. 19). Dies erfolgt heute zunehmend durch den Einsatz von Bildinformationen bzw. durch die Nutzung solcher Codes, die vom Gehirn ohne gedankliche Anstrengung oder auch ohne Beteiligung des Bewusstseins automatisch verarbeitet werden und die beabsichtigte Wirkung erzielen (vgl. Scheier/Held, 2006, S. 54 f.).

Weiterhin ist die Tendenz zu erkennen, dass viele Unternehmen ihre Kommunikationsmaßnahmen auf die Beeinflussung möglichst aller Sinne ausrichten (multisensuale Kommunika-

---

Werbebotschaften müssen im Hinblick auf das Verständnis bei der Zielgruppe überprüft werden.

Der Kommunikationsprozess muss schnell und störungsfrei verlaufen.

Multisensuale Kommunikation gewinnt an Bedeutung.

tion). Man erhofft sich, dass dadurch die Wahrnehmungswirkungen der Kommunikation verbessert werden können (Kilian, 2007b, S. 352 f.). Besonders bei der Gestaltung von Events, Verkaufsförderungsaktionen oder Messeauftritten lassen sich multisensuale Kommunikationskonzepte gut umsetzen (vgl. ausführlich dazu Herbrand, 2008).

8.1.3 Ziele und Aufgaben der Kommunikationspolitik

Mit dem Einsatz kommunikationspolitischer Instrumente werden letztendlich immer auch ökonomische Ziele wie Umsatz- oder Absatzerhöhung verfolgt. Aufgrund der Schwierigkeiten, einen isolierten Beitrag der Kommunikationspolitik auf den Umsatz nachzuweisen, ist es aber sinnvoll, sich vorwiegend auf die psychologischen Ziele zu konzentrieren, die indirekt zur Verhaltensbeeinflussung beitragen. Dazu gehören unter anderem die Bekanntheit, das Wissen über Produkteigenschaften und das Image einer Marke (vgl. Kapitel 8.3.3.1).

Je nach Situation können mit Hilfe der Kommunikationsmaßnahmen eher direkte oder indirekte verhaltensbeeinflussende Wirkungen erzielt werden. Lachmann (2002, S. 88 ff.) unterscheidet in diesem Zusammenhang zwischen dem (kurzfristigen) **Verkaufsziel** und dem (mittelfristigen) **Ziel der Vorprägung**. Letzteres besagt, dass mit Hilfe geeigneter Maßnahmen die Kommunikationsbotschaft in den Köpfen der Zielpersonen verankert werden muss, in der Hoffnung, dass daraus später das (Kauf-) Verhalten folgt.

Eine **direkte** Beeinflussung des Kaufverhaltens (Kommunikationsziel: Verkauf) liegt dann vor, wenn ein Konsument unmittelbar nach der Kommunikationsmaßnahme für ein Produkt dazu bewegt wird, es zu kaufen. Beispiele dafür sind Probieraktionen für neue Produkte im Handel oder die Eiscreme-Werbung in der Kinopause. Auch bei den Dauer-Werbesendungen im Fernsehen reagieren viele Kunden direkt, indem sie die Produkte noch während der Sendung telefonisch bestellen. Es gibt aber auch Situationen, in denen die Konsumenten nach Informationen suchen, weil sie kurz vor einer Kaufentscheidung stehen. Erreichen Kommunikationsmaßnahmen den Konsumenten in solchen Situationen, dann kann dadurch sein (Kauf-) Verhalten direkt beeinflusst werden (vgl. Lachmann, 2002, S. 101).

Viele Kommunikationsinstrumente zielen auf eine **indirekte Beeinflussung** des Kaufverhaltens ab (Vorprägung). Wie bereits in Kapitel 3.2 ausgeführt ist, setzt eine Verhaltensbeeinflussung durch kommunikative Maßnahmen eine Beeinflussung vorgelagerter psychologischer Wirkungsgrößen voraus. Als notwendige Bedingung ist zunächst einmal sicherzustellen, dass das Angebot bei der Zielgruppe bekannt ist. Dafür sind häufig sehr hohe Kommunikationsaufwendungen erforderlich.

Damit Konsumenten ein Produkt in einer Kaufentscheidungssituation in Erwägung ziehen, müssen Kenntnisse über die (emotional und funktional) Nutzen stiftenden Eigenschaften verankert sein, die letztendlich eine positive Einstellung gegenüber dem Produkt bewirken sollen. Ein positives Image allein führt nicht immer zum Kauf, da Konsumenten auch viele andere Produkte ähnlich beurteilen können. Somit muss die Unternehmung die subjektiv wahrgenommenen und die tatsächlichen Unterschiede zum Angebot des Wettbewerbs deutlich machen.

Häufig verstärken erst zusätzliche kommunikative Anreize die Kaufabsichten. Da die Unternehmen normalerweise am Aufbau langfristiger Kundenbeziehungen interessiert sind, gilt es, den Kunden durch geeignete Kommunikationsmaßnahmen in seiner Kaufentscheidung zu bestätigen und ihn zum Wiederkauf zu bewegen.

Spezielle Ziele und Aufgaben der Kommunikationspolitik leiten sich immer aus einer konkreten **Marketingproblemstellung** eines Unternehmens oder eines Produkts ab. Ein Ansatz zur Systematisierung der Kommunikationsaufgaben ist die Betrachtung der besonderen Marketingprobleme im Verlauf des Lebenszyklus eines Produkts oder einer Dienstleistung (vgl. dazu auch Kapitel 6.2.2).

In der **Einführungsphase** eines Produkts bestehen die zentralen Aufgaben der Kommunikationspolitik in der Bekanntmachung des Produkts bzw. der Produktvorteile, der Erzielung einer hohen Erstkaufrate sowie im Aufbau eines klaren, unverwechselbaren Markenimages.

Kommunikationsziel »Vorprägung« durch indirekte Beeinflussung des Verhaltens

Aufgaben der Kommunikationspolitik sind abhängig von der Marketingproblemstellung.

Kommunikationsziel »Verkauf« durch direkte Beeinflussung des Verhaltens

Aus der Praxis – 8-2

Abbildung 8-4 zeigt zwei Beispiele aus der Praxis. Der Autohersteller Daewoo startete 1995 mit einer Imagekampagne, die die Marke bzw. den Namen in Deutschland zunächst bekannt machen sollte, ohne jedoch konkrete Hinweise auf das eigentliche Angebot zu geben. Ziel war es lediglich, den Firmennamen bekannt zu machen und dadurch die Neugier nach mehr zu wecken. Ähnlich ging der Energieversorger e.on vor. Mit Hilfe prominenter Gesichter wurden Anzeigen und Spots geschaltet, die das Unternehmen bekannt machen sollten. Auch hier wurden nicht die Produkte von e.on eingebracht. Im Vordergrund der Kampagne stand lediglich die Erhöhung des Bekanntheitsgrades des Anbieters.

Abb. 8-4: Beispiele von Teaser-Kampagnen der Marken Daewoo und e.on

In dieser Phase nutzen viele Unternehmen bereits **vor der Markteinführung** z. B. Kommunikationsinstrumente, um bei Meinungsführern Interesse für das neue Produkt zu wecken (so genannte Teaser-Kampagnen). Häufig werden aber auch Kommunikationsmaßnahmen getroffen, die lediglich die Aufgabe haben, Aufmerksamkeit und Spannung zu erzeugen, ohne dass der Umworbene überhaupt weiß, um welches Produkt oder um welche Dienstleistung es sich dabei handelt. Diese Form des Premarketing setzten zum Beispiel die Marken Daewoo und e.on vor der Markteinführung ein (Aus der Praxis 8-2).

Bei neuen Konsumgütern beginnt die wichtigste Aufgabe der Kommunikationspolitik **während der Einführungsphase** mit dem Aufbau der Distribution im Handel. Die nun verfügbaren Produkte werden von großen, finanzstarken Unternehmen in der Regel mit massiven kommunikationspolitischen Maßnahmen begleitet, um dadurch möglichst schnell einen hohen Bekanntheitsgrad und eine hohe Erst- und Wiederkaufrate bei der Zielgruppe zu erreichen. Laut einer Studie der GfK scheitern viele neue Produkte, weil deren Werbeetat zu gering war (vgl. Kapitel 6.5.1).

Die Marketingproblemstellung in der **Wachstumsphase** eines neuen Produkts ist dadurch gekennzeichnet, dass – vom Erfolg angelockt – andere Unternehmen mit »Me too«-Produkten in den Markt drängen. Für die Kommunikationspolitik ergibt sich hier die Aufgabe, Abwehrstrategien der Unternehmung mittels geeigneter Kommunikationsmaßnahmen umzusetzen. Oft kommt es in diesem Zusammenhang bereits zu Produktmodifikationen, die durch die klassische Werbung kommuniziert werden. Viele Unternehmen versuchen in dieser Situation, ihre Rolle als Pionier durch Kampagnen mit der Aussage »Wir sind das Original« zu festigen (Aus der Praxis 8-4).

Die meisten Marken befinden sich in der **Reife- und Sättigungsphase.** Das heißt, sie sind schon sehr lange auf dem Markt (z. B. Nivea, Persil, Miele, Lenor, Leibniz). Wesentliche Aufgaben der Kommunikationspolitik sind in dieser Situation, die Marke aktuell (Top of Mind) zu halten (Erhaltungswerbung) und an die veränderten Umweltbedingungen anzupassen. Das Lenor-Beispiel zeigt den über die Zeit veränderten Werbeauftritt der Marke (Aus der Praxis 8-3).

In der Reife- und Sättigungsphase von Marken versuchen die Unternehmen, den Lebenszyklus durch die Erschließung neuer Zielgruppen zu verlängern. Dies erfolgt häufig ohne Veränderungen am Produkt und wird lediglich durch veränderte Werbemaßnahmen erreicht. Ein typisches Beispiel dafür ist die Milchschnitte von Ferrero. Ursprünglich positioniert als gesunder Pausensnack für Kinder, erfolgte die Ausdehnung der Zielgruppe allein durch Werbemaßnahmen. So sprach man zunächst junge, sportliche Frauen an, denen in der Werbung mit der Tennisspielerin Anke Huber die besonderen Vorteile des Produkts als Pausensnack beim Sport kommuniziert wurden. Einige Jahre später tauchten die Klitschko-Brüder in der Werbung für die Milchschnitte auf, womit Ferrero eine Ausdehnung der Zielgruppe auch auf »harte Männer« anstrebte.

Im Laufe des Lebenszyklus einer Marke wird es mitunter erforderlich, eine **Korrektur in der Positionierung** vorzunehmen. Dies erfolgt zum großen Teil durch kommunikationspolitische Maßnahmen (Aus der Praxis 8-1).

In der **Degenerationsphase** von Marken spielen Kommunikationsmaßnahmen eher eine untergeordnete Rolle, da Unternehmen einen Marktaustritt in der Regel ohne große Publizität

Aus der Praxis – 8-3

Die Lenor-Slogans im Zeitverlauf:
1967	Lenor spült weich und weiß zugleich
1975	Erst Lenor macht die Wäsche behaglich
2001	Ich fühl mich wohl mit Lenor
2006	Lenor. Deutschlands beliebtester Weichspüler!
2006	Lenor Mystery: Nichts berührt meine Sinne mehr
2008	Lenor Energy: Frische bei jeder Berührung
2008	Lenor Shangri-La: Eine sinnliche Reise zu sich selbst

(Quelle: www.slogans.de)

Aus der Praxis – 8-4

Ein Beispiel für die Umsetzung einer Abwehrstrategie ist die Werbekampagne von Bionade aus dem Jahr 2008. Die Erfolgsgeschichte der Marke Bionade, der es in relativ kurzer Zeit gelungen ist, im volumenstarken Limonadenmarkt mit einem einzigartigen Bioprodukt eine führende Stellung einzunehmen, sieht sich zunehmend von »Me too«-Produkten bedrängt. Mit der Werbekampagne »Trinken für eine bessere Welt« versucht der Hersteller, sich vom aufkommenden Wettbewerb emotional zu differenzieren.

in die Wege leiten. Eine Besonderheit stellt in diesem Zusammenhang aber die derzeitig häufig anzutreffende **Revitalisierung** von Marken dar, wie zum Beispiel Bluna und Tri Top (vgl. Kapitel 6.4.1.2).

Nicht nur im Verlaufe des Lebenszyklus ergeben sich spezifische Aufgaben der Marktkommunikation, sondern auch im Zusammenhang mit **Entscheidungen der anderen Marketinginstrumente**. So begleiten Kommunikationsmaßnahmen Entscheidungen im Rahmen der Preispolitik (Rechtfertigung einer Preiserhöhung, Informationen über Preissenkungen oder Sonderpreise), der Produktpolitik (Einführung neuer Rezepturen, Verpackungen, neuer Leistungen) und der Distributionspolitik (Bekanntmachung neuer Vertriebswege).

Häufig müssen Unternehmen auf **aktuelle Probleme** reagieren. So unternahm die Firma Lidl verstärkte Kommunikationsanstrengungen, nachdem deren Obst- und Gemüseprodukte von Ökotest als besonders schadstoffbelastet angeprangert wurden. Auch Unternehmensskandale wie die Schmiergeldvorwürfe an den Siemenskonzern oder die Finanzierung von Lustreisen für hochrangige Manager des VW-Konzerns veranlassten diese Unternehmen, das Vertrauen der Öffentlichkeit durch geeignete Kommunikationsmaßnahmen wiederherzustellen. Manchmal reagieren Unternehmen auch auf Kommunikationsangriffe der Konkurrenz. Eine sehr gelungene Reaktion auf eine vergleichende Werbung der Automarke Smart ist Volkswagen eingefallen (Aus der Praxis 8-5).

Reaktion auf aktuelle Probleme als Aufgabe der Kommunikationspolitik

Aus der Praxis – 8-5

In einer Werbekampagne für den Smart sieht man zunächst Ökoaktivisten im Einsatz mit Motorbooten, die 40 l Kraftstoff/100 km verbrauchen, sowie junge Alternative aus der Flowerpower-Zeit, die mit einem bunt bemalten »Bully« unterwegs sind, der allerdings auch 13 l/100 km verbraucht. Am Ende des Spots taucht dann der Smart auf, der mit seinen 3,3 l/100 km als besonders sparsam und »cool« präsentiert wird.

Volkswagen reagierte darauf mit einer Anzeige, in welcher der Verbrauch beider Fahrzeuge pro Person dargestellt wird. Danach ist das Verhältnis beim Bully mit 1,4 l/Person deutlich besser als beim Smart, bei dem sich 1,6 l/Person ergeben. Die Kampagne von Smart hat Volkswagen eindrucksvoll mit dem schlagenden Argument konterkariert, dass man im Bully außerdem besseren Sex habe. Das mag mancher bestätigen, der in seinen jungen Jahren mit einem Bully unterwegs war.

Abb. 8-5: Smart-Kampagne und die Reaktion von VW darauf

Aufbau eines Markenimages als Aufgabe der Kommunikationspolitik

Ein besonders wichtiges Aufgabenfeld der Marktkommunikation ist ihr Beitrag zum **Aufbau einer Marke**, und zwar insbesondere dann, wenn die Marke sehr emotional positioniert wird (vgl. dazu Kapitel 6.4.3.3). Dabei ist besonders auf eine ganzheitliche, integrierte Gestaltung aller Markenkontaktpunkte zu achten. Je besser die klassischen Branding-Elemente (Markenname, Markenzeichen und Markendesign) mit den begleitenden Kommunikationsaktivitäten in Einklang stehen, desto schneller und kostengünstiger kann der Markenaufbau erfolgen (vgl. Kapitel 6.4.3.1). Häufig klafft allerdings zwischen den konzeptionellen Positionierungsentscheidungen und deren Umsetzung durch konkrete Marketingmaßnahmen eine Implementierungslücke (vgl. Esch, 2008, S. 166 f.), das heißt, es gelingt nicht, das geplante, sich von der Konkurrenz abhebende Markenbild (big picture) in den Köpfen der Kunden zu verankern. Die Folge davon sind weiterhin austauschbare Markenauftritte mit hohen Verwechselungsraten (vgl. Esch, 2008, S. 178).

8.1.4 Rahmenbedingungen und aktuelle Probleme

Die Bedingungen für eine erfolgreiche Kommunikationspolitik haben sich in den letzten Jahren drastisch verändert. Die derzeitigen Kommunikations-, Markt- und gesellschaftlichen Bedingungen zwingen viele Unternehmen zur Überprüfung und Anpassung ihrer bisherigen Kommunikationsstrategien, da andernfalls zu befürchten wäre, dass die beabsichtigen Werbewirkungen kaum zu erzielen sind (zu den folgenden Ausführungen vgl. Kroeber-Riel/Esch, 2004, S. 13 ff.).

(1) Kommunikationsbedingungen
Als wichtigste Rahmenbedingung der Kommunikationspolitik ist die **Informationsüberlastung** (information overload) durch Werbung zu nennen. Darunter versteht man den Anteil der nicht beachteten Informationen an den insgesamt angebotenen Informationen. Verschiedene Untersuchungen belegen, dass die Informationsüberlastung in Deutschland über 98 Prozent beträgt. Die Abbildung 8-6 zeigt die geringen Unterschiede bezüglich der verschiedenen Medien.

Es ist davon auszugehen, dass ein Leser ca. 35 bis 40 Sekunden aufwenden müsste, um die Informationen einer Zeitschriftenanzeige aufzunehmen. Im Durchschnitt werden Anzeigen aber nur ca. 2 Sekunden lang betrachtet. Daraus ergibt sich die Notwendigkeit, Kommunikationstechniken einzusetzen, die es ermöglichen, in dieser Informationsflut dennoch die Zielpersonen zu erreichen. Für Anzeigen heißt das beispielsweise, dass sie eine hohe Aufmerksamkeit erzielen und die eigentliche Werbebotschaft »schneller« kommunizieren müssen. Die Bedingung der Informationsüberlastung betrifft nicht nur den Bereich der Werbung. Auch bei der Gestaltung der anderen Kommunikationsinstrumente und bei der Warenpräsentation am Point of Sale ist dieser Aspekt zu berücksichtigen.

Lediglich 1,6 Sekunden widmet sich ein Konsument einem Produkt im Regal des Handels (vgl. Esch, 2008, S. 30). Im Kapitel 8.3.7.4 zur Gestaltung von Werbebotschaften werden Gestaltungstechniken angesprochen, die eine schnelle Informationsverarbeitung ermöglichen.

Die Problematik der viel diskutierten Informationsüberlastung bei gleichzeitig flüchtigem Informationsverhalten gering involvierter Konsumenten muss bei Berücksichtigung neuer neuropsychologischer Forschungsergebnisse allerdings relativiert werden. So weisen Scheier und Held mit eindrucksvollen Beispielen darauf hin, dass gerade dann unbewusst (implizit) ablaufende Wahrnehmungs- und Entscheidungsprozesse unser Verhalten maßgeblich beeinflussen können, wenn wir unter Zeitdruck stehen, wenig Interesse haben, mit Informationen überlastet werden und entscheidungsunsicher sind (vgl. Scheier/Held, 2006, S. 151 ff.). Um dieses implizite System zu stimulieren, reichen sehr kurzzeitige Werbeeindrücke aus (Lachmann, 2002, S. 23; Scarabis/Florack, 2007, S. 413 ff.).

Bedeutung unbewusster (impliziter) Informationsverarbeitung

In engem Zusammenhang mit der Informationsüberlastung steht die wachsende **Dominanz der Bildinformationen**. Bilder helfen gegen die Informationsüberlastung, da sie eine besonders schnelle und gedanklich bequeme Informationsaufnahme ermöglichen. Dieser Aspekt ist vor

Informationsüberlastung als Rahmenbedingung der Marktkommunikation

Abb. 8-6

Informationsüberlastung in der Bundesrepublik Deutschland

Informationsüberlastung:
- 99,4 % im Rundfunk
- 96,8 % im Fernsehen
- 94,1 % in Zeitschriften
- 91,7 % in Zeitungen
- 98,1 % in allen Medien

(Quelle: Esch, 2008, S. 30)

8.1 Kommunikationspolitik
Grundlegende Aspekte der Kommunikationspolitik

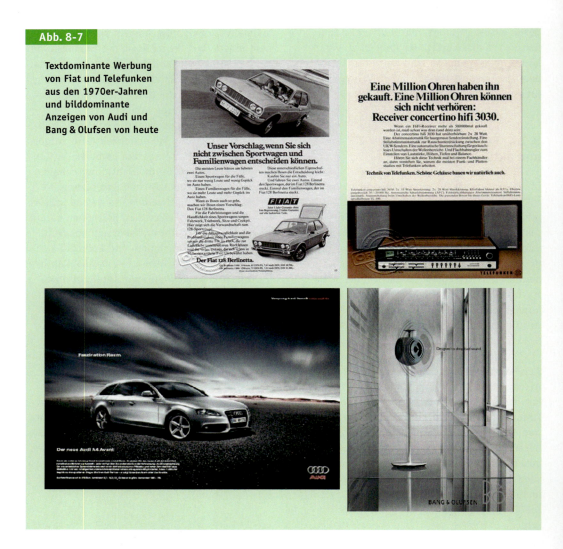

Abb. 8-7 Textdominante Werbung von Fiat und Telefunken aus den 1970er-Jahren und bilddominante Anzeigen von Audi und Bang & Olufsen von heute

allem deswegen von großer Bedeutung, weil die Umworbenen der Marktkommunikation im Allgemeinen wenig Interesse entgegenbringen und deswegen auch nicht bereit sind, viel Zeit und gedankliche Anstrengungen für die Aufnahme von Werbebotschaften aufzuwenden (Low-Involvement-Situation).

Wirksamer als bruchstückhaft aufgenommene Textinformationen sind ganzheitliche Bildbotschaften, die prägnant, glaubwürdig und schnell das Wichtigste sagen. Auch aus theoretischer Sicht haben Bilder erhebliche Vorteile gegenüber Worten, denn sie werden fast immer zuerst betrachtet, werden schneller verarbeitet und gelernt und sind glaubwürdiger (vgl. ausführlich dazu Kroeber-Riel/Esch, 2004, S. 149 ff.). Die Abbildung 8-7 zeigt Beispiele für textdominante Werbeanzeigen aus den 1970er-Jahren und bilddominante Werbeanzeigen von heute.

(2) Marktbedingungen

Die vorherrschenden Marktbedingungen, insbesondere der Verdrängungswettbewerb und die zunehmende Marktdifferenzierung, haben erheblichen Einfluss auf die Kommunikationspolitik der Unternehmen.

Die Situation des **Verdrängungswettbewerbs** führt zu austauschbaren Produkten, die nur geringe Qualitätsunterschiede aufweisen, sodass die objektive und funktionale Qualität

Grundlegende Aspekte der Kommunikationspolitik 8.1

für die Konsumenten zur Selbstverständlichkeit wird. Für die Kommunikationspolitik, insbesondere für die Werbung, hat das gravierende Folgen, da in solchen Situationen das Informationsinteresse nachlässt. So war in den letzten Jahren festzustellen, dass das Interesse an Warentestinformationen vor Kaufentscheidungen deutlich nachgelassen hat. Das ist verständlich, wenn von den getesteten Produkten rund 85 Prozent die Note »gut« erhalten (vgl. Abbildung 8-8 und Esch, 2008, S. 34).

Der Konsument interpretiert die Ergebnisse solcher Tests in der Weise, dass er annimmt, sich auf die Qualität der Produkte heute in der Regel verlassen zu können. Das betrifft zunehmend auch Produkte, die als so genannte »Billigware« von Discountern vermarktet werden.

Das geringe Interesse an Informationen über Produkteigenschaften hat weiterhin zur Folge, dass die informative Kommunikation zugunsten einer emotionalen Kommunikation an Bedeutung verliert. Es besteht daher die Gefahr, dass bei austauschbarer Qualität der konkurrierenden Produkte auch deren Werbeauftritt austauschbar wird, da sich die Information auf ähnliche Produkteigenschaften bezieht (vgl. dazu Kapitel 6.4.3.3).

Untersuchungen haben allerdings gezeigt, dass objektiv sehr ähnliche Produkte von den Konsumenten als unterschiedlich wahrgenommen werden, wenn sie erlebnisorientiert positioniert sind. Das geschieht in den meisten Fällen mit hohen Werbeaufwendungen. Ein Beispiel dafür ist die Markenrelevanz bei Limonaden, was auch durch die geringe Bedeutung dieser Produktkategorie bei Handelsmarken zum Ausdruck kommt (vgl. Esch, 2008, S. 45).

Die Marktsättigung führt in vielen Branchen zur **Marktdifferenzierung**. Mit der Einführung immer neuer Produktvarianten für ganz spezielle Zielgruppen sehen viele Unternehmen ihre Chance, sich gegenüber der Konkurrenz Vorteile zu verschaffen. Diese Entwicklung hat zur Folge, dass auch die Marktkommunikation zunimmt. Die Inflation von Produkten und Marken hat ihre Ursachen unter anderem in der wachsenden Zahl von Wettbewerbern, die zunehmend aus dem Ausland kommen. Auch die Verbreitung des Internets, das vielen kleinen Anbietern den Zugang zu den Märkten eröffnet, trägt hierzu bei

(vgl. Esch, 2008, S. 25 f.). Die Abnehmer müssen über das zum Teil sehr unübersichtliche Angebot informiert werden. Dadurch nimmt die Informationskonkurrenz zu.

Was bedeuten diese Entwicklungen für die Kommunikationspolitik eines Unternehmens? Um in dieser Informationsflut zu überleben, kommt es heute mehr denn je darauf an, seine Maßnahmen durch eine zielgruppenspezifische Kreativität noch besser den Motivstrukturen seiner Kunden anzupassen und sich durch neue Instrumente im Kommunikationswettbewerb zu differenzieren (vgl. Kapitel 3.2.1.3).

Hierzu gibt es bereits neue Segmentierungskonzepte, die stärker als andere die motivationalen Antriebskräfte für das Kaufverhalten in den Mittelpunkt rücken, wie es zum Beispiel beim Limbic-Ansatz von Häusel der Fall ist. Hiernach gelingt es, Marken in den relevanten Motivlandschaften unterschiedlicher Zielgruppen zu positionieren und durch darauf abgestimmte Kommunikationsmaßnahmen besser anzusprechen (vgl. Häusel, 2007, S. 61 ff.).

Das Informationsinteresse lässt bei austauschbaren Produkten nach.

Erlebnisorientierte, emotionale Kommunikation gewinnt an Bedeutung.

Abb. 8-8

Beispiel aus einem Test für Sonnenschutzmittel

(Quelle: O. V., 2008e, S. 26 f.)

8.1 Kommunikationspolitik
Grundlegende Aspekte der Kommunikationspolitik

Zahlreiche Gesetze und Verordnungen schränken die Handlungsfreiheit der Marktkommunikation ein.

(3) Gesellschaftliche Rahmenbedingungen

Nicht zuletzt beeinflussen bzw. begrenzen auch gesellschaftliche Veränderungen den Handlungsspielraum der Kommunikationspolitik. Hier ist an Rechtsnormen, Kontrollorgane, die öffentliche Meinung und an Wertorientierungen in der Gesellschaft zu denken.

Im **Gesetz gegen den unlauteren Wettbewerb (UWG)** sind gemäß der Generalklausel Wettbewerbshandlungen verboten, die gegen die guten Sitten verstoßen. Das UWG enthält beispielsweise Vorschriften gegen irreführende Werbung und gegen Nachahmung fremder Werbemittel (Aus der Praxis 8-6).

Insbesondere aktuelle **EU-Richtlinien** wie zum Beispiel die Health-Claims-Verordnung schränken den Gestaltungsspielraum vieler Unternehmen ein (www.health-claims-verordnung.de). Die am 1. Juli 2007 in Kraft getretene Verordnung hat für die kommunikationspolitischen Maßnahmen vieler Anbieter von Nahrungs- und Genussmitteln gravierende Auswirkungen. Davon sind Werbeaussagen für Lebensmittel betroffen, wenn sie nährwert- oder gesundheitsbezogene Angaben enthalten: Diese Angaben müssen wahr und belegbar sein.

Aus der Praxis – 8-6

Das Landgericht Hamburg hat mit Urteil vom 28.07.2008 (Az. 315 O 360/08) entschieden, dass die Deutsche Telekom den iPhone-Tarif »Complete« nicht mehr mit der Aussage »freier Internetzugang und unbegrenzte Datenflatrate« bewerben darf. Das Gericht folgte hierbei dem Antrag des Wettbewerbers Indigo. Dieser hatte bemängelt, der Zugang sei nicht »frei«, da weder Internet-Telefonie noch Chatten erlaubt sei. Zudem werde ab einem bestimmten Datenvolumen die Bandbreite des Zugangs beschränkt. Eine weitere Einschränkung sei durch die Nichtzulassung des sicheren Zugriffs auf geschützte Unternehmensdaten mittels so genannter VPN-Tunnel gegeben (O.V., 2008f).

Neben den relevanten Gesetzesnormen haben **Kontrollorgane der deutschen Werbewirtschaft**, zum Beispiel der Deutsche Werberat, freiwillige Verhaltensregeln aufgestellt, die einen regulierenden Einfluss auf den missbräuchlichen Einsatz der Werbung ausüben. Jeder Bür-

Aus der Praxis – 8-7

Zu heftigen, zum Teil kontrovers geführten Diskussionen in der Öffentlichkeit führten 2004/2005 Werbeplakate der CMA, auf denen mit dem Werbeslogan »Ich mag's am liebsten mit frischem Gemüse« und »Das Beste aus der Hüfte« für einen erhöhten Fleischkonsum geworben wurde (Abbildung 8-9).
Obwohl die Plakate eindeutig sexistische Elemente enthielten, hat der Deutsche Werberat die Aktion nicht gerügt. Auf massiven Druck von Verbraucherschutzverbänden und Kritik von den Mitgliedern der CMA wurde die Plakataktion schließlich eingestellt.

Abb. 8-9: Werbeplakate der CMA

ger hat die Möglichkeit, eine Eingabe an den Deutschen Werberat zu senden, wenn er sich über kommerzielle Werbung beschweren will. Das kann Werbung betreffen, die im Zusammenhang mit der Würde von Frauen, dem Respekt vor Religionen oder der Rücksicht auf Kinder die eigenen Gefühle verletzt. 2008 nahmen laut Werberat 264 Bürger diese Möglichkeit wahr.

Allgemein wird festgestellt, dass die **öffentliche Meinung** gegenüber der Werbung kritischer geworden ist. Das betrifft vor allem solche Werbung, die für umwelt- oder gesundheitsschädliche Produkte eintritt, die gegen die Emanzipation von Frauen verstößt oder mit »schockierenden« Abbildungen eine Produktmarke »ins Gespräch« bringen will. Auch die überhandnehmende Fernsehwerbung der privaten Fernsehanstalten stößt in großen Teilen der Bevölkerung auf Ablehnung. Diese Sensibilität der Umworbenen muss bei der Entwicklung von Kommunikationsmaßnahmen berücksichtigt werden. Andernfalls besteht die Gefahr, dass durch Irritationen oder Ablehnungen die Beeinflussungswirkungen eingeschränkt werden (Aus der Praxis 8-7).

Der in den letzten Jahren zu beobachtende **Wertewandel** in den Gesellschaften der westlichen Industrienationen hat ebenfalls erheblichen Einfluss auf die Marktkommunikation. Um die Wirksamkeit kommunikationspolitischer Maßnahmen zu erhöhen, müssen die grundlegenden Werthaltungen der Umworbenen beachtet werden. Derzeitig sind dies vor allem die Erlebnis- und Genussorientierung, das Gesundheits- und Umweltbewusstsein sowie die Betonung der Freizeit, die als Trends zur Verwirklichung eines unabhängigen und eigenständigen Lebensstils aufzufassen sind (vgl. Abbildung 8-10).

Abb. 8-10

Beispiele für Werbekampagnen auf Basis gesellschaftlicher Trends

Trend	Werbekampagne
Erlebnisorientierung	▸ Beck's Bier: »The Beck's experience« (maritime Frische, Freiheit) ▸ Marlboro: »Come to where the flavor is« (Abenteuer, Freiheit)
Genussorientierung	▸ Magnum Temptation: »Genuss mit allen Sinnen«
Gesundheitsbewusstsein	▸ Actimel: »aktiviert Abwehrkräfte« ▸ Becel pro activ: »Senkt den Cholesterinspiegel«
Umweltbewusstsein	▸ Frosch: »Tenside zu 98 Prozent abbaubar« ▸ Bionade: »Gut in Bio. Schlecht in Chemie« (mit Biogarantie)
Freizeitbetonung	▸ Center Parks: »A State of Happiness« (Spaß und Entspannung für die ganze Familie) ▸ Jägermeister: »Achtung Wild!« (Feiern, Wildern, Erfahren, Mixen, Rocken, Kaufen)
Verwirklichung eines individuellen Lebensstils	▸ Dove: »Initiative für wahre Schönheit« (Individualität, Steigerung des Selbstbewusstseins) ▸ L'Oréal: »Weil ich es mir wert bin« (elegant, luxuriös)

Die Wertorientierungen in der Gesellschaft bilden einen wichtigen Rahmen für Kommunikationsgestaltung.

8.2 Instrumente der Kommunikationspolitik

8.2.1 Begriffliche und systematische Grundlagen

Zur Erreichung seiner Kommunikationsziele stehen einem Unternehmen verschiedene Kommunikationsinstrumente zur Verfügung. Sie lassen sich im Hinblick auf die Art der Kommunikation in Massenkommunikation und persönliche Kommunikation unterscheiden, wobei im letzen Fall die **persönliche Akquisition** im Mittelpunkt steht. Dabei handelt es sich im Wesentlichen um den effizienten Einsatz des Verkaufspersonals, das durch direkte Gespräche die Kommunikation zwischen dem Unternehmen und dem Kunden herstellt. Im Gegensatz zur (unpersönlichen) Massenkommunikation wird eine direkte Rückkopplung zum Kunden erreicht. Dieser Aktionsbereich wird näher betrachtet im Zusammenhang mit verkaufspolitischen Entscheidungen, die im Rahmen der Distributionspolitik erörtert werden (vgl. Kapitel 9.2.5). Ebenso lassen sich **Messen und Ausstellungen** primär zu den Maßnahmen der Distributionspolitik zählen, obwohl gerade bei Messen die persönliche Kommunikation zwischen den Marktteilnehmern im Mittelpunkt steht. Außerdem dienen Messen und Ausstellungen vielfach dazu, Produkte und Marken zu inszenieren, sodass es auch starke Über-

Gegenstand der Kommunikationspolitik

8.2.2 Instrumente der »Above-the-line«-Kommunikation

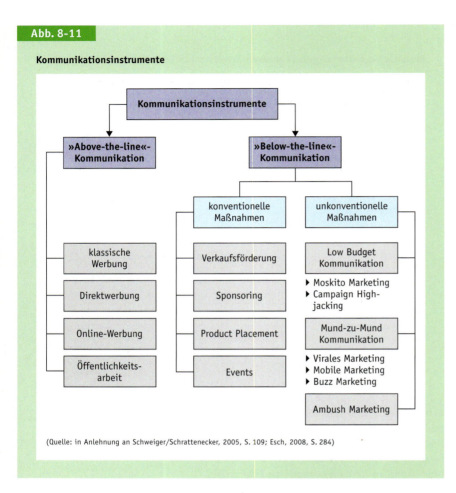

Abb. 8-11 Kommunikationsinstrumente
(Quelle: in Anlehnung an Schweiger/Schrattenecker, 2005, S. 109; Esch, 2008, S. 284)

(vgl. Kreutzer, 2008, S. 255). Eine eindeutige Zuordnung zu diesen Kategorien ist aufgrund von Überschneidungen nicht immer möglich. Die wichtigsten Instrumente sowie einige neue, unkonventionelle Kommunikationsmaßnahmen werden in Kapitel 8.2.4 kurz vorgestellt (vgl. Abbildung 8-11).

8.2.2 Instrumente der »Above-the-line«-Kommunikation

8.2.2.1 Klassische Werbung

Die Werbung ist das auffälligste und noch immer wichtigste Kommunikationsinstrument, wie an den Ausgaben für klassische Werbung in Abbildung 8-12 zu sehen ist.

Werbung lässt sich ganz allgemein charakterisieren als unpersönliche Form der Massenkommunikation, bei der durch den Einsatz von Werbemitteln in bezahlten Werbemedien versucht wird, unternehmensspezifische Zielgruppen anzusprechen und zu beeinflussen.

Gut 30 Milliarden € geben Unternehmen in Deutschland jährlich für Werbeschaltungen in den unterschiedlichen Werbemedien aus. Den größten Anteil daran haben Handelsunternehmen und die großen Konsumgüterhersteller, wie Abbildung 8-12 zeigt.

Der Einsatz der **klassischen Werbung** dient bei den Herstellern von Konsumgütern im Wesentlichen zum Aufbau der Bekanntheit und des Images von Marken und Unternehmen. Bei der Werbung der Handelsorganisationen stehen die Informationen über Sonderangebote im Mittelpunkt.

Die klassische Werbung gehört zur »Above-the-line«-Kommunikation, da die Werbeaktivitäten als solche für jedermann sichtbar sind. Sie ist dadurch gekennzeichnet, dass zur Erreichung der Kommunikationsziele moderne Massenkommunikationsmittel in verschiedenen Medien eingesetzt werden (vgl. Schweiger/Schrattenecker, 2005, S. 109). Dabei ist in erster Linie an die Schaltung von Anzeigen in Zeitungen und Zeitschriften, an die Ausstrahlung von Rundfunk- und Fernsehspots und an den Einsatz von Plakaten oder Handzetteln zu denken. Die Beziehung zwischen Sender und Empfänger ist in den meisten Fällen unpersönlich (Einwegkommunika-

schneidungen zum Event-Marketing gibt (vgl. Homburg/Krohmer, 2006, S. 831 ff.).

In der Praxis findet man häufig die Einteilung in so genannte »**Above-the-line**«-Maßnahmen (für jedermann sichtbare Maßnahmen), wozu die klassischen Formen der Mediawerbung und die Öffentlichkeitsarbeit gerechnet werden, und die »Below-the-line«-Maßnahmen, zu der alle anderen Kommunikationsinstrumente zu zählen sind (vgl. Esch, 2008, S. 284; Schweiger/Schrattenecker, 2005, S. 109). Kommunikationsmaßnahmen, die vom Konsumenten nicht ohne Weiteres als »werbliche Beeinflussung« interpretiert werden, bezeichnet man als »Below-the-line«-Maßnahmen (unter der sichtbaren Linie). Bei »Above-the-line«-Maßnahmen (über der sichtbaren Linie) ist dem Konsumenten bewusst, dass es sich um eine werbliche Beeinflussung handelt

Definition »Above-the-line«- und »Below-the-line«-Kommunikation

tion). Durch die Entwicklung neuer Massenmedien (Internet, Mobilfunk) sind aber auch hier direkte Kommunikationsbeziehungen zwischen Sender und Empfänger möglich.

Je nachdem, welches Werbeobjekt im Mittelpunkt einer Werbemaßnahme steht, lassen sich Produkt-, Sortiments- und Firmenwerbung unterscheiden. Die praktische Bedeutung dieser Erscheinungsformen hängt in großem Maße von dem gewählten Markenkonzept ab (vgl. Kapitel 6.4.2.1).

Aufgrund des Einzelmarken-Konzepts der Marke Persil (Henkel) erfolgt beispielsweise für dieses Produkt ausschließlich **Produktwerbung**. Das Familienmarken-Konzept von Beiersdorf begründet die **Sortimentswerbung**, beispielsweise für die Markenfamilien Nivea oder Tesa. Das Dachmarken-Konzept von Sony, Philips und Siemens ermöglicht typische Formen der **Firmenwerbung** (z. B. Banden- und Trikotwerbung).

Im Normalfall wird für einen einzelnen, namentlich bekannten Anbieter geworben. Immer häufiger kommt es jedoch vor, dass mehrere Unternehmen gemeinsam Werbeaktionen durchführen, wodurch für das einzelne Unternehmen die Werbekosten gesenkt werden können. Ein anderer Grund dafür ist, dass Unternehmen im Rahmen ihrer Markenpolitik auf Dauer oder für zeitlich begrenzte Aktionen Allianzen eingehen und dabei auch werblich gemeinsam auftreten möchten, wie z. B. die Marken Miele (Waschmaschinen) und Calgonit (Wasserentkalkung) (vgl. dazu Kapitel 6.4.2.2).

Bei der **Gemeinschaftswerbung** treten die dahinterstehenden Anbieter nicht in Erscheinung. Diese Form kommt häufig bei Agrarprodukten vor, etwa bei Milch oder Wurstwaren. Mit dem Slogan »Die Marke. Etwas anderes kommt mir nicht in die Tüte.« warb im Jahr 2002 die deutsche Markenartikelindustrie in einer ca. 25 Millionen Euro teuren Werbekampagne für ihre Produkte. Es handelte sich dabei um den ersten offensiven Zusammenschluss bedeutender Markenartikler, um gemeinsam gegen die zunehmende Bedeutung von Handelsmarken anzugehen (vgl. Riering, 2003, S. 14).

Die **Direkt-Werbung** – häufig auch als Direkt-Marketing oder »One-to-One«-Marketing bezeichnet – zielt immer auf eine direkte, persönliche Interaktion mit aktuellen oder potenziellen Nachfragern ab (vgl. Meffert et al., 2008, S. 670). Eine besondere Bedeutung erlangt diese Kommunikationsform bei der Gewinnung neuer Kunden, bei der Kundenrückgewinnung und bei Kundenbindungsprogrammen. Gerade im letzten Fall soll durch eine Verbesserung der Kundennähe die Kundenbeziehung und damit die langfristige Kundenbindung verbessert werden (vgl. ausführlich dazu Bruhn, 2007).

8.2.2.2 Online-Werbung

Aufgrund ihrer wachsenden Bedeutung und wegen ihrer Besonderheiten wird dieses Instrument als eigenes Kommunikationsinstrument dargestellt, obwohl es zahlreiche Überschneidungen zur klassischen Werbung gibt. Zur **Online-Werbung** gehören alle Kommunikationsaktivitäten zwischen Unternehmen und Nachfragern, die eine Beeinflussung der Kunden im Sinne der Unternehmensziele über das Internet anstreben. Hierzu zählen Werbebanner, Suchmaschinen-Anzeigen (»Keyword Advertising«), Produkt- und Firmen-Websites sowie E-Mails und Newsletter (vgl. Bruhn, 2009, S. 212; Kotler et al., 2007b, S. 985 ff.; Meffert et al., 2008, S. 662 ff.).

Ihre Bedeutung erhält die Online-Werbung aufgrund der zunehmenden Nutzung des Internets durch die Nachfrager. Mittlerweile sind in

Abb. 8-12

Werbeausgaben der 10 werbestärksten Unternehmen 2007

2007	Werbende Unternehmen	Mio. Euro 2007	Mio. Euro 2006
1	Media-Markt/Saturn	500,3	454,4 (1)
2	Procter & Gamble	389,4	384,1 (4)
3	Albrecht (Aldi)	284,4	275,7 (5)
4	Unilever Deutschland	281,9	303,7 (3)
5	Ferrero Deutschland	273,9	242,4 (8)
6	Axel Springer Verlag	265,4	242,9 (7)
7	L'Oréal	246,5	275,5 (6)
8	Edeka	244,6	73,4 (42)
9	Lidl	224,8	359,1 (2)
10	VW	204,7	168,6 (11)

(Quelle: O. V., 2008g, S. 148)

Definition Online-Werbung

Besonderheiten der Online-Kommunikation

Deutschland ca. 60 Prozent der Bevölkerung »online«. Die Besonderheiten der Online-Werbung gegenüber der klassischen Mediawerbung lassen sich in folgenden Aspekten zusammenfassen (vgl. Meffert et al., 2008, S. 662 ff.).

Durch die **direkte Feedbackmöglichkeit** können Sender und Empfänger der Kommunikation unmittelbar miteinander interagieren (hohe Interaktionsdichte). Geht die Initiative dabei vom Empfänger der Botschaft aus, spricht man vom **Kommunikationspull**. Das bedeutet, dass die im Internet bereitgestellten Informationen vom Empfänger aktiv abgerufen werden. Typischerweise zählen hierzu die Website des Unternehmens, über die man gezielt auf die gewünschten Informationen gelenkt wird (Produkte, Preise, Shop etc.) sowie die Schaltung von Werbeanzeigen, die bei der Nutzung von Suchmaschinen neben den Suchergebnissen erscheinen. In High-Involvement-Situationen, insbesondere bei der Kommunikation mit Kunden, die kurz vor der Kaufentscheidung stehen, spielt diese Form der Kommunikation eine zentrale Rolle (vgl. Lachmann, 2002, S. 207).

Der Versand von E-Mails oder Newsletters sowie das Schalten von Werbebannern werden dem **Kommunikationspush** zugeordnet. Dadurch soll die Aufmerksamkeit des Internetnutzers auf das Unternehmen oder auf spezifische Angebote gelenkt werden. Bei gering involvierten Empfängern kann diese Kommunikationsform allerdings auch negative Reaktionen auslösen, da sie häufig als störend wahrgenommen wird (Meffert et al., 2008, S. 663).

Eine weitere Besonderheit ist die Möglichkeit, Kommunikationsinhalte verschiedenster Mediengattungen (Text, Ton, Bild und Film) modular anzuordnen und durch eine Verlinkung miteinander zu kombinieren (**Hypermedialität**). So kann der Nutzer besonders gekennzeichnete Inhalte anwählen und sich dadurch gezielt neue Inhalte anzeigen lassen. Diese Möglichkeit beugt einer Informationsüberlastung vor und hat den weiteren Vorteil, dass der Nutzer sich gezielt über die Inhalte informieren kann, die für ihn persönlich relevant sind.

Die Online-Werbung verfügt über eine hohe zeitliche Aktualität, da die **Kommunikation in Echtzeit** erfolgt. Für den Empfänger hat das den Vorteil, dass er sich beispielsweise über die aktuelle Verfügbarkeit von Produkten in einer IKEA-Filiale informieren kann, um seinen Einkauf zu planen. In diesem Beispiel kann das aber auch ein Nachteil sein, denn Echtzeitkommunikation ist sehr »flüchtig«. So kommt es häufig vor, dass die Information beim Betreten der Filiale nicht mehr aktuell ist (Meffert et al., 2008, S. 664).

Die bedeutendste Besonderheit der Online-Werbung ist ihre unbegrenzte räumliche Reichweite, ihre **globale Verfügbarkeit**. Als offene Kommunikationsplattform sind Informationen im Internet grundsätzlich von jedem Unternehmen und jedem Nachfrager an jedem Ort abrufbar. Diese Möglichkeiten haben besonders im Tourismus zu einer deutlichen Veränderung des Buchungsverhaltens geführt.

Eine Sonderstellung nimmt die Online-Werbung auch im Hinblick auf die **Beurteilung der Eignung von Webseiten** als Werbeträger ein, da zahlreiche Leistungskennzahlen über die Nutzung mitprotokolliert werden. Serverseitige Kennzahlen werden laufend erhoben und monatlich veröffentlicht. Nutzerseitige Kennzahlen wie z. B. die Reichweite von Webseiten werden durch eine Kombination aus elektronischer Aufzeichnung der Internetnutzung und Befragung durch ein internetrepräsentatives Online-Panel erhoben. Sie bieten eine gute Grundlage für die Mediaplanung (vgl. Schweiger/Schrattenecker, 2005, S. 288 ff.).

Die in den Online-Medien am weitesten verbreitete Werbung ist die **Bannerwerbung**. Banner sind Werbeflächen, die in der Regel im Kopf- oder Seitenbereich auf Internetseiten stark frequentierter Informations-, Unterhaltungs- oder Diensteanbieter platziert werden. Durch Kombination mit dem abrufbaren Angebot wird die Bannerwerbung zum Beworbenen transportiert und als unaufgefordertes Informationsangebot zur Verfügung gestellt (vgl. Abbildung 8-13).

Um die Aktivierung des Beworbenen zu erhöhen, sind viele Werbebanner animiert, das heißt, die formalen und/oder inhaltlichen Gestaltungselemente der Werbung verändern sich in bestimmten Zeitintervallen. Abzugrenzen von den Werbebannern sind kleinere Werbeflächen, deren Werbebotschaft sich in der Regel auf Markenzeichen oder Logos beschränkt (so genannte Werbebuttons).

Neben dem Ziel, durch Bannerwerbung einen Werbekontakt herzustellen, versuchen viele Unternehmen, die anvisierte Zielgruppe zusätzlich zur aktiven Nutzung der Werbung zu veranlassen. Aktive Banner eröffnen dem Internetnutzer die Möglichkeit, durch Anklicken des Banners weitere werbliche Inhalte interaktiv abzurufen.

Insgesamt wird die Online-Kommunikation zunehmend für den Einsatz unkonventioneller Kommunikationsinstrumente wie zum Beispiel das Viral-Marketing oder die aktive Beteiligung an Blogs genutzt (vgl. dazu Kapitel 8.2.4.2.; Meffert et al., 2008, S. 669).

8.2.2.3 Öffentlichkeitsarbeit

Als **Öffentlichkeitsarbeit** (Public Relations) bezeichnet man das bewusste, planmäßige und dauernde Bestreben, bei verschiedenen für das Unternehmen relevanten Zielgruppen ein gegenseitiges Verständnis und Vertrauen aufzubauen und bei diesen Zielgruppen positive Reaktionen gegenüber der Unternehmung auszulösen (vgl. Meffert et al., 2008, S. 673). Die Abgrenzung zu reiner Firmenwerbung oder zu Sponsoring ist allerdings nicht immer trennscharf.

Zielgruppen der Öffentlichkeitsarbeit können sowohl interne als auch externe Gruppen sein. Während mit der Werbung und der Verkaufsförderung die Unternehmensleistungen kommuniziert werden, steht hier das Unternehmen als Ganzes im Mittelpunkt der Kommunikation, wobei es hauptsächlich um die Information der Öffentlichkeit über die vielfältigen Unternehmensaktivitäten geht. Hierdurch sollen die Einstellungen der Öffentlichkeit gegenüber dem Unternehmen positiv beeinflusst werden, was sich letztendlich auch auf die Erreichung der ökonomischen Kommunikationsziele (Umsätze, Marktanteile) auswirken kann.

Der Ausspruch »Tue Gutes und rede darüber!« trifft den Kern der Öffentlichkeitsarbeit. Viele Unternehmen haben in den letzten Jahren die Erfahrung machen müssen, wie bedrohlich Vertrauensverluste in der Öffentlichkeit sein können. Beispiele dafür sind die Firmen K+S (Salzeinleitung in Weser und Werra), Lidl (Überwachungsskandal), Siemens (Schmiergeldaffäre) und Vattenfall (Pannen und Störfälle in Atomkraftwerken). Selbst ganze Branchen sind aufgrund umweltschädlichen Verhaltens oder gesundheitsgefährdender Vorkommnisse in die öffentliche Kritik geraten (z. B. Fisch-, Chemie-, Pharma- und Zigarettenindustrie).

In solchen Situationen müssen gewaltige Anstrengungen unternommen werden, um das Bild in der Öffentlichkeit wieder zurechtzurücken. Hier wird die Öffentlichkeitsarbeit zur Managementaufgabe. Auch für Unternehmen, die nicht in den Negativschlagzeilen stehen, spielt die Gewinnung von Vertrauen und Verständnis in der Öffentlichkeit eine große Rolle. Positives Ansehen und gesellschaftliche Akzeptanz beeinflussen auch die Beurteilung der Unternehmensleistungen. Außerdem wird die Werbung positiv wahrgenommener Unternehmen als glaubwürdiger empfunden.

Wesentlich ist weiterhin die Tatsache, dass die Öffentlichkeitsarbeit Servicefunktionen für alle Unternehmensbereiche wahrnimmt und als Sprachrohr der Unternehmensleitung dieser häufig direkt unterstellt ist. Eine Besonderheit der Öffentlichkeitsarbeit liegt allerdings darin, dass ihre Maßnahmen sich nicht nur an die (externe) Öffentlichkeit richten, sondern sie auch auf eine interne »Öffentlichkeit« wirken, nämlich auf die eigenen Mitarbeiter im Unternehmen (vgl. ausführlich dazu Kotler et al., 2007b, S. 774 ff.).

Abb. 8-13: Bannerwerbung der »Deutschen Bahn« und der Hotels & Resorts AG »Travel Charme« auf der Homepage von T-Online

Maßnahmen der Öffentlichkeitsarbeit

Ebenso wie die zuvor dargestellten Kommunikationsinstrumente dient die Öffentlichkeitsarbeit dazu, Marketingprobleme zu lösen. Aber sie steht auch für Problemstellungen anderer Funktionsbereiche (Unternehmensführung, Personal, Produktion, Beschaffung) zur Verfügung.

Die Öffentlichkeitsarbeit wird eher zur Erreichung langfristiger Kommunikationsziele eingesetzt. Typische strategische Marketingaufgaben sind beispielsweise der Aufbau eines Images, die Schaffung von Wettbewerbsvorteilen sowie die Veränderung von (negativen) Einstellungen. Typisch für taktische Aufgaben ist die Information der Öffentlichkeit über Unternehmensaktivitäten. Außerdem wird die öffentliche Aufmerksamkeit bei spektakulären Neueinführungen auch zur Selbstdarstellung des Unternehmens genutzt.

Allgemein kommen als **Zielgruppe** für die Öffentlichkeitsarbeit alle für das Unternehmen relevanten Personen oder Institutionen in Betracht, und dazu gehören auch die eigenen Mitarbeiter. Relevant sind diejenigen Gruppen, zu deren Mitgliedern das Unternehmen direkte oder indirekte Beziehungen unterhält, und zwar über den Absatz-, den Beschaffungs-, den Finanz- und den Personalmarkt. Da diese Teilöffentlichkeiten im Allgemeinen unterschiedliche Informationsbedarfe haben, ist eine zielgruppenspezifische Planung der PR-Maßnahmen erforderlich. Besonders wichtige Zielgruppen sind (potenzielle) Mitarbeiter des Unternehmens, aktuelle und potenzielle Kunden, Aktionäre, Medienvertreter, Vertreter staatlicher Stellen, Lieferanten, Vertreter von Banken, Meinungsführer, Wirtschaftsverbände, Verbraucherverbände, Gewerkschaften, Bürgerinitiativen, kirchliche Organisationen, Schüler und Lehrer, Studenten und Wissenschaftler, Testinstitutionen usw.

Die **Ziele der Öffentlichkeitsarbeit** sind recht vielfältig. Aus der zentralen Aufgabe – um Verständnis und Vertrauen zu werben – können als Ziele die Information der Öffentlichkeit und die Kontaktpflege zu unternehmensrelevanten Personen und Organisationen abgeleitet werden. Außerdem soll durch die Darstellung der gesellschaftlichen Verantwortung des Unternehmens eine Verbesserung des Unternehmensimages nach außen und nach innen erreicht werden. Hinter diesen Teilzielen steht das Bestreben, bei den Zielpersonen die Einstellung zu erzeugen, dass das Unternehmen allgemein anerkannte gesellschaftliche Ziele fördert. Dazu zählt beispielsweise die Darstellung der Bemühungen um Sicherheit am Arbeitsplatz, was sich etwa bei Betriebsbesichtigungen darstellen lässt. Außerdem kann die Öffentlichkeit überzeugt werden, dass das Unternehmen den wissenschaftlichen und technischen Fortschritt fördert. Maßnahmen dafür sind beispielsweise die Einrichtung von Stiftungen, Angebote von Praktika oder die Vergabe von Forschungsaufträgen. Eine hervorragende Bedeutung in der Unternehmenskommunikation haben in den letzten Jahren die Aspekte Umweltschutz und Nachhaltigkeit erlangt. Fast alle großen Unternehmen informieren die Öffentlichkeit in Geschäftsberichten, auf Pressekonferenzen oder auf ihrer Firmenwebseite über Aktivitäten in diesen Bereichen. Andere Themen sind Energiesicherung, soziale Sicherheit, Friedenssicherung, Gesundheit oder Förderung der Jugend (Aus der Praxis 8-8).

Nachdem die Ziele der Öffentlichkeitsarbeit bestimmt sind, müssen zur Zielerreichung erforderliche **Maßnahmen** entwickelt werden. Aufgrund der Heterogenität der Zielgruppen kommen dafür vielfältige Gestaltungsmöglichkeiten in Betracht. Sie lassen sich in fünf Erscheinungsformen zusammenfassen (vgl. Bruhn, 2007, S. 404 f.):

Die **Pressearbeit** ist das vermutlich wirksamste Instrument der Öffentlichkeitsarbeit. Zu den Mitteln der Pressearbeit zählen Pressekonferenzen, Pressemitteilungen, Produktberichte im redaktionellen Teil von Medien, Unternehmensprospekte sowie zum Teil exklusiv erstellte Materialien, die die Presse für ihre Veröffentlichungen nutzen kann (z. B. Statistiken, Schaubilder, Produktfotos). Besonders wirksam kann das Unternehmen Kontakte zur Presse nutzen, indem es seine Informationen einzelnen Medien exklusiv zur Verfügung stellt.

Zum **persönlichen Dialog** gehören beispielsweise das persönliche Engagement von hochrangigen Unternehmenspersönlichkeiten oder von Mitarbeitern der PR-Abteilung in Verbänden, Parteien und Kirchen. Auch die Pflege persönlicher Beziehungen zu Meinungsführern, Vorträge an Hochschulen sowie die Teilnahme an Podiumsdiskussionen in Nachrichtenmagazinen und Talk-Shows bieten Möglichkeiten, das Unternehmen nach außen persönlich darzustellen. Ferner organisiert die PR-Abteilung Betriebsbesichti-

Aus der Praxis – 8-8

Die Volkswagen Financial Services AG hat die Stiftung »Unsere Kinder in Braunschweig« ins Leben gerufen, um gezielt und nachhaltig Projekte an Braunschweiger Kindergärten und Schulen zu unterstützen. Die Stiftung soll dazu beitragen, dass alle Braunschweiger Kinder die Chance auf mindestens eine gesunde, vitaminreiche Mahlzeit am Tag haben. Da das für viele Kinder nicht selbstverständlich ist, will man dort helfen, wo es nötig ist.

Anders als ihr Name vermuten lässt, ist die Volkswagen-Stiftung keine Unternehmensstiftung, sondern eine eigenständige, gemeinnützige Stiftung privaten Rechts mit Sitz in Hannover. Mit einem Fördervolumen von rund 100 Millionen Euro pro Jahr ist sie die größte deutsche wissenschaftsfördernde Stiftung und eine der größten Stiftungen hier zu Lande überhaupt. Die Fördermittel werden aus dem Kapital der Stiftung – derzeit etwa 2,1 Milliarden Euro – erwirtschaftet. Damit ist die Stiftung autonom und unabhängig in ihren Entscheidungen – eine starke Basis, um Wissen zu stiften!

(Quelle: www.volkswagenstiftung.de)

---

gungen, Diskussionsrunden oder Vorträge, die dem Unternehmen Möglichkeiten einer persönlichen Selbstdarstellung geben.

Beispielsweise lädt Unilever Marketingprofessoren zu einer Vortrags- und Diskussionsveranstaltung ein, die neben aktuellen Fachthemen auch ein attraktives Rahmenprogramm bietet. Der BASF-Konzern lädt jedes Jahr Vertreter des akademischen Mittelbaus für eine Woche nach Ludwigshafen ein. Neben Fachvorträgen, etwa über das umfassende Umweltschutzkonzept des Konzerns, wird den Teilnehmern ein interessantes Beiprogramm geboten. Außerdem ergibt sich die Möglichkeit, mit Vertretern der Personalabteilung zu sprechen. Da gerade die Mittelbauvertreter an Hochschulen für die Studenten als Meinungsführer fungieren, sind die Ziele dieser PR-Maßnahme vor allem auch im Zusammenhang mit dem Personalmarketing zu sehen.

Die Öffentlichkeitsarbeit von Unternehmen kommt häufig auch durch **publikumswirksame Veranstaltungen** zum Ausdruck. Dazu gehören ein Tag der Offenen Tür, Spenden, Geschenke und sonstige Unterstützungen von Aktivitäten spezieller Zielgruppen (z. B. eine Tombola). Ein zielgruppenspezifischer Einsatz der Öffentlichkeitsarbeit wird auch durch die Ausschreibung von Preisen oder die Einrichtung von Stiftungen ermöglicht (z. B. fördert die Volkswagenstiftung zahlreiche soziale und wissenschaftliche Projekte).

Eine weitere Maßnahme der Öffentlichkeitsarbeit ist die **Mediawerbung**, welche die größten Überschneidungen mit der Firmenwerbung aufweist. Ein wesentlicher Unterschied besteht darin, dass die Mediawahl sich weniger an den Produkt-Zielgruppen orientiert als vielmehr an den zu beeinflussenden Teilöffentlichkeiten wie z. B. an Studenten, an Vertretern von Politik oder an Interessenverbänden. Anzeigen oder andere bezahlte Medien werden vor allem für die Imageprofilierung genutzt (Aus der Praxis 8-9) (vgl. Abbildung 8-14). Eine spezielle Form der Öffentlichkeitsarbeit liegt vor, wenn Unternehmen in den Medien ihren Standpunkt zu öffentlich kontrovers diskutierten Themen darlegen. In diesem Fall spricht man von »advocacy advertising«.

Aus der Praxis – 8-9

Das Unternehmen Shell beschloss im Jahr 1995, die ausgediente Lager- und Verladeplattform »Brent Spar« im Meer zu versenken und damit auf die (aufwändigere) Entsorgung an Land zu verzichten. Dieses Vorhaben wurde von den Medien und verschiedenen Umweltschutzorganisationen scharf kritisiert. Greenpeace versuchte durch verschiedene Aktionen wie der vorübergehenden Besetzung der Ölplattform, die Öffentlichkeit zu mobilisieren. Schließlich distanzierten sich auch Politiker, Kirchenvertreter und andere Meinungsführer von der geplanten Versenkung im Meer. Zunächst versuchte Shell, das Problem mit dem Hinweis auf vorliegende Expertengutachten »auszusitzen«. Der massive Boykott der Shell-Tankstellen durch die Autofahrer führte aber schließlich zu einer Strategie des Einlenkens. Das Unternehmen änderte seine Entscheidung, verschrottete die Plattform an Land und versuchte mit Anzeigen in Tageszeitungen den entstandenen Imageschaden zu beheben (vgl. Becker, 2006, S. 604).

8.2 Kommunikationspolitik
Instrumente der Kommunikationspolitik

Abb. 8-14
Beispiele für Anzeigen im Rahmen der Öffentlichkeitsarbeit

Bedeutung interner Unternehmenskommunikation

Besondere Maßnahmen erfordert die interne Unternehmenskommunikation (vgl. ausführlich dazu Mast, 2008). Die Einflussnahme auf die eigenen Mitarbeiter im Sinne einer allgemeinen Imageprofilierung zielt zunächst auf die Mitarbeiterzufriedenheit, die Arbeitsmotivation usw. ab. Es ist zu erwarten, dass dadurch letztendlich auch die Arbeitsleistung verbessert und die Personalfluktuationen verringert werden kann. Gleichzeitig haben diese Maßnahmen externe Wirkungen.

Geht man beispielsweise davon aus, dass die Mitarbeiter zu ihrem Unternehmen eine negative Einstellung haben, dann kann eine Kommunikation dieser Einstellung erhebliche Konsequenzen für das Image des Unternehmens in der Öffentlichkeit haben: Hat z. B. jeder Mitarbeiter mit etwa fünfzig Personen regelmäßig Kontakt und spricht er mit diesen Personen über das Unternehmen, so beeinflusst diese Kommunikation bei einem Unternehmen mit 100.000 Mitarbeitern unter Umständen die unternehmensbezogene Einstellung mehrerer Millionen Menschen.

Neuerdings wird das Aufgabengebiet der internen Unternehmenskommunikation von zahlreichen Unternehmen höher denn je bewertet: »Internes Marketing« heißt das Schlagwort und bedeutet, dass Unternehmen ihre Mitarbeiter als Kunden betrachten, um deren Zufriedenstellung sich ein Unternehmen bemühen muss, wenn es langfristig die Unternehmensziele erreichen will (vgl. Kapitel 1.2). Diese »Philosophie« ist besonders für Dienstleistungsunternehmen von Bedeutung. Ihre Mitarbeiter, die in der Regel den direkten Kundenkontakt pflegen, sind der wichtigste Erfolgsfaktor. Zu den Maßnahmen zählen Werkszeitschriften, Informationsveranstaltungen zu Unternehmensaktivitäten, Betriebsausflüge, interne Sport-, Kultur- und Sozialeinrichtungen (vgl. dazu ausführlich Bruhn, 1999).

Die Öffentlichkeitsarbeit wird heute weniger als eines der marketingpolitischen Kommunikationsinstrumente betrachtet, sondern mehr als ein wesentliches Element einer **Corporate Identity-Policy**. Die Politik der Unternehmensidentität ist insofern ein integriertes Konzept der Unternehmenskommunikation.

Definition Corporate Identity

Unter Corporate Identity wird allgemein ein einheitliches und prägnantes Erscheinungsbild eines Unternehmens sowohl gegenüber der externen als auch der internen Öffentlichkeit verstanden. Dabei streben die meisten Unternehmen eine unverwechselbare Einmaligkeit und Unternehmensidentität an. Sie soll der relevanten Umwelt erlauben, das Unternehmen in seiner Eigenart zu erkennen und besonders den Mitarbeitern, sich mit ihm zu identifizieren. Neben dieser Öffentlichkeitsarbeit (**Corporate Communication**) beinhaltet der Aufbau einer Corporate Identity Entscheidungen in den Bereichen Corporate Design und Corporate Behaviour (vgl. Abbildung 8-15; Herbst, 2009, S. 122 ff.).

Corporate Design befasst sich mit der unverwechselbaren Gestaltung aller Elemente, die zum Erscheinungsbild eines Unternehmens gehören. Dazu zählen z. B. Firmenname und Firmenzeichen, Firmenfarben, Schrifttyp und Satzspiegelraster sowie Architektur (McDonald's) und Produktdesign (BMW-Kühlerhaube). Im Prinzip können diese Elemente auch zur Markierung von Produkten genutzt werden (vgl. Kapitel 6.4.3.4).

Corporate Behaviour kennzeichnet die Verhaltensweisen der Mitarbeiter eines Unternehmens untereinander und vor allem gegenüber Kunden und Lieferanten (Unternehmenskultur). Man ist bestrebt, dieses Verhalten gemäß der beabsichtigten Corporate Identity zu beeinflussen. Corporate Behaviour ist besonders geprägt durch die Verhaltensweisen der Mitglieder der Unternehmensführung. Zwischen dem angestrebten Verhalten der Mitarbeiter und dem gelebten Verhalten der Vorgesetzten darf kein Widerspruch entstehen. Corporate Identity-Policy kann zur klaren Positionierung eines Unternehmens im Wettbewerbsumfeld wesentlich beitragen und ist damit ein Aspekt, der unter Berücksichtigung derzeitiger Marktbedingungen immer bedeutsamer wird.

Die vielfältigen Möglichkeiten, die einem Unternehmen im Rahmen seiner Kommunikationspolitik zur Verfügung stehen, lassen die Notwendigkeit erkennen, ein integratives Konzept für sämtliche Aktivitäten zu entwickeln, damit die beabsichtigten Wirkungen nicht durch wenig abgestimmte, wenig einheitliche oder durch widersprüchliche Maßnahmen verfehlt werden (vgl. dazu ausführlich Bruhn, 2007; Herbst, 2009).

8.2.3 Instrumente der konventionellen »Below-the-line«-Kommunikation

8.2.3.1 Verkaufsförderung

Die bisher dargestellten Instrumente sind von der Verkaufsförderung (sales promotion) abzugrenzen, bei der es in der Regel nicht zum Einsatz von Massenkommunikationsmitteln (Werbemitteln) kommt. Dieses Instrument wird den »Below-the-line«-Maßnahmen zugerechnet.

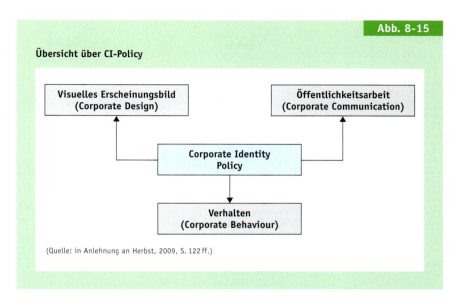

Abb. 8-15

Übersicht über CI-Policy

(Quelle: in Anlehnung an Herbst, 2009, S. 122 ff.)

Die Verkaufsförderung soll die klassische Werbung durch verkaufsfördernde Maßnahmen unterstützen.

Verkaufsförderung ist die Analyse, Planung, Durchführung und Kontrolle meist zeitlich begrenzter Aktionen mit dem Ziel, auf nachgelagerten Vertriebsstufen (Handel, Verkaufspersonal, Nachfrager) durch zusätzliche Anreize (ökonomische und psychografische) Kommunikationsziele eines Unternehmens zu erreichen (vgl. Bruhn, 2005b, S. 559).

Mit dieser Definition kommen die wesentlichen Aspekte zum Ausdruck, und zwar, dass es sich um zeitlich begrenzte Aktionen handelt, die durch zusätzliche Kaufanreize den Absatz spezieller Produkte bzw. Produktlinien fördern sollen. Als Zielgruppe solcher Maßnahmen kommen (vorwiegend) Handelsbetriebe und Endverbraucher in Betracht. Entsprechend lassen sich auch die wesentlichen Erscheinungsformen der Verkaufsförderung charakterisieren (vgl. Abbildung 8-16).

Der Bereich der Verkaufsförderung lässt sich nicht eindeutig und ausschließlich der Kommunikationspolitik zuordnen, da die Maßnahmen zum Teil auch der Erreichung distributions- und preispolitischer Ziele dienen. Weiterhin besteht in der einschlägigen Literatur keine Einigkeit darüber, welche Maßnahmen im Einzelnen zur Verkaufsförderung zu rechnen sind. Die Abgren-

Definition Verkaufsförderung

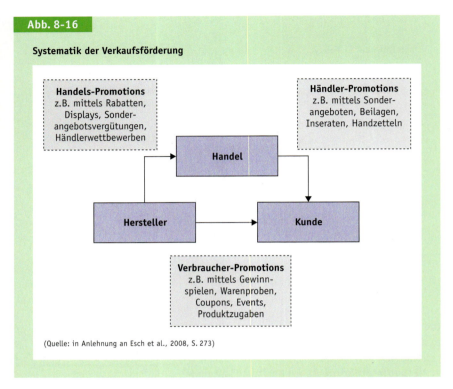

Abb. 8-16

Systematik der Verkaufsförderung

(Quelle: in Anlehnung an Esch et al., 2008, S. 273)

zung zu Werbemaßnahmen ist nicht immer trennscharf. So zählen Werbegeschenke üblicherweise zu den Werbemitteln, Produktproben im Handel dagegen stellen ein klassisches Mittel der Verkaufsförderung dar. Hier werden zur Verkaufsförderung nur solche Maßnahmen gerechnet, die sich vorwiegend auf kommunikative Zielsetzungen richten. Damit werden absatzfördernde Maßnahmen ausgegrenzt, die vor allem auf die Unterstützung der eigenen Verkaufsorgane abzielen und somit hauptsächlich distributionspolitischen Zwecken dienen. Gleichwohl finden Verkaufsförderungsaktionen häufig in Kombination mit preis-, distributions- und werbepolitischen Maßnahmen statt (vgl. Meffert et al., 2008, S. 675f.).

Eine mit dem Handel gemeinsam geplante Gewinnspielaktion wird in der Regel durch entsprechende Werbemaßnahmen publik gemacht. Die Bereitstellung und Aufstellung von Display-Material für den Handel erfordert häufig erhebliche Anstrengungen der Vertriebsorgane, um diese Aktion im Handel termingerecht zu realisieren. Eine Probieraktion im Handel ist übli-cherweise mit Preisaktionen (Sonderangeboten) verknüpft, die vor allem auch unter preispolitischen Gesichtspunkten zu betrachten sind. Dagegen haben Incentive-Reisen, die das eigene Verkaufspersonal motivieren sollen, den Umsatz zu erhöhen, viel eindeutiger distributionspolitischen Charakter.

Die **handelsgerichtete Verkaufsförderung** zielt darauf ab, die nachgelagerten Absatzorgane einerseits zu motivieren, die Produkte des Unternehmens ins Programm zu nehmen (Förderung des Hineinverkaufs) und andererseits den Absatz der eigenen Erzeugnisse zu unterstützten (Förderung des Abverkaufs). Neben diesen ökonomischen Kommunikationszielen verfolgen Unternehmen aber auch psychologische Beeinflussungsziele. Kurzfristig wird z. B. die Bekanntmachung neuer Produkte angestrebt oder langfristig die Akzeptanz und Unterstützung des Handels. Diese Form der Verkaufsförderung ist in der Praxis am häufigsten anzutreffen (vgl. Meffert et al., 2008, S. 675).

Die **verbrauchergerichtete Verkaufsförderung** spielt vor allem im Rahmen von Bekanntmachungsstrategien für neue Produkte eine Rolle. Aber auch zur Aktualisierung oder für die Vermittlung von Informationen können Verkaufsförderungsaktionen eingesetzt werden. Allgemein ist zwar davon auszugehen, dass zur langfristigen Imagebildung durch die Vermittlung von Emotionen hauptsächlich Werbemaßnahmen geeignet sind. Dennoch können Verkaufsförderungsaktionen die Imagebildung sinnvoll unterstützen; z. B. wenn die in der Werbung kommunizierten Erlebniswelten im Rahmen von Verbraucheraktionen erlebbar gemacht werden (vgl. Kotler et al., 2007b, 763 ff.).

In den meisten Fällen denkt man bei Verkaufsförderung an Maßnahmen der **Hersteller**, die zum Teil in Kooperation mit dem Handel durchgeführt werden. In den letzten Jahren ist aber auch eine Tendenz zu beobachten, dass der **Handel** in eigener Regie (verbrauchergerichtete) Verkaufsförderungsaktionen plant und durchführt. Um als Hersteller an solchen Aktionen teilnehmen zu können, müssen sie dafür »Gebühren« zahlen, die nicht selten fünf- bis sechsstellige Euro-Beträge ausmachen.

Das Maßnahmenbündel einer Verkaufsförderungsaktion hängt von den verfolgten **Zielen** ab (vgl. Christofolini, 1994, S. 1073 ff.; Kotler et al., 2007b, S. 758 f.). In den meisten Fällen geht es dabei um handelsgerichtete Aktionen eines Herstellers, die den Handel beim Abverkauf unterstützen und zusätzliche Kaufanreize für die Verbraucher bieten sollen. Es sind im Prinzip gemeinsame verbrauchergerichtete Aktionen (Partneraktionen) von Industrie und Handel. Bei diesem Vorgehen sollen die Ziele des Herstellers und die des Handels »gemeinsam« verfolgt werden (vgl. Kapitel 5.3.6).

Das **Ziel der handelsgerichteten Verkaufsförderung** (Oberziel) besteht allgemein in der Verbesserung der Marktposition des Herstellers. Dieses Ziel kann auch dadurch erreicht werden, dass man die Marktposition des Handels stärkt, beispielsweise durch Verkäuferschulungen des Herstellers beim Handel, betriebswirtschaftliche Beratung oder durch Unterstützung des Handels bei der Informationsgewinnung. Diese Strategie ist aus Herstellersicht vor allem bei **selektiven Vertriebsstrategien** sinnvoll. Dabei beliefert ein Hersteller nur ausgewählte Handelsbetriebe und ist naturgemäß daran interessiert, diese besonders zu unterstützen. Beispiele dafür finden sich in der Foto- und Unterhaltungselektronikbranche (vgl. Kapitel 9.2.4.1).

Eine Stärkung des Handels ist außerdem durch so genannte **produktbezogene Instore- und Outstore-Maßnahmen** möglich. Outstore-Maßnahmen sind zum Beispiel Aktionswerbung in der lokalen Presse, Instore-Maßnahmen hingegen Aktionen im Ladengeschäft (vgl. Diller, 1984, S. 496). Eine Verbesserung der Marktposition des Herstellers kann durch zwei Strategien erreicht werden. Mit der Erhöhung des Distributionsgrades wird seine Marktpräsenz größer, das heißt, seine Produkte sind im Markt besser verfügbar (vgl. Kapitel 9.1.2). Hierzu geeignete Verkaufsförderungsaktionen zielen auf die Gewinnung neuer Handelsbetriebe oder eine Behinderung/Verdrängung von Konkurrenten in den Regalen des Handels ab. Im ersten Fall ist insbesondere an Händlerwettbewerbe, Sonderkonditionen und Preisaktionen zu denken. Im zweiten Fall kommen dafür zusätzlich Zweitplatzierungen, Werbehilfen und Maßnahmen der Regalpflege (Merchandising) in Betracht.

In ähnlicher Weise lassen sich die Wirkungszusammenhänge der **verbrauchergerichteten Ziele der Verkaufsförderung** darstellen, wobei hier das Problem besteht, die Ziele des Herstellers mit denen des Handels in Einklang zu bringen.

Allgemein geht es auch bei diesen Aktionen um eine Verbesserung der Marktpositionen von Herstellern und Händlern. Während Hersteller allerdings vorwiegend die Förderung des Absatzes ihrer Produkte im Fokus haben, denken Händler vor allem an eine Profilierung ihres Unternehmens insgesamt.

Die unterschiedlichen Ziele beider Partner können zu Zielkonflikten führen. Ein Händler erhofft sich vom Hersteller, dass er seine Aktionen exklusiv bei ihm durchführt. Damit hätte er eine Möglichkeit, sich gegenüber anderen Handelsbetrieben zu profilieren und unter Umständen neue (Konkurrenz-) Kunden zu gewinnen. Der Hersteller aber ist an einem einheitlichen Kommunikationsauftritt im Markt interessiert. Sein Interesse geht eher dahin, die geplante Aktion in allen Handelsbetrieben einheitlich zu realisieren.

In der Praxis entwickeln sich partnerschaftliche Kompromisslösungen. Hersteller führen die Aktionen zum Beispiel zeitversetzt in einzelnen Absatzregionen jeweils exklusiv mit unterschiedlichen Handelshäusern durch. Wegen der verstärkten Bemühungen der großen Handelsunternehmen, eigene Aktionen zu planen und Hersteller gegen ein entsprechendes Entgelt dazu »einzuladen«, kann sich auch hier ein Konfliktpotenzial aufbauen, dem mit partnerschaftlichen Lösungen zu begegnen ist.

Eine besondere Problematik von Verkaufsförderungsaktionen besteht darin, dass sie häufig mit Sonderangeboten verknüpft werden. Preisnachlässe im Rahmen von Verkaufsförderungsaktionen führen im Aktionszeitraum kurzfristig zu einem höheren Absatz. Da sich aber die Aktionen der Konkurrenten abwechseln, kommt es im Endeffekt langfristig zu Erlöseinbußen; der erzielte Mehrabsatz bei einer Aktion geht in der nächsten an die Konkurrenz zurück. Langfristig schadet solcher »Aktionismus« den Produkten, da das Preisniveau insgesamt sinken kann, wovon letztendlich nur der Verbraucher profitiert. Schuld an dieser Misere sind aber nicht nur die konkurrierenden Hersteller, auch vom Handel geht ein verstärkter Druck auf die Industrie aus: Durch attraktive Sonderangebote (Lockvogel-

Ziele und Maßnahmen der handelsgerichteten Verkaufsförderung

Ziele und Maßnahmen der verbrauchergerichteten Verkaufsförderung

angebote) versucht der Handel, seine Leistungsstärke zu demonstrieren und sich gegenüber den Konkurrenten zu profilieren. Unterstützung dabei erwartet er von der Industrie, die er zum Teil zu erheblichen Konditionszugeständnissen »zwingt«.

Derzeitig ist der Versuch vieler Unternehmen zu beobachten, anstelle reiner Preisaktionen andere kreative Profilierungsaktionen zu entwickeln. Dabei wird der Trend zu erlebnisorientiertem Konsumentenverhalten eine wichtige Rolle spielen.

Die Verkaufsförderung sollte zielgenau geplant, realisiert und kontrolliert werden, und zwar nicht nur zur Erreichung kurzfristiger Umsatzziele. Vielmehr sollte sie langfristig eingesetzt werden – zur Unterstützung der durch die Werbung aufgebauten Imageposition.

8.2.3.2 Product-Placement

Definition Product-Placement

Als spezielles Instrument der Kommunikationspolitik hat sich das **Product-Placement** etabliert. So bezeichnet man eine gezielte und entgeltliche Platzierung eines Markenartikels oder einer Markendienstleistung als Requisite in einer Film- oder Fernsehproduktion oder in einem Videoclip (vgl. Frey, 2005, S. 4 ff.; Meffert et al., 2008, S. 689 ff.; ausführlich dazu Lehu, 2007).

Neben Geldzahlungen kommen als Entgelt eine kostenlose Überlassung von Markenartikeln oder eine kostenlose Inanspruchnahme von Dienstleistungen in Betracht. Eingesetzt wird Product-Placement insbesondere für Produkte des gehobenen Bedarfs (zum Beispiel Autos, Fotoartikel, Textilien, Touristikleistungen) und für Nahrungs- und Genussmittel (zum Beispiel Zigaretten, Erfrischungsgetränke, alkoholische Getränke). Mit Product-Placement werden vorwiegend Image- und Aktualisierungsziele verfolgt. Das Image der Filmhelden kann sich auf die Marken übertragen, die im Film verwendet werden. Die Aufmerksamkeitswirkung ist relativ groß, vorausgesetzt, die Platzierung ist deutlich genug (vgl. Frey, 2005, S. 38 f.). Der große Vorteil von Product-Placement ist, dass die Marke in einem besonders authentischen Umfeld präsen-

Abb. 8-17 Beispiele für Product-Placement

FedEx in »Cast Away« — Mercedes in »Sex and the City« — Audi in »I, Robot« — GAP in »Minority Report«

tiert wird und die Nachfrager die werbliche Beeinflussung in der Regel nicht wahrnehmen.

Rechtlich begibt man sich bei diesem Kommunikationsinstrument in eine Grauzone, denn offiziell ist Product-Placement in Deutschland verboten, es sei denn, dass die Produkte (Requisiten) unentgeltlich als Requisiten zur Verfügung gestellt werden. 2009 soll eine neue EU-Richtlinie zum Product-Placement in Kraft treten. Danach können die Mitgliedstaaten über die Zulässigkeit von Product-Placement in einem bestimmten Rahmen selbst entscheiden (vgl. Meffert et al., 2008, S. 689). Abbildung 8-17 zeigt Beispiele verschiedener Placement-Aktivitäten.

8.2.3.3 Sponsoring

Als spezielles Instrument der »Below-the-line«-Kommunikation hat sich seit Langem das Sponsoring etabliert (vgl. dazu ausführlich Hermanns/Marwitz, 2008; Bruhn, 2003).

Sponsoring ist gekennzeichnet als Zuwendung von Finanz-, Sach- und/oder Dienstleistungen eines Unternehmens (Sponsor) an eine Person, eine Gruppe von Personen oder eine Organisation bzw. Institution aus dem gesellschaftlichen Umfeld des Unternehmens (Gesponserte) gegen die Gewährung von Rechten zur kommunikativen Nutzung dieser Personen bzw. Organisationen und/oder Aktivitäten des Gesponserten auf der Basis einer vertraglichen Vereinbarung. Gemäß Abbildung 8-18 lassen sich verschiedene Arten des Sponsoring unterscheiden (vgl. Hermanns/Marwitz, 2008, S. 44):

Im Rahmen des **Sportsponsoring** erhält ein Sportverein oder Sportler vom Sponsor eine finanzielle Förderung, und als Gegenleistung erscheint der Name des Sponsors auf dem Trikot der Sportler. Beim **Kultursponsoring** unterstützt der Sponsor z. B. ein Theater, Museum oder Konzert. Als Gegenleistung wird er in Programmheften, Plakaten und so weiter namentlich genannt.

Social Sponsoring liegt vor, wenn karitative, staatliche, politische oder religiöse Organisationen gefördert werden und das Unternehmen dafür in Publikationen als Sponsor erwähnt wird. **Bildungs- und Wissenschaftssponsoring** gewinnt an Bedeutung aufgrund knapper Finanzmittel von Bildungseinrichtungen.

Abb. 8-18

Erscheinungsformen des Sponsoring

Eine besonders aktuelle Form ist das **Ökosponsoring**. Die Unterstützung von Umweltschutzorganisationen soll das eigene Umweltengagement der Unternehmung kommunizieren.

Beim **Medien- oder Programmsponsoring** werden Fernseh- oder Radiosendungen unterstützt. Für die (werbefinanzierten) privaten Medien ist das eine interessante zusätzliche Einnahmequelle. Die Sponsoren werden dabei meistens direkt vor oder nach der Sendung explizit genannt (»Diese Sendung wurde Ihnen präsentiert von …«).

Die Abbildung 8-19 veranschaulicht die prozentuale Verteilung des Sponsoringbudgets auf die Sponsoringarten. In den letzten Jahren hat das Sponsoring in der Bundesrepublik ständig an Bedeutung gewonnen. Für 2009 geht man von Ausgaben in Höhe von ca. 4,2 Milliarden Euro aus (Angenendt, 2009).

Definition Sponsoring

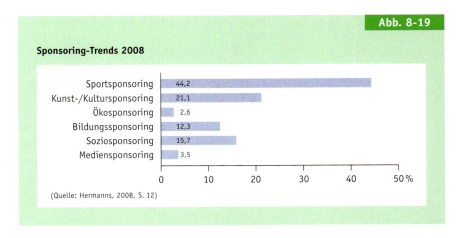

Abb. 8-19

Sponsoring-Trends 2008

(Quelle: Hermanns, 2008, S. 12)

Ziele des Sponsoring

Mit dem Sponsoring werden im Wesentlichen zwei **Kommunikationsziele** verfolgt. Als erstes Ziel ist der Aufbau oder die Erhöhung des Bekanntheitsgrades einer Marke bzw. eines Unternehmens zu nennen. Durch zielgruppenspezifische Sponsoringaktivitäten können Bekanntheitsdefizite in einzelnen Segmenten gezielt ausgeglichen werden. Ein Beispiel dafür ist die Biermarke Hasseröder. Ihr Sponsoring-Engagement im Breitensport hat dieser einst regionalen Biermarke schnell zu einer hohen nationalen Bekanntheit verholfen.

Das zweite Ziel betrifft den Imageaufbau. Durch die Auswahl geeigneter Sponsoring-Partner kann die Positionierung des eigenen Images verbessert werden. Ein Beispiel dafür ist die Marke Krombacher. Mit ihrem Ökosponsoring, der Regenwaldkampagne, hat sich diese Marke in den Köpfen vieler Konsumenten als »besonders natürlich« verankert. Es kommt aber auch vor, dass persönliche Interessen oder Hobbys der Firmeninhaber für das Sponsoring-Engagement ausschlaggebend sind, wie z. B. bei dem Bundesligaverein Hoffenheim, der vom SAP-Gründer Dietmar Hopp massiv unterstützt wird.

Gegenüber der klassischen (Media-)Werbung bietet das Sponsoring eine höhere Kontaktqualität (vgl. Hermanns/Marwitz, 2008, S. 207). Hier werden auch Zielpersonen erreicht, die mit der klassischen Werbung kaum in Kontakt kommen. Werbefreie Zeiten in den öffentlich-rechtlichen Fernsehanstalten können umgangen werden, wenn zum Beispiel im Rahmen der Berichterstattung von Sportereignissen der Sponsor anlässlich von Interviews in Erscheinung tritt. Das erfolgt meistens über Markensymbole, die an der Bekleidung der Gesponserten sichtbar sind.

Mit dem Sponsoring sind allerdings auch Probleme verbunden. Dabei ist in erster Linie an ein mögliches Fehlverhalten der Gesponserten zu denken, das sich negativ auf das Markenimage des Sponsors auswirken kann. So hat sich die Deutsche Telekom nach den Dopingvorfällen von ihrem Engagement im Radsport zurückgezogen. Außerdem haben die Aktivitäten vieler bekannter Unternehmen als »Hauptsponsoren« anlässlich der Fußball-Weltmeisterschaft 2006 in Deutschland deutlich gemacht, wie stark die Aufmerksamkeitskonkurrenz gerade beim Sponsoring großer Events sein kann (vgl. Esch et al., 2008, S. 270 f.). Beim Sponsoring von Fußball-Bundesligavereinen versuchen die Unternehmen daher, eine dominante Stellung im Umfeld der medialen Auftritte einzunehmen, indem zum Beispiel die Stadien nach den Sponsorfirmen benannt werden (TUI-Arena, Allianz-Arena etc.) und zusätzlich Bandenwerbung geschaltet wird.

8.2.3.4 Event-Marketing

Mit der zunehmenden Bedeutung emotionaler Erlebnisstrategien im Marketing hat sich das Event-Marketing als eigenständiges Kommunikationsinstrument etabliert. Diese Kommunikationsform gewinnt vor allem mit der emotionalen Inszenierung von Marken an Bedeutung (vgl. Zanger, 2008, S. 69 ff.). Mit diesem Instrument versuchen die Unternehmen, ihren von Informationsüberlastung geplagten Zielgruppen etwas ganz Besonderes zu bieten, etwas, das sie berührt und die so in Szene gesetzten Produkte und Dienstleistungen emotional auflädt.

Definition Event-Marketing

Event-Marketing beschreibt die erlebbare Inszenierung besonderer Ereignisse mit dem Ziel, den Teilnehmern Erlebnisse und Emotionen mit dem Produkt oder mit dem Unternehmen nahezubringen. Kommunikationsziele werden dadurch in besonders aktivierender Form vermittelt (Esch et al., 2008, S. 276).

Mit Event-Marketing werden die klassischen, unpersönlichen Kommunikationsaktivitäten in der Regel ergänzt. Anders als beim Sponsoring großer Events wie z. B. Musikfestivals oder Sportveranstaltungen, wo die Unternehmen nur wenig Einfluss auf die Veranstaltung haben, werden hier die Events von den dafür beauftragten Agenturen ausschließlich für die eigenen Produkte bzw. Marken inszeniert.

Ein besonders wichtiger Aspekt des Event-Marketing ist die Möglichkeit, den Kunden an der Markenwelt aktiv teilnehmen zu lassen und mit ihm dabei in direkten Kontakt zu treten. Aufgrund der hohen Dialogfähigkeit dieses Kommunikationsinstrumentes wird das Event-Marketing häufig im Rahmen von Kundenbindungsstrategien eingesetzt. Außerdem können Unternehmen ihre Kunden während eines Events mit allen Sinnen ansprechen (multisensuales Marketing), was nach vorliegenden Untersuchungen

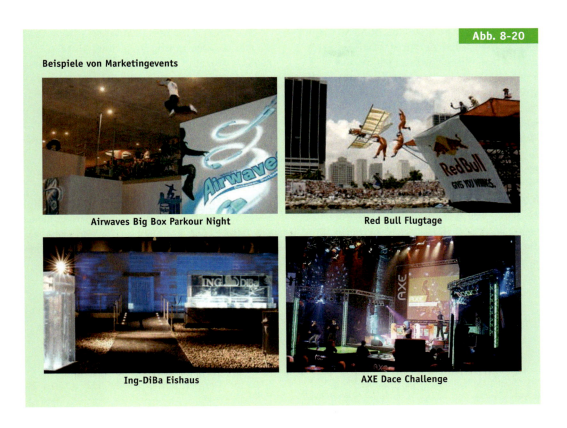

Abb. 8-20: Beispiele von Marketingevents

besonders dazu beiträgt, dass ein klares, unverwechselbares Markenbild entstehen kann (siehe ausführlich dazu Lindstrom, 2005; Linxweiler/Siegle, 2008, S. 97 ff.).

Ein wesentlicher Erfolgsfaktor von Marketingevents ist, dass die Zielpersonen an den Inhalten des Events ein hohes Interesse haben und somit während des Events hoch involviert sind. Das hat auf die Wirkung der Kommunikationsinhalte einen großen Einfluss. Emotionale Markenassoziationen können sich durch die aktive Teilnahme an Events viel stärker im Gehirn verankern, als wenn diese nur über visuelle oder auditive Wahrnehmungskanäle – wie bei der klassischen Werbung – kommuniziert werden.

Bei der konkreten Gestaltung der Events sind der Kreativität keine Grenzen gesetzt (vgl. Abbildung 8-20). Mit der Realisierung werden inzwischen darauf spezialisierte Event-Agenturen betraut. Bei der Planung ist besonders auf eine Integration der Maßnahmen in den gesamten kommunikativen Auftritt der Marke zu achten.

8.2.4 Instrumente der unkonventionellen »Below-the-line«-Kommunikation

Im Folgenden soll ein Überblick über neue Formen der Marktkommunikation gegeben werden, die in den letzten Jahren in der Marketingpraxis Eingang gefunden haben und häufig als spezielle »Marketingansätze« postuliert werden. Diese Kommunikationsmaßnahmen unterscheiden sich von den zuvor dargestellten Instrumenten dadurch, dass sie durch unkonventionelle und zum Teil spektakuläre Aktionen einen neuen Zugang zum Kunden und gleichzeitig eine Differenzierung gegenüber dem Wettbewerb anstreben. Dabei wird von den »Erfindern« häufig eine neue Denkweise bei der Vermarktung von Produkten propagiert, die bei der Realisierung mit der Entwicklung neuer Kommunikationswege und -instrumente einhergeht. Viele große Unternehmen haben in den letzten Jahren mit unkonventionellen Marketingaktionen auf sich aufmerksam gemacht. Also scheinen auch Mar-

Neue Kommunikationsformen im Marketing

kenartikelkonzerne diese Kommunikationsformen als Ergänzung zu den klassischen Instrumenten zunehmend anzuwenden.

Die bisher dargestellten Kommunikationsinstrumente sind in der Regel mit hohen Kosten verbunden. Für kleinere und mittlere Unternehmen (KMU) sind die Maßnahmen der klassischen Werbung aber kaum finanzierbar, sodass die im Folgenden vorgestellten Instrumente für sie eine Alternative bieten.

8.2.4.1 Low-Budget-Kommunikation

Besonders für kleinere und mittlere Unternehmen bieten zeitlich begrenzte Aktionen, für die nur ein geringes Budget nötig ist, eine interessante Kommunikationsmöglichkeit. Es sind die originellen Ideen und unkonventionellen Methoden, mit denen regional begrenzte Zielgruppen effektiv erreicht und beeinflusst werden können (Aus der Praxis 8-10).

Eine Sonderform dieses Ansatzes wird auch als **Moskito-Marketing** bezeichnet (Patalas, 2006, S. 71). Hier steht die Überlegung im Mittelpunkt, dass kleinere und mittlere Unternehmen durch eine gezielte Beobachtung die Schwächen der großen Konkurrenten identifizieren, um diesen Unternehmen durch eigene Maßnahmen eine Vielzahl »kleiner Nadelstiche« zu versetzen (Aus der Praxis 8-10).

Eine weitere Form der Low-Budget-Kommunikation ist das so genannte »Campaign Hijacking« (Kampagnenentführung) (vgl. Pradel, 1997, S. 136). Dabei versuchen kleinere Firmen, sich mit eigenen Aktionen an die Werbekampagnen großer Unternehmen »anzuhängen«, wobei eine der typischen Eigenschaften der Guerilla-Kommunikation zum Tragen kommt, nämlich Flexibilität und Schnelligkeit. Ein in der Literatur häufig zitiertes Beispiel dafür ist die Aktion der Firma Drypers, einem Windelhersteller aus den USA (Aus der Praxis 8-11).

Aus der Praxis – 8-10

Dass sich ein Vergleich zwischen den unterschiedlichen Werbemitteln lohnt, zeigt folgendes Beispiel: Das Autohaus Schlingmann hatte in der Region Braunschweig auf eine etwas andere Art und Weise auf ihr Angebot aufmerksam gemacht. Hier wurden im Winter 2007/2008 1.000 Eiskratzer mit dem Schriftzug »Winter-Check für nur 9,90 €« bedruckt und in der ersten Frostnacht im Einzugsgebiet verteilt (vgl. Abbildung 8-21). Die Kosten für Herstellung und Verteilung betrugen etwa 450 €. Bei einer Reichweite von 1.000 Personen, die den Eiskratzer während der Winterperiode mehrmals benutzen, ist von durchschnittlich 60 Kontaktchancen pro Person auszugehen (bedeutet 60.000 Kontakte insgesamt). Daraus ergibt sich ein Tausenderkontaktpreis von 7,50 €, was im Vergleich zur Zeitungsanzeige wesentlich geringer ist. Auch der geringe Bruttopreis – 450 € im Vergleich zu 26.648,10 € für die Anzeigenschaltung – lässt sich als Vorteil nicht von der Hand weisen. Zudem ergaben sich bei diesem alternativen Werbeweg kaum Streuverluste, da die Zielpersonen direkt angesprochen wurden (vgl. Haars, 2008, S. 39).

Ein Beispiel für **Moskito-Marketing** ist die Aktion einer Schreinerei, die vorab das Marktverhalten eines großen ortsansässigen Möbelhauses genau analysierte. Dort gab es häufig Sonderangebote für Einbauküchen, mit deren Selbstaufbau daheim ein Großteil der Kunden sicher überfordert war. Der Schreinermeister nutze dieses Defizit und stellte zur nächsten Küchen-Aktion seinen Firmenwagen vor die Parkplatzausfahrt. Mit einem Aufsteller machte er auf den Aufbauservice zu einem Festpreis aufmerksam, den er später auch für andere Möbel anbot (Patalas, 2006, S. 71 f.).

Abb. 8-21: Eiskratzer mit Schriftzug »Wintercheck für nur 9,90 €«

Aus der Praxis – 8-11

Drypers versuchte in den 1980er-Jahren, den unangefochtenen Marktführer Procter & Gamble mit »Billigwindeln« anzugreifen. Procter & Gamble reagierte auf diese Attacke, indem in allen Regionen, in denen Drypers vertrieben wurden, Wertcoupons für Pampers ausgegeben wurden. Drypers schaltete daraufhin Zeitungsanzeigen, in denen den Verbrauchern angeboten wurde, die Procter & Gamble-Coupons auch beim Kauf von Drypers Windeln einzulösen. Durch diese Guerilla-Idee gelang es Drypers binnen weniger Wochen, 15 Prozent mehr Marktanteil zu gewinnen (vgl. Pradel, 1997, S. 134).

8.2.4.2 Mund-zu-Mund-Kommunikation

Mund-zu-Mund-Kommunikation ist eine häufig gebrauchte Ausdrucksweise für eine persönliche Kommunikation, die unmittelbar von Person zu Person stattfindet. Als alltäglicher Bestandteil unseres Lebens setzt sie jeder kontinuierlich bewusst oder unbewusst ein: bei Gesprächen mit Freunden oder Bekannten über einen neuen Kinofilm oder bei der Bewertung eines Produkts in einem Shoppingportal. Die unmittelbare Verständigungsmöglichkeit der Konsumenten untereinander erlaubt eine große Kontaktintensität und Kontaktfrequenz, führt zu Rückkopplungen zwischen den Kommunikationspartnern und fördert somit die gegenseitige Beeinflussung. Die größere Glaubwürdigkeit resultiert daraus, dass die Teilnehmer der Mund-zu-Mund gerichteten Kommunikation nicht kommerziell motiviert sind (Kroeber-Riel et al., 2009, S. 535 f., 543).

Es wird bei der Mund-zu-Mund-Kommunikation zwischen zwei Wirkungsdimensionen unterschieden: der funktionalen und der inhaltlichen Ebene. Auf der funktionalen Ebene agiert sie als Transporteur von Botschaften. Hier steht der Austausch von kognitiven Elementen, wie (Produkt-)Wissen, Meinungen und Erfahrungen im Vordergrund. Dieser Prozess kann sowohl direkt (persönlich) als auch indirekt (über Berichte, Bewertungen etc.) erfolgen. Die funktionale Ebene weist gegenwärtig eine zunehmend quantitative Dimension auf, da insbesondere durch das Internet neue soziale Netzwerke entstehen, die die Stimme jedes Verbrauchers verstärkt und seine Meinung bei einer Vielzahl anderer Verbraucher Beachtung findet. Die inhaltliche Ebene der Mund-zu-Mund-Kommunikation unterscheidet sich dem gegenüber durch eine Einfluss nehmende bzw. meinungsbildende Wertung des Absenders. Das Weitergeben einer Information zu einem Produkt erfolgt nur, weil der Absender darin eine Bedeutung bzw. Relevanz für den Gesprächspartner sieht. Wird diese Botschaft inhaltlich bestätigt, oder durch eine konkrete Empfehlung untermauert, führt dies zur Veränderung oder Neubildung eines Meinungsbildes. Bei Wirkungen auf inhaltlicher Ebene spricht man von der qualitativen Dimension der Mund-zu-Mund-Kommunikation.

In der klassischen Form ist die Mundpropaganda nicht vom Unternehmen zu beeinflussen, was der Einflussnahme bzw. der meinungsbildenden Wertung von Verbrauchern geschuldet ist. Aus diesem Grund kann diese Art der Kommunikation nicht als Kommunikationsinstrument im klassischen Sinn betrachtet werden (vgl. Urchs/Körner, 2008, S. 672 f.).

Bei der Realisierung unkonventioneller und aufmerksamkeitsstarker Aktionen, die auf dem Prinzip der Mund-zu-Mund-Kommunikation beruhen, haben sich das Viral-Marketing mittels Internet und Mobilfunk und das so genannte Buzz-Marketing etabliert (vgl. Schulte, 2007, 57 ff.).

Der Begriff »viral« stammt aus dem Englischen und bedeutet »durch einen Virus verursacht«. Beim **Viral-Marketing** werden Informationen gezielt über Neue Medien an einzelne Personen geleitet, um diese mit der Botschaft zu »infizieren«. Die so erschaffenen »Wirtszellen« sollen dann über eine freiwillige Weitergabe der Werbebotschaft – ähnlich wie bei einem Virus – andere Personen infizieren. Die zu transportierende Werbeaussage verbreitet sich dabei überproportional schnell und agiert genauso wirkungsvoll und flächendeckend wie ein Virus. Wie bei allen unkonventionellen Kommunikationsmaßnahmen hängt der Erfolg viraler Kampagnen nicht von der Höhe des Werbebudgets ab, sondern von der Kreativität und der sorgfältigen Planung der beauftragten Agentur (vgl. Jäckel, 2007, S. 9; Aus der Praxis 8-12).

Wesen der Mund-zu-Mund-Kommunikation

Viral-Marketing als Erscheinungsform der Mund-zu-Mund-Kommunikation

8.2 Kommunikationspolitik
Instrumente der Kommunikationspolitik

> **Aus der Praxis 8-12**
>
> Eine der bekanntesten viralen Marketingaktionen ist das kostenlose Computerspiel »Moorhuhn-Jagd« des Spirituosenherstellers Johnnie Walker. Mit dieser Kampagne gelang es der Firma innerhalb eines halben Jahres, insgesamt 40 Millionen Nutzer dazu zu bewegen, das Spiel herunterzuladen. Dieses Spiel »infizierte« über Monate die Computer deutscher Büros und führte dabei zu kontroversen Diskussionen, was einen starken Werbeeffekt für die Marke Johnnie Walker mit sich zog (vgl. Förster/Kreuz, 2006, S. 28 ff.).
>
> Eine technische Entwicklung wird die zukünftige Nutzung des Mobile Marketing als Kommunikationsinstrument begünstigen: Heute wachsen Telefon, Radio, TV, Audiowiedergabe, Computer und GPS in einem Gerät zusammen. Somit verlangen diese Geräte nach neuen Formaten wie mobilem Radio- und TV-Empfang oder Video-on-Demand. Bei jungen Zielgruppen wird diese Kommunikationsmöglichkeit bereits erfolgreich eingesetzt. So lassen sich Jugendliche über kostenlose mobile Spiele, Klingeltöne oder Hintergrundbilder locken und nehmen an mobilen Werbeaktionen wie etwa von Coca-Cola teil. Letztere haben z. B. in den Coke-Flaschendeckeln Codes zur Teilnahmen an Gewinnspielen oder zum Download von Handy-Gimmicks angeboten. Auf dem Markt sind neuerdings so genannte Location-Based-Services (LBS), mit deren Hilfe das Netz erkennt, wo sich ein Konsument gerade aufhält, und mit dem auf ein Restaurant oder auf den Shop um die Ecke hingewiesen werden kann. Mobile-Marketing wird bislang meist auf Basis von SMS, Bluetooth, Infrarot, MMS, Wireless LAN oder DVB-H durchgeführt (vgl. Ballhaus, 2006, S. 28 ff.; Schulte, 2007, S. 63).

Mobile-Marketing als Erscheinungsform der Mund-zu-Mund-Kommunikation

Eine wesentliche Komponente der Planung sind Parameter wie Stickiness-Factor (Virus), Überträger (Wirte), deren Nährboden (Austauschbereitschaft von Informationen) sowie deren Einbindung und Größe in virtuellen Netzwerken (zum Beispiel in Chatrooms oder in Foren). Die Botschaften, die die Zielgruppe verbreiten soll, müssen überraschend, unterhaltsam oder witzig sein. Schon heute bieten viele Firmen in ihren Portalen die Möglichkeit, Informationen oder Links an Bekannte oder Freunde weiterzuleiten, um damit Werbung für die Website zu machen.

Indem die Konsumenten ein bestimmtes Produkt oder eine Dienstleistung über das Internet an Freunde und Bekannte weiterempfehlen, werden sie beim Viral-Marketing – ohne es zu merken – selbst zum Werbeträger. Botschaften und Informationen, die innerhalb eines sozialen Netzwerks weitergegeben werden, wirken glaubwürdiger und vertrauensvoller. Außerdem kann durch das Internet eine höhere Reichweite und eine höhere Geschwindigkeit bei der Verbreitung der Botschaft erreicht werden als mit »Offline-Medien« (vgl. Drees/Jäckel, 2008, S. 31 ff.).

Ein Nachteil des Viral-Marketing ist jedoch, dass bei den durch Eigeninitiative mobilisierten Kunden die Gefahr einer unkontrollierten Weiterverbreitung der Marketingbotschaft besteht. Die Geschwindigkeit der Verbreitung ist kaum zu kontrollieren, genauso wenig wie das Verbreitungsgebiet und negative Imagewirkungen (vgl. Welling, 2005).

Für das Viral-Marketing eignen sich insbesondere internet- oder mobilfunkgestützte Techniken wie Videoclips, Ad-Games, Communities, Blogs oder Online-Spiele.

Für viele Menschen ist das Handy zu einem ständigen Begleiter in allen Lebenssituationen geworden. Auch die Werbeindustrie hat dieses Medium als neuen Kommunikationskanal entdeckt und das **Mobile-Marketing** entwickelt (vgl. Drees/Jäckel, 2008, S. 35). Es ist die Umschreibung von Marketingmaßnahmen unter der Verwendung drahtloser Telekommunikation und mobiler Endgeräte. Das Ziel ist es, Kunden möglichst direkt zu erreichen und durch das Angebot spezieller Leistungen ihr (Kauf-) Verhalten zu beeinflussen. Dabei kann es sich um digitale Inhalte (Spiele, Lieder, Videos etc.) handeln, um zielgruppenrelevante Informationen (News,

Alerts, Podcasts, Produktinformationen) oder um Transaktionen (Shopping, Videostreaming, Zahlungen), die gegen Entgelt oder kostenfrei zur Verfügung gestellt werden (Aus der Praxis 8-12).

Eine spezielle Form der Mund-zu-Mund-Kommunikation, die ein wesentliches Element des Empfehlungsmarketings darstellt, ist das **Buzz-Marketing** (buzz bedeutet summen, schwirren). Damit werden Kommunikationsmaßnahmen bezeichnet, die das Interesse an einem neuen Produkt schon vor dessen Einführung aufbauen sollen. Es basiert auf der Wirkung traditioneller Mundpropaganda, also persönlicher Empfehlungen von Person zu Person. Die Wirkungsfaktoren dieser Aktivitäten lassen sich mit Authentizität und Glaubwürdigkeit charakterisieren (vgl. dazu ausführlich Langner, 2007).

Ausgewählte Privatpersonen oder Prominente (so genannte Buzz-Agents) sprechen mit ihren Freunden und Bekannten über das neue Produkt, und zwar in ganz natürlichen Alltagssituationen. Die Produkte werden ihnen für den Aktionszeitraum exklusiv kostenlos zur Verfügung gestellt. Nach einer Einweisung in das Projekt sind die Buzz-Agents angehalten, die Produkte zu nutzen.

Darüber hinaus berichten sie über ihre Erfahrungen und teilen ihre Begeisterung ihrem Bekanntenkreis per E-Mail mit, diskutieren darüber in Internet-Foren und Blogs und präsentieren sie gegebenenfalls im Rahmen spezieller Veranstaltungen (z. B. auf Partys, Events) vor größeren Gruppen. Anders als bei den »Tupperware-Partys« haben Buzz-Agents dabei keine kommerziellen Interessen und wollen die Produkte nicht verkaufen, sondern sie treten als Fans auf, die ihre Umgebung von dem Produkt überzeugen wollen. Durch die Auswahl geeigneter Buzz-Agents können vor allem auch markenspezifische Assoziationen der Zielgruppe aufgebaut werden (Aus der Praxis 8-13).

Buzz-Agenten werden nach soziodemografischen und psychografischen Faktoren (z. B. Interessengebiete, Freundeskreis, Wohnort) ausgesucht. Sie arbeiten in der Regel unentgeltlich, berichten regelmäßig über ihre Erfahrungen und sollen ihre Meinung frei äußern. Die Durchführung solcher Aktionen erfolgt in der Regel durch darauf spezialisierte Agenturen (www.viral-marketing.de).

Buzz-Marketing als Erscheinungsform der Mund-zu-Mund-Kommunikation

Aus der Praxis – 8-13

Dem produzierenden US-amerikanischen Unternehmen Kayem Foods war es nicht gelungen, mit herkömmlichen Werbemaßnahmen die neue Wurstsorte Al Fresco im Markt zu etablieren. Die Lösung des Problems war eine Gruppe junger und »hipper« Konsumenten, die als Buzz-Agenten das Produkt bekannt machen sollten. Durch die gezielte Mund-zu-Mund-Propaganda erzeugen die Buzz-Agenten Aufmerksamkeit für Marken. In diesem Fall organisierten die Buzzer Grillfeste, erzählten in ihrem Umfeld vom neuen Produkt und fragten in allen möglichen Supermärkten nach der Wurst, um sich zu beschweren, wenn diese dort nicht angeboten wurde. Die Buzz-Aktion hatte signifikante Auswirkungen auf die Markenbekanntheit und den Umsatz. Schon nach kurzer Zeit erhöhte sich die Nachfrage nach Al Fresco deutlich und der Umsatz stieg unmittelbar nach der Kampagne um 1,2 Millionen Dollar.

Im Schnitt konnte jeder Buzzer 15 zusätzliche Verbraucher überzeugen. Gleichzeitig bedeutet dies, dass auch jeder neu gewonnene Verbraucher die Botschaft im Schneeballsystem weiter verbreitet (vgl. Siering, 2005, S. 6).

Ein Beispiel für das Buzz-Marketing mit Prominenten ist eine Aktion der Firma Nokia, die zur Einführung des »Smartphones 7710« bekannten Persönlichkeiten sowie Internet-Bloggern das Produkt noch vor Markteinführung in einer eigens für sie inszenierten VIP-Veranstaltung in einer Luxusverpackung überreichte und individuell über sämtliche Produkteigenschaften aufklärte. Die Folge waren zahlreiche Artikel sowie Foren- und Blog-Diskussionen, in denen über das Produkt und die Aktion als solche berichtet wurde (vgl. Ballhaus, 2006, S. 28 ff.).

Definition Ambush-Marketing

Kommunikationsziele bestimmen die Auswahl der Kommunikationsinstrumente.

8.4.2.3 Ambush-Marketing

Unter dem Begriff **Ambush-Marketing** (to ambush = aus dem Hinterhalt überfallen) werden Aktionen zusammengefasst, bei denen Unternehmen öffentlich wirksame Events für die eigene Markenkommunikation nutzen, ohne als offizielle Sponsoren akkreditiert zu sein. Abfällig werden diese Unternehmen häufig auch Trittbrettfahrer oder Schmarotzer genannt (vgl. Patalas, 2006, S. 67 f.). Diese Bezeichnung pauschalisiert jedoch alle Maßnahmen des Ambush-Marketing als unerlaubt, was nicht in jedem Fall zutrifft. Rechtlich bewegen sich die Maßnahmen des Ambush-Marketing in einer Grauzone, weshalb nicht sämtliche Aktionen als illegal bezeichnet werden können. Das Ziel des Ambush-Marketing besteht hauptsächlich darin, die Wirkung der offiziellen Sponsoringaktivitäten des Wettbewerbs zu schwächen. Deshalb werden die meisten Ambush-Aktionen in unmittelbarer Nähe zu Veranstaltungsorten durchgeführt (vgl. Schulte, 2007, S. 74 ff.; Aus der Praxis 8-14).

Aus der Praxis – 8-14

Die wohl bekannteste Ambush-Aktion stammt aus dem Jahre 1996 bei den Olympischen Sommerspielen in Atlanta. Der britische Sprintstar Linford Christie durfte während der Spiele an seiner Sportbekleidung kein Logo seines Sponsors PUMA tragen, da Nike der offizielle Hauptsponsor dieses Events war. Daraufhin schickte ihn PUMA mit speziellen Kontaktlinsen zu den anstehenden Pressekonferenzen. Das Besondere an den Kontaktlinsen war, dass sie den springenden Puma (das Markenzeichen) auf den Pupillen trugen (vgl. Abbildung 8-22). Diese Bilder gingen daraufhin um die ganze Welt und Millionen von Zuschauern bekamen sie zu sehen (vgl. Drees/Jäckel, 2008, S. 32).

Abb. 8-22: Linford Christie mit Kontaktlinsen von Puma

Die in diesem Abschnitt aufgezeigten neuen Formen der Marktkommunikation stellen allesamt zwar eine wirksame Waffe im Kampf um die Aufmerksamkeit der Kunden dar, sie können die klassischen Instrumente der Marktkommunikation jedoch nicht ersetzen. Für kleinere und mittlere Unternehmen, die nicht über ein hohes Kommunikationsbudget verfügen, bieten die neuen Instrumente allerdings gute Möglichkeiten, um sich im zunehmenden Kommunikationswettbewerb Gehör zu verschaffen (Drees/Jäckel, 2008, S. 36).

8.2.5 Auswahl der Kommunikationsinstrumente und integrierte Kommunikation

Bei der Auswahl geeigneter Kommunikationsinstrumente sind vor allem die angestrebten Kommunikationsziele relevant. Während Werbung und Öffentlichkeitsarbeit vorwiegend für die strategischen Ziele des Imageaufbaus bzw. der Imageveränderung verantwortlich sind, haben die Verkaufsförderung, das Product-Placement, die Events und das Sponsoring hauptsächlich taktische Aufgaben im Zusammenhang mit der positionierungsrelevanten Aktualisierung von Marken (Esch et al., 2008, S. 268).

Bei der Zusammenstellung des Kommunikationsmix sind neben der Zielsetzung verschiedene Kriterien zu berücksichtigen (vgl. Bruhn, 2007, 298 f.; Kotler et al., 2007b, S. 702; Meffert et al., 2008, S. 648 f. und Abbildung 8-23).

Die **Reichweite** ist ein Beurteilungskriterium, welches eine Bewertung bezüglich der Anzahl der erreichbaren Zielpersonen mit dem Kommunikationsinstrument erlaubt. So ist die Reichweite der klassischen Werbung deutlich höher als es beim Product-Placement oder beim Event-Marketing der Fall ist.

Die **zeitlichen Einsatzmöglichkeiten** und die Flexibilität sind z. B. bei der klassischen Werbung deutlich größer als bei der Verkaufsförderung oder dem Event-Marketing, dessen Aktionen in der Regel zeitlich begrenzt sind. Außerdem werden diese Maßnahmen in der Regel mit einem zeitlichen Vorlauf geplant, sodass es nur mit Hilfe geeigneter Werbemaßnahmen (z. B. Radiowerbung oder Zeitungsanzeigen) möglich ist, auf kurzfristige Marktereignisse zu reagieren.

Besondere Bedeutung haben die **gestalterischen Möglichkeiten** der einzelnen Instrumente. So bieten Events oder Verkaufsförderungsaktionen bei der Vermittlung emotionaler Markenerlebnisse viele Möglichkeiten, um den Kunden mit allen Sinnen anzusprechen. Die zunehmende Forderung nach Schaffung multisensualer Konsumerlebnisse im Marketing unterstreicht die zukünftige Bedeutung dieser »Below-the-line«-Kommunikation (vgl. Linxweiler/Siegle, 2008, S. 97 ff.).

Die **Beeinflussbarkeit der Kommunikationssituation** ist bei den einzelnen Instrumenten unterschiedlich. Beim Product-Placement zum Beispiel werden die Zielpersonen in Situationen (im Kino oder beim Fernsehen während eines spannenden Films) erreicht, in denen sie besonders aufmerksam sind. Dagegen sind die Beeinflussungsmöglichkeiten bei der klassischen Werbung eher gering. Besonders hoch sind sie bei der persönlichen Kommunikation auf Messen und Ausstellungen sowie bei Events.

Schließlich sind bei der Aufteilung des Kommunikationsbudgets auf die einzelnen Instrumente deren **Kosten** zu berücksichtigen, die beim Vergleich der Instrumente allerdings im Hinblick auf die Erreichung spezieller Kommunikationsziele unterschiedlich zu bewerten sind.

Man kann die Eignung einzelner Kommunikationsinstrumente auch in Abhängigkeit vom **Involvement** unterschiedlicher Zielgruppen begründen. Am Beispiel der Marke Maggi lässt sich dies gut veranschaulichen (Aus der Praxis 8-15).

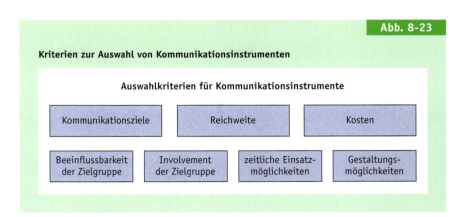

Abb. 8-23

Aus der Praxis – 8-15

In Abhängigkeit der Höhe des Involvements unterschiedlicher Zielgruppen setzt das Management der Marke Maggi unterschiedliche Kommunikationsinstrumente ein. Als Leitinstrumente dienen die klassischen Werbeformen der »Above-the-line«-Kommunikation (Fernsehen, Rundfunk, Zeitschriften, Plakate). Für höher involvierte Konsumenten (z. B. Personen, die sich für das Kochen interessieren) gibt es die Möglichkeit, sich im »Maggi-Kochstudio Treff« auszutauschen und an Maggi-Kochkursen teilzunehmen. Diese Instrumente bezeichnet man als Integrationsinstrumente, da sie eine Verbindung zwischen der unpersönlichen Massenkommunikation der Marke und den persönlichen Kommunikationsformen herstellen. Hoch involvierte Konsumenten lernen im Rahmen der Maggi-Kochkurse und durch den Besuch der Maggi-Webseite Maggi-Küchenartikel kennen, die nicht im Einzelhandel erhältlich sind (z. B. Geschirr, Kochutensilien, Kochbücher). Als Folgeinstrument bietet sich daher der Aufbau eines exklusiven Maggi-Webshops an. Gelingt es schließlich, die Maggi-Kunden als Mitglied für den Maggi-Club zu gewinnen, ist ein sehr hoher Grad an Markenbindung erreicht. Häufig werden solche Kunden als Lead User für Innovationsprojekte genutzt (vgl. Kapitel 6.5.2.2).

INVOLVEMENT

Leitinstrumente:
Fernsehwerbung, Printwerbung, Plakate, Radio

Integrationselemente:
▸ Restaurants mit Shop (Kochstudio Treff)
▸ Kochkurse

Folgeinstrumente:
▸ Internet-Shop (Kochbücher, Geschirr, ...)
▸ Sponsoring
▸ Verkauf direkt im Kochstudio Treff
▸ Maggi-Club

(Quelle: in Anlehnung an Esch, 2008, S. 302 ff.)

Abb. 8-24: Integrierte Kommunikation

Abb. 8-25

Beispiele für eine formale, inhaltliche und zeitliche Integration der Kommunikationsinstrumente

(Quelle: in Anlehnung an Esch, 2008, S. 300 ff.)

durch die Kommunikation erzeugten Eindrücke zu vereinheitlichen und zu verstärken (Kroeber-Riel/Esch, 2004, S. 108).

Bei der Integration der Kommunikationsinstrumente kann man zwischen formaler, inhaltlicher und zeitlicher Integration unterscheiden (vgl. Bruhn, 2003, S. 94 ff.; Meffert et al., 2008, S. 636; Esch, 2008, S. 282 sowie Abbildung 8-25). Bei der **formalen Integration** geht es um die Einhaltung einheitlicher Gestaltungsprinzipien und Gestaltungsmittel (Farbcodes, Typografie etc.). Dadurch soll sichergestellt werden, dass die Kommunikationsbotschaft beim Einsatz unterschiedlicher Instrumente leicht wiedererkannt und aufgenommen wird. Eine **inhaltliche Integration** kann dadurch erreicht werden, dass die Inhalte der Kommunikationsbotschaft, mit der die gewählte Positionierung aufgebaut bzw. beibehalten werden soll, aufeinander abgestimmt werden.

Mit der Forderung nach einer **zeitlichen Integration** der Kommunikationsinstrumente soll zum Ausdruck gebracht werden, dass der Einsatz verschiedener Kommunikationsinstrumente im »Timing« aufeinander abgestimmt wird, sodass es zu den gewünschten Synergieeffekten kommt. Weiterhin sollte der kommunikative Auftritt einer Marke über einen langen Zeitraum konstant bleiben, sodass der Aufbau klarer, unverwechselbarer innerer Markenbilder erreicht und erhalten werden kann, was die Basis für starke Marken darstellt (vgl. dazu auch 6.4.3.1).

Bedeutung der integrierten Kommunikation

Abschließend wird nochmals darauf hingewiesen, welche Bedeutung ein **integrierter Einsatz aller Kommunikationsinstrumente** beim Aufbau eines klaren, unverwechselbaren Markenimages hat. Integrierte Kommunikation kennzeichnet die inhaltliche und formale Abstimmung aller Kommunikationsmaßnahmen, um die

8.3 Planungs- und Entscheidungsprozess einer Werbekampagne

8.3.1 Überblick

Überblick über den Planungs- und Entscheidungsprozess einer Werbekampagne

Nachdem die wichtigsten Kommunikationsinstrumente im Überblick dargestellt sind, gilt es aufzuzeigen, wie der Planungs- und Entscheidungsprozess einer Werbekampagne abläuft.

Die Planung beginnt mit der **Werbeanalyse**, in der eine Bestandsaufnahme aller für die Werbung relevanten Daten erfolgt. Ähnlich wie bei einer Marktanalyse werden dazu die internen und externen Einflussgrößen für die Planung und Gestaltung der Kampagne analysiert. Ausgangspunkt dafür sind die **Werbeobjekte,** das heißt die Produkte, für die eine Werbekonzeption entwickelt werden soll. Weiterhin sind die **Werbezielgruppen** genauestens zu charakterisieren. Darunter werden jene Personen oder Organisationen verstanden, die mit der Werbung erreicht werden sollen.

Auf dieser Informationsbasis ist es möglich, operationale **Werbeziele** zu formulieren. Die zu erreichenden Werbeziele bestimmen wiederum im Wesentlichen das **Werbebudget,** das in dieser Phase schon grob kalkuliert werden kann.

Im nächsten Schritt ist zu klären, wer mit der Durchführung der Werbekampagne beauftragt werden soll. In den meisten Fällen kommt dafür eine geeignete Werbeagentur in Frage, die dann ein so genanntes **Werbebriefing** bekommt, dessen Kern die Formulierung der **Copy-Strategie** ist. Darin legen die Marketingverantwortlichen die Grundkonzeption für die Gestaltung der Werbebotschaft fest. Sie ist die Basis für die anschließenden Entscheidungen über die **Auswahl der Werbemedien** und die **Gestaltung der Werbemittel**. Dieser Maßnahme geht in der Regel ein **Werbemitteltest** (Pretest) voran, dessen Ergebnisse darauf abzielen, die Werbemittel zu optimieren und eine Prognose der Werbewirkung zu ermöglichen. Nach der Verbreitung der Werbung ist eine **Kontrolle des Werbeerfolgs** durchzuführen. Abbildung 8-26 veranschaulicht diesen Planungs- und Entscheidungsprozess.

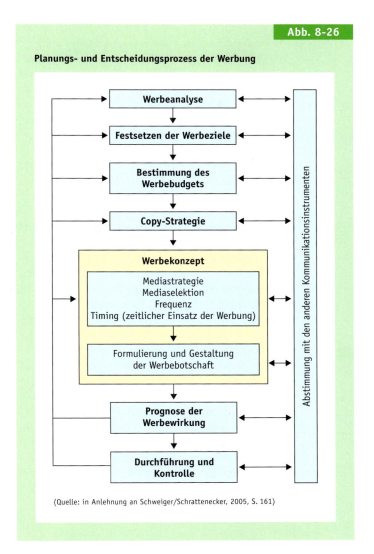

Abb. 8-26

Planungs- und Entscheidungsprozess der Werbung

(Quelle: in Anlehnung an Schweiger/Schrattenecker, 2005, S. 161)

8.3.2. Werbeanalyse

8.3.2.1 Werbeobjekte

Bei den Werbeobjekten denkt man zunächst an die Produkte eines Unternehmens, für die eine Werbekampagne durchgeführt werden soll. Gegenstand der Werbung können aber, wie z. B. bei der Firmenwerbung, auch Unternehmen sein (vgl. Schweiger/Schrattenecker, 2005, S. 164). Hier soll der Prozess der Werbeplanung am Beispiel von Produktwerbung aufgezeigt werden.

Ausgangspunkt im Rahmen der Werbeanalyse ist die angestrebte **Positionierung des Produkts**, die als strategische Marketingentscheidung bereits im Vorfeld bestimmt wurde. Durch sie ist festgelegt, wie das Produkt in Zukunft aus der subjektiven Sicht der Zielgruppe im Konkurrenzumfeld wahrgenommen werden soll. Die dabei spezifizierten einzigartigen Produktvorteile im Sinne einer unique selling proposition (USP) müssen in der Werbung kommuniziert werden. Einen großen Einfluss auf die Gestaltung der Werbung übt dabei die gewählte Positionierungsstrategie aus. Eine emotionale Positionierung des Produkts stellt ganz andere Anforderungen an den Werbeauftritt als eine eher sachorientierte Positionierung (vgl. Kapitel 6.4.3.3).

Des Weiteren gehen die **Entscheidungen über alle anderen Marketinginstrumente** für das Produkt als Rahmenbedingungen in die Werbeplanung ein, um sicherzustellen, dass ein in sich stimmiges Markenbild entsteht. Besonders zu berücksichtigen ist dabei die gewählte Markenstrategie. Wenn beispielsweise das Werbeobjekt ein Produkt ist, das unter einer Familienmarke oder einer Dachmarke geführt wird, ist der Gestaltungsspielraum durch die markenspezifischen Gestaltungsrichtlinien erheblich eingeschränkt.

Weiterhin beeinflussen die **Art des Produkts** (erklärungsbedürftig, nicht erklärungsbedürftig) und sein **Innovationsgrad** die Argumentationsweise und die Gestaltungsanforderungen bei der Werbung.

Schließlich hat das **relevante Wettbewerbsumfeld** Einfluss auf die eigene Werbeplanung. Hier müssen quantitative und qualitative Konkurrenzanalysen durchgeführt werden, und zwar Analysen der Werbebudgets und vor allem Analysen der von der Konkurrenz gewählten Werbemedien und Werbebotschaften. Dies soll sicherstellen, dass der eigene Werbeauftritt sich von der Konkurrenz abhebt (vgl. dazu Kapitel 6.4.3.3).

8.3.2.2 Zielgruppen der Werbung

Die Entscheidung darüber, welche Personen werblich angesprochen werden sollen, erfolgt im Einklang mit den marketingstrategischen Entscheidungen über die zu bearbeitenden Marktsegmente. Die Informationen für die Identifikation von Werbezielgruppen können den in der Werbebranche allgemein verfügbaren Media-Analysen, Konsumententypologien und Segmentierungsstudien entnommen werden (vgl. Kotler et al., 2007b, 723 f.).

Definition Werbezielgruppe

Zu einer **Werbezielgruppe** gehören alle Personen, die mit einer Werbebotschaft angesprochen werden sollen. Als Zielpersonen können aber auch Gruppen interessant sein, die Einfluss auf die Entscheidungen der Käufer ausüben (z.B. Bedarfsäußerer, Bedarfsberater, Meinungsführer).

Zielgruppen einer Werbung für Schulfüller können beispielsweise Lehrer, Eltern oder die Schüler selbst sein. Zielgruppen einer Firmenwerbung können Politiker, Vertreter von Umweltorganisationen oder andere Teile der Öffentlichkeit sein, um unternehmenspolitische Maßnahmen zu begründen und »Goodwill« zu schaffen.

Voraussetzung für eine segmentspezifische Gestaltung der Werbebotschaft und für die passende Auswahl der Werbemedien ist eine ausführliche Beschreibung der Zielgruppe. Diese erfolgt anhand von Merkmalen, wie sie üblicherweise im Rahmen von Marktsegmentierungsstudien herangezogen werden (vgl. Kapitel 5.2.3).

Beschreibung von Werbezielgruppen anhand von Käufertypologien und Media-Analysen

Die Zielgruppen sollten anhand jener Merkmale beschrieben werden, die für die Umsetzung werbepolitischer Entscheidungen aussagekräftig sind. So gelten unter anderem Angaben über Altersgruppe, Geschlecht, Persönlichkeitsmerkmale, Lebensstil, Motive und Nutzenerwartungen als nützliche Informationen für eine segmentspezifische Gestaltung der Werbebotschaft. Ebenso wichtig ist die Charakterisierung der Zielgruppen bezüglich ihrer Mediennutzung. Mit diesen Angaben gelingt es, zielgruppenspezifische Werbemedien auszuwählen. Die Informationen dazu lassen sich den (leicht zugänglichen) Media-Analysen der Medienanbieter entnehmen. Beispielsweise enthalten die Leserstrukturanalysen und Käufertypologien der Verlage umfassende Informationen über Käuferstrukturen und Käuferverhalten in bestimmten Produktbereichen. Diese Informationen sind verbunden mit Angaben darüber, welche Zeitschriften einzelne Zielgruppen bevorzugen (vgl. dazu ausführlich Kotler et al., 2007b, S. 725 ff.).

8.3.3. Festlegung der Werbeziele

8.3.3.1 Ökonomische Werbeziele

Im Planungsprozess einer Werbemaßnahme ist die Festlegung der Werbeziele eine zentrale Aufgabe, denn die Werbeziele bestimmen alle anderen Entscheidungsbereiche. Wesentlich dabei ist, die Werbeziele operational zu formulieren. Dies bedeutet, dass Zielinhalt, Zielausmaß, Zeit- und Segmentbezug so konkret wie möglich benannt werden. Ein operationales Werbeziel ist zum Beispiel: »Der ungestützte Bekanntheitsgrad der Marke X (Zielinhalt) soll innerhalb des nächsten Jahres (Zeitbezug) bei der Zielgruppe Y (Segmentbezug) um 10 Prozent gesteigert werden (Zielausmaß).« Dieses Vorgehen ist eine Voraussetzung dafür, dass die Werbemaßnahmen zielgerichtet geplant und durchgeführt werden können und dass später eine Werbewirkungsanalyse möglich ist. Insofern hängt die Formulierung von Werbezielen eng mit der Werbeerfolgskontrolle zusammen (vgl. dazu auch Kapitel 8.3.8.2).

Da die Werbung fast immer auf die Beeinflussung des (Kauf-) Verhaltens abzielt, liegt es nahe, die Werbeziele direkt auf das beobachtbare Verhalten zu beziehen. Solche Zielgrößen richten sich auf Umsatz-, Absatz-, Kosten- und Gewinnveränderungen aufgrund der Werbemaßnahmen und werden deshalb als **ökonomische Werbeziele** bezeichnet. Bei Einführungskampagnen neuer Produkte gehört dazu auch die Erreichung festgelegter Erst- und Wiederkaufraten. Eine Formulierung ökonomischer Ziele als Handlungsanweisungen für die Werbetreibenden ist allerdings nicht zweckmäßig, da Werbemaßnahmen den ökonomischen Zielgrößen in der Regel nicht direkt zurechenbar sind. Dies bedeutet, dass derjenige, der die Ziele verfolgen soll, keinen (vollständigen) Einfluss auf die Zielerreichung hat.

Die Zielvorgabe an die Werbeabteilung einer Brauerei »Erhöhe den Umsatz der Biermarke X bei der Zielgruppe Y um 10 Prozent im Zeitraum von einem Jahr« erfüllt zwar die Bedingung der Operationalisierbarkeit. Die Umsatzveränderungen nach Ablauf der Werbekampagne lassen sich aber nicht ausschließlich den Werbemaßnahmen zurechnen, denn das Konsumentenverhalten, das zum Umsatz führt, hängt von vielen weiteren Einflussgrößen ab, die der Werbemanager nicht kontrollieren kann. Falls die Umsatzziele der Brauerei nicht erreicht werden, kann das zum Beispiel am Preis, an der Produktqualität oder an Problemen der Distribution liegen. Außerdem können externe Einflussgrößen wie zum Beispiel Sonderangebote der Konkurrenz oder Witterungsbedingungen auf die eigene Umsatzentwicklung wirken.

Aus dem geschilderten **Zurechnungsproblem** ergibt sich die Forderung, Werbeziele so konkret zu formulieren, dass der Erfolg den Werbemaßnahmen direkt zugerechnet werden kann. Erst dann liegt ein Maßstab für die Beurteilung der werbepolitischen Maßnahmen vor. Da aber Zweck aller Werbemaßnahmen letztendlich eine Verhaltensbeeinflussung ist, müssen Ziele definiert werden, die außer der Zurechenbarkeit einen direkten, ursächlichen Zusammenhang zum Verhalten aufweisen, die sozusagen »hinter« dem Verhalten stehen. Solche Ziele werden als außerökonomische, kommunikative oder auch als **psychologische Werbeziele** bezeichnet.

Typische Beispiele dafür sind die Erhöhung des Bekanntheitsgrads einer Marke, die Verbesserung der Kenntnisse über bestimmte Produktvorteile, die Veränderung von Einstellungen, Image oder die Verstärkung von Kaufabsichten.

8.3.3.2 Werbewirkungsmodelle

Grundlage für die Formulierung psychologischer Werbeziele sind Werbewirkungsmodelle, die das Zustandekommen und die Beeinflussbarkeit des menschlichen Verhaltens begründen. Der Verarbeitungsprozess und die Wirkungsebenen von Werbeinformationen sind durch verschiedene **Stufenmodelle** darstellbar. Gemeinsam ist allen Modellen, dass drei Wirkungsstufen unterschieden werden: das Wissen über ein Produkt oder über dessen Eigenschaften (kognitive Ebene), die gefühlsmäßige Bewertung des Produkts (affektive Ebene) und die Handlungsabsichten gegenüber einem Produkt (konative Ebene) (Schweiger/Schrattenecker, 2005, S. 171).

Ein Konsument erwirbt zunächst Produktkenntnisse. Die konkurrierenden Marken sind ihm bekannt, er nimmt bestimmte Produkteigenschaften wahr und kennt die einzelnen Produktvorteile (kognitive Ebene). Daraufhin entwickelt er positive oder negative Empfindungen und Einstellungen gegenüber den Produkten. Diese begründen in einer Wahlsituation seine Präferenzen für bestimmte Marken (affektive Ebene). Präferenzen allein reichen aber häufig noch nicht aus, um Kaufhandlungen zu bewirken. Das Hervorrufen von Kaufabsichten, beispielsweise durch Sonderangebote oder durch Aufforderungen, ein neues Produkt zu probieren, kann schließlich der Auslöser für den letzten Schritt (die Kaufhandlung) sein (konative Ebene). Die Reihenfolge dieser Wirkungsstufen kann durchaus variieren. Aber vor allem bei wichtigen Kaufentscheidungen und bei Produkten, bei denen die konkurrierenden Marken bedeutende Unterschiede aufweisen, findet man häufig die oben skizzierte Abfolge.

Für die weiteren Ausführungen, insbesondere auch zu Fragen der Werbeerfolgskontrolle, wird ein **vereinfachtes Werbewirkungsmodell** zugrunde gelegt (vgl. Abbildung 8-27). Es reduziert die komplexen Wirkungsbeziehungen zwischen den Werbezielen auf drei grundlegende Beeinflussungsziele und geht von folgendem Verhaltensablauf aus (vgl. Kroeber-Riel/Esch, 2004, S. 38 ff.):

Mit Hilfe der Werbung muss sichergestellt werden, dass das Angebot des Unternehmens überhaupt bekannt ist und dass die Konsumenten es als aktuelle Alternative in Betracht ziehen. Die Wahrnehmung führt zur **Aktualität** des Angebots. Diese Aktualität drückt sich in der spontanen Bekanntheit (»top of mind«) aus. Die spontane oder auch ungestützte Bekanntheit einer Kaffeemarke wird durch folgende Frage ermittelt:

Stufenmodelle der Werbewirkung

Zurechnungsproblem ökonomischer Werbeziele

Abb. 8-27
Vereinfachtes Werbewirkungsmodell

(Quelle: Kroeber-Riel/Esch, 2004, S. 38 ff.)

und Bedürfnisse geweckt oder verstärkt werden (zu den folgenden Ausführungen vgl. Kapitel 3.2.1.2). Die emotionale Beurteilung eines beworbenen Produkts entsteht durch die in der Werbebotschaft dargebotenen (emotionalen) Bedürfnisappelle. Die Vermittlung von **Informationen** über das Angebot wird über den sachlichen Inhalt der Werbebotschaft erreicht. Dies bewirkt eine rationale Beurteilung des Angebots. **Emotionen** und **Informationen** zusammen führen zu **Einstellungen** gegenüber Produkten. Das sind komplexe innere Haltungen, die die Präferenzen und das **Kaufverhalten** bestimmen. Mit der Erzielung von Einstellungswirkungen beabsichtigen die Unternehmen eine langfristig angelegte Imagepositionierung ihrer Produkte.

8.3.3.3 Psychologische Beeinflussungsziele der Werbung

Hier sind Ziele der Beeinflussung darzustellen und Bedingungen aufzuzeigen, unter denen eine Verfolgung der Ziele sinnvoll erscheint. Diese Bedingungen beziehen sich auf die Frage, ob die Umworbenen überhaupt für emotionale Bedürfnisappelle oder für Produktinformationen aufgeschlossen sind. Dabei sind vier Situationen zu unterscheiden, in denen jeweils spezifische Zielsetzungen im Mittelpunkt stehen (vgl. dazu ausführlich Kroeber-Riel/Esch, 2004, S. 42 ff. und Kapitel 6.4.3.3).

»Wenn Sie einmal an Kaffee denken, welche Marken oder Anbieter fallen Ihnen dann ein?« Die daraufhin zuerst genannten Marken sind dem Befragten spontan bekannt und somit »top of mind« (vgl. Kroeber-Riel/Esch, 2004, S. 100).

Die Werbemaßnahmen sollen bewirken, dass für das Angebot positive **Emotionen** ausgelöst

Mit jeder Werbemaßnahme werden auch **Aktualisierungsziele** verfolgt. Selbst bei vorrangig informativer oder emotionaler Werbung wird die beworbene Marke »ins Gedächtnis gerückt«. Nun gibt es aber Bedingungen, unter denen die Aktualisierung im Vordergrund der Werbebemühungen steht. Solche liegen dann vor, wenn sowohl die Vermittlung von Produktinformationen als auch emotionale Bedürfnisappelle wenig Einfluss auf das tatsächliche Kaufverhalten ausüben. Vielmehr wird das Verhalten allein dadurch beeinflusst, dass eine Marke aktuell ist, das heißt beim Einkauf als aktuelle Alternative wahrgenommen wird (vgl. Abbildung 8-28). Zu denken ist dabei etwa an Werbung für Glühlampen, Mineralwasser oder Gelierzucker in der Einmachzeit. Informationen über Produktvorteile sind für die Konsumenten kaum interessant, und emotionale Bedürfnisappelle werden

Aktualisierungsziele sind besonders bei homogenen und »Low-Interest«-Produkten relevant.

Abb. 8-28
Beispiele für reine Aktualisierungswerbung

bei diesen (»Low-Interest«-) Produkten auch kaum das Kaufverhalten beeinflussen.

Die gleichzeitige Kommunikation von **Emotionen** und **Informationen** ist das Ziel von Werbung für Produkte, deren Produktvorteile, Verwendungszwecke oder andere Eigenschaften bei den Zielpersonen noch nicht hinreichend bekannt sind oder bei denen die Vorstellungen darüber verändert werden sollen. In diesem Fall muss die Werbung Produktinformationen vermitteln. Eine rein informative Werbung reicht allerdings nicht aus, um die gewünschten Einstellungs- bzw. Verhaltenswirkungen zu erzielen, wenn bei den Zielpersonen kein aktuelles Bedürfnis nach dem beworbenen Produkt vorhanden ist. Die Ziele der Werbung konzentrieren sich in solchen Situationen zunächst darauf, im Wege emotionaler Appelle Bedürfnisse zu wecken, zu verstärken oder neu zu schaffen und sie auf die Werbeobjekte zu lenken (Aus der Praxis 8-16). Häufig erfolgt der Bedürfnisappell über Bilder, während die Informationen über den Text vermittelt werden. So zeigt ein Werbemotiv für eine besonders widerstandsfähige Mascara eine vor Glück weinende Frau, deren geschminkte Wimpern trotz Freudentränen nicht abfärben. Der Text dazu erläutert unter der Headline »resists your feelings – even longer«, dass die verwendeten, besonders widerstandsfähigen Naturwachse wischfest sind, nicht verschmieren, nicht klumpen, sich aber leicht wieder entfernen lassen (vgl. Abbildung 8-29).

Abb. 8-29

Vermittlung von Emotionen und Informationen in einer Werbeanzeige

Ausschließlich **Informationen** zu vermitteln ist als Werbeziel nur dann sinnvoll, wenn die Umworbenen mit emotionalen Bedürfnisappellen kaum zum Kauf von Produkten zu bewegen sein dürften. Diese Situationen sind dadurch gekennzeichnet, dass die Zielpersonen aktuelle Bedürfnisse haben und wissen, dass diese mit bestimmten Produkten leicht befriedigt werden

Aus der Praxis – 8-16

Viele Versicherungsunternehmen bieten zunehmend eine Berufsunfähigkeitsversicherung in ihrem Portfolio an. Diese Versicherung dient der Absicherung von Personen, die aufgrund von Krankheiten oder Unfällen nicht mehr in der Lage sind, ihren Beruf weiter auszuüben. Obwohl diese Versicherung gerade für jüngere Arbeitnehmer von großer Bedeutung ist, verdrängen viele junge Leute dieses Risiko, und zwar auch aufgrund der mit einer Versicherung verbundenen finanziellen Belastung. Das Bedürfnis ist also häufig nicht »aktuell«, und somit kann eine rein informative Werbung diese Personen kaum zu einer Verhaltensänderung veranlassen. Erst über emotionale Bedürfnisappelle, die das Berufsunfähigkeitsrisiko glaubhaft in der Werbung »inszenieren« bzw. »dramatisieren«, kann es gelingen, ein Problembewusstsein zu schaffen und ein Bedürfnis nach einer solchen Versicherung zu wecken. Erst jetzt setzen sich die Zielpersonen mit den Informationen über das Versicherungsangebot auseinander.

Derartige Bedingungen sind häufig in wenig entwickelten oder neuen Märkten anzutreffen, in denen zwischen den konkurrierenden Produkten erhebliche Qualitätsunterschiede bestehen (z. B. bei echten Produktinnovationen, Produkten für den Seniorenmarkt, Erlebnisreisen und Umweltprodukten).

Abb. 8-30
Beispiele emotionaler Werbeauftritte verschiedener Biermarken

können. Es genügt dann, über die spezifischen Produktvorteile zu informieren, die eine bessere Bedürfnisbefriedigung in Aussicht stellen als konkurrierende Produkte.

Beim Absatz von Investitionsgütern werden Kaufentscheidungen in der Regel aufgrund wirtschaftlicher Überlegungen getroffen. Ein emotionaler Appell an das Wirtschaftlichkeitsdenken der Zielgruppe ist nicht erforderlich und würde die Zielpersonen nicht berühren. Die Werbung kann sich in diesem Fall auf die (informative) Darstellung der Produktnutzen beschränken.

In gesättigten Märkten steht die Vermittlung **emotionaler Erlebniswerte** im Vordergrund.

Die Konsumenten kennen die konkurrierenden Produkte. Sie wissen, dass es zwischen ihnen fast keine Qualitätsunterschiede gibt. Eine Differenzierung gegenüber der Konkurrenz ist nur über eine Vermittlung spezieller emotionaler Konsumerlebnisse möglich. Informationen über austauschbare und bekannte Produkteigenschaften wären trivial. Die Werbeziele konzentrieren sich also darauf, dass emotionale Konsumerlebnisse mit den Produkten verknüpft werden.

Die Werbung für konkurrierende Biermarken ist ein typisches Beispiel für die auf Emotionen zielenden Werbemaßnahmen. Die einzelnen Biermarken unterscheiden sich in ihren Produktnutzen kaum. Informationen über die

Eigenschaften der Biere würden die Konsumenten wenig interessieren. Die Werbung verfolgt also den beschriebenen emotionalen Ansatz. So bemüht sich die Marke Licher darum, Natur mit dem Produkt zu verbinden, König-Pilsner baut auf Exklusivität und Kennertum, Beck's setzt auf Abenteuer und Warsteiner auf Genuss (vgl. Abbildung 8-30).

8.3.4 Werbebudgetierung

Nachdem die Werbeziele operational festgelegt sind, kann das Werbebudget aufgestellt werden. Dabei geht es um die Frage, wie viel finanzielle Mittel zur Erreichung der Werbeziele bereitgestellt werden sollen. Viele Unternehmen wenden hier vereinfachte **Budgetierungsregeln an**. Sie werden auch als heuristische oder als nicht wirkungsgestützte Verfahren bezeichnet (vgl. dazu ausführlich Meffert et al., 2008, S. 644 f.).

Beim **umsatzorientierten Verfahren** richtet sich das Werbebudget nach dem Umsatz der Vorperiode oder dem geplanten Umsatz der kommenden Periode. Häufig ist ein branchenüblicher Prozentsatz vom Umsatz die Basis für die Höhe des Werbebudgets. Durchschnittlich liegen die Prozentsätze in den verschiedenen Branchen zwischen 1 und 5, in Einzelfällen, z. B. bei Parfums, auch darüber.

Dieses Verfahren ist zwar sehr praktikabel, hat aber einen gravierenden Nachteil: Die Ursache-Wirkungs-Beziehung zwischen Werbeaufwendungen und Werbewirkungen bleibt unberücksichtigt. Sinkt der Umsatz, so müsste nach diesem Verfahren auch das Werbebudget gesenkt werden, was wiederum zu weiter sinkenden Umsätzen führen könnte. Außerdem ist die Wahl des Prozentsatzes eher willkürlich, und ein Zusammenhang mit den zu erreichenden kommunikativen Werbezielen ist nicht gegeben.

Eine ähnliche Form ist die **Ausrichtung** des Werbebudgets am **Gewinn**. Der für diesen Budgetierungsansatz häufig verwendete Ausdruck »all you can afford method« macht deutlich, dass man Werbeausgaben als (möglichst zu vermeidende) finanzielle Belastung ansieht und dass man allenfalls in einer Gewinnsituation bereit ist, sie in Kauf zu nehmen.

Bezugsgrößen können der Gewinn der letzten Periode oder der geplante Gewinn sein. Auch bei diesem Ansatz wird die leichte Handhabung als Vorteil gesehen. Aber die fehlende Berücksichtigung des Ursache-Wirkungs-Zusammenhangs zwischen Werbeausgaben und Gewinn ist ein Mangel. Auch ein Bezug zur Erreichung der Werbeziele fehlt.

Viele Unternehmen richten ihr Werbebudget an dem der **Konkurrenz** aus. Dabei lassen sich zwei Ansätze unterscheiden. Bei der **Wettbewerbs-Paritäts-Methode** orientiert sich das Werbebudget an den entsprechenden Aufwendungen der wichtigsten Konkurrenten. Vorteil dieses Ansatzes ist eine explizite Berücksichtigung von Konkurrenzinformationen. Vor allem in Märkten, in denen ein starker Verdrängungswettbewerb herrscht, wird dieses Verfahren gern gemeinsam mit anderen Orientierungsgrößen (z. B. den Werbezielen) herangezogen.

Auch die **Werbeanteils-Marktanteils-Methode** zählt zu den konkurrenzorientierten Verfahren. Das Werbebudget wird danach in Relation zum Marktanteil des Unternehmens fixiert. Der Marktanteil ist für viele Märkte eine zentrale Schlüsselgröße, die durch den Einsatz der Werbung verändert werden kann. Vorausgesetzt, es liegen Informationen über die gesamten Werbeaufwendungen der Branche und über die Verteilung auf die einzelnen Anbieter vor, können daraus Indikatoren für die Wettbewerbsstrategien der Wettbewerber abgeleitet werden. Liegt zum Beispiel der Werbeanteil eines Konkurrenten höher als sein Marktanteil, kann das auf Angriffsstrategien des Konkurrenten hinweisen.

Problematisch bei beiden Ansätzen ist die Beschaffung der Konkurrenzinformationen. Außerdem muss bedacht werden, dass die Konkurrenten in der betrachteten Planungsperiode unter Umständen andere Marketingziele und damit auch andere Werbeziele verfolgen.

Alle bislang betrachteten Verfahren haben den großen Nachteil, dass sie sich nicht an den zu erreichenden Werbezielen und den damit verbunden Maßnahmen orientieren. Die **Ziel-und-Aufgaben-Methode** berücksichtigt die Besonderheiten der spezifischen »Werbesituation« eines Unternehmens.

Bei diesem (sukzessiven) Verfahren geht man von den Werbezielen aus. Anschließend werden

> Heuristische Budgetierungsregeln für den Werbeetat

die mit den vorgesehenen Werbemaßnahmen verbundenen Kosten kalkuliert. Sie ergeben in der Summe das Werbebudget. Voraussetzung für dieses Verfahren sind operationale Werbeziele, aus denen konkrete Handlungsanweisungen abgeleitet werden können und deren Wirkungen prognostizierbar sind. Ein fiktives Beispiel veranschaulicht die Methode:

Ausgangspunkt ist die Marketingproblemstellung (1) eines Spirituosenherstellers, der eine Neupositionierung seiner Marke »Old but good« plant und dafür eine Werbekampagne entwickelt. Als operationales Werbeziel wird eine Erhöhung der gestützten Markenbekanntheit bei der Zielgruppe X von 50 auf 60 Prozent innerhalb der nächsten drei Monate formuliert (2).

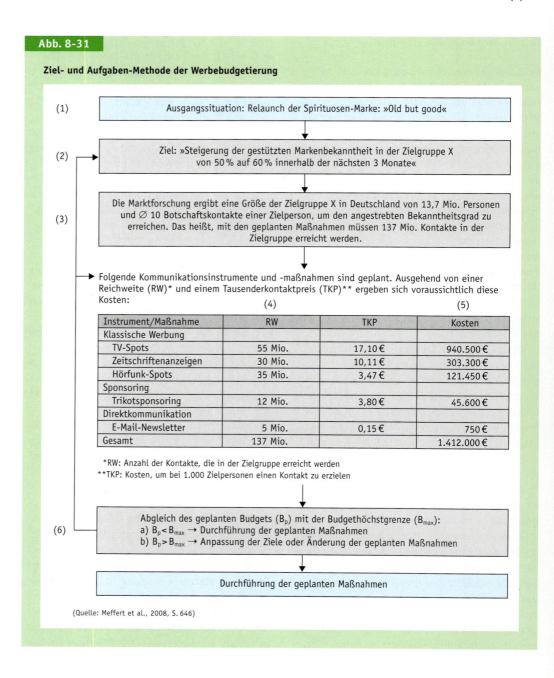

Abb. 8-31

Ziel- und Aufgaben-Methode der Werbebudgetierung

(1) Ausgangssituation: Relaunch der Spirituosen-Marke: »Old but good«

(2) Ziel: »Steigerung der gestützten Markenbekanntheit in der Zielgruppe X von 50 % auf 60 % innerhalb der nächsten 3 Monate«

(3) Die Marktforschung ergibt eine Größe der Zielgruppe X in Deutschland von 13,7 Mio. Personen und ⌀ 10 Botschaftskontakte einer Zielperson, um den angestrebten Bekanntheitsgrad zu erreichen. Das heißt, mit den geplanten Maßnahmen müssen 137 Mio. Kontakte in der Zielgruppe erreicht werden.

Folgende Kommunikationsinstrumente und -maßnahmen sind geplant. Ausgehend von einer Reichweite (RW)* und einem Tausenderkontaktpreis (TKP)** ergeben sich voraussichtlich diese Kosten:

Instrument/Maßnahme	RW (4)	TKP	Kosten (5)
Klassische Werbung			
TV-Spots	55 Mio.	17,10 €	940.500 €
Zeitschriftenanzeigen	30 Mio.	10,11 €	303.300 €
Hörfunk-Spots	35 Mio.	3,47 €	121.450 €
Sponsoring			
Trikotsponsoring	12 Mio.	3,80 €	45.600 €
Direktkommunikation			
E-Mail-Newsletter	5 Mio.	0,15 €	750 €
Gesamt	137 Mio.		1.412.000 €

*RW: Anzahl der Kontakte, die in der Zielgruppe erreicht werden
**TKP: Kosten, um bei 1.000 Zielpersonen einen Kontakt zu erzielen

(6) Abgleich des geplanten Budgets (B_p) mit der Budgethöchstgrenze (B_{max}):
a) $B_p < B_{max}$ → Durchführung der geplanten Maßnahmen
b) $B_p > B_{max}$ → Anpassung der Ziele oder Änderung der geplanten Maßnahmen

Durchführung der geplanten Maßnahmen

(Quelle: Meffert et al., 2008, S. 646)

Aus den Ergebnissen der Marktforschung ist bekannt, dass bei zehn Botschaftskontakten bei einer Zielperson insgesamt 137 Millionen Kontakte in der Zielgruppe erreicht werden müssen (3). Anschließend lässt sich anhand von Media-Analysen die Reichweite für den geplanten Medieneinsatz ermitteln (4). In Verbindung mit den Kontaktpreisen der einzelnen Medien für jeweils 1.000 erreichte Personen lässt sich nun die Höhe des erforderlichen Werbebudgets ermitteln (5). Weicht diese von der zuvor festgelegten Höchstgrenze ab, müssen entweder die Werbeziele korrigiert oder die geplanten Werbemaßnahmen geändert werden (6). Abbildung 8-31 veranschaulicht den Ablauf.

8.3.5 Werbebriefing und Copy-Strategie

Besonders in der Zusammenarbeit mit Werbeagenturen spielt das **Werbebriefing** eine große Rolle. Darin nennt das Unternehmen die Aufgabenstellungen und die wichtigsten Informationen, welche die Agentur für eine zielführende Planung und Realisierung einer Werbekampagne benötigt. Diese schriftliche Fixierung ist die verbindliche Arbeitsgrundlage für die Werbeagentur. Der Auftraggeber kann nach Abschluss der Kampagne die Agenturleistungen daraufhin überprüfen. Abbildung 8-32 führt die Inhalte eines idealtypischen Werbebriefings auf.

Das Agenturbriefing enthält zunächst Angaben zur Situationsanalyse. Diese umfasst Informationen zum bewerbenden Produkt und zu den relevanten Wettbewerbern. Dazu gehören unter anderem die aktuellen Positionierungen der Produkte sowie Informationen über deren Eigenschaften. Auf der Grundlage dieser Daten formuliert der Auftraggeber operationale Werbeziele. Im nächsten Schritt wird die Werbezielgruppe definiert und anhand soziodemografischer und psychografischer Merkmale beschrieben. Informationen zur Positionierungsstrategie bilden eine wichtige Grundlage zur Gestaltung der zentralen Werbebotschaft (vgl. Kapitel 6.4.3.3). In der Copy-Strategie werden das Produktversprechen (Consumer Benefit) und die Begründung dafür (Reason Why) festgelegt, außerdem die Tonalität des geplanten Werbeauftritts. Besonders wichtig

Abb. 8-32

Werbebriefing mit integrierter Copy-Strategie

(Quelle: in Anlehnung an Schweiger/Schrattenecker, 2005, S. 154)

ist es, Gestaltungsregeln vorzugeben, die bei der Botschaftsgestaltung eingehalten werden müssen. Dazu gehören Elemente des Corporate Design und typische Markenelemente (vgl. Kapitel 6.4.3.4). Anschließend wird die Aufgabenstellung konkretisiert und ein Zeitplan festgelegt.

Werbebriefing und Copy-Strategie als Grundlage für die Zusammenarbeit mit einer Werbeagentur

Abb. 8-33

Beispiele für Consumer Benefits und Reasons Why verschiedener Produkte

Produkt	Consumer Benefit	Reason Why
Persil	Selbst bei niedrigen Temperaturen kraftvolle und absolut zuverlässige Reinigung; dabei Pflege der farbigen Wäsche; beste Reinheit und lang anhaltend schöne Farben.	Bewährter Langzeitfarbschutz für lang anhaltende Farben; sorgt mit leistungsstarkem Aktiv-Flecklöser für eine noch bessere Fleckentfernung auch schon bei niedrigen Temperaturen
Red Bull	Macht körperlich und geistig fit!	Spürbar belebende Wirkung (durch Koffein und Taurin)
TUI	Bietet unverwechselbare Urlaubserlebnisse!	Qualitativ hochwertige Urlaubsarrangements, reibungsloser Ablauf des gesamten Urlaubs, individuelle Urlaube in großer Zahl, unverwechselbare hohe Produktqualität
Braun Oral-B	Sorgt dafür, dass ihr Lächeln strahlend bleibt.	Oral-B produziert Mundpflege-Produkte in höchster Qualität für Sie, Ihre Familie und Zahnmediziner auf der ganzen Welt; basierend auf klinischer Forschung durch führende Zahnärzte; die Zahnbürstenmarke, die Zahnärzte am häufigsten benutzen

(Quelle: in Anlehnung an Schweiger/Schrattenecker, 2005, S. 224 f.; Bruhn, 2007, S. 510 f.)

Auf beiden Seiten werden Ansprechpartner bestimmt, die bei Problemen Auskunft geben können (vgl. Schweiger/Schrattenecker, 2005, S. 155). Ausführlich darzustellen ist noch die Copy-Strategie, da sie ein zentraler Bestandteil des Werbebriefings ist. Mit ihr legt ein Unternehmen mittel- bis langfristig den Werbeauftritt für sein Produkt fest (vgl. dazu auch Kapitel 6.4.3.2).

Eine wichtige Funktion der Werbebotschaft besteht darin, den **Consumer Benefit** in Form eines Produktversprechens glaubhaft zu kommunizieren. Zusätzlich ist es heute bei vielen Produkten erforderlich, den Nutzen mit einem emotionalen Erlebniswert zu verknüpfen. Vielfach wird erst dadurch eine zielgruppenspezifische Abhebung gegenüber der Konkurrenz möglich.

Jedes Produktversprechen ist zunächst eine Behauptung von Produktvorteilen. Eine glaubhafte und überzeugende Werbung muss solche Behauptungen begründen bzw. beweisen. Damit ist die Aufgabe des so genannten »**Reason Why**« charakterisiert. Die Begründung des Produktversprechens wird in der Regel über die Nennung objektiver Produkteigenschaften gegeben. In der so genannten Testimonialwerbung werden dafür auch Meinungsführer oder bekannte Persönlichkeiten eingesetzt, deren dargestellte positive Produktbeurteilung allein schon für eine Begründung des Produktnutzens ausreicht (vgl. Kapitel 8.3.7.4). Das kann zum Beispiel durch die Darstellung eines seriös wirkenden Zahnarztes geschehen, der die besonders guten Produkteigenschaften einer Anti-Karies-Zahncreme bezeugt (»klinisch getestet«). In der Abbildung 8-33 sind Beispiele für den Consumer Benefit und die dazugehörigen Begründungen (Reason Why) aufgeführt.

Mit der Festlegung der **Tonality** (Grundton der Werbung) wird der kreative Spielraum für eine Umsetzung der Werbebotschaft begrenzt. Die Tonality wird auch als »atmosphärische Verpackung« bezeichnet, in der zum Ausdruck kommt, wie die Werbebotschaft präsentiert werden soll. Der gewählte Grundton ist in engem Zusammenhang mit der Positionierung und den Imagezielen des beworbenen Produkts zu sehen (vgl. Kapitel 6.4.3). Er soll die Beziehung zwischen Konsument und Produkt herstellen und muss dementsprechend auf das Produkt und die Zielgruppe abgestimmt werden. Die Beschreibung der Tonality erfolgt gewöhnlich durch Adjektive wie jugendlich, rustikal, traditionell, modern, seriös, natürlich, vertrauenswürdig, informativ, persönlich, innovativ, sportlich usw. Die Tonality legt den verbalen und den nonverbalen Kommunikationsstil zur Übermittlung des Produktversprechens fest. Dadurch wird der Aufbau von Markenpersönlichkeiten wesentlich geprägt (vgl. Nieslony et al., 2006, S. 41 ff.; Kapitel 6.4.3).

8.3.6 Bestimmung der Werbemedien und der Werbemittel

8.3.6.1 Begriffliche Grundlagen

Nachdem die Richtlinien für die inhaltliche Konzeption der Werbebotschaft festgelegt sind, müssen Entscheidungen über die Werbemedien und Werbemittel getroffen werden. Diese Entscheidungen sind eng miteinander verbunden, weil die Wahl der Werbemittel meist an bestimmte Werbemedien gebunden ist (vgl. Schweiger/Schrattenecker, 2005, S. 279).

Unter einem **Werbemittel** versteht man die personelle und sachliche Ausdrucksform der Werbung. Werbemittel entstehen, wenn formale (darstellungstechnische) Elemente wie Bild, Ton, Bewegung und Text mit inhaltlichen Aussagen zu einer Ganzheit verknüpft werden, die Werbewirkungen hervorrufen. Die Werbebotschaft wird darin gebündelt (vgl. Schweiger/Schrattenecker, 2005, S. 193).

Abbildung 8-34 gibt einen Überblick über die wichtigsten Werbemedien mit den entsprechenden Werbemitteln. Durch sie werden die klassischen Erscheinungsformen der Werbung geprägt.

Abzugrenzen von den Werbemitteln sind so genannte **Werbehilfen**, das heißt Instrumente, die nicht hauptsächlich Werbezwecken dienen, aber dennoch werblich nutzbar sind, wie z. B. der eigene Fuhrpark, Einkaufstaschen, die Gestaltung der Firmengebäude, Formulare und Schreibpapier, Verpackungen oder Schaufenster.

Als **Werbemedien** bezeichnet man jene Medien, durch die die Werbemittel an die Zielpersonen der Werbung herangetragen (gestreut) werden. Grundlage für die Auswahl geeigneter Medien ist ein **Mediaplan**, mit dem Entscheidungen über die Auswahl der Mediengattungen, die Höhe der geplanten Werbeintensität (Werbedruck) sowie über den zeitlichen Einsatz der Werbung getroffen werden. Bei der Auswahl der Mediengattungen geht es um die Aufteilung des Werbebudgets auf unterschiedliche Medienarten. Diese Entscheidung wird als **Inter-Mediawahl** bezeichnet (Meffert et al., 2008, S. 691).

In den meisten Fällen kommt es zum gleichzeitigen Einsatz mehrerer Medien, wobei ein Kernmedium definiert wird und die anderen Medien lediglich begleitend vorgesehen werden. Damit beabsichtigen die Unternehmen, dass sie die Zielpersonen über verschiedene Kanäle erreichen. Daraus ergeben sich Synergieeffekte und eine höhere Kontaktwahrscheinlichkeit.

Im nächsten Schritt werden innerhalb der Mediengattungen passende Medien ausgewählt. Dies bezeichnet man als **Intra-Mediawahl**. So müssen z. B. bei der Fernsehwerbung die geeigneten Sender und Werbeblöcke bestimmt werden (Meffert et al., 2008, S. 692).

Abb. 8-34

Systematisierung von Werbemitteln und Werbemedien

Werbemittel	Werbemedien
Anzeigen (Inserate)	Zeitungen, Zeitschriften, Broschüren, Internet, Veranstaltungsprogramme
Prospekte, Kataloge	Postversand, Hausverteiler, Verteiler auf der Straße, Verteiler bei Veranstaltungen, Beilage in der Packung, Beilage in der Zeitschrift usw.
Plakate	Litfaßsäulen, Bauzäune, Hauswände, Verkehrsmittel, Anschlagtafeln, Ladengeschäfte
TV-Spots	Rundfunkanstalten, neue elektronische (audio-) visuelle Medien
Rundfunkspots, gesprochene Werbetexte	Rundfunk, Ladengeschäfte, Veranstaltungen
Werbefilme, Kinowerbung	Kinos, Theater, Veranstaltungen, DVDs, Blu-ray-Discs, Videokassetten
Internetwerbung (Banner, Pop Ups)	Websites im Internet
Warenpräsentation, z. B. auf Messen und Ausstellungen	Messestände, Stände in Ladengeschäften
Telefon- und Adressbuchwerbung	Adress- und Telefonbücher
Werbebriefe (gedruckt oder als E-Mail)	Brief, Internet
Leuchtschriften, Bilder	Private und öffentliche Gebäude, Verkehrsmittel, Ladengeschäfte
Verpackungsmaterial, Tragetaschen, Sticker, Abziehbilder, Trikots	Käufer, Besucher von Veranstaltungen, Personal, Fahrzeuge, Sportler, Verpackungen
Werbegeschenke, Kalender, Etuis, Werkzeuge, Fachbücher etc.	Käufer, Produktverwender, Händler

(Quelle: in Anlehnung an Schweiger/Schrattenecker, 2005, S. 280 f.)

8.3.6.2 Kriterien der Mediawahl

Die Auswahl der Werbemedien, auch Streuplanung genannt, hat entscheidenden Einfluss darauf, ob die Werbebotschaft die Zielpersonen erreicht, was eine notwendige Bedingung für eine erfolgreiche Werbung ist.

Deshalb sind die wichtigsten Kriterien der Mediawahl hier darzustellen. Die Daten für die Mediawahl erhält man meist aus so genannten Media-Analysen. Dabei handelt es sich um umfangreiche quantitative, repräsentative Marktforschungsstudien, die von Medien oder Mediengruppen herausgegeben und den Werbekunden als Hilfe für deren Mediawahl zur Verfügung gestellt werden (vgl. Kotler et al., 2007b, S. 723 ff.).

8.3 Kommunikationspolitik
Planungs- und Entscheidungsprozess einer Werbekampagne

Abb. 8-35

Kriterien der Mediawahl

Kriterien der Mediawahl			
Reichweiten	**Eindrucksqualität** (qualitative Beeinflussung)	**Kontaktfrequenz** (quantitative Beeinflussung)	**Kosten**
räumliche Reichweite / quantitative Reichweite / qualitative Reichweite	Darstellungsmöglichkeiten / Glaubwürdigkeit des Mediums	Anzahl der Kontakte / Häufigkeit der Kontakte	Produktionskosten / Streukosten

(Quelle: in Anlehnung an Kotler et al., 2007b, S. 719 ff.; Schweiger/Schrattenecker, 2005, S. 292 ff.)

Räumliche, quantitative und qualitative Reichweite

Die Kriterien der Mediawahl lassen sich systematisieren nach der Erreichbarkeit der Zielgruppe, nach den qualitativen und quantitativen Beeinflussungsmöglichkeiten sowie nach den mit der Produktion und der Schaltung verbundenen Kosten (vgl. Abbildung 8-35). Zu den folgenden Ausführungen siehe Kotler et al., 2007b, S. 719 ff. und Schweiger/Schrattenecker, 2005, S. 292 ff.

Die **räumliche Reichweite** drückt aus, welches geografische Gebiet durch das Medium abgedeckt wird. Hier unterscheidet man lokale, regionale, nationale und internationale Medien. Die räumliche Reichweite lässt sich relativ genau bestimmen. Bei Rundfunk und Fernsehen zum Beispiel ergibt sie sich aus dem Sendegebiet. Durch technische Entwicklungen (Internet-TV, Satellitenfernsehen) sind viele elektronische Medien inzwischen auch international erreichbar. Diese Tendenz wird sich noch verstärken, was vor allem international tätige Unternehmen bei ihren Werbemaßnahmen zu berücksichtigen haben.

Als **quantitative Reichweite** wird die Anzahl der Personen bezeichnet, die in einer bestimmten Zeit mit dem Medium Kontakt haben (vgl. Abbildung 8-36). Diese Beurteilungsgröße kann nur geschätzt werden. Bei einer Publikumszeit-

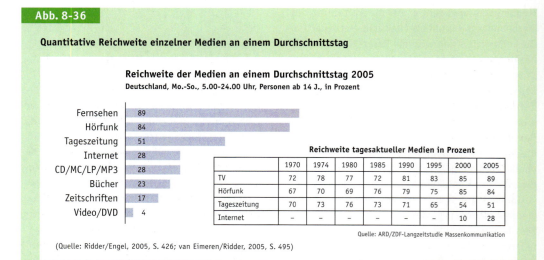

Abb. 8-36

Quantitative Reichweite einzelner Medien an einem Durchschnittstag

Reichweite der Medien an einem Durchschnittstag 2005
Deutschland, Mo.-So., 5.00-24.00 Uhr, Personen ab 14 J., in Prozent

- Fernsehen: 89
- Hörfunk: 84
- Tageszeitung: 51
- Internet: 28
- CD/MC/LP/MP3: 28
- Bücher: 23
- Zeitschriften: 17
- Video/DVD: 4

Reichweite tagesaktueller Medien in Prozent

	1970	1974	1980	1985	1990	1995	2000	2005
TV	72	78	77	72	81	83	85	89
Hörfunk	67	70	69	76	79	75	85	84
Tageszeitung	70	73	76	73	71	65	54	51
Internet	–	–	–	–	–	–	10	28

Quelle: ARD/ZDF-Langzeitstudie Massenkommunikation

(Quelle: Ridder/Engel, 2005, S. 426; van Eimeren/Ridder, 2005, S. 495)

schrift orientiert man sich zum Beispiel an der Auflagenhöhe sowie an Media-Analysen, die auch Informationen darüber liefern, von wie vielen Personen eine Zeitschrift im Durchschnitt gelesen wird.

Die **qualitative Reichweite** ist ein Maß dafür, wie gut es mit Hilfe eines Mediums gelingt, die zu erreichende Zielgruppe abzudecken. Auch diese Größe kann für die einzelnen Medien nur annäherungsweise bestimmt werden. Informationsgrundlage dafür sind wiederum die Media-Analysen der Verlage. Mit der Zeitschrift »Eltern« wird es sicherlich besser gelingen, eine Werbebotschaft für pädagogisch wertvolles Spielzeug an die Zielgruppe »Junge Eltern« heranzutragen als mit dem »Stern« oder mit der Zeitschrift »Capital« (vgl. Kotler et al., 2007b, S. 723 ff.).

Die **Eindrucksqualität** eines Mediums wird von verschiedenen qualitativen Faktoren bestimmt. So beeinflussen unter Umständen Funktion und Image des Werbeträgers die Glaubwürdigkeit einer Werbebotschaft. Außerdem bieten die einzelnen Medien unterschiedliche Darstellungsmöglichkeiten bei der Gestaltung und Vermittlung von Botschaftsinhalten. Anzeigen für Möglichkeiten der Kapitalanlage werden in einer Fachzeitschrift (z. B. Capital) für glaubwürdiger gehalten als in einer Programmzeitschrift (z. B. TV Spielfilm oder Hörzu). Emotionale Werbebotschaften lassen sich wirksamer in Publikumszeitschriften darstellen als in Tageszeitungen, da bei letzteren unter anderem die farblichen Gestaltungsmöglichkeiten einer Anzeige eingeschränkt sind. Erlebnisse und Gefühle wie Lebensfreude (Coca Cola), Freiheit und Abenteuer (Marlboro) oder Humor (Flensburger Pilsener) lassen sich besonders in der Kinowerbung wirksam vermitteln.

Auch die **Kontaktfrequenz** spielt bei der Auswahl der Werbeträger eine Rolle. Damit ist die Anzahl der Werbekontakte gemeint, der eine Person in einem bestimmten Zeitraum durchschnittlich ausgesetzt ist. Diese Größe ist deswegen von Bedeutung, weil sich die gewünschte Werbewirkung bei einer Person in der Regel erst nach einer gewissen Anzahl von Kontakten einstellt.

Für die Beurteilung der Eignung von Werbemedien im Hinblick auf die Kriterien Reichweite, Frequenz und Eindrucksqualität werden im Werbemanagement verschiedene Maßzahlen berechnet. Besonders aussagefähig ist die Gesamtmenge der Kontaktchancen (K) und die gewichtete Menge der Kontaktchancen (GK). Die Gesamtmenge der Kontaktchancen (K) ergibt sich aus der Multiplikation von Reichweite und Frequenz. Diese Größe wird auch als »**gross rating points**« (GRP) bezeichnet (vgl. Kapitel 8.3.4). Multipliziert man diese Größe mit der geschätzten Eindrucksqualität des Mediums, erhält man die gewichtete Menge der Kontaktchancen (GK).

Werden beispielsweise durch eine Anzeigenschaltung 60 Prozent der Haushalte (Reichweite) mit durchschnittlich vier Darbietungschancen (Frequenz) erreicht, so ergibt sich ein GRP-Wert von 240 Punkten. Anhand dieser Größe beurteilen die Werbeplaner alternative Mediapläne. Dazu ziehen sie auch die Eindrucksqualität der Medien und die Kosten für unterschiedliche Mediapläne heran.

Die einzelnen Werbeträger erbringen unterschiedlich hohe Kontaktfrequenzen. Dafür sind besonders zwei Faktoren verantwortlich. Als Erstes ist die **Verfügbarkeit** eines Werbeträgers zu bedenken. Nicht alle Medien können beliebig häufig und zu jeder Zeit genutzt werden. Für bestimmte Produkte ist die Verfügbarkeit überdies durch rechtliche Bestimmungen eingeschränkt (z. B. Zigarettenwerbung). Weiterhin hängt die Anzahl der Werbekontakte von der **Häufigkeit der Nutzung** und der **Nutzungschance** ab. Die Verfügbarkeit von Printmedien ist in der Regel unbegrenzt. In Zeitschriften und Tageszeitungen kann ein Werbetreibender so viele Anzeigenseiten belegen, wie er es für richtig hält. Die Werbezeiten im Fernsehen und im Rundfunk sind dagegen begrenzt. Auch die Belegung von Litfaßsäulen und Plakatanschlagtafeln lässt sich nicht beliebig ausweiten. Rundfunk- und Fernsehwerbung in öffentlich-rechtlichen Anstalten ist nur zu bestimmten Tageszeiten möglich. Für Zigaretten ist Rundfunk- und Fernsehwerbung gar verboten. Ähnliches kommt auf die Werbung für alkoholische Getränke zu. Mit einer Zeitschriftanzeige sind bei einer Person mehrere Kontakte möglich, ebenso bei Plakatwerbung. Ein Kontakt mit einem Fernseh- oder Rundfunkspot ist dagegen einmalig (Ausnahme: Video- oder Tonbandaufzeichnungen).

Zwei Aspekte der Eindrucksqualität

Kombination von Kriterien

Kommunikationspolitik
Planungs- und Entscheidungsprozess einer Werbekampagne

Unterscheidung zwischen Produktions- und Streukosten

Ein wesentlicher Bestimmungsfaktor der Mediaplanung sind die **Kosten**, die mit dem Einsatz spezieller Medien entstehen. Hier müssen sowohl die **Produktionskosten** der Werbemittel als auch die **Streukosten** berechnet werden. Ein Vergleich der Streukosten unterschiedlicher Medien erfolgt in aller Regel in Relation zu 1.000 Darbietungskontakten (1.000-Leser-Preis, 1.000-Hörer-Preis, 1.000-Seher-Preis, allgemein auch Tausend-Kontakt-Preis (TKP) genannt). Die Produktionskosten eines TV-Spots sind viel höher als die einer Anzeige in einer Tageszeitung. Dagegen sind die Kosten pro 1.000 Kontaktchancen im Fernsehen wesentlich geringer als bei einer Tageszeitung. Daneben können die einzelnen Werbeträger noch durch eine Vielzahl weiterer Merkmale charakterisiert werden, die im Einzelfall die Auswahl bestimmen können (vgl. Huth/Pflaum, 2005, S. 324 ff.; Schweiger/Schrattenecker, 2005, S. 280 ff.).

8.3.6.3. Ausgewählte Werbemedien

Charakterisierung ausgewählter Werbemedien

Als Kernmedien einer Werbekampagne haben Zeitschriften, Rundfunk und Fernsehen sowie Tageszeitungen die größte Bedeutung. Die anderen Medien werden oft nur ergänzend belegt, etwa bei Banden- und Trikotwerbung sowie bei Plakat- und Außenwerbung. Beilagen in Zeitschriften, Anzeigenblätter, Hauswurfsendungen, Verkehrsmittelwerbung sowie andere Medien der Außenwerbung werden vorwiegend für lokale und regionale Streugebiete eingesetzt (vgl. dazu ausführlich Rogge, 2004, S. 224 ff.).

Eine herausragende Bedeutung als Kernmedium einer Werbemaßnahme kommt unter den **Printmedien** den Zeitschriften zu, die man meist in Publikums-, Special-Interest- und Fachzeitschriften unterteilt. Mit Publikumszeitschriften (z. B. Stern) können sowohl große Teile der Bevölkerung erreicht werden als auch klar definierte Zielgruppen, wie es beispielsweise mit so genannten Special-Interest-Zeitschriften möglich ist (z. B. eine Zeitschrift für Motorbootsport). Das gleiche gilt für Fachzeitschriften, die sich unter anderem an spezielle Berufsgruppen wenden. Für alle Zeitschriften gilt, dass sie sowohl für informative als auch für emotionale und aktualisierende Werbung geeignet sind, was auf die vielfältigen Gestaltungsmöglichkeiten von Bild- und Textelementen zurückzuführen ist. Ebenfalls zu den Printmedien zählen Tageszeitungen, die sich vorwiegend für informative Werbezwecke eignen. Nicht selten werden mit Tageszeitungen auch Beilagen und Prospekte gestreut. Zum Aufbau von Produktimages oder zur Vermittlung von Emotionen ist dieses Medium allerdings wenig geeignet. Das liegt unter anderem an der für diese Zwecke unbefriedigenden Druckqualität und Farbwiedergabe.

Unter den **elektronischen Medien** hat das **Fernsehen** die größte Bedeutung. Aufgrund der vielfältigen Darstellungsmöglichkeiten durch den Einsatz sowohl optischer als auch akustischer Gestaltungsmittel ist das Fernsehen ein besonders einprägsames Werbemedium. Im Fernsehen werden vor allem Produkte des Massenbedarfs beworben, die sich an eine große Zielgruppe richten. Hier können emotionale Beeinflussungsziele gut erreicht werden. Außerdem bietet kaum ein anderes Massenmedium solche Möglichkeiten, Produkte anschaulich zu demonstrieren und Verwendungssituationen darzustellen. Nachteilig sind die hohen Kosten und die Streuverluste, wenn es darum geht, spezielle Zielgruppen zu erreichen. Beim **Rundfunk** sind die Möglichkeiten emotionaler Beeinflussung eingeschränkt, da lediglich akustische Gestaltungselemente (Sprache, Musik, Geräusche) verfügbar sind. Dennoch hat die Rundfunkwerbung als ergänzendes Werbemedium bei der Einführung neuer Produkte eine große Bedeutung, da sie für einen zügigen Aufbau der Produktbekanntheit gut geeignet ist. Allerdings muss bedacht werden, dass Rundfunk meist »nebenbei«, also bei der Ausübung anderer Tätigkeiten gehört wird, sodass vom Hörer oft keine bewusste Aufmerksamkeit zu erwarten ist.

Im Gegensatz zu Fernsehen und Rundfunk sind die Wahrnehmungsbedingungen für **Kinowerbung** überdurchschnittlich günstig. Häufig werden dafür aufwändig produzierte Werbefilme geschaltet. Die Kinowerbung bietet auch für lokale Anbieter eine interessante Werbemöglichkeit. Mit Hilfe kostengünstiger Videospots oder Flashanimationen ist es auch diesen Unternehmen möglich, Zielpersonen aus dem regionalen Umfeld kostengünstig zu erreichen (vgl. Schweiger/Schrattenecker, 2005, S. 285; Lachmann, 2002, S. 185 f.). Die Bedeutung des Internets als elektronisches Werbemedium wurde in Kapitel 8.2.2.2 erläutert (vgl. dazu auch Lachmann, 2002, S. 206 ff.).

Mit dem Medium der **Außenwerbung** bezeichnet man Werbemaßnahmen, die aus einem öffentlichen Raum heraus auf Menschen einwirken. Die Möglichkeiten der Außenwerbung sind vielfältig. Dabei können sowohl mobile Werbeträger wie z. B. Werbebeschriftungen auf Bussen oder anderen öffentlichen Verkehrsmitteln platziert werden als auch stationäre Werbeträger wie die klassische Plakatwerbung oder Lichtwerbung an Gebäuden.

Eine besondere Form der Außenwerbung sind so genannte »Ambient Media«, die an Bedeutung gewinnen. Das Besondere gegenüber der klassischen Außenwerbung ist dabei, dass diese Medien die Zielpersonen in ihrem direkten Lebensumfeld ansprechen. Die hohe Kontaktqualität und Akzeptanz dieser Werbeform resultiert aus der Tatsache, dass sie sich – ohne störend zu wirken – in die Konsum- und Freizeitgewohnheiten der Zielgruppen einfügt (vgl. Meffert et al., 2008, S. 654). Beispiele für Ambient-Media-Formate sind Werbung auf Pizzakartons, auf Zapfpistolen an Tankstellen, auf Werbetafeln in den Sanitärräumen der Gastronomie oder auf Großbildschirmen in U-Bahn-Stationen und Universitäten. Entscheidend für den Erfolg dieser Medien ist, dass sie von den Zielpersonen im Kontext der Umgebung als »passend« empfunden werden, das heißt, sie müssen »framed« sein. Ein Anbieter sollte daher vor dem Einsatz von Ambient-Media sicherstellen, dass sie bei den Zielpersonen keine negativen Assoziationen auslösen (vgl. Aus der Praxis 8-17).

Ambient Media sprechen die Zielpersonen in ihrem Lebensumfeld an.

Aus der Praxis – 8-17

Der Kaminhersteller Kago war einer der ersten Anbieter, der in öffentlichen Toiletten von Autobahnraststätten für seine Produkte geworben hat. Es ist fraglich, ob diese Werbeform die beabsichtigte Werbewirkung erreichen konnte. So vermittelt die häufige Darbietung der Produkte des Kaminherstellers in direkter Umgebung eines Urinals mit den dort üblichen Gegebenheiten nicht unbedingt die wohlige Wärme eines Abends am Kamin. Demgegenüber ist das Framing perfekt, wenn ein Anbieter von Medikamenten gegen Prostatabeschwerden auf Toiletten wirbt, da hier die Zielgruppe in einer konkreten Problemsituation angetroffen wird und damit für die Werbung ein hohes Involvement zu erwarten ist (Abbildung 8-37).

Abb. 8-37: Adaptiertes Beispiel für passende (links) und unpassende (rechts) Ambient-Media der Marken Prostagutt und Kago-Kamine auf Toiletten

Aufgabe der Botschaftsgestaltung

8.3.7 Gestaltung der Werbebotschaft

Im Kapitel 8.3.3.2 wurde ein einfaches Kommunikationsmodell vorgestellt, aus dem ersichtlich ist, dass eine der wichtigsten Fragestellungen im Kommunikationsprozess die Verschlüsselung der intendierten Werbebotschaft ist. Genau darin besteht die Aufgabe der Botschaftsgestaltung.

Diese Aufgabe hängt unmittelbar zusammen mit der Auswahl der Werbemedien, da diese den Gestaltungsspielraum mehr oder weniger einschränken, denn je nach Medium stehen unterschiedliche Gestaltungsmodalitäten zur Verfügung. So beschränkt sich die Gestaltung von Anzeigen in Zeitschriften auf Bilder und Texte, während im Fernsehen auch bewegte Bilder und akustische Gestaltungselemente genutzt werden können.

8.3.7.1 Bestimmungsfaktoren

Die Formulierung der Werbebotschaft und ihre Umsetzung in konkrete Werbemittel müssen sich an den Werbezielen und der Werbeziel-

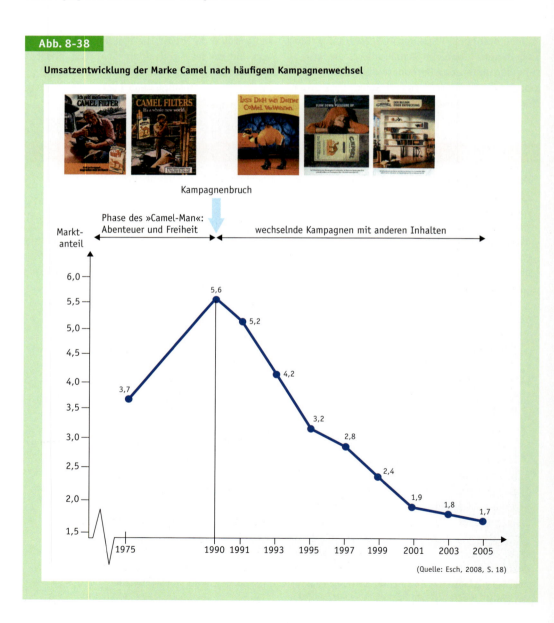

Abb. 8-38

Umsatzentwicklung der Marke Camel nach häufigem Kampagnenwechsel

(Quelle: Esch, 2008, S. 18)

gruppe orientieren. Mit der Formulierung der Werbebotschaft wird die Werbeaussage konkretisiert, und zwar in der Art, wie es in der Copy-Strategie konzipiert wurde. Weiterhin ist darauf zu achten, dass die eigenen Werbemaßnahmen im Konkurrenzumfeld nicht austauschbar sind. Häufig existieren für Marken Gestaltungsregeln, die eine einheitliche, integrierte Markenkommunikation für alle Kommunikationsinstrumente sicherstellen sollen (vgl. Kapitel 6.4.3.4). Auch diese Regeln sind bei der Botschaftsgestaltung einzuhalten. Wo externe Werbeagenturen diese Aufgabe übernehmen, ist eine Vorgabe konkreter Gestaltungsregeln besonders wichtig, um mittel- und langfristig die Kontinuität des Markenauftritts sicherzustellen (vgl. Lachmann, 2002, S. 119 ff.). Am Beispiel der Marke Camel zeigt sich eindrucksvoll, wie sich ein häufiger Kampagnenwechsel negativ auf Umsatz und Marktanteil auswirken kann (vgl. Abbildung 8-38).

Der Prozess der Botschaftsgestaltung beginnt mit der Suche nach einem Werbethema bzw. einer Werbeidee. Der Selektion eines Erfolg versprechenden Themas folgt die kreative Umsetzung je nach den Gestaltungsmöglichkeiten der einzelnen Werbemedien in Texte, Bilder, Töne, Düfte und dergleichen (vgl. Abbildung 8-39).

Unter den modernen Kommunikationsbedingungen werden an die Gestaltung von Werbemitteln hohe Anforderungen gestellt. Nur mit ausführlicher Berücksichtigung werbepsychologischer Erkenntnisse, die in den letzten Jahren vor allem durch Ergebnisse der Hirnforschung untermauert wurden, kann es gelingen, die beabsichtigte Werbewirkung zu erzielen (vgl. dazu ausführlich Felser, 2007a; Scheier/Held, 2006; Kapitel 3.1).

Allgemein gilt, dass originelle und kreative Werbemittel, die sich vom Auftritt konkurrierender Produkte abheben, überproportional zum Werbeerfolg beitragen können. Neben der Forderung nach Originalität und Kreativität ist aber auch darauf zu achten, dass die Werbemittel zielgruppenorientiert gestaltet werden. Werbebotschaft und formale Gestaltungselemente sollten in Einklang stehen mit den speziellen Nutzenerwartungen, Motivstrukturen, Gewohnheiten, Erfahrungen und dem Lebensstil der Zielgruppe. Dadurch erhöht sich die Aufmerksamkeitswirkung und damit die Kontaktwirkung der Werbemittel bei der Zielgruppe. Außerdem kann so die Informationsaufnahme und -speicherung verbessert werden.

Es liegt nahe, in unserer Informationsgesellschaft Werbemittel eben nicht mit Informationen zu überfrachten. Gerade bei der Anzeigengestaltung sollte man von Zielpersonen ausgehen, die an Werbeinformationen kaum interessiert sind (Low-Involvement-Situation) (vgl. Kapitel 3.2.1.1). Wenn man bedenkt, dass die durchschnittliche Betrachtungsdauer einer Anzeige nur zwei bis drei Sekunden beträgt, muss man fordern, dass Anzeigen die Werbebotschaft in dieser kurzen Zeit vermitteln, z. B. durch Bilder (vgl. Kapitel 3.2.1.1; siehe ausführlich dazu Lachmann, 2002).

8.3.7.2 Inhaltliche Aspekte der Anzeigengestaltung

Wie sind Werbebotschaften zu gestalten, welche Arten der Botschaftsübermittlung stehen zur Verfügung, und wie können diese eingesetzt werden, um das angestrebte Werbeziel möglichst

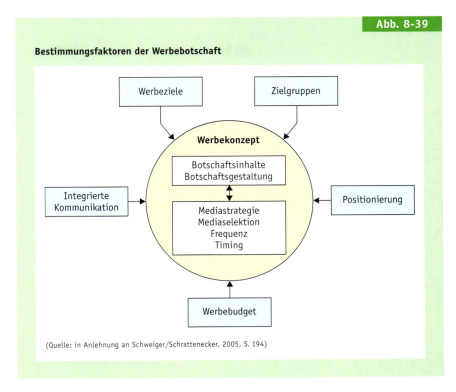

Abb. 8-39

Bestimmungsfaktoren der Werbebotschaft

(Quelle: in Anlehnung an Schweiger/Schrattenecker, 2005, S. 194)

Originalität und Kreativität sind wichtige Aspekte der Botschaftsgestaltung.

8.3 Kommunikationspolitik
Planungs- und Entscheidungsprozess einer Werbekampagne

konsequent zu erreichen? Dies kann am Beispiel der Anzeigengestaltung aufgezeigt werden. Dabei gilt es, inhaltliche und formale Gestaltungsaspekte zu beachten.

Die Umsetzung der **inhaltlichen** Werbeaussage durch kreativen Einsatz von Worten, Bildern und sogar Duftstoffen ist in der Regel Aufgabe der »Kreativen« in Werbeagenturen. Dazu zählen Texter, Grafiker und Fotografen.

Vorgehensweise bei der inhaltlichen Auswahl von Werbeideen

Die Suche nach kreativen Werbeideen kann sowohl induktiv als auch deduktiv vor sich gehen. Gehen die Kreativen **induktiv** vor, so versuchen sie – beispielsweise durch intensive Gespräche mit den Zielpersonen der Werbung – die Nutzenerwartungen und Verwendungssituationen zu analysieren. Die Einzelbeobachtungen werden verallgemeinert, um daraus Werbethemen abzuleiten oder spontane Werbeideen zu gewinnen (vgl. Kotler et al., 2007b, S. 709 ff.).

Eine **deduktive** Vorgehensweise ist dadurch gekennzeichnet, dass die Suche nach einem Werbethema systematisch abläuft. Maloney (1961, S. 595 ff.) hat dafür ein Schema entwickelt, dessen Grundlage die Belohnungserwartungen der Konsumenten beim Kauf von Produkten sind. Konkrete Belohnungswerte lassen sich dabei aus den Motivstrukturen der Zielpersonen ableiten (vgl. Kapitel 3.2.1.3). Das Schema unterscheidet vier Ebenen, auf denen Belohnungen möglich sind: eine rationale, eine sensorische, eine sozial-bezogene und eine ich-bezogene Ebene. Die Belohnungen sind für den Konsumenten in drei Stadien erlebbar: nach der Produktnutzung, während der Produktnutzung und allgemein im Zusammenhang mit der Produktnutzung. Bei der Kombination der Stadien mit den Ebenen der Belohnung ergeben sich zwölf grundsätzliche Gestaltungsansätze, aus denen Ideen für Werbebotschaften generiert werden können (vgl. Abbildung 8-40 und Aus der Praxis 8-18). Die Umsetzung einer Werbeidee in eine Werbebotschaft gelingt durch entsprechende Texte, Bilder oder Handlungsdarstellungen (vgl. Kotler et al., 2007b, S. 711).

Die Werbebotschaft wird mit unterschiedlichen Ansprachformen konkretisiert. Dabei ist zwischen moralischen Appellen, emotionalen Appellen und rationaler Argumentation zu unterscheiden.

Moralische und emotionale Appelle bei der Botschaftsgestaltung

Moralische Appelle versuchen, durch die Ansprache zentraler Werthaltungen – oft unterstützt durch die Präsentation von Prominenten als Leitbilder – Aufmerksamkeit und Beeinflussung der Zielgruppe zu erreichen. **Emotionale Appelle** findet man derzeitig in der Werbung am häufigsten. Das liegt daran, dass diese nicht nur dazu geeignet sind, Bedürfnisse zu aktualisieren oder zu verstärken, sondern dass sie auch für die Kontaktwirkung der Werbemittel eine große Rolle spielen. Aufgrund der emotionalen Botschaftsinhalte wird häufig erst die Aufmerksamkeit auf das Werbemittel gelenkt und damit der

Abb. 8-40
Schema zur Herleitung von Werbebotschaften

Belohnungserlebnis	Belohnungsebene			
	rational	sensorisch	sozial-bezogen	ich-bezogen
Erlebnis als Resultat der Produktnutzung	Meine Haut ist sauberer geworden.	Meine Haut fühlt sich jetzt gepflegt an.	Meine Haut duftet jetzt gut.	Meine Haut ist jetzt gepflegt.
Erlebnis während der Produktnutzung	Meine Haut wird gerade gepflegt.	Meine Haut entspannt sich gerade.	Meine Haut entwickelt gerade einen seidigen Glanz.	Meine Haut fühlt sich gerade besser an.
Erlebnis aus Begleitumständen der Produktnutzung	Die Seife ist besonders ergiebig.	Die Seife duftet angenehm.	Die Seife ist umweltschonend.	Der Seifenduft passt zu mir.

(Quelle: in Anlehnung an Kotler et al., 2007b, S. 711)

Aus der Praxis – 8-18

Besonders wirksam sind Belohnungssignale, die sich (implizit) aus den Werbebotschaften erschließen lassen. Ein Beispiel dafür ist die erfolgreiche Werbung der Marke Dove. In den Anzeigen und Werbespots wird das typische Frauenbild in der Kosmetikwerbung aufgegeben. Anstatt schöner junger Frauen sehen die Zielpersonen ganz »normale« Frauen, die fröhlich und selbstbewusst zu ihren Schwächen stehen. Die (impliziten) Belohnungssignale befinden sich in den verwendeten Bildmotiven: Gruppen von Frauen, die im Pyjama oder in Unterwäsche fröhlich, ausgelassen und unbeschwert zusammen sind (Abbildung 8-41). Die damit kommunizierte Belohnung ist Erleichterung. Die Bilder erinnern die Frauen an Zeiten, in denen Figur und Cellulitis noch kein Thema waren. Die Marke Dove befreit die Frauen von dem Zwang, sich ständig kontrollieren zu müssen, um Schönheitsidealen gerecht zu werden. Außerdem tut es gut zu sehen, dass man mit seinen Problemen nicht allein ist (vgl. Scheier/Held, 2007, S. 129 f.).

Abb. 8-41: Plakatanzeige und Internetseite der Marke Dove

Kontakt zur Zielperson hergestellt. Emotionale Appelle aktivieren den Betrachter und intensivieren damit seinen Verarbeitungsprozess der Werbebotschaft.

Es gibt bestimmte **emotionale Reizkategorien**, deren Aktivierungswirkung besonders stark ist, wie etwa das Kindchenschema oder erotische Abbildungen. Das liegt daran, dass solche Reize biologisch programmierte Reaktionen im Menschen auslösen. Dazu gehören auch Abbildungen von Gesichtern, wobei die besondere Aktivierungswirkung vor allem von den Augen ausgeht (vgl. Kroeber-Riel/Esch, 2004, S. 174 f.).

Im Mittelpunkt des Einsatzes emotionaler Bilder steht häufig lediglich die Schaffung einer angenehmen Atmosphäre. Dadurch werden positive Stimmungen erzeugt, mit denen das beworbene Produkt verknüpft und im Gehirn verankert wird. Grenzt sich eine Marke gegenüber ihren Konkurrenten durch eine emotionale Positionierung ab, so müssen in der Werbebotschaft die spezifischen emotionalen Erlebniswerte durch passende emotionale Darstellungen mit der Marke verknüpft werden. Beispiele: Liebe (Mon Chérie, Landliebe), Abenteuer und Freiheit (Marlboro), Freundschaft (Holsten Bier, Ferrero Küsschen). Besonders eindrucksvoll setzte die Firma Steiff emotionale Bilder mit verbalen Hinweisen auf die zu vermittelnden Markenwerte ein (Abbildung 8-42).

Manche Unternehmen versuchen, ihre Zielgruppen auch über **negative Appelle** anzusprechen. Hier besteht allerdings die Gefahr, dass die Darstellungen durch selektive Wahrnehmung innerlich zurückgewiesen werden. In vielen Kampagnen sozialer Organisationen und Versicherungen werden **Angstappelle** eingesetzt. Sie können den Umworbenen aus seinem (emotionalen)

Angstappelle können zu Reaktanz führen.

8.3 Kommunikationspolitik
Planungs- und Entscheidungsprozess einer Werbekampagne

Abb. 8-42: Beispiel für emotionale Erlebniswerte in der Werbung

Humor in der Werbung kann zu erhöhter Aufmerksamkeit und Sympathie führen.

Gleichgewicht bringen und Verhaltensänderungen begünstigen (vgl. dazu Lachmann, 2002, S. 154; Felser, 2007a, S. 412 ff.). Anti-Raucher-Kampagnen der Krankenkassen sind ebenso ein Beispiel dafür wie die Werbung für den Abschluss von Lebens- oder Unfallversicherungen. Da aber die Gefahr besteht, dass die negativen Reize bei den Zielpersonen Ablehnung auslösen (Reaktanz), greifen viele soziale Organisationen bei ihren Werbekampagnen lieber zu positiven Verstärkern.

Lachmann (2002, S. 154) weist auf die Risiken hin, wenn man Angst oder Furcht als emotionale Aktivierungsreize nutzt. Besonders bei flüchtigen Werbekontakten (periphere Wahrnehmung) kommt es kaum zu einer kognitiven Verarbeitung der Reize, sodass die Beeinflussungsstrategie im Sinne des Schemas »Problemdarstellung – Problemlösung« gar nicht stattfinden kann. In Abbildung 8-43 sind Beispiele für Angstappelle dargestellt.

Oft bleibt ein negativer Eindruck zurück. Selbst wenn die Werbung mit hoher Aufmerksamkeit betrachtet wird (zentrale Wahrnehmung), besteht die Gefahr, dass sich negative Gefühle entwickeln, die zu einer (impliziten) Annahmeverweigerung der Botschaft führen. Im schlimmsten Fall werden diese Reaktanzen mit der beworbenen Marke verknüpft, wie es zum Beispiel bei der Benetton-Werbung in den 1980er Jahren der Fall war.

Eine emotionale Ansprache der Konsumenten kann auch über **Humor** erreicht werden. Die mitunter starke Aktivierungswirkung von Humor kann die Aufmerksamkeit auf das Werbemittel lenken und Sympathie für den Absender erzeugen. Entscheidend für die positive Wirkung ist aber die Frage, ob die humorvolle Darstellung einen Bezug zum Produkt aufweist (framed) oder nicht (unframed) (vgl. Abbildung 8-44). Im zweiten Fall besteht die große Gefahr, dass die witzige Darstellung die gesamte Aufmerksamkeit »aufsaugt«, man spricht dann auch vom Vampir-Effekt. Die Folge ist, dass man die Werbung zwar sieht und erinnert, mögli-

8.3 Planungs- und Entscheidungsprozess einer Werbekampagne

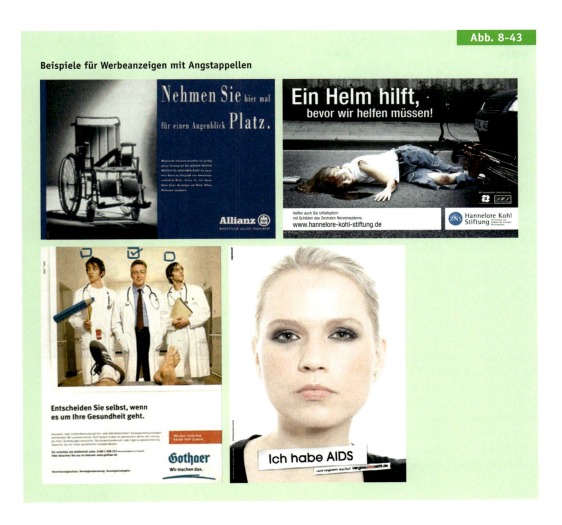

Abb. 8-43 Beispiele für Werbeanzeigen mit Angstappellen

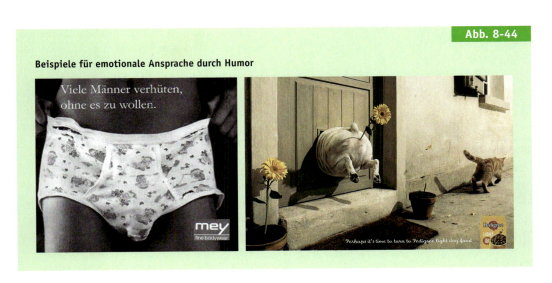

Abb. 8-44 Beispiele für emotionale Ansprache durch Humor

Aus der Praxis – 8-19

Das Unternehmen »elefanten« ist für eine eher höhere Preislage bekannt. Die Begründung dafür erfolgt durch Hinweise auf die Forschungsaufwendungen im Zusammenhang mit der Entwicklung ständig verbesserter Produkte. In diesem Beispiel hebt man das neue Patent für Kleinkinderschuhe hervor. Es wird viel Wert auf Qualität gelegt, die sich auch auf den Preis niederschlägt. Wer »elefanten«-Schuhe kauft, legt Wert auf die Fußgesundheit – insbesondere in der Entwicklung des Kindes – und ist auch bereit, einen höheren Preis zu zahlen. Dieses Motto (teurer, aber hochwertig) versucht das Unternehmen in seinen Anzeigen zu vermitteln (vgl. Abbildung 8-45).

Abb. 8-45: Beispiel für zweiseitige Argumentation

Argumentationen bei einer informativen Werbebotschaft

cherweise aber den Absender garnicht weiß und die Werbebotschaft nicht mitbekommen hat (vgl. Lachmann, 2002, S. 154 f.).

Geht es im Wesentlichen um die **Vermittlung von Informationen**, so stellt sich die Frage, in welcher Form eine **rationale Argumentation** dargestellt werden kann. Hier unterscheidet man zwischen einseitiger und zweiseitiger Argumentation. Bei einseitiger Argumentation beschränkt man sich auf die Darstellung der Produktvorteile, während zweiseitige Argumentation auch auf Gegenargumente eingeht, diese aber sofort widerlegt. »Unser Tiefkühl-Fertigmenü ist zwar teurer als andere, aber dafür können Sie es auch den anspruchsvollsten Gästen servieren.« (Aus der Praxis 8-19)

Die Vermittlung von Informationen ist durch sprachliche und bildliche Darstellungen möglich. Aufgrund der in Kapitel 8.1.4 geschilderten Kommunikationsbedingungen gewinnt die Bildkommunikation auch bei der »Verpackung« von Informationen in Werbeanzeigen an Bedeutung. Hier muss aber besonders darauf geachtet werden, dass die Bilder die Informationen schnell und unmissverständlich kommunizieren, sodass es nicht zu so genannten »Rätselanzeigen« kommt (vgl. Lachmann, 2002, S. 140 ff.). Je ein Beispiel einer verständlichen Anzeige und einer »Rätselanzeige« zeigt die Abbildung 8-46.

Obwohl die Bildkommunikation bei der Werbegestaltung immer wichtiger wird, muss auch der sprachlichen Darstellung der Werbeaussage gebührende Beachtung geschenkt werden. Für die sprachliche Kommunikation der zentralen Werbeaussage hat der Werbeslogan eine erstrangige Bedeutung. Als **Werbeslogan** bezeich-

Abb. 8-46
Beispiele für verständliche und unverständliche Bildkommunikation

verständliche Bildanzeige   »Rätselanzeige«

»Code Management«

Wie wichtig es ist, die in der Werbebotschaft eingesetzten Signale auf eine unbewusste (implizite) Wahrnehmung hin zu optimieren, zeigen aktuelle neuropsychologische Erkenntnisse. Pro Sekunde strömen über unsere Sinne ca. 11 Millionen Bits an Informationen in unser Gehirn. Davon werden aber nur 40 bis 50 Bits bewusst (explizit) und somit annähernd 100 Prozent unbewusst (implizit) verarbeitet. Diese unbewusste Informationsverarbeitung (z. B. Lernen, Gedächtnis, Entscheidungen, Verhalten) steuert unser (Kauf-) Verhalten weitaus mehr, als das bisher angenommen wurde.

*Das **implizite System** arbeitet sehr schnell und effizient. Es steuert unter anderem die Aufnahme und Verarbeitung der Sinnesreize, alle automatisch ablaufenden und spontanen Verhaltensprozesse, die Bildung von Assoziationen und Einstellungen zu Marken, intuitive Entscheidungen sowie die emotionalen und motivationalen Reaktionen auf Kommunikationsmaßnahmen. Insbesondere wenn Konsumenten mit Informationen überlastet sind, unter Zeitdruck stehen, geringes Interesse haben oder sich aufgrund einer komplexen Situation nicht entscheiden können, übernimmt der implizite »Autopilot« das Steuer. Dies bedeutet, dass die klassische Werbung gerade unter den viel beklagten Bedingungen der Informationsüberlastung und kurzer, lediglich beiläufig wahrgenommener Werbebotschaften durch gering involvierte Konsumenten besonders gut wirkt. Voraussetzung dafür ist, dass man bei der Gestaltung der Werbung solche Signale (»Codes«) verwendet, für die der Autopilot besonders empfänglich ist.*

Die entscheidende Frage für die Botschaftsgestaltung ist nun, mit Hilfe welcher verbalen und nonverbalen Gestaltungselemente (Codes) die intendierte Werbebotschaft von den Zielpersonen schnell und »richtig« sowohl explizit, vor allem aber implizit decodiert werden kann. Basierend auf den Erkenntnissen über die Art und Weise, wie unser Gehirn Informationen über Produkte und Marken verarbeitet und daraus subjektive Bedeutungen entschlüsselt, stellen Scheier und Held »vier Zugänge ins Kundenhirn« vor: die sprachlichen Codes, die in der Werbebotschaft erzählte Geschichte, die symbolischen und

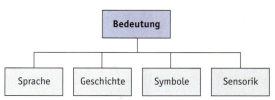

(Quelle: Scheier/Held, 2006, S. 68)

Abb. 8-47: Die vier Zugänge zum Kundenhirn

die sensorischen Codes (vgl. Abbildung 8-47, zu den folgenden Ausführungen vgl. Scheier/Held, 2006, S. 67 ff.; Scheier/Held, 2007, S. 191 ff. sowie Karmasin, 2007, S. 201 ff.). Damit diese Codes vom impliziten System »richtig« interpretiert werden, ist es notwendig, dass sie an vertraute Gedächtnisinhalte anknüpfen.

*Das **geschriebene bzw. gesprochene Wort** spielt bei der Gestaltung von Werbebotschaften eine große Rolle. Bei Anzeigen müssen vor allem die Formulierungen der Headline und des Werbeslogans auf ihre explizite und implizite Bedeutung genau analysiert werden. Bei Fernseh- und Radiospots kommunizieren auch der Tonfall, die Sprachmelodie und die Stimme des Sprechers eine spezielle (implizite) Bedeutung, auf die der Autopilot sehr sensibel reagiert.*

*Ein besonders wirksames Mittel zur Verankerung von Werbebotschaften im Gedächtnis der Kunden sind **Geschichten**, da die Erzählung (Storytelling) zu den ältesten Formen der Kommunikation gehört. Mit Geschichten haben die Menschen seit jeher Bedeutsames ausgetauscht. So wurde etwa in Märchen und Mythen Kulturwissen verschlüsselt und der nächsten Generation weitergegeben (vgl. Scheier/Held, 2006, S. 70 ff.; Fuchs, 2005, S. 61 ff.). Gedächtnisforscher gehen davon aus, dass alle für unser Leben relevanten Ereignisse im so genannten autobiografischen Gedächtnis in Form von Episoden bzw. Geschichten gespeichert werden. Als innere Bilder (Vorstellungen) können sie aus dem Langzeitgedächtnis ins Bewusstsein abgerufen werden und unsere Wahrnehmungen und unser Verhalten maßgeblich beeinflussen (vgl. Hüther, 2006). Besonders gut*

Tempo-Spot mit Vater und Sohn beim Schlittenfahren

Der Merci-Werbespot erzählt die Geschichte eines Ehepaares vom Kennenlernen über die Hochzeit bis zur Geburt der Kinder.

Abb. 8-48: Beispiele für Geschichten in der Werbung

8.3 Kommunikationspolitik
Planungs- und Entscheidungsprozess einer Werbekampagne

Aus der Wissenschaft

Preissymbol | Schürze als Traditionssymbol | Markensymbol

Abb. 8-49: Beispiele für den Einsatz von Symbolen

»funktioniert« das dann, wenn die persönlichen Geschichten als sehr emotional erlebt wurden, wie z. B. der erste Schultag, die erste Liebe, ein besonderer beruflicher Erfolg oder der Verlust eines geliebten Menschen (vgl. Fuchs, 2005, S. 61). Für die Gestaltung von wirksamen Werbebotschaften wird damit die Bedeutung von emotionalen Reizen nachvollziehbar. Auch die in der Werbung erzählten fremden Geschichten können die Konsumenten emotional sehr stark berühren, da sie sich in die Geschichten anderer zum Teil ganz unbewusst einfühlen (Abbildung 8-48).

Weitere effiziente Bedeutungsträger von Werbebotschaften sind **Symbole**. Auch sie spielen in der menschlichen Kommunikation seit sehr langer Zeit eine große Rolle. So hielten unsere Vorfahren viele Geschehnisse in Form von Symbolen fest, um sie den nachfolgenden Generationen zugänglich zu machen. Symbole können aufgrund ihrer Prägnanz in kürzester Zeit implizit eine Vielzahl kulturell erlernter Bedeutungen kommunizieren und unmittelbare Verhaltensprogramme auslösen. Die automatische verhaltenssteuernde Wirkung von Symbolen kann man sich am Beispiel einer roten Ampel verdeutlichen: Ohne nachzudenken führt sie beim Autofahrer zum Bremsen. Im Marketing sind solche Wirkungen z. B. bei Rabattsymbolen auf die Preiswahrnehmung nachgewiesen (Abbildung 8-49 links). Aber auch viele in Werbebotschaften eingesetzte Symbole wirken sehr subtil und unbewusst. So machen sich die wenigsten Konsumenten bei der Betrachtung der Beck's-Werbung darüber Gedanken, dass der immer wieder auftauchende Dreimaster ein Symbol für Abenteuer ist oder die in der Maggi-Werbung dargestellte Hausfrau als Symbol für Tradition eine Schürze trägt (Abbildung 8-49 Mitte). An diesen Beispielen sieht man, dass die eingesetzten und implizit mit Bedeutung aufgeladenen Symbole die Positionierung von Marken in den Köpfen der Konsumenten wirksam vermitteln können. Symbolcharakter können auch die in der Werbung dargestellten Protagonisten haben: So vermittelt Thomas Gottschalk durch seine bei Kindern und Erwachsenen bekannte Persönlichkeit in idealer Weise die Markenwerte von Haribo: Authentizität, Fröhlichkeit und Unkompliziertheit. Natürlich haben auch Markennamen und Markenzeichen eine symbolische Bedeu-

tung. Die Marke Frosch steht etwa für umweltverträgliche Reinigungsprodukte und der Frosch im Logo soll den Schutz der Natur suggerieren (Abbildung 8-49 rechts).

Die Verwendung geeigneter **sensorischer Codes** ist die vierte Möglichkeit, mit Hilfe von Werbebotschaften die beabsichtigten Kommunikationswirkungen zu erzielen. Damit werden alle über die menschlichen Sinne wahrnehmbaren Reize bezeichnet, die sich in einer Werbebotschaft verbergen. Auf der **visuellen** Ebene vermittelt vor allem die Gestaltung von Bildern, Farben und Formen eine spezifische Bedeutung. Besonders eindrucksvoll lässt sich die Wirkung von Schlüsselfarben auf die Identifizierung von Marken zeigen. So können viele Konsumenten die in Abbildung 8-50 gezeigten Farben automatisch der richtigen Marke zuordnen. Daneben können Farben aber auch Bedeutungen vermitteln, die durch kulturelle Besonderheiten im Unterbewusstsein der Konsumenten verankert sind. Schwarz kann edel wirken, Weiß symbolisiert Leichtigkeit und Pastelltöne stehen für Wellness. Bei der Werbegestaltung von elektronischen Medien können auch **akustische Reize** unbewusste Bedeutungen kommunizieren, die die Wahrnehmung in eine spezifische Richtung lenken. So vermitteln die in der Werbung gerne eingesetzten Geräusche beim Einschenken von Bier dessen Frische und können ein unbewusstes Verlangen wecken. Sinnesreize wirken auf das Gehirn umso stärker, je mehr Sinne gleichzeitig angesprochen werden. Dies wird als **multisensuale Verstärkungswirkung** bezeichnet. Die gewünschte Wirkung ist jedoch nur erreichbar, wenn über alle Sinne die gleiche Bedeutung transportiert wird. Sie müssen daher genau aufeinander abgestimmt sein.

Abb. 8-50: Schlüsselfarben Magenta (Telekom), Lila (Milka) und Schwarz-Orange (Sixt)

net man die kreative Umsetzung der Werbeaussage in eine kurze und prägnante verbale Form (vgl. Abbildung 8-51). Slogans fungieren aufgrund der zahlreichen Werbeschaltungen als **Werbekonstante**. Häufig werden sie von den Zielpersonen gelernt und direkt mit dem Produkt verknüpft.

8.3.7.3 Formale Gestaltung der Werbebotschaft

Die Werbebotschaft als Inhalt bildendes Element spricht emotionale und/oder rationale Ebenen im Menschen an. Sie findet im Werbemittel ihre Gestalt, indem sie mit Form gebenden Elementen kombiniert und damit sinnlich wahrnehmbar wird. Die formale Gestaltung der Werbemittel ist eher eine »technische« Aufgabe, wobei unter anderem die Erkenntnisse der Wahrnehmungspsychologie genutzt werden, um die Werbemittel im Interesse einer optimalen Werbewirkung zu gestalten (vgl. Felser, 2007a, S. 119 ff.).

Bei der formalen Gestaltung von Werbemitteln ist zwischen konstanten und variablen Werbeelementen zu unterscheiden (vgl. Huth/Pflaum, 2005, S. 282 ff.). Als **Werbekonstanten** kommen Slogans, Markenzeichen, Symbole, Melodien (Jingles), Farben, Layouts etc. in Betracht. Sie dienen im Wesentlichen dazu, dass die Werbemittel auch bei nur flüchtigem Kontakt sofort erkannt werden. Außerdem ermöglichen sie beim Einsatz unterschiedlicher Werbemittel eine »Verschmelzung« der Werbeeindrücke (vgl. Lachmann, 2002, S. 119 ff.). Beispiele dazu enthält die Abbildung 8-52.

Abb. 8-51

Kreative Umsetzung von Werbethemen

	Werbeaussage	Slogan
Philips	Unsere Technologien werden ständig weiterentwickelt und verbessert.	»Let's make things better.« (bis 2004)
	Unsere Produkte vereinen Sinn und Einfachheit.	»Sense and Simplicity« (ab 2005)
Audi	Wer unsere Autos fährt, nimmt teil am Fortschritt und ist anderen Autofahrern technisch voraus.	»Audi: Fortschritt durch Technik.« (bis 2004)
	Wer unsere Autos fährt, liegt vorn und lebt dies bewusst.	»Audi: Vorsprung leben.« (ab 2005)

Werbevariablen sind solche Form gebenden Wirkungselemente, die einmalig oder nur vorübergehend im Werbemittel enthalten sind. Dabei ist etwa an unterschiedliche Bildmotive, Situationen oder Werbetexte zu denken, die allerdings immer in einem Zusammenhang zur Werbebotschaft stehen sollten. Der Einsatz von Werbevariablen bewahrt eine Werbekampagne vor Monotonie und Gewöhnung. Weiterhin können dadurch originelle und aktuelle Akzente gesetzt werden, was die Akzeptanz dieser Werbung bei den Zielpersonen erhöht (Lachmann, 2002, S. 119 ff.). Andere Beispiele sind die Plakatwerbung der Zigarettenmarke Lucky Strike, in der die Text-Bildgeschichten häufig einen aktuellen Bezug aufweisen, sowie die Anzeigen der Firma Hornbach (vgl. Abbildung 8-53).

Werbekonstanten erleichtern die Werbeerinnerung.

Werbevariablen schützen vor Monotonie und Gewöhnung.

Abb. 8-52

Formale Konstanten bei Werbeanzeigen von Sixt

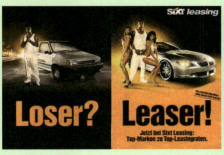

Abb. 8-53

Werbevariablen am Beispiel von Anzeigen der Firma Hornbach

Eine Besonderheit der sprachlichen Botschaftsgestaltung von Anzeigen ist die Formulierung einer **Headline**, der Überschrift einer Anzeige. Mit einer guten, kreativen Headline kann die Aufmerksamkeitswirkung einer Anzeige erhöht und das Interesse an der Werbebotschaft gesteigert werden.

Bei der Gestaltung der Headlines spielen die Form und die Platzierung eine wichtige Rolle. Mit großen, auffälligen Schriftarten, die sich durch Prägnanz und Kontraststärke auszeichnen, kann die Aufnahmebereitschaft erhöht werden, insbesondere wenn sich die Headline auf eine kurze Darstellung der wesentlichen Aussage konzentriert. Je ein Beispiel für eine gute und eine schlechte Gestaltung einer Headline gibt die Abbildung 8-54. Bei der Whiskas-Anzeige auf der linken Seite ist die Headline unter dem aktivierenden Bild (Subline). Das ist für die Informationsaufnahme optimal, da der Blick nach dem aktivierenden Bild den Text der Headline erfasst und danach rechts unten »herausgeht«, wobei die Markeninformation »mitgenommen« wird (Links-oben-rechts-unten-Prinzip). Bei der rechten Anzeige ist augenscheinlich der Zeilenabstand bei der Headline schlecht gewählt, sodass sie schwer zu lesen ist.

8.3.7.4 Kriterien der Anzeigengestaltung nach Boessneck

Ein einfaches und praktikables Schema zur Gestaltung werbewirksamer Anzeigen stellt Boessneck vor. Als zentrale Richtlinie müssen dabei folgende Gestaltungskriterien beachtet werden: Aktivierung, Fokussierung, Aufbereitung und Akzeptanz (vgl. Boessneck, 1985).

Vor einer Informationsaufnahme muss es zu einem Werbekontakt kommen. Dabei ist zu klären, ob eine Anzeige eine Chance hat, schnell

Abb. 8-54

Beispiel für gelungene (links) und nicht gelungene Headline (rechts)

wahrgenommen zu werden. Denn während der Wahrnehmung muss eine Anzeige aktivieren. Unter **Aktivierung** versteht man einen Zustand vorübergehender oder andauernder Erregung bzw. Wachheit einer Zielperson. Dieser Zustand begünstigt die Hinwendung zu (aktivierenden) Reizen und die Bereitschaft, diese Reize zu verarbeiten (vgl. dazu Kapitel 3.2.1.1).

Die Informationsverarbeitung wird durch die Aktivierung begünstigt und geht somit einher mit dem Einfluss auf die Leistung eines Individuums, das heißt seiner Fähigkeit, (Werbe-) Reize aufzunehmen, zu verarbeiten und zu speichern. Die umgekehrte U-Funktion in Abbildung 3-8 im Kapitel 3.2.1.1 verdeutlicht, dass bei zunehmender Stärke der Aktivierung die Leistung des Individuums zunächst ansteigt, sie ab einem gewissen Grad der Aktivierung jedoch wieder abnimmt (vgl. Kroeber-Riel/Weinberg, 2003, S. 79 f.). Ab diesem Punkt ist die Reizverarbeitung nicht mehr optimal. Die Aktivierung wirkt als Überflutung der Person und kann bis hin zur Panik führen.

Die Aktivierungswirkung einer Anzeige bestimmt auch ihre Kontaktwirkung. Je größer das Aktivierungspotenzial des Werbemittels ist, desto wahrscheinlicher wird es von den Umworbenen beachtet (vgl. Kroeber-Riel/Esch, 2004, S. 173).

Wie erwähnt, kann das Aktivierungspotenzial von Anzeigen vor allem durch **emotionale Reize** erhöht werden. Dazu gehört die Darstellung von Gesichtern (insbesondere Augen), Kindern, erotischen Motiven oder so genannten Archetypen (vgl. Felser, 2007a, S. 398 f.; Kroeber-Riel/Esch, 2004, S. 173 f.). Die Verwendung emotionaler Reize trifft auf im Menschen biologisch vorprogrammierte Reaktionen, die dann ohne willentliche Kontrolle die gewünschten Zuwendungsreaktionen auslösen. Die Abbildung 8-55 veranschaulicht die genannten Reizkategorien anhand typischer Beispiele.

Neben emotionalen Reizen können **physisch intensive Reize** das Aktivierungspotenzial von Anzeigen erhöhen. Dazu gehören die Verwendung von auffälligen bzw. bunten Farben und die Größe der Darstellungen in Bildmotiven oder Texten. Physische Reize sind bei nahezu jedem Produkt anwendbar und wirken auch auf fast jeden Menschen. Ziel ist es, den Leser mit Hilfe der Gestaltung zu stoppen und ihn aufmerksam zu machen. Mit dem Einsatz von Farben und Größenvariablen ist es möglich, sich gegenüber anderen Anzeigen abzusetzen und ein hohes Aktivierungspotenzial zu verwirklichen. Diese Reizkategorie veranschaulichen die Beispiele in Abbildung 8-56.

Die auffälligen Farben der beiden linken Anzeigen in Abbildung 8-56 lenken das Auge des Betrachters sofort auf sich. Die Anzeigen heben sich aufgrund ihrer farblichen Gestaltung deutlich von anderen Anzeigen ab. Dadurch wird das Aktivierungspotenzial erhöht. Die große Schrift der Bionade-Anzeige zieht sofort die Aufmerksamkeit auf sich. Der Schriftgrad und der kurze und prägnante Text sind so gewählt, dass man die Botschaft selbst bei kurzer Betrachtung sofort liest und erfasst.

Ein weiteres Mittel zur Erhöhung der Aktivierungswirkung von Anzeigen sind **gedankliche Reize**, die die Wahrnehmung und das Verständnis vor unerwartete Aufgaben stellen und damit den Betrachter aktivieren. Gestaltungselemente sind die Verfremdung, die Überraschung, Widersprüche zu Bekanntem oder auch Humor (vgl. Abbildung 8-57). Die Anzeige der Marke IWC in Abbildung 8-57 rechts verwendet einen zugleich physisch intensiven (auffällige Typografie) und gedanklich überraschenden Reiz (»Der Uhr« anstatt »Die Uhr«).

Falls es zu einer Kontaktaufnahme kommt, muss man im Zusammenhang mit der Informationsaufnahme überprüfen, ob die wesentlichen Botschaftselemente, insbesondere der Markenname, schnell wahrgenommen werden. Damit ist die **Fokussierung** als wichtiges Gestaltungskriterium für Anzeigen angesprochen. Häufig kommt es vor, dass stark aktivierende Reize zwar einen schnellen Werbekontakt erzielen, wie z. B. die erotische Darstellung eines Menschen. Eine Gefahr besteht jedoch darin, dass die Zielperson an diesem Reiz »hängenbleibt« und die eigentlich wichtigen Anzeigenelemente der Werbebotschaft nicht mehr beachtet (Vampir-Effekt). Anzeigen müssen auf die wesentlichen Anzeigeninhalte fokussieren. Dabei hat sich die Anzeigengestaltung am natürlichen (automatischen) Blickverlauf der Betrachter zu orientieren, der bei den meisten Menschen nach dem »Links-oben-rechts-unten«-Prinzip verläuft

---

Aktivierung sorgt für den Werbemittelkontakt.

Emotionale Reize besitzen eine starke Aktivierungswirkung.

Fokussierung bedeutet die Lenkung des Blicks auf die zentrale Werbebotschaft.

8.3 Kommunikationspolitik
Planungs- und Entscheidungsprozess einer Werbekampagne

Abb. 8-55

Emotionale Reizkategorien und Anzeigenbeispiele

Emotionale Reizkategorie	Beispiel
Erotische Reize ▸ sind in der Lage, sexuelle Motive anzusprechen und biologisch vorprogrammierte Reaktionen hervorzurufen, die Aktivierungsvorgänge in Gang setzen ▸ Aktivierungswirkung lässt aufgrund automatisch ablaufender Reaktionen kaum nach ▸ erotische Reize können von der Botschaft ablenken (mitte unten)	  
Kindchenschema/kleine Tiere ▸ lösen ebenfalls biologisch vorprogrammierte Reaktionen aus, besonders bei Frauen ▸ sprechen Schwäche und Hilfsbedürftigkeit an und lösen so Schutz- und Pflegeverhalten aus	 
Gesichter/Augen ▸ ebenfalls biologisch vorprogrammierter Schlüsselreiz, dem sich der Betrachter weitgehend automatisch zuwendet	  
Archetypen ▸ bezeichnen erfahrungsunabhängige und überdauernde Wirkfaktoren im Menschen ▸ können in unterschiedlichen Kulturkreisen als verschiedene Figuren visuelle Gestalt annehmen (z. B. der alte Weise in der westlichen Welt in Gestalt eines Professors oder Großvaters, in anderen Kulturen als Guru oder Medizinmann) ▸ können tiefgreifende Erlebnisse bei Menschen auslösen ▸ umfassen ein bestimmtes Wirkungsmuster, das durch entsprechende Figuren erkennbar umgesetzt wird, z. B. der (einsame) Held, der alte Weise, die Fee, die Mutter, der Engel, die Schlange	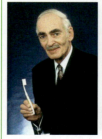   

(Quelle: in Anlehnung an Kroeber-Riel/Esch, 2004, S. 227 ff.)

8.3 Planungs- und Entscheidungsprozess einer Werbekampagne

Abb. 8-56: Anzeigenbeispiele mit physisch intensiven Reizen — Aktivierung durch auffällige Farben / Aktivierung durch auffällige Typographie

Abb. 8-57: Anzeigenbeispiele für die Verwendung gedanklicher Reize — Verfremdung / Überraschung / Humor

(vgl. Felser, 2007a, S. 390). In Abbildung 8-58 ist links eine Werbeanzeige mit schlechter und rechts eine mit guter Fokussierung abgebildet. Eine besonders gute Fokussierung erreicht auch die Whiskas-Anzeige in Abbildung 8-54.

Damit die Werbeinformationen verstanden und vollständig verarbeitet werden, muss die Anzeige bestimmten formalen Anforderungen genügen. Damit ist die **Aufbereitung** einer Anzeige angesprochen. Häufig erreichen Anzeigen ihre Wirkung nicht, weil sie überfrachtet sind, es ihnen an Prägnanz und Klarheit mangelt, das Verhältnis von Text und Bild nicht stimmt oder weil sie andere formale Gestaltungsmängel aufweisen (vgl. Abbildung 8-59 für eine gute Aufbereitung und Abbildung 8-60 für eine schlechte Aufbereitung).

Eine Informationsspeicherung und vor allem auch die beabsichtigte Verhaltensbeeinflussung werden nur möglich, wenn die Zielpersonen die

Berücksichtigung formaler Gestaltungskriterien, insbesondere die Vermeidung von Überfrachtung

Abb. 8-58
Anzeigenbeispiele mit schlechter und guter Fokussierung

Abb. 8-59
Anzeigenbeispiele für gute Aufbereitung (keine Überfrachtung)

Anzeigen sollten ein positives Gefühl hinterlassen

Anzeigen akzeptieren. In diesem Zusammenhang müssen die Werbegestalter bei der Anzeigengestaltung darauf achten, dass der Betrachter die Anzeige nicht ablehnt. Solche gefühlsbedingte Ablehnung wird häufig durch die Verwendung schockierender oder verletzender Bildmotive als Aktivierungsreize erzeugt. Dagegen hat der Einsatz origineller, kreativer und abwechslungsreicher Anzeigenelemente einen positiven Einfluss. Das Akzeptanzproblem ist immer ein zielgruppenspezifisches Problem. Das bedeutet, dass die (voraussichtliche) Akzeptanz einer Anzeige mit Hilfe von Mitgliedern der Zielgruppe getestet werden sollte.

Zu beachten ist hierbei der so genannte Framing-Effekt (vgl. Felser, 2007a, S. 114; Lachmann, 2002, S. 143 f.). Der Kontext (Frame) einer Anzeige bestimmt die Akzeptanz beim Betrachter. Passen die eingesetzten Bilder zur beabsichtigten Werbeaussage? Wirken Sie

Planungs- und Entscheidungsprozess einer Werbekampagne 8.3

Abb. 8-60
Anzeigenbeispiele für schlechte Aufbereitung (Überfrachtung)

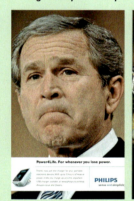   

Abb. 8-61
Anzeigenbeispiele mit positiver und negativer Ausstrahlung sowie mit bewusster und unbewusster Ablehnung

| Anzeige mit negativer Ausstrahlung | Anzeige mit positiver Ausstrahlung | Anzeige mit bewusster Ablehnung | Anzeige mit unbewusster Ablehnung |

genau so, wie sie es sollen? Oder kann es zu Missverständnissen kommen? Da der Frame meist unbewusst im Hintergrund wahrgenommen wird, ist im Vorfeld eine Abwägung zwischen positiven und negativen Ausstrahlungseffekten erforderlich. In der Abbildung 8-61 finden sich Beispiele für problematisches (links) und ein positives (2. von links) Framing sowie Anzeigen, die von vielen Umworbenen bewusst oder unbewusst abgelehnt werden (Anzeige ganz rechts: Erläuterungen bei Scheier/Held 2006, S. 121).

Als Ergänzung zur Darstellung der **Gestaltungskriterien von Werbemitteln** gibt die Abbildung 8-62 einen Überblick zu den in der Werbepraxis eingesetzten Gestaltungstechniken, deren Auswahl im Wesentlichen von der in der Copy-Strategie festgelegten Tonalität des Werbeauftritts bestimmt wird (vgl. dazu Kotler et al., 2007b, S. 713 ff.).

8.3 Kommunikationspolitik
Planungs- und Entscheidungsprozess einer Werbekampagne

Abb. 8-62

Beispiele für die Gestaltungstechniken der Werbung

Technik	Bild	Beschreibung
Slice-of-Life-Technik		Zufriedene Produktverwender werden in einer realitätsnahen Situation dargestellt. Beispiele: **Diebels: Alltagsszenen um das Thema Glück** Frosta: Kochen mit Peter von Frosta
Lifestyle-Technik	 	Das Produkt wird in Verbindung mit einem bestimmten Lebensstil dargestellt. Beispiele: **Robinson Club: Reisen für Lebensstile** **Lacroix: exklusiver, luxuriöser Lebensstil**
Traumwelt		Das Produkt oder seine Verwendungsmöglichkeiten werden in traumgleicher, phantasievoller Atmosphäre dargestellt. Beispiele: **Raffaello: Sommer, Traumstrände** Bacardi: Tropische Traumwelt
Stimmungs- und Gefühlsbilder		Über emotionale Reize wird eine besondere Stimmung oder ein Gefühlsbild um das Produkt aufgebaut. Beispiele: **Audi: stimmungsvolle Landschaftsbilder** Landliebe: Gefühlsbilder von Liebe und Natur
Musical-Technik		Hintergrundmusik wird eingesetzt, oder eine bzw. mehrere Personen (oder Comic-Figuren) »besingen« das Produkt in einem Lied. Beispiele: **Beck's: »Sail away«** Merci: »Merci, dass es Dich gibt«

8.3 Planungs- und Entscheidungsprozess einer Werbekampagne

Persönlichkeit als Symbolfigur 	Eine Symbolfigur (Comic-Figur oder realer Mensch) wird geschaffen, die das Produkt personifiziert. Beispiele: **Meister Proper: Meister Proper** Hamburg Mannheimer: Herr Kaiser
Technische Kompetenz 	Die technische Kompetenz des Unternehmens wird mit dem beworbenen Produkt im Slogan betont. Beispiele: **Audi: »Vorsprung durch Technik«** Continental: »Technik neuester Stand«
Wissenschaftlicher Nachweis 	Hinweise auf wissenschaftliche Untersuchungen sollen nachweisen, dass die Marke gegenüber Konkurrenzmarken Vorzüge aufweist. Beispiele: **Actimel: »Stärkt die Abwehrkräfte – wissenschaftlich getestet«** blend-a-med: »Neues aus der blend-a-med Forschung«
Testimonial 	Eine glaubwürdige, sympathische oder kompetente Person präsentiert das Produkt. Beispiele: **Nivea for Men: Jogi Löw** Eine gute Freundin, ein Zahnarzt oder andere Personen wie »du und ich« äußern sich zufrieden über das beworbene Produkt.

8.3.8 Werbewirkungsanalyse

Werbebotschaften, die im Rahmen einer Werbekampagne mit Hilfe von Werbemedien und -mitteln an die Umworbenen ausgesendet werden, beabsichtigen immer eine Werbewirkung, und zwar im Sinne der formulierten Beeinflussungsziele (vgl. ausführlich dazu Felser, 2007a, S. 441 ff.). Die gemessene Werbewirkung soll angeben, inwieweit die Werbeziele erreicht wurden (Werbeerfolg) und wie die Werbewirkung zustande gekommen ist (Diagnose).

Aufgabenbereiche der Werbewirkungsforschung

Je nachdem, was eine Werbewirkungsanalyse in den Blick nimmt, kann man zunächst zwischen potenzieller und effektiver Werbewirkung unterscheiden, weiterhin danach, ob sich die Analyse auf ökonomische oder psychologische Beeinflussungsziele richtet. Die **potenzielle Werbewirkung** wird vor Durchführung einer Werbekampagne durch so genannte Pretests ermittelt. Solche Tests zielen im Wesentlichen auf die Überprüfung der einzelnen Werbemittel ab, um etwaige Schwächen im Hinblick auf die (psychologische) Werbewirkung frühzeitig zu erkennen und abzustellen. Sie sollen helfen, den Werbeerfolg zu prognostizieren. Zur Messung der **effektiven Werbewirkung** werden Werbewirkungskontrollen durchgeführt, die nach Ablauf einer Werbekampagne durch so genannte Posttests erfolgen. Bei diesen Analysen kann sich das Augenmerk entweder auf ökonomische (z. B. Umsatz, Marktanteil) oder psychologische Beeinflussungsziele (z. B. Bekanntheit, Image) richten.

Die Beschaffung von Informationen für eine Messung der Werbewirkung ist Aufgabe der Werbeforschung. Je nachdem, was analysiert werden soll, kommen unterschiedliche Messmethoden in Betracht, wobei man zwischen evaluativen und diagnostischen Verfahren unterscheidet.

Aufgaben der Werbewirkungsanalyse

Mit Hilfe **evaluativer Verfahren** kann man den angestrebten Werbeerfolg bewerten. Sie sagen aber nichts über die Ursachen von Erfolg oder Misserfolg einer Werbemaßnahme aus. Demgegenüber zielen **diagnostische** bzw. **analytische Verfahren** darauf ab, die Entstehung des Werbeerfolgs zu erklären. Erst so kann man feststellen, in welchem Umfang die Beeinflussung der Zielpersonen gelungen ist und ob künftig Anpassungen in der Werbung erforderlich sind. Evaluative und diagnostische Verfahren ergänzen sich im Rahmen einer Werbewirkungsanalyse und bedürfen hier der Erläuterung (vgl. Abbildung 8-63).

8.3.8.1 Gegenstand der Werbewirkungsanalyse

Werbemittelpretests werden vor allem für **diagnostische Zwecke** eingesetzt. Dabei testet man in der Regel Alternativentwürfe von Werbemitteln. Die Ergebnisse der Pretests sollen Anhaltspunkte dafür liefern, welche Alternative zur

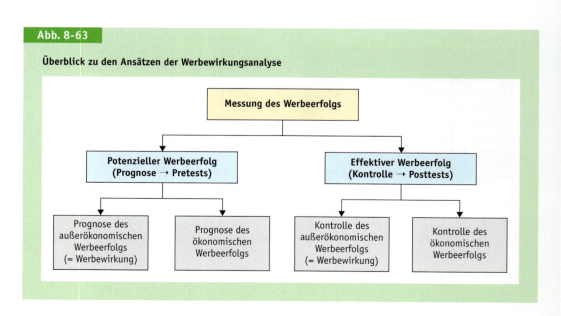

Abb. 8-63 Überblick zu den Ansätzen der Werbewirkungsanalyse

Zielerreichung am besten geeignet ist und welche Verbesserungen dazu noch erforderlich sind. Daneben haben sie auch eine **prognostische Aufgabe**, nämlich die Wirkung des Werbemittels bei der Zielgruppe abzuschätzen. Bei Werbewirkungsanalysen steht die Überprüfung psychologischer (kommunikativer) Wirkungskategorien im Vordergrund. Durch Pretests soll die Aktivierungswirkung alternativer Anzeigenentwürfe ermittelt werden. Mit Hilfe neuer Methoden, wie z. B. der Blickaufzeichnung, kann man auch überprüfen, ob neben den aktivierenden Elementen der Werbemittel auch die wesentlichen Botschaftsinhalte wahrgenommen werden (vgl. dazu Kapitel 4.3.2; Aus der Praxis 8-20). Die Befragungen können unter anderem Verständnis, Originalität und Gefallen der Anzeigen überprüfen. In Abbildung 8-64 sind typische Untersuchungsfragen zu den einzelnen Beeinflussungsgrößen aufgeführt (vgl. Rogge, 2004, S. 357 ff.).

Abb. 8-64

Untersuchungsfragen bei Werbemittelpretests

Wirkungsgrößen	Untersuchungsfragen
Aufmerksamkeit (Aktivierung)	Bemerken die Zielpersonen die Anzeige? Wie groß ist die Aufmerksamkeitswirkung alternativer und konkurrierender Anzeigen? Wie lange werden die Anzeigen betrachtet?
Wahrnehmung (Fokussierung)	Welche Anzeigenelemente werden hauptsächlich betrachtet, und wie lange ist die Betrachtungsdauer? Werden die Anzeigenelemente in einer bestimmten Reihenfolge betrachtet? Bleiben bestimmte Anzeigenelemente unbeachtet?
Erinnerung (Aufbereitung)	An welche Aussagen oder formalen Anzeigenelemente erinnert man sich besonders gut? Wie häufig und genau werden Produkteigenschaften und Markennamen erinnert? Wie häufig und genau werden Bildinhalte erinnert und reproduziert?
Anmutungen und Stimmungen (Emotionen)	Welche spontanen Gefühle sind bei der Betrachtung der Anzeige zu beobachten? Welche Anzeigenelemente erzielen eine besonders starke emotionale Wirkung? Gelingt die Verbindung zwischen emotionalen Anzeigenelementen und Produkt? Welche spontanen Assoziationen gibt es bei der Betrachtung der Anzeige?
Verständnis der Botschaft	Welche Vorstellungen vom Produkt werden durch die Anzeige ausgelöst? Werden die Produkteigenschaften als hervorragend erlebt? Wird die Botschaft als originell erlebt? Sind die Aussagen glaubhaft und überzeugend? Entspricht die Art und Aussage (Tonality) der Botschaft der Zielgruppe? Hebt sich die Anzeige vom Werbeauftritt der Konkurrenz ab?
Text-/Bildbeurteilung (Aufbereitung)	Sind Textinhalt und Textdarstellung prägnant, das heißt leicht und eindeutig zu verstehen? Wie hoch ist der Informationsgehalt des Textes? Sind Text-/Bildanteile harmonisch aufeinander abgestimmt? Wie ist die emotionale Wirkung der Bildinhalte?
Akzeptanz und Identifikation (Akzeptanz)	Wie gefällt die Anzeige? Werden Situationen und Personen zielgruppenadäquat dargestellt? Wie gelingt die Verknüpfung zwischen Erlebniswerten und Produkten? Erfolgt eine Identifikation der Anzeigenbetrachter mit den dargestellten Personen und/oder Situationen?
Kaufbereitschaft (Einstellungen, Kaufabsicht)	Beeinflusst die Anzeige die Kaufbereitschaft?
Attraktivität und Akzeptanz der Gesamtwirkung	Wird die gesamte Anzeige als Einheit gesehen? Wird sie global akzeptiert oder abgelehnt? Gibt es Anhaltspunkte für Störfaktoren?

(Quelle: in Anlehnung an Rogge, 2004, S. 357 ff.)

Kommunikationspolitik
Planungs- und Entscheidungsprozess einer Werbekampagne

Problematik der Werbewirkungskontrolle

Zur Beantwortung dieser Fragen stehen mittlerweile zahlreiche neue Methoden zur Verfügung, von denen einige in den Kapiteln 3.2.1.4 und 4.3.2.2 vorgestellt werden.

Die Qualität des Werbekontaktes lässt sich – wie oben erwähnt – im Rahmen der Marktforschung ermitteln. Dabei ist zu beachten, dass die Werbewirkung auf potenzielle Konsumenten immer in großem Maße auch von deren emotionalem Involvement gegenüber dem Präsentierten abhängt. Die Messung der emotionalen Wirkung einzelner Marketingmaßnahmen ist nicht zuletzt auch aufgrund der täglich einwirkenden Informationsflut für die Werbewirkungsanalyse von großer Bedeutung. Denn jedes Gestaltungselement in der Werbung soll die gewünschte Aufmerksamkeit des Konsumenten erregen und ihn somit – zumindest kurzfristig – hoch involvieren. Die Messung von Stärke und Intensität der Emotion erfolgt im Wesentlichen mittels Indikatoren wie dem elektrischen Hautwiderstand, der Stärke der Atmung, dem Blutdruck, der Herzaktivität oder Gehirnwellen, die zu den apparativen Verfahren zählen. Die besondere Bedeutung für die Werbewirkungsanalyse liegt hierbei im rechtzeitigen Erkennen von verbesserungswürdigen Gestaltungselementen der Kommunikationsmaßnahmen (Hüttner/Schwarting, 2002, S. 34).

Ökonomische Werbewirkungsanalysen kommen vereinzelt im Rahmen von Marktexperimenten vor. Bei diesen Analysen verfolgen die Unternehmen allerdings eher prognostische Ziele. Diagnosen von Kaufhandlungen aufgrund der Werbebeeinflussung sind kaum möglich. Dennoch können sie ergänzend wertvolle Informationen liefern.

8.3.8.2 Kontrolle der Werbewirkung

Um die Wirkung der betrachteten Werbemaßnahme ex post zu beurteilen, müssen Erfolgszielgrößen bestimmt werden, die sich eindeutig der realisierten Werbemaßnahme zurechnen lassen. Das **Zurechnungsproblem** bei der Kontrolle der ökonomischen Werbewirkung ist in Kapitel 8.3.3.1 beschrieben. Ein weiteres Problem ist, dass es nur selten möglich ist, die Wirkung einzelner Werbemittel im Rahmen einer Gesamtkampagne zu isolieren. Das gilt sowohl für die ökonomischen als auch für die psychologischen Beeinflussungskategorien. Weiterhin ist es kaum möglich, den **Kumulationseffekt** der Werbung zu messen. Werbewirkungen können beispielsweise erst während einer Nachfolgekampagne eintreten, obwohl die zu kontrollierende Werbemaßnahme den Boden dafür bereitet hat.

Die meisten Unternehmen werben nicht nur für ein Produkt, sondern gleichzeitig für mehrere. Vor allem wenn die Unternehmen eine Dachmarken- oder Familienmarkenstrategie verfolgen, sind die **Synergieeffekte** dabei kaum zu messen. Die Werbung für ein Produkt kann außerdem den Absatz eines anderen stimulieren (bei Komplementärprodukten) oder ihn hemmen (bei Substitutionsprodukten).

Um trotz dieser Probleme den Werbeerfolg wenigstens abschätzen zu können, stehen verschiedene Verfahren zur Verfügung. Sie können danach unterschieden werden, ob sie die Erreichung der psychologischen oder der ökonomischen Beeinflussungsziele messen.

Zur Kontrolle, ob die **psychologischen Beeinflussungsziele** erreicht worden sind, werden

---

Aus der Praxis – 8-20

Neben der Blickaufzeichnung gibt es inzwischen technisch weiter fortgeschrittene Verfahren, wie beispielsweise das Attention Tracking™. Während bei der Blickaufzeichnung eine spezielle Brille die Augenbewegungen aufzeichnet und so einen »Blickfang« von einem flüchtigen Blick auf ein Anzeigenelement unterscheidet, wird beim Attention Tracking™ der PC als Grundlage genutzt. Dieses interaktive, online-basierte Verfahren zeigt auf, wohin die Blicke beim Betrachten eines Bildes verlaufen. Das Schauen und Zeigen einer Testperson können dabei gekoppelt werden. Hierfür müssen zunächst die Augen- und Handbewegungen des Probanden synchronisiert werden. Dann kommt die Aufgabe, überall innerhalb des Bildes dahin zu klicken, wo der Blick in diesem Moment hinfällt. Da das Attention Tracking™ soft- und hardwareunabhängig ist, kann diese Methode universal, schnell und auch überregional eingesetzt werden.
(Quelle: www.mediaanalyzer.com).

in der Regel Befragungen durchgeführt, um beispielsweise den (ungestützten) Bekanntheitsgrad zu messen. Bei neuen, bisher nicht bekannten Produkten ist auch die Erhebung der gestützten Bekanntheit sinnvoll. Diese Untersuchungen können sich sowohl auf die Werbeobjekte als auch auf die Werbemaßnahme selbst beziehen. Im letzten Fall kommen vor allem Erinnerungs- und Wiedererkennungstests (Recall und Recognition) zum Einsatz (vgl. Felser, 2007a, S. 172 f.; Schweiger/Schrattenecker, 2005, S. 336 f.).

Bei einem **Recall-Test** werden Personen zum Beispiel einen Tag nach ihrem Kontakt mit dem Werbeträger gefragt, an welche Anzeigen oder Werbespots sie sich noch erinnern können (One Day After Recall). Im Falle des gestützten Recall-Tests zeigt man den Befragten verschiedene Erinnerungshilfen wie zum Beispiel eine Liste mit Markennamen oder Markenzeichen. Beim **Recognition-Test** handelt es sich um einen Wiedererkennungstest. Dabei werden für den Test ausgewählte Personen (Probanden) unter Vorlage einer Zeitschrift gefragt, welche Anzeigen sie wiedererkennen. In ähnlicher Weise arbeitet der **Identifikationstest** (Hidden-Logo-Test). Dabei wird bei einer Anzeige die Headline oder das Logo abgedeckt. Der Befragte wird aufgefordert, die Inhalte der verdeckten Teile zu nennen. Als Erinnerungswert der Anzeige wird der Teil der Testpersonen herangezogen, die richtige Aussagen über die Ergänzungen machen konnten (vgl. Schweiger/Schrattenecker, 2005, S. 317 ff.).

Die Messung von Einstellungswirkungen wird mit den Verfahren der Einstellungs- und Imagemessung durchgeführt. Dabei interessiert vor allem der Vergleich mit den Imagepositionen der betrachteten Marken vor der Durchführung der Werbung. Im Rahmen solcher Imagestudien wird gleichzeitig auch nach der Kaufabsicht gefragt, sodass auch diese Zielgröße kontrolliert werden kann. Dies ist ein klassisches Aufgabengebiet der Marktforschung (vgl. Kapitel 3.2.1.4 und Kapitel 4.3.3.1).

Bei der **ökonomischen Werbeerfolgskontrolle** geht es darum, die durch die Werbemaßnahmen verursachten Absatz-, Umsatz-, Marktanteils- und Distributionsveränderungen zu erfassen. In aller Regel denkt man zunächst an den Umsatzerfolg der Werbung. Obwohl gerade die Kontrolle dieser Zielgröße erhebliche Probleme mit sich bringt, stehen Verfahren zur Verfügung, die es ermöglichen, zumindest Anhaltspunkte für die Zielerreichung zu erhalten (vgl. Huth/Pflaum, 2005, S. 367 ff.).

Neben direkten Befragungen zur Kaufbeeinflussung durch Werbemaßnahmen bei repräsentativ ausgewählten Personen der Zielgruppe spielt vor allem das **BuBaW-Verfahren** in der Praxis eine Rolle. Darunter versteht man »**Be**stellungen **u**nter **B**ezugnahme **a**uf **W**erbemittel«. Dieses Verfahren kommt zum Einsatz, wenn Werbemittel geschaltet werden, die mit einem Coupon oder einem Bestellformular ausgestattet sind. Die Bestellungen über solche Coupons dienen als Indikatoren für den Werbeerfolg. Verknüpft man diese Daten mit den Kosten dieser Aktionen, dann lässt sich auch die Effizienz parallel genutzter Medien messen.

Nach Abschluss einer Direktwerbeaktion stehen für eine Erfolgskontrolle Informationen über die Kosten der Kampagne (inklusive Porto), die Anzahl der Aussendungen, die Anzahl der erhaltenen Antworten und die Anzahl der Bestellungen zur Verfügung. Diese Daten ermöglichen es, Erfolgsrelationen zu bilden wie z. B. den Streuerfolg (Anteil der Bestellungen an den Aussendungen) und die Kosten je Auftrag oder die Kosten je Antwort.

Die Panelforschung hat für die ökonomische Werbeerfolgskontrolle eine große Bedeutung. Vor allem dadurch, dass sich Paneldaten differenziert auswerten lassen, sind ökonomische Erfolgskontrollen nach Gebieten, Zielgruppen etc. annäherungsweise möglich. Allerdings betrifft das nur solche Produkte, die im Rahmen der Panelforschung erfasst werden, und das sind in der Regel Verbrauchsgüter (vgl. Kapitel 4.3.3.2).

Neben den klassischen Methoden der Werbewirkungskontrolle greifen die Werbetreibenden in Online-Medien vor allem auf die so genannte Click-Rate zurück. Sie weist die Häufigkeiten aus, mit der die Besucher einer Webseite auf die Online-Werbung geklickt haben (z. B. um weitere Informationen zu erhalten) und setzt diese Häufigkeit ins Verhältnis mit der Anzahl derjenigen, die die Webseite aufgerufen haben (Page Impression).

Kontrollfragen Kapitel 8

1. Warum sind die Kommunikationsbeziehungen zwischen einer Unternehmung und den relevanten Marktpartnern vom Unternehmen selbst zum Teil nur schwer beeinflussbar?

2. Erläutern Sie das Modell der Marktkommunikation, und zeigen Sie an einem Beispiel, welche Probleme bzw. Fehler in den einzelnen Phasen des Kommunikationsprozesses dafür verantwortlich sein können, dass die Werbeziele nicht erreicht werden!

3. Erläutern Sie den Unterschied zwischen einer direkten und indirekten Beeinflussung des Konsumentenverhaltens durch Kommunikationsmaßnahmen!

4. Schildern Sie typische Aufgaben der Kommunikationspolitik in den Phasen des Produktlebenszyklus!

5. Erläutern Sie aktuelle Kommunikationsbedingungen als Rahmenfaktor für die Werbegestaltung!

6. Erläutern Sie aktuelle Marktbedingungen als Rahmenfaktor für die Kommunikationspolitik!

7. Welche Rolle spielen gesellschaftliche Wertorientierungen für die Gestaltung der Kommunikationspolitik?

8. Worin besteht der Unterschied zwischen den Maßnahmen der »Above-the-line«-Kommunikation und der »Below-the-line«-Kommunikation?

9. Nennen Sie für alle dargestellten Kommunikationsinstrumente je ein typisches Beispiel!

10. Erläutern Sie die Besonderheiten der Online-Werbung!

11. Erläutern Sie Wesen, Ziele und Maßnahmen der Öffentlichkeitsarbeit!

12. Erläutern Sie die Begriffe Corporate Identity, Corporate Behaviour und Corporate Communication!

13. Erläutern Sie das Wesen der Verkaufsförderung, und beschreiben Sie typische Maßnahmen der handels- und verbrauchergerichteten Verkaufsförderung!

14. Worin besteht das Problem preisaggressiver Verkaufsförderungsaktionen?

15. Erläutern Sie Wesen und Bedeutung des Product-Placements unter Berücksichtigung aktueller Kommunikationsbedingungen!

16. Erläutern Sie Ziele sowie Chancen und Risiken des Sponsoring an einem Beispiel!

17. Welche Kommunikationsmöglichkeiten bieten Marketingevents für ein Unternehmen?

18. Was versteht man unter Campaign-Highjacking?

19. Erläutern Sie die Chancen und Risiken des Viral-Marketing im Rahmen der Marktkommunikation!

20. Erläutern Sie den Einsatz des Buzz-Marketing bei der Einführung neuer Produkte!

21. Was versteht man unter Ambush-Marketing? Erläutern Sie dazu ein praktisches Beispiel!

22. Erläutern Sie Kriterien zur Auswahl geeigneter Kommunikationsinstrumente!

23. Welche Bedeutung hat die integrierte Kommunikation? Welche Möglichkeiten der formalen, inhaltlichen und zeitlichen Integration kommunikationspolitischer Maßnahmen kennen Sie?

24. Welchen Einfluss hat das Involvement der Zielgruppe auf die Auswahl geeigneter Kommunikationsinstrumente? Argumentieren Sie anhand eines Beispiels!

25. Erläutern Sie kurz die Aufgaben im Rahmen einer Werbeanalyse!

26. Nennen Sie die Ablaufschritte der Werbeplanung am Beispiel einer Werbemaßnahme für ein selbst gewähltes Produkt!

27. Formulieren Sie jeweils ein operationales ökonomisches und psychologisches Werbeziel!

28. Worin besteht das Zurechnungsproblem im Zusammenhang mit der Formulierung von Werbezielen?

29. Welche Komponenten enthält das vereinfachte Modell der Werbewirkung nach Kroeber-Riel, und welche psychologischen Beeinflussungsziele lassen sich daraus ableiten? Machen Sie konkrete Vorschläge für die vier Beeinflussungsstrategien!

30. Welche (heuristischen) Verfahren der Werbebudgetierung kennen Sie? Worin liegt die Problematik bei der Ausrichtung des Werbebudgets am Umsatz?

31. Welche Vorteile sind mit der Werbebudgetierung nach Werbezielen und Werbeaufgaben verbunden? Skizzieren Sie kurz den Ablauf dieses Budgetierungsverfahrens!

32. Welche Informationen beinhaltet ein Werbebriefing neben der Copy-Strategie noch?

33. Erläutern Sie die Elemente einer Copy-Strategie an einer beliebigen Werbemaßnahme!

34. Erläutern Sie den Unterschied zwischen Inter- und Intra-Mediawahl!

35. Erläutern Sie die einzelnen Kriterien der Mediawahl im Zusammenhang mit der Planung einer Werbekampagne an einem selbst gewählten Beispiel!

36. Was versteht man unter Werbekonstanten und Werbevariablen? Erläutern Sie den Unterschied an selbstgewählten Beispielen!

37. Was versteht man unter Ambient-Media? Welche Vorteile hat diese Form der Außenwerbung?

38. Welche besonderen Vor- und Nachteile kennzeichnen das Kernmedium Fernsehen in der Mediaplanung? Welche mögliche Lösung gibt es für die Nachteile? Beschreiben Sie diese kurz!

39. Erläutern Sie die Bestimmungsfaktoren für die Gestaltung einer Werbebotschaft!

40. Erläutern Sie die Risiken bei der Verwendung von Angstappellen in der Werbebotschaft!

41. Mit Hilfe welcher Gestaltungselemente (Codes) ist es möglich, Zugang zum Gehirn des Kunden zu finden? Nennen sie jeweils ein praktisches Beispiel!

42. Was versteht man unter der Aktivierungswirkung einer Anzeige?

43. Durch welche Reize kann man die Aktivierungsstärke einer Anzeige erhöhen?

44. Wie kann man eine gute Fokussierung einer Anzeige sicherstellen?

45. Wann ist eine Anzeige gut »aufbereitet«?

46. Welche Bedeutung hat die Akzeptanz bei der Anzeigengestaltung?

47. Welche Gestaltungstechniken existieren im Zusammenhang mit der Werbemittelgestaltung? Erläutern Sie eine Gestaltungstechnik an einem Beispiel!

48. Welche Verfahren sind geeignet, um den ökonomischen Werbeerfolg einer Fernsehwerbung zu prognostizieren?

49. Welche Arten der Werbewirkung gibt es, und auf welche Beeinflussungsziele sind sie gerichtet?

50. Welche Probleme können sich bei der Werbeerfolgskontrolle ergeben? Erläutern Sie diese kurz!

9 Distributionspolitik

Lernziele

▸ Der Leser erhält einen Überblick über Aufgaben und Entscheidungen, die im Rahmen der Distributionspolitik anfallen. Er erkennt den strategischen Charakter der Distributionspolitik, beherrscht die Instrumente zur Ausgestaltung der Distributionspolitik und kann den Einfluss der spezifischen Rahmenbedingungen auf den Vertrieb der Produkte richtig einschätzen.

▸ Der Leser kennt die Möglichkeiten zur Bewertung und Auswahl der verschiedenen Distributionswege. Er ist mit den Betriebsformen des Groß- und Einzelhandels vertraut und kann sie hinsichtlich ihrer Leistung einordnen. Zudem weiß er, wie man die Zusammenarbeit mit Absatzmittlern und Absatzhelfern gestalten kann.

▸ Der Leser lernt die Bedeutung von Logistiksystemen für die Kundenzufriedenheit kennen und ist mit den Aufgaben und Gestaltungsmöglichkeiten der Marketinglogistik vertraut.

9.1 Grundlegende Aspekte der Distributionspolitik

9.1.1 Wesen und Bedeutung der Distributionspolitik

Moderne Industriegesellschaften sind aufgrund des hohen Grades an Arbeitsteilung dadurch gekennzeichnet, dass Produktion und Konsum von Gütern sowohl räumlich als auch zeitlich auseinanderfallen. Daraus ergibt sich die Notwendigkeit, Leistungen über den Ort und den Zeitpunkt ihrer Erstellung hinaus dort anzubieten, wo sie von den Abnehmern nachgefragt werden. Die Besonderheit beim Vertrieb von Dienstleistungen liegt darin, dass Ort und Zeit von Produktion und Konsum zusammen liegen. Im Gegensatz zu Gütern handelt es sich also um nicht lagerfähige Produkte. Manche Dienstleistungen werden unmittelbar in Anspruch genommen (z. B. Autowäschen), andere Dienstleistungen werden hingegen zunächst vermittelt und dann zu einem späteren Zeitpunkt (z. B. Urlaubsreisen) oder kontinuierlich (z. B. Bankdienstleistungen) in Anspruch genommen.

Kurz gesagt ist die Distribution die Verbindung zwischen den Produzenten und Konsumenten von Gütern und Dienstleistungen. Außer der Vertriebsfunktion ist dem Aufgabenfeld der Güterdistribution auch die Rücktransportfunktion (Redistribution) zuzurechnen. Zu den seit jeher bekannten Problemen, wie z. B. dem Rücktransport reparaturbedürftiger Produkte oder der Rücknahme von Leergut, sind durch die zunehmende Bedeutung des Recyclings neue Aufgabenfelder hinzugekommen (vgl. Specht/Fritz, 2005, S. 465 f.).

Die **Distributionspolitik** bezieht sich auf alle Entscheidungen und Handlungen, die mit dem direkten und/oder indirekten Weg von Produkten und Dienstleistungen vom Hersteller bis zum Endkäufer, das heißt von der Produktion bis zur (gewerblichen) Verwendung, in Verbindung stehen (vgl. Meffert et al., 2008, S. 562).

In der Distributionspolitik muss man grundsätzliche Entscheidungen hinsichtlich der Vertriebswege, der Vertriebsorganisation, der Verkaufspolitik und der Vertriebslogistik treffen (vgl. Becker, 2006, S. 527). Alle Entscheidungen über Vertriebswege, -organisation und Verkaufs-

Definition Distributionspolitik

9.1 Distributionspolitik
Grundlegende Aspekte der Distributionspolitik

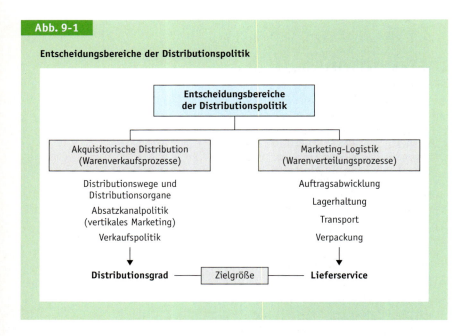

Abb. 9-1: Entscheidungsbereiche der Distributionspolitik

Warenverkauf und Warenverteilung als zentrale Entscheidungsbereiche

politik sind Teil der akquisitorischen Distribution, Entscheidungen über die Vertriebslogistik gehören zur physischen Distribution. Von der Distributionspolitik der Hersteller ist das **Handelsmarketing** abzugrenzen, das sich auf die marktorientierte Unternehmensführung von Handelsbetrieben bezieht.

Abbildung 9-1 stellt die Aufgaben und Zielgrößen der Distributionspolitik dar, die in den weiteren Abschnitten genauer erläutert werden.

Die **akquisitorische Distribution** bezieht sich auf rechtliche, wirtschaftliche, informatorische und beziehungstechnische Aspekte der Vertriebswegegestaltung (Bruhn, 2009, S. 246). Als Akquisition bezeichnet man Maßnahmen zur Kundengewinnung. Man geht davon aus, dass die optimale Gestaltung der Absatzkanäle und -organe, des Distributionswegemanagements und der Verkaufspolitik anziehend auf die Kunden wirken und dadurch ihr akquisitorisches Potenzial entfalten. Die Kernfragen lauten: Wie wird der Weg der Unternehmensleistungen vom Hersteller zum Kunden gestaltet? Wie wird der für den Absatz notwendige Kontakt vom Hersteller zum Kunden hergestellt (vgl. Becker, 2006, S. 527, 539)? Als wichtige Zielgröße der akquisitorischen Distribution dient der Distributionsgrad. Er gibt das Verhält-

Distribution als Engpass des Marktzugangs

nis aller belieferten Verkaufsstellen zur Anzahl aller Verkaufsstellen an, die für das Produkt in Frage kommen.

Die **physische Distribution** (Marketinglogistik) bezieht sich auf alle Aspekte der physischen Übermittlung des Leistungsangebots vom Hersteller zum Endkäufer und auf die damit verbundenen Informationsflüsse (Bruhn, 2009, S. 246). Hier lautet die Kernfrage: Wie wird die Auslieferung der Unternehmensleistungen an die Kunden gestaltet (Becker, 2006, S. 556)? Die wichtigste logistische Zielgröße ist der Lieferservice. Dieser kennzeichnet die erbrachte Distributionsleistung hinsichtlich Lieferbereitschaft, -zeit, -beschaffenheit und -flexibilität.

Die Distributionspolitik weist gegenüber den anderen Marketinginstrumenten einige besondere Merkmale auf (Ahlert, 1996, S. 14 f.; Specht/Fritz, 2005, S. 49 f.). Distributionspolitische Entscheidungen sind häufig langfristig-strategischer Natur und deshalb schwer revidierbar. So führt die Entscheidung für den direkten Vertrieb zu einem langjährigen Aufbau einer eigenen Vertriebsorganisation mit Niederlassungen und Personal. Am Beispiel von H & M oder IKEA kann man sich verdeutlichen, dass eine solche Entscheidung kurzfristig kaum rückgängig zu machen ist. Aber auch beim indirekten Vertrieb bestehen häufig langfristige Lieferverträge, die eine kurzfristige Änderung kaum ermöglichen.

Die besondere Bedeutung der Distributionspolitik kommt auch darin zum Ausdruck, dass andere absatzpolitische Entscheidungsbereiche von den Festlegungen in der Distributionspolitik maßgeblich geprägt werden. So haben Hersteller beim indirekten Vertrieb auf die Endverkaufspreise nur begrenzten Einfluss, weil sie vom Händler festgesetzt werden. Beim direkten Vertrieb von Konsumgütern, wie z. B. Avon, Vorwerk oder Tupperware, spielt die persönliche Kommunikation eine weitaus größere Rolle als die Werbung.

Die besondere Bedeutung der Distributionspolitik für den Markterfolg vieler Unternehmen zeigt sich darin, dass die Distribution heute in den meisten Konsumgüterbranchen der zentrale Engpass ist (Ahlert, 1996, S. 15). Das Problem kommt mit dem Schlagwort »Kampf um den Regalplatz« zum Ausdruck: Aufgrund der hohen Innovationsflut bei gleichzeitig »vollen Rega-

9.1 Grundlegende Aspekte der Distributionspolitik

len« im Handel entsteht zwischen den Herstellern eine starke Konkurrenz um die Präsenz in den Regalen des Handels. Diese Situation wird vom Handel häufig insofern »ausgenutzt«, als dass nur solche Produkte ins Sortiment aufgenommen (gelistet) werden, für die die Hersteller so genannte »Listungsgebühren« bezahlen. Dabei handelt es sich zum Teil um Leistungsforderungen an die Industrie, die wettbewerbsrechtlich sehr umstritten sind, denen sich aber kaum ein Hersteller entziehen kann.

Die besondere Problematik bei der Schaffung eines effizienten Distributionssystems resultiert daraus, dass die Distribution nur bedingt unternehmensindividuell gestaltbar ist. In der Hauptsache handelt es sich dabei um die Gestaltung zwischenbetrieblicher Beziehungen. Die unterschiedlichen Zielsetzungen der einzelnen Glieder des Distributionssystems führen häufig zu Interessenkonflikten zwischen den Distributionspartnern – insbesondere zwischen Herstellern und Händlern (Aus der Praxis 9-1).

Die zentrale Bedeutung der Beziehungen zwischen Industrie und Handel hat bei zahlreichen Herstellern dazu geführt, dass spezielle handelsgerichtete Marketingkonzepte entwickelt wur-

Aus der Praxis – 9-1

Bei so genannten Listungsgesprächen (auch Strategie- oder Jahresgespräch genannt) verhandeln Hersteller und Einzelhandel alljährlich unter anderem über Veränderungen in der Preis- und Konditionenpolitik. Bezogen auf den Einkaufspreis des Handels versuchen die Hersteller, ihre eigenen Preisvorstellungen durchzusetzen, während der Handel bemüht ist, eine möglichst hohe Einzelhandelsspanne zu erzielen. Die Einzelhandelsspanne ergibt sich aus der Differenz von Netto-Verkaufspreis und Netto-Einkaufspreis. Gemeinsam verfolgen Hersteller und Handel das Ziel, mit einem attraktiven Preis ihren Marktanteil auszubauen, allerdings haben Hersteller und Handel teilweise unterschiedliche Auffassungen über die Höhe eines attraktiven Preises. Die Konditionengespräche über Einkaufspreise und -konditionen des Handels enthalten das größte Konfliktpotenzial, weil Hersteller und Handel hier entgegengesetzte Ziele verfolgen. Diese Problematik offenbart sich in den Fachzeitschriften alljährlich im Spätsommer und Herbst. So war im September 2008 in diversen Artikeln der Lebensmittelzeitung unter anderem Folgendes zu lesen:

»Wie hart derzeit generell die Verhandlungen mit dem Handel sind, spürt der Hannoveraner Keks-Hersteller Bahlsen. Das Unternehmen will ebenso wie die Wettbewerber zum zweiten Mal in diesem Jahr Preiserhöhungen durchsetzen, jetzt sogar im zweistelligen Prozentbereich. Bahlsen begründet dies mit qualitativen Verbesserungen der Marke und gestiegenen Kosten. Doch gleich mehrere Handelskunden stellen sich taub. Konsequenz: Bahlsen hat zunächst die Belieferung von Rewe, Kaufland und Tengelmann-Supermärkten eingestellt. Fraglich, so ein Wettbewerber, wie lange die Hannoveraner die ungleiche Kraftprobe mit den Handelsriesen durchhalten. Angesichts der Prominenz von Bahlsen beobachtet nicht nur die Keksbranche mit Argusaugen den Ausgang des Konflikts. Schließlich belasten steigende Kosten in vielen Fällen die Ergebnisse sogar in zweistelliger Millionenhöhe. In der gesamten Nahrungsmittel- und Konsumgüterindustrie ist die Rede von der ›Notwendigkeit weiterer Preiserhöhungen‹. [...] Doch nicht die fehlende Koordination, sondern vielmehr die derzeitigen Rahmenbedingungen erschweren den Herstellern Preiserhöhungen. Die Situation bei den Rohstoffen ist dem Handel bestens bekannt aus dem Geschäft mit den eigenen Marken. [...] Selbst wenn der Handel höhere Rohstoffpreise [...] nachvollziehen kann, beißen Lieferanten nach eigenen Angaben auf Granit. Denn die größte Verteuerung findet 2008 im Energiesektor statt. [...] Vor allem mit Beginn der Heizsaison wächst die Furcht, die Deutschen könnten den Gürtel enger schnallen. Das Klima scheint denkbar ungünstig für Preiserhöhungen.« (Chwallek, 2008, S. 1 ff.).

Dass es nicht nur in Deutschland als eine der härtesten Handelslandschaften der Welt zu derartigen Konflikten kommt, zeigt ein Blick

> nach Belgien. Laut einem Bericht der Lebensmittelzeitung (Dawson, 2009, S. 33) wollte der drittgrößte belgische Handelskonzern Delhaize eine von Unilever geforderte durchschnittliche Preiserhöhung von 2,5 Prozent für das Jahr 2009 nicht akzeptieren. Eine gütliche Einigung konnte bis Ende 2008 nicht erzielt werden. Der Handelskonzern begründet dies mit Garantien bezüglich der Sonderaktionen und des Unilever-Sortiments, die zusammen mit der Preiserhöhung gefordert wurden. Danach hätte der Händler beispielsweise auch schlecht laufende Artikel listen sollen. Nach eigenen Aussagen hätte Delhaize damit die Kontrolle über die eigene Sortiments- und Aktionspolitik verloren. Da sich die Kontrahenten nicht einigen konnten, hätten die Geschäftsbeziehungen nach belgischem Recht zu den bisherigen Konditionen weitergeführt werden müssen. Unilever habe jedoch die bislang gewährten Mengen- und Logistikrabatte auf den Listenpreis gestrichen, wodurch sich der Einkauf von Unilever-Produkten für Delhaize schlagartig um 30 Prozent verteuerte. Die Handelsgruppe reagierte darauf mit einer Auslistung von 300 Unilever-Produkten, zu denen Marken wie Dove, Axe, Knorr, Lipton und Becel gehören. In direkter Folge können dadurch sowohl bei Unilever als auch bei Delhaize Umsätze wegbrechen. So entfallen auf den Händler 20 Prozent der belgischen Unilever-Jahresumsätze und 5 Prozent der Delhaize-Erlöse mit Unilever-Produkten. Sofern sich die Parteien nicht nachträglich einigen, würde vermutlich Delhaize wegen der erheblichen Zugkraft der Unilever-Marken stärker unter der Auslistung leiden als der Industrie-Konzern. Eine Umfrage ergab nämlich, dass 19 Prozent der Delhaize-Kunden mit der Auslistung unzufrieden seien, 47 Prozent würden die Unilever-Produkte durch andere Marken in den Delhaize-Geschäften ersetzen und 31 Prozent würden die Unilever-Marken nun bei anderen Einzelhändlern einkaufen. Damit verlieren unter dem Strich beide Parteien wegen des Konflikts Umsatzanteile an den Wettbewerb.

den, für deren Realisierung eigens gebildete Abteilungen zuständig sind. Im Zusammenhang mit seiner selektiven Vertriebstrategie hat Blaupunkt beispielsweise ein spezielles Verkaufsförderungsprogramm für die belieferten Händler entwickelt.

9.1.2 Ziele und Aufgaben der Distributionspolitik

Die Ziele der Distributionspolitik drücken allgemeine und spezifische Absichten bzw. Vorhaben der Unternehmung im Bereich der Distribution aus. Wie bei den übrigen Marketinginstrumenten gilt es, unter Berücksichtigung übergeordneter Unternehmens- und Marketingziele operationale Zielvorgaben zu formulieren. Diese können sich sowohl auf die Endabnehmer als auch auf die eingeschalteten Distributionsorgane richten. Bei indirekter Distribution gehört die Gestaltung der Beziehungen zu den Handelspartnern zu den wichtigsten Distributionszielen. Nach Bruhn lassen sich ökonomisch orientierte, versorgungsorientierte und psychologisch orientierte Distributionsziele unterscheiden (vgl. Bruhn, 2009, S. 247; eine ausführliche Darstellung strategischer und operativer Distributionsziele findet sich bei Specht/Fritz, 2005, S. 244 ff., 277).

Zu den **ökonomisch orientierten Distributionszielen** zählen beispielsweise die Erhöhung der Absatzmenge, Umsätze oder Marktanteile, Verbesserungen der Deckungsbeiträge, die Sicherstellung von Preisniveaus oder die Senkung der Distributionskosten. Distributionskosten können durch die Berücksichtigung von kosteneffizienten Absatzkanälen und Kanälen mit großen Absatzvolumen gesenkt werden.

Bei den **versorgungsorientierten Distributionszielen** spielt in der Praxis der Distributionsgrad die wichtigste Rolle. Distribution bedeutet nicht nur Verteilung, sondern ebenso Erhältlichkeit und Verfügbarkeit. Dazu zählt auch die Reduzierung von Kontaktwegen, also der Aufwand, den ein Konsument betreiben muss, um das gewünschte Produkt zu erhalten. Auf diese Aspekte bezieht sich der Begriff des Distributionsgrads bzw. der Distributionsquote. Es handelt sich dabei um eine als Quotient formulierte Zielgröße, die die Erhältlichkeit eines

Kennzahlen zur Kontrolle der Distributionsziele

9.1 Grundlegende Aspekte der Distributionspolitik

Produktes im Handel zum Ausdruck bringt. Dabei unterscheidet man allgemein zwischen numerischem Distributionsgrad und (umsatz)gewichtetem Distributionsgrad.

Der **numerische Distributionsgrad** errechnet sich aus der Anzahl belieferter Letztverkaufsstellen, dividiert durch die Anzahl all jener Letztverkaufsstellen, die beliefert werden könnten.

$$\text{num. Distributionsgrad} = \frac{\text{Anzahl belieferter Verkaufsstellen}}{\text{Anzahl aller Verkaufsstellen, die für das Produkt in Frage kommen}}$$

Problematisch an dieser Distributionskennzahl ist der Umstand, dass lediglich die Anzahl der Verkaufsstellen berücksichtigt wird und nicht die tatsächliche Umsatzbedeutung einzelner Verkaufsstellen. Die Belieferung eines Kiosks geht dabei mit dem gleichen Gewicht in die Kennzahl ein wie die Belieferung eines Verbrauchermarktes. Relevant ist dieser Umstand auch für den Online-Vertrieb, bei dem es prinzipiell ausreicht, dass die Produkte bei nur ganz wenigen Online-Shops erhältlich sind, diese aber – einen gewissen Bekanntheitsgrad vorausgesetzt – bundesweit oder darüber hinaus liefern und entsprechende Umsätze erwirtschaften. Eine Lösung für dieses Problem bietet der **gewichtete Distributionsgrad**, der die Umsatzbedeutung der Produkte in den verschiedenen Betriebsformen des Handels berücksichtigt (vgl. Ahlert, 1996, S. 201). Zur Berechnung setzt man den Produktumsatz der belieferten Verkaufsstellen ins Verhältnis zum Warengruppenumsatz der diese Warengruppe führenden Verkaufsstellen und kann daraus Rückschlüsse auf deren Qualität und Wichtigkeit ziehen.

$$\text{gew. Distributionsgrad} = \frac{\text{Umsatz belieferter Verkaufsstellen mit dem Produkt}}{\text{Umsatz aller Verkaufsstellen mit dieser von ihnen geführten Warengruppe}}$$

Bei den **handelsgerichteten Distributionszielen** spielt das Bevorratungsverhalten des Handels eine wichtige Rolle. Die Erhöhung der Handelslagerbestände bei einzelnen Produkten gilt häufig als wichtige Zielgröße im Zusammenhang mit der Vermeidung von Distributionslücken. Verkürzung von Lieferzeiten, Erhöhung der Lieferbereitschaft und Verbesserung der Lieferzuverlässigkeit sind Beispiele für Distributionsziele im Rahmen der physischen Distribution, die sowohl handelsgerichtet als auch konsumentengerichtet sein können.

Zu den **psychologisch orientierten Distributionszielen** gehören z. B. die Verbesserung des Images eines Distributionsweges und die Verbesserung der Qualifikation des Verkaufspersonals bezüglich der Beratung oder Erhöhung der Kooperationsbereitschaft der eingeschalteten Distributionsorgane (vgl. Kapitel 9.3.2).

Bevor eine unternehmensindividuelle Gestaltung des Distributionssystems erfolgen kann, muss geklärt werden, welche mikroökonomischen Aufgaben im Einzelnen zu erfüllen sind, um die Produkte vom Hersteller – unter Überbrückung von Raum und Zeit – in den Verfügungsbereich der Endabnehmer zu bringen. Vielfach wird zwischen zwei zentralen Aktionsbereichen der Distributionspolitik unterschieden: die Gestaltung des akquisitorischen Distributionssystems (Gestaltung der physischen Warenverkaufsprozesse) und die Gestaltung des physischen Distributionssystems (Gestaltung der physischen Warenverteilungsprozesse) (vgl. Ahlert, 1996, S. 22 ff.).

Bei der **akquisitorischen Distribution** stehen Grundsatzentscheidungen über die Wahl der Distributionswege und die Gewinnung der Distributionsorgane im Mittelpunkt. Aufgrund der großen Bedeutung, die Handelsbetriebe beim Absatz von Konsumgütern haben, spielt die Gestaltung der Beziehungen zwischen Herstellern und Handelsbetrieben (Absatzkanalpolitik, vertikales Marketing) eine große Rolle. Hier geht es auch um die Aufgabenverteilung zwischen den Distributionsorganen: Die Handelsmacht hat in vielen Fällen dazu geführt, dass typische Handelsaufgaben (z. B. Regalpflege, Verkaufsförderung, Lagerung) vom Hersteller übernommen werden. Ein weiteres Entscheidungsfeld betrifft die Organisation und Steuerung des persönli-

Aufgaben der Distributionspolitik

chen Verkaufs (Verkaufspolitik), bei der es im Wesentlichen um den effizienten Einsatz des Außendienstpersonals des Herstellers geht.

Bei der Gestaltung der **physischen Warenverteilungsprozesse** geht es insbesondere um Entscheidungen der Marketinglogistik. Dazu gehören Standortentscheidungen, die Wahl geeigneter Transportwege und -mittel, Fragen der Lagerhaltung sowie Aspekte der Lieferbereitschaft. Mit der Gestaltung der physischen Warenverteilungsprozesse soll sichergestellt werden, dass das richtige Produkt zur gewünschten Zeit und in der richtigen Menge an den gewünschten Ort gelangt.

9.1.3 Rahmenbedingungen der Distributionspolitik

Die unternehmensindividuelle Gestaltung distributionspolitischer Maßnahmen hängt von den jeweils spezifischen Bedingungen im einzelnen Unternehmen ab. Diese sind im Rahmen der Situationsanalyse zu klären. Die Determinanten der Distributionspolitik lassen sich einteilen in interne, externe und produktspezifische Faktoren.

Bei den **internen (betrieblichen) Bestimmungsfaktoren** ist zunächst die Größe und Finanzkraft des Unternehmens zu betrachten. Größere Unternehmen mit einer bedeutenden Marktstellung sind eher in der Lage, distributionspolitische Aufgaben in eigener Regie zu übernehmen, da der Aufbau eines eigenen Distributionssystems – unter Ausschaltung des Groß- und Einzelhandels – mit erheblichen Kosten verbunden ist. Von seiner Marktstellung hängt es ab, inwieweit es dem Unternehmen gelingen kann, die eigenen Distributionsziele und -konzepte gegenüber den nachfolgenden Handelsstufen durchzusetzen. So haben Unternehmen wie Coca Cola, Ferrero, Beiersdorf (z. B. Nivea, Tesa) oder Kraft Foods (Milka) aufgrund der unangefochtenen Marktführerschaft ihrer Marken bedeutend mehr Einflussmöglichkeiten auf den Handel als kleine Produzenten, wenn es beispielsweise um die Aufnahme neuer Produkte, spezielle Regalplätze oder Verkaufsförderungsaktionen geht.

Wesentlich für die Gestaltung von Distributionssystemen sind auch Art und Umfang des Produktions- bzw. Verkaufsprogramms. So kann man die Tendenz erkennen, dass Unternehmen mit einem breiten und tiefen Produktionsprogramm eine stark ausgebaute Vertriebsorganisation haben und bemüht sind, einen Großteil der Distributionsfunktionen selbst zu erfüllen. Ein Hersteller mit einem besonders exklusiven Programm wird sicher versuchen, durch den Aufbau eigener Verkaufsniederlassungen einen möglichst großen Einfluss auf den Absatz seiner Produkte auszuüben. Beispiele dafür sind die Distributionssysteme der Firmen WMF (Haushaltswaren), Salamander (Schuhe) oder Villeroy & Boch (Porzellan), die ihre Produkte über eigene Verkaufsfilialen oder enge vertragliche Vertriebsbindungen mit ausgewählten Händlern vertreiben.

Die vom Unternehmen verfolgte Marketingkonzeption selbst hat direkten Einfluss auf die Ausgestaltung des distributionspolitischen Aktionsbereichs. So wird die Auswahl geeigneter Absatzmittler bei einer Präferenzstrategie nach anderen Gesichtspunkten verlaufen als es für die Realisierung einer Preis-Mengen-Strategie der Fall sein wird (vgl. Kapitel 5.2.2).

Zu den **externen (marktlichen) Rahmenbedingungen** zählen kundenbezogene, handelsbezogene, konkurrenzbezogene und sonstige umfeldbezogene Einflussfaktoren. Bei den **kundenbezogenen Rahmenbedingungen** ist zuerst an die Anzahl und Struktur der Abnehmer zu denken. Je größer die Zahl der Abnehmer ist, desto größer ist die Tendenz zum indirekten Distributionsweg. Sind die Endabnehmer selbst Weiterverarbeiter, so findet man hier in der Regel direkte Distributionswege vor. Im Konsumgüterbereich spielt das Einkaufsverhalten der Konsumenten für die Gestaltung indirekter Distributionswege eine große Rolle. Vom Einkaufsstättenimage einzelner Betriebsformen hängt es ab, welche Absatzmittler eingeschaltet werden sollen. Die Aufgeschlossenheit der Konsumenten gegenüber neuen Distributionsformen und Veränderungen im Hinblick auf einkaufsspezifische Nutzenerwartungen sind ebenfalls ins Kalkül zu ziehen (vgl. Ahlert, 1996, S. 83 ff.; Aus der Praxis 9-2).

Die Erreichung der eigenen Distributionsziele hängt auch von den spezifischen Bedingungen auf Seiten der Absatzmittler ab. Zu den **han-**

9.1 Grundlegende Aspekte der Distributionspolitik

> **Aus der Praxis – 9-2**
>
> Für Körperpflegeprodukte, die in Richtung »medizinisch« oder »gesund« positioniert werden, ist der Absatz über Apotheken besonders geeignet, weil das Produktimage mit dem Einkaufsstättenimage von Apotheken übereinstimmt. Die Konsumenten würden einem solchen Produkt aufgrund ihrer Erwartungen im Verbrauchermarkt nicht die gleiche »medizinische Kompetenz« zutrauen. Die zunehmende Mobilität der Konsumenten hat ihr Einkaufsverhalten in den letzten Jahren grundlegend verändert. Die Einkaufsfrequenzen sind zurückgegangen. Um möglichst »alles unter einem Dach« zu bekommen, werden Verbrauchermärkte und Einkaufszentren auf der grünen Wiese bevorzugt, die großzügige Parkmöglichkeiten bieten. Zunehmend akzeptieren Konsumenten Automaten als Verkaufsstellen, sind gegenüber neuen Verkaufsformen wie Online- und Teleshopping aufgeschlossen und gegenüber schlechten Serviceleistungen zunehmend kritischer. Diese Tendenzen müssen von den Herstellern im Rahmen der distributionspolitischen Maßnahmen berücksichtigt werden.

delsbezogenen Einflussfaktoren zählen unter anderem deren Stärken und Schwächen bei der Übernahme spezifischer Distributionsfunktionen wie z. B. die Qualifikation des Verkaufspersonals und die Gestaltung bedarfsgerechter Sortimente. Ganz wesentlich stellt sich für den Hersteller die Machtverteilung im Absatzkanal dar (Ahlert, 1996, S. 98 ff.). Um die (missbrauchsanfällige) Nachfragemacht des Handels und den damit verbundenen Verlust an Einflussmöglichkeiten im Absatzkanal zu umgehen, gibt es für Konsumgüterhersteller verschiedene Möglichkeiten: von einer zeitweiligen Liefersperre, über den Ausschluss des Händlers, bis hin zum Aufbau eines eigenen Distributionssystems (Aus der Praxis 9-3). Je nach Machtverhältnis können natürlich auch die Handelsbetriebe gegenüber dem Hersteller Sanktionen ergreifen, beispielsweise in Form von Zahlungsverzögerungen, einer Verschlechterung der Warenpräsentation bis hin zur Auslistung der Produkte.

Die Gestaltung des eigenen Distributionssystems wird maßgeblich von den Distributionssystemen der Hauptkonkurrenten beeinflusst, und zwar je nachdem, ob man sich daran anlehnen oder davon distanzieren will. Bei **konkurrenzbezogenen Faktoren** spielt vor allem die Marktstellung der Konkurrenten im Absatzkanal (Größe, Marktmacht, Distributions-Know-how) eine entscheidende Rolle. Im Rahmen einer Situationsanalyse sind Profilierungsmöglichkeiten durch den Aufbau neuer bzw. bisher vernachlässigter Distributionswege zu prüfen (Aus der Praxis 9-4).

Sonstige umfeldbezogene Einflussgrößen beziehen sich auf technologische, rechtliche oder sozio-kulturelle Veränderungen im Umfeld der Unternehmen. Bei den **technologischen Faktoren** sind z. B. die rasanten Entwicklungen im Bereich der neuen Medien zu nennen. Insbesondere Einkäufe über das Internet (Online-Shopping) führen derzeit zu einer grundlegenden Veränderung der gesamten Handelslandschaft (vgl. hierzu ausführlich Kapitel 9.2.3.2). Der Computereinsatz im Bereich der physischen Distribution eröffnet bereits seit geraumer Zeit vielfältige Möglichkeiten einer rationellen Gestaltung der Lagerhaltungs- und Transportfunktionen.

Als Beispiel ist hier die arvato AG anzuführen. Diese Bertelsmann-Tochter hat sich auf das Angebot von Dienstleistungen spezialisiert, die es für die konzerneigenen, aber auch für fremde

> **Aus der Praxis – 9-3**
>
> Ein erfolgreiches Beispiel für die weitgehende »Abkoppelung« vom Handel ist das Distributionssystem der Firma bree. Der Taschenhersteller aus dem Raum Hannover vertreibt seine Produkte nicht nur über ausgesuchte Fachhandelsbetriebe, sondern an vielen Standorten auch über Franchisebetriebe (vgl. Kapitel 9.2.4.3), die vertraglich sehr eng an den Hersteller gebunden sind, die ausschließlich dessen Produkte verkaufen und für den Verbraucher wie Filialen des Herstellers aussehen.

9.1 Distributionspolitik
Grundlegende Aspekte der Distributionspolitik

> **Aus der Praxis – 9-4**
>
> Die Firma Vorwerk hat im Jahre 1930 erstmalig bei Staubsaugern den Direktabsatz realisiert und damit erhebliche Wettbewerbsvorteile erlangt. Mit der Erschließung neuer Distributionswege gelang es der Mettmanner Firma Eismann ebenfalls, neue Kundengruppen zu erreichen. Der Direktabsatz von Tiefkühlprodukten ist für viele Kunden ein Grund gewesen, überhaupt erst Tiefkühlprodukte zu kaufen, weil dadurch das »Beschaffungsproblem« dieser Kunden gelöst wurde. Aus Sorge davor, dass Tiefkühlprodukte beim Handel oder beim Transport unter Umständen auftauen, bevor die Produkte in der heimischen Tiefkühltruhe gelagert werden konnten, haben viele Konsumenten auf den Kauf solcher Produkte verzichtet. Die Problemlösung für diese Kunden war das Eismann-Prinzip »direkt vom Hersteller in die heimische Tiefkühltruhe des Kunden«.

Unternehmen anbietet. Neben Finanzdienstleistungen (Abrechnungen, Bezahllösungen) und Beziehungsmanagement (Kunden-Hotlines, Adressverwaltung) bezieht sich ein Geschäftsfeld auf die Steuerung der logistischen Lieferprozesse (Supply Chain Management). Hierzu gehören Bestellabwicklung, Lagerhaltung, Versand, Transport- und Retourenmanagement sowie Reparaturservice im Auftrag des Herstellers. Die Übernahme dieser Dienstleistungen erfordert eine enge Vernetzung der Informationstechnologie zwischen arvato und dem Auftraggeber.

Die Wirkungen der **Gesetzgebung** beeinflussen ebenfalls die Gestaltungsmöglichkeiten von Distributionssystemen. Hierzu einige Beispiele: Der Gesetzgeber verhindert z. B. solche Vertriebsbindungen bzw. Unternehmenszusammenschlüsse, die den Wettbewerb erheblich behindern oder eine Monopolbildung begünstigen. Arzneimittel werden in freiverkäufliche, apothekenpflichtige, verschreibungspflichtige Produkte und Betäubungsmittel unterteilt. Nach deutschem Arzneimittelgesetz dürfen Pharmaka mit Ausnahme der freiverkäuflichen nur von Apotheken angeboten werden. Immer stärker werden Hersteller auch für die Entsorgung alter Geräte und Verpackungen herangezogen. So ist die Pfandrücknahme für Ein- und Mehrwegverpackungen in der Verpackungsverordnung geregelt und das Elektro- und Elektronikgerätegesetz verpflichtet die Hersteller technischer Geräte zur kostenlosen Rücknahme von Altgeräten. Rücknahmeverpflichtungen haben nicht nur Auswirkungen auf die Redistribution, also die Rückführung und Verwertung von Produkten, sondern müssen wegen der entstehenden Kosten auch in der Preisgestaltung berücksichtigt werden.

Sozio-kulturelle Faktoren betreffen z. B. Veränderungen in der soziodemografischen Struktur der Bevölkerung (Zunahme des Anteils an älteren Menschen und Single-Haushalten), die ein verändertes Einkaufsverhalten mit sich bringen. Der so genannte Wertewandel (vgl. Silberer, 1991) beeinflusst ebenfalls die distributionspolitischen Entscheidungen der Hersteller. Mit Zunahme der Erlebnis- und Freizeitorientierung in der Gesellschaft entstehen neue Ansprüche der Konsumenten, denen die Hersteller nicht nur mit neuen Produkten, sondern auch

> **Aus der Praxis – 9-5**
>
> Es gibt zahlreiche Beispiele dafür, wie schnell die Wirtschaft auf sozio-kulturelle Trends reagiert. Bodyshop steht für natürliche Inhaltsstoffe sowie Nachhaltigkeit und bedient damit den Wunsch der Verbraucher nach Natürlichkeit und fair gehandelten Produkten. Erlebnisorientierte Einkaufspassagen und -zentren bieten nicht nur Einkaufsmöglichkeiten, sondern werden Freizeitparks immer ähnlicher. Express-Dienste, 24-Stunden-Service und dergleichen sind Ausdruck einer auf möglichst schnelle Bedürfnisbefriedigung ausgerichteten Konsumgesellschaft. Nur durch entsprechende Absatzkanalpolitik und logistische Systeme sind solche Ansprüche der Konsumenten überhaupt realisierbar.

mit neuen Distributionskonzepten begegnen müssen (Aus der Praxis 9-5). Extreme Beispiele für den Erlebniseinkauf finden sich in den USA, wo viele der weltweit größten Einkaufszentren (Shopping Malls) stehen. Die West Edmonton Mall beherbergt beispielsweise neben über 800 Geschäften und Gastronomiebetrieben auch einen Erlebnispark mit Achterbahn, Karussellen, vielen weiteren Fahrgeschäften und Spielbuden sowie Kinos, einer Eislaufbahn, Aquarien, Seehunddressur, Bowling- und Minigolfbahn und unzähligen weiteren Attraktionen (vgl. zum Erlebnismarketing ausführlich Weinberg, 1992).

Die spezifischen Eigenschaften der Produkte beeinflussen die Gestaltung der akquisitorischen und physischen Distribution in besonderem Maße (vgl. Knoblich, 1969). Bei den **produktbezogenen Faktoren** sind vor allem gebrauchstechnische und kulturelle bzw. soziale Eigenschaften zu unterscheiden (Ahlert, 1996, S. 40 ff.).

Bei den **gebrauchstechnischen Eigenschaften** sind zunächst die chemisch-physikalischen Eigenschaften wie z. B. Größe, Gewicht, Sperrigkeit, Haltbarkeit zu nennen, die die Transportempfindlichkeit und Lagerfähigkeit von Produkten bestimmen und damit einen maßgeblichen Einfluss auf das logistische System haben. Je größer und sperriger Produkte sind, desto häufiger bestehen unmittelbare logistische Beziehungen zwischen Hersteller und Endabnehmern. So werden Küchen oder Car-Ports häufig über Fachgeschäfte abgesetzt, der physische Weg verläuft hingegen direkt vom Hersteller zum Endabnehmer.

Technisch-funktionale Produkteigenschaften beeinflussen in stärkerem Maße die Gestaltung der Distributionswege als sie die logistischen Warenverteilungsprozesse beeinflussen. Zu erwähnen sind beispielsweise die technische Kompliziertheit und Erklärungsbedürftigkeit von Produkten. Je komplizierter und erklärungsbedürftiger ein Produkt ist, desto eher sehen sich die Hersteller veranlasst, eigene Distributionsorgane einzusetzen. So ist etwa beim Vertrieb komplexer medizinischer Geräte der Einsatz von Außendienstmitarbeitern dem Vertrieb über den Handel vorzuziehen, da der eigene Außendienst in der Regel motivierter beim Verkauf und kompetenter bei der Erklärung der eigenen Produkte ist als Verkäufer im Handel. Im Falle des indirekten Distributionsweges zieht man in der Regel spezifische Auswahlkriterien bei der Selektion von Absatzmittlern heran. Beispielsweise werden bei hochwertigen Produkten der Unterhaltungselektronik im Zusammenhang mit der selektiven Distribution nur solche Händler ausgewählt, die unter anderem über geeignetes Personal verfügen, das die erforderlichen Serviceleistungen erbringen kann.

Zu den funktionalen Produkteigenschaften zählt auch die Bedarfshäufigkeit (vgl. Knoblich, 1969). Man unterscheidet dabei zwischen Produkten des täglichen Bedarfs (z. B. Lebensmittel), des periodischen Bedarfs (z. B. Bekleidung) und des aperiodischen Bedarfs (z. B. Haushaltsgeräte, Pkw). Für Produkte des täglichen Bedarfs wird in der Regel »Überallerhältlichkeit« (Ubiquität) angestrebt, das heißt eine intensive Distribution, die in der Regel die Einschaltung von Groß- und Einzelhandelsbetrieben erfordert. Für Produkte des aperiodischen Bedarfs kommt häufig auch ein direkter Distributionsweg in Betracht. So erfolgt der Absatz von Autos meistens über eigene oder werksgebundene Verkaufsniederlassungen.

Soziale und kulturelle Produkteigenschaften sind z. B. die Wertigkeit, Exklusivität oder Geschenkeignung von Produkten. Sie bestimmen unter Umständen die Einkaufsstättenwahl der Konsumenten oder haben Einfluss auf die Art der Qualitätsbeurteilung. Daraus resultieren möglicherweise Ausstrahlungen des Einkaufsstättenimages auf das Qualitätsimage der Produkte. Das kann z. B. bei hohen ästhetischen Produkterwartungen der Fall sein, sodass die Hersteller zur Sicherung ihres Qualitätsimages strenge Kriterien bei der Selektion von Absatzmittlern heranziehen müssen (vgl. Kapitel 9.2.4.1).

Produktspezifische Rahmenbedingungen

9.2 Akquisitorische Distribution

Im Mittelpunkt der akquisitorischen Distribution steht die Gestaltung der Distributionskanäle. Hierunter fallen Grundsatzentscheidungen über die Wahl der Distributionswege und Distributionsorgane, die Managementaufgaben zur Gestaltung der Beziehungen zwischen den einzelnen Distributionsmitgliedern – insbesondere zwischen Industrie und Handel sowie die Verkaufspolitik. Die Gesamtheit der an der Abwicklung von Distributionsaufgaben beteiligten Organe und deren Beziehungen zueinander bezeichnet man als **Distributionsweg** (Absatzkanal, Absatzweg, Vertriebsweg) eines Produkts.

Grundsätzlich wird zwischen direktem und indirektem Vertrieb unterschieden. Sobald ein Hersteller seine Produkte über Absatzmittler (Handelsbetriebe) vertreibt, wählt er einen **indirekten Distributionsweg**. Wenn ein Hersteller seine Produkte mit Hilfe eigener Distributionsorgane und/oder mit der Unterstützung von Absatzhelfern (z. B. Speditionen) an die Endabnehmer verkauft, unterhält er direkte Kontakte zu seinen Abnehmern und hat damit einen relativ großen Einfluss auf das »Schicksal« seiner Produkte. In diesem Fall spricht man von einem **direkten Distributionsweg**.

Als **Distributionsorgane** (Absatz-, Vertriebsorgane) bezeichnet man alle Personen und/oder Institutionen, die auf dem Weg eines Produktes vom Hersteller bis hin zur nächsten konsumtiven oder produktiven Verwendung Distributionsaufgaben wahrnehmen. Ein Hersteller kann entweder alle Distributionsaufgaben durch eigene Distributionsorgane wahrnehmen oder aber einen Großteil der Aufgaben an fremde (selbständige) Distributionsorgane übertragen.

Als **eigene Distributionsorgane** sollen alle rechtlich und/oder organisatorisch an das Unternehmen gebundenen Personen und Institutionen bezeichnet werden, die mit der Erfüllung von Akquisitions- oder Logistikaufgaben betraut sind. Dies sind vor allem Reisende, Verkaufsniederlassungen oder der eigene Fuhrpark. Zu den Verkaufsniederlassungen zählen wiederum Verkaufsfilialen, Fabrikverkäufe, Club-Systeme (z. B. ADAC, Bertelsmann-Club) und der Direktversand (z. B. Dell). Die meisten Hersteller verkaufen ihre Erzeugnisse nicht (nur) mit Hilfe eigener Distributionsorgane an den Endverwender, sondern übertragen einen Großteil der Distributionsfunktionen an **fremde Distributionsorgane**, die sich auf die Erfüllung bestimmter Aufgaben spezialisiert haben. Bei den fremden Distributionsorganen unterscheidet man grundsätzlich zwischen Absatzmittlern und Absatzhelfern.

Absatzmittler sind wirtschaftlich und rechtlich selbständige Unternehmen, deren Hauptzweck darin besteht, Waren und Dienstleistungen im eigenen Namen und auf eigene Rechnung zu kaufen und zu verkaufen. Hier ist in erster Linie an Groß- und Einzelhandelbetriebe zu denken. Zu deren wichtigsten versorgungsorientierten Aufgaben beziehungsweise Handelsfunktionen gehören die Produktzusammenstellung zu nachfrageorientierten Sortimenten, das Kommissionieren großer Packeinheiten zu verbrauchsgerechten Mengen, die Qualitätssicherung, Erklärung und Beratung, die Vorratshaltung (zeitliche Überbrückung), das Anbieten von Zusatzleistungen (z. B. Auslieferung, Geschenkverpackung, Gewährleistung) und die Rücknahme bestimmter Produkte und Verpackungen (vgl. Treis, 2003b, S. 566 ff.).

Als **Absatzhelfer** werden solche (selbständigen) Distributionsorgane bezeichnet, die bei der Erfüllung der Distributionsaufgaben »behilflich« sind, selbst aber kein Eigentum an der Ware übernehmen. Typische Absatzhelfer sind Handelsvertreter, Spediteure und Lagerhausbetriebe.

Einen Überblick über die verschiedenen Distributionsorgane, auf die in den folgenden Abschnitten eingegangen wird, gibt Abbildung 9-2.

Schließlich können Distributionsaufgaben auch von den Beschaffungsorganen **der Abnehmer** wahrgenommen werden. Bei gewerblichen Abnehmern sind es etwa Personen der Einkaufsabteilung. Bei Konsumgütern sind es die Konsumenten selbst, die z. B. als Selbstabholer beim Möbelkauf Distributionsaufgaben – in diesem Fall die Transportfunktion – übernehmen.

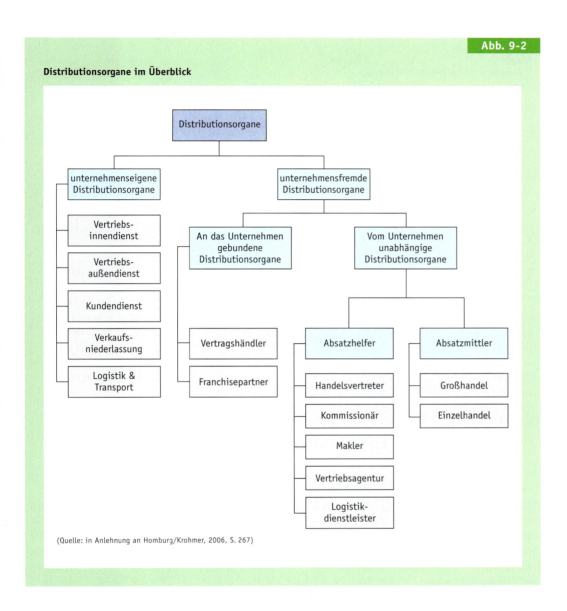

Abb. 9-2 Distributionsorgane im Überblick

(Quelle: in Anlehnung an Homburg/Krohmer, 2006, S. 267)

9.2.1 Gestaltung der Distributionswege

Jedes Unternehmen muss zunächst klären, welche spezifischen Distributionsaufgaben auf dem Weg der Produkte bis zum Endverbraucher zu erfüllen sind. Außerdem stellt sich die Frage, wer diese Aufgaben im Distributionsweg übernehmen soll. Je nachdem, welche und wie viele Distributionsorgane eingeschaltet werden, ergeben sich unterschiedliche Distributionswege für ein Produkt. Entscheidungen über die Distributionsorgane und Distributionswege sind also direkt miteinander verknüpft. Die Gesamtheit aller Distributionswege und Distributionsorgane eines Herstellers kennzeichnet sein **Distributionssystem.** In der Praxis spricht man häufig auch vom Vertriebssystem. Bevor auf die Organe der direkten und indirekten Distributionswege eingegangen wird, folgt zunächst ein kurzer Überblick über Grundtypen von Distributionswegen (vgl. Specht/Fritz, 2005, S. 162 ff.).

Aus Abbildung 9-3 wird die Vielzahl der Gestaltungsmöglichkeiten der Distributionswege

Distributionssystem als Gesamtheit der Distributionswege und -organe

9.2 Distributionspolitik
Akquisitorische Distribution

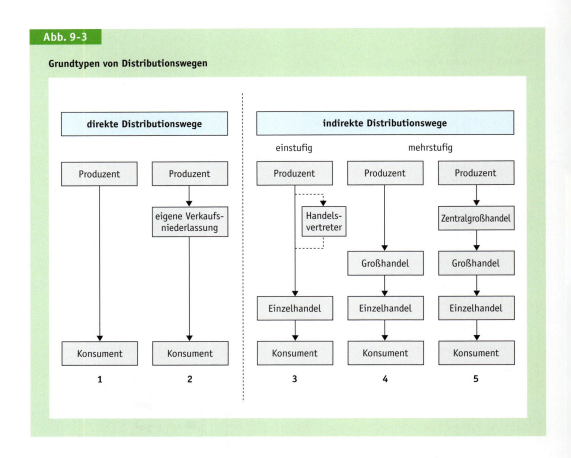

Abb. 9-3 Grundtypen von Distributionswegen

Mehrwegdistribution ist der Vertrieb über unterschiedliche Distributionswege.

deutlich. Die Abbildung zeigt verschiedene Varianten des **direkten** (zwischen Hersteller und Endabnehmer sind keine Handelsbetriebe zwischengeschaltet (1, 2)) und des **indirekten Distributionsweges**. Die indirekten Distributionswege teilen sich in **einstufig-indirekt** (3) und **mehrstufig-indirekt** (4, 5) auf. Bei mehrstufig-indirektem (unverkürztem) Distributionsweg wird neben dem Einzelhandel (EH) auch der Großhandel (GH) eingeschaltet. Für den indirekten Vertrieb sollte man sich entscheiden, wenn einem die Kompetenz zum Direktvertrieb fehlt, der Vertrieb mit Absatzmittlern kostengünstiger ist und auf Abnehmerseite eine hohe Nachfrage nach Sortimentsvielfalt besteht (Esch et al., 2008, S. 325). Weitere Entscheidungskriterien gehen aus Abbildung 9-4 hervor. Danach empfiehlt sich der Direktvertrieb, wenn die Erklärungsbedürftigkeit der Produkte sehr hoch, die Anzahl der Endabnehmer gering oder die Steuerbarkeit der Absatzmittler besonders wichtig ist.

Gestaltungsunterschiede ergeben sich bei direkten und indirekten Distributionswegen aufgrund des Einsatzes verschiedener Absatzhelfer. Es kommt häufig vor, dass ein Hersteller für ein und dasselbe Produkt unterschiedliche Distributionsorgane bzw. -wege wählt, um damit das Marktpotenzial besser auszuschöpfen und die Abhängigkeit von einzelnen Betriebsformen zu verringern (Aus der Praxis 9-6). In diesem Fall spricht man von einer **Mehrwegdistribution** (Multi-Channel-Vertrieb), wobei zwischen **differenzierter** und **undifferenzierter Mehrwegdistribution** unterschieden wird. Letztere Form bedeutet, dass ein Hersteller sein Angebot undifferenziert über verschiedene Absatzwege an die gleiche Zielgruppe absetzt. Diese Strategie birgt ein relativ großes Konfliktpotenzial zwischen den einzelnen Absatzkanälen in sich, da sich die Umsätze konkurrierender Absatzkanäle kannibalisieren können. Beispielsweise kann es zu Umsatzverlusten in großflächigen Betriebsformen des Einzelhandels kommen, wenn das gleiche Produkt parallel in Discount-Märkten vertrieben wird. Zudem können auch die Beziehungen zu großen Handelsketten leiden, wenn ein Hersteller seine Waren parallel in Eigenregie über Fabrikverkaufsläden vertreibt. Nicht zu unterschätzen ist auch die Gefahr von Image-Verwässerungen und Irritationen bei Verbrauchern, wenn ein Markenprodukt über unterschiedliche Betriebsformen (service-orientierter Fachhandel, preisgünstige Discounter) verkauft wird. Häufiger führen Unternehmen deswegen im Rahmen einer differenzierten Mehrwegdistribution zuvor eine klare Produktdifferenzierung und Marktsegmentierung durch, um Konflikte zu vermeiden (Specht/Fritz, 2005, S. 169 f., 254).

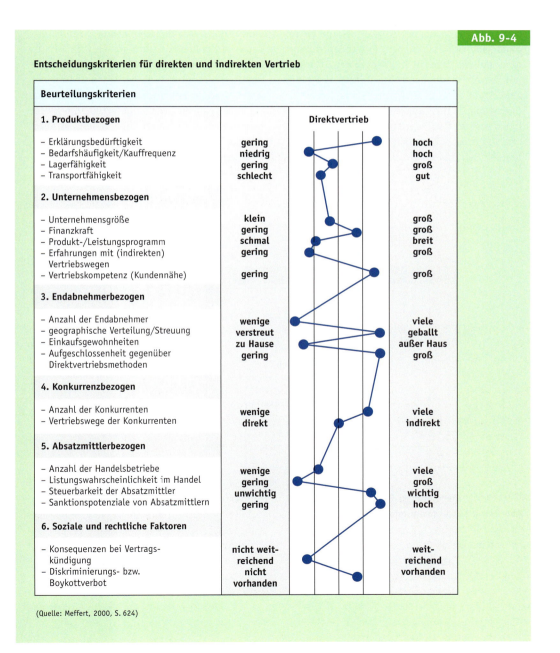

Abb. 9-4

Aus der Praxis – 9-6

Typisch ist die Mehrweg-Distribution vor allem für Unternehmen mit einer Mehrmarkenstrategie (vgl. Kapitel 6.4.2.1), das heißt, neben der Hauptmarke werden weitere Marken im Programm geführt. Beispielsweise führt die Beiersdorf AG neben der Hauptmarke Nivea auch die Marken Eucerin und La Prairie. Die Nivea-Produkte werden ein- und mehrstufig flächendeckend über verschiedenste Groß- und Einzelhandelsbetriebe vertrieben. Es handelt sich um eine undifferenzierte Mehrwegdistribution, mit der ein möglichst hoher Distributionsgrad angestrebt wird. La Prairie ist hingegen als Spezialmarke für hautverjüngende Pflege nur in exklusiven Parfümerien, Kosmetikinstituten und luxuriösen Warenhäusern erhältlich. Es handelt sich um eine differenzierte Mehrweg-distribution. Eucerin ist als medizinische Hauptpflegemarke positioniert und wird überwiegend in einem einzigen mehrstufigen Absatzkanal über Pharma-Großhandel und Apotheken vertrieben.

Die Mehrweg-Distribution kann sich auch auf eine weitere Art und Weise zeigen. Beispielsweise produzieren die Firmen Lorenz Snack-World und Schöller neben ihren »starken« Markenartikeln auch für Aldi (IBU-Chips, Grandessa-Eiscreme). Zum Teil handelt es um identische Produkte, die lediglich anders verpackt werden. Häufig werden für die Discounter aber spezielle Artikel gefertigt, die in der Regel eine geringere Qualität haben. In Abbildung 9-5 wird die Mehrweg-Distribution von Nike veranschaulicht.

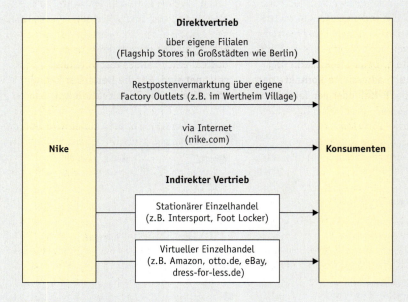

(Quelle: in Anlehnung an Mohammed et al., 2004, S. 464)

Abb. 9-5: Distributionssystem von Nike

9.2.2 Organe des direkten Distributionsweges

Direkte Distributionswege sind dadurch gekennzeichnet, dass der Hersteller die Gestaltung der Warenverkaufsprozesse in eigener Verantwortung übernimmt, ohne dass rechtlich und wirtschaftlich selbständige Handelsbetriebe eingeschaltet werden. Die distributionspolitischen Aufgaben können dabei sowohl von unternehmenseigenen (internen) als auch von unternehmensfremden (externen) Organen wahrgenommen werden.

9.2.2.1 Unternehmenseigene Distributionsorgane

Zu den unternehmenseigenen Distributionsorganen gehört die **Verkaufsabteilung** im Herstellerunternehmen. Typische Aufgaben der dort tätigen Personen sind z. B. Vertriebsplanung, Auftragsabwicklung sowie Steuerung und Kontrolle des Außendienstes. Die Verkaufsanbahnung findet dabei über Kommunikationsmaßnahmen des Direktmarketings (vgl. auch Kapitel 8.2.2.1) und über das Internet statt. Beim Direktmarketing spricht man persönlich adressierte Kontakte per Brief, Versandkatalog, E-Mail oder per Telefon an und kommuniziert seine Verkaufsabsicht. Anders hingegen beim **Online-Vertrieb**, bei dem die Kontaktaufnahme durch die Konsumenten erfolgt. In der Regel nutzen Produzenten, so z. B. die Firmen Esprit, Panasonic oder EMI Music, das Internet als Direktvertriebsplattform im Rahmen der Mehrwegdistribution, einige Hersteller setzen aber auch fast ausschließlich auf das Internet (z. B. der Computerhersteller Dell).

In größeren Unternehmen existieren neben der zentralen Verkaufsabteilung häufig **werkseigene Vertriebsgesellschaften** oder **Verkaufsniederlassungen**. Je nach Größe und Umfang der übertragenen Distributionsaufgaben kann es sich dabei um kleinere Verkaufsstützpunkte (Concession Shops, Shop-in-Shop-Systeme), Fabrikläden (Factory Outlets; Aus der Praxis 9-7), Verkaufsfilialen bis hin zu Verkaufsniederlassungen handeln. Diese Form der direkten Distribution kommt sowohl in der Investitionsgüter- als auch in der Konsumgüterindustrie vor. Für exportorientierte Unternehmen ist das eine wichtige Form der Auslandsmarkterschließung.

Aus der Praxis – 9-7

Bei Fabrikläden (Ab-Werk-Verkauf) handelt es sich um herstellereigene Verkaufsstellen, die sich in der Regel auf dem Fabrikgelände bzw. in unmittelbarer Nähe davon befinden, etwa bei den Firmen Boss, Nike, Villeroy & Boch, Eismann und Bahlsen. Zunehmend ist auch die Ansiedlung von Fabrikläden in so genannten Factory Outlet-Centern (FOC) zu beobachten. Beispiele hierfür sind Wertheim Village, die Outletcity in Metzingen und die Designer Outlets in Zweibrücken und Wolfsburg. Dort werden Waren aus der Vorsaison, Produktionsüberschüsse, Waren mit kleinen Fehlern (B-Ware), Musterkollektionen und Retouren verkauft. Da es sich bei den Produkten oftmals um hochwertige Marken handelt, die zu einem stark vergünstigten Preis angeboten werden, sind Fabrikläden für viele Konsumenten ein Anziehungspunkt. Sogar Verlage haben auf diesen Trend reagiert und bringen so genannte Schnäppchenführer heraus, in denen die Outlets eines Landes fast vollständig verzeichnet sind. Für die Hersteller kann jedoch schnell eine Konfliktsituation mit dem regulären Einzelhandel entstehen, weil der Handel von den Outlets umgangen wird und dadurch an Umsatz verliert. Fabrikläden sind häufig in der Textilindustrie, bei Mode- und Schmuckartikeln, Keramik sowie Nahrungs- und Genussmitteln anzutreffen.

Als (eigene) Verkaufspersonen im Außendienst sind vor allem **Reisende** zu nennen. Sie sind Angestellte der Unternehmung und damit an Weisungen gebunden. Die rechtliche Vertretungsbefugnis ist vertraglich geregelt. Juristisch gesehen ist der Reisende ein Handlungsgehilfe (§§ 59 ff. HGB). Seine Aufgaben bestehen unter anderem in der Anbahnung von Geschäften, der Entgegennahme von Bestellungen und der Betreuung von Kunden. Weiterhin können durch Reisende wertvolle Marktinformationen über Kunden und Konkurrenten erhoben werden. Die Bezahlung erfolgt im Allgemeinen durch ein Fixum und eine umsatzabhängige Provision (vgl. auch Kapitel 9.2.5.2).

Organisatorische Verankerung des Verkaufs

9.2 Distributionspolitik
Akquisitorische Distribution

Verkaufsaufgaben werden in einigen Unternehmen auch von **Mitgliedern der Geschäfts-/Marketingleitung** wahrgenommen. Diese Regelung ist vor allem bei kleineren Unternehmen ohne größere Vertriebsabteilung und in der Investitionsgüterindustrie anzutreffen.

9.2.2.2 Selbständige Distributionsorgane

Unternehmensfremde (externe) Distributionsorgane sind – bei direkten Distributionssystemen – rechtlich selbständige Gewerbetreibende, die aufgrund vertraglicher Bindungen in einer mehr oder minder starken wirtschaftlichen Abhängigkeit zum Hersteller stehen. In erster Linie ist hier an akquisitorisch tätige Absatzhelfer zu denken, die gegen Bezahlung Geschäftsbeziehungen anbahnen oder Abschlüsse vornehmen.

> *Absatzhelfer im direkten Vertrieb*

Zu diesen Organen gehört der **Handelsvertreter,** der mit der Vermittlung oder dem Abschluss von Geschäften für eine oder mehrere Firmen (Ein- oder Mehrfirmenvertreter) betraut ist. Oft handelt es sich bei Handelsvertretungen um größere Unternehmen, die neben diesen klassischen auch weitere Distributionsfunktionen wie z. B. Lagerhaltung, Kundendienst, technische Beratung sowie Repräsentanzfunktionen auf Messen übernehmen. Handelsvertreter handeln in fremdem Namen und auf fremde Rechnung (§§ 84 ff. HGB). Sie erwerben kein Eigentum an der Ware und tragen somit z. B. bei Verderb, Modeschwankungen oder Preisänderungen kein Warenrisiko. Weitere Aspekte im Zusammenhang mit dem klassischen Wahlproblem zwischen Reisenden und Handelsvertretern werden in Kapitel 9.2.5.1 dargestellt.

Kommissionäre werden in eigenem Namen und auf fremde Rechnung tätig (§§ 383 ff. HGB). Der Kommissionär übernimmt für seinen Auftraggeber (Kommittenten) gewerbsmäßig den An- und Verkauf von Waren. Als Vergütung erhält er dafür eine umsatzabhängige Kommission oder Provision. Das Kommissionsgeschäft ist branchenspezifisch unterschiedlich verbreitet. Es spielt eine gewisse Rolle bei Finanzprodukten, Antiquitäten, im Buch- und Möbelgeschäft. In Form des so genannten Depotsystems hat es insbesondere bei Kaffee (Tchibo) praktische Bedeutung. Hier handelt es sich in der Regel um Kommissionsagenten, die im Unterschied zum Kommissionär ständig damit betraut sind, im eigenen Namen für die Rechnung eines Lieferanten Waren zu kaufen oder zu verkaufen.

Makler sind selbständige Kaufleute, die den Abschluss von Verträgen vermitteln (§§ 93 ff. HGB), wobei sie stets die Interessen beider Partner, für die sie tätig sind, zu wahren haben. Eine besondere Bedeutung haben Makler als Distributionsorgane bei der Vermarktung von Bank- und Versicherungsdienstleistungen. Sie prüfen für ihre Kunden z. B. die Angebote unterschiedlicher Versicherungen im Hinblick auf die individuelle Situation und vermitteln dann zwischen beiden Parteien. Ein Grund für die Bedeutung in dieser Branche besteht darin, dass das Angebot für den Kunden häufig unüberschaubar ist, sodass z. B. dem Versicherungsmakler vor allem Informationsfunktionen und Erklärungsfunktionen zukommen.

9.2.2.3 Marktveranstaltungen

Direkte Distributionssysteme spielen vor allem in der Investitionsgüterindustrie eine große Rolle. Zur Erfüllung der akquisitorischen Distributionsfunktionen, insbesondere zur Kontaktanbahnung und Absatzvorbereitung, nutzen die Hersteller üblicherweise Marktveranstaltungen, die als überbetriebliche Distributionsorgane bezeichnet werden können. Dazu zählen unter anderem Messen und Ausstellungen, Börsen und Auktionen. Sie dienen sowohl dem Waren- als auch dem Informationsaustausch und sind durch eine spezifische Organisationsform gekennzeichnet.

> *Marktveranstaltungen dienen unter anderem der Kontaktanbahnung und Absatzvorbereitung.*

Zu den wichtigsten Marktveranstaltungen gehören Messen und Ausstellungen. **Messen** werden üblicherweise als zeitlich begrenzte Veranstaltungen mit Marktcharakter definiert, die ein umfassendes Angebot eines oder mehrerer Wirtschaftszweige zeigen. Meistens finden sie in regelmäßigem Abstand am selben Ort statt. Der Zutritt zur Messe ist in der Regel gewerblichen Fachbesuchern vorbehalten (vgl. Taeger, 1993; Grimm, 2003, S. 1120 f.). Die ausstellenden Unternehmen zeigen auf Messen Muster, die dem Abschluss von Geschäften dienen. Beispiele für (Muster-) Messen sind die Hannover Messe, die CeBIT oder die Frankfurter Buchmesse. Demgegenüber erfolgen **Ausstellungen** grundsätzlich nicht, um konkrete Geschäftsabschlüsse zu tätigen. Ausstellungen wenden sich an die breite Öffentlichkeit oder an Fachkreise mit dem Ziel, über neue Produkte zu informieren oder aufzuklären. Häufig werden sie unter rein werblichen Gesichtspunkten durchgeführt (z. B. Internationale Automobil-Ausstellung IAA oder die Internationale Funkausstellung IFA in Berlin).

Auf **Warenbörsen** werden die zum Verkauf angebotenen Produkte ohne Muster und ohne körperliche Darbietung verkauft (z. B. Getreide, Kakao, Nichteisen-Metalle oder Kautschuk). Es handelt sich dabei um Marktveranstaltungen, die regelmäßig an einem Ort stattfinden, und zwar für vertretbare Produkte, das heißt Produkte, die in ihrer Beschaffenheit eindeutig beschreibbar sind. Die wichtigste Aufgabe der Warenbörse liegt in der Preisbildung (vgl. Engelhardt, 2003, S. 1830 f.).

Auktionen finden in der Regel für Produkte statt, die nicht durch Muster vertreten werden können oder schnell verderblich sind. So ist es z. B. bei Kaffee, Tabak, Wolle, Fisch, Obst und Gemüse üblich, diese über Auktionen zu leiten, da es aufgrund der unterschiedlich ausfallenden Produktqualitäten möglich sein muss, die Produkte zu begutachten. Zu den Auktionen gehören unter anderem auch gerichtsamtliche Versteigerungen und Kunstversteigerungen, an denen neben Händlern regelmäßig auch Verbraucher teilnehmen können. Am bekanntesten dürften für Verbraucher die verschiedenen Plattformen für Online-Auktionen sein, bei denen sie sowohl als Käufer als auch als Verkäufer auftreten können (z. B. hood.de, ebay.de). Auktionen zeichnen sich durch Besonderheiten in der Preisfindung aus: Ausgehend von einem niedrigen Startpreis, der vom Verkäufer festgelegt wird, erhöhen die am Angebot interessierten Käufer schrittweise ihre Gebote und überbieten sich gegenseitig solange, bis am Ende der Interessent mit dem höchsten Gebot den Zuschlag erhält (vgl. auch Kapitel 7.3 zur individualisierten Preisdifferenzierung).

Zu den Marktveranstaltungen, die sich an die Verbraucher richten, zählen Jahrmärkte, Wochen- und Tagesmärkte. Ihre Bedeutung ist jedoch wegen des veränderten Einkaufsverhaltens (z. B. Bevorzugung von Verbrauchermärkten und Einkaufszentren) stark zurückgegangen. Lediglich bei Nahrungsmitteln, insbesondere für Obst und Gemüse, wählen viele Verbraucher diese Einkaufsstätten.

9.2.3 Organe des indirekten Distributionsweges

Indirekte Distributionssysteme spielen in der Konsumgüterindustrie die größte Rolle, da es hier in der Regel um die Versorgung von Massenmärkten geht. Die Distributionsaufgaben sind bei Konsumgütern weitaus umfangreicher. Die Hersteller übertragen einen Großteil der Aufgaben auf Groß- und/oder Einzelhandelsbetriebe, geben damit aber auch einen Großteil ihrer Einfluss- und Kontrollmöglichkeiten ab.

9.2.3.1 Betriebsformen des Großhandels

Großhandelsbetriebe sind Unternehmen, die Waren einkaufen und unverändert bzw. ohne nennenswerte Be- oder Verarbeitung an Nicht-Konsumenten, das heißt andere Unternehmen, verkaufen (Handel unter Kaufleuten). Kunden des Großhandels sind zum einen Weiterverkäufer wie z. B. andere Groß- und Einzelhandelsbetriebe oder Großverbraucher wie Gaststätten, Kantinen, Gesundheitsbetriebe oder Behörden. Zum anderen handelt es sich um weiterverarbeitende Betriebe (Hersteller/Handwerker). Aus den Funktionen, die der Großhandel übernimmt, lassen sich typische Betriebsformen charakterisieren (Abbildung 9-6). Eine grundsätzliche Unterscheidung erfolgt dabei nach dem Umfang von Lagerhaltung und Sortiment und nach der Kontaktform.

Hinsichtlich Lagerhaltung und Sortiment kann man zwischen Strecken-, Sortiments- und Spezialgroßhandel unterscheiden. Je nach Umfang und Bedeutung der Lagerhaltung spricht man von **Lagergroßhandel** und **Streckengroßhandel**. Im Gegensatz zum Lagergroßhandel übernimmt der Streckenhändler kein Lagerrisiko. Er sammelt vielmehr die Aufträge seiner Kunden und leitet sie an den Lieferanten weiter. Die bestellte Ware geht direkt vom Lieferanten zum Abnehmer, ohne den Standort des Streckenhändlers zu berühren. Der Streckenhandel spielt vor allem bei großvolumigen Produkten wie beispielsweise im Baustoffhandel eine große Rolle.

Je nach Breite und Tiefe ihres Sortiments unterscheidet man den Sortimentsgroßhandel und den Spezialgroßhandel. Der **Sortimentsgroßhandel** bietet seinen Kunden ein besonders breites Sortiment an (Beispiel im Lebensmittelgroßhandel ist Metro). Der **Spezialgroßhandel**

> Großhändler unterscheiden sich nach Lagerhaltung, Sortimentsumfang und Kontaktform.

Abb. 9-6

Von Betriebsformen des Großhandels übernommene Distributionsfunktionen

Distributionsfunktion Betriebsform	Transaktions- funktion	Lagerung	Transport	Finanzierung	Sortiments- bildung	Qualitäts- kontrolle	Informations- funktion
Streckengroßhandel	☑	–	–	–	☐	–	☐
Sortimentsgroßhandel	☑	☐	☐	☐	☐	☐	☐
Spezialgroßhandel	☑	☐	☐	☐	☑	☐	☐
Zustellgroßhandel	☑	☑	☑	☐	☐	☐	☐
Cash & Carry-Großhandel	☑	☑	–	–	☐	☐	☐
Rack-Jobber	☑	☑	☑	☑	☑	☑	☐

☑ Funktion ist spezifisches Betriebsmerkmal
☐ Funktion kann übernommen werden
– Funktion wird von dieser Betriebsform nicht übernommen

(Quelle: in Anlehnung an Specht/Fritz, 2005, S. 75)

bietet ein enges, aber tiefes Sortiment an. Diese Betriebsform ist typisch für Tabakwaren, pharmazeutische Produkte und Presseartikel.

Bezüglich der Kontaktform unterscheidet man Zustellgroßhändler, Abholgroßhändler (Cash & Carry) und Regalgroßhändler (Rack-Jobber).

Zustellgroßhändler liefern die bestellte Ware selbst oder durch damit betraute Transportunternehmen an Einzelhändler aus. Diese Form ist typisch für den Buch- oder Pharmagroßhandel.

Beim **Cash & Carry-Großhandel** werden die Waren vom Kunden beim Großhändler selbst abgeholt und sofort bezahlt. Diese Betriebsform ist regelmäßig beim Lebensmittel-, Blumen- oder auch Elektrogroßhandel anzutreffen, bei denen sich die Kundschaft eher aus kleinen Betrieben (Gaststätten, Handwerksbetriebe etc.) zusammensetzt.

Der **Regalgroßhändler** (Rack-Jobber) übernimmt zusätzlich zu den Funktionen eines Zustellgroßhändlers für einen bestimmten Sortimentsbereich die Regalpflege im Einzelhandel auf eigenes Risiko. Zu diesem Zweck mietet er beim Einzelhandel eine gewisse Regalfläche und verkauft seine Erzeugnisse dort auf eigene Rechnung und eigenes Risiko. Der Einzelhändler stellt die Regalfläche zur Verfügung, übernimmt das Inkasso und erhält dafür eine bestimmte Vergütung. Diese Erscheinungsform hat in den letzten Jahren an Bedeutung gewonnen und ist vorwiegend bei Tabakwaren, Zeitschriften, Haushaltsartikeln und Hartwaren in Verbrauchermärkten anzutreffen. Abzugrenzen ist dieser Begriff von Shop-in-Shop-Systemen, bei denen Hersteller keine Regalfläche, sondern Ladenfläche in einem größeren Geschäft (häufig in Kauf- und Warenhäusern) anmieten.

Der Großhandel ist ständig davon bedroht, dass seine Lieferanten und Abnehmer direkte Geschäftsbeziehungen eingehen und er dadurch ausgeschaltet wird. Ursächlich dafür sind starke

> **Aus der Wissenschaft**
>
> ### Erfolgsfaktoren im Großhandel
>
> *Im Rahmen einer Untersuchung von Specht zum Thema »Erfolgsfaktoren im Großhandel« wurden Hersteller und Abnehmer von elektronischen Bauteilen nach den wichtigsten Gründen für die Einschaltung des Großhandels gefragt. Dies waren: Bearbeitung kleiner Aufträge, Lagerhaltung des Großhandels, kurze Lieferzeiten, breite Marktbearbeitung, bedarfsgerechtes Vertriebsprogramm, kundennaher Standort, größere Kundennähe und Unwirtschaftlichkeit des Direktvertriebs (vgl. Specht/Fritz, 2005, S. 72 ff.).*

Konzentrationstendenzen im Einzelhandel und ein verschärfter Wettbewerb unter den Herstellern. Manche Großhandelssparten haben diese Gefahr rechtzeitig erkannt und sich zu freiwilligen Ketten zusammengeschlossen oder eigene Einzelhandelsbetriebe gegründet (vgl. dazu ausführlich Kysela, 1994).

9.2.3.2 Betriebsformen des Einzelhandels

Einzelhandelsunternehmen verkaufen überwiegend Produkte ohne wesentliche Be- oder Verarbeitung an private Konsumenten und bieten ihren Kunden entsprechende Dienstleistungen an. Der Einzelhandel gehört zu den wandlungsfähigsten Bereichen der Wirtschaft. Unter dem Schlagwort »Dynamik der Betriebsformen« kommt zum Ausdruck, dass immer wieder neue Formen und Konzepte des Einzelhandels auftauchen, die sich den veränderten Bedürfnissen des Marktes anpassen und somit die Handelslandschaft prägen. Die Betriebsformen im Einzelhandel lassen sich bezüglich der Kriterien Sortimentsstruktur, Serviceangebot, Größe, Preislage, Standort und Rechtsform systematisieren, wobei die Abgrenzungen nicht immer überschneidungsfrei sind (vgl. Barth et al., 2007, S. 88 ff.; Tietz, 1993, S. 30 ff.).

Nach den Merkmalen Sortimentsbreite und Sortimentstiefe lassen sich Warenhäuser, Kaufhäuser, Fachgeschäfte und Spezialgeschäfte unterscheiden.

Warenhäuser haben ein breites und tiefes Sortiment (»alles unter einem Dach«). Die bekanntesten Beispiele dieser Betriebsform sind Karstadt und Galeria Kaufhof. Warenhäuser gehören zu den Großbetriebsformen des Einzelhandels (Filialbetriebe), bei denen jede Produktlinie (z. B. Mode, Haushaltsgeräte, Spielwaren, Lebensmittel) als separate Abteilung geführt wird. Typisch für Warenhäuser sind ihre Innenstadtlage und ein gewisser Anteil an Fremdbedienung.

Kaufhäuser sind den Warenhäusern sehr ähnlich. Unterschiede bestehen lediglich in der Sortimentsbreite. Kaufhäuser konzentrieren sich auf spezielle Warengruppen. Eine besondere Form sind die so genannten Kleinkaufhäuser, die ein gestrafftes Sortiment problemloser Waren des Massenbedarfs in mittleren bis unteren Preislagen anbieten. Bekannte Beispiele für Kaufhäuser sind C & A und Strauss Innovation.

Fachgeschäfte bieten ein breites und tiefes Sortiment innerhalb einer Branche an (z. B. Spielzeug, Schmuck, Möbel, Unterhaltungselektronik, Musikinstrumente). Kennzeichnend ist der relativ hohe Grad an Fremdbedienung mit qualifizierter Beratung und weiteren Serviceleistungen.

Spezialgeschäfte sind den Fachgeschäften sehr ähnlich. Sie bieten ein schmales, aber tiefes Sortiment einer Branche an (z. B. Hifi-Geschäft, Kondomerie, Apotheke, Käsegeschäft). Wie bei Fachgeschäften handelt es sich häufig um kleinere Familienbetriebe, die sich an den typischen »Qualitätskäufer« wenden.

Sortimentsstruktur, Bedienungsprinzip und Verkaufsfläche sind wesentliche Merkmale zur Charakterisierung von Supermärkten, Verbrauchermärkten und SB-Warenhäusern. Gemeinsam ist diesen Betriebsformen das Prinzip der Selbstbedienung.

Supermärkte sind Einzelhandelsbetriebe mit einer Verkaufsfläche zwischen 400 und 800 m², die problemlose Produkte (convenience goods) aus dem Food- und einen kleinen Anteil aus dem Non-Food-Bereich anbieten. Sie führen zwischen 5000 und 7000 Artikel der mittleren Preis- und Qualitätslage. Zu dieser Betriebsform gehören z. B. Kaiser's Tengelmann und Edeka. Bevorzugte Standorte von Supermärkten sind Wohngebiete in Städten und kleineren Ortschaften, um der direkten Nachbarschaft eine bequeme Einkaufsmöglichkeit zu bieten.

Verbrauchermärkte und SB-Warenhäuser zählen zu den Großbetriebsformen des Einzelhandels. Sie sind meistens in Stadtrandlagen angesiedelt und verfügen über ein großzügiges Parkplatzangebot. Kleine Verbrauchermärkte bieten auf ca. 800 bis 1500 m² Verkaufsfläche ein relativ preisgünstiges Sortiment von Food- und Non-Food-Artikeln an. Große Verbrauchermärkte haben eine Verkaufsfläche von 1500 bis 5000 m². Von SB-Warenhäusern spricht man, wenn die Verkaufsfläche über 5000 m² beträgt. Typische Beispiele für Verbrauchermärkte und SB-Warenhäuser sind z. B. Firmen wie Kaufland, plaza, real, Marktkauf und toom.

Fachmärkte gehören zu den neueren Betriebsformen des Einzelhandels. Ihre Konzeption basiert auf den Prinzipien der Fachgeschäfte und Verbrauchermärkte. Fachmärkte haben sich auf bestimmte Warengruppen spezialisiert und bieten

Unterscheidungskriterien der Betriebsformen des Einzelhandels

Distributionspolitik
Akquisitorische Distribution

Betriebsformen ohne Ladengeschäft

ein tiefes Sortiment zu günstigen Preisen an. Der Anteil der Fremdbedienung ist relativ groß, und ihr Standort befindet sich meist außerhalb der Citylagen von größeren Städten. Typische Beispiele sind Obi und Praktiker (Heimwerker- und Baubedarf), Toys ›R‹ Us (Spielzeug), Mediamarkt und Saturn (Elektrowaren) oder Getränkequelle.

Die konsequente Anwendung des Discountprinzips kennzeichnet das Einzelhandelskonzept der **Discounter.** Es besteht im Wesentlichen darin, ein begrenztes Sortiment problemloser Produkte via Selbstbedienung äußerst preisgünstig anzubieten. Der Verzicht auf jegliche Dienstleistungen, die Wahl kostengünstiger Standorte sowie eine spartanische Geschäftsausstattung ermöglichen es diesen Unternehmen, eine aggressive Preispolitik zu betreiben. Zielgruppe dieser Betriebsformen sind die so genannten »Preiskäufer«, das heißt Konsumenten, die ihre Kaufentscheidungen hauptsächlich aufgrund des (niedrigen) Preises treffen. Die bekanntesten Beispiele sind Aldi und Lidl, die das Discounter-Prinzip mittlerweile auch ins Ausland exportiert haben.

Die **Off-Price-Retailer** bieten ihren Kunden ständig irgendwelche »Schnäppchen« an. Durch günstigen Einkauf von Sonderposten können zum Teil auch Markenwaren mit erheblichem Preisnachlass angeboten werden. Häufig handelt es sich dabei auch um Waren zweiter Wahl, Auslaufprodukte oder saisongebundene Artikel, die in anderen Betriebsformen nicht verkauft wurden. Typisch für diese Betriebsform ist ihr ständig wechselndes Sortiment. Beispiele sind Handelsbetriebe mit Namen wie »Drei-Tage-Markt« oder »Sonderpostenmarkt«.

Convenience-Stores sind kleinflächige Nachbarschaftsgeschäfte mit begrenztem Sortiment an Lebensmitteln und gängigen Haushaltswaren bei hohem Preisniveau. Neben dem inzwischen so gut wie ausgestorbenen »Tante Emma-Laden« zählen hierzu auch Kioske und Tankstellenshops. Gerade letztere bieten auf kleiner Fläche neben Autozubehör und Reisebedarf (z. B. Getränke, Snacks, Zeitschriften) zunehmend auch Produkte des täglichen Bedarfs und Geschenkartikel an. Damit richten sie sich nicht mehr überwiegend an Autofahrer, sondern wandeln sich zum Nachbarschaftsgeschäft, in dem man teilweise rund um die Uhr Food- und Non Food-Artikel einkaufen kann (vgl. Bruhn, 2009, S. 254).

Des Weiteren gibt es noch die Betriebsformen des Einzelhandels, die ohne Ladengeschäft auskommen. Hierzu gehören verschiedene Formen des Versandhandels sowie der Automatenverkauf (vgl. Kotler et al., 2007b, S. 907 ff.).

Zu den Betriebsformen des Einzelhandels ohne Ladengeschäft gehört der **Versandhandel.** Anders als beim stationären Handel muss der Kunde kein Geschäft zum Einkaufen aufsuchen, sondern tätigt seinen Einkauf von zu Hause aus. Beim Versandhandel erfolgt die Darstellung des Angebots durch Kataloge, Prospekte, Anzeigen, Fernsehsendungen und -kanäle (Teleshopping) oder Internet (Online-Shop). Auf eine persönliche Kundenberatung wird üblicherweise verzichtet oder sie ist nur eingeschränkt möglich (z. B. Beratung per Telefon, E-mail-Anfrage oder Chat-System). Der Kunde bestellt die Ware per Post, Telefon, Telefax, Email oder Internet direkt beim Versandhändler oder bei dessen Vertretungen. Die Zustellung erfolgt über Paketdienste oder spezielle Zustellbetriebe (z. B. die Firma Hermes beim Otto-Versand). Der Käufer kann die Ware, anders als im stationäre Handel, erst nach dem Kauf begutachten, hat dann aber die Möglichkeit, die Produkte innerhalb einer gesetzlichen Frist zurückzugeben. Generell unterscheidet man im klassischen Versandhandel zwischen Großversandhäusern wie z. B. Quelle, Otto-Versand und Neckermann und Spezialversendern wie Klingel (Mode), Westfalia (Werkzeuge) und Beate Uhse (Erotik). Die meisten Großversandhäuser sind heute in größeren Städten auch mit Kauf- oder Warenhäusern, in kleineren Städten mit Verkaufsagenturen oder Bestellkontoren vertreten. In ländlichen Ortschaften werden Sammelbesteller eingeschaltet, um dadurch eine persönliche Nähe zum Kunden zu schaffen. Im Bereich des **Teleshoppings** konnten sich im deutschsprachigen Raum einige Sender wie z. B. Home Shopping Europe und QVC etablieren. In deren Sendungen werden – häufig exklusiv – Markenprodukte vorgestellt und die Zuschauer werden durch Einblendung von Preisen und Lagerbestandsdaten zur telefonischen Bestellung animiert. Das Sortiment ähnelt dem von Warenhäusern. Der zunehmende Handel über **Online-Shops** führte zu immer vielfältigeren Erscheinungsformen des Online-Handels. Da viele stationäre Einzelhändler und Versandhändler den

Fernsehen und Internet als Vertriebsweg

Online-Vertrieb nutzen, findet sich die entsprechende Sortimentsvielfalt auch im Internet, vom virtuellen Warenhaus (z. B. karstadt.de) bis zum virtuellen Spezialgeschäft (z. B. für Kontaktlinsen). Außerdem bieten Unternehmen wie eBay und Amazon verschiedenen Händlern eine gemeinsame Handelsplattform (eBay Shops, Amazon Marketplace und Amazon aStore), die wegen ihrer dadurch entstehenden Sortimentsvielfalt und Preisvergleichsmöglichkeiten für Konsumenten ähnlich attraktiv sind wie stationäre Einkaufszentren und Shopping Malls.

Der **Automatenverkauf** ist für solche Unternehmen von Bedeutung, die im Rahmen ihrer Distributionsstrategie Ubiquität, das heißt Überallerhältlichkeit, anstreben. Diese Vertriebsform hat sich für problemlose Waren wie Zigaretten, Süßwaren, Erfrischungsgetränke, Kondome, Passfotos und Fahrkarten seit Langem bewährt. Neuerdings werden aber auch warme Suppen, Snacks, Filme, T-Shirts, Visitenkarten und sogar Dübel, Bücher, Grabkerzen und Zahncreme über Automaten vertrieben (Aus der Praxis 9-8).

Im Einzelhandel haben sich diverse **Kooperationsformen** etabliert, die die Wettbewerbsfähigkeit selbständiger Betriebe gegenüber Filialketten des Handels (z. B. real, Karstadt, Douglas) und die Durchsetzungsfähigkeit gegenüber der Industrie stärken sollen. Während es sich bei Handelsfilialen um räumlich verteilte Verkaufsstellen unter gemeinsamem Eigentum und einheitlicher Leitung handelt, bestehen Handelskooperationen aus selbständigen Handelsunternehmen, die bestimmte Beschaffungs- und Absatzaufgaben auf ihre Kooperationszentralen übertragen haben (vgl. Kotler et al., 2007b, S. 909 ff.). Die Hersteller können es sowohl bei Handelskonzernen als auch bei Handelskooperationen mit mächtigen Vertragspartnern zu tun haben. Zu den Handelskooperationen gehören Einkaufsgemeinschaften, freiwillige Ketten und Einkaufskontore. Allen drei Formen war es zu-

> Handelskooperationen stärken die Marktmacht gegenüber der Industrie.

Aus der Praxis – 9-8

In der Bundesrepublik existieren etwa 533.000 Warenautomaten, über die im Jahr 2006 Waren im Wert von etwa 2,4 Milliarden Euro verkauft wurden. Man findet sie an öffentlichen Plätzen wie Bahnhöfen, Hochschulen, Krankenhäusern und Behörden ebenso wie Verkaufsräumen, Kantinen und Bürogebäuden.

Schwerpunkt sind Getränke, mit denen an den 153.000 Kalt- und den 86.000 Heißgetränkestandautomaten 895 Millionen bzw. 517 Millionen Euro Umsatz erwirtschaftet wurde. Damit kommt ein Warenautomat auf 156 Deutsche. Die Versorgungsquote ist damit weitaus geringer als etwa in den USA (1 Automat auf 37 Einwohner) und Japan (1 Automat auf 25 Einwohner). Europäischer Spitzenreiter ist Spanien mit 1 zu 62 Automaten, Schlusslicht ist Polen mit 1 zu 5.457. Am meisten sind in Deutschland Kleinautomaten (Table Tops, z. B. Kaffeevollautomaten) verbreitet, die auf Tischen oder Unterschränken platziert werden und deren 202.000 Geräte zu 409 Millionen Euro Umsatz führten. 2006 wurden nach Branchenschätzungen fast 3 Milliarden Tassen Kaffee, Cappuccino, Espresso etc. über Automaten verkauft, womit jeder Deutsche ungefähr 36 Tassen Heißgetränke pro Jahr aus einem Automaten kaufte. Hinzu kommen noch ca. 100.000 Kleinautomaten für Kaugummi, Kondome und dergleichen.

Mit Hilfe der etwa 430.000 Zigarettenautomaten erzielten die Anbieter 2007 nach Informationen des Bundesverbands Deutscher Tabakwaren-Großhändler und Automatenaufsteller e.V. rund 2,9 Milliarden Euro Umsatz, was knapp 15 Prozent des gesamten bundesdeutschen Zigarettenumsatzes entspricht. Verschärfte Jugendschutzbestimmungen sorgten in den letzten Jahren für einen stetigen Umsatzrückgang der Zigarettenautomaten.

Vorteilhaft an Warenautomaten ist, dass sie – Zugänglichkeit vorausgesetzt – nicht an Ladenöffnungszeiten gebunden sind. Nachteilig ist jedoch, dass sie regelmäßig bestückt werden müssen, dass sie störanfällig sind und oft auch beschädigt oder ausgeraubt werden. Deshalb sind die Waren aus Automaten in der Regel teurer als die gleichen Produkte im Einzelhandel (vgl. De Cloedt, 2007; Kotler et al., 2007b, S. 908).

nächst gemeinsam, dass sie sich zum Zweck des gemeinsamen Wareneinkaufs gebildet haben. Dazu ging die Initiative bei den **Einkaufsgemeinschaften** vom Einzelhandel aus, während es bei **freiwilligen Ketten** der Großhandel war, der beim Einzelhandel die gemeinsame Warenbeschaffung anregte. Beispielsweise wurde Edeka als »Einkaufsgenossenschaft der Kolonialwarenhändler im Halleschen Torbezirk zu Berlin« (kurz: E. d. K.) gegründet, um die Verhandlungsposition der angeschlossenen Einzelhändler gegenüber den Lieferanten zu stärken. Im Gegensatz zu diesen beiden vertikalen Kooperationsformen handelt es sich bei den **Einkaufskontoren** um eine rein horizontale Kooperation zwischen eigenständigen Großhandelsbetrieben zwecks gemeinsamen und kostengünstigen Warenbezugs (Tietz, 1993, S. 261 ff.). Heutzutage gehen die Aufgaben der Kooperationszentralen über die reine Warenbeschaffung hinaus. Hinzugekommen sind beispielsweise die Durchsetzung eines gemeinsamen Marktauftritts durch ein einheitliches Erscheinungsbild (z. B. bei den Einkaufsgemeinschaften Edeka und Rewe) sowie ein gemeinsames **Merchandising**, welches die effektive Regalpflege, die rationelle Betreuung von Warengruppen und Teilsortimenten inklusive Logistikkonzepten, gemeinsamen Warenwirtschaftssystemen und Regalplatzoptimierung umfasst (vgl. Kotler et al., 2007b, S. 910; Mues, 2003, S. 1118). Der klassische, eigenständige Einzelhändler ist in seiner ursprünglichen Form (»Tante Emma-Laden«) mittlerweile kaum noch anzutreffen. Er wurde weitestgehend von den Filialsystemen und Handelskooperationen verdrängt.

Bei der Gestaltung der indirekten Distributionswege müssen die Hersteller **Entwicklungen und Trends** in der Einzelhandelslandschaft sowie das Einkaufsverhalten der Konsumenten laufend beobachten, um frühzeitig auf Veränderungen mit entsprechenden distributionspolitischen Maßnahmen (z. B. Selektion geeigneter Partner, Schulung des Verkaufspersonals) reagieren zu können. Im Folgenden sollen kurz einige Trends im Einzelhandel skizziert werden.

Noch stärker als im Großhandel hat sich in den letzten 30 Jahren die Einzelhandelslandschaft verändert. Das betrifft vor allem den Lebensmittelsektor, auf dem ein massiver Konzentrationsprozess stattgefunden hat und weiter stattfindet (vgl. Abbildung 9-7).

Für den Strukturwandel durch Konzentrationsprozesse im Einzelhandel werden folgende Gründe angeführt (Barth et al., 2007, S. 6 ff.):

Die große Mobilität der Konsumenten führt zum weiträumigen Ansteuern von Einkaufszentren zwecks Großeinkaufs. Das Bestreben der Konsumenten, aus Komfortgründen »alles unter einem Dach« einzukaufen, fördert die Großbetriebsformen des Einzelhandels. Kleine Handelsunternehmen können die von vielen Konsumenten geforderte Sortimentsbreite und -tiefe zur preisgünstigen Deckung des Massenbedarfs in der Regel nicht bereitstellen.

Nachfolgeprobleme im Rahmen der generationsübergreifenden Geschäftsübernahme, die wachsende Arbeitszeitbelastung der Inhaber und die sinkende Einkommensentwicklung führten in der Vergangenheit häufig zur Geschäftsaufgabe kleinerer oder mittlerer Betriebe. Die oft geringe Eigenkapitalrentabilität im traditionell geführten Einzelhandel hatte zur Folge, dass diese Betriebe nicht in der Lage waren, zusätzliche Finanzmittel zu beschaffen, um die notwendigen Investitionen bezüglich technologischer Ausstattung (z. B. Warenwirtschaftssysteme), Ladengestaltung, Warenpräsentation und Fremdbedienung zu tätigen. Dadurch wurde zwangsläufig ihre Marktposition geschwächt.

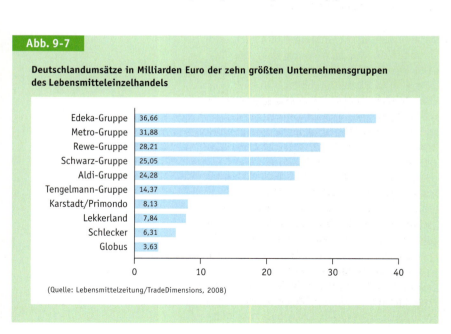

Abb. 9-7

Deutschlandumsätze in Milliarden Euro der zehn größten Unternehmensgruppen des Lebensmitteleinzelhandels

Unternehmensgruppe	Umsatz
Edeka-Gruppe	36,66
Metro-Gruppe	31,88
Rewe-Gruppe	28,21
Schwarz-Gruppe	25,05
Aldi-Gruppe	24,28
Tengelmann-Gruppe	14,37
Karstadt/Primondo	8,13
Lekkerland	7,84
Schlecker	6,31
Globus	3,63

(Quelle: Lebensmittelzeitung/TradeDimensions, 2008)

Die Verkaufskonditionen der Industrie – vor allem deren Rabattpolitik – begünstigen ebenfalls eine Handelskonzentration. Die Auslastung der industriellen Produktionskapazitäten führt zu einer Massendistribution der produzierten Waren. Dadurch werden Handelskonzerne begünstigt, die versuchen, über einen entsprechenden Mengenumschlag und die damit verbundenen Mengenrabatte Kostendegressionseffekte zu erzielen. Großbetriebsformen fördern außerdem die Bereitschaft der Industrie, gewisse Distributionsfunktionen (z. B. Regalpflege) zu übernehmen. Die daraus folgende handelsseitige Kostenentlastung benachteiligt kleine Händler.

Die verschärften Wettbewerbsbedingungen im Einzelhandel sind auch eine Ursache für das Entstehen neuer Betriebsformenkonzepte. In Verbindung damit ist das **Internet** als innovativer Informations- und Kommunikationskanal von besonderer Bedeutung (Aus der Praxis 9-9). Der durch die zunehmende Verbreitung des Internets immer wichtiger werdende **elektronische Handel** (electronic commerce) verändert die Einzelhandelslandschaft zurzeit grundlegend und senkt gleichzeitig die Markteintrittsbarrieren für kleinere Spezialhändler.

Abbildung 9-8 liefert einen Überblick darüber, welche Produkte bzw. Dienstleistungen sich erfolgreich online distribuieren lassen und welche nicht.

Abb. 9-8

Geeignete und eher ungeeignete Produkte für den elektronischen Handel

Für elektronischen Handel grundsätzlich geeignet	Für elektronischen Handel eher weniger geeignet
▶ So genannte Informationsprodukte und Medien, die sofort elektronisch geliefert werden können ▶ Markenartikel aufgrund ihres etablierten Images und gleichbleibender Qualität ▶ Produkte von geringer Komplexität und mit geringem Beratungsbedarf ▶ Schwer erhältliche Produkte, deren Beschaffung im Handel für den Nachfrager mit hohem Aufwand verbunden ist ▶ Standardisierte, exakt definierte Produkte im Zulieferergeschäft (Business to Business)	▶ Produkte, bei denen emotionale Aspekte und der physische Kontakt eine wichtige Rolle bei der Kaufentscheidung spielen ▶ Produkte, bei denen die Transportkosten in keinem angemessenen Verhältnis zum Produktpreis stehen ▶ Produkte, die sich primär an Zielgruppen wenden, die keine Affinität zu den neuen Medien aufweisen ▶ Produkte, die Einfuhrbeschränkungen oder anderen rechtlichen Restriktionen hinsichtlich der Vermarktung unterliegen

(Quelle: Rengelshausen, 2000, S. 21 ff.)

Volkswirtschaftlich gesehen ist die Bedeutung des Online-Handels noch vergleichsweise gering. Laut Statistischem Bundesamt verkauften 2006 zwar 18 Prozent aller deutschen Einzelhandelsunternehmen Waren im Internet, deren Umsatzanteil am Gesamtumsatz des Einzelhandels lag jedoch bei nur 4 Prozent (Statistisches Bundesamt, 2008b, S. 121).

Aus der Praxis – 9-9

Die Anzahl der Internet-Nutzer hat sich weltweit von 390 Millionen im Jahr 2000 auf ca. 1,2 Milliarden im Jahr 2008 mehr als verdreifacht. 2008 verfügten in Deutschland ca. 75 Prozent der Privathaushalte über einen Internetzugang (vgl. Graumann/Speich, 2009, S. 174, 177 f.). Die Umsätze des elektronischen Handels werden für Deutschland, der größten westeuropäischen E-Commerce-Nation, auf 637 Milliarden Euro im Jahr 2008 geschätzt (Graumann/Speich, 2009, S. 233). Davon entfällt jedoch nur ein geringer Anteil auf die E-Commerce-Umsätze zwischen Unternehmern und Endverbrauchern (B-to-C-E-Commerce). Der größte Umsatzanteil bezieht sich auf die elektronische Geschäftsabwicklung zwischen Unternehmen, wie sie beispielsweise der elektronische Datenaustausch (Electronic Data Interchange, EDI) zwischen Auftraggeber und Lieferanten ermöglicht (vgl. Kotler et al., 2007b, S. 982, 992 ff.). Die Schätzungen für den deutschen Online-Handelsumsatz mit Endverbrauchern variieren für 2008 je nach Quelle zwischen 56 und 75 Milliarden Euro. Der Anteil des Online-Versandhandels am gesamten Einzelhandelsumsatz betrug 2008 ungefähr 7,2 Prozent. Die Online-Käufer sind überwiegend männlich (65 Prozent der männlichen Gesamtbevölkerung) und im Alter zwischen 30 und 39 Jahren (77 Prozent der entsprechenden Gesamtbevölkerung), gefolgt von den 14–29jährigen (76 Prozent der entsprechenden Gesamtbevölkerung) (Graumann/Speich, 2009, S. 241 ff.).

Zu den beliebtesten im Internet gekauften Produkten gehören Bücher, die 2008 von 37 Prozent der deutschen Internetnutzer bereits wenigstens einmal gekauft wurden. Es folgen Eintrittskarten (32 Prozent), Musik-CDs (24 Prozent), Hotelbuchungen (23 Prozent), Damenbekleidung (22 Prozent), Urlaubsreisen (22 Prozent) sowie Spielwaren (21 Prozent). Vom Umsatz her führen im Online-Handel Bekleidung, Textilien und Schuhe mit 4,6 Milliarden Euro im Jahr 2008, gefolgt von Medien, Bild- und Tonträgern (1,9 Milliarden Euro), Unterhaltungselektronik (1,3 Milliarden Euro), Computer und Zubehör (1 Milliarden Euro) Hobby-, Sammel- und Freizeitartikel (690 Millionen Euro), Garten- und Heimwerkartikel (530 Millionen Euro) und Haushaltsgeräte (410 Millionen Euro) (Graumann/Speich, 2009, S. 245 ff.).

Die Abbildung 9-9 gibt Aufschluss über die Gründe, die aus Sicht der Konsumenten für den Online-Einkauf sprechen.

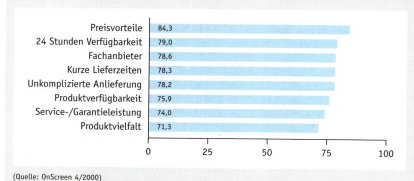

(Quelle: OnScreen 4/2000)

Abb. 9-9: Argumente für den Online-Kauf (Mehrfachnennungen)

9.2.4 Management der Distributionswege

Bei indirekten Distributionssystemen muss der Hersteller überlegen, in welcher Form er mit dem Handel zusammenarbeiten kann, um einen Einfluss auf die Realisierung seiner Marketingkonzeption auszuüben. Dies wird umso wichtiger, je größer die (Nachfrage-)Macht des Handels im Absatzkanal ist bzw. je ausgeprägter die Zielkonflikte zwischen Industrie und Handel sind (Ahlert, 1996, S. 89 ff.). Typische Zielkonflikte werden in Abbildung 9-10 gegenübergestellt.

Mit der Bezeichnung »**Vertikales Marketing**« wurden auf Seiten der Industrie Konzepte entwickelt, die eine (kooperative) Gestaltung der Beziehungen zu den Handelspartnern zum Gegenstand haben (Ahlert/Borchert, 2000, S. 4 f.; Kotler et al., 2007a, S. 1016 f.). Um die Konfliktpotenziale zu reduzieren, stehen dem Hersteller verschiedene strategische Handlungsalternativen zur Verfügung. Diese richten sich auf die Auswahl geeigneter Absatzmittler (Selektion), die Entwicklung von Anreizsystemen (Stimulierung) und die Möglichkeiten vertraglicher Vereinbarungen zur Durchsetzung eines einheitlichen Marketings (Kontraktstrategien).

9.2.4.1 Auswahl von Absatzmittlern

Bei der Gestaltung indirekter Distributionswege muss der Hersteller Entscheidungen über die Art und Anzahl der einzubeziehenden Absatzmittler treffen. Diese Entscheidungen sind in Abhängigkeit von den spezifischen Rahmenbedingungen zu treffen (vgl. Kapitel 9.1.3).

Was die Art der Distributionspartner betrifft, so ist zunächst zu klären, welche Organe grundsätzlich für die Ausführung der zu erfüllenden Distributionsfunktionen in Frage kommen. Anschließend wird anhand eines Kriterienkatalo-

9.2 Akquisitorische Distribution

ges geprüft, welche Anforderungen an die potenziellen Absatzmittler zu stellen sind. Als mögliche Entscheidungskriterien nennt Bruhn z. B. die Qualifikation des Beratungspersonals, das Image der Betriebsform, die Bereitschaft zur Kooperation und die Vertriebskosten (vgl. Bruhn, 2009, S. 261). Kotler et al. (2007b, S. 864 f.) weisen darauf hin, dass es bei der Auswahl von Distributionspartnern auch um die Nutzung neuer Marktchancen geht. So vertreibt die Asstel AG ihre Versicherungsprodukte auch über den Einzelhandel in Kooperation mit Tchibo und nicht nur, wie allgemein üblich, über Versicherungsbüros und Makler.

Zur Beantwortung der Frage, wie viele Absatzmittler eingeschaltet werden sollen, lassen sich grundsätzlich drei Selektionsstrategien unterscheiden (vgl. Kotler et al., 2007b, S. 865 ff.; Aus der Praxis 9-10):

Strebt der Hersteller eine **intensive Distribution** (Universalvertrieb) an, so ist er bemüht, so viele Absatzmittler wie möglich einzuschalten, um damit für seine Produkte Überallerhältlichkeit (Ubiquität) zu erreichen. Durch die intensive Distribution gewinnen die Produkte eine hohe Präsenz im Markt. Der Kunde hat relativ geringe Beschaffungsmühen. Diese Strategie ist typisch für Produkte des täglichen Bedarfs wie z. B. Mineralwasser, Waschmittel oder Zahnpasta.

Bei einer **selektiven Distribution** versucht der Hersteller, nur ausgewählte Absatzmittler mit der Distribution seiner Produkte zu betrauen. Dabei werden in der Regel jene Absatzmittler akzeptiert, die den zuvor festgelegten Anforderungskriterien entsprechen. Das können z. B. Geschäftsgröße und -lage, Sicherstellung von Beratungs- und Serviceleistungen, Preisgestaltung und Kooperationswilligkeit sein. Häufig verzichtet der Hersteller bewusst auf Absatzmöglichkeiten durch solche Betriebsformen, deren Image nicht mit dem der Produkte übereinstimmt. Durch die selektive Distribution gelingt dem Hersteller im Allgemeinen eine angemessene Marktdurchdringung, und zwar bei relativ geringen Überwachungskosten bezüglich der Einhaltung der vom Hersteller spezifizierten Distributionsbedingungen. Die Strategie der selektiven Distribution findet man relativ häufig bei Produkten der Unterhaltungselektronik, bei Kosmetika oder ganz allgemein bei hochwertigen und langlebigen Gebrauchsgütern des aperiodischen Bedarfs.

Charakteristisch für die **exklusive Distribution** ist, dass nur streng ausgewählte Händler beliefert werden. Es handelt sich um eine Sonderform der selektiven Distribution, bei der sich

Abb. 9-10
Zielkonflikte zwischen Industrie und Handel

Ziele des Herstellers	Ziele des Handels
▸ aktive ständige Innovationspolitik ▸ Aufbau von Produkt- und Markenimages ▸ Distribution des gesamten Leistungsprogramms ▸ Verringerung der Handelsspannen ▸ kontinuierlicher Absatz und große Bestellmengen ▸ Serviceleistungen vorwiegend durch den Handel ▸ nationale und internationale Produktwerbung ▸ bevorzugte Platzierung eigener Produkte	▸ Einführung neuer Produkte nur bei hoher Erfolgswahrscheinlichkeit ▸ Aufbau eines Einkaufsstättenimages ▸ Beschränkung auf zielgruppenspezifische Sortimente (»fast runner« bzw. Schnelldreher) ▸ Druck auf die Konditionen, Spannen-Denken ▸ bedarfsabhängige, schnelle Lieferung des Herstellers, ggf. kleine Mengen ▸ starke Beteiligung des Herstellers am Service ▸ lokale und regionale Firmenwerbung ▸ sortimentsgerechte Platzierung im Rahmen der eigenen Konzeption

Selektionsstrategien der Absatzmittlerauswahl

Aus der Praxis – 9-10

Der Zahncremehersteller Dr. Liebe GmbH & Co. KG führt die Marken Ajona, Aminomed und Pearls & Dents. Das Zahncremekonzentrat Ajona wird über diverse Einzelhandelsgeschäfte, Drogeriemärkte und Apotheken vertrieben, womit der Hersteller mittels intensiver Distribution einen hohen Distributionsgrad anstrebt. Die als hochwertige natürliche Zahncreme positionierte Marke Aminomed wird selektiv in ausgesuchten Drogerie- und Verbrauchermärkten (z. B. dm, Drospa, Ihr Platz, Müller, Kaufland, Globus) sowie in Apotheken angeboten. Pearls & Dents wird als medizinische Spezialzahncreme ebenfalls selektiv vertrieben, jedoch nur über Apotheken, Zahnärzte, Kieferorthopäden und Prophylaxegeschäfte. Ein Exklusivvertrieb läge vor, wenn der Hersteller die Anzahl der Vertriebsstellen räumlich auf ausgesuchte Geschäfte konzentrieren würde.

9.2 Distributionspolitik
Akquisitorische Distribution

die Hersteller bewusst auf eine geringe Zahl von Absatzmittlern beschränken, denen das exklusive Vertriebsrecht für definierte Absatzgebiete eingeräumt wird. Im Gegenzug fordern die Hersteller vom Händler häufig die Übertragung von Exklusivrechten, damit dieser keine Wettbewerbsprodukte führt. Diese Form der Distribution eignet sich besonders für hochwertige Markenwaren des aperiodischen Bedarfs. Beispiele dafür finden sich im Automobilhandel, bei hochwertigen Haushaltsgeräten oder exklusiver Oberbekleidung. Der Hersteller hat dadurch umfassende Kontroll- und Steuerungsmöglichkeiten im Absatzkanal, die zu einem besseren Markenauftritt im Geschäft führen und sich positiv auf die Handelsspanne auswirken. Die Auswahlkriterien für geeignete Absatzmittler sind in der Regel noch strenger als bei einer selektiven Distributionsstrategie.

> Pull-Strategien sollen einen Nachfragesog bei den Verbrauchern erzeugen.

9.2.4.2 Anreizsysteme für Absatzmittler
Die Stimulierungstrategie befasst sich mit der Entwicklung von Anreizsystemen für die Absatzmittler. Die Anreize sollen die Absatzmittler dazu bringen, die Produkte des Herstellers in das Sortiment aufzunehmen. Dazu können die Hersteller sowohl Maßnahmen gegenüber den Endabnehmern als auch gegenüber den Absatzmittlern verfolgen. Die abnehmerorientierten Maßnahmen sollen Begehrlichkeiten bei den Käufern wecken und einen »Sog« im Absatzkanal erzeugen. Deshalb nennt man sie **Pull-Strategie**. Richten sich die Maßnahmen an die Händler, spricht man von einer **Push-Strategie**, weil sie dazu dienen, die Produkte in den Absatzkanal zu »drücken«. Daneben gibt es auch **Kooperationsanreize**, die sich ebenfalls an den Handel richten. Abbildung 9-11 gibt einen Überblick über die drei Optionen.

Mit der **Pull-Strategie** richten sich die Hersteller direkt an die Konsumenten und versuchen dort, ihre Marken und Produkte zu profilieren. Dadurch entsteht eine verstärkte Nachfrage der Konsumenten im Handel, wodurch für den Handel die Attraktivität steigt, die entsprechenden Produkte im Sortiment zu führen. Bei diesen Maßnahmen werden die Absatzmittler übersprungen. Dennoch wirken sie über die Konsumenten indirekt auf den Handel (Meffert et al., 2008, S. 594). Als wichtigste Instrumente setzt man die verbrauchergerichtete Werbung und weitere Maßnahmen der Markenprofilierung

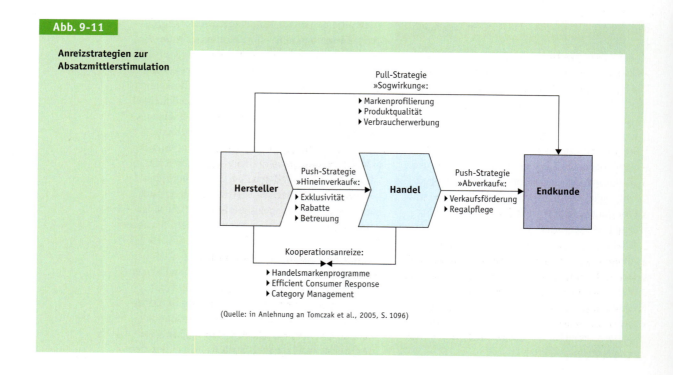

Abb. 9-11 Anreizstrategien zur Absatzmittlerstimulation

(Quelle: in Anlehnung an Tomczak et al., 2005, S. 1096)

(z. B. Events, Promotions) sowie die Sicherstellung einer hohen Kundenzufriedenheit über eine hohe Produktqualität und Serviceleistungen ein.

Die **Push-Strategien** werden in Maßnahmen zum Hineinverkauf in den Handel und Maßnahmen zum Abverkauf des Handels an den Endverbraucher unterteilt. Der **Hineinverkauf** soll die Bereitschaft des Handels erhöhen, die Produkte des Herstellers zu listen und den Abverkauf zu fördern. Dabei unterscheidet man zwischen monetären und nicht-monetären Anreizen (Meffert et al., 2008, S. 593 ff.). Zu den wichtigsten monetären Push-Anreizen gehören die Handelsspanne, Rabatte und Finanzhilfen. Die **Handelsspanne** ist die Differenz zwischen Verkaufspreis und Einkaufspreis des Handels. Je größer diese Differenz ist, desto attraktiver ist die Listung des Produkts für den Handel. Allerdings besteht für die Hersteller häufig nur ein geringer Spielraum, die Handelsspanne zu beeinflussen. Vor allem Güter des täglichen Bedarfs stehen auf Verkaufsseite unter starkem Wettbewerbs- und Preisdruck, auf Herstellerseite begrenzen hohe Rohstoffpreise den Spielraum. Deshalb spielen **Rabatte** eine fast ebenso große Rolle wie die Handelsspanne. Rabatte sind für den Hersteller interessanter, weil sie in der Regel an bestimmte Leistungen gebunden sind. Je größere Mengen der Handel beispielsweise beim Hersteller abnimmt, desto größer sind die gewährten Rabatte. Größere Mengen wiederum verschaffen den Herstellern die Möglichkeit, Rohstoffe zu günstigeren Konditionen zu beschaffen. Neben den Mengenrabatten gibt es noch weitere Rabattarten, die in Kapitel 7.5.1 zur Preispolitik ausführlich dargestellt sind. **Finanzhilfen** sind schließlich dazu gedacht, den Absatzmittler in seiner Kapitalausstattung zu unterstützen, damit dieser seine Wettbewerbsposition verbessern kann. Häufig findet man diese Art der Push-Anreize in Franchisesystemen und anderen Vertragsbindungssystemen (z. B. Automobilhandel, Vertragswerkstätten, Gastronomie). Zu den nicht-monetären Push-Anreizen zählen Exklusivitätszusagen (vgl. Kapitel 9.2.4.1 zur exklusiven Distribution) sowie Maßnahmen der Handelskundenbetreuung (Key Account Management, vgl. Kapitel 2.3.1).

Push-Anreize, die sich auf die Konsumenten beziehen, gehören zum **Abverkauf**. Darunter fallen Verkaufsförderungsaktivitäten des Herstellers im Handel (siehe Kapitel 8.2.3.1), die Übernahme bestimmter Handelsfunktionen (etwa die Regalpflege), sowie Werbekostenzuschüsse. Werbekostenzuschüsse sind Geldbeträge, mit denen sich Hersteller an der Finanzierung von Handelswerbung (z. B. Sonderangebotswerbung) und Verkaufsförderungsaktivitäten des Handels beteiligen.

Weitere Anreize für Absatzmittler können **Kooperationen** zwischen Hersteller und Handelsunternehmen sein. Hierzu gehören Konzepte zur Optimierung des Waren- und Informationsflusses zwischen Hersteller und Handel, beispielsweise das Supply Chain Management (SCM) und das Efficient Consumer Response (ECR) (vgl. Kapitel 9.2.4.3). Ein weiterer Baustein der Handelskooperation ist die Fertigung von Handelsmarken. Auch wenn sowohl Hersteller als auch Handel von den Handelsmarken profitieren, machen sich die Hersteller damit eigene Konkurrenz und können, insbesondere wenn sie über keine oder nur wenige starke Marken verfügen, in große Abhängigkeit vom Absatzmittler geraten (Meffert et al., 2008, S. 609).

Die dargestellten Anreizsysteme für Absatzmittler werden in der Regel miteinander kombiniert, um die Anreizwirkung zu verstärken. Große Absatzmittler erwarten häufig, dass die Hersteller neben der Gewährung von Boni, Rabatten und Zuschüssen auch durch Verbraucherwerbung und Verkaufsförderungsaktivitäten einen Nachfragesog erzeugen. Damit stellt sich für den Hersteller also nicht die Frage, welche Anreizsysteme er dem Handel anbietet, sondern wie er die vorhandenen Mittel bestmöglich auf die einzelnen Maßnahmen verteilt (optimale Allokation des Distributionsbudgets; Meffert et al., 2008, S. 594).

9.2.4.3 Gestaltung der Distributionsbeziehungen

In direktem Zusammenhang mit der Wahl geeigneter Selektionsstrategien (Kapitel 9.2.4.1) steht die Frage, wie solche Strategien abgesichert werden können (Kontraktstrategien). Dabei spielen **vertragliche Bindungen** zwischen

Push-Strategien beziehen sich auf den handelsgerichteten Hinein- und Abverkauf.

Optimierung des Waren- und Informationsflusses als Kooperationsstrategie

9.2 Distributionspolitik
Akquisitorische Distribution

> Vertikale Vertriebssysteme sind vertragliche Bindungen zwischen Hersteller und Handel.

Herstellern und Handelsbetrieben (**vertikale Vertriebssysteme**) eine große Rolle. Hier gibt es eine Vielzahl individueller Gestaltungsmöglichkeiten, von denen vier typische Gestaltungsformen vorgestellt werden sollen (vgl. Ahlert, 1981; Meffert et al., 2008, S. 581 ff.; Specht/Fritz, 2005, S. 291 ff.).

Selektive Distributionsstrategien werden in der Regel durch **vertikale Vertriebsbindungen** abgesichert. Die vertraglichen Regelungen zwischen den Distributionspartnern beziehen sich zum einen auf die Absicherung der in den Selektionskriterien festgelegten Leistungsmerkmale der Handelsbetriebe, wie z. B. Beratungs- und Serviceleistungen. Zum anderen richten sie sich auf räumliche Begrenzungen des Absatzgebietes oder die Begrenzung auf eine bestimmte Gruppe von Handelsbetrieben, und zwar diejenigen, die gewisse (qualitative) Anforderungen erfüllen. Vertriebsbindungssysteme findet man typischerweise bei höherwertigen Markenprodukten, aber auch in den Branchen Kosmetik & Parfümerie, Möbel, Textilien und bei Brauereien.

Bei **Alleinvertriebssystemen** herrscht eine noch stärkere Vertriebsbindung zwischen Herstellern und Händlern vor. Im Mittelpunkt steht die quantitative Selektion der Distributionspartner. Der Hersteller verpflichtet sich, in einem bestimmten Absatzgebiet nur einen – den alleinvertriebsberechtigten – Händler zu beliefern. Demgegenüber verpflichtet sich der Händler zu einer umfassenden Sortimentslistung und Lagerhaltung der Herstellerprodukte. Häufig werden weitere Vereinbarungen getroffen, die sich z. B. auf die Ablehnung von Konkurrenzprodukten oder die Durchführung von Werbungs- und Verkaufsförderungsaktionen beziehen. Alleinvertriebssysteme werden zur Absicherung von exklusiven Distributionsstrategien eingesetzt, die man häufig bei hochwertigen, neuen Produkten wählt. Dem Händler wird damit ein angemessenes Umsatzpotenzial gesichert, was ihn zu besonderen Absatzanstrengungen motivieren kann. Ein Beispiel hierfür ist der Alleinvertrieb des iPhones durch T-Mobile in Deutschland.

Bei einigen Formen vertikaler Vertriebssysteme ist die Bindung der rechtlich selbständigen Handelsbetriebe an den Hersteller so stark, dass man von »quasi unternehmenseigenen« Organen

> **Aus der Praxis – 9-11**
>
> Das Vertragshändlersystem ist in der Automobilindustrie weit verbreitet. Die von den Herstellern häufig als »Partner« bezeichneten Vertragshändler (z. B. »Volkswagen Partner. Immer in Ihrer Nähe.«) wirken für Außenstehende wie Verkaufsfilialen der Hersteller. Dadurch profitieren die Händler in hohem Maße von der Bekanntheit und dem Image der vertriebenen Marke und der Hersteller sichert sich durch die langfristige vertragliche Bindung den Marktzugang und Absatz. In ähnlicher Form finden sich Beispiele im Mineralölgeschäft und abgeschwächt bei Brauereien, die diese Form des Vertriebssystems bei der Gestaltung ihrer Beziehungen zu Gaststätten wählen.

des Herstellers sprechen kann. Bei diesen Formen handelt es sich vor allem um das Vertragshändlersystem und das Franchisesystem.

Im Rahmen von **Vertragshändlersystemen** bieten rechtlich selbständige Handelsbetriebe die Produkte ihres Vertragspartners in eigenem Namen und auf eigene Rechnung an (Aus der Praxis 9-11). In den vertraglichen Vereinbarungen verpflichtet sich der Händler langfristig zu einer starken Sortimentsbindung an den Hersteller. In den meisten Fällen wird vereinbart, dass der Händler keine Konkurrenzprodukte im Sortiment führen darf. Weiterhin verpflichtet sich der Händler, die absatzpolitischen Aktionen des Herstellers (vor allem Werbung und Verkaufsförderung) mitzutragen. Da die Vertragshändler häufig unter dem Namen des Herstellers firmieren, erscheint dieses Vertriebssystem nach außen hin wie ein Filialsystem des Herstellers. Der Hersteller räumt dem Händler in der Regel das Alleinvertriebsrecht für ein bestimmtes Gebiet ein. Wegen des großen Einflusses auf den Absatz seiner Produkte bis hin zum Endabnehmer ist dieses Vertriebssystem für den Hersteller von großem Vorteil. Wenn die Vertragsbindung so eng ist, dass die Produkte ausschließlich über Vertragshändler oder über die folgende Distributionsform »Franchisesystem« vertrieben werden, dann sind diese vertikalen Vertriebssysteme dem direkten Distributionsweg zuzuordnen.

Franchisesysteme stellen die engste Form der vertraglichen Bindung zwischen Herstellern und Händlern dar. Es handelt sich dabei um eine langfristig angelegte Kooperation zwischen einem Hersteller oder Großhändler (Kontraktgeber, Franchisor) und rechtlich selbständig bleibenden Einzelhändlern (Kontraktnehmern, Franchisees) (vgl. z. B. Gust, 2001, S. 22 ff.; Meurer, 1997, S. 9). Durch die enge vertragliche Bindung haben Außenstehende noch stärker als beim Vertragshändlersystem den Eindruck, dass es sich bei den einzelnen Franchise-Betrieben um Filialen des Herstellers handelt. Den Franchisenehmern wird gegen ein Entgelt das Recht eingeräumt, Waren oder Dienstleistungen des Franchisegebers unter Nutzung seines Namens bzw. seiner gesamten Marketingkonzeption anzubieten (Aus der Praxis 9-12). Der **Franchisegeber** stellt den selbständig tätigen Händlern sein Management- und Marketing-Know-how zur Verfügung. Die **Franchisenehmer** verpflichten sich zur konsequenten Einhaltung der durch den Hersteller definierten Qualitätsansprüche. Diese können sich auf alle mit dem Verkauf der Produkte zu erfüllenden Aufgaben beziehen. Der Franchisenehmer zahlt dafür eine in der Regel umsatzabhängige Gebühr. Die gegenseitigen Leistungen und Pflichten sind in einem Franchisevertrag festgelegt. Häufig sind die Pflichten des Franchisenehmers so umfassend, dass die wirtschaftliche Selbständigkeit stark eingeschränkt ist und nur die rechtliche Selbständigkeit erhalten bleibt. Einen Überblick über die Leistungen und Pflichten gibt Abbildung 9-12.

Das Franchisesystem bietet für beide Vertragspartner große Vorteile (siehe Abbildung 9-13). Für den **Franchisegeber** bietet sich die Möglichkeit einer schnellen Expansion ohne die damit verbundenen hohen Fixkosten. Auch im Falle eines Fehlschlages geht der Franchisegeber kein großes finanzielles Risiko ein, da er für die Schulden des Franchisenehmers keine Haftung übernimmt. Aus Marketingsicht ergeben sich die wichtigsten Vorteile für den Franchisegeber aus den Steuerungs- und Kontrollmöglichkeiten im Distributionsweg seiner Produkte, und zwar bezüglich der Durchsetzung seiner gesamten Marketingkonzeption.

> Franchise-Systeme sind die umfassendste Art der vertikalen Kooperation.

Abb. 9-12

Gegenseitige Leistungen und Pflichten in Franchisesystemen

Leistungen/Pflichten des Franchisegebers	Leistungen/Pflichten des Franchisenehmers
▸ Bereitstellung von Produkt, Firmen- und Markenzeichen	▸ Führung des Geschäfts nach vorgegebenen Richtlinien
▸ Überlassung des System-Know-hows	▸ Verwendung von Marken und Zeichen des Franchisegebers
▸ Gewährung von Nutzungsrechten am Systemimage	▸ Vorbehaltloser Einsatz für das System
▸ Hilfe beim Betriebsaufbau	▸ Wahrung der Betriebs- und Geschäftsgeheimnisse
▸ Werbung, Verkaufsförderung, Aktionen, Sortimentsplanung	▸ Periodische Daten- und Ergebnismeldung
▸ Laufende Beratung auf allen Unternehmensgebieten	▸ Ausschließlicher Bezug beim Franchisegeber oder bei vorgegebenen Quellen
▸ Betriebswirtschaftliche Dienstleistungen, Organisationsmittel	▸ Duldung von Kontrollen und Inspektionen
▸ Laufende Aus- und Weiterbildung der Franchisenehmer	▸ Anerkennung des Weisungsrechts des Franchisegebers
▸ Erfahrungsaustausch	▸ Sortimentsbildung und Einhaltung der Systemstandards
▸ Belieferung bzw. Nachweis von Einkaufsgelegenheiten zu festgelegten Konditionen	▸ Inanspruchnahme der Dienstleistungen des Franchisegebers
▸ Erhaltung der Wettbewerbsfähigkeit des Systems	▸ Abführung einer Franchisegebühr (variabel/fix)
▸ Gewährung von Gebietsschutzrechten	

(Quelle: Meffert et al., 2008, S. 590)

9.2 Distributionspolitik
Akquisitorische Distribution

Abb. 9-13

Vor- und Nachteile des Franchising

Vorteile	Nachteile
für den Hersteller (Franchisegeber):	
▸ gute Realisierbarkeit der eigenen Marketingkonzepte ▸ schnelle Expansionsmöglichkeiten ▸ intensiver Händlerkontakt ▸ geringes Absatzrisiko ▸ starke Motivation der Absatzorgane ▸ niedrige Distributionskosten ▸ geringe Kapitalbindung	▸ aufwändige Kontrolle ▸ geringe Flexibilität ▸ starke Marktstellung erforderlich ▸ hohe Managementqualitäten der Führung erforderlich ▸ eher niedriger Distributionsgrad ▸ häufig Mitbestimmung der Partner
für den Händler (Franchisenehmer):	
▸ geringes Geschäftsrisiko ▸ Wettbewerbsvorteile durch erfolgreiche Marketingkonzeption ▸ günstige Beschaffungsmöglichkeiten ▸ kontinuierliche Managementberatung ▸ häufig der einzige Weg zur Selbständigkeit ▸ Finanzierungshilfen	▸ weitgehend Aufgabe der Dispositionsfreiheit ▸ hohe Abhängigkeit vom Hersteller ▸ Übernahme des vollen Absatzrisikos ▸ geringes situatives Anpassungsvermögen ▸ Zwang zur Standardisierung ▸ oft hohe Arbeitsbelastung

Abb. 9-14

Franchisesysteme in Deutschland

Branche	Franchisegeber	Branche	Franchisegeber
Bekleidung	Esprit	Reiseveranstalter/-büros	Alltours Reisecenter
	Harper & Fields		First Reisebüro
Gastronomie	McDonald's		Tui Reisecenter
	Subway	Telekommunikation	Vodafone
	Burger King		mobilcom Shop
	Kochlöffel	Tiernahrung/-bedarf	Fressnapf
Baumärkte	Obi		Zoo & Co.
	toom	Bildung/Qualifikation	Schülerhilfe
Schuhvertrieb	Reno		Studienkreis
	Quick Schuh		Berlitz Sprachcenter
Autowaschstraßen	clean park	Fahrzeugvermietung	Sixt
	WAP Waschbär		Avis rent a car
	Cosy Wash	Informations- und Kommunikationstechnik	PC Spezialist
			Vodafone D2

Der **Franchisenehmer** profitiert in erster Linie vom Markenwert bzw. Image des Herstellers. Außerdem kann er die Management-Ressourcen des Herstellers für Unterstützungen und Beratungen in der Betriebsführung nutzen. Kostspielige Werbe- und Verkaufsförderungsaktionen können professionell geplant und gemeinsam mit anderen Franchisenehmern realisiert werden. Vorteilhaft ist auch, dass es sich bei den abzuführenden Gebühren um umsatzabhängige, das heißt variable Kosten handelt. Gerade kleinere und mittlere Handelsbetriebe können sich – im Rahmen des Vertrages – ihre weitgehende Selbständigkeit sichern.

Einige Beispiele für Franchisesysteme in Deutschland sind in Abbildung 9-14 aufgelistet.

Aus der Praxis – 9-12

Über 70 Prozent der deutschen McDonald's-Restaurants werden von selbständigen Unternehmen im Franchise-Betrieb bewirtschaftet. Im Jahr 2008 wurden auf diese Weise insgesamt 956 Restaurants von 268 Franchise-Nehmern betrieben. Das erste deutsche Franchise-Restaurant von McDonald's eröffnete 1975. Die Verträge hatten eine Laufzeit von 20 Jahren und waren ein damals kaum bekanntes Geschäftsmodell in der neuartigen Branche der Systemgastronomie. Seit Jahren werden viele Restaurants bereits von den Nachfahren der Erstpächter betrieben.

Neue Franchise-Nehmer müssen ein hartes Auswahlverfahren durchlaufen: 2001 gingen mehr als 2.500 Anträge in der Münchener Zentrale ein. Wer sich bewirbt, benötigt ein Eigenkapital von mehreren Hunderttausend Euro, muss über kaufmännische Erfahrung verfügen, bereit sein, den Betrieb langfristig zu führen und ein umfangreiches Franchise-Nehmer-Ausbildungsprogramm absolvieren.

Die Standortakquisition und -erschließung sowie der Bau der Restaurants wird von McDonald's übernommen. Die Franchise-Rechte werden dann zusammen mit einem Unterpachtvertrag über 20 Jahre an den Franchise-Nehmer vergeben. Bei Mietobjekten gibt der Franchise-Geber die Mietkosten an den Franchise-Nehmer weiter. Für ein neu zu eröffnendes Restaurant mit McDrive und McCafé entstehen einmalige Kosten von über 750.000 €, wobei der Franchise-Nehmer über eine Eigenkapitalquote von 40 Prozent der Investitionssumme verfügen muss. Die Kosten für die Übernahme bestehender Restaurants werden anhand ihres Marktwertes ermittelt.

An laufenden Franchise-Kosten entstehen durch die Pacht mindestens 12,5 Prozent des Nettoumsatzes, gegebenenfalls wird auch ein fester Pachtbetrag in Abhängigkeit der getätigten Standortinvestitionen fällig. Dazu kommen 5 Prozent Franchise-Gebühr vom Nettoumsatz sowie die Verpflichtung, mindestens weitere 5 Prozent vom Nettoumsatz in Werbung zu investieren. Zusätzlich entstehen noch Nebenkosten und Personalkosten. Durchschnittlich hat jedes deutsche McDonald's-Restaurant mehr als 40 Mitarbeiter.

Zudem verlangt das Unternehmen, dass sich jeder Franchise-Nehmer an die Grundsätze hält, auf denen der Erfolg von McDonald's basiert: Absolutes Muss sind das akribische Einhalten der Qualitätsnormen, hundertprozentige Gästeorientierung, das Umsetzen des Umweltschutzprogramms »Vermeiden, vermindern, verwerten« – und soziales Engagement. In vielen Gemeinden ist der örtliche Franchise-Nehmer daher erste Anlaufstelle, wenn ein Kindergarten, ein Sportverein oder eine Einrichtung für Behinderte finanzielle oder organisatorische Unterstützung braucht. Mit dieser gesellschaftlichen Verpflichtung führen die McDonald's Franchise-Nehmer die Tradition von Unternehmensgründer Ray Kroc fort. Dessen viel zitierter Leitsatz war: »Gebt der Gemeinschaft, in der ihr lebt, etwas von dem zurück, was sie euch gibt!«

McDonald's steht seinen Partnern mit kompetenter Beratung und laufender Fortbildung in allen Fragen rund um die Führung eines Restaurants zur Seite. Darüber hinaus profitieren sie von der nationalen Werbung für die Marke, von technischen Innovationen, günstigen Konditionen beim Wareneinkauf und einem exklusiven Distributionssystem.

Quelle: mcdonalds.de, 2009a

9.2 Distributionspolitik
Akquisitorische Distribution

Abb. 9-15

Vertikale Vertriebssysteme im Überblick

	Vertikale Vertriebsbindung	Alleinvertriebssystem	Vertragshändlersystem	Franchising
Vertragsdauer	generell langfristig	generell langfristig, jedoch kurzfristige Veränderungen möglich	generell langfristig, jedoch kurzfristige Veränderungen möglich	generell langfristig
Sortiment	nicht festgelegt	festgelegt	durch Kontraktgeber festgelegt	eindeutig festgelegt
Vertragsinhalte	Absicherung der in den Selektionskriterien festgelegten Leistungsmerkmale der Handelsbetriebe	Hersteller: Verpflichtung der Belieferung nur eines alleinvertriebsberechtigten Händlers in einem bestimmten Absatzgebiet	Hersteller: räumt Alleinvertriebsrecht für bestimmtes Gebiet ein	Hersteller: räumt gegen Entgelt Recht ein, Waren und Dienstleistungen unter Nutzung seines Namens anzubieten; Nutzung seines Management- und Marketing-Know-hows, bietet Beratungen an
		Händler: umfassende Sortimentslistung und Lagerhaltung der Herstellerprodukte	Händler: langfristige Verpflichtung zu starker Sortimentsbindung an den Händler; Mittragen absatzpolitischer Aktionen des Herstellers	Händler: Pflicht zur konsequenten Einhaltung der vom Hersteller definierten Qualitätsansprüche; Zahlung des Nutzungsentgeltes
Wirkung nach Außen	normales Geschäft	normales Geschäft	Anschein einer Filiale	Anschein einer Filiale
Auftrittsgebiet	räumliche Begrenzung oder Begrenzung auf bestimmte Gruppe von Handelsbetrieben	Begrenzung auf einen bestimmten Händler in einem bestimmten Absatzgebiet	Einräumung eines Alleinvertriebsrechts für bestimmtes Gebiet	wird vom Franchisegeber festgelegt
Konkurrenzprodukte	ja	nein	nein	nein
Unterstützung bei Marketingaktionen durch Hersteller	ja	ja	ja	ja

Gestaltung der Distributionsbeziehungen über Kooperationen

Zusammenfassend stellt Abbildung 9-15 die vier wichtigsten vertikalen Vertriebssysteme dar.

Distributionsbeziehungen müssen nicht unbedingt über vertraglich geregelte Vertriebsbindungen gestaltet werden. Wie eingangs erwähnt, spielen sie eher bei selektiver und exklusiver Distribution eine Rolle. Bei universell vertriebenen Produkten (intensive Distribution) werden üblicherweise einmal pro Jahr in so genannten »Jahresgesprächen« Lieferverträge mit dem Handel geschlossen, in denen Konditionen und Rahmenvereinbarungen festgelegt werden. Die Beziehungen zwischen Hersteller und Handel können sich aber auch in weitergehenden Kooperationen niederschlagen, wie sie weiter oben bereits im Kapitel über die Anreizsysteme angesprochen wurden (Kapitel 9.2.4.2). Besonders zu erwähnen sind hier Systeme des **vertikalen Marketing**, die sowohl logistische Fragen als auch den Informationsaustausch zur Geschäftsabwicklung und zur Optimierung der Zusammenarbeit einbeziehen. Damit sind vor allem ECR (Efficient Consumer Response) und SCM (Supply Chain Management) gemeint.

Beiden Konzepten ist gemeinsam, dass sie Informations- und Kommunikationstechnik einsetzen, um den Wertschöpfungsprozess unternehmensübergreifend zu optimieren (Wertschöpfungspartnerschaft zwischen Industrie und Handel). Während sich das ECR explizit auf die Erhöhung der Kundenzufriedenheit und die Effizienzsteigerung im Absatzkanal konzentriert, ist das SCM wesentlich weiter gefasst und bezieht auch die Zulieferer und die internen Prozesse der Industrieunternehmen, also die gesamte Wertschöpfungskette ein (Meffert et al., 2008, S. 603 f.; Specht/Fritz, 2005, S. 178, 186).

Ziel des **Efficient Consumer Response (ECR)** ist es, durch eine enge und vertrauensvolle Beziehung zum Handel zum einen die Verbraucherwünsche besser bedienen zu können und zum anderen die logistischen Prozesse effizienter zu gestalten. Zu den Instrumenten gehören auf der Logistikseite der nachfragegesteuerte Warennachschub und auf der Verbraucher- bzw. Marketingseite die kunden- und renditeorientierte Sortimentsgestaltung, koordinierte Verkaufsförderungsaktivitäten und eine Effizienzsteigerung im Produktentwicklungs- und -einführungsprozess (Specht/Fritz, 2005, S. 188 ff.). Abbildung 9-16 gibt einen Überblick über diese ECR-Elemente.

Bei der **effizienten Sortimentsgestaltung** arbeiten Hersteller und Handel gemeinsam daran, die Kundenzufriedenheit zu erhöhen und die verfügbare Verkaufsfläche optimal zu nutzen. Basierend auf Informationen über das Käuferverhalten am Point of Sale wird das Sortiment hinsichtlich der Regal- und Flächennutzung (Space Management), Produktplatzierung, Produktpräsentation und Preisgestaltung optimiert. Auf Seiten des Herstellers ist – eine entsprechende objektorientierte Organisation vorausgesetzt – mit diesen Aufgaben üblicherweise das Category Management betraut (siehe Kapitel 2.3.1).

Abb. 9-16

Elemente des Efficient Consumer Response (ECR)

Efficient Consumer Response			
Marketingseite	Effiziente Sortimentsgestaltung	→	Kunden- und renditeorientierte Sortimentsgestaltung
	Effiziente Verkaufsförderung	→	Integrierte und koordinierte Verkaufsförderungsaktivitäten
	Effiziente Produktinnovation	→	Optimierung der Neuproduktentwicklung und -einführung
Logistikseite	Effiziente Warenversorgung	→	Nachfragegesteuerter Warennachschub

(Quelle: in Anlehnung an Specht/Fritz, 2005, S. 188)

ECR dient der effizienten Reaktion auf das Nachfragerverhalten.

Aus der Wissenschaft

Flächen- und Regalplatzoptimierung

In modernen Handelsunternehmen werden Flächennutzung und Produktanordnung im Regal nicht dem Zufall überlassen. Unter dem Stichwort »Space Management« befassen sich Handelsmarketingspezialisten seit Langem mit der optimalen Warenpräsentation am Point of Sale. Die Relevanz wird deutlich, wenn man sich vor Augen hält, dass im Lebensmittelhandel etwa jeder Zweite ohne Einkaufszettel einkaufen geht und dass die Kunden viele Kaufentscheidungen erst am Point of Sale treffen (Franzen/Schäfer, 2009). Vom US-Handelsriesen Wal-Mart ist beispielsweise bekannt, dass er ein eigenes Forschungszentrum betreibt, in dem man unter anderem die Warenanordnung im Geschäft und im Regal optimiert. Ziel ist es, die Attraktivität der Verkaufs- und Regalflächen zu steigern, dadurch die Orientierung der Kunden zu erleichtern bzw. deren Suchzufriedenheit zu erhöhen, Verbund- und Spontankäufe auszulösen, Handling-, Kapitalbindungs- und Flächenkosten des Handels zu reduzieren und die Wertigkeit der ver-

schiedenen Verkaufszonen angemessen zu berücksichtigen. Die Maßnahmen des Space Managements sind von der Gestaltung der Ladenatmosphäre (Ladenbau) abzugrenzen. Das Space Management bezieht sich auf die Anordnung der Verkaufsflächen im Geschäft und der Waren im Regal, der Ladenbau bezieht sich hingegen auf designerische Aspekte (Materialauswahl, Regaldesign, Beleuchtung, Farbeinsatz, Fußbodenbeläge etc.).

Erste Entscheidungen beziehen sich auf die Nutzung der verfügbaren Verkaufsfläche. Die Aufteilung erfolgt in so genannte Funktionszonen, zu denen im Wesentlichen die Warengruppenflächen bzw. Abteilungen sowie Ruhezonen, Aktionsflächen und die Kassenzone gehören. Bei der Anordnung von Warengruppen muss zum einen die Suchlogik der Kunden berück-

Fortsetzung auf Folgeseite

9.2 Distributionspolitik
Akquisitorische Distribution

sichtigt werden (z. B. erwartet man Babybrei nicht bei den Konserven, sondern bedarfsorientiert bei den anderen Babyartikeln), was sich wiederum positiv auf die Orientierung und damit auch auf die Einkaufszufriedenheit auswirkt.

Auch der Linksdrall der Kunden wird häufig berücksichtigt, indem der Kundenlauf entlang der Wand gegen den Uhrzeigersinn angelegt wird. Zum anderen werden natürlich auch die Belange des Handels berücksichtigt. In breiten Gängen und im Eingangsbereich stellt man häufig Aktionsware auf oder versperrt den Weg mit Warentischen, um die Schrittgeschwindigkeit der Kunden zu reduzieren. Damit stellt man sicher, dass auch die vorderen Warengruppen mit Gütern des unregelmäßigen Bedarfs Beachtung finden. Waren des täglichen Bedarfs (z. B. Brot, Molkereiprodukte, Wurst und Fleisch) findet man meistens im hinteren Bereich der Geschäfte, damit die Kunden die vorgelagerten übrigen Warengruppen passieren müssen und dadurch die Wahrscheinlichkeit von Spontankäufen steigt. Dabei sollte man darauf achten, dass der Kunde die Wege im Geschäft nicht als Zeitverlust empfindet, weil dies zu Verärgerung führen könnte. Zur Anregung von Verbundkäufen kann man Waren, die zusammen konsumiert werden, auch sortimentsübergreifend platzieren. Ein Beispiel hierfür wäre ein Ständer mit Wein direkt neben der Käsetheke. Bei Süßwarenherstellern ist besonders die Kassenzone begehrt, in der während des Wartens besonders viele Spontankäufe getätigt werden. Der Handel platziert hier aber auch solche Güter, die entweder beaufsichtigt werden müssen (z. B. Zigaretten, Spirituosen) oder die man beim Einkauf leicht vergisst (z. B. Batterien).

Weitere Entscheidungen gelten der Artikelplatzierung im Regal. Die akquisitorische Wirkung der Warenanordnung hängt insbesondere vom habituellen Kaufverhalten der Kunden, von der Attraktivität der verschiedenen Warengruppen, der Wertigkeit der Regalplätze und der Anzahl der Frontstücke eines Artikels in der ersten Regalreihe ab. Ziel ist die Schaffung verkaufsfördernder Regalansichten. Optimierungsversuche haben beispielsweise ergeben, dass Impulsartikel auf Blick- und Griffhöhe und Magnetartikel (bekannte, nachfrageintensive Produkte) zur Schaffung von Aufmerksamkeit in den Randzonen platziert werden sollten. Die Regalmitte findet die intensivste Beachtung, wobei man eine leichte Rechtsorientierung des Blicks berücksichtigen muss. Schwache Bereiche finden sich in der Bück- und Streckzone (siehe Abbildung 9-17). Die Anordnung einer Warengruppe (z. B. Zahncreme) innerhalb eines Sortimentsbereichs (z. B. Körperpflege) erfolgt üblicherweise vertikal, das heißt, verschiedene Zahncrememarken werden im Regal von oben nach unten angeordnet, daneben findet man Zahnbürsten, Mundwasser und dergleichen ebenfalls in vertikaler Anordnung. Von einer horizontalen Anordnung (ein Regalboden mit Zahncreme, darunter die Zahnbürsten, darunter Mundwasser etc.) wird eher abgeraten, weil dies die Vergleichsmöglichkeiten erschwert und die Wertigkeit der Regalzonen unzureichend berücksichtigt. Bei der Anzahl der Frontstücke (Facing) geht es um die Platzierungsbreite und Stapelhöhe. Hersteller streben möglichst viele Frontstücke ihrer Artikel an, um die Kontaktleistung zu erhöhen. Allerdings zeigten amerikanische Studien einen eher geringen Zusammenhang zwischen Platzierungsbreite und Absatz. So seien 40 Prozent der Regale mit zu breiten Facings fehlbelegt. Denn neben der Kontaktfläche spielen weitere Faktoren wie die Packungsgestaltung und -größe als Funktionen der Produktgestaltung (siehe Kapitel 6.3.2.4) sowie die Produktart eine Rolle. So werden Waren des Grundbedarfs gezielt gekauft, was zu einem geringen Zusammenhang zwischen Facing und Absatz führt, während dieser Zusammenhang bei Artikeln des unregelmäßigen Bedarfs steigt. Um die verkaufsfördernden Eigenschaften optimierter Regale nicht zu gefährden, müssen Regallücken durch kontinuierliches Wiederauffüllen vermieden werden. Andernfalls kann bei den Kunden schnell der Eindruck entstehen, dass das Geschäft zu wenig Auswahl bietet.

Zur Erfolgskontrolle der Warenplatzierung errechnet man Produktivitätskennzahlen (Quotient aus Nettoerfolg und beanspruchter Quadratmeterzahl), Umsätze und Deckungsbeiträge bezüglich der Verkaufs- und Regalflächen, Umschlaghäufigkeiten bzw. Gängigkeit von Artikeln (»Renner und Penner«), Handlingkosten sowie Verbundkaufwahrscheinlichkeiten und -intensitäten.

Quellen: Barth et al., 2007, S. 256 ff., 461 ff.; Schenk, 2007, S. 192 ff.

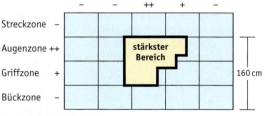

(Quelle: Schenk, 2007, S. 195)

Abb. 9-17: Wertigkeit der Artikelplatzierung im Selbstbedienungsregal

Gegenstand der **effizienten Verkaufsförderung** ist insbesondere die Abstimmung zwischen Industrie und Handel hinsichtlich Sonderpreisaktionen und dem Umgang der damit entstehenden Warenbestände in der Lieferkette. Darüber hinaus werden auch die weiteren stufenübergreifenden Kommunikationsmaßnahmen koordiniert.

Beziehungen zwischen Hersteller und Handel können auch hinsichtlich der Neuprodukteinführung bestehen. Ziel ist es, dass **Produktinnovationen** im Handel effizient gefördert und durch entsprechende Einführungskampagnen vom Hersteller begleitet werden. Durch die Kooperation mit dem Handel versucht der Hersteller, die Entwicklungs- und Markteinführungskosten zu senken, den Kundenbedürfnissen besser gerecht zu werden und das Floprisiko zu minimieren. Dazu ist eine Abstimmung zwischen Industrie und Handel bezüglich der Produktkonzeptionen (Hersteller) und Warengruppenstrategien (Handel) auf Basis der Konsumentenbedürfnisse erforderlich.

Um eine **effiziente Warenversorgung** zu gewährleisten, muss der Warenfluss in den Absatzkanal mit der tatsächlichen und prognostizierten Nachfrage am PoS abgestimmt werden. Dazu setzt man moderne Informations- und Kommunikationstechnologien ein, die die Lagerbestände und Umschlagzahlen überwachen und diese Informationen über ein Bestellsystem an den Hersteller übermitteln. Der Datenaustausch erfolgt in der Regel über standardisierte Schnittstellen, wie sie beim Electronic Data Interchange (EDI) definiert sind.

Das **Supply Chain Management (SCM)** hat zum Ziel, den Wertschöpfungsprozess in Bezug auf Kosten, Leistungen, Flexibilität und Reaktionsgeschwindigkeit zu optimieren. Dazu werden die Informations-, Güter- und Geldprozesse entlang der Wertschöpfungskette analysiert und die Schnittstellen verbessert (Specht/Fritz, 2005, S. 178). Konkret erhofft man sich durch das SCM
- einen verbesserten Lieferservice (höhere Lieferzuverlässigkeit, kürzere Lieferzeiten).
- geringere Lagerbestände, um die Kapitalbindung zu reduzieren. Dies wird durch die Just-in-Time-Belieferung erreicht, bei der die (Vor-)Produkte genau dann beim Nachfrager eintreffen, wenn er sie benötigt.
- geringere Einkaufs-, Produktions- und Vertriebskosten.
- die Vermeidung von Umsatzverlusten durch fehlende bzw. ausverkaufte Artikel (»Out of Stock«).
- reduzierte Durchlaufzeiten und verbesserte Kapazitätsauslastung in Produktion und Transport.
- flexible Reaktion auf veränderte Markt- und Umweltbedingungen (vgl. Meffert et al., 2008, S. 600).

Um den Informationsaustausch zwischen den verschiedenen Unternehmen effizienter zu gestalten, haben sich moderne Technologien zur vereinfachten Warenverfolgung etabliert. Am weitesten sind **Barcodes** verbreitet. Die unterschiedlich breiten Striche eines Barcodes enthalten digitalisierte Informationen über Waren und deren Eigenschaften (z. B. Produktart, Pack- und Füllmenge, Artikelnummer, Hersteller), die an den verschiedenen Stationen der Lieferkette mit Laserscannern ausgelesen werden (Waren-/Sendungsverfolgung). Während Barcodes den Kontakt des Scanners mit dem Barcode erfordern, handelt es sich bei der **Radio Frequency Identification** (RFID) um ein kontaktloses Identifikationssystem. RFID-Chips/-Etiketten, auch Transponder genannt, werden auf den Waren und Transportverpackungen angebracht und enthalten ebenfalls digital kodierte Informationen, die mit einem speziellen Lesegerät ausgelesen werden können. Dazu sendet das Lesegerät im Umkreis von bis zu 3 Metern elektromagnetische Funkwellen aus, die über eine Spule im Transponder einen Strom erzeugen (Induktion), der die Chips zur Aussendung ihrer kodierten Informationen veranlasst (vgl. Specht/Fritz, 2005, S. 384 f.). RFID-Etiketten haben gegenüber Barcodes neben dem kontaktlosen Auslesen noch weitere Vorteile. Sie verfügen über eine lange Lebensdauer und sind entsprechend unempfindlich, sie sind sehr fälschungssicher und können mit einer eindeutigen und einzigartigen Identifikationsnummer versehen werden (O.V., 2001). Sie eignen sich nicht nur zur Erfassung des Warenflusses, sondern auch zur automatisierten Erfassung des Einkaufs an Einzelhandelskassen, zur erleichterten Inventur, zur individuellen In-Store-Werbung durch Erkennung des

SCM dient der Optimierung von Wertschöpfungsprozessen.

Einkaufswageninhalts, zur elektronischen Waren- bzw. Diebstahlsicherung und zu Zwecken der Marktforschung und des Customer Relationship Managements (Meffert et al., 2008, S. 599; O. V., 2001; Specht/Fritz, 2005, S. 385). Daten- und Verbraucherschützer sehen im Einsatz von RFID-Chips jedoch Probleme durch die Sammlung personenbezogener Daten, insbesondere im Zusammenhang mit Kundenkarten, sowie durch das (unbefugte) Auslesen, auch nachdem die Ware das Geschäft bereits verlassen hat, sofern die Daten mit dem Bezahlvorgang nicht durch den Händler vom Chip gelöscht werden (Kramer/Baumgärtner, 2005, S. 45).

9.2.5 Gestaltung der Verkaufspolitik

Fragestellungen und Definition der Verkaufspolitik

Im Mittelpunkt verkaufspolitischer Entscheidungen steht das Problem der optimalen Gestaltung der Verkaufsorganisation, insbesondere die Auswahl, Steuerung und Motivierung der Verkaufspersonen des Außendienstes. Die **Verkaufspolitik** einer Unternehmung beinhaltet alle betrieblichen Entscheidungen und Maßnahmen, die im Zusammenhang mit dem persönlichen Verkauf durch Mitarbeiter eines Unternehmens getroffen werden.

Die damit verbundenen Aufgaben sind äußerst vielfältig und aufgrund der großen Unterschiede in einzelnen Unternehmen kaum generalisierbar (Ahlert, 1996, S. 28). Sie lassen sich nach Albers (2003, S. 1771) in drei große Aufgabenfelder einteilen: Gestaltung der Kommunikationsaufgabe (persönlicher Verkauf), Wahl geeigneter Verkaufsorgane und Außendienstführung.

Der **persönliche Verkauf** nimmt im Marketing eine gewisse Sonderstellung ein, weil er meist das zentrale Bindeglied zwischen dem Unternehmen und seinen Kunden darstellt. Eine kontinuierliche und intensive »Tuchfühlung« mit den Absatzmittlern und den Abnehmern ist eine Voraussetzung für die Schaffung von Kundennähe; sie gehört zu den wichtigsten Verkaufsaufgaben. Im Bereich von Investitionsgütern und Dienstleistungen ist der Verkäufer oft das letzte und entscheidende Glied im Absatzkanal und prägt mitunter langfristig das Kundenverhalten. Der persönliche Verkauf ist meist mit sehr hohen Kosten verbunden, sodass gerade dieser Bereich besonders sorgfältig zu gestalten ist.

Das zentrale Ziel der Verkaufspolitik ist es, durch Verkaufsgespräche einen Verkaufsabschluss zu bewirken. Da der Abschluss aber erst das Ergebnis eines unter Umständen langwierigen Verkaufsprozesses ist, erstrecken sich die **Ziele und Aufgaben** des Verkaufspersonals bei den meisten Unternehmen auch auf solche Bereiche, die nicht unmittelbar mit dem Vertragsabschluss verbunden sind. Dazu gehören z. B. die Akquisition neuer Kunden und die Wahrnehmung von kommunikativen Aufgaben, indem die Verkaufspersonen ihre Kunden über das Unternehmen und seine Produkte informieren. Vielfach erbringen die Außendienstmitarbeiter auch Serviceleistungen, z. B. bei technischen Fragen der Verkaufsabwicklung, bei der Bearbeitung von Reklamationen, der Vermittlung von Finanzierungen oder der Schulung des Kunden. Mit Hilfe des Verkaufspersonals lassen sich wertvolle Marktinformationen über Kunden und Konkurrenten sammeln. Häufig sind sie damit betraut, Verkaufsförderungsaktionen im Handel umzusetzen und bei Lieferengpässen die verfügbare Menge an Produkten an ihre Kunden zu verteilen (Kotler et al., 2007b, S. 794 f.).

Die Bedeutung des persönlichen Verkaufs ist in den einzelnen Branchen unterschiedlich. Besonders groß ist sie für Hersteller mit direkten Distributionswegen, vor allem bei erklärungs- und beratungsbedürftigen Dienstleistungen und Investitionsgütern. Bei Produkten, die auf indirektem Weg abgesetzt werden, konzentrieren sich die Aufgaben der Verkaufsorganisation auf die Akquisition und Betreuung der Absatzmittler.

Bei Konsumgütern werden Verkaufsabschlüsse mit den Handelspartnern in der Regel im Rahmen der Jahresgespräche zwischen Industrie und Handel getätigt. Bei größeren Kunden setzen die Hersteller dafür speziell ausgebildete Großkunden-Manager (Key Account-Manager) ein (vgl. dazu ausführlich Biesel, 2007).

Bei der Gestaltung der Kommunikationsaufgabe im Rahmen des persönlichen Verkaufs steht das **Verkaufsgespräch** im Mittelpunkt. Große Gestaltungsunterschiede gibt es je nach Art der Kunden und nach Komplexität der zu verkaufenden Produkte:

Handelt es sich bei den Kunden um Handelsbetriebe, so werden die Verkaufspersonen – bei Großkunden sind das im allgemeinen Key Account-Manager – die Rahmenbedingungen der Geschäftsbeziehungen aushandeln. Die operativen Tätigkeiten am Verkaufsort, wie beispielsweise die Regalpflege sowie die Durchführung von Verkaufsförderungsaktionen beim Handel, übernehmen so genannte Merchandiser, die als Verkaufspersonen der Hersteller den Kontakt zu den Verkaufsstellen des Handels pflegen.

Beim Absatz von investiven Produkten an gewerbliche Abnehmer, z. B. bei Maschinen und Anlagen, werden für Verkaufsaufgaben meist so genannte Vertriebsingenieure eingesetzt, die oft als Wirtschaftsingenieure sowohl über eine technische als auch über eine kaufmännische Ausbildung verfügen. Ihre Kommunikationsaufgabe besteht vor allem darin, Problemlösungen für die Kunden darzustellen, um dadurch Verkaufsabschlüsse zu tätigen. Vielfach führen solche technischen Vertriebsbeauftragten lediglich Kundenberatungen durch. Geschäftsabschlüsse erfolgen anschließend durch Mitglieder der Geschäftsleitung. Beim Absatz von Konsumgütern an Endverbraucher spielt der Einsatz von Verkaufspersonen eine eher untergeordnete Rolle. Lediglich bei beratungs- und erklärungsbedürftigen Produkten wird diese Form des Direktabsatzes von einigen Firmen praktiziert. Bei beratungsintensiven Dienstleistungen (z. B. Versicherungen, Bankdienstleistungen) spielt das persönliche Verkaufsgespräch mitunter eine entscheidende Rolle. So liegen die direkt getätigten Umsätze im privaten Versicherungsbereich zwischen 60 und 80 Prozent (vgl. Engelhardt et al., 1984, S. 36).

Die Gestaltung der persönlichen Kommunikation zwischen Verkäufer und Konsumenten ist in großem Maße von psychologischen Aspekten wie Vertrauen, Überzeugungskraft, Sympathie und persönlichem Einfühlungsvermögen der Verkäufer geprägt (vgl. ausführlich dazu Bänsch, 2006; Felser, 2007b, S. 165 ff.). Die Vertrauenswürdigkeit hängt von mehreren Aspekten ab. Eine wichtige Bedingung ist der Sachverstand des Verkäufers. Zudem muss der Kunde den Eindruck haben, dass der Händler gutmütig und fair ist und nicht ausschließlich seine eigenen Interessen verfolgt. Drittens ist oftmals zu beobachten, dass sich ein hohes Maß an Vertrauen gegenüber dem Handelsunternehmen positiv auf die Vertrauenswürdigkeit der dort angestellten Verkäufer auswirkt. Schließlich erscheinen sympathisch wirkende Verkäufer vertrauenswürdiger und fördern außerdem die Bereitschaft zum Kauf. Dabei hängt die Sympathie nicht nur von der physischen Attraktivität ab, sondern auch von der wahrgenommenen Ähnlichkeit zwischen Verkäufer und Kunden (z. B. bei gleichem Musikgeschmack im CD-Geschäft, bei ähnlichen Urlaubspräferenzen im Reisebüro).

9.2.5.1 Auswahl und Größe der Verkaufsorganisation

Hat sich ein Unternehmen für den direkten Distributionsweg entschieden, so müssen in der Folge Entscheidungen über die Wahl geeigneter Verkaufsorgane getroffen werden. Wie bereits in Kapitel 9.2.2 dargelegt, kommen dafür grundsätzlich **eigene oder fremde Verkaufsorgane** in Betracht. Eigene Verkaufsorgane sind Angestellte, die entweder innerhalb der (zentralen) Verkaufsabteilung oder im eigenen Außendienst (Reisende) tätig sind. Zu den fremden Verkaufsorganen zählen vor allem Handelsvertreter, die zwar rechtlich selbständig, aber aufgrund vertraglicher Vereinbarungen mehr oder minder stark an die Hersteller gebunden sind. Im Fall von Einfirmenvertretern besteht eine starke wirtschaftliche Abhängigkeit zum Hersteller.

Zur Lösung des »klassischen« Entscheidungsproblems »Reisende oder Handelsvertreter« werden in der Regel ökonomische und qualitative Kriterien zur Beurteilung herangezogen. Unter wirtschaftlichen Gesichtspunkten spricht für den **Handelsvertreter**, dass er lediglich variable Kosten (Provisionen) verursacht und deshalb auch bei geringen Umsätzen eingesetzt werden kann. Der **Reisende** ist demgegenüber bei hohen Umsätzen vorteilhafter, da sich sein (fixes) Gehalt auf die von ihm erzielten Umsätze verteilt. Abbildung 9-18 veranschaulicht diesen Zusammenhang.

Zu den qualitativen Kriterien zählen vor allem Steuerungs- und Motivationsgesichtspunkte. Reisende sind Angestellte des Unternehmens und deswegen besser steuerbar, z. B. bezüglich Berichterstattung, Zielvorgaben und Arbeitsweise. Außerdem sind Reisende in der

Entscheidungsproblem »Reisende oder Handelsvertreter«

9.2 Distributionspolitik
Akquisitorische Distribution

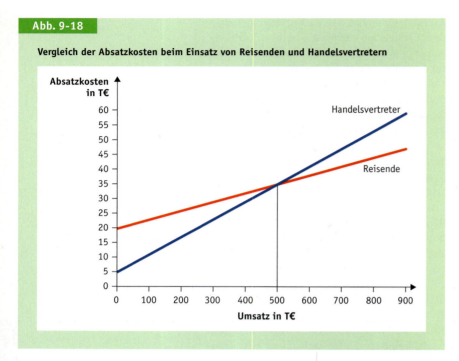

Abb. 9-18

Vergleich der Absatzkosten beim Einsatz von Reisenden und Handelsvertretern

Planungsaufgaben der Außendienststeuerung

9.2.5.2 Steuerung und Kontrolle des Außendienstes

Eine effiziente Gestaltung des Verkaufsaußendienstes erfordert umfangreiche Planungsschritte, die allgemein unter dem Begriff der Außendiensteinsatzplanung zusammengefasst werden. Dabei handelt es sich unter anderem um folgende Planungsaufgaben (vgl. Goehrmann, 1984, S. 56 ff.):

Zunächst geht es um die **Aufteilung der Verkaufsbezirke.** Jedem Verkäufer wird ein bestimmter Verkaufsbezirk zugewiesen, für den er die Ergebnisverantwortung hat. Damit erfolgt häufig eine Spezialisierung von Verkäufern auf einzelne Kundengruppen oder regionale Märkte. Die Aufteilung der Verkaufsbezirke erfolgt meistens nach quantitativen Kriterien wie Anzahl der Kunden, Größe des Nachfragepotenzials, räumliche Entfernung der Kunden etc. Häufig handelt es sich um geographische Gebiete wie Gemeinden oder Postleitzahlengebiete, die administrativ einfach zu handhaben sind. Es sollte allerdings darauf geachtet werden, dass keine Überschneidungen entstehen. Jeder Mitarbeiter sollte vergleichsweise große Absatzpotenziale bei etwa gleicher Arbeitslast haben (Kotler et al., 2007b, S. 797). Um Konflikte bereits im Vorfeld zu vermeiden, empfiehlt es sich, die Aufteilung gemeinsam mit den betroffenen Mitarbeitern vorzunehmen (vgl. ausführlich dazu Albers, 1989, S. 412 ff.).

Mit der **Planung von Verkaufsquoten** werden die ökonomischen Verkaufsziele für die einzelnen Verkaufspersonen festgelegt. In den meisten Fällen handelt es sich dabei um Umsatzzahlen. Diese sind zwar relativ einfach zu kontrollieren, haben aber den Nachteil, dass sie bei den Verkäufern kurzfristiges Umsatzdenken fördern, was sich langfristig durchaus negativ auf die Gewinnentwicklung auswirken kann. Sinnvoller sind Deckungsbeitragszahlen als Verkaufsquoten, da sie den Außendienst zu gewinnorientiertem Denken zwingen. Die Zielvorgaben können sich aber auch auf andere Aktivitäten der Verkäufer beziehen. Zu nennen sind unter anderem Produktvorführungen, Anzahl der Kundenbesuche oder Anzahl der Neukundenkontakte. Die Festlegung der Verkaufsquoten sollte möglichst differenziert erfolgen, um die unterschiedlichen Verkaufstalente entsprechend zu berücksichtigen.

Regel besser mit den Produkten der Unternehmung vertraut. Bei technisch komplizierten Produkten kann das ein entscheidender Vorteil sein. Außerdem können Reisende im Unternehmen verschiedene Funktionen wahrnehmen. Eine Steuerung von Handelsvertretern ist kaum möglich, da sie die Kundenbearbeitung eigenständig disponieren. Die Motivation der Handelsvertreter wird vor allem durch entsprechende Entlohnungssysteme gesteuert. Dadurch erreicht man, dass Handelsvertreter im Interesse der vertretenen Unternehmung agieren. Insbesondere Mehrfirmenvertreter können über ihr breites Sortiment vielfältigere Kundenkontakte aufbauen und so die Absatzchancen vergrößern. Meist unterstellt man den Handelsvertretern einen höheren Arbeitseinsatz. Im Exportgeschäft weisen Handelsvertreter einen wesentlichen Vorteil auf. Es sind in der Regel einheimische Vertretungen mit guten Kontakten zu potenziellen Abnehmern und guter Marktkenntnis. Viele Unternehmen arbeiten sowohl mit Reisenden als auch mit Handelsvertretern zusammen.

9.2 Akquisitorische Distribution

Die **Planung der Verkaufsrouten** erfolgt entweder durch die zentrale Vertriebsabteilung oder wird von den Außendienstmitarbeitern selbst vorgenommen. Im Wesentlichen geht es dabei um die Planung von Reiserouten in Abhängigkeit von den Kundenentfernungen, Arbeits- und Reisezeiten. In Zusammenhang damit steht auch die **Planung der Kontakthäufigkeiten** bei einzelnen Kunden. Hierfür werden vielfach moderne Computerprogramme eingesetzt, die unter Berücksichtigung der Kapazitäten der Außendienstmitarbeiter für unterschiedliche Kundengruppen (z. B. Alt- oder Neukunden) optimale Kontaktrhythmen bestimmen. Grundlage dieser Optimierungsprogramme ist die aus der Vergangenheit errechnete Beziehung zwischen Besuchshäufigkeit und Auftragsvolumen. Die meisten Unternehmen unterteilen die Kunden gemäß ihrer (Umsatz-) Bedeutung in A-, B- und C-Kunden und bestimmen danach die angestrebte Anzahl von Besuchen je Zeiteinheit.

Die **Bereitstellung verkaufsrelevanter Informationen** für den Verkäufer ist eine Voraussetzung dafür, dass Verkaufsprozesse optimal ablaufen können. Dabei handelt es sich um (verkaufsrelevante) interne und externe Daten, die dem Verkäufer als Informations- und Argumentationsbasis zur Verfügung stehen. Dazu zählen unter anderem Umsatzstatistiken, nach Kunden, Regionen oder Produkten gegliederte Deckungsbeitragsrechnungen, Anfragen und Beschwerden von Kunden, Lagerbestände, Produkt- und Wettbewerbsinformationen. Dafür stehen den Ver-

Spezialsoftware berechnet die optimalen Kontaktrhythmen

Informationssysteme zur Kundenbetreuung

*Mit zunehmender Verbreitung der elektronischen Datenverarbeitung wurden in den 1980er-Jahren in immer mehr Unternehmen Informationssysteme zur Kundenbetreuung etabliert. Aufgabe dieser **Computer Aided Selling-Systeme (CAS)** war es zunächst, Kunden-, Angebots- und Auftragsdaten sowie Besuchsberichte zu erfassen und zu verwalten, Produktkonfigurationen zu erstellen und Termine und Besuchsrouten zu planen. Damit sollte der Außendienst mehr Zeit für Kundengespräche haben und weniger Zeit auf Büroarbeit verwenden müssen, wodurch sich die Vertriebskosten senken und Mehrumsätze generieren ließen. Mittlerweile wurden die CAS-Systeme weiterentwickelt und dienen nicht mehr nur der administrativen Vertriebsunterstützung, sondern beziehen sich unter dem Namen **Customer Relationship Management (CRM)** auf ein ganzheitliches Konzept zur Steuerung von kundenspezifischen Geschäftsprozessen. CRM-Systeme führen sämtliche Kundeninformationen in einer Kundendatenbank (Customer Data Warehouse) zusammen und machen sie unternehmensweit für die zuständigen Mitarbeiter aus Marketing, Buchhaltung, Vertrieb und Kundendienst verfügbar. Ein CRM-System verfügt über eine zentrale Kundendatenbank, an der je nach Bedarf unterschiedliche Teilsysteme anknüpfen. Zu den Teilsystemen gehören:*

- *CAS-System mit Kundenstammdaten, Kontakthistorie, Termin- und Routenplanung*
- *Angebots-, Bestellhistorie und Umsätze*
- *Beschwerdehistorie*
- *Marktsegmentierung zur differenzierten Kundenansprache. Die Segmentierung wird häufig auf Basis von Umsatz- und Bestelldaten sowie anhand soziodemografischer Daten und Adress-Daten vorgenommen (z. B. Segmentierung in A-, B-, C-Kunden). Weitere Segmentierungskriterien (siehe Kapitel 5.2.3) können auch berücksichtigt werden.*
- *Opportunity Management zur Abschätzung von Verkaufschancen*
- *Kampagnenmanagement (mit Erfolgskontrolle) zur Durchführung von Direktmarketing-Kampagnen*
- *Projekt- und Auftragsmanagement mit Terminplanung und Aufgabenverwaltung*
- *Dokumentmanagement zur Hinterlegung des Schriftverkehrs, kundenspezifischer Produktinformationen und relevanter Wettbewerbsinformationen*
- *kommunikationstechnologische Schnittstellen (E-Mail-Server, Telefonschnittstelle für Hotlines und Call-Center, Druckerschnittstelle für Briefversand)*
- *Berichtsmodul zur Analyse und Anzeige von Gewinnspannen, zeitraumbezogenen Umsätzen und Verkaufschancen*
- *Warenkorbanalyse zur Nutzung von Cross Selling-Potenzialen*

Durch die systematische Nutzung von Kundendaten erhoffen sich die Unternehmen eine bessere Wettbewerbsfähigkeit durch verstärkte Kundenorientierung.

Quellen: Hippner/Wilde, 2003, S. 12 ff.; Hippner et al., 2006, S. 47 ff.; Kotler et al., 2007b, S. 818 ff.; Specht/Fritz, 2005, S. 386 ff., 402 ff.

Aus der Wissenschaft

kaufspersonen vieler Unternehmen mobile Computer mit verkaufsunterstützender Software zur Verfügung. Die Verkäufer selbst werden meistens dazu verpflichtet, Marktinformationen zu beschaffen und in Form von Berichten an die Verkaufszentrale weiterzuleiten.

Als Letztes soll kurz auf die Bedeutung von **Schulung und Training** des Verkaufspersonals eingegangen werden. Gegenstand von Verkaufsschulungen sind z. B. die Vermittlung von Produktkenntnissen, vor allem bei neuen Produkten, die Behandlung von Beschwerden, die Vermittlung von Marktinformationen oder die Einübung von Argumentations- und Verkaufstechniken. Dazu werden meist moderne Schulungsmethoden eingesetzt, die von professionellen Verkaufstrainern angeboten werden. Großunternehmen geben heute Millionenbeträge für Verkäuferschulungen aus. Ein Grund hierfür liegt auch darin, dass es die Verkäufer von heute mit gut geschulten Einkäufern zu tun haben, die preis- und qualitätsbewusst sind und im Verkäufer einen kompetenten Partner erwarten (vgl. Kotler et al., 2007b, S. 812 f.).

Zur **Leistungsbeurteilung und Kontrolle** der Verkaufspersonen müssen entsprechende Informationen gesammelt werden. Besonders wertvoll sind dabei die Verkaufsberichte, die von jedem Außendienstmitarbeiter anhand seiner Kundenbesuche erstellt werden. Darin sind meistens Tätigkeits- und Ergebnisberichte enthalten, die Aufschluss über Maßnahmen und Erfolge der Mitarbeiter geben. Aus der Menge der zur Verfügung stehenden Daten kann der Verkaufsleiter Indikatoren für die erbrachte Leistung ableiten. Neben den quantitativen Aspekten der Leistungsbeurteilung sollte auch eine qualitative Beurteilung der Verkaufspersonen erfolgen. Diese kann sich z. B. auf den Kenntnisstand bezüglich der Produkte, Kunden und Wettbewerber oder auf Persönlichkeitseigenschaften wie Umgangsformen, Redegewandtheit und Teamfähigkeit beziehen. Seit Längerem lassen einige Unternehmen ihr Verkaufspersonal auch durch die Kunden beurteilen. Im Rahmen von Studien zur Kundenzufriedenheit werden unabhängige Marktforschungsinstitute damit beauftragt, die Kunden bezüglich ihrer Zufriedenheit mit den Produkten, dem Kundendienst, aber auch mit dem Verkaufspersonal zu befragen.

Eine zentrale Voraussetzung für eine effiziente Verkaufsorganisation ist die Motivation der Verkaufspersonen. Zur Förderung der Motivation werden verschiedene Anreizsysteme genutzt, die prinzipiell auch zur Steuerung der Verkaufsaktivitäten dienen können. Dabei ist allgemein zwischen materiellen Anreizsystemen und immateriellen Anreizsystemen zu unterscheiden.

Materielle Anreizsysteme werden meistens an Entlohnungssysteme gekoppelt. Diese sind für die im Verkauf tätigen Personen in der Regel so gestaltet, dass neben einem festen Gehalt zusätzlich Provisionen gezahlt werden. Diese berechnet man üblicherweise als Prozentwerte vom Umsatz oder Deckungsbeitrag. Dazu kommen bei manchen Unternehmen Prämiensysteme, die einem Verkäufer weitere Einkünfte ermöglichen. Solche Verkaufsprämien werden oft in Verbindung mit einem Punktesystem oder einem Verkaufswettbewerb gezahlt. In manchen Unternehmen haben sich weitere geldwerte Leistungen als materielle oder finanzielle Anreize für die Verkäufer durchgesetzt. Dazu gehören z. B. die Überlassung eines Dienstwagens oder der Abschluss einer Lebensversicherung.

Die **immateriellen Anreize** (Incentives) wie z. B. Reisen, Beförderungen und Auszeichnungen, Clubzugehörigkeiten, Arbeitszeit- und Urlaubsregelungen oder Karriereplanungen sind nach Einschätzungen der Praxis für viele Mitarbeiter von großer Wichtigkeit. Danach sind solche Anreizformen am effektivsten, die zu einer Stärkung des Status nach außen und nach innen beitragen. Es empfiehlt sich, eine Kombination aus verschiedenen Anreizformen zu entwickeln und diese differenziert, gemäß den Präferenzen einzelner Mitarbeiter, anzubieten.

Materielle und immaterielle Anreize motivieren die Verkäufer.

9.3 Physische Distribution

Die Güterverteilung bildet die Brücke zwischen Güterbereitstellung und Güterverwendung. Sie vollzieht sich durch Transport- und Lagerprozesse, die die Güter im Hinblick auf ihre räumlich-zeitliche Dimension verändern. **Logistiksysteme** sind also Systeme zur räumlich-zeitlichen Güterverteilung. Die in ihnen ablaufenden **Logistikprozesse** rufen den Güterfluss hervor, der Bereitstellung und Verwendung miteinander verbindet.

Die zunehmende Bedeutung der Logistik beruht auf der Tatsache, dass sie bisher vernachlässigte Produktivitätsreserven enthält, die es zu mobilisieren gilt, weil die klassischen Produktivitätsreserven im Fertigungsbereich vielfach erschöpft sind. Ferner kommt den logistischen Leistungen auf vielen Absatzmärkten von Industrie und Handel eine große Bedeutung im Konkurrenzkampf zu, denn die Nutzenerwartungen der Verbraucher beziehen sich in vielen Fällen nicht allein auf die Produkteigenschaften. Häufig ist der durch moderne Logistiksysteme realisierte Lieferservice für Kaufentscheidungen ausschlaggebend (vgl. Barth et al., 2007, S. 312 f.). Der **Lieferservice** bezieht sich auf die Parameter des Logistiksystems und regelt Lieferzeit, Lieferbereitschaft, Lieferungsbeschaffenheit und Lieferflexibilität (vgl. Pfohl, 2004a, S. 36). Die Einstellung dieser Parameter ist zentral für den Erfolg der Marketinglogistik. Steuerungsmöglichkeiten des Lieferservice ergeben sich im Business-to-Business-Bereich aus dem Supply Chain Management.

In diesem Zusammenhang ist auch an die unterschiedlichen Anforderungen bestimmter Warengruppen an die Logistik zu denken. So bedürfen beispielsweise Lebensmittel (relativ billig, aber leicht verderblich) oder auch besonders gefährliche Güter (z. B. explosiv, hochgiftig) in der Regel ganz spezifischer Transportmodi und Lieferungsbedingungen. Selbstverständlich haben auch die Logistikkosten einen nicht unerheblichen Einfluss auf die Preisfestsetzung, was vor allem dann zum Problem wird, wenn relativ preisgünstige Güter des täglichen Bedarfs mit besonders hohen Logistikanforderungen verknüpft sind (z. B. Milchprodukte, Treibstoffe).

Ferner zeichnet sich deutlich ab, dass Entscheidungskompetenzen im Logistikbereich zunehmend von mittleren auf höhere Ebenen innerhalb der Unternehmenshierarchie verlagert werden.

9.3.1 Ziele und Aufgaben logistischer Systeme

Die **physische Distribution** umfasst alle Aufgaben, die darauf ausgerichtet sind, den physischen Fluss von Materialien und Endprodukten vom Ursprung zum Ort der Verwendung so zu planen und auszuführen, dass die Kundenbedürfnisse erfüllt und Gewinne erzielt werden. Die **Marketinglogistik** umfasst nur diejenigen logistischen Aktivitäten, die der Hersteller einschließlich der von ihm beauftragten Distributionshelfer selbst entfaltet bzw. die er selbst unter Kontrolle hat (vgl. Ahlert, 1996, S. 22 ff.).

Bedeutung der Marketing-Logistik

Das Ziel der Marketinglogistik besteht darin, den zu realisierenden Lieferservice zu minimalen Logistikkosten zu erbringen bzw. mit vorgegebenen Logistikkosten ein Maximum an Lieferservice zu erbringen. Vielfach wird die Aufgabe der Marketinglogistik allgemein darin gesehen, dass das richtige Produkt zur gewünschten Zeit in der richtigen Menge und dem richtigen Zustand an den gewünschten Ort gelangt (vgl. Meffert et al., 2008, S. 611). Bei der Gestaltung von Logistiksystemen sind folgende Grundprinzipien zu berücksichtigen:

Herausforderungen der Marketing-Logistik

- Optimale Kapazitätsauslastung durch zeitliche und gewichtsmäßige Auslastung der Transportmittel sowie durch zeitliche Auslastung der Mitarbeiter.
- Minimierung der Lageraufgabe durch möglichst wenige Lagerorte und geringe Lagerbestände.
- Minimierung der Transportaufgabe durch Konzentration der Transportziele und optimale Transportkapazität.
- Schaffung größtmöglicher Bearbeitungsobjekte durch hohe Auftrags- und Sendungsgrößen und große Transportmengen pro Transport.

- Standardisierung der Bewegungsgrößen und der technischen Sachmittel durch einheitliche Palettenmaße, Kartongrößen und Fahrzeugabmessungen.

9.3.2 Komponenten und Bedeutung des Lieferservices

Ursachen für die große Bedeutung des Lieferservice

Der Lieferservice bezieht sich auf Entscheidungen, die die Zustellung von Produkten betreffen (Bruhn, 2009, S. 151). Es handelt sich um eine vom Unternehmen erbrachte sekundäre Dienstleistung, das heißt, der Lieferservice wird vom Handel oder von der Industrie zusätzlich zu den eigentlichen Produkten oder Dienstleistungen angeboten. Als wesentliches Ziel der Marketinglogistik kommt dem Lieferservice angesichts zunehmend gesättigter und konkurrenzbetonter Märkte eine große Bedeutung zu. Folgende Faktoren lassen auf diese große **Bedeutung** des Lieferservice schließen:

- Hoher Grad der Substituierbarkeit für ein Produkt. Für Produkte, die leicht durch Produkte der Konkurrenz ersetzt werden können, ist es wichtig, sich einen Akzeptanzvorteil durch guten Lieferservice zu verschaffen, um die Gefahr eines Lieferantenwechsels zu verringern.
- Hohe Anforderungen an Transport, Lagerhaltung und Verpackung, die von physischen Produkteigenschaften ausgehen (z. B. bei verderblichen Waren).
- Lieferserviceniveau des Wettbewerbs, denn dieses weckt bestimmte Erwartungshaltungen beim Kunden.
- Das Wissen des Kunden über die Infrastrukturbedingungen in seiner Nähe, da gute Infrastrukturbedingungen (z. B. in Ballungszentren) die Erwartungen des Kunden erhöht.
- Abhängigkeit des Kunden vom Lieferanten, durch die Kunde auf guten Lieferservice angewiesen ist.

Optimierung der Lieferbereitschaft mittels ABC-Analyse

In welchem Umfang ein Unternehmen Lieferservice anbieten soll, hängt von verschiedenen Faktoren ab. So ist zunächst an den Zielkonflikt zwischen Steigerung des Lieferservice und steigenden Logistikkosten (die sich in der Regel auf den Preis auswirken) zu denken.

Ferner hängt das Ausmaß des Lieferservice von folgenden Faktoren ab (vgl. Meffert et al., 2008, S. 611 f.):

- Serviceanforderungen des Marktes (z. B. bei Abhängigkeit der Kunden vom Lieferservice, etwa im Bereich der Arzneimittel oder bei Just-in-Time-Produktion)
- Serviceleistungen der Konkurrenz
- Grad der Substituierbarkeit der Produkte (bei einem hohen Grad gewinnt der Lieferservice als Differenzierungsmerkmal an Bedeutung)
- Physische Produkteigenschaften (z. B. verderbliche Waren).

Um das richtige Maß an Lieferservice für das eigene Unternehmen zu ermitteln, erscheint es unerlässlich, anhand von Marktforschungsstudien Informationen über Dispositionsgewohnheiten einzelner Kunden sowie über die Preis- und Konditionenpolitik der Konkurrenten zu sammeln und diese gewissermaßen in einem Soll-Ist-Vergleich auszuwerten.

Der Lieferservice eines Unternehmens setzt sich aus den **Komponenten** Lieferzeit, Lieferbereitschaft, Lieferqualität und Lieferflexibilität zusammen (vgl. Pfohl, 2004a, S. 36 ff.).

Die **Lieferzeit** ist die Dauer der Abwicklung zwischen Auftragserteilung durch den Kunden und der Auslieferung der Ware. Sie ist abhängig von der Bearbeitungszeit des Auftrags im eigenen Unternehmen, der Bearbeitung beim Lieferanten, der Zusammenstellung und Verpackung des Auftrags sowie der Verladung und dem Transport. Die Lieferzeit kann unmittelbaren Einfluss auf Umsatz und Gewinn haben. So bedeutet die Just-in-Time-Lieferung für den Kunden zwar den Wegfall der Lagerhaltung und damit kurzfristige Disposition, für den Lieferanten jedoch hohe Logistikkosten, was den Gewinn schmälert. Bei zu langer Lieferzeit weichen die Kunden auf Wettbewerber aus, sodass dadurch die Gefahr eines Umsatzrückgangs besteht (vgl. Abbildung 9-19).

Lieferbereitschaft, also die Verfügbarkeit der angebotenen Produkte im Warenlager des Lieferanten, ist die Voraussetzung für den Erfolg kurzer Lieferzeiten. Je größer die Lieferbereitschaft, desto höher sind die Sicherheitsbestände beim Lieferanten (hohe Kapitalbindung). Es entstehen hohe Logistikkosten, die bei hundertprozentiger Lieferbereitschaft den Umsatz übersteigen und zu Verlusten führen können. Eine vollständige Lieferbereitschaft (Einlagerung sämtlicher Produkte mit hohen Sicherheitsbeständen) kann sich also als unvorteilhaft erweisen (vgl. Abbildung 9-20). Die Lieferbereitschaft lässt sich mittels **ABC-Analyse** optimieren. Hierbei klassifiziert man die einzulagernden Artikel nach ihrem Umsatzanteil am Gesamtumsatz. A-Artikel haben einen überdurchschnittlichen Umsatzanteil und werden in allen Lagern mit Sicherheitsreserven bevorratet. Zu den A-Artikeln gehören beispielsweise die 20 Prozent aller Artikel, mit denen 80 Prozent des Gesamtumsatzes erwirtschaftet wird. B-Artikel haben einen durchschnittlichen Anteil am Gesamtumsatz und werden mit reduzierten Sicherheitsreserven und auch nicht in allen Lagern bevorratet. C-Artikel erwirtschaften nur einen unterdurchschnittlichen Umsatzanteil, sodass sie möglicherweise nur in einem Zentrallager bevorratet oder auf Bestellung gefertigt werden (vgl. Specht/Fritz, 2005, S. 147).

Lieferungsbeschaffenheit (Lieferqualität): Die in Auftrag gegebenen Produkte müssen in gewünschter Art und Menge und im gewünschten Zustand geliefert werden. Ungenaue Lieferungen sind genauso geschäftsschädigend wie Ware, die während der Lieferung verdirbt (z. B. frische Lebensmittel) oder zerbricht (z. B. wegen unzureichender Transportverpackung). Sie veranlassen den Kunden unter Umständen dazu, die benötigten Waren bei der Konkurrenz zu beziehen. Ferner entstehen durch mangelhafte Lieferungen Kosten für die Bearbeitung von Beschwerde- und Reklamationsvorgängen.

Lieferflexibilität ist ein Indikator für die Fähigkeit des Lieferanten, sich an Kundenwünschen auszurichten, also auch ein positives Maß für das Serviceniveau (»ein auf den Kunden zugeschnittener Lieferservice«). Hierunter fallen Auftrags- und Liefermodalitäten (Art der Auftragsübermittlung, Abnahmemengen, Art der Anlieferung etc.) sowie Lieferinformationen über den Stand der Auftragsbearbeitung und Auslieferung (Tracking System). Ein zunehmendes Maß an Flexibilität erhöht in der Regel die Logistikkosten. Ferner ist es möglich, dass ein Lieferant durch gelegentlich hohe Flexibilität

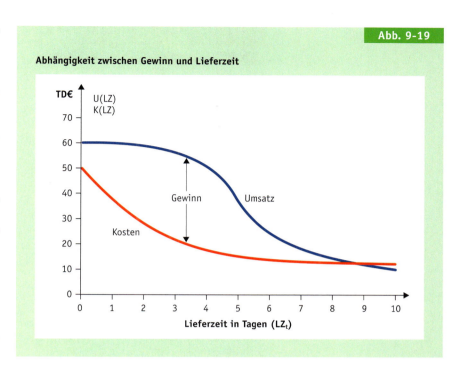

Abb. 9-19

Abhängigkeit zwischen Gewinn und Lieferzeit

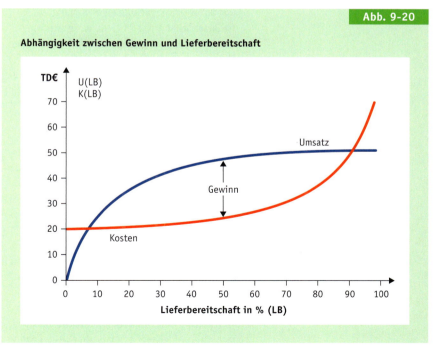

Abb. 9-20

Abhängigkeit zwischen Gewinn und Lieferbereitschaft

> **Aus der Praxis – 9-13**
>
> Den so genannte 24-Stunden-Service gibt es bereits in zahlreichen Branchen. Fotoarbeiten, Ersatzteilbeschaffung bei Haushaltsgeräten oder der Lieferservice großer Versandhäuser sind hier eindrucksvolle Beispiele. Insbesondere das Internet verdeutlicht den mittlerweile hohen Stellenwert des Lieferservice, denn so genannte Preissuchmaschinen zeigen neben den Preisen und Produkteigenschaften auch Lagerbestand und Lieferzeit der Händler an. In Konsumentenforen wird als häufiger Grund für Unzufriedenheit mit einem Online-Händler der unzureichende Lieferservice angegeben, insbesondere, wenn die tatsächliche Lieferzeit von der angegebenen Lieferzeit abgewichen ist oder falsche Produkte geliefert worden sind.
>
> Beispiele für Zufriedenheitsbekundungen über Onlineshops:
> »Absolut Empfehlenswert. Schnell geschickt und 100 Prozent in Ordnung! Ich werd jetzt wohl öfter auf diese Seite schauen.«
> »Bestellung am 21.12.08. Ware war am 24.12.08 eingegangen. Zuverlässig und superschnell.«
> »Von Kommunikation, Verpackung bis Lieferung war alles hervorragend. Ich kann diesen Shop sehr empfehlen.«
>
> Beispiele für Unzufriedenheitsbekundungen über Onlineshops:
> »Meine bestellte Software bekam ich erst nach mehrmaliger Anmahnung nach ca. 2 Wochen. Trotz bezahlter Vorkasse bekam ich eine Rechnung und erste Mahnung von 7,96 € für dubiose Transportkosten.«
> »Am 18.05.2007 habe ich 2 Pioneer DVR-112 bulk schwarz bestellt. Am 24.05.2007 hatte ich dann endlich mein Paket in den Händen. Aber es wurden mir die falschen Geräte geliefert. Nach der Rücksendung hatte ich zunächst nichts vom Shop gehört. Nach einem Anruf vom 30.05.2007 und der Nachfrage bekam ich die Antwort, dass noch nichts bearbeitet worden sei und dass es noch mind. eine Woche dauern würde. Fazit: man sollte lieber die Hände von diesem Shop lassen, wenn man auf Service wert legt.«
> »Ständig werden die Verfügbarkeitsangaben nicht nachvollziehbar hoch- und runtergestellt. Laut Internet in 24 h verfügbar. Anruf ergibt: Nein, nicht in 24 h verfügbar. Wenn man auf einem festen Liefertermin besteht, werden am Telefon Märchen erzählt: ›Der LKW des Lieferanten könnte ja einen Unfall haben‹! Habe nun bei einem verlässlichen Versender bestellt!«

unerwünschte Maßstäbe bei den Kundenerwartungen setzt, die langfristig zu steigenden Kosten führen.

Der Lieferservice ist nach der Produktqualität (Produktkern) vielfach der wichtigste Einflussfaktor der Einkaufsentscheidung (Lieferantenwahl; Aus der Praxis 9-13). Insbesondere Geschäftskunden sind bestrebt, die Lagerhaltung auf den Lieferanten abzuwälzen und kleinere Auftragsgrößen in kürzeren Bestellintervallen zu realisieren, was ihnen aufgrund der hohen Substituierbarkeit auf vielen Märkten häufig auch gelingt. Die bereits erwähnte Steigerung der Logistikkosten bei Intensivierung des Lieferservice als Instrument der Behauptung im Wettbewerb zwingt allerdings zu einer differenzierten, das heißt auf den jeweiligen Kunden (ABC-Kunden) abgestimmten Lieferservicepolitik.

9.3.3 Logistische Teilsysteme

Logistiksysteme setzen sich aus unterschiedlichen Teilsystemen zusammen, von denen im Folgenden Auftragsabwicklung, Lagerhaltung, Transport und Verpackung betrachtet werden sollen (vgl. ausführlich dazu Specht/Fritz, 2005, S. 128 ff.).

Zwischen den einzelnen Teilsystemen ist eine Vielzahl von Zielkonflikten (insbesondere Kostenkonflikte) beim Entscheidungsprozess denkbar. Kostensenkungen in einem Teilsystem rufen häufig Kostensteigerungen in einem anderen Teilsystem hervor. Wichtige Zielkonflikte sind die folgenden:

▸ **Transportkosten und Lagerhaltung** verursachen in sich entgegengesetzte Kostenverläufe. Sollen die Transportkosten mit Hilfe von größeren Transportvolumen gesenkt wer-

Zielkonflikte im Bereich der Marketinglogistik

den, dann entstehen höhere Lagerkosten durch längere Lagerzeiten und größere Lagerbestände.
- **Transportkosten und Verpackung.** Optimale Ausnutzung von Transportraum führt oft zu gesteigerten Anforderungen an die Verpackung und somit zu höheren Kosten.
- **Transportkosten und Lagerhaus.** Eine Entlastung des Transportaufkommens durch Dezentralisierung der Lagerhaltung verursacht hohe Kosten zur Erschließung und Erhaltung von Lagerfläche.

Zur Lösung von Zielkonflikten werden mehrere Möglichkeiten diskutiert (vgl. Becker, 2006, S. 124; Schaper, 2008, S. 87). Naheliegend ist die Schaffung von **Zielprioritäten**, bei der einem Ziel Vorrang vor den übrigen Zielen eingeräumt wird. Beispielsweise könnte die Senkung von Transportkosten aufgrund hoher Kraftstoffpreise vorrangig verfolgt und die übrigen Ziele vernachlässigt werden. Da diese Strategie häufig zu nicht optimalen Ergebnissen führt, kann man **Zielrestriktionen** formulieren. Dadurch wird das priorisierte Ziel nur bis zu dem Grad verfolgt, wie die Mindesterfüllung anderer Ziele gewährleistet bleibt. Eine Senkung der Transportkosten würde beispielsweise nur solange Sinn machen, wie die gestiegenen Kosten für Lagerhaltung und Verpackung die Einsparpotenziale nicht übersteigen. Da die Zielformulierung auch von Unternehmens-, Markt- und Umfeldbedingungen abhängt, bietet sich als dritter Lösungsweg die Festlegung von Zielprioritäten in Abhängigkeit bestimmter **Entscheidungssituationen**. Beispielsweise könnte es sich bei gestiegenen Transportkosten zeitweise lohnen, zusätzliche Lagerfläche anzumieten.

9.3.3.1 Auftragsabwicklung

Die Auftragsabwicklung beinhaltet Auftragsübermittlung, Auftragsbearbeitung, Zusammenstellung und Versand der Ware sowie Fakturierung und Rechnungslegung. Im Wesentlichen handelt es sich dabei um die Gestaltung der Informationsflüsse, die einen reibungslosen Ablauf der physischen Warenlogistik gewährleisten sollen. Hierzu zählt vor allem die systematische Erfassung relevanter Auftragsdaten wie z. B. Mengen, Preise, Rabatte, Termine, Adressen und kundenbezogene Auftragsnummern. Ferner gehören dazu die für die Auftragsbearbeitung erforderlichen Aufgaben, wie z. B. Auftragsprüfung (Bonität des Kunden, Lieferbereitschaft), Datenbestandspflege (Aktualisierung von Kunden-, Artikel- und Lagerbestandsdaten), die Erstellung von Auftragsdokumenten (Auftragsbestätigung, Lieferschein und Rechnung) sowie die Ausgabe von Statistiken (z. B. über Lagermengen, Warenumschlag, kunden- und artikelbezogene Umsätze). Am Ende des Prozesses stehen Zusammenstellung (Kommissionierung) und Versand der bestellten Waren. Abbildung 9-21 gibt einen Überblick über den grundlegenden Ablauf der Auftragsabwicklung.

In den meisten Unternehmen erfolgt die Auftragsabwicklung heute computergestützt, z. B. mit Warenwirtschaftssystemen und dem elektronischen Datenaustausch zwischen Hersteller und Handel (EDI) oder als integrierter Bestandteil von Supply Chain Management-Software. Voraussetzung dafür ist die Schaffung und Pflege von Datenbanken, in denen die wichtigsten kundenbezogenen Informationen erfasst

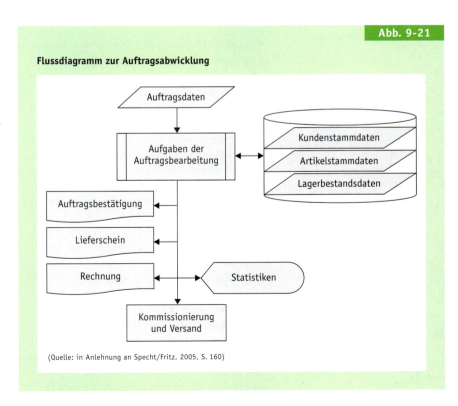

Abb. 9-21

Flussdiagramm zur Auftragsabwicklung

(Quelle: in Anlehnung an Specht/Fritz, 2005, S. 160)

9.3 Distributionspolitik
Physische Distribution

sind. Häufig sind die Verkaufspersonen im Außendienst mit Computern ausgestattet, sodass eine direkte (Online-) Abfrage über Verfügbarkeiten, Lagerbestände und Lieferzeiten möglich ist (vgl. Kotler et al., 2007b, S. 818).

9.3.3.2 Lagerhaltung

Die Lagerhaltung beinhaltet alle Entscheidungstatbestände, die Einfluss auf die Lagerbestände haben. Dieses Entscheidungsfeld wird in den meisten Fällen unter rein kostenwirtschaftlichen Aspekten betrachtet (Aus der Praxis 9-14).

Zweck der Lagerhaltung ist zum einen die Überbrückung zeitlicher Differenzen zwischen der Produktion und der Bereitstellung zum Konsum der Waren. Es existieren verschiedene Gründe für solche zeitlichen Differenzen. Hierbei kann es sich um saisonale Schwankungen handeln wie z. B. saisonale Produktion bei gleichmäßiger Nachfrage (z. B. Apfelernte im Spätsommer und ganzjährige Lagerung für den Verkauf) oder gleichmäßige Produktion bei saisonaler Nachfrage (z. B. ganzjährige Raffinierung von Heizöl bei Nachfragespitze im Spätsommer). Zum anderen können quantitative Spannungen eine Lagerhaltung erforderlich machen, wenn z. B. Größen- oder Mengentransformationen der erzeugten Güter notwendig sind (z. B. Lagerung von Baumstämmen zwecks Weiterverarbeitung), um z. B. Transporte zu erleichtern oder Kostendegressionseffekte zu erzielen. Die Lagerhaltung kann auch dem Ausgleich von Schwankungen im Warenzufluss dienen, beispielsweise in Form eines Mindestlagerbestands, der streikbedingte Lieferausfälle kompensieren soll. Bei einigen Produkten spielt die Lagerung im Zusammenhang mit der Produktveredelung eine Rolle (z. B. Lagerung von Wein und Whiskey zwecks Reifung), und in anderen Fällen erfolgt die Lagerung, um Spekulationsgewinne bei Preisschwankungen zu realisieren (z. B. bei knappen Rohstoffen).

Gemeinsam ist den Lagerhaltungsfunktionen, dass sie eine dauerhafte Warenverfügbarkeit zur kontinuierlichen Nachfragebefriedigung sicherstellen sollen. Damit hat die Lagerhaltung einen unmittelbaren Einfluss auf das Lieferserviceniveau, denn umfangreiche Lagerbestände sichern eine sofortige Lieferbereitschaft. Da die Warenbevorratung wegen des größeren Bedarfs an Lagerflächen und einer erhöhten Kapitalbindung durch die eingelagerten Waren zu höheren Lagerhaltungskosten führt, gilt es abzuwägen, inwieweit sich durch kürzere Lieferzeiten die damit einhergehenden Lagerkosten kompensieren lassen und der Gewinn zu optimieren ist (Kotler et al., 2007b, S. 950).

Zusammenhang zwischen Lagerhaltung und Lieferserviceniveau

Aus der Praxis – 9-14

Zur Reduzierung von Lagerhaltungskosten hat sich in vielen Industrien die **Just-in-Time**-Belieferung etabliert. Dabei werden Güter möglichst synchron zum Zeitpunkt ihrer Bedarfsdeckung geliefert. Beispielsweise erhält die Automobilindustrie von ihren Zulieferbetrieben die Komponenten zu dem Zeitpunkt und in der Menge, wie sie zur aktuellen Fahrzeugproduktion benötigt werden. Besonders geeignet ist die Just-in-Time-Lieferung bei einem regelmäßigen Verbrauch und gleichzeitig hohem Verbrauchswert. So benötigt man zur Fahrzeugproduktion regelmäßig sowohl Schrauben als auch Armaturenbretter. Da Schrauben kostengünstig sind und bei der Lagerung wenig Kapital binden, haben sie einen niedrigen Verbrauchswert. Armaturenbretter würden bei Lagerung hingegen wesentlich mehr Kapital binden, sodass sie in der Regel »Just in Time« angeliefert werden.

Einen ähnlichen Weg geht Books on Demand. Das Unternehmen nutzt den digitalen Buchdruck, um innerhalb von 12 Stunden nach Bestelleingang das bestellte Buch zu drucken, zu binden und an den Buchhandel auszuliefern. Dadurch entfallen für die Verlage Vorfinanzierungen und Lagerhaltung von Büchern, wie sie beim Offsetdruck technisch bedingt entstehen. Der Buchdruck im Offsetverfahren erfordert nämlich die Herstellung teurer Druckplatten, weshalb im Offset gedruckte Buchauflagen erst ab einer bestimmten Mindestauflagegröße profitabel sind. Das Offsetverfahren ist also vor allem für Großauflagen interessant, während sich bei Kleinauflagen die finanziellen Risiken durch die »on Demand«-Produktion drastisch verringern lassen.

Zentrale **Entscheidungsfelder** der Lagerpolitik richten sich auf die Anzahl, Größe und Standorte der Lager, auf die Bestimmung der Höhe von Lagerbeständen und auf das grundsätzliche Entscheidungsproblem, ob die Lagerhaltungsfunktionen vom Unternehmen selbst übernommen oder aber an Fremdbetriebe übertragen werden sollen. Diese Entscheidung richtet sich in der Regel nach Kriterien der Kostenbelastung sowie der qualitativen und quantitativen Eignung von Fremdlagern (vgl. Meffert et al., 2008, S. 620 f.).

Grundlage für die Bildung des Lagerbestandes sind Prognosen auf der Basis von Erfahrungswerten über die Bestellrhythmen und -mengen der Kunden. Unter Berücksichtigung von Sicherheitsbeständen lassen sich dann die Lagerbestände ermitteln, die auch bei kurzfristig auftretenden Nachfragesteigerungen ausreichend sind (vgl. ausführlich dazu Specht/Fritz, 2005, S. 140 ff.).

9.3.3.3 Verpackung und Transport

Die **Verpackung** erfüllt im Rahmen der Marketinglogistik Anforderungen in Bezug auf Schutz der Ware, Lagerungsfähigkeit der Verpackung (z. B. stapelbar), Informationsübermittlung über die Eigenschaften der Ware (Zerbrechlichkeit, Bestimmungsort, Zoll etc.) sowie in Bezug auf die Bildung von Lager- und Transporteinheiten zur Transport- und Umschlagerleichterung (z. B. Euro-Paletten). Bei Entscheidungen über Verpackungsalternativen müssen heute neben den rein kostenwirtschaftlichen Aspekten auch ökologische und ökonomische Probleme im Zusammenhang mit der Entsorgung des Verpackungsmaterials beachtet werden. Mit der Einführung der Rücknahmepflicht für Verpackungen stellen für die Hersteller die Kosten für Entsorgung und Recycling des Verpackungsmülls eine wesentliche Kostenkomponente dar (vgl. Specht/Fritz, 2005, S. 156 f.).

Unter **Transport** versteht man die Beförderung von Produkten mit der Zielsetzung, sie an Orte zu bringen, an denen ihr wirtschaftlicher Nutzen größer ist als an den Orten, von denen sie stammen. Im Mittelpunkt der Transportfunktion stehen Entscheidungen über die Wahl der Transportmittel (z. B. Lkw, Bahn, Schiff), die Träger der Transportleistung (eigene Transportorganisation oder Fremdbetriebe) und die Organisation der Transportabwicklung (z. B. Routenplanung). Das wichtigste Hilfsmittel zur Entscheidung über die Transportalternativen ist der Vergleich der Transportkosten unter Berücksichtigung verschiedener Transportmengen. Die ausschließliche Zugrundelegung der Transportkosten ist in der Praxis jedoch zumeist nicht ausreichend. Auswirkungen der Transportentscheidung auf andere Entscheidungsbereiche, vor allem Lieferservice und Lagerkosten, müssen in jedem Fall berücksichtigt werden (vgl. Pfohl, 2004b, S. 210).

9.3.4 Redistribution

Steigende Abfallaufkommen und Deponieüberlastungen führten zu Überlegungen von Gesetzgeber und Regierung, wie diese Situation am besten zu bewältigen ist. Mit dem Ziel, die Umweltbelastungen durch die Verwertung von Verpackungen und Altgeräten zu vermindern, sind diverse Gesetze und Verordnungen entstanden, die die Unternehmen dazu zwingen, ihre bis dahin vorwärtsgerichtete Distribution durch die Redistribution, also die Rückführung von ge- und verbrauchten Produkten und Produktbestandteilen, zu erweitern. Die damit verbundenen gesellschaftlichen Diskussionen führten zu einem erhöhten Umweltbewusstsein in der Bevölkerung, weshalb sich die wertstoffgerechte Wiederverwertung von Rohstoffen und die umweltgerechte Entsorgung immer mehr zum Verkaufsargument entwickeln (Specht/Fritz, 2005, S. 465). Bereits im Rahmen des Innovationsprozesses können Hersteller die Weichen für eine umweltgerechte Nutzung und Entsorgung ihrer Produkte stellen (vgl. Lemser/Scharf, 2004). Ein anderer Aspekt der Redistribution bezieht sich auf den Rücktransport reparaturbedürftiger Geräte (Becker, 2006, S. 527).

Zu den Aufgaben des **Redistributionsmanagements** gehören die Organisation von Trennung, Sammlung, Zwischenlagerung, Transport und Sortierung der rückzuführenden Güter und Verpackungen, damit diese von spezialisierten Betrieben fachgerecht verwertet und/oder entsorgt werden können. Beispiele für die getrennte Sammlung sind technische Produkte

Verursacherprinzip als Ausgangspunkt für die Redistribution

und Haushaltsgeräte, Altpapier, Altglas, Kunststoffverpackungen, Altmetall, Biomüll, Altkleider und Sperrmüll. Mit der Redistribution ist eine Vielzahl von Handelnden beschäftigt (Specht/Fritz, 2005, S. 479 ff.):

- Die Hauptverantwortung liegt bei den Herstellern, welche die Redistribution selber durchführen, sich mit anderen Unternehmen zwecks Redistribution zusammenschließen oder die Aufgabe auf Subunternehmen übertragen können.
- Zu den Hauptakteuren gehören außerdem die Verbraucher, denen nach wie vor das Sammeln und Vorsortieren von Konsumrückständen obliegt, obwohl moderne Mülltrennungsanlagen diese Aufgaben ebenso gut übernehmen könnten. Die Verbraucher spielen aber nicht nur bei der Entsorgung eine Rolle, sondern sie tragen bereits bei der Entscheidung über Kauf und Nichtkauf bestimmter Produkte Verantwortung für das Ausmaß an Redistributionstätigkeiten.
- Handelsbetriebe sind insbesondere als Sammelstelle für Güter und Verpackungen tätig. Sie sammeln Verpackungsmaterial, übernehmen die Leergutannahme und sind an der Rückführung von Altgeräten beteiligt (z. B. Abholung alter Waschmaschinen im Zuge der Lieferung von Neugeräten).
- Kommunalbetrieben obliegt insbesondere die Entsorgung von Restmüll (Müll, der nicht getrennt gesammelt wird) und das Sammeln von Elektrogeräten.
- Redistributionshelfer sind Unternehmen, die den Müll sortieren, komprimieren, markieren und zum Rücktransport verpacken, den Rücktransport übernehmen (Speditions-, Transportfirmen), Altprodukte prüfen und demontieren und Pfandverpackungen identifizieren (z. B. mittels Rücknahmeautomaten).
- Aufbereitungs- und Verwertungsbetriebe bereiten Altgeräte für den Gebrauchthandel auf (z. B. Reparatur alter Waschmaschinen zwecks Wiederverkaufs) bzw. verwerten die noch nutzbaren Altstoffe so, dass sie als Rohstoff wiederverwendet werden können (z. B. Altkunststoffe zur Produktion von Parkbänken). Je nach Verarbeitungswert der Altstoffe werden sie unentgeltlich, gegen Gebühr oder gegen Bezahlung abgenommen. Für alle nicht verwertbaren Altstoffe stehen Deponiebetriebe und Müllverbrennungsanlagen am Ende der Redistributionskette.

Eine absehbare Rohstoffverknappung führt dazu, dass sich die Schrott- und Müllverwertung zu einem lukrativen Wirtschaftszweig entwickelt hat. Abbildung 9-22 zeigt exemplarisch für Elektrohaushaltsgeräte, zu welchem Anteil sie über welche Redistributionskanäle entsorgt werden. So wird geschätzt, dass 0,5 Prozent der Haushaltsgeräte in der Natur entsorgt werden, zwei Drittel über die Kommunen und ein Viertel über den Handel.

Die Redistribution basiert auf einer Vielzahl **gesetzlicher Rahmenbedingungen.** Das zentrale Abfallgesetz ist das Kreislaufwirtschafts- und Abfallgesetz (KrW-/AbfG), das 1996 das bis dahin geltende Gesetz zur Vermeidung und Entsorgung von Abfällen (AbfG) ablöste. Im Jahr 2005 wurde die Rücknahmepflicht mit dem Elektro- und Elektronikgerätegesetz (ElektroG) auch auf Elektroklein- und -großgeräte ausgeweitet.

Das AbfG verpflichtet die Hersteller verpackter Produkte zur Rücknahme und Verwertung der Verpackungen. Da es für viele Hersteller und Händler zu viel Aufwand bedeuten würde, die Rücknahme der Verpackungen in Eigenregie durchzuführen, wurde 1990 die Duales System Deutschland GmbH gegründet, die seitdem für die angeschlossenen Unternehmen die Rücknahme von Verpackungen mit Grünem Punkt organisiert.

In der Novelle der Verpackungsverordnung von 2006 wurde die Rücknahme pfandpflichtiger Getränke-Einwegverpackungen neu geregelt. Darin ist festgelegt, dass ökologisch nicht vorteilhafte Verpackungen mit einigen Ausnahmen vom Einzelhandel gegen Pfanderstattung zurückgenommen werden müssen. Diese Verordnung, nach der bestimmte Getränke (z. B. solche ohne Kohlensäure) von der Pfandregelung ausgenommen sind, hat die Produktentwicklung dahingehend beeinflusst, dass einige Hersteller zur Umgehung der Pfandregelung beispielsweise verstärkt Getränke ohne Kohlensäure anbieten.

Nach dem 2005 in Kraft getretenen ElektroG können Verbraucher ihre ausgedienten techni-

Diverse Gesetze verpflichten Hersteller zur Redistribution.

9.3 Physische Distribution

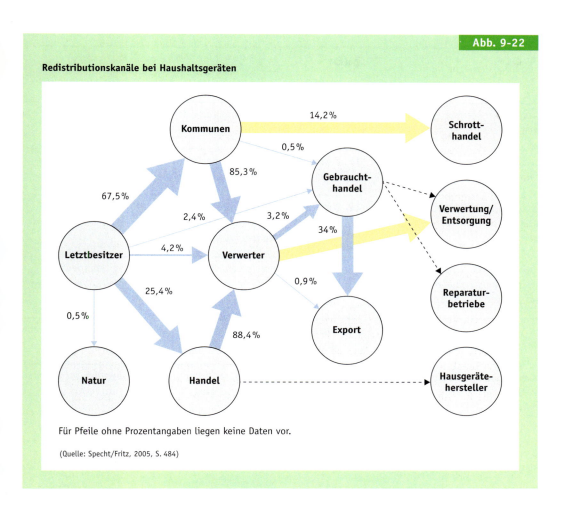

Abb. 9-22 Redistributionskanäle bei Haushaltsgeräten

Für Pfeile ohne Prozentangaben liegen keine Daten vor.

(Quelle: Specht/Fritz, 2005, S. 484)

schen Geräte kostenlos zurückgeben. Die Rücknahme erfolgt über die Kommunen, die die Geräte sammeln und an die Hersteller weitergeben. Die Hersteller sind verpflichtet, die Altgeräte nach ökologischen Standards zu verwerten und die Kosten für die Redistribution zu übernehmen. Um Kosten zu reduzieren, sollten Hersteller bereits in der Produktentwicklung auf eine gute Wiederverwertbarkeit der Produktbestandteile achten. Insgesamt bleibt festzuhalten, dass bei der Produktentwicklung und Preisfestsetzung auch die Entsorgungskosten der Verpackung berücksichtigt werden müssen (vgl. Becker, 2006, S. 560).

9.3 Distributionspolitik
Kontrollfragen

Kontrollfragen Kapitel 9

1. Welches sind die zentralen Entscheidungsbereiche der Distributionspolitik?

2. Welche besonderen Wesensmerkmale charakterisieren die Distributionspolitik gegenüber den anderen Marketinginstrumenten?

3. Grenzen Sie Distributionspolitik und Handelsmarketing voneinander ab!

4. Weshalb ist die Distributionspolitik für den Markterfolg vieler Unternehmen besonders bedeutsam?

5. Warum hat die Marktstellung eines Unternehmens einen Einfluss auf die Realisierung von Distributionszielen? Argumentieren Sie mit Hilfe eines praktischen Beispiels!

6. Was versteht man unter Distributionsgrad und worin besteht der Unterschied zwischen der numerischen Distribution und der gewichteten Distribution?

7. Erläutern Sie ökonomisch- und versorgungsorientierte Ziele der Distributionspolitik am Beispiel eines Ihnen bekannten Unternehmens!

8. Formulieren Sie operationale Distributionsziele im Zusammenhang mit der Einführung eines neuen Produktes!

9. Nennen Sie typische Aufgaben, die in Zusammenhang mit der akquisitorischen und der physischen Distribution stehen!

10. Erläutern Sie produktspezifische Rahmenbedingungen für distributionspolitische Entscheidungen!

11. Welche Grundsatzentscheidungen sind im Rahmen der akquisitorischen Distribution zu fällen?

12. Worin unterscheiden sich Absatzmittler und Absatzhelfer?

13. Welche Aufgaben bzw. Funktionen übernehmen Absatzmittler im Distributionsprozess?

14. Inwiefern können auch Beschaffungsorgane der Abnehmer Distributionsfunktionen wahrnehmen? Nennen Sie Beispiele dafür!

15. Worin bestehen die Unterschiede zwischen direkten, einstufig-indirekten und mehrstufig-indirekten Distributionswegen?

16. Nennen Sie die Beurteilungskriterien, die für einen Direktvertrieb sprechen!

17. Erläutern Sie die Problematik der Mehrwegdistribution an einem Beispiel!

18. Beschreiben Sie Wesen und typische Aufgabenbereiche unternehmenseigener Distributionsorgane!

19. Worin unterscheiden sich Handelsvertreter, Makler und Kommissionäre? Welche Bedeutung haben diese Distributionsorgane beim Konsumgüterabsatz?

20. Welche Rolle spielen Marktveranstaltungen im Rahmen der Distribution? Welche Arten von Marktveranstaltungen kennen Sie und worin unterscheiden sie sich?

21. Hinsichtlich welcher Merkmale kann man die unterschiedlichen Großhandelsformen voneinander unterscheiden?

22. Beschreiben Sie typische Distributionsaufgaben des Sortimentsgroßhändlers, und beurteilen Sie seine Bedeutung für den Absatz von Nahrungs- und Genussmitteln, Steckdosen und Heizöl!

23. Welche Aufgaben nehmen Zustell-, Regal- und Cash & Carry-Großhandel im Distributionsprozess wahr? Erläutern Sie die Aufgaben anhand der Gemeinsamkeiten und Unterschiede.

24. Welche Betriebsformen des Einzelhandels eignen sich Ihrer Meinung nach besonders für den Absatz von Sylvesterartikeln, hochwertigem Porzellan, Schokoriegeln und Zement? Begründen Sie Ihre Antworten!

25. Welche Chancen und Risiken bestehen für Hersteller durch die zunehmende Wettbewerbskonzentration im Einzelhandel?

26. Wodurch ergibt sich die Notwendigkeit für einen Hersteller von Konsumgütern, vertikales Marketing zu betreiben?

27. Erläutern Sie die strategischen Handlungsalternativen, die im Rahmen des vertikalen Marketing zur Verfügung stehen!

28. Erläutern Sie geeignete Selektionsstrategien bei Schokolade, Brillantringen, Hochzeitsgarderobe und Fotoapparaten!

29. Nennen Sie typische Zielkonflikte zwischen Industrie und Handel!

30. Welche drei grundlegenden Anreizstrategien können Hersteller für die Absatzmittlerstimulation verfolgen? Erläutern Sie diese anhand von Beispielen!

31. Weshalb haben Handelsrabatte einen so hohen Stellenwert unter den handelsgerichteten Anreizsystemen?

32. Worin sehen Sie die Vorteile vertikaler Vertriebsbindungen? Begründen Sie die Wahl vertikaler Vertriebsbindungen anhand produktspezifischer Rahmenfaktoren!

33. Erläutern Sie die Vor- und Nachteile des Franchisesystems! Nennen Sie Ihnen bekannte Beispiele!

34. Was versteht man unter Efficient Consumer Response und welche Elemente sind hier zu berücksichtigen?

35. Welche Vorteile erhofft man sich durch den Einsatz des Supply Chain Managements und welche technischen Möglichkeiten kommen hier zum Einsatz?

36. Mit welchen Fragestellungen beschäftigt sich die Verkaufspolitik?

37. Skizzieren Sie das Entscheidungsproblem bei der Wahl zwischen Reisenden und Handelsvertretern!

38. Erläutern Sie die Planungsaufgaben im Zusammenhang mit der Steuerung der Verkaufspersonen!

39. Durch welche materiellen und immateriellen Anreize lässt sich die Leistungsmotivation der Verkaufspersonen erhöhen?

40. Begründen Sie die zunehmende Bedeutung der Marketinglogistik!

41. Erläutern Sie die Grundprinzipien im Zusammenhang mit der Gestaltung von Logistiksystemen!

42. Erläutern Sie die Komponenten des Lieferservice anhand von Beispielen!

43. Diskutieren Sie die Frage, ob eine möglichst hohe Lieferbereitschaft mit einer gewinnoptimalen Lieferbereitschaft gleichzusetzen ist! Welcher Ansatz bietet sich zur Optimierung an?

44. Erläutern Sie typische Zielkonflikte im Bereich der Marketinglogistik und Möglichkeiten zur Lösung dieser Konflikte!

45. Skizzieren Sie den Zusammenhang zwischen der Lagerhaltung und dem Lieferserviceniveau!

46. Mit welchen gesetzlichen Rahmenbedingungen haben es Hersteller von Süßwaren, von Erfrischungsgetränken und von Mobiltelefonen im Rahmen der Redistribution vorwiegend zu tun? Begründen Sie Ihre Antwort!

47. Zeigen Sie die Relevanz der Distributionspolitik für preispolitische Entscheidungen auf! Welche Berührungspunkte gibt es zwischen beiden?

Literaturverzeichnis

Aaker, D. A./Joachimsthaler, E.: Brand Leadership, New York 2000.

Aaker, D. A./Kumar, V./Day, G. S.: Marketing Research, 9th edition, New York u. a. 2006.

Adolphs, R.: Physiologie und Anatomie der Emotionen; in: Karnath, H.-O./Thier, P. (Hrsg.): Neuropsychologie, 2. Auflage, Heidelberg 2006, S. 535–544.

Ahlert, D.: Absatzkanalstrategien des Konsumgüterherstellers auf der Grundlage vertraglicher Vertriebssysteme mit dem Handel; in: Ahlert, D. (Hrsg.): Vertragliche Vertriebssysteme zwischen Industrie und Handel, Wiesbaden 1981, S. 45–98.

Ahlert, D.: Distributionspolitik. Das Management des Absatzkanals, 3. Auflage, Stuttgart 1996.

Ahlert, D./Borchert, S.: Kooperation und Vertikalisierung in der Konsumgüterdistribution: Die kundenorientierte Neugestaltung des Wertschöpfungsprozeß-Management durch ECR-Kooperationen; in: Ahlert, D./Borchert, S. (Hrsg.): Prozessmanagement im vertikalen Marketing – Efficient Consumer Response (ECR) in Konsumgüternetzen, Berlin u. a. 2000, S. 1–148.

Ahlert, D./Kenning, P.: Handelsmarketing. Grundlagen der marktorientierten Führung von Handelsbetrieben, Berlin 2007.

Albers, S.: Entscheidungshilfen für den persönlichen Verkauf, Berlin 1989.

Albers, S.: Verkaufs- und Außendienstpolitik; in: Diller, H. (Hrsg.): Vahlens Großes Marketinglexikon in zwei Bänden, 2. Auflage, München 2003, S. 1771–1773.

Alley, T. R.: Infantile head shape as an elicitor of adult protection; in: Merrill-Palmer Quarterly 1983, Vol. 29, pp. 411–427.

Anderson, J. R.: Kognitive Psychologie. Eine Einführung, 3. Auflage, Heidelberg 2001.

Ansoff, H. I.: Managementstrategie, München 1966.

Aschhoff, B./Doherr, T./Köhler, C./Peters, B./Rammer, C./Schubert, T./Schwiebacher, F.: Innovationsverhalten der deutschen Wirtschaft. Indikatorbericht zur Innovationserhebung 2008, Zentrum für Europäische Wirtschaftsforschung, Mannheim 2009.

Bacher, J.: Clusteranalyse. Anwendungsorientierte Einführung, 2. Auflage, München 1996.

Bachmann, K.: Die verkannte Macht der Gefühle; in: Geowissen 2003, Nr. 9, S. 24–32.

Backhaus, K./Meyer, M.: Korrespondenzanalyse. Ein vernachlässigtes Analyseverfahren nicht metrischer Daten in der Marketing-Forschung; in: Marketing ZFP 1988, Nr. 4, S. 295–307.

Backhaus, K./Voeth, M.: Industriegütermarketing, 8. Auflage, 2007.

Backhaus, K./Erichson, B./Plinke, W /Weiber, R.: Multivariate Analysemethoden. Eine anwendungsorientierte Einführung, 11. Auflage, Berlin 2006.

Behaegel, J.: Brand Packaging. Die Verpackung als Medium, Düsseldorf 1991.

Balderjahn, I./Scholderer, J.: Konsumentenverhalten und Marketing: Grundlagen für Strategien und Maßnahmen, Stuttgart 2007.

Ballhaus, J.: Innovative Wege zum Kunden; in: Absatzwirtschaft 2006, 49. Jg., Nr. 4, S. 28–33.

Bandura, A.: Sozial-kognitive Lerntheorie, Stuttgart 1981.

Bänsch, A.: Käuferverhalten, 9. Auflage, München 2002.

Bänsch, A.: Verkaufspsychologie und Verkaufstechnik, 8. Auflage, München 2006.

Barth, K./Hartmann, M./Schröder, H.: Betriebswirtschaftslehre des Handels, 6. Auflage, Wiesbaden 2007.

Bauer, E.: Marktsegmentierung, Stuttgart 1977.

Bauer, E.: Produkttests in der Marktforschung, Göttingen 1981.

Bauer, H. H.: Marktabgrenzung, Berlin 1989.

Baumgarth, C.: Markenpolitik. Markenwirkungen – Markenführung – Markencontrolling, 3. Auflage, Wiesbaden 2008.

Becker, J.: Marketing-Strategien. Systematische Kursbestimmung in schwierigen Märkten – Leitfaden mit Checklisten und Analysen, München 2000.

Becker, J.: Marketing-Konzeption. Grundlagen des ziel-strategischen und operativen Marketing-Managements, 8. Auflage, München 2006.

Behrens, G.: Konsumentenverhalten, 2. Auflage, Heidelberg 1991.

Berekhoven, L./Eckert, W./Ellenrieder, P.: Marktforschung: Methodische Grundlagen und praktische Anwendung, 11. Auflage, Wiesbaden 2006.

Berger, C./Blauth, R./Boger, D./Bolster, C./Burchill, G./DuMouchel, W./Pouliot, F./Richter, R./Rubinoff, A./Shen, D./Timko, M./Walden D.: Kano's Methods for Understanding Customer-defined Quality; in: Center for Quality of Management Journal 1993, Vol. 2, No. 4, pp. 3–36.

Biesel, H.: Key Account Management erfolgreich planen und umsetzen: Mehrwert-Konzepte für Ihre Top-Kunden, 2. Auflage, Wiesbaden 2007.

Bijmolt, T./Van Heerde, H./Pieters, R.: New Empirical Generalizations on the Determinants of Price Elasticity; in: Journal of Marketing Research 2005, Vol. 42, No. 2, pp. 3–9.

Binder, C. U.: Lizensierung von Marken; in: Esch, F.-R. (Hrsg.): Moderne Markenführung. Grundlagen – Innovative Ansätze – Praktische Umsetzung, 4. Auflage, Wiesbaden 2005, S. 523–548.

Blackwell, R. D./Miniard, P. W./Engel, J. F.: Consumer Behavior, 9th edition, Orlando 2001.

Bleymüller, J./Gehlert, G./Gülcher, H.: Statistik für Wirtschaftswissenschaftler, 14. Auflage, München 2004.

Block, A.: Die Blickregistrierung als psychophysiologische Untersuchungsmethode, Hamburg 2002.

Blumenschein, A./Ehlers, I. U.: Ideen managen – eine verlässliche Navigation im Kreativprozess, Leonberg 2007.

Böcker, F.: Präferenzforschung als Mittel marktorientierter Unternehmensführung; in: Zeitschrift für betriebswirtschaftliche Forschung 1986, Nr. 7–8, S. 543–574.

Böcker, F.: Marketing, 6. Auflage, Stuttgart 2001.

Böcker, F.: Marketingplanung; in: H. Diller (Hrsg.): Vahlens Großes Marketinglexikon in zwei Bänden, 2. Auflage, München 2003, S. 1008–1011.

Boessneck, B.: Werbung kompetent beurteilen, Landsberg am Lech 1985.

Böhler, H.: Marktforschung, 3. Auflage, Stuttgart 2004.

Bortz, J.: Statistik für Human- und Sozialwissenschaftler, 6. Auflage, Berlin 2005.

Brandmeyer, K.: Achtung Marke, Hamburg 2002.

Bruhn, M.: Internes Marketing, 2. Auflage, Wiesbaden 1999.

Literaturverzeichnis

Bruhn, M.: Begriffsabgrenzung und Erscheinungsformen von Marken; in: Bruhn, M. (Hrsg.): Die Marke. Symbolkraft eines Zeichensystems, Bern u. a. 2001, S. 13–53.

Bruhn, M.: Sponsoring, 4. Auflage, Wiesbaden 2003.

Bruhn, M.: Marketing für Nonprofit-Organisationen. Grundlagen – Konzepte – Instrumente, Stuttgart 2005a.

Bruhn, M.: Unternehmens- und Marketingkommunikation. Handbuch für ein integriertes Kommunikationsmanagement, München 2005b.

Bruhn, M.: Kommunikationspolitik, 4. Auflage, München 2007.

Bruhn, M.: Marketing. Grundlagen für Studium und Praxis, 9. Auflage, Wiesbaden 2009.

Bruhn, M./Homburg, C. (Hrsg.): Handbuch Kundenbindungsmanagement. Strategien und Instrumente für ein erfolgreiches CRM, 6. Auflage, Wiesbaden 2008.

Bunk, B.: Das Geschäft mit dem Ärger; in: Absatzwirtschaft 1993, Nr. 9, S. 65–69.

Burmann, C./Meffert, H.: Theoretisches Grundkonzept der identitätsorientierten Markenführung; in: Meffert, H./Burmann, C./Koers, M.(Hrsg.): Markenmanagement. Identitätsorientierte Markenführung und praktische Umsetzung, 2. Auflage, München 2005, S. 37–72.

Burmann, C./Meffert, H./Koers, M.: Stellenwert und Gegenstand des Markenmanagements; in: Meffert, H./Burmann, C./Koers, M. (Hrsg.): Markenmanagement. Identitätsorientierte Markenführung und praktische Umsetzung, 2. Auflage, München 2005a, S. 3–18.

Burmann, C./Meffert, H./Blinda, L.: Markenevolutionsstrategien; in: Meffert, H./Burmann, C./Koers, M. (Hrsg.): Markenmanagement. Identitätsorientierte Markenführung und praktische Umsetzung, 2. Auflage, München 2005b, S. 183–212.

Büchelhofer, R.: Markenführung im Volkswagen-Konzern im Rahmen der Mehrmarkenstrategie, in: Meffert, H./Burmann, C./Koers, M. (Hrsg.): Markenmanagement – Grundlagen der identitätsorientierten Markenführung, Wiesbaden 2002, S. 525–541.

Büschken, J./von Thaden, C.: Clusteranalyse; in: Herrmann, A./Homburg, C. (Hrsg.): Marktforschung, Wiesbaden 2000, S. 337–380.

BVM (Hrsg.): BVM Handbuch – Marktforschungsunternehmen 2008/2009, Berlin 2008.

BVM (Hrsg.): BVM inbrief, Ausgabe 1, März 2009.

Casey, R.: The Model T. A Centennial History, Baltimore 2008.

Caspar, M./Burmann, C.: Markenerweiterungsstrategie; in: Meffert, H./Burmann, C./Koers, M. (Hrsg.): Markenmanagement. Identitätsorientierte Markenführung und praktische Umsetzung, 2. Auflage, München 2005, S. 245–272.

Cristofolini, P. M.: Markenpolitik und Verkaufsförderung; in: Bruhn, M. (Hrsg.): Handbuch Markenartikel, Band 2, Stuttgart 1994, S. 1073–1091.

Chwallek, A.: Handelsriesen zeigen Härte; in: Lebensmittelzeitung 2008, 60. Jg., Nr. 38 vom 19.9.2008, S. 1, 3.

Copeland, M. T.: Relation of Consumers' Buying Habits to Marketing Methods; in: Harvard Business Review 1923, S. 282–289.

Crawford, C. M.: Neuprodukt-Management, Frankfurt New York 1992.

Crawford, C./Di Benedetto, C.: New Products Management, 6th edition, New York 1999.

Damasio, A.: Der Spinoza-Effekt. Wie Gefühle unser Leben bestimmen, München 2003.

Dannenberg, M./Barthel, S.: Effiziente Marktforschung, Bonn 2002.

Dawson, M.: Nie erlebte Abstrafung; in: Lebensmittelzeitung 2009, 61. Jg., Nr. 8 vom 2.02.2009, S. 33.

Dean, J.: Managerial Economics, Englewood Cliffs 1951.

Decker, D.: Marktforschung im Internet, Marburg 2001.

Dialego AG: Unternehmens-Slogans, Aachen 2004.

Diekmann, A.: Empirische Sozialforschung. Grundlagen – Methoden – Anwendungen, 18. Auflage, Reinbek 2007.

Diez, W./Bühler, M.: Financial Services in der Automobilwirtschaft, VDA, Frankfurt/Main 2006.

Diller, H.: Das Zielsystem der Verkaufsförderung; in: Das wirtschaftswissenschaftliche Studium 1984, 13. Jg., Nr. 10, S. 494–499.

Diller, H.: Aufgabenfelder, Ziele und Entwicklungstrends der Preispolitik; in: Diller, H./Herrmann, A. (Hrsg.): Handbuch Preispolitik, Wiesbaden 2003a, S. 3–32.

Diller, H.: Preiswahrnehmung und Preisoptik; in: Diller, H./Herrmann, A. (Hrsg.): Handbuch Preispolitik, Wiesbaden 2003b, S. 259–283.

Diller, H.: Preispolitik, 4. Auflage, Wiesbaden 2008.

Diller, H./Brambach, G.: Die Entwicklung der Preise und Preisfiguren nach der Euro-Einführung im Konsumgüter-Einzelhandel; in: Handel im Fokus 2002, 54. Jg., Nr. 2, S. 228–238.

Douglas, K.: When you wish upon a star; in: New Scientist, 16.8.2003, pp. 16–31.

Drees, N./Jäckel, M.: Guerilla-Marketing – Grundlagen, Instrumente und Beispiele; in: transfer Werbeforschung & Praxis 2008, 54. Jg., Nr. 2, S. 31–37.

Engelhardt, W. H.: Warenbörsen; in: Diller, H. (Hrsg.): Vahlens Großes Marketinglexikon in zwei Bänden, 2. Auflage, München 2003, S. 1830–1831.

Engelhardt, W. H./Günter, B.: Investitionsgütermarketing, Stuttgart u. a. 1981.

Engelhardt, W. H./Kleinaltenkamp, M./Rieger, S.: Der Direktvertrieb im Konsumgüterbereich, Stuttgart u. a. 1984.

Esch, F.-R.: Markenprofilierung und Markentransfer; in: Albers, S./Herrmann, A. (Hrsg.): Handbuch Produktmanagement, 3. Auflage, Wiesbaden 2007, S. 185–218.

Esch, F.-R.: Strategie und Technik der Markenführung, 5. Auflage, München 2008.

Esch, F.-R./Langner, T.: Branding als Grundlage zum Markenaufbau; in: Esch, F.-R. (Hrsg.): Moderne Markenführung. Grundlagen – Innovative Ansätze – Praktische Umsetzung, 4. Auflage, Wiesbaden 2005, S. 575–586.

Esch, F.-R./Wicke, A./Rempel, J.: Herausforderungen und Aufgaben des Markenmanagements; in: Esch, F.-R. (Hrsg.): Moderne Markenführung. Grundlagen – Innovative Ansätze – Praktische Umsetzung, 4. Auflage, Wiesbaden 2005, S. 3–60.

Esch, F.-R./Herrmann, A./Sattler, H.: Marketing. Eine managementorientierte Einführung, 2. Auflage, München 2008.

Evanschitzky, H./Kenning, P./Vogel, V.: Consumer price knowledge in the German retail market; in: Journal of Product & Brand Management 2004, Vol. 13, No. 6, pp. 390–405.

Fassnacht, M.: Preisdifferenzierung; in: Diller, H./Herrmann, A. (Hrsg.): Handbuch Preispolitik. Strategien – Planung – Organisation, Wiesbaden 2003, S. 481–502.

Felser, G.: Werbe- und Konsumentenpsychologie, 3. Auflage, Berlin Heidelberg 2007a.

Felser, G.: Marketinginstrumente – psychologisch betrachtet; in: Moser, K. (Hrsg.): Wirtschaftspsychologie, Heidelberg 2007b, S. 147–170.

Fishbein, M.: An investigation of the relationship between beliefs about an object and an attitude toward that object; in: Human Relations 1963, Vol. 16, No. 3, pp. 233–239.

Fishbein, M./Ajzen, I.: Belief, Attitude, Intention and Behavior: An Introduction to Theory and Research, Reading/MA 1975.

Fleischer, W./Perzborn, O.: Zukunftsmarkt Mobilität, Hamburg 2002.

Föll, K.: Consumer Insight, Wiesbaden 2007.

Förster, A./Kreuz, P.: Different Thinking! So erschließen Sie Marktchancen mit coolen Produktideen und überraschenden Leistungsangeboten, Frankfurt/Main 2005.
Förster, A./Kreuz, P.: Marketing-Trends: Innovative Konzepte für Ihren Markterfolg, 2. Auflage, Wiesbaden 2006.
Förster, A./Kreuz, P.: Alles, außer gewöhnlich. Provokative Ideen für Manager, Märkte, Mitarbeiter, 7. Auflage, Berlin 2008.
Foscht, T./Swoboda, B.: Käuferverhalten. Grundlagen – Perspektiven – Anwendungen, 3. Auflage, Wiesbaden 2007.
Franzen, O./Schäfer, I.: Einkaufsverhalten am POS. Studie zur Effektivität von POS-Maßnahmen (Studie von Konzept & Markt/POS Support), Wiesbaden Frankfurt 2009.
Frenzen, H./Krafft, M.: Logistische Regression und Diskriminanzanalyse; in: Herrmann, A./Homburg, C./Klarmann, M. (Hrsg.): Handbuch Marktforschung, 3. Auflage, Wiesbaden 2008, S. 607–649.
Freter, H.: Marktsegmentierung, Stuttgart 1983.
Freter, H.: Marktsegmentierungsmerkmale; in: Diller, H. (Hrsg.): Vahlens großes Marketing Lexikon in zwei Bänden, 2. Auflage, München 2003, S. 1074–1076.
Freter, H.: Marketing. Die Einführung mit Übungen, München 2004.
Freundt, T. C.: Emotionalisierung von Marken, Wiesbaden 2006.
Frey, S.: Die Macht des Bildes, 2. Auflage, Bern 2005.
Fritz, W./von der Oelsnitz, D.: Marketing. Elemente marktorientierter Unternehmensführung, 4. Auflage, Stuttgart 2006.
Fuchs, W. T.: Tausend und eine Macht, Zürich 2005.
Gabor, A./Granger, C.: Price as an Indicator of Quality: Report on an Enquiry; in: Economica 1966, Vol. 46, No. 2, pp. 43–70.
Gabor, A./Granger, C.: The Attitude of the Consumer to Prices; in: Taylor, B./Wills, G. (eds.): Pricing Strategy, Lonson 1969, pp. 132–151.
GfK (Hrsg.): Wertewandel in der westlichen Welt: Chance für Innovation und wirtschaftlichen Erfolg, Nürnberg 2006.
GfK (Hrsg.): Besitz und Nutzung von Kundenkarten, Nürnberg 2007.
GfK (Hrsg.): Kleine Freuden in der großen Krise. GfK Consumer Index, 12/2008a.
GfK (Hrsg.): Preis- und Qualitätsorientierung der Haushalte. GfK Consumer Tracking, 2008b.
GfK (Hrsg.): Finanzkrise und Corporate Social Responsibility. Einflüsse auf die Urlaubsplanung und -buchung 2009, Nürnberg 2009.
Goehrmann, K. E.: Verkaufsmanagement, Stuttgart u. a. 1984.
Götz, A. S.: Online Panels; in: Theobald, M./Dreyer, M./Starsetzki, T. (Hrsg.): Online-Marktforschung – Theoretische Grundlagen und praktische Erfahrungen, 2. Auflage, Wiesbaden 2003, S. 7–26.
Graumann, S./Speich, A.: Innovationspolitik, Informationsgesellschaft, Telekommunikation: 12. Faktenbericht 2009. Eine Sekundärstudie der TNS Infratest Business Intelligence, Berlin 2009.
Greenwald, A. G./McGhee, D. E./Schwartz, J. K. L.: Measuring individual differences in implicit cognition: The implicit association test; in: Journal of Personality and Social Psychology 1998, Vol. 74, No. 6, pp. 1464–1480.
Grimm, C.: Messen und Ausstellungen; in: Diller, H. (Hrsg.): Vahlens Großes Marketinglexikon in zwei Bänden, 2. Auflage, München 2003, S. 1120–1123.
Günther, M./Vossebein, U./Wildner, R.: Marktforschung mit Panels. Arten – Erhebung – Analyse – Anwendung, 2. Auflage, Wiesbaden 2006.
Gust, E.-M.: Customer Value Management in Franchisesystemen. Konzeptionelle Grundlagen der Franchisenehmer-Bewertung, Wiesbaden 2001.
Gutenberg, E.: Grundlagen der Betriebswirtschaftslehre. Zweiter Band: Der Absatz, 17. Auflage, Berlin u. a. 1984.
Gutman, J.: A Means-End Chain Model Based on Consumer Categorization Processes; in: Journal of Marketing 1982, Vol. 46, No. 2, pp. 60–72.

Haley, R. J.: Benefit Segmentation. A Decision Oriented Research Tool; in: Journal of Marketing 1968, No. 3, S. 30–25.
Hamm, A. O.: Psychologie der Emotionen; in: Karnath, H.-O./Thier, P. (Hrsg.): Neuropsychologie, 2. Auflage, Heidelberg 2006, S. 527–534.
Hammann, P./Erichson, B.: Marktforschung, 4. Auflage, Stuttgart 2000.
Hansen, U./Leitherer, E.: Produktpolitik, 2. Auflage, Stuttgart 1984.
Häusel, H.-G.: Limbic: Die unbewussten Emotionswelten im Kundengehirn kennen und treffen; in: Häusel, H.-G. (Hrsg.): Neuromarketing. Erkenntnisse der Hirnforschung für Markenführung, Werbung und Verkauf, Planegg 2007, S. 61–86.
Häusel, H.-G.: Brain View. Warum Kunden kaufen, 2. Auflage, Planegg 2008.
Hehn, P.: Emotionale Markenführung mit Duft. Duftwirkungen auf die Wahrnehmung und Beurteilung von Marken, Göttingen 2007.
Heinen, E.: Grundlagen betriebswirtschaftlicher Entscheidungen: Das Zielsystem der Unternehmung, 3. Auflage, Wiesbaden 1976.
Herbrand, N. O.: Schauplätze dreidimensionaler Markeninszenierung. Innovative Strategien und Erfolgsmodelle erlebnisorientierter Begegnungskommunikation. Brand Parks – Museen – Flagship Stores – Messen – Events, Stuttgart 2008.
Herbst, D.: Corporate Identity. Aufbau einer einzigartigen Unternehmensidentität. Leitbild und Unternehmenskultur. Image messen, gestalten und überprüfen, 4. Auflage, Berlin 2009.
Hermanns, A./Marwitz, C.: Sponsoring. Grundlagen, Wirkungen, Management, Markenführung, 3. Auflage, München 2008.
Herrmann, A./Homburg, C.: Marktforschung. Ziele, Vorgehensweise und Methoden; in Herrmann, A./Homburg, C. (Hrsg.): Marktforschung. Methoden, Anwendungen, Praxisbeispiele, 2. Auflage, Wiesbaden 2000, S. 13–32.
Herrmann, A./Landwehr, J. R.: Varianzanalyse; in: Herrmann, A./Homburg, C./Klarmann, M. (Hrsg.): Handbuch Marktforschung. Methoden, Anwendungen, Praxisbeispiele, 3. Auflage, Wiesbaden 2008, S. 579–606.
Herrmann, A./Homburg, C./Klarmann, M.: Marktforschung. Ziele, Vorgehensweisen und Nutzung; in: Herrmann, A./Homburg, C./Klarmann, M. (Hrsg.): Handbuch Marktforschung. Methoden, Anwendungen, Praxisbeispiele, 3. Auflage, Wiesbaden 2008, S. 3–19.
Herz, R. S./Eliassen, J./Beland, S./Souza, T.: Neuroimaging evidence for the emotional potency of odor-evoked memory; in: Neuropsychologia 2004, Vol. 42, No. 3, pp. 371–378.
Hiller, K.: Werbung als Schlüsselfaktor bei der Einführung neuer Produkte, Wiesbaden 2007.
Hippner, H./Wilde, K. D.: CRM – Ein Überblick; in: Helmke, S./Uebel, M. F./Dangelmaier, W. (Hrsg.): Effektives Customer Relationship Management. Instrumente – Einführungskonzepte – Organisation, 3. Auflage, Wiesbaden 2003, S. 3–37.
Hippner, H./Rentzman, R./Wilde, K. D.: Aufbau und Funktionalitäten von CRM-Systemen; in: Hippner, H./Wilde, K. D. (Hrsg.): Grundlagen des CRM. Grundlagen und Konzepte, 2. Auflage, Wiesbaden 2006, S. 47–96.
Homburg, C. (Hrsg.): Kundenzufriedenheit. Methoden – Konzepte – Erfahrungen, 6. Auflage, Wiesbaden 2006.
Homburg, C./Krohmer, H.: Marketingmanagement, Strategie – Instrumente – Umsetzung – Unternehmensführung, 2. Auflage, Wiesbaden 2006.
Homburg, C./Krohmer, H.: Grundlagen des Marketingmanagements. Einführung in Strategie – Instrumente – Umsetzung – Unternehmensführung, 2. Auflage, Wiesbaden 2009.
Homburg, C./Stock-Homburg, R.: Theoretische Perspektiven zur Kundenzufriedenheit; in: Homburg, C. (Hrsg.): Kundenzufriedenheit, 6. Auflage, Wiesbaden 2006, S. 17–51.

Homburg, C./Werner, H.: Kundenzufriedenheit und Kundenbindung; in: Herrmann, A./Homburg, C. (Hrsg.): Marktforschung. Methoden – Anwendungen – Praxisbeispiele, 2. Auflage, Wiesbaden 2000, S. 911–932.

Homburg, C./Giering, A./Hentschel, F.: Der Zusammenhang zwischen Kundenzufriedenheit und Kundenbindung; in: Die Betriebswirtschaft 1999, Nr. 59, S. 174–195.

Homburg, C./Herrmann, A./Pflesser, C./Klarmann, M.: Methoden der Datenanalyse im Überblick; in: Herrmann, A./Homburg, C./Klarmann, M. (Hrsg.): Handbuch Marktforschung. Methoden, Anwendungen, Praxisbeispiele, 3. Auflage, Wiesbaden 2008, S. 151–173.

Hoyer, W. D./MacInnis, D. J.: Consumer Behavior, 3rd edition, Boston 2004.

Huth, R./Pflaum, D.: Einführung in die Werbelehre, Stuttgart 2005.

Hüther, G.: Die Macht der inneren Bilder, 4. Auflage, Göttingen 2006.

Hüttner, M./Schwarting, U.: Grundzüge der Marktforschung, 7. Auflage, München 2002.

Hutzschenreuter, T.: Wachstumsstrategien, 2. Auflage, Wiesbaden 2006.

Izard, C. E.: Die Emotionen des Menschen, 4. Auflage, Weinheim 1999.

Jäckel, M.: Guerilla-Marketing. Grundlagen, Instrumente und Beispiele; in: Drees, N. (Hrsg.): Erfurter Hefte zum angewandten Marketing, Heft 15, Erfurt 2007, S. 3–12.

Janiszewski, C./Warlop, L.: The influence of classical conditioning procedures on subsequent attention to the conditioned brand; in: Journal of Consumer Research 1993, Vol. 20, No. 2, pp. 171–189.

Jensen, O.: Clusteranalyse; in: Herrmann, A./Homburg, C./Klarmann, M. (Hrsg.): Handbuch Marktforschung. Methoden, Anwendungen, Praxisbeispiele, 3. Auflage, Wiesbaden 2008, S. 335–372.

Kaapke, A./Hudetz, K.: Der Einsatz des Kano-Modells zur Ermittlung von Indikatoren der Kundenzufriedenheit – dargestellt am Beispiel der Anforderungen von Senioren an Reisbüros; in: Müller-Hagedorn, L. (Hrsg.): Kundenbindung im Handel, 2. Auflage, Frankfurt 2001, S. 123–146.

Kahneman, D.: Maps of Bounded Rationality: A Perspective on Intuitive Judgement and Choice; in: The American Economic Review 2003, Vol. 93, pp. 1449–1475.

Kämpfe, N.: Konstruktvalidierung von sozialen Einstellungen aus impliziten und expliziten Einstellungsmessungen (Dissertation), Jena 2005.

Kano, N.: Attractive quality and must-be quality; in: The Journal of Japanese Society of Quality Control 1984, Vol. 14, No. 2, pp. 39–48.

Kapferer, J.-N.: The New Strategic Brand Management. Creating and Sustaining Brand Equity Long Term, 4th edition, London 2008.

Karmasin, H.: Produkte als Botschaften. Konsumenten, Marken und Produktstrategien, 4. Auflage, Landsberg am Lech 2007.

Karmasin, H./Karmasin, M.: Cultural Theory, Wien 1996.

Karpe, N./Scharf, A.: Ermittlung relevanter Determinanten der Kundenzufriedenheit mittels Kano-Modell – dargestellt am Beispiel der Dienstleistungen von Immobilienmaklern, Schriftenreihe Betriebswirtschaft, Fachhochschule Nordhausen, Heft 1, 2006.

Katona, G.: Das Verhalten der Verbraucher und Unternehmer, Tübingen 1960.

Kenning, P.: Neuromarketing: Vom Hype zur Realität; in: Häusel, H.-G. (Hrsg.): Neuromarketing. Erkenntnisse der Hirnforschung für Markenführung, Werbung und Verkauf, Planegg 2007, S. 17–31.

Kenning, P./Plassmann, H./Ahlert, D.: Consumer Neuroscience – Implikationen neurowissenschaftlicher Forschung für das Marketing; in: MARKETING • ZFP, 29. Jg., 1/2007, S. 57–68.

Kepper, G.: Methoden der qualitativen Marktforschung; in: Herrmann, A./Homburg, C./Klarmann, M. (Hrsg.): Handbuch Marktforschung. Methoden – Anwendungen – Praxisbeispiele, 3. Auflage, Wiesbaden 2008, S. 175–212.

Kilian, K.: Erlebnismarketing und Markenerlebnisse; in: Florack, A./Scarabis, M./Primosch, E. (Hrsg.): Psychologie der Markenführung, München 2007a, S. 257–392.

Kilian, K.: Multisensuales Markendesign als Basis ganzheitlicher Markenkommunikation; in: Florack, A./Scarabis, M./Primosch, E. (Hrsg.): Psychologie der Markenführung, München 2007b, S. 323–356.

Kirig, A./Wenzel, E.: LOHAS. Bewusst Grün – alles über die neuen Lebenswelten, München 2009.

Knoblich, H.: Betriebswirtschaftliche Warentypologie – Grundlagen und Anwendungen, Köln Opladen 1969.

Knoblich, H.: Plädoyer für die Sachprobleme der Marktforschung; in: Zeitschrift für Betriebswirtschaft 1985, 54. Jg., S. 1256–1271.

Knoblich, H./Scharf, A./Schubert, B.: Marketing mit Duft, 4. Auflage, München 2003.

Koch, J.: Marktforschung, 4. Auflage, München Wien 2004.

Koch, T. /Scharf, A. /Volkmer, H.-P.: Welches Handy hätten Sie denn gern; in: Planung und Analyse 2005, Nr. 1, S. 82–86.

Kollmann, T.: Online-Marketing. Grundlagen der Absatzpolitik in der Net Economy, Stuttgart 2007.

Konert, F. J.: Vermittlung emotionaler Erlebniswerte, Heidelberg 1986.

Körfer-Schün, P.: Von der Produktvielfalt zur Markenkompetenz; in: Gotta, M. (Hrsg.): Brand News – Wie Namen zu Markennamen werden, Hamburg 1988, S. 159–166.

Kotler, P.: A Generic Concept of Marketing; in: Journal of Marketing 1972, Vol. 36, pp. 46–54.

Kotler, P./Armstrong, G./Saunders, J./Wong, V.: Grundlagen des Marketing, 4. Auflage, München 2007a.

Kotler, P./Bliemel, F./Keller, K. L.: Marketing-Management. Strategien für wertschaffendes Handeln, 12. Auflage, München 2007b.

Kraft, U.: Pepsi-Test im Neuro-Labor; in: Handelsblatt 2006, Nr. 14 vom 19.1.2006, S. 9.

Krämer, A./Bongarts, R./Weber, A.: Rabattsysteme und Bonusprogramme; in: Diller, H./Herrmann, A. (Hrsg.): Handbuch Preispolitik. Strategien – Planung – Organisation, Wiesbaden 2003, S. 551–574.

Kramer, P./Baumgärtner, J.: RFID und CRM – Viele offene rechtliche Fragen; in: Absatzwirtschaft 2005, 48. Jg., Nr. 2, S. 44–45.

Kreutzer, R. T.: Praxisorientiertes Marketing. Grundlagen – Instrumente – Fallbeispiele, 2. Auflage, Wiesbaden 2008.

Kroeber-Riel, W.: Bildkommunikation. Imagerystrategien für die Werbung, München 1996.

Kroeber-Riel, W./Esch, F.-R.: Strategie und Technik der Werbung, 6. Auflage, Stuttgart 2004.

Kroeber-Riel, W./Weinberg, P.: Konsumentenverhalten, 8. Auflage, München 2003.

Kroeber-Riel, W./Weinberg, P./Gröppel-Klein, A.: Konsumentenverhalten, 9. Auflage, München 2009.

Krüger, B.: Starke Marken: Die Mehrmarkenstrategie des Volkswagen-Konzerns; in: Thexis, 17. Jg., 2/2000, S. 46–49.

Kühn, R./Kreuzer, M.: Marktforschung – Best Practices für Marketingverantwortliche, Berlin u. a. 2006.

Kuß, A.: Marktforschung – Grundlagen der Datenerhebung und Datenanalyse, Wiesbaden 2004.

Kuß, A./Tomczak, T.: Käuferverhalten, 4. Auflage, Stuttgart 2007.

Kysela, K.: Großhandelsmarketing, Bergisch-Gladbach 1994.

Lachmann, U.: Wahrnehmung und Gestaltung von Werbung, Hamburg 2002.

Lamprecht, H.: Die Lead-User-Methode in der Produktentwicklung: Literaturüberblick und Fallbeispiel aus der Sportartikelindustrie, Saarbrücken 2009.

Langner, T.: Integriertes Branding. Baupläne zur Gestaltung erfolgreicher Marken, Schriftenreihe zum Marken- und Produktmanagement, Wiesbaden 2003.
Langner, S.: Viral Marketing, 2. Auflage, Wiesbaden 2007.
LeDoux, J.: Das Netz der Gefühle. Wie Emotionen entstehen, 2. Auflage, München 2003.
Lehmann, D. R./Gupta, S./Steckel, J. H.: Marketing Research, Harlow 1998.
Lehu, J. M.: Branded Entertainment. Product Placement & Brand Strategy in the Entertainment Business, London 2007.
Lemser, B./Scharf, A.: Erfolgreiche Planung umweltorientierter Produktmodifikationen; in: Scharf, A. (Hrsg.): Schriftenreihe Marketing, Nr. 3, Göttingen 2004.
Lindstrom, M.: Brand Sense. Build Powerful Brands Through Touch, Taste, Smell, Sight, and Sound, New York 2005.
Linxweiler, R.: Marken-Design. Marken entwickeln, Markenstrategien erfolgreich umsetzen, 2. Auflage, Wiesbaden 2004.
Linxweiler, R./Siegle, A.: Markenplattformen – Erlebnis für alle Sinne; in: Herbrand, N. O. (Hrsg.): Schauplätze dreidimensionaler Markeninszenierung, Stuttgart 2008, S. 97–115.
Maloney, J. C.: Marketing Decisions and Attitude Research; in: Baker Jr., G. L. (ed.): Effective Marketing Coordination, Chicago, 1961, pp. 595–618.
Markowitsch, H. J.: Neuropsychologie des Gedächtnisses, Göttingen 1992.
Marquardt, J.: Corporate Foundation als PR-Instrument. Rahmenbedingungen – Erfolgswirkungen – Management, Wiesbaden 2001.
Maslow, A. M.: Motivation and Personality; in: Levine, F. M. (ed.): Theoretical Readings in Motivation, Chicago 1975.
Mast, C.: Unternehmenskommunikation. Ein Leitfaden, 3. Auflage, Stuttgart 2008.
Mattmüller, R.: Integrativ-prozessuales Marketing. Eine Einführung, 3. Auflage, Wiesbaden 2006.
McCarthy, J. E.: Basic Marketing. A Managerial Approach, Homewood 1960.
McClure, S. M./Li, J./Tomlin, D./Cypert, K. S./Montague, L. M./Montague, P. R.: Neural Correlates of Behavioral Preference of Culturally Familiar Drinks; in: Neuron 2004, Vol. 44, pp. 379–387.
Meffert, H.: Marketingforschung und Käuferverhalten, 2. Auflage, Wiesbaden 1992.
Meffert, H.: Marketing-Management. Analyse – Strategie – Implementierung, Wiesbaden 1994.
Meffert, H.: Marketing. Grundlagen marktorientierter Unternehmensführung. Konzepte – Instrumente – Praxisbeispiele, 9. Auflage, Wiesbaden 2000.
Meffert, H./Bruhn, M.: Dienstleistungsmarketing. Grundlagen, Konzepte, Methoden, 4. Auflage, Wiesbaden 2003.
Meffert, H./Perrey, J.: Mehrmarkenstrategien – identitätsorientierte Führung von Markenportfolios; in: Meffert, H./Burmann, C./Koers, M. (Hrsg.): Markenmanagement. Identitätsorientierte Markenführung und praktische Umsetzung, 2. Auflage, München 2005, S. 214–244.
Meffert, H./Burmann, C./Koers, M.: Stellenwert und Gegenstand des Markenmanagement; in: Meffert, H./Burmann, C./Koers, M. (Hrsg.): Markenmanagement. Grundfragen der identitäsorientierten Markenführung, Wiesbaden 2002.
Meffert, H./Burmann, C./Kirchgeorg, M.: Marketing. Grundlagen marktorientierter Unternehmensführung. Konzepte – Instrumente – Praxisbeispiele, 10. Auflage, Wiesbaden 2008.
Mellerowicz, K.: Markenartikel. Die ökonomischen Gesetze ihrer Preisbildung und Preisbindung, München Berlin 1963.
Meurer, J.: Führung von Franchisesystemen. Führungstypen – Einflußfaktoren – Verhaltens- und Erfolgswirkungen, Wiesbaden 1997.
Meyer, S.: Produkthaptik. Messung, Gestaltung und Wirkung aus verhaltenswissenschaftlicher Sicht, Wiesbaden 2001.
Meyer, A.: Dienstleistungsmarketing; in: Die Betriebswirtschaft 1991, Nr. 2, S. 195–209.
Meyer-Hentschel, G.: Erfolgreiche Anzeigen. Kriterien und Beispiele zur Beurteilung und Gestaltung, 2. Auflage, Wiesbaden 1993.
Mohammed, R./Fisher, R. J./Jaworski, B./Paddison, G.: Internet Marketing. Building Advantage in a Networked Economy, 2nd edition, New York 2004.
Möslein, R./Scharf, A.: Geschmackssache. Methodenstudie zur internen und externen Validität von Produkttests; in: Research & Results 2008, Nr. 7, S. 36–38.
Mues, F.-J.: Merchandising; in: Diller, H. (Hrsg.): Vahlens Großes Marketinglexikon in zwei Bänden, 2. Auflage, München 2003, S. 1118–1119.
Müller-Hagedorn, L./Zielke, S.: Das Preissetzungsverhalten von Handelsbetrieben im Zuge der Währungsumstellung auf den Euro; in: ZfbF 1998, 50. Jg., S. 946–965.
Myers, J. H./Shocker, A. D.: The Nature of Product-Related Attributes; in: Research in Marketing 1981, Vol. 5, pp. 211–236.
Narayama, C. L./Markin, R. J.: Consumer Behavior and Product Performance. An Alternative Conceptualization; in: Journal of Marketing 1975, Vol. 39, No. 10, pp. 1–6.
Nieslony, H./Hombach, E./Vierkötter, M./Wenkel, J.: Corporate Design in der Praxis, München 2006.
Nöllke, M.: Kreativitätstechniken, 5. Auflage, Planegg 2006.
O.V.: Allensbacher Markt- und Werbeträgeranalyse, Allensbach 2003.
O.V.: Neue Produkte zu 70 Prozent Flops; in: Frankfurter Allgemeine Zeitung vom 24.4.2006.
O.V.: Outfit 6 Typologie, Spiegel-Verlag, Hamburg 2007.
O.V.: Auto Jahresbericht 2008, VDA, Frankfurt/Main 2008d.
O.V.: Schön dick auftragen, test 2008e, Nr. 7, S. 24–27.
O.V.: Werbung in Deutschland 2008, ZAW Jahrbuch 2008g.
Oguachuba, J. S.: Markenprofilierung durch produktbegleitende Dienstleistungen, Wiesbaden 2009.
Oppermann, R.: Marktorientierte Dienstleistungsinnovationen, Göttingen 1998.
Pabsch, M./Scharf, A./Volkmer, P.: Entwicklung neuer Stromprodukte durch die swb Enordia GmbH mit Hilfe der Conjointanalyse; in: Scharf, A./Wolf, T. (Hrsg.): Fallstudien aus dynamischen Märkten. Telekommunikation, Internetdienste, Energiewirtschaft, Wiesbaden 2000, S. 109–144.
Patalas, T.: Guerilla Marketing – Ideen schlagen Budget. Auf vertrautem Terrain Wettbewerbsvorteile sichern, Berlin 2006.
Paulssen, M.: Individual Goal Hierarchies as Antecedents of Market Structure, Wiesbaden 2000.
Pechtl, H.: Preispolitik, Stuttgart 2005.
Pepels, W.: Market Intelligence. Moderne Marktforschung für Praktiker. Datenauswahl, Datenerhebung, Praxisanwendungen, Absatzprognose, Erlangen 2007.
Peter, J. P./Olson, J. C.: Consumer Behavior and Marketing Strategy, 6th edition, New York 2002.
Petkovic, M.: Employer Branding. Ein markenpolitischer Ansatz zur Schaffung von Präferenzen bei der Arbeitgeberwahl, Mering 2008.
Pfohl, H.-C.: Logistiksysteme. Betriebswirtschaftliche Grundlagen, 7. Auflage, Berlin 2004a.
Pfohl, H.-C.: Logistikmanagement. Konzeption und Funktion, 2. Auflage, Heidelberg 2004b.
Plassmann, H./O'Doherty, J./Shiv, B./Rangel, A.: Marketing actions can modulate neural representations of experienced pleasentness; in: Proceedings of the National Academy of Sciences of the US 2008, Vol. 105, No. 3, pp. 1050–1054.

Porter, M. E.: Wettbewerbsstrategie. Methoden zur Analyse von Branchen und Konkurrenten, 11. Auflage, Frankfurt/Main 2008.

Possmeier, F.: Preispolitik bei hoher Fixkostenintensität, Köln 2000.

Pradel, M.: Marketingkommunikation mit neuen Medien, München 1997.

Raab, A./Poost, A./Eichhorn, S.: Marketingforschung. Ein praxisorientierter Leitfaden, Stuttgart 2009.

Rao, A. R./Bergen, M. E./Davis, S.: How to Fight a Price War; in: Harvard Business Review 2000, No. 3–4, pp. 107–120.

Rengelshausen, O.: Online-Marketing in deutschen Unternehmen. Einsatz – Akzeptanz – Wirkungen, Wiesbaden 2000.

Reynolds, T. J./Gutman, J.: Laddering. Theory, Method, Analysis, and Interpretation; in: Journal of Advertising Reseach 1988, Vol. 2 , No. 1, pp. 11–31.

Ridder, C.-M./Engel, B.: Massenkommunikation 2005: Images und Funktionen der Massenmedien im Vergleich; in: Media Perspektiven 2005, Nr. 9, S. 422–448.

Riering, B.: Markenartikler kämpfen gegen Billigprodukte; in: Die Welt, 30.4.2003, S. 14.

Rogge, H. J.: Werbung, 6. Auflage, Ludwigshafen 2004.

Roth, G.: Persönlichkeit, Entscheidung und Verhalten. Warum es so schwierig ist, sich und andere zu ändern, Stuttgart 2007.

Rutenberg, J.: Der Einfluss der Informationsqualität und -menge auf die Mental Convenience in Kaufentscheidungen, Hamburg 2008.

Salcher, E. F.: Psychologische Marktforschung, 2. Auflage, Berlin 1995.

Scarabis, M./Florack, A.: Steuerung der Markenkommunikation mit Hilfe psychologischer Modelle; in: Florack, A./Scarabis, M./Primosch, E. (Hrsg.): Psychologie der Markenführung, München 2007, S. 407–435.

Schäfer, E./Knoblich, H.: Grundlagen der Marktforschung, 5. Auflage, Stuttgart 1978.

Schaper, T.: Strategisches Marketingmanagement. Einführung in Theorie und Praxis, 2. Auflage, Göttingen 2008.

Schaper, T.: Preismanagement. Einführung in Theorie und Praxis, Göttingen 2009.

Scharf, A.: Konkurrierende Produkte aus Konsumentensicht. Erfassung und räumliche Darstellung unter besonderer Berücksichtigung der Korrespondenzanalyse, Frankfurt 1991.

Scharf, A.: Sensorische Produktforschung im Innovationsprozess, Stuttgart 2000.

Scheier, C./Held, D.: Wie Werbung wirkt, Freiburg 2006.

Scheier, C./Held, D.: Was Marken erfolgreich macht, Freiburg 2007.

Schenk, O.: Psychologie im Handel. Entscheidungsgrundlagen für das Handelsmarketing, 2. Auflage, München 2007.

Scherer, J.: Kreativitätstechniken. In 10 Schritten Ideen finden, bewerten, umsetzen, Wiesbaden 2007.

Schiffman, L. G./Kanuk, L. L.: Consumer Behavior, 8. Auflage, Upper Saddle River 2003.

Schlicksupp, H.: Innovation, Kreativität und Ideenfindung, Würzburg 2004.

Schmalen, H./Pechtl, H.: Grundlagen und Probleme der Betriebswirtschaft, 13. Auflage, Stuttgart 2006.

Schneider, I.: Humor in der Werbung. Praxis, Chancen und Risiken, Saarbrücken 2005.

Schnetzler, N.: Die Ideenmaschine. Methode statt Geistesblitz – Wie Ideen industriell produziert werden, Weinheim 2006.

Schubert, B.: Ermittlung von Konzepten für Produktinnovationen, Stuttgart 1991.

Schubert, B.: Conjoint-Analyse; in: Tietz, B./Köhler, R./Zentes, J. (Hrsg.): Handwörterbuch des Marketing, 2. Auflage, Stuttgart 1995.

Schulte, T.: Guerilla Marketing für Unternehmertypen, 3. Auflage, Sternenfels 2007.

Schütz, P.: Grabenkriege im Management. Wie man Bruchstellen kittet und Abteilungsdenken überwindet, München 2003.

Schweiger, G./Schrattenecker, G.: Werbung, 6. Auflage, Stuttgart 2005.

Sekuler, R./Blake, R.: Perception, 5th edition, New York 2005.

Shapiro, S.: When an Ad's Influence Is Beyond Our Conscious Control. Perceptual and Conceptual Fluency Effects Caused By Incidental Ad Exposure; in: Journal of Consumer Research 1999, Vol. 26, pp. 16–36.

Siering, F.: Werbung nach dem Schneeballprinzip; in: Handelsblatt 2005, 13.5.2005, S. 6.

Silberer, G.: Warentest, Informationsmarketing, Verbraucherverhalten. Die Verbreitung von Gütertestinformationen und deren Verwendung im Konsumentenbereich, Berlin 1979.

Silberer, G.: Werteforschung und Werteorientierung im Unternehmen, Stuttgart 1991.

Simon, H./Fassnacht, M.: Preismanagement. Strategie – Analyse – Entscheidung – Umsetzung, 3. Auflage, Wiesbaden 2009.

Simon, H./Bilstein, F./Luby, F.: Der gewinnorientierte Manager. Abschied vom Marktanteilsdenken, Frankfurt/New York 2006.

Skiera, B./Albers, S.: Regressionsanalyse; in: Herrmann, A./Homburg, C./Klarmann, M. (Hrsg.): Handbuch Marktforschung. Methoden, Anwendungen, Praxisbeispiele, 3. Auflage, Wiesbaden 2008, S. 467–498.

Specht, G./Fritz, W.: Distributionsmanagement, 4. Auflage, Stuttgart 2005.

Speckmann, E. J./Hescheler, J./Köhling R.: Psychologie, 5. Auflage, München 2008.

Spitzer, M.: Nervensache. Perspektiven zu Geist, Gehirn und Gesellschaft, Stuttgart/New York 2003.

Statistisches Bundesamt (Hrsg.): Datenreport 2006. Zahlen und Fakten über die Bundesrepublik Deutschland. Auszug aus Teil I, Wiesbaden: 2006.

Statistisches Bundesamt (Hrsg.): Wirtschaftsrechnungen: Ausstattung privater Haushalte mit ausgewählten Gebrauchsgütern, Fachserie 15, Reihe 2, Wiesbaden 2008a.

Statistisches Bundesamt (Hrsg.): Statistisches Jahrbuch 2008 für die Bundesrepublik Deutschland, Wiesbaden 2008b.

Statt, D.: Understanding the Consumer. A Psychological Approach, London 1997.

Stauss, B.: Kundenzufriedenheit; in: Marketing ZFP 1999, 21. Jg., Nr. 1, S. 17.

Steffenhagen, H.: Konditionensysteme; in: Diller, H./Herrmann, A. (Hrsg.): Handbuch Preispolitik. Strategien – Planung – Organisation, Wiesbaden 2003, S. 575–596.

Stegmüller, B.: Internationale Marktsegmentierung als Grundlage für internationale Marketing-Konzeptionen, Bergisch Gladbach 1995.

Steinmann, H./Schreyögg, G.: Management. Grundlagen der Unternehmensführung, 6. Auflage, Wiesbaden 2005.

Stiftung Warentest (Hrsg.): Tomatenketchup. Die rote Versuchung, Nr. 6/2008, S. 8–23.

Straka, M.: Audio-Branding im aktuellen Kontext der Marken-Kommunikation. Zur Struktur und Funktion der Elemente von ›Corporate Sound‹, Hamburg 2007.

Strongman, K. T.: The Psychology of Emotion. From Everyday Life to Theory, Chichester u. a. 2003.

Taeger, M.: Messemarketing. Marketing-Mix von Messegesellschaften unter Berücksichtigung wettbewerbspolitischer Rahmenbedingungen, Göttingen 1993.

Teichert, T./Sattler, H./Völckner, F.: Traditionelle Verfahren der Conjointanalyse; in: Herrmann, A./Homburg, C./Klarmann, M. (Hrsg.): Handbuch Marktforschung. Methoden, Anwendungen, Praxisbeispiele, 3. Auflage, Wiesbaden 2008, S. 651–685.

Theis, H.-J.: Handbuch Handelsmarketing. Band 1: Erfolgreiche Strategien und Instrumente im Handels-Marketing, 2. Auflage, Frankfurt/Main 2007.

Theobald, A./Dreyer, M./Starsetzki, T. (Hrsg.): Online-Marktforschung. Theoretische Grundlagen und praktische Erfahrungen, 2. Auflage, Wiesbaden 2003.

Tietz, B.: Der Handelsbetrieb. Grundlagen der Unternehmenspolitik, 2. Auflage, München 1993.

Tomczak, T./Schögel, M./Feige, S.: Erfolgreiche Markenführung gegenüber dem Handel; in: Esch, F.-R. (Hrsg.): Moderne Markenführung. Grundlagen – Innovative Ansätze – Praktische Umsetzungen, 4. Auflage, Wiesbaden 2005.

Treis, B.: Handelsmarketing; in: Diller, H. (Hrsg.): Vahlens Großes Marketinglexikon in zwei Bänden, 2. Auflage, München 2003a, S. 574–580.

Treis, B.: Handelsfunktionen; in: Diller, H. (Hrsg.): Vahlens Großes Marketinglexikon in zwei Bänden, 2. Auflage, München 2003b, S. 564–569.

Triandis, H. C.: Einstellungen und Einstellungsmessungen, Weinheim 1975.

Trommsdorff, V.: Konsumentenverhalten, 7. Auflage, Stuttgart 2009.

Tscheulin, D. K./Lindenmeier, J.: Yield-Management – Ein State-of-the-Art; in: Zeitschrift für Betriebswirtschaft 2003, 73. Jg., S. 629–662.

Uhe, G.: Strategisches Marketing. Vom Ziel zur Strategie, Berlin 2002.

Urban, G./Hauser, J. R./Urban, G. L.: Design and Marketing of New Products, Upper Saddle River 1993.

Urchs, O./Körner, A.: Mundpropaganda-Marketing; in: Schwarz, T. (Hrsg.): Leitfaden Online-Marketing, 2. Auflage, Waghäusel 2008, S. 672–680.

van Eimeren, B./Ridder, C.-M.: Trends in der Nutzung und Bewertung der Medien 1970-2005; in: Media Perspektiven 2005, Nr. 10, S. 490–504.

Van Westendorp, P.: NNS-Price Sensitivity-Meter (PSM): A New Approach to Study Consumer Perception of Prices; in: Proceedings of the 29th ESOMAR Congress, Amsterdam 1976, S. 139–167.

Verband Deutscher Automobilindustrie (Hrsg.): Auto-Jahresbericht 2008, Frankfurt/Main 2008.

Völckner, F.: Determinanten der Informationsfunktion des Preises. Eine empirische Analyse; in: Zeitschrift für Betriebswirtschaft 2006, 76. Jg., Nr. 5, S. 473–497.

Völckner, F./Sattler, H./Teichert, T.: Wahlbasierte Verfahren der Conjoint-Analyse; in: Herrmann, A./Homburg, C./Klarmann, M. (Hrsg.): Handbuch Marktforschung. Methoden – Anwendungen – Praxisbeispiele, 3. Auflage, Wiesbaden 2008, S. 687–712.

Volkmer, H.-P.: Integrierte Konzept- und Produktüberprüfung bei Nahrungs- und Genussmitteln, Göttingen 2005.

Voeth, M./Rabe, C.: Industriegütermarken; in: Bruhn, M. (Hrsg.): Handbuch der Markenführung, Band 1, 2. Auflage, Wiesbaden 2004, S. 75–94.

Weber, J./Schäffer, U.: Einführung in das Controlling, 11. Auflage, Stuttgart 2006.

Wehrli, H. P.: Marketing. Züricher Ansatz, Bern 1981.

Weinberg, P.: Das Entscheidungsverhalten der Konsumenten, Paderborn 1981.

Weinberg, P.: Erlebnismarketing, München 1992.

Weis, H./Steinmetz, P.: Marktforschung, 6. Auflage, Ludwigshafen 2005.

Welling, M.: Guerilla Marketing in der Marktkommunikation. Eine Systematisierung und kritische Analyse mit Anwendungsbeispielen, Bielefeld 2005.

Wenzel, E./Rauch, C./Kirig, A.: Zielgruppe LOHAS, Kelkheim 2007.

Werle, K: Aldi trifft Gucci; in: Manager Magazin 2005, Nr. 1, S. 96–102.

Wiezorek, H.: Bedeutung der Verpackungspolitik für die Markengestaltung; in: Bruhn, M. (Hrsg.): Handbuch der Markenführung, Band 2, 2. Auflage, Wiesbaden 2004, S. 1221–1242.

Wilms, F. E. P.: Szenariotechnik. Vom Umgang mit der Zukunft, Bern 2006.

Wind, Y.: Product Policy. Concepts, Methods, and Strategy, Reading 1982.

Wirtz, M./Nachtigall, C.: Deskriptive Statistik – Statistische Methoden für Psychologen, 3. Auflage, Weinheim 2004.

Wiswede, G.: Eine Lerntheorie des Konsumentenverhaltens; in: Die Betriebswirtschaft 1985, 45. Jg., Nr. 5, S. 544–557.

Wöhe, G./Bilstein, J.: Grundzüge der Unternehmensfinanzierung, 9. Auflage, München 2002.

Yankelovich, D.: New Criteria for Market Segmentation; in: Harvard Business Review 1964, No. 3, S. 83–90.

Zanger, C.: Entstehung und Systematisierung von erlebnisorientierten Markenplattformen; in: Herbrand, N. O. (Hrsg.): Schauplätze dreidimensionaler Markeninszenierung, Stuttgart 2008, S. 69–96.

Zimbardo, P. G./Gerrig, R. J.: Psychologie, Berlin 1999.

Zimmermann, E.: Das Experiment in der Sozialforschung, Stuttgart 1972.

Zimmermann, R.: Neuromarketing und Markenwirkung, Saarbrücken 2006.

Sonstige Quellen

adc.de: Auszeichnung Vaillant Imagekampagne Print »Zu Hause ist Vaillant«; www.adc.de/servlet/PB/menu/1011913/gewinner_2005.html?catID=1005165 & page=1011934, Stand: 25.6.2009.

Angenendt, C.: Sponsor Visions 2009: Krise auch im Sponsoring; www.wuv.de/wuv_de_infocenter/studien/sponsor_visions_2009_krise_auch_im_sponsoring, Stand: 11.3.2009.

bayer.de: Bayer in aller Welt; www.bayer.de/de/Bayer-in-aller-Welt.aspx, Stand: 22.05.2009.

De Cloedt, V.: Vending 2007 plus – prospektive Zukunft im internationalen Vergleich, Pressemitteilung der Kölnmesse GmbH Nr. 13/2007, Köln.

DWV: Neue Studie des Zukunftsinstitutes: Zielgruppe LOHAS – Wie der grüne Lifestyle die Märkte erobert; www.wellnessverband.de/news/070304_lohas.php, Stand: 4.3.2007.

Förster, A./Kreuz, P.: Der Kaugummi gegen Körpergeruch; in: Business Backstage report 2009, Nr. 3; www.business-backstage-report.com/archiv/business-backstage-report_2009_03.htm, Stand: 2.7.2009(a).

Förster, A./Kreuz, P.: Der Flip von Pure Digital; in: Business Backstage report 2009, Nr. 5; www.business-backstage-report.com/archiv/business-backstage-report_2009_05.htm, Stand: 2.7.2009(b).

Geiger, T.: Der neue Maybach verströmt den Duft des Geldes; www.welt.de/motor/article3185311/Der-neue-Maybach-verstroemt-den-Duft-des-Geldes.html, Stand: 11.2.2009.

Gienke, E.: Brillenmarkt verändert: Optiker Fielmann wird 60; in: Welt online, www.welt.de/print-welt/article584058/Brillenmarkt_veraendert_Optiker_Fielmann_wird_60.html, Stand: 15.9.1999.

Sonstige Quellen

Grossmann, A.: Der schöne Schein der Lizenzmarken; www.openpr.de/news/133453/Der-schoene-Schein-der-Lizenzmarken.html (Pressemitteilung), Stand: 4.5.2007.

Haars, F.: Guerillamarketing – Chance für den Automobilhandel (unveröffentlichte Bachelorarbeit), Braunscheig 2008.

Hamacher, J.: Otto Bock Health Care baut mit Übernahme von Neurodan technologisches Know-how in der Elektrostimulation aus; www.innovatives.niedersachsen.de, Stand: 16.3.2005.

Hauschild, H.: Tata Nano: Das indische Gogomobil; www.handelsblatt.com/technologie/news/tata-nano-das-indische-goggomobil;2212825; Stand: 24.3.2009.

Hemmer, D.: Nestlé FoodServices Presentation, Nestlé FoodServices, Mai 2005.

Hermanns, A.: Sponsoring Trends 2008, Pleon Event & Sponsoring, München 2008.

Hofer, J.: Sportkonzerne liefern sich Preiskampf; www.handelsblatt.com/unternehmen/industrie/sportkonzerne-liefern-sich-preiskampf;2274191, Stand: 12.5.2009.

ikea.de: Unsere Vision und unsere Geschäftsidee; www.ikea.com/ms/de_DE/about_ikea_new/our_business_idea/index.html, Stand: 12.5.2009.

interbrand.com: Best Global Brands, 2008 ranking; www.interbrand.com/best_global_brands.aspx?langid=1000, Stand: 25.6.2009.

Jakubik, S.: »Zuhause ist Vaillant« – die neue Vaillant Kampagne in Deutschland (Pressemitteilung), Remscheid 19.10.2004.

Kirchhoff, P.: Apotheken im Preiskampf; www.faz.net/s/RubEC1ACFE1EE274C81BCD3621EF555C83C/Doc~E1044C4FFFF47414D84102-735FB72CEAE~ATpl~Ecommon~Scontent.html, Stand: 13.6.2009.

Lead Innovation Management: Case Study Gardena; www.lead-innovation.com/de/casestudies.php?WEBYEP_DI=1, Stand: 26.6.2009.

Lebensmittelzeitung/TradeDimensions: Top 30 LEH Deutschland 2007; www.lz-net.de/rankings/handeldeutschland/pages/show.prl?id=251, Stand: 17.12.2008.

Lutz, A.: Foodservices USA (Nestlé Investor Seminar), 7.10.2002.

mars.de: Die Fünf Prinzipien; www.mars.com/Germany/de/Who+we+are/The+Five+Principles.htm, Stand: 2.7.2009.

mcdonalds.de: Ein System prägt die Unternehmensentwicklung; www.mcdonalds.de/unternehmen/franchise.html, Stand: 25.5.2009(a).

mcdonalds.de: Unternehmensgeschichte; www.mcdonalds.de/unternehmen/ueber_mcdonalds/unternehmensgeschichte.html, Stand: 29.5.2009(b).

melitta.info: Unsere Marken; www.melitta.info/cms/unternehmendb/index.php?T_ID=3, Stand: 29.5.2009.

O.V.: Fundament für RFID-Standard; in: LZ|Net-Archiv IT + Logistik-News (www.lz-net.de), Stand: 31.1.2001.

O.V.: The »New Danone« – A unique food company, Back to School Conference, Lehman Brothers 3.9.2008(a).

O.V.: Essen für die Forschung; in: W wie Wissen, Sendung vom 24.2.2008(b).

O.V.: Zahlen über den Markt für Marktforschung. Arbeitskreis Deutscher Markt- und Sozialforschungsinstitute; www.adm-ev.de/zahlen.html, Stand: 2.4.2008(c).

O.V.: Gericht verbietet iPhone-Werbung; www.manager-magazin.de/it/artikel/0,2828,568529,00.html, Stand: 28.7.2008(f).

O.V.: Megatrend steigende Lebenserwartung; www.aktiencheck.de/artikel/analysen-Marktberichte-1925111.html, Stand: 10.6.2009.

oekotest.de: Doktor Aldi; www.oekotest.de/cgi/ot/otgs.cgi?doc=92343, Stand: 27.2.2009.

oetker-gruppe.de: Geschäftsbereiche; www.oetker-gruppe.de/wga/oetker-gruppe/html/default/deut-734dzc, Stand: 29.5.2009.

otto.com: Unternehmerische Verantwortung bei OTTO; www.otto.com/Nachhaltigkeit.nachhaltigkeit0.0.html, Stand: 03.04.2009.

Paulmann, R.: KIM Kooperationsinitiative Maschinenbau, KIM Newsletter Nr. 1, Braunschweig 2009.

Pro Carton: Die neue Macht am POS. Das Image und die Leistungsfähigkeit von Verpackungen zu anderen Medien aus Sicht der Konsumenten und Experten, Bensheim 2009.

Roos, M.: Wo ist der Wachstumspfad; www.handelsblatt.com/unternehmen/industrie/wo-ist-der-wachstumspfad;1361950, Stand: 5.12.2007.

Scheier, C.: Im Gehirn geht es um Belohnung – nicht um Emotion; www.absatzwirtschaft.de/Content/_pv/_p/1003458/_t/ftkol/_b/67143/default.aspx/index.html, Stand: 10.3.2009.

Schlautmann, C.: Henkel ist kooperativster Handelspartner; www.handelsblatt.com/unternehmen/handel-dienstleister/henkel-ist-kooperativster-handelspartner;954984, Stand: 6.9.2005.

Schubert, B.: Markenidentität und Markenpositionierung von AXE, unveröffentlichte Fallstudie, Wernigerode 2009.

Seidel, H.: Preiskampf erschüttert die deutschen Supermärkte; www.welt.de/wirtschaft/article3324649/Preiskampf-erschuettert-die-deutschen-Supermaerkte.html, Stand: 05.3.2009.

Siering, F.: Werbung nach dem Schneeballprinzip; www.handelsblatt.com/unternehmen/strategie/werbung-nach-dem-schneeballprinzip;898644, Stand: 16.5.2005.

wer-zu-wem.de: Der schöne Schein; www.wer-zu-wem.de/lizenzmarken, Stand: 25.6.2009.

Wimmer, S.: Opel braucht einen Design-Manager; www.handelsblatt.com/unternehmen/handel-dienstleister/opel-braucht-einen-design-manager;2259581, Stand: 3.5.2009.

Wrigley GmbH: Innovationen verhelfen Wrigley in Deutschland zu zweistelligem Umsatzwachstum in 2007 und versprechen großes Potenzial für 2008 (Pressemitteilung), Unterhaching, Januar 2008.

Wüest, S.: ACNielsen – Trend zu Handelsmarken weltweit ungebrochen; ch.de.nielsen.com/news/pr20050930.shtml, Stand: 30.9.2005.

Zimprich, S.: Neues für die Resterampe; www.softwareload.de/c/76/68/23/7668232.html und www.ftd.de, Stand: 21.4.2006.

Sachregister

A
ABC-Analyse 479
Ablauforganisation 36, 43
abnehmerorientierte Strategien 188
Above-the-line 376
Absatzhelfer 446
Absatzkreditpolitik 356
Absatzmittler 446, 460
Absatzwirtschaft 4
Ad-Games 392
advocacy advertising 381
aktivierende Prozesse 55
Aktivierung 56, 415–416, 423
Alleinvertriebssystem 464
Allianz
– strategische 222
Ambient Media 411
Ambivalenzkonflikt 68
Ambush-Marketing 394
Angebotspolitik 319
Anpassungsstrategie 221
Artikel 233
Assoziationsanalyse 152
Aufbauorganisation 36
Aufmerksamkeit 422
Auftragsabwicklung 481
Auktion 318, 453
Ausstellungen 375, 452
Auswahlverfahren 120
– bewusste Auswahl 123
– Zufallsauswahl 122
Ausweichstrategie 222
Aversionskonflikt 68

B
Balancesystem 66
Bannerwerbung 378
Basisanforderungen 78
Bedarf 3
Bedarfsmarktkonzept 9
Bedürfnis 3, 65, 400
Befragung 124
– mündliche 125
– Online 127
– persönliche 125
– qualitative 131
– quantitative 128
– schriftliche 126
– telefonische 126
Begeisterungsanforderungen 79

Behavoir-Scan (GfK) 143
Bekanntheit
– gestützte 404, 433
– ungestützte 399, 433
Bekanntheitsgrad 265, 388
Belohnungserwartung 414
Belohnungswert 255
Below-the-line 376, 387, 395
Beobachtung 135
Beurteilung 87
bewusste Auswahl 123
bivariate Datenanalyse 152
Blickaufzeichnung 136
Blog 379, 392–393
Brainstorming 293
Brainwriting 293
Brand extension 264
Branding 268, 278
Break-Even-Analyse 325
Broadening 24
BuBaW-Verfahren 433
Business-to-Business (B-to-B) 39
Business-to-Consumer (B-to-C) 39
buying center 20
Buzz-Marketing 393

C
χ^2-Unabhängigkeitstests 154
Campaign Hijacking 390
CAPI 125
Cash&Carry 454
Category Management 39
CATI 126
Checkliste 32, 296
Chi^2-Unabhängigkeitstest 154
Choice-Based-Conjointanalyse 309
Click-Rate 433
Clusteranalyse 159, 165
Codes 366, 419
Communities 392
Computer Aided Selling (CAS) 475
Conjoint-Analyse 159, 173
– Choice Based-Conjoint-Analyse (CBC) 175
Consumer Benefit 406
Convenience Goods 6
Copy-Strategie 397, 405, 413, 427
Corporate Behaviour 383
Corporate Communication 382
Corporate Design 383, 405
Corporate Identity 382

Cournot-Preis 342
Customer Relationship Management (CRM) 475

D
Dachmarkenstrategie 260
Datenanalyse 148
– bivariate 152
– multivariate 157
– univariate 149
Datenerhebung 112
Datenquelle
– unternehmensexterne 113
– unternehmensinterne 113
Deckungsbeitragsrechnung 325
Decodierung 366
Deepening 14, 24
Denkschablonen 90
Dependenzanalyse 157
– Verfahren 170
deskriptive Studie 107
Dienstleistung
– produktbezogene 246
Dienstleistungsmarken 254
Differenzierung 373
Differenzierungsstrategie 219
Direct Costing 325
Direktmarketing 377, 451
Diskriminanzanalyse 159, 171
Distribution
– akquisitorische 438, 441, 446
– exklusive 461, 468
– intensive 461, 468
– physische 438, 442, 477
– selektive 461, 468
Distributionsgrad 440
Distributionsorgane 446
– unternehmenseigene 451, 473
– unternehmensfremde 473
Distributionspolitik 36, 437
– Aufgaben 437
– Ziele 440
Distributionssystem 447
Distributionsweg 446
Diversifikation 196
– horizontale 196
– laterale 198
– vertikale 196
Domestic Marketing 216
Dominanzsystem 67

E
EBA-CBA-Experiment 141
E-Commerce 459
Efficient Consumer Response (ECR) 463, 469
Eindrucksqualität 409
Einkaufsgemeinschaft 458
Einkaufskontor 458
Einstellungen 56, 71, 399–400, 433
Einstellungsmessung
– Fishbein 72
– implizite 71
– Multiattributmodelle 72
– Trommsdorff 73
Einzelhandel 455
Einzelmarkenstrategie 257
Electronic Data Interchange (EDI) 471, 481
Emotionen 56, 62, 400–401, 423, 432
Encodierung 365
Erlebniswert 402
Event-Marketing 376, 388, 394
Evoked set-Modell 95
Experiment 109, 138
– EBA-CBA-Experiment 141
– Feldexperiment 140
– Laborexperiment 139
explorative Studie 106

F
Factory Outlets 451
Faktorenanalyse 159–160
Familienmarkenstrategie 259
Feldexperiment 140
Focus Group 132
Fokussierung 423
Fragebogen 130
Fragestellung
– direkte Fragen 133
– geschlossene Fragen 134
– indirekte Fragen 133
– offene Fragen 134
Framing 411
Framing-Effekt 426
Franchise 465
freiwillige Kette 455, 458
früher Folger 222

Sachregister

G

Gabor-Granger-Ansatz 332
Gedächtnis
- Arbeitsgedächtnis 81
- deklaratives 82
- episodisches 82
- Langzeitgedächtnis 81
- prozedurales 81
- semantisches 82
globale Strategie 219
Grobkonzept 299, 305
Gross Rating Points (GRP) 409
Großhandel 453
Grundgesamtheit 119
Grundnutzen 227
Gruppendiskussion 132
- Online- 133
Gruppenexploration 132
Guerilla-Marketing 390

H

Halo-Effekt 90
Handelsfunktionen 446
Handelsmarken 253, 463
Handelsmarketing 23, 24, 438
Handelspanel 145
Handelsvertreter 452
Haushaltspanel 145
Headline 422
Herstellermarken 253
Histogramm 149

I

Ideenbewertung 296, 304
Ideenfindung 290, 292, 304
Identifikationstest 433
Image 388, 399, 433
Imitation 231
impliziter Assoziationstest (IAT) 75
Individualpanel 145
Informationen
- aktuell verfügbare 88
- gespeicherte 89
- Schlüsselinformationen 88, 90
Informationsaufnahme
- externe 84
- impulsive 84
- interne 83
Informationsüberlastung 371
innere Bilder 362
Innovation 237, 284, 471
Innovationsprozess 287
integrierte Kommunikation 396
Interdependenzanalyse 157
- Verfahren 158
International Marketing 217
internationale Strategie 219
internes Marketing 382
Internet 377, 392, 443, 459

Involvement 60, 395, 411, 432
- High-Involvement 60
- Low-Involvement 60, 372, 413
Irradiation 90

J

Jahresgespräche 354, 439, 468, 472
Just-in-Time 482

K

Kannibalisierung 262
Kano-Modell 78
Kaufentscheidung
- extensive 93
- habitualisierte 94
- impulsive 94
- limitierte 94
kausalanalytische Studie 108
Key Account Management 40, 463, 472
Keyword Advertising 377
Kognitionen 80
kognitive Prozesse 80
Kommissionär 452
Kommunikation 361
- multisensuale 367
Kommunikationsmodell 363
Kommunikationspolitik 36, 361
Kommunikationspull 378
Kommunikationspush 378
Kompetenzen 4
Komplementärprodukt 432
Konditionenpolitik 352
Konditionierung
- emotionale 63, 96
- instrumentelle 96
- klassische 95
Konfirmations/Diskonfirmations-Paradigma 77
Konflikte, motivationale 68
- Ambivalenzkonflikt 68
- Aversionskonflikt 68
- Präferenzkonflikt 68
konkurrenzgerichtete Strategien 189, 219
Konsumententypologie 398
Konsumentenverhalten 31, 49
Kontaktfrequenz 409
Kontrollgruppe 139
Konzeptentwicklung 299, 305
Konzeptkonkretisierung 300, 306
Konzeptpositionierung 300, 305
Konzepttest 142
Kooperation 222, 232
Korrelationsanalyse 153
Korrespondenzanalyse 159, 162
Kosten 322
Kostenführerschaft 219
Kreuztabellierung 152

Kundenbindung 185, 388
Kundenorientierung 3
Kundenzufriedenheit 12, 77, 184, 476

L

Laborexperiment 139
Laddering 69, 271
Lageparameter 149
Lagerhaltung 482
Längsschnittanalyse 108
Lead User-Ansatz 291
Leasing 357
Leistungsanforderungen 79
Lernen am Modell 97
Lieferservice 471, 477–478, 482–483
Lieferungsbedingungen 358
Line extension 261
Listungsgespräch 439
Logistik 442, 477
Logistiksystem 477
LOHAS 16, 288

M

Makler 452
Marken
- Begriff 251
- Dienstleistungsmarken 254
- flankierende 263
- Funktion aus Anbietersicht 256
- Funktion aus Nachfragersicht 254
- Handelsmarken 253
- Herstellermarken 253
- Storebrand 254
Markenallianzen 267
Markenattribute 270
Markenbekanntheit 254, 269, 404
Markenbild 271
Markendehnung 261
Markenerweiterung 264
Markengestaltung 268, 278
Markenidentität 269
Markenkäufer 200
Markenkompetenz 270
Markenlizenzierung 266
Markenlogo 281
Markenmanagement 38, 250
Markenname 279
Markennutzen 270
Markenpolitik 250
Markenpositionierung 275
Markensteuerrad 270
Markensysteme 261
Markentonalität 271
Market Stretching 191
Marketing
- Absatz- 14

- Ambush- 394
- Beschaffungs- 14
- Beziehungs- 15
- Definition 4
- Dienstleistungs- 21
- Grundgedanke des 3
- Handels- 23
- integriertes 15
- internes 14, 382
- Investitionsgüter- 19
- Konsumgüter- 18
- Mobile 392
- multisensuales 388, 395
- Non-Profit- 24
- Public 15
- Viral- 379, 391
- Wettbewerbs- 15
Marketingforschung 102
Marketinginstrumente 29, 102
Marketingkonzept 301
Marketingkonzeption 29
Marketinglogistik 477
Marketingmanagement 27–28, 36
Marketingmix 15, 29, 35, 39, 45
Marketingorganisation 27, 36
Marketingorientierung 11
Marketingplanung 29
Marketingziele 184
Markt 6
- relevanter 8
Marktabgrenzung 8–9
Marktarealstrategien 216
Marktbearbeitung 209
Marktdurchdringungsstrategie 189
Markteinführung 302, 308
Markteintrittsstrategie 222
Marktentwicklung
- persönliche 192
- räumliche 191
- sachliche 192
Marktentwicklungsstrategie 191
Markterfassung 209
Marktfeldstrategien 189
Marktforschung 31, 101, 366
- Aufgabenbereiche 102
- externe 103
- innerbetriebliche 103
Marktforschungsprozess 109
Marktnischen 211
Marktparzellierungsstrategien 206
Marktsegmentierung 206, 209, 398
- Kriterien 212
- partiale Marktabdeckung 207, 211, 222
- totale Marktabdeckung 207, 210
Marktstimulierungsstrategien 199
Marktteilnehmer 102
Markttest 143
Massenmarktstrategie 206–207

Sachregister

Matrixorganisation 41
Me too-Produkte 231
Me too-Strategie 195, 221
Means End-Theorie 69
Media-Agentur 366
Median 151
Mediaplan 407
Mediawahl 366, 407, 412
Mehrmarkenstrategie 205, 263
Merchandising 385, 458, 473
Messen 375, 452
Messniveau 116, 158
– Intervallskala 117
– Nominalskala 116
– Ordinalskala 117
– Verhältnisskala 118
Messung 115
Methode der sechs Hüte 296
Mittelwert 151
Mobile-Marketing 392
Modus 151
morphologische Methode 294
Moskito-Marketing 390
Motivationen 56, 64
Motivsysteme 66
– Balancesystem 66
– Dominanzsystem 67
– Stimulanzsystem 67
Multidimensionale Skalierung (MDS) 159, 168
multinationale Strategie 217
multivariate Datenanalyse 157
mündliche Befragung 125
Mund-zu-Mund-Kommunikation 362, 391

N
Nachfrage 3
nationale Strategien 216
Nettonutzen 315
Neumarkenstrategie 263
Nutzen 6
Nutzenerwartung 227

O
Objektivität 118
Öffentlichkeitsarbeit 379
Online 133
Online-Befragung 127
Online-Gruppendiskussion 133
Online-Shopping 443, 456
Online-Werbung 377
Operationalisierung 115
Organisation
– funktionsorientiert 38
– objektorientiert 38
– regionale 40

P
Page Impression 433
Panel 144, 433
– Handelspanel 145
– Haushaltspanel 145
– Individualpanel 145
– Spezialpanel 146
– Verbraucherpanel 145
Panelforschung 302
Penetrationstrategie 351
Personalmarketing 381
persönliche Befragung 125
Pionierstrategie 222
Point of Difference 270, 275
Point of Parity 275
Positionierung 365, 397
– erlebnisorientierte 373
Powershopping 318
Präferenzkonflikt 68
Präferenzstrategie 200
Preis 315, 318
preisabhängige Qualitätsbeurteilung 336
Preis-Absatz-Funktion 326
Preisagentur 317
Preisbereitschaft 319
Preisbestimmung
– teilkostenorientierte 324
– vollkostenorientierte 322
– wettbewerbsorientierte 338
Preisbündelung 348
Preisdifferenzierung 341
– individualisierte 343
– mengenbezogene 347
– personenbezogene 346
– räumliche 345
– zeitliche 344
Preiselastizität der Nachfrage 326
Preisgünstigkeit 334
Preisinteresse 334
Preiskäufer 199
Preis-Mengen-Strategie 202
Preispolitik 35, 315, 318
Preisschwellen 328
Preiswettbewerb 199
Preiswürdigkeit 335
Pressearbeit 380
Pretest 366, 430
Price-Sensitivity-Meter 332
Primärforschung 112
Problemanalyse 294
Problemlösung 227
Product-Placement 386, 394
Produkt 5
– Basisprodukt 229
– Begriff 226
– Dimensionen 227
– erwartetes 229
– erweitertes 229
– Kernprodukt 227
– potenzielles 231
Produktart 233
Produktausstattung 243
Produktbereich 233
Produktdesign 243
Produktdifferenzierung 237
Produktentwicklung 301, 306
Produktentwicklungsstrategie 193
Produktfarbe 245
Produktform 243
Produktfunktion 242
Produktgestaltung 240, 246
– Ziele 241
Produktgruppe 233
Produktinnovation 237, 284, 471
Produktionsorientierung 10
Produktkern 242
Produktlebenszyklus 234, 367
Produktlinienerweiterung 261
Produktmanagement 38
Produktmanager 27
Produktmarktkonzept 8
Produktmerkmale 248
Produktmodifikation 237
Produktorientierung 11
Produktpolitik 35, 225
– Ziele 231
Produktpräferenz 241
Produktprogramm 234
Produktqualität 242
Produkttest 142, 302, 307
Produktvariation 237
Programmbreite 233
Programmerweiterung 237
Programmgestaltung 233
Programmkonstanz 237
Programmreduktion 240
Programmtiefe 233
Projektmanagement 41
psycho-physikalische Transformation 250
Public Relations 379
Pull-Strategie 462
Push-Strategie 462–463

Q
qualitative Befragung 131
Qualitätswettbewerb 199
quantitative Befragung 128
Querschnittsanalyse 107

R
Rabatt 352
– Barzahlungsrabatt 354
– Funktionsrabatt 353
– Mengenrabatt 353
– Treuerabatt 356
– Zeitrabatt 355
Rack-Jobber 454
Radio Frequency Identification (RFID) 471
Randomisierung 139
Reaktanz 416
Reason Why 405–406
Recall 433
Recognition 433
Redistribution 437, 483
Regressionsanalyse 159
– einfache lineare 154
– multiple, multivariate 172
Reichweite 394
– qualitative 409
– quantitative 408
– räumliche 408
Reisende 451
Reize
– emotionale 58
– gedanklich überraschende 59
– physische 58
Reliabilität 118
Ressourcen 4
return on investment (ROI) 184
Reverse Pricing 318
Rückzugsstrategie 222

S
sales promotion 383
Schlüsselinformationen 88, 90
Schnittstellenmanagement 46
schriftliche Befragung 126
Scoring-Modell 32, 298
Segmentierung 209
Segmentierungskriterien 212
Sekundärforschung 112
semantisches Netzwerk 89, 252
Shopping Goods 6
Signifikanztest 151
Situationsanalyse 30
Skalierung 116
Skimmingstrategie 350
Slogan 418
SOR-Modelle 53
Sorte 233
Space Management 469
Spannweite 151
später Folger 222
Speciality Goods 6
Sponsoring 387–388
– Bildungs- 387
– Kultur- 387
– Medien- 387
– Öko- 387
– Social 387
– Sport- 387
SR-Modelle 52
Standardabweichung 151
Stichprobe 120

Sachregister

Stiftung 16
Stimulanzsystem 67
Storebrand 254
Storetest 143
Störvariable 138
Strategie 29, 35, 187–188
- abnehmerorientierte 188
- Anpassungs- 221
- Ausweich- 222
- Differenzierungs- 219
- Diversifikations- 196
- globale 219
- internationale 219
- konkurrenzgerichtete 189, 219
- Marktareal- 216
- Marktdurchdringungs- 189
- Markteintritts- 222
- Marktentwicklungs- 191
- Marktfeld- 189
- Marktparzellierungs- 206
- Marktsegmentierungs- 206, 209
- Marktstimulierungs- 199
- Massenmarkt- 206–207
- Me too- 195, 221
- Mehrmarken- 205
- multinationale 217
- nationale 216
- Pionier- 222
- Präferenz- 200
- Preis-Mengen- 202
- Produktentwicklungs- 193
- Rückzugs- 222
- Timing- 222
- übernationale 217
- Wachstums- 193
strategische Geschäftseinheit 185
Streuungsparameter 151
Substitutionsprodukt 432
Supply Chain Management (SCM) 463, 471, 477, 481

SWOT-Analyse 34
Synektik 294

T
Taktik 188
Tausend-Kontakt-Preis (TKP) 410
Teaser 368
Teilerhebung 120
telefonische Befragung 126
Teleshopping 456
Tensororganisation 42
Testimonial 406
Testmarkt 143
Tiefeninterview 132
Timing-Strategie 222
Tonalität (Tonality) 405–406, 427
Transaktion 6
Transformation
- psycho-physikalische 250
Trendforschung 288
T-Test 156

U
übernationale Strategien 217
Ubiquität 217, 445, 461
Umweltanalyse 30, 33
unique selling proposition (USP) 13, 270, 397
univariate Datenanalyse 149
Unternehmensanalyse 32–33
Unternehmensidentität 382
Unternehmensnetzwerk 42
Unternehmenszweck 182

V
Validität 119
Vampir-Effekt 416, 423
Varianz 151
Varianzanalyse 159, 170
Verbraucherpanel 145

Verbund 233
Verkaufsförderung 379, 383, 394
- handelsgerichtete 384–385
- verbrauchergerichtete 384–385
Verkaufsorientierung 11
Verkaufspolitik 472
Verpackungsgestaltung 245
Versandhandel 456
vertikales Marketing 460
vertikales Vertriebssystem 464
Vertragshändlersystem 464
Vertriebsbindung
- vertikale 464
Viral-Marketing 362, 379, 391
Vollerhebung 119

W
Wachstumsstrategien 193
Wahrnehmung 85
- periphere 416
- subjektive 227
- zentrale 416
Warenbörsen 453
Werbeanteils-Marktanteils-Methode 403
Werbebriefing 405
Werbebudgetierung 403
- gewinnorientierte 403
- konkurrenzorientierte 403
- umsatzorientierte 403
Werbehilfen 407
Werbekonstante 421
Werbemedien 376, 407, 410
Werbemittel 365–366, 376, 384, 407, 413, 421
Werbevariable 421
Werbewirkung 430
- effektive 430
- potenzielle 430
- Stufenmodell 399

Werbewirkungsmodell 399
Werbeziele 398
Werbung 376, 379, 388, 394
- Banner- 378
- Direkt- 377
- Firmen- 377
- Gemeinschafts- 377
- Online- 377
- Produkt- 377
- Sortiments- 377
Wertewandel 375
Wertketten 45
Wettbewerbs-Paritäts-Methode 403

Y
Yield-Management 345

Z
Zahlungsbedingungen 359
Zielbeziehungen 186
Ziele 29, 35, 181
- der Werbung 398
- Funktionen 35
- Kommunikations- 367
- marktökonomische 184
- marktpsychologische 184
- Zielausmaß 181
- Zielbereich 182
- Zielinhalt 181
- Zielperiode 181
Zielgruppen 398
Zielkonflikte 187, 481
Zielmarkt 287, 304
Zielpyramide 182
Ziel-und-Aufgaben-Methode 403
Zufallsauswahl 122
Zusatznutzen 227, 229

Zu den Autoren

Prof. Dr. Andreas Scharf lehrt Betriebswirtschaft, insbesondere Marketing, an der Fachhochschule Nordhausen und ist wissenschaftlicher Leiter des Instituts für Sensorikforschung und Innovationsberatung in Göttingen.
E-Mail: scharf@fh-nordhausen.de
andreas.scharf@isi-goettingen.de

Prof. Dr. Bernd Schubert lehrt Betriebswirtschaft, insbesondere Marketing, an der Hochschule Harz in Wernigerode und ist wissenschaftlicher Leiter des Instituts für Sensorikforschung und Innovationsberatung in Göttingen.
E-Mail: bschubert@hs-harz.de
bernd.schubert@isi-goettingen.de

Dr. Patrick Hehn ist Marktforscher und Marketingberater, und er arbeitet als Lehrbeauftragter an der Hochschule Harz in Wernigerode.
E-Mail: patrick.hehn@isi-goettingen.de